中国人民政治协商会议

年鉴

2018

中国文史出版社

《中国人民政治协商会议年鉴（2018）》

中国人民政治协商会议会徽

EMBLEM OF THE CHINESE PEOPLE'S POLITICAL CONSULTATIVE CONFERENCE

中国人民政治协商会

中国人民政治协商会议第十三届
全国委员会第一次会议会场。

2018年3月4日，习近平总书记看望参加全国政协十三届一次会议的民盟、致公党、无党派人士、侨联界委员，并参加联组会，听取意见和建议。中共中央政治局常委、全国政协十三届一次会议主席团会议主持人汪洋参加看望和讨论。

2018年12月29日，全国政协在北京举行新年茶话会。习近平总书记在茶话会上发表重要讲话。

2018年12月29日，全国政协在北京举行新年茶话会。习近平总书记和李克强、栗战书、汪洋、王沪宁、赵乐际、韩正、王岐山等党和国家领导人出席茶话会并观看演出。

2018年3月3日，中国人民政治协商会议第十三届全国委员会第一次会议在北京人民大会堂开幕。中共中央政治局常委、全国政协十三届一次会议主席团会议主持人汪洋主持开幕会。

2018年3月3日，中国人民政治协商会议第十三届全国委员会第一次会议在北京人民大会堂开幕。十二届全国政协主席俞正声代表政协第十二届全国委员会常务委员会，向大会报告过去五年的工作。

2018年3月14日，全国政协十三届一次会议在北京人民大会堂举行第四次全体会议，选举政协第十三届全国委员会主席、副主席、秘书长和常务委员。当会议主持人宣布汪洋当选政协第十三届全国委员会主席后，俞正声与汪洋热烈握手，表示祝贺。

2018年3月15日，中国人民政治协商会议第十三届全国委员会第一次会议在北京人民大会堂举行闭幕会。中共中央政治局常委、全国政协主席汪洋主持闭幕会并讲话。

2018年3月15日，政协第十三届全国委员会常务委员会第一次会议在北京开幕。中共中央政治局常委、全国政协主席汪洋出席。

2018年5月15日，全国政协在北京召开“健全系统性金融风险防范体系”专题协商会。中共中央政治局常委、全国政协主席汪洋主持会议并讲话。中共中央政治局委员、国务院副总理刘鹤出席会议并讲话。

2018年6月22日至23日，全国政协系统党的建设工作座谈会在北京举行。中共中央政治局常委、全国政协主席、党组书记汪洋出席会议并讲话。

2018年9月29日至30日，全国政协在京召开习近平总书记关于加强和改进人民政协工作的重要思想理论研讨会。中共中央政治局常委、全国政协主席汪洋出席会议并讲话。

2018年11月28日，政协第十三届全国委员会常务委员会第四次会议在京开幕。会议的主要议题是学习贯彻习近平总书记近期关于人民政协工作的重要讲话精神，加强和改进政协工作，迎接人民政协成立70周年。中共中央政治局常委、全国政协主席汪洋出席开幕会。

2018年12月17日，全国政协在北京召开“推进快递行业绿色发展”网络议政远程协商会。中共中央政治局常委、全国政协主席汪洋主持会议并讲话。

2018年3月27日，全国政协十三届一次会议提案交办会在北京举行。全国政协副主席张庆黎出席会议并讲话。全国政协副主席兼秘书长夏宝龙主持会议。

2018年4月5日，全国政协副主席刘奇葆率队就“大遗址保护和利用”在陕西西安调研。

2018年9月18日，全国政协副主席何厚铧率澳门特别行政区全国政协委员考察团就“建设大数据，引领数字经济发展”在贵州考察。

2018年7月16日，全国政协副主席卢展工率全国政协社会和法制委员会专题调研组就“健全志愿服务管理体制形成全民参与的良好局面”在重庆调研。

2018年12月4日，全国政协副主席王正伟率全国政协外事委员会考察组就“探索建设自由贸易港”在海南考察。

2018年5月22日，全国政协副主席马飚率全国政协提案委员会重点提案督办调研组就“推进中新互联互通南向通道建设”在广西调研。

2018年5月25日，全国政协副主席陈晓光率全国政协提案委员会重点提案督办调研组就“弘扬劳模精神和工匠精神”在辽宁调研。

2018年5月23日，全国政协副主席兼秘书长、机关党组书记夏宝龙率队就加强政协党建工作在宁夏调研。

2018年7月3日，全国政协副主席李斌率全国政协教科卫体委员会调研组就“加强体育社会组织建设，推动全民健身”在福建调研。

2018年12月26日，全国政协民族和宗教委员会“新时代坚持我国宗教中国化方向的实践路径”界别主题协商座谈会在北京举行。全国政协副主席，国家民委党组书记、主任巴特尔出席会议并讲话。

2018年5月30日，全国政协副主席汪永清率全国政协“发展山地特色农业，助推脱贫攻坚”特邀常委视察团在四川凉山州喜德县视察。

2018年6月19日，全国政协副主席刘新成率全国政协教科卫体委员会“高校‘双一流’建设存在的问题及建议”专题组在重庆调研。

2018年10月23日，全国政协副主席何维率队在贵州开展“三下乡”活动。

2018年10月23日，全国政协副主席邵鸿率队就民族地区职业教育发展在新疆调研。

2018年9月13日，全国政协副主席高云龙率全国政协“统筹推进养老服务体系建设”专题调研组在上海调研。

2018年6月13日，全国政协主席汪洋会见刚果（布）总统萨苏。

2018年6月15日，全国政协主席汪洋会见乌干达总统穆塞韦尼。

2018年6月19日，全国政协主席汪洋会见肯尼亚总统肯雅塔。

2018年6月18日，全国政协主席汪洋与肯尼亚国民议会议长穆图里举行会谈。

2018年7月3日，在冰岛进行友好访问的全国政协副主席张庆黎会见冰岛总统约翰内松。

2018年11月27日，全国政协副主席兼秘书长夏宝龙在北京会见参加“非洲国家驻华使节进政协”活动的非洲41个国家驻华大使、高级外交官和非洲联盟驻华代表。

2018年4月25日，全国政协副主席何维在北京会见以委员会主席鲁盖马为团长的卢旺达参议院外交、合作与安全委员会代表团。

目 录

习近平总书记有关重要活动和重要讲话

重要文献

全国委员会篇

工作报告

全国政协领导同志讲话、文章

决议、决定

工作制度

重要会议、活动

经常性工作

【社会团体】

委员人事工作

机关建设

重要评论

2018 年大事记

地方委员会篇

习近平总书记有关重要活动和重要讲话

习近平在看望参加政协会议的民盟致公党无党派人士侨联界委员时强调：坚持多党合作发展社会主义民主政治，为决胜全面建成小康社会而团结奋斗

（2018年3月4日）

新华社北京3月4日电　中共中央总书记、国家主席、中央军委主席习近平3月4日下午看望了参加全国政协十三届一次会议的民盟、致公党、无党派人士、侨联界委员，并参加联组会，听取意见和建议。他强调，中国特色社会主义进入新时代，要求我们坚定不移巩固和发展中国共产党领导的多党合作和政治协商制度，发挥多党合作独特优势，发展社会主义民主政治，为决胜全面建成小康社会而团结奋斗。我国各民主党派、无党派人士要增强“四个自信”，增强政治定力，积极建言献策，广泛凝心聚力，为决胜全面建成小康社会、夺取新时代中国特色社会主义伟大胜利作出新的更大贡献。

中共中央政治局常委、全国政协十三届一次会议主席团会议主持人汪洋参加看望和讨论。

联组会上，曹卫星、闫小培、周忠和、李卓彬、吴为山、陈超、高鸿钧、高杰等8位委员，围绕深化改革开放、做好未建交国家工作、推进科技评价体系改革、发挥侨资侨智作用、用经典作品构建人类命运共同体、构建离岸创新创业新模式、建立良性有序人才流动机制、发挥侨智助力创新型国家建设等问题作了发言。

习近平在听取发言后发表重要讲话。他表示，来看望全国政协民盟、致公党、无党派人士、侨联界的委员，同大家一起讨论交流，感到非常高兴。大家在发言中提出一些很好的意见和建议，有关部门要高度重视、认真研究。他代表中共中央，向在座各位委员，向广大民主党派成员、无党派人士，向海外侨胞和归侨侨眷，向广大政协委员，致以诚挚的问候。

习近平强调，中共十八大以来的5年是极不平凡的5年，我们坚定不移高举中国特色社会主义伟大旗帜，统筹推进“五位一体”总体布局、协调推进“四个全面”战略布局，出台一系列重大方针政策，推出一系列重大举措，推进一系列重大工作，战胜一系列重大挑战，解决了许多长期想解决而没有解决的难题，办成了许多过去想办而没有办成的大事，国家经济实力、科技实力、国防实力、综合国力、国际影响力和人民获得感显著提升，中国特色社会主义建设取得了历史性成就，我们党、国家、人民、军队的面貌发生了历史性变化。这样的成就来之不易，是中共中央坚强领导的结果，是全国各族人民共同奋斗的结果，也凝结着各民主党派和无党派人士、各人民团体以及广大政协委员的心血和智慧。

习近平指出，中国共产党领导的多党合作和政治协商制度作为我国一项基本政治制度，是中国共产党、中国人民和各民主党派、无党派人士的伟大政治创造，是从中国土

壤中生长出来的新型政党制度。说它是新型政党制度，新就新在它是马克思主义政党理论同中国实际相结合的产物，能够真实、广泛、持久代表和实现最广大人民根本利益、全国各族各界根本利益，有效避免了旧式政党制度代表少数人、少数利益集团的弊端；新就新在它把各个政党和无党派人士紧密团结起来、为着共同目标而奋斗，有效避免了一党缺乏监督或者多党轮流坐庄、恶性竞争的弊端；新就新在它通过制度化、程序化、规范化的安排集中各种意见和建议、推动决策科学化民主化，有效避免了旧式政党制度囿于党派利益、阶级利益、区域和集团利益决策施政导致社会撕裂的弊端。它不仅符合当代中国实际，而且符合中华民族一贯倡导的天下为公、兼容并蓄、求同存异等优秀传统文化，是对人类政治文明的重大贡献。

习近平强调，中国共产党历来高度重视多党合作。中国共产党领导的多党合作和政治协商制度，既强调中国共产党的领导，也强调发扬社会主义民主。政治协商、民主监督、参政议政，就是这种民主最基本的体现。坚持中国共产党的领导，不是不要民主了，而是要形成更广泛、更有效的民主。我们应该不忘多党合作建立之初心，坚定不移走中国特色社会主义政治发展道路，把我国社会主义政党制度坚持好、发展好、完善好。

习近平希望各民主党派和无党派人士要做中国共产党的好参谋、好帮手、好同事，增强责任和担当，共同把中国的事情办好。新时代多党合作舞台极为广阔，要用好政党协商这个民主形式和制度渠道，有事多商量、有事好商量、有事会商量，通过协商凝聚共识、凝聚智慧、凝聚力量。完善政党协商制度决不是搞花架子，要做到言之有据、言之有理、言之有度、言之有物，真诚协商、务实协商，道实情、建良言，参政参到要点上，议政议到关键处，努力在会协商、善议政上取得实效。

习近平指出，决胜全面建成小康社会，打赢防范化解重大风险、精准脱贫、污染防治三大攻坚战，有许多重大任务和举措需要合力推进，有许多问题需要深入研究。大家要找准切入点、结合点、着力点，深入一线调查研究，积极开展批评监督，推动各项决策部署落地见效。

习近平强调，今年是纪念“五一口号”发布70周年，各民主党派要弘扬优良传统，切实加强自身建设，加强思想政治引领，努力把中国特色社会主义参政党建设提高到新水平。无党派人士主体是知识分子，要带头践行社会主义核心价值观，坚持真理、传播真知，积极向社会传递正能量。侨联组织要发挥桥梁和纽带作用，广泛凝聚侨心、侨力、侨智，团结动员广大归侨侨眷和海外侨胞为改革开放和社会主义现代化建设贡献力量。

尤权、张庆黎、万钢、陈晓光等参加联组会。

在第十三届全国人民代表大会第一次会议上的讲话

（2018 年 3 月 20 日）

习　近　平

各位代表：

这次大会选举我继续担任中华人民共和国主席，我对各位代表和全国各族人民给予我的信任，表示衷心的感谢！

担任中华人民共和国主席这一崇高职务，使命光荣，责任重大。我将一如既往，忠实履行宪法赋予的职责，忠于祖国，忠于人民，恪尽职守，竭尽全力，勤勉工作，赤诚奉献，做人民的勤务员，接受人民监督，决不辜负各位代表和全国各族人民的信任和重托！

一切国家机关工作人员，无论身居多高的职位，都必须牢记我们的共和国是中华人民共和国，始终要把人民放在心中最高的位置，始终全心全意为人民服务，始终为人民利益和幸福而努力工作。

各位代表！

人民是历史的创造者，人民是真正的英雄。波澜壮阔的中华民族发展史是中国人民书写的！博大精深的中华文明是中国人民创造的！历久弥新的中华民族精神是中国人民培育的！中华民族迎来了从站起来、富起来到强起来的伟大飞跃是中国人民奋斗出来的！

中国人民的特质、禀赋不仅铸就了绵延几千年发展至今的中华文明，而且深刻影响着当代中国发展进步，深刻影响着当代中国人的精神世界。中国人民在长期奋斗中培育、继承、发展起来的伟大民族精神，为中国发展和人类文明进步提供了强大精神动力。

——中国人民是具有伟大创造精神的人民。在几千年历史长河中，中国人民始终辛勤劳作、发明创造，我国产生了老子、孔子、庄子、孟子、墨子、孙子、韩非子等闻名于世的伟大思想巨匠，发明了造纸术、火药、印刷术、指南针等深刻影响人类文明进程的伟大科技成果，创作了诗经、楚辞、汉赋、唐诗、宋词、元曲、明清小说等伟大文艺作品，传承了格萨尔王、玛纳斯、江格尔等震撼人心的伟大史诗，建设了万里长城、都江堰、大运河、故宫、布达拉宫等气势恢弘的伟大工程。今天，中国人民的创造精神正在前所未有地迸发出来，推动我国日新月异向前发展，大踏步走在世界前列。我相信，只要 13 亿多中国人民始终发扬这种伟大创造精神，我们就一定能够创造出一个又一个人间奇迹！

——中国人民是具有伟大奋斗精神的人民。在几千年历史长河中，中国人民始终革故鼎新、自强不息，开发和建设了祖国辽阔秀丽的大好河山，开拓了波涛万顷的辽阔海疆，开垦了物产丰富的广袤粮田，治理了桀骜不驯的千百条大江大河，战胜了数不清的自然灾害，建设了星罗棋布的城镇乡村，发展了门类齐全的产业，形成了多姿多彩的生活。中国人民自古就明白，世界上没有坐享其成的好事，要幸福就要奋斗。今天，中国人民拥有的一切，凝聚着中国人的聪明才智，浸透着中国人的辛勤汗水，蕴涵着中国人的巨大牺牲。我相信，只要13亿多中国人民始终发扬这种伟大奋斗精神，我们就一定能够达到创造人民更加美好生活的宏伟目标！

——中国人民是具有伟大团结精神的人民。在几千年历史长河中，中国人民始终团结一心、同舟共济，建立了统一的多民族国家，发展了56个民族多元一体、交织交融的融洽民族关系，形成了守望相助的中华民族大家庭。特别是近代以后，在外来侵略寇急祸重的严峻形势下，我国各族人民手挽着手、肩并着肩，英勇奋斗，浴血奋战，打败了一切穷凶极恶的侵略者，捍卫了民族独立和自由，共同书写了中华民族保卫祖国、抵御外侮的壮丽史诗。今天，中国取得的令世人瞩目的发展成就，更是全国各族人民同心同德、同心同向努力的结果。中国人民从亲身经历中深刻认识到，团结就是力量，团结才能前进，一个四分五裂的国家不可能发展进步。我相信，只要13亿多中国人民始终发扬这种伟大团结精神，我们就一定能够形成勇往直前、无坚不摧的强大力量！

——中国人民是具有伟大梦想精神的人民。在几千年历史长河中，中国人民始终心怀梦想、不懈追求，我们不仅形成了小康生活的理念，而且秉持天下为公的情怀，盘古开天、女娲补天、伏羲画卦、神农尝草、夸父追日、精卫填海、愚公移山等我国古代神话深刻反映了中国人民勇于追求和实现梦想的执着精神。中国人民相信，山再高，往上攀，总能登顶；路再长，走下去，定能到达。近代以来，实现中华民族伟大复兴成为中华民族最伟大的梦想，中国人民百折不挠、坚忍不拔，以同敌人血战到底的气概、在自力更生的基础上光复旧物的决心、自立于世界民族之林的能力，为实现这个伟大梦想进行了170多年的持续奋斗。今天，中国人民比历史上任何时期都更接近、更有信心和能力实现中华民族伟大复兴。我相信，只要13亿多中国人民始终发扬这种伟大梦想精神，我们就一定能够实现中华民族伟大复兴！

同志们！有这样伟大的人民，有这样伟大的民族，有这样的伟大民族精神，是我们的骄傲，是我们坚定中国特色社会主义道路自信、理论自信、制度自信、文化自信的底气，也是我们风雨无阻、高歌行进的根本力量！

我国是工人阶级领导的、以工农联盟为基础的人民民主专政的社会主义国家，国家一切权力属于人民。我们必须始终坚持人民立场，坚持人民主体地位，虚心向人民学习，倾听人民呼声，汲取人民智慧，把人民拥护不拥护、赞成不赞成、高兴不高兴、答应不答应作为衡量一切工作得失的根本标准，着力解决好人民最关心最直接最现实的利益问题，让全体中国人民和中华儿女在实现中华民族伟大复兴的历史进程中共享幸福和荣光！

各位代表！

人民有信心，国家才有未来，国家才有力量。中国特色社会主义进入了新时代，勤劳勇敢的中国人民更加自信自尊自强。中国这个古老而又现代的东方大国朝气蓬勃、气象万千，中国特色社会主义道路、理论、制度、文化焕发出强大生机活力，奇迹正在中华大地上不断涌现。我们对未来充满信心。

历史已经并将继续证明，只有社会主义才能救中国，只有坚持和发展中国特色社会主义才能实现中华民族伟大复兴。国内外形势正在发生深刻复杂变化，我国发展仍处于重要战略机遇期。我们具备过去难以想象的良好发展条件，但也面临着许多前所未有的困难和挑战。中国共产党第十九次全国代表大会描绘了决胜全面建成小康社会、开启全面建设社会主义现代化国家新征程、实现中华民族伟大复兴的宏伟蓝图。把蓝图变为现实，是一场新的长征。路虽然还很长，但时间不等人，容不得有半点懈怠。我们决不能安于现状、贪图安逸、乐而忘忧，必须不忘初心、牢记使命、奋发有为，努力创造属于新时代的光辉业绩！

我们要适应我国发展新的历史方位，紧扣我国社会主要矛盾的变化，高举中国特色社会主义伟大旗帜，全面贯彻党的十九大和十九届二中、三中全会精神，坚持以马克思列宁主义、毛泽东思想、邓小平理论、"三个代表"重要思想、科学发展观、新时代中国特色社会主义思想为指导，坚持稳中求进工作总基调，坚持以人民为中心的发展思想，统揽伟大斗争、伟大工程、伟大事业、伟大梦想，统筹推进"五位一体"总体布局，协调推进"四个全面"战略布局，奋力开创新时代中国特色社会主义事业新局面！

我们的目标是，到本世纪中叶把我国建成富强民主文明和谐美丽的社会主义现代化强国。

我们要以更大的力度、更实的措施全面深化改革、扩大对外开放，贯彻新发展理念，推动经济高质量发展，建设现代化经济体系，不断增强我国经济实力、科技实力、综合国力，让社会主义市场经济的活力更加充分地展示出来。

我们要以更大的力度、更实的措施发展社会主义民主，坚持党的领导、人民当家作主、依法治国有机统一，建设社会主义法治国家，推进国家治理体系和治理能力现代化，巩固和发展最广泛的爱国统一战线，确保人民享有更加广泛、更加充分、更加真实的民主权利，让社会主义民主的优越性更加充分地展示出来。

我们要以更大的力度、更实的措施加快建设社会主义文化强国，培育和践行社会主义核心价值观，推动中华优秀传统文化创造性转化、创新性发展，让中华文明的影响力、凝聚力、感召力更加充分地展示出来。

我们要以更大的力度、更实的措施保障和改善民生，加强和创新社会治理，坚决打赢脱贫攻坚战，促进社会公平正义，在幼有所育、学有所教、劳有所得、病有所医、老有所养、住有所居、弱有所扶上不断取得新进展，让实现全体人民共同富裕在广大人民现实生活中更加充分地展示出来。

我们要以更大的力度、更实的措施推进生态文明建设，加快形成绿色生产方式和生活方式，着力解决突出环境问题，使我们的国家天更蓝、山更绿、水更清、环境更优美，让绿水青山就是金山银山的理念在祖国大地上更加充分地展示出来。

我们要坚持党对人民军队的绝对领导，全面贯彻新时代党的强军思想，不断推进政治建军、改革强军、科技兴军、依法治军，加快形成中国特色、世界一流的武装力量体系，构建中国特色现代作战体系，推动人民军队切实担负起党和人民赋予的新时代使命任务。

我们要全面准确贯彻"一国两制"、"港人治港"、"澳人治澳"、高度自治的方针，严格依照宪法和基本法办事，支持特别行政区政府和行政长官依法施政、积极作为，支持香港、澳门融入国家发展大局，增强香港、澳门同胞的国家意识和爱国精神，维护香港、澳门长期繁荣稳定。我们要坚持一个中国原则，坚持“九二共识”，推动两岸关系和平发展，扩大两岸经济文化交流合作，同台湾同胞分享大陆发展的机遇，增进台湾同胞福祉，推进祖国和平统一进程。

维护国家主权和领土完整，实现祖国完全统一，是全体中华儿女共同愿望，是中华民族根本利益所在。在这个民族大义和历史潮流面前，一切分裂祖国的行径和伎俩都是注定要失败的，都会受到人民的谴责和历史的惩罚！中国人民有坚定的意志、充分的信心、足够的能力挫败一切分裂国家的活动！中国人民和中华民族有一个共同信念，这就是：我们伟大祖国的每一寸领土都绝对不能也绝对不可能从中国分割出去！

各位代表！

我们生活的世界充满希望，也充满挑战。中国人民历来富有正义感和同情心，历来把自己的前途命运同各国人民的前途命运紧密联系在一起，始终密切关注和无私帮助仍然生活在战火、动荡、饥饿、贫困中的有关国家的人民，始终愿意尽最大努力为人类和平与发展作出贡献。中国人民这个愿望是真诚的，中国决不会以牺牲别国利益为代价来发展自己，中国发展不对任何国家构成威胁，中国永远不称霸、永远不搞扩张。只有那些习惯于威胁他人的人，才会把所有人都看成是威胁。对中国人民为人类和平与发展作贡献的真诚愿望和实际行动，任何人都不应该误读，更不应该曲解。人间自有公道在！

中国将继续高举和平、发展、合作、共赢的旗帜，始终不渝走和平发展道路、奉行互利共赢的开放战略。中国将继续积极维护国际公平正义，主张世界上的事情应该由各国人民商量着办，不会把自己的意志强加于人。中国将继续积极推进“一带一路”建设，加强同世界各国的交流合作，让中国改革发展造福人类。中国将继续积极参与全球治理体系变革和建设，为世界贡献更多中国智慧、中国方案、中国力量，推动建设持久和平、普遍安全、共同繁荣、开放包容、清洁美丽的世界，让人类命运共同体建设的阳光普照世界！

各位代表！

中国共产党领导是中国特色社会主义最本质的特征，中国共产党是国家最高政治领导力量，是实现中华民族伟大复兴的根本保证。东西南北中，党政军民学，党是领导一切的。全国各党派、各团体、各民族、各阶层、各界人士要紧密团结在党中央周围，增强“四个意识”，坚定“四个自信”，万众一心向前进。

中国共产党要担负起领导人民进行伟大社会革命的历史责任，必须勇于进行自我革命，坚持立党为公、执政为民，深入推进全面从严治党，坚决扫除一切消极腐败现象，始终与人民心心相印、与人民同甘共苦、与人民团结奋斗，永远保持马克思主义执政党本色，永远走在时代前列，永远做中国人民和中华民族的主心骨！

各位代表！

“等闲识得东风面，万紫千红总是春。”在中国共产党领导下，经过近70年奋斗，我们的人民共和国茁壮成长，正以崭新的姿态屹立于世界东方！

新时代属于每一个人，每一个人都是新时代的见证者、开创者、建设者。只要精诚团结、共同奋斗，就没有任何力量能够阻挡中国人民实现梦想的步伐！

我们要乘着新时代的浩荡东风，加满油，把稳舵，鼓足劲，让承载着13亿多中国人民伟大梦想的中华巨轮继续劈波斩浪、扬帆远航，胜利驶向充满希望的明天！

谢谢大家。

在全国政协新年茶话会上的讲话

（2018 年 12 月 29 日）

习 近 平

同志们，朋友们：

大家好！日月不肯迟，四时相催迫。今天，我们欢聚一堂，畅叙友情，辞旧迎新，心情格外高兴！

首先，我代表中共中央、国务院和中央军委，向各民主党派、工商联和无党派人士、各人民团体，向全国广大工人、农民、知识分子、干部和各界人士，向人民解放军指战员、武警官兵、公安干警和消防救援队伍指战员，向香港特别行政区同胞、澳门特别行政区同胞、台湾同胞和海外侨胞，向关心和支持中国改革开放和现代化建设的各国朋友，致以节日的问候和诚挚的祝福！大家新年好！

2018 年，是贯彻落实中共十九大精神开局之年，也是党和国家事业发展极不平凡的一年。中共中央团结带领全国各族人民，按照中共十九大作出的战略部署，深入推进供给侧结构性改革，着力打好防范化解重大风险、精准脱贫、污染防治三大攻坚战，推动经济建设、政治建设、文化建设、社会建设、生态文明建设以及国防和军队建设、港澳工作和对台工作、外事工作取得重大进展，人民群众获得感、幸福感、安全感持续增强。我们举办海南建省办经济特区 30 周年、广西壮族自治区成立 60 周年、宁夏回族自治区成立 60 周年等庆祝活动，民族团结进步事业取得新进展。我们深入推进国防和军队改革，实施军民融合发展战略，强军事业展现新气象。我们维护香港、澳门繁荣稳定，港珠澳大桥正式开通，粤港澳大湾区建设成为推动“一国两制”事业发展新实践。我们坚持一个中国原则和“九二共识”，增进两岸人民福祉，坚决反对“台独”势力及其分裂活动。我们成功举办博鳌亚洲论坛年会、上海合作组织峰会、中非合作论坛峰会等主场外交活动，积极参加国际多边外交，推动共建“一带一路”走深走实，推动构建人类命运共同体，我们的朋友圈持续扩大。

2018 年是改革开放 40 周年，我们隆重举行了庆祝活动，表彰为改革开放作出杰出贡献的人员，总结改革开放 40 年伟大成就和宝贵经验。对改革开放最好的庆祝就是坚定不移深化改革、扩大开放，今年中央全面深化改革委员会部署的 78 个重点改革任务和其他 80 个改革任务基本完成，中央和国家机关有关部门还完成 171 个改革任务，各方面共出台 329 个改革方案。宪法修改顺利完成，党和国家机构改革顺利推进，国家监察体制改革取得重要阶段性成果，支持海南全岛建设自由贸易试验区、逐步探索建立中国特色自由贸易港建设，持续放宽市场准入，主动扩大进口，举办首届中国国际进口博览会。党的十八届三中全会以来，我们已经推出了 1932 个改革方案。我们用行动宣示了在新时代将改革开放进行到底的坚定决心！

中国共产党贯彻落实新时代党的建设总要求，把党的政治建设作为根本性建设，坚持严字当头、全面从严、一严到底，持之以恒正风肃纪，巩固反腐败斗争压倒性胜利，继续净化党内政治生态。

一年来，广大干部群众在各自岗位上辛勤劳动、努力工作，每一个人都作出了贡献。涓涓细流终能汇成大江大海。党和国家各项事业取得的成就，归功于全体人民辛勤劳作。同时，我们在工作中还存在不少缺点和不足，人民群众生产生活中还有不少困难和问题。我们不能为取得的成绩而沾沾自喜，更不能在实现人民对美好生活的向往上有丝毫懈怠，必须风雨兼程、再接再厉。这是时代的要求、人民的期待。

同志们、朋友们！

2019 年是新中国成立 70 周年，是决胜全面建成小康社会关键之年。我们要隆重庆祝新中国成立 70 周年，鼓舞全党全国各族人民勇往直前、再创辉煌。

在新的一年里，我们要以新时代中国特色社会主义思想为指导，全面贯彻落实中共十九大精神，坚持稳中求进工作总基调，统筹推进“五位一体”总体布局，协调推进“四个全面”战略布局，贯彻巩固、增强、提升、畅通的方针，坚持以供给侧结构性改革为主线，继续打好三大攻坚战，统筹推进稳增长、促改革、调结构、惠民生、防风险、保稳定工作，保持经济持续健康发展。我们要支持香港、澳门融入国家发展大局，维护香港、澳门长期繁荣稳定。我们要推动两岸关系和平发展，深化两岸各领域交流合作，增进两岸同胞亲情。我们要高举和平、发展、合作、共赢的旗帜，推动构建人类命运共同体，努力开创中国特色大国外交新局面。

展望即将到来的 2019 年，必然是机遇和挑战相互交织。做好 2019 年各项工作，必须崇尚学习、加强学习，崇尚创新、勇于创新，崇尚团结、增进团结，既抢抓发展机遇，又妥善应对挑战，坚定不移朝着既定目标前进。

同志们、朋友们！

2018 年，人民政协坚持中国共产党对人民政协工作的全面领导，围绕团结和民主两大主题，聚焦党和国家中心任务，发挥专门协商机构作用，在建言资政和凝聚共识上双向发力，为党和国家事业发展作出了新贡献。

人心是最大的政治，共识是奋进的动力。2019 年，人民政协将迎来 70 周年华诞，要把加强思想政治引领、广泛凝聚共识作为履职工作的中心环节，加强各党派团体、各族各界人士大团结大联合，担负起把中共中央对人民政协工作的要求落实下去、把海内外中华儿女实现中华民族伟大复兴中国梦的智慧和力量凝聚起来的政治责任，以优异成绩迎接新中国成立 70 周年。

同志们、朋友们！

70 年前，中国共产党以豪迈的气概，号召将革命进行到底，各民主党派、无党派人士和各人民团体、各族各界代表热烈响应中国共产党号召，共同努力实现了建立新中国这一中国人民站起来的历史伟业。现在，我们经过不懈奋斗，迎来了从站起来、富起来到强起来伟大飞跃的光明前景，只要全国各族人民紧密团结在中国共产党周围，风雨同舟，万众一心，攻坚克难，任何困难任何势力都不能阻挡我们前进的步伐，我们一定能够实现中华民族伟大复兴的中国梦！一定能够对人类作出新的更大的贡献！

谢谢各位。

重　要　文　献

中华人民共和国宪法

（1982 年 12 月 4 日第五届全国人民代表大会第五次会议通过　1982 年 12 月 4 日全国人民代表大会公告公布施行

根据 1988 年 4 月 12 日第七届全国人民代表大会第一次会议通过的《中华人民共和国宪法修正案》、1993 年 3 月 29 日第八届全国人民代表大会第一次会议通过的《中华人民共和国宪法修正案》、1999 年 3 月 15 日第九届全国人民代表大会第二次会议通过的《中华人民共和国宪法修正案》、2004 年 3 月 14 日第十届全国人民代表大会第二次会议通过的《中华人民共和国宪法修正案》和 2018 年 3 月 11 日第十三届全国人民代表大会第一次会议通过的《中华人民共和国宪法修正案》修正）

目录

序　言

中国是世界上历史最悠久的国家之一。中国各族人民共同创造了光辉灿烂的文化，具有光荣的革命传统。

一八四〇年以后，封建的中国逐渐变成半殖民地、半封建的国家。中国人民为国家独立、民族解放和民主自由进行了前仆后继的英勇奋斗。

二十世纪，中国发生了翻天覆地的伟大历史变革。

一九一一年孙中山先生领导的辛亥革命，废除了封建帝制，创立了中华民国。但是，中国人民反对帝国主义和封建主义的历史任务还没有完成。

一九四九年，以毛泽东主席为领袖的中国共产党领导中国各族人民，在经历了长期的艰难曲折的武装斗争和其他形式的斗争以后，终于推翻了帝国主义、封建主义和官僚资本主义的统治，取得了新民主主义革命的伟大胜利，建立了中华人民共和国。从此，中国人民掌握了国家的权力，成为国家的主人。

中华人民共和国成立以后，我国社会逐步实现了由新民主主义到社会主义的过渡。生产资料私有制的社会主义改造已经完成，人剥削人的制度已经消灭，社会主义制度已经确立。工人阶级领导的、以工农联盟为基础的人民民主专政，实质上即无产阶级专政，得到巩固和发展。中国人民和中国人民解放军战胜了帝国主义、霸权主义的侵略、破坏和武装挑衅，维护了国家的独立和安全，增强了国防。经济建设取得了重大的成就，独立的、比较完整的社会主义工业体系已经基本形成，农业生产显著提高。教育、科学、文化等事业有了很大的发展，社会主义思想教育取得了明显的成效。广大人民的生活有了较大的改善。

中国新民主主义革命的胜利和社会主义事业的成就，是中国共产党领导中国各族人民，在马克思列宁主义、毛泽东思想的指引下，坚持真理，修正错误，战胜许多艰难险阻而取得的。我国将长期处于社会主义初级阶段。国家的根本任务是，沿着中国特色社会主义道路，集中力量进行社会主义现代化建设。中国各族人民将继续在中国共产党领导下，在马克思列宁主义、毛泽东思想、邓小平理论、“三个代表”重要思想、科学发展观、习近平新时代中国特色社会主义思想指引下，坚持人民民主专政，坚持社会主义道路，坚持改革开放，不断完善社会主义的各项制度，发展社会主义市场经济，发展社会主义民主，健全社会主义法治，贯彻新发展理念，自力更生，艰苦奋斗，逐步实现工业、农业、国防和科学技术的现代化，推动物质文明、政治文明、精神文明、社会文明、生态文明协调发展，把我国建设成为富强民主文明和谐美丽的社会主义现代化强国，实现中华民族伟大复兴。

在我国，剥削阶级作为阶级已经消灭，但是阶级斗争还将在一定范围内长期存在。中国人民对敌视和破坏我国社会主义制度的国内外的敌对势力和敌对分子，必须进行斗争。

台湾是中华人民共和国的神圣领土的一部分。完成统一祖国的大业是包括台湾同胞在内的全中国人民的神圣职责。

社会主义的建设事业必须依靠工人、农民和知识分子，团结一切可以团结的力量。在长期的革命、建设、改革过程中，已经结成由中国共产党领导的，有各民主党派和各人民团体参加的，包括全体社会主义劳动者、社会主义事业的建设者、拥护社会主义的爱国者、拥护祖国统一和致力于中华民族伟大复兴的爱国者的广泛的爱国统一战线，这个统一战线将继续巩固和发展。中国人民政治协商会议是有广泛代表性的统一战线组织，过去发挥了重要的历史作用，今后在国家政治生活、社会生活和对外友好活动中，在进行社会主义现代化建设、维护国家的统一和团结的斗争中，将进一步发挥它的重要作用。中国共产党领导的多党合作和政治协商制度将长期存在和发展。

中华人民共和国是全国各族人民共同缔造的统一的多民族国家。平等团结互助和谐的社会主义民族关系已经确立，并将继续加强。在维护民族团结的斗争中，要反对大民族主义，主要是大汉族主义，也要反对地方民族主义。国家尽一切努力，促进全国各民族的共同繁荣。

中国革命、建设、改革的成就是同世界人民的支持分不开的。中国的前途是同世界的前途紧密地联系在一起的。中国坚持独立自主的对外政策，坚持互相尊重主权和领土完整、互不侵犯、互不干涉内政、平等互利、和平共处的五项原则，坚持和平发展道路，坚持互利共赢开放战略，发展同各国的外交关系和经济、文化交流，推动构建人类命运共同体；坚持反对帝国主义、霸权主义、殖民主义，加强同世界各国人民的团结，支持被压迫民族和发展中国家争取和维护民族独立、发展民族经济的正义斗争，为维护世界和平和促进人类进步事业而努力。

本宪法以法律的形式确认了中国各族人民奋斗的成果，规定了国家的根本制度和根本任务，是国家的根本法，具有最高的法律效力。全国各族人民、一切国家机关和武装力量、各政党和各社会团体、各企业事业组织，都必须以宪法为根本的活动准则，并且负有维护宪法尊严、保证宪法实施的职责。

第一章　总纲

第一条　中华人民共和国是工人阶级领导的、以工农联盟为基础的人民民主专政的社会主义国家。

社会主义制度是中华人民共和国的根本制度。中国共产党领导是中国特色社会主义最本质的特征。禁止任何组织或者个人破坏社会主义制度。

第二条　中华人民共和国的一切权力属于人民。

人民行使国家权力的机关是全国人民代表大会和地方各级人民代表大会。

人民依照法律规定，通过各种途径和形式，管理国家事务，管理经济和文化事业，管理社会事务。

第三条　中华人民共和国的国家机构实行民主集中制的原则。

全国人民代表大会和地方各级人民代表大会都由民主选举产生，对人民负责，受人民监督。

国家行政机关、监察机关、审判机关、检察机关都由人民代表大会产生，对它负责，受它监督。

中央和地方的国家机构职权的划分，遵循在中央的统一领导下，充分发挥地方的主动性、积极性的原则。

第四条　中华人民共和国各民族一律平等。国家保障各少数民族的合法的权利和利益，维护和发展各民族的平等团结互助和谐关系。禁止对任何民族的歧视和压迫，禁止破坏民族团结和制造民族分裂的行为。

国家根据各少数民族的特点和需要，帮助各少数民族地区加速经济和文化的发展。

各少数民族聚居的地方实行区域自治，设立自治机关，行使自治权。各民族自治地方都是中华人民共和国不可分离的部分。

各民族都有使用和发展自己的语言文字的自由，都有保持或者改革自己的风俗习惯的自由。

第五条　中华人民共和国实行依法治国，建设社会主义法治国家。

国家维护社会主义法制的统一和尊严。

一切法律、行政法规和地方性法规都不得同宪法相抵触。

一切国家机关和武装力量、各政党和各社会团体、各企业事业组织都必须遵守宪法和法律。一切违反宪法和法律的行为，必须予以追究。

任何组织或者个人都不得有超越宪法和法律的特权。

第六条 中华人民共和国的社会主义经济制度的基础是生产资料的社会主义公有制，即全民所有制和劳动群众集体所有制。社会主义公有制消灭人剥削人的制度，实行各尽所能、按劳分配的原则。

国家在社会主义初级阶段，坚持公有制为主体、多种所有制经济共同发展的基本经济制度，坚持按劳分配为主体、多种分配方式并存的分配制度。

第七条 国有经济，即社会主义全民所有制经济，是国民经济中的主导力量。国家保障国有经济的巩固和发展。

第八条 农村集体经济组织实行家庭承包经营为基础、统分结合的双层经营体制。农村中的生产、供销、信用、消费等各种形式的合作经济，是社会主义劳动群众集体所有制经济。参加农村集体经济组织的劳动者，有权在法律规定的范围内经营自留地、自留山、家庭副业和饲养自留畜。

城镇中的手工业、工业、建筑业、运输业、商业、服务业等行业的各种形式的合作经济，都是社会主义劳动群众集体所有制经济。

国家保护城乡集体经济组织的合法的权利和利益，鼓励、指导和帮助集体经济的发展。

第九条 矿藏、水流、森林、山岭、草原、荒地、滩涂等自然资源，都属于国家所有，即全民所有；由法律规定属于集体所有的森林和山岭、草原、荒地、滩涂除外。

国家保障自然资源的合理利用，保护珍贵的动物和植物。禁止任何组织或者个人用任何手段侵占或者破坏自然资源。

第十条 城市的土地属于国家所有。

农村和城市郊区的土地，除由法律规定属于国家所有的以外，属于集体所有；宅基地和自留地、自留山，也属于集体所有。

国家为了公共利益的需要，可以依照法律规定对土地实行征收或者征用并给予补偿。

任何组织或者个人不得侵占、买卖或者以其他形式非法转让土地。土地的使用权可以依照法律的规定转让。

一切使用土地的组织和个人必须合理地利用土地。

第十一条 在法律规定范围内的个体经济、私营经济等非公有制经济，是社会主义市场经济的重要组成部分。

国家保护个体经济、私营经济等非公有制经济的合法的权利和利益。国家鼓励、支持和引导非公有制经济的发展，并对非公有制经济依法实行监督和管理。

第十二条 社会主义的公共财产神圣不可侵犯。

国家保护社会主义的公共财产。禁止任何组织或者个人用任何手段侵占或者破坏国家的和集体的财产。

第十三条 公民的合法的私有财产不受侵犯。

国家依照法律规定保护公民的私有财产权和继承权。

国家为了公共利益的需要，可以依照法律规定对公民的私有财产实行征收或者征用并给予补偿。

第十四条 国家通过提高劳动者的积极性和技术水平，推广先进的科学技术，完善经济管理体制和企业经营管理制度，实行各种形式的社会主义责任制，改进劳动组织，以不断提高劳动生产率和经济效益，发展社会生产力。

国家厉行节约，反对浪费。

国家合理安排积累和消费，兼顾国家、集体和个人的利益，在发展生产的基础上，逐步改善人民的物质生活和文化生活。

国家建立健全同经济发展水平相适应的社会保障制度。

第十五条 国家实行社会主义市场经济。

国家加强经济立法，完善宏观调控。

国家依法禁止任何组织或者个人扰乱社会经济秩序。

第十六条 国有企业在法律规定的范围内有权自主经营。

国有企业依照法律规定，通过职工代表大会和其他形式，实行民主管理。

第十七条 集体经济组织在遵守有关法律的前提下，有独立进行经济活动的自主权。

集体经济组织实行民主管理，依照法律规定选举和罢免管理人员，决定经营管理的重大问题。

第十八条 中华人民共和国允许外国的企业和其他经济组织或者个人依照中华人民共和国法律的规定在中国投资，同中国的企业或者其他经济组织进行各种形式的经济合作。

在中国境内的外国企业和其他外国经济组织以及中外合资经营的企业，都必须遵守中华人民共和国的法律。它们的合法的权利和利益受中华人民共和国法律的保护。

第十九条 国家发展社会主义的教育事业，提高全国人民的科学文化水平。

国家举办各种学校，普及初等义务教育，发展中等教育、职业教育和高等教育，并且发展学前教育。

国家发展各种教育设施，扫除文盲，对工人、农民、国家工作人员和其他劳动者进行政治、文化、科学、技术、业务的教育，鼓励自学成才。

国家鼓励集体经济组织、国家企业事业组织和其他社会力量依照法律规定举办各种教育事业。

国家推广全国通用的普通话。

第二十条 国家发展自然科学和社会科学事业，普及科学和技术知识，奖励科学研究成果和技术发明创造。

第二十一条 国家发展医疗卫生事业，发展现代医药和我国传统医药，鼓励和支持农村集体经济组织、国家企业事业组织和街道组织举办各种医疗卫生设施，开展群众性的卫生活动，保护人民健康。

国家发展体育事业，开展群众性的体育活动，增强人民体质。

第二十二条 国家发展为人民服务、为社会主义服务的文学艺术事业、新闻广播电视事业、出版发行事业、图书馆博物馆文化馆和其他文化事业，开展群众性的文化活动。

国家保护名胜古迹、珍贵文物和其他重要历史文化遗产。

第二十三条 国家培养为社会主义服务的各种专业人才，扩大知识分子的队伍，创造条件，充分发挥他们在社会主义现代化建设中的作用。

第二十四条 国家通过普及理想教育、道德教育、文化教育、纪律和法制教育，通过在城乡不同范围的群众中制定和执行各种守则、公约，加强社会主义精神文明的建设。

国家倡导社会主义核心价值观，提倡爱祖国、爱人民、爱劳动、爱科学、爱社会主义的公德，在人民中进行爱国主义、集体主义和国际主义、共产主义的教育，进行辩证唯物主义和历史唯物主义的教育，反对资本主义的、封建主义的和其他的腐朽思想。

第二十五条 国家推行计划生育，使人口的增长同经济和社会发展计划相适应。

第二十六条 国家保护和改善生活环境和生态环境，防治污染和其他公害。

国家组织和鼓励植树造林，保护林木。

第二十七条 一切国家机关实行精简的原则，实行工作责任制，实行工作人员的培训和考核制度，不断提高工作质量和工作效率，反对官僚主义。

一切国家机关和国家工作人员必须依靠人民的支持，经常保持同人民的密切联系，倾听人民的意见和建议，接受人民的监督，努力为人民服务。

国家工作人员就职时应当依照法律规定公开进行宪法宣誓。

第二十八条 国家维护社会秩序，镇压叛国和其他危害国家安全的犯罪活动，制裁危害社会治安、破坏社会主义经济和其他犯罪的活动，惩办和改造犯罪分子。

第二十九条 中华人民共和国的武装力量属于人民。它的任务是巩固国防，抵抗侵略，保卫祖国，保卫人民的和平劳动，参加国家建设事业，努力为人民服务。

国家加强武装力量的革命化、现代化、正规化的建设，增强国防力量。

第三十条 中华人民共和国的行政区域划分如下：

（一）全国分为省、自治区、直辖市；

（二）省、自治区分为自治州、县、自治县、市；

（三）县、自治县分为乡、民族乡、镇。

直辖市和较大的市分为区、县。自治州分为县、自治县、市。

自治区、自治州、自治县都是民族自治地方。

第三十一条 国家在必要时得设立特别行政区。在特别行政区内实行的制度按照具体情况由全国人民代表大会以法律规定。

第三十二条 中华人民共和国保护在中国境内的外国人的合法权利和利益，在中国境内的外国人必须遵守中华人民共和国的法律。

中华人民共和国对于因为政治原因要求避难的外国人，可以给予受庇护的权利。

第二章　公民的基本权利和义务

第三十三条 凡具有中华人民共和国国籍的人都是中华人民共和国公民。

中华人民共和国公民在法律面前一律平等。

国家尊重和保障人权。

任何公民享有宪法和法律规定的权利，同时必须履行宪法和法律规定的义务。

第三十四条 中华人民共和国年满十八周岁的公民，不分民族、种族、性别、职业、家庭出身、宗教信仰、教育程度、财产状况、居住期限，都有选举权和被选举权；但是依照法律被剥夺政治权利的人除外。

第三十五条 中华人民共和国公民有言论、出版、集会、结社、游行、示威的自由。

第三十六条 中华人民共和国公民有宗教信仰自由。

任何国家机关、社会团体和个人不得强制公民信仰宗教或者不信仰宗教，不得歧视信仰宗教的公民和不信仰宗教的公民。

国家保护正常的宗教活动。任何人不得利用宗教进行破坏社会秩序、损害公民身体健康、妨碍国家教育制度的活动。

宗教团体和宗教事务不受外国势力的支配。

第三十七条 中华人民共和国公民的人身自由不受侵犯。

任何公民，非经人民检察院批准或者决定或者人民法院决定，并由公安机关执行，不受逮捕。

禁止非法拘禁和以其他方法非法剥夺或者限制公民的人身自由，禁止非法搜查公民的身体。

第三十八条 中华人民共和国公民的人格尊严不受侵犯。禁止用任何方法对公民进行侮辱、诽谤和诬告陷害。

第三十九条 中华人民共和国公民的住宅不受侵犯。禁止非法搜查或者非法侵入公民的住宅。

第四十条 中华人民共和国公民的通信自由和通信秘密受法律的保护。除因国家安全或者追查刑事犯罪的需要，由公安机关或者检察机关依照法律规定的程序对通信进行检查外，任何组织或者个人不得以任何理由侵犯公民的通信自由和通信秘密。

第四十一条 中华人民共和国公民对于任何国家机关和国家工作人员，有提出批评和建议的权利；对于任何国家机关和国家工作人员的违法失职行为，有向有关国家机关提出申诉、控告或者检举的权利，但是不得捏造或者歪曲事实进行诬告陷害。

对于公民的申诉、控告或者检举，有关国家机关必须查清事实，负责处理。任何人不得压制和打击报复。

由于国家机关和国家工作人员侵犯公民权利而受到损失的人，有依照法律规定取得赔偿的权利。

第四十二条 中华人民共和国公民有劳动的权利和义务。

国家通过各种途径，创造劳动就业条件，加强劳动保护，改善劳动条件，并在发展生产的基础上，提高劳动报酬和福利待遇。

劳动是一切有劳动能力的公民的光荣职责。国有企业和城乡集体经济组织的劳动者都应当以国家主人翁的态度对待自己的劳动。国家提倡社会主义劳动竞赛，奖励劳动模范和先进工作者。国家提倡公民从事义务劳动。

国家对就业前的公民进行必要的劳动就业训练。

第四十三条 中华人民共和国劳动者有休息的权利。

国家发展劳动者休息和休养的设施，规定职工的工作时间和休假制度。

第四十四条 国家依照法律规定实行企业事业组织的职工和国家机关工作人员的退休制度。退休人员的生活受到国家和社会的保障。

第四十五条 中华人民共和国公民在年老、疾病或者丧失劳动能力的情况下，有从国家和社会获得物质帮助的权利。国家发展为公民享受这些权利所需要的社会保险、社会救济和医疗卫生事业。

国家和社会保障残废军人的生活，抚恤烈士家属，优待军人家属。

国家和社会帮助安排盲、聋、哑和其他有残疾的公民的劳动、生活和教育。

第四十六条 中华人民共和国公民有受教育的权利和义务。

国家培养青年、少年、儿童在品德、智力、体质等方面全面发展。

第四十七条 中华人民共和国公民有进行科学研究、文学艺术创作和其他文化活动的自由。国家对于从事教育、科学、技术、文学、艺术和其他文化事业的公民的有益于人民的创造性工作，给以鼓励和帮助。

第四十八条 中华人民共和国妇女在政治的、经济的、文化的、社会的和家庭的生活等各方面享有同男子平等的权利。

国家保护妇女的权利和利益，实行男女同工同酬，培养和选拔妇女干部。

第四十九条 婚姻、家庭、母亲和儿童受国家的保护。

夫妻双方有实行计划生育的义务。

父母有抚养教育未成年子女的义务，成年子女有赡养扶助父母的义务。

禁止破坏婚姻自由，禁止虐待老人、妇女和儿童。

第五十条 中华人民共和国保护华侨的正当的权利和利益，保护归侨和侨眷的合法的权利和利益。

第五十一条 中华人民共和国公民在行使自由和权利的时候，不得损害国家的、社会的、集体的利益和其他公民的合法的自由和权利。

第五十二条 中华人民共和国公民有维护国家统一和全国各民族团结的义务。

第五十三条 中华人民共和国公民必须遵守宪法和法律，保守国家秘密，爱护公共财产，遵守劳动纪律，遵守公共秩序，尊重社会公德。

第五十四条 中华人民共和国公民有维护祖国的安全、荣誉和利益的义务，不得有危害祖国的安全、荣誉和利益的行为。

第五十五条 保卫祖国、抵抗侵略是中华人民共和国每一个公民的神圣职责。

依照法律服兵役和参加民兵组织是中华人民共和国公民的光荣义务。

第五十六条 中华人民共和国公民有依照法律纳税的义务。

第三章 国家机构

第一节 全国人民代表大会

第五十七条 中华人民共和国全国人民代表大会是最高国家权力机关。它的常设机关是全国人民代表大会常务委员会。

第五十八条 全国人民代表大会和全国人民代表大会常务委员会行使国家立法权。

第五十九条 全国人民代表大会由省、自治区、直辖市、特别行政区和军队选出的代表组成。各少数民族都应当有适当名额的代表。

全国人民代表大会代表的选举由全国人民代表大会常务委员会主持。

全国人民代表大会代表名额和代表产生办法由法律规定。

第六十条 全国人民代表大会每届任期五年。

全国人民代表大会任期届满的两个月以前，全国人民代表大会常务委员会必须完成下届全国人民代表大会代表的选举。如果遇到不能进行选举的非常情况，由全国人民代表大会常务委员会以全体组成人员的三分之二以上的多数通过，可以推迟选举，延长本届全国人民代表大会的任期。在非常情况结束后一年内，必须完成下届全国人民代表大会代表的选举。

第六十一条 全国人民代表大会会议每年举行一次，由全国人民代表大会常务委员会召集。如果全国人民代表大会常务委员会认为必要，或者有五分之一以上的全国人民代表大会代表提议，可以临时召集全国人民代表大会会议。

全国人民代表大会举行会议的时候，选举主席团主持会议。

第六十二条 全国人民代表大会行使下列职权：

（一）修改宪法；

（二）监督宪法的实施；

（三）制定和修改刑事、民事、国家机构的和其他的基本法律；

（四）选举中华人民共和国主席、副主席；

（五）根据中华人民共和国主席的提名，决定国务院总理的人选；根据国务院总理的提名，决定国务院副总理、国务委员、各部部长、各委员会主任、审计长、秘书长的人选；

（六）选举中央军事委员会主席；根据中央军事委员会主席的提名，决定中央军事委员会其他组成人员的人选；

（七）选举国家监察委员会主任；

（八）选举最高人民法院院长；

（九）选举最高人民检察院检察长；

（十）审查和批准国民经济和社会发展计划和计划执行情况的报告；

（十一）审查和批准国家的预算和预算执行情况的报告；

（十二）改变或者撤销全国人民代表大会常务委员会不适当的决定；

（十三）批准省、自治区和直辖市的建置；

（十四）决定特别行政区的设立及其制度；

（十五）决定战争和和平的问题；

（十六）应当由最高国家权力机关行使的其他职权。

第六十三条 全国人民代表大会有权罢免下列人员：

（一）中华人民共和国主席、副主席；

（二）国务院总理、副总理、国务委员、各部部长、各委员会主任、审计长、秘书长；

（三）中央军事委员会主席和中央军事委员会其他组成人员；

（四）国家监察委员会主任；

（五）最高人民法院院长；

（六）最高人民检察院检察长。

第六十四条 宪法的修改，由全国人民代表大会常务委员会或者五分之一以上的全国人民代表大会代表提议，并由全国人民代表大会以全体代表的三分之二以上的多数通过。

法律和其他议案由全国人民代表大会以全体代表的过半数通过。

第六十五条 全国人民代表大会常务委员会由下列人员组成：

委员长，

副委员长若干人，

秘书长，

委员若干人。

全国人民代表大会常务委员会组成人员中，应当有适当名额的少数民族代表。

全国人民代表大会选举并有权罢免全国人民代表大会常务委员会的组成人员。

全国人民代表大会常务委员会的组成人员不得担任国家行政机关、监察机关、审判机关和检察机关的职务。

第六十六条 全国人民代表大会常务委员会每届任期同全国人民代表大会每届任期相同，它行使职权到下届全国人民代表大会选出新的常务委员会为止。

委员长、副委员长连续任职不得超过两届。

第六十七条 全国人民代表大会常务委员会行使下列职权：

（一）解释宪法，监督宪法的实施；

（二）制定和修改除应当由全国人民代表大会制定的法律以外的其他法律；

（三）在全国人民代表大会闭会期间，对全国人民代表大会制定的法律进行部分补充和修改，但是不得同该法律的基本原则相抵触；

（四）解释法律；

（五）在全国人民代表大会闭会期间，审查和批准国民经济和社会发展计划、国家预算在执行过程中所必须作的部分调整方案；

（六）监督国务院、中央军事委员会、国家监察委员会、最高人民法院和最高人民检察院的工作；

（七）撤销国务院制定的同宪法、法律相抵触的行政法规、决定和命令；

（八）撤销省、自治区、直辖市国家权力机关制定的同宪法、法律和行政法规相抵触的地方性法规和决议；

（九）在全国人民代表大会闭会期间，根据国务院总理的提名，决定部长、委员会主任、审计长、秘书长的人选；

（十）在全国人民代表大会闭会期间，根据中央军事委员会主席的提名，决定中央军事委员会其他组成人员的人选；

（十一）根据国家监察委员会主任的提请，任免国家监察委员会副主任、委员；

（十二）根据最高人民法院院长的提请，任免最高人民法院副院长、审判员、审判委员会委员和军事法院院长；

（十三）根据最高人民检察院检察长的提请，任免最高人民检察院副检察长、检察员、检察委员会委员和军事检察院检察长，并且批准省、自治区、直辖市的人民检察院检察长的任免；

（十四）决定驻外全权代表的任免；

（十五）决定同外国缔结的条约和重要协定的批准和废除；

（十六）规定军人和外交人员的衔级制度和其他专门衔级制度；

（十七）规定和决定授予国家的勋章和荣誉称号；

（十八）决定特赦；

（十九）在全国人民代表大会闭会期间，如果遇到国家遭受武装侵犯或者必须履行国际间共同防止侵略的条约的情况，决定战争状态的宣布；

（二十）决定全国总动员或者局部动员；

（二十一）决定全国或者个别省、自治区、直辖市进入紧急状态；

（二十二）全国人民代表大会授予的其他职权。

第六十八条 全国人民代表大会常务委员会委员长主持全国人民代表大会常务委员会的工作，召集全国人民代表大会常务委员会会议。副委员长、秘书长协助委员长工作。

委员长、副委员长、秘书长组成委员长会议，处理全国人民代表大会常务委员会的重要日常工作。

第六十九条 全国人民代表大会常务委员会对全国人民代表大会负责并报告工作。

第七十条 全国人民代表大会设立民族委员会、宪法和法律委员会、财政经济委员会、教育科学文化卫生委员会、外事委员会、华侨委员会和其他需要设立的专门委员会。在全国人民代表大会闭会期间，各专门委员会受全国人民代表大会常务委员会的领导。

各专门委员会在全国人民代表大会和全国人民代表大会常务委员会领导下，研究、审议和拟订有关议案。

第七十一条 全国人民代表大会和全国人民代表大会常务委员会认为必要的时候，可以组织关于特定问题的调查委员会，并且根据调查委员会的报告，作出相应的决议。

调查委员会进行调查的时候，一切有关的国家机关、社会团体和公民都有义务向它提供必要的材料。

第七十二条 全国人民代表大会代表和全国人民代表大会常务委员会组成人员，有权依照法律规定的程序分别提出属于全国人民代表大会和全国人民代表大会常务委员会职权范围内的议案。

第七十三条 全国人民代表大会代表在全国人民代表大会开会期间，全国人民代表大会常务委员会组成人员在常务委员会开会期间，有权依照法律规定的程序提出对国务院或者国务院各部、各委员会的质询案。受质询的机关必须负责答复。

第七十四条 全国人民代表大会代表，非经全国人民代表大会会议主席团许可，在全国人民代表大会闭会期间非经全国人民代表大会常务委员会许可，不受逮捕或者刑事审判。

第七十五条 全国人民代表大会代表在全国人民代表大会各种会议上的发言和表决，不受法律追究。

第七十六条 全国人民代表大会代表必须模范地遵守宪法和法律，保守国家秘密，并且在自己参加的生产、工作和社会活动中，协助宪法和法律的实施。

全国人民代表大会代表应当同原选举单位和人民保持密切的联系，听取和反映人民的意见和要求，努力为人民服务。

第七十七条 全国人民代表大会代表受原选举单位的监督。原选举单位有权依照法律规定的程序罢免本单位选出的代表。

第七十八条 全国人民代表大会和全国人民代表大会常务委员会的组织和工作程序由法律规定。

第二节 中华人民共和国主席

第七十九条 中华人民共和国主席、副主席由全国人民代表大会选举。

有选举权和被选举权的年满四十五周岁的中华人民共和国公民可以被选为中华人民共和国主席、副主席。

中华人民共和国主席、副主席每届任期同全国人民代表大会每届任期相同。

第八十条 中华人民共和国主席根据全国人民代表大会的决定和全国人民代表大会常务委员会的决定，公布法律，任免国务院总理、副总理、国务委员、各部部长、各委员会主任、审计长、秘书长，授予国家的勋章和荣誉称号，发布特赦令，宣布进入紧急状态，宣布战争状态，发布动员令。

第八十一条 中华人民共和国主席代表中华人民共和国，进行国事活动，接受外国使节；根据全国人民代表大会常务委员会的决定，派遣和召回驻外全权代表，批准和废除同外国缔结的条约和重要协定。

第八十二条 中华人民共和国副主席协助主席工作。

中华人民共和国副主席受主席的委托，可以代行主席的部分职权。

第八十三条 中华人民共和国主席、副主席行使职权到下届全国人民代表大会选出的主席、副主席就职为止。

第八十四条 中华人民共和国主席缺位的时候，由副主席继任主席的职位。

中华人民共和国副主席缺位的时候，由全国人民代表大会补选。

中华人民共和国主席、副主席都缺位的时候，由全国人民代表大会补选；在补选以前，由全国人民代表大会常务委员会委员长暂时代理主席职位。

第三节 国务院

第八十五条 中华人民共和国国务院，即中央人民政府，是最高国家权力机关的执行机关，是最高国家行政机关。

第八十六条 国务院由下列人员组成：

总理，

副总理若干人，

国务委员若干人，

各部部长，

各委员会主任，

审计长，

秘书长。

国务院实行总理负责制。各部、各委员会实行部长、主任负责制。

国务院的组织由法律规定。

第八十七条 国务院每届任期同全国人民代表大会每届任期相同。

总理、副总理、国务委员连续任职不得超过两届。

第八十八条 总理领导国务院的工作。副总理、国务委员协助总理工作。

总理、副总理、国务委员、秘书长组成国务院常务会议。

总理召集和主持国务院常务会议和国务院全体会议。

第八十九条 国务院行使下列职权：

（一）根据宪法和法律，规定行政措施，制定行政法规，发布决定和命令；

（二）向全国人民代表大会或者全国人民代表大会常务委员会提出议案；

（三）规定各部和各委员会的任务和职责，统一领导各部和各委员会的工作，并且领导不属于各部和各委员会的全国性的行政工作；

（四）统一领导全国地方各级国家行政机关的工作，规定中央和省、自治区、直辖市的国家行政机关的职权的具体划分；

（五）编制和执行国民经济和社会发展计划和国家预算；

（六）领导和管理经济工作和城乡建设、生态文明建设；

（七）领导和管理教育、科学、文化、卫生、体育和计划生育工作；

（八）领导和管理民政、公安、司法行政等工作；

（九）管理对外事务，同外国缔结条约和协定；

（十）领导和管理国防建设事业；

（十一）领导和管理民族事务，保障少数民族的平等权利和民族自治地方的自治权利；

（十二）保护华侨的正当的权利和利益，保护归侨和侨眷的合法的权利和利益；

（十三）改变或者撤销各部、各委员会发布的不适当的命令、指示和规章；

（十四）改变或者撤销地方各级国家行政机关的不适当的决定和命令；

（十五）批准省、自治区、直辖市的区域划分，批准自治州、县、自治县、市的建置和区域划分；

（十六）依照法律规定决定省、自治区、直辖市的范围内部分地区进入紧急状态；

（十七）审定行政机构的编制，依照法律规定任免、培训、考核和奖惩行政人员；

（十八）全国人民代表大会和全国人民代表大会常务委员会授予的其他职权。

第九十条 国务院各部部长、各委员会主任负责本部门的工作；召集和主持部务会议或者委员会会议、委务会议，讨论决定本部门工作的重大问题。

各部、各委员会根据法律和国务院的行政法规、决定、命令，在本部门的权限内，发布命令、指示和规章。

第九十一条 国务院设立审计机关，对国务院各部门和地方各级政府的财政收支，对国家的财政金融机构和企业事业组织的财务收支，进行审计监督。

审计机关在国务院总理领导下，依照法律规定独立行使审计监督权，不受其他行政机关、社会团体和个人的干涉。

第九十二条 国务院对全国人民代表大会负责并报告工作；在全国人民代表大会闭会期间，对全国人民代表大会常务委员会负责并报告工作。

第四节　中央军事委员会

第九十三条　中华人民共和国中央军事委员会领导全国武装力量。

中央军事委员会由下列人员组成：

主席，

副主席若干人，

委员若干人。

中央军事委员会实行主席负责制。

中央军事委员会每届任期同全国人民代表大会每届任期相同。

第九十四条　中央军事委员会主席对全国人民代表大会和全国人民代表大会常务委员会负责。

第五节　地方各级人民代表大会和地方各级人民政府

第九十五条　省、直辖市、县、市、市辖区、乡、民族乡、镇设立人民代表大会和人民政府。

地方各级人民代表大会和地方各级人民政府的组织由法律规定。

自治区、自治州、自治县设立自治机关。自治机关的组织和工作根据宪法第三章第五节、第六节规定的基本原则由法律规定。

第九十六条　地方各级人民代表大会是地方国家权力机关。

县级以上的地方各级人民代表大会设立常务委员会。

第九十七条　省、直辖市、设区的市的人民代表大会代表由下一级的人民代表大会选举；县、不设区的市、市辖区、乡、民族乡、镇的人民代表大会代表由选民直接选举。

地方各级人民代表大会代表名额和代表产生办法由法律规定。

第九十八条　地方各级人民代表大会每届任期五年。

第九十九条　地方各级人民代表大会在本行政区域内，保证宪法、法律、行政法规的遵守和执行；依照法律规定的权限，通过和发布决议，审查和决定地方的经济建设、文化建设和公共事业建设的计划。

县级以上的地方各级人民代表大会审查和批准本行政区域内的国民经济和社会发展计划、预算以及它们的执行情况的报告；有权改变或者撤销本级人民代表大会常务委员会不适当的决定。

民族乡的人民代表大会可以依照法律规定的权限采取适合民族特点的具体措施。

第一百条　省、直辖市的人民代表大会和它们的常务委员会，在不同宪法、法律、行政法规相抵触的前提下，可以制定地方性法规，报全国人民代表大会常务委员会备案。

设区的市的人民代表大会和它们的常务委员会，在不同宪法、法律、行政法规和本省、自治区的地方性法规相抵触的前提下，可以依照法律规定制定地方性法规，报本省、自治区人民代表大会常务委员会批准后施行。

第一百零一条　地方各级人民代表大会分别选举并且有权罢免本级人民政府的省长和副省长、市长和副市长、县长和副县长、区长和副区长、乡长和副乡长、镇长和副镇长。

县级以上的地方各级人民代表大会选举并且有权罢免本级监察委员会主任、本级人民法院院长和本级人民检察院检察长。选出或者罢免人民检察院检察长，须报上级人民检察院检察长提请该级人民代表大会常务委员会批准。

第一百零二条 省、直辖市、设区的市的人民代表大会代表受原选举单位的监督；县、不设区的市、市辖区、乡、民族乡、镇的人民代表大会代表受选民的监督。

地方各级人民代表大会代表的选举单位和选民有权依照法律规定的程序罢免由他们选出的代表。

第一百零三条 县级以上的地方各级人民代表大会常务委员会由主任、副主任若干人和委员若干人组成，对本级人民代表大会负责并报告工作。

县级以上的地方各级人民代表大会选举并有权罢免本级人民代表大会常务委员会的组成人员。

县级以上的地方各级人民代表大会常务委员会的组成人员不得担任国家行政机关、监察机关、审判机关和检察机关的职务。

第一百零四条 县级以上的地方各级人民代表大会常务委员会讨论、决定本行政区域内各方面工作的重大事项；监督本级人民政府、监察委员会、人民法院和人民检察院的工作；撤销本级人民政府的不适当的决定和命令；撤销下一级人民代表大会的不适当的决议；依照法律规定的权限决定国家机关工作人员的任免；在本级人民代表大会闭会期间，罢免和补选上一级人民代表大会的个别代表。

第一百零五条 地方各级人民政府是地方各级国家权力机关的执行机关，是地方各级国家行政机关。

地方各级人民政府实行省长、市长、县长、区长、乡长、镇长负责制。

第一百零六条 地方各级人民政府每届任期同本级人民代表大会每届任期相同。

第一百零七条 县级以上地方各级人民政府依照法律规定的权限，管理本行政区域内的经济、教育、科学、文化、卫生、体育事业、城乡建设事业和财政、民政、公安、民族事务、司法行政、计划生育等行政工作，发布决定和命令，任免、培训、考核和奖惩行政工作人员。

乡、民族乡、镇的人民政府执行本级人民代表大会的决议和上级国家行政机关的决定和命令，管理本行政区域内的行政工作。

省、直辖市的人民政府决定乡、民族乡、镇的建置和区域划分。

第一百零八条 县级以上的地方各级人民政府领导所属各工作部门和下级人民政府的工作，有权改变或者撤销所属各工作部门和下级人民政府的不适当的决定。

第一百零九条 县级以上的地方各级人民政府设立审计机关。地方各级审计机关依照法律规定独立行使审计监督权，对本级人民政府和上一级审计机关负责。

第一百一十条 地方各级人民政府对本级人民代表大会负责并报告工作。县级以上的地方各级人民政府在本级人民代表大会闭会期间，对本级人民代表大会常务委员会负责并报告工作。

地方各级人民政府对上一级国家行政机关负责并报告工作。全国地方各级人民政府都是国务院统一领导下的国家行政机关，都服从国务院。

第一百一十一条 城市和农村按居民居住地区设立的居民委员会或者村民委员会是

基层群众性自治组织。居民委员会、村民委员会的主任、副主任和委员由居民选举。居民委员会、村民委员会同基层政权的相互关系由法律规定。

居民委员会、村民委员会设人民调解、治安保卫、公共卫生等委员会，办理本居住地区的公共事务和公益事业，调解民间纠纷，协助维护社会治安，并且向人民政府反映群众的意见、要求和提出建议。

第六节　民族自治地方的自治机关

第一百一十二条　民族自治地方的自治机关是自治区、自治州、自治县的人民代表大会和人民政府。

第一百一十三条　自治区、自治州、自治县的人民代表大会中，除实行区域自治的民族的代表外，其他居住在本行政区域内的民族也应当有适当名额的代表。

自治区、自治州、自治县的人民代表大会常务委员会中应当有实行区域自治的民族的公民担任主任或者副主任。

第一百一十四条　自治区主席、自治州州长、自治县县长由实行区域自治的民族的公民担任。

第一百一十五条　自治区、自治州、自治县的自治机关行使宪法第三章第五节规定的地方国家机关的职权，同时依照宪法、民族区域自治法和其他法律规定的权限行使自治权，根据本地方实际情况贯彻执行国家的法律、政策。

第一百一十六条　民族自治地方的人民代表大会有权依照当地民族的政治、经济和文化的特点，制定自治条例和单行条例。自治区的自治条例和单行条例，报全国人民代表大会常务委员会批准后生效。自治州、自治县的自治条例和单行条例，报省或者自治区的人民代表大会常务委员会批准后生效，并报全国人民代表大会常务委员会备案。

第一百一十七条　民族自治地方的自治机关有管理地方财政的自治权。凡是依照国家财政体制属于民族自治地方的财政收入，都应当由民族自治地方的自治机关自主地安排使用。

第一百一十八条　民族自治地方的自治机关在国家计划的指导下，自主地安排和管理地方性的经济建设事业。

国家在民族自治地方开发资源、建设企业的时候，应当照顾民族自治地方的利益。

第一百一十九条　民族自治地方的自治机关自主地管理本地方的教育、科学、文化、卫生、体育事业，保护和整理民族的文化遗产，发展和繁荣民族文化。

第一百二十条　民族自治地方的自治机关依照国家的军事制度和当地的实际需要，经国务院批准，可以组织本地方维护社会治安的公安部队。

第一百二十一条　民族自治地方的自治机关在执行职务的时候，依照本民族自治地方自治条例的规定，使用当地通用的一种或者几种语言文字。

第一百二十二条　国家从财政、物资、技术等方面帮助各少数民族加速发展经济建设和文化建设事业。

国家帮助民族自治地方从当地民族中大量培养各级干部、各种专业人才和技术工人。

第七节　监察委员会

第一百二十三条　中华人民共和国各级监察委员会是国家的监察机关。

第一百二十四条　中华人民共和国设立国家监察委员会和地方各级监察委员会。

监察委员会由下列人员组成：

主任，

副主任若干人，

委员若干人。

监察委员会主任每届任期同本级人民代表大会每届任期相同。国家监察委员会主任连续任职不得超过两届。

监察委员会的组织和职权由法律规定。

第一百二十五条　中华人民共和国国家监察委员会是最高监察机关。

国家监察委员会领导地方各级监察委员会的工作，上级监察委员会领导下级监察委员会的工作。

第一百二十六条　国家监察委员会对全国人民代表大会和全国人民代表大会常务委员会负责。地方各级监察委员会对产生它的国家权力机关和上一级监察委员会负责。

第一百二十七条　监察委员会依照法律规定独立行使监察权，不受行政机关、社会团体和个人的干涉。

监察机关办理职务违法和职务犯罪案件，应当与审判机关、检察机关、执法部门互相配合，互相制约。

第八节　人民法院和人民检察院

第一百二十八条　中华人民共和国人民法院是国家的审判机关。

第一百二十九条　中华人民共和国设立最高人民法院、地方各级人民法院和军事法院等专门人民法院。

最高人民法院院长每届任期同全国人民代表大会每届任期相同，连续任职不得超过两届。

人民法院的组织由法律规定。

第一百三十条　人民法院审理案件，除法律规定的特别情况外，一律公开进行。被告人有权获得辩护。

第一百三十一条　人民法院依照法律规定独立行使审判权，不受行政机关、社会团体和个人的干涉。

第一百三十二条　最高人民法院是最高审判机关。

最高人民法院监督地方各级人民法院和专门人民法院的审判工作，上级人民法院监督下级人民法院的审判工作。

第一百三十三条　最高人民法院对全国人民代表大会和全国人民代表大会常务委员会负责。地方各级人民法院对产生它的国家权力机关负责。

第一百三十四条　中华人民共和国人民检察院是国家的法律监督机关。

第一百三十五条　中华人民共和国设立最高人民检察院、地方各级人民检察院和军事检察院等专门人民检察院。

最高人民检察院检察长每届任期同全国人民代表大会每届任期相同，连续任职不得超过两届。

人民检察院的组织由法律规定。

第一百三十六条 人民检察院依照法律规定独立行使检察权，不受行政机关、社会团体和个人的干涉。

第一百三十七条 最高人民检察院是最高检察机关。

最高人民检察院领导地方各级人民检察院和专门人民检察院的工作，上级人民检察院领导下级人民检察院的工作。

第一百三十八条 最高人民检察院对全国人民代表大会和全国人民代表大会常务委员会负责。地方各级人民检察院对产生它的国家权力机关和上级人民检察院负责。

第一百三十九条 各民族公民都有用本民族语言文字进行诉讼的权利。人民法院和人民检察院对于不通晓当地通用的语言文字的诉讼参与人，应当为他们翻译。

在少数民族聚居或者多民族共同居住的地区，应当用当地通用的语言进行审理；起诉书、判决书、布告和其他文书应当根据实际需要使用当地通用的一种或者几种文字。

第一百四十条 人民法院、人民检察院和公安机关办理刑事案件，应当分工负责，互相配合，互相制约，以保证准确有效地执行法律。

第四章 国旗、国歌、国徽、首都

第一百四十一条 中华人民共和国国旗是五星红旗。

中华人民共和国国歌是《义勇军进行曲》。

第一百四十二条 中华人民共和国国徽，中间是五星照耀下的天安门，周围是谷穗和齿轮。

第一百四十三条 中华人民共和国首都是北京。

中共中央关于深化党和国家机构改革的决定

（2018 年 2 月 28 日中国共产党第十九届中央委员会第三次全体会议通过）

为贯彻落实党的十九大关于深化机构改革的决策部署，十九届中央委员会第三次全体会议研究了深化党和国家机构改革问题，作出如下决定。

一、深化党和国家机构改革是推进国家治理体系和治理能力现代化的一场深刻变革

党和国家机构职能体系是中国特色社会主义制度的重要组成部分，是我们党治国理政的重要保障。提高党的执政能力和领导水平，广泛调动各方面积极性、主动性、创造性，有效治理国家和社会，推动党和国家事业发展，必须适应新时代中国特色社会主义发展要求，深化党和国家机构改革。

党中央历来高度重视党和国家机构建设和改革。新中国成立后，在我们党领导下，我国确立了社会主义基本制度，逐步建立起具有我国特点的党和国家机构职能体系，为我们党治国理政、推进社会主义建设发挥了重要作用。改革开放以来，适应党和国家工作中心转移、社会主义市场经济发展和各方面工作不断深入的需要，我们党积极推进党和国家机构改革，各方面机构职能不断优化、逐步规范，实现了从计划经济条件下的机构职能体系向社会主义市场经济条件下的机构职能体系的重大转变，推动了改革开放和社会主义现代化建设。

党的十八大以来，以习近平同志为核心的党中央明确提出，全面深化改革的总目标是完善和发展中国特色社会主义制度、推进国家治理体系和治理能力现代化。我们适应统筹推进“五位一体”总体布局、协调推进“四个全面”战略布局的要求，加强党的领导，坚持问题导向，突出重点领域，深化党和国家机构改革，在一些重要领域和关键环节取得重大进展，为党和国家事业取得历史性成就、发生历史性变革提供了有力保障。

当前，面对新时代新任务提出的新要求，党和国家机构设置和职能配置同统筹推进“五位一体”总体布局、协调推进“四个全面”战略布局的要求还不完全适应，同实现国家治理体系和治理能力现代化的要求还不完全适应。主要是：一些领域党的机构设置和职能配置还不够健全有力，保障党的全面领导、推进全面从严治党的体制机制有待完善；一些领域党政机构重叠、职责交叉、权责脱节问题比较突出；一些政府机构设置和职责划分不够科学，职责缺位和效能不高问题凸显，政府职能转变还不到位；一些领域中央和地方机构职能上下一般粗，权责划分不尽合理；基层机构设置和权力配置有待完善，组织群众、服务群众能力需要进一步提高；军民融合发展水平有待提高；群团组织政治性、先进性、群众性需要增强；事业单位定位不准、职能不清、效率不高等问题依然存在；一些领域权力运行制约和监督机制不够完善，滥用职权、以权谋私等问题仍然存在；机构编制科学化、规范化、法定化相对滞后，机构编制管理方式有待改进。这些问题，必须抓紧解决。

我们党要更好领导人民进行伟大斗争、建设伟大工程、推进伟大事业、实现伟大梦想，必须加快推进国家治理体系和治理能力现代化，努力形成更加成熟、更加定型的中国特色社会主义制度。这是摆在我们党面前的一项重大任务。我国发展新的历史方位，我国社会主要矛盾的变化，到二〇二〇年全面建成小康社会，到二〇三五年基本实现社会主义现代化，到本世纪中叶全面建成社会主义现代化强国，迫切要求通过科学设置机构、合理配置职能、统筹使用编制、完善体制机制，使市场在资源配置中起决定性作用、更好发挥政府作用，更好推进党和国家各项事业发展，更好满足人民日益增长的美好生活需要，更好推动人的全面发展、社会全面进步、人民共同富裕。

总之，深化党和国家机构改革，是新时代坚持和发展中国特色社会主义的必然要求，是加强党的长期执政能力建设的必然要求，是社会主义制度自我完善和发展的必然要求，是实现“两个一百年”奋斗目标、建设社会主义现代化国家、实现中华民族伟大复兴的必然要求。全党必须统一思想、坚定信心、抓住机遇，在全面深化改革进程中，下决心解决党和国家机构职能体系中存在的障碍和弊端，更好发挥我国社会主义制度优越性。

二、深化党和国家机构改革的指导思想、目标、原则

深化党和国家机构改革，必须全面贯彻党的十九大精神，坚持以马克思列宁主义、毛泽东思想、邓小平理论、“三个代表”重要思想、科学发展观、习近平新时代中国特色社会主义思想为指导，适应新时代中国特色社会主义发展要求，坚持稳中求进工作总基调，坚持正确改革方向，坚持以人民为中心，坚持全面依法治国，以加强党的全面领导为统领，以国家治理体系和治理能力现代化为导向，以推进党和国家机构职能优化协同高效为着力点，改革机构设置，优化职能配置，深化转职能、转方式、转作风，提高效率效能，为决胜全面建成小康社会、开启全面建设社会主义现代化国家新征程、实现中华民族伟大复兴的中国梦提供有力制度保障。

深化党和国家机构改革，目标是构建系统完备、科学规范、运行高效的党和国家机构职能体系，形成总揽全局、协调各方的党的领导体系，职责明确、依法行政的政府治理体系，中国特色、世界一流的武装力量体系，联系广泛、服务群众的群团工作体系，推动人大、政府、政协、监察机关、审判机关、检察机关、人民团体、企事业单位、社会组织等在党的统一领导下协调行动、增强合力，全面提高国家治理能力和治理水平。

深化党和国家机构改革，既要立足于实现第一个百年奋斗目标，针对突出矛盾，抓重点、补短板、强弱项、防风险，从党和国家机构职能上为决胜全面建成小康社会提供保障；又要着眼于实现第二个百年奋斗目标，注重解决事关长远的体制机制问题，打基础、立支柱、定架构，为形成更加完善的中国特色社会主义制度创造有利条件。

深化党和国家机构改革，要遵循以下原则。

——坚持党的全面领导。党的全面领导是深化党和国家机构改革的根本保证。必须坚持中国特色社会主义方向，增强政治意识、大局意识、核心意识、看齐意识，坚定中国特色社会主义道路自信、理论自信、制度自信、文化自信，坚决维护以习近平同志为核心的党中央权威和集中统一领导，自觉在思想上政治上行动上同党中央保持高度一致，把加强党对一切工作的领导贯穿改革各方面和全过程，完善保证党的全面领导的制

度安排，改进党的领导方式和执政方式，提高党把方向、谋大局、定政策、促改革的能力和定力。

——坚持以人民为中心。全心全意为人民服务是党的根本宗旨，实现好、维护好、发展好最广大人民根本利益是党的一切工作的出发点和落脚点。必须坚持人民主体地位，坚持立党为公、执政为民，贯彻党的群众路线，健全人民当家作主制度体系，完善为民谋利、为民办事、为民解忧、保障人民权益、倾听人民心声、接受人民监督的体制机制，为人民依法管理国家事务、管理经济文化事业、管理社会事务提供更有力的保障。

——坚持优化协同高效。优化就是要科学合理、权责一致，协同就是要有统有分、有主有次，高效就是要履职到位、流程通畅。必须坚持问题导向，聚焦发展所需、基层所盼、民心所向，优化党和国家机构设置和职能配置，坚持一类事项原则上由一个部门统筹、一件事情原则上由一个部门负责，加强相关机构配合联动，避免政出多门、责任不明、推诿扯皮，下决心破除制约改革发展的体制机制弊端，使党和国家机构设置更加科学、职能更加优化、权责更加协同、监督监管更加有力、运行更加高效。

——坚持全面依法治国。依法治国是党领导人民治理国家的基本方式。必须坚持改革和法治相统一、相促进，坚持依法治国、依法执政、依法行政共同推进，坚持法治国家、法治政府、法治社会一体建设，依法依规完善党和国家机构职能，依法履行职责，依法管理机构和编制，既发挥法治规范和保障改革的作用，在法治下推进改革，做到重大改革于法有据，又通过改革加强法治工作，做到在改革中完善和强化法治。

三、完善坚持党的全面领导的制度

党政军民学，东西南北中，党是领导一切的。加强党对各领域各方面工作领导，是深化党和国家机构改革的首要任务。要优化党的组织机构，确保党的领导全覆盖，确保党的领导更加坚强有力。

（一）建立健全党对重大工作的领导体制机制。加强党的全面领导，首先要加强党对涉及党和国家事业全局的重大工作的集中统一领导。党中央决策议事协调机构在中央政治局及其常委会领导下开展工作。优化党中央决策议事协调机构，负责重大工作的顶层设计、总体布局、统筹协调、整体推进。加强和优化党对深化改革、依法治国、经济、农业农村、纪检监察、组织、宣传思想文化、国家安全、政法、统战、民族宗教、教育、科技、网信、外交、审计等工作的领导。其他方面的议事协调机构，要同党中央决策议事协调机构的设立调整相衔接，保证党中央令行禁止和工作高效。各地区各部门党委（党组）要坚持依规治党，完善相应体制机制，提升协调能力，把党中央各项决策部署落到实处。

（二）强化党的组织在同级组织中的领导地位。理顺党的组织同其他组织的关系，更好发挥党总揽全局、协调各方作用。在国家机关、事业单位、群团组织、社会组织、企业和其他组织中设立的党委（党组），接受批准其成立的党委统一领导，定期汇报工作，确保党的方针政策和决策部署在同级组织中得到贯彻落实。加快在新型经济组织和社会组织中建立健全党的组织机构，做到党的工作进展到哪里，党的组织就覆盖到哪里。

（三）更好发挥党的职能部门作用。优化党的组织、宣传、统战、政法、机关党建、教育培训等部门职责配置，加强归口协调职能，统筹本系统本领域工作。优化设置各类党委办事机构，可以由职能部门承担的事项归由职能部门承担。优化规范设置党的派出机关，加强对相关领域、行业、系统工作的领导。按照精干高效原则设置各级党委直属事业单位。各级党委（党组）要增强抓落实能力，强化协调、督办职能。

（四）统筹设置党政机构。根据坚持党中央集中统一领导的要求，科学设定党和国家机构，准确定位、合理分工、增强合力，防止机构重叠、职能重复、工作重合。党的有关机构可以同职能相近、联系紧密的其他部门统筹设置，实行合并设立或合署办公，整合优化力量和资源，发挥综合效益。

（五）推进党的纪律检查体制和国家监察体制改革。深化党的纪律检查体制改革，推进纪检工作双重领导体制具体化、程序化、制度化，强化上级纪委对下级纪委的领导。健全党和国家监督体系，完善权力运行制约和监督机制，组建国家、省、市、县监察委员会，同党的纪律检查机关合署办公，实现党内监督和国家机关监督、党的纪律检查和国家监察有机统一，实现对所有行使公权力的公职人员监察全覆盖。完善巡视巡察工作，增强以党内监督为主、其他监督相贯通的监察合力。

四、优化政府机构设置和职能配置

转变政府职能，是深化党和国家机构改革的重要任务。要坚决破除制约使市场在资源配置中起决定性作用、更好发挥政府作用的体制机制弊端，围绕推动高质量发展，建设现代化经济体系，加强和完善政府经济调节、市场监管、社会管理、公共服务、生态环境保护职能，调整优化政府机构职能，全面提高政府效能，建设人民满意的服务型政府。

（一）合理配置宏观管理部门职能。科学设定宏观管理部门职责和权限，强化制定国家发展战略、统一规划体系的职能，更好发挥国家战略、规划导向作用。完善宏观调控体系，创新调控方式，构建发展规划、财政、金融等政策协调和工作协同机制。强化经济监测预测预警能力，综合运用大数据、云计算等技术手段，增强宏观调控前瞻性、针对性、协同性。加强和优化政府反垄断、反不正当竞争职能，打破行政性垄断，防止市场垄断，清理废除妨碍统一市场和公平竞争的各种规定和做法。加强和优化政府法治职能，推进法治政府建设。加强和优化政府财税职能，进一步理顺统一税制和分级财政的关系，夯实国家治理的重要基础。加强和优化金融管理职能，增强货币政策、宏观审慎政策、金融监管协调性，优化金融监管力量，健全金融监管体系，守住不发生系统性金融风险的底线，维护国家金融安全。加强、优化、转变政府科技管理和服务职能，完善科技创新制度和组织体系，加强知识产权保护，落实创新驱动发展战略。加强和优化政府“三农”工作职能，扎实实施乡村振兴战略。构建统一高效审计监督体系，实现全覆盖。加强和优化政府对外经济、出入境人员服务管理工作职能，推动落实互利共赢的开放战略。

（二）深入推进简政放权。减少微观管理事务和具体审批事项，最大限度减少政府对市场资源的直接配置，最大限度减少政府对市场活动的直接干预，提高资源配置效率和公平性，激发各类市场主体活力。清理和规范各类行政许可、资质资格、中介服务等管理事项，加快要素价格市场化改革，放宽服务业准入限制，优化政务服务，完善办事流程，规范行政裁量权，大幅降低制度性交易成本，鼓励更多社会主体投身创新创业。全面实施市场准入负面清单制度，保障各类市场主体机会平等、权利平等、规则平等，营造良好营商环境。

（三）完善市场监管和执法体制。改革和理顺市场监管体制，整合监管职能，加强监管协同，形成市场监管合力。深化行政执法体制改革，统筹配置行政处罚职能和执法资源，相对集中行政处罚权，整合精简执法队伍，解决多头多层重复执法问题。一个部门设有多支执法队伍的，原则上整合为一支队伍。推动整合同一领域或相近领域执法队伍，实行综合设置。减少执法层级，推动执法力量下沉。完善执法程序，严格执法责任，加强执法监督，做到严格规范公正文明执法。

（四）改革自然资源和生态环境管理体制。实行最严格的生态环境保护制度，构建政府为主导、企业为主体、社会组织和公众共同参与的环境治理体系，为生态文明建设提供制度保障。设立国有自然资源资产管理和自然生态监管机构，完善生态环境管理制度，统一行使全民所有自然资源资产所有者职责，统一行使所有国土空间用途管制和生态保护修复职责，统一行使监管城乡各类污染排放和行政执法职责。强化国土空间规划对各专项规划的指导约束作用，推进“多规合一”，实现土地利用规划、城乡规划等有机融合。

（五）完善公共服务管理体制。健全公共服务体系，推进基本公共服务均等化、普惠化、便捷化，推进城乡区域基本公共服务制度统一。政府职能部门要把工作重心从单纯注重本行业本系统公共事业发展转向更多创造公平机会和公正环境，促进公共资源向基层延伸、向农村覆盖、向边远地区和生活困难群众倾斜，促进全社会受益机会和权利均等。加强和优化政府在社会保障、教育文化、法律服务、卫生健康、医疗保障等方面的职能，更好保障和改善民生。推动教育、文化、法律、卫生、体育、健康、养老等公共服务提供主体多元化、提供方式多样化。推进非基本公共服务市场化改革，引入竞争机制，扩大购买服务。加强、优化、统筹国家应急能力建设，构建统一领导、权责一致、权威高效的国家应急能力体系，提高保障生产安全、维护公共安全、防灾减灾救灾等方面能力，确保人民生命财产安全和社会稳定。

（六）强化事中事后监管。改变重审批轻监管的行政管理方式，把更多行政资源从事前审批转到加强事中事后监管上来。创新监管方式，全面推进“双随机、一公开”和“互联网＋监管”，加快推进政府监管信息共享，切实提高透明度，加强对涉及人民生命财产安全领域的监管，主动服务新技术新产业新业态新模式发展，提高监管执法效能。加强信用体系建设，健全信用监管，加大信息公开力度，加快市场主体信用信息平台建设，发挥同行业和社会监督作用。

（七）提高行政效率。精干设置各级政府部门及其内设机构，科学配置权力，减少机构数量，简化中间层次，推行扁平化管理，形成自上而下的高效率组织体系。明确责任，严格绩效管理和行政问责，加强日常工作考核，建立健全奖优惩劣的制度。打破“信息孤岛”，统一明确各部门信息共享的种类、标准、范围、流程，加快推进部门政务信息联通共用。改进工作方式，提高服务水平。加强作风建设，坚决克服形式主义、官僚主义、享乐主义和奢靡之风。

五、统筹党政军群机构改革

统筹党政军群机构改革，是加强党的集中统一领导、实现机构职能优化协同高效的必然要求。要统筹设置相关机构和配置相近职能，理顺和优化党的部门、国家机关、群团组织、事业单位的职责，推进跨军地改革，增强党的领导力，提高政府执行力，激发群团组织和社会组织活力，增强人民军队战斗力，使各类机构有机衔接、相互协调。

（一）完善党政机构布局。正确理解和落实党政职责分工，理顺党政机构职责关系，形成统一高效的领导体制，保证党实施集中统一领导，保证其他机构协同联动、高效运行。系统谋划和确定党政机构改革事项，统筹调配资源，减少多头管理，减少职责分散交叉，使党政机构职能分工合理、责任明确、运转协调。

（二）深化人大、政协和司法机构改革。人民代表大会制度是坚持党的领导、人民当家作主、依法治国有机统一的根本政治制度安排。要发挥人大及其常委会在立法工作中的主导作用，加强人大对预算决算、国有资产管理等的监督职能，健全人大组织制度和工作制度，完善人大专门委员会设置，更好发挥其职能作用。推进人民政协履职能力建设，加强人民政协民主监督，优化政协专门委员会设置，更好发挥其作为专门协商机构的作用。深化司法体制改革，优化司法职权配置，全面落实司法责任制，完善法官、检察官员额制，推进以审判为中心的诉讼制度改革，推进法院、检察院内设机构改革，提高司法公信力，更好维护社会公平正义，努力让人民群众在每一个司法案件中感受到公平正义。

（三）深化群团组织改革。健全党委统一领导群团工作的制度，推动群团组织增强政治性、先进性、群众性，优化机构设置，完善管理模式，创新运行机制，坚持眼睛向下、面向基层，将力量配备、服务资源向基层倾斜，更好适应基层和群众需要。促进党政机构同群团组织功能有机衔接，支持和鼓励群团组织承担适合其承担的公共职能，增强群团组织团结教育、维护权益、服务群众功能，更好发挥群团组织作为党和政府联系人民群众的桥梁和纽带作用。

（四）推进社会组织改革。按照共建共治共享要求，完善党委领导、政府负责、社会协同、公众参与、法治保障的社会治理体制。加快实施政社分开，激发社会组织活力，克服社会组织行政化倾向。适合由社会组织提供的公共服务和解决的事项，由社会组织依法提供和管理。依法加强对各类社会组织的监管，推动社会组织规范自律，实现政府治理和社会调节、居民自治良性互动。

（五）加快推进事业单位改革。党政群所属事业单位是提供公共服务的重要力量。全面推进承担行政职能的事业单位改革，理顺政事关系，实现政事分开，不再设立承担行政职能的事业单位。加大从事经营活动事业单位改革力度，推进事企分开。区分情况实施公益类事业单位改革，面向社会提供公益服务的事业单位，理顺同主管部门的关系，逐步推进管办分离，强化公益属性，破除逐利机制；主要为机关提供支持保障的事业单位，优化职能和人员结构，同机关统筹管理。全面加强事业单位党的建设，完善事业单位党的领导体制和工作机制。

（六）深化跨军地改革。按照军是军、警是警、民是民原则，深化武警部队、民兵和预备役部队跨军地改革，推进公安现役部队改革。军队办的幼儿园、企业、农场等可以交给地方办的，原则上交给地方办。完善党领导下统筹管理经济社会发展、国防建设的组织管理体系、工作运行体系和政策制度体系，深化国防科技工业体制改革，健全军地协调机制，推动军民融合深度发展，构建一体化的国家战略体系和能力。组建退役军人管理保障机构，协调各方面力量，更好为退役军人服务。

六、合理设置地方机构

统筹优化地方机构设置和职能配置，构建从中央到地方运行顺畅、充满活力、令行禁止的工作体系。科学设置中央和地方事权，理顺中央和地方职责关系，更好发挥中央和地方两个积极性，中央加强宏观事务管理，地方在保证党中央令行禁止前提下管理好本地区事务，合理设置和配置各层级机构及其职能。

（一）确保集中统一领导。地方机构设置要保证有效实施党中央方针政策和国家法律法规。省、市、县各级涉及党中央集中统一领导和国家法制统一、政令统一、市场统一的机构职能要基本对应，明确同中央对口的组织机构，确保上下贯通、执行有力。

（二）赋予省级及以下机构更多自主权。增强地方治理能力，把直接面向基层、量大面广、由地方实施更为便捷有效的经济社会管理事项下放给地方。除中央有明确规定外，允许地方因地制宜设置机构和配置职能，允许把因地制宜设置的机构并入同上级机关对口的机构，在规定限额内确定机构数量、名称、排序等。

（三）构建简约高效的基层管理体制。加强基层政权建设，夯实国家治理体系和治理能力的基础。基层政权机构设置和人力资源调配必须面向人民群众、符合基层事务特点，不简单照搬上级机关设置模式。根据工作实际需要，整合基层的审批、服务、执法等方面力量，统筹机构编制资源，整合相关职能设立综合性机构，实行扁平化和网格化管理。推动治理重心下移，尽可能把资源、服务、管理上放到基层，使基层有人有权有物，保证基层事情基层办、基层权力给基层、基层事情有人办。上级机关要优化对基层的领导方式，既允许“一对多”，由一个基层机构承接多个上级机构的任务；也允许“多对一”，由基层不同机构向同一个上级机构请示汇报。明确政策标准和工作流程，加强督促检查，健全监督体系，规范基层管理行为，确保权力不被滥用。推进直接服务民生的公共事业部门改革，改进服务方式，最大限度方便群众。

（四）规范垂直管理体制和地方分级管理体制。理顺和明确权责关系，属于中央事权、由中央负责的事项，中央设立垂直机构实行规范管理，健全垂直管理机构和地方协作配合机制。属于中央和地方协同管理、需要地方负责的事项，实行分级管理，中央加强指导、协调、监督。

七、推进机构编制法定化

机构编制法定化是深化党和国家机构改革的重要保障。要依法管理各类组织机构，加快推进机构、职能、权限、程序、责任法定化。

（一）完善党和国家机构法规制度。加强党内法规制度建设，制定中国共产党机构编制工作条例。研究制定机构编制法。增强“三定”规定严肃性和权威性，完善党政部门机构设置、职能配置、人员编制规定。全面推行政府部门权责清单制度，实现权责清单同“三定”规定有机衔接，规范和约束履职行为，让权力在阳光下运行。

（二）强化机构编制管理刚性约束。强化党对机构编制工作的集中统一领导，统筹使用各类编制资源，加大部门间、地区间编制统筹调配力度，满足党和国家事业发展需要。根据经济社会发展和推进国家治理体系现代化需要，建立编制管理动态调整机制。加强机构编制管理评估，优化编制资源配置。加快建立机构编制管理同组织人事、财政预算管理共享的信息平台，全面推行机构编制实名制管理，充分发挥机构编制在管理全流程中的基础性作用。按照办事公开要求，及时公开机构编制有关信息，接受各方监督。严格机构编制管理权限和程序，严禁越权审批。严格执行机构限额、领导职数、编制种类和总量等规定，不得在限额外设置机构，不得超职数配备领导干部，不得擅自增加编制种类，不得突破总量增加编制。严格控制编外聘用人员，从严规范适用岗位、职责权限和各项管理制度。

（三）加大机构编制违纪违法行为查处力度。严格执行机构编制管理法律法规和党内法规，坚决查处各类违纪违法行为，严肃追责问责。坚决整治上级部门通过项目资金分配、考核督查、评比表彰等方式干预下级机构设置、职能配置和编制配备的行为。全面清理部门规章和规范性文件，废除涉及条条干预条款。完善机构编制同纪检监察机关和组织人事、审计等部门的协作联动机制，形成监督检查合力。

八、加强党对深化党和国家机构改革的领导

深化党和国家机构改革是一个系统工程。各级党委和政府要把思想和行动统一到党中央关于深化党和国家机构改革的决策部署上来，增强“四个意识”，坚定“四个自信”，坚决维护以习近平同志为核心的党中央权威和集中统一领导，把握好改革发展稳定关系，不折不扣抓好党中央决策部署贯彻落实。

党中央统一领导深化党和国家机构改革工作，发挥统筹协调、整体推进、督促落实作用。要增强改革的系统性、整体性、协同性，加强党政军群各方面机构改革配合，使各项改革相互促进、相得益彰，形成总体效应。实施机构改革方案需要制定或修改法律法规的，要及时启动相关程序。

各地区各部门要坚决落实党中央确定的深化党和国家机构改革任务，党委和政府要履行主体责任。涉及机构职能调整的部门要服从大局，确保机构职能等按要求及时调整到位，不允许搞变通、拖延改革。要抓紧完成转隶交接和“三定”工作，尽快进入角色、履职到位。要把深化党和国家机构改革同简政放权、放管结合、优化服务结合起来，加快转变职能，理顺职责关系。

中央和地方机构改革在工作部署、组织实施上要有机衔接、有序推进。在党中央统一部署下启动中央、省级机构改革，省以下机构改革在省级机构改革基本完成后开展。鼓励地方和基层积极探索，及时总结经验。坚持蹄疾步稳推进改革，条件成熟的加大力度突破，条件暂不具备的先行试点、渐次推进。

各地区各部门要严明纪律，机构改革方案报党中央批准后方可实施，不能擅自行动，不要一哄而起。严格执行有关规定，严禁突击提拔干部，严肃财经纪律，坚决防止国有资产流失。

各级党委和政府要强化责任担当，精心组织，狠抓落实，履行对深化党和国家机构改革的领导责任。要抓紧研究解决党和国家机构改革过程中出现的新情况新问题，加强思想政治工作，正确引导社会舆论，营造良好社会环境，确保各项工作平稳有序进行。

建立健全评估和督察机制，加强对深化党和国家机构改革落实情况的督导检查。完善相关机制，发挥好统筹、协调、督促、推动作用。新调整组建的部门要及时建立健全党组织，加强对机构改革实施的组织领导。

全党全国各族人民要紧密团结在以习近平同志为核心的党中央周围，统一思想，统一行动，锐意改革，确保完成深化党和国家机构改革的各项任务，不断构建系统完备、科学规范、运行高效的党和国家机构职能体系，为决胜全面建成小康社会、加快推进社会主义现代化、实现中华民族伟大复兴的中国梦而奋斗！

中国人民政治协商会议章程

（1982 年 12 月 11 日中国人民政治协商会议第五届全国委员会第五次会议通过 根据 1994 年 3 月 19 日中国人民政治协商会议第八届全国委员会第二次会议通过的《中国人民政治协商会议章程修正案》、2000 年 3 月 11 日中国人民政治协商会议第九届全国委员会第三次会议通过的《中国人民政治协商会议章程修正案》、2004 年 3 月 12 日中国人民政治协商会议第十届全国委员会第二次会议通过的《中国人民政治协商会议章程修正案》和 2018 年 3 月 15 日中国人民政治协商会议第十三届全国委员会第一次会议通过的《中国人民政治协商会议章程修正案》修订）

目录

总　纲

中国人民在长期的革命、建设、改革进程中，结成了由中国共产党领导的、以工农联盟为基础的，有各民主党派、无党派人士、人民团体、少数民族人士和各界爱国人士参加的，由全体社会主义劳动者、社会主义事业的建设者、拥护社会主义的爱国者、拥护祖国统一和致力于中华民族伟大复兴的爱国者组成的，包括香港特别行政区同胞、澳门特别行政区同胞、台湾同胞和海外侨胞在内的最广泛的爱国统一战线。

中华人民共和国宪法规定：中国共产党领导的多党合作和政治协商制度将长期存在和发展。

中国人民政治协商会议是中国人民爱国统一战线的组织，是中国共产党领导的多党合作和政治协商的重要机构，是我国政治生活中发扬社会主义民主的重要形式，是国家治理体系的重要组成部分，是具有中国特色的制度安排。团结和民主是中国人民政治协商会议的两大主题。一九四九年九月，中国人民政治协商会议第一届全体会议代行全国人民代表大会的职权，代表全国人民的意志，宣告中华人民共和国的成立，发挥了重要的历史作用。一九五四年第一届全国人民代表大会召开后，中国人民政治协商会议继续在国家的政治生活和社会生活以及对外友好活动中进行了许多工作，作出了重要的贡献。一九七八年十二月中国共产党十一届三中全会以来，在拨乱反正、巩固和发展安定团结的政治局面，实现国家工作中心向经济建设转移，推进改革开放和社会主义现代化建设，争取实现包括台湾在内的祖国统一，反对霸权主义、维护世界和平的斗争中，中国人民政治协商会议进一步发挥了重要作用。

中华人民共和国成立以后，我国各族人民在中国共产党的领导下，消灭了剥削制度，建立了社会主义制度，推进社会主义建设，进行改革开放新的伟大革命，开辟了中国特色社会主义道路。我国社会阶级状况发生了根本的变化。工农联盟更加巩固。知识分子同工人、农民一样是社会主义事业的依靠力量。在人民革命、建设、改革事业中同中国共产党一道前进、一道经受考验并作出重要贡献的各民主党派，已经成为各自所联系的一部分社会主义劳动者、社会主义事业的建设者和拥护社会主义的爱国者的政治联盟，是中国特色社会主义参政党，日益发挥其重要作用。全国各民族已经形成平等团结互助和谐的社会主义民族关系。宗教界的爱国人士积极参加祖国的社会主义建设。非公有制经济人士、新的社会阶层人士等是中国特色社会主义事业的建设者。香港特别行政区同胞、澳门特别行政区同胞、台湾同胞和海外侨胞热爱祖国，拥护祖国统一，支援祖国建设事业。国家事业不断发展，我国的爱国统一战线具有更强大的生命力，仍然是中国人民团结战斗、建设祖国和统一祖国的一个重要法宝，它将更加巩固，更加发展。

二〇一二年十一月中国共产党第十八次全国代表大会以来，在新中国成立特别是改革开放以来长期努力的基础上，国家事业发生了历史性变革，中国特色社会主义进入了新时代。我们比历史上任何时期都更接近、更有信心和能力实现中华民族伟大复兴的目标。在现阶段，我国社会主要矛盾是人民日益增长的美好生活需要和不平衡不充分的发展之间的矛盾。但我国仍处于并将长期处于社会主义初级阶段的基本国情没有变，我国是世界最大发展中国家的国际地位没有变。由于国内的因素和国际的影响，我国人民同国内外的敌对势力和敌对分子的斗争还将是长期的，阶级斗争还将在一定范围内长期存在，但已经不是我国社会的主要矛盾。我国各族人民的根本任务是，在中国共产党的领导下，沿着中国特色社会主义道路，坚持社会主义初级阶段的基本路线，以经济建设为中心，坚持四项基本原则，坚持改革开放，自力更生，艰苦创业，把我国建设成为富强民主文明和谐美丽的社会主义现代化强国。中国人民政治协商会议要在马克思列宁主义、毛泽东思想、邓小平理论、“三个代表”重要思想、科学发展观、习近平新时代中国特色社会主义思想指引下，高举爱国主义、社会主义旗帜，坚定中国特色社会主义道路自信、理论自信、制度自信、文化自信，坚持大团结大联合，坚持一致性和多样性统一，在热爱中华人民共和国、拥护中国共产党的领导、拥护社会主义事业、共同致力于实现中华民族伟大复兴中国梦的政治基础上，进一步巩固和发展爱国统一战线，调动一切积极因素，团结一切可能团结的人，找到最大公约数，画出最大同心圆，同心同德，群策群力，按照中国特色社会主义事业“五位一体”总体布局和“四个全面”战略布局，维护和发展安定团结的政治局面，不断促进社会主义物质文明、政治文明、精神文明、社会文明、生态文明的协调发展，为实现“两个一百年”奋斗目标、实现中华民族伟大复兴的中国梦而奋斗。

中国共产党领导的多党合作和政治协商制度是我国的一项基本政治制度，是具有中国特色的社会主义政党制度。中国人民政治协商会议是实行中国共产党领导的多党合作和政治协商制度的重要政治形式和组织形式。中国人民政治协商会议根据中国共产党同各民主党派和无党派人士长期共存、互相监督、肝胆相照、荣辱与共的方针，促进参加中国人民政治协商会议的各党派、无党派人士的团结合作，充分体现和发挥我国社会主义新型政党制度的特点和优势。

协商民主是我国社会主义民主政治的特有形式和独特优势。中国人民政治协商会议是社会主义协商民主的重要渠道和专门协商机构，要聚焦国家中心任务，把协商民主贯穿履行职能全过程，完善协商议政内容和形式，着力增进共识、促进团结，在推动协商民主广泛多层制度化发展、推进国家治理体系和治理能力现代化中发挥不可替代的作用。

中国人民政治协商会议的一切活动以中华人民共和国宪法为根本的准则。

中国人民政治协商会议全国委员会和地方委员会，依法维护其参加单位和个人依照本章程履行职责的权利。

第一章　工作总则

第一条　中国人民政治协商会议全国委员会和地方委员会，依照中国人民政治协商会议章程进行工作。

第二条　中国人民政治协商会议全国委员会和地方委员会的工作原则是：坚持中国共产党领导，坚持人民政协性质定位，坚持大团结大联合，坚持发扬社会主义民主。

第三条　中国人民政治协商会议全国委员会和地方委员会的主要职能是政治协商、民主监督、参政议政。

政治协商是对国家大政方针和地方的重要举措以及经济建设、政治建设、文化建设、社会建设、生态文明建设中的重要问题，在决策之前和决策实施之中进行协商。中国人民政治协商会议全国委员会和地方委员会可根据中国共产党、人民代表大会常务委员会、人民政府、民主党派、人民团体的提议，举行有各党派、团体的负责人和各族各界人士的代表参加的会议，进行协商，亦可建议上列单位将有关重要问题提交协商。

民主监督是对国家宪法、法律和法规的实施，重大方针政策、重大改革举措、重要决策部署的贯彻执行情况，涉及人民群众切身利益的实际问题解决落实情况，国家机关及其工作人员的工作等，通过提出意见、批评、建议的方式进行的协商式监督。

参政议政是对政治、经济、文化、社会生活和生态环境等方面的重要问题以及人民群众普遍关心的问题，开展调查研究，反映社情民意，进行协商讨论。通过调研报告、提案、建议案或其他形式，向中国共产党和国家机关提出意见和建议。

第四条　中国人民政治协商会议全国委员会和地方委员会应制定年度协商计划。专题议政性常务委员会会议议题、专题协商会议题及其他协商形式的重要议题，应列入年度协商计划，做到协商议题和协商形式相匹配。要综合运用各种形式，集协商、监督、参与、合作于一体，完善以全体会议为龙头，以专题议政性常务委员会会议和专题协商会为重点，以协商座谈会、对口协商会、提案办理协商会等为常态的协商议政格局。

第五条　中国人民政治协商会议全国委员会和地方委员会贯彻中国共产党的基本理论、基本路线、基本方略，坚持以人民为中心的发展思想，坚持全面依法治国，宣传和执行国家的宪法、法律、法规和各项方针、政策，推动社会力量积极参加社会主义物质文明、政治文明、精神文明、社会文明、生态文明的建设事业，更好满足人民日益增长的美好生活需要，更好推动人的全面发展、社会全面进步。

第六条 中国人民政治协商会议全国委员会和地方委员会坚持公有制为主体、多种所有制经济共同发展的基本经济制度。毫不动摇地巩固和发展公有制经济，毫不动摇地鼓励、支持、引导非公有制经济发展。坚持按劳分配为主体、多种分配方式并存的分配制度。坚持发展社会主义市场经济，贯彻新发展理念，建设现代化经济体系，发挥市场在资源配置中的决定性作用，更好发挥政府作用，促进社会生产力的解放和发展，逐步实现全体人民共同富裕。

第七条 中国人民政治协商会议全国委员会和地方委员会密切联系各方面人士，反映他们及其所联系的群众的意见和要求，对国家机关和国家工作人员的工作提出建议和批评，协助国家机关进行机构改革和体制改革，改进工作，提高工作效率，克服形式主义、官僚主义、享乐主义和奢靡之风，加强廉政建设。

第八条 中国人民政治协商会议全国委员会和地方委员会调整和处理统一战线各方面的关系和中国人民政治协商会议内部合作的重要事项。

第九条 中国人民政治协商会议全国委员会和地方委员会坚持中国特色社会主义文化发展道路，通过各种形式，传承和弘扬中华优秀传统文化，继承革命文化，发展社会主义先进文化，弘扬民族精神和时代精神，培育和践行社会主义核心价值观，开展爱祖国、爱人民、爱劳动、爱科学、爱社会主义的公德以及革命的理想、道德和纪律的宣传教育工作。

第十条 中国人民政治协商会议全国委员会和地方委员会坚持发展科学、繁荣文化的百花齐放、百家争鸣的方针，密切联系国家机关和其他有关组织，在政治、法治、经济、教育、科学技术、文化艺术、新闻出版、医药卫生、体育、环境等方面开展调查研究等活动，广开言路，广开才路，充分发挥委员的专长和作用。

中国人民政治协商会议全国委员会和地方委员会推动和协助社会力量兴办各种有利于中国特色社会主义建设的事业。

第十一条 中国人民政治协商会议全国委员会和地方委员会组织委员视察、考察和调查，了解情况，就各项事业和群众生活的重要问题进行研究，通过建议案、提案、社情民意信息和其他形式向国家机关和其他有关组织提出建议和批评。

第十二条 中国人民政治协商会议全国委员会和地方委员会推动委员自觉学习马克思列宁主义、毛泽东思想、邓小平理论、“三个代表”重要思想、科学发展观、习近平新时代中国特色社会主义思想，组织学习时事政治，学习交流业务和科学技术知识，增强政治把握能力、调查研究能力、联系群众能力、合作共事能力。

第十三条 中国人民政治协商会议全国委员会和地方委员会宣传和参与贯彻执行国家关于统一祖国的方针政策，积极开展同台湾同胞和各界人士的联系，坚决反对一切分裂国家的活动，促进祖国统一大业的实现。

全面准确贯彻“一国两制”、“港人治港”、“澳人治澳”、高度自治的方针，严格依照宪法和基本法办事，加强同香港特别行政区同胞、澳门特别行政区同胞的联系和团结，鼓励他们为保持香港、澳门长期繁荣稳定，为建设祖国和统一祖国作出贡献。

第十四条 中国人民政治协商会议全国委员会和地方委员会宣传和协助贯彻执行国家的人才强国战略和知识分子政策，尊重劳动、尊重知识、尊重人才、尊重创造，以利于充分发挥各类人才和知识分子在社会主义现代化建设中的作用。

第十五条 中国人民政治协商会议全国委员会和地方委员会宣传和协助贯彻执行国家的民族政策，反映少数民族的意见和要求，促进发展民族地区的经济、文化、社会和生态保护事业，维护少数民族的合法权利和利益，坚持和完善民族区域自治制度，深化民族团结进步教育，铸牢中华民族共同体意识，加强各民族交往交流交融，巩固和发展平等团结互助和谐的社会主义民族关系，为促进各民族共同团结奋斗、共同繁荣发展，增进各族人民的大团结和维护祖国的统一贡献力量。

第十六条 中国人民政治协商会议全国委员会和地方委员会宣传和协助贯彻执行国家的宗教信仰自由政策，支持政府依法管理宗教事务，坚持独立自主自办的原则，积极引导宗教与社会主义社会相适应，坚持我国宗教的中国化方向，团结宗教界爱国人士和宗教信仰者为祖国的建设和统一贡献力量。

第十七条 中国人民政治协商会议全国委员会和地方委员会宣传和协助贯彻执行国家的侨务政策，加强同归侨、侨眷和海外侨胞的联系和团结，鼓励他们为祖国的建设事业和统一祖国的大业作出贡献。

第十八条 中国人民政治协商会议全国委员会和地方委员会宣传和协助贯彻执行国家的外交政策，根据具体情况，积极主动地开展人民外交活动，加强同各国人民的友好往来和合作，推动构建人类命运共同体。

第十九条 中国人民政治协商会议全国委员会和地方委员会根据统一战线组织的特点进行关于中国近代以来文史资料的征集、研究和出版工作。

第二十条 中国人民政治协商会议全国委员会加强同地方委员会的联系，沟通情况，交流经验，指导工作，研究地方委员会带共同性的问题。

第二章 组织总则

第二十一条 中国人民政治协商会议设全国委员会和地方委员会。

中国人民政治协商会议全国委员会对地方委员会的关系和地方委员会对下级地方委员会的关系是指导关系。

第二十二条 中国人民政治协商会议全国委员会由中国共产党、各民主党派、无党派人士、人民团体、各少数民族和各界的代表，香港特别行政区同胞、澳门特别行政区同胞、台湾同胞和归国侨胞的代表以及特别邀请的人士组成，设若干界别。

中国人民政治协商会议地方委员会的组成，根据当地情况，参照全国委员会的组成决定。

第二十三条 凡赞成本章程的党派和团体，经中国人民政治协商会议全国委员会常务委员会协商同意，得参加中国人民政治协商会议全国委员会。参加地方委员会者，由各级地方委员会按照本条上述规定办理。

第二十四条 参加中国人民政治协商会议全国委员会或地方委员会的单位和个人，都有遵守和履行本章程的义务。

第二十五条 中国人民政治协商会议地方委员会对全国委员会的全国性的决议，下级地方委员会对上级地方委员会的全地区性的决议，都有遵守和履行的义务。

第二十六条 中国人民政治协商会议全国委员会和地方委员会全体会议的议案，应经全体委员过半数通过。常务委员会的议案，应经常务委员会全体组成人员过半数通过。各参加单位和个人对会议的决议，都有遵守和履行的义务。如有不同意见，在坚决执行的前提下可以声明保留。

第二十七条 参加中国人民政治协商会议全国委员会和地方委员会的单位和个人，有通过本会会议和组织充分发表各种意见、参加讨论国家大政方针和各该地方重大事务的权利，对国家机关和国家工作人员的工作提出建议和批评的权利，以及对违纪违法行为检举揭发的权利，参加有关部门组织的调查和检查活动。

第二十八条 参加中国人民政治协商会议全国委员会和地方委员会的单位和个人，有声明退出的自由。

第二十九条 参加中国人民政治协商会议全国委员会和地方委员会的单位和个人，如果严重违反中国人民政治协商会议章程或全体会议和常务委员会的决议，由全国委员会常务委员会或地方委员会常务委员会分别依据情节给予警告处分，或撤销其参加中国人民政治协商会议全国委员会或地方委员会的资格。

受警告处分或撤销参加资格的单位或个人，如果不服，可以请求复议。

第三章 委员

第三十条 中国人民政治协商会议全国委员会委员和地方委员会委员应热爱祖国，拥护中国共产党的领导和社会主义事业，维护民族团结和国家统一，遵守国家的宪法和法律，保守国家秘密，廉洁自律，在本界别中有代表性，有社会影响和参政议政能力。

第三十一条 中国人民政治协商会议全国委员会委员经相关程序后，须由中国人民政治协商会议全国委员会常务委员会协商决定。地方委员会委员经相关程序后，须由各级地方委员会常务委员会协商决定。

第三十二条 中国人民政治协商会议全国委员会委员和地方委员会委员应当依照本章程积极履行职责，认真行使权利。

第三十三条 中国人民政治协商会议全国委员会委员和地方委员会委员，在本会会议上有表决权、选举权和被选举权；有对本会工作提出意见、批评、建议的权利。

第三十四条 中国人民政治协商会议全国委员会委员和地方委员会委员要密切联系群众，了解和反映他们的愿望和要求，参加本会组织的会议和活动。

第三十五条 中国人民政治协商会议全国委员会委员和地方委员会委员应当正确处理个人职业活动与履行职责的关系，不得利用委员身份牟取个人、小团体和特定关系人的利益。

第三十六条 中国人民政治协商会议全国委员会和地方委员会应当加强委员履职管理，建立委员履职档案，采取适当方式通报履职情况。

第三十七条 对严重损害国家和人民利益的，因严重违纪违法被给予组织处理、处分或被判刑以及涉嫌违纪违法正在接受调查处理的，在身份上弄虚作假的等，不得提名或继续提名为委员人选。

第三十八条 因工作变动或其他原因不宜继续担任委员的，本人应当辞去委员。对违反社会道德或存在与委员身份不符行为的，应当及时约谈或函询，经提醒仍不改正的，应当责令其辞去委员。

第三十九条 对违纪违法的委员，中国人民政治协商会议全国委员会常务委员会或地方委员会常务委员会应当依照法律和有关规定作出相应处理。

第四章　全国委员会

第四十条　每届中国人民政治协商会议全国委员会的参加单位、委员名额和人选及界别设置，经上届全国委员会主席会议审议同意后，由常务委员会协商决定。

每届全国委员会任期内，有必要增加或者变更参加单位、委员名额和决定人选时，经本届主席会议审议同意后，由常务委员会协商决定。

第四十一条　中国人民政治协商会议全国委员会每届任期五年。如遇非常情况，由常务委员会以全体组成人员的三分之二以上的多数通过，得延长任期。

第四十二条　中国人民政治协商会议全国委员会设主席，副主席若干人和秘书长。

第四十三条　中国人民政治协商会议全国委员会全体会议每年举行一次。常务委员会认为必要时，得临时召集。

第四十四条　中国人民政治协商会议全国委员会全体会议行使下列职权：

（一）修改中国人民政治协商会议章程，监督章程的实施；

（二）选举全国委员会的主席、副主席、秘书长和常务委员，决定常务委员会组成人员的增加或者变更；

（三）协商讨论国家的大政方针以及经济建设、政治建设、文化建设、社会建设、生态文明建设中的重要问题，提出建议和批评；

（四）听取和审议常务委员会的工作报告、提案工作情况报告和其他报告；

（五）讨论本会重大工作原则、任务并作出决议。

第四十五条　中国人民政治协商会议全国委员会设常务委员会主持会务。

常务委员会由全国委员会主席、副主席、秘书长和常务委员组成，其候选人由参加中国人民政治协商会议全国委员会的各党派、团体、各民族和各界人士协商提名，经全国委员会全体会议选举产生。

常务委员会每年至少举行两次专题议政性会议。

第四十六条　中国人民政治协商会议全国委员会常务委员会行使下列职权：

（一）解释中国人民政治协商会议章程，监督章程的实施；

（二）召集并主持中国人民政治协商会议全国委员会全体会议；每届第一次全体会议前召开全体委员参加的预备会议，选举第一次全体会议主席团，由主席团主持第一次全体会议；

（三）组织实现中国人民政治协商会议章程规定的任务；

（四）执行全国委员会全体会议的决议；

（五）全国委员会全体会议闭会期间，审查通过提交全国人民代表大会及其常务委员会或国务院的重要建议案；

（六）协商决定全国委员会委员；

（七）根据秘书长的提议，任免中国人民政治协商会议全国委员会副秘书长；

（八）决定中国人民政治协商会议全国委员会工作机构的设置和变动，并任免其领导成员。

第四十七条　中国人民政治协商会议全国委员会主席主持常务委员会的工作。副主席、秘书长协助主席工作。

主席、副主席、秘书长组成主席会议，处理常务委员会的重要日常工作。

主席会议受常务委员会的委托，主持下一届第一次全体会议预备会议。

第四十八条 中国人民政治协商会议全国委员会设副秘书长若干人，协助秘书长进行工作。设立办公厅，在秘书长领导下进行工作。

第四十九条 中国人民政治协商会议全国委员会根据工作需要，设立若干专门委员会及其他工作机构，由常务委员会决定。专门委员会在工作中应发挥基础性作用。

第五章 地方委员会

第五十条 省、自治区、直辖市设中国人民政治协商会议的省、自治区、直辖市委员会；自治州、设区的市、县、自治县、不设区的市和市辖区，凡有条件的地方，均可设立中国人民政治协商会议各该地方的地方委员会。

第五十一条 每届中国人民政治协商会议地方委员会的参加单位、委员名额和人选及界别设置，经上届地方委员会主席会议审议同意后，由常务委员会协商决定。

每届地方委员会任期内，如有必要增加或者变更参加单位、委员名额和决定人选，经本届地方委员会主席会议审议同意后，由常务委员会协商决定。

第五十二条 中国人民政治协商会议的省、自治区、直辖市、自治州、设区的市、县、自治县、不设区的市和市辖区的地方委员会每届任期五年。

第五十三条 中国人民政治协商会议各级地方委员会设主席，副主席若干人和秘书长。

第五十四条 中国人民政治协商会议各级地方委员会的全体会议每年至少举行一次。

第五十五条 中国人民政治协商会议各级地方委员会全体会议行使下列职权：

（一）选举地方委员会的主席、副主席、秘书长和常务委员，决定常务委员会组成人员的增加或者变更；

（二）听取和审议常务委员会的工作报告、提案工作情况报告和其他报告；

（三）讨论并通过有关的决议；

（四）参与对国家和地方事务的重要问题的讨论，提出建议和批评。

第五十六条 中国人民政治协商会议各级地方委员会设常务委员会主持会务。

常务委员会由地方委员会主席、副主席、秘书长和常务委员组成，其候选人由参加各该地方委员会的各党派、团体、各民族和各界人士协商提名，经全体会议选举产生。

第五十七条 中国人民政治协商会议地方委员会常务委员会行使下列职权：

（一）召集并主持地方委员会全体会议；每届第一次全体会议前召开全体委员参加的预备会议，选举第一次全体会议主席团，由主席团主持第一次全体会议；

（二）组织实现中国人民政治协商会议章程规定的任务和全国委员会所作的全国性的决议以及上级地方委员会所作的全地区性的决议；

（三）执行地方委员会全体会议的决议；

（四）地方委员会全体会议闭会期间，审议通过提交同级地方人民代表大会及其常务委员会或人民政府的重要建议案；

（五）协商决定地方委员会委员；

（六）根据秘书长的提议，任免地方委员会的副秘书长；

（七）决定地方委员会工作机构的设置和变动，并任免其领导成员。

第五十八条 中国人民政治协商会议各级地方委员会的主席主持常务委员会的工作。副主席、秘书长协助主席工作。

主席、副主席、秘书长组成主席会议，处理常务委员会的重要日常工作。

主席会议受常务委员会的委托，主持下一届第一次全体会议预备会议。

第五十九条 中国人民政治协商会议各级地方委员会可以按照需要设副秘书长一人至数人，协助秘书长进行工作。

第六十条 省、自治区、直辖市的地方委员会设立办公厅，专门委员会及其他工作机构的设置，按照当地实际情况和工作需要，由常务委员会决定。

自治州、设区的市、县、自治县、不设区的市和市辖区的地方委员会的工作机构的设置，按照当地实际情况和工作需要，由常务委员会决定。

第六章 会徽

第六十一条 中国人民政治协商会议会徽为一颗五角星、齿轮和麦穗、四面红旗和缎带、中国地图和地球、“1949”和“中国人民政治协商会议”组成的图案。

第六十二条 中国人民政治协商会议会徽中，一颗五角星表示中国共产党领导；齿轮和麦穗表示以工农联盟为基础；四面红旗和缎带表示各党派、各团体、各民族、各阶层的大团结大联合；中国地图和地球表示全国人民包括香港特别行政区同胞、澳门特别行政区同胞、台湾同胞和海外侨胞的团结；“1949”和“中国人民政治协商会议”分别为诞生时间、名称。

第六十三条 中国人民政治协商会议各参加单位和个人都要维护会徽的尊严。要按照规定制作和使用会徽。

全 国 委 员 会 篇

工 作 报 告

中国人民政治协商会议全国委员会常务委员会工作报告

——在政协第十三届全国委员会第一次会议上
（2018 年 3 月 3 日）

俞 正 声

各位委员：

我代表中国人民政治协商会议第十二届全国委员会常务委员会，向大会报告过去五年工作，提出今后工作建议，请予审议。

一、五年工作的回顾

中共十八大以来的五年，是党和国家发展进程中极不平凡的五年。以习近平同志为核心的中共中央团结带领全党全国各族人民，统揽伟大斗争、伟大工程、伟大事业、伟大梦想，统筹推进“五位一体”总体布局、协调推进“四个全面”战略布局，推动党和国家事业取得历史性成就、发生历史性变革，中国特色社会主义进入了新时代。

五年来，以习近平同志为核心的中共中央加强对人民政协工作的全面领导。习近平总书记多次发表重要讲话，提出一系列新思想新论断新要求，科学回答了人民政协事业发展的重大理论和实践问题。中共中央制定社会主义协商民主建设、爱国统一战线、人民政协协商民主建设、人民政协民主监督工作等重要文件，作出中央政治局常委会研究政协年度协商计划、听取政协党组工作汇报、完善政协党的领导体制等制度安排。政协全国委员会及其常务委员会全面贯彻中共十八大和十九大精神，深入贯彻习近平新时代中国特色社会主义思想，坚持团结和民主两大主题，围绕中心、服务大局，把坚持和发展中国特色社会主义作为巩固共同思想政治基础的主轴，完善协商议政格局，强化民主监督职能，拓展团结联谊工作，加强履职能力建设，推动人民政协事业在继承中发展、在发展中创新，开拓了团结民主、务实进取、蓬勃发展的新局面，彰显了中国特色社会主义制度的优势和特点，在党和国家事业发展中发挥了不可替代的重要作用、作出了重要贡献。

（一）牢牢把握正确的政治方向，坚决维护以习近平同志为核心的中共中央集中统一领导

以思想政治建设为统领，打牢团结奋斗的共同思想政治基础。深入学习中共十八大精神，召开常委会议专题学习贯彻中共十八届三中、四中、五中、六中全会精神，深刻

理解全面深化改革、全面依法治国、全面建成小康社会、全面从严治党重大部署，结合实际贯彻落实。有计划、分专题学习领会习近平总书记系列重要讲话精神，召开主席会议、理论研讨会和座谈交流会等，集中学习习近平总书记在庆祝人民政协成立65周年大会上的重要讲话，向地方政协发出学习通知，在人民政协形成学讲话、抓落实、促工作的良好氛围；采取常委会学习讲座、报告会等形式，认真学习习近平总书记在庆祝中国共产党成立95周年、纪念中国人民抗日战争暨世界反法西斯战争胜利70周年、纪念红军长征胜利80周年、纪念孙中山先生诞辰150周年、庆祝中国人民解放军建军90周年、庆祝香港回归祖国20周年等大会上的重要讲话，引导广大委员从中华民族迎来了站起来、富起来到强起来伟大飞跃的历史进程中深化认识，坚定道路自信、理论自信、制度自信、文化自信，增强政治意识、大局意识、核心意识、看齐意识，坚决维护习近平总书记的核心地位，坚决维护中共中央权威和集中统一领导。

2017年，坚持把迎接十九大、服务十九大、学习贯彻十九大精神作为重大政治任务，落实到履行职能、开展工作的全过程和各方面，加强政治引领，积极正面发声，广泛凝心聚力，促进经济社会大局保持稳定，为十九大胜利召开营造良好社会环境。十九大后，迅速兴起学习贯彻大会精神热潮，着力在学懂弄通做实上下功夫，及时召开常委会议集中学习，作出学习贯彻中共十九大精神决议，明确提出坚持中国共产党对人民政协的领导、聚焦新时代新使命履职尽责、全面增强履职本领等具体要求，号召人民政协各参加单位、各级组织和广大委员，在习近平新时代中国特色社会主义思想指引下，广泛凝聚共识、凝聚人心、凝聚智慧、凝聚力量，共同为落实中共十九大确定的目标任务而奋斗。

（二）聚焦党和国家中心任务，围绕统筹推进“五位一体”总体布局和协调推进“四个全面”战略布局协商议政

坚持稳中求进工作总基调，围绕统筹做好稳增长、促改革、调结构、惠民生、防风险各项工作调研议政。把围绕“十三五”规划制定和实施献计出力作为工作主线，就规划制定用3个月时间密集开展56次议政活动，召开专题议政性常委会议集中献计献策，形成专题报告。着眼贯彻新发展理念和实施“十三五”规划，科学选题，合力攻坚，推动全面建成小康社会重点任务贯彻落实。紧扣深化供给侧结构性改革，分8次深入13个省区调研，既有专题议政性常委会议的综合献策，也有专题协商会、双周协商座谈会的专项议政，议题涉及“三去一降一补”、振兴实体经济、创新驱动发展、培育发展新动能、军民融合发展、品牌建设等方面。适应经济发展新常态，每季度召开宏观经济形势分析会。践行绿水青山就是金山银山的理念，抓住突出环境问题，围绕主体功能区规划建设、大气水土壤污染防治、森林草原等生态系统保护和修复、完善生态补偿机制、小型农田水利建设、推进国家公园体制试点、治理过度包装和垃圾资源化处理等调研议政，每年专题分析资源环境态势，助力美丽中国建设。

瞄准全面深化改革和全面依法治国重大任务精准建言。坚持支持改革、服务改革，共开展185次视察调研和协商议政活动，报送74份专题报告和信息。抓住经济体制改革重大问题，就发挥市场在资源配置中的决定性作用和更好发挥政府作用深入调研，提出探索基本经济制度有效实现形式、深化行政审批制度改革、深化农村集体产权制度改革等建议。围绕深化改革关键问题，就简政放权、防范化解金融风险、加强基础研究提

升原始创新能力、改革科技评价体系、发展混合所有制经济、促进京津冀协同发展等协商议政。针对东北三省工业转型升级难点问题，由3位副主席带队，分16个子课题，深入22个市地、87家企业座谈讨论，形成专题报告，并召开专题协商会集中提出建议。结合全面依法治国重大课题，召开法治政府建设、司法体制改革等专题座谈会，每年安排法律法规方面的重点议题开展协商，对慈善法、安全生产法、促进科技成果转化法、快递条例等的制定修订提出建议。

配合跟进全面从严治党战略部署贯彻落实。将党风廉政建设列为重点协商议题，先后两次召开常委会议，从巩固落实中央八项规定精神成果、完善监督体系、营造良好政治生态等方面提出建议。支持委员围绕加强党的建设重要问题务实建言。

（三）贯彻以人民为中心的发展思想，为保障和改善民生建言献策

坚持履职为民，抓住涉及人民群众切身利益的实际问题，共开展171次视察调研和协商议政活动，每年组织委员开展教师节慰问和科技、文化、卫生、体育下基层活动。着眼办好人民满意的教育，针对学前教育、义务教育、高中教育、高等教育、职业教育、特殊教育和乡村教师队伍建设、困难学生资助等问题深度建言，推动教育事业全链条发展。着眼实施健康中国战略，深化医药卫生体制改革，紧扣医疗、医保、医药“三医”联动，从妇女儿童保健、青少年疾病预防、职业病防治、全民健身和体育产业到安宁疗护，从公立医院改革、民营医院发展、发挥中医药特色优势、仿制药质量到医患关系改善，开展系列履职活动，促进人民健康全周期保障。着眼更好满足人民群众文化需求，围绕培育和践行社会主义核心价值观、坚定文化自信讲好中国故事、社会主义文艺繁荣发展、完善公共文化服务体系、营造风清气正网络空间、文化遗产传承保护等协商议政，助力文化建设全方位推进。着眼民生关切，就食品安全监管、无障碍环境建设、住宅房地产调控、去产能过程中职工就业再就业、大学生和退役士兵就业创业、养老及医养结合等问题，建筑环卫工人、农民工、残疾人、留守儿童等群体权益保障深入协商，对涉及群众生活的问题全景式关注。

（四）推进政协协商民主建设，形成协商议政新局面

认真落实中共中央关于政协协商民主建设重大改革举措，对政协协商民主建设实施意见贯彻执行情况开展阶段性评估，通过实地调研检查，推广经验，查找不足，改进工作，进一步完善以全体会议为龙头，以专题议政性常委会议和专题协商会为重点，以双周协商座谈会、对口协商会、提案办理协商会等为常态的协商议政格局。建立制定年度协商计划制度，增加协商密度，专题议政性常委会议由每年1次增加到2次，专题协商会由每年1次增加到至少2次。创建双周协商座谈会制度，优化参与构成，合理确定议题，强化讨论交流，参会委员以民主党派成员和无党派人士为主，选择切口小、社会关注度高的具体问题议深议透，共举办76次，已成为政协协商民主经常性平台和重要品牌。坚持民主协商、平等议事，多向沟通协商和多方互动交流、综合报告与专题信息相结合方式报送重要成果成为制度化安排。协商民主的生动实践，调动了委员履职参与积极性，参加各类视察考察调研、协商会议活动的委员共1635名，2.85万人次。

（五）加强和改进民主监督工作，推动党和国家重大方针政策和重要决策部署贯彻落实

强化政协民主监督职能，发挥协商式监督特色优势，重点监督党和国家重大改革举

措、重要决策部署贯彻执行情况，通过调研察看发现问题、围绕履责不力提出批评、针对存在不足督促改进。重点监督性议题纳入年度协商计划，寓监督于会议、视察、提案、专题调研、大会发言、社情民意信息等工作之中，做到监督有计划、有题目、有载体、有成效。视察调研的监督性议题逐年增加，由 2015 年的 12 项占 11%，发展到 2017 年的 20 项占 28%，开展营改增执行情况、全面两孩政策实施等监督性调研协商活动。年年聚焦精准扶贫、精准脱贫，相关视察调研涉及 17 个省区市，遍及脱贫攻坚主战场。鼓励和支持委员参与对口帮扶实践，推动形成脱贫攻坚合力。2016 年、2017 年连续两年围绕精准扶贫、精准脱贫召开专题议政性常委会议。2017 年“实施精准扶贫中存在的问题和建议”专题议政性常委会议前，6 位副主席带队、101 名委员参加，随机走访、进村入户，以全面调研和专题调研两轮调研压茬进行为主干形式，以问卷调查为典型支撑，辅以分析 24 个贫困县财政支出情况专项调研和有关地方政协协同调研，着力解剖麻雀、发现问题；会上多角度分析论证，集中提出意见；会后继续跟进，促进落实。创新监督方式，针对腾格里沙漠污染治理等问题，明查暗访综合运用，深入一线摸准情况，追踪监督推动整改。

（六）充分发挥统一战线组织作用，做好凝心聚力工作

深入学习贯彻第二次中央新疆工作座谈会、中央民族工作会议、中央统战工作会议、中央第六次西藏工作座谈会、全国宗教工作会议等会议精神。促进各党派和无党派人士的团结合作，通过联合调研、共同举办协商活动等方式，为民主党派和无党派人士在政协更好发挥作用创造条件。邀请党外知识分子、非公有制经济人士、新的社会阶层人士等参加政协活动。召开构建亲清新型政商关系专题协商会。参加庆祝西藏自治区成立 50 周年、新疆维吾尔自治区成立 60 周年、内蒙古自治区成立 70 周年等活动。围绕少数民族流动人口服务管理、民族地区产业布局和城镇化建设、西部农牧区包虫病防治、少数民族戏剧传承与发展等深入调研，促进民族地区经济社会发展和各民族交往交流交融。全面贯彻党的宗教工作基本方针，开展培养宗教界中青年代表人士、宗教教职人员社会保障等调研，就修订《宗教事务条例》提出建议。坚持举办少数民族界、宗教界委员座谈会，反映社情民意，旗帜鲜明反对暴力恐怖活动、民族分裂活动、宗教极端活动。全面准确贯彻“一国两制”、“港人治港”、“澳人治澳”、高度自治方针，支持委员在特别行政区事务中发挥积极作用，对全国人大常委会就香港特别行政区基本法第 104 条的解释正面发声，参与庆祝香港回归祖国 20 周年活动，深做细做港澳青少年工作，推动爱国爱港爱澳力量发展壮大。在坚持体现一个中国原则的“九二共识”基础上推动两岸关系和平发展，加强与台湾民意代表机制化交流，就台资企业转型升级、在大陆就读台湾学生就业等开展调研，坚决反对“台独”分裂行径。邀请侨胞列席政协大会、回国考察，组团出访慰问侨胞、广交朋友。举办纪念孙中山先生诞辰 150 周年大会及系列活动，激励中华儿女共同致力于实现中华民族伟大复兴的中国梦。

（七）广泛开展对外友好交往，为营造良好外部环境作出积极贡献

服务国家外交大局，务实开展高层交往，推动共建“一带一路”、发展战略对接等方面合作。推进公共外交和人文交流，加强同外国政治组织、相关机构、媒体智库和各界人士联系沟通。讲好中国故事，广泛宣传当代中国发展成就、中国共产党领导的多党合作和政治协商制度、社会主义协商民主、人类命运共同体理念。发挥专门委员会、中

国经济社会理事会、中国宗教界和平委员会作用，就台湾、涉藏、涉疆等问题阐明我国主张，维护国家核心利益。运用中欧圆桌会议等机制，加强与相关国际协会及成员的交流合作。定期召开国际形势分析会，就建立新型国际关系等提出建议，就加强我国卫生援非工作等调研协商。共组织114个团组出访，接待66个团组来访。全国政协现与149个国家的292个机构和15个国际性或区域性组织建立了联系。

（八）大力加强自身建设，提高政协履职能力和水平

着力提高工作制度化、规范化、程序化水平。高度重视政协章程修改工作，坚持党的领导，充分发扬民主，广泛征求意见，严格按程序积极稳妥推进，提出部分修改政协章程的建议。制定修订委员履职工作规则、双周协商座谈会工作规则、各专委会工作指南等20项制度，推进政协协商民主、专委会工作等基础性程序机制建设，完善制度体系。

以改革创新精神做好经常性工作。改进调查研究，统筹运用综合调研、蹲点调研、平行调研，着力把问题找准、原因理清、建议提实。提高提案质量和提案办理质量，共收到提案2.9万件，立案2.4万件，办复率99％。重视大会发言工作，完善发言协商遴选机制，邀请地方政协委员交流履职经验。强化社情民意信息舆情汇集和民意表达功能。做好来信来访工作。做好抗日战争胜利70周年等重大选题史料征集出版工作。发挥中国人民政协理论研究会作用，加强对政协协商民主、民主监督等问题的研究。坚持正确舆论导向，加大政协履职成果宣传力度。

贯彻全面从严治党部署，把党的政治建设摆在首位。完善全国政协党的领导体制，在9个专门委员会设立分党组，加强政协党组对机关党组和各分党组的领导，从组织体系、制度机制上确保了中共中央集中统一领导在政协的贯彻落实。按照懂政协、会协商、善议政和守纪律、讲规矩、重品行要求，抓好政协委员队伍建设，举办委员特别是新任委员学习研讨班、报告会等32次，1万余人次参加。制定贯彻中央八项规定精神具体措施，设立大会会风会纪督查组，严格规范履职活动，严肃会纪，改进会风文风。依章程撤销令计划、苏荣、孙怀山等38人全国政协委员资格。多措并举推进机关建设，加大巡视整改力度，支持中央纪委驻政协机关纪检组监督执纪问责，营造良好政治生态。召开地方政协工作经验交流会、地方政协秘书长座谈会，确保中共中央决策部署和对政协工作要求落实到位。

各位委员，五年来的成绩，是中共中央高度重视、坚强领导的结果，是各级党委和政府及社会各界热情帮助、鼎力支持的结果，是人民政协各参加单位、各级组织和广大委员团结协作、共同奋斗的结果。我代表十二届全国政协常委会表示衷心的感谢！

在总结成绩的同时，也要看到，有些工作同新时代新任务的要求相比、同人民群众期待相比还有一定差距。一些调研议政活动还存在调查浮于表面、深入实际不够的问题，民主监督的方式方法和制度化建设还需进一步探索，团结联谊的范围和渠道还有待进一步拓展，发挥委员作用还需进一步强化，专门委员会联系界别、联系委员的工作还需进一步改进，机关建设还有薄弱环节，对地方政协工作指导还不够，等等。这些都需要切实加以改进。

二、五年工作的主要体会

五年来，十二届全国政协在实践探索中积累了一些有益经验，形成了一些规律性认识和体会。

（一）坚持中国共产党的领导。这是人民政协必须恪守的根本政治原则。中国特色社会主义最本质的特征是中国共产党领导，中国特色社会主义制度的最大优势是中国共产党领导。党政军民学，东西南北中，党是领导一切的。在政协各级组织和各项活动中，党居于领导地位。人民政协坚持党的领导是具体的而不是抽象的，集中体现为坚决维护以习近平同志为核心的中共中央权威和集中统一领导，体现为坚持和完善中国共产党领导的多党合作和政治协商制度，体现为坚持和运用好协商民主这一实现党的领导的重要方式，体现为政协党组织团结带领广大委员坚定贯彻执行党的基本理论、基本路线、基本方略。要发挥政协党组把方向、管大局、保落实的重要作用，加强对机关党组、专门委员会分党组的领导，形成上下贯通的组织体系和工作机制，把党的主张通过民主程序转化为政协组织的决定，做到人民政协一切重要工作在党的领导下展开，一切重要活动围绕党和国家中心任务进行，一切重要安排在广泛征求意见基础上报党委审批后实施。

（二）坚持人民政协性质定位。这是人民政协工作的基石。人民政协作为统一战线的组织、多党合作和政治协商的重要机构、人民民主的重要实现形式，是国家治理体系的重要组成部分，是具有中国特色的制度安排。政协不是权力机关，不是决策机构，而是各党派团体和各族各界人士发扬民主、参与国是、团结合作的重要平台，发挥作用不是靠强制约束力，而是靠政治影响力。把握政协性质定位，事关坚持中国特色社会主义制度优势和特点，事关人民政协事业的方向和使命，必须具体地落实到政协的工作原则、职能任务、方式方法中。要牢牢把握政协性质定位的基本要义，不忘初心，抓住关键，筑牢根基，始终不含糊、不动摇，坚定不移走中国特色社会主义政治发展道路，把新时代人民政协事业不断推向前进。

（三）坚持围绕中心、服务大局。这是人民政协履行职能的基本遵循。党和国家事业大局具有全局性、战略性。人民政协只有在大局下思考、在大局下行动，才能明确主攻方向、把握着力重点、彰显意义价值。要聚焦党和国家中心任务，想党和国家所想、急党和国家所急，自觉投身新时代中国特色社会主义的伟大实践，紧扣人民群众生产生活，紧扣经济社会发展实际，紧扣贯彻落实党和国家重要决策部署需要解决的问题，精准建言出实招，集合众智克难关。要坚持以人民为中心，坚持人民政协为人民，把更好满足人民日益增长的美好生活需要作为政协全部工作的出发点和落脚点，更加深入更为经常地关注民计民生，努力让人民群众感到政协离自己很近、政协委员就在身边。

（四）坚持团结和民主两大主题。这是人民政协组织的本质要求和标志性特征。在人民政协，团结是方向、是目的，民主既是目的、也是手段，团结就是力量，民主才有活力。要高举爱国主义、社会主义旗帜，坚持大团结大联合，坚持一致性和多样性统一，深刻认识一致性是共同思想政治基础的一致、多样性是利益多元和思想多样的反映，在坚持一致性中尊重多样性，在包容多样性中寻求一致性，找到最大公约数，画出最大同心圆。要不忘老朋友，结交新朋友，多交挚友和诤友，把更多的人团结在中国共产党周围。有事好商量，众人的事情由众人商量，是人民民主的真谛，也是社会主义协商民主的重要原则。要充分发挥人民政协作为社会主义协商民主的重要渠道和专门协商机构作用，把协商民主贯穿履行职能全过程，坚持协商就要真协商，坚持商以求同、协以成事，弘扬民主精神，践行协商理念，营造良好氛围，让委员愿讲话、敢讲话、讲真话，提倡热烈而不对立的讨论、真诚而不敷衍的交流、尖锐而不极端的批评，努力增进共识、促进团结。

（五）坚持在继承中发展、在发展中创新。这是人民政协事业发展的不竭动力。人民政协是中国共产党把马克思主义统一战线理论、政党理论和民主政治理论同中国具体实践相结合的伟大创造，在建立新中国、建设新中国、探索改革路、实现中国梦的光辉实践中不断发展。过去五年，人民政协在已有工作的基础上，从完善政协党的领导体制、形成协商议政新局面、加强和改进民主监督工作、强化调查研究基础性作用、提高履职能力、建设以政协章程为基础的制度体系等方面进行了探索实践，取得了事业发展的新成果。面对新时代新征程新使命，人民政协要坚持问题导向、贴近群众实践，在增加协商密度、活跃协商方式、丰富协商内容、增强协商实效上下功夫，在探讨问题、平等交流、加强互动、增进共识上下功夫，努力推进理论、实践、制度与时俱进，不断增强政协事业生机活力。

（六）坚持发挥政协委员主体作用。这是人民政协工作的优势所在、活力所在。人民政协是庄严的政治组织，政协委员是荣誉更是责任，必须重视发挥委员作用、建设过硬委员队伍。要尊重委员主体地位，保障委员民主权利，完善委员联络和履职保障制度，发挥政协专委会、界别、机关等联络服务委员的作用，功夫用在平时，联络贵在经常，服务贯穿始终，让每一位委员都有组织依托、有联络渠道、有平台发挥作用，把人民政协打造成团结之家、民主之家、和谐之家。要全面加强委员队伍建设，坚持思想政治引领，增强“四个意识”，坚定“四个自信”，在道路、方向、目标上形成统一意志和步调；坚持懂政协、会协商、善议政，深入调查研究，勤勉履职尽责，做到建言建在需要时、议政议到点子上、监督监在关键处；坚持守纪律、讲规矩、重品行，拒绝冷漠和懈怠、拒绝浮躁和脱离国情的极端主张、拒绝奢靡和一切利用权力或影响力谋取私利的行为，树立政协委员良好形象。

三、今后工作的建议

中共十九大描绘了决胜全面建成小康社会、夺取新时代中国特色社会主义伟大胜利的宏伟蓝图，进一步指明了党和国家事业的前进方向。人民政协要把学习贯彻中共十九大精神作为重大政治任务，把习近平新时代中国特色社会主义思想作为统揽政协工作的总纲，把坚持和发展中国特色社会主义作为巩固共同思想政治基础的主轴，把为决胜全面建成小康社会、夺取新时代中国特色社会主义伟大胜利献计出力作为工作主线，坚持稳中求进工作总基调，坚持新发展理念，坚持以人民为中心的发展思想，坚持团结和民主两大主题，围绕统筹推进“五位一体”总体布局、协调推进“四个全面”战略布局，认真履行政治协商、民主监督、参政议政职能，为全面建成小康社会、全面建设社会主义现代化国家作出新的贡献。

（一）深入学习贯彻习近平新时代中国特色社会主义思想。把学习贯彻习近平新时代中国特色社会主义思想作为重中之重，认真学习关于统一战线、人民政协的新思想新要求，开展新任政协委员全员培训，着力在学懂弄通做实上下功夫，增进高度的政治认同、思想认同、理论认同、情感认同，夯实团结奋斗的共同思想政治基础。聚焦牢固树立“四个意识”、坚定“四个自信”，推动参加人民政协的各党派团体和各族各界人士自觉接受中国共产党的领导，坚决维护习近平总书记的核心地位。把学习领会贯彻党的创新理论同过去五年党和国家事业的历史性变革结合起来，同今后工作战略部署结合起来，紧密联系政协实际找到落实基点，切实在工作中贯彻下去、体现出来。

（二）聚焦决胜全面建成小康社会、开启全面建设社会主义现代化国家新征程重大问题献计出力。把握我国发展新的历史方位和社会主要矛盾变化，以实现第一个百年奋斗目标、向第二个百年奋斗目标迈进为履职主攻方向，以解决好不平衡不充分的发展问题为工作着力重点，建睿智之言、出务实之力。聚焦决胜全面建成小康社会，瞄准抓重点、补短板、强弱项，紧扣打好防范化解重大风险、精准脱贫、污染防治攻坚战，深入协商集中议政，强化监督助推落实。今年着重开好深度贫困地区脱贫、污染防治专题议政性常委会议和防范金融风险、发展实体经济提高供给体系质量专题协商会。适应新时代发展要求，围绕实施科教兴国战略、人才强国战略、创新驱动发展战略、乡村振兴战略、区域协调发展战略、可持续发展战略、军民融合发展战略献计出力，就建设现代化经济体系、发展社会主义民主政治、推动文化繁荣兴盛、提高保障和改善民生水平、建设美丽中国协商议政，为更好满足人民日益增长的美好生活需要贡献智慧和力量。围绕新的“两步走”战略安排，选择综合性、战略性、前瞻性议题资政建言。

（三）充分发挥人民政协作为协商民主重要渠道和专门协商机构作用。把协商民主贯穿政治协商、民主监督、参政议政全过程，健全政协协商民主制度机制，制定实施年度协商计划，坚持协商议题和协商形式相匹配、视察调研和协商议政相衔接，组织广大委员持续深入协商议政，推动形成完整的制度程序和参与实践。加强政协民主监督，坚持协商式监督特色优势，把握好监督的方向和原则、节奏和力度，重点围绕中共十九大决策部署贯彻落实开展监督工作，增加监督性议题比重，融协商、监督、参与、合作于一体，注重监督实效，更好发挥政协民主监督在党和国家监督体系中的独特作用。完善协商成果采纳、落实和反馈机制，加强跟踪督促，推动协商成果有效转化为政策和具体工作举措。

（四）广泛凝聚实现中华民族伟大复兴正能量。促进政党关系、民族关系、宗教关系、阶层关系、海内外同胞关系和谐。进一步为民主党派和无党派人士在政协履职创造条件。做好党外知识分子和新的社会阶层人士工作。推动构建亲清新型政商关系，促进非公有制经济健康发展和非公有制经济人士健康成长。深化民族团结进步教育，铸牢中华民族共同体意识，推动各民族交往交流交融，共同团结奋斗、共同繁荣发展。坚持我国宗教的中国化方向，积极引导宗教与社会主义社会相适应。加强同港澳台侨同胞团结联谊，动员中华儿女共担民族大义、共圆中国梦。开展对外友好交往，促进“一带一路”建设，为推动构建新型国际关系、推动构建人类命运共同体作出贡献。

（五）切实加强自身建设。强化委员意识，把责任扛在肩上，把事业放在心上，全面增强履职本领，提高政治把握能力、调查研究能力、联系群众能力、合作共事能力，坚持不懈改进作风，有效履行委员职责。大兴调查研究之风，优化队伍结构，改进组织方式，深入基层、沉到一线，用事实和数据说话，把协商议政、民主监督建立在扎实调研基础上。做好提案、视察、大会发言、社情民意信息、文史资料、新闻宣传、人民政协理论研究等工作，在提升质量上下功夫。创新发挥界别作用方法途径。坚持政协党的领导体制，加强和改进专门委员会建设，强化机关服务保障能力。专题调研县级政协工作，加强对地方政协工作指导。以修改章程为契机，加强宣传贯彻，进一步提高履行职能的制度化、规范化、程序化水平。

各位委员，中国特色社会主义进入了新时代。我们为中华民族迎来从站起来、富起来到强起来的伟大飞跃而无比振奋，我们为伟大祖国向着“两个一百年”奋斗目标阔步前进而无比自豪。人民政协使命光荣、责任重大。让我们紧密团结在以习近平同志为核心的中共中央周围，以马克思列宁主义、毛泽东思想、邓小平理论、“三个代表”重要思想、科学发展观、习近平新时代中国特色社会主义思想为指导，坚守定力，万众一心，埋头苦干，为决胜全面建成小康社会、夺取新时代中国特色社会主义伟大胜利、实现中华民族伟大复兴的中国梦努力奋斗！

中国人民政治协商会议全国委员会常务委员会关于提案工作情况的报告

——在政协第十三届全国委员会第一次会议上

（2018年3月3日）

万 钢

各位委员：

我受中国人民政治协商会议第十二届全国委员会常务委员会委托，向大会报告十二届政协提案工作情况，请予审议。

一、提案总体情况

十二届政协期间，政协委员、政协各参加单位和各专门委员会，认真贯彻落实中共十八大、十九大精神，按照统筹推进“五位一体”总体布局和协调推进“四个全面”战略布局要求，瞄准稳增长、促改革、调结构、惠民生、防风险，紧扣推进供给侧结构性改革、司法体制改革、培育和践行社会主义核心价值观、脱贫攻坚、气水土污染防治等重大问题提出提案，为民主决策、制定规划、建立制度、科学发展发挥了重要作用。

五年来，共收到提案29378件，经审查立案23975件。在立案提案中，委员提案21949件，各民主党派中央、全国工商联提案1702件，有关人民团体提案72件，界别、界别小组提案215件，政协各专门委员会提案37件。各承办单位深入开展协商，积极采纳落实建议，截至2018年2月20日，99％的提案已经办复。大多数提案的意见建议得到采纳或正在逐步落实中。

在经济建设方面，关于化解钢铁煤炭等过剩产能，支持制造业优化升级，大力发展大数据、新能源汽车等新兴产业的建议，为实施创新驱动发展战略，提高供给体系质量提供了参考。关于打通综合交通运输体系“最后一公里”、加快中西部地区基础设施建设等建议，有力推进多式联运，一批中西部铁路工程开工或纳入铁路网规划。关于完善农村基本经营制度、强化农业科技管理等建议，进一步推动了农村土地承包经营权流转、农村新型生产经营主体的培育和发展。关于综合施策提高城镇化质量，京津冀协同发展，赣南、左右江、大别山等革命老区与全国同步全面建成小康社会的建议，为完善新型城镇化建设顶层设计，推进区域协调发展发挥了作用。关于加快减税降费、推进利率市场化、增强金融服务实体经济能力等建议，在营改增试点全覆盖，制定普惠金融政策中吸纳。

在政治建设方面，关于制定民法总则、国歌法、反恐怖法、中医药法，修订证券法、环境保护法等建议，为完善中国特色社会主义法律体系提供了参考。关于推进检察机关公益诉讼改革、设立跨行政区划人民法院和人民检察院等建议，为推动司法体制改革发挥了作用。关于建立负面清单制度、加强行政审批信息化建设等建议，为推进“放管服”改革提供了参考。关于治理懒政怠政、打击商业贿赂和职务犯罪等建议，为深入推进党风廉政建设和反腐败斗争发挥了作用。关于加强党外干部培养、有效发挥民主党派监督作用等建议，为做好新形势下统战工作提供了参考。关于保护海外中国公民、华侨人身安全等建议，推动成立了全球领事保护与服务应急呼叫中心。

在文化建设方面，关于把社会主义核心价值观融入法治建设等建议，为制定实施相关指导意见提供了参考。关于加强大运河、长征沿线遗址、莫高窟、传统村落保护等建议，为统筹推进文化遗产保护和开发利用，弘扬民族精神发挥了作用。关于加强文化艺术创作服务引导、扩大优秀艺术人才对外交往等建议，为设立国家艺术基金，深化与“一带一路”沿线国家和地区人文交流合作发挥了作用。关于利用优势特色文化资源、加强文化创意与相关产业融合发展等建议，为文化企业技术、服务和内容创新，增强文化产业核心竞争力发挥了作用。关于以筹备2022年北京冬奥会为契机，加快发展体育产业的建议，为冰雪产业深度融合发展，体育装备制造业转型升级提供了参考。

在社会建设方面，关于完善建档立卡动态管理机制，建立扶贫考核评价体系，优化配置财政、金融、政策等扶贫资源的建议，为脱贫攻坚取得决定性进展发挥了作用。关于统筹教育资源均衡配置等建议，在实施小升初免试就近入学，促进民办教育健康发展等政策措施中得到体现。关于大力扶持新生代农民工、青年人创业就业等建议，在出台加大财税金融支持、提升创业能力、改进创业服务等政策时吸纳。关于加强留守儿童、困境儿童权益保障，建筑工人工伤维权等建议，为制定相关政策措施提供了参考。关于建立分级诊疗制度、扩大三医联动改革试点、推进异地就医结算、健全食品安全监管体系等建议，为深化医药卫生体制改革，实施健康中国战略发挥了作用。

在生态文明建设方面，关于加快燃煤超低排放技术装备研发、大力发展智能电网、加强农作物秸秆综合利用等建议，推动了节能环保等产业的发展。关于深入研究雾霾成因、改善土壤环境质量、整治农村环境污染等建议，为污染防治和立法提供了参考。关于探索建立跨区域跨流域生态补偿机制、加强长江经济带岸线资源化管理等建议，为统筹推进国家生态保护综合实验区建设发挥了作用。关于加强石漠化治理，划定森林、草原、湿地、湖泊等生态资源保护红线，严格控制排海污染总量等建议，推动国家层面加大了综合治理力度。关于环境审计与经济责任审计融合等建议，在建立自然资源资产离任审计制度时吸纳。

一些提案还就全面推进国防和军队现代化，坚持“一国两制”、推进祖国统一，扩大对外交往等方面提出建议，为推动相关工作提供了参考。

2017年，政协委员、政协各参加单位和各专门委员会重点围绕深入推进“三去一降一补”、深化重点领域和关键环节改革、保障和改善民生等提出意见和建议，立案的4215件提案已基本办复，41项重点提案督办已全部完成，修订了有关规章制度，评选表彰240件优秀提案和45个先进承办单位，提案工作取得显著成效。

二、提案工作的发展与创新

习近平总书记关于提高提案质量和提案办理质量的重要指示，为加强和改进提案工作指明了方向。国务院每年在常务会议上作出专门部署，有力推进了提案办理工作。全国政协全面贯彻落实中共中央关于提案工作的重要决策部署，在继承中发展，在发展中创新，提案工作呈现崭新局面。

（一）组织领导进一步加强。建立了主席会议、主席办公会议审定提案工作制度、确定重点提案题目、听取重点提案督办情况汇报的工作机制。副主席带队视察、调研督办重点提案，出席提案交办会、提案办理协商会，走访提案承办单位。全国政协副主席兼秘书长、副秘书长、专委会驻会副主任牵头领办提案。各提案承办单位坚持把提案办理作为年度重点任务，逐级建机制、明责任、抓落实。重点提案督办呈现层次提升、力度加大、示范带动的良好态势，促进了重点提案的采纳落实。

（二）提案质量不断提高。强化宣传引导，对新委员进行提案工作专项培训，向提案承办单位征集并发布提案参考选题，召开各民主党派中央和全国工商联提案工作座谈会，定期向住港住澳全国政协委员通报提案工作情况，增强了提案的针对性和可行性。严格立案把关，加强沟通协商，把情况明、问题准、建议实的提案立起来。党派团体、界别小组、政协各专门委员会通过层层筛选、广泛商议，提出高质量的提案，集体提案比重明显上升。

（三）提案办理协商广泛深入。注重为政协重大协商活动服务，重点提案题目与议政性常委会议、专题协商会和双周协商座谈会议题相衔接。注重扩大协商参与面，通过邀请提案者参加重点提案督办和提案办理协商会、走访承办单位，为提办双方的直接沟通搭建平台。注重加强理论研讨，召开提案办理协商工作座谈会、提案承办单位工作座谈会，探讨提案办理协商的定位、内涵、形式等，推动协商贯穿提案工作全过程。中办、国办《关于进一步加强人民政协提案办理工作的意见》得到贯彻落实。

（四）提案监督稳步推进。落实《中共中央办公厅关于加强和改进人民政协民主监督工作的意见》，围绕京津冀协同发展、脱贫攻坚、加强城市规划工作等重要决策部署落实情况，针对食品安全监管体系建设、环卫工人权益保障等群众关注的实际问题，开展监督性调研，情况摸得更清，问题找得更准，建议提得更实。连续五年跟踪督办“推动大别山革命老区振兴发展”提案，促进建立省部际协调机制和规划项目的落地。开展提案办理情况意见征集和反馈工作，调查了解提办双方反映，在走访提案承办单位时有针对性地沟通意见，寓监督于协商之中。

（五）工作制度更加健全。按照加强协商民主建设的要求，制定提案办理协商办法，规范提案各环节协商。修订提案审查工作细则，细化完善立案标准和审查程序。修订重点提案遴选与督办办法，重点提案更加聚焦中心工作和民生关切，调动提办双方积极性，加强督办成果运用。编写工作指南，工作流程更加严谨科学。提案工作制度化、规范化、程序化水平不断提高。

同时也应看到，在如何持续推进提案工作整体质量提高、完善提案工作制度、拓展提案监督方式方法、进一步健全提案办理信息反馈制度等方面，还需进一步改进和加强。

三、今后工作建议

政协提案是履行人民政协职能的重要方式，是推进决策民主化、科学化的重要渠道。我们要认真贯彻中共十九大精神，把政协提案工作作为一项重要政治责任，采取切实有效措施，促进党和国家重大决策部署落实，努力开创新局面、展现新作为。

（一）聚焦中心任务。政协委员、政协各参加单位和各专门委员会要紧紧围绕决胜全面建成小康社会、开启全面建设社会主义现代化国家新征程重大问题献计出力，突出抓重点、补短板、强弱项，为打好防范化解重大风险、精准脱贫、污染防治攻坚战等贡献智慧，更好发挥提案服务大局的作用。

（二）强化质量意识。坚持问题导向，精心选题，深入调研，务实建言，增强提案的针对性、可行性。落实办理责任，完善机制，主动协商，促进合理建议采纳落实。加强统筹协调，畅通信息渠道，服务提办双方形成合力。做到提案质量、办理质量、服务质量同向发力、整体推进，全面提升提案工作水平。

（三）深化办理协商。把协商贯穿提案工作全过程，不断丰富协商内容和形式。健全跟踪督查和成果反馈机制。以党和国家重大方针政策和重要决策部署贯彻落实情况为监督重点，进一步通过提案开展协商式民主监督。

（四）完善制度体系。进一步推进提案办理协商办法、提案审查工作细则、重点提案遴选与督办办法等制度的贯彻落实。结合新形势新任务新要求，总结提案工作实践经验，适时修订提案工作条例，与时俱进推动提案工作制度建设。

各位委员，新时代赋予人民政协提案工作新使命，让我们更加紧密地团结在以习近平同志为核心的中共中央周围，以习近平新时代中国特色社会主义思想为指引，凝心聚力，履职尽责，锐意进取，在新的历史征程上，创造出人民政协提案工作的新业绩！

全国政协领导同志讲话、文章

在全国政协十三届一次会议闭幕会上的讲话

（2018年3月15日）

汪 洋

各位委员、同志们：

中国人民政治协商会议第十三届全国委员会第一次会议，在中共中央高度重视下，在各有关方面大力支持下，经过全体委员共同努力，圆满完成各项议程，就要胜利闭幕了。

这次会议是在全国各族人民深入学习贯彻习近平新时代中国特色社会主义思想和中共十九大精神，决胜全面建成小康社会、开启全面建设社会主义现代化国家新征程的重要时刻召开的。会议期间，中共中央总书记、国家主席、中央军委主席习近平等党和国家领导同志出席大会开幕会和闭幕会，深入到界别小组同委员共商国是。广大委员以高度的政治责任感，深入讨论政府工作报告和其他报告，讨论宪法修正案草案和监察法草案，以及国务院机构改革方案，认真审议全国政协常委会工作报告、政协章程修正案草案等文件，履职建言成果丰硕。这是一次民主、团结、求实、奋进的大会，充分彰显了中国特色社会主义民主政治的生机活力。

感谢委员们的信任，选举我们组成政协第十三届全国委员会常务委员会。新一届全国政协将在历届全国政协奠定的良好基础上开展工作。过去的五年，在以习近平同志为核心的中共中央坚强领导下，在俞正声同志主持和带领下，十二届全国政协坚持在继承中发展、在发展中创新，认真履行政治协商、民主监督、参政议政职能，开创了工作新局面。让我们向俞正声同志和十二届全国政协全体委员表示崇高的敬意！

今年是全面贯彻中共十九大精神的开局之年，是决胜全面建成小康社会、实施“十三五”规划承上启下的关键之年，也是十三届全国政协履职的起步之年。目标越伟大，任务越艰巨，就越需要凝聚人心和共识、汇聚智慧和力量。人民政协要认真学习贯彻中共十九大精神，把习近平新时代中国特色社会主义思想作为统揽各项工作的总纲，坚持中国共产党的领导、坚持人民政协性质定位、坚持大团结大联合、坚持发扬社会主义民主，携手新时代、落实新部署，发扬优良传统、忠实履职尽责，奋力谱写新时代人民政协事业发展的新篇章。

中国共产党领导的多党合作和政治协商制度是我国的一项基本政治制度，是中国共产党、中国人民和各民主党派、无党派人士的伟大政治创造，是从中国土壤中生长出来的新型政党制度。中国人民政治协商会议这个庄严的名称，清楚地界定了它的性质和作用。在十三届全国政协即将履职之际，我们必须从一开始就准确地把握这个名称、也是这项制度赋予我们的使命。

人民政协是政治组织，必须旗帜鲜明讲政治。人民政协从诞生的那一天起就具有鲜明的政治性，它的成立庄严宣告了我国各民主党派、各界别以及全国各族人民选择了中国共产党的领导。近七十年的实践证明，这样的选择是正确的。正是在中国共产党的领导下，我们才赢得了中国革命、建设、改革的胜利。正是有以习近平同志为核心的中共中央的坚强领导，我们才能实现新的历史性变革、迈向新时代、走向民族复兴。中国共产党领导是中国特色社会主义最本质的特征，是中国最大的政治。旗帜鲜明讲政治是人民政协的本质要求，中国共产党领导是人民政协事业发展进步的根本政治保证，也是新时代人民政协必须恪守的根本政治原则。我们要推动参加人民政协的各党派团体和各族各界人士不断增强对中国共产党和中国特色社会主义的政治认同、思想认同、理论认同、情感认同。我们要牢固树立“四个意识”，坚定“四个自信”，自觉接受中国共产党领导，自觉维护习近平总书记的核心地位，自觉维护中共中央权威和集中统一领导，在事关道路、制度、旗帜、方向等根本问题上统一思想、统一意志、统一步调，确保人民政协事业正确的政治方向。要坚定不移走中国特色社会主义政治发展道路，使中国共产党领导的多党合作和政治协商制度在新时代得以坚持和完善，为人类政治文明的进步，贡献中国智慧和中国方案。

人民政协是人民民主的重要制度，必须以人民为中心履职尽责。为中国人民谋幸福、为中华民族谋复兴是中国共产党人的初心和使命，也是人民政协的初心和使命。人民政协作为具有中国特色的制度安排，作为人民民主的重要形式，汇集了各党派、各团体、各民族、各阶层、各界人士，具有广泛代表性和巨大包容性，始终是实现国家富强、民族振兴、人民幸福的重要力量。习近平总书记强调，人民政协要把实现好、维护好、发展好最广大人民根本利益作为工作的出发点和落脚点，把促进民生改善作为重要的着力点，抓住民生领域重要问题资政建言，协助党和政府破解民生难题，增进人民福祉，做到人民政协为人民。十三届全国政协 2158 名委员能够在新时代成为中国特色社会主义民主政治的参与者和实践者，不仅是荣誉更是责任。心中有人民，才能落实好中国共产党的要求，正确地行使民主权利、做好履职工作。每位委员都应认识到，尽心履职是对人民的负责，是对制度的尊重。我们要立足我国发展新的历史方位和社会主要矛盾变化，深入贯彻新发展理念，紧扣人民群众日益增长的美好生活需要，紧扣经济社会发展实际，紧扣贯彻落实党和国家重要决策部署需要解决的问题，聚焦打好防范化解重大风险、精准脱贫、污染防治的攻坚战，各展其才，各尽其能，通过政治协商、民主监督、参政议政，全面推进经济建设、政治建设、文化建设、社会建设、生态文明建设，推动改革发展成果更多更公平惠及全体人民。

人民政协是专门协商机构，必须求真务实提高协商能力水平。人民政协是社会主义协商民主的重要渠道和专门协商机构，协商民主广泛多层制度化发展，为人民政协发挥作用开辟了广阔前景。近七十年的政协协商民主实践，为十三届全国政协做好工作提供了宝贵经验。大批有情怀、有能力的各方人才汇聚政协，为我们做好工作提供了良好基础。政协不是权力机关，参政不行政、建言不决策、监督不强制，主要通过协商发挥作用。这种作用不是靠说了算，而是靠说得对。说得对就是能够提出符合客观事物发展规律的意见建议，这就需要求真务实的能力水平。要加强学习，认真学习习近平新时代中国特色社会主义思想和中共十九大精神，把习近平总书记在庆祝人民政协成立65周年大会上的重要讲话，作为当好政协委员的基本教材，并结合学习政协工作有关业务知识，着力把握协商民主的原则、要义、方法，不断提高参与协商的思想水平。要善于调查研究，充分发挥政协人才智力优势，在调研的深度广度上下功夫，搞清协商议题的情况、成因、对策，使自己真正具有参与协商的发言权。要强化实践锻炼，丰富协商形式、培育协商精神、增强协商的本领和能力，努力形成协商民主完整的制度程序和参与实践。要创造协商民主的环境，让求真务实的行为受到褒扬，求真务实的意见得到重视，使求真务实在人民政协蔚然成风。通过协商民主，使海内外中华儿女都能够为实现中华民族伟大复兴的中国梦贡献智慧和力量。

各位委员、同志们：

3月11日，第十三届全国人民代表大会第一次会议已经表决通过中华人民共和国宪法修正案。宪法是国家的根本法，是治国安邦的总章程，是中国共产党和全国人民意志的集中体现。宪法修正案为坚持和维护以习近平同志为核心的中共中央权威和集中统一领导，为新时代坚持和发展中国特色社会主义，为实现中华民族伟大复兴提供了有力宪法保障。人民政协要坚持一切活动以宪法为根本准则，在宪法和法律范围内履行职责、开展工作，切实增强尊崇宪法、学习宪法、遵守宪法、维护宪法、运用宪法的思想自觉和行动自觉。

各位委员、同志们：

刚才大会表决通过了政协第十三届全国委员会第一次会议政治决议和新修订的政协章程，这是我们做好今年和今后一个时期工作的重要遵循。尤其要指出的是，新修订的政协章程新设立了“委员”一章，对委员履职尽责等提出了明确要求。希望大家做好新修订章程施行第一年的“委员作业”，在明年大会报到时，不仅能提出好的提案，也能用自己的实际行动交上一份好的履职报告。

各位委员、同志们！

中国特色社会主义进入了新时代。现在，我们比历史上任何时期都更接近、更有信心和能力实现中华民族伟大复兴的目标。新时代呼唤新作为，人民政协要以共同目标寻求最大公约数，以大团结大联合画出最大同心圆，以协商民主凝聚强大正能量，以改革创新激发工作新活力，努力把不同党派、不同民族、不同阶层、不同信仰的海内外中华儿女凝聚起来，形成致力于实现祖国统一和中华民族伟大复兴中国梦的最广泛的爱国统一战线。让我们更加紧密地团结在以习近平同志为核心的中共中央周围，为决胜全面建成小康社会、夺取新时代中国特色社会主义伟大胜利努力奋斗！

在全国政协党员常委会议上的讲话

（2018 年 3 月 15 日）

汪　洋

同志们：

全国政协党组决定，在全国政协十三届常委会第一次会议之前，召开一次常委中的党员会议，主要是想在本届政协伊始，就加强党对政协工作的领导提出原则意见，同时就如何开好这次常委会议，先在党内统一思想。这是坚决维护党中央权威和集中统一领导的重要体现，是贯彻党的民主集中制、坚持先党内后党外原则的工作要求。

加强党对政协工作的领导，主要是通过政协党组织来实现的，靠党安排到政协工作的党员尤其是党员常委来实现的。坚持党的领导、落实好党中央对政协工作的各项要求，必须充分发挥政协党组及机关党组、各专委会分党组和党员常委的作用。首先，要坚定不移执行党的决策，党员常委在政协会议上必须与党中央的大政方针保持一致，必须与党的基本理论、基本路线、基本方略保持一致。这是政治纪律，也是政治规矩。其次，要靠广大党员发挥自身的模范作用来联系各界别人士实现党的意图，通过广交朋友、听取意见，宣传党的主张，贯彻党的部署。再次，要注意把握党内民主和人民民主的区别，坚持民主基础上的集中和集中指导下的民主相结合，坚持一致性和多样性的统一。

这次常委会会议的主要议程是，通过关于设置全国政协专门委员会的决定、副秘书长任命名单、各专门委员会主任和副主任任命名单。党的十九届三中全会作出了深化党和国家机构改革的决定，党中央对完善全国政协专门委员会设置作出了部署，提出了全国政协副秘书长、各专门委员会主任和副主任建议人选名单，体现了党中央对政协工作的高度重视。我们要确保党中央决策部署在政协全面贯彻落实。这是全国政协党组和政协常委中所有共产党员的重大政治责任，必须提高政治站位，强化政治担当。下面，我提三点要求。

一是要旗帜鲜明讲政治。旗帜鲜明讲政治是我们党作为马克思主义政党的根本要求。在政协讲政治，党员常委要带头。讲政治不是抽象的、空洞的，而是具体的、实在的。凡是党中央决定的事情，就要坚决执行，决不能打折扣搞变通。现在，就是要落实好党中央关于全国政协专委会设置和有关人事安排意图。

二是要坚定不移讲党性。党性是党的先进性和纯洁性的集中体现。全国政协常委中的党员，既是政协常委，更是共产党员，讲党性是履行职责的必然要求。对于党中央关于全国政协专委会设置和有关人事安排的部署和要求，要坚持组织原则，确保党中央的决定落实到位。

三是要全面从严讲纪律。党的纪律是党的各级组织和全体党员必须遵守的行为规则，是维护党的团结统一、完成党的任务的保证。政协提倡求同存异、体谅包容，畅所欲言、各抒已见，但作为共产党员必须强化党的纪律约束。要通过党员常委的模范行动，带动广大委员形成守纪律、讲规矩、重品行的良好风尚，在全国政协营造风清气正的政治生态。

在今后的工作中，我们所有在政协工作的共产党员，一定要不忘初心、牢记使命、勇于担当，切实树标杆、作表率。要加强学习，在强化理论武装上发挥带头作用。深入学习贯彻党的十九大精神，把学习贯彻习近平新时代中国特色社会主义思想作为重中之重，深刻把握贯穿其中的马克思主义立场观点方法，做到学思用贯通、知信行统一。要勤勉履职，在服务中心任务上发挥带头作用。大兴调查研究之风，扑下身、弯下腰，密切联系群众，汲取智慧营养，提出真知灼见，为党和政府科学民主决策服好务。要加强团结，在搞好合作共事上发挥带头作用。多沟通多联系，讲民主、讲平等、讲尊重，深交挚友、善交诤友，广泛凝聚起强大正能量。要廉洁自律，在加强作风建设上发挥带头作用。以全面从严治党永远在路上的执着，坚持不懈贯彻落实中央八项规定和实施细则精神，坚决纠正“四风”，坚决防止享乐主义、奢靡之风回潮反弹，坚决反对形式主义、官僚主义，坚决反对特权思想、特权现象，永葆共产党人的政治本色。

一句话，希望党员常委能够成为政协各项工作的模范。

另外，政协党组会和主席会议决定，为落实好政协章程对委员的履职要求，探索促进履职尽责的方法，今年先从全国政协常委开始，提交年度履职报告，作为落实新修订的政协章程的实际行动，根据常委们报告的情况，视情规范并适时向委员推广，希望党员常委能够起带头作用。

在全国政协第七次提案工作座谈会上的讲话

（2018年10月10日）

张　庆　黎

同志们：

这次全国政协第七次提案工作座谈会，主要任务是认真学习贯彻习近平总书记关于加强和改进人民政协工作的重要思想，总结交流中共十八大以来政协提案工作的经验，研究讨论修订提案工作条例、制定提高提案质量的意见，进一步推进新时代提案工作高质量发展。

汪洋主席高度重视提案工作，亲自审定了这次会议的方案，明确指出修订提案工作条例和制定提高提案质量的意见是打基础、立规矩、利长远的工作，要高度重视，认真做好。我们一定要认真学习，抓好落实，切实把提高提案工作质量作为提高政协整体工作质量的重要组成部分，聚焦提案工作提质增效，真正把这次会议开好，开出成效。刚才，中共中央办公厅副主任陈世炬同志、国务院副秘书长李宝荣同志讲了很好的意见，希望大家抓好贯彻落实。下面，我就推进提案工作高质量发展，讲三点意见。

一、总结经验，坚定推进提案工作高质量发展的信心

中共十八大以来，以习近平同志为核心的党中央高度重视人民政协工作和政协提案工作，中共中央政治局常委会会议多次研究政协工作，党中央出台系列文件，从建设社会主义民主政治、推进国家治理体系和治理能力现代化的高度，对包括提案工作在内的人民政协工作作出重要部署，突出强调提案是发扬社会主义民主的重要载体，提案办理协商是人民政协协商民主建设的重要任务，提案监督是人民政协民主监督的重要形式，提高提案质量和提案办理质量是做好提案工作的关键，推进提案办理结果公开是建设法治政府、创新政府、廉洁政府的重要内容。

做好新时代人民政协提案工作，重中之重是学习好、领会好、贯彻好、落实好习近平总书记关于加强和改进人民政协工作的重要思想，特别是对其中关于提案工作的内容进行系统梳理和深入研究。概括起来，习近平总书记关于提案工作的重要指示精神，主要包括七个方面：坚持党的领导是提案工作的根本原则；围绕政协性质定位发挥作用是提案工作的立足点；围绕中心、服务大局是提案工作的目标任务；提高质量是提案工作的生命；提高履职能力是提案工作的基础条件；健全完善制度机制是提案工作的重要保障；总结经验、把握规律、改革创新是提案工作的内在要求。

党的十八大以来，我们以此为基本遵循，坚持在继承中发展，在发展中创新，提案工作取得了突出成效，积累了有益经验，为推动提案工作高质量发展奠定了坚实基础。

一是理论创新取得新突破。在树立质量意识、加强提案办理协商、开展提案监督的

理论研究上取得重要成果，以新理论指导新实践，为推进提案工作发展提供了动力。提案工作以质量为先成为共识，提出提案要注重质量、不比数量，努力做到提一件是一件；审查提案要坚持标准至上，不搞凡提必立，杜绝“关系案”“人情案”“凑数案”，努力做到成一件立一件；办理提案要实事求是，做得到的负责任地办理，凡有承诺都确保落实，做不到的直截了当给予答复，努力做到办一件成一件。提案办理协商认识全面深化，准确界定提案办理协商概念，即提案者、承办单位、政协组织及有关方面为增进共识、推动提案办理进行的协商活动，并形成了提案办理协商贯穿“提、立、办、督”各个环节的全过程协商理念。提案监督定位得到确立，作为人民政协民主监督的形式之一，政协应组织政协委员和政协各参加单位、各专门委员会，通过提案提出意见、批评、建议，开展监督。重点提案中应有民主监督性提案，由党委、政府、政协办公厅共同交有关部门办理，党政及政协负责同志应加强督办。

二是制度建设取得新进展。修订和制定了提案工作条例、提案办理协商办法、重点提案遴选与督办办法、提案审查工作细则、优秀提案与先进承办单位评选表彰暂行办法、提高提案质量的意见，形成了“1＋4＋1”的提案工作制度体系，较为完备的工作制度为推进提案工作发展提供了保障。正在修订的提案工作条例，是提案工作的总体制度规范，以习近平新时代中国特色社会主义思想和中共十九大精神为指导，通过修订使其与党章、宪法、政协章程等相适应，落实十三届全国政协关于提质增效的工作要求，体现提案工作的最新理论成果和实践创新成果，有利于更好发挥条例的指导作用。四个专项制度，有的是针对工作中存在的问题作出制度调整，比如进一步精简重点提案数量、细化完善立案标准和审查程序；有的是总结实践经验、明确制度化要求，比如对各环节的提案办理协商作出规范，有力促进了各项工作有章可循、有据可依。本次会议将研究的关于提高提案质量的意见，作为一种新的制度性文件形式，聚焦提案质量，引导各方面共同为提高提案质量而努力，将为推动提案工作高质量发展发挥积极的导向性作用。

三是实践创新取得新成绩。积极探索和改进工作方法，建立协调高效的工作运行机制，为推进提案工作发展提供了支撑。以加强沟通协商为切入点，推动提案质量不断提高，引导提出提案重质量，坚持提案审查严把关。几年来，政协提案形成了委员参与度提升、总体数量比较均衡、集体提案比重逐步增加、协商建言和监督议政作用增强的良好局面。以压实办理责任为切入点，推动提案办理质量明显提升，逐步形成中共中央办公厅、国务院办公厅、全国政协办公厅三方共同交办提案机制，各提案承办单位把提案办理作为常态化年度重点任务，逐级建机制、明责任、抓落实，深入细致办理好每一件提案。以形成工作合力为切入点，推动重点提案督办成效显著增强，主席会议研究审定重点提案题目及督办方式，每年年底听取重点提案督办情况的汇报，副主席带队督办重点提案形成机制，由全国政协办公厅统筹协调、各专委会分工协作，促进重点提案督办实现了件件有成果、事事有回音。

通过各方面共同努力，提案的功能作用得到充分彰显，一大批意见建议有的逐步转化为具体政策决策，有的吸纳进发展规划、法律法规和制度文件，有的推动了部门工作及作风改进，为促进经济社会发展发挥了重要作用。与此同时，我们也要清醒地认识到提案工作中仍存在一些不容忽视的问题，需要采取切实有效的措施加以改进。比如，重提案数量轻质量的意识仍然存在，一些提案不具体不准确、缺乏可行性，提案重复、“随意联名”、“被动联名”等现象比较严重；提案办理中存在重答复、轻落实问题，一些提案答复不直截了当、介绍情况多直面问题少；知情明政服务的有效渠道需要进一步探索，培训工作有待进一步加强等。

二、提高认识，增强推进提案工作高质量发展的责任感和使命感

提案工作是人民政协一项有传统、特色鲜明、影响深远的全局性工作。从1949年中国人民政治协商会议第一届全体会议上的14件提案开始，近70年来，政协提案伴随着新中国成长发展的脚步，经历了不断创新、不断前进的光辉历程，形成了提案工作在人民政协事业发展中的独特地位和作用。我们一定要从推进党和国家事业长远发展的高度，从全面加强和改进人民政协工作的角度，深刻认识提案工作高质量发展的重要意义。

第一，推动提案工作高质量发展，是全面贯彻中共十九大精神、决胜全面建成小康社会、夺取新时代中国特色社会主义伟大胜利的必然要求。中共十九大描绘了决胜全面建成小康社会、开启全面建设社会主义现代化国家新征程、实现中华民族伟大复兴中国梦的宏伟蓝图。目标越伟大，任务越艰巨，就越需要凝聚人心和共识、汇聚智慧和力量。广大政协委员和政协各参加单位、各专门委员会，立足我国发展新的历史方位和社会主要矛盾变化，深入贯彻新发展理念，紧扣人民群众日益增长的美好生活需要，紧扣经济社会发展实际，紧扣贯彻落实党和国家重要决策部署需要解决的问题，聚焦打好防范化解重大风险、精准脱贫、污染防治的攻坚战，在深入调查研究的基础上提出提案的过程，是关注民生、了解民情、反映民意的过程，由此形成的提案具有独特的视角、独立的思考和独到的见解，蕴含大量真知灼见，是促进科学民主决策的宝贵“信息源”和“智慧库”。党政部门办理好提案，认真了解提案意图，共同研究解决问题，是广纳群言、广集众智、广谋良策的过程，注重把提案反映的情况和意见建议集中起来，深入分析、研究吸纳，有利于更好地倾听群众意见、回应群众呼声、汲取群众智慧、接受群众监督，有利于推动党和政府完善决策、精准施策，有利于最大限度地激发和凝聚正能量，形成共襄伟业的强大力量，共同为实现中共十九大确定的目标任务而奋斗。

第二，推动提案工作高质量发展，是大力发展社会主义协商民主，充分发挥社会主义民主政治独特优势的必然要求。人民政协是具有中国特色的制度安排，是社会主义协商民主的重要渠道和专门协商机构。政协组织由界别组成，汇集了各党派、各团体、各民族、各阶层、各界人士，具有广泛代表性和巨大包容性。提案办理协商作为人民政协协商民主的重要形式，是构建完善的政协协商议政格局、形成完整的协商民主制度程序和参与实践的重要一环。推动提案工作高质量发展，深化提案办理协商，促进提案者提出好提案，承办单位办理好提案，是扩大社会各界有序政治参与、实现人民当家作主的具体的、生动的实践，充分体现了有事好商量、众人的事情由众人商量、找到全社会意愿和要求的最大公约数的人民民主的真谛，有利于不断巩固参加人民政协各党派团体、各族各界人士团结奋斗的共同思想政治基础，坚持和完善中国共产党领导的多党合作和政治协商制度，彰显中国特色社会主义政治制度的巨大优势。

第三，推动提案工作高质量发展，是促进人民政协工作提质增效，切实履行政治协

商、民主监督、参政议政职能的必然要求。提案作为人民政协履行职能的重要方式，全体政协委员、政协各参加单位和各专门委员会以及全体会议期间的 34 个界别、58 个小组都可以作为提案者提出提案，提案的内容涵盖社会主义经济建设、政治建设、文化建设、社会建设、生态文明建设的各个方面，提案的办理涉及各地区、各部门。提案工作与政协其他经常性工作都密切相关，各方面意见和建议都可以通过提案反映，并通过提案办理推动落实。作为一项涉及全局、影响全局、事关全局的重要工作，推动提案工作的高质量发展，有利于充分调动广大委员履职的积极性、主动性、创造性，通过提案工作更好发挥协调关系、汇聚力量、建言献策、服务大局的作用，把中共中央的决策部署和对政协工作的要求落实下去，把海内外中华儿女实现中华民族伟大复兴中国梦的智慧和力量凝聚起来。

三、突出重点，开创提案工作高质量发展新局面

中国特色社会主义进入了新时代。新时代提出新要求，新时代呼唤新作为。学习贯彻习近平总书记关于加强和改进人民政协工作的重要思想，“加强和改进”这几个字，是中共中央批准召开理论研讨会时明确提出来的。总书记要求“加强”，针对的是薄弱环节；要求“改进”，针对的是不足之处。做好新时代政协提案工作，必须深刻理解和把握提案工作所面临的新形势，主动对标对表新要求，强化问题导向，集中聚焦发力，不断开拓创新，全面提质增效，努力开创提案工作高质量发展的新局面。

一要强基础，在提高提案质量上下功夫。提案质量是基础，没有高质量的提案，办理就难以取得实效。习近平总书记多次强调，提案不在多而在精，提出提案反映情况要准确，分析问题要深入，提出建议要具体。1979 年至 1988 年，十年中提案为 11890 件，“文革”前十七年提案总量为 1534 件，提案数量都相对较少。1989 年至 2012 年，提案数量呈现较快增长，总数达 88754 件。中共十八大以来，政协提案的数量总体趋于平稳，提案质量不断提高。但总体来看，数量还是偏多，高质量尤其是影响大的提案还是不多。我们要进一步从源头上把好关，引导广大政协委员、政协各参加单位和各专门委员会在提案的选题、调研、撰写等方面用心用力，促进提案质量上水平。坚持选题要准，紧紧围绕党和国家大政方针，社会主义经济建设、政治建设、文化建设、社会建设和生态文明建设中的重大问题，巩固和发展爱国统一战线中的重要问题，人民群众普遍关心的实际问题，从中选取党政所需、群众所盼、自身所长的切入点，积极履职建言。坚持情况要明，鼓励提案者秉持“不调研不提案”的务实精神，深入基层，深入群众，听实话、察实情，好好下一番“去粗取精、去伪存真、由此及彼、由表及里”的功夫，客观全面了解情况，深入透彻分析问题。坚持建议要实，切口要小、靶向要准，一事一案，简明扼要，不搞大而全、面面俱到，摒弃“规划 + 机构 + 扶持政策”的套路化建议，切实增强提案建议的针对性和可操作性。

二要抓关键，在提高提案办理质量上下功夫。提案办理质量是关键，没有高质量的办理，提案再好也难以落实，还会影响提案者的积极性。各级政协组织要贯彻落实中共十八大以来关于深化提案办理协商的部署要求，以重点提案督办为抓手，积极推进以商促督、以督促办，坚持问题导向，扎实开展好重点提案督办调研、提案办理协商会，着力提高协商成效；积极探索，不断丰富和拓展提案办理协商、提案监督的方式和途径，

搭建提办双方沟通协商平台，切实发挥通过协商凝聚共识，通过督办推动提案办理落实的作用。各提案承办单位要深刻领会和贯彻落实习近平总书记关于提高提案质量和提案办理质量的重要指示精神，切实转化为做好提案办理工作的科学思路和务实举措，总结交流工作实践中积累的好经验、好做法，着力健全和完善重点提案办理、提案办理督查、办理工作考核评价、提案办理结果公开等工作机制，将中共中央办公厅、国务院办公厅《关于进一步加强人民政协提案办理工作的意见》落实到位，努力把每一件提案办好、办实、办到位，办出共识、办出团结、办出实效。

三要重保障，在提高提案服务质量上下功夫。服务质量是保障，没有高质量的服务，提出提案和办理提案就难以顺畅有效运转。各级政协组织要不断提高提案服务工作专业化、精细化、精准化水平，研究改进提案提出前、提案办理中、提案办复后等各环节服务工作。聚焦提案者更好知情明政，主动搭建交流平台，以征集印发提案参考选题、召开情况通报会、组织走访承办单位等形式，促进提办双方加强对接，避免信息不对称导致提案提不到点子上。加强业务培训，突出“什么是好提案”“如何写好提案”，强化提案者培训的针对性和实效性；开展提案委员会（提案审查委员会）委员和提案审查工作人员的业务培训，提升在立案审查工作中的履职能力。推进信息化建设，逐步推动提案撰写、提交、审查、交办、答复、督办、反馈、查询、统计等工作全过程网上运行。探索评价机制，研究推进由提案者、提案承办单位、政协组织共同参与，开展对提案质量和办理质量的科学评价。

四要促合力，在强化各方统筹协调上下功夫。提案工作涉及面广、环节多，是一项复杂的系统工程，必须把各方面动员起来，各司其职、密切配合、同向发力。广大政协委员要切实发挥主体作用，增强履职建言的积极性和主动性，努力做到倾心投入、深入思考，每年能够集中精力，在深入调研的基础上，提出1—2件高质量的提案。政协各参加单位、各专门委员会要进一步发挥特色、优势，集中智力资源提出集体提案，参与提案交办、重点提案遴选与督办等工作，同时注重引导所联系的政协委员强化提案质量意识，对委员反映集中的问题，可以通过协商研究，整合提炼为集体提案。各提案承办单位要认真贯彻中办和国办的要求，切实把提案办理纳入整体工作部署，同业务工作一体谋划、一体研究、一体推进，构建领导重视、责任落实、措施有力、制度健全的办理工作格局。各级政协提案工作机构要认真总结提案审查、交办、督办、质量评议、信息公开等方面的创新举措和成功经验，强化与提案者、提案承办单位以及政协各有关部门之间的沟通协作，确保提案工作各方面、各环节无缝对接、有序推进、运行顺畅。

五要树典范，在发挥示范引领作用上下功夫。榜样是一面镜子、一面旗帜、一个参照物，树好典型、立好榜样，有利于使提案者和提案承办单位进一步明晰“好”的标准和要求，进而发挥激励与带动作用，促进提案质量和提案办理质量的整体提升。要进一步发挥重点提案的示范引领作用，扎实做好重点提案的遴选工作，把反映情况准确、分析问题深入、提出建议具体的好提案遴选出来，列为重点；深入推进重点提案的督办工作，推动提案承办单位把好提案真正办出好成效。要进一步发挥优秀提案的激励引导作用，改进和完善优秀提案与先进承办单位评选表彰办法，探索开展年度好提案评选，适当提高评选比例；每届届末，在年度好提案基础上评选表彰本届优秀提案，增加评选表彰先进承办个人。要进一步加大宣传力度，讲好“中国故事”“政协故事”“提案故事”，围绕重点提案、年度好提案以及有特色、成效好的提案办理工作典型，组织开展新闻宣传报道，探索开展好提案的案例剖析，充分展示政协委员的履职风采和党政部门的工作成果，不断扩大提案工作的社会影响。

同志们，新时代赋予人民政协提案工作新使命。让我们更加紧密地团结在以习近平同志为核心的党中央周围，以习近平新时代中国特色社会主义思想为指引，务实进取、开拓创新，不断推动提案工作高质量发展，为决胜全面建成小康社会、夺取新时代中国特色社会主义伟大胜利作出新的积极贡献！

勇担历史使命　共铸时代辉煌

（2018 年 2 月 9 日）

帕巴拉·格列朗杰

“辨方位而正则”。中国共产党第十九次全国代表大会开启了中国特色社会主义新时代伟大航程，吹响了中华民族伟大复兴、把我国建设为富强民主文明和谐美丽的现代化强国的历史号角。西藏政协立足时代和全局高度，坚定自觉地坚持以习近平同志为核心的党中央英明领导，坚定自觉地践行习近平新时代中国特色社会主义思想，坚定自觉地学习贯彻习近平总书记治边稳藏重要战略思想和关于人民政协工作的重要思想，坚定自觉地接受和维护区党委坚强领导，总结经验做法、把握规律特点、明确思路举措，站在新方位、拥抱新时代、走向新征程、展现新作为，对于开创新时代西藏政协协商民主新局面具有重大意义。

2013 年 1 月换届以来，政协第十届西藏自治区委员会在以习近平同志为核心的党中央英明领导下，在全国政协的精心指导和区党委的坚强领导下，在历届政协打下的良好基础上，高举爱国主义、社会主义旗帜，围绕团结和民主两大主题，担当尽责、不辱使命，取得了历史性成就，书写了西藏政协史上浓墨重彩的新篇章。始终以“学”为先导，把坚持和发展中国特色社会主义作为巩固共同思想政治基础的主轴，学思践悟、学以导行，树牢“四个意识”、坚定“四个自信”，坚决维护以习近平同志为核心的党中央权威和集中统一领导，绝对拥戴、信赖、忠诚、捍卫习近平同志这个全党、全军、全国各族人民的核心，坚定不移与党同心同向同行。始终以“稳”为基础，把维护祖国统一、加强民族团结作为履职着眼点和着力点，把争取人心作为最大政治，坚定自觉地站在加强民族团结、反对分裂、凝心聚力的最前沿，勇于举旗发声亮剑，主动担当维稳责任，倾政协全力履行第一政治责任，同心构建国家安全屏障。始终以“民”为责任，牢固树立以人民为中心的思想，把改善民生、凝聚人心作为履职出发点和落脚点，把助推发展作为履职第一要务，认真落实新发展理念，聚焦党政中心工作协商议政、聚焦民生实事展现作为，在攻坚克难补短板、开拓创新求突破、坚定信心奔小康等方面履职尽责。始终以“美”为理念，把助推美丽西藏建设作为光荣使命，牢固树立生态文明理念，助力生态文明建设决策举措的贯彻落实，助力生态功能区、自然保护区建设和环境保护，助力培育绿色生态文化，为建设国家生态安全屏障竭智尽力。始终以“新”为动力，坚持理论创新、制度创新、工作创新，突出长效和务实管用原则，制定、修订了《政协西藏自治区委员会调查研究工作办法》等 40 多项规章制度，废除了存在缺陷、不合时宜的制度，推进政协工作制度化、规范化、程序化。始终以“严”为常态，按照实事求是和科学统筹原则，严格管理、严格要求，加强政协“四位一体”建设，构建“亲”“清”新型政商关系，营造求真务实、干事创业、廉洁高效、风清气正的履职氛围。

回顾西藏政协58年光辉历史，特别是本届政协五年发展历程，事实雄辩地证明，中国共产党领导的多党合作和政治协商制度，是包括西藏人民在内的全国人民共同作出的正确历史选择。随着党和国家事业发生的历史性变革、西藏各项事业取得新的历史性进步，西藏政协协商民主建设步入了伟大的新时代。这五年，是高举习近平新时代中国特色社会主义思想伟大旗帜，始终在政治立场、政治方向、政治原则、政治道路上与以习近平同志为核心的党中央保持高度一致的五年；是贯彻落实习近平总书记治边稳藏重要战略思想与关于加强和改进人民政协工作的重要思想，围绕党政中心工作不辱使命、担当尽责、开拓创新的五年；是在区党委坚强领导下，团结引领全区政协组织和广大政协委员、各族各界人士，在西藏政协发展进程中续写辉煌、成绩斐然、极不平凡的五年。这五年，充分彰显了以习近平同志为核心的党中央无比英明，充分彰显了中国特色社会主义制度的无比优越，充分彰显了社会主义协商民主理论和统战政协理论方针政策的无比正确，充分彰显了西藏政协的不可替代作用、独特优势价值和永续发展活力。这五年，西藏政协立足区情定位，把握新形势、研究新情况、解决新问题，探索积累了丰富经验，提供了继续推进我区政协事业发展的重要启示。我们深刻认识到，坚持党的领导是西藏政协工作的根本保证；坚持性质定位是西藏政协工作的重要基石；坚持围绕中心、服务大局是西藏政协工作的重要原则；坚持大团结大联合是西藏政协工作的重要特征；坚持依法依章履职是西藏政协工作的重要遵循；坚持改革创新是西藏政协工作的重要方法；坚持加强“四位一体”建设是西藏政协工作的重要基础。这些长期凝炼形成的经验和启示，既是继往开来、创新实践的宝贵财富，也是今后我区政协工作的基本原则和重要遵循，值得科学把握、倍加珍惜。

承前启后推进伟业，继往开来谱写新篇。回顾西藏政协不忘初心、团结奋斗的光辉历程，我们深感无比骄傲和自豪；展望新时代西藏政协的美好前景，我们充满必胜的信心和力量。党的十九大报告指出：“人民政协是具有中国特色的制度安排，是社会主义协商民主的重要渠道和专门协商机构。人民政协工作要聚焦党和国家中心任务，围绕团结和民主两大主题，把协商民主贯穿政治协商、民主监督、参政议政全过程，完善协商议政内容和形式，着力增进共识、促进团结。加强人民政协民主监督，重点监督党和国家重大方针政策和重要决策部署的贯彻落实。增强人民政协界别的代表性，加强委员队伍建设。”这些重要论述字字珠玑，具有很强的思想性、理论性、指导性，是发展社会主义民主政治和加强政协协商民主建设的新航标，是以习近平同志为核心的党中央在跨入新时代、开启新征程的重要历史节点上对政协工作提出的新要求，是党中央赋予人民政协战线的新希望，也是推进西藏政协工作履职指南和“总施工图”。当前，西藏正处在夺取全面建成小康社会、全面建设社会主义现代化西藏的新时代，西藏政协事业也迎来了继往开来、开拓奋进的崭新机遇。在中国特色社会主义道路上，同心共谱实现中华民族伟大复兴中国梦、实现人民对美好生活向往的西藏篇章，是区党委、政府的重大政治责任，也是西藏政协的重大历史使命。今天的西藏，正攀行在登顶前那段最险峻的上坡路，迫切需要一棒接着一棒跑，迫切需要一茬接着一茬干，迫切需要包括政协人在内的、西藏各族干部群众撸起袖子加油干。

“行百里者半九十。”放眼神州阳光灿烂，鸟瞰西藏洋溢希望。共圆伟大梦想，人民政协彰显历史担当、具有强大感召力；参与伟大斗争，人民政协蕴含内生动能、具有旺盛生命力；构建伟大工程，人民政协秉持团结包容，具有强大战斗力；助推伟大事业，人民政协共促繁荣发展，具有巨大凝聚力。我们坚信，有中国共产党的坚强领导，西藏政协创造了辉煌的历史，也必将创造更加辉煌的未来。

务必旗帜鲜明讲政治。政治性是人民政协的根本属性。讲政治是西藏政协坚守政治信仰、站稳政治立场、把准政治方向，把握政治话语权、提升政治影响力的首位要求和铁的纪律。要毫不动摇坚持中国共产党的领导，牢固树立“四个意识”，坚决维护以习近平同志为核心的党中央权威和集中统一领导，绝对拥戴、信赖、忠诚、捍卫党的领袖和核心，始终做到中央提倡的坚决响应、中央决定的坚决执行、中央禁止的坚决不做，始终做到西藏离北京虽远但我们的心始终与以习近平同志为核心的党中央紧紧地贴在一起，始终与党中央同心同向同行。要把坚持和发展中国特色社会主义作为巩固共同思想政治基础的主轴，教育引导政协委员深刻认识和把握习近平新时代中国特色社会主义思想的科学内涵、实践要求、精神实质，认识和把握我国社会主义民主政治的优越性和生命力，在事关道路、制度、旗帜、方向等根本问题上立场不含糊、原则不动摇，始终坚定“四个自信”，牢牢把握新时代我国社会主要矛盾是人民日益增长的美好生活需要和不平衡不充分的发展之间的矛盾。要坚持党的集中统一领导与依法依章履职有机统一，自觉把党中央精神、区党委决策部署贯彻到政协工作全过程和各方面。

务必尽心竭力搭平台。立足政协性质定位搭建好协商议政平台，是政协发挥独特作用的前提和做好一切工作的基石。西藏政协作为我区协商民主的重要渠道和专门协商机构，作为发扬民主、参与国是、团结合作的重要平台，其核心任务就是搭建一个协商议政平台，以保障协商能够更加广泛多层地开展、更为灵活经常地进行，在实践中打造以全会为龙头、以专题议政性常委会和专题协商会为重点，以对口协商会和提案办理协商会为常态的协商议政格局。要精选协商议题、丰富协商形式、创新协商载体，搭建新的协商平台，为最终形成更具价值、更有分量的协商成果提供重要保障。要把握协商民主真谛，有事好商量，众人的事情由众人商量，坚持实事求是、敢于直言，坚持体谅包容、求同存异，坚持商以求同、协以成事，提倡热烈而不对立、真诚而不敷衍、尖锐而不极端的讨论和批评，努力营造既畅所欲言、各抒己见，又理性有度、合法依章的良好氛围，寻求最大公约数，画出最大同心圆。

务必担当务实善作为。坚持围绕中心、服务大局，是推进人民政协工作的重要原则。按照我国新时代基本方略和决胜全面建成小康社会、开启全面建设社会主义现代化国家新征程的总目标，自治区党委明确了新时代西藏工作的指导思想，提出了到2020年实现全面建成小康社会、到2035年时与全国一道基本实现现代化的中长期奋斗目标。自觉服从服务新时代西藏工作大局，紧扣实现中长期目标献计出力，助推新时代中国特色社会主义新西藏现代化建设是西藏政协工作的总纲。我们要站位新时代西藏各项事业发展的总目标和总任务，抓住我区发展、稳定、生态三件大事，把维护祖国统一、加强民族团结作为履职着眼点和着力点，把助推改革发展作为履职第一要务，把助力建设美丽西藏作为履职光荣使命，把改善民生、凝聚人心作为履职出发点和落脚点，把政协工作放到我区改革发展稳定大局中思考和谋划，勇担当、善作为，做到谋划工作在大局下思考、推动工作在大局下行动、检验工作用服务大局的实际成效来衡量，充分彰显西藏政协在服从服务全局工作中的应有之义和独特价值。

务必团结各方聚合力。人心向背、力量对比是决定党和人民事业成败的关键，是最大的政治。西藏政协作为我区最广泛的爱国统一战线组织，要立足西藏特殊区情和复杂艰巨任务，正确处理一致性与多样性关系，抓住政协“两支队伍”（政协委员队伍、政协干部队伍）这个“点”、专委会和界别这条“线”、界别群众这张“面”，把一切可以团结的力量团结起来，把一切可以调动的积极因素调动起来，立体式、全方位地增进团结，为共襄伟业而携手奋斗。要坚持团结稳定鼓劲，把增进思想政治共识摆在突出位置，准确把握西藏主要矛盾和特殊矛盾，切实在道路、方向、目标上统一意志和步调。要发挥政协协调关系、理顺情绪、化解矛盾、增进团结的优势作用，正确处理好各民族、各宗教、各阶层、各界别、各团体和各方面的关系，营造民主团结、生动活泼、安定和谐的政治局面。要着眼西藏经济社会发展和参加政协各族各界人士的构成情况，不忘老朋友，结交新朋友，扩大团结面，增强包容性，畅通表达渠道，把更多的人团结在党的周围。

务必强基固本抓建设。加强自身建设是政协强基固本、创新发展的基础性工作。打铁必须自身硬。按照懂政协、会协商、善议政和守纪律、讲规矩、重品行的要求，加大政协委员和政协干部的学习培训力度，增强学习内容的政策性、时事性、知情性、知识性，突出重点学、结合实际学、紧跟时代学，努力把学习的成果转化为战略思维、务实举措和履职本领，提高履职尽责、干事创业和应对复杂局面的本领。要着眼新时代新任务新要求，切实加强政协委员、界别、专委会和政协机关“四位一体”建设，使其相互配合、相互协调、形成合力、发挥作用。要扎实推进政协履职能力建设，着力提高政治把握能力、调查研究能力、联系群众能力、合作共事能为。要树立以人民为中心的思想，密切联系服务群众，上通天线、下接地气，协商于民、履职为民。要遵守宪法和法律，执行政协章程和决议，认真制定并严格执行会议制度、履职制度和工作制度，对实践中的好做法、好经验加以归纳提炼，上升为规范性制度。要推进经常性工作创新，内引外联、交流互动、学习借鉴，不断提高政协工作科学化水平。

“为者常成，行者常至。”西藏政协 58 年的光辉历程已经载入历史，新西藏的美好未来需要雪域儿女同心共创。让我们更加紧密地团结在以习近平同志为核心的党中央周围，在全国政协精心指导和自治区党委坚强领导下，不忘初心、不辱使命，同心同德、群策群力，努力开创新时代西藏政协事业新局面，为决胜全面建成小康社会、全面建设社会主义现代化西藏、谱写实现中华民族伟大复兴中国梦的西藏篇章作出新贡献！

代表各民主党派中央、全国工商联和无党派人士在全国政协新年茶话会上的讲话

（2018年12月29日）

万　钢

同志们，朋友们：

在这辞旧迎新的美好时刻、我们欢聚一堂，共同迎接2019年到来。我谨代表各民主党派中央、全国工商联和无党派人士，向伟大的中国共产党致以崇高的敬意！向全国各族人民，向香港特别行政区同胞、澳门特别行政区同胞、台湾同胞和海外侨胞致以美好的新年祝福！祝愿新的一年人民安泰，国运昌盛，世界和平！

2018年是全面贯彻中共十九大精神的开局之年，是决胜全面建成小康社会、实施“十三五”规划承上启下的关键一年。以习近平同志为核心的中共中央，沉着应对国内外环境变化带来的新挑战，团结带领全国各族人民同心同德、迎难而上、扎实工作，新时代中国特色社会主义事业呈现新气象。

这一年，面对世界上各种不确定因素和艰巨繁重的国内改革发展稳定任务，以习近平同志为核心的中共中央团结带领全国各族人民，坚持新发展理念，坚持以供给侧结构性改革为主线，我国经济保持了总体平稳、稳中有进的发展态势，发展的质量日益稳步提升，人民生活持续改善，我们在决胜全面建成小康社会的征程上又迈出了坚实的一步。

这一年，中共中央运筹帷幄，全国上下勠力同心打好三大攻坚战：多措并举，化解风险隐患；重拳治污，齐心协力重建碧水绿地蓝天；精准施策，脱贫攻坚取得新进展。人民的获得感、幸福感、安全感显著增强。

这一年，“一国两制”事业稳步推进，香港、澳门进一步融入国家发展大局，形势继续稳中向好。我们积极作为、攻坚克难，扎实推动两岸关系和平发展、推进祖国和平统一进程。

这一年，中国特色大国外交不断深入，主动对外开放迈出更大步伐。“一带一路”与世界相连，共建人类命运共同体获得更多共识，中国主张和中国方案愈益受到广泛赞誉。

这一年，换届后各民主党派、工商联和无党派人士在习近平新时代中国特色社会主义思想指引下，按照“四新”“三好”的要求，发挥各自特点和优势，积极履行职能，切实助力打赢“三大攻坚战”，为推动国家经济社会发展作出了应有贡献。

2018年是改革开放40周年。40年沧桑巨变的历史飞跃，向世界展示了中国共产党领导全国人民进行改革开放的伟大成就。40年气贯长虹的崭新风貌，向世界宣示了中华民族比历史上任何时期都更接近、更有信心和能力实现中华民族伟大复兴的目标。今

天，在以习近平同志为核心的中共中央坚强领导下，改革开放的前进方向更加明确、路径方法更加清晰、信心决心更加坚定、视野胸怀更加开阔。中国改革开放的巨轮必将驶向更加光明的未来，也必然形成更为广泛深刻的影响。

壮阔东方潮，奋进新时代。2019 年我们将迎来中华人民共和国 70 华诞和人民政协成立 70 周年。

70 年前，面对一个积贫积弱、百废待兴的旧中国，无数革命先辈上下求索、浴血奋斗，坚定地选择了中国共产党的领导，建立了中国共产党领导的多党合作和政治协商制度。70 年后，在中国土壤中孕育成长的新型政党制度日趋完善，为人类政治文明进步贡献了中国智慧。站在新的历史起点上，我们将不忘合作初心、继续携手前进，高举中国特色社会主义伟大旗帜，阔步踏上新时代多党合作事业的崭新征程。

人民政协作为最广泛的爱国统一战线组织和国家治理体系的重要组成部分更加成熟定型。政协委员深入基层，宣传解释党和国家的大政方针，积极建言资政，实时上传民心民意，努力把中国共产党的主张转化为社会各界的共识，凝聚海内外中华儿女的智慧和力量，朝着实现中华民族伟大复兴的目标，同舟共济，昂首向前！

同志们、朋友们，一个满怀梦想、开创未来的新时代已经开启，一个孕育希望、万紫千红的春天已经到来。让我们以习近平新时代中国特色社会主义思想为指导，更加紧密地团结在以习近平同志为核心的中共中央周围，砥砺筑梦新时代、同心共赴新征程、协力共担新使命，共同谱写中华民族伟大复兴的壮丽篇章！

衷心祝愿伟大的中国共产党永葆青春活力！

衷心祝愿伟大的祖国繁荣昌盛！

衷心祝愿伟大的中国人民幸福安康！

在教科卫体委员会季度座谈会暨“民办教育发展问题与对策”对口协商座谈会上的讲话

（2018年6月29日）

卢 展 工

今天，教科卫体委员会召开季度座谈会暨对口协商座谈会，邀请政协委员、专家围绕“民办教育发展问题与对策”专题座谈交流，就当前民办教育发展遇到的困难和问题提出意见、建议，部委同志就有关问题作出回应，会议气氛热烈，就一些问题达成共识，对进一步促进民办教育发展具有积极作用。下面，谈几点意见。

一、充分认识发展民办教育的重要意义

党的十九大报告指出，优先发展教育事业，支持和规范社会力量兴办教育。这是以习近平同志为核心的党中央在中国特色社会主义进入新时代的历史背景下，着眼教育强国建设所作出的重大战略部署，必须深刻领会，认真贯彻落实。民办教育属于公益性事业，是社会主义教育事业的重要组成部分，是教育事业发展的重要增长点和促进教育改革的重要力量，是公办教育的有益补充。民办教育在丰富教育资源供给，满足人民群众多样化教育需求，适应国民经济和社会事业发展需要等方面作出了积极贡献。

（一）发展民办教育是满足人民群众多样化教育需求的需要。中国特色社会主义进入新时代，我国社会主要矛盾已经转化为人民日益增长的美好生活需要和不平衡不充分的发展之间的矛盾，社会主要矛盾的变化对教育发展提出了更高要求。尽管各级政府不断增加对教育的投入，但仍不能满足人民群众日益增长的教育需求。保障和改善民生是在党和政府领导下的全社会共同的责任，发展教育事业需要发挥政府的主导作用，也需要充分调动社会力量。只有充分调动企业、个人和社会团体办学的积极性，大力发展民办教育，才能更好地调动社会各界的办学积极性，增加全社会对教育的投入，充实教育资源，扩大教育规模，满足人民群众日益增长的对高质量教育的需求。

（二）发展民办教育是教育改革和发展的需要。我国现在处于并将长期处于社会主义初级阶段，基本经济制度是以公有制为主体，多种所有制经济共同发展。经济成分的多元化要求教育办学主体的多样化。加快教育办学体制改革，形成以政府办学为主体、公办学校和民办学校共同发展的格局，是社会主义市场经济发展的必然要求。民办教育具有自主办学、机制灵活的特点，办学思路以社会需求为导向，管理模式以市场需求为标准，用人机制贯彻激励和竞争的原则，注重办学质量和特色，是一条按照市场机制办学的新路子。

（三）发展民办教育是提高国民整体素质的需要。提高劳动者的整体素质，实现“两个一百年”奋斗目标，必须大力提高全体国民的科学文化素质，必须不断培养一批又一批接受良好教育的劳动者和专门人才。民办教育尊重求学者的个人意愿，在解决社

会各类群体接受不同教育的供需矛盾方面发挥了重要作用，大力发展民办教育已成为提高国民素质的一项重要举措。

二、认真贯彻执行好《民办教育促进法》

2017年9月1日，修订后的《中华人民共和国民办教育促进法》正式施行。修订后的《民办教育促进法》把民办教育纳入了法制化轨道，是贯彻落实党中央有关实施民办教育分类管理改革、促进民办教育健康发展精神的重要举措。此次修订，回应各方关切，进一步完善了民办学校的相关管理和扶持制度，对依法保障民办学校分类管理改革顺利实施，进一步鼓励社会力量兴办教育，促进民办学校的稳定健康发展，推进教育供给侧改革，满足人民群众日益增长的多样化教育需求，更好地保护民办学校教职工、学生的合法权益，具有重要而深远的意义。

促进民办教育健康发展，第一，要全面贯彻党的教育方针，坚持社会主义办学方向，坚持立德树人，把理想、信念、教育摆在首要位置，培育和践行社会主义核心价值观，形成全员、全过程、全方位育人的工作格局，提高学生服务国家服务人民的社会责任感、勇于探索的创新精神和善于解决问题的实践能力。

第二，要加强和改进民办学校党的建设和思想政治教育工作。按照全面从严治党要求，坚持和加强党的领导，深入学习习近平新时代中国特色社会主义思想，增强“四个意识”。充分发挥民办学校党组织战斗堡垒作用和党员先锋模范作用，确保民办学校按照党的要求办学立校、教书育人，通过加强党的建设保障民办学校健康发展。把思想政治教育工作纳入学校事业发展规划，深入推进中国特色社会主义理论体系进教材、进课堂、进头脑，不断增强广大师生中国特色社会主义“四个自信”。

第三，要坚持依法规范学校办学行为。以实行分类管理为突破口，创新体制机制，完善扶持政策，加强规范管理，提高办学质量，进一步调动社会力量兴办教育的积极性，促进民办教育持续健康发展，培养德智体美全面发展的社会主义建设者和接班人。

三、全国政协要发挥自身优势，为促进民办教育发展凝聚共识、汇聚力量

全国政协会聚了大批有情怀、有能力的各方面人才，教科卫体委员会要充分发挥政协智力密集、群英荟萃的优势，围绕促进民办教育事业发展，通过组织委员参与政治协商、民主监督、参政议政工作，建睿智之言，献务实之策，营造有利于民办教育发展的良好氛围。

要着力搭建协商议政平台。教科卫体委员会今天举办的对口协商座谈会就是一个很好的形式，邀请委员与相关部委同志面对面座谈交流，在座的委员、专家既有民办教育的实干家，多年在民办教育事业发展的第一线工作，也有长期从事民办教育研究的理论工作者，对民办教育发展中的困难和问题有最直接的了解和切身的感受，大家在发言中提出了很多加强民办教育规范管理、促进民办教育健康发展的对策。

希望政协委员继续认真学习中央关于民办教育发展的一系列重大决策部署，深入开展调查研究，善于将问题总结归纳，准确反映所联系界别群众的意见建议，在深入调研基础上，做好大会提案、会议发言、反映社情民意信息等工作，真正做到为民办教育发展建真言、谋良策、出实招。

在第六届海峡两岸共同维护中华民族领土主权和海洋权益研讨会开幕式上的讲话

（2018 年 10 月 16 日）

王 正 伟

各位嘉宾，各位朋友，女士们，先生们：

大家上午好！

金秋十月，水天澄碧。在这美好的季节，来自海峡两岸的有识之士，相聚在美丽的“鹭岛”厦门，隆重举办第六届海峡两岸共同维护中华民族领土主权和海洋权益研讨会，就维护中华民族领土主权和海洋权益共谋良策、共商大计，我感到十分高兴。在此，我谨代表中华文化发展促进会，对本次研讨会的举办表示热烈的祝贺，向海峡两岸的与会嘉宾致以诚挚的问候！

2010 年以来，由中华文化发展促进会举办的海峡两岸共同维护中华民族领土主权和海洋权益研讨会已经举办了五届。在前五届研讨会上，海峡两岸的有关人士和专家学者，紧紧围绕维护中华民族领土主权和海洋权益，深入交流研讨、激荡思想火花、共谋合作大计，为推动两岸关系和平发展，维护国家主权和领土完整发挥了积极作用。八年来，研讨会已经成为两岸有关方面深入交流对话的重要平台。今年是两岸全面开放“三通”10 周年，本届研讨会以“共护领土主权，共谋民族复兴”为主题，集中研讨“坚持一中原则，反对‘台独分裂’”“反对外部干涉，共护‘祖产祖权’”“两岸融合发展，共谋民族复兴”等三项议题，具有重要的现实意义。希望大家围绕本届研讨会的主题和议题，深入交流，积极建言，务实献策，为深化两岸交流合作，维护国家统一作出新的贡献。

中共十八大以来，在以习近平同志为核心的中共中央坚强领导下，在习近平新时代中国特色社会主义思想科学指引下，我们坚持一个中国原则和“九二共识”，推动两岸关系和平发展，实现两岸领导人历史性会晤，加强两岸经济文化交流合作。我们妥善应对台湾局势变化，坚决反对和遏制“台独”分裂势力，有力维护台海和平稳定。我们坚持国家利益至上，牢牢把握坚持和平发展、促进民族复兴这条主线，坚决维护国家主权、安全和发展利益。与此同时，我们也要看到，当今世界正处于百年未有之大变局，国际格局和国际体系正进行深刻调整，国际力量对比正发生近代以来最具革命性的变化，在这个大变局中的中国，既前所未有地接近实现中华民族伟大复兴的目标，前所未有地具有实现这个目标的能力和信心，但也面对前所未有的风险和挑战。针对中国的崛起，一些国家加紧对我实施战略围堵和遏制，在涉我领土主权和海洋权益等核心利益上不断挑衅。台湾岛内社会政治生态持续“绿化”，“台独”势力蠢蠢欲动，外部干扰因素明显增多，台海形势面临更加突出的风险和更加严峻的挑战。

祖国统一是大势所趋，民族复兴是人心所向。维护国家主权和领土完整，实现祖国完全统一，是全体中华儿女共同愿望，是中华民族根本利益所在。

——我们要共谋大计，坚决反对任何形式的“台独”分裂活动。习近平主席指出，“台独”势力及其活动损害国家主权和领土完整，是两岸关系和平发展的最大障碍，是台海和平稳定的最大威胁，只会给两岸同胞带来深重祸害。民进党重新上台以来，拒不放弃“台独”立场，放任纵容“去中国化”“渐进台独”，阻挠、限制两岸交流合作，妄图削弱、切割台湾同大陆的政治、经济和历史文化联系。岛内各种“急独”势力动作频频、竭力鼓噪推动所谓“正名”“制宪”。一些外部势力大打“台湾牌”，力图提升与台实质关系。在涉及国家主权和领土完整、涉及中华民族根本利益的原则问题上，我们不会有任何动摇和妥协。我们要深入研究如何更加有效、更加精准地打击“台独”势力，深入研究如何积极防范、有效应对台海重大风险，深入研究如何防止外部势力在台海兴风作浪，共同维护来之不易的两岸关系和平发展局面。

——我们要共担大义，坚定捍卫国家主权和领土完整。习近平主席宣示，中国人民和中华民族有一个共同信念，这就是：我们伟大祖国的每一寸领土都绝对不能也绝对不可能从中国分割出去！近代以来，西方列强的坚船利炮打开了中国的大门，中华民族遭受了战乱频仍、山河破碎、民不聊生的深重苦难。丧权辱国的《马关条约》致使台湾被外族侵占，更是给全民族留下了剜心之痛。“兄弟阋于墙，外御其侮”，两岸历来就有同御外侮、共卫主权的优良传统，从反割台斗争、抗日战争的众志成城，到金门炮战、西沙海战的大义为先，再到维护钓鱼岛和南海主权的分进合击，海峡两岸的中国人同呼吸，共命运，相互支持，相互配合，共同为维护祖国领土和主权完整而斗争。两岸分离状态是历史造成的，但维护“祖产祖权”是我们的共同利益和共同责任。维护好这些“祖产祖权”，就是维护好海峡两岸中国人的生存基础与发展机遇。在国家领土主权和海洋权益受到侵害时，两岸更要携手合作，共同维护我们的领土主权和海洋权益，共同维护中华民族的整体和根本利益。

——我们要共创伟业，努力为中华民族伟大复兴的中国梦而奋斗。习近平主席强调，实现中华民族伟大复兴，就是中华民族近代以来最伟大的梦想。这个梦想，凝聚了几代中国人的夙愿，体现了中华民族和中国人民的整体利益，是每一个中华儿女的共同期盼。两岸是不可分割的命运共同体，民族强盛，是两岸同胞之福；民族弱乱，是两岸同胞之祸。实现中华民族伟大复兴，与两岸同胞前途命运息息相关，需要一代又一代人共同为之努力，又离不开台湾同胞的共同奋斗。今天，我们比历史上任何时期都更接近、更有信心和能力实现民族复兴的目标，一定要继续高举共圆中国梦的精神旗帜，团结广大台湾同胞，不分党派、不分阶层、不分宗教、不分地域，积极参与到民族复兴的进程中来，共同推进祖国和平统一进程，共同书写中华民族伟大复兴的光辉篇章。

最后，祝本届研讨会圆满成功！

谢谢大家。

在“加强各民族交往交流交融”界别主题协商座谈会上的讲话

（2018年11月30日）

马　飚

昨天政协常委会闭幕，学习习近平总书记关于加强和改进人民政协工作的重要讲话，今天民宗委就召开了界别主题协商座谈会。

很高兴今天来参加少数民族界别主题协商座谈会，同大家一起讨论交流。刚才委员、专家们发言踊跃，发言内容涉及方方面面，提出了不少有价值、有分量的意见和建议，中央统战部、国家民委的同志也给予了积极回应，宣传了党和国家的政策，介绍了下一步工作的方向，达到了建言资政和凝聚共识双向发力的效果。

界别是人民政协的重要组成形式，是人民政协区别于其他政治组织的显著特征。习近平总书记指出，人民政协“要适应经济社会发展和统一战线内部结构变化，深入研究更好发挥界别作用的思路和办法，扩大团结面、增强包容性、拓展有序政治参与空间”。“要加强协商民主制度建设，为各党派团体和各族各界人士搭建协商平台、丰富协商形式、创造民主氛围，为我国社会主义民主政治发展注入新的活力。”习近平总书记指出：“把推动人民政协这一具有中国特色的制度安排更加成熟更加定型，发挥好专门协商机构的作用是人民政协新时代的新方位新使命。”界别协商是重要的形式。有效发挥界别作用，是新时代加强和改进人民政协工作的一项重要举措，也是政协发挥协调关系、汇聚力量、建言献策、服务大局作用的内在要求。建言资政是围绕中心服务大局，引导社会凝聚共识，是更重要的围绕中心服务大局。这场界别主题协商座谈会，是民宗委深入贯彻习近平总书记关于加强和改进人民政协工作的重要思想，着力打造精品对口协商平台的工作创新。

一年来，民宗委各项工作有创新、有发展、抓得很紧。民宗委的工作我通过值班日报有所了解，比如学习、闭卷测考，这次界别协商也是工作发展，过去用得不够，只是听一听社情民意。今后我们还将继续丰富协商形式，更多搭建协商平台，把中共中央的决策部署和对政协工作的要求落实下去，把海内外中华儿女致力于实现中华民族伟大复兴中国梦的智慧和力量凝聚起来。

下面，我就如何加强各民族交往交流交融问题谈几点意见。

第一，要深刻认识促进交往交流交融是增强中华民族共同体意识和实现共同繁荣的核心举措。十九大报告强调，要“深化民族团结进步教育，铸牢中华民族共同体意识，加强各民族交往交流交融，促进各民族像石榴籽一样紧紧抱在一起，共同团结奋斗、共同繁荣发展”。这是新形势下做好民族工作必须牢牢把握的正确政治方向。加强各民族交往交流交融，最根本的是要以习近平新时代中国特色社会主义思想为指导，坚定中国特色社会主义道路自信、理论自信、制度自信、文化自信，在处理有关问题时不被外界不同声音干扰，坚定不移走中国特色解决民族问题的正确道路。要扎扎实实地贯彻落实中央有关民族工作的重要决策部署，切实把思想和行动统一到中央精神上来，牢牢坚持党的民族工作基本方针不动摇。我在不久前出访智利、秘鲁时，召开了华侨华人座谈会，许多侨领都提到“两体”：——中华民族共同体、人类命运共同体。我们要增强中华民族共同体意识，要自觉维护中华民族共同体，大力宣传中华民族共同体。

第二，要在各民族交往交流交融中加强思想政治引领、广泛凝聚共识。习近平总书记指出：“要加强思想政治引领。这是人民政协发展进步的历史经验，也是人民政协制度日益成熟的重要标志。”“把加强思想政治引领，广泛凝聚共识作为一切履职工作的中心环节。”

加强思想政治引领，就是要使少数民族界别委员把思想认识统一到习近平新时代中国特色社会主义思想上来。

加强思想政治引领，就是要使少数民族界别委员把思想认识统一到党的十九大报告精神上来。

加强思想政治引领，就是要使少数民族界别委员把思想认识统一到习近平总书记关于民族工作的重要论述上来。

加强思想政治引领，就是要使少数民族界别委员把思想认识统一到中国特色社会主义解决民族问题的正确道路上来。

加强思想政治引领，就是要使少数民族界别委员增强对中国共产党和中国特色社会主义的政治认同、思想认同、理论认同、情感认同。增强中华民族共同体意识。

加强思想政治引领，就是要使少数民族界别委员担负起把中央的决策部署和对人民政协工作的要求落实下去，把实现中华民族伟大复兴中国梦的智慧和力量凝聚起来的重任。

加强思想政治引领，就是要使少数民族界别委员凝聚共识，汇聚力量。

加强思想政治引领，就是要牢牢把握新时代人民政协的新方位、新使命，切实增强履职、尽责的意识和能力。

习近平总书记指出，当前，改革发展稳定任务之重、矛盾风险挑战之多前所未有，人民政协要把凝聚共识摆在更加突出位置。作为少数民族界别委员一定要按照习近平总书记的要求，“深入基层，宣传党和国家大政方针，引导群众正确认识改革发展中遇到的困难和问题，协助党和政府做好解疑释惑、宣传政策、理顺情绪、化解矛盾的工作”。实现中国梦必须凝聚中国力量。这就是全国各民族人民大团结的力量。中国梦是民族的梦，也是每个中国人的梦。少数民族界委员要发挥人民政协协调关系、汇聚力量的重要作用，促进民族关系的和谐，最大限度调动一切积极因素，共同致力于实现中华民族伟大复兴。

第三，要积极营造各民族交往交流交融的良好环境。随着我国经济社会的发展、传统地区封闭的打破，我国各民族将更多更广更深刻地交往交流交融。这是中华民族历史发展的大趋势。民族工作要顺应趋势，着力营造各民族交往交流交融良好环境，促进交往交流交融不断深入。要持续推动少数民族和民族地区经济社会发展。聚焦民族地区全面建成小康社会，着力解决发展不平衡不充分的主要问题，推动民族地区融入全国经济大局。要从全局和战略的高度，把功夫下在为加快民族地区、边疆地区发展建言献策，推动相关政策贯彻落实上，增强地方经济整体内生动力，让各民族群众共享改革发展成果。要提高用法治思维和法治方式解决问题的能力。要坚持依法治国、法律面前人人平等、是什么问题就按什么问题处理等原则，不能把涉及少数民族人员的事情都简单归结为民族问题，不能以民族画线选择性执法，不能搞法外从宽或从严，法律的权威不能因当事人的民族身份而异，靠严格公正执法来树立和维护法律尊严。对具有普遍性、社会反响大的事件及时公布处理结果，加强网络舆论引导，防止煽动炒作。要继承和弘扬各民族优秀传统文化。既不能过分强调本民族特点而拒绝吸纳其他民族的文化、以保护民族特点为名阻碍少数民族文化的现代化，也不能任由中华民族宝贵文化基因流失。在交往交流交融过程中，各民族文化应得到更有力的弘扬，为各民族共有共赏共享，为中华民族文化的巩固和发展提供新活力新动力，构造各民族共同的精神家园。

人民政协汇聚了我国56个民族的优秀代表人物，同各民族群众有着广泛的密切联系。希望大家继续保持和发扬优良传统，从中华民族的整体利益出发，充分发挥优势，深入调查研究；密切联系群众，反映群众诉求，成为促进交往交流交融的模范和骨干，以优异的成绩迎接人民政协成立70周年。要按照习近平总书记的要求，“教育引导委员懂政协、会协商、善议政，守纪律、讲规矩、重品行”。

会后，请民宗委办公室，认真整理委员们的意见建议，及时报送中央领导和有关部委。希望有关部门认真研究委员们的意见建议，更好推动相关政策措施的制定、改进和落实，进一步凝聚共识，巩固爱国统一战线，共同致力于中华民族伟大复兴。

在“弘扬劳模精神和工匠精神”双周协商座谈会上的讲话

（2018年8月31日）

陈　晓　光

中共十九大报告提出：“建设知识型、技能型、创新型劳动者大军，弘扬劳模精神和工匠精神，营造劳动光荣的社会风尚和精益求精的敬业风气。”改革开放以来，我国制造业快速发展，综合实力和国际竞争力显著增强，但仍存在大而不强的问题。当前，我国经济已由高速增长阶段转向高质量发展阶段，尤其需要大力弘扬劳模精神和工匠精神。

8月31日，全国政协召开双周协商座谈会，专门就此进行协商交流。为开好本次双周协商座谈会，全国政协提案委员会和民盟中央多次研究讨论，听取部门情况介绍，分赴辽宁等地调研，召开座谈研讨会22场。从调研情况看，近年来从中央到地方十分重视弘扬劳模精神和工匠精神，实践中积累了一些好的经验和做法，也反映出一些问题，主要有：一是基层劳动者、技术工人收入水平和待遇偏低，社会地位不高，岗位吸引力不足。劳模、工匠是其中佼佼者，也难以享受较高社会待遇，加之对其日常关怀不够，导致很多人不愿从事相关工作。二是对劳模工匠宣传力度不够，传播效果有限，社会认同感不强。劳模精神和工匠精神宣传也缺乏集中报道和长效宣传的统筹规划，“五月来，六月走”现象仍存在。三是高技能人才数量和比例偏低，职业技能培训力度和质量亟待提升。同时，企业“重学历、轻技能”“重使用、轻培养”观念仍普遍存在。

调研中就如何弘扬劳模精神和工匠精神，形成一些认识和思考。

首先，加强顶层设计，健全完善弘扬劳模精神和工匠精神的制度保障。一是科学选树劳模工匠应处理好评选数量和质量的关系，提高评选公开度，更多面向基层、面向一线。二是加快落实《关于提高技术工人待遇的意见》等文件精神，出台实施细则。深化工资分配制度改革，建立工资正常增长机制，提高普通劳动者工资待遇。尽快完善知识产权保护和激励体系，让专注于创新的技能人才得到丰厚回报。三是发挥工会、企业、社会协同作用，系统完善技能人才培养、评价、使用、激励、保障等措施。四是完善劳动者技术资格、集体协商、职业教育等方面法律制度，依法保障技能人才与用人单位平等协商、接受教育和培训等权利。

其次，建立表彰宣传劳模工匠的长效机制，营造热爱劳动、崇尚技能、鼓励创新的社会氛围。一是提高劳模工匠表彰层次和力度，给予相应职称和物质回报，可将获得一次性奖励的办法变成纳入薪酬体系的长效激励机制。从荣誉、薪酬等方面倾斜，鼓励劳模工匠团队成为孕育培养人才的优质土壤。二是加大对劳模精神、工匠精神的宣传力度，进一步常态化、制度化，将其作为培育和践行社会主义核心价值观的重要内容。推动宣传理念、内容形式、方法手段的改进创新，讲好劳模工匠故事，使劳模工匠形象更可亲可敬、可信可学。三是建立对劳模工匠关心关爱的长效机制，完善对劳模工匠的日常管理，经常了解和掌握其情况，为其排忧解难。

第三，加强职业教育供给侧改革，大力开展技能人才培养，夯实劳模精神和工匠精神的人才基础。一是大力加强职业教育，不断提升在现代国民教育体系中的地位。持续提高职业学校办学质量。职业教育要结合制造业数字化、网络化、智能化趋势，抓紧培养技能人才队伍。二是加强对企业职工教育培训经费提取与使用情况的监督，依托企业建设技能实训基地，引导企业落实职工培训任务、加大培训力度。三是加快出台行业企业自主开展技能人才评价的指导意见，放宽技能人才认定标准，支持市场化、社会化认定，给予企业更多自主权。

在沪港合作与发展研讨会上的讲话

（2018 年 11 月 13 日）

梁　振　英

再次来到繁华美丽、朝气勃勃的上海，我感到十分高兴。本年度的沪港合作与发展研讨会，适逢国家改革开放 40 周年，显得特别有意义。

上海是改革开放的排头兵，香港是一国之内，实施另外一种社会制度和经济制度的城市，香港和上海各有不同的条件。通过互相借鉴学习、互相补充合作，40 年来，沪港两地互利共赢，并且把改革开放的成功经验，不断放射全国各地。因此，沪港在改革开放的事业上继续共同努力，将改革进行到底，有大局意义。

昨天，习近平主席在北京会见香港澳门各界庆祝国家改革开放 40 周年访问团时作了重要讲话，为港澳特区往后助力国家改革开放指明了方向，并提出期望，我完全赞同。香港在国家改革开放大业中需要做、可以做和值得做的还有很多。

40 年的改革开放，我躬逢其盛，有机会和上海并肩工作，履行国民责任，报效国家，是我毕生的荣幸。香港和上海在 40 年的改革中，有大量和多方面的经验，今天，我想集中谈谈深化土地使用制度改革和住房制度改革的具体工作。

土地是珍贵的生产和生活资源。中国的土地使用制度和相关的住房制度改革，经过长时间的酝酿、借鉴学习、构思和筹备，正式的启动，是以 1988 年 3 月 22 日上海发放标书，用国际招标方式，出让位于虹桥经济技术开发区的 26 号地块为标志的。上海率先历史性地结束无偿划拨土地，在不改变国家对城市土地所有权的根本性规定之下，创造性地提出有偿出让土地使用权，意义不仅是为政府提供新的收入来源，更不仅是催生了新的房地产和其他相关产业，而是让土地这种珍贵的生产和生活资源，走进市场，在政府的土地用途规划内，以市场力量决定最符合经济效益和社会效益的用途；用今天的话来说，就是“使市场在资源分配中起决定性作用”，也就是要达到“地尽其利”的效果。

同样地，伴随着土地使用制度改革而启动的住房制度改革，重大的意义是结束“大锅饭”式的住房分配制度，让大部分人民可以在市场内尽自己的能力，按照自己的选择，解决住房需要，达到最大的社会效益。

30 年的土地使用制度改革和相关的住房制度改革取得举世瞩目的成功，主要体现在城市的建设现代化、人民住房条件的大幅度改善和人民财产的大幅度增加，这些都是伟大的阶段性成功。但是，改革尚未完成，主要体现在市场软件建设落后。30 年来，房地产市场的体量越来越大，交易和拥有方式越来越多样化，国际化程度越来越高，因此和房地产市场有关的问题越来越复杂。今天我想提三个方面尚未完成的工作。

第一方面是和产权有关的制度和法律尚未完备。我们经常在大陆遇到的产权纠纷

（包括政府和地产商、地产商和小业主、小业主与银行等之间的纠纷），在香港和其他比较成熟的市场，是不可能发生、不可思议的。在香港等地方绝少出现产权纠纷，不仅是由于所有有关房地产的交易（除了两三年年期的租约外），都由律师代办，而且也是由于产权制度和法律完备清晰，同时，为了防范出现第三者争端，也设有完备的产权登记制度、第三者权益登记制度和相关法规。

去年我参加博鳌论坛，静悄悄地去听了一场关于中国农村土地问题的讨论会，45分钟下来，台上四位中国大陆专家学者谈了不少问题和观点，没有谈的，是外国和港澳台是怎样处理农村土地问题、怎样防范问题的出现和怎样解决问题。中国农村土地的根本制度和外地不一样，但是“三人行必有我师焉，择其善者而从之，其不善者而改之”，我认为在农村土地问题上，一如当年在城市土地使用制度改革问题上，我们一样应该虚心借鉴，在外地的经验中，找到符合我国国情，“能抓老鼠的好猫”。

第二方面是市场管理。房地产价格波动惊心动魄，牵连面广，因此房地产市场管理的最关键一招是调控价格，避免大幅度波动。市场经济中的价格由供需关系决定，政府调控价格的手段，最有效的是从调整供需关系入手，也就是说，从调整供应量或调整需求量入手，包括增加或减少土地供应，以及在适当时候压抑炒卖、投资和囤积等需求，而不是以行政手段定价。

市场经济是信息经济，是数据经济。社会主义市场经济，包括大陆的房地产市场，也需要全面、及时、准确和公开的数据，尤其是供需数据，包括在每一个小区有多少房子在建，有多少未售，一手房和存量房各有多少空置，过去的吸纳量等数据。1988年上海作为试点，首次成功出让土地后，上海市政府采纳我的建议，开展这方面的工作，在1989年6月公开发布了《89上海房地产市场》。这项工作持续了两三年，后来有没有继续做下去，我还要了解一下，但在媒体或网上看不到有引述或转载。

全面、及时、准确和公开的供需数据，作用是让所有市场交易者，从政府到地产商到小家庭，在考虑买不买、卖不卖、等不等，以什么价钱买卖等关键问题上科学决策。

供需数据不会变成水晶球，正如气象数据不会变成水晶球一样，但房地产供需数据和气象数据都是生产和生活的必需。香港的差饷物业估价署是一个政府部门，其中一项工作是全面收集和公开香港各区各类房地产的供需数据，供全社会免费在网上查阅，网上链接是 https：//www. rvd. gov. hk/tc/publications/hkpr. html。

各种供需数据当中，空置率至为关键。这里，要纠正一个错误的概念。空置率不是地产商卖不出去的房子的比率，正确的概念应该是没有人使用的房子的比率。比如说，地产商开售一百套房子，全部卖光，但交付使用后，完全没有人住，百分之零是错的空置率，百分之一百才是正确的空置率。再举个统计范围大一点的例子说，全市有一百万套房子，其中四万套不管什么原因没有人用，空置率就是百分之四，算是较低的空置率。进一步说，我们还可以分开统计新房和二手房的统计率。我说空置率是关键数据，是因为空置率高低，说明两种截然不同的市场状态：在空置率低的情况下房价上升，就是供应不足；在空置率高的情况下房价上升，就明显说明囤积、投资和炒卖比较严重。作为政府，针对前者的应对办法是增加供应量，针对后者的应对办法是压抑投资和炒卖、打击囤积。

第三方面是提升市场效率。土地使用制度改革的初衷，就是通过有偿出让和有偿转让，让土地和楼房作为珍贵的社会资源，在市场流转，提高土地和楼房的经济效益。世界上不同的房地产市场有高低不同的效率，完成一宗买卖的时间越短，土地楼房闲置的时间就越短，效率就越高，经济效益也越高。交易流程的长短，和寻找楼盘、办理借款手续和产权转移手续等有关。在市场效率这个问题上，大陆城市仍然有很大的进步空间。

上面说的一大堆问题，长期以来，在香港和某些市场经济体就实践得很好，这些地方的行之有效的经验，过去一直是内地城市的借鉴对象，并且取得了很好的成绩。

我们值得在这里重温香港参加改革的做法。改革开放刚开始，香港就有 20 多位专家，用大陆的话说，“传经送宝”。这四个字当中，“经”和“宝”是夸奖，这些“经”“宝”，外国专家也有，但早年只有香港的专家到大陆“传”和“送”却是事实。这些香港专家，当年自己付旅费，到大陆义务讲课、办座谈会和研讨会，后来更组成“促进现代化专业人士协会”，以实际行动体现国民对国家的奉献精神。不少当年为国家做无私无偿奉献的香港专家，今天籍籍无名，相当一批已经离开我们，在纪念改革开放 40 周年之际，我们应该感谢和怀念这些前辈，也要鼓励香港社会，学习他们的爱国情操。

到了 20 世纪 80 年代，香港人直接参加了土地和住房制度改革的具体工作，我举一个小例子。1987 年，为了准备土地使用权招标的试点工作，上海市政府派工作组到深圳，单独咨询香港的义务顾问，这是我当时做的笔记。一个小时下来，一问一答的咨询结束了，我站起来握手告别，突然觉得不放心，因为上海是第一次做，操作上可能出问题，所以又坐下来，向上海建议派人到香港一个星期，和我共同起草出让土地使用权的中英文标书。几天后，上海打电话过来，表示同意，这份招标文件就是上海朋友们在香港艰苦奋斗一个星期的工作成果。在起草标书的第一天早上，我拿着笔，对上海来的朋友说：“我们今天在写历史。”这次经验说明：某些问题可以用座谈咨询的方式借鉴，一些可操作性的问题，一起参加具体工作的效果会更好。

过去 40 年，作为香港居民，我在上海和其他城市参加了部分改革开放的工作，有些点点滴滴的体会。我认为：如果香港在回归祖国之前的十几二十年就可以为国家的改革开放出力，在回归祖国 21 年后的今天，香港肯定可以更为同心同德同力，再次出发，继续助力国家，分担历史使命，将改革进行到底，分享改革的荣光，投身伟大的民族复兴大业。

上面我集中讲了对土地使用制度改革和相关的住房制度改革的看法，香港和上海在深化改革的其他方面，可以合作的还有很多，包括城市安全、医疗服务、防范重大金融风险、资本市场建设等。我希望今天的研讨会是一个新起点，希望香港和上海能够再一起出发，继续共同努力，为改革开放立具体的合作项目、订合作计划，同当国家将改革进行到底的排头兵。

谢谢大家。

在全国政协机关 2018 年半年工作总结会议上的讲话

（2018 年 9 月 6 日）

夏　宝　龙

汪洋主席对全国政协机关工作高度重视，最近连续两次作出重要批示，这充分体现了全国政协主要领导对机关工作、机关干部职工的重视和关心，对我们是极大的鼓舞和鞭策。我们要认真学习贯彻，切实抓好落实。刚才，机关 7 位同志做了很好的发言，既有个人的默默坚守，也有集体的团结奋斗，每个发言都是一个窗口，帮助我们了解机关半年来的工作情况。这些发言有一个共同的特点，都是在平凡的工作中，做出了不平凡的业绩，他们如一根尽情燃烧的火柴、一颗滴水穿石的水珠、一枚坚韧有力的螺丝钉，为政协机关添砖加瓦。我听了很有感触、深受感动。从大家身上，我看到的是使命感，是责任心，是一丝不苟的敬业精神。这样的人和事，机关还有很多，今天发言的只是几个代表。大家就像一颗颗璀璨的珍珠，在自己的岗位上默默绽放出光彩，使我们的政协机关更加亮丽。在此，我代表汪洋主席、代表机关党组对大家的辛勤付出表示感谢！

十三届全国政协在以习近平同志为核心的党中央坚强领导下，在汪洋主席的主持和带领下，推出一系列创新举措，各项工作扎实推进，展现出新时代人民政协的新气象新作为。总结这 6 个月来的政协工作，主要有几个特点。

一是具有鲜明时代特征。新一届全国政协坚持把习近平新时代中国特色社会主义思想作为统揽各项工作的总纲，组织整个政协系统深入学习习近平总书记关于加强和改进人民政协工作的重要思想，以理论大学习、思想大武装，促进工作质量大提升。坚持把抓好党建作为引领政协事业发展的根本保障，在人民政协历史上第一次召开全国政协系统党的建设工作座谈会，对人民政协事业发展具有划时代的意义。

二是科学谋划工作布局。新一届全国政协着眼人民政协事业发展全局，统筹谋划各项工作的开展，在推动落实年度协商计划的同时，部署召开 4 个会议，即习近平总书记关于加强和改进人民政协工作的重要思想理论研讨会、全国政协系统党的建设工作座谈会、全国地方政协工作经验交流会和全国地方政协秘书长工作会议，从人民政协党的建设、思想政治建设、履职能力建设、机关自身建设方面谋划开展，夯实人民政协长远发展的根基。

三是高度重视双向发力。新一届全国政协着眼发挥人民政协作为统一战线组织的重要作用，紧紧围绕团结和民主两大主题，鲜明提出把中共中央的决策部署和对政协工作的要求落实下去，把海内外中华儿女致力于实现中华民族伟大复兴中国梦的智慧和力量凝聚起来。汪洋主席坚持把双向发力作为履行职能的重要要求，提出开设委员讲堂、委员学习座谈会等诸多新举措，寓思想政治教育于视察调研、协商活动、双向交流之中，推动协商议政与学习教育双向融合、双向发力；还提议把“凝聚共识”，写入新修订的全体会议工作规则、常务委员会工作规则。

四是全面提高工作质量。新一届全国政协着眼发挥人民政协在国家治理体系中的重要作用，把提质增效贯穿政协履职全过程。比如，调研力戒形式主义，改进调研方式，提高调研实效；积极探索远程协商、网络议政，搭建365天、24小时全天候的委员履职平台；更加灵活、更加经常、更加有效地开展对口协商，活跃专门委员会工作；努力打造具有政协特色的应用型智库，持续跟踪调研重要问题；积极服务国家总体外交大局，对外交往工作更加主动自信。还围绕提高建言议政质量，建立两个专题小组，深入开展研究。

五是始终坚持问题导向。新一届全国政协对标对表习近平总书记关于加强和改进人民政协工作的重要思想，在“加强和改进”上下功夫，大力推进工作创新。比如，改进双周协商座谈会，增加副主席主题发言环节，更加注重互动交流，扩大委员参与面；就新形势下如何加强委员履职工作制定相关制度，要求常委提交书面履职报告，委员完成好“年度作业”，建立委员履职档案；加强委员联络工作，定期对联系委员情况进行汇总和统计。

六是形成政协系统合力。新一届全国政协注重加强对地方政协工作的指导，通过多种形式增进各级政协之间的互动，及时推广典型经验，深入研究共性问题。比如，全国政协系统党的建设工作座谈会参会范围覆盖省市县三级政协，加强了对基层政协工作的直接指导；24位副主席分别到31个省区市参加省级政协系统理论研讨会，8位党组成员分别召集8个片区的座谈会，听取学习研讨情况的汇报；建立定期听取省级政协工作情况汇报机制；每年召开全国地方政协秘书长工作会议。

十三届全国政协工作开了一个好头，这当中凝聚着机关全体干部职工的智慧和汗水。我们要继续保持奋发有为的精神状态、发扬求真务实的工作作风，创造出更好的工作业绩。下面，我就加强政协机关建设、做好政协机关工作，讲三点意见。

一、人民政协走过光辉历程，肩负着时代赋予的重任，在全国政协机关工作必须有强烈的荣誉感、使命感和责任感

这段时间以来，与大家一道紧锣密鼓地开展各项工作，服务多党合作、推进协商民主、联系社会贤达、致力凝聚共识，虽然很忙很辛苦，但感到很光荣很有意义。我觉得，在全国政协机关工作，不仅仅是一份简单的职业，更是一份崇高的事业，必须要有为国为民的情怀，必须要有献身人民政协事业的荣誉感、使命感和责任感。

首先，必须有强烈的荣誉感。回顾人民政协的发展历程，可谓光荣满路、荣誉满身。1948年，党中央发布“五一口号”，各民主党派、各人民团体、各社会贤达积极响应，历经艰难险阻，毅然决然地奔赴解放区，筹备召开政治协商会议，共襄建国大计，谱写了壮丽的建国史诗。1949年，人民政协担负起协商建国的历史大任，代行全国人民代表大会职权，决定了一系列建国重大事项，宣告了中华人民共和国的诞生。毛主席、周总理、小平同志都担任过全国政协的主席，亲自推动人民政协事业发展，开辟了人民政协事业发展的广阔天地。人民政协从诞生之日起，就与我们的国家、与我们的人民同呼吸共命运，聚的是国之英杰，议的是国家大事，谋的是民生福祉。每位在全国政协机关工作的干部职工，从踏进政协机关大门的那一刻起，内心都应油然而生一种荣誉

感。全国政协礼堂还是中共八大会址，在这样一个神圣的地方工作，更应倍感荣幸，我们有责任把这种光荣传承下去。我们每一位干部职工都要将个人言行同机关荣誉紧密联系在一起，将人生价值同政协事业紧密结合在一起，不论遇到什么样的风浪、什么样的曲折、什么样的困难，都毫不退缩、毫不动摇，为党中央站好岗，放好哨。

其次，必须有强烈的使命感。一代人有一代人的使命，一代政协人有一代政协人的使命。中国特色社会主义进入了新时代，新时代赋予人民政协新使命。中共十九大擘画了决胜全面建成小康社会、实现“两个一百年”奋斗目标的宏伟蓝图，明确人民政协是具有中国特色的制度安排，是社会主义协商民主的重要渠道和专门协商机构，并对人民政协工作作出重要部署，为人民政协发挥作用开辟了广阔天地，提供了广阔舞台。人民政协大有可为，也一定能大有作为。我们要围绕实现“两个一百年”奋斗目标、实现中华民族伟大复兴的中国梦，把中共中央的决策部署和对政协工作的要求落实下去，把海内外中华儿女致力于实现中华民族伟大复兴中国梦的智慧和力量凝聚起来，这就是我们这一代政协人的时代使命。使命既是宏伟的目标，更需具体的行动。每一位政协机关干部职工都要认识到，宏伟目标绝不是轻轻松松、敲锣打鼓就能实现的，都要从时代使命中找到找准自己的人生坐标、奋斗方向和工作定位。

再次，必须有强烈的责任感。梁启超曾说过，“一家之人各自放弃其责任，则家必落；一国之人各自放弃其责任，则国必亡。”我们在政协机关工作也是如此，每个人虽然工作岗位不同，但责任担当是一样的。每一个岗位都是一副担子，都有一份责任，机关领导有机关领导的责任，局长有局长的责任，处长有处长的责任，一般干部职工有一般干部职工的责任，服务员有服务员的责任，每个人都应该各尽其能、各负其责。机关干部职工面对的是大量的小事、杂事、具体事，看起来不起眼，但对机关运转都十分重要，无论哪个岗位，都是政协机关这台大机器上的一个螺丝钉，哪一件小事没做好、哪一个环节出问题，都会影响机关这台大机器的运转。雷锋曾有一句名言——在伟大的革命事业中做个永不生锈的螺丝钉。我们都要像雷锋同志那样，以螺丝钉的精神严格要求自己，无论身处什么岗位，都要拧得紧，不能有丝毫的松动；无论身处什么职位，都要钉得牢，不能有丝毫的懈怠；无论能力大小，都要保持旺盛的革命热情，尽心尽力干好工作。

二、深入贯彻落实习近平总书记关于推进中央和国家机关党的政治建设的重要指示精神，努力建设新时代的模范机关

习近平总书记专门对中央和国家机关推进党的政治建设作出重要指示，要求中央和国家机关各级党组织和广大党员干部牢固树立“四个意识”，坚定“四个自信”，带头维护党中央权威和集中统一领导，在深入学习贯彻新时代中国特色社会主义思想上作表率，在始终同党中央保持高度一致上作表率，在坚决贯彻落实党中央各项决策部署上作表率，建设让党中央放心、让人民群众满意的模范机关。这一重要指示精神，为我们加强政协机关建设指明了工作方向，提供了根本遵循。全国政协机关理应在建设模范机关方面走在前列。当前，首先就是要建成政协系统的模范机关，成为各级政协机关的标杆。我理解，模范机关有几个基本要求。

一要有绝对忠诚的政治品格。习近平总书记深刻指出：“越是做党外工作，越要心

中有党。”这里说的“心中有党”，就是“对党忠诚、永不叛党”。政协机关是党领导下的政治机关，第一位的品格是政治品格；政治品格中，忠诚是第一位的要求。我们每位党员干部入党宣誓的时候，都郑重地许下了“对党忠诚、永不叛党”的誓言。这不是抽象的，更不是空喊口号，而是必须见诸实际、见诸一言一行具体行动的，要忠诚于自己的誓言。我们机关干部必须坚定信念，不为形形色色的思想意识所扰。特别是在大是大非面前一定要始终保持清醒头脑，立场坚定、旗帜鲜明、毫不动摇。我们机关还有不少党外干部，也要发挥自身优势，自觉维护党的领导，自觉落实全国政协党组和机关党组要求，同心同德把我们政协机关建设好。作为一名机关干部职工，在组织面前做老实人、说老实话，按规定向组织报告重大问题、重要事项，这是一个最基本的要求。大家在政协机关工作，遇到什么困难问题，多跟组织讲一讲；有什么想不开、想不通，多跟组织谈一谈。机关党组和各级党组织对大家始终是关心厚爱的。

二要有勇于担当的精神脊梁。习近平总书记多次对担当作出重要论述，在前不久召开的全国组织工作会议上，又专门强调要树立体现讲担当、重担当的鲜明导向。担当，既要担得起权利，又要担得起责任；既要担得起当下，又要担得起未来；既要担得起顺境，又要担得起逆境；既要担得起成绩，又要担得起失误；既要担得起表扬，又要担得起批评。机关工作最怕不担当，也最容易不担当。不担当，就原则模糊、矛盾上交、事情拖延，最后导致机关“空转”，说了半天最后落不了地，危害巨大。政协机关过去之所以出现“庸懒散松”现象，根源就是缺少担当精神。担当要有血性，敢做“先锋干将”。战争年代抛头颅、洒热血是一种担当，和平年代在关键时刻敢挑担子、敢负责任，面对困难不回避、不推脱，知难而进、迎难而上就是一种担当。担当要有韧性，甘当“幕后英雄”。日复一日、年复一年默默坚守，兢兢业业把工作做好，不出差错、不出纰漏，让大家信得过、靠得住，这也是一种担当。政协机关就需要这样敢担当、有作为的好干部。机关党组要旗帜鲜明地为担当者担当，一级抓一级、一级对一级负责，形成竞相负责、人人担当的生动局面。

三要有甘于奉献的价值追求。习近平总书记指出：“追梦需要激情和理想，圆梦需要奋斗和奉献。”奉献是中华民族的传统美德，更是共产党人的重要精神特质。奉献，是一种价值选择，为己还是为人，利己还是利人，达己还是达人，决定了我们的人生高度和精神境界，在某种程度上也决定着我们的事业成败。机关工作的本质是服务，无论是为政协履职服务，为政协委员服务，为政协领导服务，说到底都是奉献的事。刚才发言的同志就是机关默默奉献的典型，我们许多同志与同事在一起工作的时间多于陪伴家人的时间，这些都充分体现了我们机关干部职工的奉献精神，也彰显了政协机关无私奉献的优良传统和优良作风。可以说，没有甘于奉献、默默奉献的精神，就干不好机关的各项工作，就站不好机关的各个岗哨，也就不可能建成模范机关。

四要有苦干实干的行动自觉。习近平总书记强调：“我们需要的是一步一个脚印的实干精神，而不需要新官上任只烧三把火希图侥幸成功的投机心理；我们需要的是锲而不舍的韧劲，而不需要‘三天打鱼，两天晒网’的散漫。”抓落实是要见行动的，干成事是要有付出的。蜜蜂酿蜜、燕子垒窝尚且需要终日辛劳、呕心沥血，新一届全国政协部署了那么多新的工作，政协机关有那么多事情，机关干部职工还是那么些人，不苦干实干拼命干怎么行？机关工作长流水、不断线，只要思想稍微一放松，行动稍微一迟缓，就能明显感到机关运行的效率低了、节奏慢了。苦干实干不是喊出来的，关键还是靠行动自觉。希望大家干字当头，撸起袖子加油干，以干好工作的实际成效论英雄。

五要有精益求精的工匠精神。习近平总书记指出："领导干部对待工作也要有'工匠精神'，善于在精细中出彩。"汪洋主席专门作出"提高质量、重在细节"的重要批示。作为全国政协机关，各项工作自然应该是国家级的标准，任何事情都马虎不得。每件工作出手的时候，我们都应该问问自己："能否代表全国政协机关的水平？能否成为政协系统的标杆？"机关工作如何做到精益求精？我觉得要做到"四个精"：一是业务知识要精通。每位工作人员都要成为本职工作的行家里手，对自己的工作"信手拈来、如数家珍"。二是文稿起草要精准。每个材料、每个文件观点要正确、表述要准确、逻辑要严密，力求出新出彩。每位文字材料把关的同志都要把自己当作最后一关，不能让错误从自己手中出去。三是服务管理要精细。细节决定成败。全国政协履职活动规格高、影响大，我们每项活动、每项工作都要考虑周全、细之又细，做到精细化管理、精细化服务。四是工作衔接要精密。机关许多工作都需要多层次协调、多部门合作来完成，很多问题往往就出在衔接上。大家要注重相互协调配合，不能满足于讲过了，关键要确保落实到位，做到无缝衔接，让机关始终处于高效稳定的运行状态。

六要有开拓创新的蓬勃朝气。习近平总书记指出："惟改革者进，惟创新者强，惟改革创新者胜。"当前，全国政协系统正在深入学习贯彻习近平总书记关于加强和改进人民政协工作的重要思想，作为全国政协的办事机构，机关工作更需要加强和改进。机关工作不仅要紧紧跟上新时代人民政协事业发展步伐，还要努力推动创新发展，搞照葫芦画瓢甚至故步自封那一套，是没有出路的。要对照新时代新任务新要求，在总结过去好经验、好做法的同时，瞄准短板问题不断改革创新。着重要做好"加减乘除"文章："加"，就是要思考政协机关哪些工作需要加强，哪些短板需要加长，哪些职能需要拓展，使各项工作齐头并进；"减"，就是要减少不必要的工作环节，降低内部协调成本，使大家集中精力、一门心思抓好落实，把"好钢用在刀刃上"；"乘"，就是要把机关工作中形成的好做法、好经验、现代信息技术等，最大化地利用起来，形成"乘数效应"；"除"，就是要坚决破除那些墨守成规、因循守旧的思维定式，坚决纠正那些不求有功、但求无过的价值取向，在解决一个又一个实际问题中，不断推进政协机关工作创新。

七要有团结奋斗的干事氛围。习近平总书记指出："新时代是奋斗者的时代，幸福都是奋斗出来的。"政协机关是一个大集体、大家庭，必须以团结凝聚奋斗合力，以奋斗巩固团结局面。团结凝聚力量，团结成就事业，团结战胜一切，也只有团结才能出干部。讲团结，不是毫无原则的一团和气，而是要正确处理个人与集体、个人与他人的关系，大事讲原则、小事讲风格，遇事多沟通、多交心、多谅解，真正做到坦诚相见，勇于直率地开展批评与自我批评。特别是对工作中发现的问题、存在的不良现象，要敢于站出来说话，敢于当面指出来，不能只当"绅士"不当"战士"，不能把批评与自我批评的"利器"变成了"钝器"。毛主席讲："军民团结如一人，试看天下谁能敌。"只要我们政协机关上上下下团结一心、奋力拼搏，就没有克服不了的困难，就没有完成不了的任务。

八要有风清气正的政治生态。习近平总书记强调："做好各方面工作，必须有一个良好的政治生态。"政治生态同自然生态一样，稍不注意就容易受到污染，一旦出现问题再想恢复就要付出很大代价，政协机关在这方面有过深刻教训。公道正派才能出清风正气，廉洁自律才能树良好形象。公道正派，就是做事要出于公心、秉持公道，用正能量驱逐负能量，用“比学赶超”根治“庸懒散松”；用人要大开正门、堵住后门，坚持五湖四海、任人唯贤，坚决防止“劣币驱逐良币”现象。廉洁自律，就是要坚决把规矩和纪律挺在前面，狠抓党风廉政建设关键环节，拧紧改进作风的“紧箍咒”。前不久，新修订的《中国共产党纪律处分条例》正式发布，新增或强化了 21 条纪律“高压线”。大家要认真学习贯彻《条例》，牢记底线红线，做到干净干事、清正廉洁。

三、把握当前和今后一个时期的重点任务，一步一个脚印抓好落实，不断开创政协机关建设新局面

模范机关不是一天建成的。模范不模范，关键看实干。我们要朝着“八个要有”的方向，一步一步推进、一项一项抓好落实，通过日积月累，量变到质变，建设模范机关的目标自然就水到渠成。当前和今后一个时期，重点抓好几个方面的工作。

第一，以党的政治建设为统领，提升机关党建整体水平。前段时间召开了全国政协系统党的建设工作座谈会，中办专门印发了关于加强政协党的建设工作的文件，我们要认真贯彻落实好。要更好发挥机关党组在机关工作中的领导核心作用，关键是要把牢政协机关工作的政治方向，管好服务全国政协履职的大局，保证党中央重大决策部署和全国政协党组要求在政协机关的落实。围绕这一目标，机关党组最近完善了机关党组会议等一系列制度，使机关党组工作更加科学规范。要更好发挥机关基层党组织的战斗堡垒作用，最关键的是学习、宣传、贯彻党的决定，团结、引领、带动机关广大干部职工，投身到政协机关各项建设中来。机关党组从今年开始开展内部巡视，五年内对机关各行政室局、直属单位的党组织巡视一轮，以巡视全覆盖推动所有党支部建设上水平。要更好发挥机关党员干部的先锋模范作用，开展“比学赶超”，比能力、比贡献，学先进、学典型，用身边的凡人小事、“身边的榜样”教育引导机关党员干部，形成奋勇争先、力争上游的生动局面，让每一位党员都成为一面旗帜，努力打造“四个铁一般”的铁军。

第二，以提高能力素质为重点，切实加强干部队伍建设。汪洋主席强调，事是人做的。要提高工作质量，关键靠我们的干部。总的来说，政协机关干部队伍是过硬的，但与新时代人民政协面临的新形势新任务新要求，与全面提高政协工作质量的要求相比，还有一些差距。要不断提升工作水平，特别是消除工作中的低级错误，就必须力戒几种倾向：一戒掉以轻心。很多问题的出现主要是不重视，思想上麻痹大意，这是干好工作的大忌。二戒粗枝大叶。核文不细就会错字连篇，安排不细就会漏洞百出，要牢记细工出巧匠、细磨出快刀。三戒经验主义。经验值得总结，但不能盲从，更不能迷信，不能总凭老办法去解决新问题。四戒忙中出错。要注重提高谋划水平、预判能力和应变智慧，不能一遇到急事难事，就“眉毛胡子一把抓”“萝卜快了不洗泥”。五戒功力不济。没有金刚钻揽不了瓷器活，干好机关工作，必须练好内功，自己要有“两把刷子”。业精于勤荒于嬉。做好机关工作，还要做到勤学习、勤思考、勤动手。勤学习，就是要把学习当成一种习惯，让自己的“知识库”始终保持更新，避免少知而迷、不知而盲、无知而乱；勤思考，就是要活学活用、举一反三，多观察、多分析，既要善于把理论知识

转化为解决实际问题的办法，又要善于在实践中总结规律；勤动手，就是眼里要有活，工作要主动，不能推一推动一动。

第三，以增强执行力为突破口，解决“最后一公里”问题。行百里者半九十。机关有些工作已经完成了90%，但就是最后这10%的工作，或因为责任不清，或因为沟通不畅，或因为观念不同，耗费90%的时间和精力，甚至有的到头来也没能落实。要提高机关运行效率，就必须在增强执行力上下功夫，解决落实到位的“最后一公里”。要抓好制度落实提高执行力。制度的生命在于执行，要对机关制度进行全面梳理，做好“废、改、立”工作，该清理清理，该废止废止，该修订修订，不折不扣抓好制度执行，不能让制度成为“稻草人”。要压实工作责任提高执行力。每一项工作都要明确负责人员、工作要求、工作标准，做到时间倒排、任务倒逼、责任倒追。每一位干部都要亲力亲为、真抓实干，以钉钉子的精神抓好落实。要强化督促检查，切实发挥督查利剑作用，一级督一级，打通关节，疏通堵点，破除阻力，确保每项工作都落地见效。

第四，以基础设施建设为抓手，着力改善机关干部工作生活环境。机关环境很重要，是机关最直观的形象，也是保障机关高效运行的必备条件。换届以来，机关党组对此十分重视，在改善机关环境等方面想了很多办法，正在扎实推进。下一步，机关要大力加强信息化建设，抓紧优化委员移动履职平台，建立全国政协微信公众号，积极推进机关办公自动化。要统筹安排好机关现有办公用房资源，尽快拿出具体调整方案，形成更加科学合理的机关办公格局。要加强机关内部环境管理，切实做好机关美化、绿化、洁化工作，做到干净整洁、美观大方。

第五，以推进文化建设为载体，不断增强机关向心力、凝聚力。文化是机关生生不息的血脉，是润物无声的力量。建设团结、紧张、严肃、活泼的政协机关，不仅要涵养积极健康的政治文化、工作文化，也要加强人文关怀，培养健康生活方式，开展丰富多彩的文化活动。比如，工青妇等群团组织要积极发挥作用，每年安排一些体育比赛、健身活动，举办主题读书会、书画展等，不断增强干部职工归属感、认同感、幸福感。一个集体、一个单位，风气非常重要。我们的干部人品要正，光明磊落、坦坦荡荡，不搞歪门邪道、不要见风使舵，坚守人格底线；胸怀要宽，讲大局、顾全局，听得进批评，容人、容事、容得下误解，要有功成不必在我的胸襟；干劲要足，有一股一往无前的冲劲、闯劲，逢山开路、遇水架桥，敢于负责到底；律己要严，知敬畏、存戒惧、慎交友，清楚自己该做什么不该做什么，自觉用纪律规矩要求自己。

同志们，我们每一位干部职工都是全国政协机关的主人翁，建设新时代的模范机关，人人都是参与者、实干者、奋斗者。让我们紧密团结在以习近平同志为核心的党中央周围，努力工作、奋发进取，为人民政协事业的发展贡献力量，书写无愧于新时代的人生华章。

铸牢中华民族共同体意识　奋力实现伟大复兴中国梦

（2018年7月）

巴　特　尔

党的十八大以来，习近平总书记提出中华民族是一个命运共同体，多次强调要“铸牢中华民族共同体意识”。党的十九大把“铸牢中华民族共同体意识”写入党章，成为全党全国各族人民实现中国梦新征程上的共同意志和根本遵循。中华民族共同体意识是中国历史发展的必然产物，集中体现了中华民族共同心理特征，是维系中华民族团结统一的强大精神纽带和推动中华民族发展进步的强大精神动力。深刻理解和准确把握这一我们党新时代民族工作的重大理论创新和实践创新，对维护国家统一和长治久安、促进民族团结与社会和谐、实现中华民族伟大复兴中国梦，具有重大而深远的意义。

一、习近平总书记关于新时代民族工作的重大理论创新

对中华民族团结进步历史规律的深刻揭示。在我国5000多年文明发展史上，各民族共同开发了祖国的锦绣河山、广袤疆域，共同创造了悠久的中国历史、灿烂的中华文化，共同培育了以伟大创造精神、伟大奋斗精神、伟大团结精神、伟大梦想精神为基本内涵的中华民族精神，最终形成了今天的56个民族守望相助、手足相亲的中华民族大家庭。一部中国史，就是一部统一多民族国家形成的发展史、一部中华民族多元一体格局形成的发展史、一部致力于“大一统”又尊重差异的中华政治文明形成的发展史、一部中华民族精神形成的发展史，这是孕育中华民族共同体意识的深厚历史根基。特别是1840年鸦片战争后，我国各族人民在血与火的共同抗争中，深刻认识到“中华民族是一个命运共同体，一荣俱荣、一损俱损”，“中华民族”成为各民族普遍认同的概念和归属，这是中华民族共同体意识初步形成的标志。在中国共产党领导下，各民族共同缔造新中国，永远结束了“一盘散沙”、任人宰割的历史，开启了中华民族繁荣发展的新纪元，中华民族共同体意识在这一进程中实现了历史性升华并不断巩固强化。“铸牢中华民族共同体意识”这一重大论断，是对我国基本国情和历史传统的准确把握，是对中华民族团结进步规律的深刻揭示，必将引领中华民族在更高层次上实现大团结大进步。

对马克思主义民族理论中国化的最新发展。马克思主义始终站在社会总问题的高度来观察、认识和解决民族问题，强调各民族在平等的基础上实现大团结、大联合。我们党自成立之日起，就自觉肩负起中华民族先锋队的历史使命，提出了新民主主义革命时期解决民族问题的纲领，即对内求国内各民族之间的平等，对外求中华民族的彻底解放。新中国成立初期，“中华人民共和国各民族团结起来”的伟大号召，前所未有地激发了各民族的中华民族共同体意识。改革开放以来，“我国的民族关系基本上是各族劳动人民之间的关系”“汉族离不开少数民族，少数民族离不开汉族，各少数民族之间也

相互离不开”“各民族共同团结奋斗、共同繁荣发展”等重大论断，促进了民族团结进步事业不断发展。党的十八大以来，以习近平同志为核心的党中央在民族工作领域提出了一系列新理念新思想新战略，形成了系统完整的思想理论体系，开辟了马克思主义民族理论中国化的新境界，“铸牢中华民族共同体意识”这一重大论断成为马克思主义民族理论中国化的最新成果。

解决民族问题的中国智慧和中国方案。如何解决好民族问题是一个世界性课题，关键在于能否处理好“一”和“多”的关系。几千年来，我国历代中央政府重视民族事务，秉持“修其教不易其俗，齐其政不易其宜”，形成了强调维护一统而又重视差别的治理理念。我们党开辟的中国特色解决民族问题的正确道路，是中华传统政治文明内生性演化的结果，并从根本上超越了传统政治文明，较好地处理了“一”和“多”的关系。习近平总书记深刻指出，中华民族多元一体格局中“一体包含多元，多元组成一体，一体离不开多元，多元也离不开一体，一体是主线和方向，多元是要素和动力，两者辩证统一”。“铸牢中华民族共同体意识”，突出点明了处理好“一”和“多”关系的主线，揭示了“我国的民族工作做得都是最成功的”奥秘所在。一些国家解决民族问题，先后走过殖民主义、种族主义、同化主义、文化多元主义的路子，时至今日，种族问题、少数族裔问题依然是非常敏感的社会问题，引起的争论、抗议、骚乱从未停息。在“中国之治”与“西方之乱”的对比中，以铸牢中华民族共同体意识为标志的解决民族问题的中国智慧和中国方案，得到越来越多国家的理解和认同，必将为解决世界民族问题作出应有的贡献。

二、发展新时代民族团结进步事业的根本要求

实现中华民族伟大复兴中国梦的必然要求。实现中华民族伟大复兴和铸牢中华民族共同体意识，一体两面，有机统一。百年苦难、百年梦想、百年奋斗，各民族在中国共产党的领导下激发出空前的中华民族共同体意识，汇聚成实现中华民族伟大复兴的历史洪流。党的十九大宣示中国特色社会主义进入了新时代，我们比历史上任何时期都更接近、更有信心和能力实现中华民族伟大复兴的目标。然而，中华民族伟大复兴绝不是轻轻松松、敲锣打鼓就能实现的，必须进行具有许多新的历史特点的伟大斗争。当今世界面临百年难遇的大变局，无论是应对挑战、化解风险，还是反对霸权、引领治理，都必须进一步增强中华民族凝聚力、向心力，铸牢中华民族共同体意识，确保中华民族在团结奋进中凝聚起磅礴力量，为实现中华民族伟大复兴中国梦砥砺前行。

新时代维护国家统一、民族团结、社会和谐稳定的内在需要。党的十八大以来，以习近平同志为核心的党中央牢牢把握“五个并存”的民族工作阶段性特征，先后召开民族、统战、涉疆、涉藏等多个重要会议，推动民族工作创新发展，开启了各民族交往交流交融不断深入、中华民族共同体意识不断铸牢的新时代。同时也要清醒看到，新时代我国民族工作“五个并存”的阶段性特征更加凸显，特别是境内外敌对势力从未放弃利用民族、边疆问题作为突破口这一战略图谋，反对民族分裂、宗教极端、暴恐斗争形势依然严峻复杂，维护国家统一、民族团结、社会和谐稳定的任务依然繁重。我们要坚持把国家统一和民族团结作为最高利益，进一步铸牢中华民族共同体意识，不断巩固和发展平等团结互助和谐的社会主义民族关系，使各民族像石榴籽一样紧紧抱在一起，坚决

反对大汉族主义和狭隘民族主义，依法严厉打击分裂势力和暴恐活动，坚决克服和消除一切不利于中华民族团结统一的消极因素。

实现全面小康和现代化的动力保证。习近平总书记多次强调，全面建成小康社会，一个民族都不能少。党的十八大以来，中央高度关心民族地区发展，制定并实施了力度空前的支持政策，推动民族地区加快发展取得历史性成就。党的十九大提出了决胜全面建成小康社会和2020年到本世纪中叶分“两步走”的战略安排，为新时代民族地区发展提供了空前机遇。当前，民族地区发展仍相对滞后。2017年，全国贫困人口、贫困村超过1/3在民族地区，民族8省区贫困发生率比全国平均水平高出一倍多，深度贫困的“三区三州”都是民族地区。我们要牢固树立中华民族共同体意识，进一步发挥好中国特色社会主义制度的优越性，使各民族同步进入小康社会、同步实现社会主义现代化，创造出党领导下各族人民实现共同富裕和繁荣发展的人间奇迹。

三、进一步创新推进民族工作的鲜明主线

把牢一个方向。牢牢把握中华民族发展的历史规律和正确方向，既要处理好“大家庭”内的民族关系，更要促进“大家庭”的巩固和发展，更加自觉地站在党和国家事业全局，站在中华民族根本利益的立场上想问题、办事情，推动中华民族形成凝聚力更强、包容性更大的命运共同体。要深入学习宣传贯彻习近平总书记关于民族工作的新理念新思想新战略，深刻把握其中蕴含的政治智慧、缜密逻辑、战略视野和忧患意识，更好地统一思想、凝聚共识、谋划工作。把铸牢中华民族共同体意识作为主线和衡量标准，贯彻到民族工作各个领域各个环节，一切政策举措都由此着眼，一切资源都往此着力，推动新时代民族工作迈上更高水平。

抓住一个关键。深化祖国观、民族观、宗教观、文化观、历史观教育，不断增强各族人民对伟大祖国、中华民族、中华文化、中国共产党、中国特色社会主义的认同。增强对伟大祖国的认同，传承和弘扬以爱国主义为核心的民族精神，建设伟大祖国、建设美丽家乡，坚决捍卫祖国统一和领土完整，反对一切分裂祖国的违法犯罪行为。增强对中华民族的认同，牢固树立中华民族共同体的意识，像爱护自己的眼睛一样爱护民族团结，像珍视自己的生命一样珍视民族团结，坚决反对一切不利于民族团结的言行。增强对中华文化的认同，始终牢记中华文化是各民族文化的集大成、各民族都作出了贡献，推动各民族相互欣赏、相互学习、交流互鉴，坚决克服把汉文化等同于中华文化、把本民族文化自外于中华文化等错误思想。增强对中国共产党的认同，牢固树立“四个意识”，做到“四个服从”，坚决维护习近平总书记党中央的核心、全党的核心地位，坚决维护党中央权威和集中统一领导，不断巩固和发展好各族人民心向党的生动局面，坚决克服部分领域存在的党的领导弱化、党群干群关系不够紧密、基层党组织战斗堡垒作用发挥不够等现象。增强对中国特色社会主义的认同，坚定“四个自信”，坚定不移走中国特色解决民族问题的正确道路，坚持和完善民族区域自治制度。总之，就是要使爱我中华的种子扎根中华民族每一位成员的心灵深处，不断增强中华民族的自豪感、自信心和凝聚力。

聚焦一个根本。毫不动摇坚持巩固和发展中华民族共同体。聚焦坚持和加强党的全面领导，持续把全面从严治党引向深入，确保党始终走在时代前列，始终成为坚强领导

核心，始终成为中国人民和中华民族的主心骨，进一步发挥好中国特色社会主义制度最大优势，不断夯实中华民族共同体的政治基础。聚焦实现全面建成小康社会和社会主义现代化，进一步发挥好中央、发达地区、民族地区三个积极性，推动制定实施差别化的区域政策，确保“全面建成小康社会，一个不能少；共同富裕路上，一个不能掉队”，不断夯实中华民族共同体的物质基础。聚焦深化各民族交往交流交融，尊重差异、包容多样、增进一体，创造各族群众共居、共学、共事、共乐的社会条件，让各民族在中华民族大家庭中手足相亲、守望相助，不断夯实中华民族共同体的社会基础。聚焦构筑中华民族共有精神家园，以社会主义核心价值观为引领，始终发扬伟大中华民族精神，在增强对中华文化认同的基础上繁荣发展各民族优秀文化，推动创造性转化和创新性发展，不断夯实中华民族共同体的文化基础。聚焦依法治国，坚持用法律保障民族团结，坚持法律面前人人平等，讲政治原则、讲政策策略、讲法治规范，着力提高民族工作法治化水平，不断夯实中华民族共同体的法治基础。

在“健全系统性金融风险防范体系”专题协商会上的讲话

（2018 年 5 月 15 日）

辜胜阻

习近平总书记在十九大报告中指出，要健全金融监管体系，守住不发生系统性金融风险的底线。2018 年 4 月的中央政治局会议强调，做好经济工作，首先要全力打好“三大攻坚战”，要“推动信贷、股市、债市、汇市、楼市健康发展，及时跟进监督，消除隐患”。为了全面探讨金融风险的防范，我们召开各种智库专家研讨会，深入浙江、北京、重庆、湖北、广东等地和多个中央金融企业进行实地考察。研究发现，当前我国金融风险点多面广，涉及房地产（包括一些特色小镇、开发园区）、政府债务、影子银行、企业负债、新金融、外汇市场等多个领域，不同风险相互交织，一旦某个环节出现问题，容易“交叉感染”。这些金融风险是经济金融周期性因素、结构性因素和体制性因素叠加共振的结果。尤其房地产领域呈现过度金融化、资产泡沫化、高杠杆等风险特征，在一定程度上助推了经济“脱实向虚”，大量资金在金融领域“自我循环”，实体经济“钱紧”“钱贵”，金融与实业、房地产与实体经济的结构失衡。防范系统性金融风险，要综合治理，疏堵结合，标本兼治。既要筑牢金融“防火墙”，重点排查与定点爆破局部及地区风险隐患点，又要疏解引导金融“活水”浇灌实体经济，让金融回归服务实体经济的本位，辩证处理好一系列重大关系。

一、当前我国金融风险隐患点多面广，相互交织

当前我国金融风险的突出特点是“点多面广、相互影响、相互传染”，不仅存在“灰犀牛”，还存在“黑天鹅”。主要表现在以下六个方面。

（一）房地产过度金融化、高杠杆化和资产泡沫化，大量资金流向房地产领域，房地产可能是最大潜在风险点。国际货币基金组织（IMF）在研究 50 件系统性金融危机后，发现逾 2/3 与房地产有关，如 2008 年美国房地产次级贷款引发的全球性金融危机，20 世纪 90 年代日本楼市非理性繁荣与失去的二十年，东南亚房地产泡沫与亚洲金融风暴。当前，我国房地产企业开发与居民购房杠杆率较高。2018 年第一季度房地产企业整体负债率近 80%。截至 2016 年底，我国居民购房抵押率升至 50%。房地产市场投资投机行为增多，西南财经大学发布的《2018 年城镇家庭资产指数第一季度报告》指出，过去十年间第二套或第三套及以上房占比持续上升，房市风险增大。其中 2018 年第一季度城镇新购房中，第二套房占比 43.8%，第三套房及以上占比 25.4%。投机炒房会带来住房空置率过高的问题，目前我国一些城市住房的空置率相对较高。热点城市房地产价格存在一些泡沫，房价收入比相对国际水平而言比较高。房地产企业开发投资与居

民因购房产生的高杠杆率是可能引发金融风险爆发的隐患。据测算，房价波动对银行存贷比的标准化溢出风险价值达到 33.12%，对贷款总额和不良贷款率的影响分别为 24.98%和 26.56%。由房价过度波动所生成的系统性风险首先会传导到银行体系，导致系统性风险在金融机构之间互相传染之后逐渐向实体经济传导，引起宏观经济发生连锁反应。同时，我国房地产市场还面临土地供应不足、资产泡沫化、高库存、高空置率等问题，加剧了经济系统的不稳定性。

（二）政府特别是地方政府“隐性债务”扩张较快，养老金缺口不断扩大，存在财政风险和金融风险相互交织的隐患。地方政府债务与“财根”“地根”“银根”高度关联，容易相互影响。当前我国政府债务风险总体安全可控，截至 2017 年末，我国政府负债率约为 36.2%，地方政府债务率为 76.5%，但有相当多的省市逼近或超过国际通行的 100%警戒线，局部风险较大。一些地方政府变相融资举债或违规担保承诺，政府“隐性债务”成为风险防控重点。据中诚信测算，2016 年我国隐性债务规模为显性债务的 1.4—2 倍。不同口径测算的地方政府隐性债务均保持在 20%以上的增速快速扩张。政府“隐性债务”来源还包括养老金，有 13 个统计地区养老保险基金累计结余的可支付月数已不足 1 年，有的地区甚至已为赤字。

（三）影子银行领域存在监管“灰色”或监管不足的问题，潜在的流动性风险、信用风险、高杠杆风险以及各种错配风险不可小觑。影子银行业务往往在多个市场、多种金融机构之间层层嵌套，关联性与交叉性程度非常高，既推高了杠杆水平，又增加了金融风险传染性。大部分影子银行业务风险隐蔽性强，容易形成监管盲点。部分影子银行业务将募集的短期资金投放到长期的项目，存在期限错配等问题，容易引发流动性风险。影子银行业务游离于监管之外，不受针对存款货币机构的严格监管，存在隐患。部分资管产品的刚性兑付扭曲了资金价格，加剧了道德风险。资管业务是中国影子银行的重要运行通道。

（四）全社会总杠杆率较高，特别是国有企业杠杆率高企，居民杠杆率上升过快，流动性风险和信用风险积累需高度重视。《中国去杠杆进程报告》指出，2017 年，我国实体经济杠杆率为 242%，较 2016 年上升了 2.3 个百分点。我国总杠杆率在主要经济体中处于中等水平，大体上跟美国相若，低于日本、西班牙、法国和英国，但高于许多新兴市场国家。其中，国有企业杠杆率较高，截至 2018 年 3 月末，国企负债总额超过 100 万亿元，同比增长 8.7%。根据国际清算银行的统计数据，2017 年 9 月底，我国非金融企业的杠杆率为 162.5%，是同期美国 73.2%的 2 倍多。而国有企业债务在非金融企业债务中的占比约为 65%，国企杠杆率较高，特别是“两高一剩”行业、“僵尸企业”高杠杆率问题突出，形成的各类融资链条，容易引发不良贷款累积形成的流动性风险和企业恶意逃废债形成的信用风险，还可能导致产能结构失衡，对高效率民企及高新技术产业信贷产生挤出效应，影响全社会资金使用效率。居民杠杆率上升较快，个人房贷过快增长是主要原因，家庭住房交易杠杆率、按揭贷款还款负担率都处于历史高位，“杠杆上的楼市”暗藏风险。我国居民部门杠杆率 1996 年为 3%，2008 年为 18%，2017 年超过 54%，虽然与美国、英国、加拿大等发达国家普遍在 60%以上相比不算高，但与俄罗斯 16%、印度 9%相比，就相当高了。

（五）新金融业态发展与传统金融业综合经营趋势导致监管真空，跨机构、跨行业、跨市场金融活动存在监管盲点，迫切需要推进金融监管方式转型。一方面，互联网金融、P2P理财等新金融业态跨行业、跨市场、跨区域开展金融活动，缺乏明确的监管主体和规则，面临信息泄露、非法集资等潜在风险。另一方面，传统金融领域混业经营趋势加速，银信合作、银保合作、多层嵌套等金融产品层出不穷，形成了分业监管不能触及和覆盖的领域。2016年我国金融控股公司数量已经达到400多家，但金融控股公司涉及银行、保险、证券、信托、资管等多个行业，且金融控股公司往往资金规模庞大，金融链条较长，内部存在交叉持股现象，各个业务关联交易错综复杂，增加了监管归属权限的复杂程度。总体而言，分业监管模式下，金融监管出现“资源分散、体制分割、管理分治”的局面，不同类型机构开展的同类业务的行为规则和监管标准不一致，难以实现对金融跨行业、跨市场的全流程监控和全覆盖监管，监管漏洞的存在给金融机构监管套利行为预留了较大空间，加剧金融系统性风险。

（六）外部国际环境不确定因素使汇率潜在风险增大。目前，我国面临的国际环境更加错综复杂。近期中美贸易战及中兴通讯“芯片”事件即是矛盾冲突的直接体现。中美贸易摩擦的不断升级将给外汇市场带来更多不确定因素，人民币汇率波动可能加剧，并增加人民币贬值压力。全球货币政策转向，国际金融危机后的宽松货币政策逐步退出，这将对全球金融市场产生一定的压力和冲击。美元持续走强，也可能冲击我国外汇市场，加剧资本外流，强化经济下行压力。

二、切实防范和化解房地产过度金融化的风险

虽然当前系统性风险点多面广，但最大的潜在风险来自房地产领域。房地产一头连着投资，另一头连着消费；一头接着实体经济，另一头接着金融发展；一头是经济增长，另一头是民生；一头关系到地方政府财政收入，另一头关系到开发商、银行、消费者的切身利益，多领域、多环节的风险点交织在一起，“牵一发而动全身”。防控房地产风险面临较大挑战，其根源在于流动性资金在房地产和实体经济内部配置的失衡及金融与实业失衡。房地产风险主要体现在以下六个方面。

（一）房地产过度金融化，要谨防一些地方出现“一业兴，百业衰”现象。一方面，由于当前房地产市场的回报率较高，大量投资者和金融机构将资金投向房地产领域，推高房地产价格，强化了房价上涨预期。另一方面，房地产企业向金融化转型，推进资产证券化，开发ABS、MBS、CMBS、REITs等金融产品，加大杠杆，盈利模式从“拿地—盖房子—卖房子”的传统产销模式向“把低活的不动产变成高活的金融品”金融深化模式转变。我国证券市场监管、交易等制度尚未完善，房地产资产证券化可能带来多层嵌套、信息披露、信用评级等方面的风险。

（二）房地产融资高杠杆化，房地产企业开发与居民购房杠杆率不断上升，警惕出现“高杠杆上的楼市”。一方面，房地产企业自有资金比例较低，形成特有的融资模式。2018年第一季度末，房企上市公司整体负债率高达80%，创历史新高，个别房企负债率甚至高达300%。而且，房地产企业负债过度影子化。我们在一些城市调研时发现，房企所用的钱中，只有20%来自银行贷款，其余来自不同的金融产品。另一方面，居民购房杠杆率上升较快，其中还存在投机投资需求。今年以来，全国新增贷款中房贷占了1/3，加大了流动性风险。高杠杆在一定程度上放大了居民的实际购房能力和市场风

险，还提高了人们对信贷市场扩张的预期，带来通货膨胀的压力。

（三）房地产价格泡沫化，热点城市房价收入比过高。热点城市房地产价格持续上涨，当房价超过市场的基本面决定的实际支付能力时，就会形成房地产泡沫。房地产价格泡沫过度膨胀会引发市场上的投机行为，造成实体经济“血液”不足。

（四）地方政府财政收入土地化和房地产化，进一步推高土地与房地产价格。据统计，一些地方财政收入总量的30%、有的50%左右来源于土地和房地产，有的甚至更高。一些地方政府在土地财政和房地产方面的举措，扭曲了房地产市场的供求关系。同时，近年来土地出让成本不断上升，2015年征地拆迁的成本占到整个土地成本的60%，出让的净收益只占整个出让收入的20%，进一步增加了地方政府提高土地价格的动机。

（五）主要城市住房空置率高于国际水平，造成资源浪费，降低房地产市场配置效率，加大泡沫风险。调查研究表明，我国一些热点城市空置率超过20%。而很多发达国家的住房空置率一般都不超过10%，美国自有住房空置率最高2.9%（2007—2008年），法国住房空置率为6%左右，德国住房空置率约为8%。

（六）一些地区利用特色小镇和开发区的旗号大力发展房地产，引入大量资金，出现“房地产2.0”，三、四线城市房地产市场面临高库存风险。高库存会拉长房地产开发周期，还会导致银行抵押品价值下降，增加财务风险。我国东三省的三、四线城市，平均去库存要6年左右。截至2016年，三、四线城市商品房实际库存总和达到一、二线城市总和的1.5倍，占全国商品房实际库存的六成。当前，一些企业涉足开发区和特色小镇，在短期利益驱动下把土地转变成商业用地进行房地产开发活动，被称作“房地产2.0”，带来资源浪费与高库存问题。

三、要标本同治，辩证处理好六大关系

（一）治理房地产过度金融化要分类指导，处理好供给管理与需求管理的关系，构建动态平衡的市场供求关系，热点城市要更多从供给端发力，多主体供给，多渠道保障，构建租购并举的住房制度，优化供给结构，防控资产泡沫；三、四线城市则要推进去库存。房地产风险的根源在于房地产和实体经济的失衡及金融与实业失衡的结构性矛盾，房地产领域“钱多”与实体经济“钱少”并存。过去房地产调控政策主要是通过限购、限贷、限价、限售等措施从需求端进行管理，只能暂时压抑购房需求。重庆房价控制得比较好，一个主要原因就是靠强大的土地供给、强大的租售房屋供给。重庆“地票”制度将闲置的农村集体建设用地“转化”为城市建设用地，提高了土地供给，加之庞大的公租房供给，有效稳定了房价。当前房地产调控要更多从供给端发力，从“地根”入手，建立多元竞争的土地供给制度，促进土地供给主体多元化，盘活土地存量。完善“低端有保障，中端有市场，高端有约束”的多层次住房供给体系，优化住房供给结构。大力发展租赁市场，引导“先租房，后买房”的梯度消费理念，多渠道扩大租赁住房供给。要力争三年到五年把租赁住房占新增住房的比例提高到50%，这种从供给端发力的做法有利于缓解住房供需矛盾，挤出房地产泡沫。此外，从需求端看，应抑制投机“炒房”需求，坚持住房的居住属性。要从“银根”入手，拧紧投机性购房的“水龙头”。要借鉴国外相关实践经验，推进房地产税收制度改革，为刚需住房做税费“减法”，为炒房做税费“加法”，还要完善房地产调控的法律法规体系和不动产信息系统。

同时，三、四线城市要将棚改货币化的短期政策与夯实产业基础的长期目标结合，通过完善基础设施和公共服务吸引人口回流，鼓励居民自住和进城人员、新市民的购房需求，多措并举有序化解高库存。

（二）防范金融风险要处理好金融与实业的关系，处理好以“堵”治标与以“疏”治本的关系，筑牢金融“防火墙”，引导金融“活水”浇灌实体经济，营造“实业能致富，创新致大富”的环境，引导实体经济坚定“向实”信心，巩固实体经济的坚实基础。“堵”立足于治标，堵的是制度漏洞、监管真空，有必要，但不能只是一味地堵塞，还要通过调整实业与金融的利益分配格局，利用价格信号，引导要素流入实体经济。当前，我国大量资金停留在金融系统内部，形成一种“楼市热、实业冷”、投资“脱实向虚”的态势，非法集资的问题比较突出，流动性错配加剧实体经济融资困境，部分企业资金链条断裂、债务违约频发。防止“脱实向虚”是防风险的关键，既要防止各类资金过度流向房地产和金融领域，堵住违法违规融资通道，又要通过鼓励民间金融阳光化发展、完善多层次资本市场、推行多样化担保方式强化增信等，拓展投资渠道，优化投资结构，引导资金更多流向创新创业领域、战略性新兴产业。要深化多层次资本市场改革，显著提升直接融资比重，拓宽中小企业融资渠道，提高资本市场融资效率。资管新规有助于理顺监管框架、减少监管套利和刚性兑付等问题，也有利于更好地服务实体经济。防范化解地方政府债务，既要严防各种形式的变相举债和违规担保，严控“黑箱（暗箱操作）”和“黑洞（底数不清）”，堵紧“后门”和“侧门”，也要通过加快存量地方政府债务置换、健全地方政府自主发债制度等方式开“前门”、修“明渠”。降低国企杠杆，要抓住处置“僵尸企业”这个牛鼻子，强化国企负债硬约束，同时推进市场化、法治化债转股，避免降低国企杠杆“硬着陆”。重塑实体经济的竞争优势，提高实体经济对资本的吸引力。积极培育和发展高技术产业和战略性新兴产业，加快传统产业转型升级，推动产业迈向中高端水平。

（三）处理好系统与局部、宏观与微观的关系，构建多层次的风险防控体系，建立宏观系统性风险“缓释”机制，加强中观重点领域“排查”、微观重大风险事件“定点爆破”，精准“拆弹”，妥善处理局部“小震”而避免系统“大震”。系统性风险跟局部风险相互联系，局部风险、区域风险甚至个别风险可能引发系统性风险。金融产品之间的关联、金融机构业务的交叉，形成了连接局部风险和系统性风险的重要环节。关联度越高、交叉性越强，越容易导致局部风险转变为系统性金融风险，形成“蝴蝶效应”。要改变过度关注微观金融机构稳健的监管思路，形成宏观审慎与微观审慎相结合的监管模式。加快完善系统性金融风险监测、评估和预警体系，加强对各类局部金融风险点的监测和排查，未雨绸缪、防患于未然，必要时实施“定点爆破”。当前既要从整体上防止影子银行盲目扩张，过度膨胀，又要防止局部“崩塌”，形成“债灾”，还要高度重视表外理财、非标资产等微观层面业务造成资金“空转”。

（四）处理好中央监管与地方监管的关系，防范跨界和跨区域金融活动带来的监管真空和盲点，避免陷入“一放就乱、一管就死”的循环。不断深化金融监管体制改革，从中央与地方分层监管转向“央地”协调配合监管，解决金融监管存在的资源分散、管理分治、职能重叠冲突、职责不清晰的问题，以适应金融跨地区经营的趋势，避免“中央忙不过来、地方使不上劲”的现象和“铁路警察、各管一段”的弊端，做到全国一盘棋、监管无死角。强化属地风险管理与问责机制，实现对小额贷款公司、融资担保公司、典当行等地方金融机构以及地方金融“三乱”现象的全面监管，防范区域性金融风险。建议地方政府在金融风险防范、地方政府债务梳理及项目管理需要强化科学管理，主动挤出水分，优化项目，完善监管，自主担当。对于成效明显并且地方金融风险管理良好的省市，适当放宽其发债额度或加大债务置换力度。建立中央与地方监管机构的信息资源共享平台，形成全国范围内的监管网络，避免监管真空的同时防止重复监管和过度监管。要设立监管负面清单，避免简单地“一刀切”式监管。

（五）协调好机构监管与功能、行为监管的关系，加快从机构分业监管转向功能性监管和行为监管，实现“人防”和“技防”的紧密结合。以功能性监管和行为监管为主线，强化监管协调，提升监管的穿透性、精准性和有效性，构建以行业稳定为目标的金融机构审慎监管系统、以市场稳定为目标的金融交易行为监管系统、以信息准确为目标的金融信息监管系统。通过功能监管实现对不同金融机构开展的同类型金融业务统一监管，防控交叉金融风险。通过行为监管有效管理金融机构和人的金融活动，建立良好的金融秩序。同时，实现从部门分割式监管转向统一协调的综合监管，改变原有的“九龙治水”“头痛医头、脚痛医脚”的状况。针对我国金融控股公司存在的跨领域、跨市场风险，要加强各监管部门的协调合作，有效监督金控集团内部各金融业务之间的交易行为。要在做好“人防”的同时，积极利用大数据、云计算、人工智能等技术手段提升监管能力，实现“网格化”管理、大数据管理的有效配合，建立健全与监管科技发展相匹配的风险监测、预警与隔离机制。

（六）协调好对外开放与对内开放的关系，在加大对外开放的过程中，要高度重视国际因素对国内风险的影响，避免风险内外叠加。金融业对外资开放的同时，也要加强对内开放，特别是对国内民间资本开放。金融业对外资开放有助于我国参照国际金融规则，补齐制度短板，完善金融监管机制，提升金融监管能力。在开放中，要防范国际风险向国内传导，避免风险内外叠加。同时，要增强内生动力和免疫力，拓宽民间资本投融资渠道，激发民间投资活力，发挥民间金融机构的地域、信息等天然优势，缓解实体型企业的融资困境。

风雨同舟四十载　同心携手再出发

（2018年12月28日）

何　维

12月18日上午，中共中央、国务院召开大会，隆重庆祝改革开放40周年。习近平总书记发表重要讲话，着眼中华民族实现伟大复兴的历史大势，深情回顾改革开放40年的光辉历程，深刻总结改革开放的伟大成就和宝贵经验，明确提出了把新时代改革开放继续推向前进的目标要求。习近平总书记的重要讲话通篇闪耀着马克思主义真理的光辉，是中国共产党带领全国各族人民在新时代推动改革开放再出发的宣言书、动员令，必须深入学习领会，切实贯彻落实。

改革开放40年来，国家和民族的面貌发生了翻天覆地的变化。尤其是我们这一辈人，更有切身感受。40年前，十一届三中全会召开的时候，我刚通过恢复以后的第二次高考进入高校就读。1978年9月，在邓小平同志的提议下，国家恢复向国外派遣留学生制度，我本人也得益于此制度获得了赴国外留学深造的机会。回到国内以后，无论是在教学科研岗位上，还是在卫生科技管理、民主党派领导岗位上，我都见证了国家发生的翻天覆地的变化。正如习近平总书记指出的，“改革开放极大改变了中国的面貌、中国人民的面貌、中华民族的面貌、中国共产党的面貌。”40年的实践充分证明，改革开放是中国共产党和人民大踏步赶上时代的重要法宝，是坚持和发展中国特色社会主义的必由之路，是决定当代中国命运的关键一招，也是决定实现“两个一百年”奋斗目标、实现中华民族伟大复兴的关键一招。

改革开放40年来，多党合作事业发展实现了历史性跨越。40年前，经历十年“文化大革命”，各民主党派基本陷于瘫痪，正是改革开放、拨乱反正给我国多党合作事业和民主党派重新带来了生机。邓小平同志1979年指出，各民主党派“都已经成为各自所联系的一部分社会主义劳动者和一部分拥护社会主义的爱国者的政治联盟，都是在中国共产党领导下为社会主义服务的政治力量”。重新明确了民主党派的性质地位，成为民主党派重获新生的光辉里程碑。从此，从八字方针到十六字方针，多党合作政治准则内涵更加丰富；从出台《关于加强社会主义协商民主建设的意见》《关于加强政党协商的实施意见》到颁布《中国共产党统一战线工作条例（试行）》，多党合作事业发展更加规范；从将“中国共产党领导的多党合作和政治协商制度将长期存在和发展”载入宪法，到习近平总书记鲜明提出我国新型政党制度的伟大政治创造，共同思想政治基础更加牢固，多党合作事业发展呈现出勃勃生机。

改革开放40年来，农工党认真履行参政议政、民主监督职能，围绕中心、服务大局、深入调研、积极献策，充分发挥界别优势，在改革的重要领域和关键环节提出有针对性的意见和建议，为推进国家经济社会建设，维护安定团结的政治局面，促进祖国和平统一大业，开展了富有成效的工作，各项事业取得了长足进步。

1979年10月，农工党八大作出把工作重点坚决转移到社会主义现代化建设上来的决定。从“三老上书”建言中医药振兴发展，到卢嘉锡主席倡导“科技兴国”战略，从蒋正华主席建言“西新工程”，到桑国卫主席倡议实施“同心助医工程”，农工党在推动科学发展、促进社会和谐、着力改善民生等方面作出了积极贡献。农工党十五大以来，我们结合新时代发展要求，紧扣健康中国和美丽中国建设两条工作主线积极建诤言献良策，为国家医药卫生事业改革，为出台气、水、土三个“十条”，发挥了积极作用。可以说，我们所做的工作和探索，已经汇入改革开放在中国特色社会主义事业发展的大局，改革开放40年的伟大变革，也有我们农工党人的一份绵薄贡献。

站在改革开放新的历史起点上，农工党要以习近平总书记重要讲话中提出的“九个必须坚持”为指引，按照“四新”“三好”要求，进一步凝心聚力、发挥作用，为新时代改革开放再出发贡献智慧和力量。

一是要认真学习习近平总书记重要讲话，为新时代改革开放再出发强化理论武装和坚定信心。“十个始终坚持”是中国共产党人进行改革开放的重要理论的实践原则和方向，坚持党的领导等九条宝贵经验成为中国共产党人改革开放先进理论的重要组成，我们要深刻领悟，认真贯彻。我们要以习近平新时代中国特色社会主义思想武装广大农工党成员，增强“四个意识”，坚定“四个自信”，践行“两个维护”，增进助力改革开放的思想自觉、政治自觉、理念自觉、行动自觉，坚定改革开放再出发的信心和决心。

二是要加强思想引领，为新时代改革开放再出发凝聚共识。当前改革发展稳定任务之重、矛盾风险挑战之多前所未有，在此关键时刻，更加需要凝聚共识、汇聚力量，要引领广大成员及所联系群众，共同把智慧和力量凝聚到贯彻落实中共中央大政方针上来。当前，尤其是把大局判断凝聚到紧紧抓住战略发展机遇期上来，凝聚到中央经济工作会议精神上来，更加积极主动地做好统一思想、引导预期、提振信心的工作，更多做好正面引导、理顺情绪、化解矛盾的工作；教育引导广大成员更加深刻地认识到中国共产党的理论是正确的、中共中央确定的改革开放路线方针是正确的、改革开放的一系列战略部署是正确的；教育引导广大成员自觉抵制国内外各种消极因素对推进改革开放的影响，使更多的群众理解改革开放、支持改革开放、参与改革开放，为新时代改革开放伟大事业凝心聚力。

三是要积极履职尽责，为新时代改革开放再出发献计出力。坚持以人民为中心，把服务发展作为参政履职的第一要务，围绕深化改革、扩大开放的重大决策和战略部署以及人民群众关心的热点难点问题，围绕健康中国和美丽中国建设两条工作主线，深化人口发展战略研究，把生态文明建设、医疗卫生保障优势界别资政建言与经济社会大局紧密结合，与高质量经济发展、高水平扩大开放、培育壮大内需市场、实施乡村振兴战略、推动区域协调发展、深化体制机制改革紧密结合，对一些长期的、结构性问题的认识要进一步深化，对短期的、周期的、突发的问题要加强科学研判，提升议政建言的战略性、针对性、时效性，在前瞻性提醒、重点性难题破解、及时表明立场等方面有新作为，当好中国共产党的好参谋、好帮手、好同事，为新时代改革开放再出发献计出力。

伟大梦想不是等得来、喊得来的，而是拼出来、干出来的。我们对改革开放40周年的最好庆祝和致敬，就是更加紧密地团结在以习近平同志为核心的中共中央周围，以更加坚定的信心、更加有力的举措，勠力同心、开拓前行，为改革开放再出发作出新的更大贡献！

在学习习近平总书记关于加强和改进人民政协工作的重要思想务虚会上的讲话

（2018 年 7 月 25 日）

邵　鸿

党的十八大以来，习近平总书记就人民政协工作发表了一系列重要讲话，为新时代政协事业发展提供了根本遵循和行动指南。学习习近平总书记关于加强和改进人民政协工作的重要思想，对于推动政协事业不断创新和发展，具有特别重大的意义。“学习的目的，全在于应用”，在此，我着重就如何按照总书记的要求，大力加强履职能力建设，做好政协议政建言工作，谈一点认识和思考。

一、把人民政协制度坚持好、发展好、完善好

习近平总书记指出：“中国共产党领导的多党合作和政治协商制度作为我国的一项基本政治制度，是中国共产党、中国人民和各民主党派、无党派人士的伟大政治创造，是从中国土壤中生长出来的新型政党制度。”“它不仅符合当代中国实际，而且符合中华民族一贯倡导的天下为公、兼容并蓄、求同存异等优秀传统文化，是对人类政治文明的重大贡献。”总书记进而提出了要把新型政党制度坚持好、发展好、完善好的重大使命和任务。

人民政协是中国新型政党制度的重要组成部分，也是我国国家治理体系的重要部分，是协商民主的重要渠道和专门机构，是人民民主的重要实现形式，是最广泛的爱国统一组织，体现了中国特色社会主义制度的鲜明特点。在社会主义革命、建设和改革各个历史时期，人民政协都发挥了不可替代的重要作用。近七十年的实践证明，政协制度是适合我国国情并具有独特政治功效的政治制度。中国人民从站起来、富起来到强起来，站到了伟大复兴的门槛并日益接近世界舞台中央，得益于中国共产党的坚强领导，得益于我们走了一条不同于其他国家和民族的文明发展道路，得益于独具特色和优势的国家根本政治制度和基本政治制度，这其中当然包括了政协制度。

中国特色社会主义取得的巨大成功和美好前景，以及诸多发展中国家照搬西式民主和发展模式导致停滞、失败甚至巨大灾难，两相对照，得失分明。实践是检验真理的标准。中国大地上踏踏实实得来的历史经验，胜过他方的海市蜃楼。把西式道路当作宗教迷信膜拜，正所谓抛弃根本、削足适履，贪虚名而招实祸。多年来，提及解放思想时多是要从计划经济和苏联模式下解放出来。但在今天，特别是对很多知识精英来讲，同样有解放思想的问题，就是要从西方政治模式的思维定式中解放出来。我们要增强“四个自信”，坚定不移地走中国特色社会主义道路，坚持好、发展好、完善好中国共产党领导的多党合作和政治协商制度，这也就意味着，我们一定要坚持好、发展好、完善好人

民政协制度。我们的职责和工作，有着至为重要的意义，关系到中国特色社会主义和中华民族的未来和命运。习近平总书记说："人民政协创造了辉煌的历史，也必将创造更加辉煌的未来！"[①] 这既是我们的光荣使命，也是我们的历史地位所系。

二、下大力气提升政协议政建言水平

习近平总书记指出，中国政治制度并非完美无缺，需要完善和发展，而不能自视清高、自我满足，更不能裹足不前、故步自封，"要把坚定制度自信和不断改革创新统一起来，在坚持根本政治制度、基本政治制度的基础上，不断推进制度体系完善和发展。……不断建设社会主义政治文明。"[②]

总书记的指示当然适用于人民政协。政协是个好制度，但也并不完善，政治优势、制度潜力还有待于更充分地发挥。政协工作还有很大的加强和改进空间。新时代、新使命、新要求，大力推进履职能力建设，进一步做好政协议政建言工作，就是当前加强和改进人民政协工作的一项重要任务。

近年来，习近平总书记反复强调，人民政协必须聚焦党和国家的重大问题，用实劲，做实事，出实招，谋良策，为中共中央决策和施政提供切实管用、有价值的意见和建议，又在多个场合对人民政协加强履职能力建设提出了明确要求。比如，在庆祝人民政协成立65周年大会上，他提出："人民政协要适应全面深化改革的要求，以改革思维、创新理念、务实举措大力推进履职能力建设，努力在推进国家治理体系和治理能力现代化中发挥更大作用。"也就是在这次讲话中，总书记还提出了"提高（政协）履职能力现代化水平"的新要求。提高履职能力，是习近平总书记关于加强和改进人民政协工作重要思想的重要内容，我以为，其一方面基于对人民政协重要地位和作用的科学判断，基于对政协工作的殷切期望，另一方面也基于政协履职工作仍存在不足的实际，很有针对性。

实事求是地看，十二届全国政协以来，议政建言工作有了明显进步，地位得到提升，机制有所改进，质量逐渐提高。但也要看到，当前政协议政建言仍然存在着数量胜于质量，总体水平不高的情况。以提案为例，十届以来全国政协每年都在5000件以上，十一届政协一度突破6000件大关。尽管质量呈上升趋势，然而选题不准、调研不深、对策不当，科普型、一般化的提案仍然还占较大比重，低水平重复现象还是较为突出。《新唐书·杜甫传》评价杜甫作为言官是"好论天下大事，高而不切"，这句话也适用于评价我们现在的一些建言。对此，不仅部委有反映，在民主党派内部和不少政协委员也是心里有数的。汪洋主席近期在十三届二次常委会的闭幕讲话，强调政协委员要先做学生，再做先生，不要仅凭着制度赋予的话语权指手画脚，否则有关部门的同志是口服心不服的；前天，汪主席又在党派协商调研座谈会上指出，民主党派帮助执政党完善治理方案，不是医生但要帮助医生治病，不是一件容易的事儿，非下苦功不可。我理解，这其实都是坦诚的揭示和批评。

习近平总书记讲，民主不是装饰品，是要真正解决问题的。因此，正如汪洋主席所

① 《十八大以来重要文献选编》（中），中央文献出版社2016年版，第67页。

② 《十八大以来重要文献选编》（中），中央文献出版社2016年版，第62页。

说，议政建言质量的好坏，“关乎基本政治制度实行的质量”。今天，我们都在提倡和坚决反对形式主义，从一定意义上可以说，建言质量不高，认认真真走过场，使基本政治制度流于形式是最大的形式主义。所以，我完全赞成汪洋主席“提高议政质量应是我们今后要长期努力做好的大事”，以及全国政协成立专门小组研究如何提高议政质量，建立相关评价标准和方法的意见。我们应力争在本届政协期间，全国政协履职能力建设和建言议政质量能够有新的较大的进步，使政协的政治优势和制度潜力得到更大的发挥，助力中国特色社会主义行稳致远，中华民族伟大复兴顺利实现。

三、加强和改进政协议政建言工作的几点建议

要加强和改进政协议政建言工作，首先必须加强党的领导，把握政治方向。在这里，我再具体提几点建议。

第一，努力激发政协委员的责任心和事业心。

政协委员的责任心和事业心是议政建言的前提条件。有人说，“政协固然有人才荟萃、位置超脱的优势，但也有‘不在其位，不谋其政’的弱势”。政协委员各个都是“人物”，但部分政协委员满足于委员荣誉，却将其当作不甚紧要的兼差，投入很少，议政建言难有质量可言。我记得，曾经有一位政协委员提了四个提案，每个都只有一句话。这位委员讲，这是改文风，是“一句话提案”。这反映出有些同志不太当回事儿，更不愿意投入很大精力去做好这项工作。所以，提高建言质量首要之举，是努力激发政协委员的责任心和事业心。没有这一条，其他方面的努力都难以奏效。而要做到这一点，必要的遴选考察、学习培训、工作考核和纪律约束不可少，更要切实解决形式主义走过场和“说了也白说”的问题。

第二，强化质量意识，明确努力方向。

把提高建言质量置于政协履职工作的重中之重，将减少数量，提高质量作为今后提案、大会发言、信息等工作的明确要求，进一步严格提案立案标准。重点调研和重点协商项目也应有所控制，数量不一定太多，但质量要做精做透。另外，还应推动增加平时提案。目前大量的政协提案都集中在大会期间，平时提案一般每年只有 200 件左右，应该大大加强。平时提案更能够适应形势发展的需要，另外因为不是为了开会的“门票”，有时间认认真真地做。政协议政建言要以科学化和专业化为努力方向。这不是要让政协人都成为相关问题的科学家和专门家，而是提倡，调查研究、建议献策必须尽可能符合科学标准，具有专业水平，杜绝门外汉、“小儿科”和“非专业专家”的信口开河。

第三，求真务实，形成良好议政建言氛围。

“讲真话，建诤言”，“充分发扬民主，尊重包容差异”，是习近平总书记及党和国家的一贯倡导和要求，也是政协章程的明确规定。但在实践中，这一条还有提升空间。试想，回避重要问题，不敢讲真话，怎么可能有良策，又谈何监督呢？这也是一些政协委员履职消极的重要原因。要激发委员履职责任心和潜能，必须充分相信委员的基本素质，既要积极鼓励，也要完善制度。比如，是否可以在选择大会发言、表彰优秀提案时适当增加监督类比例，减少因照顾界别、单位平衡而牺牲质量的情况。包括协商会，是否可以减少一些发言、减少部委的工作汇报，加大互动时间，聚焦所要讨论的问题充分进行针对性的讨论甚至辩论，在政协形成讲真话、讲实话和实质性讨论、协商而非“形

式互动”的环境和氛围。汪洋主席在十三届一次会议闭幕讲话中提出，“让求真务实的行为受到褒扬，求真务实的意见得到重视，使求真务实在人民政协蔚然成风”。有了这样的良好氛围，政协高水平的议政建言必然会越来越多，民主协商和民主监督的功能行使也必然越来越充分。当然，政协委员畅所欲言的前提是理性有度，合法依章，对偏激偏执、触碰底线的言行必须约束，对委员的教育引导和批评帮助都必不可少。

第四，探索有效方法，力促深入基层和深度调研。

调研不深，浅尝辄止，情况不明，是政协建言较普遍的短板。当代中国面临的问题，多属复杂难解，唯有像毛主席那样“拼着把一个地方研究透彻”的精神，像汪主席所说“下更大更苦的功夫”，才可能得到破解难题的真知灼见；也唯有深入基层，才能体察民间疾苦，增进对老百姓的感情，从而提升履职责任和动力并让政协走近群众。从政协组织来讲，当前应重点改进调查方式。前不久，我在陕西参加习近平总书记关于加强和改进人民政协工作的重要思想理论研讨会时，陕西省政协的同志建议应“改‘陪同调研’为‘共同调研’，改‘蜻蜓点水’为‘解剖麻雀’，改‘大呼隆’为‘小分队’”，我非常赞成。

此外，我想再提几点具体建议。

第一，确定调查基地（包括村庄、企业、学校、社区等），通过长期关注个案，解剖麻雀，形成积累，比较深入、综合地了解基层情况。

第二，将走访沟通党委政府相关部门定为调研一般必经的程序，以了解有关政策、进展、难点和工作意向，提高调研起点和站位，力求做到不沟通不建言。

第三，更多组织高水平的专题研讨会，听取真正的专家意见及深入开展争论和交锋。九三学社近年来采取了一个措施，召开“九三科学座谈会”，组织国内顶级专家就一些科学问题进行研讨，如量子科技、超级计算、草原生态、防震减灾、环境保护等，基本上每次会议都能形成一个比较好的议政意见和建议。

第四，进一步明确和扩大政协委员的调研权、知情权、参与权，授权使用相关数据库。同时逐步建立政协委员履职的信息支持体系，如编发相关资料、优秀调研成果、提案复文、重要问题的代表性文章和论点汇编等等。可以参考美国国会图书馆对美国两院履职的信息支持服务系统，逐步建立有效的政协履职信息支持系统。

此外，还要开展专门培训，加大宣传表彰等，即不赘述。

第五，整合各方力量，提高研究和建言水平。

人民政协是议政建言、民主协商的平台，政协委员是政协履职主体。但政协要提高议政建言质量，需要超越政协和委员本身，扩大工作范围。比如，与省级政协、民主党派、工商联联合调研，加强与高水平智库和研究机构的合作，组织开放性、体系化的专题研讨会和论坛，开展专项交流乃至国际交流，聘任研究顾问和特约研究员，等等，把社会有识之士和精英人才的智慧集中起来，为我所用。要加强专委会的平台功能，发挥好专委会的基础作用。专委会之所以重要，因为它是专业人干专业事，有专门机构和工作人员，有较强的组织力和良好渠道，也有较大的话语权，上面所说的各项工作一般都可以由专委会来负责。所以，要特别重视专委会工作，通过明确责任、压实任务、增加活动，使专委会真正成为政协建言议政的组织者、专业队和生力军。当然，与此同时，专委会的办公室包括全国政协机关也需要引进和配置优秀专门人才，以更好适应新的工作要求。

第六，鼓励地方探索创新。

长期以来，地方政协有许多工作创新。十二届全国政协推出一系列创新举措，工作面貌一新，也出现了全国政协引领地方政协工作推进的良好趋势。本届政协虽然履新才四个多月，已呈现开拓进取、奋发有为的良好开局，进一步形成了全国政协和地方政协相互学习、相互促进的新局面。就提升议政建言质量工作而言，地方政协有不少可贵和有效的探索，比如在接近民众、搜集民意方面，多地设立了委员工作室（站）、联络室，街道委员活动小组，委员交流中心等；在提高议政建言、民主监督实效方面，则有设立资政会、协商工作室、社区组织议事会，开展制度化的政府评价和专项监督（如扶贫）等；在促进委员更好履职方面，一些地方探索全过程履职管理制度，出台实施委员履职登记、提醒、述职、通报、评先、惩戒等制度。全国政协要大力支持和鼓励地方政协大胆开展改革探索，把自上而下的推动和自下而上的探索有机结合起来，为提高政协履职能力和议政建言质量提供动力和经验。

在学习习近平总书记关于加强和改进人民政协工作的重要思想务虚会上的讲话

（2018年7月24日）

高　云　龙

习近平总书记关于加强和改进人民政协工作的重要思想，科学回答了人民政协事业发展面临的一系列方向性、全局性、战略性重大问题，是习近平新时代中国特色社会主义思想的重要组成部分，为进一步开创新时代人民政协事业发展新局面提供了根本遵循和行动指南。围绕学习习近平总书记关于加强和改进人民政协工作的重要思想开展研讨，对于进一步学习贯彻习近平新时代中国特色社会主义思想和中共十九大精神具有非常重要的意义。工商联是中国共产党领导的以非公有制企业和非公有制经济人士为主体的人民团体和商会组织，是统一战线的重要组织和人民政协的重要界别，积极参与并认真做好政治协商、参政议政、民主监督工作是工商联各级组织义不容辞的政治责任。下面我围绕学习感悟和参加内蒙古政协学习研讨会的收获体会谈一些初步认识。

一、牢固坚守一个核心，把握人民政协协商民主的正确方向

习近平总书记指出，“中国共产党的领导是包括各民主党派、各团体、各民族、各阶层、各界人士在内的全体中国人民的共同选择，是中国特色社会主义最本质的特征，也是人民政协事业发展进步的根本保证。人民政协事业要沿着正确方向发展，就必须毫不动摇坚持中国共产党的领导。”中国共产党是中国特色社会主义事业的坚强领导核心，人民政协坚持中国共产党领导，既是首要前提，更是政治规矩，根本是要坚持以习近平同志为核心的中共中央的集中统一领导，增强“四个意识”，坚定“四个自信”，做到“两个维护”，切实把党的路线方针政策和决策部署贯彻好、执行好，为实现中华民族伟大复兴中国梦汇聚起强大正能量。工商联作为人民政协的重要界别，要教育引导界别委员把学习习近平总书记关于加强和改进人民政协工作的重要思想，作为当前和今后一个时期的重要政治任务，落实好政协党组的决策部署，坚决维护好以习近平同志为核心的中共中央的集中统一领导。

二、围绕团结民主两大主题，立足加强非公有制经济人士思想政治工作开展协商

习近平总书记指出，“做好人民政协工作，必须坚持大团结大联合。大团结大联合是统一战线的本质要求，是人民政协组织的重要特征。”面对当前社会成员利益格局多元、价值取向多样的复杂局面，坚持团结民主两大主题，要求我们把坚持和发展中国特色社会主义作为巩固共同思想政治基础的主轴，最大限度寻求利益共同点，最大限度扩大联系覆盖面，以最大公约数画出最大同心圆。加强非公有制经济人士思想政治工作是

工商联工作的生命线。工商联要落实好团结民主两大主题，就是要把思想政治工作寓于民主协商中，在协商过程中达成共识，进而把广大非公有制经济人士团结凝聚在党和政府的周围，为全面建成小康社会做贡献。当前，非公有制经济人士思想价值观念呈现多元多样特征，自主性、独立性越来越强，特别是随着自媒体的发展和广泛使用，人们的思想更加活跃，致使协商民主面临重大挑战。我们要在尊重非公有制经济人士思想多元多样的现实基础上，创新思想政治工作方式，教育引导他们的思想“形散神不散”。帮在困难处、救在危难时，多做解忧帮困、解疑释惑的工作，就能赢得更多信任，就会形成更多共识。今年，我们抓住纪念改革开放40周年契机，深入开展以“不忘改革初心、接力改革伟业”为主题的非公有制经济人士理想信念教育实践活动，充分发挥企业家主体作用和商会作用，在工作融合和服务企业发展上下功夫，使活动行之有效、入脑入心。我们还牢牢抓住年青一代非公有制经济人士这个统战工作新的着力点，结合实际开展符合他们思想特点、行为方式、成长规律的活动，大力弘扬优秀企业家精神，发现培养一批听党话、跟党走的年青一代代表人士，努力使民主协商过程成为思想引领、形成共识的过程。

三、准确把握人民政协性质定位，创新方式方法引导非公有制经济人士参与协商

习近平总书记指出，“人民政协是统一战线的组织，是多党合作和政治协商的机构，是人民民主的重要实现形式。”人民政协不是权力机关，是各党派团体和各族各界人士发扬民主、参与国是、团结合作的重要平台。政协协商是采用民主的方式进行协商，而不是多党竞争、权力之争，不是你上我下、我拉你扯式的民主。这是符合国情、具有中国特色的基本政治制度安排，避免了多党倾轧，避免了短期利益，彰显出巨大制度优势，为世界不同国家的不同政治民主道路选择提供了可选方案，贡献了中国智慧。工商联要准确把握好人民政协的性质定位，要最广泛地动员和组织界别委员和所联系的广大非公有制经济人士，积极参政议政，有序参与协商，依法依章参与国家政治生活和社会事务。近些年，我们充分发挥民营企业家参政议政主渠道作用，积极做好参与专题协商、提交提案议案、报送情况反映等工作，及时反映民营企业家的意见建议，引导企业家合理表达诉求，推动形成有利于非公有制经济发展的市场环境、政策环境、法治环境、社会环境。

做好协商民主工作，要创新工作方法，要高度重视商会在协商中的平台作用，在政策制定中广泛征求商会意见，支持商会为行业企业主动发声，有序参与协商，让他们在推进国家治理体系和治理能力现代化中贡献智慧。要抓住落实中办国办《关于促进工商联所属商会改革和发展的实施意见》的有利契机，力争把工商联基层商会建设提升到一个新水平，夯实非公有制经济领域协商的组织基础。要继续探索通过定期召开地方党政领导座谈会、部门联席会等方式，探索建立“互联网+”协商模式、远程议政协商模式、依托微博、微信、公众号等新媒体技术手段，为非公有制经济人士经常性议政建言搭建平台、畅通渠道，推动民主协商建议举措落到实处。

四、坚持围绕中心服务大局，牢牢把握两个健康主题开展协商

习近平总书记指出，“人民政协要更好协调关系、汇聚力量、建言献策、服务大

局。”建言献策需要通过协商民主来实现，协调关系、汇聚力量、服务大局，也需要通过协商民主来实现。政协委员包括各个界别所联系的群众不同，利益诉求不同，认识不可能完全一致。人民政协就是要通过积极宣传改革发展的大政方针，引导所联系群众支持和参与改革，正确对待新时代改革发展带来的利益格局调整，为改革发展添助力、增合力。可以说，越是在改革开放攻坚期和决胜全面建成小康社会关键阶段，就越需要发挥人民政协联系群众广泛、各方人才荟萃优势，在协商民主平台上集思广益、汇集众智、群策群力，更好服务改革发展稳定大局。习近平总书记在2016年3月4日参加全国政协十二届四次会议民建工商联界委员联组会讲话中，对非公有制经济的地位和作用给予充分肯定。当前我国经济总体稳中向好、质量趋优，但由于美国优先的不公正主张导致的中美贸易摩擦，使民营企业发展还面临许多困难，导致民营企业家市场预期不稳、发展信心不足。我们要紧紧围绕中共中央决策部署，通过形势政策宣讲引导企业家看大势、抓本质，稳预期、树信心，增强战略定力；另一方面，要通过调查研究和建言献策，充分利用政协平台提案办理协商、专题协商、双周协商渠道开展协商，推动非公有制经济系列政策落地落细落实，增强企业政策获得感。如，在7月中旬召开的“发展实体经济，提高供给体系质量”专题协商会上，汪洋主席作了重要讲话，部分民营企业家政协委员提出了协商建议，取得了很好的社会效果。

五、发挥界别委员主体作用，尊重民营企业家主人翁精神开展协商

习近平总书记对做好政协工作提出了坚持中国特色社会主义制度优势和特点、坚持紧扣改革发展献计出力、坚持发挥人民政协在发展协商民主中的重要作用、坚持广泛凝聚实现中华民族伟大复兴的正能量、坚持推进履职能力建设5项要求，并指出，“人民政协是国家治理体系的重要组成部分，要提高政治把握能力、调查研究能力、联系群众能力、合作共事能力。”各级工商联组织要充分发挥界别委员主体作用，组织界别委员加强理论学习，切实把习近平总书记关于加强和改进人民政协工作的重要思想作为参政议政的指南，努力为改革发展出实招、谋良策。要充分尊重民营企业家主人翁地位，尊重他们的真实感受，积极扩展协商渠道，推动协商议政与思想教育双向发力，更好凝聚共识、凝聚智慧、凝聚力量，切实做到“真协商”“会协商”。“真协商”，就要敢于听真话、听辣语，让民营企业家站前台、当主角，鼓励他们坦诚交换意见、理性参与协商。“会协商”，就是要善用方法和语言，让真话不难听、容易懂，正确的话要好采用、好接受。做到“会协商”，就要坚持问题导向，善于调查研究，深入基层接地气，用心倾听企业家呼声，及时反映企业家意愿。近些年，全国工商联在年度调研中，深入基层和企业调研座谈了解情况，创新性地进行一对一深度访谈，企业家融入感比较强，也敢于“掏心窝子”。“会协商”还要提高群众工作能力，坚持走群众路线。我们围绕协商议题组织开展调研，都会邀请民营企业家政协委员一起参与。在今年全国工商联开展联系调研工作中，我们广泛动员企业家执委常委参与，一起走下基层、联系企业，增强基层观念，提升协商意识。协商是一门艺术，也是一种能力，对民营企业家的协商能力和协商艺术的培养也需要不断加强。我们在开展企业家教育培训工作中，就将提升参政议政能力作为一项重要内容，力求帮助担任政协协商委员的民营企业家了解和掌握参政议政的特点、内容和方式方法，受到了企业家的欢迎。

六、加强履职能力建设，提升工商联协商民主建设水平

习近平总书记指出，“工商联要加强思想政治建设和履职能力建设，努力成为政治坚定、特色鲜明、作风优良的人民团体和商会组织。”中共中央国务院在十二大贺词中提出了工商联坚持政治建会、团结立会、服务兴会、改革强会的要求。开创新时代工商联协商民主工作新局面，要求工商联必须不断提高履职能力，更好地做好政协协商的各项工作。一是强化政协意识。工商联是人民政协的重要界别，积极参与政协工作是工商联的分内职责。全国工商联主席办公会议拟每半年听取一次全联范围参与政协工作情况的汇报，专题研究，形成制度。二是做好信息报送工作。加强和政协各专门委员会的全面对接与合作，及时反映界别委员和所联系的非公有制经济人士提出的问题和建议。三是做好参政议政培训工作。加强对地方工商联和商会的培训，不断提高协商议政水平和提案质量；加强工商联机关各部门关于政协工作的学习和培训，提高参与政协工作的广度和深度，不断提高提案办理能力和质量。四是提升参与政协工作水平。积极参加政协全体会议、常委会、专题协商会、双周协商会的提前准备工作，认真做好会前调研，精心组织起草发言，不断提高工商联在政协工作中的履职能力和水平。

决议、决定

中国人民政治协商会议第十三届全国委员会第一次会议政治决议

（2018 年 3 月 15 日政协第十三届全国委员会第一次会议通过）

中国人民政治协商会议第十三届全国委员会第一次会议，于 2018 年 3 月 3 日至 15 日在北京举行。

这次会议是在全国各族人民深入学习贯彻习近平新时代中国特色社会主义思想和中共十九大精神，决胜全面建成小康社会、开启全面建设社会主义现代化国家新征程的重要时刻召开的。中共中央总书记、国家主席、中央军委主席习近平等党和国家领导同志出席会议并参加分组讨论，与委员共商国是。会议审议批准俞正声同志代表政协第十二届全国委员会常务委员会所作的工作报告，审议批准万钢同志代表政协第十二届全国委员会常务委员会所作的提案工作情况的报告，审议通过中国人民政治协商会议章程修正案，选举产生政协第十三届全国委员会主席、副主席、秘书长和常务委员。委员们列席第十三届全国人民代表大会第一次会议，听取并讨论李克强总理所作的政府工作报告，听取并讨论最高人民法院工作报告、最高人民检察院工作报告，讨论宪法修正案草案和监察法草案、国务院机构改革方案及其他有关报告，对上述报告和文件均表示赞同，并提出意见建议。全体委员以高度的政治责任感和历史使命感，认真履行职责，通过提案、大会发言、小组讨论、反映社情民意信息等形式，深入协商议政，积极建言献策，展现了新时代政协委员的新气象新作为。会议务实高效、风清气正、圆满成功，彰显了中国特色社会主义民主政治的优势特点和生机活力，是一次承前启后、继往开来的大会，是一次民主团结、求实奋进的大会。

会议认为，过去五年是党和国家发展进程中极不平凡的五年。以习近平同志为核心的中共中央团结带领全党全国各族人民，统揽伟大斗争、伟大工程、伟大事业、伟大梦想，统筹推进“五位一体”总体布局、协调推进“四个全面”战略布局，党和国家事业取得历史性成就、发生历史性变革，中国特色社会主义进入了新时代。政协第十二届全国委员会及其常务委员会全面贯彻中共中央决策部署，深入学习贯彻习近平新时代中国特色社会主义思想，坚持团结和民主两大主题，坚持围绕中心、服务大局，推动人民政协事业在继承中发展、在发展中创新，开拓了团结民主、务实进取、蓬勃发展的新局面，在党和国家事业发展中发挥了不可替代的重要作用，作出了重要贡献。

会议强调，人民政协要把学习贯彻中共十九大精神作为首要政治任务，把学习贯彻习近平新时代中国特色社会主义思想作为重中之重，着力在学懂弄通做实上下功夫，不断增进政治认同、思想认同、理论认同、情感认同，牢固树立“四个意识”，坚定“四个自信”，坚持中国共产党的领导，坚决维护习近平总书记的核心地位，坚决维护中共中央权威和集中统一领导，广泛团结动员各党派、各团体、各民族、各阶层、各界人士，共同为实现中共十九大确定的目标任务而奋斗。

会议认为，习近平总书记在民盟、致公党、无党派人士、侨联界委员联组会上发表的重要讲话，突出强调坚定不移巩固和发展中国共产党领导的多党合作和政治协商制度，深刻阐明这一新型政党制度的丰富内涵和鲜明特点，精辟论述发挥多党合作独特优势、发展社会主义民主政治的重要作用，对进一步加强中国特色社会主义政党制度建设、推进协商民主广泛多层制度化发展、做好新时代统一战线和人民政协工作，具有重大指导意义。会议强调，要深入学习贯彻习近平总书记重要讲话精神，开展纪念中共中央发布“五一口号”70周年活动，不忘多党合作建立之初心，坚定不移走中国特色社会主义政治发展道路，把最广泛的爱国统一战线巩固好、发展好，把中国共产党领导的多党合作和政治协商制度坚持好、完善好，把人民政协这一政治组织和民主形式的独特优势运用好、发挥好。

会议认为，我国宪法是国家的根本法，是治国安邦的总章程，是中国共产党和中国人民意志的集中体现。会议一致认为，宪法修正案的通过和公布施行，为坚持和维护以习近平同志为核心的中共中央权威和集中统一领导，为新时代坚持和发展中国特色社会主义，为实现“两个一百年”奋斗目标和中华民族伟大复兴的中国梦，提供了有力宪法保障。人民政协要坚持一切活动以宪法为根本准则，切实增强尊崇宪法、学习宪法、遵守宪法、维护宪法、运用宪法的思想自觉和行动自觉。

会议认为，深化党和国家机构改革，是推进国家治理体系和治理能力现代化的一场深刻变革。要认真贯彻落实中共中央关于深化党和国家机构改革的决定，自觉服从服务于改革大局，扎实推进全国政协机构改革实施工作。

会议认为，政协章程修正案坚持以习近平新时代中国特色社会主义思想为指导，充分体现了中共十九大提出的重要思想、重要观点、重大判断、重大举措，集中反映了自2004年修改政协章程特别是中共十八大以来人民政协事业创新发展的理论成果、实践成果、制度成果。人民政协要认真学习宣传贯彻新修订的政协章程，严格依照章程履行职能，进一步建立健全人民政协制度体系，不断提高工作水平。

会议期间，委员们围绕今年经济社会发展重大问题进行了认真协商讨论，提出了意见建议，认为做好全年工作应坚持稳中求进工作总基调，坚持新发展理念，统筹兼顾、突出重点、狠抓落实。向打好防范化解重大风险、精准脱贫、污染防治“三大攻坚战”聚焦用力，做好重点领域风险防控和处置，进一步完善金融监管，有效防范化解地方政府债务风险，守住不发生系统性金融风险的底线；瞄准特定贫困群众、深度贫困地区精准帮扶，坚持扶贫与扶志、扶智相结合，巩固扶贫成果，提高脱贫质量；强化大气、水、土壤污染防治，重点打赢蓝天保卫战，确保生态环境质量总体改善。推进高质量发展要求落实落地，深化供给侧结构性改革，推动产业结构转型升级，发展实体经济，继续抓好“三去一降一补”。深入实施创新驱动发展战略，推动以科技创新为核心的全面创新，推进“互联网+”和“中国制造2025”，培育新产业、新动能、新增长极。激发各类市场主体活力，推动国有资本做强做优做大，支持民营企业健康发展。实施乡村振兴战略，多渠道增加农民收入，推动农村各项事业全面发展。推动京津冀协同发展、长江经济带发展、“一带一路”建设取得新进展，推进粤港澳大湾区建设。发展更高层次的开放型经济，有效引导支持对外投资，培育贸易新业态、新模式，促进形成全面开放新格局。推动社会主义文化繁荣兴盛，深入践行社会主义核心价值观，加快构建中国特色哲学社会科学，加强思想道德建设和公共文化建设，提高全社会文明程度。优先发展教育事业，深化教育改革，加快教育现代化，办好人民满意的教育。把民生实事抓紧抓好，着力解决就业、收入分配、社会保障、医疗卫生、住房、食品安全、生产安全、养老等涉及群众切身利益的实际问题。深化依法治国实践，加大全民普法力度，推进法治政府建设，促进司法公正，建立网络综合治理体系，加强和创新社会治理。不断将改革推深做实，以全面深化改革的实际行动庆祝改革开放 40 周年，继续沿着改革开放的康庄大道奋勇前进。

会议期间，委员们就中共中央关于加强党的建设工作务实建言，赞成中共中央新时代党的建设各项部署，拥护以党的政治建设为统领，推动全面从严治党向纵深发展，持之以恒正风肃纪，坚信以优良党风政风带动社风民风，一定会促进更为良好社会风尚的形成。

会议指出，今年是政协第十三届全国委员会履职的开局之年。人民政协要全面贯彻中共十九大和十九届二中、三中全会精神，把习近平新时代中国特色社会主义思想作为统揽各项工作的总纲，把坚持和发展中国特色社会主义作为巩固共同思想政治基础的主轴，把为决胜全面建成小康社会、夺取新时代中国特色社会主义伟大胜利献计出力作为工作主线，围绕“五位一体”总体布局和“四个全面”战略布局，选准议题扎实调研，深入协商集中议政，强化监督助推落实，确保本届政协工作起好步、开好局。

会议强调，人民政协要充分发挥作为社会主义协商民主的重要渠道和专门协商机构作用，把协商民主贯穿政治协商、民主监督、参政议政全过程。认真组织实施年度协商计划，综合运用专题议政性常委会会议、专题协商会、双周协商座谈会等形式，发挥协商式监督特色优势，做到有事多商量、有事好商量、有事会商量，努力形成完整的协商民主制度程序和参与实践。

会议强调，实现中华民族伟大复兴，需要全体中华儿女共同团结奋斗。人民政协要坚持一致性和多样性统一，找到最大公约数，画出最大同心圆。进一步为民主党派和无党派人士在政协履职创造条件，做好党外知识分子、非公有制经济人士和新的社会阶层人士工作。深化民族团结进步教育，铸牢中华民族共同体意识，促进各民族交往交流交融。坚持我国宗教的中国化方向，积极引导宗教与社会主义社会相适应。坚持“一国两制”方针，严格依照宪法和基本法办事，支持香港、澳门特别行政区政府和行政长官依法施政，支持香港、澳门融入国家发展大局。坚持一个中国原则，在“九二共识”基础上推动两岸关系和平发展，推进祖国和平统一进程，坚决维护国家主权和领土完整，绝不容忍任何“台独”分裂图谋和行径。加强同海外侨胞团结联谊，广泛凝聚侨心、侨力、侨智，维护侨益。开展对外友好交往，为推动构建新型国际关系、推动构建人类命运共同体作出贡献。

会议强调，人民政协要着眼新时代新任务，按照懂政协、会协商、善议政和守纪律、讲规矩、重品行的要求，加强委员队伍建设，提高政治把握能力、调查研究能力、联系群众能力、合作共事能力，全面增强履职本领。大兴调查研究之风，深入基层、深入群众，把矛盾问题搞清搞透，把意见建议提准提实，做到言之有据，言之有理，言之有度，言之有物，切实解决一些调研议政活动浮于表面、深入实际不够等形式主义问题。加强专门委员会建设，加强机关建设。加强对地方政协工作指导。

会议号召，人民政协各级组织、各参加单位和广大政协委员，更加紧密地团结在以习近平同志为核心的中共中央周围，以习近平新时代中国特色社会主义思想为指导，同心同德、扎实工作，为决胜全面建成小康社会、夺取新时代中国特色社会主义伟大胜利、实现中华民族伟大复兴的中国梦而努力奋斗！

中国人民政治协商会议第十三届全国委员会第一次会议关于中国人民政治协商会议章程修正案的决议

（2018 年 3 月 15 日政协第十三届全国委员会第一次会议通过）

中国人民政治协商会议第十三届全国委员会第一次会议审议并通过政协第十二届全国委员会常务委员会提出的《中国人民政治协商会议章程（修正案）》，决定这一修正案自公布之日起生效。

会议认为，中共中央决定对政协章程进行适当修改，是从新时代坚持和发展中国特色社会主义、加强社会主义民主政治建设的战略高度作出的重要部署。政协章程的修改，坚持以习近平新时代中国特色社会主义思想为指导，充分体现中共十九大提出的重要思想、重要观点、重大判断、重大举措，集中反映自 2004 年修改政协章程特别是中共十八大以来人民政协事业创新发展的理论成果、实践成果、制度成果，对于坚持中国共产党的全面领导，坚持和完善中国共产党领导的多党合作和政治协商制度，推动新时代人民政协事业蓬勃发展，具有重要意义。

会议认为，人民政协是政治组织，必须旗帜鲜明讲政治，首要的是坚持中国共产党领导，坚决维护以习近平同志为核心的中共中央权威和集中统一领导，牢牢把握正确的政治方向。会议同意，将科学发展观、习近平新时代中国特色社会主义思想同马克思列宁主义、毛泽东思想、邓小平理论、“三个代表”重要思想一道确立为人民政协的指导思想。充实这些内容，集中反映了参加人民政协的各党派团体和各族各界人士的共同意愿，对于打牢团结奋斗的共同思想政治基础，做好新时代人民政协工作，具有重大现实意义和深远历史意义。会议强调，习近平新时代中国特色社会主义思想是马克思主义中国化最新成果，是党和人民实践经验和集体智慧的结晶，是中国特色社会主义理论体系的重要组成部分，是全党全国人民为实现中华民族伟大复兴而奋斗的行动指南。人民政协各级组织和参加人民政协的各党派团体、各族各界人士，要把学习贯彻习近平新时代中国特色社会主义思想作为重中之重，着力在学懂弄通做实上下功夫，自觉用以武装头脑、指导实践、推动工作。

会议认为，中共十九大作出中国特色社会主义进入了新时代的重大政治论断，提出我国社会主要矛盾已经转化为人民日益增长的美好生活需要和不平衡不充分的发展之间的矛盾，确定了把我国建设成为富强民主文明和谐美丽的社会主义现代化强国的宏伟目标。会议同意，政协章程据此作出相应修改，并充实完善人民政协要按照中国特色社会主义事业“五位一体”总体布局和“四个全面”战略布局，维护和发展安定团结的政治局面，不断促进社会主义物质文明、政治文明、精神文明、社会文明、生态文明的协调发展，为实现“两个一百年”奋斗目标、实现中华民族伟大复兴的中国梦而奋斗的内容。增写贯彻新发展理念，建设现代化经济体系，发挥市场在资源配置中的决定性作用，更好发挥政府作用；培育和践行社会主义核心价值观；推动构建人类命运共同体等内容。作这样的修改，有利于人民政协把握我国发展新的历史方位和社会主要矛盾变化，聚焦党和国家中心任务履职尽责，为决胜全面建成小康社会、开启全面建设社会主义现代化国家新征程作出新贡献。

会议认为，做好人民政协工作，必须坚持人民政协性质定位。中共十八大以来，习近平总书记就人民政协的性质、地位、职能、作用等提出一系列新理念新思想新论断，中共中央对人民政协工作作出一系列重大决策部署，为新时代人民政协事业发展提供了根本遵循。会议同意，在政协章程中增写人民政协是国家治理体系的重要组成部分，是具有中国特色的制度安排；人民政协是实行中国共产党领导的多党合作和政治协商制度的重要政治形式和组织形式；人民政协是社会主义协商民主的重要渠道和专门协商机构；人民政协必须坚持中国共产党领导，坚持人民政协性质定位，坚持大团结大联合，坚持发扬社会主义民主等内容。充实这些内容，有利于人民政协准确把握性质定位、工作原则、目标任务，更好坚持和完善我国新型政党制度，充分发挥中国特色社会主义制度特点优势，为人类政治文明进步作出贡献。

会议认为，社会主义协商民主是我国人民民主的重要形式，是我国社会主义民主政治的特有形式和独特优势，是实现党的领导的重要方式。会议同意，在政协章程中增写关于社会主义协商民主和政协协商民主，年度协商计划、协商议政格局、政协民主监督是协商式监督等内容。这有利于人民政协把协商民主贯穿政治协商、民主监督、参政议政全过程，形成完整的制度程序和参与实践，在推进协商民主广泛多层制度化发展，推进国家治理体系和治理能力现代化中发挥不可替代的作用。

会议认为，统一战线是中国共产党夺取革命、建设、改革事业胜利的重要法宝，是实现中华民族伟大复兴的重要法宝。会议同意，在政协章程中增写致力于中华民族伟大复兴的爱国者，各民主党派是中国特色社会主义参政党，非公有制经济人士、新的社会阶层人士等是中国特色社会主义事业的建设者；坚持一致性和多样性统一；铸牢中华民族共同体意识，加强各民族交往交流交融；坚持我国宗教的中国化方向；全面准确贯彻“一国两制”、“港人治港”、“澳人治澳”、高度自治的方针，严格依照宪法和基本法办事；坚决反对一切分裂国家的活动等内容。充实这些内容，有利于人民政协更好发挥作为统一战线组织的作用，积极促进政党关系、民族关系、宗教关系、阶层关系、海内外同胞关系和谐，汇聚起实现中华民族伟大复兴中国梦的强大合力。

会议认为，政协委员是人民政协工作的主体，要按照中共十九大部署加强委员队伍建设。会议同意，在政协章程中增加委员一章，把已有相关内容和新的工作实践成果汇集起来，对委员的条件、职责、权利、义务、产生、管理、退出等作出明确规范。作出这样的修改完善，有利于建设一支懂政协、会协商、善议政和守纪律、讲规矩、重品行的政协委员队伍。

会议同意，在政协章程中增加会徽一章。这有利于维护会徽尊严，增强会徽使用的规范性和严肃性。

会议要求，人民政协各参加单位、各级组织和广大政协委员，要更加紧密地团结在以习近平同志为核心的中共中央周围，在习近平新时代中国特色社会主义思想指引下，高举爱国主义、社会主义旗帜，自觉在宪法和法律的范围内活动，自觉以政协章程作为共同的行为准则和开展工作的基本依据，学习章程、遵守章程、贯彻章程、维护章程，认真行使权利，积极履行职责，为推进新时代人民政协事业发展努力奋斗！

中国人民政治协商会议第十三届全国委员会第一次会议关于常务委员会工作报告的决议

（2018 年 3 月 15 日政协第十三届全国委员会第一次会议通过）

中国人民政治协商会议第十三届全国委员会第一次会议，批准俞正声同志代表政协第十二届全国委员会常务委员会所作的工作报告。

关于召开中国人民政治协商会议第十三届全国委员会第一次会议的决定

（2018 年 1 月 24 日政协第十二届全国委员会常务委员会第二十四次会议通过）

中国人民政治协商会议第十二届全国委员会常务委员会第二十四次会议决定：中国人民政治协商会议第十三届全国委员会第一次会议于 2018 年 3 月 3 日在北京召开。建议会议的主要议程是：听取和审议中国人民政治协商会议全国委员会常务委员会工作报告和关于提案工作情况的报告；审议通过中国人民政治协商会议章程修正案；选举中国人民政治协商会议第十三届全国委员会主席、副主席、秘书长和常务委员；列席中华人民共和国第十三届全国人民代表大会第一次会议，听取并讨论政府工作报告及其他有关报告，讨论宪法修正案草案和监察法草案等。

中国人民政治协商会议第十三届全国委员会常务委员会关于设置专门委员会的决定

（2018年3月16日政协第十三届全国委员会常务委员会第一次会议通过）

根据《中国人民政治协商会议章程》第四十九条“中国人民政治协商会议全国委员会根据工作需要，设立若干专门委员会及其他工作机构，由常务委员会决定”的规定，中国人民政治协商会议第十三届全国委员会设置以下十个专门委员会：提案委员会、经济委员会、农业和农村委员会、人口资源环境委员会、教科卫体委员会、社会和法制委员会、民族和宗教委员会、港澳台侨委员会、外事委员会、文化文史和学习委员会。

工 作 制 度

中国人民政治协商会议全国委员会全体会议工作规则

（2005 年 2 月 28 日政协第十届全国委员会常务委员会第八次会议通过，2018 年 8 月 22 日政协第十三届全国委员会常务委员会第三次会议修订）

第一章 总则

第一条 为进一步推进中国人民政治协商会议全国委员会全体会议（以下简称全体会议）的制度化、规范化和程序化建设，根据《中国人民政治协商会议章程》，制定本规则。

第二条 全体会议是中国人民政治协商会议全国委员会（以下简称全国委员会）围绕团结和民主两大主题，履行政治协商、民主监督、参政议政职能的最高形式。

第三条 全体会议以马克思列宁主义、毛泽东思想、邓小平理论、“三个代表”重要思想、科学发展观、习近平新时代中国特色社会主义思想为指导，坚持社会主义初级阶段的基本路线，在热爱中华人民共和国、拥护中国共产党的领导、拥护社会主义事业、共同致力于实现中华民族伟大复兴中国梦的政治基础上，根据中国共产党同各民主党派和无党派人士长期共存、互相监督、肝胆相照、荣辱与共的方针，充分体现和发挥中国特色社会主义新型政党制度的特色和优势，促进参加中国人民政治协商会议的各党派、无党派人士的团结合作，促进中华民族的大团结大联合，促进社会主义物质文明、政治文明、精神文明、社会文明、生态文明的协调发展，为巩固和发展爱国统一战线，发展社会主义民主政治，实现我国各族人民的根本任务而奋斗。

第四条 全体会议坚持民主、求实、团结、奋进的方针，广开言路，求同存异，民主协商，集思广益，鼓励委员充分发表意见和建议。

第五条 每届全国委员会的参加单位、委员名额和人选及界别设置，须在每届第一次会议举行一个月前，经上届全国委员会主席会议审议同意后，由常务委员会协商决定。

每届全国委员会任期内，有必要变更参加单位、委员名额和人选时，经本届主席会议审议同意后，由常务委员会协商决定。

第六条 每届全国委员会第一次会议举行前召开预备会议，全体委员参加。全国委员会每届任期五年，从该届全国委员会第一次会议预备会议开始。如遇非常情况，由常务委员会以全体组成人员的三分之二以上的多数通过，可延长任期。

第七条 全体会议每年举行一次。常务委员会认为必要时，可临时召集全体会议。

第八条 全体会议须有三分之二以上的委员出席，方可举行。

第九条 全体会议的主要任务：

（一）修改中国人民政治协商会议章程，监督章程的实施；

（二）选举全国委员会的主席、副主席、秘书长和常务委员，决定常务委员会组成人员的变更；

（三）协商讨论国家的大政方针以及经济建设、政治建设、文化建设、社会建设、生态文明建设中的重要问题，凝聚共识，提出建议和批评；

（四）听取和审议常务委员会工作报告、提案工作情况的报告和其他报告；

（五）讨论本会重大工作方针、任务并作出决议。

第十条 全体会议由常务委员会召集并主持。每届全国委员会第一次会议由预备会议选举产生的主席团主持。

第二章 会议的准备

第十一条 根据主席会议的提议，常务委员会为全体会议进行下列准备工作：

（一）审议通过全体会议议程草案和日程；

（二）通过常务委员会工作报告、提案工作情况的报告和其他报告；

（三）审议常务委员会组成人员变更的建议名单；

（四）通过全体会议秘书长和副秘书长名单；

（五）审议提请全体会议审议的建议案草案；

（六）会议的其他准备事项。

第十二条 在全体会议举行一个月之前，主席会议提出全体会议的议程草案和日程草案的建议。

第十三条 预备会议由上届常务委员会授权主席会议主持，主要任务为通过本届全国委员会第一次会议的议程和日程，通过本次会议主席团、主席团会议主持人、秘书长和提案审查委员会名单。

主席团会议由主席团会议主持人主持，主要任务是通过主席团常务主席名单，审议提请全体会议通过的决议，决定全体会议的其他事项。

主席团常务主席会议由主席团会议主持人主持，主要任务是审议提请主席团会议审议的各项文件。

主席团和主席团会议主持人、主席团常务主席、秘书长工作至会议选举产生本届全国委员会主席、副主席、秘书长、常务委员为止，提案审查委员会工作至本次会议结束为止。

第十四条 全体会议设立会议秘书处，秘书处由秘书长和副秘书长组成，办理常务委员会或主席团、主席会议或主席团常务主席会议交付的事项和处理会议日常事务。

第三章 会议的举行

第十五条 全体会议采取大会和小组会、联组会等形式进行。

第十六条 全体会议开幕会的任务：

（一）通过会议的议程；

（二）听取全国委员会常务委员会工作报告；

（三）听取全国委员会常务委员会提案工作情况的报告；

（四）听取其他报告或说明。

第十七条 全体会议闭幕会的任务：

（一）通过会议的各项决议和报告；

（二）决定常务委员会组成人员的变更；

（三）通过全国委员会的建议案；

（四）其他事项。

第十八条 全体会议听取并讨论政府工作报告及其他报告，凝聚共识，提出意见和建议。

第十九条 全体会议安排大会发言。各党派、团体、界别、专门委员会、委员个人或联名均可提交书面发言材料，申请大会发言。大会发言人选由会议秘书处按照有关规定确定。

第二十条 全体会议各次大会的执行主席、主持人由主席会议协商决定。每届全国委员会第一次会议的执行主席、主持人由主席团会议协商决定。

第二十一条 委员小组按界别组织。小组会由本组委员推举的委员小组组长主持，在委员小组组长产生之前由委员小组召集人主持。

第二十二条 联组会可由同一界别的委员小组合并而成，也可由不同界别的委员小组联合而成。联组会的主持人由参加联组会的各委员小组推举产生。

第二十三条 全体会议邀请中共中央、全国人大常委会、国务院、中央军委和国家监察委员会、最高人民法院、最高人民检察院领导同志出席，邀请中共中央有关部门、中央国家机关有关部门和有关人民团体负责同志列席。也可根据情况邀请海外侨胞等其他人士列席。

第二十四条 全体会议可邀请有关方面人士旁听，也可邀请各国驻华使节和新闻官旁听。

第二十五条 全体会议举办新闻发布会、记者会。设新闻发言人。

全体会议开幕会、闭幕会以及大会发言，均邀请中外记者采访；分组会议可视情况邀请记者采访。

第二十六条 委员应按照会议日程积极参加全体会议的各次会议和各项活动，因病或其他特殊情况不能出席会议和参加活动时，须请假并经批准。

第四章 会议的提案和建议案

第二十七条 各党派、团体、界别、专门委员会和委员、委员小组或联组均可提交提案。

提案审查工作由提案委员会或提案审查委员会负责。

第二十八条 全体会议可就涉及经济和社会发展的重大事项、人民群众普遍关心的热点问题，向中共中央、全国人大常委会、国务院提出建议案。

第二十九条 全体会议期间，参加政协的党派、团体或占总数四分之一以上的委员联名，可提出建议案草案。建议案草案经主席会议审议通过后，由常务委员会决定是否提请全体会议审议。

第五章 选举和表决

第三十条 每届全国委员会第一次会议选举产生本届全国委员会主席、副主席、秘书长和常务委员，组成常务委员会。常务委员会组成人员从本届委员中选举产生。选举工作由会议主席团领导。

第三十一条 主席、副主席、秘书长和常务委员的建议人选名单草案由主席团审议通过后，形成候选人名单草案，提交各委员小组充分酝酿讨论。主席团根据委员的意见，确定正式候选人名单，提交大会选举。

第三十二条 全体会议选举采用无记名投票方式。选举时须有三分之二以上的委员出席。候选人得到的赞成票超过全体委员的半数方可当选。

第三十三条 每届全国委员会第一次会议的选举办法，由主席团会议审议决定。本届其他各次会议的选举参照第一次会议的选举办法执行。

第三十四条 全体会议的决议和建议案，应经全体委员过半数通过。

第六章 附则

第三十五条 本规则经常务委员会会议通过后实行，其解释权和修改权属常务委员会。

中国人民政治协商会议全国委员会常务委员会工作规则

（1988 年 6 月 9 日政协第七届全国委员会常务委员会
第二次会议通过，1996 年 6 月 14 日政协第八届全国委员会
常务委员会第十七次会议修订，2005 年 2 月 28 日政协第十届
全国委员会常务委员会第八次会议修订，2018 年 8 月 22 日
政协第十三届全国委员会常务委员会第三次会议修订）

第一章　总则

第一条　为进一步推进中国人民政治协商会议全国委员会常务委员会（以下简称常务委员会）工作的制度化、规范化和程序化建设，根据《中国人民政治协商会议章程》，制定本规则。

第二条　常务委员会以中华人民共和国宪法为根本准则，以中国人民政治协商会议章程为依据，在马克思列宁主义、毛泽东思想、邓小平理论、“三个代表”重要思想、科学发展观、习近平新时代中国特色社会主义思想指引下，高举爱国主义和社会主义的旗帜，坚持中国共产党领导的多党合作和政治协商制度，贯彻长期共存、互相监督、肝胆相照、荣辱与共的方针，促进参加中国人民政治协商会议的各党派团体、各族各界人士的团结合作，进一步巩固和发展爱国统一战线，促进中华民族的大团结大联合，围绕团结和民主两大主题，积极履行政治协商、民主监督、参政议政职能，为推进现代化建设、完成祖国统一、维护世界和平与促进共同发展，为实现“两个一百年”奋斗目标、实现中华民族伟大复兴的中国梦而奋斗。

第三条　常务委员会主持中国人民政治协商会议全国委员会（以下简称全国委员会）的会务，在全国委员会全体会议闭会期间，处理全国委员会的工作。

第四条　常务委员会由全国委员会主席、副主席、秘书长和常务委员组成。

第五条　全国委员会主席主持常务委员会的工作，副主席、秘书长协助主席工作。

第六条　常务委员会的职权：

（一）解释中国人民政治协商会议章程，监督章程的实施；

（二）召集并主持全国委员会全体会议；每届第一次全体会议前召开全体委员参加的预备会议，选举第一次全体会议主席团，由主席团主持第一次会议；

（三）组织实现中国人民政治协商会议章程规定的任务；

（四）执行全国委员会全体会议的决议；

（五）全国委员会全体会议闭会期间，审查通过提交中共中央、全国人大常委会、国务院的重要建议案；

（六）协商决定下届全国委员会的参加单位、委员名额和委员人选及界别设置。协商决定本届全国委员会变更的参加单位、委员名额和人选；

（七）常务委员会组成人员变更时，常务委员会提出建议名单，由全国委员会全体会议决定；

（八）根据秘书长的提议，任免全国委员会副秘书长；

（九）决定全国委员会工作机构的设置和变动，并任免其领导成员；

（十）根据中国人民政治协商会议章程决定对参加政协的单位和个人的纪律处分事项；

（十一）根据需要，授权主席会议行使常务委员会的部分职权；

（十二）在非常情况下决定全国委员会是否延长任期。由常务委员会以全体组成人员的三分之二以上多数通过，得延长任期。

第七条 常务委员会组成人员要认真执行中国人民政治协商会议章程和全国委员会及常务委员会的规定、决议，积极参加常务委员会的活动，加强同各方面人士的联系，广交朋友，及时反映群众的意见和要求。

常务委员应按有关规定提交年度履职报告。

第二章 常务委员会会议

第八条 常务委员会会议一般每季度举行一次；必要时可临时举行。

常务委员会每年至少举行两次专题议政性会议。

第九条 常务委员会会议的议程草案和日程由主席会议拟定，于会前半个月将会议的有关事项通知常务委员会组成人员；临时举行的会议，可以临时通知。

第十条 常务委员会会议由全国委员会主席主持，也可由主席委托的副主席主持。

第十一条 常务委员会会议的主要任务：

（一）组织学习马克思列宁主义、毛泽东思想、邓小平理论、“三个代表”重要思想、科学发展观、习近平新时代中国特色社会主义思想，学习中华人民共和国宪法，学习中国人民政治协商会议章程，学习时事政治，学习交流业务知识等；

（二）审议全国委员会及常务委员会会务和主席会议工作情况的报告；

（三）协商讨论中共中央和国家重大方针政策及社会生活中的重大问题，听取中共中央、国务院以及有关部门的负责人对有关重要问题的报告或说明，凝聚共识，提出建议和意见；

（四）审议提交全国委员会全体会议的文件；

（五）审议重要的建议案、提案、视察报告、调查报告、出访报告和其他报告。

第十二条 常务委员会举行会议时，不是常务委员的政协全国委员会副秘书长、各专门委员会副主任，办公厅研究室主任及各局级单位负责人列席。

第十三条 常务委员会举行会议时，视会议内容和需要，可邀请有关的全国政协委员，各省、自治区、直辖市和副省级市政协负责人列席；必要时，邀请有关党政部门负责人和其他有代表性的人士参加。

第十四条 常务委员会会议必须有全体组成人员的三分之二多数出席方能举行；会议要发扬社会主义民主，对议题进行充分协商讨论，全面反映委员发表的各种意见和建议；会议的议案或其他需要表决的事项，须经常务委员会全体组成人员过半数通过方能生效。

第十五条 常务委员会会议采取全体会议和分组会议相结合的方式。根据会议议题，可按界别编组，也可混合编组。

第十六条 在常务委员会全体会议上，根据需要可安排发言。各党派、团体、专门委员会、委员个人或联名均可提交发言材料，申请发言，由会议统筹安排。

第十七条 常务委员会组成人员因病或其他特殊原因不能出席会议时，须请假并经批准。会议出席情况以适当形式通报。

第十八条 根据需要，可举行专题座谈会，就某项专门问题进行协商座谈，提出建议和意见。专题座谈会邀请有关常务委员和其他有关人员参加。

第十九条 常务委员会会议闭会期间，由主席、副主席、秘书长组成的主席会议主持常务委员会的日常工作。

第三章 常务委员会文件

第二十条 常务委员会作出的决定，提出的建议、意见和批评，须经主席或主席委托的副主席、秘书长签发，以全国委员会文件或办公厅文件的形式送达有关方面或部门。

第二十一条 常务委员会会议、常务委员专题座谈会，一般应作新闻报道，并由办公厅编发会议简报或会议纪要。

第四章 附则

第二十二条 本规则经常务委员会会议通过后实行，其解释权和修改权属常务委员会。

中国人民政治协商会议全国委员会委员履职工作规则

（2016 年 2 月 29 日政协第十二届全国委员会常务委员会第十四次会议通过，2018 年 8 月 22 日政协第十三届全国委员会常务委员会第三次会议修订）

第一章　总则

第一条　为加强和规范政协全国委员会委员履职工作，根据《中国人民政治协商会议章程》及有关规定，制定本规则。

第二条　政协委员是政协工作的主体，在履职中应当认真行使权利，积极履行义务。

第三条　政协委员履职工作，要以马克思列宁主义、毛泽东思想、邓小平理论、“三个代表”重要思想、科学发展观、习近平新时代中国特色社会主义思想为指导，围绕统筹推进“五位一体”总体布局、协调推进“四个全面”战略布局，牢固树立“四个意识”，坚定“四个自信”，维护和发展安定团结的政治局面，不断促进社会主义物质文明、政治文明、精神文明、社会文明、生态文明的协调发展，为实现“两个一百年”奋斗目标、实现中华民族伟大复兴的中国梦而奋斗。

第四条　政协委员履职应当遵循以下原则：

（一）高举爱国主义、社会主义旗帜，热爱中华人民共和国，拥护中国共产党的领导，拥护社会主义事业，拥护祖国统一，坚持和巩固共同思想政治基础，坚持团结和民主两大主题，为推进中国特色社会主义事业发挥作用；

（二）遵守宪法、法律，遵守政协章程，遵守政协全体会议、常务委员会会议等决议或决定，依法依规行使表决权、选举权、批评和建议权等权利；

（三）围绕中心、服务大局，认真履行政治协商、民主监督、参政议政职能；

（四）履职为民，深入调查研究，密切联系群众，宣传国家方针政策，反映群众意愿诉求，接受群众监督；

（五）增强委员责任意识，坚持真理，勇于担当，积极建言，理性务实，廉洁自律，不断提高履职能力，做到懂政协、会协商、善议政，守纪律、讲规矩、重品行。

第五条　在政协全国委员会领导下，办公厅负责委员履职服务管理的具体工作。

第二章　履职内容

第六条　政治协商。主要内容是国家大政方针以及经济建设、政治建设、文化建设、社会建设、生态文明建设中的重要问题。

第七条　民主监督。主要内容是国家宪法、法律和法规的实施，重大方针政策、重大改革举措、重要决策部署的贯彻执行情况，涉及人民群众切身利益的实际问题解决落实情况，国家机关及其工作人员的工作等。

第八条 参政议政。主要内容是政治、经济、文化、社会生活和生态环境等方面的重要问题以及人民群众普遍关心的问题。

第三章 履职方式

第九条 参加政协会议。出席政协全体会议，根据工作需要参加常务委员会会议、专题协商会、双周协商座谈会及政协组织的其他有关会议。

常务委员会组成人员还应出席常务委员会会议，专门委员会组成人员还应参加专门委员会会议。

第十条 提交提案。以个人名义或委员联名方式提出提案，政协全体会议期间，可参加以界别、小组或联组名义提出集体提案。参加提案办理协商活动。

第十一条 参加政协组织的视察、考察和调查研究。

第十二条 通过政协组织反映社情民意信息。

第十三条 大会发言。包括在政协全体会议或常务委员会会议期间的口头发言和书面发言。

第十四条 开展团结联谊。发挥自身优势，加强与群众的联系，做好解疑释惑、增进团结、凝聚人心工作。

参加祖国统一、海外联谊和对外交往的有关活动。

港澳地区的委员还应当为香港特别行政区、澳门特别行政区的长期繁荣稳定和内地的发展发挥双重积极作用。

第十五条 参加政协理论研究、新闻宣传、文史资料工作以及其他履职活动。

第四章 履职保障

第十六条 维护委员履职权利。政协组织应当充分尊重和保障委员依照政协章程履行职责的权利，营造畅所欲言、各抒己见、理性有序、合法依章的良好履职氛围。

第十七条 健全履职制度。推进政治协商、民主监督、参政议政制度化、规范化、程序化，建立健全委员履职各项工作制度，明确履职要求、程序规范、成果运用、保障措施和协调机制等，着力构建结构合理、层次清晰、科学规范的履职制度体系。

第十八条 完善履职平台。精心组织各项会议和活动，加强提案、视察和考察、调研、反映社情民意信息、大会发言等经常性工作。更加灵活、更为经常开展专题协商、对口协商、界别协商、提案办理协商。探索运用网络议政、远程协商等手段，丰富履职方法。就政协有关工作充分征求委员意见。加强政协协商与党政工作的有效衔接，拓宽和畅通委员履职渠道。

第十九条 提供履职服务保障。广泛征求选题意见，注重选题协调，扩大委员参与面，提高履职成效。政协全体会议、常务委员会会议和重大活动安排等应当提前告知委员。协商活动前应当向委员提供相关文件资料，并根据需要邀请中共中央、国务院领导或有关部门负责同志通报情况，保障委员知情权。如实反映委员意见建议，改进履职成果报送工作。有关事项应当及时告知相关委员，完善履职成果反馈机制。加强委员履职宣传工作。做好委员参加政协会议和活动的沟通协调、经费保障等服务工作。

第二十条 加强委员联络工作。建立健全与委员联络的工作机构，定期研究委员履职工作。完善委员联络制度，建立覆盖全体委员的联系网络。完善全国政协副主席联系界别制度、专门委员会联系相应界别制度，完善省级政协主席为所在地全国政协委员活动召集人制度。全国政协领导考察调研，可视情与当地全国政协委员座谈。全国政协定期向京外委员和港澳地区委员通报工作情况。加强与委员所在单位的沟通联系。

第二十一条 加强委员履职能力建设。完善学习制度，推动委员自觉学习马克思列宁主义、毛泽东思想、邓小平理论、“三个代表”重要思想、科学发展观、习近平新时代中国特色社会主义思想，加强委员对宪法法律、统一战线和人民政协理论、形势政策及履职知识等的学习。引导委员增进政治共识，提高政治把握能力；坚持问题导向、深入实际，提高调查研究能力；创新群众工作方法，提高联系群众能力；贯彻民主协商、平等议事原则，提高合作共事能力。

第五章 履职管理

第二十二条 建立委员履职档案。实行委员履职情况统计和常务委员提交年度履职报告制度，定期汇总分析，采取适当方式将委员履职情况通报有关方面，并作为换届时是否继续提名的重要依据。

第二十三条 规范委员履职行为。建立委员履职利益冲突回避机制。加强思想引导，防止利用委员身份或影响牟取个人、小团体和特定关系人的利益。引导委员主动配合政协履职服务管理工作，认真负责地反馈相关工作安排的意见和征询事项。

第二十四条 严格会议和活动请假制度。委员因故不能参加政协全体会议或常务委员会会议，应当以书面形式请假并经批准。受邀但不能参加政协其他会议和活动的，也应当按规定请假。委员出席会议和参加活动情况，书面通知本人并在一定范围通报。

第二十五条 严肃会风会纪。严格落实中共中央“八项规定”精神，厉行勤俭节约，杜绝不正之风，确保风清气正。

第二十六条 对不履行职责的委员，应及时了解情况，必要的予以提醒或做相应处理。对严重违反政协章程或全体会议和常务委员会会议决议或决定的委员，应当依据情节给予警告或撤销委员资格处分。委员对处理决定不服，可以申请复议。复议决定由主席会议作出。

第六章 附则

第二十七条 政协各级地方委员会可结合实际参照执行。

第二十八条 本规则经常务委员会会议通过后实行，其解释权和修改权属常务委员会。

中国人民政治协商会议全国委员会反映社情民意信息工作条例

（2005 年 1 月 17 日政协第十届全国委员会第十八次主席会议通过，2015 年 10 月 9 日政协第十二届全国委员会第三十五次主席会议修订，2018 年 7 月 25 日政协第十三届全国委员会第七次主席会议修订）

第一条 为规范人民政协反映社情民意信息工作，根据《中国人民政治协商会议章程》和有关规定，制定本条例。

第二条 反映社情民意信息是人民政协重要的经常性、基础性工作，是履行政治协商、民主监督、参政议政职能的重要方式，是社会舆情汇集和分析机制的重要组成部分。

第三条 反映社情民意信息是政协各参加单位、各专门委员会、政协委员、各民主党派和工商联成员及无党派人士，围绕国家大政方针和地方的重要举措，以及经济、政治、文化、社会、生态文明建设和党的建设中的重要问题，人民群众关心的实际问题，通过政协内部适当方式，向中共中央、国务院和地方党委、政府及有关部门反映情况，提出意见和建议。

第四条 反映社情民意信息工作，要高举中国特色社会主义伟大旗帜，以马克思列宁主义、毛泽东思想、邓小平理论、“三个代表”重要思想、科学发展观、习近平新时代中国特色社会主义思想为指导，坚持团结和民主两大主题，围绕中国特色社会主义事业“五位一体”总体布局和“四个全面”战略布局，深入基层，深入群众，广泛汇集、反映社情民意，为实现“两个一百年”奋斗目标和中华民族伟大复兴的中国梦贡献力量。

第五条 反映社情民意信息工作，坚持中国共产党领导，坚持围绕中心、服务大局，坚持解放思想、实事求是，坚持体现统一战线特色，坚持密切联系群众，坚持问题导向。

第六条 反映社情民意信息是政协委员的重要职责。政协委员要密切联系群众，重点联系本界别群众，深入了解民情，充分体察民意，广泛集中民智，积极反映社情民意信息。

第七条 做好反映社情民意信息工作是各级政协办公厅（室）和各专门委员会的一项重要任务。

政协全国委员会办公厅和各专门委员会在全体会议、常务委员会会议、专题协商会、双周协商座谈会等协商议政活动，以及视察、调研、提案、大会发言、团结联谊等工作中，收集、整理政协委员反映的重要情况和意见建议。

完善信息特邀委员制度。政协全国委员会办公厅聘请若干委员为信息特邀委员。

第八条 政协全国委员会办公厅和各专门委员会为各民主党派、工商联和无党派人士反映社情民意信息提供服务，加强与有关人民团体的联系，充分发挥他们在反映社情民意信息工作中的作用。

第九条 政协全国委员会办公厅加强与政协各省、自治区、直辖市及副省级市委员会反映社情民意信息工作的联系，做好指导、协调和服务工作。

完善反映社情民意信息联系点制度。政协全国委员会办公厅根据需要在基层政协地方委员会建立若干反映社情民意信息联系点。

第十条 维护政协委员、各民主党派和工商联成员及无党派人士依照宪法法律和政协章程反映社情民意信息的民主权利。

第十一条 政协全国委员会办公厅设立专门工作机构，负责社情民意信息的收集、编辑、报送、反馈，以及有关组织、协调、服务、保密的具体工作。

建立反映社情民意信息情况分析机制。定期通报反映社情民意信息工作情况。每年向常务委员会报告反映社情民意信息工作。

第十二条 政协全国委员会办公厅建立专门反映社情民意信息网络，为政协全国委员会委员和各民主党派中央、全国工商联，政协各省、自治区、直辖市和副省级市委员会，以及反映社情民意信息联系点等，提供畅通、安全、快捷的传递渠道。

第十三条 政协全国委员会办公厅重视反映社情民意信息工作队伍建设，加强信息工作人员的政治和业务培训，为开展工作创造条件。

第十四条 政协全国委员会办公厅定期表彰优秀社情民意信息、反映社情民意信息工作先进单位和先进个人。

第十五条 政协各级地方委员会可根据本条例，结合实际情况，制定相应的规定。

第十六条 本条例自主席会议通过后实行。由政协全国委员会办公厅负责解释。

中国人民政治协商会议全国委员会主席会议工作规则

（2003 年 4 月 25 日政协第十届全国委员会第四次主席会议通过，
2005 年 1 月 17 日政协第十届全国委员会第十八次主席会议修订，
2013 年 9 月 18 日政协第十二届全国委员会第六次主席会议修订，
2018 年 9 月 25 日政协第十三届全国委员会第十次主席会议修订）

第一条 为进一步推进中国人民政治协商会议全国委员会主席会议（以下简称主席会议）工作的制度化、规范化和程序化建设，根据《中华人民共和国宪法》和《中国人民政治协商会议章程》《中国人民政治协商会议全国委员会全体会议工作规则》《中国人民政治协商会议全国委员会常务委员会工作规则》，制定本规则。

第二条 中国人民政治协商会议全国委员会主席、副主席、秘书长组成主席会议，负责处理常务委员会的日常工作。主席主持主席会议的工作，副主席、秘书长协助主席工作。

第三条 主席会议以马克思列宁主义、毛泽东思想、邓小平理论、“三个代表”重要思想、科学发展观、习近平新时代中国特色社会主义思想为指导，高举爱国主义、社会主义旗帜，坚持和完善中国共产党领导的多党合作和政治协商制度，围绕团结和民主两大主题，认真履行政治协商、民主监督、参政议政职能，充分发挥人民政协作为协商民主的重要渠道和专门协商机构作用，巩固和发展最广泛的爱国统一战线，调动一切积极因素，为全面推进经济建设、政治建设、文化建设、社会建设、生态文明建设，为坚持和发展中国特色社会主义，完成祖国统一大业，实现中华民族伟大复兴的中国梦而奋斗。

第四条 主席会议组成人员要认真执行中国人民政治协商会议章程和全国委员会、常务委员会、主席会议的规定、决议、决定，切实履行职责，积极参加会议和活动、参加调查研究和视察考察、联系政协界别和委员，广交朋友，及时反映人民群众的意见和愿望。

第五条 主席会议的主要任务：

（一）学习新时代中国特色社会主义思想和基本方略，学习《中华人民共和国宪法》，学习《中国人民政治协商会议章程》和人民政协理论，学习经济社会发展等有关知识；研究部署学习工作，组织主席会议集体学习。

（二）审议本届全国委员会变更参加单位、委员名额和人选，提请常务委员会协商决定；审议下一届全国委员会的参加单位、委员名额和人选及界别设置，提请常务委员会协商决定；审议本届副秘书长人选、专门委员会设置和主任副主任人选，提请常务委员会决定；审议决定本届各专门委员会委员人选。

（三）审议年度协商计划草案，安排政治协商活动。

（四）对中共中央和国家的重大方针政策以及社会生活中的重大问题进行讨论，凝聚共识，提出建议、意见或建议案。

（五）审议以全国委员会或常务委员会名义向中共中央、全国人大常委会、国务院提出的重要建议案。

（六）召集并主持常务委员会会议，拟定会议议程草案和日程，审议提交会议审议的文件。

（七）受常务委员会委托，主持下一届全国委员会第一次会议预备会议。

（八）审议全国委员会及其常务委员会的工作计划、工作报告和重要活动方案；审议提案工作情况的报告；审议专门委员会工作计划、工作总结和重要调研报告；审议全国委员会对外交往工作计划、出访报告和工作总结；审议委员视察考察报告、工作总结和办公厅工作总结。

（九）执行常务委员会会议决议；根据常务委员会授权，履行常务委员会的部分职权；向常务委员会报告工作。

（十）研究涉及人民政协全局性的工作方针，对全国委员会及全体会议、常务委员会的制度化、规范化、程序化建设提出建议，指导地方政协的工作。

（十一）协调政协各参加单位之间的关系，促进团结合作。

（十二）听取政协全国委员会办公厅和专门委员会工作情况报告和重大事项报告，讨论和决定重要事项。

（十三）处理常务委员会其他重要日常工作。

第六条 主席会议由主席或主席委托的副主席召集并主持。

第七条 主席会议议题由主席或副主席、秘书长提出，由主席或主席委托主持会议的副主席确定。主席会议集体学习列入主席会议议题。

第八条 主席会议一般每月召开一次；必要时可临时召开。主席会议集体学习一般每季度安排一次，必要时可视情增加。

第九条 主席会议召开时间、地点、主要议题等事项和提交会议审议的重要文件，办公厅应提前通知并送达主席会议组成人员；临时召开的会议临时通知。

第十条 主席会议召开时，政协全国委员会副秘书长、机关党组成员，各专门委员会主任和驻会副主任列席；必要时也可邀请与会议议题有关的其他人员列席；协商讨论重大问题时，可邀请有关部门负责人到会介绍情况、听取意见。

第十一条 主席会议须在全体组成人员过半数出席时方能召开。

第十二条 主席会议组成人员不能出席主席会议的，应当向主席或主席委托主持会议的副主席请假。

第十三条 主席会议协商讨论问题，要充分发扬民主。讨论决定问题，必须坚持少数服从多数的原则；对于少数人的不同意见，应当充分尊重，深入沟通。如对重要问题不能形成一致意见，除紧急情况外，应当暂缓做出决定，待进一步调查研究、交换意见、统一认识后再做决定。

第十四条 主席会议决定问题时，一般以分项审议方式通过，必要时也可以合并审议通过。

第十五条 对于提请主席会议审议的文件，由有关部门负责人在主席会议上作出说明。书面审议的文件，可不作说明。

第十六条 主席会议审议通过即发生效力的文件，由主席或主席委托的副主席签发，以政协全国委员会文件或办公厅文件的形式送达有关方面或部门；主席会议审议通过后，需提请常务委员会会议审议通过的文件，在常务委员会会议上，由主席或主席委托的副主席、秘书长及有关部门负责人作出说明。

第十七条 召开主席会议，经主席或主席委托的副主席、秘书长同意，可发布新闻。

第十八条 根据工作需要，召开主席办公会议，研究落实主席会议的具体工作任务。主席办公会议由主席或主席委托的副主席召集并主持，有关副主席、秘书长参加，办公厅、专门委员会有关负责人列席。会议的议题由主席或主席委托主持会议的副主席确定。

主席办公会议的主要任务是：传达、学习有关文件，研究落实全国政协重点工作，研究提出全年政治协商工作计划草案，研究重要调查研究、视察考察计划和报告，研究重点提案工作等。

第十九条 主席会议和主席办公会议作会议记录并编发会议纪要。会议纪要由主席或主席委托的主席会议其他成员签发。

第二十条 本规则经主席会议通过后实行。

中国人民政治协商会议全国委员会秘书长会议工作规则

（1988 年 5 月 3 日政协第七届全国委员会第四次主席会议通过，
2005 年 1 月 17 日政协第十届全国委员会第十八次主席会议修订，
2018 年 9 月 25 日政协第十三届全国委员会第十次主席会议修订）

第一条 为进一步推进中国人民政治协商会议全国委员会秘书长会议工作的制度化、规范化和程序化建设，根据《中国人民政治协商会议章程》和有关规定，制定本规则。

第二条 政协全国委员会设秘书长一人，设副秘书长若干人，协助秘书长工作。秘书长、副秘书长组成秘书长会议，在主席会议领导下进行工作。秘书长主持秘书长会议工作，副秘书长协助秘书长工作。

秘书长由全国委员会全体会议选举产生。副秘书长的任免，根据秘书长提议，由政协全国委员会常务委员会决定。

第三条 全国委员会秘书长参加常务委员会和主席会议集体领导，协调各专门委员会并领导办公厅工作。

第四条 秘书长会议以中国人民政治协商会议章程为依据，以马克思列宁主义、毛泽东思想、邓小平理论、“三个代表”重要思想、科学发展观、习近平新时代中国特色社会主义思想为指导，高举爱国主义、社会主义旗帜，坚持中国共产党领导的多党合作和政治协商制度，贯彻长期共存、互相监督、肝胆相照、荣辱与共的方针，为人民政协履行政治协商、民主监督、参政议政职能做好服务。

第五条 秘书长会议的主要任务：

（一）学习新时代中国特色社会主义思想和基本方略，学习《中华人民共和国宪法》，学习《中国人民政治协商会议章程》和人民政协理论，学习经济社会发展等有关知识；研究部署学习工作，组织秘书长会议集体学习。

（二）对参加政协的各党派、无党派人士、各人民团体共同关心的问题进行协商讨论，向主席会议、常务委员会提出意见和建议。

（三）协助主席、副主席组织实施全体会议、常务委员会会议、主席会议的决定和决议，听取有关工作情况报告。

（四）负责全体会议、常务委员会会议、主席会议、常务委员专题座谈会和根据需要召开的各党派、无党派人士、人民团体、各族各界人士的代表参加的协商座谈会等重要会议活动的准备和服务工作。

（五）审议提交主席会议的各项文件及以政协全国委员会办公厅名义发出的重要文件。

（六）协商讨论政协全国委员会、各民主党派中央和全国工商联机关共同事务和重要活动安排。

（七）调查研究地方各级政协的工作情况，就加强和改进人民政协工作，向主席会议和常务委员会提出建议。

（八）加强同中央国家机关、各党派团体、地方政协的联系与协作。

（九）负责政协机关思想、组织、制度和作风建设，为政协全国委员会主席、副主席、常务委员和委员履行职责服务。

（十）向主席会议提出专门委员会委员人选建议。

（十一）完成主席、副主席交办的其他事项。

第六条 秘书长会议一般每月举行一次，如有需要可临时召集。会议日期、议题由秘书长决定。秘书长会议集体学习和听取有关工作情况报告列入秘书长会议议题。会议由秘书长或秘书长委托的副秘书长召集并主持。

第七条 秘书长会议协商讨论问题，应充分发扬民主，广泛听取各种意见和建议。

第八条 除临时召集的会议外，秘书长会议议题一般应当提前通知。与会人员不能出席会议时，可对讨论的议题提出意见。

第九条 机关党组成员、各专门委员会驻会副主任，办公厅研究室和有关局级单位负责人列席秘书长会议。可根据会议内容，邀请未担任本会副秘书长的民主党派中央和全国工商联负责人列席秘书长会议。

第十条 根据工作需要，召开秘书长办公会议。秘书长办公会议由秘书长或秘书长委托的副秘书长召集并主持，有关副秘书长、机关党组成员、各专门委员会驻会副主任出席，办公厅研究室和各局级单位负责人列席。会议议题由秘书长决定。

会议的主要任务是传达、学习有关文件，研究办理主席、副主席交办的工作事项，研究提交秘书长会议审议的有关文件和有关事项，协调和处理机关各单位的工作关系，讨论和决定机关日常工作。

第十一条 秘书长会议和秘书长办公会议均须作记录，并编印会议纪要报送主席、副主席，印发秘书长、副秘书长、机关党组成员、各专门委员会驻会副主任、办公厅研究室和各局级单位及有关人员。会议纪要由秘书长或秘书长委托的副秘书长签发。

第十二条 本工作规则经主席会议审议批准后实行。

关于加强和改进全国政协委员学习工作的方案

（2018 年 10 月 26 日政协第十三届全国委员会第十一次主席会议通过）

为深入学习习近平新时代中国特色社会主义思想和中共十九大精神，贯彻落实习近平总书记关于加强和改进人民政协工作的重要思想，按照习近平总书记开展“大学习”的重要指示精神，全国政协将委员学习工作摆在突出位置，大兴学习之风，以理论学习、思想武装促进工作质量提升，不断适应新时代新任务新要求。现就进一步加强和改进全国政协委员学习工作制定如下方案。

一、加强和改进全国政协委员学习工作的重要性和必要性

学习，是人民政协的优良传统和重要任务，是筑牢团结奋斗的共同思想政治基础、提升人民政协履职能力的宝贵经验和重要途径。1954 年，毛泽东同志把学习列为人民政协的五大任务之一。长期以来，人民政协组织推动委员和各界人士通过学习教育，为巩固和发展最广泛的爱国统一战线，坚持和完善中国共产党领导的多党合作和政治协商制度，积极推动党和国家事业发展发挥了重要作用。

党和国家事业越是向前推进，越需要统一思想、凝聚力量；越是处于发展关键期，越需要加强学习、提升能力，依靠学习走向未来。当前，中国特色社会主义进入新时代，人民政协必须紧跟时代步伐，切实加强和改进学习工作，重视并解决以往存在的重建言资政轻思想政治引领、委员学习未能贯穿履职全过程、学习方法较为单一、体制机制不够健全等问题，以学习树牢“四个意识”，以学习增进思想共识，以学习引领履职实践，以学习提高工作质量，把中共中央决策部署和对政协工作的要求落实下去，把海内外中华儿女实现中华民族伟大复兴的智慧和力量凝聚起来。这是对人民政协自我学习、自我教育优良传统的继承发扬，也是做好新时代人民政协工作的必然要求。

二、指导思想和基本原则

（一）指导思想。以马克思列宁主义、毛泽东思想、邓小平理论、“三个代表”重要思想、科学发展观、习近平新时代中国特色社会主义思想为指导，立足新时代，高举爱国主义和社会主义旗帜，以坚持和发展中国特色社会主义、实现中华民族伟大复兴的中国梦为中心，大力加强学习教育，丰富学习内容，创新学习形式，拓宽学习渠道，建立系统完备、科学有效、保障有力的学习体系，引导委员懂政协、会协商、善议政，守纪律、讲规矩、重品行，不断提高履职能力，促进工作提质增效，为推动党和国家事业发展作出更大贡献。

（二）基本原则。一是坚持思想政治引领。要把坚持和发展中国特色社会主义作为巩固共同思想政治基础的主轴，引导委员旗帜鲜明维护习近平总书记核心地位，维护中共中央权威和集中统一领导，牢固树立“四个意识”，更加坚定“四个自信”，不断深化

“四个认同”，在事关旗帜、道路、制度等重大问题上统一意志、统一步调、统一行动。二是坚持人民政协性质定位。要深入理解和准确把握人民政协的性质定位，引导委员围绕团结和民主两大主题，坚持一致性和多样性相统一，努力寻求最大公约数、画出最大同心圆，最大限度凝聚人心和共识、汇聚智慧和力量。三是坚持聚焦党和国家中心任务。要服从服务于党和国家工作大局，坚持问题导向，引导委员紧扣人民群众日益增长的美好生活需要，紧扣经济社会发展实际，紧扣贯彻落实党和国家重要决策部署需要解决的问题，自觉深入学习，提高政治把握能力、调查研究能力、联系群众能力、合作共事能力。四是坚持理论联系实际。要发扬理论联系实际的马克思主义学风，将学习与履职过程中实现新担当新作为结合起来，持续在学懂弄通做实上下功夫，做到学思用贯通、知信行统一。五是坚持发挥委员主体作用。要发扬自我学习、自我教育的优良传统，实行“三自”原则（自己提出问题、自己分析问题、自己解决问题）、“三不”方针（不抓辫子、不扣帽子、不打棍子），营造畅所欲言、各抒己见、理性有度、合法依章的良好氛围，引导委员增强履职尽责的荣誉感、使命感、责任感，发挥好在本职工作中的带头作用、政协工作中的主体作用和界别群众中的代表作用。

三、丰富学习内容

把加强和改进委员学习工作与推进人民政协履职能力建设、服务党和国家事业大局相结合，突出学习的政治性、理论性、统战性和时代性特点，丰富学习内容的时政性、知识性和知情性。

（一）理论学习。以马克思列宁主义、毛泽东思想、邓小平理论、“三个代表”重要思想、科学发展观、习近平新时代中国特色社会主义思想为主要内容，重点学习领会习近平总书记关于加强和改进人民政协工作的重要思想、统战政协理论等，服务委员用科学理论武装头脑、指导实践、推动工作。

（二）政策学习。学习中共十九大及十八大以来历次中央全会精神，学习中共中央统筹推进“五位一体”总体布局和协调推进“四个全面”战略布局等重大决策部署，学习各相关领域的政策规定，学习中共中央关于统一战线、人民政协工作的重要方针政策等，服务委员坚定政治立场，明确政策方向，精准献计出力。

（三）知识学习。学习宪法、法律和有关规章制度，学习政协章程和人民政协历史等，学习调研、提案、大会发言、反映社情民意信息等履职必备知识，以及推进新时代中国特色社会主义事业所需要的经济、政治、文化、社会、生态、科技、军事、民族、宗教、祖国统一、对外交往等专业知识，服务委员拓展视野、知情明政、履职尽责。

（四）主题教育。围绕学习贯彻中共中央重大部署，适时组织主题教育活动，积极开展思想政治引领工作，注重深化和拓展思想内涵，增强委员的政治使命感和责任担当，不忘初心、牢记使命，为决胜全面建成小康社会、夺取新时代中国特色社会主义伟大胜利、实现中华民族伟大复兴的中国梦、实现人民对美好生活的向往共同奋斗。

（五）形势教育。围绕经济社会发展的重大问题、全面深化改革的重要问题、推动创新与发展的关键问题，以及国际国内形势变化的焦点问题等，适时组织形势教育活动，注重弘扬主旋律、传播正能量，正确处理一致性和多样性的关系，及时了解统一战线内部和社会各界思想动态，在一些敏感点、风险点、关切点问题上，协助党和政府解疑释惑、宣传政策、理顺情绪、化解矛盾，最大限度地统一思想、凝魂聚力。

（六）实践教育。围绕改革开放和社会主义现代化建设的历史性成就、党和国家事业发展的历史性变革等，采取视察考察、社会调查等多种形式，适当组织实践教育活动，服务委员感受中国特色社会主义的新成就、领悟习近平新时代中国特色社会主义思想的新境界，在推进中国特色社会主义实践的大课堂中开阔眼界、砥砺精神、贡献智慧。

四、完善学习体系

以中共全国政协党组理论学习中心组学习为引领，主席会议集体学习、常委会会议集体学习、委员学习研讨等相配套，通过开展分类别、分层面、分专题的学习，形成全方位立体式科学化学习体系，实现委员学习全覆盖。

（一）党组理论学习中心组学习。中共政协全国委员会党组、机关党组、专门委员会分党组理论学习，以政治学习为根本，以集体学习研讨为主要形式，将重点发言和集体研讨、专题学习和系统学习相结合，深入开展学习讨论和互动交流，提高思想认识和政治站位，为政协党组发挥好把方向、管大局、保落实的重要作用提供思想政治保证。

（二）主席会议集体学习。促进全国政协领导班子思想政治建设，通过传达文件、专家讲授、集体讨论、理论务虚会等形式，将集体学习与个人学习相结合，提高认识，统一思想，发挥“关键少数”在学习中的表率作用。

（三）常委会会议集体学习。在全国政协常委会会议期间，举办常委会学习讲座，聚焦党和国家中心任务，邀请中共中央、国务院有关部门负责同志或相关领域专家学者等主讲并作互动交流，服务常委会组成人员深入了解情况，更好资政建言。

（四）委员学习研讨班。全国政协按照分类别分批次以及委托地方政协开展片区联合学习等方式，组织开展面向专门委员会负责人、新任委员、连任委员的集中学习研讨活动。通过集中授课、分组讨论、座谈交流，促进委员间的学习交流，服务委员加强思想武装，提升履职能力。

（五）委员自主学习。落实以自我教育、自我提高为主旨的学习座谈会制度，以专门委员会为依托，组织界别委员每季度开展一次学习讨论，倡导“委员讲、委员听、委员议”，通过自我学习、互相学习、深度学习，增强学习成效。编发人民政协理论、规章制度等学习资料和优秀提案、大会发言、调研报告等履职成果参考资料，办好政协所属报刊、门户网站、移动履职平台、微信公众号等，为委员自主学习创造条件。

五、创新学习方式

突出政协特色，通过创建类别丰富、灵活多样、行之有效的学习形式、方法和载体，增强学习的针对性和实效性。

（一）建立习近平新时代中国特色社会主义思想学习座谈会制度。认真贯彻落实中共中央办公厅《关于加强新时代人民政协党的建设工作的若干意见》，把深入学习习近平新时代中国特色社会主义思想作为政协党的建设的基础性工作做细做实。由全国政协党组成员分别会同主席会议党外成员，以专门委员会和界别为依托，根据需要吸收代表性强的党外委员参加，组成学习座谈小组，制定年度计划，以自学为主，每季度安排一次集体学习座谈。

（二）结合履职实践开展学习。寓学习于政协履职全过程，形成思想政治引领与建言资政双向发力机制。将学习作为视察考察、专题调研等各项履职活动的基本要求和必要环节，以学习引领、服务履职实践。开展以自我教育为主旨的党外委员专题视察，引导党外委员理解政策，增进共识，增强凝聚力和向心力。

（三）搭建网络学习平台。建设人民政协网络学习平台，利用微信、微博、移动履职平台等新兴载体，构建线上线下、立体多元、开放交互、便捷高效的学习渠道，促进学习工作实现即时性、常态化、广覆盖。

（四）举办委员讲堂和建立委员宣讲团。正确发挥委员的影响力，通过委员讲述自身经历和感受，讲好政协故事，宣传党和国家的大政方针，更好发挥委员对所联系界别和各方面人士的引领作用，展示委员新时代新担当新作为。

（五）开设前沿知识讲座。通过选取方向性、战略性以及相关科技热点或冷门问题作为学习主题，服务委员开阔视野，启迪思维，在议政建言中体现时代性、把握规律性、富于创造性。

（六）开展“文化月谈”活动。通过组织文化经典诵读、文化现象解读、文化人物漫谈等活动，加强对中华优秀传统文化、革命文化、社会主义先进文化的学习，服务委员深入学习领会以爱国主义为核心的民族精神和以改革创新为核心的时代精神，增强文化自信，自觉践行社会主义核心价值观。

六、工作要求

（一）加强组织领导。由中共全国政协党组、主席会议统一领导，将委员学习工作列入领导班子议事日程，在政协工作全局中统筹安排。着眼提高学习成效，在了解把握委员实际需要基础上，制定学习工作方案、年度和中长期学习计划，增强工作的主动性和预见性，不断提升学习的吸引力、凝聚力和影响力。重视考核评价，从组织领导、载体建设、机制建设和督学导学、学习成效等方面，完善学习工作考核评价体系。

（二）建立支撑保障机制。加强统筹协调，建立全国政协办公厅统一谋划、统一部署，各部门分工负责、职责明确的学习工作机制。依托中共全国政协党组成员联系界别、中共党员委员联系党外委员制度，组织多层次、经常化、制度化的学习活动。密切与党校（行政学院）、社会主义学院、高等院校、研究机构、智库等方面的联系合作，建立专家库，丰富师资力量。

（三）提高学习实效。严格学习制度，将学习情况纳入常委履职报告、委员履职档案。积极宣传学习成果，对重大学习活动开展持续深入报道。定期召开学习工作座谈会，交流经验，改进不足，构建政协系统“大学习”格局，促进人民政协工作全面提质增效。

全国政协加强和改进调研工作实施办法

（2015年4月16日政协第十二届全国委员会第二十八次主席会议通过，2018年10月26日政协第十三届全国委员会第十一次主席会议修订）

为进一步贯彻落实中共中央办公厅有关加强调查研究工作的文件和《中国人民政治协商会议章程》精神，加强和改进全国政协调研工作，推进人民政协履行职能的制度化、规范化、程序化建设，特制定本实施办法。

一、总体要求

1. 围绕团结和民主两大主题，服务统筹推进“五位一体”总体布局和协调推进“四个全面”战略布局。要坚持正确方向，准确把握政协的性质定位；坚持围绕中心、服务大局，把调研作为人民政协履职的基础性工作加以推进；坚持问题导向，增强调研工作的针对性，努力使所提对策建议有的放矢；坚持“身入”更要“心至”，用心座谈走访、细心摸清情况、潜心研究问题、精心提出对策；坚持建言资政和凝聚共识双向发力，既注重建言献策的成果，又注重自我学习、自我教育、自我提高，强化思想政治引领，打牢共同思想政治基础；坚持改进作风，切实贯彻落实中共中央“八项规定”及其实施细则精神，增强责任心，确保调研活动务实高效；坚持求同存异，尊重各种不同意见，实现发扬民主与增进共识相统一。

二、选题确定

2. 明确选题依据。根据总体要求和全国政协年度协商计划、中共全国政协党组工作要点、全国政协常委会工作报告等，有针对性地选择调研课题。

3. 征求选题意见。调研选题由专门委员会通过适当形式征求委员意见，并邀请相关专家学者参与选题研究论证；对各方面意见建议进行梳理后，由专委会分党组会议、专委会主任会议和全体会议研究提出年度调研选题意见。其中重点选题按照国务院办公厅与全国政协办公厅会商全国政协重点协商议题工作机制，与党政相关部门沟通协商。

4. 搞好选题协调。办公厅每年定期召开调研选题通报协调会，与各专委会、民主党派中央、全国工商联及有关人民团体等相关方面，就年度调研选题进行沟通协调，提出综合平衡意见。需要地方政协协同调研的选题，由选题提出单位与相关地方政协沟通协调。

5. 确定选题计划。选题提出单位根据综合平衡意见，起草各自年度调研计划（包括调研题目、时间、地点等），报经秘书长办公会议、秘书长会议汇总研究，形成全国政协年度调研计划草案，报主席会议（或主席办公会议）审定。主席、副主席可根据工作需要提出调研题目，经办公厅协调后，由相关单位组织实施。

三、组织实施

6. 制定调研方案。调研组织单位根据调研计划，制定详细的调研方案，主要内容包括：调研题目、目的、地点、日程、调研组成员初步人选、调研提纲、调研成果体现方式、新闻报道安排、后勤保障等。

7. 成立调研组织。调研实行组长负责制，组长一般由专委会主任或副主任担任。重要调研活动可邀请联系相关专委会或界别的副主席带队。调研组成员一般在 20 人以内，以本委员会委员为主，适当吸收有关方面人员参加。重要调研活动，调研组设立临时党组织，调研组成员和工作人员中的中共党员参加临时党组织。可以课题为纽带，有关专委会之间配合调研，与民主党派联合调研，与智库合作调研，与地方政协协同调研。有的调研题目，可委托所在地全国政协委员活动召集人牵头，组织住当地的全国政协委员开展调研。

8. 听取情况介绍。在实地调研之前，可根据调研课题需要，安排情况介绍会，邀请相关部委同志介绍情况。要注意加强委员与部委同志的互动交流，尽可能多地掌握调研内容的现实情况，使调研的问题更集中、认识更深入、思路更清晰。

9. 深入实地调研。要放下架子、俯下身子，耐心倾听、虚心请教，既摸清综合情况又了解典型案例，既听干部意见又听群众意见，既了解成绩经验又发现问题不足，对重要数据和材料加以核实，真正把各方面情况摸清吃透。一个调研课题原则上安排一至三个省（区、市）实地调研，深入全面掌握第一手材料，可以采取召开座谈会、实地考察、个别交流等方式进行。座谈会既应邀请地方政府及相关部门介绍情况，也可邀请相关社会组织、企业和群众代表、专家学者参加。实地考察要坚决反对形式主义，防止做样子、走过场，要点面结合，注重从不同侧面总结经验、发现问题、提出建议。可采取整体调研与分组调研相结合的方式，组织“小而精”的调研小组，开展定向定点调研，深入基层“解剖麻雀”。个别交流要选择情况熟、有见解的同志参加，以便集中、深入地探讨问题。

10. 组织讨论研究。实地调研后期或结束后，应及时安排调研组内部研讨会，总结交流调研体会，探讨相关问题，研究确定调研成果构架和核心内容。要鼓励调研组所有成员充分发表意见，特别要重视委员不同意见的讨论，以集思广益、扩大共识。要运用辩证唯物主义和历史唯物主义方法，坚持定性和定量结合、宏观和微观结合、静态和动态结合，对调查材料进行去粗取精、去伪存真、由此及彼、由表及里的思考、分析、综合，透过现象看本质。

四、成果转化

11. 提高成果质量。根据调研情况和调研组成员意见及时撰写调研报告、政协信息等，调研组组长负总责，参加调研的委员要亲自撰写调研报告，一般应在调研结束后两周内完成。调研成果要尊重调研实际情况，实事求是分析和归纳问题，提出针对性、可操作性强的对策建议。要文风朴实，言简意赅，观点鲜明，言之有物。

12. 丰富建言形式。把调研与政协履行职能的多种方式结合起来，加强调研资料的整合与共享，综合运用调研报告、提案、会议发言、政协信息等形式建言献策。可推荐委员代表调研组在政协全体会议、专题议政性常委会议、专题协商会议、双周协商座谈会上发言。

13. 规范报送程序。调研报告、政协信息等调研成果经调研组会议讨论后，按程序报批。重大课题的调研报告可视情报请主席办公会议研究。

14. 促进成果转化。强化重大调研成果的跟踪、反馈和评估，促进调研成果转化运用。及时跟踪党和国家领导同志对调研成果的批示情况，收集部委对委员所提意见、建议的吸收采纳情况，并将有关情况及时反馈给调研组成员。

15. 加大宣传力度。发挥新闻媒体的作用，探索利用网络等新媒体，加强对调研成果的宣传报道，以扩大影响力。重要调研活动邀请媒体记者随团进行报道。

本办法适用于全国政协办公厅、各专门委员会以及相关工作机构。

中国人民政治协商会议全国委员会委员视察考察工作条例

（1988 年 5 月 3 日政协第七届全国委员会第四次主席会议通过，
2005 年 1 月 17 日政协第十届全国委员会第十八次主席会议修订，
2015 年 12 月 22 日政协第十二届全国委员会第三十八次主席会议修订，
2018 年 11 月 16 日政协第十三届全国委员会第十二次主席会议修订）

第一条 为促进政协全国委员会委员视察、考察工作制度化、规范化、程序化，根据《中国人民政治协商会议章程》和有关规定，制定本条例。

第二条 委员视察、考察是人民政协的一项基础性工作；是履行政治协商、民主监督、参政议政职能的重要形式；是密切联系群众，加强党派、界别之间合作共事，推进社会主义民主政治建设的重要途径；是实现自我教育，打牢团结奋斗的共同思想政治基础的重要渠道。

委员视察工作是政协全国委员会办公厅、专门委员会组织全国政协委员，对国家宪法、法律和法规的实施，重大方针政策、重大改革举措、重要决策部署的贯彻执行情况，经济建设、政治建设、文化建设、社会建设、生态文明建设中的重要问题，人民群众普遍关心的问题，国家机关及其工作人员的工作等，进行实地察看，建言资政，反映社情民意，开展民主监督。

委员考察工作是政协全国委员会办公厅、专门委员会和受委托的省级政协组织全国政协委员，就各项事业和群众生活的重要问题，进行实地察看，了解情况、学习提高。

第三条 委员视察、考察工作，要高举中国特色社会主义伟大旗帜，以马克思列宁主义、毛泽东思想、邓小平理论、“三个代表”重要思想、科学发展观、习近平新时代中国特色社会主义思想为指导，增强“四个意识”、坚定“四个自信”，贯彻长期共存、互相监督、肝胆相照、荣辱与共的方针，聚焦党和国家中心任务，坚持团结和民主两大主题，围绕中国特色社会主义事业“五位一体”总体布局和“四个全面”战略布局，了解国情民情，提出意见和建议，为实现“两个一百年”奋斗目标、实现中华民族伟大复兴的中国梦贡献智慧和力量。

第四条 政协全国委员会办公厅统筹安排委员视察、考察工作，负责提出年度工作计划，并经主席会议审定后实施，向常务委员会会议和全体会议提交年度工作情况报告。

第五条 委员视察、考察选题，根据政协全国委员会全体会议精神、中共政协全国委员会党组工作要点及年度协商计划，与相关会议议题、重点提案相结合，在充分征求各方面意见后形成。委托省级政协组织考察的选题，结合政协全国委员会重点工作和地方实际需要确定。

第六条 委员视察的组织形式主要有：常委视察团、委员视察团、专题视察团。

委员考察的组织形式主要有：专题考察团、界别考察团、住香港特别行政区和住澳门特别行政区委员考察团；委托省级政协组织的所在地全国政协委员跨省考察团和就地考察团。

第七条 视察团根据视察内容和组织形式需要，邀请相关委员包括所到地全国政协委员参加。

考察团采取委员自愿报名和统筹协调相结合的办法组成。

第八条 视察团设团长一人、副团长若干人、秘书长一人；团长、副团长和秘书长人选在视察团组团会议上协商产生。团长、副团长领导视察活动，秘书长负责视察团有关组织协调工作。

考察团负责人根据需要确定。

重要视察、考察活动，视察、考察团设立临时党组织。

第九条 委员参加视察、考察前，应围绕视察、考察内容，学习有关文件，做好准备工作；视察、考察中，应坚持问题导向，具有学习精神，深入了解实际情况，深化认识、凝聚共识，提出意见和建议。

第十条 委员视察方式包括听取情况介绍、走访察看、座谈讨论、内部交流、与地方党政负责同志交换意见等。

委员考察视情选取适当方式开展工作。

第十一条 常委视察团、委员视察团形成视察报告，提交政协全国委员会常务委员会会议审议，并视情报送中共中央办公厅和国务院办公厅。

专题视察团形成简报，报送政协全国委员会办公厅和专门委员会。

考察团形成考察报告或简报，报送政协全国委员会办公厅和相关专门委员会。

第十二条 视察、考察过程中发现的重要情况或提出的建议，还可通过提案、会议发言、社情民意信息和其他形式反映。

第十三条 视察、考察团视情邀请新闻单位派记者随团采访报道。运用网络等新媒体，加强对视察、考察成果的宣传报道。

第十四条 政协全国委员会办公厅视情将中共中央、国务院领导同志对视察报告的批示情况、相关部门和地方对视察报告意见建议的吸收采纳情况，及时反馈给视察团成员和视察所到地的省级政协。

第十五条 委员视察、考察活动要贯彻中央“八项规定”及其实施细则精神，坚持“务实、高效、规范、协作”原则，深入实际、深入基层、深入群众，严格纪律，厉行节约，科学安排，精心组织。

第十六条 委员视察、考察经费纳入政协全国委员会办公厅年度经费预算。

委托省级政协组织的委员考察经费由政协全国委员会办公厅按规定拨付。

第十七条 本条例由政协全国委员会办公厅负责解释，自主席会议通过之日起施行。

中国人民政治协商会议全国委员会提案工作条例

（1991 年 1 月 11 日政协第七届全国委员会常务委员会第十二次会议通过，
1994 年 10 月 8 日政协第八届全国委员会常务委员会第八次会议修订，
2000 年 2 月 29 日政协第九届全国委员会常务委员会第八次会议修订，
2005 年 2 月 28 日政协第十届全国委员会常务委员会第八次会议修订，
2011 年 2 月 28 日政协第十一届全国委员会常务委员会第十二次会议修订，
2018 年 11 月 29 日政协第十三届全国委员会常务委员会第四次会议修订）

第一章　总则

第一条　为发挥人民政协提案（以下简称提案）在履行政治协商、民主监督、参政议政职能中的重要作用，根据《中国人民政治协商会议章程》和有关规定，制定本条例。

第二条　提案是政协委员，参加政协的各党派、各人民团体，政协各专门委员会，政协全体会议期间的界别、委员小组（以下统称提案者），向政协全体会议或者常务委员会提出并交提案审查委员会或者提案委员会审查的书面意见和建议。经审查立案的提案，交承办单位办理并作出书面答复。

提案是履行人民政协职能的重要方式，是坚持和完善中国共产党领导的多党合作和政治协商制度的重要载体，是发扬中国特色社会主义民主的重要形式，是协助中国共产党和国家机关实现决策民主化、科学化的重要渠道。

第三条　提案工作以马克思列宁主义、毛泽东思想、邓小平理论、“三个代表”重要思想、科学发展观、习近平新时代中国特色社会主义思想为指导，高举爱国主义、社会主义旗帜，坚持中国共产党领导的多党合作和政治协商制度，贯彻长期共存、互相监督、肝胆相照、荣辱与共的方针，紧紧围绕中国特色社会主义事业“五位一体”总体布局和“四个全面”战略布局，充分发扬民主，广开言路，改革创新，调动一切积极因素，为推进现代化建设、完成祖国统一、维护世界和平与促进共同发展，实现“两个一百年”奋斗目标、实现中华民族伟大复兴的中国梦服务。

第四条　提案工作坚持围绕中心、服务大局、提高质量、讲求实效的方针，加强制度化、规范化、程序化和信息化建设，提高提案质量、办理质量和服务质量。

第五条　提案工作是人民政协的一项全局性工作，政协委员和参加政协的各党派、各人民团体以及政协各专门委员会应当密切协作，充分利用提案的方式履行职能。

第六条　政协全体会议听取和审议常务委员会关于提案工作情况的报告，听取和审议提案审查委员会或者提案委员会关于提案审查情况的报告。

政协全国委员会秘书长或者秘书长委托的副秘书长负责协调提案工作。

第二章　机构设置

第七条　每届政协第一次会议成立提案审查委员会，由主任、副主任和委员若干人组成，成员从本届政协委员中产生，由第一次会议预备会议决定，负责第一次会议期间提案的审查工作，并向全体会议报告提案审查情况。

第八条　每届政协第一次会议闭会后，提案审查委员会根据情况作必要调整，经常务委员会会议审议通过，作为提案委员会列入专门委员会序列，在常务委员会和主席会议领导下，负责提案工作，每届任期五年。提案委员会组成人员的调整，依据《中国人民政治协商会议全国委员会专门委员会通则》有关规定办理。

第九条　提案委员会的职责：

（一）起草常务委员会关于提案工作情况的报告，向政协全体会议报告提案审查情况，向政协常务委员会会议、主席会议报告工作；

（二）制定政协全体会议期间提案工作方案；

（三）制定提案委员会年度工作计划；

（四）组织征集提案，做好知情明政服务；

（五）对收到的提案进行审查和处理；

（六）对提案办理工作进行检查和督促，对办理不符合要求的商请承办单位重新办理，对未按期办复的及时催办；

（七）采取多种形式向中央和国家机关有关部门、中央军委有关部门反映提案中的重要意见和建议；

（八）组织重点提案的遴选与督办；

（九）组织提案工作的宣传报道和评选表彰，推动提案公开和信息化建设；

（十）组织提案工作学习研讨和经验交流，开展理论研究和业务培训；

（十一）加强与中共中央办公厅、全国人大常委会办公厅、国务院办公厅、政协全国委员会办公厅、中央军委办公厅以及各承办单位的联系；

（十二）加强与政协委员和各民主党派、有关人民团体以及政协其他专门委员会的联系与协作；

（十三）加强与地方政协提案委员会的联系，互通情况，交流经验，指导工作。

第十条　以提案委员会名义形成的重要文件，须经提案委员会全体会议或者主任会议讨论通过，并由提案委员会主任或者主任委托的副主任签发。

第十一条　提案委员会全体会议一般每半年召开一次，必要时可以临时召集；提案委员会主任会议根据工作需要举行。

第十二条　提案委员会下设办公室。办公室是提案委员会的办事机构，是政协机关的组成部分。

第三章　提案的提出

第十三条　提案的提出方式：

（一）政协全国委员会委员，可以个人名义或者联名方式提出提案，联名提案者须出于自愿。

（二）政协全体会议期间，可以界别、委员小组或者联组名义提出提案。

（三）参加政协全国委员会的各党派、人民团体，可以本党派、团体名义提出提案。

（四）政协全国委员会各专门委员会，可以本专门委员会名义提出提案。

第十四条 提案的基本要求：

（一）提案应当围绕党和国家大政方针、中心工作，坚持问题导向，聚焦社会主义经济建设、政治建设、文化建设、社会建设、生态文明建设中的重要问题，人民群众普遍关心的问题，以及爱国统一战线的其他重要问题，在深入调查研究基础上提出。

（二）提案应当坚持严肃性、科学性、可行性，须一事一案，实事求是，简明扼要，有情况、有分析、有具体建议。

（三）提案的提出注重质量不比数量。

第十五条 提案可以在政协全体会议期间提出，也可以在闭会期间提出。

第十六条 提案委员会应当加强闭会期间的提案征集工作。提案者应当重视在闭会期间提出提案，可将有关调研报告，在政协全体会议、常务委员会会议、专题协商会、双周协商座谈会上的发言，以及网络议政、远程协商的成果转化为提案，也可以通过委员履职移动平台提交提案。

第四章 提案的审查和处理

第十七条 提案审查委员会或者提案委员会本着尊重和维护提案者的民主权利、保证提案质量的原则，对收到的提案进行审查。

经审查立案的提案，应当根据提案的内容和有关单位的职责分工协商确定承办单位。凡涉及两个或者两个以上承办单位办理的提案，应当确定主办单位和会同办理单位或者分别办理单位。

对内容相同且符合立案标准的提案，作并案处理，原提案第一提案者均为并案后提案的第一提案者。并案处理情况应当及时告知提案者。

第十八条 不符合本条例第三章规定，或者有下列情形之一的提案，不予立案：

（一）违反宪法和法律规定的；

（二）涉及党和国家秘密的；

（三）中共党员对党内有关组织、人事安排等方面有意见的；

（四）民主党派成员反映本组织内部问题的；

（五）进入民事、刑事、行政诉讼程序或者行政复议、仲裁程序的；

（六）属于学术研讨的；

（七）为本人或者亲属解决个人问题的；

（八）宣传、推介具体作品、产品的；

（九）指名举报的；

（十）涉及纪检监察机关正在审查和调查的涉嫌违纪违法问题的；

（十一）内容空泛、没有具体建议的。

不予立案的，应当与提案者及时沟通协商并书面告知，视情以意见和建议等形式转送有关部门参阅，提案者也可修改完善后重新提交。

第十九条 提案委员会对涉及全局问题的重大提案，可以提请主席会议审议通过后以建议案形式向有关方面提出。

第二十条 政协全体会议期间，经审查立案的提案，由政协全国委员会召开提案交办会议，按归口管理的原则，集中送交有关单位承办；政协全体会议闭会期间，经审查立案的提案，由提案委员会及时送交有关单位承办。

第五章 提案的办理

第二十一条 承办提案的中央和国家机关有关部门、中央军委有关部门，各省、自治区、直辖市中共党委和人民政府，有关人民团体等，根据国家法律法规、政策和有关规定办理提案，并对立案的提案向提案者作出书面答复。

（一）提案办理工作应当健全制度，严格程序，保证质量。承办单位应当在规定的时限内对提案进行答复。对提案的答复应当按规定的格式行文，并加盖公章。对不予采纳的，要说明情况。

（二）委员个人的提案，办理复文寄送委员本人；委员联名的提案，办理复文寄送第一提案者；党派、人民团体、政协专门委员会的提案，办理复文寄送提案单位；界别、委员小组或者联组的提案，办理复文寄送联系人。中共中央有关部门承办的提案，办理复文抄送中共中央办公厅；中央国家机关有关部门承办的提案，办理复文抄送国务院办公厅。所有办理复文均须抄送政协全国委员会提案委员会。

（三）涉及两个或者两个以上单位会同办理的提案，主办单位应当主动协商，会同办理单位应当积极配合，及时将会同办理意见告知主办单位，由主办单位答复提案者；分别办理的提案，由各承办单位分别答复提案者。

（四）在办理提案过程中，提案者可以通过提案委员会了解有关提案办理情况，参与提案的办理。在收到办理复文后，应当及时向提案委员会反馈意见。

（五）承办单位应当将沟通协商作为提案办理的必要环节，与提案者共商解决问题的办法，并征询对办理复文的意见。如提案者对办理结果不满意，提案委员会应建议承办单位重新研究，作出进一步的解释说明或者重新答复。

第二十二条 有序推进提案办理结果公开和提案内容向社会公开，适时开展提案办理评议。

第六章 提案的督办

第二十三条 提案的督办由政协全国委员会办公厅统筹协调，各专门委员会分工协作，提案委员会组织实施。

第二十四条 对反映党和政府亟待解决、人民群众普遍要求改进的问题的，对推动工作有重要作用并具有较强可行性的提案，可以选作重点提案。重点提案中应有民主监督性提案。

第二十五条 重点提案在广泛征求意见的基础上提出，由主席会议或者主席办公会议审定。

第二十六条 重点提案督办可以采用政协专门委员会、提案者、承办单位相结合的协商座谈、视察调研、走访、报送《重要提案摘报》等方式，推动办理工作，保证办理质量。对提案中当年不能解决的重要问题，要跟踪督办，促进落实。

第二十七条 对于党派、人民团体、政协专门委员会的提案和其他重要提案，提案委员会应当报送政协主席、副主席，并可以提出督办建议。

第七章 提案工作的表彰

第二十八条 对于优秀提案、先进承办单位和先进承办个人，政协全国委员会应当给予表彰。

第二十九条 优秀提案的评选条件为：

（一）选题准确，围绕国家经济社会发展中的重要问题，人民群众普遍关心的问题，以及爱国统一战线的其他重要问题建言献策。

（二）针对性强，反映情况真实，分析问题深入，提出建议具体，具备严肃性、科学性、可行性。

（三）成效显著，对宏观决策、长远规划有重要参考价值。对改进工作有明显作用。

第三十条 先进承办单位的评选条件为：

（一）办理提案坚持实事求是，做得到的认真负责办理，做不到的直截了当给予答复。

（二）办理工作有领导负责，有专人承办；制度健全、程序规范，按时限书面答复提案者；及时进行提案综合分析和办理工作总结。

（三）采取多种方式与提案者进行沟通协商，积极推动办理落实。

（四）办理工作成效明显，对应当解决并有条件解决的及时予以解决，多数提案者对办理工作表示满意。

第三十一条 先进承办个人的评选条件为：

（一）对待提案办理工作态度积极、认真负责、严谨细致。

（二）工作有思路、有举措、有创新，能够按时高质量完成办理任务，业绩突出。

第三十二条 优秀提案、先进承办单位和先进承办个人的评选应当发扬民主，广泛征求意见。优秀提案由承办单位推荐或者提案者自荐；先进承办单位由提案者推荐；先进承办个人由承办单位推荐。推荐结果经提案委员会主任会议、全体会议初选后，报请主席会议审定。

第八章 附则

第三十三条 本条例经常务委员会会议审议通过后实行。提案委员会可结合实际情况，制定相应实施细则。

第三十四条 政协各级地方委员会可以根据本条例，结合实际情况，制定相应的规定。

政协第十三届全国委员会副主席联系专门委员会、界别和委员工作办法（暂行）

（2018 年 7 月 25 日政协第十三届全国委员会第七次主席会议通过）

为建立健全有关工作制度和机制，推动中国共产党领导的多党合作和政治协商制度更加成熟更加定型，依据《中国人民政治协商会议章程》《中共中央办公厅关于加强人民政协协商民主建设的实施意见》等文件规定，制定本办法。

第一条 加强副主席联系专门委员会、界别和委员工作，是加强建言资政、凝聚共识的重要举措；是更好落实政协全体会议、常委会会议、主席会议工作部署，提高工作质量的重要途径；对更好发挥政协专门委员会基础性作用、界别特色和委员主体作用具有重要意义。

第二条 副主席联系专门委员会、界别和委员，一般应考虑副主席所在界别和熟悉的工作领域，遵循依托专门委员会联系界别的原则，按照全覆盖、不交叉的要求，由办公厅提出安排建议，在征求副主席意见并经主席会议研究后确定。副主席联系政协委员，应遵循增进团结、发扬民主、注重实效的原则，加强思想政治引领，广泛听取意见建议。

第三条 副主席联系的专门委员会、界别和委员，与所联系专门委员会联系的界别和委员应基本一致。

第四条 每位副主席一般只联系一个专门委员会，并通过所联系的专门委员会联系相关界别和委员；每个专门委员会由两位或两位以上副主席共同联系；每个界别只由一个专门委员会联系。

第五条 副主席兼秘书长协调专门委员会并领导办公厅工作，依托办公厅联系中国共产党、无党派人士、特别邀请人士（55 组、56 组）三个界别和委员。

第六条 专门委员会根据安排，协助副主席做好联系界别和委员的工作，日常工作领导体制和文件报批程序不变；根据工作需要，可邀请不联系的界别委员参加视察、考察、调研和协商座谈等活动。

第七条 副主席联系专门委员会、界别和委员，主要采取以下方式：

（一）参加习近平新时代中国特色社会主义思想学习座谈会。

（二）在全体会议期间，到所联系界别参加小组会议、界别联组会议；在常委会会议期间，到所联系界别常委小组参加分组讨论。

（三）对所联系专门委员会和界别的工作，提出建议；重要的指导性意见，经主席会议审定后由相关专门委员会落实。

（四）推动所联系的专门委员会落实政协全体会议、常委会会议、主席会议部署的重点工作。

（五）参加所联系专门委员会和界别组织的对口协商、界别协商和专题视察、专题调研、考察、座谈会、研讨会、学习报告会等活动。

（六）可通过会见会谈、交流谈心、工作联络、回复来信、接待来访、网络协商议政等形式，主动与委员加强联系。

（七）到地方视察考察调研和参加其他活动期间，可采取座谈、走访等形式，集中看望住当地全国政协委员，也可进行个别谈心。

（八）支持委员在本职工作和政协履职中密切联系相关界别群众，重视委员反映的社情民意信息。

第八条 副主席联系专门委员会、界别和委员的情况，由所联系的专门委员会向主席会议报告。

第九条 办公厅负责协调和服务副主席联系专门委员会和界别工作。专门委员会邀请非联系本专门委员会的副主席参加有关会议活动，由办公厅统一协调。

第十条 本办法自印发之日起施行。此前有关文件与本办法不一致的，以本办法为准。

关于全国政协党组向党中央请示报告的若干规定

（2018 年 6 月 8 日中共政协第十三届全国委员会党组第三次会议通过）

为贯彻落实《中国共产党章程》和《关于新形势下党内政治生活的若干准则》关于请示报告制度的有关规定，确保及时向党中央请示事项、报告情况，结合全国政协党组实际，制定本规定。

一、请示报告的范围

全国政协党组向党中央请示报告分为请示、报告和备案三类事项：

（一）需要请示的事项

1. 召开政协全体会议、常委会议、专题协商会等重要会议；

2. 举行新年茶话会、庆祝人民政协成立周年大会等重大活动；

3. 研究修改政协章程等涉及全局的重大事项或作出的重大决定；

4. 提请中央政治局常委会会议审议的年度协商计划、常务委员会工作报告等有关事项；

5. 其他需要请示的事项。

（二）需要报告的事项

1. 政协全体会议、常委会议、专题协商会等重要会议综合情况；

2. 政协全体会议涉及选举常委会组成人员和增选副主席、常务委员等重要人事事项情况；

3. 全国政协党组传达学习贯彻中央重要会议、重要决定和总书记重要讲话精神的情况，其中，重要会议一般包括党的代表大会和中央全会、中央纪委全会、中央经济工作会议等；

4. 党中央就有关事项征求全国政协党组意见建议的情况；

5. 全国政协党组向中央政治局常委会会议报告年度工作情况、召开年度民主生活会情况、开展学习教育实践情况；

6. 其他需要报告的事项。

（三）需要备案的事项

1. 全国政协党组年度工作要点和规范性文件，向党中央报备；

2. 全国政协党组理论学习中心组年度集体学习计划，向党中央有关部门报备；

3. 全国政协党组任免专委会分党组组成人员等人事事项，向党中央有关部门报备；

4. 其他需要备案的事项。

二、请示报告的原则

（一）坚决维护党中央权威和集中统一领导。贯彻民主集中制原则，自觉增强请示报告意识，做到重大事项由党中央决定，保证实现党对政协工作全面领导。

（二）坚持担当负责，落实主体责任。把握重大事项和一般事项的区别，对于重大问题、重要事项该请示报告的必须请示报告，非重大事项不得随意进行请示报告。

（三）坚持实事求是，一切从实际出发。及时如实地向党中央请示报告工作、反映情况、分析问题、提出意见建议。请示报告内容应全面翔实、清晰准确、表述规范、简洁明了。

（四）严格工作程序，落实时限要求。向党中央请示报告必须严格执行党内法规和有关规范性文件对请示报告工作的程序要求和时限要求，严格履行报批程序。

三、请示报告程序

（一）向党中央请示报告的党组工作要点、年度协商计划、常务委员会工作报告、专门委员会分党组人事事项决定等涉及全局性的重要事项，须经党组集体讨论或传批审定。

（二）向党中央请示报告的文件，以党组名义印发，应严格履行起草、校核、签发、印制、报送等程序。向党中央报送的请示和报告，须由党组书记签批，印制党组文件时应署上签批人姓名。

（三）向党中央请示和报告的主送单位为党中央，原则上不得直报中央领导同志个人。

（四）向党中央请示报告应注重报送时效，举办政协重要会议活动的请示应至少于会议召开前 2 个月报送，会议活动综合情况报告一般于会议结束后 1 个月内报送；提请中央政治局常委会会议审议文件的请示和向中央政治局报告年度工作应至少于会议召开前 15 日报送；党组领导班子民主生活会情况的报告应于民主生活会结束后 15 个工作日内报送。

党组成员要强化政治观念、组织观念、纪律观念，带头执行向党中央请示报告制度，工作中重大问题和个人有关事项须按规定按程序向党中央请示报告。

全国政协机关党组结合自身实际，参照执行。

全国政协党组贯彻落实党的建设工作八项制度实施方案

（2018年9月26日中共政协第十三届全国委员会党组第六次会议通过）

为贯彻落实中共中央办公厅《关于加强新时代人民政协党的建设工作的若干意见》和中共全国政协党组《关于认真学习贯彻〈关于加强新时代人民政协党的建设工作的若干意见〉的通知》精神，推动建立全国政协党的建设工作八项制度，特提出如下实施方案。

一、习近平新时代中国特色社会主义思想学习座谈会制度

（一）总体要求

以习近平新时代中国特色社会主义思想和党的十九大精神为指导，深入学习领会习近平总书记关于加强和改进人民政协工作的重要思想，认真贯彻落实中共中央办公厅《关于加强新时代人民政协党的建设工作的若干意见》，结合新时代新使命新要求，通过建立习近平新时代中国特色社会主义思想学习座谈会制度，把深入学习习近平中国特色社会主义思想作为政协党的建设的基础性工作做细做实，推动委员自觉学习，强化思想政治引领，打牢团结奋斗的共同思想政治基础。

（二）具体安排

学习座谈会由全国政协党组统一部署，纳入以政协党组理论学习中心组学习为引领的学习制度体系，在政协工作全局中统筹安排、统一组织。

1. 组成学习座谈小组。依据政协第十三届全国委员会副主席联系专门委员会、界别和委员工作办法（暂行）及有关安排，组成11个学习座谈小组（见附件1）。各小组由1名全国政协党组成员担任组长，组成人员主要包括主席会议党外成员和机关党组、专门委员会分党组负责同志，并根据每次座谈会需要，分别吸收办公厅或专门委员会所联系相关界别若干名代表性强的党外委员参加。

2. 制定学习座谈计划。学习座谈会以组为单位每季度召开1次，每次侧重于一个专题。每年11月底前，各小组分别制定本组年度学习座谈计划，把习近平新时代中国特色社会主义思想作为“基础课程”，针对所涉及的重要问题分阶段分步骤组织学习，同时结合所联系界别实际，选取某一领域具有代表性的共性问题设置“专业课程”。学习座谈计划经组长审定后交文化文史和学习委员会办公室汇总，统一按程序呈报全国政协主要领导同志批准后组织实施。

3. 会前自学。根据学习座谈计划安排，各小组提前向与会人员发出学习通知，提供相关学习资料，分别组织委员开展自学，推动委员联系个人思想和工作实际深入思考、做好会议发言准备。

4. 召开学习座谈会。原则上每季度最后一周以小组为单位分别举办为期半天的学习座谈会，可联组举办。全国政协主要领导同志视情出席。学习座谈会由各小组组长主

持，会议一般安排主旨发言、交流发言，也可邀请中共中央、国务院有关部门负责同志，相关领域或政协委员中的专家学者作辅导报告。座谈期间，鼓励委员开门见山、直奔主题，讲短话、讲实话，倡导不同见解的交流交锋交融，营造坦诚相见、凝聚共识的氛围。

5. 会议成果运用。各小组及时汇总整理学习座谈会重要信息，定期报送有关领导同志参阅。重要会议情况及建议由小组组长牵头研究后，单独成文报有关领导和部门。会议学习资料印送所联系界别委员，以扩大学习履盖面。组织对学习座谈会成果进行有计划、有重点、有力度的报道，积极宣传党的主张，彰显委员风采和作为，为新时代党和国家事业发展凝聚正能量、传播正能量。

6. 总结报告学习情况。全国政协党组每年安排听取学习座谈会情况汇报。各小组将年度学习座谈会情况形成书面总结，根据统一安排，向全国政协党组报告。根据情况，全国政协党组以适当方式向党中央报告。

（三）责任单位

牵头单位：文化文史和学习委员会办公室

文化文史和学习委员会办公室：负责学习计划选题的汇总和统筹工作，汇总报送学习座谈会重要信息。

秘书局：负责协调落实全国政协领导同志出席学习座谈会安排；承办全国政协党组听取各小组学习座谈会情况汇报事宜。

各专门委员会办公室和联络局：分别负责一个学习小组的组建工作，制定年度学习座谈计划，提出重点学习选题方向，组织安排相关学习活动。

新闻局：负责制定新闻宣传方案，开展学习座谈会宣传报道工作。

二、全国政协党员委员参加双重组织生活制度

（一）总体要求

深入学习贯彻习近平新时代中国特色社会主义思想和党的十九大精神，贯彻落实《关于加强新时代人民政协党的建设工作的若干意见》和全国政协党组有关要求，坚持党对人民政协工作的全面领导，加强新时代人民政协党的建设，按照组织关系一方隶属、参加双重组织生活的要求，把党员委员的临时组织关系转入政协相关党组织，实现党的组织对全国政协党员委员的全覆盖，更好发挥全国政协党员委员党组织的战斗堡垒作用、党员委员的先锋模范作用。

（二）具体安排

1. 核查党员委员组织关系信息。全国政协机关党组、各专门委员会分党组督促指导全国政协党员委员组织关系排查工作，认真核查党员委员身份信息，全面了解党员委员组织关系隶属情况，2018 年年底前完成对有关信息的统计汇总和综合分析工作。

2. 强化与党员委员的联系。一是全国政协各专门委员会党员委员应将临时组织关系转入相应专门委员会分党组。二是全国政协全体会议期间，经全国政协党组批准，在现有党员委员编组制度基础上设立临时党支部，临时党支部书记、副书记和支部委员由党员小组负责人担任。各临时党支部可根据党员数量和工作实际设立若干个党小组。三是全国政协常务委员会会议期间，经全国政协党组批准，根据常规分组会议分组设立临

时党支部，临时党支部书记、副书记和支部委员一般由常规分组会议小组中共党员召集人担任。各临时党支部可根据党员数量和工作实际设立若干个党小组。四是全国政协有关视察考察调研、集中学习培训、出访等活动中，应根据参与活动党员委员数量和工作实际设立临时党支部。

3. 组织党员委员参加双重组织生活。一是各专门委员会分党组贯彻落实党中央和全国政协党组的决策部署，研究提出开展组织生活具体执行方案和措施，在政协担任职务的党员委员以参加政协党组织生活为主。二是各专门委员会分党组定期开展学习活动，并组织本专门委员会党员委员参加。分党组学习以政治学习为根本，重点学习习近平新时代中国特色社会主义思想、党章党规党纪和党的基本知识、习近平总书记关于加强和改进人民政协工作的重要思想，以及全国政协党组要求学习的其他重要内容。三是各专门委员会分党组召开民主生活会前，分党组组成人员之间要认真开展谈心谈话活动，广泛听取意见建议，开展批评和自我批评。四是各临时党支部在全体会议、常务委员会会议和视察考察调研等活动期间应以适当方式开展支部活动，贯彻党的理论路线方针政策和决议，执行党的政治纪律和政治规矩，坚决维护以习近平同志为核心的党中央权威和集中统一领导。按照全国政协党组的工作部署，开展团结联谊、谈心谈话等活动。五是在全国政协全体会议期间设立的各临时党支部应组织党员委员认真学习习近平总书记在“两会”党员负责人会上的讲话，切实贯彻讲话精神，要求党员委员做好表率，带头认真审议和讨论会议文件，带头改进会风、严肃会纪。

（三）责任单位

牵头单位：机关党委

机关党委：负责专门委员会党员委员临时组织关系转入手续办理，指导临时党支部开展相关活动。

各专门委员会办公室：负责核查、统计各专门委员会党员委员身份信息和组织关系信息。做好专门委员会调研、会议等活动期间临时党支部活动以及分党组学习、民主生活会的组织服务工作。

人事局：负责政协全体会议、常委会会议等重要会议活动期间临时党支部的组建及服务协调工作；协助各专门委员会办公室做好核查党员委员身份信息工作。

三、寓思想政治引领于团结民主之中的谈心谈话制度

（一）总体要求

深入学习贯彻习近平新时代中国特色社会主义思想和党的十九大精神，贯彻落实《关于加强新时代人民政协党的建设工作的若干意见》和《通知》要求，坚持党对政协工作的全面领导，全面推进人民政协党的建设，充分发挥党员委员、党员常委的先锋模范作用，积极开展与党外委员谈心谈话，倾听党外委员心声、交换看法、沟通思想、解疑释惑，促进合作共事，真正寓思想政治引领于经常性思想政治工作之中。

（二）具体安排

1. 谈心谈话的形式。全国政协党组成员与党外副主席定期沟通交流，开展谈心谈话，并按照全国政协党组成员联系界别有关安排，开展与所联系界别党外委员的谈心谈话；全国政协机关党组成员与党外副秘书长定期沟通交流，开展谈心谈话，协助做好全

国政协党组成员与所联系界别党外委员的谈心谈话；各专委会分党组成员与本专委会党外副主任、党外委员定期沟通交流，开展谈心谈话；党员常委重点与所在界别的党外委员沟通交流，开展谈心谈话，京外党员常委还要因地制宜地与所在地党外委员开展谈心谈话。

2. 谈心谈话的要求。一是开展谈心谈话每年至少一次。全国政协党组、机关党组、各专委会分党组成员要把与党外委员谈心谈话作为召开年度民主生活会和组织生活会的重要环节，广泛听取党外委员的批评意见和建议。党员常委的谈心谈话情况应列入常委年度履职报告内容。二是与党外委员谈心谈话要注重思想引领，宣传党的大政方针和决策部署，做好解疑释惑工作，切实做到把在一些敏感点、风险点、关切点上强化思想政治引领同经常性思想政治工作结合起来。同时，要注意通过谈话了解社情民意，听取意见建议。三是与党外委员谈心谈话要体现团结和民主，坚持平等待人、相互尊重，力戒居高临下、盛气凌人。

3. 谈心谈话的方式。开展党外委员谈心谈话可与各种学习、会议、视察调研等活动结合起来，采取个别谈心或集体谈话方式。集体谈话一般针对一个界别内有代表性的党外委员进行。全国政协党组成员可在到各地方调研期间，与住当地的党外委员进行个别谈心，一般每年安排1—2名有影响力的党外委员。

（三）责任单位

牵头单位：人事局

人事局、机关党委：根据全国政协党组和机关党组指示要求，研究起草全国政协党员委员开展与党外委员谈心谈话方案，并会同有关专门委员会提出各界别中有代表性的党外委员建议名单。

各专门委员会办公室：负责制定本专委会分党组成员联系本专委会党外委员的具体谈心谈话方案，协助做好全国政协党组成员到地方调研期间与党外委员谈心谈话活动的协调服务工作，做好分党组会议相关议题准备及会务工作。

四、党员常委履职建言点评制度

（一）总体要求

通过建立党员常委履职建言点评制度，充分发挥党员常委在委员履职中的先锋模范作用和“关键少数”作用，积极引导全体党员委员严守党的政治纪律和政治规矩，正确处理党内民主和人民民主的关系，把握好在政协会议上协商议政的边界和底线，确保履职建言正确的政治方向，确保在提高质量上起带头作用。

（二）具体安排

1. 明确联系单位和点评人。依据政协第十三届全国委员会副主席联系专门委员会、界别和委员工作办法（暂行）及有关安排，每位全国政协党组成员分别依托办公厅或1个专门委员会，对办公厅或专门委员会对口联系的党员常委履职建言情况进行点评（见附件2）。

2. 开展点评。全国政协党员常委履职建言点评采取定期点评与不定期点评相结合的方式进行。

定期点评每年开展一次。每年1月份，办公厅和专门委员会通过委员履职信息统计平台，汇总所联系的党员常委履职建言信息，包括党员常委参加全国政协召开的相关会议活动的次数、请假次数、发言次数，发言所提建议被中央、国家机关有关单位采纳情况等能够反映代表性建言质量和社会反响的信息。

全国政协党组成员根据办公厅和专门委员会提供的党员常委履职建言信息进行口头或书面点评。点评要注重客观、坦诚，坚持不抓辫子、不扣帽子、不打棍子。

不定期点评可采取一人一评、一事一评的方式进行。对社会反响好的可及时予以点评、总结推广；对产生负面影响甚至有错误言论的要及时帮助和严肃批评。

3. 定期汇报和通报。全国政协党组每年要听取一次关于党员常委履职建言点评情况汇报。全国政协在每年第一次召开的常委会会议期间，召开党员常委会会议，通报党员常委履职建言情况。

（三）责任单位

牵头单位：人事局

人事局：负责提供委员履职档案，及时总结整理好的履职建言经验，按程序报批后在委员中推广；牵头起草在党员常委会议上关于党员常委履职建言情况的综合报告。

各专门委员会办公室：负责汇总整理对口联系的党员常委履职建言信息。

承办相关会议活动的办公厅各室局：负责将全体会议、常委会会议、专题协商会、双周协商座谈会、对口协商会、提案办理协商会、网络协商等会议情况和委员宣讲团、学习座谈会等活动情况进行整理，并及时上传到委员履职统计平台中。

相关视察考察调研组织单位：负责将年度视察考察调研中党员常委参加情况进行整理。

提案委员会办公室、文化文史和学习委员会办公室：分别负责整理党员常委所提提案和大会发言中意见建议的要点和采纳落实情况。

五、党组成员联系界别、党员委员联系党外委员制度

（一）总体要求

深入学习贯彻习近平新时代中国特色社会主义思想和党的十九大精神，准确把握人民政协性质定位，按照新时代人民政协党的建设有关要求，通过全国政协党组成员与界别多层次、经常化、制度化的联系，党员委员与党外委员多接触、多谈心、多帮助，加强对开展界别党的工作的领导，加强团结联谊，广交深交朋友，做好统一战线这一党的特殊群众工作。

（二）具体安排

1. 确定联系分工。依据政协第十三届全国委员会副主席联系专门委员会、界别和委员工作办法（暂行）及有关安排，全国政协党组成员分别依托办公厅或 1 个专门委员会联系有关界别党员委员，办公厅、每个专门委员会分别联系若干个界别（见附件 3）。其中，特别邀请人士分为两组，以军队委员为主的特邀 55、56 组由办公厅负责联系，以地方委员为主的特邀 57、58 组由提案委员会负责联系。

党员委员联系党外委员。办公厅、每个专门委员会所联系的所有界别委员中，每名中共党员委员联系 1—2 名党外委员。具体安排由机关党组或专门委员会分党组根据实际需要研究确定。

2. 开展联系工作。全国政协党组成员在政协全体会议、常委会会议期间，参加所联系界别的小组讨论、界别联组会议；参加所联系界别的专题调研、视察、考察、座谈会、研讨会、协商会、学习报告会等活动，听取意见建议。党员委员在参加各类会议、视察、考察、调研等活动及其他适当时间，与所联系的党外委员加强沟通交流，也可通过委员移动履职平台等加强同党外委员的日常联系，广交深交朋友，加强团结联谊。

3. 建立报告制度。全国政协党组每年听取党组成员年度工作汇报时，一并听取党组成员联系界别情况的报告。机关党组、各专门委员会分党组把联系党外委员情况作为年度工作报告的一部分向全国政协党组汇报。党员委员每年提交年度履职报告或履职情况填报表时，将联系党外委员情况作为一项履职内容进行填报。

（三）责任单位

牵头单位：秘书局

秘书局：负责党组成员联系界别、党员委员联系党外委员的统筹安排。

联络局、各专门委员会办公室：分别具体承担1位全国政协党组成员联系界别、党员委员联系党外委员的服务保障工作。

六、走访看望委员以及接待和处理委员来信来访工作制度

（一）总体要求

通过走访看望委员以及接待处理委员来信来访工作，进一步密切与委员的联系，认真听取意见建议、积极回应委员关切，广泛凝聚共识，打牢团结奋斗的共同思想政治基础。

（二）具体安排

1. 走访看望形式。全国政协党组成员到地方开展视察考察调研或参加其他活动期间，一般采取座谈、走访、茶叙等多种形式进行集中看望，主动加强与住地方全国政协委员联系、交流思想、听取意见建议；也可根据实际工作需要，采取单独会见、个别走访、网络联系等形式，对有影响力的民族界、宗教界委员和党外知识分子进行看望问候。

2. 走访看望工作的组织。全国政协党组成员到地方开展视察考察调研或参加其他活动期间，走访看望住当地全国政协委员，由活动承办单位在工作方案中一并计划安排，报批后组织实施。看望活动请当地政协协助做好通知邀请委员、会务场地保障等方面工作。在集中看望过程中，认真记录委员讲话要点，梳理相关内容和意见建议，并视情邀请委员出席视察考察调研活动中的有关会议。单独走访看望委员，提前做好与委员本人沟通联系工作。定期对全国政协党组成员走访看望情况进行统计，一般每年在同一省（自治区、直辖市）走访看望委员不超过2次。

3. 走访看望情况的处理。全国政协党组成员走访看望住地方全国政协委员后，由活动承办单位视情形成书面情况报告，报全国政协党组、全国政协机关党组；委员反映的重大问题和有价值的意见建议，视情通过政协信息等形式予以反映。

4. 畅通委员信访渠道。发挥信访局作为办理委员信访专门机构的作用，认真做好委员来访接待工作，每次在京委员活动日期间，安排一位机关党组成员负责接待委员来访工作。严格按照办信工作规则和全国政协信访信息系统操作程序，及时登记委员来信

基本情况，确保基本数据准确、完整，并根据信件的内容进行分类办理，全程跟踪办理进度。对于委员移动履职平台中属于信访事项的，按上述有关规定和办法办理。在政协全体会议期间，专门设立信访组，优先处理政协委员来信来访。

（三）责任单位

牵头单位：联络局

各专门委员会办公室和联络局：负责视察考察调研期间，全国政协党组成员看望委员的协调和组织服务工作，并梳理汇总委员的意见建议。

联络局（信访局）：负责全国政协党组成员走访看望住地方全国政协委员的统计统筹工作；负责办理委员来信来访的接待和处理工作。

七、进一步加强和改进调查研究工作制度

（一）总体要求

深入学习贯彻习近平新时代中国特色社会主义思想和党的十九大精神，认真贯彻落实中共中央办公厅《关于加强新时代人民政协党的建设工作的若干意见》和《关于加强调查研究提高调查研究实效的通知》精神，加强调研工作中党的领导，坚决执行中央八项规定和实施细则，力戒形式主义、官僚主义，改进工作作风，提高调研质量，为新时代人民政协事业实现高质量发展奠定基础。

（二）具体安排

1. 重要调查研究活动设立临时党组织。围绕全国政协专题议政性常委会会议、专题协商会、双周协商座谈会等重要议题组织开展的调查研究活动，党员委员人数达到3人以上的，要成立临时党组织，负责对调查研究活动的领导，从调研方式到对象、从力量组织到具体实施、从遵规守纪到调研实效等方面进行把关。其他调研活动，条件具备的，也应成立临时党组织。

2. 发挥党员委员在调查研究中的重要作用。参加调查研究活动的党员委员，要增强政治意识，认真学习领会党在相关领域的方针政策和决策部署，做好调研准备。在调研活动中把握正确的政治方向，发挥应有的引领作用，因时因事因地做好宣传引导和解疑释惑工作。要带头转变作风，带头贯彻中央八项规定精神，带头加强和改进调查研究工作，以实际行动彰显党员委员的先锋模范作用，树立党员委员的良好形象。

3. 力戒形式主义、官僚主义。要严格控制团组规模，优化队伍组成。调研组人数控制在20人以内（含工作人员），专家学者不超过团组成员的10%，工作人员为团组成员的15%。领导同志带秘书，严格执行有关规定。要严明调研纪律，切实改进作风。调研组必须认真执行办公厅贯彻落实中央八项规定精神的具体措施，务实高效、轻车简从，不搞层层陪同、对等陪同，不收受任何礼品和土特产，不借机旅游，不增加基层负担，不影响调研对象单位正常工作。要深入基层、深入群众、深入实际，优化方式方法，突出问题导向，坚持用心座谈走访、细心摸查情况、潜心研究问题、精心提出对策，着力提高调查研究质量，坚决克服重调查轻研究或只调查不研究的现象，坚决防止图形式、走过场。

4. 对调查研究工作进行专项评估总结。充分发挥全国政协党组、机关党组和各专门委员会分党组对重要调研选题方向和内容的把关作用，坚持行之有效的调研选题征集

机制和年度视察考察调研统筹协调工作机制，结合新时代新要求及时对相关文件进行修订和完善。建立调查研究工作专项评估总结工作机制，由全国政协机关党组牵头，秘书局、各专门委员会办公室等单位参加，每年对全国政协年度调查研究工作进行专项评估总结；由各专门委员会分党组牵头，每年底对本专门委员会年度调查研究工作进行专项评估总结；全国政协办公厅每年组织开展一次优秀调研报告评选活动；调查研究工作评估总结情况和优秀调研报告评选结果，报全国政协领导同志阅示。

（三）责任单位

牵头单位：秘书局

秘书局：负责调研的日常动态统筹协调和《全国政协视察考察调研协调工作办法》修订工作；负责建立全国政协机关党组开展年度调查研究工作专项评估总结机制；负责年度优秀调研报告评选的组织协调工作。

各专门委员会办公室：负责建立专门委员会分党组开展本专门委员会年度调查研究工作专项评估总结机制；负责加强和改进调研工作各项具体措施的落实工作。

专委二局：负责《全国政协加强和改进调研工作的实施办法》修订工作。

八、党的建设工作专题会议制度

（一）总体要求

深入学习贯彻习近平新时代中国特色社会主义思想和党的十九大精神，认真贯彻落实《关于加强新时代人民政协党的建设工作的若干意见》，强化政治担当，肩负起实现党对人民政协领导的重大政治责任，认真履行管党治党、全面从严治党责任，通过建立完善政协系统党的建设工作会议制度，定期对政协党的建设工作进行部署、检查、督促，推动党的建设各项工作任务落地落实。

（二）具体安排

1. 拟定于届中召开全国政协系统党的建设工作推进会，听取各省区市政协关于加强党的建设工作情况的汇报，交流经验，指导和督促各级政协党组织抓好《意见》的贯彻落实。

2. 将全国政协党组听取机关党组、各专门委员会分党组党建工作报告作为一项制度固定下来，每年 12 月份安排党组会议，专题听取机关党组、各专门委员会分党组关于年度工作的汇报，包括党建工作情况的汇报。

3. 建立机关党组年度党的建设工作会议制度。年初，召开机关干部大会，对机关党组落实党建工作责任制工作进行部署。

4. 坚持机关党组年度党风廉政建设工作会议制度。每年“两会”后，安排召开年度党风廉政建设工作会议，传达中央纪委监察委会议精神，扎实推动全面从严治党各项工作。

（三）责任单位

牵头单位：秘书局

秘书局、人事局、机关党委负责相关会议的组织筹备工作。

附件（略）

重要会议、活动

纪念胡绳同志诞辰100周年座谈会 2018年1月10日，纪念胡绳同志诞辰100周年座谈会在京举行。全国政协主席俞正声出席座谈会，并在会前会见了胡绳同志亲属。

胡绳同志是我国著名的马克思主义理论家、历史学家，是中国共产党第十二届中央委员，曾任第七届、八届全国政协副主席。

中共中央政治局委员、中宣部部长黄坤明在座谈会上缅怀了胡绳同志为中国革命、建设、改革事业不懈奋斗的光辉一生，强调要学习他的革命精神、优良作风和崇高风范，像他那样坚定理想、不忘初心，一心向党、对党忠诚，坚持真理、不懈求索，扎根中国、潜心治学，修身律己、品德高尚，为实现中华民族伟大复兴的中国梦而不懈奋斗。

全国政协副主席兼秘书长张庆黎主持座谈会。

政协第十三届全国委员会第一次会议 全国政协十三届一次会议于2018年3月3日至15日在北京举行。会议全面贯彻中共十九大和十九届一中、二中、三中全会精神，广泛动员参加人民政协的各党派团体、各族各界人士，紧密团结在以习近平同志为核心的中共中央周围，高举中国特色社会主义伟大旗帜，以邓小平理论、“三个代表”重要思想、科学发展观、习近平新时代中国特色社会主义思想为指导，围绕坚持稳中求进工作总基调，坚持新发展理念，紧扣我国社会主要矛盾变化，按照高质量发展要求，统筹推进“五位一体”总体布局和协调推进“四个全面”战略布局，坚持以推进供给侧结构性改革为主线，统筹推进稳增长、促改革、调结构、惠民生、防风险各项工作，促进经济社会持续健康发展，坚持团结和民主两大主题，积极履行政治协商、民主监督、参政议政职能，把会议开成一个民主、团结、求实、奋进的大会，为决胜全面建成小康社会、开启全面建设社会主义现代化国家新征程而努力奋斗。

一、会议基本情况

会议共安排全体会议5次，主席团会议3次，主席团常务主席会议2次，小组（联组）会议14次，列席十三届全国人大一次会议全体会议2次。会议安排新闻发布会1场，记者会3场，“委员通道”集中采访3场，其中首场记者会邀请民主党派中央和全国工商联领导人集体接受媒体采访。3300多名中外记者对大会作了充分报道，149个国家和地区直播大会开幕会。

会前，按照中央统一部署，配合中央组织部、中央统战部等部门，共同组织了对新任全国政协委员的培训。3月2日，举行全国政协十三届一次会议预备会议，审议通过大会主席团、主席团会议主持人和大会秘书长名单，审议通过会议议程和日程等。

中共中央总书记、国家主席、中央军委主席习近平同志和李克强、张德江、俞正声、张高丽、栗战书、汪洋、王沪宁、赵乐际、韩正等党和国家领导同志出席大会开幕会和闭幕会。习近平总书记和中央政治局常委各同志深入16个界别看望委员，参加联组讨论，与委员共商国是。郭声琨、黄坤明、尤权等同志分别听取8日上午和10日下午的大会发言。这次会议有以下主要内容。

（一）习近平总书记在民盟、致公党、无党派人士、侨联界委员联组会上发表重要讲话引起强烈反响。会议认为，习近平总书记的重要讲话，突出强调坚定不移巩固和发展中国共产党领导的多党合作和政治协商制度，深刻阐明这一新型政党制度的丰富内涵和鲜明特点，精辟论述发挥多党合作独特优势、发展社会主义民主政治的重要作用，对进一步加强中国特色社会主义政党制度建设、推进协商民主广泛多层制度化发展、做好新时代统一战线和人民政协工作，具有重大指导意义。会议强调，要深入学习贯彻习近平总书记重要讲话精神，开展纪念中共中央发布“五一口号”70周年活动，不忘多党合作建立之初心，坚定不移走中国特色社会主义政治发展道路，把最广泛的爱国统一战线巩固好、发展好，把中国共产党领导的多党合作和政治协商制度坚持好、完善好，把人民政协这一政治组织和民主形式的独特优势运用好、发挥好。

（二）审议批准了十二届全国政协常务委员会工作报告和提案工作情况的报告，审议通过了政协章程修正案、全国政协十三届一次会议政治决议，选举产生了十三届全国政协主席、副主席、秘书长和常务委员。委员们高度评价十二届全国政协常务委员会的工作和常务委员会工作报告、提案工作情况的报告。一致认为，政协第十二届全国委员会及其常务委员会，深入学习贯彻习近平新时代中国特色社会主义思想，全面贯彻党的十八大和十九大精神，坚持团结和民主两大主题，坚持围绕中心、服务大局，推动人民政协事业在继承中发展、在发展中创新，开拓了团结民主、务实进取、蓬勃发展的新局面。一致认为，俞正声同志所作的常委会工作报告，回顾工作实事求是，总结经验深刻凝练，指出问题具体明确，工作建议切实可行，是一个具有很强政治性、思想性、针对性的好报告。一致认为，政协章程修正案坚持以习近平新时代中国特色社会主义思想为指导，充分体现党的十九大提出的重要思想、重要观点、重大判断、重大举措，集中反映自2004年修改政协章程特别是党的十八大以来人民政协事业创新发展的理论成果、实践成果、制度成果，对坚持中国共产党的领导，坚持和完善中国共产党领导的多党合作和政治协商制度，推动新时代人民政协事业蓬勃发展，具有重要意义。一致表示，大会政治决议充分反映了参加人民政协的各党派团体和各族各界人士对党和国家重大事务、人民群众关心重大问题经过广泛深入协商后达成的共识，是会议成果的集中反映，必须认真遵守和贯彻落实。会议选举产生政协第十三届全国委员会主席、副主席、秘书长和常务委员，圆满实现党中央的人事安排意图，为新时代人民政协事业发展提供了坚强组织保障。

（三）全体委员列席十三届全国人大一次会议并认真讨论建言。委员们听取并讨论政府工作报告、最高人民法院工作报告、最高人民检察院工作报告，讨论监察法草案、国务院机构改革方案及其他有关报告，对上述报告和文件表示赞同，并提出一些意见建议。会议认为，李克强总理所作的政府工作报告，全面贯彻习近平新时代中国特色社会主义思想，认真落实党的十九大精神和决策部署，坚持稳中求进工作总基调，贯彻新发展理念，体现了以人民为中心的发展思想，是一个高举旗帜、求真务实、改革创新、凝心聚力的好报告。

（四）会议坚决拥护中共中央关于部

分修改宪法的决策部署、坚决拥护宪法修正案。委员们讨论了宪法修正案草案，认为这次宪法修改，为坚持和维护以习近平同志为核心的党中央权威和集中统一领导、坚持和发展中国特色社会主义、实现中华民族伟大复兴提供了有力宪法保障。一致表示，坚决拥护确立习近平新时代中国特色社会主义思想在国家政治和社会生活中的指导地位，调整充实中国特色社会主义事业总体布局和第二个百年奋斗目标的内容，完善依法治国和宪法实施举措，充实和完善坚持与加强中国共产党全面领导的内容，修改国家主席任职方面的有关规定，增加有关监察委员会的各项规定，以及对宪法作出的其他修改。

汪洋同志在大会闭幕会上发表重要讲话，强调人民政协是政治组织，必须旗帜鲜明讲政治；人民政协是人民民主的重要制度，必须以人民为中心履职尽责；人民政协是专门协商机构，必须求真务实提高协商能力水平。要求广大委员做好新修订章程施行第一年的“委员作业”，用自己的实际行动交上一份好的履职报告。

二、会议主要特点

（一）党中央高度重视。习近平总书记多次主持召开中央政治局常委会会议，研究审议政协常委会工作报告、政协章程修正案等会议文件，批准会议指导思想和工作方案，听取全国政协党组汇报，强调要精心组织“两会”的各项议程，大兴调查研究之风、充分发扬民主，坚持正确舆论导向、广泛凝聚正能量，持之以恒改进会风、防止不良风气反弹。党的十九届三中全会审议了全国政协领导人员人选建议名单，并对贯彻党中央意图、保证党中央提出的人事安排顺利实现提出明确要求。3月3日，习近平总书记在“两会”党员负责人会议上发表重要讲话，进一步就开好“两会”提出要求。党中央决定成立以汪洋同志为组长的全国政协十三届一次会议党的领导小组，负责按照党中央部署和要求，研究处理会议进程中的重大问题。有中共党员的委员小组设中共临时党小组，负责贯彻落实习近平总书记、中共中央和会议党的领导小组有关指示精神。3日晚，各驻地党员分别传达学习习近平总书记在“两会”党员负责人会上的重要讲话，集中过一次党的组织生活。这些都为开好大会提供了重要的政治保证和组织保障。

（二）旗帜鲜明讲政治。会议坚持以习近平新时代中国特色社会主义思想为指导，全面贯彻党的十九大和十九届二中、三中全会精神，着力引导广大委员牢固树立“四个意识”，坚决维护习近平总书记的核心地位，坚决维护党中央权威和集中统一领导，坚持和完善中国共产党领导的多党合作和政治协商制度，坚定不移走中国特色社会主义政治发展道路。坚持正确舆论导向，加强对热点问题、敏感问题的正面引导，展示了新气象，弘扬了正能量。

（三）民主氛围浓厚。习近平总书记等中央领导同志率先垂范，深入小组听取意见建议，与委员面对面互动交流，回应委员关切。党中央、国务院103个部门和单位负责同志427人次列席全体会议和参加小组（联组）讨论。国务院和最高人民法院、最高人民检察院派专人参加小组（联组）讨论，覆盖全部58个委员小组。委员们珍视民主权利，践行协商民主理念，会前深入调查研究，会上真诚协商、务实议政，通过提案、大会发言、小组讨论、界别协商、反映社情民意信息等形式，道实情、建良言，努力通过协商出办法、出共识、出感情、出团结。会议开得生动活泼，充分发挥了人民政协作为社会主义协商民主的重要渠道和专门协商机构作用，彰显了中国特色社会主义民主政治的独特优势和社会主义协商民主的生机活力。

（四）会议风清气正。会议认真贯彻习近平总书记关于改进大会会风的重要指示精神和中央“八项规定”精神，结合政协换届会议要求，制定严肃会风会纪八项具体措施，突出强调严守党的政治纪律、组织人事纪律和换届纪律，坚决防止“四风”反弹回潮，杜绝相互宴请、收礼送礼，不搞与会议无关的参观聚会、娱乐演出等活动。大会秘书处坚持每天召开工作调度会，掌握动态，部署工作，狠抓落实。会风会纪督查组全程督查，发现苗头性问题第一时间提醒纠正。委员们认真履职，严格自律，开幕会出席率达99.58％，五次全体会议出席率均在97.45％以上，会议全程实现违纪违规问题“零报告”、意见箱问题反映“零报告”和监督电话问题反映“零报告”。

三、会议主要成果

（一）进一步夯实了共同思想政治基础。委员们按照会议主题，围绕学习贯彻习近平新时代中国特色社会主义思想和党的十九大精神，做好新时代人民政协工作，深入思考、广泛讨论，增进了对中国共产党和中国特色社会主义的政治认同、思想认同、理论认同、情感认同，坚定了“四个自信”，在事关道路、制度、旗帜、方向等根本问题上进一步统一了思想、意志、步调。

（二）进一步明确了履职方向。今年是全面贯彻党的十九大精神的开局之年，是决胜全面建成小康社会、实施“十三五”规划承上启下的关键之年，也是十三届全国政协履职的起步之年。委员们表示，要立足我国发展新的历史方位，把握我国社会主要矛盾变化，以实现第一个百年奋斗目标、向第二个百年奋斗目标迈进为履职主攻方向，以解决好不平衡不充分的发展问题为工作着力重点，贯彻落实新发展理念，紧扣人民日益增长的美好生活需要，紧扣经济社会发展实际，紧扣贯彻落实党的十九大精神需要解决的问题，选准议题扎实调研，深入协商集中议政，强化监督助推落实；瞄准抓重点、补短板、强弱项，聚焦打好防范化解重大风险、精准脱贫、污染防治的攻坚战献计献策，使各项履职活动更加契合中心任务，更加符合决策需要，更加体现人民心声。

（三）进一步提高了协商议政成效。会议收到委员大会提案5360件，经严格审查立案4438件。收到大会发言433篇，27位委员作了大会口头发言。收到反映社情民意信息134篇，转送相关部门28件。编发简报83期、快报21期。收到委员和群众来信2281件，接待来访4批4人次。委员们围绕抓好全面深化改革、深化供给侧结构性改革、建设现代化经济体系、打好防范化解重大风险攻坚战、打好精准脱贫攻坚战、打好污染防治攻坚战、实施乡村振兴战略、推进区域协调发展战略、培育和践行社会主义核心价值观、发展公平而有质量的教育、实施健康中国战略、深化“放管服”改革、支持民营企业发展、推进司法体制改革、打造共建共治共享的社会治理格局等重点问题，提出一批高质量的意见建议。

（四）进一步强化了委员责任。新修订的政协章程增设“委员”一章，对委员的条件、职责、权利、义务、产生、管理、退出等作出明确规范。会议强调，政协委员是人民政协工作的主体，既是荣誉，更是责任，做好新时代人民政协工作，必须全面增强履职本领。要按照懂政协、会协商、善议政和守纪律、讲规矩、重品行的要求，切实提高政治把握能力、调查研究能力、联系群众能力、合作共事能力。要深入基层、沉到一线，开展调查研究，做到言之有据、言之有理、言之有度、言之有物。要珍惜荣誉、牢记使命，遵守宪法法律和政协章程，自觉践行社会主义核心价值观，驰而不息转作风、改作风，切实发挥在政协工作中的主体作用、本职工作中的带头作用、界别群众中的代表作用。

政协第十三届全国委员会常务委员会第一次会议 3月15日，十三届全国政协党组召开第一次会议，宣布党中央关于政协第十三届全国委员会党组组成人员的决定，审议通过全国政协党组2018年工作要点，研究讨论主席会议将要审议的有关事项。汪洋同志发表重要讲话，强调政协党组肩负着实现党对政协领导的重大政治责任，首要任务是确保中央大政方针和决策部署不折不扣地贯彻落实到政协全部工作之中，切实发挥把方向、管大局、保落实的领导核心作用。要全面加强党的政治建设、思想建设、组织建设、作风建设、纪律建设，把制度建设贯穿其中，确保新时代党的建设总要求在人民政协落到实处。要以党的政治建设为统领，把党的组织建设好、把党员队伍建设好，使党组织通过政协这个平台实现好对各民主党派和各界人士的领导，团结带领他们为实现中华民族伟大复兴共同奋斗。

3月15日至16日，政协十三届常务委员会召开第一次会议。会前召开了常委中的党员会议，先在党内统一思想，并就加强党对政协工作的领导提出原则意见。本次常委会会议按照中共中央统一部署，依照政协章程，决定了全国政协专门委员会设置，审议通过了全国政协副秘书长和各专门委员会主任、副主任名单，完整构建了全国政协工作机构体系。

汪洋同志在闭幕会上作了重要讲话，重点强调了三个问题：一是全面深刻把握习近平总书记关于人民政协工作的重要思想。习近平总书记关于人民政协工作的重要思想，为新时代人民政协事业发展提供了科学理论指导和行动指南，我们一定要系统地领会把握，真正学懂弄通做实，切实贯彻到人民政协履行职能的各方面和全过程。二是扎实做好今年的各项工作。重点抓好政协委员学习培训、重大协商议政活动、政协章程的学习宣传贯彻、政协协商民主重大改革举措落实和各项经常性工作，研究新情况、解决新问题。三是努力提高履职工作实效和水平。加强党对政协工作的领导，抓好政协系统党的建设。常委会组成人员是政协组织的“关键少数”，要在加强学习、坚定信念上走在前面，在求真务实、提质增效上走在前面，在严守纪律、清正廉洁上走在前面，在团结民主、合作共事上走在前面。

会议期间，委员们围绕经济社会发展提出的有关意见和建议，大会秘书处已通过提案、政协信息、简报、快报等形式向中央领导同志和有关部门及时作了反映。

全国政协十三届一次会议提案交办会 2018年3月27日上午，全国政协十三届一次会议提案交办会在政协礼堂举行。张庆黎副主席出席并讲话，夏宝龙副主席兼秘书长主持。

张庆黎在讲话中强调要提高政治站位，充分认识做好今年提案办理工作的重要意义；要坚持质量第一，真诚平等协商、突出重点办理、举一反三办理、开诚布公答复，切实提升提案办理工作水平；要加强领导明确责任、加强督促推动落实，加强协作形成合力，圆满完成今年提案办理工作任务。

中共中央办公厅副主任陈世炬、国务院副秘书长李宝荣出席并对承办单位提出工作要求。全国政协副秘书长潘立刚、机关领导班子成员常荣军，提案委员会副主任支树平、田杰、郭庚茂、戚建国、蒋定之、臧献甫，其他专门委员会副主任冯健身、张志勇、高波、丛兵、徐敬业、罗黎明、吴国华、金学锋、孙庆聚，部分中央和国家机关负责同志，提案承办单位和全国政协办公厅有关室局同志参加。会后，与会承办单位相关部门进行集中调整和交办全国政协十三届一次会议提案。

十三届全国政协专门委员会主任会议暨学习研讨班 政协第十三届全国委员会专门委员会主任会议暨学习研讨班3月28日在北京举行。全国政协主席汪洋出席会议并讲话。全国政协副主席张庆黎作动员讲话。全国政协副主席兼秘书长夏宝龙主持会议。全国政协副主席刘奇葆、卢展工、王正伟、马飚、杨传堂、李斌、汪永清，各专门委员会主任、副主任出席会议。

汪洋主席强调，政协专门委员会是政协大会闭幕后的经常性工作机构，在政协履行职能中发挥着重要作用。要认真学习贯彻习近平总书记关于人民政协工作的重要思想，牢固树立“四个意识”，坚定“四个自信”，充分发挥专委会团结联系委员、协商民主平台等基础性作用，紧紧围绕党和国家中心工作资政建言，紧紧围绕中华民族伟大复兴凝聚智慧力量，不断开创政协专委会工作新局面，为人民政协事业发展进步作出新贡献。

汪洋主席指出，中共十九届三中全会把优化政协专委会设置纳入党和国家机构改革的总体设计，为完善政协专委会设置，更好发挥专委会作用提供了组织保障。各专委会要适应新时代新要求，切实增强做好专委会工作的责任感和使命感，努力提高专委会工作水平。要加强学习培训，把学习领会习近平新时代中国特色社会主义思想特别是关于人民政协工作的重要思想作为首要任务，突出学习的政治性、理论性、时代性，认真学习新修订的政协章程等，熟练掌握政协工作特别是专委会工作的特点规律；要大兴调查研究之风，把加强调查研究作为提高专委会协商议政水平的基础环节来抓，在求深、求实上下功夫；要树立正确工作理念，以求真务实的态度努力提高工作质量；要切实落实全面从严治党主体责任，着力抓好专委会党的建设，形成以党建带队伍、促工作的良好局面。

汪洋主席强调，各专委会要紧密结合全国政协工作总体部署，进一步完善协商议政格局，综合运用专题议政性常委会议、专题协商会、双周协商座谈会等形式，更加灵活、更为经常地开展协商议政活动，完善对口协商和界别协商，积极探索网络议政、远程协商等新形式，完善提高建言资政质量的机制，探索凝聚智慧力量的方式，努力形成完整的制度程序和参与实践。

从集中学习到分组讨论，各专委会主任、副主任深入研究思考，踊跃发言交流，相互学习借鉴，为进一步完善工作思路和举措，就做好专委会工作提建议、出实招、想办法。专委会主任和副主任一致认为，做好新时代人民政协和专委会工作，重中之重是用习近平新时代中国特色社会主义思想武装头脑、指导实践、推动工作。要把这一重要思想作为统揽工作的总纲、政治引领的灵魂、履职尽责的指南，认真学习领会，不断学、反复学、深入学，原原本本地学，一个观点一个观点地领会，在学懂弄通做实上下功夫，做到知信行统一、学思用贯通。

向不再连任的全国政协常委和委员颁发纪念证牌活动 2018年4月24日，全国政协在京隆重举行仪式，向不再连任的在京十二届全国政协常委颁发纪念证牌。全国政协主席汪洋出席仪式并讲话，代表全国政协向各位常委致以崇高的敬意和衷心的感谢。他说，各位常委在习近平新时代中国特色社会主义思想指引下履职尽责、不懈努力，为人民政协事业留下了宝贵财富，将激励着新一届政协委员在新时代接续奋斗。

汪洋指出，十二届全国政协的五年，是党和国家发展进程中极不平凡的五年，也是人民政协事业在继承中发展、在发展中创新的五年。各位常委作为亲历者、实践者和见证者，始终同党和国家同呼吸、共命运，同人民政协一道前行、共同进步，坚持围绕中心、服务大局，为党和国家重大决策部署的制定和贯彻落实作出了积极贡献，为人民政协增添了新的光彩。

汪洋强调，中国特色社会主义进入新时代，中共十九大描绘了新时代坚持和发展中国特色社会主义的宏伟蓝图，人民政协肩负着更为重大的责任和使命。在以习近平同志为核心的中共中央坚强领导下，在历届政协委员、常委的大力支持下，人民政协一定能够谱写新时代的新篇章，为实现中华民族伟大复兴的中国梦作出新的更大贡献。

全国政协副主席张庆黎出席颁发纪念证牌仪式，全国政协副主席兼秘书长夏宝龙主持。十二届全国政协常委、经济委员会主任周伯华代表不再连任的十二届全国政协常委发言。

2018年5月16日、20日，全国政协在澳门、香港分别举行仪式，向不再连任的港澳地区十二届全国政协常委和委员颁发纪念证牌和荣誉证。全国政协副主席董建华、何厚铧、梁振英出席活动并颁发纪念证牌和荣誉证。

京外常委和委员的纪念证牌委托各省、自治区、直辖市政协主席代为颁发，京内委员的证牌由全国政协办公厅邮寄。

全国地方政协秘书长工作会议 2018年5月8日至9日，全国地方政协秘书长工作会议在内蒙古自治区呼和浩特市召开。这次会议的主要任务是，深入学习贯彻习近平新时代中国特色社会主义思想和党的十九大精神，学习贯彻习近平总书记关于加强和改进人民政协工作的重要思想，学习贯彻新修订的党章、宪法和政协章程，贯彻落实全国政协近期关于人民政协工作的新部署新要求，加强对新时代人民政协工作特点的研究，探索提高政协工作质量的有效方法，着力推动党中央决策部署落实到位，推动全国政协党组各项工作要求落实到位。

一、会议基本情况

这次会议历时一天半，共安排2次全体会议，1次分组讨论。全国政协秘书长、部分副秘书长和机关党组成员，各省区市政协秘书长、研究室主任及副省级市政协秘书长，全国政协办公厅相关部门负责同志等近90人参加会议。内蒙古自治区政协主席及各盟市政协主席和秘书长列席了会议。8日下午，全国政协副主席兼秘书长夏宝龙同志主持召开第一次全体会议，首先传达学习了汪洋主席关于开好会议的重要批示，随后进行了大会发言，全国政协副秘书长潘立刚、朱永新、舒启明同志分别围绕“打造政治过硬、服务优质、协调顺畅、落实到位的一流机关”“人民政协是民主党派的辽阔天地”“政协章程修改的几个问题”作了发言，全国政协办公厅研究室、秘书局负责同志，新疆维吾尔自治区、内蒙古自治区政协秘书长和浙江省、湖南省政协研究室负责同志分别结合各自工作实际作了发言。9日上午，与会同志分成3个小组，紧扣会议主题进行了研讨交流。9日下午，潘立刚同志主持召开第二次全体会议，夏宝龙同志作了总结讲话。8日晚上，夏宝龙同志还专门同住呼和浩特市的16名全国政协委员进行座谈，听取对政协工作的意见建议。

二、夏宝龙同志讲话主要内容

夏宝龙同志在讲话中指出，做好新时代人民政协工作和机关工作，当前首要任务就是深入学习贯彻习近平新时代中国特色社会主义思想，特别是习近平总书记关于加强和改进人民政协工作的重要思想，坚持把习近平新时代中国特色社会主义思想作为统揽政协各项工作的总纲。十三届全国政协开局以来，汪洋主席就认真学习贯彻习近平新时代中国特色社会主义思想和党的十九大精神，着力提高政协工作质量，做好新一届政协工作提出一系列新部署新举措新要求。各级政协和机关要认真学习、深刻领会、狠抓落实，确保这些新部署新举措新要求落地生根、开花结果。

夏宝龙同志重点围绕做好新时代人民政协机关工作，讲了四点意见。一要强化理论武装，增强政治定力，坚持用习近平新时代中国特色社会主义思想指导政协机关工作实践。习近平新时代中国特色社会主义思想，是马克思主义中国化最新成果，是21世纪马克思主义、当代中国马克思主义。要按照学懂弄通做实的要求，一个专题一个专题地安排学习，着力把握核心要义、精神实质，在明理明道、入脑入心、落地落实上下功夫，切实把理论武装的成果体现在坚定理想信念上，体现在政治担当上，体现在服务大局上，真正使习近平新时代中国特色社会主义思想成为指导和做好政协机关工作的统揽之“纲”。二要聚焦工作质量，压实工作责任，确保各项工作任务落地见效。提高政协工作和机关工作质量，是完善中国特色社会主义政治制度的重要内容，是彰显我国社会主义民主政治优势的重要方面。要把提质增效贯穿机关工作全过程和各方面，紧扣党和国家工作大局，吃透中央精神，抓好各项任务分解落实；盯住重点难点，集中力量打好攻坚战；坚持问题导向，不断研究新情况解决新问题，确保各项工作任务落地见效。三要改进调研方式，增强调研实效，以调研成果的高质量促进工作质量大提升。调查研究是做好政协工作的核心环节，是基础中的基础，也是政协机关服务政协履职、提高政协工作质量的基本途径。要贯彻落实习近平总书记指示精神和党中央要求，切实加强和改进调查研究工作，确定课题树立问题意识，调研过程力戒形式主义，起草报告力求精品力作，努力做到用心座谈走访、细心摸清情况、潜心研究问题、精心提出对策，切实察实情、出实招、求实效，不断提高调研质量和水平。四要树立正确导向，强化责任担当，努力建设高素质政协机关干部队伍。机关工作千头万绪、任务繁重、责任重大，必须按照习近平总书记提出的“四个铁一般”“五个过硬”等重要要求，着力建设靠得住、跟得上、干得实、扛得起、行得正的高素质政协机关干部队伍，努力做到“文经我手无差错、事交我办请放心”。靠得住，就是政治上要绝对过硬。跟得上，就是能力上要胜任岗位。干得实，就是工作上要严谨细致。扛得起，就是责任上要敢于担当。行得正，就是廉洁上要干干净净。

夏宝龙同志强调，政协秘书长一定要不忘初心、不辱使命，以恪尽职守诠释责任，以奋发有为回应期待。一要到位不越位，当好“参谋长”。要有政治意识、大局意识、超前意识，能谋善谋，当好政协党组、主席会议和常委会的“智囊”和助手。二要到位不缺位，当好“大队长”。要抓落实，讲民主，重创新，保质保量组织实施好各项工作部署。三要到位不失位，当好“大管家”。要有规范意识，善于统筹协调，从严管理干部，在作风上率先垂范，切实把好方向、抓好班子、带好队伍。最后，希望大家认真学习领会习近平总书记的几篇重要讲话：一是习近平总书记在十九届中央政治局第五次集体学习时的讲话和在纪念马克思诞辰200周年大会上的讲话，同时要认真重温《共产党宣言》等马克思主义经典著作；二是习近平总书记在纪念周恩来同志诞辰120周年座谈会上的讲话，同时要认真学习周恩来同志的《我的修养要则》；三是习近平总书记在庆祝人民政协成立65周年大会上的讲话；四是习近平总书记在十三届全国人大一次会议闭幕会上的讲话。

会议期间，与会同志和住呼和浩特市全国政协委员针对如何做好新时代政协工作和机关工作，围绕学习贯彻习近平总书记关于加强和改进人民政协工作的重要思想、更好发挥政协组织团结统战功能、积极推进人民政协协商民主实践、加强和改进调查研究、强化对委员的学习培训和服务管理、推进政协机关建设、加强对地方政协的联系和指导、抓好政协党的建设等方面，提出了一些好的意见建议。全国政协办公厅将认真研究采纳，体现和落实到实际工作中。

“健全系统性金融风险防范体系”专题协商会 2018年5月15日，全国政协在京召开“健全系统性金融风险防范体系”专题协商会。中共中央政治局常委、全国政协主席汪洋主持会议并讲话。他强调，防控金融风险事关国家安全、发展全局、人民群众财产安全，是实现高质量发展必须跨越的重大关口，是必须打好的攻坚战。十三届全国政协第一次专题协商会选取这一议题开展协商，是人民政协围绕中心、服务大局的体现。要更好发挥政协协商平台建言资政和宣传党和政府政策主张、凝聚共识的作用，把专题协商会这一民主形式坚持好、发展好、完善好。

24位委员在会上发言。委员们认为，以习近平同志为核心的党中央高度重视防范和化解金融风险工作并作出一系列重大决策部署，有关方面做了大量卓有成效的工作，金融风险处置取得初步成果。委员们建议，要牢固树立和贯彻落实新发展理念，坚持稳中求进工作总基调，坚持金融服务实体经济的根本宗旨，标本兼治、精准施策，在保持经济金融平稳运行的前提下逐步化解风险。要着力加强制度建设，补齐防范金融风险的制度短板，加快健全金融基础设施，完善社会信用体系，建立金融监管协调机制，健全地方债务会计准则和信息披露制度，构建房地产市场健康发展的长效机制。要坚决整治非法金融乱象，全面加强各类金融活动的监管，引导互联网金融等金融新业态健康发展。

中共中央政治局委员、国务院副总理刘鹤出席会议并讲话。他指出，党的十九大以来，在以习近平同志为核心的党中央领导下，金融监管体系建设和金融风险处置取得积极成效，金融开放步伐明显加快。要把服务实体经济作为金融工作的出发点和落脚点，实现稳健中性货币政策与严格监管政策有效组合，促进经济高质量发展。要坚决治理金融乱象，补齐制度短板，完善金融基础设施，改革和优化金融体系，加强干部人才队伍建设，建立风险防范化解责任制，坚决惩治腐败。要建立良好的行为制约、心理引导和全覆盖的监管机制，使全社会都懂得，做生意是要有本钱的，借钱是要还的，投资是要承担风险的，做坏事是要付出代价的。他强调，我国有诸多有利条件，将以改革发展的办法主动解决前进中的问题，完全有信心有能力打赢防范化解金融风险攻坚战。

全国政协副主席张庆黎主持上午的会议。全国政协副主席梁振英、辜胜阻在会上发言。全国政协副主席董建华、何厚铧、陈晓光、夏宝龙、巴特尔、刘新成出席会议。人民银行负责同志介绍了情况，中共中央、国务院有关部门和单位负责同志到会听取意见建议，与委员互动交流。

全国政协系统党的建设工作座谈会 经党中央批准，2018 年 6 月 22 日至 23 日在北京召开了全国政协系统党的建设工作座谈会，专题研究部署人民政协党的建设工作，这在人民政协历史上是第一次。这次会议是全国政协深入学习贯彻习近平新时代中国特色社会主义思想和党的十九大精神的重要举措，是全面贯彻新时代党的建设总要求、坚定不移坚持党对人民政协工作全面领导、不断提高全国政协系统党的建设质量和水平的集中动员部署，是今年人民政协的一件大事。

一、会议基本情况

这次会议历时一天半，共安排 2 次全体会议、1 次分组讨论。中共中央政治局常委、全国政协主席、党组书记汪洋同志出席会议并作重要讲话。参加会议的有：全国政协党组成员、机关党组成员、各专门委员会分党组书记和副书记，各省区市及副省级市政协党组书记，部分地级市、县级政协党组负责同志。中央纪委、中央组织部、中央宣传部、中央统战部、中央和国家机关工委有关负责同志应邀到会给予指导。会议传达学习了习近平总书记关于加强党对人民政协工作领导的重要论述和十三届全国政协党组对加强政协党的建设的部署安排，有关省区市、副省级市、地级市、县级政协党组和全国政协专门委员会分党组及机关基层党组织的负责同志共 14 人作了大会发言，会议还进行了分组讨论，并对《关于加强新时代人民政协党的建设工作的若干意见（稿）》提出修改意见。

为开好这次会议，全国政协党组切实加强对筹备工作的领导。汪洋同志多次就筹备工作作出指示，两次主持召开全国政协党组会议专题进行研究。5 月下旬，派出 3 个调研组，分别由党组成员带队，赴辽宁和青海、贵州和广西、宁夏和湖北等地专题调研。各省区市政协党组认真总结近年来政协党的建设工作，形成专题报告。全国政协党组听取了调研情况和各地党建工作情况汇报，组织起草了《关于加强新时代人民政协党的建设工作的若干意见（稿）》。这些都为召开这次会议奠定了扎实基础。

会议期间，与会同志按照会议议程，聚精会神、心无旁骛开好会，开展热烈、深入、务实讨论。大家一致认为，在中国特色社会主义进入新时代、全国各族人民深入学习贯彻习近平新时代中国特色社会主义思想和党的十九大精神、新一届政协履职的开局之年，组织召开全国政协系统党的建设工作座谈会，立意高远、主题鲜明、时机很好，充分体现了全国政协党组坚决维护习近平总书记的核心地位、坚决维护党中央权威和集中统一领导的高度政治自觉和坚强决心，必将在思想上政治上组织上对新时代人民政协事业发展进步产生重要推动作用。

二、会议主要收获

（一）统一了思想。与会同志结合新时代人民政协工作实际，认真学习以习近平同志为核心的党中央关于全面从严治党的重大决策部署，学习习近平总书记关于加强和改进人民政协工作的重要思想特别是关于加强党对人民政协工作领导的重要论述，着力把握核心要义和精神实质，增强“四个意识”，坚定“四个自信”，在坚持党的领导这一最根本的政治原则上进一步统一了思想，在坚决维护习近平总书记的核心地位、坚决维护党中央权威和集中统一领导上进一步统一了思想，在全面加强新时代人民政协党的建设、确保党的全面领导落到实处上进一步统一了思想。

（二）交流了经验。各级政协党组织通过大会发言、小组讨论，围绕以党的政治建设为统领、狠抓党的组织建设和党的工作的广覆盖、加强制度供给为党建工作提供机制保障、推进党的建设工作与政协履职活动深度融合、强化考核形成齐心协力抓党建的良好局面等，介绍了近年来特别是党的十八大以来推进党的建设的情况。大家在发言和讨论中，既交流有益经验、也剖析存在问题，又提出对策思路；既有经典案例，也有理论思考，又有认识体会，达到了相互学习、共同提高的目的。

（三）强化了责任。与会同志通过集中学习研讨，进一步深化了对加强新时代政协党的建设重大意义的认识，强化了抓好政协党的建设的责任感和使命感。大家深刻认识到，抓好党建是本职、不抓党建是失职、抓不好党建是不称职。大家纷纷表示，要牢固树立抓好党建是最大政绩的理念，把坚持党的全面领导作为根本的政治担当，增强全面从严治党的政治自觉、思想自觉和行动自觉，认真履行党组主体责任、党组书记第一责任人责任和党组成员"一岗双责"，努力形成党组部署、书记主抓、分工负责、支部落实的党建工作责任制，切实把政协党建工作抓紧抓实抓到位、抓出成效。

（四）明确了任务。与会同志紧紧围绕贯彻落实新时代党的建设总要求、做好新时代人民政协党的建设工作，深入思考、广泛讨论，进一步明确了今后的努力方向、目标任务和着力重点。大家一致表示，做好新时代政协党建工作，必须坚持党的全面领导，坚持全面从严治党；必须以党的政治建设为统领，全面推进政协党的各项建设，着力在切实担负起实现党对人民政协领导的政治责任、坚持用习近平新时代中国特色社会主义思想武装头脑、推进政协党的组织和党的工作有效覆盖、驰而不息改进作风、坚持用严明的纪律推进全面从严治党等方面下功夫；必须立足于更好发挥政协中的党组织和党员作用，完成好把党中央的决策部署和对政协工作的要求落实下去、把海内外中华儿女实现中华民族伟大复兴的智慧和力量凝聚起来这两大任务，全面提升政协党建工作水平。

三、汪洋同志讲话主要内容

汪洋同志重点讲了四个问题。

第一个问题，为什么要加强政协党的建设。汪洋同志首先重温习近平总书记今年1月在新进中央委员会的委员、候补委员和省部级主要领导干部学习贯彻习近平新时代中国特色社会主义思想和党的十九大精神研讨班上重要讲话的有关论述，强调习近平总书记的重要讲话思接我们党的奋斗历史、中华民族的奋斗历史，立足"两个伟大革命"，面向实现中华民族伟大复兴，精辟阐述了一以贯之推进党的建设新的伟大工程的极端重要性，是我们理解和把握新时代党的建设战略部署的"钥匙"。人民政协事业是党领导人民进行伟大社会革命的重要组成部分，政协党的建设是全党进行伟大自我革命的重要组成部分，必须从"两个伟大革命"的高度来认识加强政协系统党的建设的重大意义。

人民政协是具有中国特色的制度安排，加强政协党的建设是坚持这一制度安排的根本保证。人民政协是在中国共产党领导下建立的，也是在中国共产党领导下发展的。历史和现实证明，党兴则政协兴，党强则政协强。加强政协党的建设，关系到人民政协制度优势和特色的发挥，关系到我国政治制度整体效能的发挥，关系到坚持和发展中国特色社会主义这场伟大社会革命的进程。

协商民主是实现党的领导的重要方式，加强政协党的建设是发挥人民政协作为社会主义协商民主的重要渠道和专门协商机构作用的根本保证。政协作为专门协商机构，开展工作主要靠政协的党组织、委员中的党员发挥作用，通过协商凝聚共识，带动广大委员来实现党的意图。如果不加强党的建设，就会出现到底谁影响谁的问题。只有政协党组织具备强大战斗力和凝聚力，才能发挥先锋队作用，才能具有团结、联系、凝聚各方面的资格、能力与水平。

坚持党的领导是人民政协的光荣传统和重要经验，加强政协党的建设是实现党对人民政协领导的根本保证。人民政协的历史是一部坚持党的领导、加强党的思想政治引领的历史，是一部政协党组织和广大党员团结政协各参加单位、各人民团体、各族各界人士投身革命、建设、改革实践的历史。

第二个问题，充分肯定成绩、清醒认识不足。汪洋同志指出，坚持和加强党的领导，是党的十八大以来以习近平同志为核心的党中央推进人民政协事业发展的鲜明特点。党中央对人民政协工作作出战略部署，党的全面领导在人民政协工作各方面各环节不断加强，一系列重大措施有力展开。建立中央政治局常委会定期研究政协工作制度，理顺党在政协的领导体制；全国政协党组加强制度建设，认真执行请示报告制度，明确全面从严治党主体责任。在党中央坚强领导下，各级政协组织认真加强党的建设，取得新的成绩。一是扎实推进思想政治建设。二是认真落实主要工作制度。三是广泛开展具有政协特点的组织建设和组织活动。四是积极探索发挥党员委员作用的方式方法。五是切实加强党风廉政建设。这些为政协系统进一步加强党的建设提供了可资借鉴的经验和思路。

在看到成绩的同时，也要看到存在的问题和不足。一是思想认识有偏差，二是政治引领重视不够，三是组织设置不健全，四是工作覆盖有盲区，五是政协特色不明显，六是党员委员作用不到位。存在这些问题的原因，一是没有真正认识到政协党组肩负着实现党对人民政协领导的重大政治责任；二是没有真正认识到统战工作是党的特殊的群众工作、政协这一统战组织是最需要加强党的建设的地方；三是对做好政协工作是实现党的领导的重要方式、政协工作的特殊性更需要加强党的建设认识不足。要以解决问题为导向，切实加强政协系统党的建设。

第三个问题，加强政协党的建设的总体要求和主要任务。汪洋同志强调，加强政协党的建设，最根本的就是结合政协实际，把新时代党的建设总要求贯彻落实好。总体要求是：全面学习贯彻习近平新时代中国特色社会主义思想和党的十九大精神，坚持党的全面领导，坚持全面从严治党，按照新时代党的建设总要求，以党的政治建设为统领，全面推进人民政协党的政治建设、思想建设、组织建设、作风建设、纪律建设，把制度建设贯穿其中，深入推进反腐败斗争，改进工作方式方法，发挥各级政协党组在政协工作中的领导核心作用、基层党组织的战斗堡垒作用、政协组织中共产党员的先锋模范作用，把党中央的决策部署和对政协工作的要求落实下去，把海内外中华儿女实现中华民族伟大复兴的智慧和力量凝聚起来，共同为实现党的十九大确定的目标任务而奋斗。

第一，加强政治建设。首要任务是坚决维护习近平总书记的核心地位、坚决维护党中央权威和集中统一领导。人民政协要提高政治站位、增强“四个意识”，在政治立场、政治方向、政治原则、政治道路上同党中央保持高度一致。政协组织中的党组织和党员要增强政治意识，凡是党中央决定的事情必须坚决执行，决不能打折扣搞变通。要加强思想政治引领，牢牢守住政治底线的圆心，把在一些敏感点、风险点、关切点问题上强化思想政治引领同经常性思想政治工作结合起来，引导广大委员始终同党同心同德、同心同向、同心同行。

第二，加强思想建设。最重要的是以习近平新时代中国特色社会主义思想武装头脑、指导实践、推动工作。广大党员要在学懂弄通做实上下功夫，先学一步、学深一层，带头学出觉悟、学出信仰、学出担当，带动广大委员的学习，夯实团结奋斗的共同思想政治基础。要坚持和创新学习制度，形成学习制度体系，推动实现以党员领导干部为重点的学习全覆盖。

第三，加强组织建设。要进一步明确政协党组、机关党组、专委会分党组、机关党委和基层党支部等各类党组织之间的关系，厘清各自职责定位，形成上下衔接、立体覆盖、各尽其责、无缝对接的组织网络，更好发挥政协党组织的整体功能。当前迫切需要抓好完善党的组织设置、做到党的工作无盲区两方面工作，努力实现党的组织对所有党员的全覆盖，党的工作对所有工作对象的全覆盖。

第四，加强作风建设。当前最重要的是锲而不舍贯彻落实中央八项规定和实施细则精神，继续在常和长、严和实、深和细上下功夫，坚决反对形式主义、官僚主义，坚决防止享乐主义、奢靡之风反弹回潮。政协的党组织和党员要在弘扬求真务实作风上作表率，在改进视察考察工作上作表率，在改进文风会风上作表率，在改进调查研究上作表率；要平等待人、善于协商，切忌居高临下、颐指气使，切实以党的作风建设带动各级政协组织驰而不息转作风、改作风。

第五，加强纪律建设。要把纪律挺在前面，用铁的纪律推进全面从严治党，坚决防止和纠正执行纪律宽松软的问题，坚决防止和反对个人主义、分散主义、自由主义，坚决反对搞两面派、做“两面人”，使铁的纪律成为党员的日常习惯和自觉遵循，带动广大委员自觉遵守宪法法律和政协章程，形成守纪律、讲规矩、重品行的良好风尚。

第四个问题，以务实举措抓好政协党的建设各项任务落实。一是要树立做好政协工作必须首先抓好党建的观念，以党的建设为统领，形成以党建带队伍、促工作的良好局面。二是政协党组要担负起党的建设重大政治责任，抓好理论武装和思想政治工作，抓好党的理论和路线方针政策的学习、宣传和贯彻执行，抓好党中央和上级党组织决策部署的贯彻执行，切实发挥好把方向、管大局、保落实的重要作用。三是要从实际出发积极探索创新，继续探索政协党的建设工作特点规律，创新工作方式方法，以创新推动政协党的建设工作水平不断提高。四是要改善和增加做好政协党的建设工作的制度供给，认真梳理现有党建工作制度，探索建立新的制度，使政协党的建设工作更加适应新时代政协工作需要。五是要加强督促指导，大力宣传推广好的经验做法，推动管党治党责任层层传导，形成一级抓一级的良好局面。

政协第十三届全国委员会常务委员会第二次会议 政协第十三届全国委员会常务委员会第二次会议，于2018年6月25日至27日在北京召开。

一、会议基本情况

为贯彻落实习近平总书记关于扶贫工作的重要论述和党的十九大关于坚决打好

精准脱贫攻坚战的重大部署，经党中央批准，本次专题议政性常委会会议以围绕“解决深度贫困地区脱贫问题”协商建言为议题，共安排3次全体会议、1次主席会议、2次专题分组讨论和1次常规分组讨论。中央政治局常委、全国政协主席汪洋同志出席会议，主持闭幕会并讲话。中央政治局委员、国务院副总理胡春华同志应邀出席开幕会，作了“万众一心夺取脱贫攻坚战全面胜利”的报告，并同常委们互动交流。全国政协副主席张庆黎同志主持开幕会。中央办公厅、国务院办公厅和有关部委的负责同志应邀参加全体会议和专题分组讨论，听取意见建议，并现场互动，介绍情况，宣传政策，回答问题。不是常委的各专门委员会副主任、副秘书长、机关党组成员，地方政协负责同志，以及43名全国政协委员列席会议，以促进委员更好履职和更加广泛地听取意见。会议共收到发言稿149篇，14位全国政协常委、委员作了大会发言，一些常委和委员反映了社情民意。会议经过表决，决定增补刘晓冰、陈因同志为第十三届全国政协委员；增补郭军同志为第十三届全国政协副秘书长；增补陈因同志为提案委员会驻会副主任，刘晓冰同志为文化文史和学习委员会驻会副主任；因年龄原因，田杰同志不再担任提案委员会驻会副主任，陈惠丰同志不再担任文化文史和学习委员会驻会副主任；接受史耀斌同志因工作原因请辞第十三届全国政协委员。会议书面审议了全国政协委员视察考察报告和全国政协外事出访报告。

全国政协党组对开好这次会议高度重视，汪洋同志多次提出明确要求，审定调研方案，作出具体部署。会前，卢展工、杨传堂、巴特尔、汪永清、何立峰、郑建邦等6位副主席分别带队，分8路赴云南、宁夏、广西、甘肃、青海等地深入调研，形成1个总报告和8个分报告。同时，邀请专家学者组成课题组，完成了“防范化解脱贫攻坚中的金融风险”“开发式扶贫与综合保障性扶贫并重”等4个专题研究报告。会议期间，与会常委和列席同志围绕贯彻落实党中央加快推进深度贫困地区脱贫攻坚重大决策部署，结合胡春华同志所作报告和前期专题调研工作，通过小组讨论、大会口头发言和书面发言等形式，积极建言资政。

二、胡春华同志在开幕会上报告的主要内容

胡春华同志在报告中指出，党的十八大以来，以习近平同志为核心的党中央把脱贫攻坚工作纳入“五位一体”总体布局和“四个全面”战略布局，作为全面建成小康社会的底线任务和标志性指标，作出一系列重大部署。脱贫攻坚工作不断深入，建立起了各负其责、各司其职的责任体系，精准扶贫、精准脱贫的工作体系，上下联动、统一协调的政策体系，强化保障、适应攻坚要求的投入体系，广泛参与、合力攻坚的社会动员体系，多渠道、全方位的考核监督体系，脱贫攻坚取得了决定性进展，创造了我国减贫史上最好成绩。但也要看到，脱贫攻坚面临的任务仍然十分艰巨。胡春华同志指出，党的十九大以来，脱贫攻坚战进入了新阶段。党中央、国务院出台《关于打赢脱贫攻坚战三年行动的指导意见》，全面部署今后三年脱贫攻坚工作。如期打赢三年脱贫攻坚战，必须按照党中央、国务院的部署，坚持目标标准，贯彻精准扶贫精准脱贫基本方略，扎实推进产业扶贫、就业扶贫、易地扶贫搬迁、生态扶贫、东西部扶贫协作、综合保障扶贫等重点举措。要注重做好风险防范工作，着重防范化解扶贫产业面对市场的风险、易地扶贫搬迁稳不住难脱贫的风险、金融扶贫小额信贷还款的风险、财政担保兜底的风险。要着力打造过硬攻坚队伍，加强作风建设，完善督战机制，激发贫困群众内生动力，为脱贫攻坚提供有力保障。胡春华同志强调，脱贫攻坚本来就是一场硬仗，而深度贫困地区脱贫攻坚是这场硬仗中的硬仗。集中力量推进深度贫困地区脱贫攻坚，要统筹各类资源，各级新增脱贫攻坚资金、项目、举措主要用于深度贫困地区，整合东西部扶贫协作和对口支援、中央单位定点扶贫、社会力量等各方面资源要素向深度贫困地区聚焦。要改善发展条件，推进深度贫困地区交通、水利、电力、互联网等基础设施建设，提高教育、医疗等基本公共服务水平。要解决特殊困难，全面实施“三区三州”健康扶贫行动，加强禁毒脱贫工作，推动人口较少民族贫困人口精准脱贫，大力实施守边固边工程，全面落实边民补助、住房保障等守边固边政策。要加大政策倾斜力度，中央财政进一步增加对深度贫困地区的转移支付，增加安排一般债券限额，新增金融资金优先满足深度贫困地区，新增金融服务优先布局于深度贫困地区，实行差异化的贷款利率，建立深度贫困地区城乡建设用地增减挂钩节余指标跨省调剂使用机制。要加强监测督导，对深度贫困县、深度贫困村进行跟踪监测和预警评估，开展工作督导，防止出现工作“死角”。

三、汪洋同志在闭幕会上讲话的主要内容

汪洋同志在闭幕会上讲话中强调，打赢精准脱贫攻坚战是党的十九大提出的三大攻坚战之一。本次常委会会议以围绕“解决深度贫困地区脱贫问题”协商建言为议题，是全国政协连续第三年聚焦精准扶贫这一重大议题开展协商议政，充分体现了人民政协围绕中心、服务大局的一贯原则，体现了人民政协工作的连续性，也体现了我国政治制度的鲜明特点和巨大优势，即对党中央重大决策部署，各党派团体、各族各界人士都坚决响应，同频共振、同向发力。汪洋同志指出，党的十八大以来，以习近平同志为核心的党中央高度重视扶贫事业，习近平总书记率先垂范，带领全党全国深入推进精准扶贫、精准脱贫，工作力度之大、规模之广、影响之深前所未有。我国脱贫攻坚取得了决定性进展，显著改善了贫困地区和贫困群众生产生活条件，谱写了人类反贫困历史新篇章。同时，脱贫攻坚面临的困难和挑战同样巨大，需要解决的突出问题依然不少，特别是深度贫困地区脱贫攻坚任务十分艰巨。汪洋同志强调，扶贫工作取得巨大成就归根到底靠的是政治优势和制度优势。从我国减贫史看，党的十八大以来的成绩是最好的，这与党的十八大以来党和国家事业的历史性变革是分不开的，是中国政治优势和制度优势在扶贫工作中的充分展现。我们建立了中国特色脱贫攻坚制度体系，这些制度变革是深层次、系统性、根本性的，是其他任何国家都做不到的。汪洋同志指出，扶贫工作存在的突出问题归根到底还是没有落实好精准扶贫的方略。党的十八大以来，按照习近平总书记的要求，扶贫的基本方略就是精准扶贫、精准脱贫。脱贫攻坚中存在一些不容忽视的问题和风险，都是因为没有把精准的要求贯彻落实到位，包括各种形式主义、官僚主义，扶贫工作中可能产生的风险等等，存在的这些突出问题或者是造成不精准的原因，或者是不精准造成的结果。解决存在的问题，必须继续在精准上下苦功夫、笨功夫，手把手、人对人地教，一把钥匙开一把锁地做，因地制宜、因人制宜，不断提高扶贫工作的精准度和实效性。汪洋同志强调，打赢脱贫攻坚战归根到底还要靠制度优势和精准施策。通过多年努力，贫困人口大幅减少，而各方面投入的资金、资源大幅增加，“分母”变小，“分子”变大，扶贫干部的质量提高，实践经验逐步丰富，工作条件在变好。习近平总书记今年2月在成都主持召开打好精准脱贫攻坚战座谈会时强调，“省负总责”要权责一致，把一些原来由部门决定的权力交给省区市，由省区市从实际出发确定扶贫的标准、方法等。这就能进一步发挥政治优势和制度优势，以问题为导向不断提高精准施策的水平。汪洋同志指出，在这次议政中，大家认识到提高扶贫质量不容易，我以为提高议政质量或许更难。像经济要高质量发展一样，提高议政质量应是人民政协今后要长期努力的方向。这次专题议政性常委会会议给我们几点启示：一是建言资政必须找准位置。政协建言资政必须先认认真真地调研，向实践学习，向有经验的人学习。我们短时间内掌握的情况很难有长期做实际工作的同志多，如果再没有学习精神，仅凭着制度赋予的话语权去指手画脚，是很难保证建言资政质量的。先当学生、后当先生，这是马克思主义认识论的常识，必须注意遵循。有了当好学生的姿态，不仅对了解情况有益，还能够提高协商的舒适度和协商的成效。二是扬长避短才能提高议政质量。政协人才济济，政协委员中有很多实践经验丰富、研究能力出众的人才，民主协商的制度可以让大家跳出既有思路想问题、提建议，特别是在分析研究问题的能力上有更大的优势。评价梨子的滋味，判别梨子的优劣，许多人可能不如梨农，但分析梨子的化学成分，改进梨子的品种，梨农可能不如有关专家。政协必须把握好议政优势，扬长避短，提出独到的见解，提出针对性和可操作性强的建议。议政是一门科学，必须努力找到其内在规律，全国政协要成立专门的小组研究提高议政质量的模式、方法。三是在参政议政中提升自我。参政议政同样需要“工匠精神”。如果没有把参政议政作为一项事业来做，没有打破砂锅问到底的精神，意识不到我们的工作态度关乎政协工作的质量，关乎基本政治制度实行的质量，参政议政很可能在一些同志那里就是“认认真真地走过场”。要把视察调研的过程作为广大委员进行自我教育、自我提高的重要实践途径，通过对实际生活直接深入的体验，增强履职尽责的责任感，提高尽责履职的能力水平。全国政协要研究建立建言资政质量的评价标准和评价方法，解决在参政议政中我们评价别人、谁来评价我们的问题。汪洋同志强调，下一步，全国政协将围绕9月召开习近平总书记关于加强和改进人民政协工作的重要思想理论研讨会，开展形式多样的学习研讨活动，把重点放到加强和改进上。习近平总书记要求“加强”，针对的是薄弱环节；习近平总书记要求“改进”，针对的是不足之处。要坚持问题导向，认真查找思想上工作上制度上的薄弱环节和不足之处，抓紧研究解决办法，推动新时代人民政协展现新气象、实现新作为。

会议期间举行了常委会第一次学习讲座，全国政协委员、中国科学技术大学常务副校长潘建伟同志作了题为“量子科学与技术的发展及应用”的专题报告，并回答提问。

“发展实体经济、提高供给体系质量”专题协商会 2018年7月10日，全国政协在京召开“发展实体经济、提高供给体系质量”专题协商会，中共中央政治局常委、全国政协主席汪洋出席并讲话。他强调，发展实体经济、提高供给体系质量，是建设现代化经济体系、实现高质量发展的必由之路。要深入学习贯彻习近平新时代中国特色社会主义经济思想，坚定信心、保持耐心、瞄准靶心，把发展经济的着力点放在实体经济上，把提高供给体系质量作为主攻方向，充分发挥市场配置资源的决定性作用和更好发挥政府的作用，不断增强我国经济创新力和竞争力。

26 位委员在会上发言。委员们认为，近年来各地区、各部门认真贯彻落实中共中央的决策部署，牢固树立新发展理念，坚持把振兴实体经济摆在经济工作的突出位置，坚持以供给侧结构性改革为主线，我国经济保持了增长平稳、结构优化、效益提升、动能转换的良好势头，成绩来之不易。同时也要看到，适应高质量发展的法律法规、政策体系、标准体系、绩效评价、人才支撑还没有形成，实体经济发展仍面临不少困难，提高供给体系质量任重道远。要继续推进“三去一降一补”，优先降低能源、物流、通信、资金、土地五大基础性成本，以不良资产处置为抓手加快经济新陈代谢，破除无效供给。要加快制造强国建设，集中攻克关键核心技术，推进互联网、大数据、人工智能与实体经济深度融合。要深入实施创新驱动发展战略，建立以企业为主体、市场为导向、产学研深度融合的技术创新体系，加大知识产权保护，厚植激励创新创造的土壤。要落实鼓励民间投资的政策，切实解决民营企业融资难、融资贵、税费重等问题，破除各种隐性壁垒。要坚持“引进来”与“走出去”相结合，坚决反对保护主义、单边主义，以高水平开放倒逼高质量发展。

国务委员王勇出席会议并讲话。他指出，发展实体经济、提高供给体系质量，对新时代开启新征程具有重大意义，党中央、国务院坚持把发展经济的着力点放在实体经济上，采取一系列重大举措，取得明显成效。做好下一步工作，要坚持以习近平新时代中国特色社会主义思想为指导，落实新发展理念，深化供给侧结构性改革，实施创新驱动发展战略，多措并举降低企业成本，提高金融服务实体经济水平，加强人才队伍建设，努力把实体经济做实做强做优，大力推动我国经济实现高质量发展。

刘奇葆主持上午的会议，高云龙在会上发言，万钢、卢展工、王正伟、马飚、夏宝龙、汪永清、苏辉、何维出席会议。发展改革委负责同志介绍了情况，中共中央、国务院有关部门负责同志到会听取意见建议，回应了委员们的关切。

纪念经叔平同志诞辰 100 周年座谈会 2018 年 7 月 18 日，纪念经叔平同志诞辰 100 周年座谈会在京举行。中共中央政治局常委、全国政协主席汪洋出席座谈会，并在会前会见了经叔平同志亲属。

经叔平同志是中国近现代工商业者的优秀代表，曾任第九届全国政协副主席，第七、八届全国工商联主席。

中共中央书记处书记、中央统战部部长尤权在座谈会上缅怀了经叔平同志的光辉一生，强调要学习他热爱祖国、热爱人民，对国家和民族无比忠诚；坚持真理、追求进步，始终听党话、跟党走；关注实业、锲而不舍，不忘强国富民初心；严于律己、公而忘私，始终秉持勤勉敬业，为实现中华民族伟大复兴的中国梦而不懈奋斗。

全国政协副主席兼秘书长夏宝龙主持座谈会。全国政协副主席、全国工商联主席高云龙出席座谈会并发言。

政协第十三届全国委员会常务委员会第三次会议 政协第十三届全国委员会常务委员会第三次会议，于 2018 年 8 月 20 日至 22 日在北京召开。

一、会议基本情况

经党中央批准，本次专题议政性常委会会议，围绕贯彻落实习近平生态文明思想和党的十九大关于坚决打好污染防治攻坚战的重大部署，以“污染防治中存在的问题和建议”为议题协商建言，共安排3次全体会议、1次主席会议、2次专题分组讨论和1次常规分组讨论。中央政治局常委、全国政协主席汪洋同志出席会议，主持开幕会和闭幕会，并在闭幕会上讲话。中央政治局常委、国务院副总理韩正同志应邀出席开幕会，作了“以习近平新时代中国特色社会主义思想为指导，坚决打好污染防治攻坚战”的报告，并回答与会人员提问，进行互动交流。中央办公厅、国务院办公厅和有关部委的负责同志应邀参加全体会议和专题分组讨论，听取意见建议，介绍情况，宣传政策，回答问题。不是常委的各专门委员会副主任，副秘书长、机关党组成员，地方政协负责同志，以及56名全国政协委员列席会议。会议共收到发言稿231篇，14位全国政协常委、委员作了大会发言，一些常委和委员反映了社情民意。会议经过表决，决定增补宋秀岩同志为政协第十三届全国委员会委员、经济委员会副主任；追认关于撤销曾志权政协第十三届全国委员会委员资格的决定。会议审议通过了修订后的政协全国委员会全体会议工作规则、常务委员会工作规则和委员履职工作规则，书面审议了全国政协委员视察考察报告和全国政协外事出访报告。

这次常委会会议聚焦污染防治这一重大议题协商议政，充分体现了人民政协围绕中心、服务大局的工作原则和履职特点，展现出党和国家事业的重心推进到哪里、人民政协的工作就要跟进到哪里的行动自觉和务实作为。全国政协党组对开好这次会议高度重视，汪洋同志多次提出明确要求，审定调研方案，作出具体部署。会前，李斌副主席等分别带队，分9路赴14个省区市深入调研，形成9个调研报告。会议期间，与会常委和列席同志围绕贯彻落实习近平生态文明思想和党中央坚决打好污染防治攻坚战重大决策部署，结合韩正同志所作报告和前期调研，针对污染防治中存在的问题，通过小组讨论、大会口头发言和书面发言等形式，畅所欲言、深入交流，积极建言资政。

二、韩正同志在开幕会上报告的主要内容

韩正同志在报告中指出，党的十八大以来，以习近平同志为核心的党中央把生态文明建设作为统筹推进“五位一体”总体布局和协调推进“四个全面”战略布局的重要内容，谋划开展一系列根本性、长远性、开创性工作，推动我国生态环境保护发生了历史性、转折性、全局性变化。今年5月召开了全国生态环境保护大会，习近平总书记出席会议并发表重要讲话，李克强总理在会上作了工作部署。习近平总书记指出，党的十八大以来“污染治理力度之大、制度出台频度之密、监管执法尺度之严、环境质量改善之快前所未有”。这是对十八大以来生态环境保护工作鲜明特点和显著成效的高度概括。韩正同志强调，我们要清醒地认识到，我国高质量发展刚刚起步，新型工业化、城镇化、农业现代化尚未完成，复合型、累积型、压缩型、结构型环境污染问题依然严重，我国环境污染问题具有累积性、结构性、非均衡性、治理基础脆弱性的特征，打好污染防治攻坚战面临诸多挑战。在正视困难和挑战的同时，更要看到，打好污染防治攻坚战是机遇与挑战并存，机遇明显大于挑战。主要是：党中央、国务院高度重视，习近平新时代中国特色社会主义思想为打好污染防治攻坚战提供了科学指引，以习近平同志为核心的党中央坚强领导为打好污染防治攻坚战提供了强大政治保障；绿水青山就是金山银山的理念深入人心；

我国经济进入高质量发展阶段；物质、技术和人才基础显著增强；生态环境保护体制机制日益完善。我们完全有条件有能力解决生态环境突出问题，提供更多优质生态产品以满足人民日益增长的优美生态环境需要。韩正同志指出，党中央、国务院对打好污染防治攻坚战作出全面部署和安排，总体目标是，到2020年，生态环境质量总体改善，主要污染物排放总量大幅减少，环境风险得到有效管控，生态环境保护水平同全面建成小康社会目标相适应。打好污染防治攻坚战，重中之重是打赢蓝天保卫战，重点区域是京津冀及周边、长三角和汾渭平原，重点时段是秋冬季，重点行业和领域是钢铁、火电、建材等行业以及“散乱污”企业、散煤、柴油货车治理等；在碧水保卫战方面，重点是打好水源地保护、城市黑臭水体治理、农业农村污染治理、长江保护修复、渤海综合治理五场攻坚战；在净土保卫战方面，主要是全面实施土壤污染防治行动计划，突出重点区域、行业和污染物，有效管控农用地和城市建设用地土壤环境风险。打好污染防治攻坚战，要标本兼治、突出治本，推动形成绿色发展方式和生活方式。韩正同志强调，打好污染防治攻坚战是党和国家的重大决策部署，是必须完成的重大政治任务。要加强党的领导，强化组织保障，运用行政、市场、法治、科技等多种手段，确保攻坚战取得实实在在的成效。严格落实党政主体责任，对落实党中央决策部署不力、未按期完成任务的地方和部门，严肃问责追责。改革完善生态环境管理体制，主要是整合分散的生态环境保护职责，在污染防治上改变“九龙治水”的状况。切实加大综合执法力度，从严打击环境违法犯罪行为，不断加大行政和刑事责任追究力度，切实解决“违法成本低、守法成本高”的痼疾。以群众的真实感受作为检验标准，聚焦打好污染防治攻坚战的薄弱环节和群众身边的突出环境问题，受理群众举报，接受群众监督，让群众参与到工作中，群策群力，群防群治。严格核查核算，确保攻坚战各项目标任务的统计考核数据真实准确，不掺水分，不打折扣，让生态环境质量数据和群众切实感受一致起来。

三、汪洋同志在闭幕会上讲话的主要内容

汪洋同志在闭幕会上讲话中指出，党的十八大以来，以习近平同志为核心的党中央坚持把生态文明建设摆在治国理政的突出位置，开展了一系列根本性、开创性、长远性工作，生态环境保护正在发生历史性、转折性、全局性变化。同时也要看到，虽然我国生态环境质量持续好转，但成效并不稳固，生态环境保护仍是全面建成小康社会的一块短板，打好污染防治攻坚战任务依然十分艰巨。汪洋同志强调，我国生态文明建设和生态环境保护之所以能够取得历史性成就，根本在于以习近平同志为核心的党中央的坚强领导。党的十八大以来，以习近平同志为核心的党中央敢于较真碰硬、说到做到，习近平总书记亲自谋划、亲自推动、亲自组织实施，创造性地将生态文明建设纳入“五位一体”总体布局，把绿色发展纳入“五大发展理念”，推进生态文明顶层设计，搭建起生态文明制度体系“四梁八柱”。特别是把制度的刚性和权威树立起来，形成了真担当真治理、真督察真考核、真问责真处罚的新局面。汪洋同志指出，打好污染防治攻坚战，根本在于学懂弄通做实习近平生态文明思想，核心是辩证看待经济发展和生态环境保护的关系。污染防治中存在的很多问题，归根到底是对习近平生态文明思想理解不全面、不深入。思想认识不到位，工作上的主动性就不足、创造性就不够、管用的办法也就不多。当前主要存在“代价论”“条件论”“速胜论”三种思想认识误区。“代价论”认为，环境污染是经济起飞和追赶阶段不得不付出的代价。只要经济有发展，就业和收入有增加，牺牲一些环境是值得的。如果环保标准过高、监管过于严厉，等于给经济增长戴上“紧箍咒”。“条件论”认为，保护生态环境是应该的，但污染防治投入大、见效慢，超出了政府和企业的承受能力，应该采取“保守疗法”，等未来条件具备后再进行集中攻关。“速胜论”认为，打赢污染防治攻坚战，决心要大、标准要高、进度要快，必须一鼓作气、速战速决。这些观点都是站不住脚的，是没有真正理解习近平总书记对我国生态环境作出的重大判断。习近平总书记指出，我国生态文明建设正处于压力叠加、负重前行的关键期，已进入提供更多优质生态产品以满足人民日益增长的优美生态环境需要的攻坚期，也到了有条件有能力解决生态环境突出问题的窗口期。我国经济已由高速增长阶段转向高质量发展阶段，需要跨越一些常规性和非常规性关口。这是一个凤凰涅槃的过程。如果现在不抓紧，将来解决起来难度会更高、代价会更大、后果会更重。我们必须咬紧牙关，爬过这个坡，迈过这道坎。习近平总书记作出这样的结论，一是改革开放40年来，我国具备了坚实的物质基础、技术基础、人才基础。二是越来越多的企业认识到高污染高排放的粗放型增长方式难以为继，转型升级的内在动力在日益增强。三是我国具有无可比拟的政治优势和制度优势，只要党中央下定决心，全党全国齐心协力、众志成城，就一定能打赢这场攻坚战。汪洋同志指出，确保生态文明建设决策部署落地见效，关键在于制度创新。制度具有长期性、稳定性，管根本、管长远。我国生态环境领域存在的问题，大多同体制不健全、制度不严格、法治不严密、执行不到位、惩处不得力等有关。要构建与高质量发展相适应的制度体系，着力在完善法律法规、标准体系、监测制度、举报制度、处罚制度、政绩考核制度、责任追究制度、鼓励创新制度、宣传教育制度上下功夫。汪洋同志强调，打好污染防治攻坚战是全社会的共同责任，没有哪个人是旁观者、局外人。人民政协要继续关注生态环境重大问题，扎实调查研究，深入协商讨论，开展民主监督，推动党中央关于污染防治决策部署的贯彻落实；要做好凝心聚力工作，宣传党中央关于打好污染防治攻坚战的方针政策，支持有关部门出台相关政策，营造积极向上的舆论氛围和工作环境。广大政协委员要充分认识生态环境保护成效来之不易，增强支持污染防治攻坚的责任感使命感，模范践行绿色生产方式和生活方式，带头贯彻落实绿色发展理念，更好发挥示范引领作用，凝聚推进生态文明建设的正能量。汪洋同志强调，十三届全国政协要适应新时代新任务新要求，坚持把学习贯彻习近平总书记关于加强和改进人民政协工作的重要思想作为重中之重，突出问题导向、抓住薄弱环节持续用力，努力开创人民政协事业新局面。要着力加强政协系统党的建设。党的建设加强了，人民政协的作用就能得到充分发挥，我国基本政治制度的质量就有了坚强保障，这对正确发扬民主、创造好的合作环境也是必需的。近期，中央办公厅印发《关于加强新时代人民政协党的建设工作的若干意见》，对人民政协党的建设指导思想、重要原则、具体举措等作了全面部署，各级政协党组要切实抓好学习宣传贯彻。要着力凝聚思想政治共识。各级政协要认真贯彻修订后的有关工作规则，把凝聚共识摆在更加突出位置，落实到政协履职各方面和全过程，切实改变政协工作中存在的重建言资政、轻思想政治引领“单向发力”的情况。要着力强化思想理论武装。学习贯彻习近平总书记关于加强和改进人民政协工作的重要思想，对于深化政协理论建设，加强和改进政协各项工作，推动新时代人民政协事业实现新作为、展现新气象具有重大意义。前一阶段，各级政协都开展了形式多样、广泛深入的学习研讨活动，下一步要继续加强组织领导，按照学懂弄通做实的要求，推动学习研讨不断往深里走往实里走，确保取得更多思想认识成果、工作实践成果、制度机制成果。

会议期间，举行了常委会第二次学习讲座，国防大学副校长肖天亮同志作了题为“世界新军事革命与我国的国防和军队现代化建设”的专题报告。

纪念杨静仁同志诞辰100周年座谈会 2018年9月17日，纪念杨静仁同志诞辰100周年座谈会在京举行。中共中央政治局常委、全国政协主席汪洋出席座谈会，并在会前会见了杨静仁同志亲属。

杨静仁同志是党和国家统一战线和民族工作卓越的领导人，曾担任国务院副总理，第五、六、七、八届全国政协副主席。

中共中央政治局委员、国务院副总理孙春兰在座谈会上缅怀了杨静仁同志的光辉一生，强调要学习他坚定信念、对党忠诚的政治品格，胸怀全局、勇担重任的担当精神，坚持真理、实事求是的优良作风，心系人民、无私奉献的高尚情操，为决胜全面建成小康社会、实现中华民族伟大复兴的中国梦继续奋斗。

全国政协副主席兼秘书长夏宝龙主持座谈会。全国政协副主席，国家民委党组书记、主任巴特尔出席座谈会。

习近平总书记关于加强和改进人民政协工作的重要思想理论研讨会 2018年9月29日至30日，习近平总书记关于加强和改进人民政协工作的重要思想理论研讨会在京召开。会议的主要任务是：以习近平总书记关于加强和改进人民政协工作的重要思想为指导，总结交流学习研讨活动的成果和经验，深入查摆存在问题和不足，研究人民政协事业发展重大理论和实践问题，明确加强和改进政协工作的着力重点和努力方向。

经党中央批准，从2018年5月开始，全国政协和各级地方政协开展了习近平总书记关于加强和改进人民政协工作的重要思想学习研讨活动。汪洋主席对活动高度重视，多次主持召开党组会议、主席会议、专题会议，听取汇报，部署和推动工作。24位副主席分别参加31个省区市政协的理论研讨会，8位党组成员带队分区域召开8个座谈会，在北京召开了省区市政协主席工作汇报会，了解情况、听取意见，加强督促指导。全国共有各级政协委员79.38万人次和机关干部27.9万人次参加活动，范围之广、影响之大，在人民政协历史上前所未有。各级政协为这次会议做了充分准备，会议共收到287篇论文，205篇大会发言。

为深入研讨交流，形成理论成果，全国政协确定了18个课题和6个重点课题，由主席会议成员分别牵头，组织有关部门、地方政协、高等院校、研究机构和有关专家学者共同研究。全国政协各专委会分别围绕1—2个专题开展研究，召开理论研讨会。9月中旬，汪洋同志和13位副主席分别主持召开7场专家学者座谈会，就重点课题听取意见建议，推动深化研究。各地政协充分调动各参加单位、广大委员积极性，依托人民政协理论研究会、高等院校、社科院所、智库等，命题点将和自主选题相结合，开展理论研究。各级政协主席会议成员既挂帅又出征，牵头课题研究，动手撰写理论文章。据统计，省市县政协共召开研讨交流会8105场，形成研究论文3.6万余篇。

本次理论研讨会共安排两天时间，包括两次全体会议和两次分组会议。汪洋主席，张庆黎、刘奇葆、董建华、万钢、何厚铧、卢展工、王正伟、马飚、陈晓光、梁振英、夏宝龙、杨传堂、李斌、巴特尔、汪永清、何立峰、苏辉、郑建邦、辜胜阻、刘新成、何维、邵鸿、高云龙副主席出席会议，并分别到4个小组参加分组会议，与参会人员一起学习交流。

第一次全体会议由夏宝龙副主席兼秘书长主持，张庆黎副主席讲话，介绍了全国政协系统前一阶段集中开展学习研讨活动总体情况和取得的成果，强调了召开这次理论研讨会的重要意义，并对开好会议提出了明确要求；江泽林、潘维、张明星、董云虎、张道宏、柯尊平、刘佳义、潘岳、姚增科、刘伟等10位同志分别作口头发言。第二次全体会议由张庆黎副主席主持，小组召集人吉林、夏德仁、付志方、张昌尔等4位同志分别汇报各小组讨论情况；汪洋主席作重要讲话。

汪洋主席强调，习近平总书记关于加强和改进人民政协工作的重要思想，深刻阐明了人民政协的地位作用、目标任务、职责使命、实践要求，科学回答了一系列方向性、全局性、战略性重大问题，是指引新时代人民政协工作的强大思想武器。要认真学习贯彻这一重要思想，把握其重大意义、丰富内涵和精神实质，切实在学懂弄通做实上下功夫，以理论学习、思想武装促进政协工作质量提升，切实担负起新时代人民政协的新使命。

汪洋主席指出，党的十八大以来，习近平总书记就加强和改进人民政协工作提出了一系列新思想新观点新论断，首次提出人民政协是社会主义协商民主的重要渠道和专门协商机构，是国家治理体系的重要组成部分，是具有中国特色的制度安排，首次阐明新型政党制度的特点和优势，着重强调正确处理一致性和多样性的关系，深刻揭示了人民民主的真谛在于有事好商量、众人的事情由众人商量，揭示了“中国之治”同中国政治制度的逻辑联系，凝结着坚持好、发展好人民政协制度的深邃理论思考，是党的人民政协理论的最新成果。

汪洋主席强调，各级政协要以理论学习研讨为契机，进一步查找政协工作的薄弱环节和不足之处，在加强和改进上下功夫、求突破。要全面加强政协系统党的建设，确保党中央决策部署不折不扣贯彻到政协工作中。要加强思想政治引领，完善建言资政和凝聚共识“双向发力”的制度、程序和机制，把思想政治引领落实到履职工作各方面和全过程。要聚焦中心任务履职尽责，更好服从服务党和国家大局，提高建言资政质量，增强履职实效。要加强政协自身建设，抓好委员和干部教育培训，发挥专委会基础性作用，夯实政协履职基础。要加强对地方政协工作指导，把方向、做示范、解难题，提升政协工作整体水平。

中共中央办公厅、国务院办公厅、中央组织部、中央宣传部、中央统战部负责同志；全国政协副秘书长，机关党组成员，各专门委员会主任、驻会副主任和参与重点课题研究的副主任；理论研讨会筹备组成员；各省（自治区、直辖市）政协主席，副省级市政协主席，部分地级市政协主席、县级政协主席，地方政协有关同志；承担全国政协相关研究课题的专家学者，邀请发言的全国政协委员、专家学者等参加会议。

政协第十三届全国委员会常务委员会第四次会议 政协第十三届全国委员会常务委员会第四次会议，于2018年11月

28日至29日在北京召开。

一、会议基本情况

经党中央批准，这次常委会会议的主要议题是：学习贯彻习近平总书记近期关于人民政协工作的重要讲话精神，加强和改进政协工作，迎接人民政协成立70周年。这次常委会会议共安排2次全体会议、1次主席会议、3次分组会议和1次学习讲座。中共中央政治局常委、全国政协主席汪洋同志主持会议并作重要讲话。开幕会上，全国政协副主席张庆黎同志传达了习近平总书记近期关于人民政协工作的重要讲话精神。中央办公厅、国务院办公厅负责同志列席开幕会、闭幕会。不是常委的各专门委员会副主任，副秘书长，机关党组成员，地方政协负责同志，以及54名全国政协委员列席会议。

会议审议了全国政协系统开展习近平总书记关于加强和改进人民政协工作的重要思想学习研讨活动情况的报告。审议通过了修订后的政协全国委员会专门委员会通则、政协全国委员会提案工作条例。会议表决决定，增补张效廉为第十三届全国政协委员、农业和农村委员会驻会副主任；冉万祥不再担任第十三届全国政协副秘书长，金学锋不再担任第十三届全国政协外事委员会驻会副主任；免去学诚民族和宗教委员会副主任职务，接受其请辞第十三届全国政协常委、委员；接受杜江涛请辞第十三届全国政协委员。会议追认关于撤销孟宏伟第十三届全国政协委员资格的决定。会议书面审议了澳门特别行政区全国政协委员赴贵州省考察情况报告，香港特别行政区全国政协委员赴河北省考察情况报告。书面审议了全国政协代表团访问黎巴嫩、约旦、阿曼情况的报告，全国政协代表团访问斯里兰卡、泰国并赴印尼出席人口与发展南南合作伙伴组织理事会会议情况的报告，全国政协代表团访问布隆迪、塞舌尔情况的报告，全国政协代表团访问利比里亚、佛得角情况的报告，中国经济社会理事会代表团访问波兰、英国并赴法国出席经济社会理事会和类似组织国际协会全体大会情况的报告，全国政协外事委员会代表团访问埃塞俄比亚、坦桑尼亚、埃及情况的报告。常委们对书面审议的各项报告表示赞同。会议举行了常委会第三次学习讲座，港珠澳大桥岛隧工程项目总工程师林鸣同志作了“跨越伶仃洋的国之重器——港珠澳大桥的建设与启示”专题报告。

经党中央批准，今年5月以来，全国政协系统开展了习近平总书记关于加强和改进人民政协工作的重要思想学习研讨活动；9月29日至30日，全国政协召开了习近平总书记关于加强和改进人民政协工作的重要思想理论研讨会。11月12日，习近平总书记在中央政治局常委会会议听取全国政协党组关于学习研讨活动情况汇报时作重要讲话，充分肯定了学习研讨活动在政治、思想、工作上取得的积极成果，从把握新时代人民政协工作的使命任务，坚持党对政协工作的全面领导，加强思想政治引领，广泛凝聚共识、汇聚力量，加强队伍建设5个方面，对做好新时代人民政协工作提出明确要求，强调要把新时代中国特色社会主义思想作为统揽各项工作的总纲，把推动人民政协这一具有中国特色的制度安排更加成熟更加定型、发挥好专门协商机构的作用作为新时代人民政协的新方位新使命，把坚持党的全面领导作为必须恪守的根本政治原则，把坚持和发展中国特色社会主义作为巩固共同思想政治基础的主轴，把加强思想政治引领、广泛凝聚共识作为履职工作的中心环节，坚持双向发力，切实担负起把党中央的决策部署和对人民政协工作的要求落实下去、把海内外中华儿女实现中华民族伟大复兴中国梦的智慧和力量凝聚起来的政治责任。这次常委会会议，把学习贯彻习近平总书记近期关于人民政协工作的重要讲话精神作为主要内容，聚焦加强和改进政协工作，是增强“四个意识”、践行“两个维护”的体现，是以持续的理论学习、思想武装促进政协工作质量不断提升的重要举措。

全国政协党组对开好这次会议高度重视，汪洋同志多次提出明确要求。会议期间，与会同志认真学习领会习近平总书记近期关于人民政协工作的重要讲话精神，围绕加强人民政协自身建设重点工作，通过小组讨论、口头发言、书面发言等形式，交流心得体会，提出意见建议。会议共提交大会发言 111 篇，6 位委员作大会发言，282 人次在分组会议上发言。大家一致认为，习近平总书记关于加强和改进人民政协工作的重要思想，是近 70 年人民政协工作宝贵经验的科学总结，是党的人民政协理论的创新成果，是新时代人民政协事业发展进步的行动指南。习近平总书记近期关于人民政协工作的重要讲话，对十三届全国政协开局以来的工作给予了充分肯定，具有鲜明的时代特点、深刻的思想内涵，为做好新时代人民政协工作提供了根本遵循。习近平总书记鲜明提出新时代人民政协的新方位新使命，人民政协工作大有可为，大家深受鼓舞，也深感重任在肩。大家一致表示，一定要把思想和行动统一到以习近平同志为核心的党中央决策部署上来，把习近平总书记关于加强和改进人民政协工作的重要思想作为推进新时代人民政协事业发展的强大思想武器学习好、领会好、运用好，以更加饱满的精神状态，肩负起新时代人民政协的新使命，切实提高履职能力和实效，不辜负习近平总书记的期望和人民的重托。与会同志严格执行中央八项规定及其实施细则精神，自觉遵守会议纪律，集中精力开好会议，体现了良好的精神风貌，达到了统一思想、凝聚共识、研究问题、推动工作的预期目的。

二、汪洋同志在闭幕会上讲话的主要内容

汪洋同志在讲话中指出，习近平总书记 11 月 12 日在中央政治局常委会会议上的重要讲话，从新时代党和国家事业发展的全局出发，进一步回答了人民政协事业发展的一系列方向性、全局性、战略性重大问题，是习近平总书记关于加强和改进人民政协工作的重要思想的最新成果，是做好新时代人民政协工作的根本遵循和科学指南，意义重大而深远。新时代人民政协的新方位新使命拓宽了人民政协事业发展的空间，政协工作的任务更为艰巨、责任更为重大，需要新的观念、新的探索、新的作为。要按照习近平总书记对人民政协和政协委员的要求，增强能力素质，勤勉履职尽责，担负起人民政协制度参与者、实践者、推动者的政治责任。

汪洋同志强调，学习领会习近平总书记重要讲话精神，迎接人民政协成立 70 周年，核心是牢牢把握推动人民政协制度更加成熟更加定型、发挥好专门协商机构作用这一新时代人民政协的新方位新使命。第一，这是完善和发展中国特色社会主义制度的重要内容。党的十八大以来，习近平总书记多次强调摆在我们面前的一项重大历史任务，就是推动中国特色社会主义制度更加成熟更加定型，为党和国家事业发展、为人民幸福安康、为社会和谐稳定、为国家长治久安提供一整套更完备、更稳定、更管用的制度体系。人民政协制度作为中国特色社会主义制度体系的重要组成部分，还处在不断发展的过程之中，我们要牢牢把握新的历史方位，锚定使命任务，不断完善人民政协制度，为中国特色社会主义制度体系更加成熟更加定型作出应有贡献。第二，这是人民政协鲜明特质的集中体现。人民政协不是权力机关，不是决策机构，协商不决策、监督不强制、参政不行政，主要是通过政协制度的有效运行和民主程序把党的主张转化为社会各界的共识。同时也通过协商的方式向党和政府建言资政，帮助完善决策。政协作为国家治理体系的重要组成部分，无论发挥作用的方式、机理还是目的都是独特的、独有的、独到的。第三，这是贯穿人民政协性质职能的核心要义。人民政协无论作为统一战线的组织、多党合作和政治协商的机构、发扬社会主义民主的重要形式，还是作为国家治理体系的重要组成部分、具有中国特色的制度安排，都需要通过民主协商的方式来体现。人民政协政治协商、民主监督、参政议政三大职能也需要通过民主协商的方式来实现。人民政协作为专门协商机构，协商是核心要义，存在的意义和价值就是通过民主协商的方式在多样性中寻求一致性。多样性越复杂，寻求一致性的任务越艰巨，政协性质就会表现得越突出，职能实现得越充分。今天，我们面临的多样性与建国之初、改革开放之初都是不可同日而语的。加强思想政治引领、广泛凝聚共识的艰巨性前所未有。作为专门协商机构，政协工作如何推动各党派团体、各族各界人士实现思想上的共同进步，做到增进一致而不强求一律，包容多样而不丧失主导，担子越来越重，要求越来越高。因此我们必须像习近平总书记要求的那样，把加强思想政治引领、广泛凝聚共识作为履职工作的中心环节，不仅要在政协内部加强团结，还要面向社会广泛联系和动员各界群众，健全同党外知识分子、非公有制经济人士、新的社会阶层人士的沟通联络机制，把更多的人团结在党的周围，最大限度把各方面智慧和力量凝聚起来。

汪洋同志强调，要适应新时代新方位新使命的要求，切实增强履职尽责的意识和能力。一是要把握时代大势，提高开拓政协工作新局面的自觉性。二是要把握新时代人民政协的新方位新使命，担负起人民政协制度参与者、实践者、推动者的政治责任。三是要克服落后于新时代的“庸懒散松”状态，强化履职尽责的水平。

汪洋同志要求，要狠抓工作落实，以实际行动和优异成绩迎接新中国和人民政协成立 70 周年。十三届全国政协以来，坚持把学习贯彻习近平新时代中国特色社会主义思想和党的十九大精神作为首要政治任务，以党的建设和思想政治建设开局，在全国政协系统开展了习近平总书记关于加强和改进人民政协工作的重要思想学习研讨活动，形成了一系列加强和改进政协工作的创新成果。我们认真学习贯彻习近平总书记近期关于人民政协工作的重要讲话精神，充分运用学习研讨活动成果，从坚持党对政协工作的全面领导，加强思想政治引领，广泛凝聚共识，提高工作质量，加强队伍建设等五个方面梳理出 27 条具体举措，形成了《全国政协加强和改进人民政协工作重点任务实施方案》。从现在到明年要在人民政协工作的各领域抓好《方案》27 条举措的贯彻落实，着力解决一些理论上和工作中的重大问题，以认识成果推动实践、以实践探索深化认识，推动人民政协工作在今年的基础上再上新台阶，从思想上、理论上、制度上、工作上为迎接人民政协成立 70 周年和召开相关重要会议做好充分准备，奠定坚实基础。

会议期间，常委们围绕“学习贯彻习近平总书记近期关于人民政协工作的重要讲话精神，加强和改进政协工作，迎接人民政协成立 70 周年”，提出一些意见建议，全国政协办公厅将通过政协信息、大会发言专报、简报等形式报送中央领导同志和有关部门。

新年茶话会 2018 年 12 月 29 日，全国政协在全国政协礼堂举行 2019 年新年茶话会。党和国家领导人习近平、李克强、栗战书、汪洋、王沪宁、赵乐际、韩正、王岐山等同各民主党派中央、全国工商联负责人和无党派人士代表、中央和国家机关有关方面负责人以及首都各族各界人士代表欢聚一堂，喜迎 2019 年元旦。

中共中央总书记、国家主席、中央军委主席习近平在茶话会上发表重要讲话。他强调，2019 年是新中国成立 70 周年，是决胜全面建成小康社会关键之年。我们要崇尚学习、加强学习，崇尚创新、勇于创新，崇尚团结、增进团结，既抢抓发展机遇，又妥善应对挑战，鼓舞全党全国各族人民勇往直前、再创辉煌。

习近平代表中共中央、国务院和中央军委，向各民主党派、工商联和无党派人士、各人民团体，向全国广大工人、农民、知识分子、干部和各界人士，向人民解放军指战员、武警官兵、公安干警和消防救援队伍指战员，向香港特别行政区同胞、澳门特别行政区同胞、台湾同胞和海外侨胞，向关心和支持中国改革开放和现代化建设的各国朋友，致以节日的问候和诚挚的祝福。

习近平强调，2018 年，是贯彻落实中共十九大精神开局之年，也是党和国家事业发展极不平凡的一年。中共中央团结带领全国各族人民，按照中共十九大作出的战略部署，推动经济建设、政治建设、文化建设、社会建设、生态文明建设以及国防和军队建设、港澳工作和对台工作、外事工作取得重大进展，人民群众获得感、幸福感、安全感持续增强。中国共产党坚持严字当头、全面从严、一严到底，巩固反腐败斗争压倒性胜利，继续净化党内政治生态。

习近平指出，2018 年是改革开放 40 周年，我们隆重举行了庆祝活动。对改革开放最好的庆祝就是坚定不移深化改革、扩大开放，今年中央全面深化改革委员会部署的 78 个重点改革任务和其他 80 个改革任务基本完成，中央和国家机关有关部门还完成 171 个改革任务，各方面共出台 329 个改革方案。党的十八届三中全会以来，我们已经推出了 1932 个改革方案。我们用行动宣示了在新时代将改革开放进行到底的坚定决心。

习近平强调，在新的一年里，我们要以新时代中国特色社会主义思想为指导，全面贯彻落实中共十九大精神，坚持稳中求进工作总基调，统筹推进“五位一体”总体布局，协调推进“四个全面”战略布局，贯彻巩固、增强、提升、畅通的方针，坚持以供给侧结构性改革为主线，继续打好三大攻坚战，统筹推进稳增长、促改革、调结构、惠民生、防风险、保稳定工作，保持经济持续健康发展。我们要支持香港、澳门融入国家发展大局，维护香港、澳门长期繁荣稳定。我们要推动两岸关系和平发展，深化两岸各领域交流合作，增进两岸同胞亲情。我们要高举和平、发展、合作、共赢的旗帜，推动构建人类命运共同体，努力开创中国特色大国外交新局面。

习近平指出，2018 年，人民政协坚持中国共产党对人民政协工作的全面领导，围绕团结和民主两大主题，聚焦党和国家中心任务，发挥专门协商机构作用，在建言资政和凝聚共识上双向发力，为党和国家事业发展作出了新贡献。

习近平强调，人心是最大的政治，共识是奋进的动力。2019 年，人民政协将迎来 70 周年华诞，要把加强思想政治引领、广泛凝聚共识作为履职工作的中心环节，加强各党派团体、各族各界人士大团结大联合，担负起把中共中央对人民政协工作的要求落实下去、把海内外中华儿女实现中华民族伟大复兴中国梦的智慧和力量凝聚起来的政治责任，以优异成绩迎接新中国成立70周年。

茶话会由中共中央政治局常委、全国政协主席汪洋主持。他指出，习近平总书记发表的重要讲话，回顾总结了2018年中共中央团结带领全国各族人民坚持和发展中国特色社会主义事业取得的新成就，对做好2019年党和国家工作提出了明确要求，对政协工作也提出了殷切希望。我们一定要认真学习领会，更加紧密地团结在以习近平同志为核心的中共中央周围，高举中国特色社会主义伟大旗帜，同心同德、群策群力，努力做好新时代人民政协各项工作，以建言资政和凝聚共识的积极成果迎接新中国成立70周年。

致公党中央主席万钢代表各民主党派中央、全国工商联和无党派人士讲话，表示将更加紧密地团结在以习近平同志为核心的中共中央周围，以习近平新时代中国特色社会主义思想为指导，高举中国特色社会主义伟大旗帜，不忘合作初心，继续携手前进，共同谱写中华民族伟大复兴的壮丽篇章。

茶话会上，习近平等来到各界人士中间，同大家亲切握手，互致问候。部分全国政协委员和文艺工作者表演了精彩的节目。最后，全场起立高唱《团结就是力量》，会场内洋溢着欢乐祥和的节日气氛。

在京中共中央政治局委员、中央书记处书记，全国人大常委会、国务院部分领导同志，全国政协领导同志和曾任全国政协副主席的在京老同志出席茶话会。

双周协商座谈会 全国政协2018年共召开17次（十三届全国政协第一次至第十七次）双周协商座谈会。中共中央政治局常委、全国政协主席汪洋主持会议。邀请委员和专家学者242人次出席并提出意见建议，邀请中央党政部门负责同志74人次到会并与委员互动交流。邀请全国政协副主席、部分全国政协委员、机关有关部级领导259人次在全国政协机关分会场旁听会议。

各次双周协商座谈会具体如下：

4月20日召开第一次双周协商座谈会，议题为“人工智能的发展与对策”；

5月11日召开第二次双周协商座谈会，议题为“未成年人网络保护条例的制定”；

5月25日召开第三次双周协商座谈会，议题为“历史文化名城名镇的保护”；

6月8日召开第四次双周协商座谈会，议题为“基本解决执行难问题”；

6月28日召开第五次双周协商座谈会，议题为“治理佛教道教商业化”；

7月6日召开第六次双周协商座谈会，议题为“解决中小学生课外负担重问题”；

7月27日召开第七次双周协商座谈会，议题为“围绕粤港澳大湾区建设，推进内地与港澳互利合作”；

8月17日召开第八次双周协商座谈会，议题为“培养造就一支懂农业、爱农村、爱农民的‘三农’工作队伍”；

8月31日召开第九次双周协商座谈会，议题为“弘扬劳模精神和工匠精神”；

9月14日召开第十次双周协商座谈会，议题为“巩固破除以药补医改革成果，完善公立医院运行新机制”；

9月28日召开第十一次双周协商座谈会，议题为“推进国家海洋救助保障体系建设”；

10月12日召开第十二次双周协商座谈会，议题为“加强国家通用语言文字普及，促进各民族交往交流交融”；

10月26日召开第十三次双周协商座谈会，议题为“中长期人口变动与经济社会发展”；

11月9日召开第十四次双周协商座谈会，议题为“促进新能源汽车产业健康发展”；

11月23日召开第十五次双周协商座谈会，议题为“妥善解决特色小镇建设中存在的问题”；

12月7日召开第十六次双周协商座谈会，议题为“强化基础研究，促进重大原始创新”；

12月21日召开第十七次双周协商座谈会，议题为“推进境外经贸合作区建设”。

网络议政、远程协商活动 全国政协2018年共举行2次（十三届全国政协第一次至第二次）网络议政、远程协商活动。每次活动分两个阶段进行，第一阶段开展网络议政；第二阶段召开远程协商会。中共中央政治局常委、全国政协主席汪洋参加网络议政并主持远程协商会。远程协商会邀请全国政协委员和地方政协委员28人次通过现场发言、会场连线发言、手机或计算机终端连线发言等方式提出意见建议，邀请中央党政部门负责同志15人次到会并与委员互动交流，邀请全国政协委员和地方政协委员、地方有关部门负责同志149人次参加。在全国政协委员移动履职平台开通相关主题议政群开展网络议政，全国政协委员登录平台1890余人次，320余人次发表意见近1000条、22.8万余字。

4月20日召开第一次远程协商会，议题为“优化营商环境，促进民营经济高质量发展”；

12月17日召开第二次远程协商会，议题为“推进快递行业绿色发展”。

经常性工作

【专门委员会】

提案委员会 2018年，提案委员会在常委会和主席会议的领导下，在办公厅的统筹协调和各专委会等有关方面的支持帮助下，以习近平新时代中国特色社会主义思想为指导，贯彻党的十九大精神，深入学习习近平总书记关于加强和改进人民政协工作的重要思想，坚持党对政协工作的全面领导，以提高提案质量为主攻方向，以增强办理实效为努力目标，以加强制度建设为有力保障，积极落实提质增效部署，认真履行提案工作职能。全国政协十三届一次会议以来，共审查提案5571件，交办立案提案4567件，立案率为81.98%。截至2019年1月18日，已办复提案4498件，办复率为98.49%。

主席会议研究重点提案工作。3月29日，第三次主席会议研究审定全国政协十三届一次会议重点提案题目和督办方式，确定45个重点提案。12月24日，第十四次主席会议听取重点提案督办情况的汇报，45个重点提案所提意见建议，有关部门均不同程度予以采纳，有的已经落实，有的正在落实中。

全国政协领导同志出席的会议活动。(一) 3月27日，全国政协召开提案交办会，张庆黎副主席出席会议并讲话，夏宝龙副主席兼秘书长主持。中共中央办公厅副主任陈世炬、国务院副秘书长李宝荣出席并对承办单位提出工作要求。全国政协副秘书长潘立刚、机关领导班子成员常荣军，提案委员会副主任支树平、田杰、郭庚茂、戚建国、蒋定之、臧献甫，其他专门委员会副主任冯健身、张志勇、高波、丛兵、徐敬业、罗黎明、吴国华、金学锋、孙庆聚，部分中央和国家机关负责同志，提案承办单位和全国政协办公厅有关室局同志参加。(二) 5月14日，会同教科卫体委员会就“推进科技评价体系改革”重点提案联合召开提案办理协商会，邵鸿副主席出席会议并讲话。(三) 8月31日，召开习近平总书记关于加强和改进人民政协工作的重要思想学习研讨交流会，马飚副主席出席会议并讲话，7位委员在会上就加强学习、提高提案质量、提高建言资政水平等作交流发言。(四) 10月10日至11日，全国政协第七次提案工作座谈会在京召开，张庆黎副主席出席开幕会并讲话，马飚、夏宝龙、邵鸿副主席，潘立刚副秘书长出席会议，中共中央办公厅副主任陈世炬、国务院副秘书长李宝荣出席会议并讲话。提案委员会主任李智勇，副主任王惠贞、支树平、李晓全、胡四一、郭庚茂、黄荣、戚建国、蒋定之、臧献甫、陈因（驻会）参加。各党派团体和30家提案承办单位部门负责同志，31个省（区、市）和15个副省级城市政协副主席及提案工作机构负责同志参加会议。(五) 全国政协领导同志率队督办5个重点提案：张庆黎副主席率队就“打赢精准健康脱贫攻坚战”重点提案开展督办调研；马飚副主席率队就“推进中新互联互通南向通道建设”重点提案开展督办调研；陈晓光、马飚副主席分别率队就“弘扬劳模精神和工匠精神”重点提案开展督办调研；李斌副主席率队就“加强自然保护区建设与管理”重点提案开展督办调研；邵鸿副主席率队就“妥善解决特色小镇建设中存在的问题”重点提案开展督办调研。

服务全国政协重要协商议政活动。(一) 8月31日，汪洋主席主持召开“弘扬劳模精神和工匠精神”双周协商座谈会，陈晓光副主席作主题发言，张庆黎、马飚、夏宝龙副主席出席，14位委员和专家做了发言，提案委员会与民盟中央联合承办。会后报送的《政协信息专报》和大国工匠形成案例剖析调研报告得到多位领导同志的批示。(二) 11月22日，汪洋主席主持召开“妥善解决特色小镇建设中存在的问题”双周协商座谈会，张庆黎、梁振英、夏宝龙、苏辉副主席出席，邵鸿副主席作主题发言，12位委员和专家作了发言，提案委员会承办。会后报送的《政协信息专报》得到国务院领导同志批示。(三) 提案委员会参与承办“污染防治中存在的问题和建议”专题议政性常委会会议的第六专题“开展全民绿色行动，形成全社会共同参与的治理格局”，何厚铧、梁振英、苏辉副主席出席并讲话，戚建国副主任作题为“让绿色发展理念永驻人心”的大会发言。(四) 围绕“解决深度贫困地区脱贫问题”专题议政性常委会会议议题，汇总整理相关提案内容，编印《提案摘要》供与会人员参阅。

召开提案委员会有关会议。分别就学习汪洋主席在全国政协专门委员会主任会议暨学习研讨班上的讲话精神、传达学习全国政协系统党的建设工作座谈会精神、讨论重点提案建议题目和督办方式（稿）、审议提案委员会2018年工作计划（草案）、讨论《中国人民政治协商会议全国委员会提案工作条例（修订草案）》、审议《政协全国委员会提案委员会关于提高提案质量的意见（稿）》、讨论《中国人民政治协商会议全国委员会常务委员会关于政协十三届一次会议以来提案工作情况的报告（稿）》等，召开5次分党组会议、7次主任会议和3次全体会议。

督办重点提案32个。提案委员会主任、副主任带队就“促进快递行业绿色发展”等重点提案开展督办调研，共形成调研成果9份，得到领导同志批示7人次。比如，“加快大别山绿色发展，助推革命老区精准脱贫”重点提案督办调研，就设立大别山革命老区国家绿色发展示范区提出建议，并在专题议政性常委会会议上作大会发言，多位领导同志作出批示。“加强海上搜救体系建设”重点提案督办调研，就加快立法进程、加强搜救能力建设、完善体制机制提出建议，在双周协商座谈会上作发言。围绕“推进科技评价体系改革”“发挥香港各界人士在国家脱贫攻坚战中的作用”“加强全国中小河流上游污染治理”“完善食品、农产品溯源制度，构建食品安全长效机制”重点提案召开提案办理协商会。就“及时应对金融去杠杆背景下委外业务引发风险”“抢抓5G技术经济社会机遇”“进一步营造人民政协民主监督环境”等20个重点提案，以《重要提案摘报》形式报送中共中央办公厅、国务院办公厅。此外，还就十二届五次会议重点提案“大力支持和推动我国现代马产业发展”进行了跟踪督办调研。

加强提案工作制度建设。4月开始，提案委员会集中力量开展《中国人民政治协商会议全国委员会提案工作条例》修订和《政协全国委员会提案委员会关于提高提案质量的意见》制定工作，成立课题组，先后在北京、江苏、陕西、江西、辽宁等9个省（区、市）召开15场座谈会，通过调研、座谈、发函等形式，广泛征求党派团体、承办单位、政协委员、政协各专门委员会、地方政协提案工作机构等各方意见，深入分析提案质量方面存在的问题，总结提炼促进提高提案质量的好经验、好做法，在此基础上，修订《中国人民政治协商会议全国委员会提案工作条例》，对提案质量作出原则性规定。新修订的《中国人民政治协商会议全国委员会提案工作条例》已经十三届全国政协第四次常委会议审议通过后印发实施。制定出台《政协全国委员会提案委员会关于提高提案质量的意见》，并由全国政协办公厅转发。

不断开展联系交流。通过多种形式和渠道向提案者通报情况，解读《中国人民政治协商会议全国委员会提案工作条例》和《政协全国委员会提案委员会关于提高提案质量的意见》，引导和促进提案者进一步增强质量意识。在深圳向住港住澳全国政协委员通报提案工作情况，并就如何撰写提案作专题辅导。应地方政协邀请，出席全国部分城市政协提案工作研讨会、京津冀政协主席联席会、华东六省一市政协提案工作座谈会、安徽省全省政协提案工作会议、六盘山片区政协精准扶贫交流推进会等会议，并与来访的江西、广西、成都、广州等10省、市政协有关负责同志座谈，介绍全国政协提案工作情况。邵鸿副主席带队走访最高人民法院，提案委员会负责同志分别带队走访国家知识产权局、中国气象局、国家审计署等单位，了解提案办理工作情况，推动提案办理落实，听取对全国政协提案工作的意见建议。

宣传和扩大提案工作社会影响。配合《政协全国委员会提案委员会关于提高提案质量的意见》的正式印发，组织策划《人民政协报》《中国政协》杂志刊发相关文章，宣传解读意见内容，为全国政协十三届二次会议提高提案质量发挥积极导向作用。编辑出版《把握人民的意愿——政协提案及办理复文选（2018年卷）》。

全国政协十三届一次会议提案交办会。2018年3月27日上午，全国政协十三届一次会议提案交办会在政协礼堂举行。张庆黎副主席出席并讲话，夏宝龙副主席兼秘书长主持。

张庆黎在讲话中强调要提高政治站位，充分认识做好今年提案办理工作的重要意义；要坚持质量第一，真诚平等协商、突出重点办理、举一反三办理、开诚布公答复，切实提升提案办理工作水平；要加强领导明确责任、加强督促推动落实，加强协作形成合力，圆满完成今年提案办理工作任务。

中共中央办公厅副主任陈世炬、国务院副秘书长李宝荣出席并对承办单位提出工作要求。全国政协副秘书长潘立刚、机关领导班子成员常荣军，提案委员会副主任支树平、田杰、郭庚茂、戚建国、蒋定之、臧献甫，其他专门委员会副主任冯健身、张志勇、高波、丛兵、徐敬业、罗黎明、吴国华、金学锋、孙庆聚，部分中央和国家机关负责同志，提案承办单位和全国政协办公厅有关室局同志参加。会后，与会承办单位相关部门进行集中调整和交办全国政协十三届一次会议提案。

全国政协第七次提案工作座谈会。2018年10月10日至11日，全国政协第七次提案工作座谈会在京召开。张庆黎副主席出席开幕会并讲话，马飚、夏宝龙、邵鸿副主席，潘立刚副秘书长出席，提案委员会主任李智勇主持。

张庆黎强调，要深入学习贯彻习近平总书记关于加强和改进人民政协工作的重要思想，进一步推动提案工作高质量发展。张庆黎副主席指出，做好新时代政协提案工作，要努力做到强基础、抓关键、重保障、促合力、树典范，着力在提高提案质量、提案办理质量和提案服务质量上下功夫，强化各方统筹协调，发挥示范引领作用，扎实推进提案工作提质增效。

李智勇就落实会议精神讲了四点意见：一是要传达学习好、贯彻落实好习近平总书记关于加强和改进人民政协工作的重要思想理论研讨会精神；二是要抓好《中国人民政治协商会议全国委员会提案工作条例》和《政协全国委员会提案委员会关于提高提案质量的意见》两个文件的学习宣传和贯彻落实；三是要统筹推动提高提案质量、提案办理质量和提案服务质量；四是要强化交流沟通、形成工作合力。

中共中央办公厅副主任陈世炬、国务院副秘书长李宝荣出席并讲话。提案委员会副主任王惠贞、支树平、李晓全、胡四一、郭庚茂、黄荣、戚建国、蒋定之、臧献甫、陈因（驻会），提案委员会委员，各省级、副省级市政协分管提案工作的负责同志和提案工作机构负责同志，政协参加单位、部分提案承办单位代表，全国政协办公厅有关室局负责同志等参加会议。

经济委员会　2018 年，深入学习贯彻习近平新时代中国特色社会主义思想和党的十九大精神，深入学习贯彻习近平总书记关于加强和改进人民政协工作的重要思想，在全国政协常委会、主席会议领导下，围绕改革发展大局，增强履职能力，提高工作质量，委员会共参与承办 2 次专题议政性常委会议，承办 2 次专题协商会、1 次双周协商座谈会、1 次网络议政、远程协商活动，开展 11 项专题调研，形成了 7 篇综合报告和 34 篇信息专报，得到中央领导同志批示近 20 人次，为促进经济平稳健康发展建言献策，凝聚共识，汇聚力量作出了积极贡献。

一、确保党的全面领导落到实处

一是旗帜鲜明讲政治。委员会通过专题会议、学习研讨、宣讲交流等形式，有计划、分专题学习领会习近平新时代中国特色社会主义思想，认真学习贯彻全国政协系统党的建设工作座谈会精神，贯彻落实中共中央办公厅《关于加强新时代人民政协党的建设工作的若干意见》，引领委员会委员增强“四个意识”，坚定“四个自信”，做到“两个维护”，不断增强对中国共产党和中国特色社会主义的政治认同、思想认同、理论认同、情感认同。

二是坚定不移谋大事。充分发挥委员会分党组把方向、管大局、保落实的作用，及时向全国政协党组汇报重要工作、请示重要事项、报告重要活动，切实做到全国政协党组部署到哪里，分党组工作就跟进到哪里，委员会力量就汇聚到哪里。委员会先后召开 6 次分党组会议，把发挥分党组作用与依法依章程履职有机结合，把党的主张通过民主程序转化为委员会的共识，在制定委员会工作计划、谋划重要调研事项、承办重大协商议政活动等方面下功夫，使分党组的决策部署更好地融入委员会履职实践。

三是夯实基础求实效。一方面，委员会的重点协商活动和调研任务都由分党组成员牵头负责，强化政治担当，加强统筹协调，推动督促落实，切实增强了工作实效。另一方面，坚持党建重心下沉，加强委员会党组织建设，比如，在开展调研时，率先将临时党支部建在调研组上，由担任调研组组长的分党组成员兼任支部书记，参加调研的委员和工作人员中的中共党员为支部成员，充分发挥党组织的战斗堡垒作用和党员委员的模范带头作用。

二、将思想政治引领贯穿履职全过程

一是着力抓好理论武装。以学习贯彻习近平总书记关于加强和改进人民政协工作的重要思想为重点，举行 1 场专题学习研讨会，召开十三届政协委员、往届政协委员、专家学者等 3 场座谈会，开展 1 次专项调研，就“我国社会主要矛盾变化对人民政协工作的新要求”进行研讨交流，引导委员在学习中提高政治站位，坚定理想信念，认真履职尽责。

二是切实加强互动交流。在组织协商活动时，加强党政部门与委员的沟通和讨论，营造互动交流氛围，注重交换看法和解答问题，为委员知情明政、为党政部门介绍工作情况提供平台，争取双向理解和支持。

三是促进委员自我教育。组织委员深入基层，使委员感受新变化、激发新担当，引导委员自我学习、自我教育、自我提高。邀请有关部委同志全程参加调研，帮助委员了解政策思路，增强履职的针对性。办好《经济界委员通讯》，增加出刊密度，在内容上更加突出委员的所思所悟，使之成为委员们交流思想、碰撞智慧、互促互学的重要阵地。

四是完善委员联系机制。积极做好有关全国政协副主席到地方调研，走访看望当地委员的组织服务工作。今年以来，万钢、何立峰、辜胜阻、高云龙副主席分别在不同地区，看望住当地全国政协委员、省级政协委员、市级政协委员，直接听取委员的意见建议。委员会建立了日常走访委员制度，实现了联系界别委员无死角，及时了解委员的思想动态和诉求愿望，帮助他们解决在履职中遇到的困难和问题，使委员会成为团结之家、民主之家、和谐之家。

五是更大范围凝心聚力。经济委员会89位委员中非中共委员有34位。我们注重拓展思想政治引领的方式，在协商议政活动中，委员会分党组成员注重与党外委员沟通思想、交换意见，加强与党外知识分子、非公有制经济人士、新的社会阶层人士的联系交流，为他们有序参与协商创造条件。在开展调研时，调研组既带着问题下去，也带着政策下去，到基层解疑释惑，向社会各界发声，更大范围凝聚共识，为党和政府更好地开展工作营造良好的氛围。

三、参与组织全国政协专题议政性常委会议

积极做好以“解决深度贫困地区脱贫问题”和“污染防治中存在的问题和建议”为议题的常委会议筹备工作。在广泛征求意见的基础上，经济委员会围绕经济社会发展的关键领域，重点对两个专题进行实地调研。

一是聚焦精准扶贫。今年6月，全国政协召开了“解决深度贫困地区脱贫问题”专题议政性常委会议，经济委员会负责其中的“防范化解脱贫攻坚风险，着力提高扶贫综合效益”专题。在调研阶段，何立峰副主席率委员会调研组赴甘肃，兵分三路，一竿子插到底，分别深入定西市通渭县、陇西县、安定区的深度贫困乡村，走村串户，访贫问苦，与基层干部群众广泛交流，了解第一手资料，感受党中央扶贫工作取得的巨大成绩，领悟扶贫工作的艰辛。综合运用多种形式建言献策，形成了专题调研报告以及3篇案例分析材料，在常委会议上作了大会发言，并报送了“支持甘肃陇西建设国家中药原材药生产供应基地”“探索‘户贷企用’叫停后扶贫贷款新模式”2篇政协信息专报，国务院领导同志作出重要批示。

二是聚焦污染防治。为做好“污染防治中存在的问题和建议”专题议政性常委会议第一专题的筹备工作，委员会围绕“深入贯彻习近平生态文明思想，全面推动绿色发展”赴黑龙江调研，重点关注黑土地保护情况，针对黑土地“质减量退”的问题，从提高农民主体意识、完善土地流转制度、扩大“黑土地”品牌效应、优化财政补贴政策等方面提出对策建议。

四、承办全国政协专题协商会

围绕经济领域综合性、全局性、战略

性问题，深入开展调研，精心组织了2场专题协商会，做到聚焦改革、建言改革、服务改革。

一是着力防范化解重大风险。委员会就“健全系统性金融风险防范体系”进行专题调研，由辜胜阻副主席牵头，先后赴浙江、山西、北京，召开10余场座谈会，深入30余家金融机构和企业了解情况，与200余位政府部门、金融机构和企业的代表面对面交流。在此基础上，认真办好十三届全国政协的第一场专题协商会，有24位委员踊跃建言，刘鹤副总理到会与委员协商交流。会后以全国政协党组名义向中央报送了综合报告，提出了引导非金融企业杠杆率稳步下降、推进市场调控长效机制建设、妥善化解政府隐性债务风险、促进新金融业态健康发展、加强金融监管体系建设等建议，并分别聚焦统筹监管金融基础设施、引导互联网金融健康发展、加强地方政府防控系统性金融风险、防范地方政府隐性债务风险，报送了4篇政协信息专报。

二是大力支持实体经济发展。精心承办“发展实体经济，提高供给体系质量”专题协商会，由高云龙副主席牵头，先后赴山东、江苏、重庆调研。调研中，采取统分结合的方式，每到一地都分成3个小组，实地走访企业30家，与70多位政府部门负责同志研讨交流，深入听取140多位企业家的意见建议，在组织座谈时适时召开“企业家闭门会议”，使他们敞开思想讲真话。同时，委托辽宁、浙江、安徽、湖南、深圳等5省市政协开展了协同调研。最终报送了综合报告和深化新三板市场改革、处置不良资产、降低五大基础性成本等5篇信息专报，提出了一些可操作性比较强的意见建议。

五、加强社会关切重大课题研究

主动适应经济发展新常态，围绕群众关注度高、社会影响大的领域，积极开展专题调研和考察，提出了众多具有建设性、针对性的意见建议，为中央决策提供了有效参考。

一是密切关注区域协调发展。围绕海南省中国特色自由贸易港建设、青藏高原生态旅游高质量发展进行专题调研，反映地方的合理诉求，帮助边远地区加快发展。就浙江绍兴企业应对中美贸易摩擦情况进行调研，通过信息专报反映值得借鉴的好经验好做法，刘鹤副总理作出重要批示。连续10年与九三学社中央、辽宁省政协共同举办辽宁沿海经济带政协研讨会，为推动新时代东北振兴献计出力。参与广西等11省区市政协组织的助推中新互联互通南向通道建设的研讨交流，就打造国际陆海贸易新通道、深化中国—东盟区域经济合作提出建议。

二是着力促进新兴产业发展。把实地调研、网络议政、现场协商结合起来，就“促进新能源汽车产业健康发展”献计献策。在实地调研环节，由万钢副主席率队，联合致公党中央，先后赴上海、浙江、广东、北京4省市调研。在网络议政环节，共有48位委员在线发言交流，提出了125条意见建议。在现场协商环节，以双周协商座谈会为平台，邀请国家发改委、工信部、科技部、财政部负责同志与委员们讨论，就加强政策引领、坚持创新驱动、完善基础设施、营造良好的市场环境等方面进行互动交流，凝聚智慧，增进共识。开展“促进共享经济健康发展”专题调研，为组织2019年第一场双周协商座谈会做好准备。

六、打造高质量的工作精品

一是做优经常性履职品牌。经济委员会主办的宏观经济形势分析座谈会已成为全国政协对口协商的一个重要平台。我们以此为依托，力求常做常新，更加经常、更加灵活、更加有效地搞好对口协商。一方面，加强动态分析。坚持一年四次会议的总体安排，组织委员及时分析研判每个季度的经济运行情况，针对保持经济平稳健康发展的新问题新挑战建言献策。另一方面，优化协商格局。注重扩大委员参与面，邀请更多委员参加，实现经济界、工商联界委员全覆盖；突出对口协商特色，邀请部委负责同志到会听取意见，当面回应委员的问题和建议，加强互动交流。同时，促进成果转化。采取“1+N”模式，在报送会议综合情况的基础上，梳理委员们提出的可操作性意见，单独报送信息专报。比如，就推进地方经济高质量发展、应对中美贸易摩擦等献计献策，得到了肖捷国务委员的批示。针对一些比较集中的意见，委员会还组织专家进一步研究讨论，比如，在 2018 年第一季度宏观经济形势分析座谈会后，专门围绕推动高质量发展召开座谈会，形成专题报告，汪洋主席作出重要批示。

二是打造专题性履职精品。2018 年，经济委员会把促进民营经济发展作为议政建言的重点，通过多种形式持续建言、聚合发力。在两次专题协商会和宏观经济形势分析座谈会上设置民营经济方面的议题，开展“促进民营企业投资制造业”专题调研，提出有针对性的对策建议，得到了中央领导同志的重要批示。特别是，汪洋主席邀请 4 位企业家委员进行小范围的聊天交流，听真话、察实情，并且在汪洋主席的亲自谋划和推动下，我们围绕“优化营商环境，促进民营经济高质量发展”组织了全国政协首次网络议政和远程协商活动，190 多位委员通过移动履职平台在线互动，10 多位委员分别在北京主会场和浙江、湖南、广东 3 个分会场以及通过手机连线方式等建言献策，有关部委同志与委员充分互动交流，回应委员提问，共同探讨问题，取得了良好成效。

七、推进经常性工作有序开展

一是加强反映社情民意工作。畅通反映社情民意的渠道，及时捕捉其他途径不易掌握的信息，及时反映委员“原汁原味”的建议，报送了稳定和引导当前社会预期、推进金融改革创新支持民营企业发展、将自贸试验区建设推向新高度、提升保险公司治理水平等多篇信息，中央领导同志多次作出重要批示。

二是深入开展对外交往。分别围绕“一带一路”产业园区建设、“一带一路”经贸投资合作出国访问，与缅甸、泰国、柬埔寨、蒙古、俄罗斯、以色列等国有关机构和中资企业开展多层次沟通，反映境外中资企业面临的困难和问题，提出深化双边合作交流的建议。做好来访接待工作，与捷克众议院经济委员会、日本财务省访华代表团、马里代表团等进行友好交流。

三是拓展建言资政形式。应财政部、国家税务总局邀请，组织委员专题讨论完善《个人所得税专项附加扣除暂行办法》。征求有关委员意见，对拟出台的《关于健全完善税务监管体系的意见（草案）》提出 15 条修改建议。协助中国人民银行，组织委员参与深化民营和小微企业金融服务督导工作。

四是不断推进制度建设。受全国政协办公厅委托，以提高调研的制度化规范化程序化水平、增强调研实效为重点，修订《全国政协加强和改进调研工作实施办法》。就提高委员会及办公室工作质量多次进行专题研究，提出 23 条改进措施。

八、工作特点和体会

2018 年，经济委员会着眼新任务，研究新情况，解决新问题，在实践中形成了一些规律性认识和体会。

一是坚持加强委员会党建工作。必须把做到“两个维护”作为最高政治原则和根本政治规矩，全面贯彻党的基本理论、基本路线、基本方略，确保委员会工作始终沿着正确的政治方向笃定前行。坚决按照新时代党的建设总要求，在全国政协党组的领导下，发挥分党组的领导核心作用，严肃党内政治生活，贯彻民主集中制原则，团结带领委员会全体委员不折不扣地落实全国政协党组的决策部署，使之成为委员的自觉行动。

二是坚持围绕中心、服务大局。必须坚持把委员会工作放在大局下思考和推进，围绕经济社会发展的战略性前瞻性现实性问题履职尽责。2018 年，我们聚焦全国政协年度协商计划，把为深化供给侧结构性改革、推进改革开放、推动高质量发展献计出力作为工作主线，提高协商议题的精准性和针对性，更加注重研究人民群众关心、迫切需要解决、委员会有能力做深做透的问题，在全国政协围绕新时代社会主要矛盾变化履职尽责的实践中作出应有的贡献。

三是坚持发挥委员主体作用。按照“懂政协、会协商、善议政，守纪律、讲规矩、重品行”的要求，加强日常联络和服务，推进委员履职能力建设，不仅注重发挥“关键少数”的“关键作用”，同时坚持委员履职一个也不能少，激发了委员履职的内生动力。总体来看，委员们的主体意识、责任意识不断增强，在宣传党的路线方针政策、建言经济社会发展、传递各界群众呼声等方面作出积极贡献，努力让群众感到人民政协离自己很近，政协委员就在身边。

四是坚持加强履职联动和协同。只有加强与多方面的联系沟通，实现各方优势互补共融，才能增强委员会履职成效。为此，我们不断深化与有关方面的合作共事，加强与中央国家有关部委、各民主党派中央、全国工商联、有关社会团体、社会智库的工作联系，联合开展调研，共同举办会议，充分利用外部力量，提高履职专业化水平。同时，我们注重与地方政协经济委员会的上下联动，召开全国暨地方政协经济委员会工作研讨会，研究提高工作质量的思路和措施，并与北京、天津、黑龙江、广东、广西、海南、云南、西藏等省市政协经济委员会座谈交流，加强统筹协调，突出资源整合，力求奏响“大合唱”、谱好“协作曲”。

面对新时代新方位新使命，我们的工作还有很大提升空间。比如，委员会学习的经常性、广泛性、专业性有待进一步增强；跨年度的持续深入调研开展得不多；如何更好地发挥委员会在加强思想政治引领、凝聚共识方面的作用；委员会的活动方式可以更加灵活多样；等等。这些都需要在今后的工作中加以改进。

2019 年，经济委员会将深入学习贯彻习近平新时代中国特色社会主义思想和党的十九大精神，以习近平总书记关于加强和改进人民政协工作的重要思想为指导，以汪洋主席关于建言资政和凝聚共识双向发力的总体思路为主线，聚焦推进供给侧结构性改革、推动经济高质量发展、打好三大攻坚战等重大战略部署建言资政，围绕巩固团结奋斗的共同思想政治基础凝心聚力，更好地服务人民政协事业发展，更好地服务经济社会发展。

农业和农村委员会 在深化党和国家机构改革中，根据中共中央统一部署，全国政协新组建了农业和农村委员会。一年来，在全国政协党组，全国政协常委会和主席会议的领导下，农业和农村委员会以习近平新时代中国特色社会主义思想为指导，深入学习贯彻中共十九大精神和习近平总书记关于加强和改进人民政协工作的重要思想，围绕党和国家中心工作，围绕中央关于“三农”工作的决策部署，按照汪洋主席和全国政协领导同志的指示要求，坚持双向发力，聚焦提质增效，各项工作有序有效开展、稳步推进，为助力乡村振兴、精准脱贫攻坚贡献了智慧力量。

一、强化理论学习教育，加强思想政治引领

委员会成立以来，始终把加强理论学习、强化思想武装作为首要任务，引导委员牢固树立“四个意识”，坚定“四个自信”，坚决维护习近平总书记在党中央的核心、全党的核心地位，坚决维护党中央权威和集中统一领导。坚持把学习贯彻习近平新时代中国特色社会主义思想作为理论学习的主线。通过召开 6 次分党组（扩大会）和 3 次全体会议，分专题、多形式学习习近平新时代中国特色社会主义思想，学习习近平总书记关于加强和改进人民政协工作的重要思想，学习习近平总书记关于乡村振兴和脱贫攻坚的重要指示精神。每当习近平总书记发表重要讲话、作出重要指示后，分党组都及时组织学习；全国政协常委会议和主席会议作出重大部署后，分党组都及时组织贯彻落实。精心组织召开由全体委员参加的“习近平总书记关于加强和改进人民政协工作的重要思想理论研讨会”，组织委员撰写理论文章，60 多位委员提交了学习论文，10 多位委员作了大会发言；组织委员学习新修订的宪法和政协章程；学习汪洋主席在全国政协常委会议等重要会议上的讲话精神，引导委员把思想和行动统一到中共中央的决策部署上来，打牢团结奋斗的共同思想政治基础，在新的历史方位勇于担负起新的使命任务。深入开展具有农委特点的主题实践教育。在重大调研活动时成立临时党支部，研究安排调研任务，组织委员深入基层、深入一线，开展调查研究。利用调研之余组织委员参观当地的爱国主义教育基地，缅怀革命先辈，接受红色教育，开展党性锻炼。调研结束后，临时党支部召开总结会，大家谈认识、谈体会，共同领悟习近平新时代中国特色社会主义思想的新境界，共同见证我国脱贫攻坚事业发展的新成就，共同感受乡村振兴战略带来的新面貌。组织委员赴中国农业科学院、中国林业科学院调研，开展党日活动。加强作风和廉政教育，强化党的政治纪律和政治规矩，引导委员自觉遵守宪法法律和政协章程。

二、坚持双向发力，认真履职尽责

我们紧扣党中央关于“三农”工作和脱贫攻坚工作的决策部署，按照全国政协党组的工作安排，不等不靠，边组建边开展工作，认真落实年度重点调研计划，积极建言资政，广泛凝聚共识，在出实招、谋良策、增信心、聚合力方面取得较好效果。共同筹备或参与筹备专题议政性常委会议 2 次；举办双周协商座谈会、对口协商会、通报协商会各 1 次；组织“三农”重点工作调研 6 次、报送调研报告 7 篇；被采用社情民意信息 14 篇，参加重点提案调研 1 次。

与社法委共同承办“解决深度贫困地区脱贫问题”专题议政性常委会议。汪洋主席对这次会议十分重视，专门召开会议，听取情况汇报，作出指示。为贯彻落实好汪洋主席重要指示精神，先后召开有国务院有关部委、专家学者、扶贫干部参加的多场座谈会，专门走访国务院扶贫办听取意见。杨传堂、郑建邦副主席分别率队赴宁夏、青海深度贫困地区开展调研。改进调研方式，分成小组走村入户。委员们在调研中深化了思想认识，为在党中央的领导下脱贫攻坚取得的巨大成绩所鼓舞，为在扶贫一线忘我工作的广大党员干部所感动，进一步坚定了打赢脱贫攻坚战的决心和信心。注重成果转化，与社法委共同起草上报的《关于“解决深度贫困地区脱贫问题”总报告》和《关于脱贫调研增共识　凝心聚力助攻坚的报告》，得到汪洋主席的充分肯定。委员们结合调研情况认真撰写调研报告和信息，提交大会发言材料 14 篇，在《人民日报》刊发文章 2 篇，报送的政协信息受到国务院分管领导肯定。

精心组织召开“培养造就一支懂农业、爱农村、爱农民的‘三农’工作队伍”双周协商座谈会。为提高建言资政的精准度和实效性，认真学习借鉴其他委员会组织双周协商座谈会的经验，积极探索创新举措。在开展调研前，专门到中组部、农业农村部听取情况介绍。在赴地方调研中，杨传堂、郑建邦副主席亲自带队，认真听取省市县乡镇各个层面的意见建议，调研组成员全部提交调研报告和发言材料。开展会前协商，让委员和部委有关同志会前进行充分沟通，确保委员的意见建议更科学、部委的回应更准确。汪洋主席对会议给予充分肯定，指出“农委作为新组建的专委会，取得了承办双周协商会的开门红”。对会议提出的建议，中组部进行了专题研究，将就此进行调研并出台文件，此项工作已列为 2019 年中组部的重点任务之一。

组织开好“三农”工作协商座谈会。为贯彻落实好习近平总书记关于发挥好人民政协作为专门协商机构的重要作用的指示要求，我们组织召开了首次“三农”工作协商座谈会，围绕“发展壮大乡村产业，推动实施乡村振兴”主题，与中央和国家机关有关部门开展对口协商，农委委员全体参加，委员们提交 25 篇会议发言材料。汪洋主席出席会议，并与出席会议委员、部委负责同志互动交流。中农办和农业部负责同志表示，政协农委组织的对口协商会，为起草 2019 年中央指导“三农”工作的“一号文件”提供了支持。会前，我们利用委员履职平台开展网络议政，在主题议政栏目设置专题讨论群组，邀请全国政协领导与农业和农村委员会、农业界、福利保障界、民革界委员开展热烈讨论，营造了良好协商议政氛围。围绕“完善农业支持保护政策，推动农村产业转型升级”主题，组织委员深入黑龙江农垦建三江农场和吉林长白山林场等地调研，形成《关于完善农业支持保护政策推动农村产业升级的调研报告》，上报党中央、国务院，国务院领导同志在报告上作出批示。

围绕中央关心、社会关注、群众关切的热点难点问题，我们还积极参与“污染防治中存在的问题和建议”协商议政活动，成立“农村面源污染防治和人居环境整治”专题组，赴河北、河南进行实地调研，委员们提交 10 余篇书面发言材料，其中口头发言一篇；根据汪洋主席指示要求，组织召开非洲猪瘟疫情防控工作通报协商会，邀请农业农村部相关负责同志向全国政协委员通报情况，主动回应委员关切和社会关注，起到了释疑解惑、凝聚共识、稳定人心的积极作用；与国家林业和草原局、陕西省政府共同主办了第 24 个防治荒漠化与干旱日纪念大会，发动全社会力量共同参与防沙治沙事业；扎实开展全国政协机关定点扶贫工作，随全国政协调研组赴安徽舒城县开展精准脱贫工作调研，积极协调农业农村部、水利部、中国农业科学院，共同研究解决精准脱贫工作，为地方脱贫发展献计出力。

三、加强自身建设，提升工作水平

认真贯彻中共中央办公厅《关于加强新时代人民政协党的建设工作的若干意见》和全国政协系统党的建设工作座谈会精神，着力抓好自身建设，更好地推进专委会工作质量的提升。一是加强制度建设。针对农业和农村委员会新成立的特点，把建章立制作为重要抓手，按照新修订的政协章程和全国政协党组的新要求，紧密联系农委工作实际，建立健全各项规章制度，及时汇编并组织委员学习新修订的各项规章制度，努力做到凡事有章可循，形成更加成熟、更加定型的工作机制。二是加强联系协作。为更好发挥专门协商机构作用，专委会主动与各党派团体、政协界别、党政部门、地方政协加强沟通联系，在开展调研、组织会议时，广泛邀请各界别委员参加协商议政活动。加强党员委员与党外委员的日常联系，开展各种形式的谈心谈话。建立委员议政群、微信群，积极为委员履职搭建平台，鼓励和引导委员积极参政议政。认真落实委员履职、联络工作制度规定，建立工作台账，实现了联系界别委员全覆盖、农委委员全履职“两个百分之百”。三是加强服务保障。委员会办公室深入贯彻落实习近平总书记关于推进中央和国家机关党的政治建设的重要指示精神，贯彻全国政协领导同志的有关要求，不断加强机关干部理想信念教育，全面增强履职本领，积极做好各类活动的服务保障工作，受到了委员们的好评。

总结委员会将近一年的工作，主要有以下几点体会：一是习近平新时代中国特色社会主义思想是做好工作的根本指引。做好新时期人民政协专委会工作，关键是要深入贯彻落实习近平总书记关于加强和改进人民政协工作的重要思想，着力在“把握新时代人民政协工作的使命任务”这一重要要求上谋划工作、制定措施、推动落实。坚持党对政协工作的全面领导，加强思想政治引领，广泛凝聚共识汇聚力量，加强队伍建设。二是全国政协领导的关心支持和全体委员的积极参与是做好工作的强劲动力。作为十三届全国政协新组建的专委会，汪洋主席对委员会工作多次作出重要指示，两次出席我委组织的会议活动，令大家备受鼓舞。夏宝龙副主席兼秘书长多次就做好委员会工作，加强委员会办公室建设提出明确要求。联系委员会的杨传堂、郑建邦副主席，自委员会成立伊始就非常关心委员会的工作，多次听取情况汇报，提出指导性的意见，多次率队参加调研和会议活动。全体委员充分发挥主体作用，认真履行委员职责，主动参与委员会组织的各种活动，为委员会工作的顺利开展、良好开局作出了重要贡献。三是分党组发挥领导核心作用是做好工作的重要保障。分党组成立以来多次召开分党组会议，在充分发扬民主基础上，共同研究决定专委会的重大事项和重要工作，有效发挥了把方向、管大局、保落实的作用。分党组各成员都以身作则、以上率下，充分发挥了模范带头作用。四是坚持探索创新是做好工作的不竭源泉。在汪洋主席的主持和带领下，十三届全国政协提出了一系列新思路新举措新要求。委员会认真贯彻全国政协领导同志指示精神，在组织调研、协商议政时注重打破惯例，在形式、方法、手段上加大探索创新力度，在标准上推崇精益求精的工匠精神，不求数量多，但求质量高，在“做成了什么、取得了什么效果上”下功夫，极大地提升协商议政活动的质量。

对照习近平总书记关于加强和改进人民政协工作的重要思想，对照全国政协党组要求，我们也清醒地认识到工作中存在一些差距和不足，理论学习系统性有待进一步加强，建言资政质量和机关服务效率上还有待进一步提高，委员履职的不平衡性有待进一步改进。

人口资源环境委员会 2018 年，人口资源环境委员会在全国政协常务委员会和主席会议的领导下，全面学习贯彻习近平新时代中国特色社会主义思想和党的十九大精神，认真贯彻落实新时代党的建设总要求，积极落实全国政协领导有关指示精神，紧紧围绕关于做好新时代人民政协工作的一系列新部署新举措新要求，牢牢把握新时代的新方位新使命，以党的建设为统领，坚持建言资政、凝聚共识双向发力，各项工作有序推进，展现出新面貌新气象新作为。委员会分党组在中共全国政协党组领导和机关党组指导下，切实发挥领导核心作用，加强委员会自身建设，为顺利完成委员会年度工作任务提供了坚强保障。

一、主要工作情况

一年来，委员会牵头承办专题议政性常委会议 1 次，双周协商座谈会 1 次，网络议政、远程协商活动 1 次；开展专题调研 8 项，出访调研 1 次；组织召开全国暨地方政协人口资源环境委员会工作座谈会 1 次，委员会全体会议 4 次；形成综合报告、调研报告、政协信息、大会发言等履职成果 31 份，有些得到中央领导同志重要批示，有力推动了相关工作落实。

（一）圆满完成以“污染防治中存在的问题和建议”为议题的专题议政性常委会议的组织筹备工作。先后召开各类座谈研讨会 16 场、征求意见 50 余人次，完成 6 个专题、33 个分题目的设置。围绕常委会议题，开展了“加大白洋淀生态保护和修复，有力支撑雄安新区发展”“天然矿泉水开发中存在的问题和建议”“加强管控与修复，强化土壤污染防治”3 项专题调研，召开了“大气污染防治问题”座谈会。《关于加大白洋淀生态保护与修复，有力支撑雄安新区发展的调研报告》得到中央领导同志的重要批示。加强对大会发言的整体谋划，撰写和协调提交了 9 篇大会发言，在最终 14 篇大会口头发言中，人资环委策划推荐的 5 篇入选。汇编形成了 4 本、18.4 万字的学习参阅材料，与其他专委会合作共同做好会议期间两个专题组讨论的组织服务工作。常委会期间首次开通委员移动履职平台，安排专人预先联系协调，积极引导委员在平台踊跃发声、议政建言，共有 38 名委员发言 70 余条。汪洋主席两次在平台上发表意见，并赞扬“即时互动，这个平台好”。委员们的意见建议得到相关部委认真研究落实，财政部率先完成部分委员意见的办理工作，办理报告得到全国政协主要领导同志重要批示，确保委员“说了不白说”。

（二）全方位承办好以“中长期人口变动与经济社会发展”为议题的双周协商座谈会。及早启动筹备工作，围绕议题先后赴新疆、北京、广东、山东开展两轮实地调研。行前召开座谈会，邀请国家有关部委和东北三省卫生和计划生育部门介绍情况。李斌副主席多次听取会议筹备情况汇报并率队赴北京、广东调研，给予具体指导。汪洋主席在主持召开第十三次双周协商座谈会上作了重要讲话，互动交流频繁，现场气氛热烈。

（三）敢于担当，积极创新，高质量完成以“推进快递行业绿色发展”为议题的全国政协第二次网络议政、远程协商活动。在汪洋主席点题和办公厅交办任务后，人资环委在第一时间召开分党组（扩大）会议研究部署落实，号召全体委员积极在移动履职平台发言议政，并要求分党组成员和副主任带头并引导委员在平台上踊跃发声。根据委员在平台上发言意见，形成了《“推进快递行业绿色发展”网络议政委员热议的主要问题》和《全国政协“推进快递行业绿色发展”远程协商会委员发言综述》，夏宝龙副主席兼秘书长批示称赞文稿起草速度快、质量好。平台开通期间，共有 243 位委员参与网络议政，发言 910 条共 16 万字，为会议的成功举行打下了坚实基础。会上，15位委员在全国政协机关主会场和北京、江苏、福建、四川4省（市）分会场，以及分别在香港、央视新闻中心、北京邮件处理中心、南京航空航天大学通过手机、计算机现场连线等方式发言，与参会部委热烈互动，取得丰富的议政成果。会后，第一时间整理信息专报上报党中央、国务院，主动收集整理会议期间部委对委员问题的回应情况，及时发布在移动履职平台上，向参与讨论的委员进行反馈；并将继续根据委员们的意见建议，对有关部委进行持续跟踪和推动落实。同时，整理上报委员对会议的反映，受到夏宝龙副主席兼秘书长的表扬。会议工作扎实、精细，有创新、有亮点，得到全国政协领导高度评价，汪洋主席在平台上对委员会及办公室的组织筹备工作直接点赞，还书面批示“的确组织得好”。

（四）统筹安排、协同推进，认真组织开展专题调研和协商议政活动。除围绕常委会议和双周协商座谈会议题开展的调研外，李斌副主席率队围绕“海洋资源保护开发”专题开展调研，高云龙副主席率队围绕“统筹推进养老服务体系建设”专题开展调研，委员会围绕“加强我国农业生物种质资源收集与保护”重点提案开展督办调研，围绕“深入落实河长制中存在的问题和建议”开展监督性调研，形成了两篇调研报告，其中《关于加强我国农业生物种质资源收集与保护的调研报告》得到国务院领导同志的批示。

（五）认真做好委员会各项会议的组织服务工作。举办以“构建清洁低碳、安全高效的能源体系”为议题的第十一届中国人口资源环境发展态势分析会。在第二次常委会议上，委员会积极推荐两位副主任分别作了题为“健康扶贫是打赢脱贫攻坚战的关键”“脱贫攻坚应用好用足增减挂钩政策”的大会发言。配合召开“乡村振兴中的环境治理问题”小型界别委员座谈会。组织代表团赴芬兰、挪威、冰岛就“自然资源管理体制”进行调研考察。主动推荐1名副主任承担首次“政协委员大讲堂”录制，面向社会客观解读我国人口发展现状和政策。与国家林业和草原局等单位联合主办2018森林城市建设座谈会。分别与民进中央、民盟中央、中国贸促会和有关省区市政府及政协，联合主办长江保护与发展论坛、绿色经济遂宁会议、中国国际生态竞争力峰会。支持地方政协围绕生态文明建设领域重大问题开展协商议政活动，委员会领导先后出席2018中国赤水河流域生态保护治理发展协作推进会、沿黄九省（区）黄河生态带建设协商研讨第一次会议并讲话，对有关工作予以大力支持。

二、工作主要特点

（一）始终坚持党的领导，切实加强党的建设。委员会分党组始终坚持党对人民政协的领导，牢固树立做好政协工作必须首先抓好党建的观念，切实把党建工作同履行职能有机结合起来，把党的领导落实到委员会工作的各方面和全过程，一切工作在党的领导下开展，一切重要活动都围绕党中央决策部署进行。引导全体委员珍惜自身荣誉，坚守政治纪律和政治规矩，遵守宪法法律和政协章程，自觉践行社会主义核心价值观，充分发挥在本职工作中的带头作用、界别群众中的代表作用。持之以恒抓作风建设，坚持在常和长、严和实、深和细上下功夫，在组织专题调研、举办会议活动中严格落实中央八项规定精神，坚决防止图形式、走过场，持续防范“四风”问题反弹回潮。

（二）加强思想政治引领，坚持双向发力。积极宣传党的理论和路线方针政策，不断增强全体委员对中国共产党领导和中国特色社会主义的政治认同、思想认同、理论认同、情感认同。在保障高质量建言献策的同时，号召全体委员把“凝聚共识”摆在突出位置，利用自己在本行业本领域的影响力和话语权，多做宣传引导、解疑释惑、凝心聚力的工作，引导所联系群众支持和参与改革发展，为中国特色社会主义事业添助力、增合力。

（三）在继承中创新发展，全面提升工作质量。主动适应新形势新任务，积极探索创新协商方式。紧跟新一届政协工作节奏，把提质增效贯穿履职全过程，一手抓对内挖潜，在协商议政时大力倡导“工匠精神”，坚持“认真”二字，对议政问题有“打破砂锅问到底”的态度，潜心研究问题，独立思考，努力形成独到的看法和有价值的建议；一手抓对外合作，与有关部门建立合作机制，丰富了委员会的履职手段，提高了工作效率和质量。

（四）勇于担当作为，有力保障委员履职。始终把责任扛在肩上，把事业放在心上，分党组成员积极发挥各自优势，牵头精心组织调研和会议活动，从方案设计到调研实施再到成果形成，身先士卒，严格把关，保证了工作质量和成效。注重发挥委员的主体作用，充分尊重委员、紧紧依靠委员、精心组织委员、热情服务委员，努力为委员履行职能搭建平台、创造条件。广大委员以高度的政治责任感，认真履职尽责，展现出昂扬向上、奋发有为的良好精神风貌。

教科卫体委员会 2018 年是全面贯彻中共十九大精神开局之年，也是十三届全国政协工作起步之年。教科卫体委员会在全国政协党组和常委会、主席会议领导下，以习近平新时代中国特色社会主义思想为指导，认真学习贯彻习近平总书记关于加强和改进人民政协工作的重要思想，贯彻落实汪洋主席“四个好好”的工作要求，围绕中心、服务大局，凝聚共识、建言资政。全年参与承办 2 次专题议政性常委会会议、4 次双周协商座谈会；开展 8 项专题调研、1 次出国考察和 4 项“下基层、惠民生”活动；举办 1 次界别协商座谈会和 4 次对口协商座谈会；召开 6 次分党组会议、4 次主任会议、1 次全体会议，1 次专题理论研讨会议；督办 2 件重点提案；提交 5 篇调研报告、13 篇社情民意信息、6 篇专委会简报。汪洋主席和孙春兰、刘鹤副总理，王勇国务委员作出 7 次批示。

一、抓理论学习，强化思想政治引领

高度重视政治学习，始终把学习贯彻习近平总书记关于加强和改进人民政协工作的重要思想作为首要政治任务，贯穿履职全过程。一是精心组织集中学习。分党组带头，制定专门学习计划，在全面自学基础上，分 8 个专题召开学习交流会。委员会委员围绕 18 个专题开展学习研讨，撰写理论文章。二是深入开展理论研讨。承担全国政协理论研究课题并形成《坚持以人民为中心的发展思想，促进政协专委会工作提质增效》理论文章。在集中学习基础上，举办学习贯彻习近平总书记关于加强和改进人民政协工作的重要思想理论研讨会，全国政协副主席陈晓光出席会议并讲话，委员会负责同志带头发言，14 位委员口头发言，32 位委员提交书面发言。汪洋主席在会议情况报告上批示“研讨质量高”，充分肯定理论研讨成效。三是坚持理论联系实际。在专题调研、对口协商、界别协商等活动中，编印习近平总书记关于教科卫体工作的重要论述，参加活动和会议的委员人手一册，引导委员把握方向、明确重点。

二、抓党的建设，推进党的组织和工作有效覆盖

牢固树立抓好履职必须首先抓好党建的观念，认真学习贯彻汪洋主席在全国政协系统党的建设工作座谈会上的重要讲话

精神，贯彻落实中央办公厅印发的《关于加强新时代人民政协党的建设工作的若干意见》和《全国政协党组贯彻落实党的建设工作八项制度实施方案》，切实担负起政治使命和政治责任。一是建章立制，分党组根据新形势和新的党建任务，进一步完善理论学习制度、重大问题议事研究制度、党内组织生活制度、党员委员联络党外委员制度。二是及时学习，分党组召开6次专题会议，传达学习党中央和全国政协党组重要会议和文件精神，及时把党的主张转化为委员的共识。全国教育大会召开后，分党组立即召开扩大会议，帮助委员深化对习近平总书记重要讲话精神的理解，明确今后在教育领域协商议政的重点和方向。三是消除盲区，分党组将委员会委员按照教科卫体四个专业领域分成四个工作组，分党组成员分别牵头负责，既发挥党员委员先锋模范作用，也在专业领域加强与党外委员的合作共事，努力做到党的工作全覆盖。四是狠抓落实，制定落实《全国政协党组贯彻落实党的建设工作八项制度实施方案》和《全国政协加强和改进人民政协工作重点任务实施方案》具体措施，对交办任务，无论是主办还是协办，分党组都结合实际提出完成标准、完成时限和责任人，确保件件有着落、事事有回音。五是丰富形式，分党组开展主题党日活动，组织党员委员和党外委员共同参观“人民政协光辉历程展”和“大道同行——从‘五一口号’到协商建国重要史事回顾展”，学习政协历史，激发荣誉感、使命感和责任感，自觉坚持党的领导。

三、抓双向发力，把提质增效贯穿履职全过程

在调研、协商等履职活动中落实汪洋主席“双向发力”的要求，通过凝聚共识加强思想政治引领，通过汇聚力量提高建言资政质量。承办的“解决深度贫困地区脱贫问题”和“污染防治中存在的问题和建议”专题议政性常委会议分专题会议，“人工智能的发展与对策”“解决中小学生课外负担重问题”“巩固破除以药补医改革成果，完善公立医院运行新机制”“强化基础研究、促进重大原始创新”双周协商座谈会等全国政协协商议政活动均得到各方好评。开展以“高校‘双一流’建设中的问题与建议”“加强国家技术创新中心建设，提高企业创新能力”“加强基层医疗卫生服务体系和全科医生队伍建设”“加强体育社会组织建设，推动全民健身”专题调研和“高校一流学科建设”出国考察。万钢、卢展工、陈晓光、李斌、刘新成、何维副主席分别率领调研组，深入15个省（区市）的44个市县基层，召开73场座谈会，走访108个基层单位，与千余名基层干部群众进行了面对面交流。一是协同发力。加强与地方政协协同，有关座谈会邀请地方政协委员参加。加强与部委协同，调研前认真听取部委情况介绍，充分交换意见。邀请部委同志参加调研，增进调研实效。二是协商聚力。精心组织双周协商，将会前协商作为提高会议质量的重要环节，组织委员和部委有关同志交流沟通，使委员的意见建议更科学、部委的回应更精准。会议期间在委员移动履职App平台上开通网络专题议政群，扩大会议容量、凝聚广泛共识。持续开展界别协商，每年举办“基础研究与创新驱动发展战略”界别协商座谈会，这是委员会的品牌项目，也是全国政协唯一入选“砥砺奋进的五年”大型成就展的界别协商活动，今年的界别协商座谈会是第六次，以“优化基础研究支持体系和前瞻布局”为议题，组织科协、科技界委员和科技部、国家自然科学基金委等四部委（院）协商讨论，万钢副主席出席并讲话。适时开展对口协商，关注委员们在提案、

社情民意信息里的呼声，从实际出发，组织委员与有关部委就“民办教育发展问题与对策”互动交流，卢展工副主席出席并讲话。三是委员用力。尊重和发挥委员主体作用，鼓励委员提出意见建议，及时整理并反映委员的意见建议。联络委员1748人次，委员履职805人次，委员会委员履职率100%。四是转化有力。凝聚各方智慧写好调研报告，重要问题、重要建议由委员分组牵头、责任到人，调研报告由带队副主任、驻会副主任、主任共同把关，确保质量。中共中央、国务院领导在有关调研报告、政协信息上作出批示后，有关部委邀请委员参加落实批示的工作座谈会，有力推动了相关领域工作。委员们在“人工智能的发展与对策”双周协商座谈会上的意见，引起中央领导高度重视和科技界、产业界广泛关注，各地纷纷展开对人工智能发展前景的大规模研讨；“解决中小学生课外负担重问题”双周协商座谈会提出的有关建议，被国务院办公厅《关于规范校外培训机构发展的意见》和多地制定加强中小学生课后服务的指导意见吸纳，收到良好社会反响。

四、抓民生改善，用心打造精品活动

持续关注教科卫体领域中央关心、社会关注、群众关切的重大问题，打造“下基层、惠民生”精品活动，向老、少、边、穷、岛地区群众送去关怀温暖，既体现人民政协务实为民、和人民群众很近，又通过深入基层、服务奉献，帮助委员自我教育和自我提高。一是教师节前后，卢展工副主席率队赴山东长岛开展“教师节慰问”，为坚守在海防岛屿一线的教师送去25万元慰问金，向海岛中小学校捐赠价值46万元的多媒体远程教学设备和图书，并通过多次座谈交流和名师讲座等宣传党的教育方针，帮助教师和学生增长知识、开阔视野、提升素质。二是与中国科协联合赴广西靖西市、东兴市开展“送科技下基层”，举办科普讲座，根据当地产业发展需求制订长期帮扶计划，推动中国农业科学院蚕业研究所与靖西市人民政府签订桑蚕产业科技战略支撑协议，据专家测算，仅桑蚕品种改良一项就可实现养殖户年收入翻一番，还将对周边地区产生辐射带动作用。三是何维副主席带队赴贵州黔南州都匀、平塘、罗甸三县开展“卫生三下乡”，举办委员义诊4场，帮助病患200多人，举办名医讲座5场，听众1000余人，捐赠价值324万元的常用药品和耗材。四是赴江西萍乡、吉安等革命老区开展“送体育下基层”，捐赠运动健身器材，为1000余名群众和中小学生开展运动健身和学校体育教学指导，推动北京体育大学等专业院校搭建网络平台，持续为当地体育发展提供支持和帮助。

五、抓联系指导，推动地方政协对口专委会加强协作

召开全国暨地方政协教科卫体委员会工作座谈会，万钢副主席出席开幕会并讲话，各省（区市）和副省级市、部分县级政协对口专委会负责同志120余人参加。与会同志围绕做好新时代政协教科卫体委员会工作进行了深入讨论和充分交流，既有学习体会，也有工作经验，更有创新设想。通过这次会议，大家进一步深化了对坚持党的领导、服务中心任务、提高工作质量、加强自身建设的理解和认识，共同研究总结了教科卫体委员会工作的特点和规律，共同探讨完善了相互联系、支持的工作机制和方式。委员会负责同志还在机关接待了11个省（区、市）政协对口专委会负责同志，就共同做好工作交流座谈。

六、抓能力素质，锻造全面过硬的两支队伍

委员是委员会工作的主体，办公室是委员会工作的枢纽。只有两支队伍都建设

好、能力强，才能不断取得履职新成效。一是明确职责，委员会第一次全体会议就明确了委员和委员会办公室所承担的不同任务，要求委员和办公室同志之间建立“亲”“清”的合作共事关系。委员认真完成“作业”，尽心尽力协商议政；办公室提高工作效能，推进工作规范化、制度化，全心全意为委员提供服务和保障。二是确保落实，在履职过程中委员听取办公室同志的工作建议，办公室同志尊重委员，与委员充分沟通，为委员提供精细化的服务，确保各项工作落实到位。三是提质增效，分党组负责同志参加办公室党支部会议，对办公室与委员会协同开展习近平总书记关于加强和改进人民政协工作的重要思想集中学习研讨活动提出明确要求。委员会负责同志经常通过委员联络微信群，转发中央最新决策部署和教科卫体领域最新发展，帮助委员更新知识、知情明政。委员会驻会副主任定期听取办公室工作汇报，对加强学习、提高能力、注重细节、保证质量提出明确要求。分党组成员加强对办公室党支部“每周学习会”的指导，亲自授课，解疑释惑，推动办公室干部理论和业务水平不断提高。

社会和法制委员会 2018 年，社会和法制委员会在常委会和主席会议的领导下，深入学习贯彻习近平新时代中国特色社会主义思想和党的十九大精神，认真学习贯彻习近平总书记关于加强和改进人民政协工作的重要思想，认真落实汪洋主席提出的各项工作要求，加强思想政治引领，在建言资政和凝聚共识两方面双向发力，聚焦全面依法治国、社会建设和社会治理等方面的重要问题，扎实开展协商议政活动。2018 年，承办专题议政性常委会议 1 次，双周协商座谈会 3 次，专题调研 8 项，出访考察 1 次，界别座谈会 3 场，对 7 份法律法规草案和重要文件征求意见稿提出修改意见，形成调研报告 5 篇，以政协信息形式报送相关调研和会议成果 18 篇，得到中央和国务院领导批示 9 次，相关部门办理反馈 9 次，各项工作展现新气象、实现新作为、取得新成效。

一、加强学习，以强化理论武装、提升履职能力夯实使命担当基础

认真落实“好好学习”的要求，坚持以科学理论武装头脑，让学习在委员会全局工作中发挥引领和支撑作用，切实提高政治把握能力、调查研究能力、联系群众能力、合作共事能力，为在人民政协新方位下担当新使命奠定坚实基础。

1. 认真学习习近平总书记关于加强和改进人民政协工作的重要思想。坚持把习近平新时代中国特色社会主义思想和党的十九大精神作为统领各项工作的总纲，把开展习近平总书记关于加强和改进人民政协工作的重要思想学习研讨活动作为重要政治任务，在学懂弄通做实上下功夫，在加强和改进工作上见成效，为委员从思想上政治上扣好履职第一粒扣子。专门召开分党组会议暨主任会议，对学习研讨活动进行部署。建立分党组理论学习中心组学习制度，分党组成员、非党员副主任做到先学一步、学深一层，带头提交学习论文，认真查找差距，提出改进措施。依托社法委委员微信群平台，分享学习资料、交流学习体会、定期督促提醒，引导全体委员读原著、学原文、悟原理，领会精神实质，增强履职政治定力。7 月中旬，在各专委会中率先召开习近平总书记关于加强和改进人民政协工作的重要思想理论研讨会，54 位委员提交论文，15 位委员大会发言，委员们的论文政治站位高、思想认识深，通过学习交流，取得了明确任务目标、强化使命担当的良好效果。社法委分党组会议决定将论文汇编成册并印发全体委员、省级和副省级政协社法委，同时向

政协理论研究会、中国政协杂志推荐，并在社法委公众平台开辟“委员学习”专栏，采取多种形式，推动学习活动不断深化。

2. 认真组织委员学习教育活动。十三届政协社法委成立之初，及时召开第一次委员会全体会议组织委员学习。采取会训结合方式，选取与社法委工作性质、工作任务密切相关的宪法修正案、党和国家机构改革、监察体制改革、司法体制改革4个专题，由参与立法、改革和具有理论功底的委员进行讲座辅导。邀请履职经验丰富的老委员介绍专委会工作方式及工作程序，交流委员履职的心得体会、分享履职成果，为委员“懂政协、会协商、善议政”提供方法钥匙。针对社法委联系界别多，有的界别无组织依托的情况，举办界别学习活动。探索大会闭会期间发挥界别小组召集人作用的方法，邀请召集人列席分党组会议并参加中心组集体学习；召开3场界别座谈会，组织界别小组召集人和部分界别委员集中学习，传达汪洋主席的重要讲话精神，开展研讨交流。利用社法委微信公众号平台，依托互联网平台强化日常学习。设置“要闻”“工作动态”“法治聚焦”“民生关注”等栏目，每个工作日更新内容，帮助委员及时了解政协工作动态、学习政协理论、掌握社会和法治热点问题。截至2018年12月29日，社法委微信公众号共推送信息1500余条，累计浏览量40万人次。

二、狠抓落实，以深入调查研究、创新工作方法提升“双向发力”质量

认真落实“双向发力”的要求，更好发挥联系委员桥梁和纽带作用，注重在建言资政过程中加强思想政治引领，广泛凝聚共识，推动社法委工作在继承中发展，在发展中创新。

1. 注重科学选择议题，提高履职精准性。建立“四对接、双审议”机制，积极探索多方听取意见、多元化征集议题方式，努力提高选题质量。从2018年10月下旬开始，通过召开座谈会、走访、书面发函、微信群讨论等形式，向全体委员、对口部门、联系界别、地方政协社法委征求协商议题建议，结合秘书长会议相关工作安排起草工作计划，提请分党组会议暨主任会议审议后报委员会全体会议审议通过。注意焦点、热点与难点、冷点有机结合，既聚焦党和政府中心工作和民生关切，也关注相对“冷门”但具有整体性、长远性的议题。承办“推进国家海洋救助保障体系建设”双周协商座谈会，汪洋主席对这个“冷”选题高度评价，所提出的意见建议得到国务院、交通部等有关部门及时采纳，为推进海洋强国建设作出有益贡献。探索系列选题，强调调研连续性与前瞻性。自2014年以来，连续5年选取司法体制改革的相关专题组织协商会议或专题调研，2018年围绕“司法责任制综合配套改革若干问题”开展调研；在2018年开展“网络环境下的知识产权保护”专题调研基础上，将其作为2019年双周协商座谈会题目，予以持续关注与推动。

2. 着力改进调查研究，夯实履职“压舱石”。在重要调研活动中设立临时党支部，把加强思想政治引领，广泛凝聚共识贯穿到调研全过程。临时党支部从调研方式到调研对象、从力量组织到具体实施、从遵规守纪到调研实效等方面把好关口，团结带领委员在做好调查研究的同时，充分发挥实务经验丰富和专业研究深入的优势，与基层实务部门、利益相关方面对面进行座谈交流，有针对性地宣传改革政策，做好解疑释惑、理顺情绪工作。改进调查研究方式，深入一线察实情。卢展工、汪永清副主席分别率领“解决深度贫困地区脱贫问题”调研组到云南、广西深度贫困地区进行调研，冒雨行进、翻山

越岭走进贫困村。组成调研小分队，分头走村入户听情况、查数据。参加调研的委员纷纷表示，想不到政协的调研如此深入细致、严肃认真，想不到扶贫攻坚一线干部如此辛苦、贫困群众如此困难，通过调研真切地感受到了扶贫攻坚取得的巨大成就、深刻体会到中国特色社会主义的政治优势和制度优势，认同感、自信心都大大增强。汪洋主席在社法委总结后呈报的《脱贫调研增共识，凝心聚力助攻坚》专项报告上作出重要批示，要求印发全国各省级政协学习参考。努力克服困难，接受“急难”任务挑战。最高人民法院主动请求在全国政协召开“基本解决执行难问题”双周协商座谈会，汪洋主席高度重视。社法委接到承办任务后，既坚持规范运作、标准不降，又充分整合各方面资源、精密衔接三地调研，在不到一个月时间内，成功举办“基本解决执行难问题”双周协商座谈会，得到汪洋主席高度评价，最高法院党组专门致函全国政协，表示衷心感谢。

3. 精心组织协商议政，体现履职专业性。利用调研过程中委员集中、与基层接触密切的优势，加强调研中协商。在组织“健全志愿服务管理体制，形成全民参与的良好局面”专题调研中，召开不同形式小型会议，组织调研组成员间协商、委员与参与调研部门同志协商、委员与基层部门协商，促进在发挥志愿服务的有益补充作用、提高公众参与志愿服务效益等方面达成共识，既为形成一致调研报告奠定基础，也为有关部门的落实创造条件。发挥社法委与相关专业部门联系紧密的优势，加强会前协商。与台盟中央联合承办“《未成年人网络保护条例》的制定”双周协商座谈会，与民革中央、农工党中央组织联合开展调研；在承办议政性常委会、双周协商座谈会过程中，举办多次会前协商活动，邀请主管部门和司法机关负责人、专家学者与委员就重点内容、难点问题、争议焦点进行充分研讨交流，既沟通思想、增进共识，也协调关系、凝心聚力，保证协商议政活动取得实效。立足社法委专业领域，认真组织委员参与立法协商。高质量完成“《未成年人网络保护条例》的制定”双周协商座谈会承办任务，司法部正式回函表示：委员们提出的 4 个方面建议在《未成年人网络保护条例（修改稿）》中全部被采纳。同时，还组织委员对 7 部法律法规草案和重要文件征求意见稿提出意见建议。突出社法委工作特点，搭建“创新社会治理”对口协商平台。召开“依法打击‘校闹’，加强学校师生权益保护”对口协商座谈会，邀请 13 位委员和师生代表发言，中央政法委、最高人民法院、最高人民检察院、教育部等 6 家部门相关负责人到会并与委员交流互动，为创立社法委对口协商品牌进行了有益探索。

4. 积极推动成果转化，实现履职实效性。依托政协履职平台，改进成果报送方式，形成“组合拳”。根据组织资政建言的不同形式，在报送协商座谈会信息专报、调研报告、专委会信息的基础上，将委员在调研、协商会议以及网络议政平台中提出的有价值的意见建议，形成专门成果，独立报送，形成了“1 + N”的成果报送方式。根据成果报送情况，重点跟进落实进展。选择重点成果，加强与相关部门沟通，主动询问主管部门对意见建议的处理进展。“基本解决执行难问题”双周协商座谈会信息上报后，最高人民法院向全国政协办公厅反馈了落实会议精神、采纳委员意见建议情况；中央政法委就委员们提出的出台专门文件的建议落实情况向社法委进行了反馈。持续跟踪落实情况，就长期性、系统性工作建立良性互动机制。在十二届社法委对建立建筑业农民工工伤保险制度落实情况持续跟进的基础上，十三届政协社法委继续保持与人社部的沟通，派人参加相关会议，跟踪建筑工人工伤保险扩大覆盖范围情况。

5. 探索加强联系合作，提供履职支撑。加强与对口部门联系，为委员知情明政提供支持。与最高人民法院、最高人民检察院、司法部、人社部、民政部、中国残联等部门建立长期合作机制，通过年度走访、专题座谈、相互邀请参与调研和相关会议等方式，在议题提出、协商议政、成果转化等方面进行沟通合作。建立智力支持机制。在十二届社法委与残联、中国公安大学、腾讯研究院等建立合作机制的基础上，进一步扩大合作范围，与中国法学会、中华全国律师协会签订合作协议，共享研究资源和相关工作平台，为委员履职借力引智。加强对地方政协社法委的联系指导。向 108 个省、市、县政协社法委征求意见和建议；召开 3 场部分地方政协社法委工作座谈会，听取 45 个省、市、县地方政协社法委意见。召开全国地方政协社法委工作座谈会，首次邀请 10 个地级市和 5 个县级政协社法委的负责同志参加，总结交流社法委工作经验，形成推动政协社法委系统在新时代实现新作为的工作合力。

三、强化党建，以加强分党组领导、发挥党员委员先锋模范作用实现思想引领目标

认真落实加强政协系统党的建设的要求，社法委分党组以党的政治建设为统领，以务实举措抓好各项任务落实，切实肩负起把方向、管大局、保落实的政治责任。

1. 充分发挥分党组在委员会工作中的领导核心作用。分党组把旗帜鲜明讲政治落实到行动上，体现在工作中，牢固树立“四个意识”，坚定“四个自信”，做到“两个维护”，始终在政治立场、政治方向、政治原则、政治道路上同党中央保持高度一致。召开 8 次分党组会议，认真学习中央重要会议精神，学习汪洋主席重要讲话精神，研究具体落实举措，部署委员会重要工作，确保把党中央的决策部署和对人民政协工作的各项要求不折不扣落实到委员会各项工作中。

2. 充分发挥分党组成员“关键少数”作用。分党组成员坚持在政治引领、理论学习、履职尽责等各方面发挥表率作用，带头撰写理论学习研讨论文；带头提交社情民意信息；带头参加社法委组织的专题调研、协商会议和工作会议；带头落实谈心谈话制度和联系党外委员制度，并充分利用调研机会与京外委员进行座谈交流。在分党组成员示范带动下，委员会委员以高度的政治责任感、强烈的委员意识和良好的精神风貌，积极履职，认真完成“委员作业”，于 10 月底实现委员联系和委员履职两个 100%。

3. 充分发挥党员委员先锋模范作用。党员委员时刻牢记自己的第一身份是共产党员，第一职责是为党工作，在参加委员履职活动中，在遵规守纪、合作共事、联系群众、建言资政等各方面发挥表率作用。充分利用外出调研机会及社法委委员微信群、联系界别微信群平台，在一些敏感点、关切点问题上积极发声，解疑释惑，传播正能量。

民族和宗教委员会 2018 年，民族和宗教委员会在全国政协常委会和主席会议领导下，坚持把习近平新时代中国特色社会主义思想作为统揽各项工作的总纲，全面落实新一届全国政协的决策部署，按照汪洋主席“四个好好”“八方面工作”的要求，聚焦提质增效，推动双向发力，开拓创新、扎实工作，取得良好开局。全

年共组织开展8项调研考察和1次出访活动，承办2次双周协商座谈会，召开2次反映社情民意座谈会和2次界别主题协商座谈会。共报送调研、考察、出访报告、简报、纪要30篇，常委会会议发言稿5篇，反映社情民意信息59篇，各类文稿获中央和国务院领导同志批示23次。

一、主要工作

（一）加强政治引领，深化理论武装，确保民宗委工作始终坚持正确政治方向

——认真学习落实习近平新时代中国特色社会主义思想和十九大精神。坚持把政治建设放在首位，以理论大学习、思想大武装，促进工作质量大提升。分党组带头学，带头落实到实际工作中，全年组织4次分党组理论中心组集体学习。结合政协民宗委工作实际，努力学深悟透落实。

——充分发挥分党组核心引领作用。先后召开10次分党组会议，及时传达学习党中央和全国政协领导的重要指示批示精神，共同研究决定委员会重要工作事项，认真做好与委员会主任会议、全体会议的配合衔接，形成合力，确保党中央和全国政协的各项决策部署不折不扣落实到委员会各项工作中去。

——抓好委员教育培训。新一届委员会成立伊始，即于4月下旬在京举办“民族和宗教委员会工作培训班”，深入学习领会习近平新时代中国特色社会主义思想和十九大精神以及中央关于民族宗教工作的会议精神，准确把握政协性质定位和民族宗教工作政治方向，为履职打好理论基础和知识基础。巴特尔副主席出席开班式并讲话，全国政协民宗委委员，各省、自治区、直辖市、副省级市政协民宗委负责同志150余人参加。

——加强马克思主义民族宗教理论的学习。系统选编“马克思主义经典作家论民族宗教问题”“党和国家领导人关于民族宗教工作的重要论述”，习近平总书记关于民族宗教工作的重要论述等学习材料，编写马克思主义民族理论和马克思主义宗教理论参考材料，组织分党组理论学习中心组（扩大）会议学习，打好马克思主义基本理论基础，分党组书记带头宣讲马克思主义民族宗教理论。

——全员推进思想建设。配合全国政协习近平总书记关于加强和改进人民政协工作的重要思想理论研讨会，成立理论研究文章起草小组开展深入学习研讨，撰写两篇重点理论文章。及时传达全国政协理论研讨会精神，深化理解和认识，明确加强和改进政协民宗委工作的努力方向，以中央精神为指导做好政协民宗委工作。

——加强民宗委党的建设工作。党建工作同履行职能有机结合，把党建工作的成效切实体现到打牢团结奋斗的共同思想政治基础、围绕党和国家中心任务献计出力、坚持大团结大联合、加强自身履职能力建设等工作的方方面面。

（二）服务中心工作，增强履职实效，围绕民族宗教领域重点问题建言资政

——精心组织重大协商议政活动。改进调研方式，打造工作精品。配合“解决深度贫困地区脱贫问题”专题议政性常委会会议，由巴特尔副主席和委员会领导带队，分三路深入宁夏、甘肃、西藏三省区基层一线，共调研11县的18村，入户走访86户。配合“污染防治中存在的问题和建议”专题议政性常委会会议赴内蒙古调研“草原生态保护和污染防治”，详细了解相关数据和实地调研典型案例，有的放矢、精准发力。为两次常委会会议形成调研报告4篇、大会口头发言2篇，书面发言1篇。

优化服务质量，注重提升内涵。围绕“治理佛教道教商业化”双周协商座谈会，组织委员深入安徽、山西两省调研，明察

暗访基层宗教活动场所，通过召开“背对背”座谈会等监督性调研方式，深入了解“佛教道教商业化”的突出表现、症结成因，提出意见建议，并督促调研发现的典型商业化问题及时整改到位。汪洋主席在双周协商座谈会上的重要指示，推动全社会进一步强化了治理佛教道教商业化问题的共识。围绕“加强国家通用语言文字普及，促进各民族交往交流交融”议题与民进中央共同承办双周协商座谈会，深入广西、新疆两地基层社区、企业、学校、村寨进行调研，从铸牢中华民族共同体意识、促进各民族共同发展进步和为实现中华民族伟大复兴提供有力支撑的高度提出建议，澄清模糊认识，破除思想误区。会议尝试播放发言视频资料的新做法，开设委员移动履职平台主题议政群组，汪洋主席与委员在会前和会中围绕议题展开热烈讨论，对委员的意见和建议给予充分肯定。

——围绕民族宗教领域重点问题开展调研。关注民族地区民生领域突出问题，就“民族地区中小学寄宿制学校建设”赴四川、云南进行调研，提出继续加大民族地区和深度贫困地区中小学寄宿制学校建设力度、提高各类经费补助标准、鼓励社会力量和资金参与、建立后勤人员经费保障和管理机制、强化教师队伍建设等意见建议。孙春兰副总理在调研报告上作出重要批示，全国政协和办公厅领导给予充分肯定，教育部针对报告中提出的意见建议专门函复相关工作进展和下一步解决措施。

深入研究宗教人才培养这个做好新形势下宗教工作的重要问题，积极引导宗教与社会主义社会相适应，就“藏传佛教人才培养”赴西藏、云南进行调研，结合藏区经济社会发展、藏传佛教健康有序传承发展和对达赖集团斗争需要，针对如何加快培养一批符合中央要求、适应现代社会发展需要的藏传佛教人才，提出加强佛学院和三级学衔制度建设、增强思想政治教育的针对性、重视年轻活佛的教育培养等建议。

针对我国社会快速发展带来的宗教领域新变化新挑战，就“推进宗教领域社会治理创新”赴重庆、河北进行调研，提出将宗教事务纳入社会治理体系，提高社会化、法治化、信息化、专业化水平，有效应对宗教领域新情况新问题等建议。

——及时研报重要社情民意信息。认真贯彻全国政协领导关于畅通反映社情民意渠道的指示批示精神，积极搭建制度化反映社情民意平台，分别召开少数民族界和宗教界委员反映社情民意座谈会，集中收集反映当前民族宗教领域的重要情况、热点难点问题和委员重大关切，王正伟副主席出席座谈会并讲话。同时，及时了解各地民族宗教领域重要情况，做好下情上达，充分形成合力。针对“‘普陀山旅游’申请上市”等网上舆情热点，及时分析研判、报送信息专报，汪洋主席作出重要批示，使“宗教名山上市”的商业化行为被果断叫停，社会反响良好。

——着力推进应用型智库建设。加强同中央统战部、国家民委等党政部门业务交流，召开在京全国性宗教团体秘书长交流会，探索与中国藏学研究中心等研究机构合作机制，推动信息互通、资源共享。邀请代表性、专业性强的往届委员、相关学者参加调研和协商议政活动，将他们纳入应用型智库。组织民族宗教界别委员和专家为党和政府科学民主决策提供支持，针对6份文件和部门规章征求意见稿整理报送75条修改意见，其中47条被采纳，为党政部门出台高质量的文件提供了参考，为完善民族宗教领域社会治理贡献了智慧和力量。

——积极开展对外交往。配合“一带一路”建设，组织委员赴哈萨克斯坦、吉尔吉斯斯坦、乌兹别克斯坦三国交流访问，与三国议会相关机构、政府部门、社会团体、智库等交流座谈，宣介习近平新时代中国特色社会主义思想、中共十九大精神和改革开放成就，讲述中国民族宗教基本政策和成功经验，了解中亚有关国家民族宗教情况和相关政策，努力发挥民族宗教因素对“一带一路”建设的积极作用。乌兹别克斯坦客人来京回访全国政协民宗委，为促进两国友好交流增添了积极因素。

（三）突出双向发力，广泛凝聚共识，打牢团结奋斗的共同思想政治基础

——创建界别主题协商交流平台。充分发挥政协界别特点和优势，广泛凝聚共识和力量，召开以“加强各民族交往交流交融”为主题的少数民族界主题协商座谈会；召开以“新时代坚持我国宗教中国化方向的实践路径”为主题的宗教界主题协商座谈会。马飚、巴特尔副主席分别出席并讲话，中央统战部、国家民委有关负责同志介绍情况，并与委员互动交流，少数民族界委员、宗教界委员、全国性宗教团体负责人、基层宗教教职人员及专家学者参加会议。进一步增进了少数民族界和宗教界委员坚定走中国特色社会主义道路、共同致力于中华民族伟大复兴的思想共识。

——开展以自我教育为主旨的宗教界委员界别考察。落实汪洋主席“将学习教育与视察考察、专题调研相结合”的要求，坚持将思想政治引领贯穿委员履职全过程，组织宗教界委员赴贵州、广东开展“改革开放40年国家现代化建设成就”界别考察，参观科研基地、企业园区了解辉煌成就，瞻仰革命圣地接受政治教育，深入扶贫攻坚试验区感悟社会主义制度和中国新型政党制度优越性，使宗教界委员通过履职实践，感受新时代，领悟新思想，进一步深化对伟大祖国、中华民族、中华文化、中国共产党、中国特色社会主义的认同。

——密切与少数民族界、宗教界人士的联系交流。认真贯彻“把中共中央对人民政协工作的要求落实下去，把海内外中华儿女实现中华民族伟大复兴中国梦的智慧和力量凝聚起来”的明确要求，充分发挥民宗委团结统战功能和优势，广泛开展凝心聚力工作。分党组成立后第一时间走访在京各全国性宗教团体，并专程赴上海走访基督教全国“两会”，看望住沪全国政协宗教界委员。分党组成员坚持与党外委员开展经常性联系和谈心谈话，每次赴地方调研均安排看望住当地少数民族界、宗教界全国政协委员和有影响的民族宗教界代表人士。参加广西壮族自治区、宁夏回族自治区成立60周年大庆相关工作，积极参与有关部门举办的民族宗教方面重要节庆活动。

二、主要工作体会

（一）加强学习是确保履职政治方向的基本前提

民族宗教工作在党和国家工作全局中具有特殊重要性，必须提高政治站位，坚持正确政治方向。委员会要坚持把学习贯彻习近平新时代中国特色社会主义思想和十九大精神放在首位，认真系统学习习近平总书记关于统一战线、人民政协、民族宗教工作的重要论述，及时传达中央和全国政协领导的重要指示批示精神，将铸牢中华民族共同体意识、加强各民族交往交流交融、坚持我国宗教中国化方向、引导宗教与社会主义社会相适应的原则要求贯彻落实到委员会工作的各个方面，使党的主张成为委员会全体委员的共识。

（二）深入调研是提高履职实效的主

要基础

调查研究是专门委员会履职工作的重要基础。委员会要以打造精品的态度抓好调研，力争提供有价值、有分量的履职成果。要精准选题打造“精品课题”。聚焦党中央、国务院中心工作，围绕民族宗教领域重大问题，选好切口、持续跟进、精准发力。要认真谋划打造“精品调研”。在方案规划、人员组成、调研组织等各个环节都做到提前谋划、充分准备，根据调研需要，创新调研形式，做到“一专题一方案”，全方位、多角度了解真实情况，并结合民宗委特点持续加强对中西部民族地区的关注。要注重转化打造“精品成果”，将民主监督贯穿调研之中，广泛吸收委员和专家意见建议，注重用事实和数据说话，对发现的问题及时向党政部门反映沟通，切实提高成果转化质量。

（三）搭建平台是发挥界别委员主体作用的有力抓手

贯彻落实习近平总书记关于加强和改进人民政协工作的重要思想，要按照汪洋主席重要讲话精神，努力在“加强和改进”上下功夫，大力推进工作创新。要创新界别委员协商平台，认真总结以“加强各民族交往交流交融”为主题的少数民族界主题协商座谈会和以“新时代坚持我国宗教中国化方向的实践路径”为主题的宗教界主题协商座谈会的有益做法，做到“切口切得准、推手推得动”，议题讨论更深入，思想交流收获大。要拓展制度化的反映社情民意平台，扩大界别委员反映社情民意座谈会的参会范围，构成政协全体会议全面反映、界别座谈会集中反映、日常工作中随时反映的少数民族界和宗教界委员反映社情民意工作新格局。要创建日常联络平台，建立健全民宗委委员、少数民族界委员和宗教界委员协商议政微信群，密切与委员的沟通联络、互动交流，丰富委员主体作用发挥的载体和渠道。

（四）抓好党建是加强委员会自身建设的重要保障

人民政协是具有中国特色的制度安排，加强政协党的建设是坚持这一制度的根本保证。民宗委分党组要在全国政协党组领导下，积极发挥在委员会工作中把方向、管大局、保落实的领导核心作用，认真学习全国政协领导有关讲话和指示批示精神，全面贯彻落实《全国政协党组贯彻落实党的建设八项制度实施方案》要求，切实加强政治建设、思想建设、组织建设、作风建设、纪律建设，认真制定分党组理论学习中心组学习制度和学习计划并积极贯彻落实。要抓好委员教育培训和学习座谈，研究探索党员委员组织关系双重管理和党员委员联系宗教界委员制度，充分发挥调研、考察、出访期间临时党组织作用，严格落实中央“八项规定”精神，发扬良好作风，实现党的领导、党的工作全覆盖。分党组成员和党员委员要带头研究民族宗教理论和事关民族团结、宗教和睦、国家长治久安的战略性、宏观性、前瞻性问题，带头谋划和承担委员会重点工作，使党建工作的成效体现到打牢团结奋斗的共同思想政治基础、围绕党和国家中心任务献计出力、坚持大团结大联合、加强自身履职能力建设等工作的方方面面。

港澳台侨委员会 2018 年是改革开放 40 周年，也是十三届全国政协的开局之年。在全国政协党组和常委会、主席会议的领导下，港澳台侨委员会深入学习贯彻习近平新时代中国特色社会主义思想和中共十九大精神，认真学习贯彻习近平总书记关于加强和改进人民政协工作的重要思想，围绕中心、服务大局，按照汪洋主席“四个好好”的指示要求，创新工作方式，丰富履职实践，各项工作稳步推进、取得新的进展。

一、加强理论武装，提高政治站位

委员会坚持把习近平新时代中国特色社会主义思想作为统领各项工作的总纲，把学习贯彻习近平总书记关于加强和改进人民政协工作的重要思想作为首要政治任务，以理论学习、思想武装促进工作质量提升，确保新时代政协港澳台侨委员会工作沿着正确的政治方向前进。

（一）深入开展学习研讨。根据全国政协党组和主席会议的统一部署，精心组织开展习近平总书记关于加强和改进人民政协工作的重要思想学习研讨活动，制定工作方案，明确学习内容，确定学习目标。委员会把加强理论学习、提高政治站位作为理论武装的首要目标，从分党组成员做起，牢固树立“四个意识”、坚定“四个自信”，增强坚决维护习近平总书记的核心地位、坚决维护党中央权威和集中统一领导的政治坚定性。委员们以自学为主，坚持读原著学原文悟原理，把习近平总书记关于加强和改进人民政协工作的重要思想八个方面的重要内容，一个个专题精心研读，一个个观点加深理解，力求做到融会贯通、系统把握。以全体委员会议方式召开理论学习研讨会，展示学习研讨成果，10位主任会议成员、12位委员在理论研讨会上发言，35位委员提出书面发言。结合学习研讨，认真分析委员会工作存在的问题和不足，研究提出加强和改进党的建设、调查研究、视察考察、协商议政、联谊交友、学习培训等重点工作的具体举措，把全国政协党组和主席会议提出的创新举措落到实处。

（二）率先建立分党组理论学习中心组学习制度。制定并严格执行年度理论学习计划，先后开展5次集体学习，带头以理论武装提高政治站位，增强“四个意识”，坚定“四个自信”，做到“两个维护”。从分党组“关键少数”抓起，及时召开分党组（扩大）会议和理论学习中心组集体学习会，学习贯彻习近平总书记在中央政治局常委会议听取全国政协有关工作情况汇报时的重要讲话精神，学习贯彻习近平总书记在会见香港澳门各界庆祝国家改革开放40周年访问团时的重要讲话精神，学习贯彻习近平总书记在《告台湾同胞书》发表40周年纪念会上的重要讲话精神，学习贯彻中央经济工作会议等会议精神，牢牢把握人民政协新时代的新方位新使命，切实担负起把党中央的决策部署和对人民政协工作的要求落实下去、把海内外中华儿女实现中华民族伟大复兴中国梦的智慧和力量凝聚起来的政治责任。

（三）组织委员开展学习培训。建立和完善委员会委员学习制度，通过将中共十九大报告相关内容和习近平总书记相关重要讲话编印成册，发给委员会委员自觉学习。围绕“新时代香港工作”“当前对台工作”和“国际形势与对外工作”为在京委员会委员开展专题讲座，帮助委员了解当前港澳台侨工作形势和政策。召开第一次界别委员学习座谈会，围绕学习贯彻习近平总书记在《告台湾同胞书》发表40周年纪念会上的重要讲话精神进行研讨交流。举办港澳地区新任全国政协委员学习活动，邀请全国政协办公厅、中央统战部领导及有关专家学者作辅导报告。组织港澳政协委员参加深圳情况通报会，听取发改委、财政部负责同志介绍有关情况。利用向港澳委员传达第二、第三、第四次常委会议精神机会，邀请提案委员会主任李智勇通报一年来全国政协提案工作情况并就如何撰写委员提案进行辅导，邀请有关专家就“京津冀协同发展”等重大发展战略向港澳委员作专题讲座，为委员知情明政、更好履职尽责创造条件。

二、强化党的建设，充分发挥委员会分党组在履职工作中的领导核心作用

委员会分党组坚持中国共产党对人民政协的全面领导这一根本政治原则，把加强党建工作作为学习贯彻习近平总书记关于加强和改进人民政协工作重要思想的重中之重。

（一）认真落实分党组党建主体责任。把委员会党建工作提上更加突出的位置，及时召开分党组会议，传达学习全国政协系统党的建设工作座谈会和《关于加强新时代人民政协党的建设工作的若干意见》精神；在全体会议上，进一步明确委员会党的政治建设、思想建设、组织建设、作风建设和纪律建设的具体要求。

（二）切实加强党的制度建设。认真贯彻《全国政协党组贯彻落实党的建设工作八项制度实施方案》等制度文件，研究制定习近平新时代中国特色社会主义思想学习座谈会制度、委员会党员委员联系委员会和所联系界别党外委员制度及有关落实方案。分党组成员带头以个别谈心或集体谈心方式与党外委员沟通联系，交流思想，增进共识。开展主题党日活动，组织委员参观《人民政协光辉历程展》和《大道之行——从“五一口号”到协商建国重要史事回顾展》，增强委员责任感和使命感。坚持守纪律讲规矩，严格执行请示报告制度，及时向全国政协党组和机关党组请示报告工作，确保委员会工作在全国政协党组坚强领导和机关党组有力指导下有效运行。

（三）规范分党组会议和主任会议议事规则。先后召开10次分党组会议、6次主任会议，严格执行民主集中制，及时传达学习汪洋主席在全国政协历次重要会议的重要讲话精神，研究贯彻意见，提高议事质量和效能。

三、加强思想政治引领，把凝聚共识落实到履职各方面

委员会自觉把思想政治引领作为履职工作的中心环节，努力探索将思想政治引领寓于协商议政、调查研究、视察考察、交流交往等履职实践中的新形式新方法。

（一）坚持在协商议政中双向发力。在通过双周协商座谈会、对口协商座谈会等形式开展协商议政中，精心设计建言献策切入点，精心物色发言人选，把好发言材料质量关，注重协商中互动交流，确保协商议政过程成为阐释政策、释疑增信的过程，成为沟通思想、加深理解的过程，确保取得建言资政和凝聚共识相统一的协商成果。汪洋主席肯定双周协商座谈会“体现了民主协商、平等议事的特点，达到了交流情况、凝聚共识的目的”。

（二）把思想政治引领寓于考察视察和交流交往活动之中。认真贯彻汪洋主席批示指示，在三次港澳委员专题考察活动中，事先编印习近平总书记有关重要讲话和十九大报告相关内容发给委员提前学习；召开考察学习动员会，组织委员围绕习近平总书记有关重要讲话和十九大报告精神进行学习交流，更好发挥专题考察的思想政治引领作用，增进港澳委员“四个认同”。港澳委员在考察结束时，都给汪洋主席写信，畅谈考察收获和体会。在“请进来”“走出去”交流交往活动中，面对面做深做细做实联谊交友工作，凝心聚力，促进港澳台侨领域大团结大联合。

（三）认真开展习近平总书记重要讲话学习宣讲活动。经全国政协党组批准和中央有关领导同志同意，成立专题宣讲组，开展“习近平总书记在会见香港澳门各界庆祝国家改革开放40周年访问团的重要讲话精神”专题宣讲活动。12月6日，在深圳举行全国政协港澳委员学习总书记重要讲话精神暨庆祝国家改革开放40周年座谈会，15位港澳委员发言，朱小丹主任作交流式宣讲发言。2019年1月中下旬，宣讲组分赴江苏、福建、广

东、浙江、上海五省市进行宣讲。宣讲活动得到五省市政协的大力支持，列入政协“两会”内容，为习近平总书记寄语港澳的“四个更加积极主动”凝心聚力，取得良好成效。

四、认真履职尽责，提高建言资政质量

委员会认真贯彻落实汪洋主席关于“把提质增效贯穿工作的全过程和各方面”的要求，切实加强和改进调查研究、协商议政、视察考察等重点工作，突出建言资政和凝聚共识双向发力，着力发挥好专委会在政协工作中的基础性作用。

（一）重点组织专题调研。委员会把粤港澳大湾区建设专题作为全年调研工作的重点任务。粤港澳大湾区建设是习近平总书记亲自谋划、亲自部署、亲自推动的国家战略。汪洋主席和董建华、何厚铧、梁振英副主席给予悉心指导。委员会主任会议反复研究调研提纲，周密制定调研方案，由朱小丹主任牵头，组成两个调研组分赴粤港澳三地，采取座谈、走访、考察等方式，深入社团、企业、基层，广泛接触港澳全国政协常委、委员和有关代表性人士，广泛听取粤港澳三地各方面意见建议，取得较丰富调研成果，为开好双周协商座谈会打下了良好基础。按照工作计划，委员会还开展了三项专题调研，即以“发挥华侨华人在国家海外利益维护中的作用”为主题在北京和广东、云南的调研，围绕“逐步实现台湾同胞与大陆同胞同等待遇”在北京和江苏进行的调研，与全国台联合作在浙江围绕“推动两岸青年创业基地发展”开展的调研，三项调研活动都写出了高质量的调研报告，提出了很多有价值的意见建议。

（二）精心开展协商议政活动。“围绕粤港澳大湾区建设，推进内地与港澳互利合作”双周协商座谈会，是本届政协首次交由委员会承办的双周协商座谈会。何厚铧、梁振英副主席和16位常委、委员以及专家学者在会上发言，其中11位为港澳委员。会议围绕“将粤港澳大湾区建设成为‘一国两制’的新实践、新平台，促进港澳长期繁荣稳定”“深化体制机制创新，促进大湾区资源要素跨境便捷高效流动”“深化粤港澳创新合作，打造国际科技创新中心”“完善政策措施、便利港澳青年在大湾区创新创业”等方面提出意见建议97条。对口协商座谈会是人民政协开展协商活动的有效形式之一。委员会在深圳围绕“加强爱国主义教育，增强港澳青年国家意识”召开首次对口协商座谈会。苏辉副主席出席并讲话，朱小丹主任主持，20多位港澳委员和住深圳的全国政协委员参加。教育部、国务院港澳办、共青团中央和广东省政府有关负责同志应邀出席介绍情况、听取意见并与委员互动交流。

（三）改进专题考察活动。全年共开展5次考察活动：一是梁振英副主席率香港全国政协委员赴湖北围绕“引进海外人才、发展新兴产业、加快经济转型升级”进行考察；二是何厚铧副主席率澳门全国政协委员赴贵州围绕“建设大数据、引领数字经济发展”进行考察；三是杨传堂副主席率香港全国政协委员围绕“推动京津冀协同发展、促进雄安新区建设”赴河北考察；四是18个国家的26位海外列席侨胞赴山西围绕“引进海外资源、构建内陆地区对外开放新高地、助力山西转型发展和脱贫攻坚”进行考察；五是组织侨联界委员围绕“利用侨智侨资助推湘企融入‘一带一路’大格局”赴湖南考察。汪洋主席对港澳委员的三次考察活动都作出重要批示，提出明确要求。按照汪洋主席指示批示要求，委员会有针对性地围绕组织委员学习、落实领导指示、编印参阅材料、优化考察方案、加强互动交流、开展问卷调查、严明考察纪律等提出改进措施，确保每次考察活动取得成效。汪洋主席在湖北考察报告上批示“香港委员的考察报告专门听取了对考察安排的意见，这是提高视察考察质量的办法，值得借鉴”。澳门委员在考察贵州时，还专程到澳门对口帮扶的从江县考察精准脱贫工作，现场捐款人民币 1000 万元，积极为澳门特别行政区政府做好对口帮扶工作和当地政府脱贫攻坚建言献策。

五、扩大交流交往，广泛团结联谊港澳委员和港澳台侨各界人士

委员会紧紧围绕汪洋主席提出的“把党中央的决策部署和对人民政协工作的要求落实下去，把海内外中华儿女实现中华民族伟大复兴中国梦的智慧和力量凝聚起来”的总要求，切实加强和改进委员会交流交往、联谊交友工作，着力拓展团结联系港澳委员和港澳台侨各界人士的工作覆盖面。

（一）精心组织开展“请进来”“走出去”交流交往活动。一年来，委员会接待港澳委员和港澳台侨人士国庆观光团等来访团组 31 个 800 多人次；组团赴港澳开展有关活动 13 次，联系港澳委员 160 多人次；邀请 25 个国家的 35 位海外侨胞列席十三届一次会议；委员会代表团分别于 5 月和 11 月赴土耳其、德国、卢森堡和美国、墨西哥和哥斯达黎加访问。汪洋主席和蔡达峰副委员长及夏宝龙、苏辉、刘新成副主席分别会见台湾民意代表交流参访团。汪洋主席、夏宝龙副主席兼秘书长先后会见港区省级政协委员联谊会京冀访问团、香港友好协进会访京团，夏宝龙副主席兼秘书长还先后会见了世界华商联合促进会访京团、港岛各界联合会访京团和台湾国民党前副主席林丰正一行。杨传堂副主席、陈元同志分别应邀赴港出席“庆祝香港回归祖国 21 周年、香港友好协进会成立 29 周年暨第八届董事会就职典礼”和“回顾与展望：‘一带一路’合作倡议五周年座谈会”。潘立刚副秘书长代表全国政协办公厅赴香港、澳门，向不再连任的十二届港澳地区全国政协常委、委员颁发纪念证牌和荣誉证，走访部分退任常委、委员，与有关社团和政协委员座谈交流、听取意见建议。

（二）首次参与主办海峡论坛。委员会与福建省政协共同举办第十届海峡论坛·两岸基层治理论坛，苏辉副主席出席开幕式并致辞，海峡两岸百余名基层代表围绕“共谋民生福祉、共创美好生活”主题深入交流。来自台湾基隆、桃园、台中、台东和浙江台州，福建平潭、厦门，广东佛山的代表作主旨发言，23 位代表在小组会上互动交流。这是人民政协首次作为海峡论坛主办单位，也是两岸基层民意代表和基层治理交流首次纳入海峡论坛议程，创建了全国政协直接面向台湾基层民意代表开展交流互动的新平台。论坛引起海峡两岸社会各界广泛关注，论坛组委会认为“两岸基层治理论坛是人民政协首次参与主办海峡论坛，充实了海峡论坛关于两岸基层民意代表和基层治理交流的内容，在海峡两岸产生积极影响”。

（三）致力于做好港澳青少年工作。委员会把做好团结联系港澳青年工作摆在更加突出的位置。邀请以全国政协港澳委员为骨干的 11 个港澳社团青年代表 120 余人组成参访团，围绕“体验中华文化、增进国家认同，体验科技创新、促进就业创业，体验社区服务、了解民众生活”，分三组赴江苏、河南、陕西开展体验式考察活动。杨传堂副主席在京会见全体青年代表并讲话。委员会还召开座谈会与参访团深入座谈交流。在何厚铧副主席的倡导下，委员会从 2012 年起开始实施的“澳

门青年人才上海学习实践计划”和2015年起开展的“澳门大学生天津学习交流计划”“澳门社区工作者陕西体验式研修计划”接续顺利推进，并不断改进创新组织和实施方案，加大力度培养澳门爱国爱澳力量青年骨干，约80名澳门青年人才和大学生赴内地参加今年这三项学习培训活动。支持爱国爱港爱澳社团进校园讲国情活动，帮助港澳青年了解祖国改革发展成就，增强国家观念和对“一国两制”的认同。

回顾一年来的工作，主要体会：一是强化理论武装，提高政治站位，增强把握好人民政协新方位新使命的政治自觉性，把牢政协港澳台侨委员会履行职能、开展工作坚定正确的政治方向；二是自觉把思想政治引领作为委员会开展履职工作的中心环节，努力探索将思想政治引领寓于协商议政、调研考察、交流交往等履职实践中的新形式新方法；三是以开拓创新的精神推进委员会不断拓展工作新领域，率先建立委员会分党组理论学习中心组学习制度，首次参与主办海峡论坛，首次开展专题宣讲活动，确保新一届委员会在履职实践中始终充满生机和活力；四是以严实作风促进委员会工作“严起来、紧起来、动起来”，认真查找工作中存在的问题和不足，研究提出重点工作改进措施，把提高分党组和主任会议议事质量作为提质增效的关键来抓，把调查研究作为提质增效的基本功来落实，把提质增效贯穿委员会工作全过程和各方面。

同时我们也认识到，与委员会工作职责和使命担当的要求相比，还有一定差距，比如，对口协商尚未制度化、规范化，网络协商平台建设滞后，委员教育培训选题及方式方法亟待改进，工作制度化建设仍然薄弱等。这些问题，需要在今后的工作中认真加以解决。

外事委员会 十三届全国政协以来，在常委会和主席会议领导下，外事委员会坚持以习近平新时代中国特色社会主义思想为指导，按照全国政协和汪洋主席的要求，立足新时代、把握新方位、担当新使命、展现新作为，着力以理论学习、思想武装促进工作质量提升，扎实推动外事委员会各项工作不断取得新进展。

一、主要工作情况

全国政协领导高度重视外事委员会工作。汪洋主席就发挥人民政协在对外工作中的独特作用、提高为新时代对外工作建言资政的水平提出明确要求。王正伟副主席、何维副主席参加外事委员会调研考察和有关会议活动17次，有力促进了外委会富有成效开展各项工作。一年来，开展集中学习活动5次；组织3个代表团出访亚非欧9个国家，邀请接待3个国家议会相关代表团访华，外事委员会领导按照全国政协有关安排参加外事活动12人次，应邀会见2个外国代表团；开展专题调研考察4项；承办1场双周协商座谈会，召开国际形势分析座谈会、对口协商会、专题性座谈会等共16场；组织相关界别委员学习考察1次；先后与12个地方政协有关领导同志座谈交流。委员参加委员会组织的各类会议、活动398人次。形成报告、信息、简报等45篇，得到党中央、国务院、全国政协领导同志批示10次。

（一）加强理论学习，扣好履职第一粒扣子。深入学习贯彻习近平新时代中国特色社会主义思想和党的十九大精神，把牢正确的政治方向，牢固树立“四个意识”，坚定“四个自信”，坚决维护习近平总书记的核心地位，坚决维护党中央权威和集中统一领导。制定并实施分党组理论学习中心组学习制度，召开4次分党组会议，学习贯彻全国“两会”精神、中央外事工作会议精神和习近平总书记在相关重要外事活动中的重要讲话精神，并抓好贯彻落实。编印11期学习材料，便于委员更好学习、掌握、阐释党和国家重大方针政策。据全国政协安排，配合开好习近平总书记关于加强和改进人民政协工作的重要思想理论研讨会，承担和参与承担18个重点课题中的2项任务：“促进大团结大联合，画出最大同心圆”和“新时代如何充分发挥人民政协作为社会主义协商民主重要渠道和专门协商机构作用”，组织赴北京等地调研，形成和报送了研究报告。组织外委会和对外友好界委员扎实开展学习研讨活动，在认真自学基础上召开研讨会，王正伟、何维副主席出席，12位委员发言，共提交论文45篇。向全国政协召开的习近平总书记关于加强和改进人民政协工作的重要思想理论研讨会提交口头发言1篇、书面发言3篇。

（二）发挥自身优势，增强对外交往实效。按照党中央对外工作总体部署和全国政协安排，先后组织3个代表团，分别访问巴基斯坦、斯里兰卡、孟加拉国、葡萄牙、波兰、爱沙尼亚、埃塞俄比亚、坦桑尼亚、埃及等亚非欧9个国家，安排会见会谈28场，考察园区企业及相关项目11次，与54家驻外中资、中外合资企业的百余位代表进行座谈。邀请接待卢旺达、塔吉克斯坦、缅甸三国议会相关机构代表团访华，王正伟副主席、何维副主席分别会见了代表团。代表团赴北京、南宁、青岛、西安、昆明等地参访时，有针对性地安排来访团组乘坐高铁、实地了解工业园区和美丽乡村建设，与中信集团等24家相关单位座谈交流，为推动大项目合作营造良好氛围。应约与越南胡志明市祖国阵线委员会代表团会谈、会同相关专委会与荷兰议会二院（下议院）左翼绿党议员座谈。按照安排，外事委员会主任、副主任陪同全国政协领导参加有关外事活动13人次。在对外交往中，始终坚持贯彻习近平外交思想，贯彻全国政协和汪洋主席的要求，着重宣介习近平新时代中国特色社会主义思想和党的十九大精神，宣介中国共产党领导的多党合作和政治协商制度这一新型政党制度、人民政协这一具有中国特色的制度安排，切实把中国的政治优势和制度优势宣传好、展示好。聚焦共建“一带一路”、推动中非合作论坛北京峰会成果落地等建言献策，凝聚扩大开放合作正能量。

（三）打造工作精品，提高协商议政质量。聚焦党和国家事业发展的重大问题开展协商议政，形成具有前瞻性的分析研判和可操作性的对策建议，为党和政府决策提供参考。为办好“推进境外经贸合作区建设”双周协商座谈会，提高协商议政质量，王正伟副主席率外事委员会调研组赴山东、江苏进行专题调研，楼继伟主任结合出访非洲三国实地调研有关境外经贸合作区。在扎实调研的基础上，深入研究，精心组织会议发言，充分开展会前协商。依托国际形势分析座谈会平台，以“对美挑起贸易战的分析、应对和展望”为题，组织12位委员在各自分析研究的基础上进行综合研讨，及时报送相关信息，汪洋主席批示“议政有质量”。以“发挥民间对外友好交往的作用”和“提高中欧班列运行效率”为题，召开2次对口协商会，8个部委有关负责同志参加，20位委员发言。围绕“学习贯彻党的十九大精神，为推进地方对外交往建言献策”召开座谈会，报送综合信息1篇、单篇信息4篇，汪洋主席作出批示。围绕对非合作有关问题，先后召开2次座谈会，邀请12个部门相关同志介绍情况，经反复研究，提出的“高度重视境外工业园区建设”“支持中国企业以投建营一体化等模式参与非洲基础设施建设”等建议受到有关领导同志重视。

（四）创新方式方法，深化调查研究成效。王正伟副主席率外事委员会调研组就“推进境外经贸合作区建设”赴山东和江苏调研，率外事委员会考察组就“探索建设自由贸易港”赴海南和上海考察。何维副主席率外事委员会调研组就“深化同‘一带一路’沿线国家旅游合作”赴陕西和福建调研，率外事委员会调研组就“提高中欧班列运行效率”赴河南、湖北和重庆调研。创新调研方式方法，采取分类考察不同类型企业、分组实地调研、有针对性地开展问卷调查、邀请非调研地区委员参与座谈研讨等8项举措，汪洋主席在有关简报上做出批示。强化研究环节工作，提前梳理需要关注的重点问题并进行分工，使每位委员在调研中有所侧重、更加专注。把调研组内部研究总结会作为规定环节，要求调研组成员作有准备发言，进一步提高意见建议的针对性。

（五）加强自身建设，提升履职能力水平。认真学习贯彻中办《关于加强新时代人民政协党的建设工作的若干意见》和全国政协党组有关工作部署，研究制定《外事委员会分党组贯彻落实党的建设工作八项制度工作方案》和《外事委员会贯彻落实加强和改进人民政协工作重点任务工作方案》，注意做好相关工作的有效衔接，将牵头落实和参与落实的18项重点任务逐项分解细化，推动工作落实。健全分党组会议、主任会议制度，研究委员会重大课题调研、出访来访、理论学习、制度建设和新一年工作任务等。探索为不同工作特点的委员（包括5位现任驻外大使）搭建履职平台，为委员有效履职创造条件。将规范管理与做好服务有机结合，建立委员履职、联络工作台账，实现了联络外事委员会委员和对外友好界委员的全覆盖，外事委员会委员履职参与率100％。

二、主要体会

一是坚持用习近平新时代中国特色社会主义思想武装头脑指导实践推动工作。深入学习领会习近平新时代中国特色社会主义思想，深入学习领会习近平总书记关于加强和改进人民政协工作的重要思想，持续在学懂弄通做实上下功夫，有的放矢查找自身差距，对标要求明确努力方向，联系实际找到落实基点，把学习贯穿履职工作的全过程和各方面。外委会理论研讨成果丰硕，委员会负责同志在《人民日报》《人民论坛》杂志发表署名文章，宣介外委会对外交往工作，部分委员的理论论文在《光明日报》《北京日报》等媒体和刊物发表。在抓好理论和政策学习基础上，着力把学习成果转化为做好工作的科学思路和务实举措，落实理论研讨会精神，外委会逐篇梳理45篇征文的建议，按要求提交了24个全国政协2019年协商议题建议选题，并对新一年外委会建言资政选题作出安排。

二是立足外事委员会特色和优势开展工作。按照党中央对外工作总体部署和全国政协安排，精心谋划对外交往工作，增强连续性和针对性。注重运用委员外交外经外宣外事工作经验丰富的人才优势、界别构成优势、公共外交资源优势、人民政协履职平台优势，推动对外交往和履职建言实现新发展。外委会有关负责同志在开展相关外事活动中，主动沟通，有针对性做工作。注重阐释党中央对外方针政策和我国对相关问题的政策立场，就台湾、涉藏、涉疆等问题阐明我国主张，维护国家核心利益。注重应外方关切，介绍中美贸易摩擦的真实情况，阐明立场，促进各方同我国相向而行。探索建立与国外相关机构的沟通交流机制。加强同国外媒体智库、社会各界人士等交流，进一步扩大覆盖面和朋友圈。每次出访都选定一个研讨主题，对接外委会建言资政任务，做到两结合、两促进。

三是坚持建言资政和凝聚共识“双向发力”。把加强思想政治引领、广泛凝聚共识作为履职工作的中心环节。外事委员会开展履职工作时，既重视委员发挥作用、建言资政，提出有说服力、可操作性的真知灼见推动解决所关注的问题，又积极引导广大委员通过履职实践，感受新成就、领悟新思想，在协商议政中加强学习、接受教育，同时面向所联系界别和群众积极开展工作，真正把力量和智慧凝聚起来，形成同心同德把事办好的合力。始终坚持质量第一，重点打造国际形势分析座谈会这一彰显外事委员会优势和特色的建言资政平台，创新运用对口协商会平台，通过提前召开讨论会做准备，综合简报和专项建议相结合报送等做法，使协商更加充分，成果反映更加全面。对时效性强的议题采取“短平快”方式，及时组织专题座谈会，深入研讨，即开即报。善用智库力量，为提高建言资政质量服务。

四是注重发挥政协委员主体作用。按照懂政协、会协商、善议政和守纪律、讲规矩、重品行的要求，加强委员队伍建设。王正伟、何维副主席率队调研期间，先后在山东、江苏、陕西、福建、海南五省看望住当地全国政协委员共73名，转达全国政协和汪洋主席对委员们的关心和希望，认真听取意见建议。认真落实全国政协有关制度安排，切实加强与对外友好界委员联系。由王正伟副主席率队，组织外事委员会和对外友好界委员赴保利集团学习参观并座谈，深化委员对我国企业伴随改革开放进程扩大对外经贸文化交流合作的历程和成绩的认识。围绕“对外讲好中国故事”，王正伟副主席主持召开座谈会，听取外事委员会和对外友好界部分委员意见建议，汪洋主席在会议情况报告上作出批示。精心组织回国参加学习培训的外事委员会和对外友好界中现任驻外大使的委员召开小范围座谈会，深入学习汪洋主席在十三届全国政协京内新任委员学习研讨班上的重要讲话精神，交流外委会工作，认真听取委员意见建议，取得积极成效。

五是切实加强外事委员会党的建设。贯彻新时代党的建设总要求，坚持党建工作与履职工作一体谋划、一体推进，进一步加强外事委员会党的建设。充分发挥分党组在外事委员会工作中把方向、管大局、保落实的领导核心作用，推动外事委员会分党组职责范围内党的工作有效开展，确保党中央决策部署和全国政协党组各项要求落地见效。充分发挥分党组成员“关键少数”作用和党员委员的先锋模范作用。坚持全面从严治党，认真落实中央“八项规定”及其实施细则精神，坚持不懈转作风、改作风，把“讲认真”贯彻到履职的各个环节。

文化文史和学习委员会 2018年，是十三届全国政协的开局之年，也是文化文史和学习委员会职能调整后组建的第一年。在常委会和主席会议领导下，委员会认真学习贯彻习近平新时代中国特色社会主义思想和党的十九大精神，深入学习习近平总书记关于加强和改进人民政协工作的重要思想，特别是近期重要讲话精神，努力把握新时代人民政协的使命任务，按照汪洋主席提出的“四个好好”和“八个方面”重点任务要求，以党的建设为统领，坚持建言资政和凝聚共识双向发力，努力推动工作提质增效，实现了委员会工作良好开局。

一、主要工作

（一）思想理论武装得到加强。一年

来，委员会把学习习近平新时代中国特色社会主义思想和中共十九大精神作为首要政治任务。按照全国政协部署，认真组织开展习近平总书记关于加强和改进人民政协工作的重要思想学习研讨活动，于7月底召开委员会和界别学习研讨会，共组织53篇研讨交流稿件，32位委员在会上交流了学习体会。结合做好全国政协理论研讨会发言稿件和论文的征集编阅工作不断深化学习。按照汪洋主席关于突出思想性、理论性的指示，经过认真遴选，推荐10篇大会发言、10篇大会论文和64篇分组预约发言，推荐本委4位委员参加全国政协理论研讨会并发言，为理论研讨会的顺利召开提供了有力保障，收到良好效果。圆满完成李斌副主席赴江西参加政协理论研讨会和闽赣粤琼政协片区座谈会服务保障工作。以分党组理论学习中心组学习制度为引领，制订并严格执行年度学习计划，召开6次分党组会议、4次主任会议和1次委员会全体会议，组织8次集体学习、6次参观考察，围绕学习习近平新时代中国特色社会主义思想举办专题辅导报告，就学习中办《关于加强新时代人民政协党的建设工作的若干意见》组织专题学习宣讲活动。通过卓有成效的学习活动，委员们进一步牢固树立“四个意识”，坚定“四个自信”，自觉践行“两个维护”，始终在思想上政治上行动上同以习近平同志为核心的中共中央保持高度一致。

（二）文化工作实现新开局。发挥文化引领作用，召开文艺界在京委员学习贯彻习近平总书记关于加强和改进人民政协工作的重要思想研讨会。学习贯彻习近平总书记在全国宣传思想工作会议上重要讲话精神，组织委员赴中国文联、北京电影学院、北京人民艺术剧院走访座谈，为委员履职搭建平台。首次与地方政协联合举办“送文化下基层”活动，深入边防海岛、军营哨所、社区村镇举办3场文艺演出，向基层捐赠书法作品和6万余元的图书。成功完成2019年新年茶话会文艺演出组织工作，展现出各党派团体、各族各界人士跟着共产党走的坚定信心和决心，唱响了振奋精神、凝聚力量、加强团结的时代强音，得到党中央领导同志和全国政协领导的高度评价。

（三）文史资料工作有序推进。认真实施《十三届全国政协文史资料选题规划》，确定7项选题，开展征集工作。首次通过音像（口述）方式征集改革开放40周年纪事史料。组织民主党派、地方政协开展协作，启动人民政协成立70周年纪事史料征集工作。完成35位统一战线代表人士音像（口述）史料征集工作。首次通过专题调研方式征集史料，组织委员和专家赴湖北、重庆实地调研，召开史料征集协作会议，推动“国民政府军事委员会政治部第三厅”史料征集工作，更好发挥文史资料“存史、资政、团结、育人”的作用。

（四）委员学习工作创新发展。制定《关于加强和改进全国政协委员学习工作的方案》，经主席会议审议后印发实施。统筹谋划本届政协委员学习工作，广泛吸纳委员意见建议，制定《十三届全国政协委员学习研讨班总体方案》，分类别分批次组织全体委员学习培训。成功举办十三届全国政协京内新任委员学习研讨班，对500多位新任在京委员进行集中培训，推动委员们在思想上政治上扣好履职的第一粒扣子，汪洋主席对学习研讨班工作给予充分肯定。围绕量子科技等主题举办3次常委会学习讲座，组织委员赴中科院物理所考察。做好2019年全国政协常委会学习讲座选题推荐工作。通过移动履职平台App定期向委员推送学习资料，建设

“指尖上的课堂”。

（五）大会发言工作再上新台阶。更加注重发挥大会发言在加强思想政治引领、广泛凝聚共识方面的优势和作用，着力营造团结奋进的良好氛围。一是围绕“解决深度贫困地区脱贫问题”“污染防治中存在的问题和建议”“学习贯彻习近平总书记近期关于人民政协工作的重要讲话精神，加强和改进政协工作，迎接人民政协成立70周年”主题，完成3次常委会会议大会发言组织服务工作，共征集稿件510篇，编发稿件484篇，34位委员作大会口头发言，报送大会发言专报34份。多位中央领导同志分别作出批示。向郭庚茂常委约稿的发言受到汪洋主席高度评价，会后按照领导同志指示将发言稿印发全体党员委员学习。二是完成《大会发言工作规则》修订工作。三是编辑出版《国是建言》12辑共计240余万字。

（六）调研考察工作扎实深入。按照汪洋主席“好好调研”指示精神，就历史文化名城名镇保护、大遗址保护和利用、推动文化创意产业发展、提升文艺原创力、推动大运河文化带建设等专题，深入19个省（区、市）58个市县进行调研，走访175个基层单位，召开35场座谈会，面对面听取基层群众意见建议，宣传政策、解疑释惑，坚持双向发力。结合大遗址保护和利用监督性调研，组织4省政协开展协同调研。围绕文化遗产保护与文创产业发展，赴日本、伊朗访问并调研，推动文明交流互鉴。国务院有关领导同志在有关调研报告、政协信息上作出批示。

（七）协商议政活动构建新格局。成功组织“历史文化名城名镇保护”双周协商座谈会。会前加强前期研究与谋划，协调13家单位汇编4册100余万字的资料供委员参阅，多次召开工作协调会精心谋划发言角度，首次通过网络议政选荐参会委员，会中加强交流互动，着力营造协商氛围，会后及时跟踪会议协商成效。国务院领导同志在有关报告上作出重要批示。住房和城乡建设部等部门认真研究并采纳了有关意见建议。围绕大遗址保护和利用、大运河文化带建设，刘奇葆副主席分别主持召开情况通报会、对口协商座谈会，邀请有关部门负责同志通报情况并与委员沟通交流，为找准调研着力点、增强调研针对性打下坚实基础。

二、主要特点

（一）在加强委员会党的建设上“严起来”，充分发挥分党组领导核心作用。习近平总书记强调，只有政协党的建设扎实有力，党组织和广大党员充分发挥作用，实现党对政协全面领导才有坚实的政治保障和组织保障。十三届政协以抓党的建设开局，展示了鲜明的政治导向。汪洋主席提出“好好抓党建”，并围绕“加强政协党的建设”讲党课，提出了要求，树立了标杆。委员会始终牢牢把握坚持党的领导这一根本政治原则，把有利于加强党的领导，有利于维护以习近平同志为核心的党中央权威和集中统一领导作为首要政治任务，充分发挥把方向、管大局、保落实的作用，坚持发挥分党组领导核心作用与委员会依法依章履职相统一，做到党的建设和履职工作相互结合、协调推进。认真贯彻《关于加强新时代人民政协党的建设工作的若干意见》，注重发挥党组织和党员委员在履职活动中的政治引领作用，由分党组成员带队开展调研，在重要调研活动中成立临时党支部，发挥战斗堡垒作用和共产党员先锋模范作用。在制定文史资料征编选题规划、征集协商议题、谋划年度工作、组织遴选大会发言、开展调研考察等工作中，推动和引导委员会及所联系界别委员牢固树立“四个意识”，坚定“四个自信”，做到“两个维护”，把党中央决策和全国政协党组工作部署贯彻到委员会履职的全部工作中。目前，在政协工作中必须坚持党的领导已经成为委员会及所联系界别委员的共识，严守政治纪律和政治规矩的意识进一步强化，为更好肩负起政协制度参与者、实践者、推动者的政治责任，打下了坚实基础。

（二）在落实全国政协工作部署上“紧起来”，努力打造工作精品。汪洋主席反复强调，人民政协工作必须把履职质量导向放在更加突出位置。各项履职活动要从注重“做了什么”“做了多少”向“做出了什么效果”转变，把提质增效贯穿工作的全过程和各方面，引导委员树立质量意识、提升履职能力，努力打造工作精品。委员会认真落实汪洋主席指示精神，规范流程，创新方法，制定《提升工作质量创新改进工作方案》，对7个方面43项工作进行全面加强和改进，为全面提升工作质量奠定了基础。比如，围绕委员学习工作，在刘奇葆副主席直接带领下，突出以学习增进共识，引领履职实践，对学习形式、内容、方法等进行创新，拟定《关于加强和改进全国政协委员学习工作的方案》，经主席会议审议后以政协全国委员会文件印发。对标中央要求，回应委员履职所需，举办全国政协京内新任委员学习研讨班，科学安排研讨内容，既讲履职经验，又谈学习体会，通过组织参观“庆祝改革开放40周年大型展览”进一步深化认识，引导和推动委员从思想上政治上系好履职的第一粒扣子。汪洋主席给予充分肯定。再如，首次采用音像（口述）形式征集“改革开放40周年纪事”史料，形成文字、声音、视频三位一体，报纸、图书、影像立体呈现的格局。围绕“国民政府军事委员会政治部第三厅”进行调研并征集文史资料，引导委员学习周恩来同志开展统战工作的艺术方法，自觉增强履职的使命担当。

（三）在建言资政和凝聚共识双向发力上“动起来”，认真履职尽责。习近平总书记强调，要把加强思想政治引领、广泛凝聚共识作为履职工作的中心环节。汪洋主席指出，通过人民政协的民主协商形成和凝聚共识，是当前工作的重要任务，要摆在更加突出的位置。文化文史和学习委员会所承担的推动文化建设、征集编辑文史资料、组织委员学习和大会发言等工作，在加强思想政治引领、广泛凝聚共识方面具有独特的优势和作用。一年来，委员会不断完善双向发力的制度、程序和机制，通过组织双周协商座谈会，举办对口协商会、情况通报会等协商议政活动，搭建双向沟通平台，让不同观点充分有序表达，在双向交流中增进共识、促进团结。通过组织和推动委员参加全国政协文件宣讲团、参与大会发言、“送文化下基层”，走访调研文艺机构，引导委员自觉肩负起举旗帜、聚民心、育新人、兴文化、展形象的使命担当。通过组织参观“庆祝改革开放40周年大型展览”，引导委员切身感受中国特色社会主义事业和改革开放以来的辉煌成就，为全面深化改革凝聚共识、汇聚力量。通过邀请党外委员参与专题调研、参加学习研讨等形式，加强同党外委员的沟通联络，及时了解统一战线内部思想动态，把在一些敏感点、风险点、关切点上强化思想政治引领同经常性思想政治工作结合起来，不断增强固守政治底线的定力和找到最大公约数、画出最大同心圆的能力。

【委员视察、考察、调研】

政协全国委员会办公厅关于2018年全国政协委员视察考察工作情况的报告

2018年，在中共全国政协党组和主席会议的领导下，政协全国委员会办公厅坚持以习近平新时代中国特色社会主义思想为指导，认真学习贯彻习近平总书记关于加强和改进人民政协工作的重要思想，精心组织委员视察、考察，建言资政和凝聚共识双向发力，为推动党和国家大政方针落实、促进人民政协事业创新发展作出了贡献。

一、基本情况

按照全国政协主席会议要求和《政协全国委员会办公厅2018年全国政协委员视察考察工作计划》，全年共组织3个视察团和12个考察团。其中常委视察团2个、委员视察团1个，专题考察团3个、港澳委员考察团3个、京外委员跨省考察团6个，8位全国政协领导同志分别率团视察、考察，委员共计404人次参加。向中共中央、国务院报送3份视察报告、1份考察报告，还以办公厅简报等形式对相关情况和成果作了反映。

（一）聚焦供给侧结构性改革献计出力

推动以互联网、大数据、人工智能为代表的新一代信息技术与实体经济深度融合，对于实现动力变革、提高供给体系质量、推动经济高质量发展具有重大意义。4月、5月，卢展工副主席率全国政协常委视察团分赴广东、北京，围绕“推动人工智能与实体经济深度融合”，重点就人工智能赋能制造业情况进行视察。视察团认为，推动人工智能与实体经济深度融合“等不得”也“急不得”，应保持清醒头脑，增强战略定力，加强顶层设计，牵住人工智能与制造业深度融合这个“牛鼻子”，将主攻方向和重点领域放在加快建设制造强国、加快发展先进制造业上，结合区域发展优势建立国家级示范区，推动关键技术突破，加快国产技术和装备应用，在平台、数据、人才和资金等方面为实现深度融合提供支撑。

（二）紧扣民生关切建言献策

产业扶贫是稳定脱贫的根本之策，是事关巩固脱贫成效、实现脱贫可持续的重要问题。5月，汪永清副主席率全国政协常委视察团赴四川，围绕“发展山地特色农业，助推脱贫攻坚”进行视察。视察团认为，针对目前存在的产业选择不准、丰产不增收、带富不带贫等问题，应以系统思维、战略思维统筹谋划政策、规划、基础设施建设，充分挖掘山区特有资源优势，强化科技攻坚力量，加大市场主体培育力度，提高财政资金、金融资金和社会资本的使用效益和精准度，统筹精准扶贫与乡村治理，实现脱贫与社会建设同行。

全科医生是居民健康的“守门人”，在基本医疗卫生服务中发挥着重要作用。6月，李斌副主席率全国政协委员视察团赴湖北，就“加强全科医生队伍建设”开展视察。视察团认为，加快培养大批合格的全科医生，对于加强基层医疗卫生服务体系建设、推进家庭医生签约服务、建立分级诊疗制度、维护和增进人民群众健康，具有重要意义。针对全科医生总量不足、培养体系不健全、职业吸引力缺乏等问题，提出应坚持以提升基层医疗卫生服务能力为导向，采取加大转岗和规范化培训力度、设立全科医生本科专业、编写通用教材、进行全科知识轮训等方式，强化激励，完善管理服务机制，多措并举加快壮大全科医生队伍，提升医疗服务水平。

（三）围绕弘扬改革创新精神和红色精神组织委员考察

立足改革开放40周年这一重大历史节点，着眼“十三五”重大工程项目实施这一重要历史任务，9月，马飚副主席、刘新成副主席分别率以民主党派、无党派人士为主体的委员考察团，围绕“推进‘十三五’重大工程项目实施”，赴天津、河北、陕西考察。通过考察，委员们看到，在“十三五”规划165项重大工程项目的牵引下，我国创新引领发展能力显著提高、产业转型升级步伐明显加快、生态环境保护力度空前加大、文化软实力快速提升、人民群众获得感切实增强。考察团成员深受鼓舞，表示要进一步坚定中国特色社会主义道路自信、理论自信、制度自信、文化自信，弘扬改革创新精神，积极投身实现“两个一百年”奋斗目标和中华民族伟大复兴的中国梦的伟大实践。

研究好、保护好、利用好红色资源，对于践行社会主义核心价值观、传承红色基因、弘扬革命文化和红色精神，助力经济社会发展具有重要意义。10月，卢展工副主席率以军队委员为主体的委员考察团，围绕“红色资源保护与利用”赴江西考察。考察团成员重温中国共产党领导人民进行革命的光荣历史，体会到红色资源超越时空的强大生命力和精神感召力，一致表示要进一步坚定理想信念、强化责任担当，为强国强军事业贡献智慧和力量。考察团建议，应进一步夯实红色资源保护基础，实施重点专项保护工程，理顺领导管理体制，创新资政育人的方法途径，将红色资源利用、红色精神传承深度融入老区建设发展各方面。

（四）深化港澳地区与内地交流合作

5月，梁振英副主席率香港委员考察团围绕“引进海外人才、发展新兴产业、加快经济转型升级”赴湖北考察。9月，何厚铧副主席率澳门委员考察团围绕“建设大数据、引领数字经济发展”赴贵州考察。10月，杨传堂副主席率香港委员考察团围绕“推动京津冀协同发展、促进雄安新区建设”赴河北考察。考察团认真落实汪洋主席要求，将学习研讨同履职实践结合起来，组织港澳委员围绕习近平新时代中国特色社会主义思想和中共十九大精神开展学习交流。通过实地考察学习，港澳委员们进一步加深了对基本国情、国家大政方针、国家和地方改革发展成就的了解，一致表示考察是坚定政治信念之行、坚定发展道路之行、坚定文化自信之行、感恩回报祖国之行，进一步增强了国家意识、激发了爱国热情，进一步凝聚了祖国好香港澳门才能更好发展的共识。考察团在贵州考察时，专程到澳门对口帮扶的从江县考察精准脱贫工作，为当地脱贫攻坚建言出力，委员们还现场捐款1000万元人民币。

此外，办公厅委托辽宁、上海、湖北、重庆、云南、宁夏等省区市政协组织住当地全国政协委员进行跨省考察，向全国政协办公厅报送6份跨省考察报告。同时，各省区市政协还按照全国政协办公厅统一要求，积极组织住当地全国政协委员围绕本地区经济社会发展情况进行就地考察，内蒙古、浙江、福建、河南、四川、陕西等省区政协向全国政协办公厅报送6份考察报告。住鄂全国政协委员考察团《关于长江干流水污染防治的建议》被评为优秀信息，住豫全国政协委员视察团《关于中国（河南）自由贸易区建设的视察报告》中的相关意见建议通过社情民意信息作了反映。

二、主要成果和收获

（一）把视察、考察同学习教育结合起来，思想认识上有新收获

视察、考察团坚持以习近平新时代中国特色社会主义思想为指导，认真落实《关于加强新时代人民政协党的建设工作的若干意见》，在视察、考察团中设立临时党支部，积极发挥党组织在视察、考察中的把关作用。委员们把参加视察、考察的过程作为自我学习、自我教育的过程，思想认识有新提高。比如，考察“推进‘十三五’重大工程项目实施”时，很多民主党派、无党派人士主动提交书面考察体会，有的委员提交了长达十多页的手写稿，有的委员身兼数职、工作繁忙，仍在行程中撰写体会。委员们深切感到，中国共产党

的领导是实现中华民族伟大复兴的根本保证，伟大民族精神是我们前进的根本力量，改革开放是决定当代中国命运的关键一招。汪洋主席在考察团报送的简报上作出重要批示，充分肯定委员们的感受和认识。比如，港澳委员参加考察时，主动强化纪律意识，一些原计划因事提前离开的委员，专门改签机票，全程参加考察活动。港澳委员在考察结束时集体给汪洋主席写信，畅谈考察收获，表达爱国情怀，并深刻认识到在考察过程中遵守纪律、尽心履职是“对人民的负责、对制度的尊重”。

（二）在视察、考察中深入宣传阐释党和国家方针政策，广泛凝聚共识

视察、考察的过程，既是委员们围绕党和国家中心任务积极建言、参政议政的过程，也是学习政策、理解政策、宣传政策的过程，更是凝聚共识、凝聚智慧力量的过程。比如，在四川凉山视察“发展山地特色农业，助推脱贫攻坚”时，委员们克服高海拔低温缺氧、沿途坡陡路窄、时常大雾弥漫、能见度极低等困难，冒雨深入高寒山区 3 县 8 村，走访贫困农户，耐心细致宣传扶贫脱贫政策，主动解疑释惑，使党的扶贫惠民政策更加深入人心。比如，在考察“红色资源保护与利用”时，考察团主动走进群众，航天英雄杨利伟、战斗英雄韦昌进等委员与中小学生、退役军人、企业职工等亲切交流互动，围绕保护利用红色资源宣传政策，围绕立足本职、建功立业交心谈心，在群众中引起强烈共鸣，树立了鲜明的崇尚英雄、崇尚奋斗的价值导向，进一步凝聚了在新时代撸起袖子加油干的思想共识。

（三）以提高质量为导向，改进视察、考察方式

坚持把提质增效贯穿视察、考察活动全过程，精心设计方案，创新工作方式，改进组织形式。比如，组织港澳委员考察时，主动发放调查问卷，征求委员们对考察活动的意见建议，并及时吸收改进，提高考察质量。汪洋主席对这一做法专门作出重要批示，给予充分肯定。比如，采取一团两地的方式，视察“推动人工智能与实体经济深度融合”情况，分别选择在人工智能推动传统产业转型升级上有鲜活实践经验的广东和在人工智能人才、技术和企业数量上有明显优势的北京两个地方接续展开、不断深入。在视察广东的基础上，经反复研究讨论、沉淀思考，有针对性地在北京选择一些新兴人工智能企业进行视察，并邀请全国多家在转型升级上有代表性的制造业企业来京座谈。视察报告报送中办、国办后，国务院领导同志作出批示。比如，全科医生队伍建设和山地特色农业发展两个视察团，均采取分组调研、集中讨论的方式，深入一线、深入基层、深入群众。在湖北视察全科医生队伍建设，结合重点提案督办，既关注武汉等大中城市情况，也注重深入恩施少数民族边远乡村进行调研。视察结束后，国家卫生健康委员会围绕重点提案督办专门来函，就相关意见建议的落实和采纳情况予以反馈。在视察山地特色农业发展后，四川省有关部门高度重视，及时将视察团所提意见建议吸纳到新出台的《关于精准施策综合帮扶凉山州全面打赢脱贫攻坚战的意见》中，并在坚持绿色发展、发挥市场机制作用、提升教育水平、培育塑造致富带头人等方面采取了务实举措，有力推动了当地脱贫攻坚工作。

（四）适应新形势新要求，切实推动制度创新

全国政协将《中国人民政治协商会议全国委员会委员视察考察工作条例》的修订列为 2018 年政协制度建设的重要任务之一。为此，办公厅广泛征求意见，对原

有条例进行修订，并经第12次主席会议通过实施。新条例着力贯彻落实习近平总书记关于加强和改进人民政协工作的重要思想，依据中共十九大精神和政协章程，进一步明确视察、考察工作的性质定位、指导思想、目标要求、组织程序，充分吸收近年来特别是十三届全国政协以来新精神、新要求，增加专题视察这一组织形式，并明确了组织主体、成果报送等相关内容，明确在视察、考察团设立临时党组织等。条例的修订为提升视察、考察工作质量提供了重要指导和制度保障。

一年以来，视察、考察工作取得了一定的成绩，也存在一些不足，主要是：对视察、考察的规律性认识还需要进一步提高，双向发力的制度机制建设还需进一步完善，提高视察、考察成果转化的质量还有较大空间，等等。对这些问题，都需要在今后工作中不断予以改进。

三、工作设想

坚持以习近平新时代中国特色社会主义思想为指导，坚持党对人民政协工作的全面领导，落实全国政协工作部署和要求，依据新修订的《中国人民政治协商会议全国委员会委员视察考察工作条例》，牢牢把握新时代人民政协的新方位新使命，在视察、考察中进一步强化思想政治引领、广泛凝聚共识，不断提高视察、考察工作质量。

一是紧紧围绕中心任务，聚焦改革发展建言资政。紧扣党和国家中心任务，认真贯彻落实政协十三届全国委员会第二次会议精神，注重与专题议政性常委会会议、专题协商会、双周协商座谈会、网络议政远程协商活动议题和重点提案相衔接，就党和国家重大方针政策的贯彻落实、经济社会发展重大项目的规划建设、人民群众普遍关心的重要问题精心选题，制定具有针对性和可操作性的计划及方案，扎实推进。

二是加强思想政治引领，着力凝聚共识扩大团结。坚持双向发力，做好统一思想、增进共识、促进团结的工作。重要视察、考察活动按组织程序建立临时党组织，探索更好发挥临时党组织作用。通过座谈、走访等形式，做好全国政协领导到地方开展视察、考察活动期间与当地全国政协委员联系的工作。统筹组织开展以自我教育为主旨的党外委员专题视察，把学习教育与视察、考察工作结合起来，确保取得实效。

三是深入研究论证，切实提高协商议政质量。坚持把协商民主贯穿视察、考察全过程，通过深入研究论证提升议政建言水平。加强前期策划，广泛收集议题相关资料，采取“走出去”“请进来”方式，加强与有关职能部门的联系，帮助委员更好知情明政。完善与各民主党派中央、全国工商联和政协各专门委员会的横向合作，加强与地方政协的纵向联动，形成整体合力。制定切实可行的工作方案，深入基层、深入群众，通过多种方式与各有关方面深入交流，分析问题症结，厘清问题成因，探讨对策，广泛凝聚正能量，推动党和国家决策部署的贯彻落实。

政协全国委员会办公厅2018年全国政协委员视察考察工作计划　为更好履行政协职能，做好视察、考察工作，特制定2018年全国政协委员视察考察工作计划。

一、指导思想

2018年全国政协委员视察、考察工作的指导思想是：全面学习贯彻中共十九大和十九届二中、三中全会精神，深入学习贯彻习近平新时代中国特色社会主义思想，按照统筹推进“五位一体”总体布局、协调推进“四个全面”战略布局要求，紧紧围绕全国政协2018年协商计划，深入调查研究，强化民主监督，推动成果转化，为贯彻落实中共十九大确定的各项任务开好局、起好步作出贡献。

二、组团安排

2018年全国政协办公厅拟组织4个视察团、3个考察团，委托港澳台侨委员会组织3个考察团。

（一）特邀常委视察团2个。4月，结合“发展实体经济、提高供给体系质量”专题协商会议题，围绕“推动人工智能与实体经济深度融合”，组织特邀常委视察团赴北京市、广东省进行视察。5月，结合“解决深度贫困地区脱贫问题”专题议政性常委会议题，围绕“发展山地特色农业”，组织特邀常委视察团赴四川省进行视察。

（二）委员视察团2个。6月，围绕“加强全科医生队伍建设”，组织委员视察团赴湖北省进行视察。7月，围绕“推动建立国家公园体制”，组织委员视察团赴福建省进行视察。

（三）委员考察团3个。9月，围绕“推进‘十三五’重大工程项目实施”，组织两个委员考察团分别赴天津市、河北省和陕西省进行考察。10月，围绕“红色资源保护与利用”，与中央军委政治工作部联合组织军队全国政协委员考察团赴江西省进行考察。

（四）港澳委员考察团3个。委托全国政协港澳台侨委员会组织港澳地区全国政协委员进行考察。5月，围绕“发展新兴产业，加快经济转型升级”，组织港区全国政协委员赴湖北省进行考察。9月，围绕“建设大数据，引领数字经济发展”，组织澳区全国政协委员赴贵州省进行考察。10月，围绕“推动京津冀协同发展，促进雄安新区建设”，组织港区全国政协委员赴河北省进行考察。

三、工作要求

（一）紧扣中心任务，加强组织领导

深入学习贯彻中共十九大新部署、新要求，立足新时代、新使命，突出抓重点、补短板、强弱项，紧扣人民群众生产生活，紧扣经济社会发展实际，开展调查研究、积极献计献策。精心选择视察点，广泛收集议题相关资料，做好前期策划，分解具体任务，明确工作职责，确保视察考察工作计划顺利实施。

（二）发挥协商式监督特色，增强民主监督实效

充分发挥视察监督作为人民政协开展民主监督重要形式的作用，坚持问题导向，着重监督中共十九大决策部署贯彻落实，深入实际、深入基层、深入群众，着力发现问题，反映真实情况，坦率提出意见、批评和建议，助推中共中央大政方针落地见效。

（三）深化研究论证，提高协商议政质量

坚持把协商民主贯穿履职全过程。落实协商理念，完善协商程序，营造平等协商氛围，促进各种意见建议充分表达、深入交流。强化沟通合作，加强与有关职能部门的联系，完善与各民主党派中央、政协各专门委员会的合作，切实提高协商水平，努力使对策建议有的放矢、切中要害。

（四）改进工作方法，推动成果转化

综合运用视察考察报告、重点提案、社情民意信息等形式，及时向中共中央、国务院及有关方面报送重要意见和建议。完善成果转化运用和追踪反馈机制，对重要成果落实情况开展跟踪调研和民主监督，提高协商成效。

2018年度全国政协委员视察考察简要情况统计表

单位：人

序号	时间	委员所在地	视察考察地区	视察考察内容	人数	团队负责人	备注
1	4月23日至27日	全国	广东广州、东莞、深圳	推动人工智能与实体经济深度融合	25	卢展工　黄丹华 刘卓明　刘利华	特邀常委视察团；围绕专题协商会开展；广东4.23—27，北京5.17、18；视察报告（厅发31号）
	5月17日至18日		北京				
2	5月28日至6月1日	全国	四川成都、攀枝花	发展山地特色农业	20	汪永清　陈　雷 于广洲　陈晓华 郭　军	特邀常委视察团；围绕专题议政性常委会开展；视察报告（厅发32号）
3	6月4日至8日	全国	湖北武汉、宜昌、恩施	加强全科医生队伍建设	23	李　斌　张　勤 王培安	视察团；围绕重点提案督办开展；视察报告（厅发48号）
4	9月4日至10日	全国	天津，河北承德、张家口、雄安新区	“十三五”重大工程项目实施情况	11	马　飚　姜建初 毕京京　刘家强	考察团；一题两团；办公厅简报第17期
5	9月10日至14日	全国	陕西西安		13	刘新成　丁　伟 凌振国	
6	10月15日至19日	全国	江西吉安、赣州	红色资源保护与利用情况	14	卢展工　吴昌德 刘福连　凌振国	考察团；与中央军委政治工作部联合组织；考察报告（厅发82号）
7	5月7日至11日	香港	湖北武汉、黄石	发展新兴产业，加快经济转型升级	64	梁振英　陈冯富珍 梁亮胜	考察团；委托港澳台侨委员会组织；专委会简报十三届第20期
8	9月18日至22日	澳门	贵州贵阳、黔东南州	建设大数据，引领数字经济发展	28	何厚铧　廖泽云 马有礼　许健康 崔世昌　贺定一	考察团；委托港澳台侨委员会组织；专委会简报十三届第54期

续表

序号	时间	委员所在地	视察考察地区	视察考察内容	人数	团队负责人	备注
9	10月15日至19日	香港	河北石家庄、保定	推动京津冀协同发展、促进雄安新区建设	79	杨传堂　余国春 胡定旭　吴良好 许荣茂　林淑仪 周安达源　邱达昌 王惠贞　黄志祥 容永祺　施荣怀 林健锋　王国强	考察团；委托港澳台侨委员会组织；专委会简报十三届第70期
10	7月6日至12日	重庆	内蒙古呼和浩特、包头、呼伦贝尔	生态环境保护和绿色经济发展	20	王　炯　徐敬业	考察团
11	8月12日至16日	上海	贵州贵阳、黔东南州、铜仁、遵义	建设生态文明，实现绿色发展	16	董云虎　张恩迪 黄　震	考察团
12	8月1日至8日	湖北	西藏拉萨、日喀则、山南	优秀传统文化遗产的保护与传承	14	杨　松　郭跃进	考察团
13	9月1日至6日	云南	广西南宁、防城港、柳州、桂林	实施乡村振兴战略，着力打造特色小镇	19	李　江　高　峰 罗黎辉	考察团
14	9月3日至8日	辽宁	河南郑州、开封、焦作、洛阳、南阳	全面实施乡村振兴战略	15	夏德仁	考察团
15	9月14日至20日	宁夏	海南海口、文昌、三沙	深化改革，加快建设自由贸易试验区、中国特色自由贸易港和全域旅游情况	13	崔　波　白尚成	考察团

2018年视察、考察、调研报告目录

1.《关于进一步完善环境与健康管理体制机制的调研报告》

2.《关于视察推动人工智能与实体经济深度融合情况的报告》

3.《关于视察发展山地特色农业助推脱贫攻坚情况的报告》

4.《关于深化同“一带一路”沿线国家旅游合作的调研报告》

5.《关于推进乡村绿色发展情况的考察报告》
6.《关于民族地区中小学寄宿制学校建设的调研报告》
7.《关于视察加强全科医生队伍建设情况的报告》
8.《关于大遗址保护和利用情况的调研报告》
9.《关于加强国家技术创新中心建设提高企业创新能力的调研报告》
10.《关于加强我国农业生物种质资源收集与保护的调研报告》
11.《关于提升文艺原创力推动文艺创新的调研报告》
12.《关于高校“双一流”建设的调研报告》
13.《关于强化土壤污染管控和修复的调研报告》
14.《关于完善农业支持保护政策推动农村产业转型升级的调研报告》
15.《关于逐步实现台湾同胞与大陆同胞同等待遇的调研报告》
16.《关于网络环境下知识产权保护的调研报告》
17.《关于黑龙江省边疆地区群众生产生活情况的考察报告》
18.《关于推动形成全民参与志愿服务良好局面的调研报告》
19.《关于司法责任制综合配套改革的调研报告》
20.《关于考察红色资源保护与利用情况的报告》
21.《关于加强基层医疗卫生服务体系和全科医生队伍建设的调研报告》
22.《关于加强体育社会组织建设推动全民健身的调研报告》

【反映社情民意】

信息工作 2018年，在中共全国政协党组和主席会议领导下，政协全国委员会办公厅坚持以习近平新时代中国特色社会主义思想为指导，全面贯彻中共十九大和十九届二中、三中全会精神，深入学习贯彻习近平总书记关于加强和改进人民政协工作的重要思想，围绕统筹推进“五位一体”总体布局、协调推进“四个全面”战略布局，组织政协各参加单位、各专门委员会、政协委员、各民主党派和工商联成员及无党派人士积极反映社情民意，推动反映社情民意信息工作在建言资政和凝聚共识上双向发力，服务改革发展稳定大局，为推动党和国家大政方针落实、促进重要问题解决发挥了积极作用。一年来，共收到信息11314篇，采用稿件1101篇，精编后向中央领导同志报送信息202期，比2017年出刊数增加1倍，向有关部门转送信息403件。中央领导同志对56期信息作出批示76人次；有关部门回函、回电答复42件次。反映社情民意信息作为政协履行职能和发挥专门协商机构作用的有效形式、转化双向发力成果的重要载体、政协汇集社情民意的基本渠道，在服务全国政协工作全局中展现了新作为新气象。

一年来，紧扣我国社会主要矛盾变化，围绕解决好发展不平衡不充分问题、满足人民美好生活需要，重点从五个方面反映社情民意。

一、聚焦推动经济高质量发展建言资政

针对深化供给侧结构性改革，报送相关信息14期。编报深化资本市场改革、发展集成电路产业、发展人工智能抢占新一轮产业变革先机等信息。选编宏观经济形势分析座谈会、推动高质量发展专题座谈会等会议信息，反映预调微调宏观政策、管理引导预期等建议。反映地方推进经济高质量发展面临缺乏统一标准和指标体系、边远地区人才流失严重等问题。多位中央领导同志对有关信息作出批示，要求相关部门认真研究落实。

围绕实施乡村振兴战略，报送相关信息12期。反映“培养造就一支懂农业、爱农村、爱农民的‘三农’工作队伍”双周协商座谈会重要意见。就大豆进口和生产相关政策调整提出建议。就京津冀及周边地区大规模推进农村清洁能源替代工程的情况，及时反映过程中存在的安全隐患，并提出解决建议。就粮食安全省长责任制考核中不够合理的制度设计和贯彻落实中的形式主义问题，提出监督性意见。

关注深化对外开放合作的新情况新问题。反映立足长远推进中美经贸合作、树立开放的经济安全观等建议。围绕借鉴绍兴经验应对中美贸易摩擦，提出协助企业保持稳定、强化金融支持、补齐国际知识产权应对短板等建议，受到重视。

贯彻落实习近平总书记在民营企业座谈会上的重要讲话精神，就提振民营企业发展信心、金融支持民营企业、警惕民营上市公司股权质押风险等提出建议。围绕“优化营商环境，促进民营经济高质量发展”网络议政远程协商会编报信息。中央领导同志作出批示，要求有关部门高度重视金融机构改革等具体建议。

二、紧扣打好“三大攻坚战”提出建议

针对打好防范化解重大风险攻坚战，报送相关信息12期。围绕强化地方政府债务管理，提出重视地方政府隐性债务风险、编制债务预算等建议。围绕保证金融体系稳定性，提出健全保险资产负债匹配管理等建议。运用“健全系统性金融风险防范体系”专题协商会成果，提出统筹监管金融基础设施、引导互联网金融等金融新业态健康发展、夯实证券市场健康发展基础等意见建议。

针对打好精准脱贫攻坚战，报送相关信息10期。编报国企联农带农的可持续扶贫、防范化解脱贫攻坚中金融风险、探索“户贷企用”叫停后扶贫贷款新模式等信息。以组合报送方式反映精准脱贫专题议政性常委会会议上的重要意见，编报关注农村土地流转违约、异地扶贫搬迁补助资金过低等信息。

针对打好污染防治攻坚战，报送相关信息14期。关注长江水污染防治，提出确保长江经济带饮用水源安全、控制长江流域总磷污染等建议。编报“加快生态文明体制改革，建设美丽中国”系列稿件，从大气污染防治、流域综合治理、固体废弃物和垃圾处置、发展绿色金融等方面反映情况建议。围绕“污染防治中存在的问题和建议”专题议政性常委会会议成果转化，就环境保护与经济协调发展、土壤污染治理等提出意见建议。

中央领导同志对有关信息作出批示，充分肯定政协委员们提出的意见建议，要求相关部门认真研究，抓好落实。

三、围绕保障和改善民生反映群众关切

关注实施健康中国战略，报送相关信息15期。编报巩固破除以药补医改革成果完善公立医院运行新机制、加大公共场所AED（自动体外心脏电击除颤仪）普及力度提升院前急救能力、警惕原始点疗法再现“神医”现象等信息。中央领导同志高度重视信息反映情况，要求有关部门认真研究，加快工作推动力度。

关注优先发展教育事业，报送相关信息9期。反映“解决中小学生课外负担重问题”双周协商座谈会议政建言成果，提出全面推进教育综合改革、科学减负、优化教育资源供给等建议。围绕促进民办教育规范发展、破解技能型人才培养中难点问题、将书法学科上升为一级学科等编报

信息。

关注推动文化事业和文化产业发展，报送相关信息 12 期。围绕弘扬劳模精神和工匠精神、国家通用语言文字普及、历史文化名城名镇保护、大遗址保护利用等编报信息。中央领导同志对大遗址保护等信息作出批示，主管部门迅速了解情况，具体研究部署。

四、关注法治建设和机构改革

在法治建设方面，报送相关信息 15 期。围绕个人所得税法修改，编报相关信息。围绕“坚决治理金融乱象，健全金融法治体系”报送系列信息，从强化金融违法犯罪刑事责任、行政责任、民事责任等角度，提出刑法、公司法、证券法修改具体建议。围绕制定《未成年人网络保护条例》、基本解决执行难问题等内容及时提出意见建议。中央领导同志十分重视，要求有关部门制定具体意见。

为落实好深化党和国家机构改革的决定，针对相关问题，提出改革行政复议体制、加强公职律师制度建设、完善行政立法和执法监督工作等建议。针对目前我国环境与健康领域部门职能不够清晰、协调机制不健全的问题，提出在机构改革“三定”方案中明确有关部门的环境与健康管理职责，理顺环境与健康管理体制。中央领导同志高度重视有关建议，批转相关部门研究。

五、针对统一战线有关方面工作反映情况

反映少数民族界、宗教界政协委员关于民族和宗教事务的意见建议，报送相关信息 7 期。汪洋主席有关信息作出批示，要求有关部门认真研究。

关注新的社会阶层人士统战工作中出现的问题，提出建立健全新的社会阶层代表人士动态调整机制、加强网络舆论引导等建议。

编报更好推进“一国两制”事业发展、加强香港青少年中国文化教育和促进粤港澳大湾区建设等信息。报送推动两岸关系和平发展的意见建议。及时反映海外传统侨团工作出现的新情况。

信访工作 2018 年，全国政协办公厅信访局共收到委员和社会各界人士来信 39709 件（其中，委员来信 22 件）；接待各级政协委员、统战人士和人民群众来访 67 批 273 人次（其中，10 人以上较大规模集体访 12 批次 183 人次）。反映的问题主要是涉法涉诉、拖欠工程款、拆迁安置、非法集资、环境污染等问题。按照《信访条例》《中央和国家机关信访事项受理办理工作有关规定（试行）》及《全国政协信访工作规则（试行）》的有关规定，对委员和群众来信、来访进行了认真办理。大部分委员来信经办公厅领导批示后发函转送有关部门，使问题得到了妥善解决，受到委员好评。全年共编发《信访动态》4 期；《要信呈报》10 件；向有关部门报送敏感信息 6 件，为维护社会和谐稳定发挥作用。

2018 年，信访局向汪洋主席报送社会各界人士来信 57 件，汪洋主席对其中的 16 件来信做了批示，为领导决策提供了有效服务。今年按照中央信访工作联席会议和政协领导的要求，圆满完成了以刘家强副秘书长为组长的中央信访工作督察组第二组赴安徽、四川两省的实地督察任务，所做工作得到了中央领导的肯定和中央信访工作联席会议办公室的表扬。顺利完成“两会”期间的信访工作。

【对外交往】

汪洋主席访问刚果（布）、乌干达、肯尼亚 2018 年 6 月 11 日至 20 日，应刚果（布）参议长恩戈洛、乌干达政府、肯尼亚国民议会议长穆图里邀请，全国政协主席汪洋对上述三国进行正式友好访问。全国政协副主席兼秘书长夏宝龙、全国政协外事委员会主任楼继伟、河南省政协主席刘伟、外交部副部长王超、全国工商联副主席黄荣、全国政协副秘书长郭军参加。全国政协副秘书长潘立刚到机场送迎。访问期间，汪主席在刚果（布）分别会见总统萨苏、总理穆安巴和国民议会议长姆武巴，并同参议长恩戈洛进行会谈；在乌干达，分别会见总统穆塞韦尼、议长卡达加、副总统塞坎迪，并同鲁贡达总理举行会谈；在肯尼亚，分别会见总统肯雅塔、参议长卢萨卡，并同国民议会议长穆图里举行会谈。汪主席一行深入考察我同三国经贸和人文合作项目，看望我在三国使馆、中资机构人员和华侨华人代表，并在肯尼亚同中资企业举行座谈，共出席各类活动 37 场。三国对汪洋就任全国政协主席后首次出访即选择该国表示衷心感谢，给予高规格礼遇和热情友好接待。三国媒体对访问情况进行了充分报道，给予积极评价。

此次访问是在中国特色社会主义进入新时代、党的十九大和 2018 年全国“两会”胜利召开、中国特色大国外交开启新征程的大背景下进行的。汪洋主席在访问中积极宣介习近平新时代中国特色社会主义思想，增进了三国对中国道路和制度的了解认同；深入阐释习近平外交思想，增强了非方对我外交政策的理解支持；系统介绍我国改革开放 40 年取得的伟大成就和当前面临的困难挑战，引导非方全面客观看待中国，推动深化了同三国政治互信和务实合作，为中非合作论坛北京峰会成功举行营造了良好氛围，开拓了全国政协对非交往新局面。

三国领导人均高度评价中共十九大和 2018 年全国“两会”对中国乃至世界发展的里程碑意义，赞扬习近平总书记具有非凡战略眼光、卓越领导才能和大国领袖风范，认为习近平新时代中国特色社会主义思想不仅是中国实现中华民族伟大复兴的行动指南，也为广大发展中国家走向现代化提供了全新选择和中国方案。非方普遍认为，“两个构建”理念和“一带一路”倡议顺应世界发展潮流、契合各国人民共同期盼，中国主动同世界分享发展红利彰显了高尚情怀。三国元首重申高度重视发展对华关系，对双边关系现状感到满意，感谢中方长期以来为其经济社会发展提供帮助，愿与中方加强沟通、相向而行，努力破解合作中的难题，推动双边关系向前发展，形成更多支持非洲自主可持续发展和中非合作转型升级的务实成果。三国议会等机构普遍重视中国全国政协的地位和作用，对政协在中国共产党领导下通过民主协商凝聚共识的做法很感兴趣，愿进一步加强同政协的交流合作。

其他重要出访 2018 年 5 月 13 日至 22 日，应孟加拉国国民议会、老挝建国阵线中央委员会和缅甸联邦议会邀请，全国政协副主席王正伟率全国政协代表团对上述三国进行友好访问。这是十三届全国政协派出的第一个高访团，受到有关各方高度重视。代表团主要成员有全国政协港澳台侨委员会副主任裘援平、四川省政协副主席陈放①、全国政协民族和宗教委员会驻会副主任杨小波等。访问期间，代表团受到高规格热情友好接待，同三国政府、议会、地方领导人及各界人士进行了广泛交流。分别与缅甸总统温敏、国务资政昂山素季、联邦议会议长兼民族院议长曼温楷丹、联邦议会人民院议长迪昆妙、仰光省首席部长漂民登；老挝人民革命党中央政治局委员、国家副主席潘坎，建国

① 2021 年 9 月 1 日，政协第十三届全国委员会常务委员会第十八次会议接受陈放同志辞去第十三届全国政协常委、委员。以下不再标注。

阵线中央委员会主席赛宋蓬、第一副主席坎贝，琅勃拉邦省委副书记赛沙蒙；孟加拉国国民议会议长乔杜里、副议长米亚等会见会谈。此访坚持多做工作、巩固友好、增进互信、深化合作，广泛宣传中共十九大和2018年全国“两会”精神及我内外政策，切实推动我与三国友好关系深入发展，促进了我与三国在“一带一路”框架下的经济和人文交流。

7月1日至10日，应冰岛、拉脱维亚、马其顿议会邀请，全国政协副主席张庆黎率全国政协代表团对上述三国进行友好访问。代表团主要成员有全国政协港澳台侨委员会副主任耿惠昌、宁夏回族自治区政协主席崔波、时任全国政协外事委员会驻会副主任金学锋等。访问期间，张庆黎副主席分别会见冰岛总统约翰内松、议长西格富松，拉脱维亚议长穆尔涅采、副总理阿舍拉登斯，马其顿总统伊万诺夫、议长扎费里、第一副总理谢凯琳斯卡等；广泛接触三国各界人士，考察冰岛赫利舍迪地热电站、拉脱维亚大学孔子学院、相关双边合作项目等，出席各类活动17场。此访着重宣介习近平新时代中国特色社会主义思想和中共十九大精神，介绍中国改革开放不平凡历程，阐释中国特色社会主义民主政治的特点优势，增进了三国对中国发展道路和理念的了解认同，加强了以开放促发展的经验交流，拓展了政协对外交往工作，巩固了双边关系发展势头。访问内容丰富、日程紧凑、重点突出，达到了“多做工作、巩固友好、增进互信、促进合作”的目的。

9月5日至14日，应黎巴嫩议会、约旦参议院、阿曼协商会议邀请，全国政协副主席、民盟中央常务副主席陈晓光率全国政协代表团对上述三国进行友好访问。代表团的主要成员有民盟中央副主席张道宏、西藏自治区政协副主席珠康·土登克珠、全国政协副秘书长邓宗良。访问期间，陈晓光副主席分别与黎巴嫩总统奥恩、看守政府总理哈里里、议长贝里、副议长菲尔兹利，约旦代参议长巴希特、副首相穆阿什尔、副众议长扎本，阿曼内阁事务副首相法赫德、协商会议主席马瓦利、国家委员会主席蒙泽里等会见会谈，广泛接触友华人士、友好组织，参观考察我承建工程并与有关中资企业座谈，看望我驻三国使馆馆员，共出席各类活动22场。此访积极宣介中国理念、阐释政协特色，深化政治互信，凝聚合作共识，加深了三国对我了解和认识，推动了我与三国友好关系和务实合作深入发展，促进了全国政协同三国相关机构交流合作。

9月18日至27日，全国政协副主席李斌赴印度尼西亚出席人口与发展南南合作伙伴组织（简称伙伴组织）第23届理事会会议，并应斯里兰卡议会、泰国立法议会邀请，率全国政协代表团对上述两国进行友好访问。代表团主要成员有全国政协农业和农村委员会副主任陈雷、全国政协人口资源环境委员会驻会副主任高波、江西省政协副主席谢茹等。访问期间，李斌副主席作为伙伴组织主席主持第23届理事会会议并作主旨讲话，会见伙伴组织秘书长、南非社会发展部部长莎班古等；分别与印度尼西亚国会副议长阿古斯、乌杜特，斯里兰卡总统西里塞纳、议长贾亚苏里亚，泰国立法议会主席蓬佩等举行会谈和会见；考察斯里兰卡科伦坡港口城、国家医院新门诊大楼等双边合作项目，看望相关友好组织负责人和泰国清迈崇华新生华立学校师生，出席驻泰国大使馆举行的国庆69周年招待会等，出席各类活动共21场。此访增进了外方对中国道路、中国理念的认同，巩固了双边关系，推动了务实合作，传播了中国声音，深化了全国政协同相关机构的交往合作。

10月21日至29日，应布隆迪参议院、塞舌尔政府邀请，全国政协副主席刘奇葆率全国政协代表团对上述两国进行友好访问。代表团主要成员有全国政协经济委员会驻会副主任侯建民、全国政协文化文史和学习委员会副主任王世明、全国政协委员吴尚之等。访问期间，刘奇葆分别会见布隆迪总统恩库伦齐扎、国民议会议长尼亚本达、参议长恩迪库里约，塞舌尔总统富尔、国民议会议长普雷亚、副总统梅里顿，广泛接触两国各界人士。代表团还赴部分中方援建项目和中资企业承建项目实地考察，看望和慰问我援非医疗队和青年志愿者。此访内容丰富、重点突出，积极宣介中非合作论坛北京峰会精神，推动深化同两国政治互信和务实合作，重点介绍我国改革开放成就和发展经验，促进了全国政协与相关机构的交往。

10月28日至11月5日，应利比里亚参议院、佛得角国民议会邀请，全国政协副主席、致公党中央主席万钢率全国政协代表团对上述两国进行友好访问。代表团主要成员有致公党中央常务副主席蒋作君、全国政协教科卫体委员会副主任常荣军、全国政协委员周力等。访问期间，万钢副主席同两国政府、议会、地方、政党领导人及各界人士进行了广泛、深入、友好的交流，分别同利比里亚总统维阿、众议长钱伯斯、临时参议长切，佛得角总统丰塞卡、总理席尔瓦、国民议会议长桑托斯等会见会谈；考察我援外、承建项目，接受当地媒体采访，并与有关中资企业、机构和华侨华人代表座谈，看望我驻两国使馆馆员，出席各类活动27场。万钢副主席以专家学者的独到视角，积极宣介中非合作论坛北京峰会精神和介绍中国民主政治和全国政协，交流分享治国理政、发展经验，拉近了我同两国各界人士距离，扩大了我同两国合作共识，对增进互信互利、推动峰会成果落实、加强全国政协同两国议会的交流合作发挥了积极作用。

11月19日至27日，应智利众议院、秘鲁国会邀请，全国政协副主席马飚率全国政协代表团对上述两国进行友好访问。代表团主要成员有民进中央副主席朱永新、全国政协港澳台侨委员会驻会副主任吕虹、浙江省政协副主席郑继伟等。访问期间，马飚副主席分别会见智利众议长费尔南德斯、参议长蒙特斯以及内阁首脑、内政和公共安全部部长查德维克，秘鲁国会主席萨拉维里、全国协商组织执行秘书长伊吉尼斯。代表团广泛接触两国各界人士，与驻两国中资企业代表深入座谈交流，并分别看望慰问华侨华人代表。此访宣介习近平新时代中国特色社会主义思想和中共十九大精神，介绍我改革开放40年来取得的巨大成就和中国国际进口博览会相关情况，倡导开放共赢，对接发展战略，巩固了双边关系，增进了政治互信，推动两国更加积极地参与“一带一路”建设。

重要来访团组情况 1月14日至20日，应时任全国政协主席俞正声邀请，加蓬参议长米勒布率11人代表团访华。时任全国人大常委会委员长张德江会见，俞正声主席会见宴请。代表团访问了北京和石家庄。

4月23日至27日，应汪洋主席邀请，密克罗尼西亚联邦国会议长西米纳率7人代表团访华。全国人大常委会委员长栗战书会见，汪洋主席会见宴请。代表团访问了北京和青岛。

4月24日至27日，应全国政协外事委员会邀请，卢旺达参议院外交、合作与安全委员会4人代表团访华。全国政协副主席何维会见，全国政协外事委员会副主任刘洪才、全国政协常委李谠与代表团会谈。代表团访问了北京和南宁。

5月2日至6日，应中国经济社会理事会邀请，法国经济社会环境理事会主席贝尔纳斯科尼率6人代表团访华。汪洋主席会见，时任中国经济社会理事会主席杜青林与代表团会谈并宴请。中国经济社会理事会部分理事与代表团就“数字时代工业发展模式和前景”进行座谈交流。代表团访问了北京、杭州和上海。

5月30日至6月5日，应汪洋主席邀请，黑山议长布拉约维奇率6人代表团访华。全国人大常委会委员长栗战书会见，汪洋主席会见宴请。代表团访问了北京和成都。

8月16日至20日，应汪洋主席邀请，巴基斯坦参议院主席桑吉拉尼率20人代表团访华。全国人大常委会委员长栗战书会见，汪洋主席与代表团会谈并宴请，国务委员兼外交部部长王毅、中联部部长宋涛分别会见。代表团访问了北京和大连。

8月19日至24日，应全国政协外事委员会邀请，塔吉克斯坦议会下院外事委员会7人代表团访华。王正伟副主席会见，全国政协外事委员会主任楼继伟与代表团会谈并宴请。代表团访问了北京和青岛。

9月9日至15日，应汪洋主席邀请，乌拉圭副总统、国会主席兼参议长托波兰斯基率3人代表团访华。全国人大常委会委员长栗战书会见，汪洋主席与代表团会谈并宴请，国家副主席王岐山会见。代表团访问了北京和成都。

9月10日至14日，应中国宗教界和平委员会邀请，亚洲宗教和平会议执行副主席、联合主席卡希尔率15人代表团访华。巴特尔副主席会见。代表团访问了北京和浙江。

9月25日至29日，应全国政协外事委员会邀请，缅甸联邦议会民族院缅中友好小组10人代表团访华。王正伟副主席会见，全国政协外事委员会副主任孔泉与代表团会谈并宴请。代表团访问了北京、西安和昆明。

10月23日至26日，应汪洋主席邀请，柬埔寨参议院主席赛冲率16人代表团访华。全国人大常委会委员长栗战书会见，汪洋主席与代表团会谈并宴请。代表团访问了北京和大连。

11月15日至20日，应中国经济社会理事会邀请，经社理事会和类似组织国际协会主席、罗马尼亚经济社会理事会主席巴休率6人代表团访华。汪洋主席会见，时任中国经济社会理事会主席杜青林与代表团会谈并宴请。代表团访问了北京和深圳。

11月25日至30日，应汪洋主席邀请，越南祖国阵线中央主席陈青敏率12人代表团访华。全国人大常委会委员长栗战书会见，汪洋主席与代表团会谈并宴请。代表团访问了北京和大连。

出席或举办重要国际会议情况 8月7日至10日，应韩国国会邀请，全国政协常委、港澳台侨委员会主任朱小丹率全国政协文化交流代表团赴韩参加由韩国国会主办的第一届中韩日三国委员（议员）围棋友谊赛。韩国国会代表队由国会国防委员会委员长元裕哲带队，包括来自共同民主党、自由韩国党等的近40名国会议员。日本代表队由日本参议院宪法审查委员会主席柳本卓治领衔的9名参众两院议员组成。常昊九段、赵治勋九段和李昌镐九段分别担任中韩日三国代表队主教练。韩国国会议长文喜相在开幕式上致辞并举行欢迎晚宴。

9月10日至19日，应波兰亚洲研究中心、英国英中协会、经社理事会和类似组织国际协会及法国经济社会环境理事会邀请，时任中国经济社会理事会（简称理事会）主席杜青林率理事会9人代表团访问波兰、英国并赴法国出席经社理事会和类似组织国际协会全体大会。时任理事会副主席贾治邦等陪同。此访适值中国改革开放40周年、“一带一路”倡议提出5周年。访问期间，代表团与波兰国际关系研究院、亚洲研究中心，英国皇家国际问题研究所、英中协会、48家集团俱乐部等高端智库和民间组织座谈交流；参观波兰华沙大学、雅盖隆大学、克拉科夫孔子学院等文化教育机构；考察多家外方企业和中资公司；在巴黎，杜青林出席国际协会年会，与法国经济社会环境理事会举行会谈并签署合作协议。

10月26日至11月2日，应几内亚经济社会理事会和非洲经社理事会联盟邀请，时任中国经济社会理事会副主席周伯华率6人代表团访问几内亚，并赴摩洛哥出席非洲经社理事会联盟国际研讨会。几内亚总统事务兼国防国务部部长迪亚内、总统府负责与共和国机构关系的部长级顾问福法纳、国家博物馆馆长赛科、中几友好医院院长卡马拉会见代表团，几内亚经社理事会主席迪亚洛及部分理事与代表团两次举行会谈。代表团应邀出席非洲经社理事会联盟、摩洛哥议会和摩洛哥经济社会理事会共同举办的“经社理事会和类似组织在应对移民挑战中的作用”国际研讨会，周伯华就“移民与安全”专题发言，代表团其他成员积极参加互动讨论。

11月5日至9日，应中国经济社会理事会邀请，非洲经济社会理事会联盟主席、马里经济社会文化理事会主席布尔卡苏姆·海德拉率来自9个非洲国家经济社会理事会的30余人代表团访华。汪洋主席会见，时任中国经济社会理事会主席杜青林与代表团会谈并宴请。双方举办了以“中非共建‘一带一路’”为主题的中非经社理事会圆桌会议，杜青林、海德拉出席会议并致辞，全国政协副秘书长、时任中国经济社会理事会副主席潘立刚主持部分议程并作总结发言，时任中国经济社会理事会副主席贾治邦，全国政协副秘书长郭军及非方代表出席。代表团访问了北京和郑州。

11月21日至25日，全国政协办公厅组织安排第十一、十二届全国政协委员、时任中国经济社会理事会理事黄友义和全国政协委员、中国社会科学院哲学研究所研究员陈霞赴瑞士日内瓦参加联合国人权理事会人权、民主和法治论坛（以下简称论坛）第二届会议。会议由论坛主席、各国议会联盟秘书长纯贡主持，主题为“议会作为促进人权、民主和法治的促进者”。中方代表围绕主题介绍了中国全国人大对新当选代表进行专题培训的情况、中国特色社会主义民主制度和中国减贫经验和成就等内容。

11月27日，“非洲国家驻华使节进政协”活动在全国政协机关举行，来自非洲41个国家和非盟驻华代表处的58位非洲国家驻华使节参加。全国政协副主席兼秘书长夏宝龙会见，全国政协副秘书长郭军、全国政协提案委员会驻会副主任陈因、全国政协经济委员会驻会副主任侯建民、全国政协人口资源环境委员会驻会副主任高波与使节们座谈交流，分别介绍有关情况。使节们还参观了《人民政协光辉历程展》和全国政协常委会议厅。

【文史工作】

一是汇聚全馆之力，精心打造《大道同行》展览。把承办好《大道同行——从“五一口号”到协商建国重要史事回顾展》作为全年的重点工作和重要政治任务，展览涵盖500张图片、80件实物和2万多字，全面回顾和再现了当年大批民主人士响应“五一口号”，奔赴解放区协商建国的历史进程。展览于2018年4月28日至

6月10日展出，得到全国政协领导高度评价及各界观众一致好评，展览期间共接待团队220余批次，观众逾万人次。开展当天，汪洋主席和19位副主席共同参观了展览。

二是扩展多元平台，进一步增强展示窗口功能。切实发挥《人民政协光辉历程展》基本陈列展示主渠道作用，全年共接待观众逾万人次，提供讲解服务200余次。“走出去”巡展取得新的成效，与安徽省政协办公厅共同在合肥举办《红旗飘飘》展览，接待参观团体近300批次，观众逾3.5万人次，赢得社会各界广泛赞誉。与驻馆单位密切合作，全年共安排大型书画展览20场、小型书画展等文化活动22场，接待观众2万余人次。

三是拓宽征集范围，着力提高馆藏保管水平。注重加强文史资料征集工作的制度化、常态化，在厘清馆藏图书资料底账的基础上，扩大征集范围，丰富馆藏品种。与各地政协、各民主党派中央及全国工商联建立广泛和经常性工作联系，全年共征集各类文史图书2300余册。经与中央档案馆多次协商，对“文革”前《文史资料选辑》1—55辑的近6万页手稿进行数字化，填补了文史资料手稿收藏的一项空白，实现文史资料选辑手稿全部馆藏。全国政协和政协机关的领导2018年共捐赠书法作品59件，图书资料1100余件，影像资料108件，以及文史馆筹建档案等资料和实物。精心做好文物藏品的保管工作，确保书画藏品库的正常运转和书画藏品的安全。

四是推进数字化进程，扩大在网络平台的影响力。高标准建设文史资料数据库，系统三级等保测评相关工作现已完成。数据库导入全国政协及省级政协文史资料选辑图书1873册，实现了整合和盘活全国及省级政协文史资料选辑图书资源的既定目标。通过文史馆官微、政协官网、政协媒体网、机关内网等构建立体宣传网络，官微发布稿件60余篇，政协官网发稿36篇，全国政协官微转发文章5篇。一年来，官微关注人数从600余人上升为1700余人。此外，完成了对部分委员的口述史拍摄工作。

五是扎实推进编研工作，完成中共“八大”会址标识设立。2018年，编辑出版《文史资料选辑》两辑、《文史学刊》三辑，约120万字。编辑了《文史资料选辑》《文史学刊》“纪念‘五一口号’发布70周年专辑”，形成“北上”项目系列成果。在《大道同行》展览的基础上，组织编写了同名画册。组织创作的相关题材电影作品，已完成脚本大纲，后续工作正在进行中。2018年6月21日，中共“八大”会址标识揭牌仪式在全国政协礼堂北广场举行，文史馆承担了文稿起草、标识制作、挂牌等一系列相关工作。

【委员学习】

常委会学习讲座 共举办三次常委会学习讲座。中共中央政治局常委、全国政协主席汪洋主持讲座，常委会全体组成人员参加。6月27日，第二次常委会议学习讲座（十三届总第一次）邀请全国政协委员、中国科学院院士、中国科学院量子信息与量子科技创新研究院院长、中国科学技术大学常务副校长潘建伟主讲《量子科学与技术的发展及应用》。8月22日，第三次常委会议学习讲座（十三届总第二次）邀请国防大学副校长肖天亮主讲《世界新军事革命与我国的国防和军队现代化建设》。11月29日，第四次常委会议学习讲座（十三届总第三次）邀请中国交通建设股份有限公司总工程师，港珠澳大桥岛隧工程项目总经理、总工程师林鸣主讲《跨越伶仃洋的国之重器——港珠澳大桥的建设与启示》。

文化文史和学习委员会结合常委会“量子科学与技术的发展及应用”学习讲座主题，于6月28日组织部分在京常委、委员赴中国科学院物理研究所开展学习考察。

京内新任委员学习研讨班 11月19日至21日，十三届全国政协京内新任委员学习研讨班在京举办。学习研讨班以学习习近平新时代中国特色社会主义思想、习近平总书记关于加强和改进人民政协工作的重要思想、人民政协理论与履职实践等为主要内容，设有开班式、辅导报告、专题授课、实地考察、履职交流、分组讨论、集体座谈及结业式等，共有501名京内新任全国政协委员参加。

汪洋主席出席开班式并作重要讲话，强调，学习关系政协委员成长进步，关系人民政协事业的兴衰。广大政协委员要深刻认识加强学习的重要性、紧迫性、长期性，深入学习习近平新时代中国特色社会主义思想和中共十九大精神，学习习近平总书记关于加强和改进人民政协工作的重要思想，学习政协基本知识和履职所需的相关知识，以学习增进思想共识、引领履职实践，促进政协事业发展。张庆黎副主席出席开班式并就“习近平总书记关于加强和改进人民政协工作的重要思想”作辅导报告，夏宝龙副主席兼秘书长主持开班式并在结业式上作总结讲话，杨传堂、巴特尔、何维副主席参加赴国家博物馆集体观看“伟大的变革——庆祝改革开放40周年大型展览”实地考察活动。

全国政协机关党组成员、副秘书长舒启明就中共中央办公厅印发的《关于加强新时代人民政协党的建设工作的若干意见》精神进行宣讲解读并互动交流；中央全面深化改革委员会办公室副主任，国家发展和改革委员会党组副书记、副主任穆虹，外交部副部长乐玉成分别以“将改革进行到底”和“国际大变局下的中国外交”为题授课。部分委员结合自身履职实践，就如何做好提案、反映社情民意信息、大会发言、专题调研、双周协商座谈会等工作介绍经验体会。结业式前，新任委员代表结合学习体会作交流发言。其间，组织开展两次分组讨论，共有341人次发言。委员们一致表示，本期学习研讨班为进一步提高思想认识，明确职责任务，更好履职尽责打下良好基础，达到了相互启发、共同提高、凝聚共识的目的。

【新闻宣传】

2018年，全国政协办公厅新闻局以习近平新时代中国特色社会主义思想和党的十九大精神为指导，深入学习贯彻习近平总书记关于加强和改进人民政协工作的重要思想，认真贯彻落实习近平总书记在全国宣传思想工作会议上的重要讲话精神，组织政协全体会议、主席会议、常委会议、双周协商座谈会、远程协商活动、专题协商会、新年茶话会、外事活动等宣传报道100余场，撰写新闻报道稿件120余篇；牵头组织开展全国政协重大专项工作委员宣讲和委员讲堂工作，积极探索规律、打磨品牌，提高质量、创新方式，着力打造务实管用的凝聚共识新平台。

全国政协十三届一次会议宣传报道工作 新闻局牵头成立大会秘书处新闻组，按照中央批准的《全国“两会”新闻报道计划》，牢牢把握正确的政治方向、舆论导向和价值取向，加强政治思想引领，强化责任担当，守正创新，精心组织各项宣传报道工作。一是圆满完成开幕式、闭幕式、预备会议、选举大会和其他全体会议，中央领导同志到委员小组参加讨论、共商国是活动，委员小组讨论和联组讨论，主席团会议、常务主席会议，以及汪洋主席看望参加大会报道的新闻工作者等各项会议活动的新闻报道和影像资料留存工作，共播发70余条程序性报道。二是配合组织中央主要新闻单位、中央重点新闻网站共同策划会前预热宣传和会议期间的全面报道，综合运用传统媒体和新媒体，保障政协大会报道热烈、充分、有序、全面。三是精心组织，引导舆论，成功举办1场新闻发布会、3场记者会和3场"委员通道"集中采访活动。四是加强参会媒体管理服务，为采访大会的3360名中外记者提供便捷贴心的全方位新闻服务。五是加强与《中国日报》等外宣媒体的合作，为朝日新闻、塔斯社等境外媒体在新闻发布会和记者会上提问创造条件。在各委员驻地共举办7场集体采访，13位委员接受了64家境外媒体的采访。

"委员讲堂"工作 "委员讲堂"是十三届全国政协学习贯彻习近平总书记关于加强和改进人民政协工作的重要思想的一项履职创新探索，为政协委员联系团结界别群众、面向社会正面发声、凝聚和传播共识搭建了新的机制化平台，成为展现政协委员新时代新担当新作为的重要窗口。9月首期《委员讲堂》节目在全国政协礼堂录制。根据首期节目反馈意见及专家学者研究指导，新闻局进一步加强与人民网、凤凰卫视制作团队的沟通协调，细化完善节目创作方案，在策划沟通、文案打磨上下功夫，在组织实施和后期制作上下功夫，不断探索完善节目形式，加强和改进技术手段，推进委员讲堂工作规范化和制度化。2018年共完成6期节目录制工作。

全国政协重大专项工作委员宣讲工作 重大专项工作委员宣讲工作，是全国政协以政协委员为主体，紧扣党和国家中心任务，面向各民主党派、无党派人士、人民团体和各族各界人士宣传党和国家方针政策、广泛凝聚共识的一项举措，具有主题鲜明、形式新颖、宣讲透彻等特点。10—11月，首次组织宣讲团，全国政协委员舒启明、叶小文和金学锋同志在全国政协机关和河北、辽宁、上海、广东、陕西等5省市举行6场宣讲报告会，宣讲解读中共中央办公厅印发的《关于加强新时代人民政协党的建设的若干意见》精神。宣讲活动反响热烈，成果积极，得到了各级政协组织和政协委员、各民主党派和工商联、无党派人士、政协机关干部等支持和欢迎，共3万余人现场参加。

宣讲活动呈现以下特点：一是全国政协领导高度重视，汪洋主席作出4次批示、指示，张庆黎副主席、夏宝龙副主席兼秘书长等领导同志也多次作出批示；二是宣讲主题选得好、关注度高；三是宣讲形式生动活泼，设有宣讲报告和交流互动等环节；四是有条件的地方政协开设远程视频分会场，实现了各层级政协组织、各界别政协委员全覆盖；五是宣讲效果好、反响热烈；六是宣讲活动组织有序有力；七是新闻报道充分，扩大了宣讲活动社会影响力。

"伟大的变革——庆祝改革开放40周年大型展览"政协部分筹展工作和相关新闻宣传工作 一是完成庆祝改革开放40周年大型展览政协部分相关工作。加强与展览办公室、机关筹展小组的沟通对接，统筹做好庆祝改革开放40周年大型展览政协部分布展等相关工作；协调组织部分在京全国政协委员和机关干部职工观看展览。二是有效推进庆祝改革开放40周年相关新闻宣传工作。配合庆祝改革开放40周年活动，协助办公厅所属报刊社网做好相关庆祝纪念活动，如"壮阔东方潮 奋进新时代"系列活动、"改革开放与人民政协"理论研讨会、"庆祝改革开放40周年书画展"等活动的宣传报道。

【社会团体】

中国经济社会理事会 一年来，中国经济社会理事会在全国政协直接领导下，在杜青林主席悉心指导下，以习近平新时代中国特色社会主义思想为统领全部工作的总纲，聚焦党和国家中心工作，着眼国内国际两个大局，积极发挥优势，认真履行章程，圆满完成各项任务，取得新的成绩和进步。

一、加强思想政治建设，把握正确的发展方向

坚持把深入学习贯彻习近平新时代中国特色社会主义思想和党的十九大精神作为首要政治任务，以习近平总书记关于加强和改进人民政协工作的重要思想为重点，在学懂弄通做实上下功夫，在深化消化转化上求实效。旗帜鲜明讲政治，增强“四个意识”，坚定“四个自信”，自觉维护以习近平同志为核心的党中央权威和集中统一领导，坚定自觉地把党中央决策部署落到实处。立足理事会定位，认真学习贯彻中共中央关于《加强新时代人民政协党的建设工作的若干意见》《关于加强中国特色新型智库建设的意见》《关于加强社会组织党的建设工作的意见（试行）》，不折不扣贯彻落实中共中央大政方针和决策部署。结合理事会实际，加强对习近平总书记关于经济、社会、生态文明建设和外交工作重要思想的学习和研究，并切实落实在具体工作中、体现到实际行动中。

二、积极议政建言，更好服务党和政府科学决策

坚持履职为民，强化问题导向，聚焦经济高质量发展重大问题，围绕保障和改善民生中的瓶颈和短板问题，以提高建言质量为着力点，在提供切实有效管用的政策建议上下功夫、见实效。

（一）高质量开展专题调研。理事会紧扣全国政协重点工作，把调研作为改进工作的重点着力方向，有力有序推进“推进国有企业混合所有制改革”“加强红树林保护”“推进科技成果转化，助力创新驱动发展”“养老护理问题研究”“大数据促进工业转型升级”“促进农村一二三产业融合发展”等6项调研活动，共覆盖18个省市，召开各类会议18场。理事会以提升调研实效为目标，强化问题导向，重点抓好选题、选人环节，广泛调动吸纳各方资源力量参与，推动调研组之间加强横向交流和经验借鉴，形成一些有分量、有价值的成果，得到中央领导和有关方面的高度重视。中央领导同志对有关调研报告作出重要批示，有关部门在落实方案中对调研报告所提建议全部采纳，红树林保护相关立法工作积极推进，中央电视台《焦点访谈》栏目制作了两期《如何拯救红树林》专题报道。汪洋主席对“促进农村一二三产业融合发展”调研报告高度重视并作出批示，“大数据促进工业转型升级”调研报告得到广东省委、省政府高度重视，为当地政策优化提供了重要参考。

（二）成功举办“2018年中国经济社会论坛”。以“贯彻新发展理念　推动高质量发展”为主题，与陕西省政协办公厅共同主办年度论坛。杜青林主席出席并作主旨讲话，强调推动高质量发展，是当前和今后一个时期确定发展思路、制定经济政策、实施宏观调控的根本要求，要把握我国经济新方位，保持战略定力；坚持创新引领发展，增强核心动力；全面深化改革，激发市场活力；推动结构调整，释放内生潜力，得到与会各方热烈反响。30多位理事、专家学者就高质量发展评价体系、产业转型升级、数字经济、营商环境、白色污染防治等内容，从不同角度、不同侧面提出了许多有价值、有分量的意见建议。论坛新增理事会全年调研工作情况报告环节，邀请十二届全国政协委员、故宫博物院院长单霁翔就“坚定文化自信，作中华传统文化的忠实守望者”作专

题讲座，进一步丰富了会议内容，扩大了理事会影响力。

（三）合作举办专题论坛。与国际清洁能源论坛（澳门）在澳门合作举办“第七届国际清洁能源论坛”，围绕“清洁能源智慧引领　中国东盟携手合作”主题，就如何发挥澳门及其于粤港澳大湾区的特殊区位优势，促进中国与东盟国家以及“一带一路”沿线国家的清洁能源合作进行研讨。理事会副主席出席并致辞，相关理事作专题发言，积极宣介“一带一路”倡议，推动理事会与各方在清洁能源、智慧能源领域方面深化交流合作。应上海市政协对外友好委员会和中国公共外交协会邀请，理事会担任“‘一带一路’——中国企业走进东盟”研讨会支持单位，理事会副主席出席并致辞，多位理事与会发言，为做好周边外交建言献策。此外，理事会积极派代表参加 2018 绿色经济遂宁会议、第六届普惠金融论坛等专业性论坛，加强与各方的交流合作。

三、深化对外交往，更好服务国家外交大局

围绕国家外交工作总体部署，加强统筹谋划，精心组织实施，坚持双边交流与多边合作并进、“请进来”与“走出去”结合，对外交往活动日益活跃，不断向深度和广度拓展。

（一）积极开展双边交往。先后接待法国经济社会环境理事会主席贝尔纳斯科尼，经社理事会和类似组织国际协会主席、罗马尼亚经济社会理事会主席巴休访华，全国政协主席汪洋会见，杜青林主席会谈。接待摩尔多瓦总理对外政治顾问、前副总理加布尔来访，就摩有关机构与理事会建立联系、开展合作事进行交流。应几内亚经社理事会邀请访问几内亚，并就合作协议交换意见，将两组织关系提升到更高水平。在会见会谈中，理事会积极宣介习近平新时代中国特色社会主义思想，积极介绍我国改革开放 40 年的成就和经验，深入阐释“一带一路”倡议和人类命运共同体理念，增进国际社会对中国特色社会主义道路的理解和支持；交换对双边关系、国际形势和地区热点问题的看法，就深入推动“一带一路”建设和相关领域合作形成诸多共识，达到了增进了解友谊、促进共同发展的目的；介绍各自组织的职能定位，交流机构建设的经验做法，就经济社会理事会这一组织如何在促进国家发展和密切双边关系中更好发挥作用进行深入探讨，明确双方今后加强交流合作的主要方向和重点领域。

（二）稳步推进中欧圆桌会议机制。在中国欧盟建立全面战略伙伴关系 15 周年、中国—欧盟领导人会晤机制建立 20 周年之际，理事会派团赴保加利亚出席第十六次中欧圆桌会议，与欧盟经社委员会围绕“社会保障体系和互助机制”“中欧贸易和投资”两个议题进行深入讨论，在达成诸多共识的基础上签署联合声明。会后，双方代表与保加利亚旅游部、保加利亚经济社会理事会就“2018 中欧旅游年”举行了三方研讨会。理事会和欧盟经社委员会两组织交往和中欧圆桌会议情况继多次被写入中国—欧盟领导人会晤联合声明和《中欧合作 2020 战略规划》后，2018 年 12 月，被写入我国发布的中国对欧盟政策文件，彰显了两组织交往与合作的重要意义。

（三）成功举办中非经社理事会圆桌会议。以“中非共建‘一带一路’”主题，与非洲经社理事会联盟共同举办中非经社理事会圆桌会议，与来自非洲 11 个国家经社理事会的 40 多位代表共商合作大计，推动构建中非命运共同体。中非经社理事会圆桌会议既是落实中非合作论坛北京峰会精神的务实举措，也是中非经社理事会关系上具有里程碑意义的大事，是在中欧圆桌会议机制稳健运行10多年、积累丰富经验的基础上，打造的又一对话合作平台，是对非工作的新探索新实践，是中非合作的新亮点、新品牌。

（四）持续深化智库交流。深入贯彻落实习近平总书记在庆祝人民政协65周年大会上的重要讲话精神，把智库交往作为主攻方向，进一步扩大理事会的国际“朋友圈”。与爱尔兰国家经社理事会、国际和欧洲事务研究所，波兰国际关系研究院、亚洲中心，英国皇家国际问题研究所、英中协会、48家集团等高端智库和民间组织建立联系。在座谈交流中，围绕双边关系中的重点难点问题进行对话，在理念传播、政策解读、民意通达上做好桥梁和纽带。围绕建立富有政协特色的应用型智库的部署要求，注重了解国外智库的管理运行、成果运用等方面的情况，为自身高端智库建设提供参考。

（五）增强在多边组织内的话语权和影响力。理事会主席杜青林率团出席经社理事会和类似组织国际协会2018年全体大会，积极宣介人类命运共同体理念和中非合作论坛北京峰会精神，与多国经社理事会主席进行交流，就如何发挥好经社理事会这一重要组织的作用、加强在国际协会框架下的交流合作等问题交换意见。会议期间，与法国经济社会环境理事会签署合作协议，确定了今后合作的主要方向和重点领域，推动两组织关系迈上新台阶。代表团就有关议题积极发声，充分发挥作为国际协会领导机构成员的引领作用。派团出席经社理事会和类似组织国际协会管委会会议，在以数字革命为主题的研讨会上作主题发言，介绍中国在数字经济领域取得的巨大成就和宝贵经验，得到与会各方广泛关注。与联合国经社理事会高层多次会面，围绕可持续发展议题和未来合作事宜深入交流，进一步丰富和完善多边合作架构。派团出席非洲经社理事会联盟和摩洛哥经社理事会共同举办的“经社理事会和类似组织在应对移民挑战中的作用”国际研讨会。代表团就“移民与安全”积极发声，提出人类命运共同体理念为应对移民问题指明了方向，各国应以标本兼治的理念、以开放包容的态度，加强相互间的团结协作，受到各方充分肯定，相关理事发言被补充写入会议《拉巴特宣言》。

四、加强自身建设，努力提升工作质量和实效

一是落实全面从严治党要求，加强党的建设。坚持全国政协党组的领导，紧扣全国政协重点工作协商议政，组织理事旁听全国政协十三届一次会议全体会议，进一步筑牢团结奋斗的共同思想政治基础。发挥好理事会主席办公会议把方向、议大事、管大局的作用，不断增强工作的科学性、预见性、主动性。深入研究智库、社团组织党建工作规律，坚持党建工作和业务工作一起谋划、一起部署，在调研、接待来访、出访等工作团队中设立临时党小组，做到党的工作进展到哪里，党的组织就覆盖到哪里。加强作风建设和纪律约束，严格遵守中央“八项规定”及其实施细则，提高工作制度化、规范化水平。

二是开好理事会四届五次会议，加强工作统筹谋划。这是十三届全国政协以来理事会的首次全体会议，也是本届理事会的最后一次全体会议，具有特殊而重要的意义。杜青林主席出席并作主旨讲话，对理事会四届四次会议以来的工作给予充分肯定，强调理事会要全面学习贯彻习近平新时代中国特色社会主义思想和党的十九大精神，要以习近平新时代中国特色社会主义思想凝心聚力，把牢坚定正确的政治方向；要把握新时代新部署新要求，明确精准有力重心指向；要增强政治责任感和

历史使命感，坚持清晰鲜明的工作导向；要提高研究质量和水平，强化追求卓越的价值取向，要交出更高质量的答卷，为本届理事会工作画上圆满句号。会议审议通过常务理事会工作报告，7 位理事就提高研究质量、加强智库建设作大会发言，并邀请相关专家就“中国智慧和中国方案”作学习讲座。

三是注重探索创新，优化工作组织方式。杜青林主席对做好调研工作高度重视，多次主持召开主席办公会议进行部署安排，对选题、选人和成果反馈都提出明确要求。调研题目紧贴政府关注、人民群众关切，力求从小切口做出“大文章”。调研组成员必须懂专业、调研能力强，视情吸收外部力量参与。有的调研组分成几个小组赴不同地区了解情况，有的小组又再派出小分队层层深入、解剖“麻雀”。加强调研组之间的横向交流，召开调研工作交流会、调研组长座谈会，就如何提升调研质量进行深入交流，以简报形式交流各组阶段性工作成果。结合国外来访团组提出的交流议题，有针对性地组织国内调研，切实增强交流效果、促进务实合作。

四是提高《中国经济社会论坛》杂志办刊质量，不断扩大社会影响力。牢牢把握正确的办刊方向，坚持团结稳定鼓劲、积极正面宣传为主，营造有利于坚持中国共产党领导和中国特色社会主义制度，有利于推动全面深化改革，有利于维护社会和谐稳定的舆论环境。为提升杂志影响力和吸引力，着力丰富宣传内容，加大对全国政协重点协商议政工作和理论研究成果的宣传力度，更好体现理事会理事的意见建议。加强杂志人员配备，加大审核把关力度，扩大合作渠道和稿件来源，更加生动及时地介绍理事会工作。

回顾一年来的工作，我们的体会是：做好经社理事会工作，必须坚持坚定的政治方向，坚持不懈用习近平新时代中国特色社会主义思想武装头脑、指导实践、推进工作。必须坚持围绕中心、服务大局，自觉在大局下想问题、做工作，围绕落实党中央提出的重大思想观点、重大战略部署、重大工作举措进行谋划部署，明确主攻方向，打造优势特色，彰显责任担当。必须立足自身功能定位，明确主责主业，找准工作切入点和着力点，练好“研究”这一看家本领，着力提升研究能力和水平，多建睿智有用之言。必须积极发挥理事主体作用，在严格规范履职的同时，要更多了解每位理事的特点和专长，把功夫更多用在平时，以更好为理事发挥作用提供平台。

我们也清醒认识到，同新时代新任务新要求相比，经社理事会履职管理和服务的制度化建设仍需加强和提升，工作形式需进一步探索和丰富，理事主体作用有待进一步重视和发挥，都需要认真研究，并在今后工作中切实加强和改进。

中国宗教界和平委员会 2018 年，中国宗教界和平委员会（“中宗和”）全面贯彻中共十九大精神，以习近平新时代中国特色社会主义思想为指引，贯彻落实中央外事工作会议精神和关于宗教工作重大决策部署，紧紧围绕外交和宗教工作新形势、新任务，紧紧围绕中心、服务大局，在全国政协领导下，在党政有关部门及全国性宗教团体的支持下，在“中宗和”各位委员的积极参与下，促进各宗教团结和睦，开拓创新与国际性跨宗教和平组织的交流合作，积极宣介我国宗教信仰自由政策及真实情况及和平发展、构建人类命运共同体理念，圆满完成了各项工作任务。

一、出席“亚宗和”执委会

4月，“中宗和”代表团出席在印度召开的“亚宗和”执委会年度会议。代表团深入参与会议讨论，就“亚宗和”改革，修订章程等重要议题发表意见，同时就朝鲜半岛一些问题等表明中方原则立场并做增信释疑的工作，强调“亚宗和”应坚持秉承宗旨，促进团结，促进合作，提升行动力、凝聚力，得到与会国家代表的认同。

二、接待“亚宗和”领导层及“亚宗和发展与环境委员会”成员组织代表访华

9月，“中宗和”邀请“亚宗和”领导层及“亚宗和发展与环境委员会”成员组织代表访华，在京举办“宗教与生态文明建设”研讨会，并赴浙江参访。“中宗和”首次作为“亚宗和发展与环境委员会”主席方主动提出并组织此活动，得到“亚宗和”积极响应。

在研讨会上，中方环保专家的主旨演讲着重讲解了习近平生态文明思想，全面介绍了我国贯彻绿色发展理念，积极参与全球环境治理等方面的情况。“中宗和”委员分别结合本宗教情况介绍了宗教界在不断发掘宗教教义教规中关于生态文明的内容，积极配合党和政府宣传环境保护理念，引导信教群众支持和积极参与环保工作的具体实践。外方代表考察浙江环保项目和宗教活动场所，增加直观认识，纷纷表示中国政府和人民在环境保护上作出的努力有目共睹，显示了中国人坚定的信念和卓越的行动力，中国经验值得世界借鉴。“中宗和”为“亚宗和”成员组织交流提供了良好平台，希望“中宗和”在“亚宗和”工作中发挥更大作用。

全国政协副主席巴特尔会见出席研讨会的中外与会代表，介绍了中国生态文明建设情况，人民政协制度和宗教信仰自由政策，希望“亚宗和”成员组织间通过更多的交流进一步增进友谊，促进理解，推动国家间友好合作，推动亚洲和平与发展。

三、出席国际跨宗教研讨活动

8月，“中宗和”代表出席在韩国举行的“构建东北亚和平共同体面临的挑战”国际研讨会。中方代表踊跃发言，与外方代表深入交流、互动热烈，重点介绍“一带一路”倡议、推动构建人类命运共同体理念。

10月，“中宗和”代表分别与英国及北欧青年政治家代表团、捷克青年政治家代表团座谈，从中国传统文化和现实实践角度，详细介绍中国宗教发展情况和宗教政策，气氛坦诚、热烈、活泼。

此外，“中宗和”组团分别于11月和12月出席在孟加拉举行的跨宗教对话国际研讨会和在缅甸举行的“亚太跨宗教青年交流营”活动，从不同角度与国外宗教界广泛交流，倡导不同文明不同信仰交流互鉴理念，介绍中国宗教界服务社会、反对极端主义和恐怖主义的有益实践。

四、组织交流研讨会和专题考察

11月，“中宗和”赴云南组织“新时代新作为助力国家大外交”交流研讨会和专题考察，全国政协副秘书长郭军带队、杨发明副主席任考察组组长。交流研讨和考察集中学习贯彻习近平新时代中国特色社会主义外交思想和中央外事工作会议精神，总结交流“中宗和”及各宗教团体对外交往方面的有益经验，针对新时代新情况新任务新要求，探索和改进“中宗和”对外交往工作的途径与方式，进一步发挥好“中宗和”独特交流平台作用，更好服务国家总体外交。

五、倡议和平祈祷，加强委员联谊，促进各宗教团结和睦

在中国人民抗战胜利暨世界反法西斯战争胜利73周年之际，倡议各全国性宗教团体组织和平祈祷活动。全国性宗教团体积极响应，举行了不同形式的祈祷活动，弘扬爱国主义、倡导和平精神，展现了中国宗教界爱国爱教、维护世界和平的良好形象。

全国政协副秘书长郭军代表全国政协办公厅走访全国性宗教团体，看望“中宗和”负责人和委员，交流学习贯彻中共十九大精神体会，听取对“中宗和”工作的意见和建议。全国政协常委、民宗委副主任、“中宗和”副主席、中国基督教三自爱国运动委员会主席傅先伟长老病逝，郭军副秘书长代表全国政协办公厅亲赴上海出席遗体告别仪式，表示慰问和哀悼。

中国人民政协理论研究会 中国人民政协理论研究会以习近平新时代中国特色社会主义思想为指导，在全国政协机关党组重视和支持下，坚持在继承中发展、在发展中创新，认真学习贯彻习近平总书记关于加强和改进人民政协工作的重要思想，围绕新时代人民政协事业发展中的重大理论和实践问题，积极组织力量深入开展理论研究和宣传工作，为促进新时代人民政协事业发展、推动人民政协制度更加成熟更加定型提供科学理论支撑。

一、加强思想政治建设，提高政治站位，坚持人民政协理论研究正确政治方向

理论研究会始终把增强“四个意识”，坚定“四个自信”，做到“两个维护”作为开展工作的根本遵循，自觉接受并主动争取全国政协机关党组的领导。旗帜鲜明讲政治是人民政协理论研究的根本要求，理论研究会着力把加强思想政治理论学习作为坚持正确政治方向、提高政治把握能力和理论研究质量水平的基础性工作抓实抓好。

二、加强规划引领，紧扣新时代人民政协重大理论与实践问题开展研究

理论研究会编制并组织实施 2018 年度人民政协理论研究计划，共安排 9 项研究课题。受全国政协机关党组委托，起草制定并牵头落实机关党组 2018 年理论研究计划。经过各方面共同努力，课题研究取得了不同程度的进展。为充分调动各方面力量共同参与人民政协理论研究，从年度计划中选取若干课题向全国哲学社会科学规划办公室推荐作为国家社科基金项目选题，共有 5 项有关人民政协理论研究的课题被纳入年度国家社科基金项目指南。通过《人民政协报》、《中国政协 · 理论研究》杂志、理论研究会网站等向社会公开发布，有效引导各级政协理论研究会、有关高等院校和科研院所，重点围绕相关课题集中力量开展理论研究。

三、围绕开展习近平总书记关于加强和改进人民政协工作的重要思想学习研讨活动做好组织服务工作

理论研究会充分发挥学术社团的重要作用，努力提高工作质量和履职能力，认真围绕开展习近平总书记关于加强和改进人民政协工作的重要思想学习研讨活动做好相关工作。9 月 29 日至 30 日，全国政协召开习近平总书记关于加强和改进人民政协工作的重要思想理论研讨会，中共中央政治局常委、全国政协主席汪洋出席会议并讲话。理论研究会积极参与这次理论研讨会的组织服务工作和发言材料组稿工作。参与编辑出版《习近平总书记关于加强和改进人民政协工作的重要思想专题摘编》。编辑《习近平总书记关于加强和改进人民政协工作的重要思想理论研讨会论文集》。制定习近平总书记关于加强和改进人民政协工作的重要思想理论研讨会成果宣传运用工作方案，做好理论研讨会成果的宣传运用工作。

四、精心组织召开年度理论研讨会，促进研究成果交流

11 月 1 日至 2 日，中国人民政协理论研究会 2018 年年会暨“改革开放和人民政协”理论研讨会在安徽省合肥市召开，全国政协副主席、中国人民政协理论研究会会长张庆黎出席会议并作了题为“以改革创新精神推动人民政协制度更加

成熟更加定型”的主题报告。会议收到论文219篇，14位同志作大会交流发言，精选80篇论文作书面交流。优秀论文择优编入《中国政协·理论研究》会刊和年度论文集。会后，及时将理论研讨会有关情况报送机关党组领导同志参阅。

理论研究会副会长，各省区市及副省级市政协分管政协理论研究工作的负责同志和专家学者、论文作者代表，部分基层政协代表等约160人出席会议。

五、加强宣传阵地建设，广泛宣传人民政协理论研究新进展、新成果

编辑出版《中国政协·理论研究》4期，刊发46篇高质量理论文章。进一步改进有关论文集的编排设计，精简内容、改善装帧，将理论研究和工作研究分别汇编，更充分反映人民政协理论创新和实践创新的成果。

加强与人民政协报社、中国政协杂志社等媒体的联系与合作，主动邀请有关媒体参加研究会活动，宣传报道研究会工作。及时更新研究会网站信息，推荐理论研究成果。加强对地方政协理论研究工作的指导，宣讲人民政协理论研究的最新成果。

委 员 人 事 工 作

中国人民政治协商会议第十三届全国委员会
主席、副主席、秘书长、常务委员名单

（2018 年 3 月 14 日政协第十三届全国委员会第一次会议选举）

主　席：

汪　洋

副主席（24 名）：

张庆黎　刘奇葆　帕巴拉·格列朗杰（藏族）　董建华　万　钢（致公党界）
何厚铧　卢展工　王正伟（回族）　马　飚（壮族）　陈晓光　梁振英　夏宝龙
杨传堂　李　斌（女）　巴特尔（蒙古族）　汪永清　何立峰　苏　辉（女）
郑建邦　辜胜阻　刘新成　何　维　邵　鸿　高云龙

秘书长：

夏宝龙（兼）

常务委员（300 名，按姓氏笔画排序）：

于广洲　于文明　于革胜　万建民　马正其　马有礼　马志伟（满族）　马英林
马敖·赛依提哈木扎（哈萨克族）　王　红（女，满族）　王　辰
王　侠（女）　王　绚（女）　王　健　王　锐　王　路　王天戈　王少军
王正荣　王光谦　王伟光　王会生　王寿君　王作安　王林旭　王昌顺　王学典
王梅祥　王儒林　支建华　支树平　牛汝极　户思社　尹蔚民　甘　霖（女）
石　碧　石爱中　卢　纯　卢　柯　卢晓光（满族）　叶　青　叶小钢
田惠光（女）　白庚胜（纳西族）印　红（女）　冯　巩　兰云升　宁高宁
边发吉　达久木甲（彝族）　毕京京　曲凤宏　吕忠梅（女）　朱小丹
朱永新　全哲洙（朝鲜族）　刘　伟（北京）　刘　旭　刘　恒　刘长乐
刘东生　刘卓明　刘忠范　刘晓庄　刘家强　刘新乐（蒙古族）刘福连　刘慕仁
齐成喜　闫小培（女）　宇如聪　许仲梓　许京军　许荣茂　许健康　许家印
孙　谦　孙东生　孙志军　孙思敬　杜　卫　李　卫　李　伟　李　说（女）
李少平　李世杰　李龙熙（朝鲜族）　李冬玉（女）　李光富　李华栋

李卓彬　李和平　李金早[①]　李朋德　李泽钜　李保东　李前光（蒙古族）
李晓安　李晓峰　李家杰　李惠东（回族）　李智勇　李稻葵　杨　卫
杨　健（台盟界）　杨　雄　杨发明（回族）　杨伟民　杨明生
杨保建（白族）　杨维刚　杨福生（哈尼族）　连介德　吴刚（民盟界）
吴　刚（特邀界）　吴　晶（女）　吴为山　吴伟仁　吴志明（中共界）
吴良好　吴国华（女）　吴国祯　吴昌德　吴晓青（满族）
何　力（民盟界）　何志敏　何报翔　何柱国　余国春　谷振春　沈中阳[②]
沈德咏[③]　宋　海（满族）　宋大涵　宋纪蓉（女）　张　帆　张　茅　张　杰
张　勇　张　勤　张大方　张少康　张亚忠　张兴凯　张守志　张来斌　张连起
张雨东　张泽熙　张宝顺　张桃林　张恩迪　张海迪（女）　张雪樵　张道宏
张裔炯　张震宇　陆桂华　陆福恩　阿地里江·阿吉克力木（维吾尔族）
阿沛·晋源（藏族）　陈　放　陈　雷　陈　群　陈　旗　陈世炬
陈冯富珍（女）　陈永川　陈再方　陈荣书　武献华　林　安（黎族）
林建岳　林淑仪（女）　林毅夫　欧阳明高　欧阳泽华　尚勋武
尚福林　罗志军　帕松列龙庄勐（傣族）　周　然　周汉民　周安达源
周忠和　周树春　周祖翼　周健民　周慕冰　郑兰荪　郑永飞　郑建闽　郑跃文[④]
学　诚[⑤]　房兴耀　房建国　赵　雯（女）　赵东花（女）　赵雨森　赵振铣
赵家军　郝　远　胡　刚　胡四一　胡国珍（女，侗族）　胡定旭
胡晓炼（女）　南存辉　修福金　侯贺华　饶子和　姜大明　姜建初　洪捷序
洪慧民　姚爱兴　贺　旻（女）　秦卫江　秦博勇（女）
珠康·土登克珠（藏族）　班禅额尔德尼·确吉杰布（藏族）　袁亚湘　袁贵仁
耿惠昌　聂卫国　贾　楠（女）　贾庆国　夏　涛　钱克明　徐　平　徐　晓
徐　涛　徐乐江　高　峰（民建界）　高　峰（宗教界）　高小玫（女）
高体健　高鸿钧　郭庚茂　郭跃进　席南华　唐云舒（瑶族）　唐英年
陶智（满族）　陶凯元（女）　桑顶·多吉帕姆·德庆曲珍（女，藏族）
黄　荣　黄　艳（女）　黄　震　黄丹华（女）　黄丽云（女，傣族）
黄宗洪　黄润秋　黄榜泉（布依族）　黄璐琦　曹小红（女，回族）
曹卫星　曹培玺　戚建国　常兆华　麻建国（苗族）　康耀红　梁　华
梁　静（女）　斯泽夫　葛红林　董恒宇　董新光　蒋平安　蒋作君
程　红（女）　傅先伟　傅育宁　傅惠民　焦　红（女）　舒红兵

① 2020 年 8 月 27 日，政协第十三届全国委员会常务委员会第十三次会议通过了关于免去李金早政协第十三届全国委员会常务委员职务、撤销其委员资格的决定。以下不再标注。

② 2020 年 5 月 19 日，政协第十三届全国委员会常务委员会第十次会议通过了关于免去沈中阳政协第十三届全国委员会常务委员职务、撤销其委员资格的决定。以下不再标注。

③ 2022 年 6 月 22 日，政协第十三届全国委员会常务委员会第二十二次会议通过了关于免去沈德咏第十三届全国政协常委、社会和法制委员会主任职务，撤销其委员资格的决定。以下不再标注。

④ 2022 年 3 月 2 日，政协第十三届全国委员会常务委员会第二十次会议通过了关于免去郑跃文第十三届全国政协常委职务、撤销其委员资格的决定。以下不再标注。

⑤ 2018 年 11 月 29 日，政协第十三届全国委员会常务委员会第四次会议决定，免去学诚民族和宗教委员会副主任职务，接受其请辞第十三届全国政协常委、委员。以下不再标注。

舒晓琴（女） 温思美 谢 茹（女） 谢伏瞻 谢尚果（壮族） 强 卫
楼继伟 裘援平（女） 赖 明 甄 贞（女） 解学智 蔡 威
蔡其华（女） 蔡冠深 廖泽云 谭铁牛 谭锦球 黎昌晋 潘立刚
潘碧灵（土家族） 薛卫民 穆占英 穆铁礼甫·哈斯木（维吾尔族）
磨长英（女）

中国人民政治协商会议第十三届 全国委员会副秘书长任命名单

（14 名）

（2018 年 3 月 16 日政协第十三届全国委员会常务委员会第一次会议通过）

任命：

潘立刚、蒋作君（兼职）、朱永新（兼职）、邓宗良、刘家强、舒启明、冉万祥（兼职）、李惠东（兼职，回族）、张道宏（兼职）、李世杰（兼职）、曲凤宏（兼职）、赖明（兼职）、杨健（兼职）、黄荣（兼职）同志为政协第十三届全国委员会副秘书长。

中国人民政治协商会议第十三届 全国委员会各专门委员会主任、副主任名单

（133 名）

（2018 年 3 月 16 日政协第十三届全国委员会常务委员会第一次会议通过）

提案委员会（12 名）

主 任：

李智勇

副主任（11 名，按姓氏笔画排序）：

王惠贞（女） 支树平 田 杰（驻会） 李晓全 胡四一 郭庚茂 黄 荣
戚建国 蒋定之 赖 明 臧献甫

经济委员会（17 名）

主 任：

尚福林

副主任（16 名，按姓氏笔画排序）：

于广洲 王宜林 冯健身 刘世锦 刘利华 孙思敬 苏 波 杨伟民 陈雨露
林毅夫 房爱卿 侯建民（驻会） 容永祺 黄志祥 曹培玺 崔世昌

农业和农村委员会（13名）

主　任：

罗志军

副主任（12名，按姓氏笔画排序）：

马中平　王　侠（女）　王冬胜　杜宇新　吴晓青（满族）　张　勇　张志勇
张建龙　陈　雷　陈晓华　胡盛寿　薛延忠

人口资源环境委员会（14名）

主　任：

李　伟

副主任（13名，按姓氏笔画排序）：

王培安　印　红（女）　任亚平　刘　华　刘雅鸣（女）　江桂斌　杨　松
张宝顺　施荣怀　姜大明　聂卫国　高　波（驻会）　黄跃金

教科卫体委员会（16名）

主　任：

袁贵仁

副主任（15名，按姓氏笔画排序）：

丛　兵（驻会）　冯建中　朱之文　孙咸泽　吴国祯　吴昌德　张　茅
张连珍（女）　徐惠彬　殷晓静（女）　曹健林　曹雪涛　常荣军
程　红（女）　蔡　威

社会和法制委员会（14名）

主　任：

沈德咏

副主任（13名，按姓氏笔画排序）：

尹蔚民　吕忠梅（女，驻会）　乔传秀（女）　邱达昌　张　帆　张　季
陈进行[①] 陈智敏　郝赤勇　徐敬业　高小玫（女）　焦开河　强　卫

民族和宗教委员会（12名）

主　任：

王伟光

副主任（11名，按姓氏笔画排序）：

马英林　仁青加（藏族）　哲洙（朝鲜族）　齐同生　李光富　杨小波（驻会）
杨发明（回族）　罗正富（彝族）　罗黎明（壮族）　学　诚　傅先伟

港澳台侨委员会（12名）

主　任：

朱小丹

副主任（11名，按姓氏笔画排序）：

于　迅　吕　虹（女，驻会）　闫小培（女）　吴国华（女）　陈元丰

---

① 2019年6月19日，政协第十三届全国委员会常务委员会第七次会议追认关于免去陈进行同志社会和法制委员会副主任职务的决定。以下不再标注。

林健锋　贺定一（女）　耿惠昌　黄兰发　康晓萍（女）　裘援平（女）

外事委员会（8名）

主　任：

楼继伟

副主任（7名，按姓氏笔画排序）：

孔　泉　刘洪才　李保东　杨　雄　金学锋（驻会）　梁亮胜　韩方明

文化文史和学习委员会（15名）

主　任：

宋大涵

副主任（14名，按姓氏笔画排序）：

丁　伟　王世明　王国强　王儒林　叶小文　吕世光　刘佳义　刘福连　孙庆聚　陈际瓦（女）　陈惠丰（驻会）　修福金　高敬德　阎晓宏

中国人民政治协商会议第十三届全国委员会各专门委员会委员名单

（618名）

（2018年3月15日政协第十三届全国委员会第一次主席会议通过）

提案委员会委员（67名，按姓氏笔画排序）：

马建中　王　锋　王大明　王小川　王小民　王子豪　王世元　王志国（满族）　王海京　牛占华　牛克成　方来英　石爱中　田惠光（女）　白重恩　冯　远　宁高宁　司马红（女）　吕耀东　任启亮　刘　旭　刘　焱（女）　刘利民　刘起涛　刘强东　关　峡（满族）　许　进　孙来燕　李　武　李　国　李　健　李　健（侗族）　李有毅（女）　杨朝明　连玉明　吴　刚（特邀界）何建中　余兴安　沈国军　张　健（体育界）　张少明　张兴凯　张连起　张述元　张京泽　张政文　张海文（女）　陈　双（女）　陈　钢　陈明金　陈萌山　周永健　郑大发（土家族）　赵毅武　荣　洋　侯贺华　骆沙鸣　贾　楠（女）　凌　锋（女）　高峰（台联界）　黄西勤（女）　董　强　蒋兴伟　蒋建东　湛　如　谭　跃　潘　路

经济委员会委员（71名，按姓氏笔画排序）：

丁　磊　马国湘　王一鸣　王寿君　王志雄　王建沂　王银香（女）　卢　山　卢春房　叶　青　冯艺东　吕子军　刘　伟（北京）　刘尚希　刘明忠　刘绍勇　许家印　孙瑞标　芮晓武　苏　军　李志军　李明星（朝鲜族）　李彦宏　李晓鹏　李稻葵　杨　汭　杨正国　杨成长　杨明生　肖　钢　何文波（满族）　宋　鑫　张　力（经济界）张　野　张小影（女）　张桂平　陈　东　陈志列　林定强　竺延风　金　李　周延礼　周桐宇（女）　周鸿祎　郑之杰　郑跃文

孟凤朝　赵海英（女）　胡晓炼（女）　胡德兆　南存辉　郜风涛　姜　洋
贺　强（满族）　袁亚非　贾晓炜　钱克明　钱颖一　徐和谊（回族）　高选民
高培勇　唐复平　黄丹华（女）　曹志安　常振明　阎　峰　屠光绍　葛红林
蓝逢辉　詹纯新　翟美卿（女）

农业和农村委员会委员（65 名，按姓氏笔画排序）：

于革胜　万建民　马旭林（东乡族）　王　权　王　静（女）　王义军
王召明（蒙古族）　王林旭　王明珠（女）　王晓峰　方精云　孔星隆
邓蓉玲（女）　龙　墨（女）　尼玛扎西（藏族）　吕国泉　朱水芳
朱定真　乔晓玲（女，满族）　仲志余　刘凤之　刘东生　刘永好　刘俊来
许瑞明　孙承业　麦康森　严之尧　李　恺（女）　李成贵　李朋德　杨玉成
杨忠岐　肖仲凯　肖新月（女）　何一心　余欣荣　闵庆文　宋丰强　宋建朝
张兴赢　张改平　张洪春　陆桂华　陈化兰（女）　陈百灵（女，满族）
陈荣书　青　觉（土族）　范国强　周慕冰　种　康　莫　荣（苗族）
夏　涛　柴　强　徐海斌　黄　艳（女）　曹晓风（女）　崔　丽（女）
葛全胜　董恒宇　蒋平安　焦　红（女）　思美　解学智　霍学喜

人口资源环境委员会委员（64 名，按姓氏笔画排序）：

丁金宏　马永生　王天戈　王训练　王光谦　王明弹　卢　纯
白岩松（蒙古族）　冯川建　兰云升　朱奕龙　朱新胜　刘　屹　刘炳江
刘振宇（科协界）　关天罡（女，满族）　池　慧（女）　汤　搏
宇如聪　严　彬　严慧英（女）　李　卫　李　洪　李长进　李原园　杨　卫
杨书兵　杨建平（经济界）　杨维刚　岑　旭　邱小琪　何广顺　余德辉
谷树忠　沈　瑾（满族）　张　澍　张红文　张来斌　张树华　张复明　张桃林
陆福恩　陈利顶　陈星莺（女）　武　钢　武献华　周　勇　周剑平（农业界）
郑永飞　侯一筠　施小明　姜耀东　贺　丹（女，土家族）　钱天林　凌　文
凌振国　黄润秋　曹卫星　舒印彪　温香彩（女）　蔡其华（女）　臧安民
廖永林　谭瑞松

教科卫体委员会委员（65 名，按姓氏笔画排序）：

丁　洁（女）　于圣臣　马景林　王　欢（女）　王　辰　王　琛
王　晶（女）　王宁利　王励勤　王松灵　王建业　卞志良　邓中翰　田　刚
包为民　邢念增　刘玉村　池　建　孙宝国　孙铁英（女，满族）
李冬晶（女）　守　镇　李秀华（女）　李国勤　杨　扬（女）
杨宇飞（女）　杨爱明　吴伟仁　吴碧霞（女）　张　雪（女）　张俊廷
陈再方　陈仲强　武向平　林　野　林蕙青（女）　罗永章　季加孚
周建平（科技界）　孟安明　赵长禄　赵进东　赵瑞华（女）
柳　茹（女）　俞敏洪　饶子和　饶克勤　姜玉新　姚　明　姚树坤　顾行发
徐安龙　徐晓兰（女）　高　福　唐旭东　黄宇光　程建平　谢敏豪　管培俊
樊　杰　樊庆斌　潘建伟　霍　勇　戴希立

社会和法制委员会委员（61 名，按姓氏笔画排序）：

马学平　王　阳　王　滨[①]　王少军　王光贤　王贵国　邓纯东　皮剑龙
成　平（女）　吕红兵　朱征夫　朱新力　刘月宁（女）　刘红宇（女）
刘振宇（社科界）　汤维建　孙　洁（女）　孙　谦　严望佳（女）
苏绍聪　李大进　李少平　李汉宇　李庆忠　李迎新（女，满族）　李晓峰
杨克勤　杨莉珊（女）　吴玉良　何　伟　何　蓉（女）　何志敏　佘德聪
张华荣　张雪樵　陈义兴　杭元祥　周群飞（女）　房建国　孟庆丰　赵大程
赵长茂　胡汉清　柯希平　段余应　姜　伟　姜建初　费　薇（女）　徐　平
徐　晓　郭文圣（回族）　黄宝荣　黄浩涛　曹义孙　崔　郁（女）　阎晓明
董　瑞　傅　军　谢双成　甄　贞（女）　魏青松

民族和宗教委员会委员（61 名，按姓氏笔画排序）：

于文明　马跃祥（回族）　王　红（女，满族）　王　健　王文杰（回族）
王永庆　王秀军（女）　牛汝极　心　澄　甲热·洛桑丹增（藏族）
代俊峰（回族）　白庚胜（纳西族）　印　乐　朴　英（女，朝鲜族）
达久木甲（彝族）　刘元龙　刘建新　刘晓梅（女，蒙古族）　安七一
安阿玥（回族）　李山（宗教界）　杨保建（白族）　吴　巍　吴世忠（苗族）
何成钢　沈　斌　张　波（女）　张风雷　张凤林　张星星
阿地里江·阿吉克力木（维吾尔族）　陈　霞（女）　陈改户　妙　江
帕松列龙庄勐（傣族）　郑钢森　宗　性　房兴耀　赵　雯（女）　胡诚林
胡雪峰（蒙古族）　珠康·土登克珠（藏族）
班禅额尔德尼·确吉杰布（藏族）　晓　敏（女，蒙古族）　徐晓鸿
高峰（宗教界）　唐诚青　黄至安（女）　黄信阳　鄂义太（蒙古族）
彭　勇　董经纬　释宽运（蒙古族）　鲁　昕（女）　蒙启良（苗族）
雷世银　雷后兴（畲族）　詹思禄　阚保平　樊绪银　潘鲁生

港澳台侨委员会委员（51 名，按姓氏笔画排序）：

王　阶　王明凡　王贵齐　王　鸣（女）　王鹏杰[②]　邓声明　龙子明
冯丹龙（女）　邢书成　朱鼎健　庄绍绥　刘悦伦　刘雅煌　许　怡（女）
孙文清　李大壮　李月华（女）　李文俊　李民斌　李卓彬　李贤义
李霭君（女）　杨志红（女，回族）　杨毅周　吴志良　吴换炎
张健（特邀界）　张　裕　张国荣　张学修　陈红天　林智敏（女）　岳世鑫
周春玲（女）　钟小健　秦卫江　夏　潮　高　杰　黄若虹　黄英豪　黄楚标
常大光　梁树森　梁满林　舒　心　葛华勇　曾智明　潘新洋　霍启刚　戴北方
魏英杰

---

① 2022 年 3 月 2 日，政协第十三届全国委员会常务委员会第二十次会议追认关于撤销王滨第十三届全国政协委员资格的决定。以下不再标注。

② 2022 年 3 月 2 日，政协第十三届全国委员会常务委员会第二十次会议追认关于撤销王鹏杰第十三届全国政协委员资格的决定。以下不再标注。

外事委员会委员（48名，按姓氏笔画排序）：

马正其　王文银　王众一　王树成　孔铉佑（朝鲜族）　石　柯　叶大波
曲　星　吕　滨　刘卓明　刘跃进　江广平　孙毅彪　李　一（蒙古族）
李　说（女）　李建红　李惠来　李瑞宇　杨光斌　杨燕怡（女）　邹　磊
宋敬武　张　劲　张　明　张立辉　张宇燕　张建国（对外友好界）　陈　宗
季志业　周　力　周汉民　周树春　郑秉文　孟宏伟[①]　赵　松（女，满族）
莫天全　贾庆国　顾学明　徐念沙　徐绿平（女）　奚国富　高　燕（女）
郭卫民　唐　朝　崔昌军　章启月（女）　曾　钫　魏海生

文化文史和学习委员会委员（65名，按姓氏笔画排序）：

丁元竹　于殿利　万　捷　马志伟（满族）　王亚民　王春法　王晓龙　王黎光
叶小钢　冯　巩　冯小刚　巩汉林　成　龙　毕京京　吕成龙　吕逸涛　吕章申
朱　妍（女）　朱乐耕　刘　广　刘　恒　刘玉婉（女）　安来顺　李明华
李前光（蒙古族）　杨孟飞　吴为山　吴尚之　吴洪亮　宋纪蓉（女）
迟小秋（女）　张　威　张　斌　张光北　张自成　张宏志　张凯丽（女）
张建国（文艺界）　张妹芝（女）　张树军　张首映　张颐武　陈　来
陈红彦（女）　陈洪武　陈崎嵘　范迪安　郑晓龙　茸芭莘那（女，普米族）
胡孝汉　侯光明　俞金尧　贺云翱　袁　靖　袁慧琴（女）　徐　里　郭运德
席　强　海　霞（女，回族）　戚建波　阎晶明　韩庆祥　韩新安
鲁景超（女）　霍建起

关于接受史耀斌同志请辞中国人民政治协商会议第十三届全国委员会委员的决定

（2018年6月27日政协第十三届全国委员会常务委员会第二次会议通过）

史耀斌委员提出，因工作原因，请求辞去政协第十三届全国委员会委员。政协第十三届全国委员会常务委员会第二次会议根据政协章程第三十八条的规定，接受史耀斌委员的请辞。

① 2018年11月29日，政协第十三届全国委员会常务委员会第四次会议追认关于撤销孟宏伟第十三届全国政协委员资格的决定。以下不再标注。

中国人民政治协商会议第十三届全国委员会委员增补名单

（2 人）

（2018 年 6 月 27 日政协第十三届全国委员会常务委员会第二次会议通过）

（按姓氏笔画排序）

刘晓冰（女） 陈 因

中国人民政治协商会议
第十三届全国委员会副秘书长增补名单

（1 人）

（2018 年 6 月 27 日政协第十三届全国委员会常务委员会第二次会议通过）

增补：

郭军同志为政协第十三届全国委员会副秘书长。

中国人民政治协商会议第十三届
全国委员会专门委员会副主任任免名单

（4 人）

（2018 年 6 月 27 日政协第十三届全国委员会常务委员会第二次会议通过）

陈因同志为提案委员会驻会副主任；

刘晓冰同志（女）为文化文史和学习委员会驻会副主任；

田杰同志不再担任提案委员会驻会副主任；

陈惠丰同志不再担任文化文史和学习委员会驻会副主任。

中国人民政治协商会议
第十三届全国委员会专门委员会委员增补名单

（2人）

（2018年6月25日政协第十三届全国委员会第五次主席会议通过）

增补：

田杰同志为提案委员会委员；

陈惠丰同志为文化文史和学习委员会委员。

关于撤销曾志权中国人民政治协商会议
第十三届全国委员会委员资格的决定

（2018年8月22日政协第十三届全国委员会常务委员会第三次会议追认）

鉴于曾志权涉嫌严重违纪违法，根据中共中央建议，依照《中国人民政治协商会议章程》和《政协全国委员会常务委员会关于授权主席会议对违纪违法政协委员及时作出处理的决定》，政协第十三届全国委员会第七次主席会议作出了撤销曾志权中国人民政治协商会议第十三届全国委员会委员资格的决定，并已向社会公布，现予以追认。

中国人民政治协商会议第十三届全国委员会委员增补名单

（1人）

（2018年8月22日政协第十三届全国委员会常务委员会第三次会议通过）

宋秀岩（女）

中国人民政治协商会议
第十三届全国委员会专门委员会副主任增补名单

（1人）

（2018年8月22日政协第十三届全国委员会常务委员会第三次会议通过）

增补：

宋秀岩同志（女）为经济委员会副主任。

中国人民政治协商会议
第十三届全国委员会专门委员会委员调整名单

（2人）

（2018年9月25日政协第十三届全国委员会第十次主席会议通过）

刘东生、葛全胜由农业和农村委员会委员调整为人口资源环境委员会委员。

关于撤销孟宏伟中国人民政治协商会议
第十三届全国委员会委员资格的决定

（2018年11月29日政协第十三届全国委员会常务委员会第四次会议追认）

鉴于孟宏伟涉嫌严重违纪违法，根据中共中央建议，依照《中国人民政治协商会议章程》和《政协全国委员会常务委员会关于授权主席会议对违纪违法政协委员及时作出处理的决定》，政协第十三届全国委员会第十一次主席会议作出了撤销孟宏伟中国人民政治协商会议第十三届全国委员会委员资格的决定，并已向社会公布，现予以追认。

关于接受杜江涛请辞中国人民政治协商会议第十三届全国委员会委员的决定

（2018 年 11 月 29 日政协第十三届全国委员会常务委员会第四次会议通过）

杜江涛委员提出，因个人原因，请求辞去政协第十三届全国委员会委员。政协第十三届全国委员会常务委员会第四次会议根据政协章程第三十八条的规定，接受杜江涛委员的请辞。

关于免去学诚民族和宗教委员会副主任职务，接受其请辞中国人民政治协商会议第十三届全国委员会常务委员、委员的决定

（2018 年 11 月 29 日政协第十三届全国委员会常务委员会第四次会议通过）

鉴于学诚严重违反政协章程，根据中共中央建议，依照《中国人民政治协商会议章程》及有关规定，政协第十三届全国委员会常务委员会第四次会议决定，免去学诚中国人民政治协商会议第十三届全国委员会民族和宗教委员会副主任职务，接受其请辞中国人民政治协商会议第十三届全国委员会常务委员、委员。

中国人民政治协商会议第十三届全国委员会委员增补名单

（1 人）

（2018 年 11 月 29 日政协第十三届全国委员会常务委员会第四次会议通过）

张效廉

中国人民政治协商会议
第十三届全国委员会专门委员会副主任任免名单

（2人）

（2018年11月29日政协第十三届全国委员会常务委员会第四次会议通过）

张效廉同志为农业和农村委员会驻会副主任；

金学锋同志不再担任外事委员会驻会副主任。

机 关 建 设

机关党建工作 2018年，全国政协机关党委在中央和国家机关工委、机关党组的领导下，全面贯彻落实党的十九大和十九届二中、三中全会精神，以习近平新时代中国特色社会主义思想为指导，按照新时代党的建设总要求，落实汪洋主席“四个好好”和夏宝龙副主席兼秘书长建设“四个铁一般”机关党员干部队伍的要求，以党的政治建设为统领，加强机关党的建设各项工作，扎实推进全面从严治党向纵深发展，为推动政协机关建设和服务人民政协履职提供了坚强的政治保障和组织保障。

一、坚持不懈抓好理论武装

把学习贯彻习近平新时代中国特色社会主义思想和党的十九大精神作为首要政治任务，坚持全员学习、全年学习，筑牢做到“两个维护”的思想根基。一是专题报告常年不断。全年举办专题报告会13次。邀请中央宣讲团、党的十九大代表、专家学者为机关党员干部进行专题解读。全国政协主席、党组书记汪洋同志为机关全体党员干部讲专题党课，深刻解读为什么要加强政协系统党的建设，要求机关党员干部做到“五个模范”。全国政协副主席、党组副书记张庆黎同志动员部署机关开展习近平总书记关于加强和改进人民政协工作的重要思想集中学习研讨活动并作专题辅导。全国政协副主席兼秘书长、机关党组书记夏宝龙同志在新调入公务员培训班结业式上为机关党员干部讲党课，要求树立一线思维、练就一等本领、争创一流业绩。二是专题研讨随时跟进。按照全国政协党组部署，组织机关党员干部开展习近平总书记关于加强和改进人民政协工作的重要思想集中学习研讨活动，历时5个多月时间，以支部为单位，按照系统学习、查找差距、形成成果三个阶段有序推进，以理论学习和思想武装促进干部素质和工作质量提升。开展贯彻全国政协系统党的建设工作座谈会精神、建设“四个铁一般”的机关党员干部队伍等专题讨论，查找差距和不足，明确加强和改进工作的着力重点。对新进机关的30多名年轻干部，开展为期两周的专题培训，机关党组集体听取学习情况汇报。还组织开展“党章学习周”“宪法学习周”“政协知识学习周”、学习《中国共产党支部工作条例（试行）》、“不忘初心、牢记入党志愿书”主题党日活动等，深入推进党内学习教育从集中教育向经常教育延伸。三是专题展览常学常新。在党中央发布“五一口号”70周年之际，组织《大道同行——从“五一口号”到协商建国重要史事回顾展》，深刻纪念70年来中国共产党与各民主党派、无党派人士共同建设新中国的重要历程，教育党员干部牢记人民政协的初心和使命。举办全国政协礼堂——中共“八大”会址标识揭牌仪式，共同学习政协老一辈无产阶级革命家忠诚担当、艰苦奋斗的政治品格。组织参观《真理的力量——纪念马克思诞辰200周年主题展览》，重温马克思的壮丽人生。组织参观《伟大变革——庆祝改革开放40周年大型展览》，深刻认识党和人民的伟大力量，坚定走中国特色社会主义道路、改革开放道路的信心和决心。

二、扎实推进模范机关建设

认真学习贯彻习近平总书记关于推进中央和国家机关党的政治建设重要批示精

神，落实党的政治建设各项工作要求，努力做好“三个表率”，建设“让党中央放心、让人民群众满意的模范机关”。一是召开党员干部大会动员部署。机关党组统一部署，传达中央和国家机关党的政治建设推进会精神，明确提出建设“模范机关”，要有绝对忠诚的政治品格、勇于担当的精神脊梁、甘于奉献的价值追求、苦干实干的行动自觉、精益求精的工匠精神、开拓创新的蓬勃朝气、团结奋斗的干事氛围、风清气正的政治生态等“八个要有”的基本要求。各支部召开专题组织生活会，着重把“模范机关”是什么样子、离“模范机关”有哪些差距、怎样建设“模范机关”等问题理清楚，从加强思想政治教育、增强工作本领、严格纪律约束、关心关爱干部等方面制定170余条具体措施。二是严明政治纪律和政治规矩。突出政协机关首先是政治机关，始终把旗帜鲜明讲政治的要求贯彻落实到机关党建工作各个方面和全过程。开展党规党纪学习活动，教育党员干部深刻认识遵守党的政治纪律和政治规矩的极端重要性，把“两个维护”落实和体现到具体行动上。及时向中央和国家机关工委专题报告机关干部队伍思想状况、学习贯彻中央和国家机关党的政治建设推进会精神、开展集中警示教育等有关情况。三是开展中央巡视整改“回头看”。配合驻机关纪检监察组认真开展巡视整改“回头看”工作，把落实中央巡视整改意见作为重大政治任务，扎实做好巡视整改任务落实。严格对照《全国政协机关党组关于中央第五巡视组反馈意见整改方案》，对3大项、51项整改措施的贯彻情况进行逐一检查，确保巡视整改各项举措有效落实、各项成果不断巩固。四是开展内部巡视工作。研究制定《中共政协全国委员会机关党组巡视工作实施办法（试行）》和《全国政协机关巡视工作领导小组工作规则》《全国政协机关巡视组工作规则》《全国政协机关巡视工作程序》等制度。首轮两个单位的巡视工作于10月顺利启动，分别由两名副部级干部担任巡视组组长。

三、全面加强党支部建设

以突出基层党组织政治功能、提升组织力为重点，全面加强基层党组织建设。一是严格落实“三会一课”制度。组织力量逐个单位、逐一环节总结分析29个单位民主生活会和组织生活会情况，列出4大类13项具体问题，通过会议和文件形式点名通报。研究制定民主生活会实施细则、组织生活会实施细则、谈心谈话制度实施细则、基层党组织选举工作暂行办法等制度文件。健全基层党组织换届提醒督促机制，全年共完成20个基层党组织换届或改选。采取不打招呼、随机抽查等方式，促进组织生活进一步严起来、实起来。汪洋同志等全国政协党组成员都以普通党员身份参加所在党支部、党小组活动，一起学习、一起讨论，既带头讲党课，也听党员讲党课。二是严格党员发展和日常管理。统筹做好党员发展工作，坚持成熟一个发展一个，严把党员入口关。及时有序完成专委会分党组成员组织关系转接工作，为落实党员委员参加双重组织生活制度奠定基础。坚持党建工作月报表制度，健全和维护基层党组织和党员信息库，推广使用支部工作App。三是加强思想政治工作。培育和践行社会主义核心价值观，开展“最美家庭”、2018北京榜样评选等精神文明创建活动。加强群团干部思想政治教育，充分发挥群团组织桥梁纽带作用，组织机关庆祝改革开放40周年书画摄影展、“快乐工作　智慧生活”系列讲座等文化活动，举办职工运动会、春季健步走等活动，参与人员达4000余人次，机关党组成员广泛参与，用实际行动支持和倡导健康生活新风尚。关心关爱干部职工，重点关注岗位有变动、工作压力大、生活有困难等六类人群；成立“母婴关爱室”，开展“缘聚金融街”单身青年联谊等活动；加大走访慰问力度，全年共慰问党员干部职工 141 人，将组织关爱从工作圈延伸到生活圈。

四、驰而不息加强作风建设

认真学习贯彻习近平总书记关于进一步纠正“四风”、加强作风建设的重要指示批示精神，坚持正向引领和负向约束相结合，引导党员干部做堂堂正正的“顶梁柱”、勤勤恳恳的“老黄牛”、干干净净的“出水莲”，以“钉钉子”精神强化机关作风建设。一是开展党员干部思想状况调查。对机关行政室局全体干部和直属单位副处级以上干部共 490 人进行问卷调查，综合分析党员干部在思想认识、岗位认知、责任落实、工作作风等方面的情况和问题，为改进机关思想政治工作和服务工作，进一步激励党员干部在新时代担当作为奠定基础。汪洋主席在报告上作出大段批示。二是分两批选树 11 名“身边的榜样”。立足机关的“凡人小事”，运用通讯的写作方法，写出二三事、见人见精神，并通过墙报上宣、报纸上登、通讯上写、大会上发言等多种形式广泛宣传，用身边人身边事教育引导党员干部，让大家学有榜样、做有标杆。夏宝龙副主席兼秘书长称他们是“机关的张思德”。三是纠正“四风”不止步。贯彻落实中央“八项规定”精神，紧盯“四风”问题的新表现，加强监督检查，严防反弹回潮。抓节点，紧盯春节、国庆等关键节点，聚焦具体问题，做好节前明纪和节后检查，坚持局处级干部节假日外出向纪委报备制度。抓重点，结合机关会议多、视察调研多、外事活动多、出国（境）团组多等特点，认真开展定期自查和随机抽查。抓关注点，开展政协大会会风会纪督查，发现问题及时提醒和内部通报。

五、持之以恒加强党的纪律建设

坚持“严”字当头、“严管就是厚爱”，以永远在路上的执着，将严明纪律和严肃执纪一体推进，引导机关党员干部知敬畏、存戒惧、守底线。一是召开年度党风廉政建设工作会议。紧紧抓住“关键少数”，组织机关副局级以上党员领导干部参加会议，层层压实各级党组织全面从严治党的主体责任，确保党风廉政建设工作会议成为机关加强党的建设的重要举措。二是深入排查廉政风险。系统梳理职责任务、工作流程，深入查找廉政风险，尤其针对关键岗位、重点部门，坚决做到不留死角、不存盲区。研究编制廉政风险目录，制定切实可行的防控措施，并将各级党组织排查工作情况纳入内部巡视重要内容。三是开展集中警示教育活动。召开机关警示教育大会，学习贯彻中央和国家机关警示教育大会精神，原原本本通报中央和国家机关有关违纪违法典型案例、全国政协机关近期查处的违纪违法案件和个人有关事项申报不实处理结果。开展《中国共产党纪律处分条例》学习讨论活动，组织观看警示教育片，参观警示教育基地。四是严肃查处违纪案件。突出抓早抓小，开展基层党组织主要负责同志廉政谈话；对发现苗头性问题的单位和个人及时进行谈话函询，核查情况，提醒教育；对廉政风险点较多的基层党组织负责同志及时开展提醒谈话，使“红脸出汗”成为常态，逐步实现由“惩治极少数”向“管住大多数”拓展。严格规范问题线索处置，对发现的违纪问题严肃查办，一年来共接收来信来访 23 件，处置问题线索 17 件，给予党纪处分 2 人，诫勉谈话 1 人，批评教育 1 人。五是加强纪检队伍建设。制定信访办理工作规则、机关纪委全体委员会议制度等规范性文件，规范工作流程。以案带训，进一步提升纪检干部政治素养、业务能力和遵规守纪意识，建设忠诚干净担当的纪检队伍。

六、全面落实党建工作责任制

坚持在机关党组领导下，推动完善党组书记负总责、分管领导分工负责、机关党委具体抓落实、各室局主要负责同志“一岗双责”的党建工作责任体系，努力形成层层压实责任、层层抓落实，一级抓一级、一级带着一级干的工作格局。一是组织新任党组织书记集体谈话。既压担子，也指路子，引导各级党组织主要负责同志牢固树立“抓好党建是本职、不抓党建是失职、抓不好党建是不称职”的责任意识，努力做到党建工作与业务工作两手抓、两不误、两促进。二是严格落实述职评议考核制度。建立目标考核、量化考核、日常考核相结合的党建工作目标考核制度，不断完善基层党组织向机关党委述职、机关各室局内设党组织述职的考核机制，开展好自评、互评、综合考评等各环节工作。强化结果运用，将党建工作述职评议结果与干部年度考核挂钩，推动党建工作责任落实。三是严格督促检查。紧紧围绕年度党建工作重点和机关党组工作部署，加大督查力度，推动基层党组织党建工作责任落实落地。开展了宪法、党章和政协章程学习专项督查，年度民主生活会、组织生活会专项督查。开展专题走访调研活动，深入了解基层党建工作经验做法和难点问题。开展了“三会一课”、模范机关专题组织生活会、提高工作质量等专项检查，将督查检查情况纳入年度党建工作目标考核体系。四是加强党务干部队伍建设。协调增加机关党委编制 1 名，新调入干部 4 人；在直属事业单位设立党群工作部，进一步加强专职党务干部队伍建设。坚持审查与审理分离，由专职纪检干部负责案件审查，机关纪委委员分组轮流参与案件审理。组织开展组织委员培训班、群团干部培训班、新闻专题培训班等业务培训，提高专兼职党务干部业务水平。

机关人事工作　2018 年，全国政协机关坚持以习近平新时代中国特色社会主义思想为指导，认真贯彻落实习近平总书记关于加强和改进人民政协工作的重要思想，贯彻落实新时代党的组织路线，围绕建设忠诚干净担当的高素质机关干部队伍，扎实开展选人用人工作。全年共提拔任用局处级干部 31 名，其中正局级 8 名、副局级 5 名、正处级 11 名、副处级 7 名。交流任职干部 60 名，其中正局级 6 名、副局级 3 名、正处级 17 名、副处级 17 名、科级以下 17 名。

一、坚持党管干部原则，充分发挥机关党组的领导把关作用

认真履行机关党组主体责任，切实发挥组织领导和把关作用，坚持把党管干部原则贯穿到选人用人工作全过程。

一是突出政治标准。把是否忠诚于党和人民，是否具有坚定理想信念，是否自觉增强“四个意识”、坚定“四个自信”、做到“两个维护”，是否全面贯彻执行党的路线方针政策，作为衡量干部的第一标准。切实把政治标准落到实处，以“凡提四必”为抓手，在干部档案“凡提必审”、个人有关事项报告“凡提必核”、纪检监察机关意见“凡提必听”、有线索的信访举报“凡提必查”等环节严格把关，坚决防止“带病提拔”。对漠视法纪、缺少敬畏的干部，坚决予以调整，形成调整一个、教育一片、警示一批的效应。

二是激励担当作为。召开机关学习贯彻《关于进一步激励广大干部新时代新担当新作为的意见》会议，组织督导机关干部开展专题学习，结合政协机关实际制定实施细则，从制度上为敢于担当的干部撑

腰鼓劲。树立重实干重实绩的鲜明导向，着力破除平衡照顾、论资排辈，破除唯分、唯票、唯年龄、唯资历、唯文凭等观念，重点提拔任用扛重活没牢骚、打硬仗无怨言、在难处不松劲的干部，在关键时刻、重大任务面前豁得出去、冲得上去的干部。

三是加强统筹规划。成立机关干部人事工作规划小组，系统推进干部人事工作的中长期规划和统筹谋划。结合机关干部人事工作实际，研究制定《2018—2022年全国政协机关干部人事工作规划》，进一步明确十三届全国政协期间机关干部人事工作的总体目标和主要举措。探索建立机关干部队伍建设情况定期分析机制，重点围绕机关干部队伍结构和干部思想状况进行深入调研，为选人用人提供有益参考。

二、坚持事业为上，选优配强各层级、各岗位干部

按照有关要求，从2018年2月中央单位机构改革启动到2018年8月机构改革完成期间，不开展新的人事事项。人事工作正常启动后，机关党组立即进行部署，围绕建立以德为先、任人唯贤、人事相宜的选拔任用体系，积极推动机关干部队伍整体建设。

一是抓好局级班子特别是局级“一把手”建设。着力选拔政治上强、善于抓班子带队伍、实绩突出、作风过硬、群众认可的干部担任单位主要负责人，提拔4名正局长，安排2名副局长主持工作。下大力气推进“一把手”交流任职，安排6名正局长交流，既有专委会办公室之间横向交流，也有行政室局与直属单位之间的交流，起到了丰富干部任职经历、激发工作积极性主动性的效果。全年提拔任职、主持工作、交流任职的局级“一把手”所占比例超过40％。

二是及时启动局级非领导干部选拔任用工作。按照中组部关于超职数配备干部消化整改的要求，从2015年6月开始，机关不再新提拔巡视员、副巡视员，直到2017年底，机关提前完成了局级非领导干部超配问题的消化整改任务。2018年在局级非领导职数出现空缺的情况下，及时开展局级非领导干部的选拔任用，重点考虑那些工作踏实肯干、任劳任怨且任职时间较长的干部，分两批次提拔巡视员2名、副巡视员2名。

三是注重培养选拔优秀年轻干部。认真贯彻落实中央《关于适应新时代要求大力发现培养选拔优秀年轻干部的意见》，积极做好机关优秀年轻干部选拔任用工作。打破隐性台阶，不拘一格大胆使用，全年提拔“70后”正局长1名，“75后”副局级1名，“80后”正处长1名、正处级2名。注重给优秀年轻干部“压担子”，经受吃劲岗位、重要岗位的锻炼，安排2名“70后”副局长主持本单位工作。积极开展优秀年轻干部队伍建设的研究规划，把相关工作纳入机关党组议事日程，加强对优秀年轻干部的培养使用。

四是及时为涉及机构改革的室局配好干部。按照机构改革方案，第一时间成立农业和农村委员会办公室筹备组，及时选配具有相关专业、经历背景的干部，充实力量，开展工作。对涉及职能调整优化的经济委员会办公室、教科卫体委员会办公室、文化文史和学习委员会办公室等单位，及时调整人员，做好有序交接，确保机构改革和人员调整平稳推进。

五是通盘考虑各层级、各类型干部的使用。统筹考虑局级干部与处级干部、行政室局干部与秘书序列干部的选拔任用，分步骤、分批次开展局级干部、局级秘书、处级干部、处级秘书选拔任用工作。统筹考虑各年龄段干部的使用，注重老中

青干部合理配备，在 2018 年提拔的局级干部中，其中“60 后”7 名、“70 后”2 名。统筹考虑各类型干部的使用，既选拔那些能当骨干、挑大梁的“顶梁柱”型干部，也注重选拔扎扎实实、埋头苦干、辛勤耕耘的“老黄牛”型干部。

六是拓宽视野大力补充工作力量。创新开展集中选调工作，针对机关各单位编制存在空缺、人员力量不足的情况，利用中央单位机构改革的时机，机关党组主要领导亲自布置、安排，通过文字能力考察、座谈考察以及谈话考察等环节，从涉及机构改革的在京中央机关集中选调干部 34 名。通过组织渠道，请北京市和有关中央单位推荐干部借调到机关，借调期满后经考察调入干部 8 名，另接收安置军队转业干部 6 名、选调应届优秀大学生 3 名、根据岗位需要调入干部 6 名。通过上述多种渠道和方式，全年共补充干部 57 名。机关行政单位人手少的问题基本得到解决，各单位的力量普遍得到加强，使有限的编制资源得到充分利用。同时，结合机关实际需要，重点加强对外事、财务等专业岗位干部的补充。

三、坚持问题导向，不断提高选人用人工作质量

坚持抓选人用人整改不放松，结合上年度“一报告两评议”反映的情况，查找薄弱环节，推动问题解决，着力提高选人用人工作科学化规范化水平。

一是继续巩固巡视整改成果。通过开展巡视整改“回头看”，继续紧抓选人用人整改。对照中组部对机关选人用人工作检查的反馈意见，逐项检查落实情况，巩固整改成果，严格按职数配备干部，防止问题反弹。进一步建立健全选人用人配套机制，用纪律和制度规范选人用人工作。

二是严格选拔任用程序。严格按照规定程序开展选拔任用工作，认真执行党组讨论决定干部任免事项守则，全面落实任前公示、任职谈话、任职试用期和回避等制度，不打折扣，不搞变通，不简化任何一个环节，不超越任何一个步骤。

三是针对上年度民主评议反映的问题采取有效措施。对中组部反馈的 2017 年度选人用人工作民主评议结果进行认真研究分析，针对反映问题提出整改意见，重点在加强干部队伍分析谋划、加大交流力度、注重年轻干部培养、改进干部教育培训、及时配备工作力量等方面采取有效措施。

2018 年，全国政协机关选人用人工作取得良好实效，但对照新时代新部署新要求，还存在差距和不足，主要是选拔任用工作的计划性和前瞻性还有差距，激励干部新时代新担当新作为的举措尚未全面落地，近距离、全方位考察了解干部的工作机制没有完全建立，干部交流渠道较为单一。下一步，全国政协机关党组将以推动机关干部人事工作规划实施为抓手，进一步加强和改进选人用人工作，切实弥补差距、改正不足。

一是树立鲜明选人用人导向。坚持党管干部原则，进一步体现机关党组对干部选拔任用工作的领导，提高工作计划性，坚决把好政治关，注重实干实绩，坚持事业为上，让想干事能干事干成事的干部有机会有舞台。重点抓好各单位领导班子建设，使班子履职能力和专业素养不断适应工作新要求。

二是持续优化干部队伍结构。狠抓干部队伍梯队建设，多渠道调配工作力量，加强对外事、财务、保密、网络信息等专业岗位干部的统筹调配。着眼近期需求和长远规划，统筹开展优秀年轻干部“选育管用”工作，有计划地选拔优秀年轻干部担任局处级领导职务。努力拓宽干部交流渠道，进一步畅通干部交流。

三是注重改进考察了解干部方式。完善年度考核，强化重点考核，改进日常考核，注重近距离考核，综合运用实地考察、延伸考察、专项调查等方式，全方位、多角度、近距离考察识别干部，将考核结果作为干部选拔任用的重要依据。做深做细做实基础性工作，加强开展干部信息和档案管理等工作，为选人用人工作夯实根基。

四是着力推动干部能上能下。结合贯彻落实中央关于推行公务员职务与职级并行制度要求，拓展干部成长进步空间。认真贯彻落实《推进领导干部能上能下若干规定（试行）》，建立干部动态调整机制，推动形成能者上、庸者下、劣者汰的用人导向和工作环境，对不敢担当、不负责任、庸懒散拖、不能有效履行职责的干部及时进行调整。

网络安全和信息化建设

一、开发建设“委员移动履职平台”手机App，开展网络议政、远程协商活动

新一届全国政协领导同志高度重视运用信息技术手段服务政协工作和委员履职。开发建设“委员移动履职平台”手机App（以下简称“平台”），实现委员网上联络联系、主题议政、信息资讯等功能。平台于2018年8月20日开通上线，委员登录使用积极踊跃，主题议政讨论发言热烈。组织开展两场网络议政、远程协商活动，通过音视频连线方式，实现了北京主会场与地方政协分会场及委员电脑或手机终端的实时互动交流。活动现场气氛热烈，网络协商议政效果明显。

二、建成机关电子政务内网，推进党政机关电子公文系统有关应用试点工作

经过近两年的施工建设，全国政协机关电子政务内网于2018年年底建设完成，并实现与中央电子政务内网平台的技术互通。党政机关电子公文系统在机关电子政务内网上有关产品开发建设，实现公文的起草、流转、归档等全流程信息化管理。今年年底前，完成了工程采购招标和实施方案编制等工作，工程计划于明年6月底前完成建设。

三、建设全国政协委员履职数据中心

开发建设“委员履职数据中心”，把原本相互独立的网络信息资源整合起来，实现机关外网和工作网上独立业务系统的信息共享、集中展示和综合利用，打通信息孤岛，大幅提升信息系统对于政协工作和委员履职的服务支撑效果。

四、研究编制《全国政协信息化工作方案》

为贯彻落实好全国政协机关党组关于“积极探索远程协商、网络议政，畅通反映社情民意渠道”的工作要求，谋划开展好新一届全国政协信息化建设工作，研究编制了《全国政协信息化工作方案》。《方案》站在落实国家网络强国战略和助力推进协商民主广泛多层制度化发展的高度，对全国政协信息化建设做出了顶层设计和总体规划，进一步明确了当前和本届内全国政协信息化建设的重点任务、发展方向和保障措施，是提升全国政协机关信息化工作水平，指导全国政协系统信息化长远发展的重要文件。

五、高标准做好机关网络和信息安全保卫工作

严格贯彻执行中央关于党政机关网络和信息安全管理的有关要求，采取安全保卫措施，完成国家重大会议活动期间（全国两会、上合峰会等）全国政协门户网站的安全保卫工作，组织在全机关开展网络网站和重要信息系统安全自查及现场执法检查，完成2018年网络安全情况季度通报工作等。

重 要 评 论

不负新时代的光荣使命

——热烈祝贺全国政协十三届一次会议开幕

全国政协十三届一次会议今天在京开幕。伴随着新时代的步伐，肩负着 13 亿多人民的期待，2100 多名新一届全国政协委员齐聚首都，共同为改革发展献诤言、谋良策。我们向大会的召开表示热烈祝贺！

五年一个周期，五年一个台阶，中国的发展进步与国家政治生活的节奏紧密相关。刚刚过去的五年，在党和国家发展进程中极不平凡。中共十八大以来，以习近平同志为核心的党中央团结带领全党全国各族人民迎难而上、革故鼎新，中国特色社会主义进入了新时代。在探索改革路、实现中国梦的伟大实践中，人民政协与共和国的脉搏始终一起跳动。党和国家事业取得的历史性成就、发生的历史性变革里，处处体现着人民政协不可替代的重要作用，凝聚着人民政协不同凡响的重要贡献。

五年来，人民政协坚持团结和民主两大主题，围绕统筹推进“五位一体”总体布局和协调推进“四个全面”战略布局，不断完善协商议政格局，强化民主监督职能，拓展团结联谊工作，加强履职能力建设，进一步开拓了团结民主、务实进取、蓬勃发展的新局面。五年奋进充分证明，只有坚持中国共产党的领导，坚持人民政协性质定位，坚持围绕中心、服务大局，才能实现广泛有效的协商民主，把新时代人民政协事业不断推向前进。中共十九大开启了全面建设社会主义现代化国家的新征程。携手新时代、贯彻新理念、聚焦新目标、落实新部署，我们面对的是充满各种矛盾的国内国际新形势，将要进行具有许多新的历史特点的伟大斗争，尤其需要人民政协以习近平新时代中国特色社会主义思想为指引，认真履行政治协商、民主监督、参政议政职能，广泛凝聚实现中华民族伟大复兴的正能量。

心往一处想，劲儿才会往一处使。团结是力量之源。展望新的一年，把学习贯彻习近平新时代中国特色社会主义思想作为重中之重，自觉将思想和行动统一到中共十九大作出的重大决策部署上来，是人民政协的首要政治任务；为决胜全面建成小康社会、夺取新时代中国特色社会主义伟大胜利献计出力，是人民政协的工作主线。在思想上不断增进新共识，在行动中不断扩大团结面，努力化消极因素为积极因素，促进各党派团体、各族各界人士的大团结大联合，为实现十九大确定的奋斗目标减少阻力、增加助力、形成合力，人民政协使命光荣、责任重大。

商以求同，协以成事。有民主才有活力。面对利益多元和思想多样的现实，需要在坚持一致性中尊重多样性，在包容多样性中寻求一致性，找到最大公约数，画出最大同心圆。以服务“两个百年”目标为履职主攻方向，以解决好发展不平衡不充分问题为工作着力重点，充分发挥人民政协人才荟萃、智力密集、联系广泛的优势，把协商民主贯穿履行职能全过程，在探讨问题、平等交流、加强互动、增进共识上多下功夫，真诚协商、务实监督、深入议政，广大政协委员一定可以为发扬社会主义民主、实现人民群众期待贡献更多智慧和力量。

“为者常成，行者常至。”未来的成色，要靠奋进者的激情与拼搏来打磨。立足新起点，迈向新征程，期待各位委员不忘初心、牢记使命，始终保持奋发有为的精神状态、脚踏实地的工作作风，建睿智之言、进坦诚之谏、聚发展之力，以高度的责任心、强烈的使命感，积极投身贯彻落实中共十九大决策部署的伟大实践，为实现中华民族伟大复兴的中国梦、实现人民对美好生活的向往砥砺前行、不懈奋斗。

预祝大会圆满成功！

（2018 年 3 月 3 日《人民日报》社论）

携手新时代谱写新篇章

——热烈祝贺全国政协十三届一次会议开幕

今天，全国政协十三届一次会议在人民大会堂隆重开幕。2000 多名全国政协委员，肩负各族各界群众的重托，汇聚北京，共商国是。我们向大会的召开表示热烈的祝贺！我们期待新一届全国政协委员的精彩亮相！

过去的五年，是党和国家发展进程中极不平凡的五年。以习近平同志为核心的中共中央团结带领全党全国各族人民，统揽伟大斗争、伟大工程、伟大事业、伟大梦想，统筹推进“五位一体”总体布局、协调推进“四个全面”战略布局，推动党和国家事业取得历史性成就、发生历史性变革，中国特色社会主义进入了新时代。

五年来，以习近平同志为核心的中共中央加强对人民政协工作的全面领导。习近平总书记多次发表重要讲话，提出一系列新思想新论断新要求，科学回答了人民政协事业发展的重大理论和实践问题。中共中央制定社会主义协商民主建设、爱国统一战线、人民政协协商民主建设、人民政协民主监督工作等重要文件，作出中央政治局常委会研究政协年度协商计划、听取政协党组工作汇报、完善政协党的领导体制等制度安排。政协全国委员会及其常务委员会全面贯彻中共十八大和十九大精神，深入贯彻习近平新时代中国特色社会主义思想，坚持团结和民主两大主题，围绕中心、服务大局，把坚持和发展中国特色社会主义作为巩固共同思想政治基础的主轴，完善协商议政格局，强化民主监督职能，拓展团结联谊工作，加强履职能力建设，推动人民政协事业在继承中发展、在发展中创新，开拓了团结民主、务实进取、蓬勃发展的新局面，彰显了中国特色社会主义制度的优势和特点，在党和国家事业中发挥了不可替代的重要作用，作出了重要贡献。

人民政协履职的生动实践让我们深刻认识到，坚持中国共产党的领导是人民政协必须恪守的根本政治原则，坚持人民政协性质定位是人民政协工作的基石，坚持围绕中心、服务大局是人民政协履行职能的基本遵循，坚持团结和民主两大主题是人民政协组织的本质要求和标志性特征，坚持在继承中发展、在发展中创新是人民政协事业发展的不竭动力，坚持发挥政协委员主体作用是人民政协工作的优势所在、活力所在。这些经验，我们要倍加珍惜、长期坚持、不断发展。

中共十九大描绘了决胜全面建成小康社会、夺取新时代中国特色社会主义伟大胜利的宏伟蓝图，进一步指明了党和国家事业的前进方向。人民政协要把学习贯彻中共十九大精神作为重大政治任务，把习近平新时代中国特色社会主义思想作为统揽政协工作的总纲，把坚持和发展中国特色社会主义作为巩固共同思想政治基础的主轴，把为决胜全面建成小康社会、夺取新时代中国特色社会主义伟大胜利献计出力作为工作主线，坚持稳中求进工作总基调，坚持新发展理念，坚持以人民为中心的发展思想，坚持团结和民主两大主题，围绕统筹推进“五位一体”总体布局、协调推进“四个全面”战略布局，促进各党派团体、各族各界人士的大团结大联合，共同为实现中共十九大确定的目标任务而奋斗。

今年是全面贯彻中共十九大精神的开局之年，是改革开放40周年，是决胜全面建成小康社会、实施“十三五”规划承上启下的关键一年，也是十三届全国政协履职的起步之年。做好今年的各项工作责任重大、意义重大。人民政协要充分发挥作为社会主义协商民主的重要渠道和专门协商机构作用，紧扣人民群众生产生活，紧扣经济社会发展实际，紧扣贯彻落实中共十九大决策部署需要解决的问题，聚焦决胜全面建成小康社会，瞄准抓重点、补短板、强弱项集中发力，就打好防范化解重大风险、精准脱贫、污染防治的攻坚战多建睿智之言，善谋务实之策，为促进经济社会持续健康发展贡献智慧和力量。

新时代展现新气象，新使命呼唤新作为。让我们紧密团结在以习近平同志为核心的中共中央周围，高举中国特色社会主义伟大旗帜，不忘初心、继续前进，勇于担当、勤勉履职，奋力谱写人民政协事业发展新的辉煌篇章！

预祝大会圆满成功！

（2018年3月3日《人民政协报》社论）

画好同心圆　筑梦新时代

——热烈祝贺全国政协十三届一次会议胜利闭幕

以民主激荡智慧，以团结凝聚力量，全国政协十三届一次会议圆满完成各项议程，3月15日在北京胜利闭幕。我们对大会的圆满成功表示热烈祝贺！

这是一次民主团结、求实奋进的大会。会议期间，习近平等党和国家领导同志看望了参加会议的各界别委员，并深入界别联组会议，认真听取委员意见和建议。各位委员建睿智之言、献务实之策，展现了人民政协这一人民民主重要实现形式的生机与活力。大会选举产生了新一届全国政协领导成员，顺利实现新老交替。十二届全国政协领导机构的一些老同志退了下来，他们为发展我国社会主义民主政治、推动改革开放和社会主义现代化建设作出了重要贡献，我们向他们致以崇高的敬意！

政协章程是参加人民政协的各党派团体和各族各界人士共同的行为准则。这次会议对政协章程部分内容进行了修改，纳入了党的十九大提出的新的重要思想、重要观点、重大判断、重大举措，纳入了党的十八大以来以习近平同志为核心的党中央关于人民政协工作的重要决策部署及人民政协理论创新、实践创新、制度创新的成果。政协章程的修改，符合新时代中国特色社会主义发展要求，符合人民政协事业发展要求，有利于人民政协更好履行职能、更好发挥作用。

中国共产党领导的多党合作和政治协商制度作为我国一项基本政治制度，是从中国土壤中生长出来的新型政党制度。作为国家治理体系的重要组成部分，作为具有中国特色的制度安排，人民政协是实行这一新型政党制度的重要政治形式和组织形式。人民政协60多年的辉煌历程和伟大实践充分表明，这一新型政党制度，新就新在它是马克思主义政党理论同中国实际相结合的产物，能够真实、广泛、持久代表和实现最广大人民根本利益、全国各族各界根本利益，有效避免了旧式政党制度代表少数人、少数利益集团的弊端；新就新在它把各个政党和无党派人士紧密团结起来、为着共同目标而奋斗，有效避免了一党缺乏监督或者多党轮流坐庄、恶性竞争的弊端；新就新在它通过制度化、程序化、规范化的安排集中各种意见和建议、推动决策科学化民主化，有效避免了旧式政党制度囿于党派利益、阶级利益、区域和集团利益决策施政导致社会撕裂的弊端。不忘多党合作之初心，坚定不移走中国特色社会主义政治发展道路，把我国社会主义政党制度坚持好、发展好、完善好，我们就一定能更好发挥社会主义制度优越性。

党的十九大描绘了新时代中国特色社会主义的宏伟蓝图，对人民政协提出了新的更高要求。把习近平新时代中国特色社会主义思想作为统揽政协工作的总纲，把坚持和发展中国特色社会主义作为巩固共同思想政治基础的主轴，把为决胜全面建成小康社会、夺取新时代中国特色社会主义伟大胜利献计出力作为工作主线，认真履行政治协商、民主监督、参政议政职能，用恪尽职守诠释担当、以奋发有为彰显价值，相信十三届全国政协定将不负重托，为新时代人民政协事业续写新篇章。

使命越光荣，任务越艰巨，就越需要所有人拧成一股绳同心干。让我们紧密团结在以习近平同志为核心的党中央周围，凝聚最广泛的共识、凝聚最充分的智慧、凝聚最广大的力量，画好最大同心圆，共筑中华民族伟大复兴中国梦。

（2018年3月16日《人民日报》社论）

开创新时代人民政协事业发展新局面

——热烈祝贺全国政协十三届一次会议胜利闭幕

全国政协十三届一次会议圆满完成各项议程，3 月 15 日胜利闭幕。大会全面贯彻中共十九大和十九届一中、二中、三中全会精神，以习近平新时代中国特色社会主义思想为指导，回顾总结了过去五年的工作和经验，明确了今后工作的努力方向，选举产生了新一届全国政协主席、副主席、秘书长和常务委员。我们对大会的圆满成功表示热烈祝贺!

这是一次承前启后、继往开来的大会，是一次民主团结、求实奋进的大会。中共中央总书记、国家主席、中央军委主席习近平等党和国家领导同志出席会议并参加分组讨论，与委员共商国是。全体委员认真履行职责，深入讨论政府工作报告和其他报告，讨论宪法修正案草案和监察法草案、国务院机构改革方案，认真审议全国政协常委会工作报告、提案工作情况报告、政协章程修正案草案等文件，围绕党和国家中心任务深入协商议政、务实建言献策，体现了心系国家、情系人民的责任担当，展现了社会主义协商民主的生机活力。

会议期间，习近平总书记在看望民盟、致公党、无党派人士、侨联界委员并共商国是时发表重要讲话，进一步阐明中国共产党领导的多党合作和政治协商制度是我国一项基本政治制度，是中国共产党、中国人民和各民主党派、无党派人士的伟大政治创造，是从中国土壤中生长出来的新型政党制度，丰富了习近平总书记关于统一战线和人民政协工作的重要思想，在社会各界引起强烈反响。人民政协要认真学习贯彻习近平总书记重要讲话精神，不忘多党合作建立之初心，坚定不移走中国特色社会主义政治发展道路，把人民政协作为实行中国共产党领导的多党合作和政治协商制度的重要政治形式和组织形式这一独特优势运用好、发挥好。

人民政协是政治组织，必须旗帜鲜明讲政治。要引导广大委员牢固树立“四个意识”，坚定“四个自信”，坚决维护习近平总书记的核心地位，坚决维护中共中央权威和集中统一领导，在事关道路、制度、旗帜、方向等根本问题上统一思想、统一意志、统一步调。

政协章程是参加人民政协各党派团体和各族各界人士共同的行为准则。大会通过的政协章程修正案坚持以习近平新时代中国特色社会主义思想为指导，充分体现了中共十九大提出的重要思想、重要观点、重大判断、重大举措，集中反映了 2004 年修改政协章程特别是中共十八大以来人民政协事业创新发展的理论成果、实践成果、制度成果。人民政协各参加单位、各级组织和广大政协委员要自觉学习章程、遵守章程、贯彻章程、维护章程，进一步增强依照章程履职的主动性，不断提高工作制度化、规范化、程序化水平。

今年是政协第十三届全国委员会履职的开局之年，起好步、开好局至关重要。要聚焦决胜全面建成小康社会，紧扣打赢防范化解重大风险、精准脱贫、污染防治三大攻坚战，找准切入点、结合点、着力点，深入调查研究，积极建言献策，做到言之有据、言之有理、言之有度、言之有物，推动各项决策部署落地见效。充分发挥人民政协作为协商民主的重要渠道和专门协商机构作用，把协商民主贯穿履职全过程，有事多商量、有事好商量、有事会商量，努力形成完整的制度程序和参与实践。坚持大团结大联合，坚持一致性和多样性统一，认真做好联系各界、凝聚人心的工作，寻求最大公约数，画出最大同心圆，广泛汇聚起实现中华民族伟大复兴中国梦的强大合力。

团结就是力量，奋斗成就未来。我们坚信，在以习近平同志为核心的中共中央坚强领导下，新一届全国政协将以本次大会为履职起点，携手新时代、贯彻新理念、聚焦新目标、落实新部署、展现新作为，为决胜全面建成小康社会、夺取新时代中国特色社会主义伟大胜利作出新的更大贡献！

（2018 年 3 月 16 日《人民政协报》社论）

2018 年大事记

1 月

2 日，副主席兼秘书长、机关党组书记张庆黎主持召开中共政协第十二届全国委员会机关党组会议，传达学习中央农村工作会议精神、全国组织部长会议精神，学习中国共产党党务公开条例（试行）。

4 日，机关党组理论学习中心组举行 2018 年度第一次集体学习。副主席兼秘书长、机关党组书记张庆黎同志主持并讲话。强调，要把学习贯彻习近平新时代中国特色社会主义思想作为一项重大政治任务抓紧抓好抓实，坚持融会贯通，深刻理解把握习近平新时代中国特色社会主义思想的丰富内涵和理论特色；坚持学以致用，以习近平新时代中国特色社会主义思想指导做好服务政协履职的各项工作；坚持打铁还需自身硬，对标新时代党的建设总要求加强机关党组建设和机关建设。

5 日，全国政协副主席、京昆室主任卢展工在机关主持召开京昆室主任会议，研究讨论第十二届全国政协京昆室工作总结和 2018 年工作计划。

10 日，中共中央党史研究室、全国政协办公厅在人民大会堂举行纪念胡绳同志诞辰 100 周年座谈会。全国政协主席俞正声出席，中共中央政治局委员、中央书记处书记、中央宣传部部长黄坤明讲话，全国政协副主席兼秘书长张庆黎主持。中共中央党史研究室、中国社会科学院、全国政协、中共江苏省委相关同志分别发言。全国政协、中共中央党史研究室、中国社会科学院、各民主党派中央和全国工商联、中共江苏省委有关方面负责同志及胡绳同志亲属、生前友好和身边工作人员代表等约 200 人出席。

10 日，全国政协党组书记俞正声主持召开中共十二届全国政协党组第五十二次会议，传达学习习近平总书记关于政协工作的重要讲话精神，审议中共全国政协党组 2018 年工作要点（稿）。全国政协党组副书记杜青林，党组成员张庆黎、李海峰、陈元、卢展工、王家瑞、王正伟、马飚出席。

12 日，副主席兼秘书长、机关党组书记张庆黎主持召开中共政协第十二届全国委员会机关党组会议，研究机关党组 2017 年度民主生活会有关事项、机关党组 2018 年工作要点等。

12 日，全国政协副主席兼秘书长、中国人民政协理论研究会会长张庆黎主持召开理论研究会第二届理事会第五次会长办公会议，审议理论研究会《2018 年度人民政协理论研究计划（草案）》，讨论全国政协机关党组《2018 年度人民政协理论研究计划（草案）》，研究理论研究会下一阶段工作。

15 日，副主席兼秘书长、机关党组书记张庆黎主持召开机关党组（扩大）会议并讲话。会议传达学习第十九届中央纪委第二次全体会议精神。

16 日，俞正声主席在政协礼堂与加蓬参议长米勒布举行会谈，并宴请代表团一行。张庆黎副主席兼秘书长参加。

16 日，机关党组召开 2017 年度民主生活会。机关党组书记张庆黎主持会议，代表机关党组班子作对照检查，并带头开展批评与自我批评，要求机关领导班子成员，要带头深入学习习近平新时代中国特色社会主义思想，始终坚定理想信念，始终对党绝对忠诚，勇于担当、敢于作为，心无旁骛干工作、掷地有声抓落实，坚持廉洁自律。机关党组副书记潘立刚，成员邓宗良、常荣军、刘佳义、周新建、舒启明和副秘书长刘家强在会议上发言，进行批评与自我批评。中央纪委、中央组织部、中直纪工委有关部门负责同志参加。

16日，李海峰副主席在机关会见欧洲华侨华人社团联合会第十届主席、丹麦中华工商联合协会名誉会长曹燕灵，中联投资集团有限公司总裁陈文源。

17日，全国政协党组书记俞正声主持召开中共十二届全国政协党组第五十三次会议，传达学习贯彻中国共产党第十九届中央纪律检查委员会第二次全体会议精神。副书记杜青林，成员张庆黎、李海峰、陈元、卢展工、王家瑞、王正伟、马飚出席。

18日，王钦敏副主席在机关出席全国政协2017年第四季度宏观经济形势分析座谈会。经济委员会主任周伯华主持会议，国家统计局负责同志到会介绍2017年第四季度国民经济运行有关情况，部分委员、特邀专家发言。国家发展改革委、工业和信息化部、财政部、商务部、中国人民银行有关负责同志到会听取意见建议。

21日，中共全国政协党组书记俞正声主持召开中共十二届全国政协党组第五十四次会议，传达学习贯彻中国共产党第十九届中央委员会第二次全体会议精神。副书记杜青林，成员张庆黎、李海峰、陈元、卢展工、周小川、王家瑞、王正伟、马飚出席。

21日，俞正声主席主持召开政协第十二届全国委员会第六十九次主席会议，传达学习习近平总书记近期关于人民政协工作的重要讲话精神，审议政协第十三届全国委员会参加单位、委员名额和委员人选名单（草案）。副主席杜青林、韩启德、董建华、万钢、林文漪、罗富和、何厚铧、张庆黎、李海峰、陈元、卢展工、周小川、王家瑞、王正伟、马飚、齐续春、陈晓光、马培华、刘晓峰、王钦敏、梁振英出席。中共中央书记处书记、中央统战部部长尤权，全国政协副秘书长、机关党组成员，各专委会负责同志，办公厅有关室局负责同志列席。

21日，副主席兼秘书长、机关党组书记张庆黎主持召开中共政协第十二届全国委员会机关党组会议，研究有关人事事项。

22日，政协第十二届全国委员会常务委员会第二十四次会议开幕会在京举行。杜青林副主席主持。会议审议通过政协第十二届全国委员会常务委员会第二十四次会议议程，听取关于政协全国委员会常务委员会工作报告（草案）起草情况的说明、关于政协全国委员会常务委员会关于提案工作情况的报告（草案）起草情况的说明、各专门委员会主任关于本委员会五年工作情况的汇报。俞正声主席，韩启德、董建华、万钢、林文漪、罗富和、何厚铧、张庆黎、李海峰、陈元、卢展工、周小川、王家瑞、王正伟、马飚、齐续春、陈晓光、马培华、刘晓峰、王钦敏副主席和常委共249人出席。不是常委的全国政协副秘书长、机关党组成员、各专门委员会负责人，地方政协负责同志，中央统战部副部长列席。开幕会后，杜青林副主席主持召开政协第十二届全国委员会常务委员会第二十四次会议小组召集人会议并讲话。张庆黎副主席兼秘书长，潘立刚、常荣军副秘书长和各组召集人参加。

22 日，政协第十二届全国委员会常务委员会第二十四次会议进行分组会议，主要内容是：讨论常委会工作报告、提案工作情况的报告和提交审议的其他文件。俞正声主席，杜青林、韩启德、董建华、罗富和、何厚铧、李海峰、陈元、卢展工、王家瑞、王正伟、马飚、齐续春、陈晓光、马培华、刘晓峰、王钦敏副主席分别参加。

23 日，政协第十二届全国委员会常务委员会第二十四次会议第二次全体会议在常委会议厅举行。俞正声主席出席，周小川副主席主持。会议听取关于政协第十三届全国委员会参加单位、委员名额和委员人选名单（草案）的说明，听取关于中国人民政治协商会议章程修正案（草案）起草情况的说明。杜青林、韩启德、董建华、万钢、罗富和、何厚铧、张庆黎、李海峰、陈元、卢展工、王家瑞、王正伟、马飚、齐续春、陈晓光、马培华、刘晓峰、王钦敏副主席和常委共 251 人出席。中共中央书记处书记、中央统战部部长尤权到会就人事事项作说明。中共中央办公厅负责同志，不是常委的全国政协副秘书长、机关党组成员、各专门委员会负责人，地方政协负责同志，中央统战部副部长列席。会后，政协第十二届全国委员会常务委员会第二十四次会议进行分组会议，阅读和讨论政协第十三届全国委员会参加单位、委员名额和委员人选名单（草案）；阅读和讨论中国人民政治协商会议章程修正案（草案）。韩启德、万钢、林文漪、罗富和、何厚铧、张庆黎、李海峰、陈元、周小川、王家瑞、王正伟、马飚、齐续春、陈晓光、马培华、刘晓峰、王钦敏副主席分别参加。

23 日，俞正声主席主持召开政协第十二届全国委员会第七十次主席会议，听取政协第十二届全国委员会常务委员会第二十四次会议分组讨论人事事项情况的汇报、有关文件讨论情况的综合汇报。韩启德、林文漪、罗富和、何厚铧、张庆黎、李海峰、陈元、卢展工、周小川、王家瑞、王正伟、马飚、齐续春、陈晓光、马培华、刘晓峰、王钦敏副主席出席。中共中央书记处书记、中央统战部部长尤权，全国政协副秘书长、机关党组成员、各专委会负责同志，政协第十二届全国委员会常务委员会第二十四次会议各小组召集人，办公厅有关室局负责同志列席。

24 日，政协第十二届全国委员会常务委员会第二十四次会议闭幕会在常委会议厅举行。俞正声主席主持并作重要讲话。会议通过关于召开政协第十三届全国委员会第一次会议的决定；通过政协第十三届全国委员会参加单位、委员名额和委员人选名单；通过政协全国委员会常务委员会工作报告；通过政协全国委员会常务委员会关于提案工作情况的报告；通过中国人民政治协商会议章程修正案（草案）；通过政协第十三届全国委员会第一次会议议程（草案）和日程（草案）；通过关于授权主席会议审议政协第十二届全国委员会常务委员会第二十四次会议未尽事宜的决定。杜青林、韩启德、万钢、林文漪、罗富和、何厚铧、张庆黎、李海峰、陈元、卢展工、周小川、王家瑞、王正伟、马飚、齐续春、陈晓光、马培华、刘晓峰、王钦敏、梁振英副主席和常委共 263 人出席。中共中央办公厅、国务院办公厅负责同志，不是常委的全国政协副秘书长、机关党组成员、各专门委员会负责人，地方政协负责同志，中央统战部副部长列席。

29 日，副主席兼秘书长、机关党组书记张庆黎主持召开中共政协第十二届全国委员会机关党组会议，传达学习习近平总书记对政法工作重要批示精神和中央政法工作会议、全国扫黑除恶专项斗争电视电话会议精神，研究有关事项。

30 日，中共全国政协党组书记俞正声主持召开中共十二届全国政协党组第五十五次会议，研究有关工作。副书记杜青林，成员张庆黎、李海峰、陈元、卢展工、周小川、王家瑞、王正伟、马飚出席。

31 日，机关召开 2017 年度工作总结暨干部考核会议。张庆黎副主席兼秘书长出席并讲话，对 2017 年机关工作和干部职工的努力给予充分肯定，对做好 2018 年工作提出要求，指出要坚持管思想、管政治、管作风、管纪律、管能力有机结合，重点发力与全面推进并举，把党中央部署要求贯彻落实到机关领导班子和干部队伍建设之中。潘立刚常务副秘书长代表机关领导班子作 2017 年工作总结并报告机关 2017 年度选人用人工作情况。会议对 2017 年度机关干部选拔任用工作和新提拔干部进行民主评议；对机关领导班子和领导班子成员进行年度考核民主测评；对机关行政室局和直属单位局级干部进行年度考核民主测评。机关领导班子成员、专委会驻会副主任出席。行政室局副处级以上干部、直属单位部门正职以上干部参加。

2 月

2 日，全国政协副主席、京昆室主任卢展工出席京昆室委员座谈会。

5 日，中共全国政协党组书记俞正声主持召开中共十二届全国政协党组第五十六次会议，研究政协第十三届全国委员会常务委员建议人选名单，征求对中央有关文件的意见。中央书记处书记、统战部部长尤权到会就有关人事事项作说明。全国政协党组副书记杜青林，成员张庆黎、李海峰、陈元、卢展工、周小川、王家瑞、王正伟、马飚出席。

5 日，张庆黎副主席兼秘书长主持召开政协第十二届全国委员会第六十九次秘书长办公会议，审议政协十三届一次会议预备会议日程（草案），审议政协十三届一次会议分组办法（草案）和委员小组召集人名单（草案），审议政协十三届一次会议新闻发言人名单（草案），审议政协所属社团报名旁听政协十三届一次会议人选建议名单，审议政协全国委员会 2018 年双周协商座谈会安排（草案）。政协十三届一次会议秘书处各工作组及有关社团秘书处负责同志列席。

5 日，张庆黎副主席兼秘书长主持召开政协第十二届全国委员会第三十次秘书长会议，审议政协十三届一次会议预备会议日程（草案），审议政协十三届一次会议分组办法（草案）和委员小组召集人名单（草案），审议政协十三届一次会议新闻发言人名单（草案），通报各民主党派中央和全国工商联对全国政协办公厅工作的意见建议落实情况。

6 日，张庆黎副主席兼秘书长代表全国政协及办公厅，在机关集中看望部分离退休部级干部和历届委员，对老同志多年来关心支持机关工作表示感谢并致以新春祝福，对进一步加强离退休老干部工作提出明确要求。潘立刚常务副秘书长通报全国政协 2017 年主要工作。与会老同志就如何推进政协机关工作进行座谈交流。

6 日，副主席兼秘书长、机关党组书记张庆黎主持召开中共政协第十二届全国委员会机关党组会议，征求对中央有关文件稿的意见，传达学习中央有关会议精神，研究干部培训中心 2018 年教学计划等事项。

7 日，张庆黎副主席兼秘书长在机关

主持召开政协十三届一次会议秘书处筹备工作会议并作动员讲话，强调要认真学习贯彻党的十九大精神，把思想和行动统一到党中央关于开好政协十三届一次会议的部署要求上来；要自觉把责任扛在肩上，全力以赴做好大会筹备组织服务工作；要在狠抓落实上见行动，以过硬作风确保筹备组织服务工作取得好的效果。潘立刚常务副秘书长通报大会秘书处各组组长、副组长名单。

7 日，全国政协民族和宗教委员会与中央统战部、全国人大民委、国家民委、北京市政府在人民大会堂共同举办 2018 年首都各民族人士迎春茶话会。中央书记处书记、中央统战部部长尤权出席，全国人大常委会副委员长向巴平措讲话，全国政协副主席马飚主持。王正伟、齐续春副主席，白立忱同志出席。

8 日，俞正声主席出席全国政协机关 2018 年春节团拜会，向机关干部职工和离退休老同志致以亲切问候和新春祝福。杜青林、李海峰、卢展工、王正伟、马飚、刘晓峰副主席出席，张庆黎副主席兼秘书长主持。机关离退休老同志代表和机关青年代表发言。

1 月 31 日至 2 月 9 日，全国政协副主席、中国人民争取和平与裁军协会会长韩启德率协会代表团出访印度、斯里兰卡、泰国。

13 日，副主席兼秘书长、机关党组书记张庆黎主持召开机关副局级以上干部会议，传达中央有关通报精神。常务副秘书长、机关党组副书记潘立刚传达。机关领导班子成员、专委会驻会副主任、行政关系在机关的已退出领导岗位尚在职的部级领导干部出席。机关各室局副局级以上干部参加。

14 日，2018 年春节团拜会在人民大会堂举行。俞正声主席，杜青林、韩启德、万钢、林文漪、罗富和、张庆黎、李海峰、陈元、卢展工、王家瑞、王正伟、马飚、齐续春、陈晓光、马培华副主席，王刚、王忠禹、张怀西、李蒙、阿不来提·阿不都热西提、黄孟复、张梅颖、张榕明、李金华、陈宗兴同志出席。

24 日，罗豪才同志遗体送别仪式在八宝山革命公墓礼堂举行。习近平、李克强、张德江、俞正声、张高丽、栗战书、汪洋、赵乐际、韩正等领导同志，贾庆林同志，全国政协副主席杜青林、韩启德、万钢、罗富和、张庆黎、李海峰、陈元、卢展工、王家瑞、马飚、王钦敏，李贵鲜、郝建秀、张梅颖、张榕明、孙家正、李金华、王志珍同志出席。部分全国政协副秘书长、专委会驻会副主任、行政关系在机关的已退出领导岗位尚在职的部级干部及治丧办成员参加。

24 日，习近平总书记，俞正声主席，贾庆林同志，杜青林、张庆黎副主席前往北京 301 医院，看望病重弥留之际的杨汝岱同志。刘家强副秘书长陪同。杨汝岱同志因病医治无效，于 17 时 28 分在北京逝世，享年 92 岁。

24 日，全国政协副主席、中国经济社会理事会主席杜青林主持召开理事会第 15 次主席办公会议，部署研究 2018 年理事会调研工作，确定调研总体方案。

24 日，政协十三届一次会议秘书处召开工作协调会，听取关于中共中央政治局常委同志到委员小组参加讨论、共商国是活动前期工作进展情况的汇报，部署落实有关工作。张庆黎副主席兼秘书长出席并讲话，常荣军副秘书长主持。秘书处有关组和中办、国办秘书局有关同志参加。

24 日，张庆黎副主席兼秘书长主持召开政协十三届一次会议秘书处大会发言选稿会，研究大会发言口头发言稿件。

28 日，俞正声主席主持召开政协第

十二届全国委员会第七十一次主席会议，审议政协十三届一次会议主席团、常务主席、主席团会议主持人和大会秘书长、副秘书长名单（草案）；审议政协十三届一次会议预备会议日程（草案）；审议政协十三届一次会议提案审查委员会人选建议名单（草案）；推举在政协十三届一次会议上作常委会工作报告和提案工作情况报告的报告人；审议政协十三届一次会议分组办法（草案）、委员小组召集人名单（草案）、新闻发言人名单（草案）、秘书处机构设置和工作任务（草案）；听取政协十三届一次会议筹备工作情况的汇报；审议关于撤销邓伟政协第十二届全国委员会委员资格的决定（草案）。全国政协副主席杜青林、韩启德、帕巴拉·格列朗杰、万钢、林文漪、罗富和、何厚铧、张庆黎、李海峰、陈元、卢展工、周小川、王家瑞、王正伟、马飚、齐续春、陈晓光、马培华、刘晓峰、王钦敏、梁振英出席。副秘书长、机关党组成员、各专委会负责同志，中共中央统战部有关负责同志，政协十三届一次会议秘书处有关工作组负责同志列席。

3月

1日，中共全国政协党组书记俞正声主持召开中共十二届全国政协党组第五十七次会议，传达学习贯彻中国共产党第十九届中央委员会第三次全体会议精神。党组副书记杜青林，党组成员张庆黎、李海峰、陈元、卢展工、周小川、王家瑞、王正伟、马飚出席。

1日，杜青林、罗富和副主席在人民大会堂出席纪念周恩来同志诞辰120周年座谈会。潘立刚常务副秘书长参加并代表全国政协办公厅发言。

1日，副主席兼秘书长、机关党组书记张庆黎主持召开中共政协第十二届全国委员会机关党组会议，研究有关事项。

1日，张庆黎副主席兼秘书长在机关主持召开政协十三届一次会议秘书处工作会议，审议《中国人民政治协商会议第十三届全国委员会第一次会议选举办法（草案）》，研究政协十三届一次会议期间会外活动安排。

2日，杨汝岱同志遗体送别仪式在八宝山革命公墓礼堂举行。习近平、李克强、张德江、俞正声、张高丽、栗战书、汪洋、王沪宁、赵乐际、韩正等领导同志，贾庆林同志，十二届全国政协副主席杜青林、万钢、罗富和、张庆黎、陈元、卢展工、王家瑞、马飚、刘晓峰同志，郝建秀、李蒙、白立忱、阿不来提·阿不都热西提、张梅颖、张榕明、孙家正、李金华、陈宗兴同志出席。

2日，政协第十三届全国委员会第一次会议预备会议在人民大会堂举行。会议审议通过政协第十三届全国委员会第一次会议主席团、主席团会议主持人和秘书长名单，政协第十三届全国委员会第一次会议议程和日程，政协第十三届全国委员会第一次会议提案审查委员会名单。十二届全国政协主席俞正声主持，副主席杜青林、韩启德、帕巴拉·格列朗杰、董建华、万钢、林文漪、罗富和、何厚铧、张庆黎、李海峰、陈元、卢展工、周小川、王家瑞、王正伟、马飚、齐续春、陈晓光、马培华、刘晓峰、王钦敏、梁振英在主席台就座。汪洋、刘奇葆同志和十三届全国政协委员共2112人出席。

2日，政协第十三届全国委员会第一次会议主席团第一次会议在人民大会堂西大厅举行。主席团会议主持人汪洋主持。会议审议通过政协第十三届全国委员会第一次会议主席团常务主席名单、各次全体会议执行主席和主持人名单、分组办法和委员小组召集人名单、会议副秘书长名单、会议秘书处机构设置和工作任务。主席团常务主席张庆黎、刘奇葆、帕巴拉·格列朗杰、董建华、万钢、何厚铧、卢展工、王正伟、马飚、陈晓光、梁振英和主席团成员共316人出席。有关方面负责同志列席。

2日，政协第十三届全国委员会第一次会议党的领导小组会议在人民大会堂台湾厅召开，中共中央政治局常委、领导小组组长汪洋主持并讲话。小组成员张庆黎、刘奇葆、卢展工、王正伟、马飚出席。全国政协机关党组潘立刚、常荣军、舒启明同志列席。

2日，全国政协十三届一次会议秘书处在人民大会堂四川厅召开现场会暨第一次工作调度会议。十二届全国政协副主席兼秘书长张庆黎出席并讲话。

2日，全国政协十三届一次会议委员小组召集人会议在政协礼堂召开。大会主席团常务主席、秘书长张庆黎出席并讲话，强调要充分认识开好全国政协十三届一次会议的重要意义，切实把思想和行动统一到中央部署要求上来；要准确把握大会总体安排和主要任务，确保大会开出质量、富有成效；要认真履行小组召集人职责，确保圆满完成大会各项任务。大会副秘书长潘立刚主持会议并通报大会有关安排。

2日，全国政协十三届一次会议新闻发布会在人民大会堂新闻发布厅举行。大会新闻发言人王国庆介绍本次会议有关情况和全国政协十二届一次会议以来的工作，回答了16位中外记者的提问。新闻组组长刘佳义主持，组长丛兵出席。

2日，政协第十三届全国委员会第一次会议提案审查委员会在人民大会堂新疆厅召开第一次全体会议，审议通过政协第十三届全国委员会第一次会议提案工作方案。

3日，政协第十三届全国委员会第一次会议开幕会在人民大会堂举行。主席团会议主持人汪洋主持会议，十二届全国政协主席俞正声代表政协第十二届全国委员会常务委员会作工作报告，十二届全国政协副主席万钢代表政协第十二届全国委员会常务委员会作关于提案工作情况的报告。主席团常务主席张庆黎、刘奇葆、帕巴拉·格列朗杰、董建华、何厚铧、卢展工、王正伟、马飚、陈晓光、梁振英和十三届全国政协委员共2149人出席。党和国家领导人习近平、李克强、张德江、张高丽、栗战书、王沪宁、赵乐际、韩正、丁薛祥、马凯、王晨、刘延东、许其亮、孙春兰、李希、李强、李建国、李鸿忠、李源潮、杨洁篪、杨晓渡、张又侠、陈希、陈全国、陈敏尔、范长龙、胡春华、郭声琨、黄坤明、蔡奇、尤权、王胜俊、陈昌智、严隽琪、沈跃跃、吉炳轩、张平、向巴平措、艾力更·依明巴海、万鄂湘、张宝文、陈竺、常万全、王勇、周强、曹建明、杜青林、韩启德、林文漪、罗富和、李海峰、陈元、周小川、王家瑞、齐续春、马培华、刘晓峰、王钦敏，中共中央和国务院43个部门和单位负责同志、部分海外侨胞列席。外国驻华使节、新闻官旁听。

4日，中共中央总书记、国家主席、中央军委主席习近平，中共中央政治局常委、政协十三届一次会议主席团会议主持人汪洋到北京铁道大厦参加民盟、致公党、无党派人士、侨联界委员联组讨论、共商国是活动。习近平总书记作重要讲话。政协十三届一次会议主席团常务主席张庆黎、万钢、陈晓光，副秘书长潘立刚、蒋作君、徐辉、常荣军、舒启明陪同。中共中央政治局委员、中央书记处书记、中央办公厅主任丁薛祥，中共中央书记处书记、中央统战部部长尤权随同参加。民盟中央主席丁仲礼、中国侨联主席万立骏参加。

4日，中共中央政治局常委、国务院总理李克强到北京会议中心参加经济、农业界委员联组讨论、共商国是活动并讲话。政协十三届一次会议主席团常务主席刘奇葆、帕巴拉·格列朗杰；十二届全国政协副主席周小川；政协十三届一次会议副秘书长邓宗良；十二届全国政协专委会驻会副主任田杰、侯建民、高波陪同。

4日，中共中央政治局常委、十三届全国人大一次会议主席团常务主席栗战书到北京丰大国际大酒店参加民建、九三学社界委员联组讨论、共商国是活动并讲话。政协十三届一次会议主席团常务主席卢展工，副秘书长宋海、邵鸿、张裔炯、王国庆；十二届全国政协专委会驻会副主任陈惠丰陪同。

4日，中共中央政治局常委、政协十三届一次会议主席团会议主持人汪洋到北京友谊宾馆参加中共界委员联组讨论、共商国是活动并讲话。政协十三届一次会议主席团常务主席张庆黎、刘奇葆、卢展工、王正伟、马飚，副秘书长潘立刚、常荣军、舒启明陪同。

4日，中共中央政治局常委、中央书记处书记王沪宁到北京会议中心参加教育、新闻出版界委员联组讨论、共商国是活动并讲话。政协十三届一次会议主席团常务主席王正伟，副秘书长刘佳义、姜信治；十二届全国政协专委会驻会副主任丛兵、吕忠梅、杨小波陪同。

4日，中共中央政治局常委、中央纪委书记赵乐际到全国政协礼堂参加港澳地区委员联组讨论、共商国是活动并讲话。政协十三届一次会议主席团常务主席董建华主持。政协十三届一次会议主席团常务主席何厚铧、梁振英，副秘书长何维；中央纪委驻全国政协机关纪检组组长、机关党组成员周新建；十二届全国政协专委会驻会副主任吕虹、金学锋陪同。

4日，中共中央政治局常委韩正到昆泰酒店参加民革、民进界委员联组讨论、共商国是活动并讲话。十三届全国人大一次会议主席团常务主席、民革中央主席万鄂湘；政协十三届一次会议主席团常务主席马飚，副秘书长何丕洁、朱永新、刘家强；中共中央统战部副部长、国家民族事务委员会主任巴特尔陪同。

5日，十三届全国人大一次会议开幕会在人民大会堂举行，中共中央政治局常委、国务院总理李克强作政府工作报告，中共中央政治局委员、十二届全国人大常委会副委员长兼秘书长王晨作关于《中华人民共和国宪法修正案（草案）》的说明。十二届全国政协主席俞正声，中共中央政治局常委、全国政协十三届一次会议主席团会议主持人汪洋，主席团常务主席张庆黎、刘奇葆、帕巴拉·格列朗杰、董建华、万钢、何厚铧、卢展工、王正伟、马飚、陈晓光、梁振英；十二届全国政协副主席杜青林、韩启德、林文漪、罗富和、李海峰、陈元、周小川、王家瑞、齐续春、马培华、刘晓峰、王钦敏；全国政协十三届一次会议副秘书长潘立刚在主席台就座。全国政协委员列席。

5日，政协十三届一次会议主席团常务主席张庆黎在机关与列席大会的来自25个国家的35位海外侨胞餐叙。

6日，中共中央政治局常委、政协十三届一次会议主席团会议主持人汪洋到北京友谊宾馆参加少数民族界委员联组讨论、共商国是活动并讲话。政协十三届一次会议主席团常务主席张庆黎、王正伟、马飚，副秘书长潘立刚、常荣军、舒启明；十二届政协专委会驻会副主任杨小波陪同。

6 日，中共中央政治局委员、中央军委副主席张又侠，政协十三届一次会议主席团常务主席陈晓光到华北宾馆参加特邀人士界（55 组、56 组）委员联组讨论。大会副秘书长潘立刚，十二届政协专委会驻会副主任田杰、侯建民陪同。

6 日，政协十三届一次会议主席团常务主席刘奇葆到昆泰酒店参加文艺界委员联组讨论。大会副秘书长邓宗良，十二届政协专委会驻会副主任金学锋、陈惠丰陪同。

6 日，政协十三届一次会议主席团常务主席卢展工到鸿府大厦参加福利保障界委员小组讨论。大会副秘书长常荣军、舒启明，十二届政协专委会驻会副主任吕忠梅陪同。

6 日，政协十三届一次会议主席团常务主席梁振英到北京华彬费尔蒙酒店参加香港界（53 组）委员小组讨论。大会副秘书长刘家强，十二届政协专委会驻会副主任吕虹陪同。

7 日，政协十三届一次会议举行小组会议，讨论宪法修正案草案。

8 日，政协第十三届全国委员会第一次会议第二次全体会议在人民大会堂举行。中共中央政治局常委、政协十三届一次会议主席团会议主持人汪洋，中共中央政治局委员、中央书记处书记、国务委员郭声琨出席。政协十三届一次会议主席团常务主席刘奇葆主持。政协第十二届全国委员会副主席兼秘书长张庆黎作中国人民政治协商会议章程修正案（草案）的说明。13 位委员先后围绕全面深化改革、经济高质量发展等主题作大会发言。政协十三届一次会议主席团常务主席帕巴拉·格列朗杰、董建华、何厚铧、卢展工、王正伟、马飚、陈晓光、梁振英和十三届全国政协委员共 2122 人出席。中共中央和国务院 45 个部门的负责同志应邀参加会议。

8 日，政协十三届一次会议主席团常务主席、秘书长张庆黎到大会秘书处提案组、秘书组、文件起草组、简报组，代表大会主席团和秘书处，看望慰问“两会”期间坚守岗位、辛勤工作的女工作人员，并致以节日问候。

9 日，政协十三届一次会议举行小组会议，审议政协章程修正案草案。

9 日，十三届全国人大一次会议第二次全体会议在人民大会堂举行，听取最高人民法院院长周强作最高人民法院工作报告、最高人民检察院检察长曹建明作最高人民检察院工作报告。中共中央政治局常委、全国政协十三届一次会议主席团会议主持人汪洋，主席团常务主席张庆黎、刘奇葆、万钢、何厚铧、卢展工、王正伟、马飚、陈晓光；十二届全国政协副主席杜青林、罗富和、李海峰、陈元、周小川、王家瑞、齐续春、刘晓峰、王钦敏，政协十三届一次会议副秘书长潘立刚在主席台就座。全国政协委员列席。

9 日，政协十三届一次会议秘书处召开第五次工作调度会议，听取第一次大会发言、小组会议、列席人大会议听取“两高”报告的工作情况及下一步工作准备情况的汇报，协调解决有关问题。大会主席团常务主席、秘书长张庆黎主持并讲话。秘书处各工作组组长、第一副组长，各驻地办事组组长等出席。

10 日，政协十三届一次会议举行小组会议，讨论“两高”工作报告。

10 日，政协第十三届全国委员会第一次会议第三次全体会议在人民大会堂举行。中共中央政治局常委、政协十三届一次会议主席团会议主持人汪洋，中共中央政治局委员、中央书记处书记、中央宣传部部长黄坤明，中共中央书记处书记、中央统战部部长尤权出席。主席团常务主席陈晓光主持。邵鸿、莫荣、姚增科、朱永新、李迎新、曲凤宏、刘晓庄、曹小红、王欢、屠海鸣、成平、杨发明、杨健、杨利伟委员围绕政治社会文化建设统战政协工作等作大会发言。主席团常务主席张庆黎、刘奇葆、帕巴拉·格列朗杰、万钢、何厚铧、卢展工、王正伟、马飚、梁振英和十三届全国政协委员共 2103 人出席。中共中央和国务院 45 个部门的负责同志应邀参加会议。

11 日，十三届全国人大一次会议第三次全体会议在人民大会堂举行，表决通过中华人民共和国宪法修正案，听取十二届全国人大常委会委员长张德江关于全国人民代表大会常务委员会工作的报告。中共中央政治局常委、全国政协十三届一次会议主席团会议主持人汪洋，主席团常务主席张庆黎、刘奇葆、帕巴拉·格列朗杰、万钢、何厚铧、卢展工、王正伟、马飚、陈晓光；十二届全国政协副主席杜青林、罗富和、李海峰、陈元、周小川、王家瑞、齐续春、刘晓峰、王钦敏；全国政协十三届一次会议副秘书长潘立刚在主席台就座。

11 日，提案审查委员会召开第二次主任会议和第二次全体会议，讨论关于政协十三届一次会议提案审查情况的报告(稿)。李智勇主任主持，王惠贞、支树平、田杰、李晓全、胡四一、郭庚茂、黄荣、戚建国、蒋定之、赖明、臧献甫副主任，提案组组长高波出席。

12 日，中共中央政治局常委、政协十三届一次会议主席团会议主持人汪洋主持召开政协第十三届全国委员会第一次会议主席团常务主席会议第一次会议。中共中央书记处书记、中央统战部部长尤权出席并就人事事项作说明。会议审议政协第十三届全国委员会第一次会议选举办法(草案)，政协第十三届全国委员会主席、副主席、秘书长、常务委员建议人选名单(草案)，政协第十三届全国委员会第一次会议关于常务委员会工作报告的决议（草案)，政协第十三届全国委员会第一次会议关于中国人民政治协商会议章程修正案的决议（草案)，政协第十三届全国委员会第一次会议政治决议（草案)。大会主席团常务主席张庆黎、刘奇葆、帕巴拉·格列朗杰、董建华、万钢、何厚铧、卢展工、王正伟、马飚、陈晓光、梁振英出席。大会副秘书长、秘书处有关工作组负责同志列席。

12 日，中共中央政治局常委、政协十三届一次会议主席团会议主持人汪洋主持召开政协第十三届全国委员会第一次会议主席团第二次会议。中共中央书记处书记、中央统战部部长尤权出席并就人事事项作说明。会议审议政协第十三届全国委员会第一次会议选举办法（草案)，政协第十三届全国委员会主席、副主席、秘书长、常务委员建议人选名单，政协第十三届全国委员会第一次会议关于常务委员会工作报告的决议（草案)，政协第十三届全国委员会第一次会议关于中国人民政治协商会议章程修正案的决议（草案)，政协第十三届全国委员会第一次会议政治决议（草案)。大会主席团常务主席张庆黎、刘奇葆、帕巴拉·格列朗杰、董建华、万钢、何厚铧、卢展工、王正伟、马飚、陈晓光、梁振英和主席团成员共 317 人出席。省级和副省级市政协负责同志、会议有关方面负责同志列席。

13 日，十三届全国人大一次会议第四次全体会议在人民大会堂举行，听取全国人大常委会关于中华人民共和国监察法草案的说明，国务院关于国务院机构改革方案的说明；表决大会关于设立十三届全国人大专门委员会的决定草案，关于十三届全国人大专门委员会主任委员、副主任委员、委员人选的表决办法草案，十三届全国人大宪法和法律委员会、财政经济委员会主任委员、副主任委员、委员人选两个名单草案。中共中央政治局常委、全国政协十三届一次会议主席团会议主持人汪洋，主席团常务主席张庆黎、刘奇葆、董建华、万钢、何厚铧、卢展工、王正伟、马飚、陈晓光、梁振英；十二届全国政协副主席杜青林、罗富和、李海峰、陈元、周小川、王家瑞、刘晓峰、王钦敏在主席台就座。

13 日，政协十三届一次会议举行小组会议，审议各项决议草案、选举办法草案、候选人名单草案，推举监票人，讨论监察法草案、国务院机构改革方案等。

14 日，中共中央政治局常委、政协十三届一次会议主席团会议主持人汪洋在机关主持召开政协第十三届全国委员会第一次会议主席团常务主席会议第二次会议。中共中央书记处书记、中央统战部部长尤权出席并就各委员小组讨论人事事项情况作说明。会议听取关于政协第十三届全国委员会主席、副主席、秘书长、常务委员候选人名单（草案）讨论情况的说明，审议政协第十三届全国委员会第一次会议提案审查委员会关于政协十三届一次会议提案审查情况的报告（草案），听取政协第十三届全国委员会第一次会议分组会议情况的综合汇报。大会主席团常务主席张庆黎、刘奇葆、帕巴拉·格列朗杰、董建华、万钢、何厚铧、卢展工、王正伟、马飚、陈晓光、梁振英出席。大会提案审查委员会负责同志，大会副秘书长、秘书处有关工作组负责同志列席。

14 日，中共中央政治局常委、政协十三届一次会议主席团会议主持人汪洋在机关主持召开政协第十三届全国委员会第一次会议主席团第三次会议。中共中央书记处书记、中央统战部部长尤权出席并就各委员小组讨论人事事项情况作说明。会议通过政协第十三届全国委员会第一次会议选举办法，通过政协第十三届全国委员会主席、副主席、秘书长、常务委员候选人名单，审议通过总监票人、监票人名单，通过政协第十三届全国委员会第一次会议关于常务委员会工作报告的决议（草案），通过政协第十三届全国委员会第一次会议关于中国人民政治协商会议章程修正案的决议（草案），审议通过政协第十三届全国委员会第一次会议提案审查委员会关于政协十三届一次会议提案审查情况的报告（草案），通过政协第十三届全国委员会第一次会议政治决议（草案）。大会主席团常务主席张庆黎、刘奇葆、帕巴拉·格列朗杰、董建华、万钢、何厚铧、卢展工、王正伟、马飚、陈晓光、梁振英和主席团成员共 316 人出席。省级和副省级市政协、会议有关方面负责同志列席。

14 日，政协第十三届全国委员会第一次会议在人民大会堂举行第四次全体会议，选举政协第十三届全国委员会主席、副主席、秘书长和常务委员。政协第十二届全国委员会主席俞正声到会对新一届常委会的产生表示祝贺，中共中央政治局常委、大会主席团会议主持人汪洋当选政协第十三届全国委员会主席，张庆黎、刘奇葆、帕巴拉·格列朗杰、董建华、万钢、何厚铧、卢展工、王正伟、马飚、陈晓光、梁振英、夏宝龙、杨传堂、李斌、巴特尔、汪永清、何立峰、苏辉、郑建邦、辜胜阻、刘新成、何维、邵鸿、高云龙当选副主席，夏宝龙同时当选秘书长。会议还选举产生政协第十三届全国委员会常务委员 300 人。大会主席团常务主席张庆黎主持。2144 名十三届全国政协委员出席。

14 日，全国政协办公厅、中共中央统战部在政协礼堂举办港澳地区全国政协委员招待会。中共中央政治局常委、十三届全国政协主席汪洋致辞，中共中央书记处书记、中央统战部部长尤权主持。中共中央政治局委员、国务委员杨洁篪，十三届全国政协副主席张庆黎、董建华、万钢、何厚铧、梁振英、夏宝龙、巴特尔，全国政协办公厅、中共中央统战部、国务院港澳办和中央人民政府驻香港、澳门联络办等有关方面负责同志，港澳地区全国政协委员出席。

15日，政协第十三届全国委员会第一次会议闭幕会在人民大会堂举行。汪洋主席主持并讲话。会议通过政协第十三届全国委员会第一次会议关于常务委员会工作报告的决议、政协第十三届全国委员会第一次会议关于中国人民政治协商会议章程修正案的决议、政协第十三届全国委员会提案审查委员会关于政协十三届一次会议提案审查情况的报告、政协第十三届全国委员会第一次会议政治决议。副主席张庆黎、刘奇葆、帕巴拉·格列朗杰、董建华、万钢、何厚铧、卢展工、王正伟、马飚、陈晓光、梁振英、夏宝龙、杨传堂、李斌、巴特尔、汪永清、何立峰、苏辉、郑建邦、辜胜阻、刘新成、何维、邵鸿、高云龙和十三届全国政协委员共2142人出席。习近平、李克强、张德江、俞正声、张高丽、栗战书、王沪宁、赵乐际、韩正等领导同志，丁薛祥、马凯、王晨、刘鹤、刘延东、许其亮、孙春兰、李希、李强、李建国、李鸿忠、李源潮、杨洁篪、杨晓渡、张又侠、陈希、陈全国、陈敏尔、范长龙、胡春华、郭声琨、黄坤明、蔡奇、尤权、王胜俊、陈昌智、严隽琪、沈跃跃、吉炳轩、张平、向巴平措、艾力更·依明巴海、万鄂湘、张宝文、陈竺、常万全、王勇、周强、曹建明同志，张春贤、杜青林、韩启德、林文漪、罗富和、李海峰、陈元、周小川、王家瑞、齐续春、马培华、刘晓峰、王钦敏同志，有关民主党派中央主要负责同志丁仲礼、郝明金、蔡达峰、武维华，中共中央办公厅、全国人大常委会办公厅、国务院办公厅负责同志在主席台就座。中共中央和国务院47个有关部门负责同志、部分海外侨胞列席。外国驻华使节、新闻官旁听。闭幕会后，党和国家领导人与全体委员在人民大会堂宴会厅合影。

15日，中共中央政治局常委、全国政协主席汪洋在人民大会堂看望参加政协十三届一次会议新闻报道工作的中央主要新闻单位负责同志和记者代表。中共中央政治局委员、中央书记处书记、中宣部部长黄坤明，全国政协副主席张庆黎，全国政协副主席兼秘书长夏宝龙，大会副秘书长潘立刚、常荣军、刘佳义，新闻组组长丛兵参加看望。《人民日报》、《新华社》、《光明日报》、《经济日报》、《中国日报》、中央人民广播电台、中央电视台、中国国际广播电台、中国新闻社、《人民政协报》、《中国政协》杂志负责同志和记者代表50余人参加。

15日，中共全国政协党组书记汪洋主持召开中共十三届全国政协党组第一次会议。会议宣布中共政协第十三届全国委员会党组组成人员；审议中共政协全国委员会党组2018年工作要点（稿）；研究讨论提请政协十三届全国委员会第一次主席会议审议的有关事项；审议中共政协第十三届全国委员会各专门委员会分党组组成人员名单（草案）。党组副书记张庆黎，成员刘奇葆、卢展工、王正伟、马飚、夏宝龙、杨传堂、李斌、巴特尔、汪永清、何立峰出席。全国政协机关党组潘立刚、舒启明列席。

15日，汪洋主席在机关主持召开政协第十三届全国委员会第一次主席会议，审议政协第十三届全国委员会常务委员会第一次会议议程（草案）和日程（草案），政协第十三届全国委员会常务委员会关于设置专门委员会的决定（草案），政协第十三届全国委员会副秘书长任命名单（草案），政协第十三届全国委员会各专门委员会主任、副主任、委员名单（草案）。副主席张庆黎、刘奇葆、帕巴拉·格列朗杰、董建华、万钢、何厚铧、卢展工、王正伟、马飚、陈晓光、梁振英、夏宝龙、杨传堂、李斌、巴特尔、汪永清、何立峰、苏辉、郑建邦、辜胜阻、刘新成、何维、邵鸿、高云龙出席。政协十三届一次会议副秘书长潘立刚，全国政协办公厅有关室局负责同志列席。

15日，政协常委党员会议在机关召开，全国政协主席、中共全国政协党组书记汪洋主持并讲话。副主席张庆黎、刘奇葆、卢展工、王正伟、马飚、夏宝龙、杨传堂、李斌、巴特尔、汪永清、何立峰，常委中的中共党员出席。

15日，政协第十三届全国委员会常务委员会第一次会议开幕会在常委会议厅举行。汪洋主席出席，张庆黎副主席主持。会议审议通过政协第十三届全国委员会常务委员会第一次会议议程；听取关于政协第十三届全国委员会常务委员会设置专门委员会的决定（草案）的说明；听取关于政协第十三届全国委员会各专门委员会主任、副主任名单（草案）的说明。副主席刘奇葆、帕巴拉·格列朗杰、董建华、万钢、何厚铧、卢展工、王正伟、马飚、陈晓光、梁振英、夏宝龙、杨传堂、李斌、巴特尔、汪永清、何立峰、苏辉、郑建邦、辜胜阻、刘新成、何维、邵鸿、高云龙和常委共316人出席。不是常委的省级和副省级市政协主席，全国政协办公厅有关负责同志列席。

16日，汪洋主席主持召开政协第十三届全国委员会第二次主席会议，听取政协第十三届全国委员会常务委员会第一次会议各小组讨论情况的汇报。副主席张庆黎、刘奇葆、帕巴拉·格列朗杰、董建华、万钢、何厚铧、卢展工、王正伟、马飚、陈晓光、梁振英、夏宝龙、杨传堂、李斌、巴特尔、汪永清、何立峰、苏辉、郑建邦、辜胜阻、刘新成、何维、邵鸿、高云龙出席。政协第十三届全国委员会常务委员会第一次会议各组召集人、全国政协办公厅有关室局负责同志列席。

16日，政协第十三届全国委员会常务委员会第一次会议闭幕会在常委会议厅举行。汪洋主席主持并讲话。会议通过政协第十三届全国委员会常务委员会关于设置专门委员会的决定，政协第十三届全国委员会副秘书长任命名单，政协第十三届全国委员会各专门委员会主任、副主任名单。副主席张庆黎、刘奇葆、帕巴拉·格列朗杰、董建华、万钢、何厚铧、卢展工、王正伟、马飚、陈晓光、梁振英、夏宝龙、杨传堂、李斌、巴特尔、汪永清、何立峰、苏辉、郑建邦、辜胜阻、刘新成、何维、邵鸿、高云龙和常委共316人出席。不是常委的省级、副省级市政协主席和全国政协办公厅有关负责同志列席。

16日，汪洋主席在机关与新任各专门委员会主任见面并讲话。张庆黎副主席、夏宝龙副主席兼秘书长，潘立刚常务副秘书长参加。

16日，汪洋主席在政协礼堂看望慰问大会工作人员并讲话，张庆黎副主席主持，夏宝龙副主席兼秘书长出席并讲话。大会副秘书长，秘书处各工作组组长、第一副组长，各驻地办事组组长和大会工作人员共700余人参加。

16日，夏宝龙副主席兼秘书长出席机关领导班子成员见面会并讲话。

16日，政协第十三届全国委员会常务委员会第一会议进行分组会议。何维副主席参加。

20日，十三届全国人大一次会议在人民大会堂举行闭幕会。中共中央政治局常委、全国政协主席汪洋，俞正声同志，张庆黎、刘奇葆、帕巴拉·格列朗杰、董建华、万钢、何厚铧、卢展工、王正伟、马飚、陈晓光、梁振英、夏宝龙、杨传堂、李斌、巴特尔、汪永清、何立峰、苏辉、郑建邦、辜胜阻、刘新成、何维、邵鸿、高云龙副主席和杜青林、韩启德、林文漪、罗富和、李海峰、陈元、王家瑞、齐续春、马培华、刘晓峰、王钦敏同志，潘立刚常务副秘书长在主席台就座。

20日，中央领导同志在人民大会堂接见十三届全国人大一次会议代表并合影。中共中央政治局常委、全国政协主席汪洋，俞正声同志出席。

21日，中共全国政协党组书记汪洋主持中共全国政协党组理论学习中心组2018年第一次集体学习，学习新修订的《中华人民共和国宪法》。全国人大宪法和法律委员会副主任委员，常委会法制工作委员会、香港澳门基本法委员会主任沈春耀应邀授课。党组副书记张庆黎，成员刘奇葆、卢展工、王正伟、马飚、夏宝龙、杨传堂、李斌、巴特尔、汪永清、何立峰出席。全国政协副主席万钢、陈晓光、苏辉、郑建邦、辜胜阻、刘新成、何维、邵鸿、高云龙，机关领导班子成员，专委会分党组成员列席。

21日，汪洋主席在政协礼堂会见美国前财政部部长雅各布·卢。夏宝龙副主席兼秘书长参加。

21日，夏宝龙副主席兼秘书长在中国政协文史馆参观人民政协光辉历程展，并与工作人员进行交流。

22日，夏宝龙副主席兼秘书长主持召开政协第十三届全国委员会第一次秘书长会议，宣布政协第十三届全国委员会副秘书长任命名单，审议全国政协2018年双周协商座谈会安排（草案）、全国政协2018年视察考察调研安排（草案）。

22日，机关召开传达学习全国“两会”精神会议。夏宝龙副主席兼秘书长出席并讲话，强调要切实把思想统一到全国“两会”精神上来，认真学习贯彻新修订的宪法和政协章程，扎实做好今年机关各项工作，切实加强机关自身建设。潘立刚常务副秘书长传达全国“两会”精神，舒启明副秘书长主持。机关领导班子成员和部分离退休部级干部出席。机关行政室局全体干部、直属单位副处级以上干部、部分离退休老干部560余人参加。

26日，汪洋主席在政协礼堂会见美国黑石集团董事长兼首席执行官苏世民。

26日，夏宝龙副主席兼秘书长主持召开政协第十三届全国委员会第一次秘书长碰头会，通报和部署近期工作。

27日，全国政协十三届一次会议提案交办会在政协礼堂举行。张庆黎副主席出席并讲话，强调要提高政治站位，充分认识做好今年提案办理工作的重要意义；要坚持质量第一，真诚平等协商、突出重点办理、举一反三办理、开诚布公答复，切实提升提案办理工作水平；要加强领导明确责任、加强督促推动落实，加强协作形成合力，圆满完成今年提案办理工作任务。夏宝龙副主席兼秘书长主持。中共中央办公厅副主任陈世炬、国务院副秘书长李宝荣出席并对承办单位提出工作要求。机关领导班子成员，部分中央和国家机关负责同志，提案承办单位和全国政协办公厅有关室局同志450余人参加。会后，与会承办单位相关部门进行集中调整和交办全国政协十三届一次会议提案。

28日，政协第十三届全国委员会专门委员会主任会议暨学习研讨班在机关举行。上午，在常委会议厅进行集中学习，张庆黎副主席作动员讲话，夏宝龙副主席兼秘书长出席，副秘书长潘立刚主持，副秘书长邓宗良作“专门委员会特点和工作方法”的报告，教科卫体委员会副主任常荣军作“全国政协的组织结构、工作机构及其工作职责”的报告。集中学习后，各专门委员会围绕如何进一步做好工作、切实发挥专门委员会在政协工作中的重要作用进行分组讨论。下午，在常委会议厅召开专门委员会主任会议，汪洋主席会前接见与会人员，并在会上作讲话。张庆黎、刘奇葆、卢展工、王正伟、马飚、杨传堂、李斌、汪永清副主席出席，夏宝龙副主席兼秘书长主持。各专门委员会负责同志汇报本委员会2018年工作要点。各专门委员会主任、副主任，副秘书长、机关领导班子成员，机关各室局负责同志参加全天会议。

29日，汪洋主席主持召开政协第十三届全国委员会第三次主席会议，通报中共政协全国委员会党组2018年工作要点，审议关于十三届全国政协副主席联系界别工作的意见（草案）、关于十三届全国政协副主席联系专门委员会的意见（草案）、关于十三届全国政协专门委员会联系界别委员的意见（草案），审议全国政协2018年双周协商座谈会安排（草案），审议全国政协2018年视察考察调研安排（草案），研究全国政协十三届一次会议重点提案题目和督办方式（草案）。张庆黎、刘奇葆、董建华、万钢、卢展工、王正伟、马飚、陈晓光、夏宝龙、杨传堂、李斌、巴特尔、汪永清、何立峰、苏辉、郑建邦、辜胜阻、刘新成、何维、邵鸿、高云龙副主席出席。全国政协副秘书长、机关领导班子成员，各专门委员会主任、驻会副主任，办公厅有关室局负责同志列席。

30日，刘奇葆副主席在机关听取文化文史和学习委员会驻会副主任陈惠丰关于委员会工作的汇报，并提出要求。

30日，马飚副主席在机关听取提案委员会驻会副主任田杰关于2018年度提案重点工作安排情况的汇报，并提出要求。

30日，杨传堂副主席在机关听取港澳台侨委员会驻会副主任吕虹关于全国政协香港特别邀请人士界别、澳门特别邀请人士界别有关情况的汇报，并就做好相关工作提出要求。

30日，苏辉副主席在机关听取港澳台侨委员会驻会副主任吕虹关于委员会工作的汇报，并提出要求。

4月

2日，张庆黎副主席召集会议，研究汪洋主席部署的全国政协三项重要会议活动方案。

2日，夏宝龙副主席兼秘书长主持召开政协第十三届全国委员会第二次秘书长碰头会，通报和部署近期工作。

2日，农业和农村委员会第一次全体会议在机关召开。杨传堂副主席出席并讲话，农业和农村委员会主任罗志军主持并讲话。农业农村部副部长韩俊到会作习近平总书记“三农”思想辅导报告。会议传达学习汪洋主席在全国政协十三届常委会第一次会议和全国政协专门委员会主任会议暨学习研讨班上的讲话精神，审议委员会工作指南（征求意见稿），研究部署2018年委员会工作。

3日，中共中央政治局常委、全国政协主席汪洋在上海市政协机关调研，主持召开学习贯彻落实习近平总书记关于人民政协工作重要讲话精神和全国“两会”精神座谈会并讲话。夏宝龙副主席兼秘书长、潘立刚副秘书长参加。

4日，汪洋主席到人民政协报社调

研，看望干部职工，并与部分干部职工代表座谈。张庆黎副主席参加，夏宝龙副主席兼秘书长参加并主持座谈会。

4—6 日，刘奇葆副主席在陕西出席戊戌（2018）年清明公祭轩辕黄帝典礼活动，并就西安有关大遗址保护和利用情况进行调研。

9 日，万钢副主席率“人工智能的发展与对策”专题组在北京调研。

9 日，夏宝龙副主席兼秘书长主持召开政协第十三届全国委员会第一次秘书长办公会议，研究“健全系统性金融风险防范体系”专题协商会方案（草案）；审议政协第十三届全国委员会常务委员会第二次会议议程（草案）和日程（草案）；研究全国政协办公厅承办全国政协十三届一次会议提案工作方案（稿）；研究全国政协十三届一次会议期间委员对政协工作的意见和建议；研究关于《学习新修订政协章程问答》等政协工作用书修订工作建议方案（稿）。

10 日，副主席兼秘书长、机关党组书记夏宝龙主持召开中共政协全国委员会机关党组会议，传达中央通知精神。

10—11 日上午，社会和法制委员会在政协礼堂召开委员会第一次全体会议。卢展工、汪永清副主席出席并讲话。沈德咏主任主持，吕忠梅驻会副主任传达汪洋主席在全国政协专门委员会主任会议暨学习研讨班上的讲话精神，传达张庆黎副主席、夏宝龙副主席兼秘书长有关讲话要求，介绍委员会工作情况和 2018 年度主要工作安排。会议围绕宪法修正案、司法体制改革、监察体制改革、党和国家机构改革举办辅导讲座，并组织委员围绕如何做好委员会工作进行讨论。

12 日，高云龙副主席在钓鱼台国宾馆出席中国贸促会举办的“一带一路”贸易投资论坛开幕式并发表主旨演讲。

13 日，机关在京开展以“弘扬生态文明、建设美丽北京”为主题的义务植树活动。张庆黎、刘奇葆、卢展工、王正伟、马飚、夏宝龙、杨传堂、李斌、巴特尔、汪永清、何维、高云龙副主席，机关领导班子成员，北京市政协、首都绿化委、中直机关绿化委等有关单位负责同志及全国政协机关干部职工 300 余人参加。

10—14 日，经济委员会“健全系统性金融风险防范体系”专题组在浙江调研。辜胜阻副主席任专题组顾问并参加在绍兴、杭州的调研。

16 日，中共全国政协党组书记汪洋主持召开中共十三届全国政协党组第二次会议，研究习近平总书记关于加强和改革人民政协工作的重要思想理论研讨会、全国政协系统党的建设工作座谈会、全国地方政协工作经验交流会工作方案；研究全国政协主席会议 2018 年学习计划；研究中共全国政协党组成员参加双重组织生活有关安排。党组副书记张庆黎，成员刘奇葆、卢展工、王正伟、马飚、夏宝龙、杨传堂、李斌、巴特尔、汪永清、何立峰出席。

16 日，王正伟副主席在机关出席外事委员会“推进境外经贸合作区建设”专题调研座谈会，听取商务部有关部门负责同志介绍情况并进行座谈。

16 日，夏宝龙副主席兼秘书长主持召开政协第十三届全国委员会第二次秘书长会议，审议政协第十三届全国委员会常务委员会第二次会议议程（草案）和日程（草案）；研究“健全系统性金融风险防范体系”专题协商会方案（草案）；通报全国政协近期重点工作。

16 日，夏宝龙副主席兼秘书长主持召开政协第十三届全国委员会第四次秘书长碰头会，传达中央有关通报精神，通报和部署近期工作。机关领导班子成员、专委会驻会副主任及办公厅有关室局负责同志参加。

17日，全国政协2018年第一季度宏观经济形势分析座谈会在政协礼堂举行。张庆黎、夏宝龙、高云龙副主席出席，辜胜阻副主席出席并发言，经济委员会主任尚福林主持。国家统计局负责同志到会介绍2018年第一季度国民经济运行有关情况，11名委员发言。

17日，陈晓光副主席率教科卫体委员会“解决中小学生课外负担重问题”专题组在京调研。

18日，汪洋主席在机关听取社会和法制委员会驻会副主任吕忠梅关于“解决深度贫困地区脱贫问题”专题议政性常委会议筹备工作的汇报，并作出指示。张庆黎、夏宝龙副主席，潘立刚、舒启明副秘书长，农业和农村委员会办公室筹备组主要负责同志参加。

18日，高云龙副主席在机关出席经济委员会“发展实体经济，提高供给体系质量”专题组成立会暨情况介绍会。委员会主任尚福林主持。国家发展和改革委员会、科学技术部、财政部、工业和信息化部、人力资源和社会保障部、国家税务总局、中国人民银行有关负责同志到会介绍情况，并与委员互动交流。

19日，刘奇葆副主席在机关出席文化文史和学习委员会以“大遗址保护和利用”“推动大运河文化带建设”为主题的第一次专题对口协商座谈会并讲话。国家文物局负责同志到会介绍情况。

19日，副主席、全国政协“推动人工智能与实体经济深度融合”特邀常委视察团团长卢展工在机关出席视察团组团会议。

20日，政协第十三届全国委员会第一次双周协商座谈会在政协礼堂召开，围绕人工智能的发展与对策建言献策。汪洋主席主持并讲话，张庆黎、夏宝龙、刘新成副主席出席，万钢副主席出席并发言。14位委员，两位专家学者发言。科技部有关负责同志介绍有关情况，国家发展改革委、工业和信息化部、中国科学院、中国科协相关负责同志互动交流。杨传堂、汪永清、苏辉、辜胜阻、何维副主席，部分机关领导班子成员、专委会驻会副主任以及在京委员在分会场参加会议。

20日，全国政协副主席刘奇葆，全国政协副主席、书画室主任马飚和郑万通同志在中国政协文史馆出席由书画室举办的书画名作欣赏系列讲座。

11—20日，刘新成副主席率“历史文化名城名镇保护”专题组在甘肃、江苏调研。

23日，卢展工副主席在广州看望住穗全国政协委员并座谈。

23日，王正伟副主席在济南看望山东省政协负责同志和住鲁全国政协委员，听取意见建议并讲话。

23日，夏宝龙副主席兼秘书长主持召开第五次秘书长碰头会，通报和部署近期工作。

23日，李斌副主席在机关出席人口资源环境委员会“加大白洋淀生态保护和修复，有力支撑雄安新区发展”专题调研部委情况介绍会并讲话。

23日，全国政协副主席、国家民委主任巴特尔在中央社会主义学院出席“全国政协民族和宗教委员会工作培训班”开班式并讲话。

24日，全国政协在政协礼堂举行向不再连任的在京十二届全国政协常委颁发纪念证牌仪式。汪洋主席出席并讲话，夏宝龙副主席兼秘书长主持，十二届全国政协常委、经济委员会主任周伯华代表不再连任的十二届全国政协常委发言，汪洋主席、张庆黎副主席、夏宝龙副主席兼秘书长共同为不再连任的在京十二届全国政协常委颁发了纪念证牌。

24日，汪洋主席在政协礼堂会见并宴请密克罗尼西亚联邦国会议长西米纳。夏宝龙副主席兼秘书长参加。

25日，全国政协党组副书记、副主席张庆黎参加秘书局总值班室党支部2017年度组织生活会，作个人对照检查，民主评议党员并发言。

25日，王正伟副主席在南京看望住苏全国政协委员，听取意见并讲话。

25日，何维副主席在政协礼堂会见应全国政协外事委员会邀请访华的卢旺达参议院外交、合作与安全委员会代表团，就加强中卢关系、两机构交往和共建“一带一路”等进行交流。

27日，汪洋主席在政协礼堂会见爱尔兰众议长欧法雷尔。夏宝龙副主席兼秘书长参加。

22—27日，王正伟副主席率“推进境外经贸合作区建设”专题组在山东、江苏调研。

23—27日，陈晓光副主席率“解决中小学生课外负担重问题”专题组在湖南调研。

27日，夏宝龙副主席兼秘书长听取秘书局主要负责同志关于机关督查工作情况汇报并提出要求。强调督查室要主动工作、大胆工作，通过有效的督查，推动中央的大政方针、全国政协党组的部署和机关党组的要求落到实处。

25—27日，李斌副主席率“加大白洋淀生态保护和修复，有力支撑雄安新区发展”专题组在河北调研。

27日，何立峰副主席在湖北武汉召开经济形势座谈会，听取部分住鄂全国政协委员、湖北省政协委员和武汉市政协委员关于实现高质量发展的意见建议。

27日，辜胜阻副主席率“健全系统性金融风险防范体系”专题组在京调研并召开座谈会。

23—27日，卢展工副主席率“推动人工智能与实体经济深度融合”特邀常委视察团在广东视察。

28日，汪洋主席，张庆黎、刘奇葆、万钢、卢展工、王正伟、马飚、陈晓光、夏宝龙、杨传堂、李斌、巴特尔、汪永清、苏辉、郑建邦、辜胜阻、刘新成、何维、邵鸿、高云龙副主席到中国政协文史馆参观《大道同行——从“五一口号”到协商建国重要史事回顾展》。

28日，汪永清副主席听取社会和法制委员会驻会副主任吕忠梅关于“《未成年人网络保护条例》的制定”双周协商座谈会筹备情况汇报并提出要求。

5月

2日，汪洋主席在政协礼堂会见应中国经济社会理事会邀请访华的法国经济社会环境理事会主席贝尔纳斯科尼。全国政协副秘书长、中国经济社会理事会副主席潘立刚，十二届全国政协经济委员会副主任李毅中，中国经济社会理事会副主席王胜洪，法国驻华大使黎想参加。

2日，夏宝龙副主席兼秘书长主持召开第六次秘书长碰头会，通报和部署近期工作。部分机关领导班子成员、专委会驻会副主任及有关室局负责同志参加。

3日，机关党组理论学习中心组举行2018年度第二次集体学习。上午，邀请中央纪委法规室主任马森述作《中华人民共和国监察法》辅导报告，机关领导班子成员、专委会驻会副主任、行政关系在机关已退出领导岗位的部级干部和机关副处级以上干部近400人参加。下午，副主席兼秘书长、机关党组书记夏宝龙主持集体学习并讲话。

3 日，何维副主席率“巩固破除以药补医改革成果，完善公立医院运行新机制”专题组在京调研并召开相关情况介绍暨座谈会。财政部、人力资源和社会保障部、国家卫生健康委员会和北京市有关部门负责同志介绍情况并与委员互动交流。

4 日，纪念马克思诞辰 200 周年大会在京举行。全国政协主席汪洋，副主席张庆黎、刘奇葆、万钢、卢展工、王正伟、马飚、陈晓光、夏宝龙、杨传堂、李斌、巴特尔、汪永清、何立峰、苏辉、郑建邦、辜胜阻、刘新成、何维、邵鸿、高云龙，副秘书长潘立刚出席。

4 日，卢展工副主席在机关出席社会和法制委员会“解决深度贫困地区脱贫问题”相关专题研究会并讲话。

4 日，马飚副主席在机关听取提案委员会驻会副主任田杰关于“推进中新互联互通南向通道建设”“弘扬劳模精神和工匠精神”“加快大别山绿色发展，助推革命老区精准脱贫”重点提案督办调研的工作汇报，并提出要求。

7 日，汪洋主席、张庆黎副主席、夏宝龙副主席兼秘书长看望机关干部职工，听取有关工作情况的汇报。潘立刚等机关领导班子成员、专委会驻会副主任陪同参加有关活动。

7 日，机关召开开展习近平总书记关于加强和改进人民政协工作的重要思想学习研讨活动动员会。张庆黎副主席出席并作动员讲话，夏宝龙副主席兼秘书长主持。

7 日，刘奇葆副主席以普通党员身份参加所在的十局党支部主题党日活动，赴国家博物馆参观“真理的力量——纪念马克思诞辰 200 周年主题展览”。

7 日，夏宝龙副主席兼秘书长主持召开政协第十三届全国委员会第二次秘书长办公会议，审议十三届全国政协常委提交履职报告工作办法（草案）；审议十三届全国政协联络联系委员情况统计工作实施方案（草案）；审议建立十三届全国政协委员履职档案工作实施方案（草案）；传达全国政协领导同志关于信息报送工作的批示精神；听取关于“解决深度贫困地区脱贫问题”专题议政性常委会议专题设置及分题目有关情况的说明。

7 日，副主席兼秘书长、机关党组书记夏宝龙主持中共政协全国委员会机关党组理论学习中心组 2018 年第三次集体学习，传达学习习近平总书记在中共中央政治局第五次集体学习时的重要讲话、在纪念马克思诞辰 200 周年大会上的重要讲话。

8 日，召开第一次全体会议，传达全国政协主席汪洋批示精神，进行大会发言。夏宝龙副主席兼秘书长主持并作动员讲话，潘立刚副秘书长传达并发言。全国政协副秘书长朱永新、舒启明，部分省区市政协负责同志和全国政协办公厅有关室局负责同志分别发言。

8 日，夏宝龙副主席兼秘书长与住呼和浩特市全国政协委员座谈，听取关于新形势下做好全国政协工作和对全国政协办公厅工作的意见建议。

9 日，副主席、书画室主任马飚在上海与住沪部分美术领域政协委员见面座谈。

8—9 日，全国地方政协秘书长工作会议在内蒙古自治区呼和浩特市召开。夏宝龙副主席兼秘书长出席并讲话。

10 日，夏宝龙副主席兼秘书长召集会议，听取关于以围绕“解决深度贫困地区脱贫问题”协商建言为主要议题的第二次常委会议专题调研和筹备情况汇报，并就做好相关工作提出要求。

10 日，副主席兼秘书长、机关党组书记夏宝龙主持召开中共政协全国委员会机关党组会议，研究有关事项。

10 日，夏宝龙副主席兼秘书长主持召开政协第十三届全国委员会第三次秘书长会议，审议十三届全国政协常委提交履职报告工作办法（试行）（草案）、十三届全国政协委员联络工作情况统计方案（草案）、建立十三届全国政协委员履职档案工作实施方案（试行）（草案）。

11 日，政协第十三届全国委员会第二次双周协商座谈会在政协礼堂召开，围绕《未成年人网络保护条例》的制定建言献策。汪洋主席主持并讲话，张庆黎、夏宝龙、苏辉副主席出席。汪永清副主席，15 位委员和 2 位专家学者发言。司法部有关领导介绍有关情况，中央网信办、教育部、工业和信息化部相关负责同志与委员们互动交流。部分机关领导班子成员、专委会驻会副主任出席。

7—11 日，梁振英副主席率香港特别行政区全国政协委员考察团围绕“引进海外人才，发展新兴产业，加快经济转型升级”在湖北开展实地考察，并就有关问题座谈交流、议政建言。

7—11 日，经济委员会“发展实体经济，提高供给体系质量”专题组在山东调研。高云龙副主席任顾问。

7—11 日，卢展工副主席率“解决深度贫困地区脱贫问题”专题组在云南调研。

7—12 日，杨传堂副主席率“巩固脱贫成果，保证长期稳定脱贫”专题组在宁夏调研。

13 日，刘奇葆副主席在郑州看望河南省政协负责同志和住豫全国政协委员，听取意见建议并讲话。

8—13 日，马飚副主席率队在上海、江苏开展“新时代、新面貌、新作为”——政协委员庆祝改革开放 40 周年书画采风写生考察，并就“中国画颜料生产情况”开展调研。

14 日，汪洋主席主持召开政协第十三届全国委员会第四次主席会议，审议政协第十三届全国委员会常务委员会第二次会议议程（草案）和日程（草案）、全国政协常委提交年度履职报告工作办法（试行）（草案）和建立全国政协委员履职档案工作实施方案（试行）（草案）、政协第十三届全国委员会副秘书长增补名单（草案）和委员调整界别名单（草案），听取关于全国政协近期工作情况的报告，学习习近平总书记在庆祝中国人民政治协商会议成立 65 周年大会上的重要讲话。张庆黎、刘奇葆、董建华、万钢、何厚铧、卢展工、马飚、陈晓光、梁振英、夏宝龙、杨传堂、李斌、巴特尔、汪永清、何立峰、苏辉、郑建邦、辜胜阻、刘新成、邵鸿、高云龙副主席出席。部分全国政协副秘书长、机关领导班子成员、各专委会负责同志，有关室局负责同志列席。

14 日，夏宝龙副主席兼秘书长主持召开第七次秘书长碰头会，通报和部署近期工作。部分机关领导班子成员、专委会驻会副主任及有关室局负责同志参加。

14 日，邵鸿副主席在机关出席提案委员会和教科卫体委员会联合召开的“推进科技评价体系改革”提案办理协商会并讲话。部分提案委员会委员，提案者代表以及中央组织部、教育部、科技部、人力资源和社会保障部、中国科学院等提案承办单位部门负责同志参加。

15 日，全国政协围绕“健全系统性金融风险防范体系”议题在政协礼堂召开专题协商会。中共中央政治局常委、全国政协主席汪洋出席全天会议，主持下午会议并作总结讲话。中共中央政治局委员、国务院副总理刘鹤出席上午会议并讲话。张庆黎副主席出席并主持上午会议。董建华、何厚铧、陈晓光、夏宝龙、巴特尔、刘新成副主席出席。梁振英、辜胜阻副主席和 24 位常委、委员发言。中国人民银行行长介绍有关情况。国家发展和改革委员会、财政部、国务院国有资产监督管理委员会、中国银行保险监督管理委员会、中国证券监督管理委员会有关负责同志作互动发言。中共中央办公厅，国务院，中央财经委员会，公安部，住房和城乡建设部相关负责同志到会听取意见。全国政协办公厅、各专门委员会负责同志，57 位常委、委员，部分地方政协代表，各民主党派中央和全国工商联有关部门负责同志参加。

15 日，刘新成副主席在机关听取教科卫体委员会驻会副主任丛兵关于教育界别有关工作情况的汇报，研究“高校‘双一流’建设存在的问题及建议”监督性调研有关筹备工作并提出要求。

16 日，中共全国政协党组书记汪洋主持中共全国政协党组理论学习中心组 2018 年第二次集体学习，学习习近平总书记在纪念马克思诞辰 200 周年大会上的重要讲话和在十九届中央政治局第五次集体学习时的重要讲话，重温《共产党宣言》。中央党史和文献研究院院务委员会委员柴方国应邀授课。党组副书记张庆黎，成员卢展工、马飚、夏宝龙、杨传堂、李斌、巴特尔出席。全国政协副主席苏辉、辜胜阻、刘新成、邵鸿、高云龙，机关党组成员，专委会分党组成员列席。

16 日，刘奇葆副主席在成都看望四川省政协负责同志和住川全国政协委员，听取意见建议并讲话。

16 日，何厚铧副主席和潘立刚副秘书长共同在澳门中联办举行向澳区不再连任的十二届全国政协常委和委员颁发纪念证牌和荣誉证仪式。

16 日，卢展工副主席在机关听取教科卫体委员会驻会副主任丛兵关于教育界别有关工作情况汇报，研究“解决中小学生课外负担重问题”专题调研有关工作，并就加强和改进所在基层党支部建设提出要求。

16 日，马飚副主席在机关出席“推进中新互联互通南向通道建设”重点提案督办调研情况介绍会并讲话。国家发展和改革委员会、交通运输部、商务部、海关总署有关部门负责同志到会介绍情况。

17 日，汪洋主席在人民大会堂会见法国国民议会第一副议长博纳尔。夏宝龙副主席兼秘书长参加。

10—17 日，刘奇葆副主席率“大遗址保护和利用”专题组在河南、四川开展监督性调研。

17 日，汪洋主席，贾庆林、俞正声同志，夏宝龙、辜胜阻副主席前往北京医院，看望病重弥留之际的孙孚凌同志。孙孚凌同志因病医治无效，于 18 日 13 时 56 分在北京逝世，享年 97 岁。

17 日，汪永清副主席在广西看望住桂全国政协委员，听取对全国政协工作的意见建议，并与委员座谈交流。

17—18 日，卢展工副主席率“推动人工智能与实体经济深度融合”特邀常委视察团在北京视察。上午，视察团在全国政协机关召开座谈会，与会委员与相关企业、科研机构负责人交流互动。

14—18 日，汪永清副主席率“解决深度贫困地区脱贫问题”专题组在广西调研。

18—19 日，汪洋主席，张庆黎、夏宝龙、李斌副主席在京出席全国生态环境保护大会第一次全体会议。下午，张庆黎、夏宝龙、李斌副主席在京出席全国生态环境保护大会第二次全体会议。

14—19 日，郑建邦副主席率“坚持开发式扶贫与综合性保障扶贫并重，探索脱贫新方法新经验”专题组在青海调研。

20日，董建华、梁振英副主席和潘立刚副秘书长在香港出席向不再连任的港区十二届全国政协常委和委员颁发纪念证牌和荣誉证仪式。

21日，夏宝龙副主席兼秘书长主持召开第八次秘书长碰头会，通报和部署近期工作。

21日，副主席兼秘书长、机关党组书记夏宝龙主持召开中共政协全国委员会机关党组会议，传达中央有关文件精神。

21日，杨传堂副主席在青岛出席全国政协第117期干部培训班开班式，看望全体学员并作动员讲话。

21日，杨传堂副主席与住青岛市全国政协委员座谈，听取对全国政协工作的意见建议，并就新时代政协委员如何更好履职尽责、发挥作用畅谈认识和体会。

21日，何维副主席出席外事委员会"深化同'一带一路'沿线国家旅游合作"专题调研座谈会并讲话。会议听取文化和旅游部以及中国旅游研究院、国旅总社、中青旅、携程集团、中设集团等单位负责同志介绍情况并座谈。

22日，卢展工副主席在安徽合肥看望住皖全国政协委员，听取意见建议并讲话。

22日，李斌副主席率"中长期人口变动与经济社会发展"专题组在京调研。

22日，苏辉副主席在山西晋城出席海峡两岸同胞神农炎帝故里民间拜祖典礼。

13—22日，王正伟副主席率全国政协代表团对孟加拉国、老挝和缅甸进行友好访问。

23日，刘奇葆副主席在机关听取全国政协系统党的建设工作调研有关筹备情况汇报，并提出要求。

17—23日，马飚副主席率提案委员会"中新互联互通南向通道建设"重点提案督办调研组在重庆、广西调研。调研期间，马飚副主席看望住渝、桂全国政协委员并座谈，听取对加强和改进政协工作的意见建议。

22—23日，夏宝龙副主席兼秘书长在宁夏调研全国政协系统党的建设工作，看望住宁全国政协委员并座谈交流。

23日，汪永清副主席率"基本解决执行难问题"专题组在京调研。

21日、24日，张庆黎副主席分别看望住辽宁和青海的全国政协委员，并进行座谈。

25日，政协第十三届全国委员会第三次双周协商座谈会在政协礼堂召开，围绕历史文化名城名镇保护建言献策。汪洋主席主持并讲话，张庆黎、刘奇葆、夏宝龙副主席出席。刘新成副主席，15位常委、委员，1位专家学者发言。住房和城乡建设部有关领导介绍有关情况，国家发展改革委、财政部、自然资源部、文化和旅游部有关负责同志与委员们互动交流。文化文史和学习委员会主任宋大涵、驻会副主任陈惠丰，机关领导班子成员潘立刚、常荣军、刘佳义出席。苏辉、辜胜阻副主席，机关领导班子成员郭军，专委会驻会副主任吕忠梅、杨小波以及部分在京委员在分会场参加会议。

25日，万钢副主席在浙江杭州看望住浙全国政协委员并召开"推动科技创新，促进高质量发展"座谈会。

21—25日，卢展工副主席率"解决中小学生课外负担重问题"专题组在安徽调研。

25日，副主席兼秘书长、机关党组书记夏宝龙主持召开中共政协全国委员会机关党组会议，研究有关人事事项。

25日，李斌副主席在机关出席全国政协"加强全科医生队伍建设"委员视察团组团会议并讲话。

25日，汪永清副主席在机关主持召开全国政协“发展山地特色农业、助推脱贫攻坚”特邀常委视察团组团会议。

25日，郑建邦副主席在安徽合肥出席2018世界制造业大会和2018中国国际徽商大会开幕式。

26日，全国政协副主席、中国科协主席万钢在杭州出席第十二届中国科协年会开幕会并致辞。

27日，何维副主席在西安看望住陕全国政协委员和陕西省政协机关工作人员，听取意见建议并讲话。

28日，万钢副主席，宋健、徐匡迪、王志珍、韩启德同志在人民大会堂出席两院院士大会开幕会。

28日，夏宝龙副主席兼秘书长主持召开第九次秘书长碰头会，通报和部署近期工作，传达中央有关文件精神。机关领导班子成员、专委会驻会副主任及有关室局负责同志参加。

29日，万钢副主席在京出席2018年第四届海归中国梦年度盛典。

29日，汪永清副主席在成都看望住蓉全国政协委员，听取对全国政协工作的意见建议，并与委员座谈交流。

29日下午，陈晓光副主席在长春看望部分住吉全国政协委员、吉林省政协委员、长春市政协委员，并与委员座谈交流，听取意见建议。

30日，汪洋主席在政协礼堂会见并宴请黑山议长布拉约维奇。夏宝龙副主席兼秘书长参加。

30日，刘奇葆副主席在贵州贵阳看望住黔全国政协委员，并与委员座谈交流，听取意见建议。

30日，万钢、卢展工副主席，韩启德同志在人民大会堂出席纪念改革开放40周年、中国科协成立60周年暨百名科学家、百名基层科技工作者座谈会。

30日，马飚副主席在机关出席“加快大别山绿色发展，助推革命老区精准脱贫”重点提案督办调研情况介绍会并讲话。

24—30日，陈晓光副主席率“弘扬劳模精神和工匠精神”重点提案督办调研组在辽宁、吉林调研。

28—30日，夏宝龙副主席兼秘书长在湖北调研全国政协系统党的建设工作，看望住鄂全国政协委员并座谈交流。

31日，夏宝龙副主席兼秘书长在政协礼堂会见美国肯恩大学校长达伍德·法拉希一行。

25—31日，郑建邦副主席率无党派人士界委员“推进乡村绿色发展情况”考察团在安徽考察。

31日，郑建邦副主席在合肥看望住皖全国政协委员并座谈。

26—31日，何维副主席率“深化同‘一带一路’沿线国家旅游合作”专题组在陕西、福建调研。

5月28日至6月1日，刘奇葆副主席率队在贵州、广西调研全国政协系统党的建设工作。潘立刚副秘书长参加。

5月28日至6月1日，汪永清副主席率“发展山地特色农业，助推脱贫攻坚”特邀常委视察团在四川视察。

31日，何维副主席在福建省政协看望机关工作人员和住闽的全国政协委员，听取意见建议并讲话。

6月

1日，何立峰副主席率“防范化解脱贫攻坚风险，着力提高扶贫综合效益”专题组在甘肃兰州调研。

1—8日，马飚副主席率“加快大别山绿色发展，助推革命老区精准脱贫”专题组在安徽、河南开展重点提案督办调研。

1日上午、8日上午，马飚副主席分别在安徽、河南看望住皖、住豫全国政协委员，并围绕扶贫攻坚工作座谈交流。

2日，马飚副主席在“加快大别山绿色发展，助推革命老区精准脱贫”重点提案督办调研期间，看望全国政协机关在安徽省舒城县挂职干部。

4日，夏宝龙副主席兼秘书长主持召开第三次秘书长办公会议，审议“发展实体经济，提高供给体系质量”专题协商会方案（草案）；审议政协第十三届全国委员会常务委员会第三次会议议程（草案）和日程（草案）；研究政协第十三届全国委员会常务委员会第三次会议专题设置及分题目（稿）；审议《中国人民政治协商会议全国委员会全体会议工作规则（修订草案）》；审议《中国人民政治协商会议会徽制作和使用规定（稿）》；审议《全国政协副主席联系界别委员工作办法（稿）》和《全国政协副主席到地方看望全国政协委员工作办法（稿）》；传达中办秘书局有关通知精神、通报办公厅督查工作有关情况。

4日，夏宝龙副主席兼秘书长主持召开第十次秘书长碰头会，通报和部署近期工作，传达中央有关文件精神。部分机关领导班子成员、专委会驻会副主任及有关室局负责同志参加。

5日，副主席兼秘书长、机关党组书记夏宝龙出席机关党风廉政建设工作座谈会并讲话，强调要深入学习贯彻以习近平同志为核心的党中央坚定不移全面从严治党的战略部署，忠诚履行党风廉政建设的重大政治责任；全面认识机关党风廉政建设的成绩和不足，切实增强全面从严治党永远在路上的思想自觉和行动自觉；坚持守土有责、守土负责、守土尽责，不断把机关党风廉政建设推向深入。机关党组副书记、副秘书长潘立刚主持会议。机关党组成员、中央纪委驻全国政协机关纪检组组长周新建出席会议，传达中央纪委国家监委有关会议精神并讲话。机关领导班子成员，专委会驻会副主任，行政关系在机关已退出领导岗位的部级干部，机关副局级以上干部参加会议。秘书局党总支、提案委员会办公室党支部、服务局党委主要负责同志进行了交流发言。

5日，李斌副主席在湖北武汉出席纪念李时珍诞辰500周年暨湖北省中医药振兴发展大会。

6日，中共中央政治局常委、全国政协主席汪洋在厦门出席第十届海峡论坛大会并讲话。苏辉副主席、王家瑞同志出席。

6日，副主席兼秘书长、机关党组书记夏宝龙出席机关贯彻落实中央激励干部新时代新担当新作为意见暨机关选人用人工作情况通报会并讲话，强调要认真贯彻落实意见精神，鲜明树立重实干重实绩的用人导向，为敢于担当的干部撑腰鼓劲，要求机关干部要“想担当”“敢担当”“能担当”。副秘书长、机关党组副书记潘立刚通报机关2017年度选人用人工作民主评议情况，并就贯彻落实意见作辅导解读。

6日，副主席兼秘书长、机关党组书记夏宝龙主持中共政协全国委员会机关党组理论学习中心组2018年度第四次集体学习并讲话。

6日，副主席兼秘书长、机关党组书记夏宝龙主持召开中共政协全国委员会机关党组会议，听取人民政协报社近期工作情况的汇报，研究有关人事事项。

6日，苏辉副主席在厦门出席第十届海峡论坛·两岸基层治理论坛开幕式并致辞。

7日，夏宝龙副主席兼秘书长主持召

开政协第十三届全国委员会第四次秘书长会议，审议“发展实体经济，提高供给体系质量”专题协商会方案（草案）；审议政协第十三届全国委员会常务委员会第三次会议议程（草案）和日程（草案）；研究政协第十三届全国委员会常务委员会第三次会议专题设置及分题目（稿）；审议中国人民政治协商会议全国委员会全体会议工作规则（修订草案）；审议中国人民政治协商会议会徽制作和使用规定（稿）；审议全国政协副主席联系界别委员工作办法（稿）和全国政协副主席到地方看望全国政协委员工作办法（稿）。部分机关领导班子成员、专委会驻会副主任，有关室局负责同志列席。

7日，夏宝龙副主席兼秘书长主持召开第二次常委会议大会发言选稿会，研究遴选大会口头发言稿件。

8日，政协第十三届全国委员会第四次双周协商座谈会在政协礼堂召开，围绕基本解决执行难问题协商建言。汪洋主席主持并讲话。最高人民法院院长周强到会介绍有关情况。张庆黎、卢展工、夏宝龙副主席出席。梁振英、汪永清副主席，12位常委、委员发言。中央政法委，国家发展改革委，最高人民法院有关负责同志与委员们互动交流。部分机关领导班子成员和专委会主任出席。杨传堂副主席，部分机关领导班子成员、专委会驻会副主任，以及部分在京委员在分会场参加会议。

8日，中共全国政协党组书记汪洋主持召开中共十三届全国政协党组第三次会议，审议关于全国政协党组向党中央请示报告的若干规定（稿），听取关于全国政协系统党的建设工作调研情况汇报和党组成员对全国政协系统党的建设工作的意见建议。党组副书记张庆黎，成员刘奇葆、卢展工、王正伟、夏宝龙、杨传堂、李斌、巴特尔、汪永清出席。全国政协机关党组潘立刚、舒启明，外事委员会分党组金学锋列席。

8日，张庆黎、巴特尔、何立峰副主席在人民大会堂出席中华人民共和国“友谊勋章”首次颁授仪式。

4—8日，李斌副主席率“加强全科医生队伍建设”委员视察团在湖北视察。

8日，何维副主席在机关出席外事委员会“发挥民间对外友好交往的作用”对口协商座谈会并讲话。15位常委、委员和专家学者发言。中央对外联络部、国家国际发展合作署和中央外事工作委员会、外交部有关部门负责同志与委员们互动交流。

9日，刘奇葆副主席在湖北随州出席戊戌年世界华人炎帝故里寻根节暨拜谒炎帝神农大典活动。

11日，张庆黎副主席召集会议，按照汪洋主席指示，部署习近平总书记关于加强和改进人民政协工作的重要思想理论研讨会有关课题遴选工作。

11日上午，何立峰副主席在青岛召开推动高质量发展座谈会，听取部分住青岛全国政协委员、山东省和青岛市政协委员对当前经济形势的看法和做好经济工作的意见建议。

12日，万钢副主席在机关出席研究“促进新能源汽车产业健康发展”专题调研重点题目座谈会。经济委员会驻会副主任侯建民主持。科学技术部、工业和信息化部有关负责同志到会介绍情况。

12日，李斌副主席在广州看望住粤全国政协委员，并与委员座谈交流，听取意见建议。

10—12日，李斌副主席率“中长期人口变动与经济社会发展”专题组在广东调研。

13日，万钢副主席在政协礼堂会见法国法兰西岛大区主席瓦莱丽·佩克雷斯一行。

13日，汪永清副主席听取社会和法制委员会驻会副主任吕忠梅汇报近期工作，研究“《未成年人网络保护条例》的制定”“基本解决执行难问题”两次双周协商座谈会专题建议涉及的重点问题。

14日，第四届中国经济社会理事会第五次会议在政协礼堂举行。会议全面学习贯彻习近平新时代中国特色社会主义思想和党的十九大精神，回顾总结理事会四届四次会议以来的主要工作，研究部署新一年度重点工作。全国政协副主席张庆黎出席，中国经济社会理事会主席杜青林作主旨讲话。全国政协副秘书长、中国经济社会理事会副主席潘立刚作工作报告，并主持学习讲座。

14日，万钢副主席在京出席纪念司徒美堂先生诞辰150周年座谈会并讲话。

8—14日，马飚副主席率“书法进课堂师资队伍建设问题”专题组在河南、北京调研。

14日，马飚副主席看望北京市政协提案委员会干部职工，并听取北京市政协提案管理应用系统的情况介绍。

12—14日，杨传堂副主席应邀赴香港出席“庆祝香港回归祖国21周年、香港友好协进会成立29周年暨第八届董事会就职典礼”活动。其间，拜会董建华、梁振英副主席，走访香港中联办，与部分港区全国政协常委、委员互动交流。

11—14日，巴特尔副主席率“解决深度贫困地区脱贫问题”专题组在宁夏调研。13日，在固原市看望部分住宁全国政协委员并座谈交流。

14日，郑建邦副主席在陕西榆林出席以“防治土地荒漠化　助力脱贫攻坚战”为主题的第24个世界防治荒漠化与干旱日纪念大会并讲话。

14日，辜胜阻副主席在俄罗斯驻华使馆出席俄罗斯国庆招待会。

15日，陈晓光副主席在人民大会堂出席第七届新侨创新创业成果交流会开幕式。

12—15日，李斌副主席率“巩固破除以药补医改革成果，完善公立医院运行新机制”专题组在贵州调研。

19日，王正伟副主席以普通党员身份参加所在的九局党支部主题党日活动，赴国家博物馆参观“真理的力量——纪念马克思诞辰200周年主题展览”。

11—20日，汪洋主席对刚果（布）、乌干达和肯尼亚进行正式友好访问。

20日，马飚副主席在机关听取提案委员会主任李智勇关于“推进中新互联互通南向通道建设”重点提案督办、“全国劳模和知名工匠案例”专项调研工作的汇报，并提出要求。

20日，夏宝龙副主席兼秘书长在机关主持召开赵南起同志治丧工作协调会，听取各有关单位工作进展情况汇报，并提出要求。

20日，高云龙副主席在机关出席“发展实体经济，提高供给体系质量”专题调研总结会。

21日，刘奇葆副主席在北戴河出席全国政协第118期干部培训班开班式，看望全体学员并作动员讲话。

21日，中共“八大”会址标识揭牌仪式在政协礼堂举行。夏宝龙副主席兼秘书长出席并揭牌，潘立刚副秘书长主持。

21日，李斌副主席在人民大会堂出席国务院总理李克强为尼泊尔总理奥利访华举行的欢迎仪式和欢迎宴会。

22日，汪洋主席，张庆黎、王正伟副主席，夏宝龙副主席兼秘书长，潘立刚副秘书长，港澳台侨委员会主任朱小丹在京出席中央外事工作会议第一次全体会议。

22日，苏辉副主席在甘肃天水出席2018（戊戌）年公祭中华人文始祖伏羲大典。

19—22日，刘新成副主席率“高校‘双一流’建设存在的问题及建议”专题组在重庆调研。

20日，辜胜阻副主席就脱贫攻坚工作赴国务院扶贫办走访，简要介绍“解决深度贫困地区脱贫问题”常委会议情况和经济委员会就“防范脱贫攻坚风险，提高扶贫综合效益”赴甘肃调研情况及建议，并与国务院扶贫办负责同志座谈。

22日下午至23日，全国政协系统党的建设工作座谈会在京召开。中共中央政治局常委，全国政协主席、党组书记汪洋出席并讲话；全国政协副主席、党组副书记张庆黎和副主席兼秘书长、党组成员、机关党组书记夏宝龙分别主持全体会议；副主席、党组成员刘奇葆、卢展工、王正伟、马飚、杨传堂、李斌、巴特尔、汪永清、何立峰和机关党组、专门委员会分党组负责同志，各级地方政协党组主要负责同志出席；中央纪委、中央组织部、中央宣传部、中央统战部、中央和国家机关工委有关负责同志应邀出席。

25日，赵南起同志遗体送别仪式在八宝山革命公墓礼堂举行。习近平、李克强、栗战书、汪洋、王沪宁、赵乐际、韩正等领导同志，李瑞环、贾庆林、俞正声同志，全国政协副主席张庆黎、万钢、马飚、夏宝龙、杨传堂、李斌、邵鸿，王刚、杜青林、宋健、胡启立、王忠禹、李贵鲜、白立忱、张梅颖、张榕明、孙家正、李金华、郑万通、李海峰、陈元、王家瑞、齐续春同志出席。部分全国政协副秘书长、专委会驻会副主任、行政关系在机关的已退出领导岗位尚在职的部级干部、离退休部级干部及治丧办成员参加。

25日，汪洋主席主持召开政协第十三届全国委员会第五次主席会议，审议关于接受史耀斌同志请辞政协第十三届全国委员会委员的决定（草案）和政协第十三届全国委员会委员增补名单（草案）；审议政协第十三届全国委员会专门委员会副主任任免名单（草案）和专门委员会委员增补名单（草案）。张庆黎、刘奇葆、董建华、万钢、何厚铧、卢展工、王正伟、马飚、陈晓光、梁振英、杨传堂、李斌、巴特尔、汪永清、何立峰、苏辉、郑建邦、辜胜阻、刘新成、何维、邵鸿、高云龙副主席出席。全国政协副秘书长、机关领导班子成员、各专门委员会负责同志，中共中央统战部有关负责同志列席。

25日，政协第十三届全国委员会常务委员会第二次会议开幕会在京举行。张庆黎副主席主持。会议审议通过政协第十三届全国委员会常务委员会第二次会议议程。中共中央政治局委员、国务院副总理胡春华作“万众一心夺取脱贫攻坚战全面胜利”的报告，并回答了8位常委的提问，进行互动交流。中共中央政治局常委、全国政协主席汪洋，副主席刘奇葆、董建华、万钢、何厚铧、卢展工、王正伟、马飚、陈晓光、梁振英、夏宝龙、杨传堂、李斌、巴特尔、汪永清、苏辉、郑建邦、辜胜阻、刘新成、何维、邵鸿、高云龙副主席和常委共298人出席。中央办公厅、中央统战部、国务院办公厅、发展改革委、教育部、国家民委、民政部、财政部、人力资源和社会保障部、自然资源部、交通运输部、农业农村部、中国人民银行、国家医疗保障局、银保监会、国务院扶贫办负责同志，不是常委的全国政协副秘书长、机关领导班子成员、各专门委员会负责同志，地方政协负责同志，中央统战部副部长和特邀列席委员列席。开幕会后，张庆黎副主席主持召开政协第十三届全国委员会常务委员会第二次会议小组召集人会议并讲话。机关领导班子成员潘立刚、常荣军和各组召集人参加。汪洋主席，张庆黎、刘奇葆、董建华、万钢、何厚铧、卢展工、王正伟、马飚、梁振英、夏宝龙、杨传堂、李斌、巴特尔、汪永清、苏辉、郑建邦、辜胜阻、刘新成、何维、邵鸿副主席分别到各专题小组参加讨论。

25 日，夏宝龙副主席兼秘书长、潘立刚副秘书长和港澳台侨委员会驻会副主任吕虹到北京友谊宾馆看望出席政协第十三届全国委员会常务委员会第二次会议的港澳地区全国政协常委和委员。

26 日，汪洋主席，夏宝龙副主席兼秘书长，潘立刚副秘书长在人民大会堂出席中国共产主义青年团第十八次全国代表大会开幕会。

26 日，政协第十三届全国委员会常务委员会第二次会议在京举行。董建华副主席主持。会议主要议题是：大会发言；听取关于接受委员请辞决定草案和委员增补名单草案的说明；听取关于政协第十三届全国委员会副秘书长增补名单草案和专门委员会副主任任免名单草案的说明。14 位常委、委员作口头发言。汪洋主席，张庆黎、刘奇葆、万钢、何厚铧、卢展工、王正伟、马飚、陈晓光、梁振英、夏宝龙、杨传堂、李斌、巴特尔、汪永清、苏辉、郑建邦、辜胜阻、刘新成、何维、邵鸿副主席和常委共 281 人出席。中央办公厅、中央统战部、国务院办公厅、发展改革委、教育部、国家民委、民政部、财政部、人力资源和社会保障部、自然资源部、交通运输部、农业农村部、中国人民银行、国家医疗保障局、银保监会、国务院扶贫办负责同志，不是常委的全国政协副秘书长、机关领导班子成员、各专门委员会负责同志，地方政协负责同志和特邀列席委员列席。万钢、陈晓光、梁振英、杨传堂、李斌、汪永清、苏辉、郑建邦、刘新成、何维、邵鸿副主席分别到各专题小组参加讨论。

26 日，辜胜阻副主席在京出席纪念中国改革开放 40 周年财经学术研讨会暨中国社会科学院财经战略研究院建院 40 周年大会。

26 日，高云龙副主席在青海西宁出席 2018 中国·青海绿色发展投资贸易洽谈会。

27 日，汪洋主席主持召开政协第十三届全国委员会第六次主席会议。会议听取政协第十三届全国委员会常务委员会第二次会议各专题小组讨论情况的汇报、政协第十三届全国委员会常务委员会第二次会议关于人事事项讨论情况的综合汇报。张庆黎、刘奇葆、董建华、万钢、何厚铧、卢展工、王正伟、马飚、陈晓光、梁振英、夏宝龙、杨传堂、李斌、巴特尔、汪永清、苏辉、郑建邦、辜胜阻、刘新成、何维、邵鸿、高云龙副主席出席。全国政协副秘书长、机关党组成员、各专门委员会负责同志，政协十三届常委会第二次会议各小组召集人及相关工作组负责同志列席。政协第十三届全国委员会常务委员会第二次会议闭幕会在常委会议厅举行。汪洋主席主持并讲话。会议的主要议题是：通过关于接受史耀斌同志请辞政协第十三届全国委员会委员的决定；通过政协第十三届全国委员会委员增补名单；通过政协第十三届全国委员会副秘书长增补名单；通过政协第十三届全国委员会专门委员会副主任任免名单。张庆黎、刘奇葆、董建华、万钢、何厚铧、卢展工、王正伟、马飚、陈晓光、梁振英、夏宝龙、杨传堂、李斌、巴特尔、汪永清、何立峰、苏辉、郑建邦、辜胜阻、刘新成、何维、邵鸿、高云龙副主席和常委共 288 人出席。中央办公厅、中央统战部、国务院办公厅、发展改革委、国家民委、民政部、财政部、人力资源和社会保障部、自然资源部、交通运输部、农业农村部、人民银行、国家医疗保障局、银保监会、国务院扶贫办负责同志，不是常委的全国政协副秘书长、机关领导班子成员、各专门委员会负责同志，地方政协负责同志，中央统战部副部长和特邀列席委员列席。万钢、梁振英、杨传堂、李斌、苏辉、郑建邦、辜胜阻、刘新成、何维、邵鸿副主席分别到有关常规小组参加讨论。政协第十三届全国委员会常务委员会第二次会议学习讲座（十三届总第一次）在常委会议厅举行。全国政协委员、中国科学院院士、中国科学院量子信息与量子科技创新研究院院长、中国科学技术大学常务副校长潘建伟作题为“量子科学与技术的发展及应用”的讲座，并回答4位常委的提问，进行互动交流。汪洋主席主持，张庆黎、刘奇葆、董建华、万钢、何厚铧、卢展工、王正伟、马飚、陈晓光、梁振英、夏宝龙、杨传堂、李斌、巴特尔、汪永清、何立峰、苏辉、郑建邦、辜胜阻、刘新成、何维、邵鸿、高云龙副主席出席。

28日，政协第十三届全国委员会第五次双周协商座谈会在政协礼堂召开，围绕治理佛教道教商业化协商建言。汪洋主席主持并讲话，张庆黎、王正伟、夏宝龙、巴特尔副主席出席。巴特尔副主席，15位常委、委员和专家学者发言。中央统战部副部长、国家宗教事务局负责同志介绍有关情况，中央网络安全和信息化委员会、国家发展和改革委员会、国家文化和旅游部、中国证券监督管理委员会有关负责同志与委员们互动交流。汪永清、何维副主席，部分机关领导班子成员邓宗良、郭军，专委会驻会副主任陈因、吕虹以及部分在京委员在分会场参加会议。

28日，李斌副主席在机关出席“加强体育社会组织建设，推动全民健身”对口协商座谈会并讲话。教科卫体委员会主任袁贵仁主持，副主任丛兵（驻会）、冯建中、吴昌德，科技、体育、医药卫生界部分委员参加。国家体育总局党组成员、副局长李颖川，民政部、财政部、北京市体育局有关负责同志和体育社会组织代表到会介绍情况并与委员互动交流。

29日，卢展工副主席出席教科卫体委员会季度座谈会暨“民办教育发展问题与对策”对口协商座谈会并讲话。教科卫体委员会主任袁贵仁主持，全国政协副秘书长朱永新、教科卫体委员会驻会副主任丛兵和部分全国政协委员参加，教育部副部长孙尧及民政部、国家市场监督管理总局有关部门负责同志与委员互动交流、协商议政。

29日，夏宝龙副主席兼秘书长主持召开政协第十三届全国委员会第四次秘书长办公会议，审议政协全国委员会常务委员会工作规则（修订草案）；审议政协全国委员会委员履职工作规则（修订草案）；审议政协全国委员会大会发言工作规则（修订草案）；审议全国政协加强和改进调研工作实施办法（修订草案）；审议关于制定全国政协年度协商计划的办法（修订草案）；审议政协全国委员会反映社情民意信息工作条例（修订草案）。部分机关领导班子成员、专委会驻会副主任出席。机关各室局负责同志列席。

29日，副主席兼秘书长、机关党组书记夏宝龙主持召开中共政协全国委员会机关党组会议，学习贯彻汪洋主席在政协十三届常委会第二次会议上的讲话精神，研究安排有关事项。

29日，郑建邦副主席在京出席中国—科特迪瓦建交35周年庆祝招待会。

7月

1—2日，杨传堂副主席率“培养造就一支懂农业、爱农村、爱农民的‘三农’工作队伍”专题组在四川调研。3—6日，专题组继续在四川、陕西调研。

2日，刘奇葆副主席召集文化文史和学习委员会办公室有关同志，对进一步修改完善“大遗址保护和利用”调研报告提出要求。

2日，夏宝龙副主席兼秘书长主持召开第11次秘书长碰头会，通报和部署近期工作。机关领导班子成员、专委会驻会副主任及有关室局负责同志参加。

2日，副主席兼秘书长、机关党组书记夏宝龙主持召开中共政协全国委员会机关党组会议，传达学习中央有关文件。党组副书记潘立刚，成员邓宗良、舒启明、郭军出席。

3日，汪洋主席在政协礼堂会见台湾民意代表交流参访团一行。夏宝龙副主席兼秘书长、苏辉副主席参加。全国政协副秘书长潘立刚，中共中央台湾工作办公室、国务院台湾事务办公室主任刘结一，全国政协港澳台侨委员会副主任于迅、吕虹（驻会）、吴国华、陈元丰陪同。

3日，夏宝龙副主席兼秘书长、苏辉副主席在政协礼堂宴请台湾民意代表交流参访团一行。潘立刚副秘书长，港澳台侨委员会副主任于迅、吕虹（驻会）、吴国华，教科卫体委员会副主任吴国祯等出席。

4日，中共全国政协党组书记汪洋主持召开中共十三届全国政协党组第四次会议。主要议题是：传达学习中央外事工作会议精神；审议关于加强新时代人民政协党的建设工作的若干意见（稿）；审议中共政协第十三届全国委员会专门委员会分党组组成人员任免名单（草案）。党组成员刘奇葆、卢展工、王正伟、马飚、夏宝龙、李斌、巴特尔、汪永清、何立峰出席。全国政协机关党组潘立刚、舒启明、郭军列席。

3—4日，全国组织工作会议在京召开。夏宝龙副主席兼秘书长、潘立刚副秘书长出席第一次全体会议，人事局主要负责同志全程参加。

4日，夏宝龙副主席兼秘书长在机关会见国家市场监督管理总局党组书记、副局长毕井泉一行并座谈。

2—4日，李斌副主席率“加强体育社会组织建设，推动全民健身”专题组在福建调研。

5日，汪洋主席在人民大会堂会见俄罗斯联邦委员会主席马特维延科。夏宝龙副主席兼秘书长参加。

5日，陈晓光副主席在甘肃兰州出席第二十四届中国兰州投资贸易洽谈会。

5日，副主席兼秘书长、机关党组书记夏宝龙主持召开中共政协全国委员会机关党组会议，听取机关基层党组织学习和改进工作情况的汇报。

5日，汪永清副主席召集会议，研究部署赴湖北、湖南参加习近平总书记关于加强和改进人民政协工作的重要思想理论研讨会和召开片区座谈会的有关工作。中国人民政协理论研究会副会长顾伯平参加。

4—5日，万钢副主席率“强化基础研究，促进重大原始创新”专题组在上海调研，并看望部分住沪全国政协科协、科技界委员。教科卫体委员会副主任曹健林任组长，副主任吴昌德参加。2—6日，专题组在上海调研。

6日，政协第十三届全国委员会第六次双周协商座谈会在政协礼堂召开，围绕解决中小学生课外负担重问题协商建言。

汪洋主席主持并讲话，卢展工、夏宝龙副主席出席。陈晓光、郑建邦副主席，辜胜阻副主席分会场参加会议。15 位常委、委员发言。教育部主要负责同志介绍有关情况，教育部副部、民政部、财政部、国家市场监督管理总局主要负责同志与委员们互动交流。

6 日，刘奇葆副主席在机关听取文化文史和学习委员会 2018 年上半年工作完成情况及下半年工作考虑汇报，研究部署委员会下半年工作安排，并提出要求。

3—6 日，马飚副主席率提案委员会“全国知名劳模工匠案例剖析”专项调研组在中国航天科技集团第一研究院 211 厂，围绕全国劳模工匠高凤林同志的成长经历进行调研。

6 日，杨传堂副主席在机关会见“以港澳委员为主导的青年社团代表赴内地体验式学习考察活动”全体成员并讲话。

6 日，邵鸿副主席在北戴河出席全国政协第 119 期干部培训班开班式，看望全体学员并作动员讲话。中央纪委国家监委驻全国政协机关纪检监察组组长周新建主持。

9 日，夏宝龙副主席兼秘书长主持召开第十二次秘书长碰头会，通报和部署近期工作。

9 日，李斌副主席在机关听取赴南昌出席江西省政协习近平总书记关于加强和改进人民政协工作的重要思想理论研讨会及主持召开闽赣粤琼政协片区座谈会准备工作情况汇报，并提出要求。

9 日，汪永清副主席主持召开“新时代人民政协如何打牢共同思想政治基础”座谈会。部分政协委员和相关领域专家学者参加。

10 日，全国政协围绕“发展实体经济，提高供给体系质量”议题在政协礼堂召开专题协商会。汪洋主席出席全天会议，主持下午会议并作总结讲话。国务委员王勇出席下午会议并讲话。刘奇葆副主席出席并主持上午会议。万钢、卢展工、王正伟、马飚、夏宝龙、汪永清、苏辉、何维副主席出席。高云龙副主席和 26 位常委、委员发言。国家发展和改革委员会主要负责同志介绍有关情况。中共中央组织部、教育部、科学技术部、工业和信息化部、财政部、人力资源和社会保障部、中国人民银行、国务院国有资产监督管理委员会、国家税务总局主要负责同志作互动发言。中共中央办公厅，国务院，工业和信息化部相关负责同志到会听取意见。全国政协办公厅、各专门委员会负责同志，部分常委、委员和地方政协代表，各民主党派中央和全国工商联有关负责同志参加。

1—10 日，张庆黎副主席率全国政协代表团对冰岛、拉脱维亚和马其顿进行友好访问。

10 日，杨传堂副主席在青海西宁出席六盘山片区精准扶贫交流推进会。

11 日，卢展工副主席出席社会和法制委员会“健全志愿服务管理体制，形成全民参与的良好局面”专题调研情况介绍座谈会。中央文明办、民政部、共青团中央等有关部门负责同志到会介绍情况。

11 日，郑建邦副主席在中国政协文史馆出席纪念长春解放 70 周年史料征集启动仪式并讲话。

12 日，董建华副主席出席广东省政协召开的习近平总书记关于加强和改进人民政协工作的重要思想理论研讨会并讲话。

12 日，万钢副主席出席天津市政协召开的习近平总书记关于加强和改进人民政协工作的重要思想理论研讨会并讲话。

12 日，马飚副主席主持召开提案委员会“全国知名劳模工匠案例剖析”专项调研组座谈会，研究调研报告和双周协商座谈会发言。

12日，夏宝龙副主席兼秘书长听取人口资源环境委员会驻会副主任高波关于以“污染防治中存在的问题和建议”为议题的第三次常委会议组织筹备工作的汇报，并提出要求。

12日，夏宝龙副主席兼秘书长主持召开政协第十三届全国委员会第五次秘书长会议，审议政协全国委员会常务委员会工作规则（修订草案）；审议政协全国委员会委员履职工作规则（修订草案）；审议全国政协加强和改进调研工作实施办法（修订草案）；审议关于制定全国政协年度协商计划的办法（修订草案）；审议政协全国委员会反映社情民意信息工作条例（修订草案）；书面审议全国政协副主席视察考察调研中听取部分政协委员关于加强和改进人民政协工作的意见建议；通报全国政协近期重点工作。部分机关党组成员和专委会驻会副主任出席，机关有关室局负责同志，农工党中央、致公党中央有关负责同志列席。

12日，苏辉副主席出席吉林省政协召开的习近平总书记关于加强和改进人民政协工作的重要思想理论研讨会并讲话。

12日，辜胜阻副主席出席安徽省政协召开的习近平总书记关于加强和改进人民政协工作的重要思想理论研讨会并讲话。

13日，李斌副主席出席新疆维吾尔自治区政协召开的习近平总书记关于加强和改进人民政协工作的重要思想理论研讨会并讲话。

13日，汪永清副主席主持召开“新时代人民政协如何打牢共同思想政治基础”座谈会。

13日，高云龙副主席出席内蒙古自治区政协召开的习近平总书记关于加强和改进人民政协工作的重要思想理论研讨会并讲话。会前，看望部分住蒙全国政协委员。

14日，何立峰副主席出席辽宁省政协召开的习近平总书记关于加强和改进人民政协工作的重要思想理论研讨会并讲话。

9—14日，郑建邦副主席率“培养造就一支懂农业、爱农村、爱农民的‘三农’工作队伍”专题组在山东、江苏调研。

15日，梁振英副主席在海南考察海南省规划展览馆，听取海南省省长沈晓明关于海南国际旅游岛和自贸区（港）建设情况及未来发展规划的汇报。

16日，汪洋主席在机关出席全国政协2018年第二季度宏观经济形势分析座谈会。钱克明、陈雨露、高培勇、刘利华、肖钢、白重恩、凌文、刘尚希、于广洲委员和特邀专家刘俏发言。国家发展和改革委员会、财政部、工业和信息化部、中国人民银行有关负责同志到会听取意见和建议。夏宝龙副主席兼秘书长，辜胜阻、高云龙副主席出席。经济委员会主任尚福林主持，国家统计局负责同志到会介绍2018年上半年国民经济运行有关情况。部分全国政协机关领导班子成员和专委会副主任及部分委员，北京、浙江、广东和宁波等省市政协代表参加。

16日，梁振英副主席出席海南省政协召开的习近平总书记关于加强和改进人民政协工作的重要思想理论研讨会并讲话。

16日，夏宝龙副主席兼秘书长主持召开第十三次秘书长碰头会，通报和部署近期工作。

16日，副主席兼秘书长、机关党组书记夏宝龙主持召开中共政协全国委员会机关党组会议，传达学习中央和国家机关党的政治建设推进会精神，听取机关各单位贯彻落实机关党组新时代新担当新作为部署要求的情况报告，研究有关人事事项等。

9—16日，李斌副主席率“加强自然保护区建设与管理”重点提案督办调研组在青海、新疆调研。

16日，巴特尔副主席出席云南省政协召开的习近平总书记关于加强和改进人民政协工作的重要思想理论研讨会并讲话。

16日，高云龙副主席在机关出席人口资源环境委员会大气污染防治问题座谈会。国家发展和改革委员会、自然资源部、生态环境部、交通运输部、国家能源局有关负责同志到会介绍情况，并与委员互动交流。

17日，刘奇葆副主席出席浙江省政协召开的习近平总书记关于加强和改进人民政协工作的重要思想理论研讨会并讲话。

17日，副主席兼秘书长、机关党组书记夏宝龙主持机关党组理论学习中心组2018年度第5次集体学习并讲话。会后，副秘书长、机关党组副书记潘立刚传达了中央有关文件精神。

17日，杨传堂副主席出席江苏省政协召开的习近平总书记关于加强和改进人民政协工作的重要思想理论研讨会并讲话。16日下午，与住苏全国政协委员座谈。

17日，汪永清副主席在机关主持召开“新时代人民政协如何打牢共同思想政治基础”座谈会。部分政协委员和地方政协负责同志参加。

18日，中共中央统战部、全国政协办公厅在人民大会堂举行纪念经叔平同志诞辰100周年座谈会。中共中央政治局常委、全国政协主席汪洋出席，中共中央书记处书记、中央统战部部长尤权讲话，全国政协副主席兼秘书长夏宝龙主持。全国政协副主席、全国工商联主席高云龙，全国政协副秘书长潘立刚，中共上海市委副书记尹弘，中国民生银行董事长洪崎分别发言。全国政协副秘书长蒋作君、刘家强、李世杰、曲凤宏，专门委员会副主任常荣军、刘晓冰（驻会），中共中央统战部、全国工商联、各民主党派中央、中共上海市委等有关方面负责同志及经叔平同志亲属、生前友好和身边工作人员代表等约200人参加。

18日，张庆黎副主席出席山东省政协召开的习近平总书记关于加强和改进人民政协工作的重要思想理论研讨会并讲话。

18日，刘奇葆副主席在杭州主持召开座谈会，听取上海市、江苏省、浙江省、安徽省政协组织学习习近平总书记关于加强和改进人民政协工作的重要思想情况汇报并讲话。

16—18日，卢展工副主席率“健全志愿服务管理体制，形成全民参与的良好局面”专题组在重庆调研。

18日，卢展工副主席出席重庆市政协召开的习近平总书记关于加强和改进人民政协工作的重要思想理论研讨会并讲话。

18日，王正伟副主席出席河北省政协召开的习近平总书记关于加强和改进人民政协工作的重要思想理论研讨会并讲话。

18日，副主席兼秘书长、机关党组书记夏宝龙参加所在的八局党支部“争做‘三个表率’，建设模范机关”专题组织生活会并发言。

18日，郑建邦副主席出席山西省政协召开的习近平总书记关于加强和改进人民政协工作的重要思想理论研讨会并讲话。

18日，邵鸿副主席出席陕西省政协召开的习近平总书记关于加强和改进人民政协工作的重要思想理论研讨会并讲话。

18日，刘奇葆副主席在上海同部分住沪文化艺术界、社会科学界、新闻出版界全国政协委员座谈交流，听取意见和建议。

19日，张庆黎副主席在郑州主持召开座谈会，听取山西省、山东省、河南省、陕西省政协组织学习习近平总书记关于加强和改进人民政协工作的重要思想情况汇报并讲话。

19日，张庆黎副主席看望河南省政协机关干部职工，听取新乡县政协学习研讨活动情况汇报，调研新乡县刘庄实施乡村振兴战略情况。

19日，刘奇葆副主席出席上海市政协召开的习近平总书记关于加强和改进人民政协工作的重要思想理论研讨会并讲话。

19日，陈晓光副主席出席福建省政协召开的习近平总书记关于加强和改进人民政协工作的重要思想理论研讨会并讲话。

19日，夏宝龙副主席兼秘书长出席四川省政协召开的习近平总书记关于加强和改进人民政协工作的重要思想理论研讨会并讲话。

19日，李斌副主席出席江西省政协召开的习近平总书记关于加强和改进人民政协工作的重要思想理论研讨会并讲话。会前看望住赣全国政协委员。

19日，汪永清副主席在京出席社会和法制委员会召开的习近平总书记关于加强和改进人民政协工作的重要思想理论研讨会并讲话。委员会主任沈德咏主持并作总结讲话，8位委员作大会交流发言，7位委员作自由发言。部分专委会副主任约60人参加。

19日，刘新成副主席出席贵州省政协召开的习近平总书记关于加强和改进人民政协工作的重要思想理论研讨会并讲话。

19日，何维副主席出席青海省政协召开的习近平总书记关于加强和改进人民政协工作的重要思想理论研讨会并讲话。

20日，张庆黎副主席出席河南省政协召开的习近平总书记关于加强和改进人民政协工作的重要思想理论研讨会并讲话。

20日，何厚铧副主席出席广西壮族自治区政协召开的习近平总书记关于加强和改进人民政协工作的重要思想理论研讨会并讲话。

20日，夏宝龙副主席兼秘书长在成都主持召开座谈会，听取重庆市、四川省、云南省、西藏自治区政协组织学习习近平总书记关于加强和改进人民政协工作的重要思想情况汇报并讲话。

20日，李斌副主席在南昌主持召开座谈会，听取福建省、江西省、广东省、海南省政协组织学习习近平总书记关于加强和改进人民政协工作的重要思想情况汇报并讲话。

20日，汪永清副主席在机关主持召开“新时代人民政协如何打牢共同思想政治基础”座谈会。

16—21日，副主席、书画室主任马飚率全国政协书画室采风考察团到内蒙古采风。这次采风是贯彻落实习近平总书记关于乌兰牧骑重要指示精神的具体举措，也是为“新时代、新面貌、新作为——政协委员庆祝改革开放40周年书画展”进行素材采集。

23日，夏宝龙副主席兼秘书长主持召开第十四次秘书长碰头会，通报和部署近期工作。机关领导班子成员、专委会驻会副主任及有关室局负责同志参加。

24日全天至25日上午，汪洋主席主持召开全国政协主席会议成员学习习近平总书记关于加强和改进人民政协工作的重要思想务虚会并讲话。张庆黎、刘奇葆、董建华、万钢、何厚铧、卢展工、王正伟、马飚、陈晓光、梁振英、夏宝龙、杨传堂、李斌、巴特尔、汪永清、苏辉、郑建邦、辜胜阻、刘新成、何维、邵鸿、高云龙副主席分别就学习体会进行交流发言。全国政协机关领导班子成员、各专委会主任列席。

25日，汪洋主席主持召开政协第十三届全国委员会第七次主席会议，并举行主席会议第二次集体学习。会议审议关于撤销曾志权政协第十三届全国委员会委员资格的决定（草案）；审议政协第十三届全国委员会常务委员会第三次会议议程（草案）和日程（草案）；审议政协全国委员会全体会议工作规则（修订草案）、政协全国委员会常务委员会工作规则（修订草案）、政协全国委员会委员履职工作规则（修订草案）、政协全国委员会反映社情民意信息工作条例（修订草案）、全国政协副主席联系界别委员工作办法（草案）和全国政协副主席到地方看望全国政协委员工作办法（草案）；听取提案委员会工作情况汇报。会议学习了党的十八大以来全面深化改革的情况，中央全面深化改革委员会办公室副主任穆虹应邀到会介绍情况。张庆黎、刘奇葆、董建华、万钢、何厚铧、卢展工、王正伟、马飚、陈晓光、梁振英、夏宝龙、杨传堂、李斌、巴特尔、汪永清、苏辉、郑建邦、辜胜阻、刘新成、何维、邵鸿副主席出席。全国政协副秘书长、各专委会负责同志、机关党组成员，中共中央统战部有关负责同志列席。

26日，张庆黎副主席出席学习贯彻习近平总书记关于加强和改进人民政协工作的重要思想有关问题专题研究工作部署会并讲话，夏宝龙副主席兼秘书长主持，副秘书长、办公厅研究室主任舒启明作有关专题研究工作方案的说明。北京市、天津市、吉林省、上海市、浙江省、山东省、湖北省政协主席，中央社会主义学院主要负责同志、中央对外联络部有关同志，中央党史和文献研究院、中央党校、中国社会科学院、北京大学、清华大学、中国人民大学有关专家学者发言。

26日，副主席、中国科协主席万钢在京会见香港特别行政区行政长官林郑月娥，就有关科技工作进行座谈交流。

26日，王正伟副主席出席北京市政协召开的习近平总书记关于加强和改进人民政协工作的重要思想理论研讨会并讲话。

26日，马飚副主席出席甘肃省政协召开的习近平总书记关于加强和改进人民政协工作的重要思想理论研讨会并讲话。

26日，汪永清副主席召集会议，研究部署赴湖北、湖南出席习近平总书记关于加强和改进人民政协工作的重要思想理论研讨会和召开片区座谈会的有关工作。

27日，政协第十三届全国委员会第七次双周协商座谈会在政协礼堂召开，围绕粤港澳大湾区建设，推进内地与港澳互利合作协商建言。汪洋主席主持并讲话，张庆黎、夏宝龙副主席出席。何厚铧、梁振英副主席，14位常委、委员，专家学者梁桂全发言。辜胜阻副主席分会场参加会议。国家发展和改革委员会负责同志到会介绍情况。国务院港澳事务办公室、广东省负责同志与委员们互动交流。部分副秘书长、专委会副主任出席。

27日，王正伟副主席在京主持召开座谈会，听取北京市、天津市、河北省、内蒙古自治区政协组织学习习近平总书记关于加强和改进人民政协工作的重要思想情况汇报并讲话。

27 日，马飚副主席在兰州主持召开座谈会，听取甘肃省、青海省、宁夏回族自治区、新疆维吾尔自治区政协组织学习习近平总书记关于加强和改进人民政协工作的重要思想情况汇报并讲话。下午，与部分住甘全国政协委员座谈。

28 日，马飚副主席出席宁夏回族自治区政协召开的习近平总书记关于加强和改进人民政协工作的重要思想理论研讨会并讲话。

30 日，张庆黎副主席在机关主持召开习近平总书记关于加强和改进人民政协工作的重要思想理论研讨会工作部署会。夏宝龙副主席兼秘书长，部分机关党组成员、驻会副主任以及筹备组有关负责同志参加。

30 日，卢展工副主席出席黑龙江省政协召开的习近平总书记关于加强和改进人民政协工作的重要思想理论研讨会并讲话。

26—30 日，卢展工副主席率“健全志愿服务管理体制，形成全民参与的良好局面”专题组在黑龙江调研。

30 日，夏宝龙副主席兼秘书长主持召开第十五次秘书长碰头会，通报和部署近期工作。机关领导班子成员、专委会驻会副主任及有关室局负责同志参加。

30 日，夏宝龙副主席兼秘书长在机关慰问驻机关武警官兵。

30 日，汪永清副主席出席湖北省政协召开的习近平总书记关于加强和改进人民政协工作的重要思想理论研讨会并讲话。

30 日，汪永清副主席在长沙看望部分住湘全国政协委员并座谈，听取意见建议。

31 日，卢展工副主席在哈尔滨主持召开座谈会，听取辽宁省、吉林省、黑龙江省政协组织学习习近平总书记关于加强和改进人民政协工作的重要思想情况汇报并讲话。

31 日，夏宝龙副主席兼秘书长在机关会见以港区全国政协委员庄绍绥为团长的世界华商联合促进会访京代表团一行。

31 日，汪永清副主席出席湖南省政协召开的习近平总书记关于加强和改进人民政协工作的重要思想理论研讨会并讲话。

31 日，汪永清副主席在长沙主持召开座谈会，听取湖北省、湖南省、广西壮族自治区、贵州省政协组织学习习近平总书记关于加强和改进人民政协工作的重要思想情况汇报并讲话。

8月

3 日，汪洋主席视察全国政协干部培训中心（北戴河管理局），看望干部职工，听取工作汇报，并就提高干部培训工作和暑休接待服务工作质量提出要求。夏宝龙副主席兼秘书长、潘立刚副秘书长陪同。

15 日，张庆黎副主席出席学习贯彻习近平总书记关于加强和改进人民政协工作的重要思想有关问题专题研究工作进展情况汇报会并讲话，夏宝龙副主席兼秘书长主持，副秘书长、办公厅研究室主任舒启明出席。北京市、天津市、吉林省、山东省、上海市、浙江省、湖北省政协负责同志，中央对外联络部有关同志，中央社会主义学院负责同志，中央党校、中国社会科学院、中央党史和文献研究院、北京大学、清华大学、中国人民大学专家学者发言。

16 日，全国政协党组副书记、副主席张庆黎参加所在的秘书局总值班室党支部“争做‘三个表率’，建设模范机关”专题组织生活会并发言。文化文史和学习委员会驻会副主任、办公厅秘书局局长刘晓冰参加并发言。教科卫体委员会副主任常荣军参加。

16日，马飚副主席召集提案委员会全国劳模工匠典型案例剖析专项调研组会议，研究调研报告稿，并就充分利用调研成果、总结改进调研工作方式方法等提出要求。

16日，陈晓光副主席在机关出席教科卫体委员会召开的学习贯彻习近平总书记关于加强和改进人民政协工作的重要思想理论研讨会并讲话。委员会主任袁贵仁主持，14位委员作大会交流发言。

16日，机关党组理论学习中心组举行2018年度第六次集体学习。副主席兼秘书长、机关党组书记夏宝龙主持并讲话。副秘书长、机关党组副书记潘立刚传达中宣部有关文件精神。机关领导班子成员、专委会驻会副主任出席。机关各行政室局和直属单位主要负责同志参加。

16日，全国政协副主席、建言资政质量评价标准和方法研究小组组长李斌在机关召集研究小组会议，听取工作开展情况汇报，部署下一步工作并提出要求。

17日，政协第十三届全国委员会第八次双周协商座谈会在政协礼堂召开，以“培养造就一支懂农业、爱农村、爱农民的‘三农’工作队伍”为议题协商建言。汪洋主席主持并讲话，张庆黎、夏宝龙副主席出席。何维副主席在分会场参加会议。杨传堂、郑建邦副主席，13位常委、委员，2位基层“三农”干部代表发言。中央组织部部务委员兼全国基层组织建设协调小组办公室主要负责同志到会介绍情况。中央农村工作领导小组办公室、农业农村部、人力资源和社会保障部负责同志与委员们互动交流。

17日，汪洋主席在政协礼堂与巴基斯坦参议院主席桑吉拉尼举行会谈并宴请。夏宝龙副主席兼秘书长参加。

17日，王正伟、何维副主席出席外事委员会召开的学习贯彻习近平总书记关于加强和改进人民政协工作的重要思想理论研讨会并讲话。委员会主任楼继伟主持并讲话，副主任和委员共12位同志交流发言。

17日，汪永清副主席主持召开“新时代人民政协如何打牢共同思想政治基础、凝聚共识”课题研究座谈会。

17日，何维副主席召集有关同志，就“健全完善界别发挥作用的工作机制”课题召开调研座谈会。

19日，李斌副主席在人民大会堂出席中国医师协会首个“中国医师节”庆祝大会。

20日，政协第十三届全国委员会常务委员会第三次会议开幕会在京举行。汪洋主席主持。会议审议通过政协第十三届全国委员会常务委员会第三次会议议程。中共中央政治局常委、国务院副总理韩正作“以习近平新时代中国特色社会主义思想为指导，坚决打好污染防治攻坚战”的报告，并回答了5位常委的提问，进行互动交流。张庆黎、刘奇葆、董建华、万钢、何厚铧、卢展工、王正伟、马飚、陈晓光、梁振英、夏宝龙、杨传堂、李斌、巴特尔、汪永清、苏辉、郑建邦、辜胜阻、刘新成、何维、邵鸿、高云龙副主席和常委共299人出席。中共中央办公厅、国务院办公厅、发展改革委、科技部、工业和信息化部、公安部、司法部、财政部、自然资源部、生态环境部、住房和城乡建设部、水利部、农业农村部、卫生健康委、最高人民法院、最高人民检察院、能源局、林草局负责同志，不是常委的全国政协副秘书长、机关领导班子成员、各专门委员会负责同志，地方政协负责同志，中共中央统战部副部长和特邀列席委员列席。

开幕会后，张庆黎副主席主持召开政协第十三届全国委员会常务委员会第三次会议小组召集人会议并讲话。

20日，汪洋主席主持召开政协第十三届全国委员会第八次主席会议，审议政协第十三届全国委员会委员增补名单（草案），审议政协第十三届全国委员会专门委员会副主任增补名单（草案）。张庆黎、刘奇葆、董建华、万钢、何厚铧、卢展工、王正伟、马飚、陈晓光、梁振英、夏宝龙、杨传堂、李斌、巴特尔、汪永清、何立峰、苏辉、郑建邦、辜胜阻、刘新成、何维、邵鸿、高云龙副主席出席。全国政协副秘书长、各专委会负责同志、机关党组成员，中共中央统战部有关负责同志列席。汪洋主席，张庆黎、刘奇葆、董建华、万钢、何厚铧、卢展工、王正伟、马飚、梁振英、夏宝龙、杨传堂、李斌、巴特尔、汪永清、苏辉、郑建邦、辜胜阻、刘新成、何维、邵鸿、高云龙副主席分别到各专题小组参加讨论。

20日，汪洋主席试用全国政协委员移动履职平台手机App并对做好有关工作作出指示。夏宝龙副主席兼秘书长参加。

21日，政协第十三届全国委员会常务委员会第三次会议第二次全体会议在京举行。万钢副主席主持。会议的主要议题是：一、大会发言；二、听取关于委员增补名单草案的说明；三、听取关于专门委员会副主任增补名单草案的说明；四、听取关于政协全国委员会全体会议工作规则（修订草案）、常务委员会工作规则（修订草案）、委员履职工作规则（修订草案）的说明。14位常委、委员作口头发言。汪洋主席，张庆黎、刘奇葆、董建华、万钢、何厚铧、卢展工、王正伟、马飚、陈晓光、梁振英、夏宝龙、杨传堂、李斌、汪永清、苏辉、郑建邦、辜胜阻、刘新成、何维、邵鸿、高云龙副主席和常委共285人出席。中共中央办公厅、国务院办公厅、发展改革委、科技部、工业和信息化部、公安部、司法部、财政部、自然资源部、生态环境部、住房和城乡建设部、水利部、农业农村部、卫生健康委、最高人民法院、最高人民检察院、能源局负责同志，不是常委的全国政协副秘书长、各专门委员会负责同志，地方政协负责同志和特邀列席委员列席。

21日，汪洋主席，张庆黎、夏宝龙副主席分别主持召开会议，分组听取各省（区、市）政协主要负责同志关于开展学习习近平总书记关于加强和改进人民政协工作的重要思想活动情况的汇报以及对加强和改进人民政协工作的建议。董建华、万钢、梁振英、李斌、苏辉、郑建邦、何维、邵鸿、高云龙副主席分别到各专题小组参加讨论。

21日，王正伟、马飚、巴特尔副主席在京出席中国伊斯兰教协会2018年古尔邦节招待会。

21日，夏宝龙副主席兼秘书长出席全国宣传思想工作会议第一次全体会议。

22日，汪洋主席主持召开政协第十三届全国委员会第九次主席会议，听取政协第十三届全国委员会常务委员会第三次会议各专题组讨论情况的汇报；听取政协第十三届全国委员会常务委员会第三次会议其他讨论情况的综合汇报。张庆黎、刘奇葆、董建华、万钢、何厚铧、卢展工、王正伟、马飚、陈晓光、梁振英、夏宝龙、杨传堂、李斌、巴特尔、汪永清、苏辉、郑建邦、刘新成、何维、邵鸿、高云龙副主席出席。全国政协副秘书长、机关党组成员、各专委会负责同志，政协十三届常委会第三次会议各小组召集人及相关工作组负责同志列席。

22日，政协第十三届全国委员会常务委员会第三次会议闭幕会在京举行。汪洋主席主持并讲话。会议的主要议题是：一、通过政协全国委员会全体会议工作规则；二、通过政协全国委员会常务委员会工作规则；三、通过政协全国委员会委员履职工作规则；四、追认关于撤销曾志权政协第十三届全国委员会委员资格的决定；五、通过政协第十三届全国委员会委员增补名单；六、通过政协第十三届全国委员会专门委员会副主任增补名单。张庆黎、刘奇葆、董建华、万钢、何厚铧、卢展工、王正伟、马飚、陈晓光、梁振英、夏宝龙、杨传堂、李斌、巴特尔、汪永清、苏辉、郑建邦、刘新成、何维、邵鸿、高云龙副主席和常委共292人出席。中共中央办公厅，国务院办公厅、发展改革委、科技部、工业和信息化部、公安部、司法部、财政部、自然资源部、生态环境部、住房和城乡建设部、水利部、农业农村部、卫生健康委、最高人民法院、最高人民检察院、能源局、林草局负责同志，不是常委的全国政协副秘书长、机关领导班子成员、各专委会负责同志，地方政协负责同志，中央统战部副部长和特邀列席委员列席。

22日，政协第十三届全国委员会常务委员会第三次会议学习讲座（十三届总第二次）在京举行。国防大学副校长肖天亮作题为“世界新军事革命与我国的国防和军队现代化建设”的讲座，并与常委进行互动交流。汪洋主席主持，张庆黎、刘奇葆、董建华、万钢、何厚铧、卢展工、王正伟、马飚、陈晓光、梁振英、夏宝龙、杨传堂、李斌、巴特尔、汪永清、苏辉、郑建邦、刘新成、何维、邵鸿、高云龙副主席出席。万钢、何厚铧、陈晓光、梁振英、杨传堂、苏辉、郑建邦、刘新成、何维、邵鸿、高云龙副主席分别到政协第十三届全国委员会常务委员会第三次会议有关常规小组参加讨论。

22日，李斌副主席主持召开会议，委托五省市政协就“建言资政质量评价标准和方法”课题开展专项研究。北京市政协、湖北省政协、黑龙江省政协、山东省政协负责同志，全国政协委员田杰及上海市政协办公厅负责同志参加。

23日，万钢副主席出席经济委员会“促进新能源汽车产业健康发展”专题调研组成立暨情况介绍会并讲话。委员会副主任房爱卿主持。国家发展改革委、科技部、工业和信息化部、财政部、生态环境部、交通运输部有关负责同志到会介绍情况并与委员互动交流。

23日，卢展工副主席率社会和法制委员会“推进国家海洋救助保障体系建设”专题组赴交通运输部调研。副主席、交通运输部党组书记杨传堂会见调研组一行。

23日，杨传堂副主席在京出席农业和农村委员会第二次全体会议并讲话。会议学习习近平总书记关于加强和改进人民政协工作的重要思想，研究改进委员会工作。10位委员作交流发言。下午，与会人员赴中国林业科学院学习考察。

23日，李斌副主席在北戴河出席全国政协第120期干部培训班开班式，看望全体学员并作动员讲话。

24日，王正伟副主席在政协礼堂会见塔吉克斯坦议会下院外事委员会代表团，就加强中塔关系、两机构交往等进行交流。

24日，副主席兼秘书长、机关党组书记夏宝龙主持召开中共政协全国委员会机关党组会议，通报机关学习贯彻习近平总书记在全国组织工作会议上重要讲话精神的情况，研究中共政协全国委员会机关党组巡视工作实施办法（试行），研究机关扶贫工作有关安排等事项。

25 日，辜胜阻副主席，张榕明同志，刘家强副秘书长在八宝山革命公墓参加万国权同志骨灰撒放仪式。

27 日，刘奇葆副主席赴人民日报社参观人民日报社史展，考察媒体融合建设情况。

27 日，夏宝龙副主席兼秘书长主持召开第十六次秘书长碰头会，通报和部署近期工作。

27 日，李斌、何维副主席在机关出席“巩固破除以药补医改革成果，完善公立医院运行新机制”双周协商座谈会筹备座谈会并讲话。国家卫生健康委员会、国家药品监督管理局及财政部、国家医疗保障局有关部门负责同志到会介绍情况并与委员互动交流。

23—28 日，张庆黎副主席率“打赢精准健康脱贫攻坚战”重点提案督办调研组在湖北、宁夏调研。

28 日，李斌副主席出席“海洋资源保护开发”专题调研座谈会并讲话。自然资源部、生态环境部、农业农村部和国家能源局有关负责同志汇报情况并与委员座谈。

28 日，汪永清副主席在机关召开提高议政质量研究小组工作会，听取上阶段工作情况汇报，研究部署近期工作。

25—28 日，苏辉副主席作为国家主席习近平特使赴津巴布韦出席姆南加古瓦总统就职典礼。

29 日，汪洋主席、夏宝龙副主席兼秘书长在人民大会堂出席第十次全国归侨侨眷代表大会开幕会。

29 日，张庆黎副主席主持召开习近平总书记关于加强和改进人民政协工作的重要思想理论研讨会发言材料选稿会并讲话。夏宝龙副主席兼秘书长出席。

29 日，刘奇葆副主席在机关出席推动大运河文化带建设重点提案督办调研情况介绍会。国家发展改革委、文化和旅游部、国家文物局有关部门负责同志到会介绍情况。

29 日，副主席、京昆室主任卢展工在中国政协文史馆出席京昆室 2018 年度第二场戏曲艺术讲座并讲话。

30 日，中共全国政协党组书记汪洋主持召开中共十三届全国政协党组第五次会议。主要议题是：学习中央有关文件，研究贯彻落实文件的通知；审议中共政协第十三届全国委员会专门委员会分党组组成人员增补名单（草案）。党组副书记张庆黎，成员刘奇葆、卢展工、王正伟、马飚、夏宝龙、杨传堂、李斌、巴特尔、汪永清出席并发言。

30 日，汪永清副主席在机关主持召开“网络环境下知识产权的法律保护”专题调研情况介绍会，进行初步交流讨论，并就专题调研提出要求。

30 日，苏辉副主席在江西出席第十六届赣台（南昌）经贸文化合作交流大会开幕会。

31 日，政协第十三届全国委员会第九次双周协商座谈会在政协礼堂召开，以“弘扬劳模精神和工匠精神”为议题协商建言。汪洋主席主持并讲话，张庆黎、马飚、夏宝龙副主席出席。陈晓光副主席作主题发言。13 位常委、委员，全国劳动模范代表发言。全国总工会负责同志到会介绍情况。中共中央宣传部、教育部、人力资源和社会保障部负责同志与委员们互动交流。

31 日，汪洋主席在钓鱼台国宾馆会见并宴请出席中非合作论坛北京峰会的喀麦隆总统比亚。夏宝龙副主席兼秘书长参加，经济委员会主任尚福林陪同。

31 日，马飚副主席出席提案委员会召开的习近平总书记关于加强和改进人民政协工作的重要思想学习研讨交流会并讲话。

31日，杨传堂副主席在京出席中国农村改革40年学术研讨会。

9月

1日，汪洋主席在钓鱼台国宾馆会见并宴请出席中非合作论坛北京峰会的几内亚总统孔戴。杨传堂副主席参加。

1日，夏宝龙副主席兼秘书长在人民大会堂出席第十次全国归侨侨眷代表大会闭幕会。

2日，汪洋主席在钓鱼台国宾馆会见并宴请出席中非合作论坛北京峰会的毛里塔尼亚总统阿齐兹。夏宝龙副主席兼秘书长参加。

3日，汪洋主席在人民大会堂出席2018年中非合作论坛北京峰会欢迎宴会和文艺晚会。

3日，夏宝龙副主席兼秘书长主持召开第十七次秘书长碰头会，通报和部署近期工作。机关领导班子成员、专委会驻会副主任及有关室局负责同志参加。

3日，副主席兼秘书长、机关党组书记夏宝龙主持召开中共政协全国委员会机关党组会议，学习贯彻全国宣传思想工作会议精神，研究《全国政协机关干部人事工作规划》（稿）等文件，研究有关人事事项等。

3日，李斌副主席在山东青岛出席建言资政质量评价标准和方法研究小组调研座谈会并讲话。研究小组于2—4日在山东青岛调研。

4日，中共全国政协党组书记汪洋主持中共全国政协党组理论学习中心组2018年第三次集体学习，题目是当前国际形势。中央外事委员会办公室副主任刘建超应邀授课。党组副书记张庆黎，成员刘奇葆、马飚、夏宝龙、杨传堂、李斌出席。党组成员卢展工、王正伟、巴特尔出席并发言，何立峰作书面发言。

4日，汪洋主席在钓鱼台国宾馆会见并宴请出席中非合作论坛北京峰会的肯尼亚总统肯雅塔。夏宝龙副主席兼秘书长参加。

8月31日至9月4日，李斌副主席率人口资源环境委员会“海洋资源保护开发”专题组在山东调研。

5日，汪洋主席在钓鱼台国宾馆会见并宴请出席中非合作论坛北京峰会的非盟委员会主席法基。万钢副主席参加。

5日，汪洋主席在钓鱼台国宾馆会见并宴请出席中非合作论坛北京峰会的阿尔及利亚总理乌叶海亚。何维副主席参加。

5日，刘新成副主席在机关出席全国政协“推进‘十三五’重大工程项目实施”赴陕西省委员考察团组团会议并讲话。

6日，汪洋主席在钓鱼台国宾馆会见并宴请出席中非合作论坛北京峰会的乌干达总统穆塞韦尼。巴特尔副主席参加。

6日，汪洋主席在政协礼堂会见应中联部邀请访华的日本公明党党首山口那津男。夏宝龙副主席兼秘书长参加。

6日，中共中央政治局常委、全国政协主席汪洋在朝鲜驻华使馆出席朝鲜国庆70周年招待会。

6日，全国政协机关2018年半年工作总结会议在政协礼堂召开。副主席兼秘书长、机关党组书记夏宝龙出席并讲话。副秘书长、机关党组副书记潘立刚主持会议并传达汪洋主席、张庆黎副主席近期有关批示；副秘书长、机关党委书记舒启明通报机关党员干部队伍状况的有关情况；机关有关单位和个人代表发言。机关领导班子成员，专委会驻会副主任，已退出机关领导岗位尚在职的部级干部出席。机关行政室局全体干部和直属单位副处级以上干部参加。

6 日，邵鸿副主席在四川出席第六届中国（绵阳）科技城国际科技博览会开幕式。

7 日，汪洋主席在机关主持召开建言资政质量评价标准和方法会议，听取研究小组工作汇报并讲话。副主席兼秘书长夏宝龙，副主席、研究小组组长李斌出席。

7 日，夏宝龙副主席兼秘书长主持召开政协第十三届全国委员会第五次秘书长办公会议，审议政协全国委员会专门委员会通则（修订草案）；审议政协全国委员会主席会议工作规则（修订草案）；审议政协全国委员会秘书长会议工作规则（修订草案）；审议向不再连任的全国政协常委和委员颁发纪念证牌工作办法（稿）；审议政协全国委员会全体会议和常务委员会会议请假规定（草案）；研究关于加强民主党派无党派人士等方面全国政协委员联系工作的建议。机关领导班子成员，专委会驻会副主任出席。机关各室局负责同志列席。

2—7 日，汪永清副主席率社会和法制委员会与民革中央联合调研组，就“网络环境下的知识产权法律保护”在安徽、浙江进行专题调研。

3—7 日，郑建邦副主席率无党派人士界委员“边疆地区群众生产生活情况”考察团在黑龙江考察。

7 日，陈元同志在香港出席“回顾与展望：‘一带一路’合作倡议五周年座谈会”。

9 日，刘奇葆副主席在天津看望部分住津全国政协委员并座谈，听取意见建议。

10 日，汪洋主席在钓鱼台国宾馆与乌拉圭副总统、国会主席兼参议长托波兰斯基会谈并举行欢迎宴会。夏宝龙副主席兼秘书长参加。

10 日，万钢副主席在京会见应外交学会邀请访华的德国勃兰登堡州州长沃伊德克。

10 日，李斌副主席在机关听取人口资源环境委员会副主任王培安、高波（驻会）关于“中长期人口变动与经济社会发展”双周协商座谈会组织筹备工作情况的汇报，并提出要求。

10 日，刘新成副主席在陕西看望部分住陕全国政协委员并座谈，听取意见建议。

4—10 日，马飚副主席率全国政协委员“推进‘十三五’重大工程项目实施”考察团在天津、河北考察。

10—11 日，全国教育大会在京召开。汪洋主席出席第一次全体会议，张庆黎、卢展工、夏宝龙、杨传堂、巴特尔、何立峰副主席出席第一次、第二次全体会议。

11 日，巴特尔副主席在政协礼堂会见亚洲宗教和平会议（“亚宗和”）执行副主席、联合主席卡希尔一行。

“亚宗和”代表团应“中宗和”邀请于 10 日下午抵京开始访华。

11 日，汪永清副主席主持召开“提高协商议政质量的模式和方法”课题研究座谈会。

11 日，何维副主席在政协礼堂会见来华参加“2018 年中国发展经验塞尔维亚对华友好议员研讨班”的塞尔维亚副议长阿尔西奇一行。

12 日，汪洋主席在机关主持召开座谈会，围绕“如何认识人民政协是专门协商机构”课题听取专家学者代表意见建议。张庆黎、王正伟、苏辉副主席出席。

12 日，张庆黎副主席在机关主持召开座谈会，围绕“习近平总书记关于加强和改进人民政协工作的重要思想研究”课题听取专家学者代表意见建议。高云龙副主席出席。

12日，刘奇葆副主席在石家庄看望住河北省全国政协委员，并与委员座谈交流，听取意见建议。

11—12日，夏宝龙副主席兼秘书长率调研组，赴全国政协机关定点扶贫联系点安徽舒城开展调研。

12日，李斌副主席在机关听取国家林业和草原局局长张建龙汇报林业和草原工作及关注森林活动相关情况。

12日，汪永清副主席在机关主持召开座谈会，围绕“人民政协如何打牢共同思想政治基础、凝聚共识”课题听取专家学者代表意见建议。何维副主席出席。

7—13日，刘奇葆副主席率“推动大运河文化带建设”重点提案督办调研组在北京、天津、河北调研。

11—13日，卢展工副主席率教科卫体委员会慰问团在山东烟台开展慰问教师活动。

13日，李斌副主席在机关主持召开座谈会，围绕“人民政协协商式监督的特色与优势”课题听取专家学者代表意见建议。邵鸿副主席出席。

13日，汪永清副主席在机关主持召开“提高协商议政质量的模式和方法”课题研究座谈会。

13日，汪永清副主席在人民大会堂出席第十届“中华慈善奖”表彰大会。

14日，汪洋主席，夏宝龙副主席兼秘书长，邓朴方同志在京出席中国残联第七次全国代表大会开幕式。

14日，政协第十三届全国委员会第十次双周协商座谈会在政协礼堂召开，以“巩固破除以药补医改革成果，完善公立医院运行新机制”为议题协商建言。汪洋主席主持并讲话，张庆黎、梁振英、夏宝龙副主席出席。辜胜阻副主席在分会场参加会议。李斌、何维副主席，13位常委、委员发言。国家卫生健康委员会负责同志到会介绍情况。财政部，国家医疗保障局，国家药品监督管理局负责同志与委员们互动交流。国家发展改革委、人力资源和社会保障部有关部门负责同志到会听取意见建议。

10—14日，万钢副主席率经济委员会“促进新能源汽车产业健康发展”专题组在广东调研。

14日，王正伟副主席率对外友好界和外事委员会部分委员，围绕改革开放40年我国企业“走出去”开展对外经贸合作、文化交流取得的成绩，赴中国保利集团有限公司学习参观。

14日，马飚副主席在机关主持召开座谈会，围绕“如何通过协商民主实现建言献策和协调关系、汇聚力量、服务大局的有机统一”课题听取专家学者代表意见建议。刘新成副主席出席。

5—14日，陈晓光副主席应邀率全国政协代表团赴黎巴嫩、约旦和阿曼进行友好访问。

14日，汪永清副主席在机关听取外交部部长助理陈晓东关于有关国际会议筹备情况汇报，研究相关问题。

10—14日，刘新成副主席率全国政协“推进‘十三五’重大工程项目实施”委员考察团在陕西考察。

11—13日，杨传堂副主席率农业和农村委员会“完善农业支持保护政策，推动农村产业转型升级”专题组在黑龙江调研。13—16日，专题组继续在吉林调研。

13—16日，高云龙副主席率人口资源环境委员会“统筹推进养老服务体系建设”专题组在上海调研。

17日，国务院办公厅、全国政协办公厅在人民大会堂举行纪念杨静仁同志诞辰100周年座谈会。中共中央政治局常委、全国政协主席汪洋出席，中共中央政治局委员、国务院副总理孙春兰讲话，全国政协副主席兼秘书长夏宝龙主持。全国政协副主席、中共中央统战部副部长、国家民族事务委员会主任巴特尔出席。全国政协副秘书，专委会驻会副主任，中共中央统战部、中央党史和文献研究院，国务院办公厅、国家民族事务委员会、国务院研究室，各民主党派中央和全国工商联，中共甘肃省委、中共宁夏回族自治区委等有关方面同志，杨静仁同志亲属、生前友好和身边工作人员代表等约220人出席。

17日，刘奇葆副主席在机关主持召开座谈会，围绕“坚持党对人民政协工作的领导，保证党的方针政策落实”课题听取专家学者代表意见建议。

17日，夏宝龙副主席兼秘书长主持召开第十八次秘书长碰头会，通报和部署近期工作。机关领导班子成员、专委会驻会副主任及有关室局负责同志参加。

17日，夏宝龙副主席兼秘书长主持召开政协第十三届全国委员会第六次秘书长会议，审议政协全国委员会专门委员会通则（修订草案）；审议政协全国委员会主席会议工作规则（修订草案）；审议政协全国委员会秘书长会议工作规则（修订草案）；审议政协全国委员会大会发言工作规则（修订草案）。全国政协机关党组成员，专委会驻会副主任，办公厅有关室局负责同志列席。

18日，汪洋主席在政协礼堂会见应全国人大常委会委员长栗战书邀请访华的乌兹别克斯坦最高会议立法院主席伊斯莫伊洛夫。夏宝龙副主席兼秘书长参加。

18日，汪洋主席在政协礼堂会见应贸促会邀请来京的百胜中国控股有限公司董事会主席胡祖六。

18日，卢展工副主席在机关主持召开座谈会，围绕“如何认识人民政协在统一战线工作中的地位和作用”课题听取专家学者代表意见建议。辜胜阻副主席出席。

18日，汪永清副主席率“提高协商议政质量的模式和方法”研究小组在北京调研，主持召开座谈会并讲话。

19日，王正伟副主席在机关出席民族和宗教委员会举办的少数民族界委员反映社情民意座谈会并讲话。部分委员参加。内蒙古、广西、贵州、云南、宁夏、新疆等省区政协民宗委负责同志应邀列席。

19日，副主席兼秘书长、机关党组书记夏宝龙主持召开中共政协全国委员会机关党组会议，传达学习全国教育大会精神，听取关于开展巡视整改“回头看”的情况汇报，研究全国政协贯彻落实党的十九大报告重要改革举措的主要安排（稿）、全国政协机关党组贯彻落实政协党建工作有关文件具体措施等。

10—19日，应波兰亚洲研究中心、英国英中协会、经社理事会和类似组织国际协会及法国经济社会环境理事会邀请，中国经济社会理事会主席杜青林率理事会代表团访问波兰、英国并赴法国出席经社理事会和类似组织国际协会全体大会。

18—20日，全国政协副主席、中国人民争取和平与裁军协会副会长马飚在南京出席2018年国际和平日纪念活动开闭幕式并在开幕式上致辞，集体会见参加活动的外国前政要，参加在侵华日军南京大屠杀遇难同胞纪念馆举行的主题纪念活动。

20日，夏宝龙副主席兼秘书长在机关出席文化艺术界在京委员学习贯彻习近平总书记关于加强和改进人民政协工作的重要思想研讨会。在京委员约60人出席。

20日，夏宝龙副主席兼秘书长主持召开会议，听取关于全国地方政协社会和法制委员会工作座谈会筹备情况的汇报，研究相关文稿起草工作及有关事项。

20 日，辜胜阻副主席在京出席 2018 年国是论坛。

19—21 日，中共中央政治局常委、全国政协主席、中央代表团团长汪洋率团出席宁夏回族自治区成立 60 周年庆祝活动。全国政协副主席、中央代表团副团长巴特尔参加。

21 日，夏宝龙副主席兼秘书长在中秋、国庆节前到机关服务局看望干部职工，并就做好服务保障工作提出希望和要求。邓宗良副秘书长和机关服务局干部职工代表约 80 人参加。

18—22 日，何厚铧副主席率澳门特别行政区全国政协委员考察团一行 28 人，赴贵州围绕“建设大数据，引领数字经济发展”主题进行考察。

19—24 日，郑建邦副主席作为国家主席习近平特使赴马里出席凯塔总统就职典礼。

25 日，汪洋主席主持召开政协第十三届全国委员会第十次主席会议，审议政协第十三届全国委员会副秘书长免职决定（草案）和专门委员会委员调整名单（草案）、政协全国委员会主席会议工作规则（修订草案）、政协全国委员会秘书长会议工作规则（修订草案）、政协全国委员会专门委员会通则（修订草案）；听取经济委员会、农业和农村委员会、人口资源环境委员会工作汇报。张庆黎、刘奇葆、万钢、卢展工、王正伟、马飚、陈晓光、梁振英、夏宝龙、杨传堂、巴特尔、汪永清、苏辉、郑建邦、辜胜阻、刘新成、何维、邵鸿、高云龙副主席出席。副秘书长、机关党组成员、各专门委员会负责同志列席。

25 日，夏宝龙副主席兼秘书长主持召开第十九次秘书长碰头会，通报和部署近期工作。机关领导班子成员、各专门委员会驻会副主任及有关室局负责同志参加。

25 日，副主席兼秘书长、机关党组书记夏宝龙主持召开中共政协全国委员会机关党组会议。

26 日，中共全国政协党组书记汪洋主持召开中共十三届全国政协党组第六次会议，研究全国政协贯彻落实党的建设工作八项制度具体实施方案（稿）和全国政协贯彻落实党的十九大报告重要改革举措实施规划的主要安排（稿）。党组副书记张庆黎，成员卢展工、马飚、夏宝龙、杨传堂、汪永清出席。

26 日，汪洋主席在政协礼堂会见应全国对外友协邀请访华的刚果（金）—中国友好协会主席、刚参议院第一副议长默科洛。夏宝龙副主席兼秘书长参加。

26 日，王正伟副主席在政协礼堂会见应外事委员会邀请访华的缅甸联邦议会民族院缅中友好小组代表团，就加强中缅关系和两机构交往等进行交流。

27 日，汪洋主席在政协礼堂会见应国家国防科技工业局邀请访华的俄罗斯前副总理、国家航天集团总经理罗戈津。

27 日，刘奇葆副主席在安徽出席第八届中国（安庆）黄梅戏艺术节开幕式。

27 日，全国政协副主席、京昆室主任卢展工主持召开京昆室主任会议并讲话。会议总结京昆室 2018 年 1—8 月主要工作完成情况，研究部署下阶段重点工作。

18—27 日，李斌副主席率团赴印度尼西亚出席人口与发展南南合作伙伴组织第 23 届理事会会议并访问斯里兰卡和泰国。

28 日，政协第十三届全国委员会第十一次双周协商座谈会在政协礼堂召开，以“推进国家海洋救助保障体系建设”为议题协商建言。汪洋主席主持并讲话，张庆黎、卢展工、夏宝龙、高云龙副主席出席。汪永清副主席在分会场参加会议。杨传堂副主席，13位常委、委员，两位一线救援人员发言。交通运输部负责同志到会介绍情况。司法部、财政部、人力资源和社会保障部、交通运输部负责同志与委员们互动交流。

28日，全国政协办公厅、中央统战部、国务院港澳办、国务院台办在人民大会堂共同举办2018年国庆招待会。汪洋主席，张庆黎、万钢、卢展工、王正伟、马飚、陈晓光、夏宝龙、杨传堂、李斌、巴特尔、汪永清、苏辉、郑建邦、辜胜阻、刘新成、何维、邵鸿、高云龙副主席出席。部分机关领导班子成员、专门委员会负责同志参加。

28日，刘奇葆副主席在江西抚州出席中国人民对外友好协会和江西省人民政府共同举办的汤显祖国际戏剧交流月开幕式并致辞。

28日，汪永清副主席在人民大会堂会见中国人民对外友好协会和越南友好组织联合会共同举办的中越人民论坛第十次会议双方代表。

29日，习近平总书记关于加强和改进人民政协工作的重要思想理论研讨会第一次全体会议在京举行。汪洋主席出席，张庆黎副主席讲话，夏宝龙副主席兼秘书长主持。董建华、万钢、何厚铧、卢展工、王正伟、马飚、陈晓光、梁振英、杨传堂、李斌、巴特尔、汪永清、何立峰、苏辉、郑建邦、辜胜阻、刘新成、何维、邵鸿、高云龙副主席出席。江泽林等10位同志作口头发言。中共中央办公厅、国务院办公厅、中央组织部、中央宣传部、中央统战部负责同志；全国政协副秘书长，机关党组成员，各专门委员会主任、驻会副主任和参与重点课题研究的副主任，理论研讨会筹备组成员；各省（自治区、直辖市）政协主席，副省级市政协主席，部分地级市政协主席、县级政协主席，地方政协有关同志；承担全国政协相关研究课题的专家学者，邀请发言的全国政协委员、专家学者等参加。办公厅研究室和局级单位主要负责同志列席。下午，汪洋主席，张庆黎、万钢、何厚铧、卢展工、王正伟、马飚、陈晓光、梁振英、夏宝龙、杨传堂、李斌、巴特尔、汪永清、苏辉、郑建邦、辜胜阻、刘新成、何维、邵鸿、高云龙副主席分别到各小组参加会议。

30日，汪洋主席，王正伟、陈晓光、夏宝龙、汪永清、苏辉副主席在天安门广场出席烈士纪念日向人民英雄敬献花篮仪式。

30日，习近平总书记关于加强和改进人民政协工作的重要思想理论研讨会举行第二次全体会议。汪洋主席讲话，张庆黎副主席主持，刘奇葆、董建华、万钢、何厚铧、卢展工、王正伟、马飚、陈晓光、梁振英、夏宝龙、杨传堂、李斌、巴特尔、汪永清、何立峰、苏辉、郑建邦、辜胜阻、刘新成、何维、邵鸿、高云龙副主席出席。小组召集人分别汇报各小组讨论情况。中共中央办公厅、国务院办公厅、中央组织部、中央宣传部、中央统战部负责同志；全国政协副秘书长，机关党组成员，各专门委员会主任、驻会副主任和参与重点课题研究的副主任，理论研讨会筹备组成员；各省区市政协主席，副省级市政协主席，部分地级市政协主席、县级政协主席，地方政协有关同志；承担全国政协相关研究课题的专家学者，邀请发言的全国政协委员、专家学者等参加。办公厅研究室和局级单位主要负责同志列席。上午，张庆黎、董建华、万钢、何厚铧、卢展工、马飚、梁振英、杨传堂、李斌、巴特尔、郑建邦、辜胜阻、刘新成、何维、邵鸿、高云龙副主席分别到各小组参加会议。

30日晚，汪洋主席，张庆黎、刘奇葆、董建华、万钢、何厚铧、卢展工、王正伟、马飚、陈晓光、梁振英、夏宝龙、杨传堂、李斌、巴特尔、汪永清、何立峰、苏辉、郑建邦、辜胜阻、刘新成、何维、邵鸿、高云龙副主席，王刚、杜青林、宋健、王忠禹、郝建秀、张怀西、李蒙、白立忱、阿不来提·阿不都热西提、李兆焯、黄孟复、张梅颖、张榕明、孙家正、郑万通、陈宗兴、韩启德、林文漪、李海峰、陈元、王家瑞、齐续春、马培华、王钦敏同志在人民大会堂出席2018年国庆招待会。潘立刚、郭军副秘书长，外事委员会副主任刘洪才参加。

28—30日，应全国政协办公厅邀请，港澳台侨人士嘉宾团在京参加国庆69周年观光系列活动，出席国务院办公厅举办的国庆招待会和全国政协办公厅、中共中央统战部、国务院侨办、国务院港澳办、国务院台办联合举办的国庆招待会及全国政协港澳台侨委员会举办的宴会，参观北京故宫博物院“清明上河图3.0”高科技互动展演、中科院十八大以来创新成果展。

10月

8日，夏宝龙副主席兼秘书长主持召开第二十次秘书长碰头会，通报和部署近期工作。

8日，副主席兼秘书长、机关党组书记夏宝龙主持召开中共政协全国委员会机关党组会议。

9日，张庆黎副主席主持召开会议，研究部署贯彻落实习近平总书记关于加强和改进人民政协工作的重要思想理论研讨会精神有关工作。

10日，全国政协第七次提案工作座谈会第一次全体会议在政协礼堂召开。张庆黎副主席出席并讲话，马飚、夏宝龙、邵鸿副主席，潘立刚副秘书长出席。中共中央办公厅、国务院负责同志出席并讲话。提案委员会主任主持。提案委员会委员，各省级、副省级市政协分管提案工作的负责同志和提案工作机构负责同志，政协参加单位、部分提案承办单位代表，全国政协办公厅有关室局负责同志等约200人参加。下午，与会人员进行分组讨论。

10日，陈晓光副主席在北戴河出席全国政协第121期干部培训班开班式，看望全体学员并作动员讲话。

11日，卢展工副主席出席全国政协“红色资源保护与利用”赴江西省委员考察团组团会议并讲话。中共中央宣传部、文化和旅游部、国家文物局、中央军委政治工作部等有关部门负责同志到会介绍情况。

11日，李斌副主席在甘肃出席2018中国（甘肃）中医药产业博览会开幕式和主题论坛。

12日，政协第十三届全国委员会第十二次双周协商座谈会在政协礼堂召开，以“加强国家通用语言文字普及，促进各民族交往交流交融”为议题协商建言。汪洋主席主持并讲话，张庆黎、王正伟、夏宝龙、刘新成副主席出席。

12日，全国政协机关警示教育大会在政协礼堂召开。副主席兼秘书长、机关党组书记夏宝龙出席并讲话，副秘书长、机关党组副书记潘立刚主持。会议传达学习习近平总书记重要批示及中央和国家机关警示教育大会精神，通报违纪典型案例及机关领导干部个人有关事项报告查核处理情况，部署集中警示教育工作。机关党组成员、驻会副秘书长、各专门委员会驻会副主任、已退出机关领导岗位尚在职的部级干部出席。机关行政室局、直属单位部分干部参加。

9—12日，汪永清副主席率工作小组赴上海、浙江，就“提高协商议政质量的模式和方法”开展调研，分别与上海、浙江、湖南省市县各级政协有关同志座谈研讨。

13日，陈晓光副主席在湖北出席世界中医药健康论坛（神农架·2018）开幕式。

13日，辜胜阻副主席在陕西调研创新发展并出席首届创新城市发展方式（西咸）国际论坛。

15日，秘书局党总支、文化文史和学习委员会办公室党支部开展联合党日活动。张庆黎副主席出席并讲话，刘奇葆、马飚副主席出席。文化文史和学习委员会分党组副书记、办公厅秘书局党总支书记刘晓冰围绕学习贯彻中共中央办公厅《关于加强新时代人民政协党的建设工作的若干意见》和汪洋主席在习近平总书记关于加强和改进人民政协工作的重要思想理论研讨会上的讲话精神讲党课。

15日，夏宝龙副主席兼秘书长主持召开第二十一次秘书长碰头会，通报和部署近期工作。

15日，副主席兼秘书长、机关党组书记夏宝龙主持召开中共政协全国委员会机关党组会议，传达学习习近平总书记在十九届中央政治局第八次集体学习时发表的重要讲话，审议全国政协办公厅2019—2021年“一上”支出规划和2019年“一上”部门预算，研究全国政协机关首轮巡视工作方案等。

15日，李斌副主席在深圳出席2018森林城市建设座谈会并讲话。

16日，万钢副主席在政协礼堂出席教科卫体委员会组织的“基础研究与创新驱动发展战略”界别协商座谈会并讲话。教科卫体委员会部分委员参加。国家自然科学基金委员会及教育部、科学技术部、中国科学院有关部门负责同志介绍情况并与委员互动交流。

16日，2018年全国政协机关重阳茶话会在政协礼堂举行。夏宝龙副主席兼秘书长出席并讲话，潘立刚副秘书长主持。机关领导班子成员，机关老同志，离退休老同志，机关各室局负责同志，机关党委以及工会、团委、妇委会等部门负责同志约210人参加。

16日，辜胜阻副主席在京出席中国—挪威工商峰会开幕式并致辞。

16日，辜胜阻副主席在人民大会堂出席国家主席习近平为挪威国王哈拉尔五世访华举行的欢迎仪式和欢迎宴会。

17日，何维副主席出席外事委员会“中欧班列运行情况”专题调研座谈会。国家发展和改革委员会、财政部、商务部、海关总署和中国铁路总公司有关部门负责同志到会介绍情况并与委员互动交流。

18日，汪洋主席，贾庆林、俞正声同志，张庆黎、刘奇葆、马飚、夏宝龙、杨传堂副主席，王刚、杜青林、宋健、李贵鲜、张榕明、孙家正、李金华、郑万通、王家瑞同志，郭军副秘书长在北京八宝山革命公墓大礼堂向司马义·艾买提同志遗体送别。

17日至18日上午，经济委员会“促进新能源汽车产业健康发展”专题组在京调研。万钢副主席任顾问，委员会副主任房爱卿任组长，副主任刘利华及致公党中央有关负责同志参加。

19日，汪洋主席主持召开“优化营商环境，促进民营经济高质量发展”座谈会，听取委员意见建议。

19日，张庆黎副主席主持召开

“习近平总书记关于加强和改进人民政协工作的重要思想理论研讨会”论文宣传工作部署会议。中国人民政协理论研究会副会长陈惠丰出席。《人民日报》、《求是》杂志、《光明日报》负责同志及机关有关室局和直属单位负责同志参加。

19日，张庆黎、夏宝龙、高云龙副主席在机关出席全国政协2018年第三季度宏观经济形势分析座谈会。9位委员和特邀专家发言。国家发展和改革委员会、财政部、商务部、中国人民银行有关负责同志到会听取意见建议并与委员互动交流，国家统计局负责同志到会介绍2018年第三季度国民经济运行有关情况。经济委员会主任尚福林主持，机关领导班子成员及部分委员，吉林、山东、湖北、湖南、四川等省政协代表参加。

15—19日，卢展工副主席率全国政协委员考察团，围绕“红色资源保护与利用”在江西考察。

19日，卢展工副主席在江西南昌出席2018世界VR产业大会。

19日，王正伟副主席在湖北武汉出席2018年中国中部国际产能合作论坛暨企业对接洽谈会开幕式。

19日，何维副主席在浙江杭州出席2018世界健康大会。

15—19日，杨传堂副主席率香港特别行政区全国政协委员考察团一行79人，在河北围绕“推动京津冀协同发展，促进雄安新区建设”主题进行考察。

20日，郑建邦副主席在河南郑州出席第十二届中国郑州国际少林武术节开幕式。

15—20日，邵鸿副主席率“妥善解决特色小镇建设中存在的问题”重点提案督办调研组在江苏、安徽调研。

21日，全国政协机关召开第十届职工运动会。副主席兼秘书长、机关党组书记夏宝龙宣布运动会开幕，参加相关运动项目，并为有关获奖集体颁奖。本届运动会共有机关干部职工一千余人参加，共进行了69个项目的比赛。

17—21日，刘新成副主席率队在海南开展考察基层公共文化建设暨送文化下基层活动。

22日，汪洋主席，夏宝龙副主席兼秘书长，郑万通同志在人民大会堂出席中国工会第十七次全国代表大会开幕式。

22日，张庆黎副主席在政协礼堂会见应中国贸促会邀请来京的香港美国商会主席朗杰一行。

22日，夏宝龙副主席兼秘书长主持召开第二十二次秘书长碰头会，通报和部署近期工作。

22日，副主席兼秘书长、机关党组书记夏宝龙主持召开中共政协全国委员会机关党组会议，听取关于人民政协报社有关工作的汇报等。

23日，全国政协副主席、书画室主任马飚，在中国政协文史馆检查“新时代、新面貌、新作为”——政协委员庆祝改革开放40周年书画展布展情况，并对展厅陈列提出相关要求。

23日，汪永清副主席以普通党员身份参加六局党支部专题组织生活会并发言。会议认真学习贯彻习近平总书记重要批示精神、落实全国政协机关警示教育大会精神，与会人员结合思想和工作实际，排查廉政风险、交流学习体会。

24日，汪洋主席主持召开远程协商会，就“优化营商环境，促进民营经济高质量发展”协商建言。张庆黎、陈晓光、夏宝龙、汪永清副主席出席。

24日，中共全国政协党组书记汪洋主持召开中共十三届全国政协党组第七次会议，学习贯彻习近平总书记在十九届中央政治局第八次集体学习时的讲话精神；

研究关于加强和改进全国政协委员学习工作的方案（稿）；听取关于学习贯彻习近平总书记关于加强和改进人民政协工作的重要思想理论研讨会精神情况的汇报。党组副书记张庆黎，成员卢展工、王正伟、马飚、夏宝龙、杨传堂、李斌、汪永清出席。

24 日，汪洋主席，张庆黎、马飚、夏宝龙、杨传堂副主席在中国政协文史馆参观“新时代、新面貌、新作为”——政协委员庆祝改革开放 40 周年书画展。

24 日，全国政协办公厅、全国政协书画室在中国政协文史馆举办“新时代、新面貌、新作为”——政协委员庆祝改革开放 40 周年书画展。王正伟、马飚、陈晓光、李斌、刘新成副主席参观展览。

24 日，“2018 年中国经济社会论坛”在陕西西安举办。中国经济社会理事会主席杜青林出席并讲话。

22—24 日，何维副主席率队在贵州黔南布依族苗族自治州都匀市、平塘县、罗甸县开展卫生“三下乡”活动。

25 日，汪洋主席在政协礼堂与柬埔寨参议院主席赛冲举行会谈并宴请。夏宝龙副主席兼秘书长参加。

25 日，夏宝龙副主席兼秘书长主持召开政协第十三届全国委员会第七次秘书长会议，听取全国政协办公厅和副秘书长所在单位近期工作情况通报；围绕教育改革发展有关问题开展秘书长会议第一次集体学习暨全国政协机关党组理论学习中心组 2018 年度第七次集体学习。

25 日，汪永清副主席在京召开提高协商议政质量的模式和方法研究小组会议，研究修改课题成果文件。

25 日，何立峰副主席在广州召开经济形势座谈会，听取部分住广东全国政协委员和广州市政协委员对当前经济形势的意见建议。

26 日，政协第十三届全国委员会第十三次双周协商座谈会在政协礼堂召开，以“中长期人口变动与经济社会发展”为议题协商建言。汪洋主席主持并讲话，张庆黎、夏宝龙、高云龙副主席出席。陈晓光副主席在分会场参加会议。李斌副主席，13 位常委、委员和 2 位专家学者发言。国家发展和改革委员会负责同志到会介绍情况。教育部、人力资源和社会保障部、国家卫生健康委员会负责同志与委员互动交流。部分机关领导班子成员、专门委员会驻会副主任参加。

26 日，汪洋主席主持召开政协第十三届全国委员会第十一次主席会议，并举行主席会议第三次集体学习。会议审议关于撤销孟宏伟政协第十三届全国委员会委员资格的决定（草案）、关于接受杜江涛请辞政协第十三届全国委员会委员的决定（草案）、关于免去学诚民族和宗教委员会副主任职务，接受其请辞政协第十三届全国委员会常委、委员的决定（草案）；审议关于加强和改进全国政协委员学习工作的方案（稿）；审议全国政协加强和改进调研工作实施办法（修订草案）；听取关于学习贯彻习近平总书记关于加强和改进人民政协工作的重要思想理论研讨会精神情况的汇报；听取教科卫体委员会、社会和法制委员会工作汇报。主席会议集体学习新时代全面依法治国的新要求，中央全面依法治国委员会办公室副主任傅政华①应邀到会介绍情况。张庆黎、董建华、万钢、何厚铧、卢展工、王正伟、马飚、陈晓光、夏宝龙、杨传堂、李斌、汪永清、何立峰、苏辉、郑建邦、刘新成、何维、

① 2021 年 11 月 24 日，政协第十三届全国委员会常务委员会第十九次会议追认关于免去傅政华社会和法制委员会副主任职务，撤销傅政华第十三届全国政协委员资格的决定。以下不再标注。

邵鸿、高云龙副主席出席。副秘书长、机关党组成员、各专委会负责同志，中共中央统战部有关负责同志列席。

26日，杨传堂副主席在人民大会堂出席国务院总理李克强为日本首相安倍晋三访华举行的欢迎仪式和欢迎宴会。

26日，汪永清、苏辉副主席在中国政协文史馆参观“新时代、新面貌、新作为”——政协委员庆祝改革开放40周年书画展。刘家强副秘书长，部分书画展组委会成员和在京政协委员参加。

23—28日，外事委员会“中欧班列运行情况”专题组在河南、湖北、重庆调研。何维副主席率队参加湖北段调研。

29日，马飚副主席在人民大会堂会见应中联部邀请访华的意大利多党议员考察团。

29日，夏宝龙副主席兼秘书长主持召开第二十三次秘书长碰头会，传达有关文件精神，通报和部署近期工作。

29日，副主席兼秘书长、机关党组书记夏宝龙主持召开中共政协全国委员会机关党组会议，研究有关事项。

21—29日，应布隆迪参议院和塞舌尔政府邀请，刘奇葆副主席率全国政协代表团访问布隆迪和塞舌尔。

30日，汪洋主席，夏宝龙副主席兼秘书长在人民大会堂出席中国妇女第十二次全国代表大会开幕式。

30日，汪洋主席在人民大会堂会见港区省级政协委员联谊会访京团一行。夏宝龙副主席兼秘书长出席。

30日，夏宝龙副主席兼秘书长在政协礼堂会见港区省级政协委员联谊会访京团一行。

30日，李斌副主席在政协礼堂会见应国家卫生健康委员会邀请访华的世界卫生组织西太区主任申英秀。

30日，白立忱同志在中国政协文史馆参观“新时代、新面貌、新作为”——政协委员庆祝改革开放40周年书画展。

31日，马飚副主席率文化文史和学习委员会部分委员赴北京电影学院、北京人民艺术剧院走访并座谈交流，深入了解文艺单位有关情况和文化艺术界关注的重点问题，为谋划好委员会2019年工作选题做准备。

31日，夏宝龙副主席兼秘书长主持召开政协第十三届全国委员会第六次秘书长办公会议，审议政协第十三届全国委员会常务委员会第四次会议议程（草案）和日程（草案）；审议政协全国委员会提案工作条例（修订草案）；审议政协全国委员会委员视察考察工作条例（修订草案）；审议关于加强新时代政协社会和法制委员会工作的指导意见（稿）；审议全国政协开展专题视察活动实施方案（草案）；研究关于做好委员履职服务有关工作的建议。机关领导班子成员、各专门委员会驻会副主任及有关室局负责同志参加。

11月

1日，夏宝龙副主席兼秘书长主持召开座谈会，就“如何改进秘书长工作和做好下一步工作”听取意见建议。

1日，刘新成副主席在广东珠海出席第十二届中国—拉美企业家高峰会开幕式并致辞。

1日，邵鸿副主席在人民大会堂出席国家主席习近平为萨尔瓦多总统桑切斯访华举行的欢迎仪式和欢迎宴会。

2日，汪洋主席，李瑞环、贾庆林、俞正声同志，刘奇葆、夏宝龙、杨传堂、李斌、辜胜阻、高云龙副主席，杜青林、白立忱、张梅颖、张榕明、李金华、郑万通、陈宗兴、王家瑞、王钦敏同志，刘家强副秘书长在北京八宝山革命公墓大礼堂向王光英同志遗体送别。

2日，汪洋主席，卢展工、夏宝龙副主席在中国政协文史馆出席京昆室2018年度第三场戏曲艺术讲座。第八、九、十届全国政协委员，中国戏剧家协会名誉主席尚长荣主讲“京剧如何继承与创新”。

1日至2日上午，中国人民政协理论研究会2018年年会暨“改革开放和人民政协”理论研讨会在安徽合肥召开，全国政协副主席、中国人民政协理论研究会会长张庆黎出席并讲话。

10月29日至11月2日，汪永清副主席率“司法责任制综合配套改革若干问题”专题组在江苏、福建调研。

5日，汪洋主席在政协礼堂会见应全国人大常委会委员长栗战书邀请访华的阿联酋联邦国民议会议长古贝茜。夏宝龙副主席兼秘书长参加。

5日，刘奇葆副主席率队走访中国文联并深入座谈，了解文化艺术界关注的重点问题，为谋划好明年选题做准备。

10月28日至11月5日，应利比里亚参议院、佛得角国民议会邀请，万钢副主席率全国政协代表团访问利比里亚、佛得角。

5日，夏宝龙副主席兼秘书长主持召开第二十四次秘书长碰头会，通报和部署近期工作。

5日，副主席兼秘书长、机关党组书记夏宝龙主持召开中共政协全国委员会机关党组会议，研究有关事项。

5日，李斌副主席在京出席第六届反贫困与儿童早期发展国际研讨会并致辞。

5日，汪永清副主席召开提高协商议政质量的模式和方法课题研究小组会议，研究修改课题成果文件。

5日，中国经济社会理事会主席杜青林在政协礼堂与非洲经社理事会联盟主席海德拉率领的代表团举行会谈并宴请。

5日下午、6日上午，汪洋主席与专门委员会驻会副主任聊天交流，听取对改进主席工作和做好下一步工作的建议。

6日，汪洋主席在政协礼堂会见以非洲经社理事会联盟主席海德拉为团长的代表团。中国经社理事会主席杜青林参加。

6日，万钢副主席在京出席何梁何利基金2018年度颁奖大会并致辞。

6日，夏宝龙副主席兼秘书长主持召开座谈会，就如何改进秘书长工作和做好下一步工作听取意见建议。

6日，高云龙副主席在青岛出席全国政协第122期干部培训班开班式，看望全体学员并作动员讲话。

6日，以“中非共建‘一带一路’”为主题的中非经社理事会圆桌会议在政协礼堂举行。中国经社理事会主席杜青林与非洲经社理事会联盟主席海德拉共同出席会议并致辞，全国政协副秘书长、中国经社理事会副主席潘立刚主持部分议程并作总结发言，中国经社理事会副主席贾治邦，全国政协副秘书长郭军及来自马里、贝宁、加蓬、乍得、塞内加尔、阿尔及利亚、摩洛哥、科特迪瓦、布基纳法索等非洲九国的经社理事会代表出席。

6日，汪永清副主席召集社会和法制委员会驻会副主任吕忠梅和办公室负责同志，研究落实《全国政协党组贯彻落实党的建设工作八项制度实施方案》有关事项。

7日，汪洋主席在政协礼堂会见应国家主席习近平邀请访华的古巴国务委员会主席兼部长会议主席迪亚斯—卡内尔。夏宝龙副主席兼秘书长参加。

7日，刘奇葆副主席在广东出席第27届中国金鸡百花电影节开幕式。

7日，马飚副主席听取提案委员会2019年工作打算并提出要求。

7日，夏宝龙副主席兼秘书长主持召

开政协第十三届全国委员会第八次秘书长会议，审议政协第十三届全国委员会常务委员会第四次会议议程（草案）和日程（草案）；审议政协全国委员会提案工作条例（修订草案）；审议政协全国委员会委员视察考察工作条例（修订草案）；举行秘书长会议第二次集体学习，全国政协常委、提案委员会副主任戚建国围绕有关问题作讲座，并和与会人员互动交流。

7日，副主席、建言资政质量评价标准和方法研究小组组长李斌召集会议，听取建言资政质量评价标准和方法研究工作开展情况汇报，并提出要求。

5—8日，卢展工副主席率全国政协京昆室“支持戏曲传承发展政策贯彻落实情况”专题组在山西调研。

8日，卢展工副主席在太原看望部分住晋全国政协委员并座谈。

8日，夏宝龙副主席兼秘书长在机关会见中国国民党前副主席林丰正。

8日，夏宝龙副主席兼秘书长在人民大会堂出席国家主席习近平为古巴国务委员会主席兼部长会议主席迪亚斯一卡内尔访华举行的欢迎仪式和欢迎宴会。

9日，政协第十三届全国委员会第十四次双周协商座谈会在政协礼堂召开，以“促进新能源汽车产业健康发展”为议题协商建言。汪洋主席主持并讲话，张庆黎、夏宝龙、辜胜阻副主席出席。杨传堂、苏辉副主席在分会场参加会议。万钢副主席作主题发言。10位常委、委员，2位专家学者发言。工业和信息化部负责人到会介绍情况。国家发展和改革委员会、科学技术部、财政部负责人与委员们互动交流。生态环境部、交通运输部、国家能源局有关部门负责同志到会听取委员意见建议。

9日，夏宝龙副主席兼秘书长赴国家博物馆审看庆祝改革开放40周年大型展览中“充分发挥社会主义协商民主重要作用”部分的布展情况。

9日，李斌副主席在机关主持召开“乡村振兴中的环境治理问题”座谈会，听取人口资源环境委员会及有关界别委员意见建议。

13日，中共全国政协党组书记汪洋主持召开中共十三届全国政协党组第八次会议，传达学习习近平总书记在中央政治局常委会会议听取全国政协有关工作汇报时的重要讲话精神。党组副书记张庆黎，成员刘奇葆、卢展工、王正伟、马飚、夏宝龙、杨传堂、李斌、汪永清出席。

13日，汪洋主席，张庆黎、刘奇葆、万钢、卢展工、王正伟、马飚、夏宝龙、李斌、汪永清、苏辉、辜胜阻、刘新成、邵鸿、高云龙副主席在国家博物馆参观“伟大的变革——庆祝改革开放40周年大型展览”。上午，陈晓光、何立峰副主席出席开幕式并参观展览。

13日，帕巴拉·格列朗杰副主席在拉萨听取郭军副秘书长关于“中宗和”近期工作的汇报并作出指示。

13日，汪永清副主席主持召开提高协商议政质量的模式和方法研究小组会议，研究落实汪洋主席指示精神，修改完善课题成果文件。

14日，何维副主席出席外事委员会“提高中欧班列运行效率”对口协商会并讲话。国家发展和改革委员会负责同志到会介绍情况，外交部、财政部、商务部、海关总署和中国铁路总公司有关部门负责同志与委员互动交流。

14日，邵鸿副主席率提案委员会部分委员、提案者代表走访最高人民法院并召开座谈会，了解提案办理工作情况，推动提案办理落实，听取对全国政协提案工作的意见建议。

13日，梁振英副主席出席上海市政

协召开的以“改革开放再出发，沪港合作创新篇——纪念中国改革开放40周年”为主题的2018年沪港合作与发展研讨会，并作主旨演讲。

15日，机关党组理论学习中心组举行2018年第8次集体学习。副主席兼秘书长、机关党组书记夏宝龙主持并讲话。副秘书长、机关党组成员邓宗良传达中央宣传部有关学习材料精神。

15日，李斌副主席率人口资源环境委员会负责同志走访自然资源部，座谈了解对全国政协2019年在自然资源领域开展工作的意见建议以及自然资源部2018年提案办理工作情况。

15日，汪永清副主席主持召开提高协商议政质量的模式和方法研究小组会议，再次研究落实汪洋主席有关指示精神，修改完善课题成果文件。

15日，中国经济社会理事会主席杜青林在政协礼堂与经社理事会和类似组织国际协会主席、罗马尼亚经济社会理事会主席巴休举行会谈并宴请。

15日，万钢副主席在武汉出席全国暨地方政协教科卫体委员会工作座谈会开幕会并讲话（会议至16日）。

16日，汪洋主席主持召开政协第十三届全国委员会第十二次主席会议，传达学习习近平总书记在中央政治局常委会会议上的重要讲话精神；审议全国政协加强和改进人民政协工作重点任务实施方案（稿）；审议政协第十三届全国委员会委员增补名单（草案）和政协第十三届全国委员会专门委员会副主任任免名单（草案）；审议政协第十三届全国委员会常务委员会第四次会议议程（草案）和日程（草案）；审议政协全国委员会提案工作条例（修订草案）；审议政协全国委员会视察考察工作条例（修订草案）；听取港澳台侨委员会、外事委员会工作汇报。

张庆黎、万钢、卢展工、马飚、梁振英、夏宝龙、杨传堂、李斌、汪永清、苏辉、郑建邦、辜胜阻、刘新成、何维、邵鸿、高云龙副主席出席。副秘书长、机关党组成员、各专门委员会负责同志，中共中央统战部有关负责同志列席。

16日，汪洋主席在政协礼堂会见经社理事会和类似组织国际协会、罗马尼亚经社理事会主席巴休。中国经社理事会主席杜青林参加。

16日，王正伟副主席在福建出席第十二届海峡两岸茶叶博览会开馆式并致辞。

16日，副主席兼秘书长、机关党组书记夏宝龙主持召开中共政协全国委员会机关党组会议，传达中央重要会议精神，研究有关事项。

18日，郑建邦副主席在福建出席第三届世界妈祖文化论坛。

19日，十三届全国政协京内新任委员学习研讨班在京举行开班式。汪洋主席出席并讲话，张庆黎副主席出席，夏宝龙副主席兼秘书长主持。

19日，十三届全国政协京内新任委员学习研讨班举行集体学习，张庆黎副主席就学习习近平总书记关于加强和改进人民政协工作的重要思想作辅导报告，夏宝龙副主席兼秘书长主持。

20日，夏宝龙副主席兼秘书长主持召开第四次常委会会议大会发言选稿会，研究遴选大会口头发言稿件。

20日，十三届全国政协京内新任委员学习研讨班组织委员赴国家博物馆参观“伟大的变革——庆祝改革开放40周年大型展览”。杨传堂、巴特尔、何维副主席参加。

20日，高云龙副主席在政协礼堂会见应中联部邀请访华的哥伦比亚民主中心党干部考察团。

20日，十三届全国政协京内新任委员学习研讨班举行专题授课。中央全面深化改革委员会办公室副主任，国家发展和改革委员会党组副书记、副主任穆虹，外交部副部长乐玉成分别以“将改革进行到底”和“国际大变局下的中国外交”为题授课。潘立刚副秘书长主持。

21日，十三届全国政协京内新任委员学习研讨班举行集体座谈学习体会及结业式。夏宝龙副主席兼秘书长出席并作总结讲话，潘立刚副秘书长主持。

21日，副主席、建言资政质量评价标准和方法研究小组组长李斌在机关主持召开课题委托研究单位会议，听取北京市政协、黑龙江省政协、上海市政协、山东省政协、湖北省政协和中国社会科学评价研究院研究情况汇报，以及对研究小组相关文稿的意见建议，并提出要求。

22日，全国政协农业和农村委员会2018年“三农”工作协商座谈会在政协礼堂召开，以“发展壮大乡村产业，推动实施乡村振兴”为议题协商建言。汪洋主席出席并讲话，夏宝龙、郑建邦副主席出席。杨传堂副主席，11位委员和特邀专家发言。农业农村部负责同志到会介绍情况。中央农村工作领导小组、农业农村部，国家发展和改革委员会，财政部，自然资源部，水利部，国务院扶贫开发领导小组，国家林业和草原局负责同志与委员们互动交流。科学技术部、商务部、中国人民银行有关部门负责同志到会听取意见建议。

22日，政协第十三届全国委员会第十五次双周协商座谈会在政协礼堂召开，以“妥善解决特色小镇建设中存在的问题”为议题协商建言。汪洋主席主持并讲话，张庆黎、梁振英、夏宝龙、苏辉副主席出席。辜胜阻副主席在分会场参加会议。邵鸿副主席作主题发言。10位常委、委员，2位专家学者发言。国家发展和改革委员会负责同志到会介绍情况。自然资源部、生态环境部、住房和城乡建设部负责同志与委员们互动交流。

22日，李斌副主席在广西南宁出席全国暨地方政协人口资源环境委员会工作座谈会并讲话（会议至23日）。会议围绕深入学习贯彻习近平总书记关于加强和改进人民政协工作的重要思想、汪洋主席关于政协工作的指示精神，进一步提高全国政协及地方政协人口资源环境委员会履职能力和实效进行交流研讨。

23日，汪洋主席，陈晓光、夏宝龙副主席在京出席纪念刘少奇同志诞辰120周年座谈会。

23日，夏宝龙副主席兼秘书长在政协礼堂出席2018年机关新调入公务员培训班结业式并讲话。

23日，辜胜阻副主席在成都出席全国政协暨地方政协经济委员会工作研讨会开幕会并讲话（会议至24日上午）。

23日，辜胜阻副主席在成都与部分住蓉全国政协委员聊天交流，听取意见建议。

24日下午，王正伟副主席在京出席第十四届中国·企业社会责任论坛并致辞。

22—24日，李斌副主席在广西壮族自治区北海市调研生态保护和修复、环保产业发展等情况。

24日，辜胜阻副主席在京出席首届光大—光华金控论坛。

26日，万钢副主席在机关出席第十六次双周协商座谈会会前协商会并讲话。部分参会委员和教育部、科技部、财政部、中科院、国家自然科学基金委有关部门负责同志就“强化基础研究，促进重大原始创新”协商讨论。

26日，夏宝龙副主席兼秘书长主持

召开第二十六次秘书长碰头会，通报和部署近期工作。

26日，副主席兼秘书长、机关党组书记夏宝龙主持召开中共政协全国委员会机关党组会议，传达中央纪委国家监委重要会议精神，研究有关事项。

26日，夏宝龙副主席兼秘书长主持召开座谈会，专门听取人民日报社、新华通讯社、中央广播电视总台、光明日报社、经济日报社、中国青年报社、中国网、百度、腾讯等9家新闻媒体对全国政协2019年协商议题的建议。

26日，汪永清副主席在京出席全国地方政协社会和法制委员会工作座谈会并讲话（会议为26日全天）。会议深入学习贯彻习近平总书记关于加强和改进人民政协工作的重要思想、汪洋主席关于政协工作的指示精神，总结交流社会和法制委员会工作。委员会主任沈德咏主持第二次全体会议并作总结讲话，副主任强卫主持第一次全体会议，驻会副主任吕忠梅传达汪洋主席讲话精神，交流做好新时代政协社法委工作的思考，10位地方政协社法委负责同志作大会发言。

26日，苏辉副主席在湖南出席第五届中国（湘潭）齐白石国际文化艺术节。

27日，汪洋主席与专家学者交流，围绕“把推动人民政协这一具有中国特色的制度安排更加成熟更加定型、发挥好专门协商机构的作用作为新时代的新方位新使命”听取意见建议。有关专家学者应邀参加。

27日，中共全国政协党组书记汪洋主持召开中共十三届全国政协党组第九次会议，传达学习中央有关文件精神，研究全国政协2019年重点协商议题建议。党组副书记张庆黎，成员刘奇葆、卢展工、王正伟、马飚、夏宝龙、李斌、巴特尔、汪永清出席。

27日，汪洋主席在政协礼堂与越南祖国阵线中央主席陈青敏举行会谈并宴请。夏宝龙副主席兼秘书长参加。

19—27日，应智利众议院和秘鲁国会邀请，马飚副主席率全国政协代表团访问智利和秘鲁。

27日，夏宝龙副主席兼秘书长在政协礼堂会见来自非洲41个国家和非盟驻华代表处的58位非洲国家驻华使节。驻华使节还在中国政协文史馆参观“人民政协光辉历程展”。

27日，汪永清副主席在京出席庆祝检察机关恢复重建40周年暨全国检察机关第九次“双先”表彰大会。

27日，苏辉副主席在湖南长沙看望部分住湘全国政协委员。

28日，政协第十三届全国委员会常务委员会第四次会议开幕会在京举行。汪洋主席，张庆黎、刘奇葆、董建华、万钢、卢展工、王正伟、马飚、陈晓光、梁振英、夏宝龙、杨传堂、李斌、巴特尔、汪永清、苏辉、郑建邦、辜胜阻、刘新成、何维、邵鸿、高云龙副主席和常委共288人出席。何厚铧副主席主持。会议审议通过政协第十三届全国委员会常务委员会第四次会议议程；传达习近平总书记有关重要讲话精神；听取关于政协全国委员会专门委员会通则（修订草案）的说明、关于政协全国委员会提案工作条例（修订草案）的说明及有关人事事项的说明。中共中央办公厅、国务院办公厅负责同志，不是常委的全国政协副秘书长、机关领导班子成员、各专门委员会负责同志，地方政协负责同志，中央统战部副部长和特邀列席委员列席。开幕会前，张庆黎副主席主持召开政协第十三届全国委员会常务委员会第四次会议小组召集人会议并讲话。上午开幕会后和下午，汪洋主席，张庆黎、刘奇葆、董建华、万钢、何厚铧、卢展工、王正伟、马飚、陈晓光、梁振英、夏宝龙、杨传堂、李斌、巴特尔、汪永清、苏辉、郑建邦、辜胜阻、刘新成、何维、邵鸿、高云龙副主席分别到各小组参加讨论。

28日，夏宝龙副主席兼秘书长听取人口资源环境委员会关于以“推进快递行业绿色发展”为议题的第二次网络议政、远程协商活动组织筹备情况汇报，并提出具体要求。

29日，汪洋主席主持召开政协第十三届全国委员会第十三次主席会议，听取政协第十三届全国委员会常务委员会第四次会议各小组学习和讨论情况的汇报。张庆黎、刘奇葆、董建华、万钢、何厚铧、卢展工、王正伟、马飚、陈晓光、梁振英、夏宝龙、杨传堂、李斌、巴特尔、汪永清、苏辉、郑建邦、辜胜阻、刘新成、何维、邵鸿、高云龙副主席出席。全国政协副秘书长、机关党组成员、各专门委员会负责同志，政协第十三届全国委员会常务委员会第四次会议各小组召集人及有关工作组负责同志列席。

29日，政协第十三届全国委员会常务委员会第四次会议闭幕会在京举行。汪洋主席主持并讲话。会议的主要议题是：大会发言；通过政协全国委员会专门委员会通则；通过政协全国委员会提案工作条例；追认关于撤销孟宏伟政协第十三届全国委员会委员资格的决定；通过关于接受杜江涛请辞政协第十三届全国委员会委员的决定；通过关于免去学诚民族和宗教委员会副主任职务，接受其请辞政协第十三届全国委员会常委、委员的决定；通过政协第十三届全国委员会委员增补名单；通过关于免去冉万祥政协第十三届全国委员会副秘书长职务的决定；通过政协第十三届全国委员会专门委员会副主任任免名单；举行学习讲座。高小玫、温思美、全哲洙、曲凤宏、张大方、郭庚茂6位常委作口头发言。张庆黎、刘奇葆、董建华、万钢、何厚铧、卢展工、王正伟、马飚、陈晓光、梁振英、夏宝龙、杨传堂、李斌、巴特尔、汪永清、苏辉、郑建邦、辜胜阻、刘新成、何维、邵鸿、高云龙副主席和常委共283人出席。中共中央办公厅、国务院办公厅负责同志，不是常委的全国政协副秘书长、机关领导班子成员、各专门委员会负责同志，地方政协负责同志和特邀列席委员列席。

29日，政协第十三届全国委员会常务委员会第四次会议学习讲座（十三届总第三次）在京举行。中国交通建设股份有限公司总工程师，港珠澳大桥岛隧工程项目总经理、总工程师林鸣作题为“跨越伶仃洋的国之重器——港珠澳大桥的建设与启示”的讲座，并与常委进行互动交流。汪洋主席主持，张庆黎、刘奇葆、董建华、万钢、何厚铧、卢展工、王正伟、马飚、陈晓光、梁振英、夏宝龙、杨传堂、李斌、巴特尔、汪永清、苏辉、郑建邦、辜胜阻、刘新成、何维、邵鸿、高云龙副主席出席。

29日，万钢、何厚铧、王正伟、陈晓光、梁振英、杨传堂、李斌、汪永清、苏辉、郑建邦、刘新成、何维、邵鸿、高云龙副主席分别到有关小组参加分组讨论。

29日，杨传堂副主席在京出席中国美国商会第十九届年度答谢晚宴并致辞。郭军副秘书长陪同。

30日，王正伟副主席在机关主持召开“对外讲好中国故事”座谈会，听取外事委员会及对外友好界部分委员的意见建议。

30日，马飚副主席在机关出席民族和宗教委员会举办的“加强各民族交往交流交融”界别主题协商座谈会并讲话。委员会主任王伟光主持，17位委员和专家学者发言。

30日，汪永清副主席主持召开提高协商议政质量的模式和方法研究小组会议，研究修改完善课题成果文件。

12月

1日，李海峰同志在京出席美国“百人会”2018中国年会。

3日，汪洋主席在政协礼堂接见2018鲁迅文化论坛与会人员代表并合影。夏宝龙副主席兼秘书长，潘立刚副秘书长陪同。

3日，万钢副主席在京主持召开座谈会，听取中国科协关于“基因编辑婴儿”事件有关情况专题汇报。

3日，王正伟副主席在海口看望部分住琼全国政协委员，并与委员座谈交流，听取意见建议。

3日，夏宝龙副主席兼秘书长主持召开第二十七次秘书长碰头会，通报和部署近期工作。

3日，副主席兼秘书长、机关党组书记夏宝龙主持召开中共政协全国委员会机关党组会议，传达中办通报精神，研究有关事项。

3日，李斌副主席率人口资源环境委员会负责同志走访国家林业和草原局，听取对全国政协2019年在生态环境领域开展相关工作的意见建议。

4日，夏宝龙副主席兼秘书长主持召开政协第十三届全国委员会第七次秘书长办公会议，审议政协第十三届全国委员会常务委员会第五次会议议程（草案）和日程（草案）；审议关于召开政协第十三届全国委员会第二次会议的决定（草案）；审议政协第十三届全国委员会第二次会议秘书长、副秘书长名单（草案）和新闻发言人名单（草案）；审议政协第十三届全国委员会第二次会议秘书处组织机构及各工作组组长、第一副组长名单（草案）；研究政协第十三届全国委员会第二次会议驻地安排（草案）；审议列席政协第十三届全国委员会第二次会议海外侨胞建议人选名单；审议政协全国委员会办公厅关于2018年全国政协委员视察考察工作情况的报告（稿）；审议政协全国委员会2019年协商计划（草案），双周协商座谈会和网络议政、远程协商活动安排（草案）；审议2019年全国政协常委会学习讲座参考选题（草案）；审议全国政协办公厅所属各单位拟举办庆祝人民政协成立70周年相关会议活动安排（草案）。机关领导班子成员、各专门委员会驻会副主任、专门委员会副主任有关室局负责同志参加。

4日，夏宝龙副主席兼秘书长、杨传堂副主席分别在政协礼堂会见以港区全国政协委员苏长荣为团长的香港岛各界联合会访京代表团一行。

4日，辜胜阻副主席在京出席2018未来教育大会。

3—5日，卢展工副主席率社会和法制委员会“发挥商业养老保险在养老保障体系中的重要作用”专题组在上海调研。5—7日，专题组继续在江苏调研。

5—6日，李斌副主席在黑龙江看望住黑全国政协委员并主持召开座谈会，听取对全国政协工作的意见建议；主持召开建言资政质量评价有关文稿征求意见座谈会，分别征求黑龙江省、市、区三级政协和部分住黑全国政协委员、黑龙江省政协委员对“建言资政质量评价标准和办法”相关文件稿的意见；在哈尔滨市政协文史馆和哈尔滨电气集团调研。

7日，政协第十三届全国委员会第十六次双周协商座谈会在政协礼堂召开，以“强化基础研究，促进重大原始创新”为议题协商建言。汪洋主席主持并讲话，张庆黎、夏宝龙副主席出席。万钢副主席作主题发言。邵鸿副主席，13位常委、委员发言。科学技术部负责同志到会介绍情况。教育部、财政部、国家自然科学基金委员会负责同志与委员们互动交流。

7日，中共全国政协党组书记汪洋主持中共全国政协党组理论学习中心组2018年第四次集体学习，学习习近平总书记在中央政治局常委会会议听取全国政协有关工作汇报时的重要讲话精神。党组副书记张庆黎作主题发言，成员刘奇葆、卢展工、马飚、夏宝龙、杨传堂、李斌、巴特尔、汪永清、何立峰分别发言。

3—7日，王正伟副主席率外事委员会"探索建设自由贸易港"考察组在海南、上海考察。

7日，何维副主席在广州出席中国人民对外友好协会举办的全球市长论坛暨第四届广州国际城市创新奖系列活动开幕式并致辞。

8日，王正伟副主席在河南出席21世纪中华文化世界论坛第十届国际学术研讨会。

8日，辜胜阻副主席在京出席北京大学经济学院"纪念改革开放40年"大型论坛。

10日，万钢副主席在京出席中国侨联举办的庆祝改革开放40周年座谈会。

10日，夏宝龙副主席兼秘书长主持召开第二十八次秘书长碰头会，通报和部署近期工作。

10日，副主席兼秘书长、机关党组书记夏宝龙主持召开中共政协全国委员会机关党组会议，传达中办有关通报精神，研究中共政协全国委员会机关党组2018年工作情况汇报（稿）。

11日，张庆黎副主席围绕学习贯彻习近平总书记在中央政治局常委会会议听取全国政协有关工作汇报时的重要讲话精神，为秘书局总值班室党支部讲党课。

12日，副主席、全国政协党的建设工作领导小组组长张庆黎在机关主持召开领导小组第一次会议，学习关于加强新时代人民政协党的建设工作的若干意见，审议政协全国委员会党的建设工作领导小组工作规则（试行稿）。副主席兼秘书长、领导小组副组长夏宝龙出席。

12日，李斌副主席在山东烟台出席首届中国野生植物保护大会开幕式并讲话。会后，在烟台昆嵛山国家级自然保护区调研生物多样性和濒危植物保护情况。

12日，贾庆林同志，张怀西、李蒙、白立忱、黄孟复、李金华同志在人民大会堂观看庆祝改革开放40周年文艺晚会专场演出。

9—13日，中共中央政治局常委、全国政协主席、中央代表团团长汪洋率团出席广西壮族自治区成立60周年庆祝活动。全国政协副主席、中央代表团副团长马飚、巴特尔参加。

13日，万钢副主席在机关出席经济委员会落实"促进新能源汽车产业健康发展"双周协商座谈会会议精神专题座谈会并讲话。

13日，全国政协副主席、京昆室主任卢展工在中国政协文史馆出席京昆室2018年度第四次戏曲艺术讲座并讲话。全国政协委员、天津青年京剧团团长孟广禄主讲"京剧人的德艺兼修"。

13日，王正伟副主席在南京出席南京大屠杀死难者国家公祭仪式。

13日，夏宝龙副主席兼秘书长主持召开政协第十三届全国委员会第九次秘书长会议，审议政协第十三届全国委员会常务委员会第五次会议议程（草案）和日程（草案）；审议关于召开政协第十三届全国委员会第二次会议的决定（草案）；审议政协第十三届全国委员会第二次会议秘书长、副秘书长名单（草案）；研究政协第十三届全国委员会第二次会议驻地安排（草案）；审议政协全国委员会办公厅关于2018年全国政协委员视察考察工作情况的报告（草案）；审议政协全国委员会2019年协商计划（草案）、双周协商座谈会和网络议政、远程协商活动安排（草案）；审议2019年全国政协常委会学习讲座参考选题（草案）；审议举行庆祝中国人民政治协商会议成立70周年活动方案（稿）；听取关于民主党派中央和全国工商联报送反映社情民意信息有关情况的说明；听取全国政协办公厅和副秘书长所在单位近期工作情况通报；传达学习习近平总书记近期有关重要讲话精神和中央有关通知精神。

13日，李斌副主席在政协礼堂便宴应全国人大常委会委员长栗战书邀请访华的泰国立法议会主席蓬佩。

14日，汪洋主席在政协礼堂会见应全国人大常委会委员长栗战书邀请访华的泰国立法议会主席蓬佩。夏宝龙副主席兼秘书长参加，郭军副秘书长陪同。

14日，汪洋主席在政协礼堂会见香港友好协进会访京团一行。中共中央书记处书记、中央统战部部长尤权，全国政协副主席兼秘书长夏宝龙出席。

14日，汪洋主席，张庆黎、刘奇葆、万钢、卢展工、王正伟、马飚、陈晓光、夏宝龙、杨传堂、李斌、巴特尔、汪永清、何立峰、苏辉、郑建邦、辜胜阻、刘新成、何维、邵鸿、高云龙副主席在人民大会堂观看庆祝改革开放40周年文艺晚会。

14日，夏宝龙副主席兼秘书长与香港友好协进会访京团一行餐叙。

16日上午，辜胜阻副主席在京出席清华大学首届服务经济与公共政策论坛。

17日，汪洋主席主持召开远程协商会，就“推进快递行业绿色发展”协商建言。张庆黎、夏宝龙、李斌、高云龙副主席出席，人口资源环境委员会主任李伟对网络议政讨论情况作综述，8位全国政协委员、1位江苏省政协委员、1位福建省政协委员和1位成都市政协委员分别在全国政协机关主会场、北京市政协分会场、江苏省政协分会场、福建省政协分会场、四川省政协分会场，3位全国政协委员和1位北京市政协委员通过手机或计算机终端连线分别发言。国家发展和改革委员会、科技部、公安部、生态环境部、交通运输部、商务部、国家市场监管总局、国家邮政局、中国快递协会、中国消费者协会有关部门负责同志参加，在主会场与委员们互动交流。

17日，中共全国政协党组书记汪洋主持召开中共十三届全国政协党组第十次会议，听取全国政协机关党组和各专门委员会分党组2018年主要工作情况汇报；研究全国政协党组2018年主要工作情况汇报（稿）；审议中共政协第十三届全国委员会专门委员会分党组组成人员任免名单（草案）。党组副书记张庆黎，成员刘奇葆、卢展工、王正伟、马飚、夏宝龙、杨传堂、李斌、巴特尔、汪永清、何立峰出席。

17日，夏宝龙副主席兼秘书长召集会议，听取关于“充分发挥南水北调中线工程综合效益”议题有关情况的汇报。

17日，辜胜阻副主席在机关出席经济委员会“促进共享经济健康发展”专题调研组总结会。

17日，邵鸿副主席在京礼节性会见阿塞拜疆副总理阿赫梅托夫，并共同出席“中国—阿塞拜疆友好音乐会”。

18日，汪洋主席，张庆黎、刘奇葆、万钢、卢展工、王正伟、马飚、陈晓光、夏宝龙、杨传堂、李斌、巴特尔、汪永清、何立峰、苏辉、郑建邦、辜胜阻、刘新成、何维、邵鸿、高云龙副主席在人民大会堂出席庆祝改革开放40周年大会。

18日，汪洋主席在政协礼堂围绕“加强政协党的建设”为机关全体党员干部讲专题党课。张庆黎、刘奇葆、卢展工、王正伟、马飚、李斌、汪永清副主席出席，夏宝龙副主席兼秘书长主持。全国政协机关党组成员、副秘书长，专门委员会分党组书记、副书记和驻会副主任，机关有关部级干部及全体党员约700人参加。

18日，张庆黎副主席主持召开会议，征求对政协第十三届全国委员会副主席联系专门委员会、界别和委员工作办法（稿）的意见建议。刘奇葆、万钢、卢展工、王正伟、马飚、陈晓光、杨传堂、李斌、汪永清、苏辉、刘新成、邵鸿、高云龙副主席出席。

18日，夏宝龙副主席兼秘书长主持召开会议，听取各专门委员会对政协第十三届全国委员会副主席联系专门委员会、界别和委员工作办法（稿）的意见建议，安排部署有关工作。

18日，夏宝龙副主席兼秘书长在机关与国务委员兼国务院秘书长肖捷就全国政协2019年重点协商议题进行会商。

19—20日，卢展工副主席率京昆室“支持戏曲传承发展政策贯彻落实情况”专题组在河北调研。京昆室副主任杨承志参加。

20日，辜胜阻副主席率队就“促进共享经济健康发展”专题在京考察，并与部分企业负责人座谈。经济委员会办公室负责同志参加。

19—21日，中央经济工作会议在京召开。汪洋主席，张庆黎、夏宝龙、杨传堂、巴特尔、何立峰、高云龙副主席出席。

21日，汪洋主席，贾庆林、俞正声同志，张庆黎、马飚、巴特尔副主席，杜青林、白立忱、王家瑞、王钦敏同志，民族和宗教委员会驻会副主任杨小波在北京八宝山革命公墓大礼堂向铁木尔·达瓦买提同志遗体送别。

21日，政协第十三届全国委员会第十七次双周协商座谈会在政协礼堂召开，以“推进境外经贸合作区建设”为议题协商建言。汪洋主席主持并讲话，张庆黎、何维副主席出席。汪永清副主席在分会场参加会议。王正伟副主席作主题发言。辜胜阻副主席，10位常委、委员，1位专家学者发言。商务部负责同志到会介绍情况。外交部、国家发展和改革委员会、财政部、中国人民银行、中国银行保险监督管理委员会有关部门负责同志与委员们互动交流。国家开发银行、中国进出口银行有关同志到会听取意见建议。

24日，汪洋主席主持召开政协第十三届全国委员会第十四次主席会议，传达学习中央经济工作会议精神，审议政协第十三届全国委员会常务委员会第五次会议议程（草案）和日程（草案）；审议关于召开政协第十三届全国委员会第二次会议的决定（草案）；审议政协第十三届全国委员会第二次会议秘书长、副秘书长名单（草案）和新闻发言人名单（草案）；审议2019年全国政协常委会学习讲座参考选题（草案）；审议政协全国委员会2019年协商计划（草案），全国政协2019年双周协商座谈会和网络议政、远程协商活动安排（草案）；审议政协第十三届全国委员会副主席联系专门委员会、界别和委员工作办法（暂行）（稿）；听取关于政协十三届一次会议重点提案督办情况的汇报；听取民族和宗教委员会、文化文史和学习委员会工作汇报。张庆黎、刘奇葆、董建华、万钢、卢展工、王正伟、马飚、陈晓光、梁振英、夏宝龙、杨传堂、李斌、巴特尔、汪永清、苏辉、郑建邦、辜胜阻、刘新成、何维、邵鸿、高云龙副主席出席。全国政协副秘书长、机关党组成员、各专门委员会有关负责同志，办公厅有关室局负责同志列席。

24日，夏宝龙副主席兼秘书长主持召开座谈会，专门听取各专门委员会关于加强和改进专门委员会工作、开好全国政协专门委员会工作会议的意见建议。

22日下午，张庆黎副主席在中南海出席十九届党和国家功勋荣誉表彰工作委员会第二次会议。

24日，夏宝龙副主席兼秘书长主持召开政协第十三届全国委员会第八次秘书长办公会议，审议政协第十三届全国委员会第二次会议议程（草案）和日程（草案）；审议政协第十三届全国委员会第二次会议委员小组召集人名单（草案）；审议政协第十三届全国委员会第二次会议秘书处各组组长、副组长名单（草案）和各组工作职责（草案）；审议政协全国委员会常务委员会工作报告（草案）；审议政协全国委员会常务委员会关于政协十三届一次会议以来提案工作情况的报告（草案）；审议政协全国委员会2018年对外交往工作总结（稿）；审议政协全国委员会2019年对外交往计划（草案）；审议政协全国委员会办公厅关于2018年反映社情民意信息工作情况的报告（草案）；审议政协全国委员会办公厅2018年工作总结（稿）。

24日，汪永清副主席在机关出席社会和法制委员会“依法打击‘校闹’，加强学校师生权益保护”对口协商座谈会并讲话。委员会主会沈德咏主持，副主任强卫作主题发言，副主任陈智敏和13名委员及师生代表发言。教育部负责领导到会介绍情况，中央政法委、最高人民法院、最高人民检察院、共青团、公安部、司法部有关部门负责同志到会听取意见建议并与委员互动交流。

26日，夏宝龙副主席兼秘书长主持召开第二十九次秘书长碰头会，通报中共中央办公厅、国务院办公厅关于做好2019年元旦春节期间有关工作的通知精神，通报全国政协党组对机关党组评价情况，部署近期工作。

26日，副主席兼秘书长、机关党组书记夏宝龙主持召开中共政协全国委员会机关党组会议，学习习近平总书记在庆祝改革开放40周年大会上的重要讲话、中央经济工作会议精神，传达中办有关情况通报，通报国家监委第一届特约监察员聘请会议情况，研究有关事项等。

26日，巴特尔副主席在机关出席民族和宗教委员会“新时代坚持我国宗教中国化方向的实践路径”界别主题协商座谈会并讲话。委员会主任王伟光主持，15位全国性宗教团体负责人、基层宗教界代表和专家学者发言。中央统战部副部长、国家宗教局局长王作安到会听取意见并作互动回应。副秘书长郭军以及部分委员出席。

26日，辜胜阻副主席在京出席2018中国品牌论坛开幕式并致辞。

27日，张庆黎副主席在机关主持召开座谈会，征求对中共全国政协党组工作的意见。机关党组成员，各专门委员会分党组负责同志参加。

27日，夏宝龙副主席兼秘书长在政协礼堂审看全国政协2019年新年茶话会文艺演出节目，看望参与文艺演出筹备工作的部分演职人员，并召开会议就切实做好文艺演出筹备工作提出要求。

27日，李斌副主席率人口资源环境委员会负责同志走访生态环境部，座谈了解生态环境部2018年工作情况和

2019 年工作思路，并就全国政协及人口资源环境委员会 2019 年和今后工作听取意见建议。

29 日，2019 年新年茶话会在全国政协礼堂举行。中共中央总书记、国家主席、中央军委主席习近平发表重要讲话。中共中央政治局常委、全国政协主席汪洋主持。致公党中央主席万钢代表各民主党派中央、全国工商联和无党派人士讲话。全国政协部分委员及文艺工作者表演了文艺节目。演出最后，习近平总书记与全场合唱《团结就是力量》。中共中央政治局常委李克强、栗战书、王沪宁、赵乐际、韩正，国家副主席王岐山，在京中共中央政治局委员丁薛祥、王晨、刘鹤、许其亮、孙春兰、杨洁篪、杨晓渡、张又侠、陈希、胡春华、郭声琨、黄坤明、蔡奇，中央书记处书记尤权，全国人大常委会副委员长万鄂湘、陈竺、丁仲礼、郝明金、蔡达峰、武维华，全国政协副主席张庆黎、刘奇葆、董建华、何厚铧、卢展工、王正伟、马飚、陈晓光、梁振英、夏宝龙、杨传堂、李斌、巴特尔、汪永清、何立峰、苏辉、郑建邦、辜胜阻、刘新成、何维、邵鸿、高云龙，曾任全国政协副主席的在京老同志王刚、刘延东、杜青林、何鲁丽、周铁农、王忠禹、张怀西、李蒙、白立忱、陈奎元、阿不来提·阿不都热西提、李兆焯、黄孟复、张梅颖、张榕明、孙家正、郑万通、陈宗兴、王志珍、韩启德、林文漪、罗富和、李海峰、王家瑞、齐续春、马培华、刘晓峰、王钦敏，部分在京全国人大常委会委员、全国政协常委，全国政协副秘书长、机关党组成员、各专门委员会主任和有关副主任，各民主党派中央和全国工商联有关在京负责人，中央和国家机关有关方面负责人及首都各界代表等共约 280 人出席。

地方委员会篇

政协北京市委员会

【全体委员会议】

十三届一次会议 2018年1月22日至28日召开。会议审议批准了吉林主席代表常委会所作的工作报告，审议批准了常委会提案工作报告。与会委员列席了北京市第十五届人民代表大会第一次会议开幕会，听取并讨论了陈吉宁同志所作的《政府工作报告》和其他报告。会议选举产生了十三届市政协主席、副主席、秘书长和常务委员。委员们以高度的政治责任感和历史使命感，深入协商议政，积极建言献策，广泛汇聚共识，圆满完成各项任务。

会议认为，过去五年，中共北京市委团结带领全市人民，以习近平新时代中国特色社会主义思想为指导，牢固树立新发展理念，深入落实首都城市战略定位，推动首都经济、政治、文化、社会和生态文明建设取得重大进展，开启了现代化建设的新航程。十二届市政协常委会准确把握人民政协性质定位，围绕中心、服务大局，认真履行职能，增进思想政治共识得到新加强，推进协商民主建设取得新成效，加强改进民主监督迈出新步伐，联系服务群众实现新作为，促进大团结大联合拓展新局面，加强政协自身建设展现新气象，谱写了政协事业发展的新篇章。

会议指出，今后五年是实现“两个一百年”奋斗目标的历史交汇期，要深入学习贯彻中共十九大精神，认真落实市十二次党代会决策部署，加强“四个中心”功能建设、提高“四个服务”水平，加快建设国际一流的和谐宜居之都。市政协要在中共北京市委领导下，坚持团结和民主两大主题，紧扣事关首都改革发展的重大问题和关系群众切身利益的实际问题，认真履行职能，为建设伟大社会主义祖国的首都、迈向中华民族伟大复兴的大国首都、国际一流的和谐宜居之都贡献力量。2018年是十三届市政协开局之年，要聚焦学习习近平新时代中国特色社会主义思想，不断夯实团结奋斗的共同思想政治基础；聚焦解决不平衡不充分的发展问题履行职能，全力服务首都高质量发展；聚焦发挥爱国统一战线组织作用，促进大团结大联合，努力找到最大公约数、画出最大同心圆；聚焦推进政协工作创新发展，不断提高履职科学化、现代化水平，努力开创政协事业发展新局面。

会议期间共举行大会发言1场，召开专题座谈会2场、联组讨论会6场，22个小组共组织小组讨论153场。各界委员围绕首都改革发展重大问题和群众切身利益问题积极建言献策，委员发言达2231人次，提出提案1032件（立案991件），反映社情民意信息415篇；围绕大会选举办法、政协2018年工作要点、全会政治决议等进行了充分协商。

【常务委员会会议】

十二届第39次会议 1月17日召开。市政协主席吉林出席并讲话，副主席赵文芝主持。审议通过十二届市政协常委会工作报告、提案工作报告，十二届市政协常委会关于十三届市政协委员的决定、市政协十三届一次会议主席团成员人选的建议和秘书长人选的建议，市政协十三届一次会议提案审查委员会委员建议名单，在市政协十三届一次会议上作十二届市政协常委会工作报告人选名单，市政协十三届一次会议建议议程和日程。

十三届第1次会议 1月28日召开。市政协主席吉林出席并讲话，副主席杨艺文主持。审议通过十三届市政协常委会关于任命副秘书长的决定、关于设置专门委员会的决定、关于任命专门委员会主任副主任的决定。

第2次会议 4月9日至10日召开。围绕“加强委员队伍建设”协商议政。市政协主席吉林出席并讲话，副主席程红主持会议。传达学习全国“两会”精神，听取《政协章程修正案》有关情况专题辅导报告，审议通过市政协关于加强委员队伍建设的意见、十三届市政协常委会关于加强自身建设的意见和关于任命专门委员会不驻会副主任的决定。部分在京全国政协委员列席。

第3次会议 6月21日至22日召开。围绕“建设具有全球影响力的科技创新中心，为首都高质量发展提供新动能”协商议政。市政协主席吉林出席并讲话，副主席杨艺文、林抚生分别主持会议。中共北京市委常委、副市长阴和俊出席并作专题辅导报告。会议期间，常委们视察怀柔科学城规划建设发展情况，参观考察中科院力学所高速列车动模型试验平台和高超声速风洞实验室。

第4次会议 9月20日至21日召开。围绕“强化街道在城市治理中的基础地位，构建具有首都特点的超大城市治理体系”协商议政。市政协主席吉林出席并讲话。北京市政府副市长王宁出席并作专题辅导报告。

第5次会议 12月7日召开。市政协主席吉林出席并讲话，副主席牛青山主持。传达全国政协常委会第四次会议精神，听取各专委会关于2018年工作总结和2019年工作设想的汇报，审议通过关于召开市政协十三届二次会议的决定，关于组建农业和农村委员会及文史和学习委员会、城建环保委员会更名的决定，关于任命专门委员会主任、副主任的决定。

【专门委员会工作】

提案委员会 共收到提案1127件，其中全会期间提案1032件，闭会期间提案95件。经审查立案1028件，其中8个民主党派市委、市工商联提案18件，人民团体提案7件，界别提案26件，政协专委会提案8件，委员提案969件。实现对665件提案和答复意见全文公开，实现690件提案量化互评。进一步强化党政部门提供提案选题参考机制，42个党政部门提供147条提案选题参考。中共北京市委、市政府相关领导和市高级人民法院主要领导领衔办理“关于凝聚和服务首都青年科技人才的提案”等8件重点提案。市政协领导和相关专委会牵头，对“关于在京重要国务活动场所的资源开发与利用的提案”等16件提案进行重点督办。组织开展“停车管理”和“垃圾处理”2个议题的提案集中办理协商。围绕“深化医疗体制改革，推进分级诊疗有效实施”议题，召开提案办理协商会。中共北京市委秘书长主持召开党派提案交办会，首次将党派提案办理工作纳入市委督查考核内容。市政府系统承办单位主要领导和主管局级领导直接承办一件提案。首次与市政府办公厅在融媒体平台推出“市民对话一把手·提案办理面对面”直播节目，实现提案办理从“结果公开”到“过程公开”。制定市政协提案审查工作细则，编印政协提案工作文选，修订市政协优秀提案评选工作实施细则，评选表彰100件年度优秀提案。

文史和学习委员会 12月7日更名为学习委员会。共组织各项活动80余次，委员和各界人士参加活动3600余人次。编辑出版文史资料、编发《学习》内刊、撰写各类文字材料50余万字。举办委员学习班、新任委员培训班、委员暑期读书班，召开习近平总书记关于加强和改进人民政协工作的重要思想网络学习会，举办政协报告厅10次、委员讲堂2次，完成“如何提高学习质量”调研课题。召开北京中轴线保护协商恳谈会。开展“老城整体保护”专题调研。围绕《北京市非物质文化遗产条例（草案）》开展立法协商。

围绕“关于实现‘三个恢复’保护北京中轴线的提案”召开提案办理座谈会暨永定门瓮城、箭楼复建可行性专家论证会，结合“关于传承保护好大运河文化带，加强八里桥保护利用的提案”开展大运河文化带保护利用传承监督性调研。组建新一届市政协新闻舆论民主监督组，完成2018年度监督报告。围绕改革开放40周年开展文史资料征编工作，出席全国政协“南水北调中线工程史料图书定稿会”，与市文史馆、市地方志办、市社科院联合举办第八届北京文史论坛——清北京学术研讨会。

经济委员会 共组织各项活动120余次，委员及党派成员参加活动1400余人次。围绕“提升农村人居环境，推进美丽乡村建设”开展前期调研，形成意见建议。围绕“促进新首钢地区发展”开展专题调研并召开协商恳谈会。围绕“优化首都营商环境”组织系列座谈和协商恳谈活动。召开防范化解P2P风险专题座谈会。组织部分委员赴河南、湖北两省南水北调工程沿线开展对口协作和对口支援工作考察，形成专项考察报告。围绕“打好精准脱贫攻坚战，做好低收入农户帮扶工作”“实施乡村振兴战略，整治农村人居环境，推进美丽乡村建设”等开展专题调研。承办市政协2018年上半年、全年经济形势座谈会。举办“防范地方金融风险、促进互联网金融健康发展”“深化国有企业改革，切实增强企业活力”2期委员沙龙。组织委员参与《北京市非机动车管理条例(草案)》立法协商。围绕北京市创建食品安全示范城市、服务业扩大开放第二阶段试点进展情况等组织委员开展考察视察。组建新一届市政协财政预算民主监督组，围绕“优化本市财政支出结构”进行监督性考察，召开财政预算民主监督评议会议。

农业和农村委员会 12月7日，经十三届市政协常委会第五次会议审议决定组建。

科技委员会 共组织各项活动73次，1506人次参加，其中委员及党派成员参加965人次。举办2次科技讲堂活动，参观“党的十八大以来中国科学院创新成果展”，邀请专家学者围绕“引力波”“载人深潜”“集成电路”等作主题辅导报告。组织中共党员委员赴中国航天科工集团第三研究院参观学习、交流座谈。组织委员参观叶剑英元帅历史功绩展、“从五一口号到协商建国重要史事回顾展”、“伟大的变革——庆祝改革开放40周年大型展览”。完成中关村口述史二期拍摄工作，累计采访中关村创新发展的参与者、见证者70人，制作并播出电视专题片《中关村——国家自主创新示范区创业史》。组建联合调研组，围绕“建设具有全球影响力的科技创新中心，为首都高质量发展提供新动能”，开展知情通报、政策学习、委员“献一策”“委员沙龙”等活动，形成意见建议。联合民进、九三学社和台盟等党派市委，共同开展“三城一区”建设监督性调研工作。召开市政协领导重点督办提案办理协商座谈会。加强与委员中新的社会阶层人士的联系。

城建环保委员会 12月7日更名为人口资源环境和建设委员会。共开展各项活动114次，委员参加活动2253人次。围绕《北京城市副中心控制性详细规划(街区层面)(草案)》开展协商调研。围绕“深化中心城区疏解整治促提升专项行动，进一步提高城市精细化管理水平”开展协商调研。围绕“实施北京城市总体规划，落实‘双控’‘三线’政策措施”开展监督性协商调研。围绕“地下空间规划建设”“京津冀区域大气污染防治”开展协商恳谈活动。就《北京市非机动车管理条例（草案）》开展立法协商，就《北京市危险废物污染环境防治条例（草案送审稿）》等文件征求委员意见。就“静态交通管理”“垃圾分类处理”等提案开展检查督办活动。与北京市非紧急救助服务中心协商制定《关于依托12345畅通政协委员表达意见建议渠道的实施办法（试行）》。组建新一届市政协城市管理民主监督组，围绕“自然保护区建设管理”“共有产权房建设管理”开展监督性视察和专项视察，召开“住宅专项维修资金使用管理情况”监督协商座谈会。

教文卫体委员会 开展各项活动115次，委员参加活动1172人次。完成“深化医药卫生体制改革，推进专科医联体建设”前期调研。围绕《首都教育现代化2035（草案）》《新时代加强教师队伍建设实施意见（草案）》召开征求意见座谈会。围绕“贯彻全国教育大会精神，推进首都教育的现代化”召开协商恳谈会。参与《北京市非机动车管理条例（草案）》《北京市非物质文化遗产条例（草案）》立法协商。就市政协领导督办的“关于更好推进冰雪运动进校园的提案”等5件提案召开督办座谈会。启动“我为北京冬奥做贡献”系列履职活动。开展“长城沿线传统村落历史文化保护”调研。举办第32届醒狮越野跑活动、第七届“兰亭杯”北京中小学生书法大赛、2018京港青少年科技创新交流活动、“首都学研产高层论坛”等。围绕社会主义文艺繁荣发展和公共文化事业改革发展举办2期文化讲堂。组织教育界、文化艺术界、医药卫生界、体育界委员开展参观、视察和座谈等活动。组建新一届市政协民生建设民主监督组，围绕“医药分开综合改革实施情况”开展专项监督，对本市高招录取工作、《北京市第三期学前教育行动计划》实施情况等开展监督性视察。

社会和法制委员会 共组织各项活动110次，委员参加活动1253人次。完成“强化街道在城市治理中的基础地位、构建具有首都特点的超大城市治理体系”“推进超大型居住区公共服务配套设施建设，增强人民群众的获得感、幸福感、安全感”重点调研。完成《北京市非物质文化遗产条例（草案）》《北京市非机动车管理条例（草案）》《北京市社会救助实施办法》《北京市政府2018年立法工作计划》立法协商。围绕加强社会心理服务体系建设召开协商恳谈会，围绕“建立完善工匠和高技能人才待遇机制的提案”“促进本市养老服务发展”等18件提案开展提案办理协商。围绕本市高端制造业产业工人队伍建设开展调研协商。视察本市公共场所母婴设施建设情况，推动有关提案办理。参加市高级法院、市检察院工作报告征求意见座谈会，就加强和改进“两院”工作提出建设性意见。就农村养老服务发展等开展视察、进行远程协商。组建新一届市政协法治建设民主监督组，围绕司法责任制改革落实情况开展专项监督。

民族和宗教委员会 共开展走访活动22次，走访委员及代表人士30余人次、相关单位和宗教场所30个。举办少数民族界和宗教界暑期读书班，市政协主席吉林作专题辅导。开展专题调研，形成《关于加快推进美丽乡村建设，促进少数民族低收入村（户）帮扶的意见建议》，召开协商恳谈会，推动将全市123个少数民族村全部提前纳入第二批美丽乡村建设计划。开展“关于进一步加大宗教房产政策落实工作力度的提案”重点督办提案视察，持续推动落实宗教房产政策难点问题的解决。开展新修订的《宗教事务条例》实施情况监督性视察。围绕“加强首都民族团结进步教育，铸牢中华民族共同体意识”等召开4次网络议政会。举办民族宗教界委员迎春茶话会。

港澳台侨和外事委员会 共组织各项活动50次，430人次参加，委员和工作顾问共提出意见建议280条。赴港召开2018年市政协情况通报会。开展“在京重要外事活动场所的开发与利用”专题调研并召开协商恳谈会。组织委员和工作顾问视察“水立方”改建“冰立方”规划建设情况、延庆赛区京张高铁规划建设和部分奥运场地工程建设情况等。召开“我为北京冬奥献一策”远程协商座谈会。参与《北京市非机动车管理条例（草案）》立法协商。举办“三年百人计划”——香港青年学生北京社会实践活动、第二届“京港青少年科技创新交流营”。完成市政协9个团组出访交流和5个团组来京访问工作。在泰国成功举办中华文化巡典·竹韵京城音乐会。

【重要会议、活动】

组织实施市政协2018年协商工作计划 根据中共北京市委办公厅印发的《北京市政协2018年协商工作计划》，召开议政性常委会议3次，围绕“加强政协委员队伍建设”“建设具有全球影响力的科技创新中心，为首都高质量发展提供新动能”“强化街道在城市治理中的基础地位，构建具有首都特点的超大城市治理体系”开展协商；召开议政性主席会议3次，围绕“深化中心城区‘疏解整治促提升’专项行动，进一步提高城市精细化管理水平”“深化医疗体制改革，推进专科医联体建设”开展协商，围绕“实施北京城市总体规划，落实‘双控’‘三线’政策措施”开展民主监督；与中共北京市委统战部共同组织召开议政会2次，围绕“提升农村人居环境，推进美丽乡村建设”“推进超大型居住区公共服务配套设施建设，增强人民群众的获得感幸福感安全感”，组织各民主党派市委、市工商联及无党派人士开展协商；围绕“落实京津冀区域联防联控联治措施，加强重污染天气应对机制建设”召开协商恳谈会开展协商；围绕《北京市非物质文化遗产条例（草案）》，以界别为单位在全体委员中开展立法协商。此外，按照中共北京市委部署，围绕《北京城市副中心控制性详细规划（街区层面）（草案）》召开主席会议进行协商，就《北京市非机动车管理条例（草案）》开展立法协商。共完成重点议题协商12项。

举办委员学习班 4月18日至20日举办。邀请中共北京市委副书记、市长陈吉宁作“以习近平新时代中国特色社会主义思想为指引，推动首都高质量发展”报告；全国政协副秘书长、办公厅研究室主任舒启明围绕习近平新时代中国特色社会主义思想关于人民政协工作的新阐述新要求和新修订的人民政协章程作辅导报告。市政协主席吉林作新任委员培训班开班动员报告，副主席牛青山作结业总结。市政协副主席林抚生、陈军、燕瑛，秘书长严力强，600余位市政协委员参加。

全国政协主席汪洋到市政协调研 5月11日，中共中央政治局常委、全国政协主席汪洋到市政协调研指导工作，参观市政协“委员听民意”直播间、网络议政室，主持召开调研座谈会并发表重要讲话。全国政协副主席兼秘书长夏宝龙、全国政协副秘书长潘立刚等参加调研，市委副书记、市长陈吉宁，市政协主席吉林等陪同调研。市政协各位副主席、秘书长、副秘书长和各专委会主任等出席座谈会。

习近平总书记关于加强和改进人民政协工作的重要思想学习研讨活动 按照全国政协部署和中共北京市委要求，制定工作方案和安排，召开动员部署会、研讨交流会、理论研讨会，把学习原文、查找差距、开展研讨、加强改进作为基本环节，同步推进市政协党组学习、主席会议学习、专委会学习、界别学习和机关学习，实现全覆盖。市区两级政协共开展学习研讨活动380多次、1.7万人次参与，撰写理论文章800多篇，征集意见建议460多条，106位委员通过广播电台诵读经典，40余位委员进行网络课程辅导。开展“人民政协事业发展新的历史方位”“提高协商议政质量的模式和方法”“建言资政质量评价标准和方法”3项课题研究。

习近平总书记关于加强和改进人民政协工作的重要思想理论研讨会 7月26日召开。全国政协党组成员、副主席王正伟出席并讲话，全国政协文化文史和学习委员会副主任、中国人民政协理论研究会副会长刘佳义出席会议。10位同志作大会研讨发言。市政协主席吉林主持会议，市政协副主席、秘书长、副秘书长，各专委会和各部门负责同志，部分委员、各区政协主席及部分班子成员，有关专家学者等200余人参加。

全国政协在市政协召开习近平总书记关于加强和改进人民政协工作的重要思想京津冀蒙片区座谈会 7月27日召开。全国政协党组成员、副主席王正伟主持会议并讲话，京津冀蒙四个省区市的政协主席参会并发言。会前，中共北京市委书记蔡奇与全国政协副主席王正伟和津冀蒙三省区市政协主席座谈。

委员暑期读书班 8月28日至30日举办。50余位委员围绕学习领会习近平总书记关于加强和改进人民政协工作的重要思想开展学习。市政协主席吉林作开班动员并围绕新时代人民政协事业发展作专题辅导报告，副主席牛青山作总结讲话。副主席杨艺文、程红、牛青山、林抚生，秘书长严力强出席。

提案办理工作交流会 10月15日召开。传达全国政协第七次提案工作座谈会精神，总结2018年市政协提案工作，围绕深入学习贯彻习近平总书记关于加强和改进人民政协工作的重要思想、做好政协提案工作进行交流研讨。市政协主席吉林出席并讲话，副主席程红主持，副主席刘忠范、秘书长严力强出席。

北京市政协系统党的建设工作会议 10月19日召开。中共北京市委书记蔡奇出席并讲话。市政协党组书记、主席吉林主持会议。会议宣布中共北京市委关于成立市政协机关党组及任命机关党组成员的决定、市委组织部关于同意市政协各专门委员会设立分党组的批复，宣布市政协党组关于任命各专门委员会分党组组成人员的决定。会议期间，市政协党组召开机关党组和各专门委员会分党组组成人员会议，并进行分组学习讨论。

市政协系统贯彻落实全国政协习近平总书记关于加强和改进人民政协工作的重要思想理论研讨会精神视频会议 11月30日召开。市政协主席吉林出席并讲话。东城区、朝阳区、通州区、大兴区政协主席作交流发言。会议在16个区政协设立视频分会场。

市政协机关搬迁动员大会 12月13日召开。市政协主席吉林出席并讲话，市政协副主席杨艺文主持。大会传达市级机关搬迁动员大会精神，就市政协机关搬迁工作作说明；市纪委市监委驻市政协机关纪检监察组负责同志传达市纪委市监委关于在北京城市副中心行政办公区搬迁工作中严明有关纪律要求的通知。

【重要文件】

常委会工作报告（摘要）

一、2017年和过去五年工作回顾

2017年工作有重点、有亮点。一是把迎接学习宣传贯彻中共十九大作为贯穿全年工作的主线。十九大召开前，举办新委员培训班、委员暑期读书班，编印理论学习专刊，组织330名委员和机关干部参观“砥砺奋进的五年”大型成就展，不断巩固团结奋斗的共同思想政治基础。组织380名委员和机关干部集中收看十九大开幕会盛况。十九大召开后，邀请十九大代表和专家作专题学习报告，召开专题常委会议作出认真学习宣传贯彻中共十九大精神的决议，制定实施意见，组织召开主题研讨会。二是扎实开展协商议政。组织各党派团体和各界委员广泛参与、深入调研，就提升生活性服务业品质、加大水污染治理力度召开议政性常委会议，就新版城市总体规划编制、中轴线保护召开议政性主席会议，就“三城一区”科创中心建设、静态交通治理与中共北京市委统战部共同组织召开议政会，就旅游条例修订开展立法协商。参加京津冀三地政协主席联席会议第三次会议。召开10次协商恳谈会、提案办理协商会。三是积极推进民主监督。认真贯彻中共中央办公厅印发的《关于加强和改进人民政协民主监督工作的意见》和北京市委办公厅印发的实施意见，召开议政性常委会议专题协商，制定市政协贯彻落实的实施办法。围绕协商年度工作计划监督议题“加大统筹力度，疏解中心城区人口”，与城六区政协联动开展调研，召开议政性主席会议提出19条意见建议。通过民主监督组积极开展监督。四是以奋发有为的精神状态履职尽责。全年组织开展各类履职活动623次，15813人次参与；向中共北京市委、市政府报送协商、监督报告24项，提出提案1062件，编报《诤友》等社情民意信息317期。定期召开经济形势分析座谈会，组织开展专题调查研究、视察考察活动。发挥新媒体平台作用，200余位委员通过网络平台了解社情民意、传递正能量。过去五年，首都政协事业迈上了新台阶。一是增进思想政治共识得到新加强。二是推进协商民主建设取得新成效。三是加强改进民主监督迈出新步伐。四是联系服务群众实现新作为。五是促进大团结大联合拓展新局面。六是加强政协自身建设展现新气象。

二、今后五年工作思路和2018年主要任务的建议

今后五年，要在中共北京市委领导下，高举中国特色社会主义伟大旗帜，以马克思列宁主义、毛泽东思想、邓小平理论、“三个代表”重要思想、科学发展观、习近平新时代中国特色社会主义思想为指导，深入学习贯彻中共十九大精神，把习近平新时代中国特色社会主义思想作为统揽各项工作的总纲，把坚持和发展中国特色社会主义作为巩固共同思想政治基础的主轴，把为决胜全面建成小康社会、夺取新时代中国特色社会主义伟大胜利献计出力作为工作主线，牢牢把握中国特色社会主义进入新时代这个重大论断，牢牢把握“党是领导一切的”这一根本政治原则，牢牢把握人民政协的性质定位，牢牢把握委员是履职的主体，坚持团结和民主两大主题，落实北京市第十二次党代会决策部署，围绕中心、服务大局，紧扣解决首都改革发展的重大问题和关系群众切身利益的实际问题，认真履行政治协商、民主监督、参政议政职能，促进协商议政扎实深入、民主监督有力有序、团结联谊不断拓展、共识智慧广泛凝聚，为建设伟大社会主义祖国的首都、迈向中华民族伟大复兴的大国首都、国际一流的和谐宜居之都贡献力量。2018年主要任务：一是聚焦学习习近平新时代中国特色社会主义思想，不断夯实团结奋斗的共同思想政治基础。二是聚焦解决不平衡不充分的发展问题履行职能，全力服务首都高质量发展。三是聚焦发挥爱国统一战线组织作用，努力找到最大公约数、画出最大同心圆。四

是聚焦推进政协工作创新发展，不断提高履职科学化水平。

三、加强委员队伍建设

一是着力加强政治建设，努力提高政治素养。二是着力加强能力建设，不断提高履职水平。三是着力加强作风建设，始终保持良好形象。四是着力推进制度机制建设，全面强化服务管理。

【组织概况】

主席当选名单

（2018年1月28日市政协第十三届第一次会议通过）

吉　林

副主席当选名单

（2018年1月28日市政协第十三届第一次会议通过）

杨艺文（女）　程　红（女）
牛青山　林抚生　刘忠范
陈　军（女）　燕　瑛（女）

秘书长当选名单

（2018年1月28日市政协第十三届第一次会议通过）

严力强

常务委员当选名单（按姓氏笔画为序）

（2018年1月28日市政协第十三届第一次会议通过）

丁　洪　于长辉　马荣才
王　芳（女）　王　英（女）
王　真（女）　王　悦（女）
王以新（女）　王成祥　王先进
王报换　王英杰　王明达　王金山
王学勤　王洪涛　午新民　尹卫东
卢国懿　卢德华（女）　申金升
田　文　白景峰　权忠光（朝鲜族）
再帕尔·阿不力孜（维吾尔族）
传　印　任亚光　任学良
刘　岩（女）　刘　桓　刘以农
刘学俊　刘学增　刘春锋　闫满成
池维生　许　槟（女）　孙　阳
孙学才　苏号朋　杜家驹　巫永平
李　山　李　良　李　昕（女）
李岩（满族）　李　胥　李小牧
李永军　李亚兰（女）
李丽凤（女）　李丽萍（女）
李春良　李俊清　李勇杰　李振奇
杨文良　杨宇飞（女）
杨莉珊（女）　杨逸铮（女）
杨静慧（女）　吴　晨　吴大仓
吴宏建　吴森堂　何超琼（女）
余卫国　闵丽华（女）
冷金花（女）　汪　舟　汪　洪
沈兴海　宋　玮　宋慰祖　张　庆
张　革　张　野　张　毅（女）
张冬萍（女）　张礼斌
张兆旗（回族）　张丽华（女）
张晓黎（女）　张培彤
张新民　张澍田（回族）　陈　煦
陈广元（回族）　陈小兵
陈百灵（女，满族）　林安杰
金毓嶂（满族）　周正宇　学　诚
宗　朋　屈庆超　赵　勇　赵　磊
赵亚洲　赵会民　赵宏生
赵佳琛（女）　荣　洋　柯文进
柳贡慧　柳学全　施荣怀
姜亦珊（女）　姚卫海　柴文忠
徐　熙　高　华　郭　军　郭田勇
陶　晶　黄　强　常红岩（女）
董　敏（女）　董明慧（女）
蒋力歌（女）　程建平
嘉木扬·图布丹（蒙古族）
蔡　勉（女）　廖春迎（女，壮族）
谭天伟　樊碧发　潘建新
薛天利（回族）　魏春荣（女）
魏崇新

区（县）政协主席名单

东城区

宋铁健

西城区

章冬梅（女）

朝阳区

陈　涛

海淀区

傅首清(任职至 2018 年 5 月 24 日）

丰台区

刘　宇

石景山区

吴克瑞

门头沟区

张　冰（女）

房山区

张祝华

通州区

赵玉影

顺义区

周颖博

昌平区

张晓兰（女）

大兴区

吴问平

怀柔区

武占刚

平谷区

闫维洪

延庆区

陈合安

（贾海菊　**编写**　陈　煦　**审稿**）

政协天津市委员会

【全体会议】

十四届一次会议 2018年1月23日至27日在天津礼堂大剧场举行。大会主席团常务主席盛茂林主持开幕会。市十四届政协主席盛茂林主持闭幕会并讲话。市委书记李鸿忠等市领导同志应邀出席开、闭幕会。

会议听取并审议了市政协主席臧献甫代表市十三届政协常务委员会所作的工作报告、市政协副主席李文喜代表市十三届政协常务委员会所作的提案工作情况报告。与会成员列席了市十七届人大一次会议，听取并讨论了市政府工作报告及其他重要报告。

委员们围绕市委十一届二次、三次全会部署要求，聚焦天津经济社会发展的重大问题和涉及群众切身利益的实际问题，就加快建设“五个现代化天津”、实现高质量发展议政建言。

会议审议通过政协天津市第十四届委员会第一次会议政治决议；审议通过政协天津市第十四届委员会第一次会议关于常务委员会工作报告的决议；审议通过政协天津市第十四届委员会提案委员会关于市政协十四届一次会议提案审查情况的报告。会议选举产生了中国人民政治协商会议天津市第十四届委员会主席、副主席、秘书长和常务委员。会议选举政协天津市第十四届委员会常务委员会委员130人。会议共收到提案784件，立案768件。

【常务委员会会议】

十三届第24次会议 1月12日召开。会议深入学习贯彻市委十一届三次全会暨全市经济工作会议精神，审议通过市政协十四届一次会议有关事项和人事事项。审议通过关于免去李金亮政协天津市第十三届委员会秘书长职务、撤销其委员资格的决定，关于撤销李立勇政协天津市第十三届委员会委员资格的决定。书面审议了专委会工作总结和培训考察工作情况报告。

十四届第1次会议 2月26日召开。市政协主席盛茂林主持会议并讲话。会议深入学习习近平新时代中国特色社会主义思想和中共十九大精神，落实市委工作要求，研究部署政协工作。会议审议通过了政协天津市第十四届委员会副秘书长名单，政协天津市第十四届委员会常务委员会关于设置专门委员会的决定，政协天津市第十四届委员会各专门委员会主任、副主任名单，通报了政协天津市第十四届委员会主席会议成员工作分工、政协天津市委员会2018年协商计划。

第2次会议 6月4日召开。围绕“大力振兴实体经济，推动经济发展质量、效率、动力变革”协商议政。市政协主席盛茂林出席会议并讲话。副市长赵海山应邀出席并讲话。副市长姚来英应邀出席并就我市振兴实体经济情况作专题报告。市有关部门应邀到会听取意见和建议。会议审议通过了有关人事事项，书面审议了市政协专门委员会赴外省（区、市）学习考察情况报告、市政协代表团赴香港开展工作情况报告。

第3次会议 8月15日召开。围绕“加快市区棚户区改造步伐、推进‘三年清零’行动计划实施”协商议政。市政协主席盛茂林主持会议并讲话。副市长金湘军应邀出席并作专题报告。市有关部门负责同志应邀到会听取意见和建议。会议审议通过了政协天津市委员会委员履职管理办法（试行），追认关于撤销肖占鹏政协天津市第十四届委员会委员资格的决定，书面审议了有关工作情况报告。

【专门委员会工作】

提案委员会 十四届一次会议期间，收到提案784件，立案768件，全部办复完毕。提高提案办理质量，围绕高质量发展、扩大改革开放、保障和改善民生、生态文明建设等方面，选择11件提案为重点提案，形成2018年市政协主席会议成员督办重点提案工作安排，召开提案通报会，推动提案办理落实。加强重点提案督办，围绕推动《关于推进大数据开放共享加快智慧城市建设》《关于推进我市医养结合养老机构工作的建议》重点提案落实，采取专题调研、视察、提案办理协商会等方式进行督办，发挥了重点提案示范引领作用。联合制作提案工作宣传专题片，通过《政协民心桥》栏目，积极宣传提案工作，营造关注支持提案的良好氛围。围绕专题议政性常委会议议题，组织委员深入实地调研，积极建言献策；围绕“深化‘放管服’改革，提高我市行政服务效能”“打造天津自由贸易实验区升级版”，召开双周协商座谈会、专题协商会，提出意见建议。

经济委员会 组织开展各项调研、视察、座谈等活动146项次，形成调研报告75篇，信息专报5篇。紧扣专题议政性常委会议议题，深入实地开展调研，积极献计出力，助推我市重大决策部署贯彻落实；围绕“实施乡村振兴战略，推进农业农村现代化”召开双周协商座谈会，相关建议在我市乡村振兴规划中充分吸纳，《人民政协报》对协商成果进行了宣传报道；围绕“金融创新运营示范区建设”召开专题协商会，提出意见建议，形成综合报告报送市委、市政府。围绕“进一步推进滨海新区实现高质量发展”课题，与市有关部门深入滨海新区就“打造环渤海炼化一体化基地”开展调研，提出意见建议。围绕振兴实体经济、促进农业产业发展、促进特色农业休闲观光产业发展、推进美丽乡村建设等课题开展监督性调查视察活动，提高了委员民主监督、参政议政的积极性。围绕“我市金融市场和国企改革营造良好舆论环境”提出意见建议，市委、市政府有关领导作出重要批示，助推相关工作落实。

科技教育委员会 组织开展履职活动82项次，形成调研报告38篇，报送信息专报5篇。围绕专题议政性常委会议议题，组织委员深入基层一线调查研究，积极提交大会发言，得到与会市领导和有关部门好评。结合我市“海河英才”行动计划实施，开展调研协商，召开“弘扬劳模精神和工匠精神，加快科技领军人才队伍建设”双周协商座谈会，提出《关于加快我市科技领军人才队伍建设的建议》，以信息专报形式报送市委、市政府。围绕“推进信息化、人工智能、数字化与工业化的融合”召开专题协商座谈会，从政策支持、人才支撑、平台建设、产业发展、技术突破、生态涵养等方面积极建言，助推高质量发展。围绕“发展生物制造产业”“推动滨海新区智能制造产业发展”课题深入调研议政，助推滨海新区高质量发展；推动重点提案协商办理，围绕《关于深化体制机制改革释放科技人员创新活力的意见》开展监督性调研活动，就“学前教育师资队伍建设”“海河教育园区周边公共交通建设”开展监督性视察，推动相关问题解决。

人口资源环境和城市建设委员会 组织开展调研、考察、视察等各项履职活动。围绕“规范快递安全生产操作环节，促进快递业健康发展”与民革市委会、农工党市委会联合开展调研，召开专题协商会，向市委、市政府提出意见建议。围绕专题议政性常委会议议题，组织委员深入科技制造企业和棚改项目现场实地调研，提出《大力发展装配式建筑，促进建筑业转型升级》《关于我市棚户区改造资金筹措的建议》。召开“持续推进京津冀地区污染联防联控联治，加快建设生态宜居城市”双周协商座谈会，形成会议综合报告报送市委、市政府主要领导参考。围绕

“关于提升我市环境治理能力的建议”召开重点提案协商办理座谈会，就健全生态环保督查长效机制、加强监测体系建设、加大科技投入力度、完善科学评价考核方式等提出意见建议，促进提案办理落实。密切与委员联系，增进合作交流。联合开展公益活动，倡导“爱心点燃希望，感恩回报社会”精神风尚，传递社会正能量。

医卫文体委员会 组织开展调研、考察、视察等活动60余次，完成调研报告28篇。围绕专题议政性常委会议议题深入调研协商，形成《大力支持服务实体经济，让企业有更多获得感》《关于加强棚户区改造中弱势群体基本保障的建议》。紧扣民生关切，围绕“以‘大健康’理念为引领，提升养老服务水平”召开双周协商座谈会，助推大健康养老落地。召开“加快文化、商贸、旅游融合发展，促进我市产业转型升级”专题协商会，助推我市产业转型升级。围绕市委、市政府推出的“提升患者就医感受百日行动”开展系列专项监督调研活动，组织和动员委员和农工党成员深入市各级医院走访调研，提出意见建议，提升患者就医感受。围绕贫困家庭唇腭裂患儿救助救治工作深入调研，提出意见建议，助推我市幸福微笑工作实施。创新履职形式，组织政协委员创作《永远跟党走》，积极宣传新时代政协工作，传递正能量。

社会和法制委员会 组织委员学习培训12次，开展调研、视察、走访等活动28次，组织界别活动6次，形成调研成果15篇。围绕“推动‘天津八条’落实，进一步优化天津营商环境”召开双周协商座谈会，就依法保护企业家财产权和自主经营权、构建容错纠错机制、强化企业家创新动力、打通政策落地“最后一公里”、畅通企业家诉求渠道等方面提出意见建议，得到市委、市政府主要领导的高度重视，推动了“天津八条”的实施，《人民政协报》《今晚报》等新闻媒体报道了本次协商成果。召开“加强和创新社会治理，提高精细化、规范化、科学化水平”专题协商座谈会，就加快公共服务平台建设、创新社区物业网格化管理、进一步完善基层社会治理体系建设、建设智能社区管理平台等方面提出意见建议。围绕专题议政性常委会议议题开展联合调研，反复协商论证，提出意见建议。围绕“三年基本解决执行难”组织委员深入开展监督性视察调研，提出意见建议。推动“关于街道维稳工作的几点建议”重点提案办理协商。围绕平安天津建设，开展“加强和创新社会治理”专题调研，与基层部门深入协商讨论，促进了社会和谐稳定。

民族和宗教委员会 组织委员开展调研、考察、座谈等履职活动，形成调研成果36篇。围绕“加快推进国有企业混合所有制改革”组织委员深入调查研究，实地了解国有企业改革的难点和“瓶颈”，召开双周协商座谈会，提出意见建议。围绕“培养爱国爱教的宗教界中青年人士”召开专题协商座谈会，就宗教界中青年人才培养提出意见建议。围绕专题议政性常委会议议题，组织委员深入企业和基层一线实地调研考察，就解决社会热点和民生难点问题提出对策建议。围绕“民族文化宫建设情况”开展监督性视察活动，就民族文化宫建设和使用问题提出意见建议。持续关注孙各庄满族乡经济社会发展，就“加快少数民族乡村经济发展”提出意见建议。全面贯彻党的民族政策和宗教工作基本方针，定期召开少数民族界、宗教界反映社情民意座谈会，及时反映界别群众普遍关心的问题。加强考察学习交流，组织民族宗教政策学习培训班，积极走访慰问委员，促进合作共事。

文史资料委员会 召开主任会议、文史工作会议、专题协商会议、对口协商会议等10余次，认真组织各项履职活动，扎实做好文史资料征编出版工作。围绕专题议政性常委会议议题深入调研，积极建言。召开“规范幼儿园办园行为，提升学前教育发展水平”对口协商座谈会，提出我市完善学前教育体系方案（意见），报送市委、市政府，得到相关市领导的充分肯定。召开“加强非物质文化遗产的保护利用”专题协商会，协商成果以《政协信息专报》的形式报送市委、市政府。加强民主监督，做好《关于推动五大道申报国家5A级旅游景区的建议》重点提案协商办理工作。做好史料征集出版工作，合作征编新侨史料，征编《文史资料选辑》等，共约55万字。做好专题史料抢救性征集工作，“南水北调中线一期工程”文稿修改报送工作，配合全国政协完成2018年度协作选题史料征集报送工作，利用新媒体等平台宣传文史工作，讲好政协故事、天津故事。加强委员学习培训，密切同各民主党派交流合作，加强同全国政协、外省市区政协的交流联系，做好服务保障工作。

港澳台侨和外事委员会 认真开展调研座谈、视察考察、走访慰问等各项履职活动，形成调研报告10篇。围绕“完善天津与港澳青少年交流机制，推动‘一国两制’事业薪火相传”召开双周协商座谈会，积极建言献策。召开专题协商座谈会，就“完善我市海外高层次人才回归创业创新政策机制”建言献策。赴港澳地区宣传党和国家政策及天津改革发展成就，传达中央和市委会议精神，开展20余场公务活动，会见香港各界人士160余人次，引导委员发挥双重积极作用。邀请香港女排来津比赛交流，组织澳门大学生来津学习研讨，做好港澳委员来津开展学习考察活动工作，邀请在津台胞和海外华侨华人代表列席全市“两会”，密切交流交往。联合承办2018中国·天津国际友好城市圆桌会议，共同筹备“2018中国·天津华侨华人创业发展洽谈会暨世界侨商项目与商品博览会”，深化对外友好交往，促进务实交流合作。制定《关于加强港澳地区市政协委员和海外华侨华人代表宣传报道工作的实施方案》，引导委员发挥积极作用，广泛凝聚正能量。

【重要会议、活动】

参观市政协文史馆 2月24日，市十四届政协开局之年，市政协主席会议组成人员和机关有关部门负责同志到天津政协文史馆参观。大家一致表示，通过参观，进一步加深了对中国共产党领导的多党合作和政治协商制度的认识，对人民政协性质定位的理解和把握，增强了继承和发扬历届市政协好传统、好作风、好经验，在新时代更好体现政协作为、发挥政协作用的信心和决心。

元宵节座谈会 2月26日，市政协举办2018年元宵节茶话会，各界别市政协委员代表、部分住津全国政协委员欢聚一堂，畅叙友情，共谋发展。市政协主席盛茂林出席茶话会并致辞。与会委员一致表示，要深入学习贯彻习近平新时代中国特色社会主义思想和中共十九大精神，按照习近平总书记对天津工作提出的“三个着力”重要要求，坚持新发展理念，认真履职尽责，为全面建成高质量小康社会、加快建设“五个现代化天津”献计出力。

市政协委员学习培训班 4月9日至26日，市政协陆续举办3期委员学习培训班，组织全体市政协委员及机关局处级干部进行轮训。市政协主席盛茂林出席学习培训班开班式并作动员讲话。市委常委、市委统战部部长冀国强，市人大常委会副主任、市委统战部副部长李虹应邀作专题辅导报告。委员们一致表示，通过学习培训，进一步深化了对坚持中国共产党领导、坚持中国共产党领导的多党合作和政治协商的认识，打牢了增强“四个意识”、坚定“四个自信”、做到“两个维护”的思想根基，要紧扣党和国家中心任务履职尽责，为加快建设“五个现代化天津”贡献智慧和力量。

纪念“五一口号”发布座谈会 5月7日，市政协召开纪念中共中央发布“五一口号”70周年座谈会，深入学习贯彻纪念中共中央发布“五一口号”70周年座谈会和天津市纪念中共中央发布“五一口号”70周年座谈会精神，重温中国共产党领导的多党合作和政治协商制度的发展历程。与会市政协委员、市各民主党派代表、有关专家学者一致表示，要不忘合作初心，继续携手前进，积极履职尽责，共同团结奋斗，努力为“五个现代化天津”建设贡献智慧和力量。

监督性调研活动 5月10日，按照市委部署要求，就深入学习贯彻习近平新时代中国特色社会主义思想和党的十九大精神，市政协主席盛茂林带领部分市政协委员深入黄河医院、第二人民医院，围绕“改善医疗服务质量提升患者就医感受百日行动”开展监督性调研并召开座谈会，助推相关问题解决。

市政协专委会主任研讨交流会 5月25日召开。市政协主席盛茂林主持会议并讲话。会议深入学习贯彻习近平总书记关于加强和改进人民政协工作的重要思想，9位专委会主任围绕做好新时代人民政协工作、提高专委会工作质量和水平进行经验交流，分析存在问题，就充分发挥专委会作用，推动政协工作创新发展提出意见建议。

市、区政协学习贯彻习近平总书记关于加强和改进人民政协工作的重要思想研讨交流会 7月9日召开。市政协主席盛茂林主持会议并讲话。市政协党组成员和副主席、16位区政协主席就学习贯彻习近平总书记关于加强和改进人民政协工作的重要思想畅谈学习体会，进一步打牢增强“四个意识”、坚定“四个自信”、做到“两个维护”的思想根基，以理论大学习、思想大武装促进工作质量大提升，促进了新时代我市政协事业创新发展。

全市政协系统学习习近平总书记关于加强和改进人民政协工作的重要思想理论研讨会 7月12日，按照全国政协统一安排和市委工作部署，市政协召开全市政协系统学习习近平总书记关于加强和改进人民政协工作的重要思想理论研讨会。全国政协副主席万钢出席并讲话。市政协主席盛茂林主持研讨会。市委常委、市委统战部部长冀国强讲话。部分市政协参加单位、专委会及专家学者代表结合工作实际，畅谈学习体会。大家一致表示，要坚定不移坚持党对人民政协工作的全面领导，自觉把习近平总书记关于加强和改进人民政协工作的重要思想落实到政协工作各方面和全过程，持续在学懂弄通做实上下功夫，推动新时代政协工作不断提质增效、创新发展。

全市区政协秘书长工作座谈会 9月21日召开。市政协副主席赵仲华出席会议并讲话。市政协秘书长高学忠主持会议。16个区政协秘书长、研究室主任分别围绕加强政协机关建设、提高服务水平进行交流发言。大家一致表示，要不忘初心、牢记使命，认真履职尽责，切实发挥好“参谋官”“督察员”“润滑剂”作用，努力做到到位不越位、到位不缺位、到位不失位，以高质量工作推动新时代人民政协事业发展。

全市区政协主席会议 10月18日召开。市政协主席盛茂林主持会议并讲话。会议传达学习了全国政协召开的习近平总书记关于加强和改进人民政协工作的重要思想理论研讨会和市委常委会扩大会议精神，总结了我市政协系统深入开展学习研讨活动情况，研究部署进一步深入学习贯彻的各项工作。

京津冀政协主席联席会议第四次会议 10月25日，在河北省石家庄市召开。全国政协提案委员会副主任郭庚茂、北京市政协主席吉林、天津市政协主席盛茂林出席会议并讲话。河北省政协主席叶冬松主持会议并作总结讲话。全国政协社会和法制委员会副主任陈进行出席并讲话。国家人力资源和社会保障部社保中心有关负责同志介绍了相关情况。与会政协委员、专家学者围绕推进京津冀社会保障领域共建共享深入交流协商，就完善三地社保协同发展协作机制、全力构建信息共享平台、加快区域社会保障立法、统一三地社保服务标准等方面提出意见建议。

设立专委会分党组会议 10月31日，市政协召开设立各专门委员会分党组会议。市政协主席、党组书记盛茂林主持会议并讲话。市政协副主席、党组成员魏大鹏宣布了市委组织部《关于同意设立中国共产党政协天津市委员会各专门委员会分党组的复函》和《中共政协天津市委员会各专门委员会分党组组成人员名单》。市政协副主席、党组成员尚斌义和秘书长、党组成员高学忠出席。

双周协商座谈会 全年围绕"推动'天津八条'落实，进一步优化天津营商环境""实施乡村振兴战略，加快推进农业农村现代化""深化放管服改革，提高我市行政服务效能""弘扬劳模精神和工匠精神，加快科技领军人才队伍建设""加快推进国有企业混合所有制改革""持续推进京津冀地区污染联防联控联治，加快建设生态宜居城市""完善天津与港澳青少年交流机制，推动'一国两制'事业薪火相传""以'大健康'理念为引领，提升养老服务水平"等议题，召开8次双周协商座谈会，提出意见建议，供市委、市政府决策施策参考。

全市政协系统党的建设工作座谈会 12月26日召开。会议深入学习贯彻习近平总书记关于加强和改进人民政协工作的重要思想，认真学习习近平总书记近期关于人民政协工作的重要讲话，贯彻落实中央和市委关于加强政协党建工作部署要求。市政协主席、党组书记盛茂林主持会议并讲话。16位区政协党组书记围绕"加强党对政协工作的领导、加强和改进政协党的建设"进行交流发言。大家表示，要进一步深入学习贯彻习近平总书记关于加强和改进人民政协工作的重要思想，按照中央部署和市委要求，采取有力措施，进一步推动我市政协党的建设工作向前发展。

【重要文件】

《中国人民政治协商会议天津市第十三届委员会常务委员会工作报告》（2018年1月23日）（摘要）

2017年工作回顾　一是旗帜鲜明讲政治，在增强"四个意识"、坚定"四个自信"中筑牢共同思想政治基础。组织引导政协各参加单位和政协委员深入学习贯彻中共十九大精神，坚持用习近平新时代中国特色社会主义思想武装思想，不断巩固团结奋斗的共同思想政治基础。坚持和加强党的全面领导，支持政协党组发挥领导作用，把党的政治建设作为根本性建设，彻底肃清黄兴国恶劣影响，进一步净化政治生态。二是落实市委政协工作会议精神，在准确把握政协工作之"政"、之"协"、之"新"中作出积极贡献。坚持和完善中国共产党领导的多党合作和政治协商制度，承担起协调关系、增进团结、凝聚人心的重要职责，不断推进政协理论创新、制度创新、实践创新，切实展现新的作为。三是深入协商议政，在服务重大国家战略、推动天津发展中更好履行职责。

围绕落实京津冀协同发展重大国家战略、推进滨海新区改革开放、供给侧结构性改革、国有企业混合所有制改革、优化民营经济发展环境等召开协商会议，提出建设性意见建议。四是加强民主监督，在助推中央重大方针政策、市委决策部署贯彻落实中贡献政协力量。发挥协商式监督特色和优势，围绕贯彻落实《环境保护法》、加强垃圾三化处理、扩大绿色农产品供给、促进食品安全、增强青少年体质、加强网络空间管理、促进司法公平公正等群众关心关注的热点问题，开展监督性协商、调研、视察活动，形成对策建议。五是坚持履职为民，在致力于民生改善、促进社会和谐中密切与各界群众联系。围绕解决学龄前儿童入园难问题、深化公立医院改革、推动少数民族乡村经济发展等开展调研视察，积极反映社情民意，联合举办社会公益活动，助推民生问题解决。六是促进团结合作，在密切联谊交往、广泛增进共识中凝聚改革发展强大合力。支持市各民主党派、工商联和无党派人士参与全市重大决策讨论及各项履职活动，促进民族团结、宗教和睦、社会稳定，发挥港澳委员“双重积极作用”，促进两岸关系和平发展，支持海外侨胞参与天津建设。七是着力强基固本，在加强制度建设、提升整体素质中提高政协工作科学化水平。充实完善各项工作制度，加强委员学习培训、联系服务和日常管理工作，提高提案工作水平，认真做好政协文史馆和文史资料工作，加强对区政协工作指导，推动“两学一做”学习教育常态化制度化，提高了服务政协工作的能力和水平。

五年工作体会　一是必须始终不渝坚持中国共产党的领导，确保正确政治方向。二是必须坚持团结和民主两大主题，积极推进人民政协协商民主建设。三是必须坚持聚焦中心工作、服务发展大局，提高议政建言的质量和水平。四是必须坚持以人民为中心的发展思想，真情服务各族各界群众。五是必须坚持“两支队伍”齐抓共建，不断提高履职能力水平。

今后工作建议　全面贯彻中共十九大精神，坚持把习近平新时代中国特色社会主义思想作为统揽各项工作的总纲，把坚持和发展中国特色社会主义作为巩固共同思想政治基础的主轴，按照习近平总书记对天津工作提出的“三个着力”重要要求，坚持新发展理念，牢牢把握推进高质量发展的根本要求，坚持团结和民主两大主题，切实履行政治协商、民主监督、参政议政职能。一是深入学习贯彻习近平新时代中国特色社会主义思想和中共十九大精神。二是聚焦全市中心任务履职尽责。三是为天津经济社会发展凝聚强大正能量。四是不断推进履职能力建设。

【组织概况】

主席当选名单

（2018年1月27日市政协十四届一次会议通过）

盛茂林

副主席当选名单

（2018年1月27日市政协十四届一次会议通过）

魏大鹏　高玉葆　沈中阳　黎昌晋
李绍洪　尚斌义　赵仲华　张金英

秘书长当选名单

（2018年1月27日市政协十四届一次会议通过）

高学忠

常务委员当选名单（按姓氏笔画为序）

（2018年1月27日市政协十四届一次会议通过）

么俊东　马成德（回族）
马丽娣（女）　马希荣（女）
王　凤（女）　王　侃　王　禹
王　竞　王　强　王中良

王凤云（女） 王书平 王世海
王亚明 王宝强 王毅斋 左海聪
卢 静（女） 卢俊瑞 田建国
由立宏（女） 史宝龙 史瑞杰
付 钢 冯 丹（女） 边 海
邢艳萍（女） 权循刚
吕晓亮（女） 朱和慧
刘 岚（女） 刘 忠
刘 萍（女） 刘小芃 刘小军
刘冬云（女） 刘凯华（女）
刘剑英 刘洪杰 刘朝霞（女）
齐 新（女） 闫凤英（女）
汤 华 孙奇涵（女） 孙洪森
孙晓莹（女） 李文海 李光照
李伟成 李丽君（女） 李国祥
李金胜 李宝纯（女） 李洪远
李振海 李敏强 李维怀
李琳梅（女） 李森阳 杨树源
肖 军 吴来盛 吴晓红（女）
余光晨（女） 沙 红（女）
沈 欣 沈奎林
迟英杰（女，蒙古族） 张 荃
张 懿 张水波 张玉忠 张尔祥
张庆岩 张宝义 张建勋
张荣华（女） 张津奕（女）
张素华（女） 张雪宁（女）
陈 旭 陈 强 陈季敏（女）
陈清霞（女） 林 洁 林 彬
林心宪 林龙安 明 东
金志毅（回族） 周晓丰（女）
周雪松 郑 虹 郑月晨（女）
孟冬梅（女） 赵长龙
赵秀君（女） 胡 果（女）
胡胜才 哈全安（回族） 段宏泉
姜立超 姚建军 袁滨渤（女）
栗庆林 贾瑞辉 夏 群 柴宝成
高秀梅（女） 郭书宏
郭维丽（女） 唐广强 陶 钢
黄骁卓（回族） 菅喜岐 崔凤祥
韩远达 韩振镖 智 如 曾小平
靳方华 楼家强 蔡关颖琴（女）
翟延慧（女） 缪 明 燕连玉
薛良达

区政协主席名单

滨海新区
韩远达
和平区
徐 军
河东区
刘树增
河西区
李耀进
南开区
于茂东
河北区
燕连玉
红桥区
杨 焕
东丽区
李大勇
西青区
苑树发
津南区
吴庆云
北辰区
王亚令
武清区
乔金生
宝坻区
李维怀
静海区
窦双菊
宁河区
高宝江
蓟州区
韦恩学

（郭玉村 **编写** 王赤涛 **审稿**）

政协河北省委员会

【全体委员会议】

十二届一次会议 2018 年 1 月 24 日至 28 日在石家庄举行，会期 4 天半。应出席委员 752 名，实际出席 728 名。省委书记王东峰出席开幕会并讲话。会议听取并审议了政协河北省第十一届常务委员会工作报告和提案工作情况的报告。与会委员列席了河北省十三届人大一次会议，听取并讨论了许勤省长所作的政府工作报告和会议期间的其他重要报告。会议审议通过了《关于政协河北省第十一届委员会常务委员会工作报告的决议》《关于政协河北省第十一届委员会常务委员会提案工作情况报告的决议》《政协河北省第十二届委员会第一次会议政治决议》和《政协河北省第十二届委员会第一次会议提案审查情况的报告》。会议选举产生新一届省政协主席、副主席、秘书长和常务委员。会议期间，提案组共收到提案 613 件，其中，符合立案条件的 604 件，未予立案的 9 件。会议印发大会发言材料 140 份，12 位委员作了口头发言。中共河北省委、省政府领导及有关部门负责人听取了大会发言，分别参加了有关界别小组的讨论，听取意见。会议结束时，省政协主席叶冬松讲话。

【常务委员会会议】

十一届第 25 次会议 2018 年 1 月 18 日在石家庄举行，会期 1 天。应出席常务委员会组成人员 158 名，实际出席 126 名。会议听取了省委常委、统战部部长高志立关于十二届省政协参加单位、委员名额、委员人选名单（草案）和十二届省政协第一次会议主席团、主席团会议主持人、秘书长名单（草案）的说明，省政协秘书长郭大建关于政协河北省第十一届委员会常务委员会工作报告（草案）和提案工作情况的报告（草案）的起草说明。会议审议通过了关于召开政协河北省第十二届委员会第一次会议的决定（草案），政协河北省第十二届委员会第一次会议议程、日程（草案），政协河北省第十一届委员会常务委员会工作报告（草案），政协河北省第十一届委员会常务委员会提案工作情况的报告（草案），政协河北省第十二届委员会参加单位、委员名额、委员人选名单（草案），政协河北省第十二届委员会第一次会议主席团、主席团会议主持人、秘书长名单（草案），政协河北省第十二届委员会第一次会议副秘书长名单（草案），政协河北省第十二届委员会第一次会议提案审查委员会组成人员名单（草案），政协河北省第十二届委员会第一次会议选举办法（草案），政协河北省第十二届委员会第一次会议编组办法和小组召集人建议名单，政协河北省第十一届委员会常务委员会关于授权主席会议审议省政协十一届二十五次常委会议未尽事宜的决定（草案）。会议结束时，省政协主席付志方讲话。

十二届第 1 次会议 2018 年 1 月 28 日在石家庄举行，会期半天。应出席常务委员会组成人员 155 名，实际出席 146 名。省政协主席叶冬松主持会议并作讲话，会议审议通过了十二届省政协常委会关于设置专门委员会的决定和副秘书长、专门委员会主任名单。

第 2 次会议 2018 年 3 月 27 日在石家庄举行，会期 1 天半。应出席常务委员会组成人员 155 名，实际出席 142 名。会议传达学习了习近平总书记在全国“两会”期间的重要讲话精神，栗战书同志在十三届全国人大一次会议闭幕会、汪洋同志在全国政协十三届一次会议闭幕会和王沪宁同志参加河北代表团审议时的讲话精神，十三届全国人大一次会议、全国政协十三届一次会议精神，3 月 21 日省委常委会（扩大）会议和河北省传达学习全国

“两会”精神领导干部会议精神。会议结束时，省政协主席叶冬松讲话。

第3次会议 2018年7月2日在石家庄举行，会期1天半。应出席常务委员会组成人员155名，实际出席139名。会议传达学习了全国政协十三届二次常委会会议精神。会议的主要议题是围绕提升制造业质量专题协商议政，省政府有关领导同志到会作了题为“加快制造强省建设、努力实现高质量发展”的报告。会议共印发书面材料51份，8位同志作了大会口头发言。会议还审议通过了《政协河北省委员会常务委员会工作规则》《政协河北省委员会专门委员会通则》。会议结束时，省政协主席叶冬松讲话。

第4次会议 2018年9月27日在石家庄举行，会期1天半。应出席常务委员会组成人员155名，实际出席134名。会议传达学习了全国政协十三届三次常委会会议精神。会议的主要议题是围绕实施乡村振兴战略专题协商议政，省政府副省长夏延军到会作了关于实施乡村振兴战略有关情况的报告。会议共印发书面材料73份，8位同志作了大会口头发言。会议还审议通过了《政协河北省委员会全体会议工作规则》《政协河北省委员会委员履职工作规则》。会议结束时，省政协主席叶冬松讲话。

第5次会议 2018年11月30日在石家庄举行，会期1天。应出席常务委员会组成人员155名，实际出席133名。会议传达学习了全国政协十三届四次常委会会议精神。会议审议通过了关于召开政协河北省第十二届委员会第二次会议的决定、省政协专委会变动的决定和有关人事事项。会议举办了全省政协系统学习习近平总书记关于加强和改进人民政协工作的重要思想专题辅导报告。会议结束时，省政协主席叶冬松讲话。

【专门委员会工作】

提案委员会 一年来，省政协提案委员会共收到提案728件，经审查立案交有关单位办理的717件，占提案总数的98.5%；未予立案的均已作为意见建议或以其他方式处理。到2018年底，审查立案的已全部办复，所提问题已经解决和部分解决的363件，占办复总数的50.6%。围绕全省中心工作遴选35件重点提案，由省政协领导牵头督办10件，提案的大部分建议被吸收采纳。制定《重点提案遴选与督办办法》《提案“开门办案”实施意见》，为重点提案督办提供基础遵循。

人口资源环境委员会 把省委交办的环境污染防治调研作为重点，3月至10月，各调研组深入河北省50余个市、县（市、区），就大气、水、土壤污染治理开展专题调研，形成“1+3”调研报告，省委省政府领导作出8次批示，有关部门积极吸收采纳。围绕农村冬季清洁取暖开展专项监督，形成《关于推进河北省农村冬季清洁取暖的意见和建议》，省委书记王东峰、省长许勤等省领导作出批示。接待全国政协“白洋淀生态修复和保护，助推雄安新区建设发展”调研组赴雄安新区专题调研。组织召开省政协“双代”工作座谈会，12家省直单位负责同志参加会议。

文化文史和学习委员会（原文史资料委员会） 开展非物质文化遗产保护与利用专题协商，形成《关于非物质文化遗产保护与利用专题协商会的情况报告》，省委书记王东峰、省长许勤等省领导作出批示。争取省级“示范妇女之家”项目资金10万元，建成干沟门村“妇女之家”。完成全国政协来河北省就大运河文化带建设调研的接待工作。出版《彩云长在有新天——璀璨河北》。举办“奋进新时代——政协委员庆祝改革开放40周年美术作品展”。

财政经济委员会 牵头组织十二届一次全会大会发言，共收到发言材料140篇，遴选出口头发言12篇，省委省政府领导对口头发言材料给予肯定。5月至6月期间，围绕省政协十二届三次常委会中心议题“提升制造业质量”开展重点调研，向大会提交口头发言材料8篇，书面发言材料51篇，会后形成《关于提升制造业质量的建议》，省委省政府主要领导要求有关部门认真研究采纳。

农业和农村委员会（原农业委员会） 围绕雄安新区造林绿化开展调研，形成《关于雄安新区造林绿化工作的调研报告》，省委省政府有关领导作出批示，有关部门积极采纳。承担省政协十二届四次常委会议大会发言组织工作，围绕“实施乡村振兴战略”开展调研，形成《关于推进河北省乡村振兴战略实施的建议》，报送省委省政府。与省农工党、省民盟联合，就全省易地扶贫搬迁工作开展专项民主监督，形成《省政协易地扶贫搬迁专项民主监督报告》，省委省政府有关领导高度肯定，省发改委将省政协监督报告印发7市35县政府。

教科卫体委员会（原教科文卫体委员会） 围绕“提升企业技术创新能力”专题协商，赴省内外深入调研，报送的《专题协商会情况报告》，受到省委省政府领导高度重视，《人民政协报》对专题协商活动进行了整版报道。认真落实脱贫攻坚部署，发动委员为帮扶村捐助5万元修建诊疗室，开展健康扶贫义诊，开展面向7600多个贫困村的健康知识和健康扶贫政策宣讲等活动。围绕“推动老年教育持续健康发展”赴省内外调研，召开专题协商会，形成《专题协商会情况报告》，省委省政府领导作出批示。

社会和法制委员会 开展“雄安新区创新人才引进政策”专题调研，向省委省政府提交《围绕中心任务把握当前需要切实做好新区建设初期的人才工作》调研报告，多位省领导作出批示。牵头组织京津冀政协主席联席会议第四次会议，围绕京津冀社会保障领域的共建共享进行协商，起草《京津冀政协主席联席会议第四次会议的情况报告》。实施“社区和居家养老工程”专项民主监督，起草专项民主监督报告，多位省领导给予批示肯定。围绕《河北省行政执法监督条例（征求意见稿）》召开对口协商座谈会，《人民政协报》头版进行了报道。

民族和宗教委员会 组织宗教界委员召开“宗教工作学习座谈会”。组织委员召开庆祝改革开放40周年座谈会。开展“加快环京津民族贫困地区发展”专题协商，形成《关于加快环京津民族贫困地区发展的调研报告》。会同原省民宗厅围绕城市民族工作开展调研，就推动城市民族工作提出意见建议。围绕推进宗教领域社会治理创新陪同全国政协民宗委赴承德、唐山、石家庄调研。

港澳台侨和外事委员会 围绕优化营商环境开展专题协商议政，形成的《关于优化营商环境专题协商会的情况报告》得到多位省领导的批示肯定。整理提交的《关于省政协十二届一次会议期间港澳委员和海外华侨华人代表议政建言的情况报告》得到多位省领导的批示肯定。组织港澳委员座谈会暨培训班。动员和组织港澳委员和海外华侨华人代表积极参与“同心携手助力脱贫攻坚”行动，共实际投入扶贫资金591万元。全年共组织或服务出访团组5批次30余人次，参与接待海外、港澳社团以及全国和其他省市政协港澳委员来访团组18批次450余人次。

【重要会议、活动】

习近平总书记关于加强和改进人民政协工作的重要思想学习研讨活动 根据全

国政协部署，经省委同意，省政协系统开展了习近平总书记关于加强和改进人民政协工作的重要思想学习研讨活动。分专题对习近平总书记关于加强和改进人民政协工作的重要思想作辅导报告，共召开4次全省政协系统视频学习会议，省市县政协委员，省市县政协、民主党派、工商联机关干部共约2万人次参加学习。先后召开全省政协系统学习习近平总书记关于加强和改进人民政协工作的重要思想理论研讨会、党的建设工作座谈会、协商民主和民主监督工作座谈会等。活动期间，共收到研讨文章360多篇，评选出优秀论文41篇进行通报。制定《关于加强和改进政协工作重点任务实施方案》，明确30项重点工作，细化分工、落实责任，促进政协工作全面提质增效。

京津冀政协主席联席会第四次会议 2018年10月25日，京津冀政协主席联席会议第四次会议在石家庄召开，围绕推进京津冀社会保障领域共建共享协商建言。全国政协提案委员会副主任郭庚茂、北京市政协主席吉林、天津市政协主席盛茂林出席会议并讲话。河北省政协主席叶冬松主持会议并作总结讲话。全国政协社会和法制委员会副主任陈进行出席并讲话。全国政协和国家有关部委相关部门负责同志，京津冀三地政府、政协有关部门负责同志，部分全国政协委员和专家学者出席会议。

【重要文件】

常委会工作报告（2018年1月24日）（摘要）

一、工作回顾

（一）把握正确方向，增进思想政治共识。增进坚持中国共产党领导的政治自觉。通过召开常委会议、主席会议、中心组学习会、专题报告会，开办政协讲堂等形式，深入学习习近平新时代中国特色社会主义思想，引导参加政协的各党派团体和各族各界人士，在政治立场、政治方向、政治原则、政治道路上同以习近平同志为核心的中共中央保持高度一致。坚定走中国特色社会主义政治发展道路的思想自觉。引导各党派团体增强道路自信、理论自信、制度自信、文化自信，引导各党派团体、无党派人士合作共事，支持他们在政协这个平台上参政议政、履职尽责。增强贯彻落实中共中央和中共河北省委重大决策部署的行动自觉。帮助委员深入理解中国特色社会主义基本理论、基本路线、基本方略，深刻领会习近平总书记对河北工作的重要指示，深入学习贯彻中共河北省委全会精神，切实做到与省委目标一致、工作一致、步调一致。

（二）紧扣全省大局，深入开展重点调研。调研工作实现“五个延伸”，调研模式从发现问题向解剖典型延伸，调研活动从单兵作战向团队协作延伸，调研方法从“大水漫灌”向“喷灌滴灌”延伸，调研成果从广角镜向显微镜延伸，成果转化从高层吸纳向立体推介延伸。五年来，开展重点调研98项，组织情况通报、视察考察、座谈研讨等530多次，参加的政协委员、各民主党派成员、专家学者1200余人次，提出意见建议600多条。全国政协主席俞正声对河北省政协重点调研工作给予充分肯定，批示印发各省区市政协、统战部研究。

（三）围绕中心工作，深化专题协商议政。围绕改革发展的重要问题，深化常委会议协商。五年来，共召开15次专题议政性常委会议，印发大会发言1400余份，120多名同志作重点发言，形成常委会议建议案15份，省领导批示60多人次。围绕京津冀协同发展，集中力量议政献策。会同北京、天津两市政协，建立京津冀政协主席联席会议制度；开展“我为京津冀协同发展献一计”活动，向省委省政府报送“献一计”专报103期，省领导作出批示29人次。围绕编制“十三五”规划，开展多层次议政。在“十三五”规划编制的各个阶段，通过多种形式议政建言。围绕增进民生福祉，多途径献计出力。以精准扶贫脱贫为主题召开常委会议协商议政，围绕社会关注的民生问题开展调研视察、实施民主监督，港澳委员和海外列席人士捐建学校13所，奖励优秀师生2750名，捐赠各类扶贫救灾资金1500多万元。

（四）紧盯生态改善，强化1号提案督办。五年来，分别把改善大气环境质量、科学治霾、加快城乡绿化步伐、加强水资源保护、推进清洁取暖列为年度1号提案，持续发力，精准建言。实施高层次督办，注重协同性推进，开展全方位协商。五年来，共举办38次调研、视察、座谈活动，200多名委员参与，提出的69条建议全部被采纳，推动全省生态环境治理取得明显成效。

（五）坚持改革创新，推动协商民主发展。加强顶层设计。协助省委召开全省政协工作会议，参与制定《中共河北省委关于支持人民政协履行职能发挥作用的意见》；制定年度协商工作计划，报请省委批准后实施。完善协商格局。形成以全体会议协商为龙头，以常委会议协商为重点，以提案办理协商、对口协商、界别协商等为常态的协商议政格局。提高协商质量。完善协商民主的选题、知情、交流等各个环节，把重点调研与协商民主深度融合，加强协商互动和沟通交流，引导委员相互尊重、平等协商。推动成果转化。充分运用新闻媒体宣传协商民主实践，在中央主流媒体发稿460多篇；召开常委会议建议案转化落实专题协商会，90%以上的建议得到吸收采纳。

（六）发挥统战功能，促进社会和谐稳定。发挥文史资料团结育人功能。编撰、出版《望长城内外——胜境河北》《江山如此多娇——自然河北》《数风流人物——群星河北》和《彩云长在有新天——璀璨河北》，绘就了解河北、宣传河北的“四张名片”。增进民族团结宗教和睦。就补齐少数民族地区发展短板、做好城市民族工作等提出建议，推动相关政策出台。深化港澳台侨和外事工作。先后组织8次外事访问活动，邀请136位海外华侨华人列席政协全会，组织、参与50多场侨务和外事活动，与来自40多个国家和地区的600多位华侨华人交流联系，5次组团访问台湾地区重要政党、社团。

（七）加强自身建设，全面提升履职能力。培养“懂政协、会协商、善议政”委员队伍。举办省政协新任常委、委员培训班以及座谈会、报告会等活动；完善委员联络制度；规范对委员的服务和管理，制定《关于进一步发挥委员主体作用的意见》。建设“学习型、创新型、服务型”政协机关。先后开展“创先争优、全面提升、创建一流机关”“提素质、上水平、创建一流机关”等活动。加强政协机关党建工作，扎实开展党的群众路线、“三严三实”“两学一做”学习教育活动。推进履行职能制度化、规范化、程序化。制定《全体会议工作规则》《常委会议工作规则》《专门委员会通则》《常委会议制度》；开展机关标准化建设，对50多项规章制度进行全面梳理。

二、工作体会

——必须以习近平新时代中国特色社会主义思想引领航向。

——必须始终不渝坚持中国共产党的领导。

——必须坚持以人民为中心的履职理念。

——必须把改革创新作为政协事业发

展的强大动力。

——必须把求真务实作为政协工作的价值追求。

——必须充分发挥政协组织的整体功能。

三、今后工作建议

（一）用习近平新时代中国特色社会主义思想武装头脑。

（二）聚焦全省工作大局履职尽责。

（三）进一步推动政协协商民主发展。

（四）汇聚共创伟业的强大合力。

（五）建设高素质政协队伍。

【组织概况】

主席当选名单

（2018 年 1 月 28 日省政协十二届一次会议通过）

叶冬松

副主席当选名单

（2018 年 1 月 28 日省政协十二届一次会议通过）

沈小平　孙瑞彬　曹素华（女）
葛会波　卢晓光（满族）　边发吉
苏银增　王宝山

秘书长当选名单

（2018 年 1 月 28 日省政协十二届一次会议通过）

陈书增

常务委员当选名单（按姓氏笔画为序）

（2018 年 1 月 28 日省政协十二届一次会议通过）

丁文元　丁锦霞（女）
于　民　马　卫　马宏志（回族）
马春玲（女）　王　荣（女）
王　静（女）　王文进
王冬梅（女）　王立杰
王伟刚　王志国　王岳森　王建文
王建民　王素君（女）　王离湘
王增平　方建平　孔庆龙（蒙古族）
卢瑞卿　叶玉泉　白宝君（满族）
白雪松（满族）　包　东　兰保良
吕永志　吕洪涛　朱立杰（女）
刘　苏　刘　勇　刘　智（满族）
刘云峰　刘贞哲　刘纪雷　刘劲松
刘宝玲　刘荷香（女）　刘晓军
刘增起　闫书林　闫立英（女）
闫克军（回族）　关军锋　汤　炜
许荷英（女）　孙立军（女）
孙增武　芦新菊（女）　苏振武
李　石　李　彪　李　博　李红录
李志刚　李国华　李国良　李明肖
李建强　李品军（女）
李艳军（女）　李桂敏（女）
李晓明　李德刚　李耀新　杨玉成
杨泰安　杨壹名　何　兰（女）
何秉群　余良棋　邹　平　宋炳方
张　辉　张丹参（女）　张立农
张永强　张宏君（女）　张宏斌
张纬东　张学军（女）
张绍廉（满族）　张春燕（女）
张俊杰　张洪顺　张祥建
张朝军（女）　陈　红（女）
陈　虎　陈立文　陈振豪
陈爱菁（女）　陈智仁　范社岭
明　海　周金中　周超男（女）
郑新平　单宝风　经顺波　赵建明
胡　坤　要文须　郜乃君　侯四清
姜建华　客绍英（女）　姚会亭
袁　宁　袁克难（女）
袁淑梅（女）　栗建华　贯红星
钱丽霞（女）　徐明勋　高　波
高景春　郭　毅　郭旭涛　曹　郁
曹　凯　常明山　崔建升
梁立敏（女）　梁洪杰　彭一庭
葛长青　葛瑞江　董　卫　董旭明
董沛文　韩　谦　韩立群（女）
韩同银　韩咏梅　曾智雄　靳云鹏
甄德恩　廖海鹰　潘冬青　潘爱良
戴长江　魏存计

机关机构概况

省政协十二届一次常委会议决定，设置提案、人口资源环境、文史资料、财政经济、农业、教科文卫体、社会和法治、民族和宗教、港澳台侨和外事9个委员会。

注：根据《河北省机构改革方案》要求，2018年11月30日政协河北省第十二届委员会常务委员会第五次会议决定：省政协文史资料委员会更名为省政协文化文史和学习委员会、省政协农业委员会更名为农业和农村委员会、省政协教科文卫体委员会更名为省政协教科卫体委员会。

（范兆峰　**编写**　齐为民　**审稿**）

政协山西省委员会

【全体委员会议】

十二届一次会议 1月24日至30日在太原举行。应出席委员550人，实出席520人。朱先奇主持开幕会议。薛延忠代表政协第十一届山西省委员会常务委员会向大会作工作报告，对十二届省政协工作提出建议；刘滇生向大会报告过去五年提案工作情况。委员们列席省十三届人大一次会议，协商讨论政府工作报告、省高级人民法院工作报告、省人民检察院工作报告以及其他报告，围绕全省改革发展稳定积极建言献策，共提交发言材料155篇、提案738件，反映社情民意信息136篇，14位政协委员围绕推进生态文明、法制建设等内容进行大会发言。会议选举黄晓薇为十二届省政协主席，李正印、李晓波、张瑞鹏、席小军、李武章、李青山、谢红、李思进为十二届省政协副主席，赵光国为十二届省政协秘书长，丁文禄、卫忠平等97人为十二届省政协常务委员。会议通过政协第十二届山西省委员会第一次会议关于常务委员会工作报告的决议、政协第十二届山西省委员会提案委员会关于省政协十二届一次会议提案审查情况的报告、政协第十二届山西省委员会第一次会议政治决议。省政协主席黄晓薇主持会议并讲话。会议期间，省委书记骆惠宁、省长楼阳生和省委、省人大、省政府的领导同志，省军区、省高级人民法院、省人民检察院、省武警总队和省直有关方面负责同志出席大会开幕式和闭幕式，听取大会发言、参加联组会议和小组讨论，与委员们共商发展大计、共谋转型良策。

【常务委员会会议】

十一届第27次会议 1月17日至18日在太原举行。省政协主席薛延忠主持会议并讲话，省委常委、常务副省长高建民，省委常委、组织部部长吴汉圣，省政协副主席朱先奇、卫小春、刘滇生、王宁、李悦娥、张友君、张璞、姜新文等常委会组成人员出席。会议听取了高建民就政府工作报告（征求意见稿）所作的说明；省高院和省检察院负责同志就法、检两院工作报告（征求意见稿）所作的说明；朱先奇就政协常委会工作报告（讨论稿）、提案工作情况的报告（讨论稿）所作的说明；吴汉圣就十二届省政协组成规模和委员建议人选名单所作的说明。省委办公厅、省政府办公厅分别通报了政协提案办理情况。会议审议通过了关于召开政协第十二届山西省委员会第一次会议的决定，决定省政协十二届一次会议于1月24日在太原召开；协商讨论了政府工作报告，省法院、省检察院工作报告，发展计划和财政预算报告；政协第十二届山西省委员会参加单位、委员名额和委员人选名单；十一届省政协常委会工作报告、提案工作情况报告；省政协十二届一次会议议程（草案）、日程；关于授权主席会议审议政协第十一届山西省委员会常务委员会第二十七次会议未尽事宜的决定。

十二届第1次会议 2月1日在太原举行。省委副书记、省政协主席黄晓薇主持会议并讲话。副主席李正印、张瑞鹏、席小军、李武章、李青山、李思进等常委会组成人员出席。会议审议通过《政协山西省第十二届委员会常务委员会工作规则》、主席会议提请审议的工作机构设置和人事事项。

第2次会议 5月28日至29日在太原举行。会议主要围绕“加强大气污染防治，坚决打赢蓝天保卫战”协商议政，建言献策。省政协主席黄晓薇出席会议并讲话，副省长贺天才应邀出席，副主席李正印、张瑞鹏、席小军、李武章、谢红、李思进，秘书长赵光国等常委会组成人员出席会议。贺天才作关于我省大气污染防治情况的报告，席小军作关于加强大气污染防治、坚决打赢蓝天保卫战调研情况的报告，赵光国作有关人事事项说明，中国环境科学研究院原副院长、中国环境科学研究院大气环境首席科学家柴发合应邀作大气污染防治专题报告，王霄娥等8位同志作大会发言。会议审议通过有关人事事项。

第3次会议 8月30日至31日在太原举行。会议的主要议题是：学习贯彻省委十一届六次全会和全国政协十三届三次常委会议精神，围绕科学制定规划、推动乡村振兴战略实施建言献策。副省长陈永奇应邀出席会议。省政协副主席席小军主持会议，副主席李武章、谢红、李思进，秘书长赵光国等出席。陈永奇作关于我省科学制定规划、推动乡村振兴战略实施情况的报告。席小军传达省委十一届六次全会和全国政协十三届三次常委会议精神，对贯彻落实作安排部署；报告省政协围绕乡村振兴战略规划编制工作开展调研的情况。省政协秘书长赵光国和省委组织部副部长赵建华分别就提交本次会议审议的相关文件和人事事项草案作了说明。国家农业农村部农村经济研究中心主任、博士生导师宋洪远应邀作专题报告。焦斌龙等7位委员作大会发言。与会人员认真学习省委十一届六次全会和全国政协十三届三次常委会议精神，围绕科学制定规划、推动我省乡村振兴战略实施协商建言，凝聚共识，形成建言成果。会议审议通过省政协《关于加强委员队伍建设、发挥委员主体作用的意见（试行）》《专门委员会通则（试行）》。审议通过有关人事事项。

第4次会议 12月4日至5日在太原举行。会议的主要议题是：学习贯彻全国政协十三届四次常委会议、省委十一届六次全会精神，围绕“推进能源革命、助力我省资源型经济转型”建言资政。副省长贺天才应邀出席会议。省政协副主席席小军主持会议，副主席李武章、谢红、李思进，秘书长赵光国出席。席小军传达习近平总书记近期关于人民政协工作的重要讲话精神和全国政协十三届四次常委会议精神；贺天才作深入推进能源革命、助力资源型经济转型的报告；李武章作省政协相关调研情况的报告；郜向华等6位同志作大会发言；赵光国就提交本次会议审议的相关文件和人事事项草案作说明。中国能源研究所常务副理事长周大地应邀作专题讲座。会议审议通过省政协《全体会议工作规则》《关于召开政协第十二届山西省委员会第二次会议的决定》《关于省政协部分专门委员会更名的决定》和有关人事事项。

【专门委员会与调研和委员工作室工作】

提案委员会 狠抓提案质量。针对新委员比例较大情况，编撰《提案工作知识手册》印发委员，聘请全国政协提案委原专职副主任王国卿作专题报告。广征提案线索，与各民主党派省委会、省工商联有关人员协商讨论提案选题，确保提案质量。全年共征集提案942件，经审查立案处理859件，其中集体提案221件，委员提案638件。所有立案提案全部办复完毕。对适宜公开的提案和办理答复在省政协门户网站发布，公开率达90%以上。开展重点提案督办。主席会议确定的8个方面97件重点提案纳入我省“13710”系统进行督办，取得明显成效。按照省政协2018年协商工作计划，围绕推进我省县乡医疗一体化改革召开重点提案办理协商会。副省长曲孝丽对政协委员和基层代表的建议予以充分肯定，对政府有关职能部门提出工作要求。加强分党组、党支部建设，加强学习引领，参加“学习习近平总书记关于加强和改进人民政协工作的重要思想”培训，形成24篇理论研讨论文，编成论文。参加全国政协第七次提案工作座谈会，提交《以“五抓五着力”推动提案工作上质量》材料。围绕提案工作条例修订工作开展调研考察。

经济委员会 围绕省政协十二届四次常委会议“以能源革命为突破，助力我省资源型经济转型发展”议题精心制定调研方案，采取省市县三级联动、对口部门参与、省内调研和省外考察相结合的方式，组织委员聚焦“煤电气新”四个突出问题深入调研，提出针对性强的建议，编印《调研报告集》《大会发言材料汇编》等，副省长贺天才到会通报情况，中国能源经济研究会副理事长周大地研究员作专题讲座，6位常委、委员作大会发言，会后及时向省委、省政府报送有关建议报告。按照省委安排部署，组织委员深入吕梁、晋中市开展安全生产推进情况视察监督，摸清存在问题，提出对策建议，向两个市的市委、市政府反馈情况，报送《关于全省安全生产重点工作推进情况的调研报告》。就“转型项目建设落实落地情况”组织委员深入晋中、运城、晋城市开展专项视察监督，查找突出问题，提出意见建议，撰写了两个单项视察监督报告和《关于开展全省转型项目建设落实落地专项视察监督报告》综合报告，梳理出117个具体问题清单。围绕十一届二十四次常委会议“关于开发区建设”议题组织委员调研，研究讨论推进我省开发区建设的措施建议。就《省人大常委会向省政协委员征集省十三届人大及其常委会五年立法规划建议项目的相关建议》《山西省贯彻落实〈地方党政领导干部安全生产责任制规定〉实施细则（征求意见稿）》，组织委员参与协商。开展党建调研，形成《关于加强政协系统党的建设调研报告》。深入学习习近平总书记关于加强和改进人民政协工作重要思想。

人口资源环境委员会 围绕省政协十二届二次常委会议“加强大气污染防治，坚决打赢蓝天保卫战”议题组织委员深入调研，形成《关于加强大气污染防治，坚决打赢蓝天保卫战调研情况的报告》，经省政协常委会议审议通过后，报省委、省政府，省委书记骆惠宁、省长楼阳生、副省长贺天才作出批示。省环保厅将建议报告原文转发全省环保系统，要求各级环保部门认真学习借鉴。有关建议被纳入《山西省打赢蓝天保卫战三年行动计划》中。围绕“汾河水库饮用水水源地生态保护”组织委员调研，形成《关于汾河水库饮用水水源地生态保护的调研报告》，提出相应对策与建议。围绕“加强自然保护区建设与管理”组织委员调研，形成《关于加强我省自然保护区建设与管理的调研报告》，提出6条意见建议。围绕“黄河流域生态环境保护”，联合吕梁、临汾、运城和忻州市开展联动调研，形成《关于进一步改善黄河流域生态环境的调研报告》。深入开展习近平总书记关于加强和改进人民政协工作的重要思想学习研讨活动。

农业和农村委员会 围绕省政协十二届三次常委会议“科学制定规划，推动乡村振兴战略实施”议题，组织委员深入调研，汇编调研报告20余篇20余万字，邀请国家农业农村部农村经济研究中心主任、博导宋洪远作《学习贯彻中央一号文件精神，实施乡村振兴战略》的专题报告，7位委员作大会发言。《关于进一步加强乡村振兴战略规划编制及实施工作的建议》经常委会议讨论后原则通过，会后修改完善并报省委、省政府。组织委员组成4个专项视察监督组，突出重点深入调研，起草完成《关于省政协开展全省攻坚深度贫困落实情况专项视察监督情况的报告》向省委省政府反馈。贯彻落实习近平总书记视察山西及在深度贫困地区脱贫攻坚座谈会上的重要讲话精神和省委、省政府《实施意见》，省政协组织委员赴河曲县开展企业、人才、资金下乡调研，推动企业与农村产业对接，并召开产业扶贫企县结对帮扶河曲项目对接座谈会，8个产业扶贫合作项目成功签约。向全国政协反映我省深度贫困攻坚情况，协助完成调研任务，按时提交调研报告，向全国政协常委会提交《创新生态扶贫机制，强化生态保护修复，实现增绿增收互促双赢》的大会发言材料。

教科卫体委员会 围绕“大力引进高层次创新创业人才”组织委员深入调研，10位委员作议政发言，省直相关部门负责同志与委员坦诚互动、充分协商。在充分吸收各方意见的基础上，形成《关于大力引进高层次创新创业人才的建议报告》呈报省委、省政府，省委书记骆惠宁作出批示。围绕积极助力“二青会”主题组织委员深入调研，形成《关于积极助力第二届全国青年运动会的调研报告》报副省长张复明和相关部门。创新开展“助力‘二青会’，有我更精彩”专题网络协商议政，广泛征集社会各界办好“二青会”的意见建议，并将征集到的建议汇总16条上报，部分建议得到副省长张复明的批示和有关部门的吸纳。组织委员赴阳泉市和省招生考试管理中心开展高考考试和录取工作巡视，提出针对性意见。加强与党派界别的联动调研。与省九三学社就“如何将山西资源禀赋打造成全生命周期的康养产品”联合开展专题调研；与体育界开展“第二届全国青年运动会筹备工作进展情况”“第十六届山西省运动会申办城市考察和评估”专题调研；与教育界开展“高等教育‘1331’工程建设”专题调研，提出具体建议。发挥工作范围广、涉及领域宽、联系界别多的优势，在省政协各专委会中率先建立“委员之家”，分别围绕“如何办好委员之家”“推进体育事业发展”“文化产业创新”“我省中医药发展”主题，组织开展活动4次。反映和上报与本委职责密切的社情民意信息10余条。

社会法制委员会 组织委员围绕“发挥社会组织作用，加强社区治理体系建设”专题协商。7位委员作议政发言，省直相关部门负责同志与委员充分交换意见、坦诚互动，《关于“发挥社会组织作用，加强社区治理体系建设”专题议政会情况的报告》报省委、省政府后，省委书记骆惠宁、省长楼阳生、副省长曲孝丽作出批示。省民政厅对全省社区治理体系建设工作进行专项督导检查，向省政协提交《关于省政协议政会议建议落实情况的报告》。组织委员就扫黑除恶工作进展情况进行监督性调研，形成《关于晋中市扫黑除恶专项斗争推进情况的调研报告》。对省国资委、大同市贯彻落实习近平总书记视察山西重要讲话精神情况进行督导检查，形成“一报告两清单”报送省委；对晋中市贯彻落实省委十一届六次全会精神及系列专项部署情况进行督导检查。积极参加省政协理论研讨，《发扬“自我革命”精神，加强和改进人民政协工作》被《山西日报》理论周刊全文刊登。围绕《山西省十三届人大及其常委会五年立法规划（草案）》，牵头向各专委会、委员征集立法规划建议项目11件；围绕现行有效的190件地方性法规，征集修改的项目4件，提出修改建议15条。围绕《山西省行政执法公示办法（征求意见稿）》《山西省行政执法全过程记录办法（征求意见稿）》，组织委员讨论，提出4条立法建议，得到省政府法制办的高度重视和研究采纳。

民族和宗教委员会 开展“以社会主义核心价值观为引领，坚持我国宗教中国化方向，积极引导宗教与社会主义社会相适应”专题协商，分赴西藏自治区林芝市、拉萨市、山南市，青海省黄南州、湟中县和我省忻州市、太原市开展专题调研，实地考察宗教活动场所，与教职人员、信教群众座谈交流，召开有关职能部门座谈会，发现5个方面的问题，提出6条建议。主动对接全国政协民宗委，接受工作指导。配合全国政协民宗委开展“治理佛道教商业化”专题调研。协调天津市政协民宗委开展“宗教界人才培养”专题调研，通过调研，基本了解我省宗教界中青年后备人才培养情况，为进一步做好宗教管理工作拓展思路。加强与市、县（区）政协民宗委的沟通联系，采取与委员所在市、县（区）两级统战部、民委（宗教局）相关领导，市、县（区）两级政协民宗委相关领导和委员本人一起座谈的模式，扎实开展省政协民宗委委员、民宗界别委员走访看望活动。

文化文史和学习委员会 加强委员履职能力建设，在清华大学公共管理学院举办“十二届山西省政协委员学习研讨习近平总书记关于加强和改进人民政协工作的重要思想”委员培训班，分三期对省政协委员进行全员培训。共培训委员、机关干部560人。从培训规模和层次来说，是省政协成立以来的历史首次，体现了高规格、高层次、高水平。省市县三级联动，组织委员配合全国政协开展关于我省大遗址保护和利用情况监督性调研，形成《关于我省大遗址保护和利用情况的监督性调研报告》上报全国政协办公厅，所反映的问题、意见建议在全国政协最终形成的《关于大遗址保护和利用情况的调研报告》中得到采纳。根据全国政协征集《脱贫攻坚纪事》文史资料的工作安排，收集整理“政协委员助力脱贫攻坚”相关文史资料，形成《关于宁夏政协组织助力脱贫攻坚情况的报告》，为我省政协助力脱贫攻坚提供有益借鉴。编辑出版《文史月刊》。

港澳台侨和外事委员会 协调完成时任省政协主席黄晓薇率团对香港进行的工作访问。协调完成省党政领导团赴港澳访问交流。以“发挥港澳委员作用，促进晋港澳合作”为题，组织港澳委员回晋调研。配合完成接待国民党前主席洪秀柱在晋参加“第三届海峡两岸同胞神农炎帝民间拜祖典礼”活动，配合接待以台湾文教经贸交流协会理事长杨朝钦为团长的台湾经贸参访团一行在晋参访活动。全力做好接待全国政协海外列席侨胞考察团围绕“引进海外资源，构建内陆地区对外开放新高地，助力山西转型发展和脱贫攻坚”在晋考察活动。围绕“充分发挥政协委员和海外侨领社团作用，促进我省构建对外开放新高地”主题，组织委员赴闽、桂进行考察学习。

调研和委员工作室 一、文件起草工作。一年来共起草各类文稿130余件、近百万字，以文辅政，为推进政协事业发展、服务全省工作大局作出贡献。二、社情民意信息工作。全年收集社情民意信息1万余条，编报专刊96期，向全国政协报送267篇，全国政协采用30篇，省领导批办、国家部委和省有关部门反馈46件。第17次蝉联全国政协反映社情民意信息工作先进单位。省政府就省政协报送的社情民意信息召开专题协商办理座谈会，重要的意见建议被迅速转化成文件贯彻执行，这在我省政协历史上是第一次。三、委员管理工作。完善委员履职制度管理体系，完成《中国人民政治协商会议山西省委员会委员履职激励考核管理办法（试行）》等文件的起草工作。

【重要会议、活动】

在晋全国政协委员座谈会 2月22日在太原举行。全国政协委员、省委副书记、省政协主席黄晓薇主持会议并讲话。省委常委、省纪委书记、监委主任任建华结合山西监改试点工作实践，介绍《中华人民共和国监察法（草案）》相关情况，省委常委、统战部部长廉毅敏就在晋委员参加全国“两会”、履行职责提出要求，副省长张复明通报我省经济社会发展情况，省发改委、商务厅、扶贫办负责同志分别介绍我省打造“示范区”“排头兵”“新高地”推进脱贫攻坚情况和需要委员通过提案等方式向国家有关部门反映的重要意见及建议。

习近平总书记关于加强和改进人民政协工作的重要思想学习研讨活动电视电话动员会 5月17日，省政协党组召开中心组（扩大）学习会议，就全省政协系统深入开展学习研讨活动进行动员部署。省政协党组书记、主席黄晓薇主持会议并讲话。会议邀请中国人民政协理论研究会常务理事、《中国政协·理论研究》杂志执行主编原冬平作专题报告。省、市、县（区、市）政协党组和主席会议成员，在晋全国政协委员，省政协常委、委员，省各民主党派、工商联机关副处以上干部，省、市、县（区、市）政协机关全体干部等约3600人分别在省城主会场和各市、县（区、市）分会场参加会议。

“发挥社会组织作用，加强社区治理体系建设”专题议政会 6月26日在太原举行。省政协副主席席小军主持会议并讲话，秘书长赵光国出席，省政协委员代表、部分市政协副主席和社法委主任参加会议，省直有关部门负责人应邀出席并与委员互动交流。

习近平总书记关于加强和改进人民政协工作的重要思想理论研讨会 7月17日至18日在太原举行。全国政协副主席郑建邦到会指导，省政协主席黄晓薇主持会议并讲话，省委常委、统战部部长徐广国出席。会议收到研讨论文247篇，11位代表作交流发言。全国政协人口资源环境委员会副主任高波，省政协副主席李正印、席小军、李武章、李青山、谢红、李思进，秘书长赵光国出席会议。各民主党派省委、省工商联和省政协各工作机构负责同志，在晋省政协常委和部分委员，各市政协主席和部分县（区、市）政协主席，专家学者和论文作者代表参加研讨。

“大力引进高层次创新创业人才”专题议政会 8月1日在太原举行。副省长曲孝丽出席并讲话，省政协副主席席小军主持，副主席李青山讲话。省政协教科文卫体委员会主任苏亚君结合调研情况作主题发言，李中元等8位同志积极建言献策。省政协常委、委员代表，部分市政协副主席参加会议。省委、省政府相关部门负责人应邀出席并与委员进行互动交流。

省政协“推进我省县乡医疗一体化改革”重点提案办理协商会 10月16日在太原举行。副省长曲孝丽出席会议并讲话，省政协副主席席小军主持会议。省卫计委、省人社厅、省民政厅等提案承办单位负责人通报重点提案办理情况，提案者代表和基层代表就进一步落实提案成果、加快推进我省县乡医疗一体化改革发言。

政协系统省管干部主题集中学习培训 5月18日至20日，省政协与省委组织部在太行干部学院联合举办政协系统省管干部学习贯彻习近平新时代中国特色社会主义思想和习近平总书记关于加强和改进人民政协工作的重要思想学习班。省政协副主席席小军在开班仪式上作动员讲话。

第十二届省政协委员全员学习培训 6月4日，第十二届省政协委员学习研讨习近平总书记关于加强和改进人民政协工作的重要思想培训班在清华大学开班。省政协主席黄晓薇出席开班式并讲话，清华大学党委书记、教授陈旭致辞。培训分三期进行。来自全国政协、中央党校、清华大学的著名专家学者为我省500多名省政协委员授课。

【重要文件】

常委会工作报告（2018 年 1 月 24 日）（摘要）

一、五年工作的回顾

（一）坚持高举旗帜，自觉以习近平新时代中国特色社会主义思想引领政协事业，团结奋斗的共同思想政治基础更加巩固

坚持学以致用，夯实思想根基。我们坚持把学习贯彻习近平总书记重要思想摆在首位，与学习贯彻中共十八大和十八届中央历次全会精神及重大决策部署相融合，统筹推进中心组、常委会、委员和机关学习，召开全省政协学用习近平总书记系列重要讲话精神经验交流会，深刻领会精髓要义、把握立场观点方法，努力在学思践悟中融会贯通，在推进工作中增强学习贯彻的自觉性和坚定性。2017 年，我们把迎接、服务中共十九大和学习贯彻中共十九大精神作为重大政治任务，落实到履行政协职能的全过程和各方面，积极为中共十九大胜利召开营造良好氛围。十九大召开后，我们认真落实中央和省委部署要求，把学习贯彻习近平新时代中国特色社会主义思想和中共十九大精神作为人民政协头等大事，迅速掀起热潮，组织常委会组成人员、政协委员和政协干部，按照“学懂弄通做实”要求，在“10 个深刻领会”“6 个聚焦”和“9 个深刻把握”上狠下功夫；常委会作出学习贯彻十九大精神政治决议，号召全省政协各参加单位、各级政协组织和广大委员，在习近平新时代中国特色社会主义思想指引下，共同为落实十九大确定的目标任务而奋斗，进一步激发了各族各界人士携手新时代、践行新思想、贯彻新部署、致力于新发展的使命情怀。

强化“四个意识”，坚定“四个自信”，做到“两个维护”。始终把坚持中国共产党领导、维护习近平总书记核心地位作为人民政协的重大政治原则和根本纪律规矩，积极引导政协各参加单位和广大委员紧密结合中共十八大以来党和国家事业发生的历史性变革、取得的历史性成就，紧密联系山西政治生态由“乱”转“治”、发展由“疲”转“兴”的重大变化，充分认识维护、拥戴习近平总书记核心地位的重大意义和实践要求，充分认识中国特色社会主义是国家富强、人民幸福、民族复兴的必由之路，各族各界人士道路自信、理论自信、制度自信、文化自信更为坚定，政治意识、大局意识、核心意识、看齐意识普遍增强，坚持党的领导、坚决维护以习近平同志为核心的中共中央权威和集中统一领导、在思想上政治上行动上保持高度一致更为自觉坚定。

自觉对表对标，汇聚奋进力量。坚决贯彻落实习近平总书记关于人民政协工作的系列重要指示和视察山西重要讲话精神，坚决贯彻落实省委各项决策部署，确立并坚持“维护核心、服务中心、贴近民心、凝聚人心、律己正心”的工作思路，积极引导政协委员不断深化对中央大政方针和省委治晋理政重大思路、总体方略、目标任务、重点举措的理解和把握，广泛凝聚贯彻新发展理念、推动经济稳步向好和全面从严治党、构建良好政治生态的思想政治共识，汇集了在省委领导下，积极投身中国特色社会主义在山西的坚持和拓展，共同走好新征程、探出新路子、创造新业绩的正能量。

（二）坚持服务大局，积极为我省构建良好政治生态、推进转型发展献智出力

坚持发展第一要务，致力于推进转型发展。围绕构建现代产业体系，就改造提升传统产业、发展高端装备制造业、推进煤层气产业发展、做强做大文化旅游产业、扶持中小企业、发展大数据产业等重

点开展调查研究，积极建言献策。围绕壮大实体经济，就加快民营经济发展，组织省、市、县三级政协联动开展专项视察监督。主席班子成员带队分赴11市、38县（市、区）103户民营企业，实地了解情况、听取工作建议，并召开专题议政会议，就基层反映的6方面89个问题，向省分管领导和相关职能部门进行反馈，积极助力省委、省政府相关部署落实到位。积极投身"万名干部入企服务"，主席班子成员深入联系企业，了解生产经营情况，帮助解决问题；组织政协委员、专委会和政协机关干部参加入企服务工作，反映和协调解决问题900余个。围绕推进农业现代化，就深化农业供给侧结构性改革和发展功能农业、引导社会资本投资特色现代农业、推进农村土地经营权有序流转、建立完善农民种养业风险保障机制、改善农村人居环境等重要问题开展专项调研、提出工作建议。围绕加快绿色发展，就加强黄河与汾河水源地保护、农村污水综合治理、大气和土壤污染防治、落实《规划环境影响评价条例》等重点进行专项视察、开展协商议政。运用提案等形式就推广应用新能源汽车、推进环保产业发展、采煤沉陷区治理等提出合理化建议，为我省搞好生态文明建设，加快转型发展贡献政协力量。

紧扣补齐小康短板，聚力精准脱贫攻坚。认真贯彻习近平总书记在深度贫困地区脱贫攻坚座谈会上的重要讲话和我省《实施意见》精神，围绕脱贫攻坚，召开专题性常委会议积极议政建言；主席班子成员带头落实省委部署，深入扶贫联系点，走访困难群众，研究制定帮困措施，协调解决实际问题；组成10个专项视察监督组，深入26个贫困县，实地了解政策落实情况，并召开专题协商会，及时向党政反馈视察情况、提出工作建议，积极助力省委、省政府脱贫攻坚系列部署落实到位。动员政协各参加单位和广大委员，发挥自身优势，积极扶贫济困，累计捐款捐物6000余万元，为推进脱贫攻坚事业作出了政协贡献。

着眼激发动力活力，助力深化改革开放。围绕推进转型综改和供给侧结构性改革，就开发区改革创新发展、深化行政审批制度改革、优化营商环境、推进"三去一降一补"、构建现代职业教育体系、促进"大众创业、万众创新"等重点，深入调查研究，积极资政建言。围绕民生领域重点改革举措落实，就实现低保线和贫困线"两线合一"、健全养老服务体系、完善全面"两孩"政策体系、推进县域城乡义务教育一体化改革、加强食品药品安全监管和公立医院改革取消药品加成等事关人民群众切身利益的6个专题开展监督性调研，促进相关问题解决。围绕扩大开放，就构建我省对内对外开放新格局、融入"一带一路"倡议等协商建言；抓住接待全国政协、兄弟省区市和港澳政协委员考察等契机，大力宣传我省发展优势，积极为招商引资、招才引智牵线搭桥、搞好服务；组织港澳委员参与"山西品牌中华行""山西——活力澳门推广周"等活动，为我省深化改革、扩大开放、加快发展作出了政协贡献。

围绕实现风清气正，合力净化政治生态。认真贯彻省委全面从严治党、深入推进党风廉政建设和反腐败工作等重大部署，聚焦正风肃纪、反腐肃贪、构建"亲""清"新型政商关系等开展视察调研，召开专题议政会、就健全依法决策机制进行协商议政。组织委员参与相关12个法规草案和15个行政规章讨论，积极提出建议。支持委员中的特约监督员依法履行职责，助力公正司法。组织委员配合职能部门开展党风廉政、年度重点工作和领导班子履职考核，选派100余名委员担任执法执纪监督员加强日常监督，为我省全面构建良好政治生态、营造浓厚干事氛围积极贡献力量。

五年来，省政协聚焦全省经济、政治、文化、社会、生态文明建设和党的建设中的100多个重点课题开展专题调研，提出建议报告50多件，征集提案4930件、立案办复4312件，委员的合理化建议得到省委、省政府和职能部门的积极回应和采纳，彰显了人民政协在推进改革发展和各项事业中的重要作用。

（三）坚持人民至上，发挥独特优势，广泛汇聚全面建成小康社会、逐步实现振兴崛起的正能量

弘扬社会主义核心价值观，积极凝聚民心。坚持以社会主义核心价值观凝心聚魂，积极引导广大政协委员带头践行社会主义核心价值观，围绕促进青少年健康成长、强化大学生思想政治教育和幼儿教育、提升现代公共文化服务水平、弘扬优秀传统文化、加强文化遗产保护利用等各界广泛关注的问题资政建言；以庆祝中国共产党成立95周年、中华人民共和国成立65周年和纪念抗日战争胜利70周年、孙中山诞辰150周年等重大历史节点为契机，深入挖掘我省丰富的文化资源，征集出版相关文史资料，以三晋优秀传统文化、深厚革命文化和社会主义先进文化激扬正气、凝聚民心。

加强信息工作，广泛汇集民意。引导委员深入基层一线倾听群众呼声，及时客观反映各界群众的所思所想、所愿所盼，着力加强社情民意信息的汇总、分析、报送和跟踪反馈，努力为党政全面掌握基层情况、了解群众呼声提供助益，促进重点民生问题解决。五年来，收集社情民意信息3万余条，编报专刊400余期、全国政协采用160余篇，中央、省领导批办和有关部门反馈330余件。省政协机关连续荣获“全国政协信息工作先进单位”荣誉。

关注群众诉求，倾心化解民忧。高度重视各界群众意愿和不同社会群体的利益诉求，围绕健全城乡社会保障体系、维护职工合法权益、推进城中村改造等议题开展专题议政；通过主席会议等形式，就食品药品监管、高校毕业生就业创业、农民职业技能培训、特殊困难群体生活保障等事关民生的56件重要提案开展办理协商，引起职能部门高度重视，促进了相关问题解决；积极投身省委组织的万名干部大调研活动，重点就提高城乡居民收入等民生关切深入开展调研、提出工作建议；顺应基层群众所需，组织委员开展送科技、送医药、送文化、送法律下基层活动，实施“助幼送健康”“助老送光明”工程，开展技能培训1.8万人次、义诊1.2万人次、提供法律服务3.5万人次、帮扶困难群众7万多人，受到基层群众的欢迎和好评。

加强团结联谊，深化合作共事。加强同各民主党派、工商联和无党派人士的座谈交流、团结合作，定期召开政协与民主党派工商联秘书长联席会议，听取工作意见建议。积极宣传贯彻党的民族宗教政策，主动走访民族宗教界代表人士，协调解决所反映的问题；围绕加快少数民族聚居村发展进行专题调研，着力促进民族团结、宗教和谐。发挥港澳委员积极作用，适时通报我省经济社会发展和政协工作情况，鼓励委员为我省改革发展建言献智、多作贡献；支持港澳委员坚定维护“一国两制”方针，积极参加爱国爱港爱澳活动，为维护港澳繁荣稳定、推进祖国统一贡献力量。

（四）坚持改革创新，推进政协协商民主建设、加强民主监督工作，政协履职制度机制进一步完善

推进政协协商，着力打造宽领域、多

层次、常态化的协商格局。认真贯彻中央和省委关于加强政协协商民主建设的文件精神，建立完善政协年度协商计划制定实施机制，拓展协商广度和深度，活跃有序地组织专题协商、对口协商、界别协商、提案办理协商，邀请党政领导、政协委员、专家学者和基层群众代表参加协商活动，在扩大有序参与、充分发扬民主、深入协商交流中增进理解、形成共识、解决问题。加强建言成果的办理、反馈和转化落实，增强了协商议政的成效。五年来，召开全委会议 5 次、专题性常委会议 27 次，组织重要协商活动 43 次，骆惠宁书记、楼阳生省长等省领导多次到会听取意见建议，同委员互动交流，共商改革发展大计，展现了政协协商的生机和活力。

强化民主监督，助力党政重大决策部署落实落地。贯彻中央和省委关于加强人民政协民主监督的文件精神，健全完善民主监督工作机制，为政协监督做到“有计划、有题目、有载体、有成效”提供了制度保障。坚持政协民主监督的正向性助力性，把政协民主监督的重点放在助力中央大政方针和法律法规的贯彻执行，省委、省政府重要决策部署、重大改革举措的实施推进，国民经济和社会发展规划及年度计划的落实，事关人民群众切身利益问题的解决，国家机关及其工作人员遵守法纪、改进作风、反腐倡廉、履行职责上，坚持了民主监督的正确方向。注重发挥政协组织的整体优势，就涉及全局的重大问题，组织省、市、县三级政协委员联动开展监督性视察调研，通过专题协商会等方式，及时反馈存在问题、认真提出意见建议，着力促进相关问题解决，为省委、省政府重大决策部署的落实落地发挥了积极作用。我省开展民主监督的做法，受到全国政协领导充分肯定，并作了经验介绍。

深化参政议政，不断完善发挥界别、专委会和委员作用的工作机制。健全调研、视察、考察和提案、社情民意信息、大会发言等方面的工作机制，有序统筹各项履职活动，增强了政协履职的科学性和规范性。探索主席会议成员联系界别、界别和委员依托专委会开展活动的机制和载体，创新了界别活动方式。制定委员履职工作规则，规范委员履职重点、原则遵循、方式方法，激励委员更好发挥在政协工作中的主体作用。修订专门委员会通则，明确专委会工作任务、组织原则、运行机制，专委会履行职能、团结界别、联系委员的功能进一步强化。五年来，建立健全制度规定 30 多项，促进了政协履职的规范化和程序化。

（五）坚持从严从实，加强政协委员和机关干部两支队伍建设，政协工作科学化水平得到新的提升

以提升“四种能力”为重点加强委员队伍建设。认真贯彻习近平总书记关于政协委员要“懂政协、会协商、善议政”和提高“四种能力”的要求，加强委员理论政策、经济知识、法规制度等方面的学习培训，帮助委员知情明政、提升综合素质；积极为委员协商议政、履行职能搭建平台，鼓励支持委员双岗履职、岗位奉献，在服务大局、服务群众的实践中汲取智慧、增强履职本领；加强委员工作机构建设，健全委员履职服务管理和工作考评机制，认真开展委员履职年度考核，激励委员认真履职、做好工作；加强信息化建设，建成和完善委员提案、社情民意、手机 App 等九大系统，拓展了委员履职平台，提升了服务委员的水平；严格要求委员守纪律、讲规矩、重品行，委员的政治意识、责任意识和法纪观念普遍增强。

以党的建设为龙头加强政协机关干部队伍建设。深入贯彻中央和省委关于全面从严治党各项部署，政协机关党组、派驻

纪检组相继设立，优化调整专委会和机关处室党组织设置，机关党的工作体系进一步健全；扎实开展机关党的群众路线教育实践活动、“三严三实”专题教育、“两学一做”和“维护核心、见诸行动”主题教育，深入贯彻中央“八项规定”精神和省委正风肃纪系列部署，持续深化纪律作风专项整治，大力推进机关基层组织、基础工作、基本能力建设；坚持新时期“好干部”标准和正确的选人用人导向，全面加强干部教育、管理、监督、考核等各项工作，干部队伍的能力素质得到提升、活力进一步增强，形成了风清气正、积极工作的良好氛围。政协机关连续五年荣获“全省目标责任考核优秀单位”“省直文明单位标兵”，并荣膺“省文明单位”。

二、五年工作的主要体会

五年工作的实践，给我们以重要启迪。

（一）必须坚决维护核心，始终坚持中国共产党对人民政协的领导。

（二）必须倾力服务中心，紧紧围绕中共中央大政方针和省委决策部署谋划和推进政协工作。

（三）必须始终贴近民心，把实现、维护、发展最广大人民根本利益作为政协工作的出发点和落脚点。

（四）必须广泛凝聚人心，坚持团结和民主两大主题，巩固和发展和谐奋进、共襄伟业的生动局面。

（五）必须从严律己正心，树立和维护政协委员的良好形象，切实发挥委员主体作用。

（六）必须坚持务实创新，以进取向上的精神推进人民政协事业。

上述“六个必须”，在实践中形成并经实践检验，要在新时代新实践中继续坚持、不断丰富和发展。

三、今后工作的建议

（一）深入学习贯彻中共十九大精神，以习近平新时代中国特色社会主义思想为指导，奋力开创新时代人民政协事业新境界。

（二）聚焦建设“示范区”“排头兵”“新高地”三大目标履职尽责，为我省走出转型新路、实现高质量发展作出新贡献。

（三）顺应人民群众对美好生活的新期待，积极助力打好打赢“三大攻坚战”，在决胜全面建成小康社会的进程中展现新作为。

（四）坚持团结和民主两大主题，广泛汇集各方面力量，共同谱写新时代中国特色社会主义山西新篇章。

（五）主动适应新时代任务要求，以思想政治建设为统领全面加强自身建设，推动政协事业实现新发展。

【组织概况】

主席当选名单

（2018年1月30日省政协十二届一次会议通过）

黄晓薇（女，—2018.8）

副主席当选名单

（2018年1月30日省政协十二届一次会议通过）

李正印　李晓波　张瑞鹏　席小军
李武章　李青山　谢　红（女）
李思进

秘书长当选名单

（2018年1月30日省政协十二届一次会议通过）

赵光国

常务委员当选名单（按姓氏笔画排序）

（2018年1月30日省政协十二届一次会议通过）

丁文禄　卫忠平　马　伟　马一清
马天荣　王　杨　王　静（女）
王　蕾（女）　王月娥（女）
王书红　王志连　王怀荣　王国华
王建强　王晓立　王爱琴（女）
王维平　王维卿（女）
王瑞霞（女）　文武斌（满族）

邓蜀平 田玉成 宁立新 朱晓明
任晓娜（女） 刘文秀 刘国庆
刘继隆 刘蓉华（女） 闫卫平
闫润德 孙 群 孙祥林 孙跃进
远勤山 苏 涛 苏亚君 杜宏瑞
李 菲（女） 李 猛 李太阳
李中元 李安平 李劲民 李忠人
李建明 李庭凯 李桂平（女）
李骏虎 杨社堂 杨忠华 杨建新
杨临生 吴晓年 宋兴航 宋保民
宋新梅（女） 张子玉
张红健（女） 张培富 陆惠德
陈安平 陈国伟 武 强 武绍忠
苗 伟 法 海 孟 萧 赵 彬
赵士权 赵建华 贯桂梓（女）
高 凡（女） 郭 颖（女）
郭长青 郭海刚 海 信（满族）
黄志强 曹 阳 曹建军
章样摩兰（蒙古族）
梁丽萍（女） 韩少辉 韩长安
韩文让 韩丽珍（女）
程田青（回族） 释一度 谢 刚
简 易 解 军 蔡志忠 薛国利
薛维梁 魏元平

主席请辞名单

（2018年8月政协第十二届山西省委员会常务委员会第三次会议通过）

因工作变动：黄晓薇（女）

市政协主席变动情况

临汾市政协

主 席 陈小洪（—2018.4）

张建平（2018.4—）

（周志清 **编写** 蒋福新 **审稿**）

政协内蒙古自治区委员会

【全体委员会议】

十二届一次会议 1月23日至29日上午在呼和浩特召开。会议应到委员521名，实到委员505名，符合法定人数。自治区党委副书记、自治区十二届政协一次会议主席团会议主持人李佳[①]主持开幕会议，自治区党委副书记、自治区政协主席李佳主持闭幕会议并讲话。自治区党委书记李纪恒、自治区主席布小林等党政军领导同志出席会议，参加联组讨论，听取委员发言，与委员共商自治区发展大计。

会议听取和审议通过了自治区十一届政协主席任亚平代表自治区政协十一届常务委员会所作的工作报告，听取和审议了主席团常务主席王中和代表自治区政协十一届常务委员会所作的关于十一届五次会议以来提案工作情况的报告。与会人员列席内蒙古自治区第十三届人民代表大会第一次会议，听取并讨论政府工作报告及其他有关报告。与会委员围绕自治区政府工作报告和其他报告进行了认真讨论，就大力发展农村牧区集体经济，加快建设农牧业绿色品牌大区，做大做强新材料产业，科学推进铁路网、航空网基础设施建设，推进全区天然气产业快速发展，优化营商环境，推进中蒙俄经济走廊建设，进一步落实科技创新政策，发展全域旅游，加强政协民主监督职能，加大新型社会阶层人士有序政治参与力度，打造自治区特色文化品牌，保护和利用我区工业遗产，加快全区脱贫攻坚进程，推进高等院校的“双一流”建设，促进民族特色医药事业发展，发展居家养老和社区养老服务，加强环境污染第三方治理工作等经济、政治、文化、社会及生态文明建设方面提出了许多建设性意见。会议选举自治区十二届政协主席、副主席、秘书长和常务委员。会议审议通过了自治区政协十二届一次会议政治决议，关于常务委员会工作报告的决议，关于十二届一次会议提案审查情况的报告。会议收到发言材料259篇，24名委员作了大会发言。会议收到提案920件，立案882件。

【常务委员会会议】

十一届第21次会议 1月18日至19日上午，自治区政协十一届二十一次常委会议在呼和浩特召开。会议听取了人事事项说明、提案办理情况通报、各专门委员会五年工作报告，审议通过了关于召开自治区政协十二届一次会议的决定；审议了自治区政协十二届一次会议有关文件，审议通过了人事任免事项和自治区政协全体会议工作规则（修订稿）等制度。

十二届第1次会议 1月28日下午，自治区政协十二届一次常委会议在呼和浩特召开。会议审议通过了自治区十二届政协副秘书长名单，自治区十二届政协专门委员会机构设置的决定，自治区十二届政协专门委员会主任、副主任名单。审议通过了自治区政协十二届一次会议政治决议（草案），关于自治区十一届政协常务委员会工作报告的决议（草案），关于自治区政协十二届一次会议提案审查情况的报告（草案）。

第2次会议 6月28日至29日，自治区政协十二届二次常委会议在呼和浩特召开。会议学习传达了习近平总书记关于加强和改进人民政协工作重要思想、汪洋主席关于提升政协工作质量新部署新举措新要求和全国政协系统党的建设工作座谈会精神，围绕“加快一流大学和一流学科建设，实现高等教育内涵式发展”进行专题协商、建言献策。会议听取了就协商议题所作的说明、教育部司局负责人的专题讲解、自治区政协教科文卫体委员会关于

---

① 2022年8月24日，政协第十三届全国委员会常务委员会第二十三次会议追认关于撤销李佳同志第十三届全国政协委员资格的决定。以下不再标注。

议题的调研报告。部分住区全国政协委员，自治区政协常委、委员，自治区高校和有关部门负责人作了专题发言。

第3次会议 10月24日下午至25日，自治区政协十二届三次常委会议在呼和浩特召开。会议传达贯彻了全国政协关于习近平总书记加强和改进人民政协工作的重要思想理论研讨会精神，围绕“治理散煤燃烧，推进清洁取暖”进行专题协商。会议听取了就协商议题所作的说明和调研报告，以及专家的专题讲解。部分自治区政协委员和盟市政协、自治区相关厅局负责同志作了大会发言，并进行了互动协商。

【专门委员会工作】

提案委员会 一是以提高工作质量为目标，努力夯实工作基础。赴全国政协和北京等地区进行调研学习，重点解决提案审查、交办、督办、考评等问题；将全区政协提案工作座谈会开到盟市听取相关各方改进提案工作的意见建议，重点解决提高提案质量和提案办理质量的问题；将征集集体（重点）提案选题座谈会开到党派机关，重点解决集体提案培育和遴选问题；走访自治区党委组织部考核处和“两办”督查室，重点解决加强提案督办、落实意见建议和成果转化等问题；视察提案重点办理单位，重点解决提案办理难点痛点等问题。制定了《提案工作提质增效工作办法》《提案公开办法》，印发了《提案工作手册》。二是与自治区党委、政府督查室联合通报提案办理情况，收到良好效果。推动提案办理工作纳入自治区党委政府绩效考核体系中。印发了年度批办重点提案目录及办理情况的通报；对自治区政协主席会议成员督办的重点提案和各专门委员会督办的重要提案办理情况进行了2次通报。开通提案系统手机App，建立提案审查专家库、提案信息库和蒙古文提案平台，在全会上实现提案提交无纸化。

经济委员会 一是注重学习引领，扎实推进“两学一做”学习教育常态化制度化，深入开展“习近平总书记关于加强和改进人民政协工作的重要思想大学习大讨论”，不断强化政治引领，切实用习近平总书记关于加强和改进人民政协工作的重要思想武装头脑、指导实践、推动工作。二是牵头组织开展经济形势协商座谈会，为自治区党委、政府科学把握季度经济运行态势、研判经济走势、做好下一步工作提出了有针对性的对策建议。三是组织部分经济界委员，就“推进我区现代物流业健康快速发展”协商议题进行调研，召开对口协商会议，形成了协商情况报告报送自治区党委。组织部分政协常委、委员和专家学者就“防范化解政府债务风险”协商议题深入盟市及部分旗县（市、区）及部分厅局进行调研，召开了专题协商会议，形成了协商报告报送自治区党委。四是联络组织经济界、工商联4个界别组80余位委员，就“促进我区证券期货发展”“培育我区沙草产业发展”“加强我区现代基础设施网络建设”“推进我区品牌建设”议题赴区内外开展界别活动并分别形成了调研报告。五是协助配合分管副主席做好重点提案的督办工作，以及省级领导联系贫困旗县脱贫攻坚工作。六是加强与全国政协、兄弟省市区政协之间的横向联系，学习先进经验，创新工作思路，推动自身建设和工作开展。

人口资源环境委员会 一是认真学习和领会习近平新时代中国特色社会主义思想、习近平总书记关于加强和改进人民政协工作的重要思想和习近平生态文明思想，学习人民政协理论，用学习引领履职实践，发挥好专委会基础作用和委员主体作用。二是围绕“治理散煤燃烧，推进清洁取暖”协商议题进行实地调研和学习考察，并在自治区政协十二届三次常委会议进行专题协商，会后向自治区政府报送了专题协商报告。召开“推动在沙漠沙地建立国家公园体制”对口协商会，会后向自治区政府报送了专题协商报告。三是加强与界别联系，围绕“民族服装服饰发展现状及带动妇女创业就业情况”等议题开展界别活动并形成调研报告。四是着力做好重点、重要提案督办和反映社情民意信息工作，促进了提案建议的落实，形成了“运用水处理科技手段，加大乌梁素海水污染治理力度”等社情民意信息40多件，对推动相关工作发挥了积极作用。五是认真协助做好分管主席联系贫困旗县工作。与农工党界别在卓资县开展扶贫义诊、发放药品，受到群众欢迎。

教科卫体委员会 一是坚持不懈抓学习，强化思想政治引领。组织开展学习习近平总书记关于加强和改进人民政协工作的重要思想大学习大讨论活动，准确理解和把握新时代人民政协新任务新要求，研究改进服务、提高协商调研质量的具体举措。二是牢牢把握提质增效要求，努力做好专题协商。委员会承担“加快一流大学和一流学科建设，实现高等教育内涵式发展”专题协商任务后，组织政协委员和对口部门负责同志深入区内区外14所高校考察调研，广泛征求相关部门、委员、专家意见，经过反复讨论修改形成提交常委会议审议的专题调研报告。在常委会议上，常委、委员与对口部门积极互动协商，协商效果显著。协商专题报告报送后，自治区主要领导同志先后作出批示，自治区教育厅、财政厅等部门积极采纳报告提出的意见建议。三是在组织界别活动时，要求联系各界别坚持问题导向，察实情、建真言，深入锡林郭勒、呼和浩特等六个盟市的学校、企业、医院和社区开展调研，形成了《民族教育发展和“十三五”期间规划实施情况》等4篇界别活动调研报告、集体提案1件、社情民意1条。四是委员会积极开展助力脱贫攻坚活动，组织医药卫生界委员、专家赴库伦旗开展健康帮扶，义诊服务214人次；组织教育界委员深入扎赉特旗开展智力帮扶，对农牧民进行种养（植）殖技术培训。

民族和宗教委员会 一是深入学习贯彻习近平新时代中国特色社会主义思想和党的十九大精神，认真贯彻落实习近平总书记关于加强和改进人民政协工作的重要思想，以及全国政协新部署新举措新要求，结合民宗委工作实际，认真学习党和国家有关民族和宗教方面的法律法规和政策。二是开展“推动少数民族聚居贫困地区如期脱贫”的专题协商。深入我区少数民族相对聚居且扶贫攻坚任务较重的盟市及所属旗县、乡（苏木）、村（嘎查）详细了解相关情况并形成调研报告，在专题协商会，通报了专题调研情况，委员与自治区17个党政部门和金融机构负责人，围绕协商内容进行了深入的研讨协商。三是完成了联系界别活动组的组织协调服务工作，开展了“乌海及周边地区安全生产区域服务体系建设情况”“推动宗教教职人员队伍建设”等活动。四是协助分管副主席完成重点提案的督办工作以及委员会负责的重要提案督办工作。

文化文史和学习委员会 一是组织部分委员、相关厅局负责同志、有关专家学者围绕承担的“推动内蒙古文化‘走出去’”专题协商议题，先后赴广东省、福建省及我区乌兰察布市、锡林郭勒盟进行专题调研，形成了调研报告。在月协商座谈会上，委员和有关专家学者与自治区18个单位负责同志围绕议题进行面对面专题协商。会后向自治区党委、政府报送专题协商报告提出8条意见建议，有关单位就相关建议作出回应。二是继续做好《蒙古族百年实录》征编工作，截至年底已征集稿件1000多万字。开展了乌兰牧骑、纪念改革开放40周年史料的征集工作。编辑出版了《天津知青在阿拉善》《包头老厂记忆》《察哈尔史料辑录》，全年共编辑整理文史资料近145万字。配合办公厅做好内蒙古政协文史馆改扩建工作。三是组织界别活动组围绕加强内蒙古境内长城保护与合理利用等议题开展界别活动。四是协助分管副主席多次率调研组赴巴彦淖尔市乌拉特前旗扶贫点开展调研工作。组织部分界别委员赴乌拉特前旗开展对口扶贫活动，并捐助资金13900元、图书979册、书画作品20幅。五是为进一步加强对盟市、旗县政协文史资料工作的指导，4月初在呼和浩特市召开了全区政协文史工作会议，12月中旬在赤峰举办了全区政协文史资料骨干人员培训班。

港澳台侨联络和外事委员会 一是围绕“加快我区边民互市贸易区发展，助推‘一带一路’建设”协商议题积极做好调研工作和协商组织工作。在召开的协商会上，组织委员与自治区商务厅、发改委、口岸办、满洲里海关等部门深入开展了协商座谈，形成了综合调研报告，为自治区党委政府提供了重要决策参考。为助力自治区经济高质量发展和改善营商环境，先后组织部分委员赴和林格尔新区专题调研并形成调研报告。二是积极组织委员和界别小组建言献策，全年共组织各界别活动组开展了重点口岸建设、归侨侨眷生产生活状况等界别调研活动7次，形成了较高质量的成果报告。三是为更好地发挥自治区政协住港澳委员作用，在广东省珠海市召开了住港澳委员座谈会。进一步加强与自治区人大民侨委、政府侨办、自治区侨联有关单位的联系，召开“四侨”联席会议，努力开拓对侨服务工作新局面。四是积极协助分管主席做好重点提案和委员会负责的重要提案督办工作。

社会和法制委员会 一是用习近平新时代中国特色社会主义思想，特别是关于加强和改进人民政协工作的重要思想，武装头脑、指导实践、推动工作，努力在学懂弄通做实上下功夫、见成效。二是围绕承担的“提高首府城市规划建设管理水平”专题协商议题进行了深入调研，形成了调研报告。在11月1日召开专题协商会上，自治区相关部门负责同志，自治区政协部分常委、委员、专家进行了专题发言和互动协商。三是进一步完善政协参与立法协商工作制度，组织委员参与《内蒙古自治区大气污染防治条例》等部门规章的立法协商。四是做好联系界别组活动的协调联络及服务保障工作，围绕对待国有“僵尸”企业若干问题等开展了界别调研。组织引导界别委员通过多种形式积极建言献策。五是与自治区派驻科左中旗脱贫攻坚工作总队商定，对贫困户患白内障患者实施免费手术。协调相关部门项目资金15万元为科左中旗代力吉镇查干敖日布告嘎查新建了80平方米博爱卫生室。

农牧委员会 一是深入学习贯彻习近平新时代中国特色社会主义思想和党的十九大精神，习近平总书记关于加强和改进人民政协工作的重要思想，学习全国政协的新部署新举措新要求，学习中央和自治区一号文件、关于实施乡村振兴战略等文件，为做好农牧委的专题协商、界别活动和助力脱贫攻坚等工作统一了思想，明确了方向。二是组织自治区部分政协委员围绕负责的专题协商议题“加快培育我区农牧业品牌，扎实推进农牧业高质量发展”，深入有关盟市、部门和大中小企业进行了调研形成了调研报告，召开专题协商会议并向自治区党委、政府报送了协商情况报告。三是组织农牧界相关委员赴赤峰市喀喇沁旗西桥镇和克什克腾旗达日诺尔镇岗更嘎查开展了两次乡村调研，为今后更好地履职奠定了基础。四是组织负责联系的四个界别活动组，就“加大农牧科技投入，加快种子种畜改良升级助推乡村振兴”等主题开展界别活动，形成了调研报告、提案等报送自治区政府和有关部门。五是制定助力脱贫攻坚工作方案，农牧业界组织部分委员两次到赤峰市宁城县小城子镇三家村实地调研座谈，实施具体帮扶措施。

【重要会议、活动】

全区政协系统习近平总书记关于加强和改进人民政协工作的重要思想理论研讨会 7月13日上午，自治区政协党组书记、主席李佳主持召开全区政协系统习近平总书记关于加强和改进人民政协工作的重要思想理论研讨会。全国政协副主席、全国工商联主席高云龙，全国政协教科卫体委员会驻会副主任丛兵等出席会议。会上，李佳、其其格等12位同志结合各自学习体会和工作实际作了交流发言。

全区政协系统党的建设工作座谈会 7月23日上午，自治区政协党组召开全区政协系统党的建设工作座谈会，深入学习贯彻全国政协系统党的建设工作座谈会精神，交流党建工作经验和做法，研究部署全区政协系统党建工作。自治区政协主席会议成员、机关党组成员、各专委会分党组成员、机关处级以上干部，各盟市，满洲里、二连浩特市政协及部分旗县（市区）政协党组书记、主席参加了会议。会议收到党建研讨论文和发言材料50多篇，其中10位同志代表全区各级政协党组织作了交流发言。

全区盟市政协主席座谈会 10月16日上午，全区盟市政协主席座谈会在呼和浩特召开。会议进一步学习贯彻习近平总书记关于加强和改进人民政协工作的重要思想，深入贯彻落实全国政协的新举措新部署新要求，总结交流盟市、旗县政协工作经验。12个盟市政协的负责同志作了交流发言。

自治区政协学习贯彻习近平总书记在民营企业座谈会上重要讲话精神座谈会 11月9日上午，自治区政协召开学习贯彻习近平总书记在民营企业座谈会上重要讲话精神座谈会。王召明、万晓红、王文等10位政协委员身份的民营企业家畅谈学习体会和感受，反映问题，提出建议、想法。自治区政协各专委会负责同志，住区部分全国政协委员，自治区十二届政协部分常委、委员，自治区有关部门主要负责同志参加会议。

【重要文件】

常委会工作报告（2018年1月23日）（摘要） 过去五年的工作。在自治区党委坚强领导下，自治区政协第十一届常委会坚持团结和民主主题，聚焦服务大局主线，践行履职为民主旨，追求务实创新主动，动员广大委员，把协商民主贯穿政治协商、民主监督、参政议政全过程，在“建设亮丽内蒙古，共圆伟大中国梦”的征程中，体现了政协担当，凝聚了政协智慧，贡献了政协力量。五年来，加强引导，努力打牢共同团结奋斗的思想政治基础。主席会议、常委会议带头，带动全体委员，深入学习贯彻习近平新时代中国特色社会主义思想，国家大政方针政策，社会主义协商民主和人民政协理论，坚定广大委员的“四个自信”、增强“四个意识”。担负意识形态责任，在委员和界别群众中传递正能量，传播好声音，用社会主义核心价值观凝聚人心。五年来，统筹兼顾，既聚焦发展大局又关注改善民生。贯彻习近平总书记三项先行先试改革要求，围绕绿色发展、龙头企业和农牧民利益联结、深化向俄蒙开放专题议政。紧扣全区大开放、大旅游、大数据，以及产业结构大升级、基础设施大网络、区域发展大协同、国家级大园区、70周年大庆等重大事项调研视察、献智出力。围绕职工收入提升、居民就业培训、教育资源均衡、公立医院改革、文艺院团改制、全民健身行动、食品安全监管、大气污染防治、依法依规行政等专题建言议政，贴近群众美好生活需要。关注少数民族、农村牧区、贫困地区发展，主席会议成员联系贫困旗县精准扶贫，全力推动脱贫进程。界别委员广泛开展爱心助学、扶贫义诊、科教文化下乡等活动，直接助益民生。五年来，探索实践，营造协商民主议政格局。贯彻中共中央加强协商民主建设要求，初步形成全体会议为龙头、常委会议和专题协商会议为重点、月协商和提案办理协商及对口协商为常态的协商议政格局。共完成年度计划协商议题40项，协商的成果融入自治区改革发展稳定、治区理政惠民多项决策当中。五年来，扬长补短，开创民主监督新的境界。在日常履职中贯穿民主监督，年度协商计划中确定监督性议题，提案和社情民意信息体现监督性内容，主席会议成员每年率队开展监督性视察调研，在自治区科学决策、政令畅通、公正执法、安全生产以及行风社风好转中发挥作用。五年来，拓宽履职路径，注重参政议政实际成效。改进视察调研方式，吸收专业部门和专家学者参加，重视调研前的准备和调查中的研究，用好参政议政的话语权。加强和创新提案工作，坚持提案数量、质量和办理成效并重，五年来共审查立案3724件，办复率达99%。会同党政领导共同交办提案，主席会议成员督办重点提案，推动提案办理协商，提案办理成效和委员满意程度都有所提升。突出界别特色，开展界别小组活动200余项，参与委员1500人次。五年来，接收大会发言材料726篇，征集社情民意信息1.2万余条、报送1729篇，近半数引起全国政协和自治区党政部门的关注。五年来，大力推动，促进党派、阶层、民族、宗教和海内外同胞关系和谐。召开政协民主党派、工商联座谈会，商讨在协商民主进程中更好发挥作用。召开专题议政性常委会议进行协商，促进非公有制经济健康发展、非公有制经济人士健康成长。围绕少数民族聚居区域产业布局、职业教育和民族医药等议政建言，促进各民族在共同繁荣发展中和谐和睦和衷共济。协商推进宗教界公益慈善事业，落实教职人员社会保障，建言依法管理宗教事务，促进了宗教关系和谐。服务港澳委员发挥双重积极作用。五年来，注重能力建设，打牢履职尽责长远根基。加强党的政治领导，成立机关党组和专委会分党组，积极推进党内专项教育实践活动。注重提升委员的履职热情和履职能力，五年来组织培训班9期，培训760余人次，建立台账记录委员履职情况。按照“用专家、有专才、讲专业”的工作理念，突出了专委会的基础性作用。努力塑造机关干部的坚定信念、过硬能力和良好作风。加强文史展馆等阵地建设和文史资料征集，存史资政团结育人作用得到较好发挥。

【组织概况】

主席当选名单

（2018年1月28日政协内蒙古自治区第十二届委员会第一次会议通过）

李　佳

副主席当选名单

（2018年1月28日政协内蒙古自治区第十二届委员会第一次会议通过）

王中和　罗志虎（蒙古族）

董恒宇　郑福田　刘新乐（蒙古族）

常军政　张　华

其其格（女，蒙古族）

秘书长当选名单

（2018年1月28日政协内蒙古自治

区第十二届委员会第一次会议通过）

魏　军

常务委员当选名单（按姓氏笔画为序）

（2018 年 1 月 28 日政协内蒙古自治区第十二届委员会第一次会议通过）

于学军（满族）　万晓红（女）
马瑞强　王　健（女，自治区政协）
王月虎　王心宇　王志毅　王来明
王国华（女）　王挨和
云肖峰（蒙古族）云治厚（蒙古族）
乌兰（女，蒙古族，自治区卫计委）
白长明（蒙古族）白玉国（蒙古族）
白清元　冬　云（女，蒙古族）
包天虎（蒙古族）
包凤英（女，蒙古族）
包丽玲（女，蒙古族）　兰恩华
吉　平（蒙古族）吐　嘎（蒙古族）
曲云清（蒙古族）吕靖原
朱　华（女）　朱瑞莲（女）
邬建刚（蒙古族）　刘　德
刘国君　刘忠诚　刘剑夔
刘艳玲（女）　齐　巍（女）
闫　伟　闫　敏（女，蒙古族）
关方方（蒙古族）
安恩达（蒙古族）　安润生
许文曲　孙清宾
纪桂莉（女，蒙古族）
麦丽丝（女，蒙古族）
杜凤莲（女）
李卫东（呼伦贝尔市）
李少军　李凤斌　李延俊　李相合
李树榕（女）　杨永胜（蒙古族）
杨茂盛　杨柏青
丽　娜（女，达斡尔族）
吴　平（蒙古族）
何金英（女，鄂伦春族）
余江伟　狄瑞明　张　珉（蒙古族）
张　斌　张小明　张守孝　张志耕
张秀文（女，蒙古族）　张和平
张建国　张艳臣　张宽治　张殿生
陈佰山（蒙古族）　陈健文
武　奇（鄂温克族）
武也文金桩（蒙古族）
金建华（回族）　周耀亭
赵世刚　赵永华（蒙古族）
胡润召　胡景光奎巴特（蒙古族）
姜飞月（蒙古族）
姚一萍（女）　姚云峰（蒙古族）
姚哈斯（女，蒙古族）
贺　俊（女）　贺　晋　索英俊
高汝森　郭丽茹（女，达斡尔族）
郭劲松　诺　敏（女，蒙古族）
陶迎春（女，蒙古族）　梁　瑞
梁淑琴（女）
斯琴塔娜（女，蒙古族）
程　玺（蒙古族）　鲁剑钧
谢贤团　谢宝华（女）　靳前峰
蓝　峰　詹少彤　蔡彬彬　薛昇旗
戴　强　魏晋忠

常务委员、委员辞职名单

（2018 年 6 月 29 日政协内蒙古自治区第十二届委员会常务委员会第二次会议通过）

詹少彤

（2018 年 10 月 24 日政协内蒙古自治区第十二届委员会常务委员会第三次会议通过）

刘忠诚

撤销委员资格名单

（2018 年 10 月 24 日政协内蒙古自治区第十二届委员会常务委员会第三次会议通过）

刘建强　陈文库

【盟、市政协主席名单】

呼和浩特市

孙建华

包头市

张世明

呼伦贝尔市

李　才（蒙古族）

兴安盟

尤国钧（蒙古族）

通辽市

高忱科尔沁区

艾武利

赤峰市

邹德华

锡林郭勒盟

其其格（女，蒙古族，2018 年 7 月离任）

斯琴毕力格（蒙古族 2018 年 7 月任）

乌兰察布市

云　淮（蒙古族）

鄂尔多斯市

王建国

巴彦淖尔市

周玉林

乌海市

王文杰

阿拉善盟

魏国权（蒙古族）

满洲里市

嘎拉扎布（蒙古族）

二连浩特市

郁志云

（曲维东　**编写**　狄瑞明　**审稿**）

政协辽宁省委员会

【全体委员会议】

十二届一次会议 1月26日至29日在沈阳召开。省委书记陈求发、代省长唐一军出席大会。戴玉林副主席主持开幕大会。会议审议并通过了政协辽宁省第十二届委员会第一次会议关于政协辽宁省第十一届委员会常务委员会工作报告的决议；通过了政协辽宁省第十二届委员会第一次会议关于政协辽宁省第十一届委员会常务委员会提案工作报告的决议；听取并审议通过了政协辽宁省第十二届委员会第一次会议提案审查委员会关于提案审查情况的报告；通过了政协辽宁省第十二届委员会第一次会议政治决议。列席了辽宁省第十三届人民代表大会第一次会议，听取和讨论政府工作报告，讨论其他报告。大会选举夏德仁为政协辽宁省第十二届委员会主席，选举李晓安、武献华、戴玉林、江瑞、姜军、赵延庆、许波、高科为政协辽宁省第十二届委员会副主席，选举李树民为政协辽宁省第十二届委员会秘书长，选举丁敏杰等109位同志为政协辽宁省第十二届委员会常务委员。夏德仁主席在闭幕会上讲话。

【常务委员会会议】

十二届第1次会议 1月29日下午，省政协举行十二届一次常委会议。省政协主席夏德仁出席会议并讲话。会议审议通过了政协辽宁省第十二届委员会常务委员会关于设置专门委员会的决定；审议通过了政协辽宁省第十二届委员会副秘书长名单；审议通过了政协辽宁省第十二届委员会专门委员会主任、副主任名单。

第2次会议 6月20日至21日在沈阳召开。省政协主席夏德仁出席会议并讲话。与会人员围绕学习贯彻落实党的十九大精神，决胜辽宁全面建成小康社会建言献策。20位省政协常委、委员和市政协负责同志进行了大会发言。会议审议通过了关于免去赵海春政协辽宁省第十二届委员会委员资格的决定。省委副书记、省长唐一军出席第三次全体会议并讲话。

第3次会议 10月10日至11日在沈阳召开。与会人员围绕学习贯彻习近平总书记在深入推进东北振兴座谈会上的重要讲话精神，总结改革开放40年经验，为加快辽宁改革开放步伐积极建言献策。会议审议通过了有关人事事项。闭幕会前，省政协常委进行了集体学习，省发改委主任李雪东作了题为“积极参与‘一带一路’建设，以全面开放引领辽宁全面振兴”的专题报告。省委书记、省人大常委会主任陈求发出席第二次全体会议并讲话。省政协主席、党组书记夏德仁主持开幕会并在闭幕会上讲话。

【专门委员会工作】

提案委员会 全年共征集提案541件，审查立案445件，不予立案96件，立案率比去年下降4.9个百分点。注重关键提案督办，促进提案办理提质增效。通过与省政府办公厅召开办理工作推进会，与省委办公厅建立定期联系机制等形式，建立办理台账、逐件销号，合力对重点提案进行重点跟踪、重点协商、重点督办促办，使重点提案所提意见建议得到较好落实，示范引领整体提案办理工作提质增效。配合全国政协提案委开展“弘扬劳模精神和工匠精神”重点提案督办调研。召开省市政协提案工作座谈会。

经济委员会 全年开展调研视察考察30余次，重要协商活动6次，参加委员达百余人次，形成各类重要协商成果22项，省领导批示20件次。围绕“发展实体经济，提高供给体系质量”重大议题展开协同调研，在充分吸纳各方意见基础上，向全国政协提交专题发言材料，由夏德仁主席在全国政协“发展实体经济，提高供给体系质量”专题协商会上作了题为

“让传统制造业‘老树发新枝’”的预约发言。就妥善应对中美经贸摩擦问题组织调研，召开4场对美进出口企业座谈会，形成《关于妥善应对中美经贸摩擦对辽宁影响的调查与建议》。协助大连市政协承办以“高质量发展辽宁海洋经济”为议题的辽宁沿海经济带政协研讨会。

人口资源环境委员会 围绕推动经济高质量发展建言献策。承办十二届二次专题议政性常委会议，以“贯彻落实党的十九大精神，决胜辽宁全面建成小康社会”为主题，共征集、整理并编印大会调研报告、考察报告35篇和大会发言材料62篇。开展营商环境视察，就贯彻实施《辽宁省优化营商环境条例》和开展“重实干、强执行、抓落实”专项行动情况赴锦州、营口、辽阳开展视察并形成视察报告。组织开展环渤海污染防治工作调研，形成了《关于环渤海地区海洋生态环境保护与治理工作的报告》。切实关注民生，就中央环保督察组对大伙房水源保护区督察问题整改工作落实情况、煤改电供暖试点运行情况等进行视察并形成视察报告。

教科卫体委员会 承办了3个月度协商座谈会和1个专题协商会议，形成《“加强医养结合大力促进我省养老事业发展”月度协商座谈会的情况报告》《关于“加快推进沈大国家自主创新示范区建设”月度协商座谈会的情况报告》等得到省委、省政府主要领导批示。针对我省人才流失严重问题，起草了《关于建立我省重要人才流出事项预警机制及报告制度的建议》。省委组织部在充分吸纳相关建议的基础上，出台了《关于建立高层次人才流出预警机制及报告制度的意见》（辽组通字〔2018〕34号）。就我省先天性唇腭裂患儿救治相关问题开展专题调研，形成了《关于我省唇腭裂患儿救助情况的调研报告》。

社会和法制委员会 承办两次月度协商座谈会，形成《关于“进一步净化政治生态，营造更加风清气正的干事创业环境”月度协商座谈会的情况报告》及《关于“加强干部队伍作风转变”月度协商座谈会的情况报告》。赴阜新和朝阳市进行视察，形成了《关于“各市‘五个一批’行业扶贫及贫困村退出情况”的视察报告》，省委、省政府主要领导高度重视并作出批示。加强与省政府法制办的沟通协调，及时将《省政府2018年度立法计划》送发省有关部门征求意见，与省政府法制办沟通后选定《辽宁省司法鉴定条例》等6部法规规章草案开展立法协商。其中，《辽宁省水污染防治条例》为重点立法协商内容。通过召开座谈会和信函征求意见等方式，共收到建议97条并报送相关部门。

民族和宗教委员会 全年共组织专题调研考察视察26次，召开协商会、工作座谈会23次，提交省政协全会、常委会大会发言5篇、反映社情民意信息和提案35份，省委、省政府、省政协领导批示7次。就我省民族地区实施乡村振兴战略和精准脱贫情况开展专题调研，形成了《关于我省民族地区实施乡村振兴战略情况的调研报告》和《关于我省民族地区精准扶贫情况的调研报告》。就我省少数民族特色村寨保护与发展情况开展专题视察，形成了《关于我省少数民族特色村寨保护与发展情况的视察报告》。组织委员赴沈阳、大连、鞍山、抚顺、丹东、铁岭、盘锦、葫芦岛等8市，就我省贯彻落实新修订的《宗教事务条例》和宗教工作情况，以及中央巡视组关于我省宗教问题巡视整改意见的落实情况进行了深入调研，形成了《关于我省贯彻实施国务院〈宗教事务条例〉情况的调研报告》和《关于加强和改进我省宗教工作的调研报告》。报告针对我省宗教工作存在的重视不够、领导体制和工作机制不完善等问题提出具体意见建议。省委书记陈求发对此作出重要批示，责成统战部及有关部门认真吸纳相关建议。

港澳台侨（外事）委员会 充分发挥港澳委员在推动辽宁全面振兴发展中的积极作用，主动做好为港澳委员参政议政服务工作，发挥港澳委员“双重积极作用”，维护香港澳门繁荣稳定；推动省政协访问港澳工作成果的落实，召开企业专题项目对接会，组织港澳委员开展培训和学习考察，亲身感受我省改革开放取得的辉煌成就。全年，共完成省级领导出访5批，厅局级及以下出访5批。先后接待了香港恒隆集团执行董事陈文博、日本前首相鸠山由纪夫、日本前议员伊滕公介等；受全国政协外事局委托，会同省外办、大连市外办、大连市政协和省政协办公厅相关单位和部门，完成接待巴基斯坦参议院主席代表团和越南祖国阵线中央委员会主席代表团访问大连。

文化和文史资料委员会 起草了《省政协常委会关于加快辽宁改革步伐的若干建议》，报送省委、省政府，唐一军省长作出重要批示，要求有关部门认真研究，对其中的相关意见建议吸纳到明年的工作思路和举措中去。举办“辽宁省政协纪念改革开放四十周年书画作品展”，征集书画作品270余幅，装裱230余幅。扎实开展文史工作，配合全国政协文史委征集《少数民族百年实录》；联合编辑出版《陈云在东北》图书。

委员工作委员会 做好委员学习培训工作，通过举办十二届省政协新委员培训班、赴延安学习、网络在线学习等方式增强委员履职能力。围绕全面实施乡村振兴战略、推进辽宁农业农村现代化专题开展调研，完成了《关于全面实施乡村振兴战略推进辽宁农业农村现代化调研报告》。组织住辽全国政协委员赴河南省考察工作，起草了《住辽全国政协委员赴河南考察全面实施乡村振兴战略情况考察报告》和《赴河南考察组织工作总结》。研究制定了《委员履职报告工作办法（试行）》。

市县政协工作联络指导委员会 全年共培训市县政协干部300多人次；组织召开市、县（市、区）政协主席参加的座谈会6次；协助市县政协委员和干部培训专题讲座12人次；深入20多个县（市、区）调研指导，形成调研报告、社情民意信息、大会发言等建言材料8篇，得到省领导批示10人次。组织召开新任市县政协主席研讨会、“北京大学—辽宁省市县政协主席高级研修班”等培训活动。组织开展涉农问题专题调研，围绕涉农问题，选择精准扶贫、农村人居环境整治、农作物秸秆综合利用、特色小镇建设、花生产业发展现状及对策等五个题目开展专题调研。《关于加快推进我省秸秆综合利用工作的建议》以省政协信息专报形式报送，夏德仁主席、郝春荣副省长作出了批示。

【重要会议、活动】

省定点帮扶彰武县工作会议召开 2月11日，省定点帮扶彰武县工作会议在彰武县召开。会议全面总结了2017年省定点帮扶彰武县工作，交流帮扶工作经验，研究部署2018年定点帮扶工作。省政协主席夏德仁出席会议并讲话。

“加快辽宁振兴发展和现代化经济体系建设”座谈会 3月11日，省政协在北京召开“加快辽宁振兴发展和现代化经济体系建设”座谈会，邀请部分在辽全国政协委员、在京省政协智库专家，为辽宁振兴发展和现代化经济体系建设把脉建言。省政协主席夏德仁主持座谈会并讲话。

夏德仁率辽宁省经贸代表团访问港澳 7月9日，以省政协主席、党组书记夏德仁为团长的辽宁省经贸代表团结束了在香港、澳门为期 8 天的友好访问，回到沈阳。8 天时间里，夏德仁率领代表团先后在香港、澳门等地，采取拜会、会见会谈、经贸推介、实地考察、餐叙会等方式，会见政府政要和商界领袖，召开辽宁省政协香港委员座谈会，举办辽宁—香港经贸合作座谈会，广泛宣传推介辽宁，深入开展经贸合作，积极促进项目落地，达到了加深了解、增进友谊、宣传辽宁、促进合作的目的。

省政协举行委员“解放思想推动高质量发展大讨论”座谈会 12 月 19 日，省政协举行委员“解放思想推动高质量发展大讨论”座谈会。省政协主席、党组书记夏德仁主持会议并讲话。座谈会上，省政协委员田雨、姜健力等 10 名政协委员先后发言，结合我省改革开放、振兴发展实际和个人履职实践，围绕补齐拉长“四个短板”和推动“六项重点工作”开展深入研讨，提出意见建议。在认真听取大家发言后，夏德仁指出，要加强思想政治引领，认真学习贯彻习近平总书记在庆祝改革开放 40 周年大会重要讲话精神，贯彻落实习近平总书记在辽宁考察时和在深入推进东北振兴座谈会上重要讲话精神，切实用习近平总书记重要讲话精神武装头脑、指导实践，推动政协工作高质量发展。省政协委员是各党派团体、各族各界代表人士，是各行各业的精英，要发挥好模范带头作用，推进我省“解放思想推动高质量发展大讨论”扎实深入开展。

【重要文件】

常务委员会工作报告（摘要）

过去五年工作回顾

共开展调研视察考察和举办协商议政会议等活动 600 余次，参加委员超过 1.2 万人次，省委、省政府领导对省政协报送的各类协商议政成果作出重要批示 400 余次，为助推我省统筹推进“五位一体”总体布局，协调推进“四个全面”战略布局，解决经济社会发展中的突出问题和人民群众关心的热点难点问题发挥了重要作用。

1. 认真学习贯彻习近平新时代中国特色社会主义思想，始终保持人民政协事业正确政治方向。

2. 紧扣辽宁振兴发展协商议政，围绕落实新发展理念献计出力。

3. 加强和改进政协民主监督工作，助力中央大政方针及省委决策部署的贯彻落实。

4. 坚持以人民为中心的工作导向，为保障和改善民生履职建言。

5. 积极发挥团结统战功能，广泛凝聚改革发展稳定强大合力。

6. 完善协商制度机制，推进政协协商民主深入发展 。

7. 全面加强履职能力建设，进一步提高政协工作科学化水平。

2018 年工作安排：

1. 深入学习贯彻中共十九大精神，进一步夯实团结奋斗的共同思想政治基础。

2. 聚焦中心工作，围绕辽宁老工业基地全面振兴协商议政。

3. 充分发挥人民政协大团结大联合的组织优势，为共谋振兴发展凝聚强大合力。

4. 按照中共十九大关于协商民主建设的新要求，全面加强履职能力建设。

【组织概况】

主席当选名单

（2018 年 1 月 29 日政协辽宁省第十二届委员会第一次会议通过）

夏德仁

副主席当选名单

（2018 年 1 月 29 日政协辽宁省第十

二届委员会第一次会议通过）

李晓安　武献华　戴玉林

江　瑞（满族）　姜　军　赵延庆

许　波（女）　　高　科

秘书长当选名单

（2018 年 1 月 29 日政协辽宁省第十二届委员会第一次会议通过）

李树民

市（区）主席变动情况

沈阳市（副省级）

于洪区

姜　雷（2018 年 12 月补选）

赵胜龄（2018 年 12 月不再担任）

（蒋　健　**编写**　宋雪娜　**审稿**）

政协吉林省委员会

【全体委员会议】

十二届一次会议 1月25日至30日在长春举行。会议应出席委员510人，开幕会实到474人，闭幕会实到486人。开幕会由政协吉林省第十二届委员会第一次会议主席团会议主持人江泽林主持。中共吉林省委书记、省人大常委会主任巴音朝鲁到会祝贺并讲话。中共吉林省委副书记、代省长景俊海出席开闭幕会。会议听取了十一届省政协常务委员会工作报告和提案工作报告，听取、讨论并赞同景俊海所作的政府工作报告，听取、讨论并赞同省高级人民法院工作报告、省人民检察院工作报告及其他报告，审议通过了《中国人民政治协商会议吉林省第十二届委员会第一次会议决议》。闭幕会前，选举产生了政协吉林省第十二届委员会领导机构。江泽林当选为主席，薛康、支建华、李龙熙、张伯军、李晋修、赵晓君、曹宇光为副主席，肖模文当选为秘书长，丁喜忠等90人当选为常务委员。江泽林主持闭幕会。会议期间，举行了大会发言和联组讨论，巴音朝鲁和景俊海分别参加了联组讨论。与会委员围绕深化我省农业供给侧结构性改革、完善知识产权司法保护的体制机制、加强我省双创基地建设、加强吉港合作、优化中小企业融资环境、加强互联网企业社会责任建设、强化主体责任推进城市污水治理、推动人才强省战略实施、推进城乡居民医疗保险制度统一整合、推进吉林特色文化与旅游产业融合发展、大力开展森林康养产业等多方面问题献计献策。

【常务委员会会议】

十一届第22次会议 1月18日在长春召开。本次会议应出席116人，实到83人。会议审议通过政协吉林省第十一届委员会常务委员会工作报告；审议通过政协吉林省第十一届委员会常务委员会关于提案工作情况的报告；审议通过关于召开政协吉林省第十二届委员会第一次会议的决定；审议通过政协吉林省第十二届委员会第一次会议议程（草案）和日程（草案）；审议通过政协吉林省第十二届委员会委员名单；审议通过政协吉林省第十二届委员会第一次会议主席团成员、主席团会议主持人建议名单（草案）；审议通过政协吉林省第十二届委员会第一次会议秘书长、副秘书长建议名单（草案）；审议通过政协吉林省第十二届委员会第一次会议提案审查委员会建议名单（草案）；审议通过政协吉林省第十二届委员会第一次会议委员编组及小组召集人建议名单（草案）；审议通过政协吉林省第十二届委员会第一次会议工作机构（草案）。

十二届第1次会议 1月30日在长春召开。本次会议应出席90人，实到81人。会议审议通过政协吉林省第十二届委员会副秘书长名单；审议通过关于政协吉林省第十二届委员会专门委员会设置的决定；审议通过政协吉林省第十二届委员会专门委员会主任、副主任名单；审议通过政协吉林省第十二届委员会常务委员会2018年工作要点。

第2次会议 4月10日在长春召开。本次会议应出席90人，实到62人。会议审议通过政协吉林省第十二届委员会各专门委员会不驻会副主任名单。会上，江泽林作《深入学习贯彻习近平总书记关于人民政协工作重要思想的核心要义》专题讲座，省政协提案委主任邓友平作关于人民政协提案工作专题学习讲座。

第3次会议 6月20日在长春召开。本次会议应出席常委90人，实到80人。会议审议通过《关于以冰雪产业为引领，培育我省经济发展新活力的建议案》；审议通过《省政协委员常委参加全体会议和常委会议管理的规定》；审议通过《省政协委员常委年度履职量化考核办法（试行）》；审议通过有关人事事项。会上，李龙熙作关于人民政协性质定位的学习讲座，文教委主任李建华作关于加强人民政协调查研究工作的学习讲座。

第 4 次会议 8 月 23 日在长春召开。本次会议应出席常委 89 人，实到 76 人。会议学习传达中共中央政治局常委会议精神和省委常委会议精神。会议决定，接受李晋修辞去吉林省政协副主席、委员。会议审议通过《关于推进我省农作物秸秆资源综合利用的建议案》；审议通过有关人事事项。

第 5 次会议 12 月 28 日在长春召开。本次会议应出席常委 87 人，实到 81 人。会议审议通过关于召开政协吉林省第十二届委员会第二次会议的决定；审议通过政协吉林省第十二届委员会常务委员会工作报告；审议通过政协吉林省第十二届委员会常务委员会关于十二届一次会议以来提案工作情况的报告；审议通过政协吉林省第十二届委员会第二次会议议程（草案）和日程；审议通过政协吉林省第十二届委员会第二次会议秘书长、副秘书长名单；审议通过政协吉林省第十二届委员会第二次会议工作机构；审议通过关于授权主席会议审议通过政协吉林省第十二届委员会常务委员会第五次会议未尽事宜的决定；审议通过中国人民政治协商会议吉林省委员会全体会议工作规则；审议通过中国人民政治协商会议吉林省委员会常务委员会工作规则；审议通过中国人民政治协商会议吉林省委员会专门委员会通则；审议通过有关人事事项。

【专门委员会工作】

提案委员会 十二届一次会议以来，共收到提案 432 件，其中，委员和委员联名提案 337 件，党派团体提案 92 件，专委会提案 1 件，界别小组提案 2 件。经审查，立案 346 件，未立案的提案作为参阅件转有关部门参考。至 2018 年底，全部提案基本办复。一年来，紧扣省委省政府中心工作，积极开展提案办理协商工作。一是狠抓提案质量，夯实提案工作基础。切实加大培训力度，开展对省政协常委、港澳委员、新任省政协委员、部分市县政协委员的提案专题培训工作；加大党派团体提案征集力度，遴选出的 5 件年度重点提案中有 4 件是党派团体提案，较好发挥了党派团体提案的引领和示范作用；加大提案审查工作力度，邀请承办提案较多的政府部门全程参与提案审查工作。二是强化提案办理协商，增加提案办理实效。将重点提案办理高端协商列入省政协年度协商计划，加强重点提案的遴选督办；围绕“推进特色产业扶贫助推脱贫攻坚”“实施创新驱动发展战略”两件重点提案，采取省市县三级政协联动方式，会同相关部门，分别赴延边州和长春市开展重点提案督办视察，召开提案督办协商座谈会，委员与承办单位负责同志面对面进行交流协商，有效促进提案办理；打造提案办理高端协商平台，在主席会议上专题听取省科技厅、省旅发委《关于我省实施创新驱动发展战略的建议》和《关于加强吉林省冰雪产业与粤港澳大湾区合作的建议》两件重点提案的办理情况汇报，高位推动提案办理落实。三是创新开展主要领导督办重点提案工作，探索完善提案办理高端协商，省委书记、省长高度重视此项工作，分别作出重要批示。四是加强制度建设，提升提案工作“四化”水平，制定了《提案审查工作细则》。

经济科技委员会 一、围绕中心深入开展专题调研协商。一是 3 月至 5 月，围绕“以冰雪产业为引领，培育我省经济发展新活力”进行专题调研，形成了《关于以冰雪产业为引领，培育我省经济发展新活力的调研报告》，经省政协十二届三次常委会议审议通过后以建议案的形式报送省委省政府，省长景俊海、副省长侯淅珉作出批示。二是在江泽林主席带领下，围绕“促进我省农村一二三产业融合发展”进行专题调研，形成的调研报告在进一步广泛征求相关委员、部门、院所意见后，最终定稿报省政协领导。二、聚焦热点召开议政会议协商。一是围绕“关于加强政府性债务管理，防范金融风险”召开咨政协商座谈会，并将委员的发言整理后以《政协信息专报》形式报送省政府有关领导，副省长吴靖平作出批示。二是围绕《中国图们江区域合作开发规划纲要》实施情况召开座谈会。三是围绕“促进我省通用航空业发展”召开座谈会，形成了《关于我省通用航空产业发展情况的调研报告》，报省政协相关领导。三、服务主体加强与委员联系互动。一是组织召开省政协经科委全体会议暨市（州）政协经科委工作交流会，通报了经科委十一届工作总结及2018年工作安排，并就“政协委员如何履职尽责”组织了专题讲座。二是为经济二组、科协科技一组、农业组等委员活动组活动提供服务保障。

人口资源环境委员会 一、围绕中心，建言献策。围绕我省河长制实施情况开展了监督性视察，就推进我省农作物秸秆资源综合利用进行了专题调研。形成的《关于我省河长制实施情况的监督性视察报告》和《关于推进我省农作物秸秆资源综合利用的建议案》报送省委省政府后，均得到了省委省政府的重视和肯定。其中，《关于我省河长制实施情况的监督性视察报告》提出的五大方面14条建议得到李悦副省长的批示，省河长制办公室对报告高度重视，专门组织省级河长制成员单位认真研究，针对报告中所反映的问题及建议，形成《省政协河长制监督性视察报告落实方案》，制定具体措施，加大力度推动落实。二、创造条件，搭建平台。一是注重优化委员结构、优化委员分布、优化委员代表性，做好专委会组建工作，并召开全体会议，通报人资环委2018年工作安排及人资环委组成情况，对委员进行人民政协基本知识培训。二是开展多种形式委员活动，组织委员扶贫助老及植树育林，到九台区沐石河镇敬老院和贫困户家中进行走访慰问等。三是加强联系界别委员活动组，先后参加经济一组开展的“我省会展经济发展情况”“省供销社助力乡村振兴发展情况”调研考察，“东北亚国际金融中心投资洽谈会—省政协经济一组委员企业专场”活动；参加经济三组开展的“边境贸易发展及红色旅游开发情况”调研考察和PPP基金及投资模式座谈会。

文化教育卫生委员会 一、围绕中心开展调研视察。一是4月下旬，由支建华副主席带队，组织部分省、市（州）、县级政协委员和专家，会同省卫计委对全省农村医疗卫生人才队伍建设情况进行了调研，形成了《关于加强我省农村医疗卫生人才队伍建设的调研报告》，报送省委省政府，省委书记巴音朝鲁作出批示。二是6月上旬，由支建华副主席带队，组织部分政协委员和专家，会同省发改委和相关企业，对我省通用航空产业发展进行了调研，形成了《关于推进我省通用航空产业发展的建议》的调研报告报送省委省政府，省长景俊海作出批示。以此为契机，我省立即成立了由景俊海省长任组长的吉林省通用航空产业发展领导小组，并于8月31日在长春召开了2018航空产业发展论坛。三是8月14日，组织召开“推进我省城乡义务教育一体化发展”咨政协商座谈会，并将委员意见建议整理形成《政协信息专报》报送省委省政府，副省长安立佳作出批示。二、提升能力服务委员履职。一是重视委员的履职能力建设，召开委员会全体会议，传达了省政协对委员参加会议和各项活动等履职情况的要求精神以及专委会各项活动开展计划以及考核要求。二是为委员活动组开展活动提供支持和服务，参与了教育、医药卫生三组就“我省青春健康教育情况”的调研活动和教育、医药卫生一组就“我省边境少数民族地区教育医疗卫生情况”的考察。

社会法制委员会 一年来，社法委围绕组织实施年度协商计划，有效开展了三项重点履职活动。一是围绕“推进我省公共法律服务体系建设”，由省政协副主席曹宇光带队，先后赴长春市双阳区、二道区、宽城区，吉林市船营区、永吉县等多地开展专项视察，召开了专题咨政协商座谈会，并将委员意见建议整理形成了《政协信息专报》，报送省直有关部门和相关省领导。二是8月至9月，在曹宇光副主席带领下，在省住建厅的密切配合下，围绕“加快我省物业管理地方立法”，组织部分委员，先后到长春、松原、白山等地调研，并到河南、安徽进行学习考察，形成了《关于加快我省物业管理地方立法的调研报告》，经省政协十二届九次主席会议审议通过，报送省委省政府，副省长侯淅珉作出批示。三是为贯彻落实巴音朝鲁书记批示和江泽林主席指示精神，在曹宇光副主席领导下，组织部分省政协委员，会同省人社厅等有关部门组成调研组，对我省人才政策落实情况开展民主监督，形成了《关于全省人才政策落实情况的民主监督报告》，经省政协十二届十一次主席会议审议通过，报送省委省政府。

文史资料委员会 一、以全局性工作为先，不断展现政协总体工作新作为。一是与吉林日报社合作，开辟“亲历者说”纪念改革开放40周年专栏，刊发反映改革开放40年来各行各业变化的亲历、亲见、亲闻史料。二是加强交流协作，协同省档案局联合编辑出版《兵临城下的家书——长春解放档案揭秘》，目前已整理出百余封家书，近百幅照片，书稿清样正在校对中。三是做好《中国朝鲜族百年实录》丛书精选工作，在与延边州政协联合编辑出版十卷丛书的基础上，已选编完成更具代表性的三卷本。四是与侨联合作共同编辑《朝鲜归来——朝鲜归侨史料专辑》。五是深入实地开展口述历史专访，在支建华副主席的带领下，赴黑龙江省齐齐哈尔市对当年抗战亲历者进行口述历史专访。二、以专业性工作为重，不断丰富政协文史资料工作新成果。一是组织召开省政协文史委十二届一次全体会议，部署2018年工作任务。二是编辑《绿色奉献——百年吉林林业》《吉林林业上山知青故事》，拟于2019年出版。三是分别就“我省博物馆综合利用情况”和“地方特色文化艺术产业发展”开展调研，省长景俊海在《关于我省博物馆综合利用情况的调研报告》上作出批示。四是举办《勿忘国耻 牢记历史——纪念九一八抗战胜利图片展》。

港澳台侨和外事委员会 一、紧扣发展建言献策。一是会同省侨办、省侨联等涉侨部门，组织部分省政协常委、委员组成调研组，在李龙熙副主席的带领下，就我省新侨工作情况开展调研，形成了《关于进一步发挥新侨作用为我省经济社会发展服务的调研报告》，经省政协十二届六次主席会议审议通过，报省委省政府，省长景俊海作出批示。二是围绕促进我省垃圾分类处理，4月，利用赴港澳之际与香港环保署、澳门环保局进行了座谈，实地考察了社区和垃圾焚化厂；7月，由江泽林主席带队，到长春市富豪花园小区就垃圾分类进行了深入调研；10月，召开

“学习港澳先进经验，促进我省垃圾分类处理”咨政协商座谈会，7位来自港澳和日本、荷兰等国家的港澳委员、海外特邀列席人士同省发改委、省住建厅等相关部门负责人面对面交流，围绕我省生活垃圾分类处理献计献策，会后形成信息专报报送省委、省政府。二、加强联谊促进交往。一是组织省政协代表团赴香港、澳门举办港澳委员培训班，对委员如何写好提案和社情民意进行培训，并通报了委员会过去五年工作和2018年重点工作安排。二是10月底，江泽林主席访问香港期间，主持召开了香港委员座谈会，听取了香港委员对吉林经济社会发展和政协工作的意见和建议。三是组织相关人员出席了港区省级政协委员联谊会第六届理事会就职典礼；协办了由省政府主办的“吉港澳暨国际金融合作交流会”；组织省政协部分委员与省贸促会联合组成吉林省经贸代表团，赴台湾开展了系列经贸交流活动。

民族宗教委员会 一、开展调研视察。一是围绕“发挥民族特色资源优势推动少数民族乡村振兴发展”，从4月开始，由曹宇光副主席带队，组织部分委员分别赴贵州、福建和省内白城、四平等地的部分少数民族乡村开展学习考察和调查研究，形成了《发挥民族特色资源优势推动少数民族乡村振兴发展的调研报告》，报送省委省政府，省长景俊海、副省长石玉钢作出批示。二是组织部分少数民族、宗教界委员，在曹宇光副主席的带领下赴集安市、上海市开展“看发展、看变化”视察活动。三是应长白县政协商请，协调省财政、省发改等相关部门，组织部分委员、专家学者赴长白县就“脱贫攻坚和县域经济发展”进行咨政调研，为长白县脱贫攻坚和县域经济发展建言献策。二、服务委员履职。为少数民族、宗教界委员活动组就延边州全域旅游发展情况赴延吉市、珲春市等部分旅游项目地学习考察，科协、科技二组委员活动组赴伊通县康复训练中心看望自闭症儿童，科协、科技二组委员活动组到省万易科技企业孵化器参加全省“双创周”系列活动和走进吉林省农科院为吉林省乡村振兴做调研等活动提供服务保障。

【重要会议、活动】

省政府领导与省政协委员及省级各民主党派、工商联负责人议政协商会 一、1月10日在长春召开。省委副书记、代省长景俊海通报了2017年全省经济社会发展情况并听取了与会委员和省级各民主党派、工商联负责人对《政府工作报告（征求意见稿）》的意见和建议。省政协主席黄燕明主持会议。部分与会代表分别就做好民生、教育、知识产权保护、黑土地保护、城市社区服务机构一体化建设、加快非公有制经济发展、农业、完善气候变化等方面积极建言献策。省政府、首政协相关领导同志，省政府相关部门负责同志参加会议。二、8月2日在长春召开。省委副书记、省长景俊海通报了省政府上半年工作情况和下半年工作安排并听取了与会委员和省级各民主党派、工商联负责人围绕促进民营经济发展、构建只能制造生态圈等方面的意见建议。省政协主席江泽林主持会议。副省长吴靖平、侯淅珉、刘金波、李悦、朱天舒，省政协副主席薛康、李龙熙、李晋修、赵晓君、曹宇光，省政府秘书长彭永林，省政协秘书长肖模文，省直有关部门负责同志参加会议。

学习习近平总书记关于加强和改进人民政协工作的重要思想理论研讨会 7月12日在长春召开。全国政协副主席、台盟中央主席苏辉出席会议并讲话，省政协主席江泽林主持会议。会上，长春市政协、吉林市政协、松原市政协、白城市政协、龙井市政协和民主党派机关负责同志及专家学者分别就坚持发展和完善我国新型政党制度、发挥委员主体作用、提高履职能力建设、完善参政党在政协中的作用发挥、推进新时代人民政协民主监督工作的创新实践等问题做了发言。全国政协经济委员会驻会副主任侯建民，省政协副主席薛康、支建华、李龙熙、李晋修、赵晓君，长春市政协主席綦远方，省政协秘书长肖模文出席会议。

全省政协系统党的建设暨党风廉政建设工作座谈会 9月11日在长春召开。省政协党组书记、主席江泽林出席会议并讲话。会议听取了省政协党建和党风廉政建设工作汇报，长春市、白城市、吉林市永吉县、四平市铁西区、辽源市西安区、延边州安图县政协和省政协办公厅第一党支部作交流发言。省政协副主席李龙熙主持会议，副主席薛康、支建华、赵晓君、曹宇光，长春市政协主席綦远方，省政协秘书长肖模文出席会议。

【重要文件】

常务委员会工作报告（2018年1月25日）（摘要）

一、过去五年工作回顾

过去五年，省政协及其常委会高举中国特色社会主义伟大旗帜，紧密团结在以习近平同志为核心的中共中央周围，坚持政协性质定位，围绕省委省政府中心工作，深入协商议政，为吉林改革振兴发展作出了积极贡献，政协工作发生了新的变化，政协事业开创了新的局面。主要体现在：政协政治属性更加凸显。始终坚持中国共产党对政协工作的领导，提高政治站位，增强政治自觉，强化政治引领，保持人民政协事业沿着正确方向前进。围绕中心履职更加有为。坚持省委工作部署到哪里、政协工作就跟进到哪里，省政府工作推进到哪里、政协力量就汇聚到哪里。五年共围绕104个重大问题开展调研视察，召开不同层次的协商会议159次，向省委省政府报送协商成果119份，51件次受到省领导批示，许多议题通过政协的讨论引发了各方面的关注，许多意见建议转化为改革振兴的政策措施。关注民生改善更加切实。坚持以人民为中心的发展导向，为全面建成小康社会献计出力。分别以“改善民生，促进和谐”“生态惠民，绿色发展”为题召开常委会议，组织百名委员建言献策。召开民生专题议政协商会，就提案反映集中的供热、养老、校园周边环境综合治理、农村职业教育、精准扶贫、水源地保护等民生问题与相关部门面对面协商。回应群众关切，编、转、报社情民意信息899篇，推动群众关注的重点问题解决。协商民主格局更加宽广。搭建“大而结实、小而精彩”的协商平台，形成了以全体会议为龙头、专题议政性常委会议为重点、咨政协商座谈会等为常态的协商格局，协商层次更加丰富，协商密度大大增加。实施由省委、省政府、省政协共同制定的年度协商计划，省领导领办督办协商计划议题，协商的时效性、针对性不断增强。打造政协履职品牌，创立咨政协商座谈会，自2014年起每月召开1次，共有委员和专家学者1200余人次、党政部门负责同志240余人次参加，成为党政了解情况、委员发挥作用、社会知晓政协的一张名片。委员主体作用更加彰显。坚持抓导向固根本、抓平台拓舞台、抓培训强基础、抓制度树规矩、抓质量重转化，让委员在政协干事有舞台、建言有渠道、履职有作为。加强委员培训，举办5次“百名委员培训班”。搞好履职服务，常委会邀请省领导作专题报告，主席会议邀请相关部门介绍情况，利用省政协网站、《学习》杂志、微信公众号等渠道帮助委员知情明政。委员活动小组越来越活跃，自发开展各类履职活动163次。团结统战功能更加突出。支持各党派团体等政协参加单位发挥作用，定期召开省政协领导与各参加单位负责人座谈会、省级各民主党派工商联秘书长联席会，协商解决共同性事务；选择协商议题、出台制度规定等都广泛征求各参加单位意见；与各民主党派、工商联联合开展调研视察、共同举办会议活动。整体合力发挥更加充分。统筹省政协和基层政协两支力量，以指导联系为纽带、调研培训为载体，上下联动、优势互补，推动全省政协事业不断发展。在全国率先出台基层政协工作指导意见，受到广泛关注，有关内容被吸纳到全国政协相关制度规定中。履职能力建设更加强化。大力加强自身建设，为发挥政协作用提供坚强保障。突出政协干部队伍建设，着力改进调查研究工作，构建清晰合理、规范有序的协商制度体系，重视人民政协理论研究。

二、过去五年实践经验

必须毫不动摇坚持中国共产党的领导。必须紧紧围绕党政工作中心献计出力。必须恪守以人民为中心的发展思想履职建言。必须努力推进协商民主广泛多层制度化。必须充分依靠并高度体现政协委员的担当和智慧。必须用共同的梦想和事业广泛凝聚正能量。必须全面加强和改进民主监督工作。必须在不断改革创新中获得发展动力。

三、今后工作建议

继续围绕中心服务大局，深刻把握社会主要矛盾变化献计出力。继续以广泛多层制度化为重点，推进政协协商民主建设。继续发挥团结统战功能，为振兴发展凝心聚力。

《政协吉林省第十二届委员会第一次会议决议》（2018 年 1 月 30 日）（摘要）

会议认为，过去五年，十一届省政协及其常委会高举中国特色社会主义伟大旗帜，紧密团结在以习近平同志为核心的中共中央周围，坚持政协性质定位，把握团结和民主两大主题，围绕省委省政府工作中心，深入协商建言、凝心聚力，为吉林改革振兴发展作出了积极贡献，开创了政协事业新局面。委员们对此给予充分肯定。会议指出，未来五年，是贯彻落实中共十九大精神，走出振兴发展新路、决胜全面小康、建设幸福美好吉林的关键时期。全省各级政协组织、政协各参加单位和广大政协委员要以习近平新时代中国特色社会主义思想为引领，推动政协事业沿着正确的政治方向前进；围绕中心服务大局，深刻把握社会主要矛盾变化献计出力；以广泛多层制度化为重点，推进政协协商民主建设；发挥团结统战功能，为振兴发展凝心聚力；面向政协事业未来发展，加强自身建设。会议号召，全省各级政协组织、政协各参加单位和广大政协委员，更加紧密地团结在以习近平同志为核心的中共中央周围，高举习近平新时代中国特色社会主义思想伟大旗帜，在中共吉林省委的正确领导下，不忘初心，牢记使命，锐意进取，埋头苦干，为谱写新时代实现中华民族伟大复兴中国梦的吉林篇章作出积极贡献！

《省政协委员常委参加全体会议和常委会议管理的规定》（2018 年 6 月 20 日政协吉林省第十二届委员会第三次常委会议通过）

第一条　为严肃省政协全体会议和常委会议会风会纪，进一步提高会议质量，增强委员履职实效，根据《中国人民政治协商会议章程》，结合实际，制定本规定。

第二条　政协会议是委员履行职责最基本、最重要的形式，不能以日常工作为由缺席，无特殊情况不应请假。

第三条　省政协召开全体会议、常委会议，办公厅一般提前 15 天发出预通知，特殊情况例外。委员、常委要根据通知要求，按时参加会议。

第四条 委员因特殊情况不能出席全体会议，应提前办理请假手续。全程请假，在会议召开3天以前向大会秘书处递交书面请假报告，并经大会秘书长批准；会议期间临时请假，提前以书面形式向大会秘书长或小组召集人请假，并经批准；会议期间临时请假最多2次，每次半天，不足半天按半天计算。

第五条 常委因特殊情况不能出席常委会议，应及时办理请假手续。全程请假，在会议召开3天以前向办公厅递交书面请假报告，并经主席或分管机关建设的副主席批准；会议期间临时请假，提前以书面形式向分管机关建设的副主席或小组召集人请假，并经批准；会议期间临时请假最多半天，不足半天按半天计算。

第六条 委员一届内，1次未经批准不出席全体会议或累计全程请假2次，进行约谈或函询；2次未经批准不出席全体会议或累计全程请假3次，劝其或责令辞去委员。

第七条 常委一年内，1次未经批准不出席常委会议或累计全程请假2次，进行约谈或函询；2次未经批准不出席常委会议或累计全程请假3次，劝其或责令辞去常委。

第八条 每次全体会议、常委会议出席情况由办公厅向省政协领导同志报告，向省委组织部和省委统战部通报，向应参会人员及所在单位通报，并记入委员履职档案，作为考察评价委员履职情况的重要依据。

《省政协委员常委年度履职量化考核办法（试行）》（2018年6月20日政协吉林省第十二届委员会第三次常委会议通过） 为进一步加强委员管理，增强委员责任意识，调动委员履职积极性，根据《中国人民政治协商会议章程》，结合实际，制定本办法。

一、考核指标

（一）基本分（100分）

委员全程出席省政协全体会议50分。全体会议期间，全程请假减10分，会中全体会议请假1次减2分，小组或联组讨论请假1次减1分。未经批准不出席会议不得分。常委全程出席省政协全体会议和常委会议50分。全体会议期间，全程请假减10分，会中全体会议请假1次减2分，小组或联组讨论请假1次减1分。常委会议全程请假减5分，请假半天减1分。未经批准不出席会议不得分。一年提交1件以上提案并立案得20分，未予立案得10分。一年提交1篇以上文史资料并采用得10分，未予采用得5分。一年提交1条以上社情民意信息并采用得10分，未予采用得3分。热爱政协事业、珍惜委员荣誉、保持良好形象、遵纪守法得10分。违反社会道德或存在与委员身份不符行为不予考核，按有关规定处理。

（二）加分（最多加20分）

1. 重点提案提案者加5分，最多加10分。2. 向全国政协理论研究会提交论文被采用每篇加3分，最多加6分。3. 在《人民政协报》等发表政协类文章每篇加3分，最多加6分。4. 委员讲坛主讲人加3分，最多加3分。5. 组织或承办界别委员活动组活动加3分，最多加6分。6. 调研组或视察组成员加2分，最多加4分。7. 参加专门委员会会议、活动加2分，最多加4分。8. 参加界别委员活动组或各市（州）政协组织的活动每次加2分，最多加4分。9. 政协会议指定发言加2分，最多加4分。10. 在《吉林日报》《协商新报》《学习》等会刊发表政协类文章每篇加2分，最多加6分。11. 参加吉林电视台《协商议政》等栏目活动每次加2分，最多加4分。12. 向省政协理论研究会提交论文被采用每篇加 2 分，最多加 4 分。13. 参加政协组织的其他会议、培训、活动每次加 1 分，最多加 6 分。

二、组织考核

成立考核领导小组，考核领导小组下设办公室，负责委员年度考核工作。委员填写《委员履职纪实手册》，在每年全会期间，由界别组召集人签署意见，统一交考核领导小组办公室。各专门委员会每月底将委员活动情况通过机关内网办公系统报考核领导小组办公室。

三、考核结果

1. 年度考核 80 分以上为第一档次，60—79 分为第二档次，60 分以下为第三档次。2. 优秀委员在年度考核第一档次的委员中评选；一个年度考核第三档次的，进行约谈或函询；两个年度考核第三档次的，劝其或责令辞去委员。3. 省政协办公厅以适当方式通报年度考核结果，并抄送省委组织部和省委统战部。

【组织概况】

主席当选名单

（2018 年 1 月 30 日政协吉林省第十二届委员会第一次会议选举产生）

江泽林

副主席当选名单

（2018 年 1 月 30 日政协吉林省第十二届委员会第一次会议选举产生）

薛　康　支建华

李龙熙（朝鲜族）张伯军　李晋修

赵晓君　曹宇光

秘书长当选名单

（2018 年 1 月 30 日政协吉林省第十二届委员会第一次会议选举产生）

肖模文

常务委员当选名单（按姓氏笔画排列）

（2018 年 1 月 30 日政协吉林省第十二届委员会第一次会议选举产生）

丁喜忠　于晶华（女，满族）

马璐亚（女）　王　平（民建）

王启民　王英梅（女）　王金狮

王洪岩　王桂敏（女）　勾泽川

孔令智　邓　健（女）　邓友平

卢　丽（女）　卢　冶（女）

包维国　兰　刚

权贞子（女，朝鲜族）

吕忠诚（满族）　吕岩峰

吕爱辉（女）　任启国

刘　丹（女）　刘福临

许家顺　许继清（女）　孙　进

孙　谦　孙立忠　孙光芝（女）

孙秀文　牟大鹏　杜培革（女）

李一杨　李玉良　李永利　李成蛟

李庆臣　李秀云（女）　李启云

李其春　李建华

李敏花（女，朝鲜族）

李嘉音（女）　杨安娣（女）

吴兴宏　吴宏韬　吴晓光

宋玉柱（蒙古族）

宋治平（女）　张　锋（回族）

张书局　张志伟

阿汝汗（蒙古族）　陈振虎

邵汉明　范　强

图力古尔（蒙古族）　金国庆

金国学　赵　辉（女）

赵理修（满族）　郝国昆（女）

胡　亮　胡淑平（女）　段维智

禹治洪　秦　和（女，满族）

秦海涛　贾晓东　夏　娟（女）

徐　莉（女）　徐彦夫

爱新觉罗·恒绍（满族）

郭洪志　黄国胜　曹　军　曹　武

崔岳春　崔振吉　麻东升　彭　华

彭永林　韩　梅（女）　韩兴海

景喜猷　程　铭　褚　英（女）

褚民华　蔡国伟

副主席请辞名单

（2018 年 8 月 23 日政协第十二届吉

林省委员会第四次常委会议通过）

李晋修

常委辞免名单

（2018年6月20日政协第十二届吉林省委员会第三次常委会议通过）

张　炜　贾志民　朴京哲（朝鲜族）

（2018年12月28日政协第十二届吉林省委员会第五次常委会议通过）

崔振吉　贾晓东

市政协主席变动情况

吉林市

王德胜（2019年1月15日当选）

梅河口市

张卫红（女）（2019年1月26日当选）

刘怀玉（2019年1月不再担任）

延吉市

朴林虎（2019年1月17日当选）

安范虎（2019年1月不再担任）

（夏　禹　**编写**　程　铭　**审稿**）

政协黑龙江省委员会

【全体委员会议】

十二届一次会议 1月24日至27日在哈尔滨召开。会议应出席委员563人，实到委员555人。会议听取并审议杜宇新代表第十一届委员会常务委员会所作的工作报告和省政协副主席宫晶堃所作的提案工作报告，列席省十三届人大一次会议，听取并协商政府工作报告。省委书记、省人大常委会主任张庆伟，省委副书记、省长陆昊等省领导出席开幕会和闭幕会，并参加联组讨论和小组讨论，听取大会发言，张庆伟在开幕会上讲话。大会共收到130份发言材料，民革省委、民盟省委、民建省委、民进省委、农工党省委、九三学社省委、省工商联以及孙恩光、郝士钧委员先后作了大会发言。会议选举产生了新一届省政协常务委员会，黄建盛当选省政协主席；吕维峰、郝会龙、赵雨森、宫晶堃、张显友、马立群、刘睦终、庞达当选省政协副主席；夏立华当选为省政协秘书长；101名委员当选省政协常委。举办省政协2017年度“政协工作创新奖”颁奖仪式；表彰优秀提案；表彰2017年履职优秀委员。会议期间，共征集委员提案402件。会议号召，全省各级政协组织、政协各参加单位和广大政协委员，要更加紧密地团结在以习近平同志为核心的中共中央周围，在中共黑龙江省委的领导下，凝心聚力，锐意进取，同心同德，携手奋进，为助推黑龙江全面振兴全方位振兴作出应有贡献，以优异成绩迎接中华人民共和国成立70周年，迎接人民政协成立70周年！

【常务委员会会议】

十一届第20次会议 1月22日在哈尔滨召开。会议应出席143人，实到128人。省政协主席杜宇新出席会议并讲话。会议审议通过了第十二届委员会第一次会议召开的时间和议程、日程；审议通过了第十二届委员会委员名单；审议通过了第十二届委员会第一次会议主席团、主席团会议主持人、秘书长名单；审议通过了第十一届委员会常委会工作报告和报告人、提案工作报告和报告人；审议通过了有关人事事项。

十二届第1次会议 1月28日在哈尔滨召开，会议应出席111人，实到103人。通过了省政协十二届委员会副秘书长名单；通过了省政协十二届委员会专门委员会主任、副主任名单。省政协主席黄建盛主持会议并讲话。

第2次会议 7月2日在哈尔滨召开。会议应出席111人，实到102人。会议以“深化作风整顿优化营商环境”为议题开展专题协商。省政协副主席郝会龙作《关于深化作风整顿优化营商环境的调研报告》。部分常委做大会发言并与政府有关厅局领导就有关问题进行现场互动协商，省政府副省长李海涛同志讲话。为贯彻落实省委在全省开展“法治建设年”活动的部署，邀请省纪委书记、省监委主任王常松作《中华人民共和国监察法》专题辅导报告。省政协主席黄建盛出席会议并讲话。

第3次会议 9月26日在哈尔滨召开。会议应出席111人，实到101人。会议以“脱贫攻坚”为议题开展专题协商。省政府副省长程志明作了脱贫攻坚有关情况的报告，省政协副主席吕维峰作《关于坚持扶贫标准 提高扶贫质量的调研报告》。部分常委做大会发言并与政府有关厅局领导就有关问题进行现场互动协商，通过有关人事事项，通过《政协黑龙江省委员会全体会议工作规则》《政协黑龙江省委员会常务委员会工作规则》《政协黑龙江省委员会委员履职工作规则》三项制度。省政协主席黄建盛出席会议并讲话。

【重要会议、活动】

2017年度“政协工作创新奖”评选活动 2018年1月27日下午，在省政协十二届一次会议闭幕会上，对2017年度“政协工作创新奖”获奖单位进行表彰奖励，有11个项目获奖，一等奖1名，二等奖5名，三等奖5名。政协哈尔滨市委员会荣获一等奖；政协齐齐哈尔市委员会、政协望奎县委员会、政协佳木斯市委员会、黑龙江省工商业联合会、政协鹤岗市委员会荣获二等奖；政协鸡西市委员会、政协伊春市伊春区委员会、政协呼玛县委员会、政协绥化市委员会、中国农工民主党黑龙江省委员会荣获三等奖；中国民主建国会黑龙江省委员会、政协双鸭山市委员会、九三学社黑龙江省委员会、政协五常市委员会、政协富裕县委员会、政协杜尔伯特蒙古族自治县委员会、政协嫩江县委员会、政协哈尔滨市委员会委员工作委员会、政协绥芬河市委员会等9个单位荣获提名奖。

省政协举办十二届新委员培训班　为深入学习贯彻党的十九大精神、全国“两会”精神、习近平总书记3月4日重要讲话精神和关于人民政协的重要思想，4月19日，省政协举办十二届新委员培训班。300多名新委员和全体机关干部参加。此次培训邀请了全国政协两位具有深厚理论功底和丰富的实践工作经验的领导分别就人民政协的性质定位问题；如何提高调查研究、撰写提案和社情民意的能力水平作了专题报告。两名老委员分别围绕提高懂政协、善议政、会协商的能力水平，争做履职尽责的合格政协委员进行体会交流。省政协主席黄建盛在开班式上传达全国“两会”精神和习近平总书记在全国“两会”期间的重要讲话精神并讲话。

省政协举办《中国人民政治协商会议章程》专题辅导讲座　5月23日，省政协举办新修订的《中国人民政治协商会议章程》专题辅导讲座。邀请中国人民政协理论研究会常务理事、《中国政协理论研究》执行主编原冬平主讲。省政协主席黄建盛，省政协副主席吕维峰、宫晶堃、马立群、刘睦终及秘书长夏立华出席讲座，讲座由省政协副主席马立群主持，在哈省政协委员和省政协机关干部参加讲座。

省政协召开学习习近平总书记关于加强和改进人民政协工作的重要思想理论研讨会　按照全国政协统一部署，7月30日，省政协召开学习习近平总书记关于加强和改进人民政协工作的重要思想理论研讨会。全国政协副主席卢展工，省政协主席黄建盛出席会议并讲话。会议主要任务是深入学习贯彻习近平新时代中国特色社会主义思想和中共十九大精神，总结交流全省政协系统开展习近平总书记关于加强和改进人民政协工作的重要思想学习研讨活动经验，部署下一阶段学习研讨工作，不断扩大学习成果。会上，部分市地政协主席和有关专家学者从政治的高度、理论的维度、实践的角度，对学习习近平总书记关于加强和改进人民政协工作的重要思想，引领和指导政协履职实践进行了发言。

习近平总书记关于加强和改进人民政协工作的重要思想学习研讨情况辽吉黑三省政协片区座谈会　7月31日在哈尔滨召开，习近平总书记关于加强和改进人民政协工作的重要思想学习研讨情况辽宁、吉林、黑龙江三省政协片区座谈会在哈尔滨召开。全国政协副主席卢展工主持会议并讲话，辽宁省政协主席夏德仁、吉林省政协主席江泽林、黑龙江省政协主席黄建盛在座谈会上发言，全国政协提案委员会驻会副主任陈因出席会议，来自辽吉黑三省的部分市县政协主席也作了发言。

省政协召开全省政协系统党的建设工作座谈会　11月21日，全省政协系统党的建设工作座谈会在哈尔滨召开。会上，讨论了《关于加强新时代全省政协系统党的建设工作的实施意见》，10位同志围绕加强人民政协党的建设作典型发言。省直有关部门、省政协机关负责同志，各市（地）、县（市）政协主席和部分市辖区政协主席，部分省政协中共党员委员参加会议。省委书记、省人大常委会主任张庆伟出席第一次全体会议并讲话。他强调，进入新时代，实现“两个一百年”奋斗目标，推进我省全面振兴全方位振兴，各级政协组织和政协委员肩负着重要使命，必须坚持和加强党对人民政协工作的领导，深入推进政协系统党的建设，始终保持履职尽责正确政治方向，围绕振兴发展凝聚共识、汇聚力量，以新气象新担当新作为奋力开创政协工作新局面。黄建盛主持会议并作总结讲话。

省政协机关召开解放思想推动高质量发展大讨论动员部署会议 11月27日，省政协机关召开机关干部大会，对开展“解放思想推动高质量发展大讨论”进行动员部署。会议提出，要贯彻落实好省委部署要求，切实把解放思想贯穿省政协工作各方面和全过程，从更高层面、更宽视野审视和谋划新时代人民政协工作，以思想大解放、观念大更新激发内生动力，提振工作精气神，奋力推动黑龙江全面振兴全方位振兴。会议强调，要强化政治方向引领，深刻理解开展解放思想推动高质量发展大讨论的重要意义。会议要求，要紧扣黑龙江振兴发展实际，在深入解放思想上见真章；要紧密结合政协工作，确保解放思想推动高质量发展大讨论取得实效；要强化责任落实，切实加强对解放思想推动高质量发展大讨论的组织领导。省政协副主席、党组副书记吕维峰在会上讲话。

省政协召开市（地）政协主席和专家学者座谈会 12日至13日，省政协召开市（地）政协主席和专家学者座谈会，深刻理解和把握习近平总书记关于加强和改进人民政协工作的重要思想，并结合我省实际抓好贯彻落实，推动全省政协系统以理论大学习、思想大武装促进工作质量大提升。座谈会上，部分市（地）政协主席就开展习近平总书记关于加强和改进人民政协工作的重要思想学习研讨活动的基本情况、主要做法、阶段成效、查摆问题、整改措施等进行了交流发言，并提出了意见和建议。来自省社科界的部分专家学者结合工作实际，从不同角度介绍了学习习近平总书记关于加强和改进人民政协工作的重要思想理论创新、实践创新、制度创新成果和工作经验体会。省政协主席黄建盛主持会议并讲话。

第二十三届省政协好新闻评选活动 由省政协办公厅、省委宣传部和省新闻工作者协会联合举办的第二十三届“黑龙江新闻奖”专项新闻奖——“政协好新闻”评选结果于2018年12月21日揭晓。本届评选活动共收到省直新闻单位、中直新闻单位、市（地）县（市）政协等单位报送的新闻作品96件，在各市（地）政协、县（市）政协及有关新闻单位初评的基础上，评选委员会于12月21日进行了认真复评，共评出获奖作品41件。其中：《黑龙江日报》的《服务大局聚合力 履职创新谋发展》、黑龙江广播电视台的《铭记十四年 抗联精神永流传》、《北方时报》的《两天 七地 百余委员踏访“火热一线”》、哈尔滨广播电视台的《全面有效推动政协工作向基层延伸》等9件作品获一等奖。《齐齐哈尔日报》、《倾心为民聚合力 履职创新谋发展》、《牡丹江日报》、《履职尽责建机制 畅通民意搭平台》、《佳木斯日报》、《豪情满怀议发展 共商国是谱新篇》等12件作品获二等奖。《鸡西日报》、《走遍鸡西乡村（屯）第一人》、《双鸭山日报》、《微信议政反映社情民意 解决千名农民通讯难题》等20件作品获三等奖。齐齐哈尔市政协、北方时报社获组织奖。

【专门委员会工作】

提案委员会 共征集提案601件，经审查立案576件，18件提案确定为重点提案，所有提案已办复。省政协党组高度重视提案工作，省政协黄建盛主席和各位副主席分别牵头督办至少一件重点提案。工作中注意发挥政协委员的主体作用，加强沟通与协商，促进了提案的落实。其中，《关于加强历史文化街区管理和保护的建议》受到省委宣传部、省住建厅、哈尔滨市政府的高度重视，相关街区改造力度进一步加大，特色街区景观更加丰富生动，历史文化价值得以呈现和继承发展。省民政厅、省卫计委结合《关于加快发展我省医养结合养老产业的建议》出台相关政策。《关于多措并举助推我省乡村振兴发展的建议》被纳入省农委、省工信委、省环保厅工作要点和《黑龙江省农村人居环境整治三年行动实施方案》。《关于加快推进我省“厕所革命”的建议》落实取得重要进展，2018年全省卫生厕所普及率有了大幅提高。《关于推动冰雪运动后备人才培养的建议》被全国政协确定为45个重点督办提案之一，《基层反映国有林区道路服务能力和水平有待提高的建议》经省委办公厅报送后被中央办公厅采用。改进工作方式，启用提案信息系统，提交审查、办理督办、答复归档等都在网上完成；改分散交办、小会交办提案为召开会议集中交办，实施提案办理中期推进，实时了解落实进展。加强上下交流，主动到全国政协汇报，加强与兄弟省市政协交流，密切与市地政协联系，优化同党政督查部门合作关系。召开全省市（地）政协提案工作座谈会，交流经验，推动工作。倡导集体提案。通过召开党派团体提案工作座谈会，协商提案选题，倡导政协各参加单位和专门委员会发挥集体和界别优势提出提案。搞好委员培训，在年初举办的新委员培训中，邀请全国政协资深常委就《如何提高调查研究、撰写提案和社情民意的能力水平》进行专题辅导。加大审查力度，加强与提案者的沟通协商，邀请党政督办部门参与审查，增强提案立案的科学性和准确性。

文化文史和学习委员会 以纪念改革开放40周年为契机，编发了一批有纪念意义的文史资料。编辑发行了文史资料《哈尔滨之夏音乐会纪略》，重点介绍了改革开放40年来哈夏音乐会的盛况，具有很高的史料价值。以《资政文史》简报为载体，组织开展“改革开放话龙江”征文活动，参加活动的有省政协领导、部分省政协委员以及社会各界专家、学者，其中省政协原主席杜宇新撰写的《黑龙江农村改革二三事》、省政协副主席马立群撰写的《我与齐齐哈尔大学40年》、省政协副主席庞达撰写的《致敬来路，走好医路——中国改革开放蹄疾步稳四十年》等文章通过今昔对比，具体而生动地展示了改革开放给中国特别是黑龙江带来的巨大变化。以学习贯彻习近平总书记关于加强和改进人民政协工作的重要思想为主题，组织政协委员开展各类学习活动。对近300名十二届新任政协委员进行了集中任职培训，黄建盛主席在开班式上做了动员讲话，并亲自传达全国政协十三届一次会议精神和习近平总书记3月4日重要讲话精神，全国政协原副秘书长、现文化文史和学习委员会副主任卞晋平和原民革中央副主席、天津市政协副主席、现全国政协常委田惠光应邀前来为参训委员授课，就如何把握人民政协性质定位以及如何提高政协委员履职能力等问题作了专题报告。组织召开了学习习近平总书记关于加强改进人民政协工作的重要思想座谈会、理论研讨会，负责征集、编辑了相关理论研讨文章159篇。邀请中国人民政协理论研究会常务理事、《中国政协·理论研究》执行主编原冬平同志进行专题辅导讲座。完成了200道政协基本知识试题的出题任务，这200道题被省深化机关作风整顿领导小组办公室正式发行的《国家公职人员应知应会基本知识1000题》全部收录。邀请全国政协委员、省文联主席傅道彬主讲《文化自信与古典君子人格》，增强了大家的文化自信。以推进我省全面振兴为出发点，围绕"我省历史文化遗迹的保护和利用"情况开展专题协商调研。以加强基层支部党建工作为引领，进一步加强委员会自身建设，在支部范围内深入开展"解放思想推动高质量发展大讨论"活动。

经济委员会 全年共参与承办1次专题议政性常委会议，较好完成3项省委确定的专题协商计划，多次组织委员深入基层、企业调研，召开20余次专题座谈会，形成5篇综合报告及多篇研讨文章。以党的政治建设为统领，筑牢履行政协职能的思想政治基础。强化理论学习，提高政治站位；强化组织建设，发挥领导核心作用；强化政治担当，切实增强工作实效。抓好队伍凝心聚力，打造"懂政协、会协商、善议政，守纪律、讲规矩、重品行"的委员队伍。搭建平台汇集众智，邀请相关党政部门同志参与专委会调研工作，搭建工业经济、金融商贸、城乡建设三个委员活动小组，组织开展小型调研、监督视察、座谈研讨等活动，激发新担当。完善机制加强沟通。建立经济委委员互动微信群，搭建互动平台广泛听取委员意见建议。聚焦黑龙江经济发展环境议政建言，以"深化作风整顿优化营商环境"为题，承办省政协十二届二次专题议政性常委会，形成了《关于深化作风整顿优化营商环境的调研报告》（以下简称《报告》），并得到省委书记张庆伟的批示，省深化作风整顿领导小组办公室以情况通报形式全文转发全省各地各单位，并在龙江先锋网上全文发布。会后，相关部门主动与省政协对接落实《报告》所提建议，推动常委会协商议政成果高质量转化落实。聚焦我省物流业振兴发展、对俄经贸合作高质量发展协商建言。形成了《关于我省物流业园区建设情况的调研报告》《关于促进我省对俄经贸高质量发展的调研报告》。省委书记张庆伟在两份调研报告上分别作出长批示，要求相关部门吸纳有关建议。组织委员赴齐齐哈尔市、绥化市对学习贯彻《关于加强新时代人民政协党的建设工作的若干意见》的情况开展调研，向省政协党组提交了市地政协系统开展党建工作情况的调研报告。围绕企业税费负担召开企业界委员与税务部门座谈会，提出了进一步加强和改进工作的措施，取得较好效果。协同全国政协开展"黑土地的利用和保护"专题调研。

科教文卫体委员会 全年共完成专题、对口、界别协商活动5次，专题调研2次，专题工作推进会1次，向省委、省政府和全国政协教科卫体委员会提交各类报告、意见和建议10份。开展促进我省高校人才队伍稳定的专题调研。分三组到全省32所高校进行了调研。省委张庆伟书记审阅报告后，要求全省党政分管领导认真组织好高校"解放思想推进高质量发展"大讨论，组织有关部门研究高校改革发展有关问题，筹备好全省教育大会。完成了多项专题、对口、界别协商活动。全年承担并完成了促进我省健康扶贫工作开展、促进我省脑卒中预防及康复治疗工作开展、强化我省科技（企业）孵化器作用发挥、黑龙江省红十字会改革方案征求意见等5项协商履职活动，并分别形成了专题报告和反馈意见。孙东生副省长在关于促进我省脑卒中预防及康复治疗工作的调研报告上批示，请卫健委研究借鉴，推动脑卒中预防及康复治疗能力建设，提升服务水平。开展了关于2022北京冬奥冰雪后备人才培养问题的专题调研。全国政协教科卫体委员会副主任领导对黑龙江省政协着眼全国，高站位谋划履职工作的做法给予了高度评价。《关于2022北京冬奥冰雪后备人才培养情况的调研报告》并报送省政府分管领导。孙东生副省长批示省体育局研究吸纳，改进相关工作。坚持改革创新。在履职工作中进行了两方面创新。一是制定了协商履职活动“一会双开”制度。即履职座谈会采取党内党外两会套开的方式进行。二是建立了与全国政协教科卫体委员会的履职联动机制。

社会和法制委员会 深入调研视察，提好意见建议。紧紧围绕与人民群众利益相关的问题开展调研视察和协商议政活动。做好哈尔滨城市供热办法修改协商，围绕哈尔滨市城市供热起始时间提前10天进行协商座谈，所提建议被哈尔滨市政府采纳落实。开展优化法治化营商环境调研，调研报告在省政协十二届二次常委会上作为子课题印发交流。开展法治扶贫视察，视察报告在省政协十二届三次常委会上纳入子课题印发交流。开展农村“厕所革命”协商和调研，调研报告得到省委书记张庆伟，省委常委、省委秘书长张雨浦，省委常委、副省长贾玉梅的批示。做好政协系统党的建设调研，赴鸡西市、七台河市及所属密山市、勃利县就政协系统党的建设情况进行专题调研，对基层政协党的建设存在意见和建议进行了梳理，形成了专题报告。就调整我省机关公务人员赴省外出差住宿标准提出建议，以社情民意信息的形式报送省政府，得到省委常委、常务副省长李海涛的批示，省财政厅专门给省政协进行了答复。组织省政协委员到法院开展视察，围绕优化法治化营商环境进行座谈交流。开展立法协商，助推法治建设，先后对《黑龙江省电梯安全条例（征求意见稿）》《黑龙江省节约用水条例（征求意见稿）》《黑龙江省法治宣传教育条例（草案修改稿草稿）》《黑龙江省行政执法程序规定（征求意见稿）》《黑龙江省种子管理条例（征求意见稿）》等10多个立法内容进行协商，所提意见得到相关部门的采纳。接待全国政协社会和法制委员会“健全志愿服务管理体制，形成全民参与的良好局面”专题调研组。抓好委员队伍建设，制定了《省政协社会和法制委员会工作简则》。委员撰写的《关于我省大力发展清洁供暖打赢三年“蓝天保卫战”的建议》《全面加强党的领导提升新时代人民政协履职能力》的提案和建议得到相关部门的采纳，委员撰写的《关于着力壮大非公经济的建议》社情民意信息得到副省长聂云凌的批示。

民族和宗教委员会 围绕黑龙江省少数民族地区产业扶贫情况开展专题调研，调研报告得到省委书记张庆伟的批示。围绕全面加强和改进基层宗教团体和教职人员队伍建设，组织开展对口协商，《关于加强和改进基层宗教团体和教职人员队伍建设情况》的协商报告为省委加强意识形态领域综合治理提供参考。围绕我省宗教活动场所情况，组织开展专项视察，就贯彻落实新修订的《宗教事务条例》和《关于进一步治理佛教道教商业化问题的若干意见》的有关规定，组织部分民族和宗教界委员对我省宗教活动场所有关情况进行视察，实地走访宗教活动场所20余处，与宗教团体、场所负责人进行座谈交流。形成的《关于我省宗教活动场所情况的视察报告》，为省委决策提供有价值的意见建议。围绕提升工作水平，加强交流互鉴。加强与全国政协民族和宗教委员会的沟通联系。全国政协民宗委进行工作对接，拓宽了工作思路，密切了工作联系。加强与外省交流学习。赴广西、云南两省调研，学习兄弟省份好的经验做法。接待广西和福建两省考察团，加强与有关部门、各市政协合作。采取“四加一”调研方式，与哈尔滨、齐齐哈尔、佳木斯、大庆市政协民宗委共同开展调研，形成工作合力。

台港澳侨联络和外事委员会 通过会前发预通知、跟踪会议报到、会中微信“一会一通知”等办法，确保港澳委员出席率；通过提前向委员通报大会主要议题、帮助委员修改完善发言稿和提案等方式，保证委员发言和提案质量。港澳委员和特邀列席人士共提交11份提案和20篇大会发言。高质量召开港澳委员深圳座谈会，大庆、双鸭山、大兴安岭3个市地推介了招商引资项目，与港龙会、澳龙会签订合作框架协议。开展优化营商环境调研，调研报告作为省政协十二届二次常委会议《关于“深化作风整顿优化营商环境”专题调研的综合情况报告》的子报告报省委省政府。开展了黑河—布市跨境经济合作示范区建设情况调研。开展“龙粤合作空间和潜力”专题调研，调研组在掌握有关厅局和十三个市地开展对口合作情况的基础上，深入佳木斯、双鸭山和广东佛山、中山市实地调研，召开7次座谈会，对龙粤合作相关情况进行了广泛深入的讨论，形成了龙粤对口合作空间和潜力的调研报告。加强与港区委员和社团联系沟通，推动港澳委员发挥双重作用。参加港区省级政协委员联谊会第六届理事会就职典礼、香港东北人联谊会成立三周年庆祝活动，走访看望部分香港全国政协委员，拜会香港黑龙江经济合作促进会、香港中华厂商会等友好商会，进一步增强了港区省政协委员维护香港长期繁荣稳定的信心。5月下旬，接待由全国政协委员、省政协常委魏明德带队，70名优秀大学生组成的2018年香港青年“一带一路”黑龙江考察团。6月中旬，接待由港龙会、澳龙会和广东投资商会组成的46人哈洽会代表团。

人口资源环境委员会 本着“小切口关注大问题”的原则，将我省城市垃圾分类处理工作、矿山环境修复治理情况、工业企业土壤污染治理工作确定为调研视察工作题目，列入《黑龙江省2018年度政协协商工作计划》。关于我省城市生活垃圾分类处理情况的视察报告得到省委书记张庆伟的批示。关于我省矿山环境修复治理情况的调研报告得到省委书记张庆伟、省长王文涛的阅示。关于我省工业企业土壤污染修复治理工作的调研报告得到省长王文涛等领导的阅示。开展中央环保督察“回头看”现场督察。围绕重点区域、重点信访案件，分赴九个市地开展督察，做到了当日督察、当日成稿，第一时间将工作简报和工作专报报送省委，工作简报被中央环保督察协调组采编。创新履职方式，“调”在广泛、深刻上下功夫；“查”在实在、认真上下功夫；“研”在充分、透彻上下功夫；“究”在精准、到位上下功夫。在调研组织方式上实现三个转变，由过去的专委会单独调研，转变为与党派联合调研；由单一的省政协委员调研，转变为省市县三级委员联合调研；由过去的听、看、议，转变为现在的了解情况、解读政策、思想引领有机结合。在横向形成与政协委员、民主党派、业务主管部门联合，在纵向形成省、市、县三级政协的联动局面。注重工作成果转化。对于可操作性强、易于转化的成果，主动联系党政部门，抓好报告的跟踪落实。在城市垃圾分类处理考察调研中，专委会积极推进与山东探讨技术合作和具体承接。制定讲政治、善学习、会合作、身力行、重效率、守纪律等六项工作要求。

农业和农村工作委员会 承办以“脱贫攻坚”为议题的十二届三次常委会议，调研报告得到省委书记张庆伟的批示。在去年调研黑土地保护的基础上，今年继续开展跟踪调研，《关于我省黑土地亟待保护的调研报告》得到省委副书记陈海波的批示。对全省农村土地确权实测多出耕地规范管理利用情况开展相关界别协商。起草了全国政协常委会小组讨论发言稿、如期进行了环保案件整改情况督察、完成三市政协党建工作调研任务、组织接待四项大型调研考察任务。组织在哈委员集中学习《习近平总书记关于加强和改进人民政协工作的重要思想专题摘编》和黄建盛主席在政协党组学习会上的讲话，并交流学习体会，对在哈外委员邮寄讲话材料和书，并在微信群交流学习体会。组织委员赴哈尔滨市农业科学院考察现代农业。注重创新方式方法，充分运用“互联网”“纸媒”“微信群”等方式灵活开展工作，及时让委员知晓有关政策文件，方便履职尽责。提高站位，全面加强党建工作，按照机关党委统一部署，认真学习贯彻习近平新时代中国特色社会主义思想和党的十九大精神，学习习近平总书记关于加强和改进人民政协工作的重要思想，认真开展“三会一课”、谈心谈话活动等；不断强化党支部政治功能，提高党员政治站位，并把党建工作同业务工作有机结合起来，组织党员和部分委员接受红色革命教育和廉政教育，重温入党誓词等，全面加强了支部政治、思想、组织、作风、纪律和制度建设。

【重要文件】

常务委员会工作报告（2019 年 1 月 13 日）（摘要）

一、过去一年工作回顾

省政协准确把握新时代新任务新要求，从以下几个方面进一步夯实了工作基础。一是坚持理论武装，进一步夯实思想基础。深入学习习近平新时代中国特色社会主义思想，按照学懂、弄通、做实的要求，读原文学原著悟原理，理解把握核心要义，学以致用指导实践，切实打牢共同奋斗的思想政治基础。按照全国政协部署，组织全省政协系统开展了习近平总书记关于加强和改进人民政协工作的重要思想理论研讨活动。二是加强党的建设，进一步夯实组织基础。贯彻落实中共中央办公厅《关于加强新时代人民政协党的建设工作的若干意见》和全国政协系统党建工作座谈会精神，召开了全省政协系统党的建设工作座谈会。三是强化学习培训，进一步夯实能力基础。按照懂政协、会协商、善议政和守纪律、讲规矩、重品行的要求，把加强委员履职能力建设，作为新一届政协开好局、起好步的重要环节。全国“两会”结束后，我们集中开展了新任委员培训，有 286 名新任委员和近百名机关干部参加，组织学习了习近平总书记关于人民政协工作的重要论述；邀请全国政协有关领导和专家，就人民政协性质定位和履职方法进行了辅导讲座，切实打牢理论根基，提高政治站位，增强履职能力。开展“政协工作创新奖”、履职优秀委员、优秀提案和“政协好新闻”等评选活动。2018 年，十二届省政协常委会主要做了以下几个方面的工作：（一）聚焦全省中心任务协商议政。坚持把思想和行动统一到中共中央重大决策部署上来，把智慧和力量凝聚到省委确定的目标任务上来，组织深入调研，开展有效协商。围绕省委中心工作，针对深化改革、脱贫攻坚、改善民生、防范化解重大风险等提出意见建议；就落实省委十二届三次、四次全会精神开展专题协商；就我省制定出台《落实十九大任务分工》《中央巡视组反馈问题的整改报告》《深化事业单位改革实施意见》等开展讨论协商，提出一系列建设性意见。围绕优化营商环境，召开了省政协十二届二次常委会议。围绕助力脱贫攻坚，召开了省政协十二届三次常委会议。（二）助推黑龙江振兴发展建言献策。围绕转方式调结构，就促进物流业发展、加强对俄经贸合作、发挥科技孵化器作用、建设跨境经济合作示范区、解决企业税费负担等开展协商座谈，为助推经济高质量发展出谋划策。围绕现代农业发展和乡村振兴，就黑土地保护开展对口协商。围绕人才队伍建设，就我省高校人才队伍稳定问题开展专题调研。围绕生态文明建设，就推进城市垃圾分类及处理、矿山环境修复治理和工矿企业土壤污染修复治理开展协商调研，为巩固蓝天保卫战成果献计出力。围绕文化事业发展，深入发掘黑龙江地域历史文化，就历史文化遗址遗迹保护利用、哈尔滨犹太建筑群保护及申遗等提出建议。举办“纪念改革开放40周年”书画摄影作品展，征集编发《黑龙江省志·政协志》《哈尔滨之夏音乐会纪略》《资政文史》等资料。（三）着眼促进民生改善献计出力。围绕供热问题，就推进哈尔滨城市提前供热制度化常态化，提出了采取热态调试运行办法，将每年开始供热时间提前并固定为10月10日的建议。围绕农村人居环境，就推进“厕所革命”开展协商。围绕医疗卫生健康，为推动我省多学科联合建立预防与康复模式提供了思路。围绕养老产业发展，就推进医养结合，从产业发展市场化、专业人员培训、基础设施建设、吸纳社会资本资源等方面，提出了可行性建议。（四）突出团结民主广泛凝心聚力。积极为民主党派、工商联和无党派人士在政协履职创造条件。扩大同港澳台同胞和海外侨胞的团结联谊。密切与民族宗教界代表人士的沟通联系。加强同全国政协及各地政协的联系交流。（五）切实加强自身建设。适应新的形势任务要求，坚持把提高自身能力作为履职尽责的重要基础和保证。严格委员履职管理。修订委员履职考核办法。改进机关工作作风。深入推进“两学一做”学习教育常态化制度化，持续深化机关作风整顿优化营商环境活动，强化服务意识，提高服务质量。加强制度机制建设。围绕党的建设、履行职能、委员队伍和机关管理等方面，制定出台了24项规章制度。过去的一年，我们圆满完成了省委确定的年度政协协商工作计划。组织议政协商活动19次，报送专题调研报告24份，反映社情民意信息89条，办理提案576件。许多意见和建议得到全国政协和省委省政府领导同志的高度重视，并被相关部门采纳。去年年底，中共中央政治局常委、全国政协主席汪洋同志在省政协报送的工作汇报上作出批示，“黑龙江省政协工作做得很扎实，请各副主席阅”。副主席兼秘书长夏宝龙同志批示，“庆伟同志对政协工作重视，黑龙江政协工作扎实”，并要求以简报形式印发全国各省市区政协。

二、工作中的主要体会

（一）坚持中国共产党的领导是人民政协必须恪守的政治原则。（二）突出思想政治引领是人民政协广泛凝聚共识的首要任务。（三）围绕中心、服务大局是人民政协履职尽责的必然要求。（四）推进协商民主发展是人民政协肩负的重大历史责任。

三、2019年主要工作任务及要求

（一）坚持中国共产党的领导。（二）深入开展学习活动。（三）切实紧扣中心任务。（四）推动广泛凝聚共识。（五）加强履职能力建设。

【组织概况】

主席当选名单

（2018年1月27日政协黑龙江省第

十二届委员会第一次会议选举产生）

黄建盛

副主席当选名单

（2018年1月27日政协黑龙江省第十二届委员会第一次会议选举产生）

吕维峰　郝会龙　赵雨森　宫晶堃　张显友　马立群　刘睦终（女）　庞　达

秘书长当选名单

（2018年1月27日政协黑龙江省第十二届委员会第一次会议选举产生）

夏立华（女）

常务委员当选名单（按姓氏笔画排列）

于　渤　于凤荣（女）　于冶铭

于金才　王　瑞　王　静（女）

王义平（女）　王东明　王幼平

王成国　王志山　王志鹏　王国才

王佩杰（女）　王法权　王勇进

王健凤（女）　孔令全（女）

石　力　石永华（女）　田恃玮

付晓波（满族）　白成君（回族）

白锦婵（女）　兰知震（女）

匡伟光　曲　政　吕德志　朱晓峰

朱清霞（女）　刘　野　刘长青

刘柏辉　刘艳芳（女）

齐　瑶（女）　闫　岩（女）

孙会兵　孙恩光　杜　军　李　岩

李　勇　李龙吉（朝鲜族）

李华菊（女，土家族）

李志平　李贵林　李晓东　李福生

杨弘智（女）　吴金铨　余国贤

宋　颖（女）　宋卫东

宋成雁（女）　张　岭　张　铁

张义龙　张中华　张长斌　张立君

张金龙　张建伟　张洪升

张艳桥（女）　张振伟

张海华（女）　陈　青

陈晓杰（女）　陈德应　范　峰

周丽萍（女）　郑　君

郑亚楠（女）　郑建强

孟祥君　赵武君（满族）　胡宝忠

钟志林（蒙古族）　姜连生

姜国文[①]　祝序彬　栗松臣（回族）

徐　颖（女）　徐飞鹏

高佩璇（女）　郭东泽（回族）

郭占力　郭春景　唐铁威　陶福胜

康　慨　梁小泓（女）　隋清江

葛文杰（女，满族）　董高峰

韩世灏　谢殿才　臧淑英（女）

阚丽君（女）　谭灵芝（女）

薛　坤　魏明德（回族）

市政协主席名单

哈尔滨市

主　席

姜国之

副主席

杨晓萍（女）　齐　瑶（女）

胡宝忠　王镜铭　司卓英（女）

刘柏辉

道里区

王　宏（女）

道外区

秦国庆

南岗区

李贵才

香坊区

佟　亮

平房区

王　荣

松北区

贾锡君

呼兰区

李春仁

---

① 2019年11月7日，政协第十三届全国委员会常务委员会第九次会议追认全国政协第二十八次主席会议作出的关于撤销姜国文第十三届全国政协委员资格的决定。以下不再标注。

五常市

姜相和

尚志市

杨　升

齐齐哈尔市

杜　军

牡丹江市

闫　岩（女）

佳木斯市

王志鹏

大庆市

张立军

伊春市

王　瑞

七台河市

张建伟

鹤岗市

徐　颖（女）

黑河市

陈洪生

绥化市

郑建强

大兴安岭地区政协工作委员会

钟志林

（袁德山　**撰稿**）

政协上海市委员会

【全体委员会议】

十三届一次会议 1月22日至27日在上海世博中心大会堂举行。中共中央政治局委员、中共上海市委书记李强等市领导出席开幕和闭幕会议，并分别参加专题会议，听取大会发言。市委书记李强在闭幕会议上讲话，市政协主席董云虎致闭幕词。会议审议通过十二届市政协主席吴志明代表常务委员会所作的工作报告、十二届市政协副主席李逸平代表常务委员会所作的提案工作情况的报告。与会委员列席上海市第十五届人民代表大会第一次会议，讨论并赞同市政府工作报告、市发展改革委关于上海市2017年国民经济和社会发展计划执行情况与2018年国民经济和社会发展计划草案的报告、市财政局关于上海市2017年预算执行情况和2018年预算草案的报告，讨论并赞同市高级法院工作报告、市检察院工作报告。与会委员围绕发挥世界级城市群核心城市作用，推动长三角地区一体化发展；对标国际最高标准、最好水平，推进新一轮高水平对外开放；深化“放管服”改革，营造国际化、法治化、便利化的营商环境；大力发展红色文化、海派文化、江南文化，打响城市文化品牌；加强城市精细化管理，推进社会治理创新；推进绿色发展，提升城乡一体化水平；完善基本民生制度，持续增进人民福祉等协商建言。会议审议通过市政协十三届一次会议决议。会议选举董云虎为十三届市政协主席，方惠萍、赵雯、周汉民、王志雄、张恩迪、李逸平、徐逸波、金兴明、黄震为副主席，贝晓曦为秘书长，丁常云等145人为常务委员。会议期间，共收到提案703件，经审查立案686件。

【常务委员会会议】

十二届第40次会议 1月15日举行，应出席156人，实到147人，十二届市政协主席吴志明主持会议。会议审议通过十三届市政协委员补充名单，董云虎等15人为十三届市政协委员，会议决定吴建春、高永2人不再担任十三届市政协委员；审议并同意关于授权主席会议审议市政协十二届四十次常委会议未尽事宜的决定。

十三届第1次会议 1月27日举行，应出席156人，实到109人，董云虎主席出席会议并讲话，方惠萍副主席主持会议。会议决定政协上海市第十三届委员会设置学习委员会、提案委员会、经济委员会、人口资源环境建设委员会、教科文卫体委员会、社会和法制委员会、民族和宗教委员会、文史资料委员会、港澳台侨委员会、对外友好委员会和地区政协联络指导组；方惠萍兼任学习委员会主任，李逸平兼任提案委员会主任，徐建民担任经济委员会主任，陆月星担任人口资源环境建设委员会主任，肖堃涛担任教科文卫体委员会主任，何品伟担任社会和法制委员会主任，闵卫星担任民族和宗教委员会主任，马建勋担任文史资料委员会主任，沈敏担任港澳台侨委员会主任，赵丹妮担任对外友好委员会主任，方莉萍担任地区政协联络指导组组长。

第2次会议 3月28日举行，应出席156人，实到121人，董云虎主席出席会议并讲话，方惠萍副主席主持会议。会议围绕“对标国际最高标准、最好水平，推进浦东新一轮高水平对外开放”开展专题协商议政，市委常委、浦东新区区委书记翁祖亮通报“对标国际最高标准、最好水平，推进浦东新一轮高水平对外开放”情况，徐建民等常委和委员从找准浦东新一轮高水平对外开放的着力点、加快上海全球城市建设、进一步改善金融营商环境、对标探索建设自由贸易港、加快建设上海国际航空枢纽港等方面提出意见建议。会议决定张喆人等 4 人任市政协副秘书长，江小民等 5 人任市政协兼职副秘书长。

第 3 次会议 5 月 30 日举行，应出席 156 人，实到 129 人，董云虎主席出席会议并讲话，方惠萍副主席主持会议。会议围绕“发挥世界级城市群核心城市作用，推动长三角一体化发展”开展专题协商议政，副市长龚道安通报“发挥世界级城市群核心城市作用，推动长三角一体化发展”总体情况，市政府副秘书长、市发展改革委主任马春雷通报“发挥世界级城市群核心城市作用，推动长三角一体化发展”具体情况，陆月星等常委和委员从构建共生共商共建共赢共享的长三角区域发展利益共同体，实现规划体系“一张图”、基础设施“一张网”、生态保护“一根线”、公共服务“一卡通”、文化融合“一家亲”等方面提出意见建议。会议决定曹振全任市政协副秘书长，齐全胜不再担任市政协副秘书长。

第 4 次会议 7 月 18 日举行，应出席 156 人，实到 112 人，董云虎主席出席会议并讲话，方惠萍副主席主持会议。会议围绕“提升风险防控能力，维护社会和谐稳定”开展专题协商议政，龚道安副市长通报“提升风险防控能力，维护社会和谐稳定”有关情况，何品伟等常委和委员从金融风险防控、城市运行风险防控、网络信息风险防控、社会稳定风险评估和防控、公共卫生风险防控、食品安全风险防控、智慧公安建设等方面提出意见建议。会议传达市委常委会听取市政协党组 2018 年上半年情况汇报和下半年工作安排的情况、全国政协召开沪苏浙皖四省市政协片区座谈会情况。会议决定增补王海钧等 19 人为市政协委员，王励勤等 19 人不再担任市政协委员。

第 5 次会议 10 月 24 日举行，应出席 156 人，实到 120 人，董云虎主席出席会议并讲话，方惠萍副主席主持会议。会议传达全国政协主席汪洋在习近平总书记关于加强和改进人民政协工作的重要思想理论研讨会上的讲话精神。会议围绕“深入破解难题瓶颈，推动科创中心建设重大政策举措落实落地”开展专题监督议政，许昆林副市长通报“上海市推动科技创新中心建设”有关情况，肖堃涛等常委和委员从强化政策服务、政策协同、政策评估等方面提出意见建议。会议听取市政府办公厅关于市政协十三届一次会议提案办理情况的通报；审议通过政协上海市委员会全体会议工作规则（修订草案）、政协上海市委员会常务委员会工作规则（修订草案）、政协上海市委员会关于加强和改进界别工作更好发挥界别作用的办法（试行）（草案）、政协上海市委员会常委述职办法（试行）（草案）、政协上海市委员会委员出席会议活动请假规定（试行）（草案）。会议决定撤销吴建融十三届市政协委员资格。

第 6 次会议 12 月 14 日举行，应出席 156 人，实到 120 人，董云虎主席主持会议。市长应勇出席并通报本市经济社会发展情况。会议审议通过关于召开政协上海市第十三届委员会第二次会议的决定（草案）、议程（草案）、日程（草案）、会议秘书长和副秘书长建议名单。会议决定，政协上海市第十三届委员会第二次会议于 2019 年 1 下旬召开；会议议程（草案）、日程（草案）提请市政协十三届二次会议预备会议审议。会议审议通过政协上海市第十三届委员会常务委员会工作报告（送审稿）、政协上海市第十三届委员会常务委员会关于十三届一次会议以来提案工作情况的报告（送审稿），并决定将上述报告提请市政协十三届二次会议审议。会议审议通过政协上海市委员会委员履职工作规则（修订草案）；听取市政协2018年反映社情民意信息工作情况报告（书面）。会议决定增补王俊等29人为市政协委员，方彦等6人不再担任市政协委员。

【专门委员会工作】

学习委员会 传达学习全国“两会”精神。组织市政协党组理论学习中心组（扩大）学习会，学习上海“两会”精神，先后邀请全国政协文化文史和学习委员会副主任刘佳义等3位专家学者围绕“学习习近平总书记关于加强和改进人民政协工作的重要思想”“深入学习《宪法》增强宪法意识”“深化党和国家机构改革推进国家治理体系和治理能力现代化”作专题报告。邀请全国政协外事委员会分党组副书记金学锋作宣传解读中共中央办公厅《关于加强新时代人民政协党的建设工作的若干意见》宣讲报告。结合专题议政性常委会议主题组织3次专题学习会，围绕“经济全球化发展新趋势：关于推进浦东新一轮对外开放的若干思考”“长三角城市群建设战略构想与步骤：国际经验与上海行动建议”“以利益共享促进长三角一体化”“当前维稳工作面临的形势与任务”作专题报告。组织“不忘初心、牢记使命，勇当新时代排头兵先行者”大调研情况专题通报会。创设“委员讲坛”，邀请8位委员分别围绕“上海国际金融中心建设与金融改革创新”等作专题讲座。建立学习工作联席会议制度。召开2次“改革开放40周年与上海发展”学习座谈会。联合举办“当前国际形势和朝鲜半岛核问题”国际形势报告会。举办十三届市政协第一期、第二期委员专题学习研讨班，协助开展2期委员全员履职培训。推进人民政协理论“三进”工作。组织开展“在新的起点上更好推进张江科学城发展”专题调研、“本市服务国家战略参与‘一带一路’建设情况”年中视察、“2018年本市外资外贸发展情况”年末视察和中共界别活动。编印《学习参考资料》6期，编发《学习资讯》12期、《常委会学习资料》4期，共72万字。

提案委员会 做好市政协十三届一次会议提案分理交办工作，参与组织上海市人大代表建议和政协提案办理工作会议，将全会提案及时送交各承办单位办理。遴选并报请主席会议审议“推动长三角一体化发展”等市政协主席会议成员重点协商办理提案专题10个，涉及提案107件。做好市政协主席会议成员重点协商办理提案专题系列座谈、视察等活动的组织服务工作。与市政府办公厅联合召开市政府系统部分承办单位办理工作例会，举办党派团体参政议政部负责人座谈会、承办单位提案办理工作人员培训会。召开“关于抓住中国国际进口博览会新机遇，聚焦大虹桥地区，建设上海国际贸易中心核心功能区”等提案办理协商会，开展提案办前协商或提案跟踪促办活动，推进提案建议的采纳和落实。组织委员开展“关于整合科技资源，创建上海实验室的建议”等提案知情考察、调研和年末视察活动。开展市政协“上海市社会养老服务体系状况及问题”重大课题调研。开展提案内容与办理复文“双公开”调研，形成相关文件。征集市政协十三届二次会议提案，编印五个方面277条提案征集参考选题。召开各民主党派、人民团体提案工作座谈会，就优化提案选题开展协商。做好市政协优秀提案评选表彰工作，51件提案被授予优秀提案奖。

经济委员会 牵头做好十三届二次常委会议“对标国际最高标准、最好水平，推进浦东新一轮高水平对外开放”专题协商议政的组织工作，开展专题调研，形成调研报告报送市委、市政府。开展“深化市场监管体制机制改革，优化营商环境”

“全力以赴做好进口博览会城市保障，放大溢出效应，推进上海国际贸易中心建设”专题协商，并结合开展重点课题调研。承担“打响‘上海购物’品牌”“解放思想，对标先进，推进上海乡村振兴战略”两项市委交办重大课题调研，报告得到市领导批示肯定。开展“首届中国国际进口博览会筹备保障工作”专项民主监督。召开“本市‘十三五’规划《纲要》实施情况中期评估”专题通报会和“支持民营经济更好发展”专题座谈会。对本市2018年经济运行状况进行评估分析，邀请专家和相关行业企业的委员进行座谈研讨，形成专题报告。开展“2017年市级决算及2018年上半年预算执行情况”“2018年预算执行情况及2019年预算草案”监督评议。围绕本市重大改革举措和民生实事项目推进落实情况，组织委员开展“71路中运量公共交通运行及投资绩效”平时视察和“本市政务服务‘一网通办’推进情况”年末视察活动。

人口资源环境建设委员会 牵头做好市政协十三届三次常委会议“发挥世界级城市群核心城市作用，推动长三角一体化发展”专题协商议政的组织工作，组织学习报告、情况通报、座谈调研、专题考察等40余场次，沪苏浙皖三省一市参与人员超过600人次，形成《更好发挥上海龙头带动作用，推动长三角地区更高质量一体化发展》调研报告，报送市委、市政府。召开“着力破解超大城市精细化管理难题”专题监督会，听取市住建委、市公安局、市交通委等多个政府部门落实文件情况，并通过实地走访、座谈交流、问卷调查等形式开展监督，形成《着力破解超大城市精细化管理难题》调研报告，报送市委、市政府。召开“坚持‘留改拆’并举，深化城市有机更新，进一步改善市民群众居住条件”专题协商会。开展“老城厢历史风貌保护与旧区改造对策研究”重大课题调研。与苏浙皖省政协人资环委共同开展“长三角区域污染防治协作机制落实情况”联动民主监督，形成《上海市政协“长三角区域污染防治协作机制落实情况”联动民主监督工作报告》。围绕“本市民生保障待遇标准、养老金调整等情况”“本市旧区改造有关工作”“本市社会保障体系建设情况”等开展专题协商和通报。围绕“首届中国国际进口博览会筹备工作区域环境保障情况”“垃圾分类收运体系和再生资源回收利用‘两网融合’”“本市推进重点行业达标排放改造情况”等专题组织视察考察。组织“学习贯彻习近平生态文明思想，全面推进上海生态环境保护工作”“社会保障基础理论”等专题学习会。组织委员对《上海市生活垃圾管理条例（草案）》提出意见建议。

教科文卫体委员会 牵头做好市政协十三届五次常委会议“深入破解难题瓶颈，推动科创中心建设重大政策举措落实落地”专题监督议政的组织工作。召开“推进基本公共教育优质均衡发展”“建设全球著名体育城市”专题协商会。会同提案委重点协商办理“丰富上海文化品牌，推进本市特色旅游业发展”提案专题。深入开展“担当新的文化使命，打响上海文化品牌”重大课题调研，形成“全力打响上海文化品牌，加快建设现代化国际文化大都市”专题报告，报送市委、市政府；深入开展“深入破解难题瓶颈，推动科创中心建设重大政策举措落实落地”“推进基本公共教育优质均衡发展”课题调研，形成专题报告，报送市委、市政府；牵头组织首次长三角地区政协“构建区域创新共同体，推动长三角科技创新圈”联合调研，形成专题报告，报送三省一市相关部门。围绕社会热点，组织“高层次人才引进”“基础教育均衡发展”“创新创业环境营造”等海聊座谈会。围绕“科技政策落实落地”“坚持‘留改拆’并举，深化城市有机更新，进一步改善市民群众居住条件”“本市推进基本公共教育优质均衡发展情况”“社区健身中心建设”“公共文化服务效能提升”等专题，开展视察考察。参与“上海职业教育条例”立法协商。支持上海科技成果转化促进会举办系列讲座。圆满完成都江堰市北街小学援建工作。支持市政协书画院举办“迈进新时代，开启新征程——庆祝改革开放四十周年书画创作展”。

社会和法制委员会 牵头做好市政协十三届四次常委会议“提升风险防控能力，维护社会和谐稳定”专题协商议政的组织工作。开展“超大型城市社会风险特点和防控”重点课题调研，形成《关于当前上海城市社会风险防控的若干建议》，报送市委、市政府。开展“深入推动3岁以下幼儿托育服务健康有序发展”重大课题调研，完成《关于“深入推动3岁以下幼儿托育服务健康有序发展”的若干建议》，报送市委、市政府。承办“本市推进国家监察体制改革情况”“本市深化司法体制综合配套改革情况”专题通报会。配合做好《上海市高级人民法院工作报告（征求意见稿）》《上海市人民检察院工作报告（征求意见稿）》专题通报会相关工作。积极探索深化市政协委员参与立法协商工作，就《上海市住宅物业管理规定（修改）》《上海市生活垃圾管理条例（暂定名）》《中国（上海）自由贸易试验区条例（修改）》等17件（次）法规规章提出修改意见，经归纳整理函复市人大常委会法工委、市政府法制办参考。组织“首届中国国际进口博览会筹备工作情况（核心区域安全保卫）”专题监督工作。开展“食品安全监管工作情况”专题视察活动。开展“深化道路交通违法行为综合整治工作情况”和“持续深入开展旧区改造”年末委员视察。重点协商办理“牢牢守住城市安全底线，加强城市公共安全风险防范”提案专题。

民族和宗教委员会 围绕“新时代上海少数民族人口新情况新问题研究”“发挥宗教文化在上海文化品牌建设中的独特作用”“来沪少数民族经商子女教育问题”“制定《上海市宗教事务条例》中遇到的制约因素”等，开展调研走访78次，形成《新时代上海少数民族人口新情况新问题研究》专题通报，报送市委、市政府。举办“坚持我国宗教中国化方向”“网络安全教育”“关于当前民族工作的若干思考”“伊斯兰教与当代世界”等专题讲座。重点协商办理“加强宗教人才培养”提案专题。开展“宗教慈善”主题对口协商，围绕“《上海市宗教事务条例》修订立法”开展宗教界别、法律界别跨界别协商。组织委员赴徐汇区视察“民族团结进步情况”，赴嘉定区视察“新修订《宗教事务条例》贯彻执行情况”，赴虹口区视察“坚持‘留改拆’并举，深化城市有机更新，进一步改善市民群众居住条件情况”，组织委员参与上海民族宗教政策法制宣传月活动。举办“阳光育人”计划第十二期师生见面会及签约活动。走访本市民族宗教团体和宗教活动场所，举行少数民族、宗教界别委员谈心会。指导支持上海五大宗教联席会议组织开展“纪念改革开放四十周年”系列活动。

文史资料委员会 围绕上海改革开放开展文史资料征集和编辑出版工作，与市新闻出版局等单位合作编辑出版《上海文史资料选辑（上海出版改革40年》第174、第175辑。开展“海派收藏名家”“上海生态文明建设”“上海宗教”口述史料征编工作。承办“担当新的文化使命，打响上海文化品牌”专题通报会。重点协商办理“传承历史文脉，保护城市历史风貌”提案专题。开展“传承文脉，保护城市历史风貌”专题调研，组织“本市历史风貌保护和利用情况”专题视察，推动浦东高行镇曹氏老宅建筑群、书隐楼、绞圈房保护工作。参与举办系列文史讲堂，邀请著名文史专家作“中国共产党为何诞生在上海”“上海城市近代化开端”专题报告，举办纪念“五一口号”发布70周年史料研究座谈会。做好《浦江纵横》杂志的编辑出版工作，指导发挥上海市文史资料研究会的交流研究作用。

港澳台侨委员会 开展《充分发挥新侨作用，推动上海新一轮改革发展》专题调研，形成专题报告，报送市委、市政府。举办专题通报会，邀请市委常委、市委统战部部长郑钢淼通报本市宗教工作情况，邀请市政府港澳办、侨办、台办负责人通报工作情况。召开市政协台胞联络组成员专题座谈会，围绕“在贯彻落实中央、上海惠台政策的基础上，在沪台商如何参与长三角一体化建设”，听取在沪台商意见建议。重点协商办理“全力打造‘上海制造’品牌”提案专题。专题视察《上海市台胞投资权益保护规定》执行情况。做好市政协代表团赴香港、澳门访问的服务组织工作，举办港澳地区市政协委员座谈会，走访港澳地区市政协委员。与市政协经济、人资环建、教科文卫体、社法等专委会联合，围绕“进一步提升上海城市能级和核心竞争力”主题，开展港澳委员与内地委员跨界别交流活动。承办第七期澳门青年人才上海学习实践活动。与上海社科院港澳研究中心、香港明天更好基金联合举办“改革开放再出发，沪港合作创新篇——纪念改革开放40周年”沪港合作与发展论坛。与市侨办联合举办华侨华人经理人座谈会，听取对“进一步扩大开放，提升上海城市能级和核心竞争力”的意见建议。开展“走近政协”活动，接待2018香港“未来之星”港澳青年访沪团。承办市政协领导率港澳委员赴四川学习考察并捐资助学活动。

对外友好委员会 举办“本市组织工作重点工作情况”专题通报会。开展专题学习，邀请外交部杜起文大使作关于“当前国际形势和朝鲜半岛核问题”专题报告，开展纪念周恩来同志诞辰120周年等学习活动。围绕改革开放40周年，举办“四十年我们一起走来——市政协对外友好工作”座谈会，回顾展望政协对外友好工作。开展品牌活动，举办“‘一带一路’——中国企业走进东盟”研讨会、“开启合作共赢新时代——中拉公共外交和国际传播”第六届公共外交对话会。重点协商办理“推进上海科创中心，加快吸引全球科创人才”提案专题。开展重点课题调研，形成《建设卓越的全球城市，应加快建立具有国际水准、上海特点的评价指标体系》专题报告。组织“以进博会为契机，更好地推进长三角世界级城市群建设”“建立中国国际进口博览会展示交易长效机制”专题视察。协助全国政协外事委员会“自由贸易试验区建设情况”课题组来沪调研、中国经济社会理事会“推进国有企业混合所有制改革”“推进科技成果转化，助推创新驱动发展”“养老护理问题研究”课题组来沪调研等工作。

地区政协联络指导组 推动各区政协组织开展习近平总书记关于加强和改进人民政协工作重要思想学习研讨活动，分五个片区开展学习座谈。深入学习贯彻全国政协系统党的建设工作座谈会精神，牵头召开地区政协党组书记专题座谈会。围绕进一步加强和改进地区政协工作进行专题调研，为有关指导文件出台打好基础。组织召开“实施乡村振兴战略，提升城乡一体化发展水平”专题协商会和“推进军民融合深度发展”专题通报会。重点协商办理“美丽乡村建设与垃圾分类处理”提案专题。组织开展“推进军民融合产业发展”平时视察和“本市民宿业发展情况”年末视察，围绕地区协助保障主题开展“首届中国国际进口博览会筹备工作”专题民主监督。全年组织6批29名区政协干部参加全国政协干部培训班，委托井冈山干部学院举办第三期区政协常委培训班。定期定专题召开地区政协主席例会、秘书长例会，促进各区政协工作交流。

【重要会议、活动】

召开上海政协系统党的建设工作会议 12月5日，首次召开上海政协系统党的建设工作会议暨市政协专门委员会（指导组）分党组成立大会，传达习近平总书记近期关于人民政协工作的重要讲话精神，全面贯彻中办《关于加强新时代人民政协党的建设工作的若干意见》和全国政协党的建设工作座谈会精神，全面落实市委关于推进全市政协系统党的建设工作的明确要求。会议强调，成立专委会（指导组）分党组，是贯彻落实党中央有关决策部署，理顺市政协党的领导体制、完善市政协党的组织设置、实现党的组织和党的工作有效覆盖的重要举措。

开展“学习贯彻习近平总书记关于加强和改进人民政协工作的重要思想”学习研讨 7月19日，召开“全面学习贯彻习近平总书记关于加强和改进人民政协工作的重要思想，推动政协工作提质增效和高质量发展”理论研讨会，全市政协系统进一步明确，要紧紧围绕习近平总书记对党的人民政协理论的原创性贡献，持续在学懂弄通做实上下功夫，在武装头脑、指导实践、推动工作上下功夫。7月24日至31日，五场“学习习近平总书记关于加强和改进人民政协工作的重要思想”片区座谈会陆续召开。10月7日，召开党组（扩大）会议，第一时间传达学习全国政协习近平总书记关于加强和改进人民政协工作的重要思想理论研讨会精神。12月19日，市人民政协理论研究会召开理论研讨会，围绕“推动人民政协这一具有中国特色的制度安排更加成熟更加定型、发挥好专门协商机构的作用”进行深入研讨。

加强和改进界别工作 召开界别召集人联席会议、党派界别和团体界别专题座谈会，在全国率先制定《关于加强和改进界别工作更好发挥界别作用的办法（试行）》，明确界别地位作用，按照突出重点、分类施策的原则和“界别+”的工作思路，对各界别履职内容、方式和保障措施作出明确规定，推动界别工作活起来、实起来、强起来。

牵头建立长三角地区政协联动机制 6月20日，长三角地区政协第一次主席联席会议在上海举行。沪苏浙皖三省一市政协共同签订《关于建立长三角地区政协联动机制的协议》，建立三省一市政协主席联席会议机制、政协秘书长工作会议机制、联合调研和联动监督机制。三省一市政协围绕“构建区域创新共同体、推动长三角科技创新圈建设”开展联合调研，聚焦“长三角区域污染防治协作机制落实情况”开展联动民主监督，推动长三角地区主要领导座谈会成果落实落地。

助推进博会筹备工作落实落地 9—10月，市政协组织委员围绕“首届中国国际进口博览会筹备工作情况”开展三次专题监督，召开两场“首届中国国际进口博览会筹备情况（通关贸易便利化）”专项民主监督座谈会，举办“全力以赴做好进口博览会城市保障，放大溢出效应，推进上海国际贸易中心建设”专题协商会，形成4个《市政协委员专题监督中国国际进口博览会筹备工作情况报告》报送市委、市政府。

【重要文件】

常务委员会工作报告（2018 年 1 月 22 日）（摘要） 2017 年工作和五年工作回顾：五年来，中共上海市委就政协工作召开两次大会、下发四个文件，市委常委会每年听取市政协党组工作汇报、审议市政协常委会工作报告和年度协商计划，市委、市政府领导出席市政协各类履职活动 160 余次，政协工作的外部环境越来越好。市政协举办专题议政性常委会议 20 次，召开专题协商会和专题通报会 186 次，组织委员视察 130 多次，开展专题调研近 600 项，报送调研报告 100 余篇，紧紧围绕自贸试验区和科创中心建设、“十三五”规划制定和实施深入调研、持续建言，政协协商与全市中心工作的衔接越来越紧。市政协制定和修订常委会议要则、专门委员会工作条例、委员履职工作规则等 20 多项制度，对履职工作的内容、形式、程序、数量、时限等作出明确规定，推进政协履职制度化规范化程序化的工作越来越细。五年来，我们积极探索创新，在市委、市政府领导每人每年至少出席 1 次市政协协商活动、制定实施年度协商计划、提案及办理结果公开、反映社情民意信息等一些方面走在全国前列，得到了全国政协主要领导的充分肯定。

（一）把坚持和发展中国特色社会主义作为主轴，巩固团结奋斗的共同思想政治基础。把增进思想政治共识摆在首要位置，认真学习中共十八大和十八届历次全会精神，统一思想，凝聚共识，动员广大政协委员为全面建成小康社会、全面深化改革、全面依法治国、全面从严治党献计出力。深入学习习近平总书记系列重要讲话精神和治国理政新理念新思想新战略，把握稳中求进工作总基调，适应经济发展新常态，贯彻落实新发展理念，坚定“四个自信”。中共十九大召开后，迅速掀起学习热潮，深刻学习领会中国特色社会主义进入新时代的新论断、我国社会主要矛盾发生变化的新特点、全面建设社会主义现代化国家的新目标，自觉运用习近平新时代中国特色社会主义思想武装头脑、指导实践、推动工作，增强“四个意识”。准确把握政协性质定位，以习近平总书记关于统战和政协工作的重要讲话、重要批示为重点，深入学习贯彻习近平总书记关于人民政协工作的重要思想。始终坚持中国共产党对政协工作的领导，积极发挥政协发扬民主、参与国是、团结合作的重要平台作用。（二）围绕全市中心任务协商议政，助推上海当好改革开放排头兵、创新发展先行者。持续关注和推动自贸试验区改革，紧紧围绕制度创新这一核心任务，每年选取若干关键问题深入调研、分析论证，就制定自贸试验区条例、投资管理体制改革、贸易便利化等提出建议。持续关注和推动科创中心建设，连续三年召开专题议政性常委会议，紧扣科创中心建设的体制、机制、政策等方面的制度性障碍，逐年深入调研协商，提出意见建议 300 余条。紧扣改革重点任务资政建言，围绕“营改增”、司法、公安、教育、医药卫生、群团等国家交办的先行先试改革试点任务，研究改革方案、跟踪改革进程、推动改革落实；围绕全面推进依法治市的重点领域和关键环节调研协商，就提高执法规范化水平、提升司法判决执行力、推进法治政府建设等献计献策；积极关注党风廉政建设和反腐败斗争、中央“八项规定”精神落实、军民深度融合发展等工作推进情况。积极为编制和实施“十三五”规划建言献策，围绕“十三五”发展的主攻方向、主要目标、重点任务，针对短板和瓶颈，提出 8 个方面 57 条建议。积极适应经济发展新常态，着力推动供给侧结构性改革，选取国资国企改革、大宗商品交易平台、高技术高附加值产业等开展专题调研；为应对经济下行压力、优化产业结构、发展实体经济、提高质量效益等，建真言、谋良策、出实招。努力推动国际文化大都市建设，就培育和践行社会主义核心价值观、弘扬城市精神、打造上海文化品牌、完善公共文化服务体系等献计出力；研究提出上海建设国际文化大都市的指标体系和发展思路；持续关注红色文化资源整合开发、历史文脉传承和风貌保护、文化体育设施布局等，率先提出打造“红色源头一平方公里”、恢复“大世界”营业等建议，得到采纳实施；举办纪念抗战胜利70周年等图片展、书画展，重点征集“改革开放”“对口支援”“我与上海”三个系列文史资料，出版文史资料30辑、780余万字。（三）紧扣群众关切加强民主监督，积极回应市民群众美好生活诉求。推动民生持续改善，紧紧围绕教育、就业、收入分配、社会保障、医疗卫生、养老服务、住房保障、公共交通、城市安全等问题，通过会议、视察、提案、社情民意信息等，提出有针对性的意见建议；每年30%以上的协商议题、40%以上的提案、50%以上的社情民意信息都直接关系社会民生，有力推动一批涉及群众切身利益的实际问题解决落实。推动社会治理创新，积极参与中共上海市委“创新社会治理、加强基层建设”课题调研，为“1+6”文件的制定贡献智慧；就加强基层政权建设、深化街道体制改革、激发社会组织活力、完善人口服务管理等，提出对策建议；联手各区政协，开展监督性调研视察。推动生态环境改善，组织开展空气、水、土壤环境治理等视察调研，就编制生态文明建设规划、推进崇明世界级生态岛建设、完善生活垃圾分类处置等，积极建言献策。推动补短板工作落实落地，围绕“五违四必”区域环境综合整治、道路交通违法行为大整治、食品安全监管、黄浦江两岸贯通开放等重点任务，深入一线开展专题协商、对口协商。探索开展专项民主监督，以城乡中小河道综合整治为议题，历时5个多月，召开专题座谈会30余次，近400人次参与，报送专项民主监督报告，反映意见建议300余条。（四）坚持大团结大联合，为上海改革发展广泛凝心聚力。深化与民主党派和无党派人士合作共事，尊重和保障民主党派和无党派人士民主权利，支持参加政协组织的各项履职活动，围绕共同关注的诚信体系建设、中小微金融发展、创意产业集聚等，开展课题调研，五年来，各民主党派、工商联共提交大会发言215篇、提案427件、社情民意信息16300余件。促进民族团结、宗教和睦，认真贯彻落实中央民族工作会议和全国宗教工作会议精神，坚持推进“阳光育人”计划，举办宗教文化讲座和论坛等，深入研究在沪少数民族流动人口服务管理、宗教场所合理布局等问题，协助党委政府做好新形势下的民族和宗教工作。密切与港澳台侨有关方面的沟通交流，及时通报上海经济社会发展和政协工作情况，注重发挥港澳地区委员双重积极作用，每年举办沪港合作与发展研讨会、澳门青年人才上海学习实践活动、台胞联络组成员座谈会等，每年举办华侨华人经理人座谈会，积极维护在沪侨胞侨眷合法权益。隆重举办纪念孙中山先生诞辰150周年系列活动，不断巩固和发展海内外中华儿女的大团结。拓展对外友好交往，服务国家总体外交战略，开展各类外事活动500多批次；举办“中国企业走出去”研讨会和公共外交对话会等系列活动，深化友好往来；开展“走进政协”系列活动，举办情况通报会，帮助外籍人士了解认识中国政治体制和人民政协制度。（五）加强制度建设，提高履职制度化规范化程序化水平。建立制定和实施年度协商计划的工作机制，对征集议题、征求意见、报请审议、印发公布等各个环节作出明确规定。加强协商成果转化应用，定期梳理汇总重要调研成果和委员建言的核心观点等，形成履职建言综合报告，报送市委、市政府决策参考。创新提案工作机制，优化提案选题，适当减少提案数量，稳步提高提案质量；制定提案办理协商办法，选取海洋科技发展、新能源汽车推广应用等80多个专题，开展重点协商办理；探索推进提案公开，将本届和上一届共计9000多件提案，建立规范电子文本，通过“上海政协”网站，逐步向全市党政部门和社会公开。深化委员参与立法协商、开展预算协商的工作机制，从专委会层面分别制定工作规程和实施办法；对烟花爆竹安全管理条例、急救医疗服务条例、道路交通管理条例等100多件（次）地方性法规、政府规章草案，提出意见建议3000余条，很多被立法机构吸收采纳；紧盯政府“钱袋子”，成立财政预算履职专题组，围绕预算编制、预算执行、重大财政资金项目等，协商建言，监督评议。（六）以提高“两个能力”为重点，加强队伍建设。着力提高委员协商建言能力。坚持把学习作为知情明政的起点、协商议政的前提，设立委员学习资料室，编印各类学习资料86期，举办7期委员专题学习研讨班，围绕协商议题举办各类学习会、报告会、座谈会。始终把调查研究作为议政建言的基础，努力用事实说话、用数据说话，增强建言深度和实效。着力提高政协协商活动组织能力。扎实开展群众路线教育实践活动、“三严三实”专题教育和“两学一做”学习教育，加强机关干部队伍建设。拓展协商领域，丰富协商形式，增加协商密度，形成了以政协全体会议为龙头，专题议政性常委会议为重点，专题协商会和专题通报会为常态的协商议政格局。改进协商会议组织方式，完善政协全会大会发言、常委会议重点发言遴选机制。加强对区政协工作指导，搭建交流平台，强化工作联动，增强工作合力。开展政协理论和实践问题研究，深化政协工作规律性认识。改进政协新闻宣传，深入报道委员真知灼见，生动展示委员履职风采。重视发挥界别作用，完善界别活动召集人制度，健全专委会联系服务界别机制，开展界别活动日，推动跨界别交流。围绕社会热点问题开展“海聊”，支持委员参与上海广播电视台“直通990”节目，联系界别群众，反映呼声愿望。

【组织概况】

主席当选名单

（2018年1月27日政协上海市第十三届委员会第一次会议通过）

董云虎

副主席当选名单

（2018年1月27日政协上海市第十三届委员会第一次会议通过）

方惠萍（女）　赵　雯（女）
周汉民　王志雄　张恩迪　李逸平
徐逸波　金兴明　黄　震

秘书长当选名单

（2018年1月27日政协上海市第十三届委员会第一次会议通过）

贝晓曦

常务委员当选名单（按姓氏笔画排序）

（2018年1月27日政协上海市第十三届委员会第一次会议通过）

丁常云　马　驰　马　进
马红雯（女）　马志远　马建勋
马须伦　马益民　马景煊　王光贤
王国平　王秋良　王慧敏（女）
方奇钟　方建安　方莉萍（女）
孔令成　厉震林　卢慧文（女）

史吉平 史领空 代守仑
白润生（回族） 朱 红（女）
朱小超 朱成钢 朱同玉
朱国建（回族） 朱昌金 刘 伟
刘 艳（女） 刘成良 刘纪明
刘幸偕 刘惠莉（女） 关百豪
江小民 安 琦 许 臻 许伟书
麦德铨 芮乃伟（女） 严 军
苏新刚 李 安（女）
李 红（女） 李卫东 李文辉
李芬华（女） 李昕欣 李建颖
李德桢 杨成长 杨志刚（满族）
杨建荣 杨德妹（女） 肖堃涛
吴珍美（女） 吴瑞君（女）
何建华 何品伟 余 岚（女）
邹云增 辛丽丽（女） 闵卫星
沈 敏（女） 沈志刚
张 英（女） 张伟滨 张怀琼
张国恩 张道根 陆月星 陆建强
陆敬波 陈 昶 陈 臻 陈引驰
陈永亮 陈芳源（女） 陈启宇
陈佩杰 陈建兴 陈春兰（女）
陈德荣 邵 楠 邵志勇
武俊青（女） 其 实 林 湘
林建康 林益彬 周 军 周夕根
郑民华 郑春颖 封亚培 赵 波
赵丹妮（女） 赵丽佳（女）
赵国靖 胡 光 胡里清 钮晓鸣
侯维栋 施荣恒 施惠良 姜海涛
姚 莉（女） 贺鹤勇 骆 新
秦文君（女） 贾铁飞 夏金华
钱世超 倪闽景 徐 力
徐玉兰（女） 徐丛剑 徐建民
徐海鹰 徐雪红（女） 徐毅松
奚君羊 郭坤宇 唐 杰 谈剑锋
黄 鸣（女） 黄 绮（女）
黄 融 黄勇平 曹阿民 盖国平
屠海鸣 董卫民 蒋 颖（女）
蒋怀宇 程国樑 傅新华 童世骏
照 诚 蔡友铭 裴传智
黎 荣（女） 滕俊杰

区政协主席名单（截至 2018 年年底）

浦东新区
严 旭
黄浦区
左 燕（女）
徐汇区
胡 敏
长宁区
温新华（女）
静安区
陈永弟
普陀区
钱城乡
虹口区
石宝珍（女）
杨浦区
郜 萌
宝山区
丁大恒
闵行区
祝学军
嘉定区
刘海涛
金山区
王美新（女）
松江区
邵林初
青浦区
李华桂（女）
奉贤区
陈勇章
崇明区
邹 明

（李 颖 **编写** 贝晓曦 **审稿**）

政协江苏省委员会

【全体委员会议】

十二届一次会议 1月25日至29日在南京举行。会议应出席委员789人，实到743人。中共江苏省委书记娄勤俭发表讲话。会议听取和审议省政协主席蒋定之代表省十一届政协常委会所作的工作报告和省十一届政协副主席周健民受省十一届政协常委会委托所作的提案工作情况报告。委员们列席省十三届人大一次会议，听取和讨论省人民政府工作报告和其他有关报告。会议通过决议，选举黄莉新为省十二届政协主席，选举周健民、朱晓进、洪慧民、麻建国、阎立、胡金波、周继业、王荣平、胡刚为省十二届政协副主席，选举杨峰为省十二届政协秘书长，选举丁立江等148人为省十二届政协常务委员。黄莉新致闭幕词。

【常务委员会会议】

十一届第20次会议 1月17日在南京举行。会议深入学习贯彻中共十九大和中共江苏省委十三届三次全会精神；审议通过了省十一届政协常委会工作报告和提案工作情况的报告以及报告人名单，审议通过了关于召开省政协十二届一次会议的决定和会议议程（草案）、日程（草案），协商通过了省十二届政协参加单位、委员名额和人选名单及界别设置，审议通过了关于授权主席会议审议十一届二十次常委会议未尽事宜的决定；表彰2017年度优秀提案和优秀视察调研报告；听取省政府办公厅关于省政协十一届五次会议以来提案办理情况的通报（书面）。蒋定之主持会议并讲话。

十二届第1次会议 1月29日在南京举行。会议通过了《政协江苏省第十二届委员会常务委员会关于设置专门委员会的决定》和各专门委员会主任、副主任名单。黄莉新主持会议并讲话。

第2次会议 3月29日在南京举行。会议深入学习贯彻习近平总书记全国“两会”期间重要讲话和全国“两会”精神，学习新修订的《中国人民政治协商会议章程》，按照省委常委会部署要求，研究贯彻落实工作；审议通过了政协江苏省第十二届委员会副秘书长任命名单。黄莉新主持会议并在会议结束时讲话。

第3次会议 5月29日至30日在南京举行。会议以发展先进制造业、推动经济发展高质量为议题进行协商讨论。黄莉新主持会议并在会议结束时讲话，副省长马秋林代表省政府到会通报情况。会议收到发言材料97篇，有22名委员作大会发言。会后，向省委、省政府报送《关于发展先进制造业推动经济发展高质量的建议案》。

第4次会议 11月6日至7日在南京举行。会议深入学习贯彻全国政协召开的习近平总书记关于加强和改进人民政协工作的重要思想理论研讨会精神；围绕大力保障和改善民生、推动人民生活高质量开展协商讨论。黄莉新主持会议并在会议结束时讲话，副省长陈星莺代表省政府到会通报情况。会议共收到发言材料107篇，有16名委员作大会发言。会议审议通过《政协江苏省第十二届委员会常务委员会关于调整专门委员会设置的决定》、有关规章制度和人事事项。会后，向省委、省政府报送《关于保障和改善民生推动人民生活高质量的建议案》。

【专门委员会工作】

提案委员会 省政协十二届一次会议以来，政协委员、政协各参加单位和各专门委员会共提交提案892件，立案770件并全部办复。摘编46件重点提案报请省委、省政府领导阅批；把精心组织重点提案督办作为增强提案办理实效的重要抓手，将重点提案整合为深入实施乡村振兴战略、推动形成军民融合深度发展格局、支持戏曲传承发展、统筹推进大运河文化带建设等专题，由主席会议集体督办和省政协领导分别领衔督办。

学习委员会 举办4期委员学习研讨班，并协助港澳台侨委在深圳举办1期港澳委员学习研讨班。创设并举办政协讲坛7期。编发《学习资料》12期，增刊1期，围绕常委会协商议题选编《学习资料汇编》2期。组织委员就推进传统媒体和新兴媒体融合发展等开展视察调研。

文化文史委员会 编辑出版《钟山风雨》6期，征编《江苏城市名片》《亲历者说：江苏改革开放四十年》《江苏省农业遗产图典》《南京长江大桥——亲见亲历亲闻实录》，组织委员就戏曲进校园实施情况、乡风民俗的传承发展情况等开展调研视察活动，推动文史资料“一馆一库”建设，与中国第二历史档案馆、省级机关工委和南京市博物院联合举办“共产党人的初心与使命档案文献展”。

经济委员会 牵头承办省政协十二届三次常委会议和十二届十次主席专题协商会，组织“加快我省铁路建设”和“全力打好精准脱贫攻坚战”发展·民生协商座谈会，组织围绕“进一步优化营商环境，促进企业加快发展”举办首次政企协商座谈会。就省重点铁路建设、促进先进制造业发展、深化“放管服”改革、加快发展中欧班列和国际铁路联运、推进苏北农村住房改造等开展调研，提出意见建议。

农业和农村委员会 2018年11月7日省政协十二届四次常委会议决定组建农业和农村委员会。成立后，组织界别委员就“南水北调工程及沿线湖泊生态保护情况”开展考察调研，形成社情民意信息报送省领导。

科学技术委员会 就深化科技体制机制改革、推进大数据与制造业深度融合、渔业科技创新发展情况等开展专题调研。关注关心民生，开展科技下乡活动。

人口资源环境委员会 就危险废弃物处理处置情况、城市黑臭水体整治情况、快递行业绿色发展开展专题调研。围绕污染联防联控主题，组织市县政协开展联动民主监督。

教卫体委员会 承办以“推进基层医疗卫生服务体系建设”为议题的发展·民生专题协商座谈会。组织义诊活动，就医养结合情况、公共体育服务体系建设情况和加快“双一流”建设、促进高等教育内涵式发展组织委员集中调研视察，并形成调研视察报告。

社会法制（民族宗教）委员会 牵头承办十二届四次常委会议，承办以“加强和创新网格化社会治理”为议题的发展·民生专题协商座谈会。继续开展针对未成年犯的中秋主题帮教活动，开展推动经济薄弱民族村脱贫致富调研，围绕民族宗教领域重点课题开展建言献策。

港澳台侨（外事）委员会 牵头组织第21期新感觉·香港扶康会交流团走进南京活动，组织港澳委员和青年学生来江苏学习考察。举办省政协港澳委员学习研讨班；率团赴港澳交流，看望港澳委员和有关社团组织。积极开展与海外侨胞和归侨侨眷的联系交流，组织省政协机关干部和部分设区市政协港澳台侨（外事）委负责人赴台参访，打造政协委员与台湾民意代表互动交流常态化机制。

【重要会议、活动】

开展习近平总书记关于加强和改进人民政协工作的重要思想学习研讨活动 根据全国政协统一部署和省委要求，结合解放思想大讨论，围绕“学习新思想、创新添活力、履职高质量、树立新形象”主题，组织全省政协系统开展习近平总书记关于加强和改进人民政协工作的重要思想学习研讨活动，教育引导广大委员和政协机关干部增强“四个意识”，坚定“四个自信”，坚决做到“两个维护”。5月24日，以视频会议形式召开全省政协系统动员会，组织专题辅导报告，省市县三级政协7100余人参加。在市县政协召开理论研讨会基础上，7月17日召开全省政协系统理论研讨会，全国政协副主席杨传堂到会指导并讲话，娄勤俭作出批示，黄莉新主持会议。研讨会共收到论文223篇。在南京大学、南京师范大学、中共江苏省委党校建立习近平总书记关于加强和改进人民政协工作的重要思想研究基地。出台贯彻全国政协习近平总书记关于加强和改进人民政协工作的重要思想理论研讨会精神工作方案，从6个方面梳理41项具体任务，省市县政协联动抓好落实。

全面加强政协系统党的建设　认真贯彻中办印发的《关于加强新时代人民政协党的建设工作的若干意见》和全国政协系统党的建设工作座谈会精神，协助省委办公厅在全国率先印发贯彻落实的《实施意见》，9月19日召开全省政协系统加强新时代政协党的建设工作座谈会，娄勤俭作出批示，黄莉新讲话；制定贯彻落实的工作方案，全力抓好6个方面31项任务落实。成立10个专委会分党组并出台工作规则，构建“政协党组—机关党组与专委会分党组—机关党委—党支部”层层抓落实的党建工作格局。出台省政协党组关于落实党风廉政建设责任制的实施意见，层层落实工作责任，用好“监督执纪”四种形态，着力营造风清气正的政治生态。

政企协商座谈会　6月29日，省政协举行首次政企协商座谈会，以进一步优化营商环境、促进企业加快发展为主题进行协商讨论。省长吴政隆出席会议并讲话，黄莉新主持会议，19位企业家代表参会并发言，省有关部门负责同志听取意见建议，并作积极回应。

主席专题协商会议　2018年，省政协共举行主席会议13次。其中，十二届八次主席会议围绕深化科技体制机制改革、激发创新活力进行协商讨论，黄莉新主持会议，副省长费高云到会通报情况、听取意见。十二届十次主席会议围绕深入实施乡村振兴战略、推进农业农村现代化进行协商讨论，费高云到会通报情况、听取意见。会后，分别以专项建议的形式，向省委、省政府报送委员们提出的意见和建议。

发展·民生专题协商座谈会　2018年，省政协创设并举办发展·民生专题协商座谈会4次。5月4日，以加快全省重点铁路建设为主题进行协商讨论，黄莉新主持并讲话，费高云到会听取意见并讲话。8月15日，以推进基层医疗卫生服务体系建设为主题进行协商讨论，黄莉新主持并讲话，陈星莺到会听取意见并讲话。9月18日，以全力打好精准脱贫攻坚战为主题进行协商讨论。黄莉新主持并讲话，省政府相关负责同志到会听取意见并讲话。11月22日，以加强和创新网格化社会治理为主题进行协商讨论，黄莉新主持并讲话，副省长刘旸到会听取意见并讲话。4次座谈会分别邀请部分省政协委员、专家学者和设区市政协负责同志参会并发言，省有关部门负责同志现场作交流回应。

【重要文件】

娄勤俭在省政协十二届一次会议上的讲话（2018年1月25日）（摘要）

2017年，面对复杂多变的宏观环境，全省上下紧紧围绕迎接十九大和学习贯彻中共十九大精神，以习近平新时代中国特色社会主义思想为指导，自觉践行新发展理念，坚持稳中求进工作总基调，全面落实省第十三次党代会确定的各项目标任务，经济发展呈现新态势，区域城乡发展展开新布局，思想文化建设取得新进展，民生建设迈出新步伐，党的建设展现新气象，“强富美高”新江苏建设扎实向前推进。五年来，全省各级政协认真学习贯彻习近平总书记关于人民政协的新思想，牢记职责使命，围绕中心，服务大局，做了大量卓有成效的工作。一是政治协商聚焦大事，围绕实施创新驱动发展战略、促进经济转型发展、建设法治江苏等议题，积极开展协商议政，很好地发挥了协商民主重要渠道和专门协商机构作用。二是民主监督紧盯难事，紧扣教育、医疗、生态、富民等热点难点问题，积极开展民主监督，及时反映百姓心声，党的群众路线在政协工作中得到了贯彻和体现。三是参政议政关注实事，瞄准经济社会发展的重大问题、全面深化改革的难点问题、推进创新创造的关键问题调查研究、献计出力，政协组织在国家治理体系和治理能力现代化中的地位和作用更加突出。广大政协委员自觉把责任扛在肩上，把事业放在心上，很好发挥了在本职工作中的带头作用、政协工作中的主体作用、界别群众中的代表作用。2018 年是贯彻十九大精神的开局之年。要高举中国特色社会主义伟大旗帜，深入学习贯彻习近平新时代中国特色社会主义思想，不断夯实为实现中国梦而奋斗的共同理想基础。要准确把握新时代江苏的新方位新坐标，推动高质量发展走在全国前列，不断开创“两聚一高”新实践、“强富美高”新江苏的崭新局面。要持之以恒推进党的建设新的伟大工程，以从严治党的成效带动政风和社会风气持续好转，不断巩固和发展风清气正的良好政治生态。要坚持以人民为中心的发展思想，以新理念新机制新措施充分调动各方面的积极性和创造性，不断凝聚推动江苏改革发展的磅礴力量。全省各级政协要按照“把握总纲、聚焦主轴、贯穿主线、强化基础”的要求，携手新时代、贯彻新理念、落实新部署，为推动新时代江苏改革发展作出更大贡献。广大政协委员按照习近平总书记的要求，勇于担当责任，着力提高能力素质，自觉保持良好形象。

常委会工作报告（2018 年 1 月 25 日）（摘要）

一、过去五年工作的回顾

（一）强化思想引领，牢牢把握正确政治方向。始终坚持把筑牢思想根基放在首要位置。旗帜鲜明讲政治，通过召开全委会议、常委会议、主席会议及其他多种方式，组织、引导参加政协的各党派团体和广大政协委员，深入学习中共十八大及历次全会和十九大精神，学习习近平新时代中国特色社会主义思想，学习中共江苏省第十三次代表大会精神，加强理论武装，增强政治意识、大局意识、核心意识、看齐意识，始终在政治立场、政治方向、政治原则、政治道路上同以习近平同志为核心的中共中央保持高度一致。五年来，共举办委员学习研讨班 7 期、464 名委员参加，政协干部培训班 10 期、959 人次参加，专题讲座 26 期。2014 年，协助省委举行庆祝人民政协成立 65 周年座谈会。2016 年，协助省委召开全省政协工作会议并出台《关于加强和改进人民政协工作的意见》。2017 年，根据省委要求，组织力量对全省政协工作会议和文件精神贯彻落实情况进行专项督查，省委办公厅转发省政协党组专题督查报告；协助省委出台《关于加强和改进人民政协民主监督工作的实施意见》。（二）围绕中心履职，充分发挥专门协商机构作用。紧扣改革发展稳定重大问题和涉及群众切身利益的实际问题进行协商议政。坚持把推进我省“十三五”规划的制定和实施作为履职主线，政治协商聚焦大事，民主监督紧盯难事，参政议政关注实事。五年来，共召开全体会议 5 次、专题议政性常委会议

10次、主席专题协商会议10次，组织专题民主监督和专项督查6次、委员集中视察10次、专题调研考察190余次，收到发言材料1158篇、有302人次作了大会发言，向省委、省政府及有关部门报送建议案11件、专项建议17件、调研视察报告103篇。省委、省政府主要领导和分管领导对委员们提出的意见建议高度重视，多次作出批示。（三）坚持求真务实，努力提高参政议政水平。坚持把提案工作作为全局性工作来抓，联合省委办公厅、省政府办公厅出台《江苏省政协提案办理协商办法》，为开展提案办理协商提供制度保障。五年来，立案的3345件提案，已经全部办复。积极反映社情民意信息，修订《反映社情民意信息工作条例》，编报《社情民意》简报312期，省委、省政府主要领导和分管领导148人次对其中的135期简报作出批示。加强和改进文史资料工作，办好《钟山风雨》杂志，完成第二轮《江苏省志·政协志》编纂，举办口述史专题培训班、红色文化遗产图片展。（四）着力加强团结，广泛凝聚各方智慧力量。营造多党合作良好氛围，促进民族团结宗教和睦，推动海内外同胞关系更加和谐。制定《进一步加强专门委员会与各民主党派省委、省工商联联系的意见》，密切同他们的联系与合作，通过安排大会发言、联合开展调研、办理党派提案、反映社情民意信息等，为其发表见解和主张提供平台、创造条件。五年来，各民主党派省委、省工商联提交的298篇大会发言材料、提出的685件提案、报送的77篇社情民意信息，都得到了充分反映和及时办理。（五）突出强基固本，着力提高政协履职能力。加强政协组织党的建设。发挥政协党组把方向、管大局、保落实的作用，进一步严明政治纪律和政治规矩，落实党风廉政建设主体责任，切实贯彻中央“八项规定”精神，持之以恒转作风改文风。深入开展党的群众路线教育实践活动和“三严三实”专题教育，积极推进“两学一做”学习教育常态化制度化。成立省政协机关党组，认真落实省委巡视组对省政协机关的专项巡视整改要求。发挥界别优势和委员主体作用。组织委员开展学习联谊、座谈讨论、调研视察、协商议政等各具特色的界别活动，不断扩大公民有序政治参与。提高专委会工作水平。定期召开专委会主任、副主任联席会议，交流经验、部署工作，修订《专门委员会通则》。

二、今后五年的工作建议

（一）深入学习贯彻中共十九大精神，坚持以习近平新时代中国特色社会主义思想武装头脑、指导实践、推动工作。（二）积极推进政协协商民主建设，更好服务“六个高质量”发展。（三）牢牢把握团结和民主两大主题，充分发挥政协作为爱国统一战线组织的作用。（四）以增强履职本领为重点，全面加强政协自身建设。

【组织概况】

主席当选名单

（2018年1月29日省政协十二届一次会议通过）

黄莉新（女）

副主席当选名单

（2018年1月29日省政协十二届一次会议通过）

周健民　朱晓进　洪慧民　麻建国
阎　立　胡金波　周继业　王荣平
胡　刚

秘书长当选名单

（2018年1月29日省政协十二届一次会议通过）

杨　峰

常务委员当选名单（以姓氏笔画为序）

（2018年1月29日省政协十二届一

次会议通过）

丁立江　于爱荣　马永青　马余强
马忠礼　王　奇　王　勇
王元慧（女）　王咏红（女）
王金陵　王学锋（女，回族）
王鸿声　方仁德　孔祥平
叶美兰（女）　史　宇　史仁杰
白元龙　司　勇　邢光龙　朱共山
朱仲辉　朱维宁　朱毅民
华博雅（女）　刘　彤　刘　洪
刘　锋　刘习东　刘灿铭　刘松汉
刘学进　米其智（回族）　汤建鸣
许　峥（女）　孙达华　严　明
杜小甦　李　奇　李心合　李世收
李乐民（回族）　李国华　李靖华
杨　平　杨　明　杨　忠
杨文喜（回族）　杨世华　杨志健
肖国民　吴建坤　吴胜兴
吴晓蓓（女）　岑展平　何介苗
余伯阳　邹振球
辛颖梅（女，回族）
汪　莉（女）　汪旭东　沙　勇
宋如亚　张　旭（女）
张　勤（女）　张　骥　张卫东
张凤阳　张亚青　张亦军（女）
张雨柏　张建云　陆　强　陆永辉
陆延青　陈　华（女）
陈　萍（女）　陈　彬　陈正华
陈发棣　陈国祥　陈爱蓓（女）
陈涤平　陈慧钰（女）　邵建东
林敏洁（女）　罗岸伟　季　勇
侍　鹏　金建明　周　岚（女）
周　俊　周　洁　周　萍（女）
周　晶（女）　周晓敏（女）
周海江　周跃敏　郑丽敏（女）
练月琴（女）　赵　俊
赵式明（女）　郝星辰　胡万进
胡勤刚　秋　爽　段　雄　侯建全
姚茂龙　姚建萍（女）　袁瑞青
顾万峰　顾汉德　钱振明　徐　慧
徐宏根　徐国华　徐耀新　奚爱国
高　健（女）　高　涛　高纪凡
唐洪武　黄　信　黄宏亮　黄炯强
黄焕明　萧晖荣　曹玉梅（女）
戚韵东（女）　常本春　笪家祥
蒋　巍　蒋来清　韩冬青　韩松林
韩晓枫　曾　莉（女）　曾焕沙
温　冰　游庆仲　谢　波　蒯建华
蔡　伟　樊维明（回族）　潘　镇
薛国安　薛春梅（女）

市政协主席变动情况

徐州市

王安顺（2018年10月9日补选）
王　昊（2018年10月9日不再担任）

（李宏伟　**编写**　金建明　**审稿**）

政协浙江省委员会

【全体委员会议】

十二届一次会议 1月24日至29日在杭州举行。会议应出席委员631名，实到622名。大会主席团常务主席葛慧君、孙景淼、郑继伟、张泽熙、陈小平、吴晶、蔡秀军、陈铁雄、马光明、周国辉主持开幕式，新当选的十二届省政协主席葛慧君主持闭幕会并讲话。省委书记车俊、省长袁家军等省领导出席开、闭幕会，参加联组、分组讨论，省委书记车俊在闭幕会上讲话。会议采取大会与小组讨论、联组讨论、座谈会相结合，委员提交提案与大会发言、讨论发言相结合，认真协商讨论和审议各项报告，为推进全省各项事业发展积极建言献策。会议审议通过了十一届省政协主席乔传秀所作的十一届省政协常委会工作报告、十一届省政协副主席蔡秀军所作的十一届省政协常委会提案工作情况报告。会议听取了提案审查情况的报告，审议并通过省政协十二届一次会议决议。会议选举葛慧君为十二届省政协主席，选举孙景淼、郑继伟、张泽熙、陈小平、吴晶、蔡秀军、陈铁雄、马光明、周国辉为十二届省政协副主席，选举金长征为十二届省政协秘书长，并选举产生了101名省政协常务委员。与会委员列席了十二届省人大一次会议，听取并讨论省政府工作报告、省高级人民法院工作报告、省人民检察院工作报告和其他报告。会议强调，省政协各参加单位和全体政协委员要更加紧密地团结在以习近平同志为核心的中共中央周围，坚定自觉把习近平新时代中国特色社会主义思想作为统揽各项工作的总纲，把坚持和发展中国特色社会主义作为巩固共同思想政治基础的主轴，把为推进“两个高水平”建设献计出力作为工作主线，大力弘扬红船精神，秉持浙江精神，牢牢把握团结和民主两大主题，充分发挥政协作为社会主义协商民主重要渠道和专门协商机构作用，坚决维护核心、紧紧围绕中心、倾力服务大局、真情服务群众，携手新时代、贯彻新理念、聚焦新目标、落实新部署，认真履行政治协商、民主监督、参政议政职能，不断推动新时代政协工作创新发展，为我省奋力推进“两个高水平”建设贡献智慧和力量。

【常务委员会会议】

十一届第28次会议 1月17日至18日在杭州举行，会议决定省政协十二届一次会议1月24日召开。省政协主席乔传秀讲话。会议审议通过关于召开十二届省政协第一次会议的决定，十一届省政协常委会工作报告及报告人，十一届省政协常委会关于提案工作情况的报告及报告人，十一届省政协常委会关于十二届省政协委员规模和界别设置的决定，十二届省政协常委会委员名单，十二届省政协常委会第一次会议议程和日程（草案），关于授权主席会议审议十一届省政协常委会二十八次会议未尽事宜的决定。审议通过有关人事事项。协商讨论《政府工作报告》（征求意见稿），听取省政府系统办理省政协十一届五次会议以来提案工作情况。

十二届第1次会议 1月30日在杭州举行。省政协主席葛慧君强调，要加强十二届省政协常委会自身建设，发挥常委会组成人员带头示范作用。会议审议通过关于十二届省政协专门委员会设置的决定，审议通过十二届省政协专门委员会主任、副主任名单。

第2次会议 5月23日在杭州举行。副省长成岳冲及省直有关部门负责人到会听取大会发言。会议围绕深化“最多跑一次”改革开展专题协商。会议审议通过《中国人民政治协商会议第十二届浙江省委员会常务委员会关于加强自身建设的意见》。会上，12位省政协常委作大会协商发言。会议审议通过有关人事事项。

第3次会议 7月11日在杭州举行。传达学习习近平总书记对浙江工作的重要指示精神和省委部署要求，围绕省委十四届三次全会关于"'八八战略'再深化、改革开放再出发"和推进清廉浙江建设重大决策开展专题协商。省政协主席葛慧君出席并讲话。省委政研室负责人作有关情况介绍。

第4次会议 10月16日至17日在杭州举行。省政协主席葛慧君出席并讲话。副省长彭佳学听取意见并讲话，省农办负责人通报我省实施乡村振兴战略情况，省直有关部门负责人到会听取意见。会议围绕"全力打开'两山'转化通道，高质量推进乡村振兴示范省建设"开展专题协商，分6个专题进行分组讨论。会议审议通过新修订的政协浙江省委员会全体会议工作规则、常务委员会工作规则、委员履行职责的若干规定和有关人事事项。

第5次会议 12月18日在杭州举行。会议传达学习习近平总书记近期关于人民政协工作的重要讲话精神和全国政协十三届四次常委会议精神及省委部署要求，集体收看庆祝改革开放40周年大会实况。会议决定，省政协十二届二次会议于2019年1月21日在杭州召开。省政协主席葛慧君出席并讲话。会议审议通过省政协机构改革有关专门委员会设置调整及有关人事事项。

【专门委员会工作】

提案委员会 承办以"加强外卖餐饮食品安全监管"为主题的第三次民生协商论坛。全年经审查立案717件，经并案后为705件。确定12个方面18件提案作为省委省政府领导领办、省政协领导协办的重点提案；确定11个方面13件提案，作为省政协副主席督办、省直部门主要领导领办的专项提案。召开全省政协提案工作提质增效经验交流会，全力推进提案工作高质量发展。做好优秀提案评选表彰工作，从每年表彰提案总数的5%调整到每年表彰6%左右。做好"请你来协商"平台建设调研，指导杭州市江干区、宁波市鄞州区等6个县级政协开展试点创建工作。

委员工作委员会 做好委员会客厅的创建指导，按照"学习交流新载体、联系群众新纽带、协商民主新路径、团结联谊新平台"的功能定位，分别在中国网络作家村、杭州未来科技城海创园等地创建8个委员会客厅。做好委员服务管理的制度建设，起草制定省政协《关于委员履行职责的若干规定》《委员履职量化考评实施细则》等12项制度文件。建立14个应用型智库小组，举行首批智库人员聘任仪式。改变以往委员一届轮训一遍的做法，在新一届省政协履职之初对省政协委员开展全员集中培训，举办两期新任委员培训班和两期委员培训班，全国政协刊发简报推广。组织开展"厕所革命"、深化农村文化礼堂建设等两项委员视察。

经济委员会 承办以"共筑个人信息安全防线"为主题的第二次民生协商论坛。牵头完成省政协"实施创新驱动战略、推动高质量发展"重点课题，形成总报告1份和专题调研报告8份。组织开展深化"亩均论英雄"改革专项督察。围绕助力杭州建设国际金融科技中心、我省营商环境存在的问题及对策建议等，开展4期专题性经济分析。配合全国政协开展"优化营商环境、促进民营经济高质量发展"远程协商活动，配合全国政协经济委协同开展"健全系统性金融风险防范体系"和"中美贸易战对当前经济的影响"两个专题调研。承担省委省政府开展的"防范化解地方政府债务风险"专项督导。

农业和农村工作委员会 组织开展"全力打开'两山'转化通道，高质量推进乡村振兴示范省建设”调查研究，形成1份总报告和34份分报告。做好“送科技下乡”活动服务，到50个现场基地进行技术指导、解决具体问题300多个，开展25场专题培训和咨询服务，签署22项科技合作协议，落实支持项目137个、新增和倾斜资金9000多万元。围绕“促进浙江大茶业提质增效”“推进我省高水平建设‘四好农村路’”“深化‘三位一体’改革”等开展调研。组织委员赴景宁、泰顺、瑞安等地调研飞云江流域河（湖）长制落实和水环境治理情况并在温州召开座谈会，持续推动飞云江流域水环境治理工作。

人口资源环境委员会 承办以“强化危险废物处置监管”为主题的第六次民生协商论坛，论坛首次采用全程网络在线直播形式，浙江在线专题网页访问量达到5.9万人次。开展中央环保督察反馈意见整改落实情况专项集体民主监督。加强与上海、江苏、安徽三省一市政协联系对接，组织开展长三角区域污染防治协作机制落实情况联动民主监督。开展城乡生活垃圾分类处理三级联动专项集体民主监督，组织各类监督调研5692次，实地查看垃圾处置企业、处理终端2628个，向各地党政部门提出意见建议8206条、被采纳4522条，形成1个总报告和11个分报告。围绕创建绿色物流示范省、提升城市公共安全管理水平等开展10项课题调研。

教科卫体委员会 承办分别以“减轻中小学生负担”和“完善‘全面二孩’政策实施后的公共服务供给”为主题的第四次、第七次民生协商论坛，开展网络互动、微信议政、实地调研、问卷调查等收集意见建议。完成“实施创新驱动战略、推动高质量发展”“国家创新平台—中国（浙江）自由贸易试验区发展人才支撑问题”“构建区域创新共同体，推动长三角科技创新圈建设”等专题调研，参与深化“亩均论英雄”改革专项督察。策划和组织2019年浙江省各界人士新年茶话会文艺演出活动。

社会和法制委员会 承办以“医养护结合加快养老事业和产业发展”为主题的第一次民生协商论坛。开展“最多跑一次”改革落实情况等6项专项集体民主监督和课题调研。组织80多位政协委员、法官、检察官、警官和律师参加“送法律下乡”服务活动，赠送普法书籍和宣传资料4000余册、举办法律讲座4场，在浙江大学举办“新时代法治进校园”启动仪式和以法治为主题的文艺演出，举办职业体验棚等法律服务互动活动，推动建立四个法治教育实践基地。做好桂黔乡村治理和东西部扶贫协作考察工作，向黔西南州望谟县打易镇坝黑小学和晴隆县中营镇新光小学捐赠30万元。

民族和宗教委员会 围绕“助推我省民族地区发展”开展履职活动，先后赴5个设区市12个县（市、区）的30多个少数民族村开展调研。走访调研近60处民间信仰活动场所，召开各类座谈会近20次，撰写“关于进一步加强民间信仰事务规范化管理的调研报告”。与省民宗委在莪山畲乡成立30周年庆典活动期间，联合举办第一期民族乡村“百村论坛”。对全省五大宗教的重点活动场所开展走访调研，先后走访重点宗教场所和宗教院校30多处，看望宗教界委员和代表人士30余人，与宗教界人士座谈交流。

港澳台侨和外事委员会 组织港澳华侨委员38人、港澳台侨代表人士29人，开展“纪念改革开放40周年、‘八八战略’实施15周年组织港澳华侨委员、港澳台侨代表人士‘看家乡巨变’”考察活动，通过履职实践感受新成就、领悟新思想。开展“弘扬乡土文化，助力乡村振兴”课题调研，组织委员调研乡土文化和乡贤文化，先后察看6个乡镇、12个村文化基础设施建设，召开4个座谈会。指导香港浙江政协委员联谊会做好换届工作。

文化文史和学习委员会 承办以“农村留守人员关爱服务体系”为主题的第五次民生协商论坛。在“送教育下乡”活动中，促成2对学校签约结对，举办3场朗读、讲座，捐赠优秀图书1600册。开展第二期浙江文化研究工程关于“浙江青瓷产业历史与当代发展”课题研究。围绕助力乡村振兴，开展“古村落文化在乡村治理中的作用”专题调研。《浙江政协·人民政协志》于9月通过省政府终审。紧扣时代主题征集采写“三亲”史料60余篇、近70万字，李泽民《小平同志说：浙江大有希望》等6篇“三亲”文章，被全国政协《纵横》杂志转载，转载数为全国省级政协之首。征编出版《之江春潮——浙江改革开放40周年记忆》。协同全国政协文化文史和学习委开展“大遗址保护和利用”监督性调研，报送《浙江省大遗址保护利用调研报告》。

【重要会议、活动】

习近平总书记关于加强和改进人民政协工作的重要思想理论研讨会 7月17日在杭州举行，全国政协副主席刘奇葆出席并讲话，省政协主席葛慧君讲话。刘奇葆指出，希望浙江省各级政协进一步提高思想认识和政治站位，充分认识学习研讨活动的重要意义，深入学习领会精神，着力学懂弄通做实，加强对人民政协重大理论和实践问题的研究探讨，努力把学习成果进一步转化为切实可行的制度安排和工作举措，把学习研讨活动不断引向深入，确保取得实实在在的成效。葛慧君强调，要贯彻习近平新时代中国特色社会主义思想排头兵是省委的明确要求，我们要全面学习贯彻习近平总书记重要指示精神特别是赋予浙江“干在实处永无止境，走在前列要谋新篇，勇立潮头方显担当”的新要求新使命新期望，努力在学习贯彻习近平总书记关于加强和改进人民政协工作的重要思想中走在前列。全国政协副秘书长邓宗良，省政协副主席、秘书长出席会议。21位省、市、县（市、区）政协和民主党派省委会的有关负责人，专家学者代表作了交流发言。

全省政协主席暑期读书会暨市、县（市、区）政协工作经验交流会 8月13日至15日在杭州举行。省政协主席葛慧君强调，要深入学习贯彻习近平总书记重要指示精神和省委要求，学习新思想、携手新时代、聚焦高质量、服务高水平、画好同心圆，努力推动我省政协工作走在前列。11个设区市政协和部分县（市、区）政协负责人作大会交流发言。省政协副主席、秘书长，各市、县（市、区）政协主席，省政协副秘书长、各专委会主任、机关副厅以上干部和各设区市政协秘书长等出席会议。

全省政协系统党建会议 9月27日在杭州举行。省政协主席、党组书记葛慧君出席并讲话。会议指出，要统一思想认识，牢固树立“抓好政协各项工作必须首先抓好政协党建工作”的理念，以彻底的自我革命精神，切实把我省政协系统党建工作抓起来、抓上去、抓到底。省政协党组成员，各市、县（市、区）政协主席、党组书记，省政协机关党组成员，省政协各专委会主任、中共党员专职副主任出席会议。省直有关部门负责人应邀参加会议。

【重要文件】

常委会工作报告（2018年1月24日）（摘要）

一、工作回顾

一是坚持把牢主轴、增强定力，坚决维护以习近平同志为核心的中共中央权威和集中统一领导。深入学习贯彻中共十八大、十九大及历次全会精神，深入学习贯彻习近平总书记关于人民政协的重要指示精神，深入学习贯彻中共中央关于加强政协协商民主建设、加强和改进政协民主监督工作等制度文件，深入学习贯彻中共浙江省第十三次、第十四次代表大会及历次全会精神等。党组和主席会议成员积极完成中共浙江省委安排的有关专项任务。二是坚持围绕中心、聚智献策，着力深化协商议政。聚焦省党代会和省委全会重大决策开展专题政治协商。瞄准适应和引领经济发展新常态的重点问题调研协商，围绕积极参与“一带一路”和长江经济带国家战略实施、加强杭州湾象山港三门湾台州湾乐清湾瓯江口等保护和开发、加快推进供给侧结构性改革促进实体经济健康发展、扩大有效投资、传承和发展历史经典产业等 16 个议题，深入开展调研协商；围绕推进高新园区建设、文化市场管理等 19 个议题，开展对口协商。围绕加强湿地保护、加快培育地方金融、新媒体融合发展等 48 个议题，开展界别协商；围绕有效化解企业资金链担保链风险、做强“浙农”大品牌、做大油文章争创自贸港等议题进行调研，形成报省委省政府的 20 份专题性季度经济分析报告。三是坚持精准发力、助推落实，大力强化民主监督。连续四年深化开展三级政协联动“五水共治”专项集体民主监督。聚焦省委省政府“五水共治”决策部署实施、建立和完善落实“五水共治”长效机制、全面剿灭劣Ⅴ类水等，持续开展“三级政协联动、万名委员同行、助推‘五水共治’”专项集体民主监督，并组织开展“河长制”全覆盖专项督察。连续三年跟进开展“两路两侧”“四边三化”整治整改情况专项集体民主监督。2015 年对全省公路、铁路沿线两侧洁化、绿化、美化问题开展拉网式实地民主监督，共发现问题点位 3538 个，省委省政府主要领导明确要求各地逐一对标问题点限时整改到位；又连续两年开展整改落实情况跟踪监督，并就“四边三化”行动长效管控机制建设开展专项督察，推动了问题的有效解决；围绕小城镇环境综合整治行动情况开展专项集体民主监督；连续五年围绕全面深化改革举措落实深入开展监督。围绕“最多跑一次”改革举措落实情况开展专项集体民主监督；围绕“四张清单一张网”改革、户籍制度改革、政府投融资体制改革、农村“三权”改革、“三医”联动改革等 17 个议题，采取调研、协商与监督有机结合，助推了改革举措落实。聚焦护航 G20 杭州峰会等重点工作开展视察监督。四是坚持人民至上、以民为先，竭诚把“系列民生”履职工作做实做深。举办 41 期“浙江政协·民生论坛”，围绕医保支付方式改革、雾霾治理、残疾人合法权益保护、学前教育规范发展、金融理财产品与风险防范、近岸海域污染治理、破解城镇“停车难”等 41 个议题进行协商议政、互动交流，推进了相关问题解决。连续五年组织开展“六送下乡”“两走进”活动月活动。综合运用多种监督方式助力民生实事落地见效。积极汇集民意民智促进民生决策科学化。五年来，收集各类社情民意 31200 多件，编发省政协信息 1170 期，获中共中央政治局常委批示 7 件次，被全国政协采用 217 期，反映社情民意信息工作位居全国各省（市、区）政协前列。五是坚持增进共识、汇聚合力，切实凸显政协团结联谊功能。支持省级各民主党派、工商联和无党派人士履行职责。五年来，各党派团体提交的大会发言、集体提案、社情民意信息件，分别占总数的 74.2%、60.1%和 60.6%。促进民族关系、宗教关系和谐。助推省政府完善和落实关于进一步加快民族乡（镇）经济社会发展的政策，围绕促进少数民族教育事业发展、中国畲族风情园建设等开展调研协商。围绕依法管理宗教事务等开展调研建言。拓展港澳台侨和对外联谊交往工作。设立香港委员联谊会、澳门委员联络处和华侨委员联络处；创建“港澳华侨委员之家”微信平台；组织开展庆祝香港回归祖国 20 周年系列活动。开展公共外交活动。发挥文史资料、宣传和社团的团结联谊作用。编纂《浙江通志·人民政协志》，征编出版《浙江古村落楹联背后的故事》《浙商传奇》等文史专辑 12 部；组织开展庆祝人民政协成立 65 周年、纪念中国人民抗日战争暨世界反法西斯战争胜利 70 周年和孙中山先生诞辰 150 周年等活动；召开全省政协新闻宣传工作会议，制定实施关于加强和改进政协新闻宣传工作的意见。重视发挥联谊报、政协网站和联谊中心等宣传教育阵地作用。完成省政协之友社、诗书画之友社、企业家之友社、理论研究会、长三角（浙江）民营经济研究会等换届工作，举办中国民营经济科学发展论坛，支持省茶文化研究会、省政协艺术团、合唱团、戏剧发展促进会等发挥功能作用。支持树人大学建设新校区，提升办学质量。六是坚持勇于改革、善于创新，不断建立完善政协工作制度机制和方式载体。注重完善和创新制度；注重创新载体平台；注重创新方式方法；注重创新工作机制。七是坚持政治过硬、纪律严明，驰而不息加强政协自身建设从严加强政协党的建设。修订实施《省政协党组工作规则》；认真组织开展党的群众路线教育实践活动和“三严三实”专题教育，抓实“两学一做”学习教育常态化制度化；严格执行中共中央“八项规定”和实施细则及省委制定的办法，建立健全作风建设长效机制；高标准严要求加强党风廉政建设，坚决落实“一岗双责”，支持省纪委、省监委派驻省政协机关纪检监察组履行职责。优化委员服务管理。举办 5 期委员培训班，基本实现届内委员集中轮训一遍；探索委员菜单式履职模式；建立省政协主席会议成员、专委会负责人走访联系委员制度，五年来，共走访委员 2300 多人次；建立委员履职信息数据库，制定并实施委员履职综合考评、优秀委员评选、委员退出机制、委员联系群众和委员出席会议请假及通报制度等。强化专委会和界别活动组作用，设立 34 个界别活动组，建立界别活动组织协调和服务保障机制；探索开展委员向界别活动组进行年度述职，专委会、界别活动组密切同省直党政部门对口联系已形成制度化。提升机关服务保障水平。

二、主要体会

一是必须牢固树立“四个意识”，坚决维护习近平总书记的核心地位。二是必须毫不动摇坚持中国共产党的领导，把牢政协工作正确政治方向。三是必须聚焦中心服务大局，紧紧围绕新时代中国特色社会主义在浙江的实践履职尽责。四是必须矢志坚守履职为民，自觉践行以人民为中心的发展思想。五是必须勇于开拓创新，不断推动政协工作与时俱进更进一步。六是必须强化统筹联动，切实增强履职协同效应。七是必须加强委员队伍建设，充分发挥委员主体作用。

三、工作建议

一是坚定自觉用习近平新时代中国特色社会主义思想武装头脑。二是深入学习贯彻中共十九大和中共浙江省第十四次代表大会精神。三是竭诚服务我省奋力推进“两个高水平”建设。四是持续提高履职为民工作实效性。五是不断推动新时代政协工作创新发展。六是以更高标准从严从实加强自身建设。

中共浙江省委关于加强新时代人民政协党的建设工作的意见（摘要）　一、准确把握加强新时代人民政协党的建设的重大意义和总体要求。中国共产党领导是中国特色社会主义最本质的特征，也是人民政协这一制度安排和政治组织最本质的特征。在政协各级组织和各项活动中，党是居于领导地位的，坚持中国共产党领导是人民政协必须恪守的根本政治原则。加强新时代人民政协党的建设，对于更好坚持人民政协这一制度安排，坚持和完善中国共产党领导的多党合作和政治协商制度，巩固和发展最广泛的爱国统一战线，坚持和巩固中国共产党的领导地位和长期执政地位，不断推进国家治理体系和治理能力现代化，坚持和发展中国特色社会主义，具有重大而深远的意义。二、自觉把党的政治建设摆在首位。要旗帜鲜明讲政治；要严肃党内政治生活；要认真落实开展党的统一战线工作的职责要求。三、坚持用习近平新时代中国特色社会主义思想武装头脑。要加强理论武装；要坚定理想信念；要夯实共同思想政治基础。四、实现党的组织和党的工作有效覆盖。要完善政协党的组织设置；要健全政协党的工作机制；要加强政协委员队伍建设。五、驰而不息加强作风建设。要持之以恒整治“四风”；要持续改进调查研究；要坚持党的群众路线；要强化示范引领。六、始终把纪律规矩挺在前面。要严明政治纪律和政治规矩；要严格执行请示报告制度；要加强党风廉政建设。七、切实加强对新时代人民政协党的建设工作的领导。各级党委要把政协党建工作纳入党委工作总体布局一体推进；各级政协党组要切实担负起党建工作主体责任；要形成推动政协党的建设工作强大合力。

【组织概况】

主席当选名单

（2018 年 1 月 29 日十二届省政协第一次会议通过）

葛慧君（女）

副主席当选名单

（2018 年 1 月 29 日十二届省政协第一次会议通过）

孙景淼　郑继伟　张泽熙　陈小平
吴　晶（女）　蔡秀军　陈铁雄
马光明　周国辉

秘书长当选名单

（2018 年 1 月 29 日十二届省政协第一次会议通过）

金长征（女，回族）

常务委员当选名单（按姓氏笔画为序）

（2018 年 1 月 29 日十二届省政协第一次会议通过）

马永信　马梅芝（女）　王　征
王　珂　王世民　王丽峰（女）
王利月　王轶磊　王振滔
王淑欣（女）　王喜法　仇建平
方　颖（女）　方向明（女）
方法全　计伟荣　帅燮琅　叶正波
叶鉴铭　田　野（女）　冯仁强
冯定献　朱　伟　朱志泉　朱法君
华宣奎　庄跃成　刘　毅
刘净非（女）　汤家友　孙光明
寿剑刚　李剑飞　李德麟　杨　敬
杨华勇　吴　鸿　吴振宇
吴海燕（女）　邱　萍（女）
闵　云（女）　张少华　张均林
张海萍（女）　张润生
陆雅仪（女）　陈　忠　陈为能
陈东凌　陈伟华　陈仲尼　陈桂秋
陈海啸　陈焕昌　陈清莉（女）
陈越孟　邵千钧　邵铭法　范　渊
林　东　尚　清　罗建红　罗悦明
金　凯　郑　瑶　怡　藏
宗馥莉（女）　赵如英（女）
赵雄文　贲圣林　胡　伟
胡少云（女）　段会龙　段树民
宦金元　姚少平　姚志文　钱水土
徐　旭　徐志康　徐燕峰（女）

郭吉丰　郭胜华　黄　勇
曹惠婷（女）　章月燕（女）
梁细弟　隗斌贤　琚朝晖　董中基
董建伟　童　健　谢　辉　谢永和
谢志坚　楼炳文　裘云庆　詹耀良
鲍虎军　潘海生

关于调整专门委员会设置的决定

（2018年12月18日十二届省政协常务委员会第五次会议通过）

根据《中共浙江省委　浙江省人民政府关于印发〈浙江省机构改革方案〉的通知》精神，中国人民政治协商会议第十二届浙江省委员会常务委员会第五次会议决定：

中国人民政治协商会议第十二届浙江省委员会专门委员会设置调整为10个：提案委员会、委员工作委员会、经济委员会、农业和农村委员会、人口资源环境委员会、教科卫体委员会、社会和法制委员会、民族和宗教委员会、港澳台侨和外事委员会、文化文史和学习委员会。

市、县（市、区）政协主席变动情况

宁波市（副省级）

慈溪市

李兴达（2018年12月25日辞职）

（陈光廉　**编写**　黄甲寅　**审稿**）

政协安徽省委员会

【全体委员会议】

十二届一次会议 1月21日至27日在合肥举行。会议听取并赞同李国英省长所作的政府工作报告，听取并赞同省高级人民法院工作报告、省人民检察院工作报告以及其他有关报告。会议审议批准张学平同志代表政协第十一届安徽省委员会常务委员会所作的工作报告，审议批准牛立文同志代表政协第十一届安徽省委员会常务委员会所作的提案工作情况的报告和会议决议。会议选举张昌尔为十二届省政协主席，选举夏涛、李修松、牛立文、肖超英（女）、韩军、孙丽芳（女）、郑宏、李和平、郑永飞为十二届省政协副主席，选举车敦安为十二届省政协秘书长，选举124名常务委员。会议号召，全省各级政协组织、政协各参加单位和广大委员更加紧密地团结在以习近平同志为核心的中共中央周围，高举中国特色社会主义伟大旗帜，坚持以习近平新时代中国特色社会主义思想为指导，在中共安徽省委坚强领导下，同心同德，群策群力，为决胜全面建成小康社会、建设现代化五大发展美好安徽、奋力谱写中华民族伟大复兴中国梦的安徽篇章作出新的更大贡献。

【常务委员会会议】

十一届第25次会议 1月8日至9日在合肥举行。省政协主席徐立全出席会议并讲话。会议听取全省经济社会发展和政府工作报告起草情况通报、十二届省政协委员名单（草案）的说明。会议通过提交省政协十二届一次会议审议的十一届省政协常务委员会工作报告和提案工作情况报告，十二届省政协委员名单，省政协十二届一次会议预备会议日程，省政协十二届一次会议议程（草案）、日程（草案），关于授权主席会议审议省政协十一届二十五次常委会议未尽事宜的决定和有关人事事项。

十二届第1次会议 3月23日在合肥召开。省政协主席张昌尔主持会议并讲话。会议传达学习全国“两会”和省委有关会议精神，研究部署贯彻落实工作。会议审议通过十二届省政协副秘书长名单，十二届省政协专门委员会设置及各专门委员会主任、副主任名单。会议要求十二届省政协按照“三心两进一流”工作理念（维护核心、围绕中心、凝聚人心；省委、省政府的工作推进到哪里，省政协的工作就跟进到哪里；以一流的精神状态和工作标准，推进全省政协事业创新发展）做好开局之年各项工作，要求常委会加强自身建设，常委会组成人员发挥好示范表率作用。

第2次会议暨深入推进“四个一”创新主平台建设资政会 5月29日至30日在合肥召开。省委书记李锦斌出席会议并与委员协商议政，省政协主席张昌尔出席会议并讲话，省直有关单位负责同志参加会议。会议首次制作和播放反映全省创新驱动发展现状的专题片，形成2篇调研报告、68篇大会发言。会议围绕“四个一”创新主平台建设，聚焦创新主平台、健康产业科技设施、技术供给侧改革、人才队伍、科技成果转移转化、安徽“智慧眼”等方面资政建言，通过《关于深入推进“四个一”创新主平台建设的建议案》和有关人事事项。

第3次会议暨大力发展数字经济专题协商会 8月28日至29日在合肥召开。省长李国英出席会议并与委员协商议政，省政协主席张昌尔出席会议并讲话，省直有关单位负责同志参加会议。会议围绕大力发展数字经济，从提升基础设施、培育市场主体、打造优势产业体系、强化要素保障等方面建言资政，形成3篇调研报告、94篇大会发言。会议通过《关于大力发展我省数字经济的建议案》《政协安徽省委员会关于加强委员队伍建设的意见》和有关人事事项。会后，省政府对建议案进行细化分解，逐一研究吸纳，出台《支持数字经济发展若干政策》，并专门致函省政协反馈。

第4次会议 12月27日在合肥召开。省政协主席张昌尔出席会议并讲话。会议传达学习习近平总书记关于加强和改进人民政协工作的重要讲话精神、全国政协十三届四次常委会议精神，决定2019年1月13日召开省政协十二届二次会议。会议审议通过政协安徽省委员会全体会议工作规则、常务委员会工作规则、委员履职工作规则和有关人事事项；分组讨论省政府工作报告（征求意见稿）。会议审议通过关于调整专门委员会设置的决定，新组建省政协农业和农村委员会，将省政协文史资料委员会更名为省政协文化文史和学习委员会，将省政协教科文卫体委员会更名为省政协教科卫体委员会。调整后，十二届省政协设置九个专门委员会。

【专门委员会工作】

提案委员会 收到提案1059件，立案1009件，所有提案均办复。聚焦我省深度贫困地区精准脱贫，首次开展省委书记领衔督办重点提案工作。1件住皖全国政协委员联名提案首次被列为全国政协调研督办的重点提案。开展“提案质量年”活动，首次召开全省政协提案工作会议，首次开展“年度好提案”评选，修订《省政协提案审查工作细则》，制定《省政协关于提案工作提质增效的意见》，建立提案工作课题组制度，建立提案工作特色联系点。

经济委员会 承办省政协十二届三次常委会议暨“大力发展数字经济”专题协商会和“打造宜居宜业宜游特色小镇”月度专题协商会。组织委员围绕鄂豫皖三省政协主席座谈会第七次会议主题“助推《大别山革命老区振兴发展规划》落实落地，促进大别山革命老区精准扶贫脱贫”建言献策。组织开展学前教育促进工程、电商振兴乡村提升工程等民生工程视察。开展精准脱贫“四级委员在行动”专项民主监督。围绕全国政协“发展实体经济提高供给体系质量”专题协商会主题，开展协同调研并作大会口头发言。

农业和农村委员会 2018年12月27日组建，组建后的委员会将聚焦全省“三农”工作和脱贫攻坚重点任务，组织所联系委员在建言资政和凝聚共识上双向发力。

人口资源环境委员会 承办“巢湖流域水污染防治”“加快建设现代农业、推动实现高质量发展”两场月度专题协商会。参加长三角地区政协联动民主监督，参与起草联动民主监督中期工作报告。到阜南县开展“四级委员在行动”，形成专题调研报告。重点督办《关于统筹协调大别山区水库群及流域水生态文明建设的提案》。围绕“水”打造特色品牌，以水源地生态保护为切口开展调查研究、形成专题报告。策划以引江济淮工程中的水质保护为内容的集体提案1件。

教科卫体委员会 承办省政协十二届二次常委会议暨“深入推进‘四个一’创新主平台建设”资政会和“统筹推进‘三重一创’，推动质量效率动力变革”月度专题协商会。组织开展沪苏浙皖“构建区域创新共同体，推动长三角科技创新圈建设”联合调研、我省深度贫困地区精准脱贫“四级委员在行动”专项民主监督。组织科协、科技、教育、医卫、文艺、体育界别开展调研活动。组织委员视察铜陵铜基新材料发展情况。打造“健康基层行”和“翰墨安徽”履职品牌。

社会和法制委员会 承办“提升平安安徽建设水平”月度专题协商会和“困境儿童关爱与救助”界别协商会，开展安全生产、发挥公益类社会组织在社会治理中的作用、政协委员听庭审、稳步推进产业工人队伍建设改革、扫黑除恶专项斗争等专题调研视察和有关立法协商活动，共提交70多篇发言材料、14篇调研和考察报告，形成4份建议，相关协商成果直接纳入省委、省政府决策部署。

民族和宗教委员会 承办“推进农村集体产权制度改革”月度专题协商会。组织“四级委员在行动”专项民主监督，到省内少数民族聚居区开展“送医送戏下乡”活动，助推少数民族乡村脱贫攻坚，促进民族和谐。开展联动调研，助推新修订《宗教事务条例》贯彻落实。首次举办“同心讲坛”，促进宗教和睦。

港澳台侨和外事委员会 承办“加快海关特殊监管区域发展，助推打造内陆开放新高地”月度专题协商会。开展“凝心聚力——港澳青年走进安徽”系列考察特色品牌活动，邀请接待港澳青年代表团4批共100多人次。围绕企业“走出去”公共服务、开发区转型升级、特色小镇建设等开展专题调研、视察、考察、界别活动。赴港澳看望委员并征求意见，出席港澳省级政协委员联谊会换届就职典礼。引导港澳委员全力支持爱国爱港候选人参选香港立法会。特邀20位台胞侨胞代表列席省政协全体会议。

文化文史和学习委员会 承办“着力解决中小学生课外负担重问题”月度专题协商会，围绕我省大别山地区红色资源保护和利用开展协商议政，与中国政协文史馆共同举办“红旗飘飘——中国共产党党旗诞生历程珍贵档案展”，征编出版32万字的《破土——安徽农村改革之路》。

【重要会议、活动】

月度专题协商会

“巢湖流域水污染防治”月度专题协商会4月24日在合肥召开。省政协主席张昌尔主持会议，副省长张曙光出席会议并讲话，省环保厅等部门负责同志与省政协委员和网民互动交流。会议首次邀请网民参与网络议政。

“打造宜居宜业宜游特色小镇”月度专题协商会5月10日在合肥召开。省政协主席张昌尔主持会议，省政府副省长张曙光出席会议并讲话，省发改委等部门负责同志与政协委员和网民互动交流。会议首次增加电视专题片环节，并首次进行全程网络图文直播。省有关部门在研究制定《关于规范推进特色小镇和特色小城镇建设的实施意见》过程中，充分吸纳委员提出的9个方面意见建议。

“稳步推进农村集体产权制度改革”月度专题协商会6月21日在合肥召开。省政协主席张昌尔主持会议，省委副书记信长星出席会议并讲话，省农委等部门负责同志与省政协委员和群众互动交流。会议在我国农村改革发源地小岗村首设视频分会场。

“提升平安安徽建设水平”月度专题协商会7月31日在合肥召开。省政协主席张昌尔主持会议，省委常委、政法委书记姚玉舟出席会议并讲话，省综治办等部门负责同志与省政协委员和网民互动交流。会议首次将网络图文直播内容在安徽政协微信公众号同步推送。会议建议由有关部门细化为7个方面21条政策措施，在相关工作推进会上作出部署。

“加快海关特殊监管区域发展，助推打造内陆开放新高地”月度专题协商会8月16日在合肥召开。省政协主席张昌尔主持会议，省政府副省长周喜安出席会议并讲话，省商务厅等部门负责同志与省政协委员和网民互动交流。会议首次在情况推介和网络问卷中嵌入动漫视频，推动实现网络立体传播，有效扩大委员、网民的知晓度和参与度。

“加快建设现代农业，推动实现高质量发展”月度专题协商会9月20日在合肥召开。省政协主席张昌尔主持会议，省政府副省长张曙光出席会议并讲话，省农委等部门负责同志与省政协委员和网民互动交流。

“统筹推进‘三重一创’，推动质量效率动力变革”月度专题协商会10月30日在合肥召开。省政协主席张昌尔主持会议，省委常委、常务副省长邓向阳出席会议并讲话，省发改委等部门负责同志与省政协委员和网民互动交流。

“着力解决中小学生课外负担重问题”月度专题协商会11月15日在合肥召开。省政协主席张昌尔主持会议，省政府副省长杨光荣出席并讲话，省教育厅等部门负责同志与省政协委员和学生家长代表互动交流。会议首次邀请部分从事教育工作的在皖全国人大代表、住皖全国政协委员和基层教育工作者、学生家长代表参加。

全省政协秘书长暨办公室研究室主任座谈会 5月15日至16日在霍山县召开。会议主题是“加强政协工作联系协作”，16个市政协和2个省直管县政协围绕主题，就进一步加强全省政协组织之间的资源力量整合，发挥政协工作整体优势作交流发言。

长三角地区政协联动机制签约启动仪式暨第一次长三角地区政协主席联席会议 6月20日在上海市召开。省政协主席张昌尔出席会议并讲话。会议围绕搭建运用联动机制平台、发挥人民政协优势作用，推动长三角更高质量一体化发展交流研讨。会议听取长三角区域合作总体情况、长三角地区一体化发展三年行动计划及2018年重点工作安排；审议通过第二次长三角地区政协主席联席会议有关事宜；审议通过2018年度长三角地区政协开展联合调研、联动民主监督工作方案。

红旗飘飘——中国共产党党旗诞生历程珍贵档案展 6月30日至7月31日在合肥举办。省政协主席张昌尔，全国政协副秘书长刘家强参观展览。展览深入贯彻习近平新时代中国特色社会主义思想和中共十九大精神，纪念建党97周年，以党旗的诞生历程为主题，通过大量历史照片及档案资料，再现中国共产党人披荆斩棘、求索奋进的苦难辉煌。

习近平总书记关于加强和改进人民政协工作的重要思想理论研讨会 7月12日在合肥召开。全国政协副主席辜胜阻到会指导，省政协主席张昌尔主持会议并讲话，全国政协副秘书长郭军、省委副书记信长星出席会议。会议聚焦习近平总书记关于加强和改进人民政协工作的重要思想，结合政协履职开展交流研讨，15位同志作口头发言。

省政协委员暨市县政协负责人培训班 8月2日至5日在合肥举办。省政协主席张昌尔出席开班式并作主题报告。培训班深入学习贯彻习近平新时代中国特色社会主义思想和十九大精神，深入认识新时代人民政协的新担当，深入把握新时代政协工作的新要求，共举行5场专题报告和1场政协信息化工作介绍，并进行分组讨论，4位学员代表在结业式上作交流发言。

省委书记领衔督办省政协“全力推进我省深度贫困地区精准脱贫”重点提案办理协商会 9月18日在合肥召开。省委书记李锦斌出席会议并讲话，省政协主席张昌尔主持会议。省委书记领衔督办的重点提案包含“打赢深度贫困地区脱贫攻坚战”相关的8件重点提案，其中6件来自省各民主党派。会议听取重点提案提出、督办、办理情况汇报和提案者代表意见建议，围绕合力打赢深度贫困地区脱贫攻坚战作出部署和动员，有效发挥了作为新型政党制度重要政治形式和组织形式的作用。

全省政协系统党的建设工作座谈会 10月10日在合肥召开。省政协党组书记、主席张昌尔出席会议并讲话。会议传达全国政协召开的习近平总书记关于加强和改进人民政协工作的重要思想理论研讨会精神，开展大会交流发言和分组讨论，征求对我省关于加强新时代人民政协党的建设工作的实施意见稿的意见。

大别山革命老区鄂豫皖三省政协主席座谈会第七次会议 11月13日在湖北省红安县召开。省政协主席张昌尔出席会议并讲话。会议学习贯彻习近平新时代中国特色社会主义思想和中共十九大精神，围绕助推《大别山革命老区振兴发展规划》落实落地、促进大别山革命老区精准扶贫脱贫座谈交流。

全省提案工作会议 12月10日在合肥召开。省政协主席张昌尔，全国政协提案委副主任李晓全出席并讲话。会议听取提案工作情况通报。6位省直有关提案承办单位、提案者代表和省辖市政协负责同志作交流发言，从不同角度介绍全省政协提案工作的新举措和新成效。

第二次长三角地区政协主席联席会议 12月21日在江苏省南京市召开。省政协主席张昌尔出席会议并讲话。会议就充分发挥政协联动机制作用，更好服务长三角一体化发展国家战略座谈交流。会议确定2019年11月在安徽召开第三次长三角地区政协主席联席会议。会议听取长三角区域发展情况通报；听取2018年联合调研和联动民主监督情况汇报并审议通过有关报告；审议通过第三次长三角地区政协主席联席会议有关事宜和2019年度开展联合调研、联动民主监督工作方案。

【重要文件】

常委会工作报告（2018年1月21日）（摘要） 报告分为三个部分：第一部分，过去五年工作回顾。一、思想政治建设显著加强。深入学习领会习近平新时代中国特色社会主义思想，认真学习贯彻中共十八大、十九大精神，作出《关于学习贯彻中国共产党第十九次全国代表大会精神的决议》。深入学习领会习近平总书记关于加强和改进人民政协工作的重要思想，特别是在庆祝人民政协成立65周年大会上重要讲话和中共十九大报告有关重要论述，深刻理解社会主义协商民主的独特优势和重要作用，准确把握人民政协工作的重要原则和基本要求。深入学习贯彻习近平总书记视察安徽重要讲话精神，认真落实省第十次党代会工作部署，使政协工作始终与党政工作同轴运转、同向发力、同步前行。二、协商民主扎实推进。中共十八大以来，我省确立党委统一领导、政府大力支持、政协积极承办、各方分工负责的协商格局；形成以政协全体会议、资政会和专题协商会为重点，对口协商、界别协商、提案办理协商等为常态的协商体系；在全国较早建立党委和政府、政协计划共同制定、课题共同确立、实施共同组织、人员共同参与、责任共同承担的协商机制。五年来，组织实施43项重点专题协商、对口协商、界别协商活动，9项重点提案办理协商活动，19项经常性协商活动，围绕《安徽省消费者权益保护条例》《安徽省旅游条例》修订开展立法协商，政协委员、专家学者和群众代表1200余人次在政协平台上畅所欲言，省委、省政府领导160余人次到政协通报有关情况、参加协商会议。三、服务大局成效明显。围绕坚决打赢脱贫攻坚战，推动现代化五大发展美好安徽建设等开展协商议政，促进一些重点领域改革任务落地。组织委员深入扶贫工作一线开展公益慈善、捐资助学、扶贫济困、“健康基层行”和脱贫攻坚民主监督等活动，无偿为600余名贫困地区中小学教师提供信息技术应用能力培训。五年来，共报送建议案和建议73份，调研、视察、考察报告68篇，省委、省政府领导高度重视，加大批办、督办力度，省直相关部门认真吸收、采纳和运用政协履职成果。四、大团结大联合不断巩固。五年来，省各民主党派、工商联共提交提案918件、会议发言1087篇，反映社情民意信息6485条，占比分别达19%、40%、71%。围绕少数民族乡村经济社会发展，持续开展调研、协商和民主监督活动并提出建议，促进少数民族差别化扶持政策落实；围绕促进宗教关系和谐、农村宗教事务管理、宗教文化建设与人才培养等，开展视察调研和界别协商。组织港澳委员赴内地考察，定期赴港澳开展走访活动，接待港澳重要社团15批300余人次来皖参访考察。围绕贯彻落实《安徽省保护和促进台湾同胞投资条例》等开展调研，维护台胞合法权益。自2014年起连续4年共邀请40多位台胞侨胞代表列席省政协全体会议。五、经常性工作守正出新。制定《提案办理协商办法》。收到提案4899件，立案4729件，办复率100%，满意率99.1%。收到信息来稿9148条，编发《安徽政协信息》《社情民意》《政协信息专报》1714期，一些重要信息得到中央和省领导同志批示，促进了相关问题的解决。围绕抗战胜利70周年等开展文史资料抢救性征集工作，征集史料1000余万字，编辑出版540万字。“政协江淮行”集中采访活动走进省各民主党派、工商联，走进6个市、36个县区。制作“政协论坛”20期，组织委员热议民生话题。精选大会发言及优秀提案近百篇，汇编《资政建言》。省人民政协理论研究会认真开展工作，并顺利换届。六、工作作风持续改进。经省委批准成立各专委会分党组，修订制定省政协党组、机关党组、分党组工作规则。分别召开界别召集人、中共党员委员、非中共党员委员座谈会，强化界别召集人责任意识，推动委员中的共产党员更好发挥示范带动作用。组织开展界别活动143次，实现除全体会议之外委员每年至少参加一次履职工作。定期向委员通报协商成果采纳落实情况，开展优秀提案、优秀社情民意信息、政协好新闻评选表彰活动。因涉嫌违纪违法被撤销委员资格或责令辞去委员职务22人、免去常委职务2人。新建和修订政协机关规章制度37项。做好住皖全国政协委员履职服务保障、老委员联谊、书画联谊等工作，徽黄室获批成立。召开全省政协工作经验交流会和省辖市政协主席座谈会、秘书长座谈会，研究探讨共性问题。

第二部分，同心谱写现代化五大发展美好安徽新篇章。一、共同思想政治基础更加巩固。二、协商民主制度更加健全。三、协商议政内容和形式更加完善。四、民主监督工作更加务实。五、统一战线组织功能更加彰显。六、政协组织更加生机勃发。

第三部分，扎实做好开局之年各项工作。一、深入学习贯彻中共十九大精神。二、紧扣现代化五大发展美好安徽建设协商议政。三、聚焦打好“三大攻坚战”开展民主监督。四、充分发挥委员主体作用。五、强化专委会的组织功能和基础作用。六、推动经常性基础性工作创新发展。

政协安徽省委员会关于进一步加强对市、县（市、区）政协工作联系和指导的若干意见（2018年5月24日） 为深入贯彻习近平总书记关于加强和改进人民政协工作的重要思想，按照中共十九大部署和《中国人民政治协商会议章程》规定，进一步加强省政协对市、县（市、区）政协工作的指导，政协安徽省委员会印发《关于进一步加强对市、县（市、区）政协工作联系和指导的若干意见》。一、建立完善政协工作沟通协商机制。二、建立完善政协工作协同履职机制。三、建立完善政协工作信息互通机制。四、建立完善政协工作交流指导机制。

关于加强省直单位与省政协专门委员会对口联系工作的实施意见（2018 年 4 月 25 日） 为贯彻中央及省委关于加强社会主义协商民主建设等文件精神，中共安徽省委办公厅、安徽省人民政府办公厅、政协安徽省委员会办公厅印发《关于加强省直有关单位与省政协专门委员会对口联系工作的通知》。一、总体要求。二、基本原则。三、对口联系的主要内容。四、对口联系的工作分工。五、对口联系的主要方式。六、组织领导。

关于加强新时代人民政协党的建设工作的实施意见（2018 年 12 月 12 日） 为深入贯彻习近平新时代中国特色社会主义思想和党的十九大精神，全面落实新时代党的建设总要求，更好坚持党对人民政协工作的全面领导，根据《中共中央办公厅印发〈关于加强新时代人民政协党的建设工作的若干意见〉的通知》，中共安徽省委办公厅印发《关于加强新时代人民政协党的建设工作的实施意见》。一、深刻理解和把握加强新时代人民政协党的建设的重大意义、总体要求和基本原则。（一）重大意义。（二）总体要求。（三）基本原则。二、加强政治建设，全面肩负起实现党对人民政协领导的政治责任。（四）坚定政治方向。（五）强化政治引领。（六）严格请示报告制度。（七）严肃党内政治生活。三、加强思想建设，坚持用习近平新时代中国特色社会主义思想武装头脑。（八）深化理论学习。（九）完善学习制度。（十）提升学习实效。四、加强组织建设，推进人民政协党的组织和党的工作有效覆盖。（十一）健全党的组织体系。（十二）加强界别党的建设。（十三）完善委员联系机制。（十四）加强委员履职管理。五、加强作风建设，驰而不息改进作风。（十五）巩固拓展作风建设成果。（十六）加强和改进调查研究。（十七）践行党的群众路线。六、加强纪律建设，坚持用严明的纪律推进全面从严治党。（十八）严明党的政治纪律和政治规矩。（十九）强化纪律教育和监督执纪。七、加强对新时代人民政协党的建设工作的领导。（二十）加强和改善党对人民政协的领导。（二十一）严格落实党建工作责任制。（二十二）引领和推动履职实践。（二十三）加强政协干部队伍建设。（二十四）形成加强政协党的建设工作的合力。

【组织概况】

主席当选名单

（2018 年 1 月 21 日至 27 日省政协十二届一次会议通过）

张昌尔

副主席当选名单

（2018 年 1 月 21 日至 27 日省政协十二届一次会议通过）

夏　涛　李修松

牛立文　肖超英（女）　韩　军

孙丽芳（女）　郑　宏　李和平

郑永飞

秘书长当选名单

（2018 年 1 月 21 日至 27 日省政协十二届一次会议通过）

车敦安

常务委员当选名单

（2018 年 1 月 21 日至 27 日省政协十二届一次会议通过）

马　杰（女）　马　雷　王　洵

王安义　王志安　王明胜

王莉莉（女）　王晓焱（女）

王雪松（女）　韦世强（仫佬族）

方志宏　卢凌保　叶　萍（女）

叶冬青　田战雷　白和平（回族）

毕良学　朱　平（女）　朱　谦

朱先明　朱思雄　朱浴龙　朱新中

朱满洲　刘　宏（女）
刘　泉（回族）　刘明平
刘荣玉（女）　刘新红　江刘伍
江近生　安　岚　许　晨（女）
许苏跃　阮怀楼　苏　静（女）
李　建　李　霞（女）　李从文
李益湘　杨　林　杨　高
杨　锦（女）　杨建军　杨增权
吴亚玲（女）　吴成荣　吴延利
吴向明（满族）　吴明楣　吴椒军
何　颖（女）　何庆瑞　何敬麟
余成林（女）　余渐富　闵光辉
张　杰　张怀科　张纯和
张腊梅（女）　陆　峰（民盟）
陆峰（致公党）　陈　田
陈初升　陈昌虎　陈清海
武琼宇（女）　林　敏　罗　宏
周守标　周晓光　郑　磊　单　强
宛晓春　施　平　姜秋喜　姚尚友
秦　煦（女）　秦志华（女）
袁　华（女）　聂　磊　聂保国
夏月星（女）　倪玉平　徐　飞
徐恒秋（女）　徐继龙　徐培坤
徐崇华（女）　殷光临
奚芝英（女）　高　慧（女）
高宗宏　高海建　高维岭
陶仪声（女）　黄　珍（女）
曹国强　龚明珠（女）
龚艳玲（女）　盘　龙（瑶族）
彭凤莲（女）　董众兵
韩　卉（女）　韩永生（女）
程观远　程备久　释圆藏　释慧庆
谢海涛　蔡伟平　蔡建平
裴亚飞（女）　缪学刚　潘建伟
薛　颖（女）　穆聪贵（回族）
戴　夫　戴小华　戴克柱

市政协主席变动情况

合肥市

韩　冰（2018年1月9日当选）
杨思松（2018年1月9日不再担任）

淮北市

谌　伟（2018年1月6日当选）

宿州市

许广斌（2018年1月7日当选）
刘晓云（2018年1月7日不再担任）

淮南市

蔡宜骅（2018年1月7日当选）
李　忠（2018年1月7日不再担任）

滁州市

汪建中（2018年1月8日当选）
何希勇（2018年1月8日不再担任）

明光市

吴　军（2018年3月不再担任）

黄山市

路海燕（女）（2018年1月7日当选）
毕无非（2018年1月7日不再担任）

（卫夏青　**编写**　张启明　**审稿**）

政协福建省委员会

【全体委员会议】

十二届一次会议 1月25日至29日在福州举行。省委书记于伟国出席并在闭幕会上讲话，省政府代省长唐登杰等领导出席开闭幕会、听取大会发言、深入界别小组，与委员们共商发展、共谋大计。会议审议并同意十一届省政协常委会工作报告；审议并同意十一届省政协常委会提案工作情况的报告；选举崔玉英为十二届省政协主席，王惠敏、魏克良、洪捷序、薛卫民、张兆民、杜源生、王光远、阮诗玮、刘献祥为副主席，陆开锦为秘书长，97名委员当选为常务委员。委员们列席了省十三届人大一次会议，听取并赞同唐登杰代省长所作的省政府工作报告，赞同省法院、省检察院工作报告以及计划和预算报告。会议还听取了提案审查情况的报告，审议并通过省政协十二届一次会议决议。十一届省政协各专门委员会向大会提交了书面工作报告。会议期间，共收到提案766件，经审查立案735件；收到大会发言材料161篇，13位委员围绕补齐科技创新短板、促进福建省新能源汽车产业发展、加强养老机构从业人员队伍建设、深化闽台社会融合发展等方面作了大会发言。省政协主席崔玉英主持闭幕会并讲话。

【常务委员会议】

十一届第30次会议 1月5日在福州召开。上午，李红副主席主持。会议通过十一届省政协常委会第三十次会议议程，省委常委、统战部部长雷春美作十二届省政协界别设置、委员名额及安排方案和十二届省政协委员建议名单（草案）的说明，省委常委、副省长周联清作省政府工作报告（征求意见稿）起草情况的说明和政府系统办理政协提案情况的通报，副秘书长、办公厅主任刘宏伟作十一届省政协常委会工作报告（送审稿）起草情况的说明，提案委员会主任张立先作十一届省政协常委会关于提案工作情况的报告（送审稿）起草情况的说明。下午，刘可清副主席主持。通过十一届省政协常委会工作报告，十一届省政协常委会关于提案工作情况的报告，省政协十二届一次会议议程（草案）、日程（草案），提交省政协十二届一次会议审议；通过十二届省政协界别设置，委员名额及安排方案，十二届省政协委员名单，关于授权主席会议审议十一届省政协常委会第三十次会议未尽事宜的决定。省政协主席张昌平讲话。

十二届第1次会议 1月29日在福州召开。省政协主席崔玉英主持。会议审议通过十二届省政协专门委员会设置的决定，协商通过省政协副秘书长、专门委员会主任和部分副主任名单。

第2次会议 3月23日在福州召开。会议传达学习全国“两会”精神和省委常委（扩大）会议精神，部署省政协贯彻落实意见。省政协主席崔玉英主持并讲话。

第3次会议 7月4日在福州召开。省委书记于伟国出席并讲话，省政协主席崔玉英主持。会议审议通过政协第十二届福建省委员会部分副秘书长免职名单、专门委员会部分副主任任职名单。会议围绕“深化国家生态文明试验区建设”开展专题协商。省政协副主席洪捷序代表课题组作重点发言；13位委员就完善商品林赎买机制、推进企业绿色发展、武夷山国家公园试点、推进污水垃圾治理等发言；省发改委、环保、林业、住建、海洋渔业等有关部门负责人对会上提出的问题作了回应，并提出加强和改进工作的具体措施。会议还传达学习十三届全国政协常委会第二次会议精神。

第4次会议 8月28日在福州召开。会议围绕“深化福建自贸试验区改革开放”开展专题协商。省政协主席崔玉英主持，副省长郑新聪出席并讲话。省政协副主席王惠敏代表专题调研组作重点发言，与会政协常委和委员从探索推进福建自由贸易港、建立健全多元化纠纷解决机制、深化改革系统集成、推进制度创新、发挥港澳独特作用等角度，为深化自贸试验区改革开放建言献策。省发改委、商务厅、台办、金融办、福州海关等省直有关部门负责人现场回应委员提出的建议和问题，提出下一步加强和改进工作的举措。会议还传达学习十三届全国政协常委会第三次会议精神。

第5次会议 9月21日在福州召开。会议围绕“加快实施乡村振兴战略”开展专题协商。省政协主席崔玉英主持，省委副书记、福州市委书记王宁，副省长郑新聪出席会议并讲话。省政协副主席杜源生代表专题调研组作重点发言，与会的省政协常委（委员）、基层干部、专家学者等，围绕主题从产业发展、人才培育、文化传承、生态保护、组织建设等角度，为乡村振兴积极建言献策。省委组织部、发改委、农业厅、住建厅、文化厅、环保厅等部门负责人现场回应意见建议，并提出下一步工作举措。会议还邀请全国政协提案委员会原驻会副主任王国卿作关于做好新时代人民政协提案工作的专题讲座。

第6次会议 12月5日至6日在福州召开。省政协主席崔玉英主持，副省长杨贤金作关于《政府工作报告》起草情况及主要内容的说明，并作省政府系统关于省政协十二届一次会议以来提案办理情况的通报。省政协秘书长陆开锦作十二届省政协常委会工作报告（讨论稿）起草情况、有关工作规则和办法、机构和人事事项等的说明。提案委员会负责人作省政协十二届一次会议以来提案工作情况的报告（讨论稿）起草情况的说明。会议讨论并审议通过十二届省政协常委会工作报告（讨论稿）、十二届一次会议以来提案工作情况的报告（讨论稿），书面审议通过十二届省政协各专门委员会2018年工作总结和2019年工作思路（讨论稿），决定提交省政协十二届二次会议审议。会议审议通过关于召开省政协十二届二次会议的决定、关于授权主席会议审议十二届省政协常委会第六次会议未尽事宜的决定；审议通过省政协十二届二次会议议程（草案），决定提交省政协十二届二次会议审议。会议审议通过政协福建省委员会全体会议工作规则、常务委员会工作规则、委员履职工作规则、委员履职考核办法、常委提交年度履职报告工作办法（试行）。会议审议通过有关机构设置和人事事项。

【专门委员会工作】

提案委员会 召开省市政协提案委员会第十四次联席会议。全年共收到提案810件，立案769件。共交办1874件次，经97个承办单位办理，全部办复。提案所提问题已解决或基本解决的511件次，正在解决或已纳入计划逐步解决的1277件次，留作工作参考的86件次。共收到1247份提案者的反馈意见，均表示满意或基本满意。报送《重要提案摘报》30期，省领导批示74件次。省政协副主席会同省政府副省长共同督办重点提案9件，形成10份重点提案督办调研报告，4位省委、省政府领导对督办调研报告做出6件次批示。联合福州市政协共同开展全国、省、市、县（区）四级政协委员提案联合督办活动，就“非物质文化遗产保护传承”方面提案，开展督办调研和协商座谈。

经济委员会 围绕“优化营商环境”做好专题协商会工作，调研组先后赴省内外调研，广泛听取各方面的意见建议。协商会上，分管副主席代表课题组作了发言，15位省政协常委、委员以及企业家、专家学者代表作了专题发言和即席发言。

省政府主要领导带领15位省直有关部门负责人到会与委员互动交流。会后形成《关于优化营商环境的建议案》报送省委省政府。开展“推进我省中小企业精准对接普惠金融”重点提案督办；围绕“推进精准扶贫精准脱贫工作”课题开展民主监督专题调研；围绕“做强做优我省茶产业”开展对口协商。就邮轮经济开展考察，形成了《关于加快发展我省邮轮经济的调研报告》《关于促进我省区块链产业健康发展的建议》社情民意信息报件，得到省政府主要领导的批示。

人口资源环境委员会 承担省政协常委会“深化国家生态文明试验区建设”专题协商课题，《福建省关于全面加强生态环境保护，坚决打好污染防治攻坚战的实施意见》吸收了省政协建议案中相关意见建议。作为四个分会场之一，配合全国政协开展“推进快递行业绿色发展”远程协商网络议政，系我省首次开展远程协商网络议政活动。牵头开展《关于改善我省农村人居环境的建议》重点提案督办。围绕“加强小流域水质监测与治理”开展民主监督。组织九三学社界别委员开展“完善两孩政策保障措施”界别（对口）协商。组织特邀界别委员开展“加强生态旅游资源的保护与开发”考察活动。组织科协界别委员开展“在闽台湾科技人员现状及融合发展研究”专题调研。协调帮扶建瓯市做好水土流失治理工作。在泉州市安溪县召开省市政协人口资源环境委员会工作座谈会。

教科卫体委员会 开展“加强我省高校‘双一流’建设”“中草药民间验方及有效疗法保护　助推中医药产业健康发展”“传统手工艺与现代文创产业融合发展”调研，参与“加快实施乡村文化振兴”常委会专题协商子课题调研，其中《关于加强我省高校“双一流”建设调研报告》得到省政府主要领导和分管领导批示。召开“政府民间齐发力，冯研再上新台阶”“进一步完善我省教练员、运动员激励机制”对口协商座谈会。组织开展“新时代　新美育　结对子　种文化——福建省少儿舞蹈美育工程走进百所乡村校园”活动，筹集100万元资金，走进100所边远乡村学校，开展641场次舞蹈培训活动，培训3155名中小学乡村学生。牵头举办“志愿医生·益动羽坛”首届福建省医务人员羽毛球公益邀请赛。

社会和法制委员会 召开省市政协社法委工作座谈会。承办省政协常委会“加快实施乡村振兴战略”专题协商，召开45场座谈会，参会人员达1000多人，实地考察48个乡（镇）村75个农业项目、企业，走访26家农户，省委政研室《调研文稿》刊载了调研报告，许多建议在我省《加快实施乡村振兴战略十条措施》中得到采纳。开展《加大力度引进和培养我省高层次人才的建议》重点提案督办，督办调研报告得到省领导批示。通过开展民主监督调研、“两院”情况通报会、“七五”普法中期督导检查等形式积极参与依法治省工作，为维护社会公平正义，促进社会和谐稳定，服务法治福建建设发挥积极作用。全年共组织各种类型的专题调研、视察考察等活动13项，形成建议案1份，各类报告7篇，其中4篇报告得到6位省领导批示。

民族和宗教委员会 举办全省政协民族宗教工作学习培训班，召开省市政协民族宗教工作座谈会。做好分管副主席督办重点提案《关于提高我省健康扶贫实效的建议》和《关于发挥职业教育优势，助推精准扶贫的建议》和挂钩帮扶云霄县相关工作。承担省政协“加快实施乡村振兴战略”专题协商会子课题调研任务，我委负责人作“人才振兴”专题发言。召开“加强少数民族乡村科技帮扶促进乡村振兴”对口协商会，省政府领导对调研报告作出批示。参与第五届世界佛教论坛筹办工作，受到表彰。开展福建佛教祖庭名刹文化研究，收集整理53座寺院图文资料。组织宗教界政协委员及代表人士赴深圳考察改革开放新成就。筹措善款59.15万元，资助少数民族贫困大学生118名。春节前后走访慰问宗教界代表人士40多人次。

港澳台侨和外事委员会 召开全省政协港澳台侨和外事工作座谈会，协办港澳地区闽籍人大代表、政协委员和省海联会理事座谈会。承担省政协常委会议专题协商课题“集中力量扶持龙头企业科技创新”，协商成果以建议案形式报送省委省政府，省委、省政府领导作出批示。开展“加快平潭国际旅游岛建设”对口协商，形成送阅件，省政府领导作出批示。开展“闽台生物科技产业合作”专题调研。举办香港青年“八闽文化之旅”夏令营活动，让更多的香港青年了解祖国、了解福建，共筑闽港两地联络联谊的桥梁。组团赴菲律宾、柬埔寨和缅甸开展友好访问，重点考察海外侨情、华文教育和“一带一路”侨企对接等内容。组织港澳委员和特邀委员赴浙江、辽宁等地学习考察。联合对口界别开展4场专题调研活动。配合做好《关于加快构建我省多元化养老格局的建议》重点提案督办工作。配合全国政协港澳台侨委做好台湾民意代表交流参访团来闽考察的接待服务工作。先后5次赴周宁县开展扶贫开发调研、走访慰问困难群众，协调安排50万元用于挂钩扶贫点东升村帮扶工作。

文史和学习委员会 开展“福建茶文化遗产保护利用”“海上丝绸之路文化遗产保护与利用”专题调研，以及《“一带一路”视野下的福建海洋文化产业发展建议》重点提案督办调研。征编出版《亲历福建改革开放40年》《邮票上的海上丝绸之路》《邮票上的华侨华人》。办好新委员学习培训、读书会。启动“委员讲堂”，定期开展讲座。组织书画室部分成员赴福州市政协书画院调研交流、赴省老年大学开展庆祝改革开放40周年调研交流以及纪念中共中央发布“五一口号”70周年笔会等活动，与厦门市政协书画室联合举办庆祝改革开放40周年书画摄影作品展览，制定《福建省政协书画收藏作品管理办法》。

【重要会议、活动】

全省政协系统学习贯彻习近平总书记关于加强和改进人民政协工作的重要思想暨党的建设工作座谈会 5月25日在福州召开。省政协党组书记、主席崔玉英出席会议并讲话。会议传达学习全国政协关于召开习近平总书记关于加强和改进人民政协工作的重要思想理论研讨会、全国政协系统党的建设工作座谈会的重要部署和要求，研究部署我省学习贯彻工作。

全省政协系统党的建设工作推进会 7月4日在福州召开。省政协党组书记、主席崔玉英主持并部署贯彻落实意见，省政协党组副书记、副主席王惠敏传达全国政协系统党的建设工作座谈会精神和省委部署要求。

省政协庆祝改革开放40周年书画展 7月18日在福州开幕。本次书画展是省政协学习贯彻习近平新时代中国特色社会主义思想和习近平总书记关于加强和改进人民政协工作的重要思想，礼赞新时代、向改革开放40周年献上的一份深情厚礼。展出作品70余件，由省政协书画室和厦门市政协书画室选送。展出持续到2018年年底。

全省政协系统学习习近平总书记关于加强和改进人民政协工作的重要思想理论

研讨会 7月18日至19日暨市县区政协主席座谈会和专题培训在福州举行。全国政协副主席陈晓光莅会指导并讲话，省政协主席崔玉英主持。省政协副主席张兆民、阮诗玮，省政协副秘书长廖小军，省政协副秘书长、省致公党专职副主委吴棉国，省政协文史和学习委副主任逄立左，厦门市政协主席张健，泉州市政协主席陈灿辉，宁德市政协主席兰斯琦，福州连江县政协主席林承祥，十一届省政协社会和法制委主任郑传芳等10人作交流发言。中国政协理论研究会副会长卞晋平作专题辅导报告。中央纪委国家监察委驻全国政协机关纪检监察组组长周新建出席研讨会。

【重要文件】

常委会工作报告（2018年1月25日）（摘要）

第一部分，五年工作回顾

一、始终坚持正确的政治方向，牢固树立“四个意识”，不断巩固共同思想政治基础。持续强化政治引领。组织和引导政协各参加单位、各级组织及广大委员，不断增强政治意识、大局意识、核心意识、看齐意识，坚决维护以习近平同志为核心的中共中央权威和集中统一领导。准确把握性质定位。深刻理解人民政协作为爱国统一战线组织、中国特色社会主义民主的重要实现形式，是社会主义协商民主的重要渠道和专门协商机构，在服务改革发展稳定大局中发挥独特作用。着力凝聚思想共识。征编出版《福建辛亥革命图略》《福建抗日战争纪实》等文史丛书，大力宣传中国共产党不忘初心、持续奋斗，领导中国革命、建设、改革所取得的伟大成就，引导广大委员坚定“四个自信”，不断增进“四个认同”。二、始终坚持服务大局的原则，精心组织议政建言活动，群策群力再上新台阶建设新福建。紧扣重点改革攻坚，聚力“机制活”。围绕化解部分产业产能过剩、处置“僵尸”企业、降低企业制度性交易成本等供给侧结构性改革；围绕推进海丝核心区、生态文明试验区、自由贸易试验区、平潭综合实验区、福州新区、福厦泉自主创新示范区建设等重大改革试验；围绕深化“放管服”、投融资体制改革、产权保护法治化等关键性改革，开展调研视察79次，举办协商活动18场，归纳提出意见建议500多条，为用足用好中央赋予的优惠政策、纵深推进改革攻坚、增创发展新优势献计出力。聚焦经济转型升级，同促“产业优”。从建言民营经济发展，到献策龙头企业科技创新；从协商港口功能整合，到助力交通物流融合；从反映耕地保护落实，到呼吁承包地经营权有序流转，都紧扣党政工作重心，扭住转型升级关键资政建言。围绕补齐民生短板，共谋“百姓富”。针对高层次、技能型人才匮乏这一发展瓶颈，就人才培养与引进政策、现代职业教育等进行资政建言；针对公共服务资源供给不足、服务质量不高这一民生短板，就基本公共卫生保障、养老服务业发展、基层文化体系建设等开展专题协商和重点提案办理协商；针对社会治理相对滞后这一现实难题，就内河整治、城市停车、助残工程等为民办实事项目，深入基层开展民主监督。着眼推动绿色发展，齐绘“生态美”。围绕美丽乡村建设、湿地保护、海岸带管护、土壤重金属治理、节能减排和饮用水源安全等39个议题积极发声，报送意见建议420条，用持续建言累积成效，为八闽大地山更青水更绿履职尽责。三、始终坚持协商民主的要求，努力完善政协协商格局，持续推进广泛多层制度化发展。着力健全“四个共同”的协商机制。省委、省政府、省政协联合构建了“议题共同确立、计划共同制订、人员共同参与、实施共同推进”的协商工作机制。主动加强与党政工作的衔接，年度重大协商安排提请省委常委会审定，纳入省委年度工作要点，由省委、省政府、省政协三家办公厅联合发文，在省主要媒体上公布，增强政协协商的计划性和权威性。不断拓展开放多样的协商形式。组织专题协商 21 场、开展重点提案办理协商 51 个、对口协商和界别协商 100 多次，形成了以全体会议为龙头，常委会议专题协商为重点，重点提案办理协商、对口协商、界别协商等为常态的协商议政新格局。努力构建多方参与的协商局面。采取自愿报名和计划安排相结合、主动参与和组织遴选相结合，邀请政协委员、专家学者、基层干部和利益相关方共同参与协商。组织 7000 多人次的政协委员、2300 多名群众代表和专家学者直接参与政协协商，在政协平台上把协商民主提升到省级最高层面、延伸到基层第一线。四、始终坚持团结民主的主题，充分发挥委员主体作用，齐心协力营造和衷共济的社会环境。切实加强党派团体合作共事。党派团体中的政协委员共提交提案 2949 件、占总数的 63%，反映社情民意信息 3982 件、占总数的 68%，提交大会发言 536 篇、占总数的 72%，显示了多党合作和政治协商制度的优越性。积极增进民族团结宗教和睦。围绕落实民族乡村发展帮扶政策、加快特色经济发展和少数民族人才培养等问题持续建言。把宗教工作的着力点放在引导爱国爱教促进社会和谐上，促成举办“21 世纪海丝佛教·福建论坛”。不断深化与港澳台侨交流联谊。支持港区政协委员引领闽籍社团，坚决维护香港基本法、维护中央全面管治权、维护香港长期繁荣稳定。召开港澳委员座谈会。举办“八闽文化之旅”夏令营活动，邀请港澳地区大中学生来闽体验交流，传承文化根脉、增进国家认同。支持成立福建省澳区政协委员联谊会，鼓励澳区政协委员主动参与特区社会事务、踊跃回乡投资兴业，在促进闽澳互融互通等方面发挥双重积极作用。贯彻中央对台大政方针，以乡谊亲情、祖地文化为纽带，以推动产业合作为着力点，参与举办海峡论坛、河洛文化研讨交流等系列涉台活动，积极推动闽台经贸文化融合发展。畅通与海外闽籍社团交流的渠道，加强与“一带一路”沿线国家华侨华人社团的联系，邀请海外侨领列席政协全会，鼓励特邀委员参与金砖国家厦门会晤系列活动，积极宣传推介福建，助力福建企业“走出去”。全力投入脱贫攻坚为民办实事。组织委员奔赴全省边远山区、偏僻海岛和少数民族地区，开展“百企帮百村”“公共文化服务进基层”等帮扶活动，举办农技人员、乡村教师、基层医生培训班 300 多期，培训技术骨干 2 万多人次；援建爱心图书室、农村卫生室 100 多个，捐赠慈善资金 4 亿多元；开展科普巡讲、义诊咨询、法律援助、捐资助学活动 200 多场次。五、始终坚持守正出新，全面加强政协自身建设，稳步推进履职能力现代化。政协组织的保障力明显提升。注重理论研究的引领作用，在省社科院设立政协理论研究基地，22 个课题列入省社科规划项目。注重发挥基层政协的协同作用，定期组织市县政协主席交流座谈、专委会工作研讨，联合开展调研视察，系统联动、形成合力。成立福建省政协平潭综合实验区工委，健全组织机构；在设区市和重点高校成立委员小组，延伸工作触角。制度机制的执行力逐步增强。增修各类会议工作规则和专委会通则；完善视察考察、反映社情民意信息等工作条例；制定加强和改进调查研究、重点提案遴选与督办、委员履职考核等工作办法，汇编规章制度 81 项，用制度规范工作、保障履职。履职活动的影响力不断扩大。构建传统媒体与新媒体相融合的宣传格局，改版整合政协“两微一站一刊”，在《福建日报》开设《政协视点》栏目，在《政协天地》专版讲述“履职故事”，展现委员作为界别群众代表、本职工作模范、政协履职主体的良好形象。编辑出版史料专辑16部500多万字，成为讲好福建故事、宣传福建文化、弘扬福建精神的优秀载体。

第二部分，五年工作的主要体会

必须坚定党的领导，增强履职的政治性；必须突出以人为本，增强履职的为民性；必须深化协商民主，增强履职的包容性；必须紧紧依靠委员，增强履职的实效性；必须推进改革创新，增强履职的时代性。

第三部分，今后五年工作的建议

坚持不懈地用习近平新时代中国特色社会主义思想统领工作；坚持不懈地为推进新福建建设凝心聚智；坚持不懈地为促进大团结大联合汇聚力量；坚持不懈地深化人民政协协商民主实践；坚持不懈地提升政协工作的科学化水平。

制度规范 十二届福建省政协成立以来，紧紧抓住工作制度建设这个“牛鼻子”，建立健全一系列政协制度规范。2018年2月12日出台了《中共福建省政协党组理论学习中心组学习实施办法》，共四个方面15项内容，主要内容包括：总体要求；组织与职责；学习内容、形式与要求；学习管理等。2018年8月17日出台了《中共福建省政协党组关于落实全面从严治党主体责任的实施意见》，共五个方面20项内容，主要包括切实加强政治建设，旗帜鲜明讲政治，严格落实政治责任，严肃党内政治生活，严明政治纪律和政治规矩，严格请示报告制度，全面落实巡视整改。切实加强思想建设，坚持深化理论武装，坚持理论中心组学习制度，坚持凝聚思想共识，坚持意识形态正确方向。切实加强组织建设，健全完善党组议事决策制度，自觉履行管党治党责任，着力推进党组织建设，大力加强机关干部队伍建设。切实加强作风建设，巩固拓展中央“八项规定”精神成果，坚持不懈反“四风”改作风，大力弘扬求真务实的作风，积极发挥“头雁效应”。切实加强纪律建设，严格执行党的六项纪律，自觉加强党内监督，注重强化日常监督执纪，坚持不懈反腐倡廉。福建省政协还健全完善了《中国人民政治协商会议福建省委员会委员履职工作规则》《中国人民政治协商会议福建省委员会委员履职考核办法》《中国人民政治协商会议福建省委员会提案审查工作细则》《中国人民政治协商会议福建省委员会关于进一步加强和改进调研工作实施办法》《中国人民政治协商会议福建省委员会全体会议工作规则》《中国人民政治协商会议福建省委员会常务委员会工作规则》等规章制度。

【组织概括】

主席当选名单

（2018年1月29日政协第十二届福建省委员会第一次会议第三次全体会议通过）

崔玉英（女，藏族）

副主席当选名单

（2018年1月29日政协第十二届福建省委员会第一次会议第三次全体会议通过）

王惠敏　魏克良　洪捷序　薛卫民
张兆民　杜源生　王光远　阮诗玮
刘献祥

秘书长当选名单

（2018年1月29日政协第十二届福建省委员会第一次会议第三次全体会议通过）

陆开锦

常务委员当选名单

（2018年1月29日政协第十二届福建省

委员会第一次会议第三次全体会议通过）

马必钢　马建荣　马祥庆
王　玲（女）　王　焱
王宁新（女）　王国萍（女）
王育民　王炎平　王宗华
王秋梅（女）　王祖耀　王瑞芳
尤玉仙（女）　叶木凯　刘　泓
刘　埨　刘宏伟　刘国栋　许聪海
严可仕　苏建丰　李　晖　李家荣
李惠长　李集招　杨　琳　杨东平
杨江帆　吴士芳　吴小颖　吴成翰
吴志明　吴志雄　吴丽冰（女）
吴国盛　吴晓丁　吴崇伯　吴棉国
何国辉　何静彦（女）　张　健
张作兴　陈　涛　陈　椿
陈小慰（女）　陈必滔　陈国平
陈昌生　陈学平　陈美琼（女）
陈晓波　林　锋　林　潞　林卫宠
林正佳　林全金　林和平　林治良
林荣滨　林雄申　单　强　赵俊荣
柯少愚　柳公立　施能狮　姜榕兴
洪仕建　姚火照　倪振年　高玉鼎
郭丽珍（女）　郭学军（回族）
黄　玲（女）　黄少安　黄汉升
黄共流　黄自强　黄红武　黄进发
黄丽真（女）　黄培强
黄赛琴（女）　曹　荣　曹　晖
董良瀚　景　浓　焦念志　释本性
赖应辉　赖钟雄　蔡小伟　蔡金钗
蔡建四　樊美清　薛雄志

市政协主席变动情况

泉州市

陈灿辉（2018 年 12 月 27 日不再担任）

（王良生　**编写**　黄树清　**审签**）

政协江西省委员会

【全体委员会议】

十二届一次会议 1月22日至26日在南昌举行。中共江西省委书记鹿心社、省人民政府省长刘奇等领导同志出席会议，听取大会发言，参加协商讨论，与委员们共商兴赣富民大计，并提出殷切希望。会议审议并批准黄跃金同志代表政协江西省第十一届委员会常务委员会所作的工作报告；审议并批准李华栋同志代表政协江西省第十一届委员会常务委员会所作的提案工作情况报告；选举姚增科为十二届省政协主席，李华栋、谢茹、汤建人、刘晓庄、陈俊卿、张勇、肖毅①、刘卫平、雷元江为副主席，汪爽为秘书长，上官新晨等101位同志为常委。委员们列席了江西省第十三届人民代表大会第一次会议，听取、讨论并赞同刘奇省长所作的政府工作报告；讨论并赞同省高级人民法院工作报告、省人民检察院工作报告和其他报告。通过了省政协十二届一次会议决议；通过了省政协十二届一次会议关于提案初步审查情况的报告。

【常务委员会会议】

十一届第29次会议 1月17日至18日在南昌召开，省政协主席黄跃金主持并讲话，副主席姚亚平、蔡晓明、李华栋、汤建人、刘晓庄、郑小燕、胡幼桃、孙菊生、陈俊卿，秘书长肖为群出席会议。会议决定省政协十二届一次会议于1月22日至26日在南昌召开。省委统战部负责同志作了关于十二届省政协委员名额、界别设置、委员人选和有关建议名单的说明。会议听取了省政协各专门委员会工作情况的汇报；审议并原则通过了政协江西省第十一届委员会常务委员会工作报告（审议稿）和关于提案工作情况的报告（审议稿）；通过了关于召开政协江西省第十二届委员会第一次会议的决定；通过了政协江西省第十二届委员会第一次会议议程（草案）和日程；通过了十二届省政协委员名额、界别设置的决定；通过了十二届省政协委员名单，省政协十二届一次会议主席团、主席团会议主持人、秘书长人选的建议名单，省政协十二届一次会议提案审查委员会组成人员建议名单；决定授权主席会议审议本次常委会议未尽事宜的决定。

十二届第1次会议 1月26日在南昌召开。省委副书记、省政协主席姚增科主持会议并讲话，省委常委、省委统战部部长陈兴超在会上作有关人事事项的说明，省政协副主席李华栋、谢茹、汤建人、刘晓庄、陈俊卿、张勇、肖毅、刘卫平、雷元江，秘书长汪爽出席会议。会议审议通过了十二届省政协副秘书长任职名单；通过了十二届省政协设置专门委员会的决定；通过了十二届省政协专门委员会主任、副主任任职名单。会议任命叶舟同志为省政协办公厅副主任。

第2次会议 7月2日至3日在南昌召开，围绕“乡村振兴战略实施和脱贫攻坚重点难点问题破解对策”进行专题协商。省政协党组书记、主席姚增科出席并讲话。省政府副省长孙菊生、胡强先后到会听取发言。省政协副主席李华栋、谢茹、汤建人、刘晓庄、陈俊卿、张勇、肖毅、刘卫平、雷元江，秘书长汪爽出席。陈俊卿作关于“乡村振兴战略实施和脱贫攻坚重点难点问题破解对策”调研情况报告。中国社科院研究员党国英应邀作《尊重乡村发展规律　实现乡村全面振兴》辅导报告。李家祥、樊欣、余少良、刘立松、陈淦彬、黄加文、曾粮、刘木华、谢

① 2021年7月29日，政协第十二届江西省委员会常务委员会第十七次会议追认关于免去肖毅省政协副主席职务，撤销政协江西省第十二届委员会委员资格的决定。以下不再标注。

林翰、许忠华等常委、委员围绕协商议题先后发言。会议通过了《中国人民政治协商会议江西省委员会常务委员会工作规则（试行）》《中国人民政治协商会议江西省委员会委员履职工作规则（试行）》和人事事项。

第3次会议 10月29日至30日在南昌召开，会议围绕“污染防治攻坚战重点难点问题破解对策”进行专题协商。省政协党组书记、主席姚增科出席并讲话。省委常委、副省长刘强到会听取发言并讲话。省政协副主席李华栋、汤建人、刘晓庄、陈俊卿、张勇、刘卫平、雷元江，省政协秘书长汪爽出席。会议审议通过了《政协江西省委员会全体会议工作规则（修订）》《政协江西省委员会常务委员会工作规则（修订）》《政协江西省委员会委员履职工作规则（修订）》和人事事项。

【专门委员会工作】

提案委员会 5月17日在萍乡举办设区市政协提案工作座谈会暨提案专职干部培训会。省政协分管副主席，省政协提案委主任、副主任、专职副主任，萍乡市政协主席出席会议。各市、部分县（区）分管提案工作的副主席、提案委主任共120余名同志参加会议。选择“实施乡村振兴战略”这一委员关注度高、提案比较集中的问题，举行提案办理协商会，邀请部分提案者与省委农工部等13个承办单位负责人面对面协商，促成提、办双方达成共识。省委常委、常务副省长毛伟明同志到会听取意见，并就认真落实好提案建议提出明确要求。9月11日，协助全国政协提案委员会在南昌举办提案工作条例修订以及关于提高提案质量的意见初稿调研座谈会，全国政协常委、提案委员会主任李智勇主持会议，江西、上海、江苏、安徽、福建、深圳六省市政协分管领导出席。

经济委员会 多举措扎实开展“乡村振兴”常委会议协商议题的调查研究。精心组织以委员和专家学者为主体的课题组。课题组共赴省内20个市、县开展实地调研，先后召开各类情况通报会、研讨会、调研座谈会45个，调研走访1000余人。组织开展蹲点调研。经济委员会组织办公室5名干部分赴瑞金、万年、泰和、德兴、武宁等地开展为期一周的乡村蹲点调研，进村入户，解剖麻雀，每人形成一篇调研报告。开展第三方抽样调查，摸清乡村产业发展底数。引入国家统计局江西调查总队，开展了覆盖全省40个县80个乡镇160个行政村的第三方抽样调查，从数字维度深入查摆制约江西乡村振兴战略实施的主要问题。

人口资源环境委员会 5月至6月围绕农村环境整治情况开展调研，梳理出六个方面突出问题，有针对性在推进生活垃圾治理、黑臭水体整治、环保规划与建设等方面提出23条具体建议。7月至9月，围绕第三次常委会议主课题“鄱阳湖生态环境综合整治重点难点问题破解对策”，组织调研组先后深入11个县30个乡镇、2个农场和鄱阳湖水域，开展实地调研；对国内外部分重要江河湖泊污染治理情况，认真组织开展网络调研、文献调研；广泛发动委员会全体委员及各设区市政协人资环委同志参加调研。9月至11月，联合省水利厅成立活动组，围绕市县落实河湖长制成效与问题开展“河湖长监督行”活动，首次采取河长巡河督导与委员视察相结合、视察与调研相结合方法，赴南昌、九江、宜春、上饶等市踏河视察。

教科文卫体委员会 与民进江西省委会就“我省农村教师借调问题”联合开展专题调研，形成《关于我省农村教师不合理和违规被借调问题的专题调研报告》，在九三学社中央和北京师范大学联合主办的首届“九三教育论坛”征文评选活动中，荣获特等奖。报送省委、省政府后，获省委副书记、省长，常务副省长等肯定性批示。组织委员和专家学者赴广东省学习考察，并深入南昌、九江、吉安等地开展调研，形成了高质量的调研报告，9月20日，在南昌召开专题协商座谈会，围绕“江西高新技术企业与产业发展”建言献策。协调1%工程基金理事会、景德镇市第一人民医院共同成立瓷都杏林基金，为解决医患矛盾问题建言献策。把扶贫与扶志有机结合，资助贫困家庭青少年患者，帮扶农村建档立卡贫困户和城市低保困难户子女成长成才。

社会和法制委员会 4月至5月牵头成立暗访调研小组，深入省市县乡四级办事窗口，对停车情况进行暗访式调研，形成《“办事窗口停车难，一停就罚款”情况的调研报告》，获省委书记批示。4月至6月分赴南昌、九江、赣州、抚州四个设区市、17个县（市、区）就“我省残疾人基本生活兜底保障制度完善与脱贫攻坚”专题开展调研，向省委、省政府报送《我省残疾人基本生活兜底保障制度完善与脱贫攻坚若干建议》建议案，推动了有关问题的解决。11月中旬组织视察组视察社区矫正场所、召开座谈会、走访社区矫正人员，掌握了解社区矫正工作现状。针对调研发现的社区矫正无法可依、人员不稳定、保障条件不足、部门共享机制不健全、宣传引导不足等主要问题，提出了加强立法、充实专业队伍、加大部门合力、加强宣传、发挥基层组织作用等建议。

民族和宗教委员会 3月和10月先后开展了“我省宗教院校建设情况”的专题视察，实地视察江西佛学院曹洞佛学院、江西佛学院大金山尼众佛学院、江西佛学院宝峰佛学院、江西佛学院东林净土学院、江西圣经学校和龙虎山道教学院（筹）等6所宗教院校，围绕当前宗教院校建设存在的困难和问题形成“关于当前宗教院校建设的建议”的提案，提出了“强化政治教育、强化经费保障、强化师资力量”的建议。12月13日上午九江市濂溪区召开全省政协民族和宗教工作座谈会，与设区市政协专委会就如何做好新时代政协民族和宗教工作的经验与体会进行了交流。省政协副主席、民盟省委会主委刘晓庄出席并讲话。

港澳台侨和外事委员会 4月起开展有关邀请、联络客商等工作，圆满完成第十七届赣港经贸活动、第五届“绿发会”邀商任务。10月组织港澳委员、特邀海外侨胞代表，赴赣州市开展了以“我省健康扶贫再提升工程”为题的视察活动，提出包括提升综合兜底保障，完善医疗服务体系，强化保障机制，加强人才培养，做实签约服务等五方面建议。11月组成调研组深入省内外多处爱国主义教育基地、革命旧址、革命纪念馆实地考察调研，提出了对内加强统筹协调、对外加强联系沟通，加大政策支持力度、培育一批重点项目，以青年需求为导向、创新交流内容和方式，依托红色资源“请进来”、推动红色文化“走出去”等四方面的意见建议。

文化文史和学习委员会 按照全国政协文化文史和学习委员会的文史资料征编协作要求，参与“改革开放40周年纪事”“人民政协70周年纪事”“海外侨胞和归侨侨眷投身祖国建设纪事”“脱贫攻坚工作纪事”四个协作课题的史料征集工作，按时向全国政协提交了高质量的史料。因地制宜开展富有本地特色的资料征编，相继开展了“我与‘共大’”“我的98抗洪”“我与改革开放”“我与‘三线’建设”等史料的征编工作。结合调研课题征集文史资料，在开展乡风文明建设调研的同时，将“家风家训”资料征集融入调研工作，边调研、边征集文史资料，共征集相关史料80余万字，图片100余幅。

【重要会议活动】

新年接续发展务虚座谈会 2月11日在南昌召开，省委副书记、省政协党组书记、主席姚增科出席并讲话，省政协副主席李华栋、谢茹、汤建人、刘晓庄、陈俊卿、刘卫平、雷元江，秘书长汪爽出席。会上，机关8位同志分别代表专委会办公室和办公厅处室，围绕省政协协商计划、提案工作、政协宣传、机关建设等方面谈思考、说体会、献良方、提建议。

“从毛泽东《寻乌调查》到中宣部《寻乌扶贫调研报告》——学习贯彻习近平总书记调研工作重要批示”的研讨交流会 4月14日在南昌召开。省政协党组书记、主席姚增科主持研讨会，副主席李华栋、谢茹、刘晓庄、陈俊卿、张勇、雷元江，秘书长汪爽，各专委会主任、副主任，办公厅负责同志参加，中宣部调研组特邀成员、赣州市委常委、宣传部部长、章贡区委书记胡雪梅，寻乌县委书记柯岩松受邀参加研讨。会上，大家认真学习贯彻习总书记重要批示精神，重温“两个寻乌”经典调研报告，谈体会、议方法、说思考，谋求新时代做好政协调研这篇大文章的佳方良策。

新任政协委员培训班 为切实加强和改进委员培训，确保委员培训全覆盖，省政协先后举办两期新任委员培训班。4月18日至20日，第一期培训班在南昌举办，培训班组织习近平新时代中国特色社会主义思想和全国“两会”精神专题解读，举办了人民政协章程和经常性工作辅导讲座，并观看“走进井冈话初心”和“助民致富经”报告视频。7月3日至4日，第二期培训班在南昌举办。省政协副主席刘晓庄作《新型政党制度 伟大政治创造》、省政协秘书长汪爽作《新时代人民政协事业发展的制度保障——关于新修订的政协章程的若干解读》的辅导报告。培训班还组织观看了《理想信念高于天》《苏区干部好作风》等专题教育片。

全省政协系统开展习近平总书记关于加强和改进人民政协工作的重要思想学习研讨活动视频动员会 6月5日，在南昌召开省市县三级政协视频会，正式启动全省政协系统开展习近平总书记关于加强和改进人民政协工作的重要思想学习研讨活动。省政协党组书记、主席姚增科出席会议并作动员讲话，省政协副主席汤建人、刘晓庄、陈俊卿、张勇、肖毅、刘卫平、雷元江在主会场参加会议。省市县三级政协委员和机关干部1万余人在各分会场参加会议。

全国政协闽赣粤琼片区学习研讨活动座谈会 7月20日，全国政协在南昌召开习近平总书记关于加强和改进人民政协工作的重要思想学习研讨情况闽赣粤琼政协片区座谈会。全国政协副主席李斌主持会议并讲话。江西省政协主席姚增科、福建省政协主席崔玉英、广东省政协主席王荣、海南省政协主席毛万春、深圳市政协主席戴北方、厦门市政协主席张健等15位同志作了发言。江西省委常委、省委统战部部长陈兴超致辞，全国政协文化文史和学习委员会驻会副主任刘晓冰，省领导施小琳、李华栋、谢茹、汤建人、刘晓庄、陈俊卿、张勇、肖毅、刘卫平、雷元江，省政协秘书长汪爽出席会议。

“人民政协的初心与使命”书画作品展 7月31日在南昌举办。书画展以“人民政协的初心与使命——庆祝中国共产党成立97周年、纪念改革开放40周年”为主题，从全省政协系统征集的500余幅作品中精选作品展览。作品体裁丰富、主题鲜明，充分体现赣鄱红土圣地上的人文水平，表达了政协委员和机关干部热爱中国共产党、讴歌改革开放成果的真挚情感，对建党97周年和改革开放40周年的礼敬与纪念，彰显了人民政协的初心和使命。

全省政协系统党的建设工作座谈会 12月12日在抚州召开。省政协党组书记、主席姚增科出席并讲话。省政协副主席、党组成员张勇主持会议；省政协副主席、党组成员、抚州市委书记肖毅，省政协副主席、党组成员刘卫平，省政协秘书长、党组成员汪爽，省委办公厅巡视员、机关党委书记费先志，省委党建工作领导小组办公室专职副主任汤乐毅，省直机关工委委员、组织部部长孔德然，以及省政协各专委会分党组书记，省政协办公厅主任、副主任，各设区市政协党组书记、机关党组书记，省直管试点县（市）政协和部分县（市、区）政协党组书记等出席会议。

【重要文件】

常务委员会工作报告（2018年）（摘要）

过去五年的工作回顾

（一）强化理论武装，夯实共同思想政治基础。始终把坚持和发展中国特色社会主义作为巩固共同思想政治基础的主轴，坚定不移走中国特色社会主义政治发展道路。深入学习贯彻中共十八大和十八届三中、四中、五中、六中全会精神，认真落实习近平总书记对江西工作提出的“新的希望、三个着力、四个坚持”重要要求，把学习成效转化为履职建言的生动实践。组织召开江西省庆祝人民政协成立65周年座谈会和专题报告会，认真学习贯彻中共中央、全国政协庆祝人民政协成立65周年大会精神。中共十九大闭幕后，省政协召开常委会议、学习辅导报告会，下发阶段性学习计划，迅速掀起学习贯彻的热潮。及时传达学习省第十四次党代会、历次省委全会和省委政协工作会议精神，确保中共江西省委的决策部署在政协工作中得到贯彻落实。坚持常委会、主席会议、专委会集中学习制度，出台《关于进一步健全省政协中心组理论学习制度的意见》《政协江西省委员会委员（常委）学习培训制度》等文件，制订实施年度理论学习计划，进一步改进委员学习培训方式，推动理论学习制度化、规范化、常态化。

（二）贯彻新发展理念，紧扣改革发展稳定议政建言。召开“为编制‘十三五’规划建言献策”“优化农产品有效供给，建设现代农业强省”等议政性常委会议，助推全省经济持续健康发展。精心组织“实施创新驱动发展战略，推动产业转型升级”“加快我省城镇化发展创新”等调研，助力创新驱动和加快培育发展新动能。每年协商计划至少安排2个有关改革的议题，围绕“加强供给侧结构性改革，培育和壮大新兴消费”“全面推开营改增试点”等课题广泛协商。紧扣区域协调发展献良方。连续两年就加快赣江新区发展组织委员视察和调研协商活动，推动打造全省发展的重要增长极。围绕赣东北扩大开放合作、赣西经济转型发展等课题深入调研、议政建言，促进我省进一步完善区域发展战略。倾情关注打造美丽中国“江西样板”，围绕“加快建设全国生态文明示范省”“加快我省国家生态文明试验区建设”等重大课题，持续开展调研协商。围绕“加强书院文化研究、保护和利用”“古镇的保护及利用开发”等课题广泛调研协商，对增强我省文化软实力产生积极促进作用。连续三年就宗教文化资源与社会相适应等系列课题开展对口协商活动，进一步提高了我省宗教文化资源的保护水平。聚焦养老服务体系建设、乡镇学前教育等课题协商建言，有力推动改善民生的各项政策措施贯彻落实。发挥社情民意信息直通车作用，推动群众关注的热点难点问题得到解决。围绕“构建社会诚信体系、推进法治江西建设”开展专题议政性常委会议协商，就探索和改进社会治理方式、城市社区依法治理和服务创新等课题开展调研视察，为维护社会和谐稳定发挥积极作用。

（三）健全制度机制，把协商民主贯穿履职全过程。认真贯彻落实中共中央和中共江西省委关于发展社会主义协商民主和人民政协协商民主的文件规定，协助省委召开政协工作会议，制定《关于进一步加强政协工作　充分发挥人民政协在发展协商民主中重要作用的意见》，组成 5 个督查组分赴 11 个设区市和有关县（市、区）进行督查。建立健全制订省政协年度协商计划的工作机制，连续四年制订协商计划，规范协商程序、增加协商密度，组织开展专题协商活动 100 多次。围绕推进富裕和谐秀美乡村建设、加快发展现代服务业等课题开展调研协商，提出一批较高质量的意见和建议，对完善政策、解决问题、促进发展起到积极作用。进一步加强与各民主党派协作互动，充分发挥专委会和界别作用，推动省市县政协上下联动，形成以专题为内容、以界别为纽带、以专委会为依托、以座谈交流为方法的协商议政新格局。坚持把协商民主贯穿履行职能全过程，协商前举行情况通报会、深入调研，协商中邀请党政领导及部门负责同志与委员面对面交流互动，完善协商成果转化机制，着力推进协商活动制度化、规范化、程序化。

（四）坚持问题导向，扎实开展民主监督工作。认真贯彻中共中央办公厅《关于加强和改进人民政协民主监督工作的意见》精神，协助中共江西省委出台《关于加强和改进人民政协民主监督工作的实施意见》。根据中共江西省委统一部署，把“完善人民政协民主监督制度”纳入省委深改组成员 2017 年领衔推进落实的重大改革项目；制订督查计划，把《实施意见》贯彻落实情况纳入省第十四次党代会精神学习贯彻情况综合督查事项，形成政协民主监督专项督查报告报送省委。积极探索创新政协民主监督的形式和方法，聚焦中央和省委重大改革举措、重要政策贯彻执行、重要约束性指标落实情况，就进一步提高省财政预算制定与执行的科学化水平、食品安全监管、经营类事业单位改革情况、扶贫专项资金使用情况等开展专项民主监督，促进相关工作的加强和改进。集中力量、持续开展优化企业发展环境民主监督，推动全省深入开展专项活动。连续两年跟踪开展市县落实“河长制”情况民主监督活动，促进我省在全国率先全面实施“河长制”政策。组织委员就推进棚户区改造工作进行视察监督，为我省做好棚户区改造工作提供有益参考。积极推荐省政协常委、委员担任省直有关部门特约监督人员，五年共推荐 106 人次。

（五）深化合作共事，凝聚强大合力。坚持把加强大团结大联合摆在更加突出位置，注重深化多党合作，加强对各党派团体参加政协共同性事务的协商，为民主党派知情议政、开展活动搭建平台。完善各民主党派、工商联、无党派人士和有关团体大会发言形式，加大党派提案督办力度，加强与党派开展联合调研视察，更好地发挥民主党派在人民政协中的作用。五年来，各民主党派省委会、省工商联、无党派人士、各人民团体共提交提案 580 件，提交政协全会发言材料 445 篇。组织开展各类界别活动 200 多次，提交界别提案、界别视察调研报告等 600 多件。广泛开展团结联谊工作，组织港澳委员及特邀海外代表就扶贫移民工作、现代农业发展、高新产业发展等情况返赣视察，组织开展港澳委员新生代、港澳青年社团代表访赣考察交流活动。精心开展在赣外籍人士满意度调查。协助省委、省政府做好赣港、赣澳、赣台经贸合作活动、“华赣会”等外联内引工作，全力助推我省开放型经济发展。成立省政协海外扶贫基金会，筹集资金1.18亿元用于公益慈善事业，连续三年开展扶贫助学行动，资助贫困高中生5792人次；捐资7497万元协助省卫计委改造提升1500个村卫生所。

（六）加强自身建设，提升履职能力。认真贯彻落实全面从严治党要求，进一步加强政协组织党建工作，积极开展党的群众路线教育实践活动、“三严三实”专题教育，推进“两学一做”学习教育常态化制度化。设立委员联络服务机构，完善委员联络服务、委员召集人制度，优化委员履职保障机制。充分发挥界别优势，健全界别联系、界别召集人、界别工作保障等制度。注重发挥专委会基础性作用，新设民族和宗教委员会，成立江西省科技创新与进步促进会、文化产业促进会，推进政协智库建设。加强政协机关建设，督促抓好省委巡视整改，完善反映社情民意信息工作条例等20多项制度，持续改进工作作风。制定提案审查工作细则，改进提案审查工作，加强提案办理协商，强化提案办理督查。务实推进文史资料工作，坚持统战和“三亲”特色，编辑出版《文史大观》《燃烧的红土地：抗日战争的江西战场实录》等一批书刊，共400多万字。加强和改进政协宣传工作，发挥《光华时报》和政协新闻网宣传主平台作用。加强人民政协理论建设，完成人民政协与协商民主、加强和创新民主监督等5个课题的研究工作，取得一批重要成果。

过去五年工作的主要体会

一是必须坚持中国共产党的领导、人民当家作主和依法治国有机统一。二是必须坚持一致性和多样性的有机统一。三是必须坚持中国共产党先进性和民主党派进步性的有机统一。四是必须坚持协商民主制度程序和参与实践的有机统一。五是必须坚持刚性和柔性的有机统一。六是必须坚持发挥委员主体作用和强化委员联络服务的有机统一。

今后五年的工作建议

（一）用习近平新时代中国特色社会主义思想武装头脑、指导实践、推动工作。（二）为建设富裕美丽幸福现代化江西凝心聚力。（三）着力推动人民政协协商民主纵深发展。（四）提高人民政协民主监督组织化程度和工作实效。（五）进一步发挥人民政协团结统战功能。（六）以增强履职本领为重点加强人民政协自身建设。

【组织概况】

主席当选名单

（2018年1月26日政协江西省第十二届委员会第一次会议通过）

姚增科

副主席当选名单

（2018年1月26日政协江西省第十二届委员会第一次会议通过）

李华栋　谢　茹（女）　汤建人　刘晓庄　陈俊卿

张　勇（省政府办公厅）　肖　毅　刘卫平　雷元江

秘书长当选名单

（2018年1月26日政协江西省第十二届委员会第一次会议通过）

汪　爽

常务委员当选名单（按姓氏笔画排序）

（2018年1月26日政协江西省第十二届委员会第一次会议通过）

上官新晨　王　萍（女）　王江军　王志军　毛国典　方正亚　邓兴明　邓凰保　叶　青　史　可

朱丽萌（女）　朱来友　朱星河　刘木华　刘林芽　刘定明　刘建泉

刘菊娇（女）　刘新农　阮建昆
杜建强　李　军（女）　李云根
李江山　李良彬　李晓浩　李家祥
李道鹏　李稣光　杨木生
杨春燕（女）　肖　敏　肖　强
肖为群　肖礼庆　肖华茵　吴代赦
吴辉体　吴锋刚　何建洋　余少良
邹汾生　辛洪波　沈泽民
张　勇（省委统战部）　张力强
张庆文　张国轩　张知明（女）
陈春平（女）　陈晓勇　陈祥树
林　凯　欧阳剑雄　易　斌
罗　莹　周荣彪　周海涛　郑友清
郑月慧（女）　郑兆国　项国雄
赵　波（女）　胡　彬（女）
胡伟荣　胡国良　胡淑珠（女）
胡锋平　钟国跃　俞银先　洪三国
姚庆艳　夏英杰　徐仁根　徐晓泉
徐跃进　郭　家　唐春山　涂　建
涂书田　黄占共　黄志敏　黄建新
崔传鹏　梁安琪（女）　揭小健
辜　清　傅卓成　释纯一　曾　粮
曾昭和　曾鲁台　温珍才　游建平
谢林翰　蓝　赟　廖县生
谭文英（女）　熊　皓　薛有旺
戴兴临

（刘　政　编写　卢姣龙　审稿）

政协山东省委员会

【全体委员会议】

十二届一次会议 1月24日至30日在济南召开，会议应出席委员820名，实到委员801名。大会听取了十一届省政协副主席雷建国所作的省政协常委会工作报告和郭爱玲副主席所作的提案工作报告，审议批准了省政协提案委员会关于十二届一次会议提案审查情况的报告。与会委员列席了山东省第十三届人民代表大会第一次会议，听取并讨论了省政府工作报告，讨论了2017年国民经济和社会发展计划执行情况与2018年计划草案的报告、2017年预算执行情况和2018年预算草案的报告，听取并讨论了省高级人民法院、省人民检察院工作报告。大会共收到提案683件，经审查，立案634件，收到发言材料152篇，16位委员围绕加快新旧动能转换、实施乡村振兴战略、科技创新、教育医疗等作大会发言。会议选举付志方为省政协主席，选举吴翠云、郭爱玲、赵家军、唐洲雁、王艺华、韩金峰、王修林、程林、刘均刚为省政协副主席，选举王艺华为省政协秘书长，选举161名政协委员为省政协常委。大会闭幕时，省政协主席付志方作了讲话。

【常务委员会会议】

十一届第29次会议 1月4日至5日在济南召开。十一届省政协主席刘伟主持开幕会，十一届省政协副主席雷建国主持闭幕会。会议听取了省委副书记、省长龚正作的关于《政府工作报告（征求意见稿）》起草情况的说明；听取了省委常委、统战部部长邢善萍作的关于十二届省政协委员人选情况的说明，审议通过了十二届省政协委员名单；审议通过了关于召开省政协十二届一次会议的决定和会议有关事项，决定省政协十二届一次会议于2018年1月24日在济南召开；审议通过了政协第十一届山东省委员会常务委员会工作报告、提案工作报告及报告人名单；审议通过了政协第十一届山东省委员会2017年协商工作计划执行情况和政协第十二届山东省委员会2018年协商工作计划安排的报告；审议通过了关于授权主席会议审议省政协十一届常委会第二十九次会议未尽事宜的决定；听取了省政协秘书长张心骥作的关于省政协十二届一次会议筹备工作情况的汇报和省政协机关有关负责同志作的关于省政协各工作机构2017年工作任务完成情况的综合汇报。十一届省政协主席刘伟作闭幕讲话。

十二届第1次会议 1月30日在济南召开。省政协主席付志方主持并讲话。会议审议通过了政协第十二届山东省委员会副秘书长名单；审议通过了政协第十二届山东省委员会关于设置专门委员会的决定；审议通过了政协第十二届山东省委员会专门委员会组成人员名单。省政协副主席吴翠云、郭爱玲、赵家军、唐洲雁、王艺华、韩金峰、王修林、程林、刘均刚出席会议。

第2次会议 4月27日在济南召开。会议围绕“全面深化改革，激发新旧动能转换活力”专题议政建言。省政协主席付志方主持开幕会，副主席吴翠云主持闭幕会。会议听取了省政府副省长王书坚作的专题报告；举行大会发言；审议通过了《关于全面深化改革，激发新旧动能转换活力建议案》。省政协副主席王修林作会议总结。省政协副主席郭爱玲、唐洲雁、韩金峰、刘均刚出席会议。

第3次会议 7月26日至27日在济南召开。会议围绕“实施创新驱动战略，增强新旧动能转换动力”专题议政建言。省政协主席付志方主持开幕会，副主席吴翠云主持闭幕会。会议听取了省政府副省长于杰作的专题报告；举行大会发言；审议通过了《关于实施创新驱动战略，增强新旧动能转换动力建议案》；审议通过了有关人事事项。省政协副主席赵家军作会议总结。省政协副主席郭爱玲、王艺华、韩金峰、王修林、程林、刘均刚出席会议。

第4次会议 2018年10月30日至31日在济南召开。会议围绕“实施乡村振兴战略，推动农业农村现代化”专题议政建言。省政协主席付志方主持开幕会，副主席吴翠云主持闭幕会。会议听取了省政府副省长于国安作的专题报告；举行大会发言；审议通过了《关于实施乡村振兴战略，推动农业农村现代化的建议案》；审议通过了《关于设置政协山东省委员会农业和农村委员会的决定》、《政协山东省委员会委员履职工作规则》和有关人事事项。省政协副主席韩金峰作会议总结。省政协副主席郭爱玲、赵家军、唐洲雁、王艺华、程林、刘均刚出席会议。

【专门委员会工作】

提案委员会 组织省委、省政府和省政协办公厅联合召开提案交办会。落实省委、省政府、省政协主要领导阅批督办、省政协副主席领办督办重点提案制度，协商遴选出重点提案25件，省领导同志对7件作出批示，提出办理要求。落实提案联合督查制度，由9位副主席分别带队，对9个单位承办的607件提案进行了专项督查。围绕“如何创建全域旅游示范省”“如何全面提升‘好客山东’品牌价值和影响力”进行重点调研，围绕“提高防控金融风险能力，更好服务实体经济发展”进行专题协商，围绕“关于加强部委省共建国家一流高水平医院的建议”重点提案，开展提案办理协商。协助所联系界别组开展“加强我省森林生态自然保护区的建设与发展”界别协商。在全国政协第七次提案工作座谈会和华东六省一市政协第25次提案工作座谈会上作大会发言，介绍山东省政协在提案工作方面的创新与实践，受到与会代表充分肯定。

经济委员会 承办省政协十二届四次议政性常委会会议，围绕“打造乡村振兴的齐鲁样板”，组织制作《凝心聚力促振兴》专题片；归纳形成16条建议，总结14种乡村振兴发展类型；审议通过《关于实施乡村振兴战略推动农业农村现代化的建议案》，刘家义、龚正、于国安等省领导批示予以肯定。会同省委统战部对“非公十条”贯彻落实情况和“亲”“清”新型政商关系构建情况进行专项督查，派员带队赴济南、聊城、烟台和威海进行环保督察。完成“壮大数控机床产业，建设国内领先的高端数控机床产业基地”和“拓宽股票、债券、私募股权等直接融资渠道，促进多层次资本市场健康发展”专题调研任务；形成《关于加快我省纺织服装产业转型升级的建议》，省工信厅据此制定完善了有关政策。承担省政协十二届一次会议大会发言的组织工作，刘家义、龚正等省领导先后作出6次批示，建议进入省委、省政府决策，推动了省级政务服务中心建设。

农业和农村委员会 根据省委统一部署和省委省政府《关于山东省省级机构改革的实施意见》（鲁发〔2018〕42号）安排，省政协十二届常委会第四次会议审议通过《关于设置政协山东省委员会农业和农村委员会的决定》，明确农业和农村委员会的主要职责是：组织委员学习宣传党和国家农业农村方面的方针政策和法律法规，就全省“三农”问题开展调查研究，提出意见、建议和提案，团结联系农业和农村界等相关界别委员反映社情民意。会议通过任命董景林为省政协农业和农村委员会副主任委员的任职名单。成立后，围绕制度化建设和相关工作情况赴全国政协农业和农村委员会及山西、河北省政协进行学习考察，深入了解当地开展农业农村工作的有关做法和经验，强化自身建设。

人口资源环境委员会 就“如何进一步优化水资源配置格局”“建设医疗养老联合体，增加医疗养老设施和服务供给”开展重点调研，就“建立污染防控长效机制，加快生态山东美丽山东建设”组织专题协商，就“国家森林公园建设和管理”进行视察考察。就“关于进一步加强老年人优待工作的建议”重点提案开展督办，就省农业厅承办提案情况进行督查。就“乡村振兴战略实施”开展界别考察，就“培育农业示范性社会化服务组织”开展界别调研协商。配合全国政协做好“中长期人口变动与经济社会发展”“海洋资源保护与开发”两次调研。召开全省政协人口资源环境委员会工作座谈会，加强与各市政协人资环委联系。依托“一体三优”（党建与业务一体，优良作风、优质服务、优秀成果）党建工程，提高服务保障能力。

科教文卫体委员会 做好“积极推动实施优秀传统文化传承与创新工程”对口协商工作，省委宣传部在制定《山东省传承发展中华优秀传统文化工作方案》时充分予以吸收采纳。围绕“推进分级诊疗制度建设”开展调研，就“关于加快我省医药产业创新发展的建议”重点提案进行办理协商。组织各界别组结合自身特色和委员专长，就“优化济南市中小学资源配置”“推进企业开展国际科学技术合作”“推进我省马业发展情况”“我省小学素质教育开展情况”开展界别活动。就“关于加强中小学生法制和道德教育的建议”重点提案督办，有效促进了提案的办理落实。组织召开全省政协科教文卫体委员会工作座谈会，回顾总结本届各级政协科教文卫体委员会工作经验做法，研究探讨做好政协专委会工作的意见措施。

港澳台侨和外事委员会 围绕“深化与‘一带一路’沿线国家和地区经贸交流合作”和“扩大农业对外开放”开展重点调研，分别形成重点调研报告和《关于扩大开放释放动能转换潜力的调研报告》的综合报告。聚焦“放管服”改革，将《关于完善政务服务功能的建议》全会口头发言转化为港澳委重点提案，由分管副主席督办，推动建成省级政务服务中心。注重发挥港澳委员双重作用，组织召开住港澳委员恳谈会，引导委员参与山东新旧动能转换和“双招双引工作，听取意见建议。在港澳开展“双招双引”推介和文化交流活动。组织济宁、威海、菏泽三市向港澳各界介绍山东新旧动能转换和改善营商环境的务实举措。在澳门大学组织山东优秀传统文化体验交流活动，增进澳门各界对中华文化的认同。

社会法制委员会 承办十二届省政协第一次专题议政性常委会议，高质量完成“全面深化改革，激发新旧动能转换活力”建议案调研协商等各项任务，首开委员与省政府领导互动先河。承办首次建议案转化落实专题协商会，总结形成《建议案工作情况综合报告》。围绕“健全企业主体与社会保障相衔接的职工安置机制”“加强社会信用体系建设，完善跨地区、跨部门、跨领域的守信联合激励和失信联合惩戒机制”开展重点调研，围绕“推进社区依法治理与服务创新”开展调研和对口协商，围绕“加强高层建筑火灾防控工作”开展调研和界别协商。对省住建厅提案办理情况进行督查，对“关于加快无障碍环境标准化建设的建议”重点提案进行督办。修订委员会《工作指南》和《工作简则》。

民族和宗教委员会 突出思想政治引领，通过召开会议、编印学习资料、建立学习微信群、举办征文活动等形式，引导委员加强学习。围绕“创新监管模式，鼓励‘四新经济’加快发展”和“促进新型高端智库服务新旧动能转换”开展重点调研，围绕“加强基层宗教问题治理”进行专题调研，有关建议被省委统一战线工作领导小组《关于加强全省县（市、区）宗教工作的意见》采纳，围绕“推进民族团结进步创建工作进社区、进乡镇”开展对口协商，协助九三学社、医药卫生界别委员围绕“加强基层医疗机构建设，推动我省健康乡村工作”进行界别协商。组织民族宗教界委员开展“两看三强”活动。坚持委员联系和定期走访制度，积极参与民族宗教界节庆活动。

文史资料委员会 围绕“如何激发和保护企业家精神”和“如何健全现代文化产业体系和市场体系”开展重点调研，围绕“规范我省民办幼教事业发展”开展对口协商，深入开展“保护和促进老字号发展”界别协商，赴枣庄、聊城开展“大运河文化带建设”专题调研。组织委员外出学习考察“优秀乡土文化保护与传承”“近现代历史遗迹保护和利用”。做好《记忆山东》编辑出版工作，完成《山东改革开放亲历记》史料征集工作，确定《山河齐鲁多娇——山东概览》编撰方案。

委员联络工作委员会 就“‘海上粮仓’建设”“培养高素质实用型技能人才”开展重点调研，就“推动社会办医规范发展”“加强我省旅游特色小镇建设”开展对口协商和界别协商，就“发挥委员主体作用，完善委员履职联络服务”“完善委员履职统计系统，加强委员队伍建设”外出学习考察。积极做好住鲁全国政协委员联络服务，组织专题培训会议，组织委员参加“推进境外经贸区建设”调研座谈会、财政部工作座谈会、扫黑除恶座谈会；举行住鲁十二届全国政协常委和委员颁发纪念证牌仪式。修订《委员履职工作规则》，制定《省政协委员退出和暂停履职办法（试行）》，处理委员和群众来信441件、来电来访42批次。

【重要文件】

常委会工作报告（2018年1月24日）（摘要）

一、过去五年工作回顾

省政协常委会主要做了以下工作：（一）坚持以习近平新时代中国特色社会主义思想为指导，夯实团结奋斗的共同思想政治基础。五年来，共召开带有学习性质的党组会议和主席会议150余次、常委会议20次，举办政协讲堂和专题讲座40余期、委员学习培训班7期。（二）认真贯彻新发展理念，竭诚尽智助推实现走在前列。共开展调研视察190余次，形成报告160余份，立案提案4214件，大会发言795篇，反映社情民意信息2885篇，省领导同志批示590余件次。按照省委深改组部署，承担完成13项具体改革任务。（三）恪守人民政协职责，凝心聚力惠民生促团结增和谐。持续助力脱贫攻坚，就事关群众切身利益的现实问题加强监督推动，建立基层信息联系点。（四）依章依规有序推进，不断丰富政协协商民主实践。连续四年制定实施年度协商工作计划，完成协商议题121项，一批协商成果得到转化落实。（五）积极推动工作创新，持之以恒建机制打基础提效能。建立提案联合交办机制，建立与各民主党派省委、省工商联联席会议机制，制定修订规范性文件40余项，设立委员联络工作委员会。（六）高标准严要求加强履职能力建设。坚持以党的建设带动政协自身建设，省政协机关连续多年被评为省级文明机关。五年来，十一届省政协探索积累了宝贵经验和工作体会：必须高举习近平新时代中国特色社会主义思想伟大旗帜，把“四个意识”“四个自信”贯彻到政协履职全过程；必须坚持中国共产党的领导，确保坚定正确的政治方向；必须提升站位认真履职，围绕全省大局主动作为；必须不断推动创新，使政协工作永葆旺盛生机活力；必须秉持公心、诚心、真心，努力增进团结、画出最大同心圆；必须坚持抓落实、重实干、求实效，力求精准建言言之有物；必须倡树正风、弘扬正气、汇集正能量，着力营造一心一意干事创业的良好氛围。

二、新时代对人民政协的新要求

伟大的新时代，赋予人民政协新的使命和责任，要求人民政协新的作为和贡献。新时代要有新航标。新时代要有新气象。新时代要有新作为。

三、今年的工作建议

（一）深入学习贯彻习近平新时代中国特色社会主义思想，加强理论武装。（二）坚持中国共产党对政协工作的领导，确保正确政治方向。（三）聚焦大局协商议政，积极推动经济文化强省建设。（四）坚持以人民为中心的发展思想，为满足群众美好生活需要履职尽责。（五）充分发挥团结统战功能，为持续走在前列汇集广泛正能量。（六）适应新时代新任务，着力增强履职本领。

【组织概况】

主席当选名单

（2018 年 1 月 30 日政协第十二届山东省委员会第一次会议通过）

付志方

副主席当选名单

（2018 年 1 月 30 日政协第十二届山东省委员会第一次会议通过）

吴翠云（女） 郭爱玲（女）
赵家军 唐洲雁 王艺华 韩金峰
王修林 程 林 刘均刚

秘书长当选名单

（2018 年 1 月 30 日政协第十二届山东省委员会第一次会议通过）

王艺华

常务委员当选名单（按姓氏笔画为序排列）

（2018 年 1 月 30 日政协第十二届山东省委员会第一次会议通过）

于常青 于 毅 万永格 马志民
马志毅 马丽红（女，回族）
马 啸 王玉亮 王百忠 王成利
王兆连 王 军 王坤英（女）
王建森 王修歧 王 信
王晓嫚（女） 王效彤 王家惠
王淑梓（女） 王 琳（女，淄博）
王 琳（女，省直） 王 博
王富刚 王新力 王殿杰 毛方国
叶乐明 付廷安 曲 伟 曲 涛
吕 涛 吕盛昌 朱铭泉 朱新胜
刘凤岐 刘玉光 刘成文 刘 君
刘阿平 刘青砚 刘泽铭 刘建良
刘春宏（女） 刘炳国 刘晓东
刘爱丽（女） 刘梦海
刘喜欣（女） 刘敬锟 刘 甦
刘德增 安利国 许 健
许 敏（女） 孙 弋 孙广生
孙凤云（女） 孙录宝 孙 亮
严中华 李广雪 李世瑛 李传恒
李旭茂 李连祥 李国健
李国琳（女） 李建军
李 新（女） 杨永强
杨 丽（女） 杨丽丽（女）
杨学锋（回族） 连 方（女）
肖培树 吴卫平 吴霁雯（女）
辛显明 沈晓红（女） 宋守军
宋 焱（女） 宋新强 张士昌
张义泉 张开兴 张心骥 张兆明
张庆明 张志勉（女）
张 波（女） 张建宏 张 泉
张洪军 张艳霞（女，满族）
张 晓 张铁柱 张 望 陈向东

范友金　林　青（女）　欧润荣
罗新军　金德岭（回族）　周云平
周　杰　郇　梅（女）
郑　中（女）　郑　心（女）
郑和国　孟鸿声　孟富强　赵庆忠
赵胜村　赵　勇　侯风云（女）
侯桂华（女）　施教益
姜巧珍（女）　姜　明（女）
姜俊平　姜银浩　袁　良　袁俊平
徐青峰　徐恩虎　徐绥远
徐　清（女）　栾心勇
栾　奕（女）　高贤德　高　明
高　勇　高峰岗　高　歌（女）
郭建礼　郭建磊　唐　波
黄淑玲（女）　常朝晖　崔明德
崔建平　康志民　商怀君　宿　华
彭德洲　董方军　董利忠　韩　林
韩　萌（女）　程克红　傅永宽
释仁昌　蔡福安　翟世兰　潘振文
燕　翔　薛建英　魏　丽（女）
魏余秀　魏艳菊（女）

（郝海峰　**编写**　魏余秀　**审稿**）

政协河南省委员会

【全体委员会议】

十二届一次会议 1月22日至29日在郑州召开。会议应出席委员890人，实到委员854人。会议听取并审议了史济春副主席代表政协第十一届河南省委员会常务委员会所作的工作报告和张亚忠副主席所作的提案工作情况报告。与会委员列席了河南省十三届人大一次会议，听取并讨论了陈润儿省长所作的政府工作报告和其他报告。中共河南省委、省政府及有关部门负责同志到会听取委员发言。会议审议通过了《政协河南省第十二届委员会第一次会议政治决议》《政协河南省第十二届委员会第一次会议关于常务委员会工作报告的决议》《政协河南省第十二届委员会第一次会议关于提案审查情况的报告》。会议选举省政协主席1名、副主席9名、秘书长1名、常务委员162名。刘伟主席在闭幕会上作了讲话。会议认为，过去五年，中共河南省委高度重视政协工作，不断加强对政协工作的领导，召开省委政协工作会议，并就会议精神贯彻落实情况开展专项督查，出台中共河南省委《关于进一步加强人民政协工作的意见》《关于加强人民政协协商民主建设的实施意见》《关于加强和改进人民政协民主监督工作的实施意见》《关于进一步做好人民政协有关工作的通知》，专题研究政协年度重点协商议题，听取省政协党组工作汇报，研究解决政协工作的重大问题。省政协常委会在全国政协有力指导和中共河南省委坚强领导下，全面贯彻习近平新时代中国特色社会主义思想和中共十八大、十九大精神，坚持围绕中心、服务改革发展，坚持履职为民、促进民生改善，坚持团结联谊、凝聚智慧力量，坚持强基固本、推动工作创新，推进协商民主建设，加强民主监督工作，为全省经济社会发展作出了积极贡献，开创了政协事业发展新局面。十一届省政协在履职实践中探索积累了八个方面的工作体会。委员们认为，这些工作体会对做好政协工作具有重要指导意义，要在今后工作中坚持和发展。与会委员对政府工作报告和政协常委会工作报告给予充分肯定，表示作为新一届省政协委员，要不负重托、不辱使命，履职尽责、勇于担当，珍惜荣誉、树好形象，充分发挥优势作用，认真抓好各项部署落实。会议号召，全省各级政协组织、政协各参加单位和广大政协委员，要更加紧密地团结在以习近平同志为核心的中共中央周围，高举中国特色社会主义伟大旗帜，深入学习贯彻习近平新时代中国特色社会主义思想，在中共河南省委的坚强领导下，不忘初心，牢记使命，忠诚履职，奋发有为，努力向时代和人民交上一份满意答卷，为谱写中原更加出彩新篇章而不懈奋斗！

【常务委员会会议】

十一届第25次会议 1月16日至17日在郑州召开。会议应到183人，实到142人。会议认真学习了中央农村工作会议精神和省委十届五次全会、省委经济工作会议、省委农村工作会议精神。听取省政府领导同志关于我省经济社会发展情况的通报；听取了省政协十二届一次会议筹备工作情况的说明；审议通过了关于召开省政协十二届一次会议的决定、会议议程（草案）和会议日程；审议通过了政协十二届河南省委员会界别设置和委员名额的决定，通过了政协十二届河南省委员会委员名单。审议并原则通过了政协河南省委员会常务委员会工作报告并推举报告人；审议并原则通过了政协河南省委员会常务委员会提案工作情况的报告。会议还听取了省政协办公厅、各专门委员会关于过去五年工作总结的汇报（书面）；听取了省政协常委视察团、省政协委员视察团和住省辖市省政协委员考察团有关视察考察情况的报告（书面）。通过关于授权省政协主席会议审议十一届二十五次常委会议未尽事宜的决定。审议通过了有关人事事项；叶冬松主席在会议结束时作了讲话。

十二届第1次会议 1月29日在郑州召开。会议应到173人，实到153人。会议审议通过了关于设置专门委员会的决定和专门委员会主任、副主任名单，通过了常委会工作规则（修订案）、加强自身建设的意见和河南省政协2018年协商工作计划。刘伟主席在会议结束时讲了话。

第2次会议 4月3日至4日在郑州召开。会议应到177人，实到159人。会议学习了习近平总书记在全国“两会”期间的重要讲话和十三届全国人大一次会议、全国政协十三届一次会议精神，传达学习了王国生书记在省委常委扩大会议上的讲话精神。6名常委围绕我省乡村振兴战略、技能人才队伍建设、文化、医疗和教育等方面作了发言，21个单位和27名常委提交了书面发言材料，审议通过了有关人事事项。刘伟主席在会议结束时作了讲话。

第3次会议 7月5日至6日在郑州召开。会议应到177人，实到159人。会议传达学习了全国政协系统党的建设工作座谈会、全国政协十三届二次常委会议精神、省委十届六次全会暨省委工作会议精神。听取了省政协常委视察团关于南阳市推进精准脱贫攻坚工作视察情况的报告，围绕“推动经济由高速增长转向高质量发展”主题开展了专题议政。7名常委作了发言，14个单位和25名常委提交了书面发言材料。刘伟主席在会议结束时作了讲话。

第4次会议 9月19日至20日在郑州召开。会议应到177人，实到146人。会议传达学习了全国政协十三届三次常委会议精神，听取了省政协十二届一次会议以来提案办理情况的报告和2018年重点提案督办情况报告。省委常委、常务副省长黄强到会作了河南省打好污染防治攻坚战专题报告，会议围绕这一议题进行了专题议政，7名同志作了发言，52个单位或个人提交了书面发言材料。与会同志认真学习贯彻全国政协常委会议精神，围绕推动我省污染防治工作，进行深入的交流，提出了许多富有建设性的意见和建议。会议还印发了住豫全国政协委员视察团视察报告和住省辖市省政协委员跨市考察团考察报告。刘伟主席在会议结束时作了讲话。

第5次会议 12月6日至7日在郑州召开。会议应到177人，实到145人。会议传达学习了全国政协十三届四次常委会议精神，审议通过了《政协河南省委员会全体会议工作规则》《政协河南省委员会常务委员会工作规则》《政协河南省委员会专门委员会工作规则》《政协河南省委员会委员履职工作规则》《政协河南省委员会提案工作条例》。审议通过有关人事事项。刘伟主席在会议结束时作了讲话。

【专门委员会工作】

提案委员会 重视提案基础性工作，2018年共收到提案1189件，经审查立案1019件、立案提案已全部办结。全力助推“三大攻坚战”，走访省环保厅，助推污染防治攻坚战，组织召开防范化解重大风险攻坚战重点提案协商会，做好分管副主席联系贫困县联络服务工作。围绕沿黄生态产业带建设开展专题调研。密切对外联系交流。切实抓好党的建设。

经济委员会 注重加强自身建设，全面提升为民履职能力水平。围绕加快高新技术产业发展、大力发展现代金融和城市地下空间的综合开发利用等进行专题调研。就支持郑州建设国家中心城市进行视察，举办第十三届豫商大会和“5+2”经济合作活动、召开河南金融发展研讨会和全省政协经济委员会工作会议。参加大别山革命老区鄂豫皖三省政协主席座谈会，对产业扶贫实际效果进行跟踪问效，做好分管副主席联系贫困县的联系和服务工作。督办重点提案，推进提案办理落实。加强与全国政协及兄弟省区市政协经济委员会的联系。与省直相关部门和市县政协联系，进行经常性的工作沟通、信息交流和业务衔接。

农业和农村委员会 围绕常委会议政主题就确保我省农产品质量安全和畜禽养殖污染治理进行调研，聚焦我省乡村振兴战略和四大攻坚战赴省内外进行调研考察，提出意见建议。承办月协商座谈会、召开专题协商会议。做好重点提案督办，认真反映社情民意。协助分管副主席做好定点扶贫的联系服务工作，做好农业委员会办公室党支部联系贫困群众的帮扶工作。完成全国政协及兄弟省市政协来豫调研的接待服务工作。

人口资源环境委员会 组织召开省政协学习习近平生态文明思想座谈会，围绕“以高质量的对外开放推动经济高质量发展”主题进行调研。对我省大气污染防治攻坚战开展监督性调研，筹办黄河生态带建设月协商座谈会，举办沿黄九省（区）政协黄河生态带建设协商研讨第一次会议。认真督办重点提案、积极反映社情民意。做好全国政协和兄弟省市政协来豫学习调研的接待和服务工作。

教科卫体委员会 分别围绕建设美丽乡村健康乡村、国家区域精神医疗卫生中心建设和文化旅游融合发展等课题进行专题调研。精心组织促进学前教育健康发展月协商座谈会，对高招录取工作进行视察。督办重点提案，助力脱贫攻坚，组织书画展，弘扬中原书画艺术。加强与对口单位联系交流。全力配合全国政协来豫调研活动。

社会和法制委员会 组织召开提高就业质量和收入水平月协商座谈会。围绕加快产业转型发展，促进豫酒提质增效和加强农村人居环境整治，建设美丽乡村等专题开展调研。针对防范化解地方政府债务风险问题开展监督性调研。积极履行依法治省成员单位职责，多次参加有关会议。全力配合全国政协和兄弟省市政协来豫调研考察。

民族和宗教委员会 围绕我省贫困民族聚居地区脱贫攻坚和城市黑臭水体整治开展专题调研。组织召开佛教道教商业化月协商座谈会。组织医疗专家到贫困地区义诊讲学。到虞城县走访慰问困难群众。召开民族宗教委员会全体会议，利用多种方式促进民族团结宗教和睦。积极反映社情民意，认真督办重点提案。加强纵向横向联系沟通，促进委员会工作。

港澳台侨和外事委员会 召开港澳委员学习座谈会，和有关部门联合召开首届河南“五侨”服务“一带一路”建设座谈会，做好河洛文化研究会换届工作。组织港澳地区委员回豫视察调研。针对留学回国人员和新侨创新创业工作中存在的问题进行调研。激发港澳台侨委员爱心义举，助力镇平县脱贫攻坚，对上届捐赠项目竣工进行检查验收。到贫困地区进行慰问。赴兄弟省市学习考察，圆满完成外事接待工作。做好重点提案督办和反映社情民意信息工作。

文化和文史委员会 编辑出版《河南文史资料》6辑、《改革记忆——河南改革开放40年》史料图书三册，完成《南水北调中线工程纪实》史料图书编撰工作，征编出版《南水北调中线工程亲历记》。编印《学习参考资料》12期。报送社情民意信息9篇。组织委员围绕城市建设中文化遗产保护和利用、农业供给侧结构性改革和脱贫攻坚以及郑州铁路枢纽建设和客货运生产进行专题调研，并召开月协商座谈会。针对安阳殷墟大遗址的保护和利用开展监督性调研。召开全省政协文史资料工作会议，完善史料工作运行机制。重视与全国政协和各省级政协文史与学习工作的交流与协作。开展重点提案督办、做好脱贫攻坚工作。

委员联络委员会 召开月协商座谈会，围绕如何指导市县政协党建工作和加强对基层政协的联系和指导进行调研。针对常委会议政专题，就创新污染治理方式，推动农村生态环境可持续发展进行调研，提出对策和建议。分别召开省辖市政协主席座谈会和省辖市市县区政协工作委员会主任座谈会。参与督办重点提案，积极报送社情民意信息，认真统计全省政协组织情况。加强对市县政协工作的联系和指导。

【重要会议、活动】

戊戌年黄帝故里拜祖大典 3月30日，由河南省人民政府、政协河南省委员会、国务院台湾事务办公室、中华全国归国华侨联合会、中华全国台湾同胞联谊会、中华炎黄文化研究会等联合主办，郑州市人民政府、政协郑州市委员会、新郑市人民政府承办的戊戌年黄帝故里拜祖大典在新郑市隆重举行。来自30多个国家和地区的华人华侨以及国内社会各界人士近万人参加了拜祖大典。省长陈润儿作了热情洋溢的致辞，省政协主席刘伟主持，十届全国人大常委会副委员长、中华炎黄文化研究会会长许嘉璐恭读拜祖文。中华全国台湾同胞联谊会会长黄志贤，中共中央台湾工作办公室、国务院台湾事务办公室副主任龙明彪，中华全国归国华侨联合会副主席朱奕龙，中华炎黄文化研究会常务副会长张希清、常文光，中华炎黄文化研究会特别顾问赵德润；民革中央副主席兼秘书长李惠东，民盟中央副主席龙庄伟，民建中央副主席陈文华，民进中央副主席王刚，农工党中央副主席兼秘书长曲凤宏，致公党中央副主席张恩迪，九三学社中央副主席兼秘书长印红，全国工商联副主席黎昌晋等民主党派中央和全国工商联领导以及国家机关、有关省市区领导及社会各界代表出席大典。中国国民党前副主席蒋孝严应邀出席大典。省领导王国生、孙守刚、赵素萍、任正晓、孔昌生、马懿、穆为民、李文慧、王铁、徐济超、何金平、钱国玉、龚立群、张亚忠、高体健、谢玉安、张震宇等出席大典。郭庚茂、王全书等也出席了大典。

“5+2”经济合作活动 4月9日，由河南省政协主办、南阳市人民政府和河南省豫商联合会承办的2018年“5+2”经济合作活动在南阳市举行。省政协副主席龚立群，九届省政协副主席陈义初，省政协经济委员会主任孙新雷，省政协经济委员会副主任徐金柱，河南省豫商联合会副会长王玉英、张正林（兼秘书长）、杨志民，南阳市委副书记、市长霍好胜，市政协主席刘朝瑞，市人大副主任谢先锋，市政协副主席李建涛，以及商丘市政协副主席、市工商联主席、工信委主任刘明亮，驻马店市政府副秘书长邱新慧，信阳市商务局局长郭珂，周口市对外开放办公室副主任韩力等领导出席了本次活动。这次活动有160余名豫商代表参加，现场共有29个项目进行签约，这些项目涵盖先进制造业、高成长服务业和现代农业等领域，总投资额99.85亿元。

住港澳地区委员学习座谈会 4月11日至12日，河南省政协港澳委员学习座谈会在深圳举行。省政协副主席、九三学社河南省委主委张亚忠、省政协港澳台侨和外事委员会主任杨京伟，香港中联办协调部部长朱文，省政协副秘书长曹金强，港澳台侨和外事委员会副主任张春香、毕素勤出席会议。会议传达了习近平总书记参加十三届全国人大二次会议河南代表团审议时的重要讲话精神，通报了省政协港澳台侨和外事委员会2019年度工作计划，还共同学习了全国“两会”会议精神和刘伟主席在省政协十二届八次常委会议上的讲话精神。港澳委员围绕省政协工作、服务港澳繁荣稳定发展、履职尽责等情况进行座谈交流，魏兴斌、施荣怡、王尚卿、杨建阳、赖爱慧、李自松等港澳委员先后发了言。张亚忠对港澳委员的发言给予高度评价，感谢大家对河南发展的关心和支持。

视察南阳市精准脱贫攻坚工作 5月15日至16日，省政协主席刘伟率省政协常委视察团，到南阳市就脱贫攻坚开展视察。常委们深入桐柏县、南召县、卧龙区的13个乡镇19个村42个贫困户，详细了解他们家庭收支和实际困难，了解扶贫政策落实情况，听取群众意见诉求，深入月河镇“稻虾共作”、艾神艾草制品有限公司等，考察产业扶贫项目。视察团召开座谈会，听取南阳市脱贫攻坚情况汇报，与市县领导进行交流，就视察中发现的问题提出了意见建议。刘伟主席在座谈会上作了讲话。省政协副主席钱国玉、秘书长王树山，省扶贫办、省政府相关部门负责人一同参与视察。

人民政协工作理论研讨会 7月20日，河南省政协习近平总书记关于加强和改进人民政协工作的重要思想理论研讨会在郑州市召开。全国政协副主席张庆黎出席会议，对全省政协系统学习研讨取得的成效给予充分肯定并作出指导。省政协主席刘伟在总结讲话中就全省政协系统深入持久抓好学习研讨活动，不断以理论大学习、思想大武装促进工作质量大提升，提出了明确要求。12位同志作了大会发言，畅谈学习体会，介绍研讨成果，提出意见建议，获得了与会同志的认可和好评。

第十三届豫商大会 8月28日至29日，由河南省政协主办，驻马店市政府、省商务厅、省工商联、省侨联、省豫商联合会共同承办的第十三届豫商大会在驻马店市召开。会议期间，举办了开幕式、主题论坛、豫商商会秘书长圆桌会议、人工智能与区块链——全球豫商成长论坛、坚守与展望——新豫商改革发展论坛、产业模式创新与高质量发展国际研讨会等专题活动以及驻马店市情专场说明会。本届大会以“相聚天中，共赢未来”为主题，共邀请127家国内异地商会和20家海外商会代表近1700人参加。大会共签约合作项目62个，合同总额399.3亿元，涉及食品加工、机械制造、服装加工、文化旅游、社会事业、仓储物流、化工等领域。

举办国际华商节 10月17日，第七届中国商丘·国际华商节在商丘市隆重举行。本届华商节由河南省政协、中华全国归国华侨联合会主办，商丘市人民政府、中国侨商联合会、河南省工商业联合会、河南省归国华侨联合会承办。节会的主题是：“齐聚华商源、共筑中国梦、争做出彩人。”来自37个国家和地区的华人社团代表，美国、加拿大、澳大利亚、马来西亚、墨西哥、比利时等地知名侨领、华商代表，国内外知名企业家代表，台湾、香港、澳门等地客商代表参加了本届华商节。据了解，此次活动共签约项目101个，项目资金达500亿元，其中宁陵县签约10个项目，项目资金达81.9亿元。睢县签约10个项目，合同金额100多亿元。省政协主席刘伟、中国侨联副主席齐全胜、省委常委、统战部部长孙守刚，副省长刘伟等出席活动。

住港澳地区委员赴商城县视察 10月18日，省政协港澳台侨和外事委员会组织住港澳地区省政协委员到商城县黄柏山管理处枣树榜村视察。省政协副主席张亚忠参加视察。委员们参观了枣树榜村精准扶贫爱心超市及村部文化广场，商城县政协主席润道宏介绍了该村的基本情况及脱贫攻坚工作。随后，委员们来到省政协住港澳地区委员捐赠的枣树榜扶贫康养中心，看望康养老人并为30位老人送上3万元慰问金。省政协张亚忠副主席、港澳台侨和外事委员会主任杨京伟和住港澳地区委员代表丁剑先生分别与高龄老人、鳏寡孤独老人亲切交谈，为他们送上祝福。

庆祝改革开放40周年书画展 11月27日，由省政协主办的“争做新时代出彩河南人——庆祝改革开放40周年书画展”在省美术馆开幕。省政协主席刘伟，副主席钱国玉、周春艳、谢玉安和秘书长王树山出席开幕式。书画展共展出130幅作品，书法作品中行、草、隶、篆、楷诸体皆备，各具特色，国画作品中人物、山水、花鸟题材丰富，各擅其长，反映了我省40年波澜壮阔的改革开放历程，展示了文艺工作者学习贯彻习近平新时代中国特色社会主义思想的创作成果。

鄂豫皖三省政协书画联展 10月31日，鄂豫皖三省政协共同举办的“情系大别山”主题书画展在全国政协礼堂开幕。活动得到了众多艺术名家的热烈响应。2018年7月29日至8月3日，鄂豫皖三省政协组织30余名书画家赴湖北红安、麻城、罗田、英山等县市，联合开展“情系大别山”调研采风活动。炎炎烈日下，书画家们瞻仰烈士陵园、踏访革命遗址，走访慰问红军后代、基层干部和老区群众。大家白天外出采风写生，晚上座谈交流，围绕红色旅游、绿色发展及文化建设协商建言。他们向湖北革命老区基层组织和群众捐献了100余幅书画作品。这些作品回顾峥嵘岁月，弘扬大别山精神，传承大别山文化，讴歌了时代壮举。

鄂豫皖三省政协主席座谈会 11月13日，大别山革命老区鄂豫皖三省政协主席座谈会在湖北省红安县召开。湖北省政协主席徐立全主持会议，河南省政协主席刘伟、安徽省政协主席张昌尔出席并讲话。与会同志围绕实施国务院批复的《大别山革命老区振兴发展规划》，介绍情况、交流经验、畅谈协作，为大别山革命老区精准扶贫脱贫、助推经济社会发展献计出力。全国政协农业和农村委员会副主任陈晓华和国家有关部委同志到会指导并讲话。湖北省委副书记、武汉市委书记马国强致辞。湖北省政协副主席彭军、河南省政协副主席龚立群、安徽省政协副主席郑永飞作了交流发言。与会同志在红安县实地考察了脱贫攻坚工作。河南省政协秘书长王树山出席座谈会。

视察省法院决战决胜“执行难” 11月16日，省政协副主席周春艳带领省政协委员视察团，就省高级人民法院决战决胜“执行难”进行视察调研。视察团一行来到省高级人民法院信息集控中心、诉讼服务中心，视察智慧法院建设、信息化办案、便民立案服务等工作。在随后召开的座谈会上，省高级人民法院院长胡道才介绍了全省法院决战决胜“执行难”情况，视察团就强制执行与规范执行相结合、切实保障胜诉当事人合法权益等提出意见建议。周春艳在座谈中表示，省政协委员要履行好职责，多为人民法院建睿智之言、献务实之策，发挥好政协在促进司法公正中的民主监督作用。

视察郑州建设国家中心城市 11月26日，省政协主席刘伟，率领省政协常委视察团赴郑州，就相关单位“支持郑州建设国家中心城市”开展视察。视察团先后实地考察了北龙湖金融岛、上汽乘用车生产基地、中铁装备集团、“四个中心”建设现场，并召开视察工作座谈会。座谈会上，省发改委、住建厅和郑州市负责同志介绍了有关情况，省政协常委孙新雷、郝敬红、杨士海作了发言，围绕建设城市文化、优化产业结构、增强辐射带动能力、建设区域金融中心、提升土地资源利用率、加强生态环境建设等提出意见建议。省委常委、郑州市委书记马懿，省政协副主席龚立群、秘书长王树山，以及郑州市有关领导参加视察。

沿黄九省（区）政协黄河生态带建设协商研讨会 12月12日至13日，由全国政协指导和支持、河南省政协发起并主办的沿黄九省（区）政协黄河生态带建设协商研讨第一次会议在河南省郑州市召开。省政协副主席钱国玉主持开幕会，全国政协人口资源环境委员会副主任姜大明、省政协主席刘伟出席会议并致辞；省委常委、省人民政府常务副省长黄强，水利部黄河水利委员会副主任苏茂林就河南经济社会发展和黄河生态建设情况作了简要介绍。省政协副主席周春艳就黄河河南省的情况作专题发言，山西省政协、内蒙古自治区政协、山东省政协、四川省政协、陕西省政协、青海省政协、宁夏回族自治区政协的领导同志出席会议并发言。全国政协人口资源环境委员会、沿黄九省（区）政协人口资源环境委员会、河南省发展改革委、河南省政协办公厅、河南省沿黄省辖市政协和部分县市政协等相关单位负责同志参加了会议。会议一致同意，搭建联动平台，多方共同呼吁，推动黄河生态带建设纳入国家战略。会议商定，沿黄省（区）政协以后每年根据推进情况适时召开协商研讨会议，继续围绕黄河生态带建设的重大问题进行研究探讨，为黄河流域地区的生态环境保护和经济社会发展贡献政协力量。

【重要文件】

常委会工作报告（2018年1月22日）（摘要）

一、过去五年工作回顾

过去五年，在省委的坚强领导下，省政协全面贯彻习近平新时代中国特色社会主义思想和中共十八大、十九大精神，坚持围绕中心、服务改革发展，坚持履职为民、促进民生改善，坚持团结联谊、凝聚智慧力量，坚持强基固本、推动工作创新，推进协商民主建设，加强民主监督工作，为全省经济社会发展作出了积极贡献，开创了政协事业发展新局面。（一）加强理论学习、突出思想引领，政治基础更加巩固。一是深入学习贯彻习近平新时代中国特色社会主义思想和中央重要会议精神。二是认真学习习近平总书记关于政协工作的新要求，贯彻落实中央新部署。三是自觉接受省委领导，确保省委决策部署在政协得到贯彻落实。四是坚定走中国特色社会主义政治发展道路，切实筑牢共同思想政治基础。（二）聚焦中心工作、服务全省大局，助推发展成效显著。一是助推产业结构优化升级。先后就建设先进制造业大省、建设高成长服务业大省、金融业创新、实施大数据发展战略等开展协商议政，就实施高标准良田“百千万”工程、电子商务产业发展、旅游产业发展等进行视察调研，助力产业迈向中高端水平。二是助推创新驱动发展。组织委员围绕创新驱动发展、郑洛新国家自主创新示范区建设、发挥科技创新引领作用等协商讨论，提出壮大创新主体、提升载体平台、健全体制机制等建议。三是助推新型城镇化建设。围绕城镇化进程中的农民转移就业、城镇基本公共服务全覆盖等专题调研，围绕百城建设提质工程、城市管理执法体制改革等协商议政，推动城镇化更有质量、更加健康发展。四是助推基础能力建设。就“米”字形高速铁路网建设、中原城市群交通一体化、优先发展城市公共交通等开展调研协商，就产业集聚区建设等进行视察，为夯实发展基础献计出力。五是助推战略规划实施。邀请著名专家学者来豫座谈研讨，组织住豫全国政协委员联名提案，力推“三区一群”等上升为国家战略，并及时向省委省政府提出更加注重发挥国家战略叠加效应等建议。建立豫鄂皖三省政协主席座谈会机制，合力助推国务院《大别山革命老区振兴发展规划》出台。专题研究“十三五”规划编制，提出的25项意见建议，得到吸收采纳。六是助推深化改革扩大开放。围绕供给侧结构性改革、混合所有制经济改革、财税体制改革等召开协商座谈会，围绕提升郑州航空港经济综合实验区建设水平、融入“一带一路”、申建河南自贸区、建设跨境贸易电子商务综合试验区等深入调研，筹办豫商大会、“5+2”经济合作，积极服务全面深化改革和打造内陆开放高地。七是助推全面依法治省。就全面推进依法治省召开常委会议专题议政，围绕深化司法体制改革、道路交通安全法实施、民营企业法治环境建设等召开座谈会，参与依法治省有关文件起草，为构建良好法治环境务实建言。（三）践行为民宗旨、关注群众期待，服务民生积极作为。一是积极助力脱贫攻坚。召开精准扶贫精准脱贫专题议政性常委会议，围绕“三山一滩”地区扶贫开发连续开展6次调研协商活动，组织视察市县脱贫攻坚情况，提出9个方面153条建议，推动相关政策落实和问题解决。举办扶贫开发金融对接会，促成签约金融支持项目88亿元。动员委员开展对口帮扶、结对帮扶，落实各类项目资金、组织捐资捐物近13亿元。二是推动解决民生问题。围绕教育体制改革、职业教育和技能培训等调研协商，助推教育均衡发展；围绕全民健身与全民健康深度融合、公立医院综合改革等协商议政，促进健康中原建设；围绕推进医养结合、发展健康养老服务业等专题座谈，为应对老龄化社会出谋划策；围绕完善公共文化服务体系、非物质文化遗产保护利用等视察调研，助力更好满足群众文化需求。三是关心帮助困难群体。引导和支持委员开展“三下乡”“四进社区”活动，向贫困家庭、弱势群体献爱心。组织医药卫生专家义诊讲学，为贫困地区群众义诊6300余人次。（四）完善协商机制、规范协商活动，协商民主扎实推进。深入贯彻中央推进协商民主建设的重大部署，按照省委要求，积极探索、研讨交流，推动实践政协协商民主。一是着力完善协商机制。二是选准选好协商议题。三是认真组织协商活动。五年来，共组织各类协商议政活动162次，参与委员和各界人士代表2630人次，报送专题议政情况报告20期、协商专报81期，较好发挥了协商民主重要渠道和专门协商机构作用。（五）着眼促进工作、推动政策落地，民主监督取得实效。按照中央关于政协民主监督工作的部署，协助省委出台实施意见，深化民主监督实践，推动党委政府政策落地，改进相关工作。一是不断深化认识。二是持续改进方法。三是逐步增强实效。（六）密切交流合作、凝聚智慧力量，团结联谊广泛拓展。充分发挥政协爱国统一战线组织作用，广泛团结各党派团体和各族各界人士，为中原更加出彩凝聚人心、汇聚力量。一是搭建合作共事平台。二是促进民族团结宗教和睦。三是增进港澳台侨同胞联谊。四是不断扩大团结面。（七）改进方式方法、注重求实求效，履职工作活跃有序。坚持以改革创新精神做好各项工作，履行职能形式更加活跃、组织更加有序、成效更加明显。一是改进视察调研工作。二是持续加强提案工作。三是强化反映社情民意信息工作。四是创新文史资料征编出版工作。（八）抓好自身建设、增强履职能力，工作水平持续提升。适应全面深化改革要求，大力推进履职能力建设，提高政协工作制度化规范化程序化水平。一是切实加强党的建设。二是加强委员队伍建设。三是提升机关服务保障能力。四是密切与各级政协联系合作。

二、五年来工作的经验体会

五年来，十一届省政协把握新形势、落实新部署、研究新情况、解决新问题，在履职实践中探索积累了一些好的经验和工作体会。（一）高举习近平新时代中国特色社会主义思想光辉旗帜，才能引领政协工作的正确方向。（二）始终坚持党的领导，才能保证政协工作的行稳致远。（三）牢牢把握性质定位，才能体现政协工作的特色优势。（四）主动融入全省大局，才能拓展政协工作的广阔空间。（五）积极践行为民理念，才能彰显政协工作的价值追求。（六）深入推进协商民主，才能发挥政协工作的职能作用。（七）不断推进改革创新，才能永葆政协工作的生机活力。（八）持续加强自身建设，才能打牢政协工作的坚实基础。

三、今后五年的工作建议

未来五年，是我省决胜全面建成小康社会、开启新时代全面建设社会主义现代化新征程的关键时期。新一届省政协要以习近平新时代中国特色社会主义思想为指导，全面贯彻落实党的十九大精神，在省委的坚强领导下，坚持稳中求进工作总基调，坚持高质量发展根本要求，围绕统筹推进“五位一体”总体布局和协调推进“四个全面”战略布局，聚焦全省“三大攻坚战”和重点任务，把握政协性质定位，突出团结民主主题，着力服务全省大局，着力增进民生福祉，着力完善协商民主，着力开展民主监督，着力做好团结联谊，着力加强自身建设，为开启新时代河南全面建设社会主义现代化新征程作出新贡献，谱写政协事业发展新篇章。（一）深入学习贯彻习近平新时代中国特色社会主义思想。（二）全面加强中国共产党对政协工作的领导。（三）聚焦全省中心任务咨政建言。（四）围绕人民美好生活需要献计出力。（五）更好发挥政协协商民主作用。（六）进一步加强民主监督工作。（七）广泛凝聚社会各界智慧和力量。（八）持续推进履职能力建设。

【组织概况】

主席当选名单

（2018 年 1 月 29 日 河南省政协十二届一次常委会议通过）

刘　伟

副主席当选名单（按姓氏笔画为序排列）

（2018 年 1 月 29 日 河南省政协十二届一次常委会议通过）

刘炯天　李英杰　张亚忠　张震宇
周春艳（女）　钱国玉　高体健
龚立群　谢玉安

秘书长当选名单

（2018 年 1 月 29 日 河南省政协十二届一次常委会议通过）

王树山

常务委员当选名单（按姓氏笔画为序排列）

（2018 年 1 月 29 日 河南省政协十二届一次常委会议通过）

马文章　马四海　马仰峡　马志成
马建军　马葆青　王　丽（女）
王　剑　王　惠（女）　王仁荣
王克俊　王尚卿　王海云（女）
王清义　王新生　王黎生（女）
毛德富　石聚领　申金山　白振勇
冯玉梅（女）　司毅铭　巩国顺
吕心阳　吕国范　吕明义　朱云卿

朱彤晖（女） 乔学达 刘五一
刘应安 刘明亮 刘建发
刘荣阁（女） 刘海潮 米 闹
安石柱 孙 黎（女） 孙玉宁
孙新雷 苏添平 李 芳（女）
李 翔 李万顺 李文斌
李利英（女） 李忠榜
李金枝（女） 李庚香 李柳身
李素云（女） 李莉荣（女）
李智民 李瑞霞（女） 李新有
李德才 李德民 杨 杰（女）
杨士海 杨正超 杨丽萍（女）
杨京伟 杨雪琴（女） 杨冀州
肖宏滨 何 彧 何白鸥 何建中
库凤霞（女） 汪德峰 沈钊昌
宋松继 宋崇江 张 弓
张 玲（女） 张书芬（女）
张电子 张志刚 张利芳（女）
张春香（女） 张继敬
张淑杰（女） 张景林
张巍巍 陆咏歌
阿 颖（女，维吾尔族） 陈 南
陈 淮 陈义生 陈志民 陈培元
邵 丽（女） 邵华磊（女）
武卫东 苗 琛 苗拥军
苗树群（女，满族） 林大辉
罗伟民 岳爱云（女，回族）
周 建 周 勇 周保林
周新萍（女） 郑高飞 赵万俊
赵立华（女） 赵明皞 赵学庆
赵铁军 赵淑红（女）
郝 伟（女） 郝敬红 胡汉阳
胡保珍（女） 胡葆森
胡新峰（女） 柳锋波
拜玉堂（回族） 修振环
侯合柱 施荣怡 姜 俊 栗社臣
贯占波 贾瑞琴（女，回族）
钱 伟 钱晓玲（女） 徐元鸿
徐胜杰 高团吉 高李丽（女）
高晓阳 高雅玲（女） 郭天财
郭旭东 唐玉宏 黄红霞（女）
黄耀春 曹 奎 曹金强
章锦丽（女） 寇怀忠
董锦燕（女） 董撵群
韩彦莉（女） 程日盛 程国平
程相朝 程新华 焦红艳（女）
释永信 童孟进（回族）
蔡根喜 臧卫东 熊静香（女）
潘克勤 穆宏地 魏小杰（女）
魏兴斌 魏险峰

市政协主席变动情况

南阳市

张生起（2018 年 9 月 29 日当选）
刘朝瑞（2018 年 9 月 29 日不再担任）

平顶山市

黄庚倜（2018 年 9 月 29 日当选）
（2018 年 9 月 29 日不再担任）

焦作市

杨娅辉（2018 年 9 月 28 日当选）
秦海彬（2018 年 9 月 28 日不再担任）

洛阳市

杨炳旭（2018 年 9 月 29 日当选）
刘应安（2018 年 9 月 29 日不再担任）

（牛海棠 **编写** 张丛乐 **审稿**）

政协湖北省委员会

【全体委员会议】

十二届一次会议 1月23日至28日在武汉召开。委员们认真学习习近平新时代中国特色社会主义思想和中共十九大精神，认真讨论省政府工作报告和省政协常委会工作报告等文件，深入协商议政，积极建言献策，广泛凝聚共识。会议号召全省各级政协组织、政协各参加单位和全体政协委员，更加紧密团结在以习近平同志为核心的中共中央周围，高举中国特色社会主义伟大旗帜，以习近平新时代中国特色社会主义思想为指导，在中共湖北省委坚强领导下，不忘初心、牢记使命、开拓创新、奋发作为，为我省加快"建成支点、走在前列"进程、决胜全面建成小康社会、全面建设社会主义现代化强省作出新的更大贡献。中共湖北省委书记蒋超良，省委副书记、省长王晓东，省委副书记、武汉市委书记陈一新到会祝贺，并在主席台就座。蒋超良代表中共湖北省委在开幕会上讲话。徐立全向大会作工作报告。许克振向大会报告了十一届省政协的提案工作。陈天会主持开幕大会。会议期间，举行了两场委员发言大会，蒋超良、王晓东分别到会听取意见建议并讲话，对委员发言进行了回应交流，王兆民、黄艳、韩民春等26名委员分别代表有关党派、人民团体或委员个人，就让民企成为创新策源地、推进长江经济带绿色发展、加快湖北自贸区发展、唤醒规则意识、倡导实干新风等方面的主题作了大会口头发言。省领导分四个小组参加了联组讨论，听取意见和建议，洪再林、刘建平、叶丽娅等16位委员，围绕大别山革命老区振兴发展、湖泊治理、精准扶贫、创新平台建设、康养产业发展、大数据战略实施等分别提出建议，省直有关部门负责同志现场回应。会议选举徐立全为省政协主席，张柏青、郭跃进、李兵、马旭明、彭军、张维国、杨玉华、秦顺全、王红玲为副主席，翟天山为秘书长，丁广鑫等134名同志为常务委员。

【常务委员会会议】

十一届第21次会议 1月18日在武汉召开。省政协党组书记徐立全出席会议并讲话。省政府副省长周先旺通报2017年全省经济工作情况，省政府办公厅负责同志通报省政协十一届五次会议以来提案办理工作情况。会议审议通过省政协十二届一次会议的系列文件。省政协常务副主席陈天会主持会议，副主席王振有、许克振、肖旭明、张柏青、郭跃进、田玉科，武汉市政协主席胡曙光，省政协秘书长翟天山出席会议。

十二届第1次会议 1月29日在武汉召开。省政协主席徐立全主持并讲话。会议强调要担负起历史和时代赋予的责任，把习近平新时代中国特色社会主义思想作为统揽各项工作的总纲，不辱使命、不负重托，创新发展、务实重行，不断开创新时代政协工作新局面。会议审议通过政协湖北省第十二届委员会副秘书长名单，政协湖北省第十二届委员会专门（工作）委员会设置的决定，政协湖北省第十二届委员会各专门（工作）委员会主任、副主任名单。省政协副主席张柏青、郭跃进、李兵、马旭明、彭军、张维国、杨玉华、王红玲，秘书长翟天山出席会议。

第2次会议 4月25日至26日在武汉召开，聚焦"加快新旧动能转换，深化供给侧结构性改革"协商议政。会议强调要认真贯彻习近平总书记"发展是第一要务，人才是第一资源，创新是第一动力"的重要指示，按照中央和省委对加快新旧动能转换、推动高质量发展的部署要求，深入调查研究、务实建言资政，为推动我省高质量发展贡献智慧和力量。会议传达学习了中共十九届三中全会精神和全国

“两会”精神，进行了大会发言和小组讨论。省政协主席徐立全主持开幕会并在闭幕会上讲话。省委常委、常务副省长黄楚平到会通报我省有关情况。江利平等分别代表省政协有关专委会、省民主党派、省工商联发言，就数字经济与实体经济融合发展、科技成果转化和产业化、实体经济转型升级、新旧动能转换、创新链资金链深度融合、智能制造、降低隐性制度性交易成本等建言献策。省发改委等有关部门现场回应委员们的意见建议。省政协副主席张柏青、马旭明、彭军、张维国、杨玉华，武汉市政协主席胡曙光，省政协常委吴海涛，省政协秘书长翟天山出席会议。

第3次会议 7月27日至28日在武汉召开，聚焦“围绕实施质量强农战略，深化农业供给侧结构性改革”协商议政。会议强调要认真学习贯彻习近平总书记关于“三农”工作重要度论述思想和视察湖北重要讲话精神，立足新时代高质量发展，认清形势，提升质效，务实建言，为湖北实施质量强农战略凝聚共识、凝聚人心、凝聚力量。会议传达学习习近平总书记视察湖北重要讲话精神，以及省委十一届三次全体（扩大）会议精神，进行大会发言和小组讨论。省政协主席徐立全主持开幕会并在闭幕会上讲话。省政府相关负责人到会通报有关情况。王红玲等分别代表省政协有关专委会、省民主党派、省工商联以及地方政协发言，就促进气候智慧型农业发展、夯实农产品质量安全基础、实施农业品牌提升行动、推进我省地理标志产业高质量发展、做大做强湖北茶产业、大力培育新型职业农民、大力发展生态农业、推动城市资本下乡等建言献策。省农业厅等有关部门现场回应委员们的意见建议。省政协常务副主席李兵，副主席张柏青、郭跃进、马旭明、彭军、张维国、杨玉华、秦顺全、王红玲，武汉市政协主席胡曙光，省政协常委吴海涛，省政协秘书长翟天山出席会议。

第4次会议 11月8日至9日在武汉召开，聚焦“防范化解金融风险，更好服务实体经济”协商议政。会议强调要以习近平新时代中国特色社会主义思想武装头脑，保持信心、坚定决心，切实把思想和行动统一到中央和省委对当前经济形势的研判和决策部署上来，围绕防范化解金融风险、更好服务实体经济凝聚共识、献计出力。省政协主席徐立全主持开幕会并在闭幕会上讲话。省政府副省长杨云彦到会通报我省有关情况。丁广鑫等分别代表省政协有关专委会、省民主党派、省工商联以及地方政协发言，就防范化解企业债务风险、构建互联网金融监管长效机制、防范地方融资平台债务风险、防范和处置非法集资、规范发展资本要素市场体系、应对融资难融资贵、贯彻落实积极的财政政策、提升担保支持实体经济发展能力等建言献策。省政府金融办等有关部门现场回应委员们的意见建议。省政协常务副主席李兵，副主席张柏青、郭跃进、马旭明、彭军、张维国、秦顺全、王红玲，武汉市政协主席胡曙光，省政协常委吴海涛，省政协秘书长翟天山出席会议。

【专门委员会工作】

提案委员会 注重自身业务能力的提高和对市州政协的业务指导。分别召开省政协提案委员会全体会议和全省政协提案工作座谈会，传达贯彻习近平总书记关于加强和改进人民政协工作的重要思想，特别是关于提案工作的重要指示，围绕提高提案质量、加强提案办理协商、增强提案办理实效等方面的做法和经验进行了交流。加强重点提案的组织策划，围绕“三大攻坚战”等，主动开展重点提案策划遴选，提请省委书记、省长、省政协主席分别督办涉及精准脱贫、防范化解重大风险、污染防治等三个方面的重点提案，遴选出77件围绕省委省政府的中心工作和人民群众普遍关注的民生类提案，呈请其他省领导遴选督办。承办“深化‘五链’融合，推动我省生物产业高质量发展”月度专题协商会。不断健全完善工作制度，制定出台《十二届省政协提案委员会工作简则》《省政协提案审查实施细则》《省政协提高提案质量的实施办法》。

经济委员会 加强党的建设，坚持正确政治方向。坚持把政治建设摆在首位，经济委员会分党组重点学习领会习近平新时代中国特色社会主义思想和党的十九大精神以及习近平总书记关于加强和改进人民政协工作的重要思想、习近平总书记在庆祝改革开放40周年大会上和视察湖北时的重要讲话精神，引领专委会全体委员。围绕发展主题，提升建言资政质量。承办“加快新旧动能转换，深化供给侧结构性改革”常委会议，举办省政协促进高质量发展座谈会，承办了大别山革命老区鄂豫皖三省政协主席座谈会第七次会议，召开“着力改善营商环境、促进民营经济发展”界别协商座谈会，组织召开了“加强名优品牌建设、促进乡村产业振兴”对口协商座谈会。注重凝聚共识，发挥团结统战功能。构建与省级民主党派、省工商联紧密联系机制，与省民主党派、工商联联合承担有关调研和课题；构建与党政部门经常性联系机制，就经济领域工作与党政有关部门定期沟通联系；构建与有关智库、团体的协作机制，邀请武汉大学等大专院校和研究机构的专家学者参加调研；加强与党外知识分子、非公有制经济人士、新的社会阶层人士的团结交流。

人口资源环境委员会 把政治理论学习摆在委员会各项建设的首位。坚持用习近平新时代中国特色社会主义思想武装头脑，开展习近平总书记关于加强和改进人民政协工作的重要思想理论研讨活动，增强“四个意识”，坚定“四个自信”，做到“两个维护”。全方位组织实施省政协重点协商议政活动“湖北汉江流域水污染防治”专项民主监督。在9个月的时间里，深入湖北汉江流域全部10个市（林区），实地查看55个现场，召开10多次监督座谈会，寻找问题、发现问题、研究问题，深入分析问题原因，形成“一总五专”6份监督意见。精心组织协调以“实施质量强农战略、推进我省农业供给侧结构性改革”为主要议题的省政协常委会议。组织19个专题调研组，协调委员个人调研，深入基层、深入群众，形成调研考察报告22篇。坚持以人民为中心的发展思想，聚焦人口资源环境工作中群众普遍关心的热点难点问题，协商议政，建言献策。就“加强国家公园建设、促进生物多样性保护”问题，召开对口协商座谈会。就“打好荆楚蓝天保卫战”问题，组织委员开展视察。完善向省政协党组分管领导汇报工作制度、分党组集体学习制度、分党组集体领导制度、分党组负责同志参加双重组织生活制度等，不断推进分党组工作的制度化、经常化。

教科文卫体委员会 坚持把政治理论学习和思想作风建设摆在分党组工作的首位，组织分党组成员深入学习习近平新时代中国特色社会主义思想和党的十九大精神、习近平总书记视察湖北的重要讲话精神和习近平总书记关于加强和改进人民政协工作的重要思想，进一步增强“四个意识”、坚定“四个自信”、做到“两个维护”，不断提高政治站位。探索开展网络议政，承办“优化高校毕业生就业创业环境，助推‘我选湖北’计划实施”月度专题协商会，联合有关媒体，开通“网络议政厅”，邀请政协委员与广大网友在线互动交流。首次探索开展远程协商议政工作，在承办“聚焦深度贫困，保证脱贫质量”月度专题协商会时，在省政协设立主会场，在十堰市政协和宜昌市分别设立分会场，组织省市县三级政协委员就扶贫攻坚的共同议题进行在线协商，并向社会公开直播。围绕“加快新旧动能转换，深化供给侧结构性改革”议题，组织委员深入调研，形成了《关于促进企业创新能力提升的建议》。组织省政协部分委员和书画名家深入大别山区开展调研采风，出版“情系大别山”书画作品集，在全国政协礼堂成功举办鄂豫皖三省政协“情系大别山”主题书画展。对口联系教育、科技、科协、医卫、体育五个界别，组织界别委员开展相关活动。

社会和法制委员会 强化思想政治引领，以理论大学习推动思想大武装，认真组织学习习近平总书记关于加强和改进人民政协工作的重要思想，组织对新政协章程的学习，推动委员积极参加委员集中学习培训、专题研讨班、常委会专题报告会和委员会自身组织的各类学习，以习近平新时代中国特色社会主义思想武装头脑，引导委员增强“四个意识”，坚定“四个自信”、做到“两个维护”。承办“完善住房租购并举制度发展住房租赁市场”月度专题协商会，形成13份建言成果和1份综合情况报告。承办省政协十二届四次常委会议，聚焦“防范化解金融风险更好服务实体经济”议题组织开展协商议政，形成调研报告29份。围绕“扫黑除恶专项斗争”开展委员视察，就重点地区、重点行业、重点领域开展扫黑除恶专项斗争、打击“保护伞”、加强基层组织建设、健全工作机制等开展监督、提出意见建议。围绕我省“司法责任制综合配套改革工作”开展调研，提出“规范员额管理、完善办案机制、优化组织机构、保障政策落地、推进多元解纷”等五个方面的建议。组织委员和法律顾问组，就《湖北省法官检察官惩戒工作办法（试行）》《湖北省天然林资源保护条例》《湖北省河道采砂管理条例》《湖北省实施〈中华人民共和国反家庭暴力法〉办法》《〈无障碍环境建设条例〉管理办法》等征求意见稿、建议稿及审修稿提出修改意见、建议。

民族和宗教委员会 加强党的建设，深入学习贯彻习近平新时代中国特色社会主义思想特别是习近平总书记关于加强和改进人民政协工作的重要思想，增强“四个意识”、坚定“四个自信”、做到“两个维护”，认真承办省政协“发挥生态资源优势，发展健康养生产业”月度专题协商会，重点围绕创新体制机制、加强规划引领、发挥资源优势、注重融合发展、加强监管等方面提出对策建议。积极参与省政协两次议政性常委会议及有关月度专题协商会的专题调研，提交了《加强乡土人才队伍建设，推进民族乡村振兴》《以政府接盘推进、托底追索模式化解涉房上游问题信访事项》和《关于加快新旧动能转换的思考与建议》等3份调研报告。密切与省政协少数民族界和宗教界委员及代表人士的联系，坚持在重大节日走访慰问制度。组织省政协少数民族界和宗教界界别活动，开展“道医与道教文化”主题活动。加强对市州政协民族和宗教委员会工作的指导，到市州县调研时，注意与基层政协民族宗教委员会交流，提供工作指导。认真修订《民族宗教政策法律知识手册》。

文史和学习委员会 完成南水北调中线一期工程史料图书征集工作。组织撰写有关文史稿件40多篇、20多万字。牵头开展“国民政府军事委员会政治部第三厅史料”的协作征集。编辑出版两辑《湖北文史》，共计50多万字。继续推进《湖北文化史丛书（18卷）》的出版工作。及时组织召开省政协系统传达学习全国“两会”精神大会，在汉省政协委员、市州政协主席及省政协机关全体干部参加会议。在全国政协干部培训中心青岛基地举办了“省政协委员履职能力水平提升专题培训班”，部分省政协常委、委员，专委会主任、副主任，各市州政协主席、副主席、秘书长共158人参加此次学习培训。举办十二届省政协委员学习培训班，分3期对全体省政协委员进行了一次集中轮训，共有608名委员参加，参训率达到84.9%。编辑出版4期委员学习辅导刊物《学习与思考》，字数在30万左右。承办省政协“推进中华优秀传统文化传承发展，助推文化强省建设”月度专题协商会，形成了一批调研报告和发言材料。围绕“石家河文化考古遗址保护与利用”“书法进校园，弘扬中华美育精神”主题，组织新闻出版、社科、文艺界别委员开展了两次界别活动。

港澳台侨和外事委员会 组织委员深入学习贯彻习近平总书记关于加强和改进人民政协工作的重要思想和习近平总书记视察湖北重要讲话精神，认真落实全国政协系统党的建设工作座谈会精神，进一步强化思想武装，增强“四个意识”、坚定“四个自信”、做到“两个维护”。组织港澳委员到武汉、宜昌、荆州、神农架等地开展调研和到安徽省考察学习，组织港澳委员考察世纪工程——港珠澳大桥，帮助港澳委员深入了解国情、省情，为港澳委员知情明政、履职尽责创造条件。组织23名我省基层优秀教师和医生赴澳门学习交流，助力鄂澳两地教育卫生领域交流与合作。积极做好第十五届湖北·武汉台湾周有关协调服务工作。坚持以维护台胞利益为重点，围绕台胞关心的热点问题进行座谈调研，反映情况，体现省政协的关心支持，持续深化具有政协特点的对台交流工作。为海外侨胞出席华创会、中部国际产能合作论坛等活动做好接待工作，为海外华人华侨在湖北投资发展做好服务。组织召开“高质量发展外向型经济，提高湖北自贸区开放水平”月度专题协商会，形成23份调研成果。组织召开“治理城市社区停车难停车乱问题”对口协商座谈会，为缓解我省城市社区停车乱象问题提出对策建议。

委员工作委员会 将省政协所有委员编入各专委会，推进人民政协履职能力建设、更好发挥专门协商机构作用，提高委员履职的组织化程度，增强委员归属感。开展委员履职承诺活动，要求委员增强“四个意识”，坚定“四个自信”、做到“两个维护”。起草关于成立十二届省政协界别活动小组和开展界别活动的通知、副主席联系界别工作的意见、关于发挥住市州省政协委员作用的意见等工作制度。推动省政协各专委会邀请住市州的省政协委员参加会议、活动，推动市州政协组织住当地省政协委员开展活动。根据每次议政性常委会议议题，邀请部分省政协委员列席会议。根据有关单位邀请，积极推荐委员参加相关听证、评议、监督、评选、征求意见等会议和活动。研究修订《湖北省政协委员担任特约民主监督员工作办法》。为每位省政协委员建立个人信息档案、履职档案，依托省政协微信公众号做好委员履职统计工作。

【重要会议、活动】

省政协传达学习全国“两会”精神会议 3月23日在武汉召开。省政协主席徐立全传达“两会”精神，强调认真学习领会习近平总书记在全国“两会”期间的重要讲话精神，把学习贯彻“两会”精神作为重要政治任务，按照中央和省委部署要求，迅速兴起学习贯彻热潮，扎实做好各项工作，履职尽责、奋发作为，在服务现代化强省建设和推进政协事业创新发展中展现新作为、取得新成效。省政协常务副主席李兵，副主席张柏青、马旭明、彭军、杨玉华，十一届省政协副主席郑心穗，武汉市政协主席胡曙光，省政协常委吴海涛，省政协秘书长翟天山等出席会议。马旭明主持会议。市州政协主席，在汉省政协委员，省政协机关干部职工和部分离退休老同志参加会议。

省政协党组扩大会议传达学习习近平总书记视察湖北重要讲话精神 4月29日，省政协党组书记、主席徐立全主持召开党组扩大会议，传达学习习近平总书记在深入推动长江经济带发展座谈会上重要讲话精神，传达学习习近平总书记在听取省委省政府工作汇报后发表的重要讲话和视察湖北期间重要指示精神，强调要把习近平总书记重要讲话精神贯彻到政协履职实践中，紧紧围绕长江生态保护、高质量发展和打赢三大攻坚战等协商议政、建言献策。要全方位关注民生，抓住群众最关心最直接最现实的利益问题，谋利民之策，解民生之忧，努力提高对口协商、界别协商实效。要驰而不息改进作风，力戒形式主义、官僚主义，求真务实、真抓实干，推动工作落实落地。省政协党组副书记、常务副主席李兵，副主席郭跃进，党组成员、副主席马旭明、彭军、张维国，副主席杨玉华、秦顺全、王红玲，党组成员、秘书长翟天山出席会议。

“发挥生态资源优势，发展健康养生产业”月度专题协商会 5月9日在武汉召开。省政协主席徐立全主持会议并讲话。副省长曹广晶，省政协常务副主席李兵出席会议。省政协常委汪梦军、黄德华，省政协委员谢登峰、望蓉、詹汉彬、龙浩成、谈春光，市州政协工作者、企业家代表肖谏诚、江光霞、储震等现场建言，就创新体制机制、加强规划引领、发挥资源优势、注重融合发展、加强监管等方面提出建议，刘克俭、李仁高、宋德斌等现场提问，省直相关部门负责同志作回应。会议强调，要认真学习贯彻习近平总书记视察湖北重要讲话精神，深刻认识发展健康养生产业的重要意义，坚持新发展理念，深化供给侧结构性改革，破解制约健康养生产业发展的突出问题，处理好保护、发展、监管三者之间的关系，切实实现高质量发展。

“优化高校毕业生就业创业环境，助推‘我选湖北’计划实施”月度专题协商会 6月1日在武汉召开。省政协主席徐立全主持会议并讲话。副省长杨云彦，省政协副主席郭跃进、马旭明，秘书长翟天山出席会议。省政协常委刘永泽、李洪渠，省政协委员黄晓玫、刘民钢、刘国俊、陶前功，市州政协、民主党派代表陈光菊、蔡国斌，大学生创业代表陈实，就引导毕业生到基层和小微企业就业、推进大学生技术性创业、加快产教融合、开展就业创业政策评估等建言，省政协常委袁芒、委员梅津瑜和网民代表陈凌墨现场提问，省直有关部门作回应。会议强调，各级政协组织和政协委员要继续围绕“我选湖北”计划落实，深入调研，协商议政，建真言、谋良策、出实招；要充分发挥委员自身优势和作用，认真贯彻落实中央和我省人才政策，身体力行、积极作为，助推“我选湖北”计划实施，展现政协担当和作为。

“完善住房租购并举制度发展住房租赁市场”月度专题协商会 7月5日在武汉召开。省政协主席徐立全主持会议并讲话。副省长万勇，省政协副主席彭军，秘书长翟天山出席会议。省政协委员潘世炳、宋文豹、黄曲波、张粒，省民主党派、高等院校和企业代表陈立中、邓宏乾、田德鑫、傅玲玲，就完善住房租购并举制度、健全配套政策、完善新就业大学生住房租赁政策、发展长租公寓、共有住房建设、借鉴外省经验等建言，大学生、企业和委员代表现场提问，省直有关部门作回应。会议强调，完善租购并举制度、发展住房租赁市场，是一个系统工程、长期任务，各级政协组织和政协委员要持续关注，重点围绕扩大租赁房源、培育住房租赁企业、加强市场监管等问题深入调研、建言献策。要充分发挥委员自身优势和作用，带头落实政策，做好政策宣传，加强舆论引导，为完善租购并举制度、发展住房租赁市场作出政协贡献。

“推进中华优秀传统文化传承发展，助推文化强省建设”月度专题协商会 7月19日在武汉召开。省政协主席徐立全主持会议并讲话。副省长陈安丽，省政协副主席马旭明，秘书长翟天山出席会议。省政协常委黄立国、石镁，省政协委员陈先红、陈飞、郭应虎、陈迪和、林习珍、蔡国斌，省民主党派、市县政协代表和专家学者纪东东、汪岚、黄莹，就打造荆楚特色文化品牌、推进荆楚文化国际传播、讲好湖北故事和革命故事、实施文化标识工程、发展新文艺组织、深化院团改革、提升长江经济带发展文化价值等建言，3名常委、委员现场提问，省直有关部门现场回应。会议强调，文化传承，贵在坚持。广大政协委员要进一步增强责任感、使命感，继续围绕加大文化遗址挖掘和保护、打造湖北特色文化品牌繁荣文化产业、做好“文化+旅游”融合建设、创新公共文化服务供给与传播方式等重点问题深入调研、建言献策，为传承发展优秀传统文化，加快文化强省建设作出政协贡献。

习近平总书记关于加强和改进人民政协工作的重要思想理论研讨会 7月30日召开。全国政协副主席汪永清出席并讲话。汪永清强调，全面深入持久地学习贯彻习近平总书记关于加强和改进人民政协工作的重要思想，是新时代人民政协的首要政治任务，关键要在学懂弄通做实上下功夫，在加强和改进人民政协工作上下功夫，找准薄弱环节和不足之处，逐项研究对策、推动解决。要进一步增强做好政协工作的政治责任感，以更加积极主动的精神状态，充分挖掘好、发挥好人民政协巨大的制度潜力，肩负起新时代人民政协的时代使命。省政协主席徐立全要求，要切实把习近平总书记“加强和改进”的要求落到实处，在“加强什么、改进什么，怎么加强、怎么改进”上深入研究、细化举措、抓好落实；要按全国政协的统一部署，以理论研讨会为新起点，再认识、再动员、再部署，把学习研讨活动持续引向深入；要立足于新时代人民政协的新任务、新使命，展现新作为，取得新成效，谱写新篇章。全国政协教科卫体委员会副主任常荣军，省政协常务副主席李兵，省政协副主席张柏青、郭跃进、马旭明、彭军、张维国、王红玲，省政协秘书长翟天山参加有关活动。

十二届省政协委员学习培训班 8月14日至21日在武汉举行。省政协主席徐立全出席开班式并讲话，省政协常务副主席李兵主持开班式。省政协副主席张柏青、郭跃进、马旭明、彭军、杨玉华、王红玲，武汉市政协主席胡曙光，省政协常委吴海涛参加活动。全国政协社会和法制委员会驻会副主任吕忠梅，全国政协理论研究会副会长顾伯平，省政协秘书长翟天山，以及全国政协办公厅、省委政策研究室、省政府研究室、省政协办公厅有关负责人为委员们解读习近平总书记视察湖北重要讲话精神、人民政协理论、政协章程、政协经常性工作、履职能力建设等。省政协常委茅永红、省政协委员卢纲、十一届省政协人口资源环境委员会副主任李亚隆作“如何当好一名政协委员”专题报告。参加学习培训的近700名省政协委员签署了《湖北省政协委员履职承诺书》。通过集中学习培训，委员们对人民政协理论的认识更深刻，对政协工作的理解更透彻，对增强履职能力更自信。

“高质量发展外向型经济，提高湖北自贸区开放水平”月度专题协商会 8月17日在武汉召开。省政协主席徐立全主持会议并讲话。省政协副主席马旭明出席会议。省政协常委郭志高、韩民春、宋清龙，各民主党派、有关单位、自贸片区和市州政协代表陈光菊、沈建明、秦尊文、谭业明、林芳立围绕提高湖北自贸区开放水平、武汉跨境电商建设、简政放权、金融体系创新、海关服务、提升中欧（武汉）班列运营水平、健全事中事后监管体系、加强协调联动等建言，3名委员和企业家代表现场提问，省直有关部门一一回应。会议强调，我省自贸区建设刚刚起步，使命光荣、任务艰巨。各级政协组织和政协委员要深刻认识提高自贸区开放水平的重要意义，坚定信心、积极履职，切实增强服务自贸区建设的责任感紧迫感。要按照省委、省政府部署，继续关注自贸区建设，重点围绕科技体制创新和高端人才引进、高端产业集聚、营商环境优化等重大问题、难点问题，深入调查研究，务实建言献策，为提高自贸区开放水平贡献政协力量。

全省政协系统党的建设工作座谈会 9月5日在武汉召开。省政协主席、党组书记徐立全出席会议并讲话。会议强调要深入学习贯彻习近平新时代中国特色社会主义思想和党的十九大精神，学习贯彻中央文件、全国政协系统党的建设工作座谈会精神和省委有关要求，提高政治站位、把握总体要求，坚持问题导向、突出政协特色，全面加强政协党的建设，提升履职能力水平，引领全省政协工作高质量发展。省政协常务副主席李兵，省政协副主席张柏青、郭跃进、马旭明、彭军、张维国、杨玉华、秦顺全、王红玲，武汉市政协主席胡曙光，省政协秘书长翟天山出席会议。马旭明主持会议。全省市州政协和部分县市政协以及省直部门有关负责人参加会议。

“深化‘五链’融合，推进我省生物产业高质量发展”月度专题协商会 9月25日在武汉召开。省政协主席徐立全主持会议并讲话，省委副书记、武汉市委书记马国强出席会议并讲话。中科院院士邓子新，企业家代表汪建、李前伦，省政协常委严炳洲、杨自文、王应华、陈邦利，省政协委员谢红星，省民盟常委郭鹏围绕合成生物学、生物医药、基因组学应用、融资平台建设、微生物农业等建言。2名委员和企业家代表现场提问，省直有关部门一一回应。会议强调，要深入贯彻习近平总书记关于科技创新的重要论述，认真落实省委、省政府重大工作部署，加快推进创新链、产业链、资金链、政策链、人才链深度融合，不断完善科技成果转化机制，引进和培育龙头企业，加快投融资体制创新，积极争取政策落地，营造良好人才生态，让创新资源优势进一步转化为发展优势。“五链”融合，最终体现在企业发展和项目建设上，政协委员要持续关注、深入调研，为推进我省生物产业高质量发展凝聚智慧和力量。省政协常务副主席李兵，副主席张柏青，秘书长翟天山等出席协商会。

“聚焦深度贫困，保证脱贫质量”月度专题协商会 10月23日在武汉召开。省政协主席徐立全主持会议并讲话，副省长万勇出席会议并讲话。各级政协委员和专家学者郭倡民、陈邦利、吴海涛、曾平、覃晟、涂扬晟、欧阳立、陈宣、胡建华、向宇飞、李晓松、何克春、张学元、陈宏平等围绕扶贫政策、长效机制、产业扶贫、健康扶贫等建言。省直有关部门现场回应委员提问。会议强调，要深入贯彻习近平总书记关于扶贫工作的重要论述，聚焦重点难点问题，采取务实举措，保证脱贫质量。省政协将进一步围绕精准扶贫凝聚共识、协商议政，保质保量完成省委交办的各项精准扶贫任务，组织动员广大委员积极投身脱贫攻坚主战场，为贫困群众办好事办实事，为全面建成小康社会作出新贡献。省政协副主席郭跃进、马旭明，秘书长翟天山等出席协商会。

大别山革命老区鄂豫皖三省政协主席座谈会第七次会议 11月13日在红安县召开。三省政协围绕助推《大别山革命老区振兴发展规划》落实落地，促进老区精准扶贫脱贫进行座谈交流。省政协主席徐立全主持会议并讲话，省委副书记、武汉市委书记马国强致辞。省人大常委会副主任、黄冈市委书记刘雪荣，省政协副主席彭军，武汉市政协主席胡曙光；河南省政协主席刘伟，副主席龚立群；安徽省政协主席张昌尔，副主席郑永飞出席会议。全国政协农业和农村委员会副主任陈晓华和国家发改委、国务院扶贫办等有关部委同志应邀到会指导。省政协秘书长翟天山等参加会议。

省委书记蒋超良领衔督办省政协重点提案 12月14日，省委书记蒋超良主持召开省政协重点提案督办工作座谈会，强调要切实发挥协商民主重要作用、以精准脱贫重点提案督办为有效抓手，把各项攻坚举措落到实处，齐心协力打好打赢脱贫攻坚战。省政协主席徐立全就加强和改进政协工作，提高提案工作质量提出要求；省扶贫办、省发改委、省教育厅、省农业农村厅、人行武汉分行等精准扶贫重点提案主办单位、会办单位负责人汇报提案办理情况，省民建、民革、民进、九三学社、台盟等提案人发表反馈意见。省领导梁伟年、周洪宇、李兵、郭跃进、王红玲，省政协秘书长翟天山出席会议。

【重要文件】

中共湖北省委书记蒋超良在省政协十二届一次会议开幕会上的讲话 全省政协组织要把新时代中国特色社会主义思想作为统揽各项工作的总纲，把坚持和发展中国特色社会主义作为巩固共同思想政治基础的主轴，把为决胜全面建成小康社会、夺取新时代中国特色社会主义伟大胜利献计出力作为工作主线，聚焦新目标、担当新使命，展现新作为、作出新贡献。要更加自觉地筑牢共同思想政治基础，自觉学思践悟习近平新时代中国特色社会主义思想，在学懂弄通做实上下功夫，增强“四个意识”，坚定“四个自信”，不断增强对中国特色社会主义的政治认同和思想认同，不断增强走中国特色社会主义道路的政治自觉和行动自觉。要更加坚定地坚持中国共产党的领导，把坚持中国共产党的领导作为最根本的政治原则，坚定维护以习近平同志为核心的中共中央权威和集中统一领导，坚定自觉地贯彻落实中共中央大政方针和决策部署，坚定自觉地贯彻落实中共湖北省委工作安排。要更加有效地围绕中心服务大局，紧紧围绕改革发展稳定大局和满足人民群众需求，多谋良策、多出实招、多建诤言。要更加充分地发挥社会主义协商民主重要作用，牢牢把握新时代社会主义协商民主建设的战略任务和基本路径，把协商民主贯穿履行职能全过程，拓展协商内容，丰富协商形式，增强协商实效。要更加注重履职能力建设，按照懂政协、会协商、善议政的要求，不断提高政治把握能力、调查研究能力、联系群众能力、合作共事能力，深入研究政协履职面临的重大理论和实践问题，在推进湖北治理体系和治理能力现代化中发挥更大作用。全省各级党委要认真贯彻习近平总书记关于人民政协工作的重要论述，加强对人民政协工作的全面领导，及时研究解决政协工作中的问题，为政协组织和政协委员履行职能提供有力保障。

常务委员会工作报告（2018 年 1 月 23 日）（摘要）

一、五年工作的回顾

（一）着力强化政治引领，团结奋斗的共同思想政治基础不断巩固。坚持以习近平新时代中国特色社会主义思想统领思想政治建设，旗帜鲜明讲政治，增强“四个意识”，坚定“四个自信”，带头严守政治纪律、政治规矩，更加坚定地坚持中国共产党的领导，更加坚定地维护以习近平同志为核心的中共中央权威和集中统一领导。围绕学习贯彻中共中央决策部署和省第十次、第十一次党代会精神，举办传达学习中共中央重要会议精神报告会、全国“两会”精神报告会、常委会议专题讲座、两级中心组专题研讨、省政协委员和机关干部培训班共 80 余次。开展新中国成立 65 周年、人民政协成立 65 周年、中国共产党成立 95 周年等系列庆祝活动。认真贯彻中共中央全面从严治党精神和省委部署要求，深入开展党的群众路线教育实践活动、“三严三实”专题教育、“两学一做”学习教育和“三抓一促一建”活动，大力加强纪律作风及会风会纪建设。（二）紧紧围绕“四个着力”协商议政，服务改革发展成效显著。围绕经济转型升级和供给侧结构性改革建言献策。聚焦抢抓“一带一路”建设机遇、科学编制我省“十三五”规划、经济结构调整和产业转型发展等议题协商议政；就创新驱动、战略性新兴产业发展、《中国制造2025》湖北行动等问题调研视察；建立经济形势分析会制度。围绕推进农业现代化调研议政。围绕保障和改善民生汇智聚力，聚焦精准扶贫脱贫，就产业扶贫、易地搬迁扶贫、城乡基本公共服务均等化等议题，组织开展调研视察和协商议政活动。围绕法治湖北建设、司法体制改革、城乡网格化建设、文明家庭建设等方面组织协商议政活动，就《湖北省价格条例》《湖北省城镇供水条例》等地方性法规草案开展 45 次立法协商。围绕生态文明建设议政建言。落实绿色发展理念和长江经济带建设“共抓大保护，不搞大开发”的要求，聚焦全面推进我省绿色发展、编制“1 + 5 + N”长江经济带规划、汉江生态经济带保护与发展、神农架国家公园体制试点、全国碳排放权交易中心试点等开展调研协商活动。（三）积极打造平台和品牌，协商民主建设成果丰硕。推进“政协协商民主制度建设”“加强和改进政协民主监督工作”等省重大改革项目，构建了以全体会议为龙头，以议政性常委会议和常委专题协商会为重点，以月度协商座谈会、界别协商座谈会、提案办理协商会等为常态，以专委会对口协商、网络议政与远程协商等为补充的协商议政新格局。五年来，共召开 5 次全体会议、15 次议政性常委会议、10 次常委专题协商会、18 次月度协商座谈会、21 次界别协商座谈会，147 篇调研报告、综合报告得到省委、省政府主要领导批示，一批协商建言成果转化为省委、省政府决策。（四）努力画出最大同心圆，统一战线组织的作用进一步彰显。五年来，省各民主党派通过省政协平台提交提案 952 件、反映社情民意信息 2420 件，提交大会发言 1500 余篇，开展调研 400 余次。加强民族和宗教工作，围绕民族地区发展重要问题积极建言献策；加强与宗教界人士经常性联系，就依法管理宗教事务等问题组织委员开展视察、调研和界别活动。做好港澳台侨工作，组织住港澳省政协委员及青年社团等到省内外调研考察，与香港湖北联谊会等社团开展联谊活动，扩大同台湾政团社团和各界人士的良性互动；邀请海外侨胞列席省政协全会。围绕“一带一路”建设，积极开展人民政协对外交往，讲好中国故事，发出湖北声音。（五）大力开展联动联合，政协社会影响力进一步扩大。组织住鄂全国政协委员就长江流域水环境保护、稳定长江流域油菜产能等具有国家意义、湖北特色的重要问题，开展联合调研，精心策划提案，五年共向全国政协提交提案580件、立案505件。先后就利用水泥窑协同处置垃圾废弃物等问题深入调研，6次参加全国政协双周协商座谈会并发言。加强与其他省市政协的联合，与河南省、安徽省政协联合组织提出联名提案，推动大别山革命老区振兴发展上升为国家战略，并持续推进规划落实。就武陵山片区区域发展和扶贫攻坚，加强与贵州、重庆、湖南等省市政协的联合，持续推进政策落实落地。就南水北调水源地保护，联合住河南、陕西全国政协委员提出联名提案，受到国家有关部委重视。加强与市州县政协联动，聚焦“一主两副多极”区域发展战略，就长江中游城市群、补齐县域经济短板等重点问题联合市州县开展调研、建言献策。（六）切实加强自身建设，履职能力进一步提升。加强委员队伍建设，做好委员学习培训、联系服务和日常管理工作，积极反馈委员参政议政成果转化情况。建立健全委员激励约束机制，制定出台委员履职考核系列文件，促进委员履职服务管理制度化、规范化。发挥专委会基础性作用，配优配强专委会组成人员，着力打造特色工作品牌。加强界别工作，优化界别委员结构，组建界别活动小组，配备界别活动小组召集人，建立健全专委会联系界别等机制。深入推进省政协“一流机关”建设，打造忠诚干净担当的机关干部队伍，机关服务保障、统筹协调能力显著增强。将制度建设贯穿政协工作始终，制定出台有关党组会议、协商平台、委员履职、机关建设等制度规章60余项。切实加强经常性工作。着力构建“大信息”工作格局，完善社情民意信息工作机制，编报信息5580篇。

二、今后五年工作的建议

要以习近平新时代中国特色社会主义思想作为统领各项工作的总纲，深入贯彻落实中共十九大和省第十一次党代会、省委十一届二次全会精神，立足我国发展新的历史方位和社会主要矛盾的变化，把坚持和发展中国特色社会主义作为巩固共同思想政治基础的主轴，把围绕决胜全面建成小康社会、建设社会主义现代化强省献计出力作为工作主线，坚持团结和民主两大主题，坚持维护核心、围绕中心、凝聚人心，全面加强政协政治建设、能力建设、作风建设、制度建设，不断开创新时代湖北政协事业新局面。

【组织概况】

主席当选名单

（2018年1月28日政协湖北省第十二届委员会第一次会议选举通过）

徐立全

副主席当选名单

（2018年1月28日政协湖北省第十二届委员会第一次会议选举通过）

李　兵　张柏青　郭跃进　马旭明
彭　军　张维国　杨玉华　秦顺全
王红玲

秘书长当选名单

（2018年1月28日政协湖北省第十二届委员会第一次会议选举通过）

翟天山

常务委员当选名单（按姓氏笔画排序）

（2018年1月28日政协湖北省第十二届委员会第一次会议选举通过）

丁广鑫　万　毅　万汉英（女）
马　萍（女，回族）　马有恒
马忠星　王中桥　王兆民　王应华
王铁民　邓长青（女，土家族）
邓霞飞　左明章（土家族）石　镘
龙传华　叶　青　叶　松　叶春松
冯艳飞　皮汉萍（女）　吕万刚
朱　梅（女）　朱训集　朱致国
邬剑刚　刘文国　刘冬姣（女）
刘永泽　刘吉开　刘传江　刘合炳
刘良谋　刘泉声　刘嗣元　刘醒龙
江利平　许发民　孙荣洲　孙涛垒
严炳洲　杜　耘　李　刚　李　军
李　健　李少平　李少明　李重武
李洪渠　李燕萍（女）　杨万贵
杨华勇　杨自文　杨晓梅（女）
吴　静（女）　吴天延　吴北平
吴红娅（女，土家族）　吴海涛
邹　薇（女）　邹进文　应楚洲
汪梦军　宋亚平　宋君慧（女）
宋清龙　张　杰　张　晋　张　铭
张　澍　张永红　张国秀（女）
张金元　张险峰　张盛仁　陆培祥
陈　军　陈义国　陈邦利　陈林祥
陈相松　陈鸿杰　陈新林
范道宠（女）　茅永红　林富强
周志红（女）　周佳念
周建元（女）　郑爱萍（女）
孟　晖　赵　伟　赵　曦　赵作斌
赵修建　胡礼鸣（女）　胡超文
胡霜红（女）　胡曙光
贺　敏（女）　秦　宇　秦群燕
袁　芒（女）　聂　凯
徐礼华（女）　徐国胜　郭志高
郭倡民　涂满明　陶慧芬（女）
黄　昆　黄　艳（女）　黄巧云
黄立国　黄惠宁（女）
黄德华（女）　梅香雪（女）
曹立明　崔庆琪　章　进
彭青莲（女）　彭富春　韩民春
喻　鹏　释隆醒　温兴生　游　林
谢俊明　蔡耀军　赛大富（回族）
熊汉生　黎　虹（女）　黎苑楚
戴杰群　戴锦文

（赵世友　**编写**　翟天山　**审稿**）

政协湖南省委员会

【全体委员会议】

十二届一次会议 1月22日至27日，政协湖南省第十二届委员会第一次会议在长沙举行。会议应到委员751人，实到727人。会议听取并审议批准李微微主席代表十一届省政协常委会所作的《政协湖南省第十一届委员会常务委员会工作报告》，赖明勇副主席所作的《政协湖南省第十一届委员会常务委员会关于五年来提案工作情况的报告》。与会人员列席湖南省第十三届人民代表大会第一次会议，听取并协商讨论许达哲省长所作的政府工作报告和其他报告。中共湖南省委书记、省人大常委会主任杜家毫等党政领导以及省直有关部门负责人到会听取委员们的意见和建议。会议通过《政协湖南省第十二届委员会第一次会议政治决议》《政协湖南省第十二届委员会第一次会议关于十一届省政协常务委员会工作报告的决议》《政协湖南省第十二届委员会第一次会议关于十一届省政协五年来提案工作情况报告的决议》《政协湖南省第十二届委员会第一次会议提案审查委员会关于提案审查情况的报告》。会议选举李微微为政协湖南省第十二届委员会主席；戴道晋、张大方、赖明勇、胡旭晟、彭国甫、贺安杰、张健、易鹏飞、张灼华为政协湖南省第十二届委员会副主席；卿渐伟为政协湖南省第十二届委员会秘书长；126名同志为第十二届省政协常务委员。

【常务委员会会议】

十二届第1次会议 1月28日，政协湖南省第十二届委员会常务委员会第一次会议在长沙举行。会议应到137人，实到129人。省政协主席李微微主持会议，省政协秘书长卿渐伟作有关人事事项的说明。常委分组审议相关人事事项，会议听取各组讨论情况的汇报，协商通过政协湖南省第十二届委员会常务委员会关于人事变动的表决办法、专门委员会设置、办公厅领导班子成员、各专门委员会领导班子成员等有关人事事项。会议原则通过《政协湖南省委员会委员履职考核评价办法(试行)》。

第2次会议 7月3日，政协湖南省第十二届委员会常务委员会第二次会议在长沙举行。会议应到137人，实到118人。省政协主席李微微主持会议，省委副书记、省长许达哲应邀出席会议，听取委员意见和建议并讲话。省人民政府秘书长王群，省直有关部门单位负责同志应邀到会听取委员意见和建议。会议听取关于“更好推进我省产业扶贫”向中共湖南省委、省人民政府的建议案（草案）说明。潘碧灵等8名常委、委员和基层代表作大会发言，李定珍等7名常委现场提问，省直相关职能部门负责人进行回应。与会人员围绕“更好推进我省产业扶贫”主题进行了分组讨论。会议审议通过《关于“更好推进我省产业扶贫”向中共湖南省委、省人民政府的建议案》。省委常委、省纪委书记、省监察委员会主任傅奎通报了纪检监察机关加强产业扶贫监督检查的相关情况。

第3次会议 9月26日至27日，政协湖南省第十二届委员会常务委员会第三次会议在长沙举行。26日下午，省政协主席李微微主持召开第一次大会，应到137人，实到109人。省委书记、省人大常委会主任杜家毫应邀出席会议听取委员意见、建议并讲话。省委常委、省委秘书长谢建辉，省直有关部门的负责同志应邀到会听取委员意见和建议。会议听取关于“实施动力变革促进我省高质量发展”向中共湖南省委、省人民政府的建议案（草案）的起草说明。吴金明等8名常委和委员作大会发言。27日上午，围绕“促进高质量发展的人才引进激励政策”“促进高质量发展的科技创新政策”“产业转型与创新发展”“构建高质量发展评价指标体系”“强化创新要素支撑，促进我省高质量发展”五个专题开展分组讨论。27日上午，省政协主席李微微主持召开第二次大会，原则通过《关于“实施动力变革促进我省高质量发展”向中共湖南省委、省人民政府的建议案》。

第4次会议　12月28日至29日，政协湖南省第十二届委员会常务委员会第四次会议在长沙举行。28日上午，省政协副主席赖明勇主持召开第一次大会，应到137人，实到119人。会议传达习近平总书记近期关于人民政协工作的重要讲话精神和汪洋主席在全国政协第十三届常委会第四次会议上的讲话精神。省政协秘书长卿渐伟、省委统战部谭平作有关人事事项的说明。围绕“如何坚持和加强党对政协工作的全面领导”“如何加强思想政治引领，广泛凝聚社会共识”“如何围绕中心服务大局履职尽责”“如何提高政协工作质量”“如何加强委员队伍建设”五个专题开展分组讨论。28日下午，省政协副主席戴道晋主持召开第二次大会。省人民政府副省长吴桂英通报关于“推进我省教育扶贫”和“更好推进我省产业扶贫”两个建议案的办理落实情况；省政协副主席贺安杰通报政协湖南省第十二届委员会第二次会议常委会工作报告、提案工作报告和省政协2019年度协商与监督工作计划的起草情况。与会人员对两个建议案办理落实情况、有关文件起草以及省政协办公厅、各专委会、研究室工作总结进行分组审议。29日上午，省政协主席李微微主持召开第三次大会，审议通过《关于召开政协湖南省第十二届委员会第二次会议的决定》《政协湖南省第十二届委员会第二次会议议程、日程》《政协湖南省第十二届委员会第二次会议秘书长、副秘书长名单》《政协湖南省第十二届委员会常务委员会工作报告》《政协湖南省第十二届委员会常务委员会关于十二届一次会议以来提案工作情况的报告》《政协湖南省委员会委员履职考核评价办法》。会议协商通过了《政协湖南省委员会2019年度协商与监督工作计划（草案）》，并表决通过了关于组建农业和农村委员会的决定及有关人事事项。

【专门委员会工作】

委员学习联络委员会　牵头制定省政协委员履职考核评价办法、关于进一步加强省市县三级政协联动的指导意见等重要制度性文件。在韶山牵头举办两期省政协委员学习培训班，培训学员700多名，覆盖大部分省政协委员。编发10期、近70万字的《学习参考资料》。制定省政协各专委会委员组成方案，推动“全员入委”。制定关于进一步加强和改进老委员咨询团工作的实施办法，明确了老委员咨询团工作的指导思想、队伍建设、活动形式、组织领导和相关保障。

提案委员会　2018年，共收到提案1151件，经审查立案1107件。其中党派、界别、专委会集体提案100件，委员个人或者联名提案907件；重点提案28件，其他提案979件；交由108个单位办理，截至2018年11月底，所有提案全部办理完毕。加大对重点监督性提案督办力度，健全专委会督办、第三方评估督办等机制，全年共督办10件监督性重点提案。遴选9件办结的重点提案开展第三方评估。

经济科技委员会　承办“实施动力变革促进我省高质量发展”重点调研课题，联合省统计局开展专题调查并发布《湖南高质量发展民意调查报告》，召开“新动力、新动能与湖南高质量发展”高峰论坛，召开专题议政性常委会会议开展协商，相关政策建议得到省委省政府领导重要批示和有关部门积极采纳。组织“促进融资平台转型发展，助推政府债务化解”调研并开展界别协商。组织委员到永茂镇卓福村、靖州县渠阳镇灯塔村、长沙县果园镇浔龙河村乡村振兴示范园、岳阳临港产业新区开展“三进三助”聚力行动。

人口资源环境委员会 组织“洞庭湖生态环境治理推进落实情况”专题协商和民主监督，开展政协委员环洞庭湖踏察行动，推动召开洞庭湖生态经济区二省四市一区（湖南省、湖北省、常德市、岳阳市、益阳市、荆州市和长沙市望城区）政协主席联席会议第一次会议。组织“全面两孩政策实施后鼓励按政策生育的制度体系和社会环境建设”调研并开展界别协商。

文教卫体和文史委员会 开展“我省非物质文化遗产保护利用和传承”调研，提出的加大“非遗”传承人才培养力度，创新“非遗”保护的方式方法等6个方面意见建议，得到有关单位的重视肯定。编辑出版《湖南知青》。开展“湖南政协纪事”（1948—1978年）有关史料征集工作。就“文史馆和文史资料数字化建设”课题进行调研，湖南政协“数字文史馆”已在政协云平台正式上线，收藏文史资料2100余万字、图片约2万幅。

社会和法制委员会 开展“加强和改进民主监督”专项调研，牵头起草《中共湖南省委关于加强和改进人民政协民主监督工作的实施意见》和《政协湖南省委员会关于开展民主监督工作的操作办法》两个重要文件。开展“制定《湖南省企业和企业家合法权益保护条例》立法协商”课题调研协商并向省人大提出立法建议。

民族和宗教委员会 承办“更好推进我省产业扶贫”重点调研协商课题，课题成果被省委主要领导批示并充分肯定，相关建议被湖南省《关于进一步加强产业扶贫的指导意见》采纳。组织承办湖南、湖北、重庆、贵州四省市政协助推武陵山片区旅游产业扶贫合作座谈会，形成了《湘鄂渝黔四省市政协助推武陵山片区旅游产业扶贫合作的湘西共识》。开展“依法治理农村非法宗教活动”调研。

港澳台侨和外事委员会 组织港澳委员开展“对接大湾区、共推新发展”郴州行活动。组织侨联和致公党省委界别委员活动组、台联和民革省委界别委员活动组开展进园区、进企业活动。组织“湖南发展海外顾问团”成员来湘参加专题调研、圆桌对话会和学术研讨会等系列活动。开展湘企融入“一带一路”调研协商。召开“国际经贸情势与应对”圆桌对话会。赴港澳组织开展港澳委员“活动日”活动。赴港组织开展“红韵五洲”——湘企经贸文化亚洲行香港站暨“湘菜美食文化节”活动。邀请香港科教代表团来湘开展“深化合作创新、助推湘港繁荣”活动，促进湘港两地科教领域的长期合作。组织省政协文化暨民意参访交流团赴台湾开展文化民意参访交流活动。

【重要会议、活动】

“实施动力变革促进我省高质量发展”重点课题调研 省政协经济科技委员会、港澳台侨和外事委员会、研究室和致公党省委联合承办。省政协主席、各分管副主席和党组成员分别带队赴省内长沙、株洲、湘潭、郴州等8个市州开展调研，并到广东、湖北、天津等4个外省市开展对比调研。发布《湖南高质量发展民意调查报告》。举办“国际经贸情势与应对”圆桌对话会，组织“新动力、新动能与湖南高质量发展”高峰论坛，邀请海内外知名专家学者建言献策，为湖南高质量发展提振信心、贡献智慧。召开专题议政性常委会会议，省委书记、省人大常委会主任杜家毫应邀出席听取意见建议并讲话。就“促进融资平台转型发展，助推政府债务化解”开展调研协商，提出对策建议。

“更好推进我省产业扶贫”重点课题调研 省政协民族和宗教委员会、文教卫体和文史委员会、研究室、民革省委、农工党省委、省工商联承办。各分管副主席和党组成员分别带队到省内邵阳、永州、怀化、张家界、湘西、娄底等地和贵州、重庆、河南三省市开展调研。召开专题议政性常委会会议，省委副书记、省人民政府省长许达哲率政府有关部门负责人出席会议，与委员互动协商。从推进产业扶贫的重点领域和关键环节提出对策建议，省委书记、省人大常委会主任杜家毫对建议案作出重要批示，相关建议被湖南省《关于进一步加强产业扶贫的指导意见》采纳。向省纪委省监委通报调研协商监督情况和有关问题线索，助推产业扶贫领域作风整治。倡议并组织召开湘鄂渝黔四省市政协座谈会，促成旅游部门签署合作框架协议，助推武陵山片区旅游产业扶贫合作。面向全球开展邵阳油茶产业扶贫、“百里脐橙连崀山”等网络直播活动，助推贫困地区产品扩大影响、打造品牌。

“洞庭湖生态环境保护与治理”重点课题调研 省政协人口资源环境委员会、社会和法制委员会、九三学社省委、民盟省委共同承办，3月至5月，组织300多名省市县政协委员，分成62个踏察小组，深入洞庭湖区110多个点，融调研、协商、监督于一体，及时把调研中发现的问题向省市县各级党委政府反映。召开专题协商会，全程网络直播，公众参与300多万人次，广泛宣传洞庭湖治理的成效，凝聚“保护好一湖碧水”的共识。10月，主席会议成员再次赴洞庭湖集中视察，推动专题协商意见转化落实。支持环湖“四市一区”建立政协主席联席会议机制，合力助推区域联动治理。

“三个一扶贫”和“三进三助”聚力行动 省、市、县三级政协联动开展“三个一”扶贫行动，全省4万多名新、老政协委员结对帮扶4万多户贫困家庭，围绕完成学业、实现就业、增加家业，千方百计为贫困家庭提供帮助，惠及10多万贫困群众。开展“三进三助”聚力行动，广大委员走进园区、企业和乡村，助力园区升级、企业发展、乡村振兴。全省三级政协委员共开展集体对接活动2789场次，参加委员89145人次，走访对接园区、企业、项目27388个。在2018年全省“百名最美扶贫人物”评选中，31名省市县政协委员获此殊荣。

开展民主监督 开展“政协委员走进省纪委省监委”活动，完善联动机制，链接监督平台。配合省委制定《关于加强和改进人民政协民主监督工作的实施意见》，出台《关于开展民主监督工作的操作办法》。坚持边调研边协商边监督，重点监督省委省政府重大决策部署的贯彻落实，协助党委政府改进工作、解决问题、凝聚力量。开展主席会议成员集体视察、监督性提案督办、委员持证视察、微监督等活动，丰富监督形式，提高监督实效。引导政协委员调研了解群众身边忧心事、烦心事并提交微建议，全年共提交涉及民生领域的微建议9200条。

建设使用政协云 不断完善政协云平台功能，优化履职模块设置，打通政协云省市县三级联动渠道，打造微建议、委员网上值班等特色栏目，吸引社会公众踊跃参与。以政协云为载体，融合推进湖南政协、湘声头条、力量湖南新媒体平台建设，打造“云宝早自习”“委员故事”“委员说”“微建议联动”“夜读往事”等品牌栏目，开展纪念改革开放40周年系列专题报道，讲好讲活政协故事。开展“政协云能给我们带来什么”大讨论和政协云应用创新大赛，凝聚建设使用政协云的共识与合力。牵头联络13家省级政协媒体成立“政协云媒”，构建“报、刊、网、微、端、屏”全媒体宣传矩阵，面向社会公众直播11场协商议政活动。

加强政协系统联动 积极争取全国政协指导，协助全国政协开展“提高协商议政质量的模式和方法”重点课题研究，参与全国政协首次网络议政远程协商，组织住湘全国政协委员深度参与省政协重点履职活动。主动加强与周边省区市政协协作，就共同关注的区域发展问题，联合争取国家层面重视支持。出台加强省市县三级政协联动协作的指导意见，年度重点课题分区域分板块与市县政协联动调研，对市县政协学习研讨活动、党的建设、“双助”主题活动等工作的指导进一步加强。

【重要文件】

中国人民政治协商会议湖南省第十一届委员会常务委员会工作报告（摘要）（2018年1月22日） 过去五年的主要工作：五年来，十一届省政协坚持以习近平新时代中国特色社会主义思想为指引，高举爱国主义、社会主义旗帜，坚持团结和民主两大主题，整合政协力量，融会三项职能，续写了湖南政协事业发展史上的崭新篇章。坚持党的领导，始终保持正确政治方向。深入学习贯彻中共十九大精神和习近平总书记系列重要讲话精神，牢固树立“四个意识”、坚定“四个自信”，在思想上政治上行动上同以习近平同志为核心的中共中央保持高度一致。认真贯彻省第十次、第十一次党代会和省委政协工作会议精神，自觉维护中共湖南省委的领导，主动把政协工作融入全省工作大局。发挥重要渠道和专门机构作用，推进我省协商民主发展进程。把协商民主贯穿履职全过程，构建起以全体会议为龙头，专题议政性常委会议和专题协商会为重点，界别协商、对口协商、提案办理协商为常态，网络议政、远程协商为特色的协商议政新格局。协助省委出台加强我省政协协商民主建设的文件，推动政协协商纳入党政决策程序。邀请公民代表参与政协活动、现场直播政协会议、运用政协云向社会发起话题讨论、开展网络议政。围绕中心服务大局，助推全省经济社会发展。开展优化政务环境、加快发展临空临港产业、加快培育新兴产业、推进我省供给侧结构性改革、建设开放强省等重点调研，为省委、省政府科学决策提供了重要参考。在全省政协系统开展“助推新发展，建设新湖南”主题活动，为湖南创新开放发展汇智聚力。坚持以人民为中心，努力促进民生改善。就公立医院改革、食品药品安全、青年创业就业、失地农民社会保障、公共法律服务体系建设、推进社区矫正工作、二孩政策实施等民生问题开展调研协商和视察监督，促成了一批民生问题的解决。开展“助力脱贫攻坚，全面建成小康社会”活动，组织和动员各级政协委员参与“三个一”扶贫行动。动员全省各级政协组织和广大政协委员在2017年的抗洪救灾中踊跃捐款捐物。坚持问题导向，民主监督深入开展。着力完善民主监督工作机制，提高民主监督组织化程度。探索政协民主监督与党内监督的有机结合，通过组织开展“政协委员走进省纪委”活动，更好发挥人民政协民主监督作用。发挥统战功能，团结联谊开创新局面。为深化多党合作搭建务实平台。围绕少数民族地区经济社会发展建言献策。协助党委和政府开展新形势下宗教工作。发挥港澳委员双重积极作用，促进湖南与香港、澳门、台湾的交流合作。组建湖南发展海外顾问团，助力引资引智引才。积极开展外事交流，传播湖湘文化和湖南故事。创新方式方法，提升工作水平。运用政协云开展网络议政、远程协商，打造“不落幕的政协全会”；委员通过政协云知情明政、协商议政，提出微建议、开展微协商、实施微监督，履职迈入“掌上时代”；推动政协云对接线下委员工作室、社区网格、社会平台，打通联系服务群众“最后一公里”。着力强基固本，自身建设取得进步。筹建委员学习和联络会，完善委员履职管理和考核评价办法，为委员履职完善平台、优化条件。成立老委员咨询团，对重点提案办理等履职成果转化情况开展第三方评估。加强机关建设，扎实开展党的群众路线教育实践活动和“三严三实”专题教育，推进“两学一做”学习教育常态化制度化。

学习贯彻中共十九大精神，推动新时代湖南政协工作迈上新台阶：在学懂弄通做实上下功夫，把学习引向深入，做到与贯彻落实省第十一次党代会精神相结合，与推进政协事业发展相结合，与做好本职工作相结合。努力建设务实政协。立足湖南省情和政协实际履行职能，主动把政协工作放到改革发展大局中谋划、推进，不采华名、不兴伪事，以务实的作风、务实的举措、务实的担当，察实情、讲实话、出实招、求实效，谋划工作更加切合实际、议政建言更加精准实在、成果转化更加富有实效。努力建设智慧政协。增强互联网思维，运用信息化手段，把政协履职推进“云”时代、推向现代化。发挥政协委员的个人智慧，凝聚政协组织的整体智慧，让协商活力竞相迸发、议政才智充分涌流，以智资政、以智惠民、以智襄和。努力建设开放政协。以开放的胸怀、开放的眼界、开放的思维，加强上下联动，增进内外互动。坚持开门协商，提高政协平台向人民群众的开放度，让人民群众走进政协，更好实现有序有效参与协商、依法合理表达诉求。坚持开放履职，提高政协履职向社会的开放度，讲好政协故事，展现政协作为，展示委员风采，让社会在关注了解政协的过程中感知协商民主、见证政治文明。努力建设和谐政协。坚持共同思想政治基础，寻求一致性、尊重多样性，营造畅所欲言、各抒己见、平等协商、真诚沟通的民主氛围，扩大参与面，提升共识度。发挥政协组织的统战功能，厚植团结联谊优势，着力构建最大“朋友圈”、画出最大同心圆。引导委员以模范言行做党的政策宣传者、改革开放推动者、社会和谐促进者，在兴湘大业中传播正能量、演绎“协奏曲”。

推进政协协商民主建设，奋力开创政协履职新局面：把协商民主贯穿政治协商、民主监督、参政议政全过程。完善协商议政格局。继续坚持党委、政府、政协共同制定并实施年度协商和监督工作计划。进一步健全完善政协协商形式，积极探索政协协商与其他协商形式的对接和联动。深入开展网络议政、远程协商。加强政协民主监督。把握民主监督方向和原则、节奏和力度，把民主监督贯穿到会议、视察、提案、专题调研、大会发言、反映社情民意等活动之中。探索政协民主监督与党内监督、国家机关监督以及其他监督形式的联动协作。促进公民有序政治参与。通过委员广泛联系界别群众、邀请群众代表旁听政协会议和参加政协监督视察活动、对政协重大会议和重大活动进行网络直播等方式，不断扩大人民群众的知情权、参与权、协商权、表达权和监督权。

深入开展“双助”活动，为加快建设富饶美丽幸福新湖南献计出力：深入开展“助推新发展、建设新湖南”和“助力脱贫攻坚、全面建成小康社会”两大主题活动，为加快建设富饶美丽幸福新湖南更好履职尽责。促进经济发展。准确把握新时代高质量发展要求，围绕打好转型升级战役、打造创新发展平台、构建全面开放新格局、“四个创新”“五大开放行动”等重要部署，开展调研、协商和监督。建设美丽湖南。围绕生态文明体制改革、“两型”社会建设、洞庭湖生态保护、四水流域保护与治理等重大环境课题，组织开展综合性调研。共创幸福生活。围绕产业扶贫、健康扶贫、社会保障兜底扶贫、深度贫困地区脱贫以及建立扶贫长效机制等深层次问题开展调研协商；继续开展“三个一”扶贫行动；持续关注法治、教育、医疗、就业、养老等事关小康建设难点问题并积极协商建言。

同舟共济共襄伟业，汇聚发展磅礴力量：巩固统一战线。高举爱国主义、社会主义旗帜，坚持大团结大联合方针，调动一切积极因素。积极为各党派团体、各族各界人士协商国是、议政建言创造条件。宣传党的民族政策。贯彻党的宗教工作基本方针。加强交往联谊。重点对接“一带一路”建设需求，充分发挥湖南发展海外顾问团作用和港澳委员双重积极作用，深化同国外相关组织、媒体智库、知名人士和友好民众的经济文化交往，深化与港澳地区的交流合作，推进湘台经贸、文化交流合作。汇聚兴湘力量。发挥联系面广、包容性强的优势，协助党委政府更好引资引才，为建设新湖南汇智聚力。

弘扬改革创新精神，推进履职能力现代化：继续建好用活政协云。进一步建设和完善政协云，将其打造成委员履职的重要平台、联系群众的重要渠道、宣传湖南的重要窗口。深化三级政协联动。加强联系指导、联络互动，选择一些事关全局的重大问题，省、市、县三级政协组织联合开展调研视察、协商监督、“双助”活动，增强履职实效。加强委员队伍建设。加强学习培训，帮助委员提高政治把握能力、调查研究能力、联系群众能力、合作共事能力。完善和落实委员履职考核办法，充分调动委员履职积极性。提升机关工作水平。认真落实全面从严治党各项举措，保持政协机关风清气正、山清水秀的政治生态。扎实开展“不忘初心、牢记使命”主题教育，努力建设一支忠诚干净担当的政协干部队伍。推进学习型组织、书香型机关建设，构建务实管用高效的制度机制，不断提高服务保障的质量和水平。

关于加强和改进人民政协民主监督工作的实施意见（摘要）（湘办发〔2018〕18号） 为进一步推进人民政协民主监督工作的制度化、规范化、程序化，根据《中共中央办公厅印发〈关于加强和改进人民政协民主监督工作的意见〉的通知》（中办发〔2017〕13号），结合我省实际提出如下实施意见。

一、把握总体要求：指导思想

以习近平新时代中国特色社会主义思想为指导，深入学习贯彻习近平总书记关于加强和改进人民政协工作的重要思想，明确监督内容，完善监督形式，规范监督程序，健全监督机制，提高监督实效。基本原则。坚持中国共产党的领导；坚持问题导向；坚持把协商民主贯穿于全过程；坚持融调研、协商、监督、参与、合作于一体。主要内容。中办发〔2017〕13号文件明确的人民政协民主监督八个方面的内容。重点监督党和国家大政方针、重大改革举措和重要决策部署的贯彻执行情况，以及涉及人民群众切身利益实际问题的解决落实情况。

二、提高监督实效

（一）完善会议监督。1. 统筹会议监督形式。在政协全体会议、常委会会议等有关会议上，安排一定数量的监督性议题。大会发言应增加监督性内容的比重，政协全体会议视情安排界别小组（联组）专题讨论监督性议题。政协常委会向全体会议报告全年民主监督工作开展情况。2. 开好监督性会议。监督议题应紧扣党委、政府中心工作，重点监督议题在征求同级政府意见后，报同级党委讨论确定。制定会议监督方案，完善流程和方式，可邀请有关负责同志出（列）席。3. 形成会议监督意见报告。及时汇总协商讨论监督意见，形成报告报送党委、政府及有关方面。重要会议监督意见报告视情由政协主席会议审议后报送。4. 认真办理报告意见。党委、政府应对政协会议监督意见报告做专题研究，或交有关部门办理。5. 持续跟踪办理落实情况。应将办理回复情况通报参加监督的有关单位和政协委员，并可视情将会议监督的有关意见作为提案监督、视察监督、专项监督的议题，进一步开展民主监督。

（二）推进视察监督。1. 科学确定视察监督议题。围绕本地区重大改革举措和重要决策部署的贯彻落实情况选择视察监督议题。重点视察监督议题在征求同级政府意见后，报同级党委讨论确定。2. 精心组织视察监督活动。党委、政府有关部门及其他有关方面要为政协开展视察监督提供便利。应制定方案，经政协主席会议审议后，组织委员视察团开展视察监督活动。3. 形成视察监督报告。视察结束后形成视察监督报告，及时报送同级党委、政府及有关方面。重要视察监督报告视情由政协主席会议审议后报送。4. 注重落实视察监督成果。党委、政府对视察监督报告做专题研究，或交有关部门办理。

（三）改进提案监督。1. 加大提案办理力度。每年政协的重点提案中应有一定数量的民主监督性提案。党委、政府、政协应加强民主监督性提案的督办，支持政协组织对政协提案办理工作开展民主评议和民主监督。2. 确保提案答复质量。承办单位应高度重视提案办理及答复工作，认真研究提案内容，在充分沟通的基础上认真办理，并形成正式提案答复件送达提案人。3. 推进提案内容和办理情况公开。按照“公开是原则、不公开是例外”的要求，实行提案办理公示制度，党委、政府及其相关部门应主动推进提案非涉密内容和承办单位办理、答复情况在官方报刊、网站上公开。4. 积极开展提案办理评议。政协提案办理评议工作可采取政协常委会会议、提案督办会评议等方式进行。积极探索推行第三方评估制度，促进提案办理取得实效。

（四）强化专项监督。1. 确定专项监督议题。政协要重点围绕党委、政府重点工作落实和涉及人民群众切身利益实际问题的解决落实情况，确定专项监督议题。重点专项监督议题经政协主席会议研究，征求同级政府意见，报同级党委审定。2. 精心组织专项监督调研。党委、政府主要负责同志要高度重视政协专项监督工作，有关部门要积极配合相关工作。政协要紧扣专项监督议题，组织力量深入了解情况，找准问题和不足，积极反馈意见建议。3. 形成专项监督报告。政协专项监督组应及时汇总监督情况，形成专项监督报告，及时报送同级党委、政府及有关方面。重要专项监督报告视情由政协主席会议审议后报送。4. 加大办理落实力度。党委、政府应对专项监督报告做专题研究，或交有关部门办理。党政督查部门要及时督查专项监督报告的办理情况。

（五）积极探索新的民主监督形式。1. 积极开展民主评议。党委、政府应为政协开展民主评议提供便利。被评议单位应积极配合，虚心接受批评和建议，认真负责改进工作。政协应制定民主评议可操作性办法，增强民主评议的实效。政协应将评议结果报送同级党委、政府及有关方面，并将评议结果及时公示。2. 进一步完善民主监督小组工作。政协在常委会和主席会议的领导下，完善协商委派民主监督小组制度。派驻单位可邀请民主监督小组成员参与调研、检查、列席重要会议等活动。民主监督小组在深入调研了解情况的基础上，向派驻单位提出书面民主监督报告，派驻单位应及时进行答复。3. 积极开展微监督。党委、政府要高度重视政协委员通过政协云履职服务平台提交的微建议，主动把微建议中的监督意见作为改进工作的参考，并及时交相关部门办理。政协要视情组织微建议集中办理协商会，还可将重要的微建议转化为提案监督、视察监督、专项监督的议题，持续开展民主监督。4. 积极发挥政协社情民意的监督作用。党委、政府要重视政协社情民意所反映的问题，积极采纳意见建议。对于党委、政府主要负责同志批示交办的社情民意，各承办单位应以书面、会议通报等形式向政协反馈办理、采纳和落实情况。5. 注重政协民主监督与其他监督的协调配合。要积极探索联合联动监督机制，加强政协民主监督同党内监督、国家机关监督、群众监督、舆论监督等监督形式的协调配合，更好发挥政协民主监督作用。6. 努力探索其他民主监督形式。各地要结合实际，创造性开展政协民主监督工作，努力探索运用移动互联网、大数据、政协云等新型技术手段，不断创新政协民主监督。

三、强化组织保障：强化组织领导

要把加强和改进人民政协民主监督工作纳入党委总体工作部署，列入重要议事日程，贯穿于重大决策部署的协商全过程。各级党委、政府负责同志要积极支持、自觉接受政协民主监督，认真抓好政协民主监督意见和建议的办理和落实。各级政协党组要切实强化对民主监督工作的统一领导，确保民主监督工作健康有序开展。强化机制保障。各级党委、政府及有关方面要进一步完善知情明政、督促办理、权益保障等机制，尊重和保护委员的知情权、参与权、表达权、监督权，加强民主监督意见建议的跟踪督办和反馈。营造民主监督的良好环境。各级党委、政府和政协要着力构建真诚交流的工作机制，营造畅所欲言、平等协商而又理性有度、合法依章的民主氛围。各级政协要加强对民主监督理论与实践的研究，统筹好各种形式的民主监督，把握好监督的方向和原则、节奏和力度，确保履行民主监督职能有制可依、有规可守、有章可循、有序可遵。

【组织概况】

主席当选名单（2018 年 1 月 27 日政协湖南省第十二届委员会第一次会议第三次全体会议选举通过）

李微微

副主席当选名单

（2018 年 1 月 27 日政协湖南省第十二届委员会第一次会议第三次全体会议选举通过）

戴道晋　张大方　赖明勇　胡旭晟
彭国甫　贺安杰　张　健　易鹏飞
张灼华

秘书长当选名单

（2018 年 1 月 27 日政协湖南省第十二届委员会第一次会议第三次全体会议选举通过）

卿渐伟

常务委员当选名单（按姓氏笔画排序）

（2018年1月27日政协湖南省第十二届委员会第一次会议第三次全体会议选举通过）

王仁才　王仁祥　王玉立
王阳娟（女）　毛学军　毛学雄
孔和平　邓三龙　邓焕生
卢妹香（女）　田海清　白树仁
印仕柏（苗族）　印遇龙　兰定国
朱建山　朱建军　朱建纲
朱鸿宾（女）　朱皖（女）
伍中信　伍　浩　向双林
向华（土家族）　向志强（苗族）
刘小明　刘　山　刘丹军　刘方军
刘建武　刘春生　刘新民　江　涌
汤长发　汤建尧　汤素兰（女）
许石林　孙易兵　严　华
李平（女）　李发美
李壮丽（女，土家族）　李　军
李赤群　李　沐　李明辉　李宗文
李定珍（女）　李莓（女）
李　涛　李　舜　李徽（女）
李新连　杨　翔　肖百灵（女）
肖伏良　吴志良　吴金明　呙滨辰
何祚云（女）　何清湖　何寄华
邹东仁　汪　涵　张业梅（女）
张庆和　张志军　张佐姣（女）
张智军　陈仲伯　陈庆林　陈江华
陈赤平（土家族）　陈宏忠
陈松岭　陈登斌　陈慈英（女）
陈　潇　欧爱民　易　佐
罗双全（女）　罗海艳（女）
周江林　周海斌　屈蔼林
郝建东（满族）　胡代松　胡　奇
胡建辉　胡彬彬　胡颖（女）
柳建新　钟建新　钟娜（女）
段江华　段安娜（女）
姚增谊（女，满族）　贺　坚
袁海平　夏义生　夏志和
徐克勤（苗族）　郭细军
谈敬纯（女）　黄献民（回族）
龚文勇　龚振湘　崔永平　彭爱华
彭继球　蒋志南　蒋涤非
韩晓波（女）　傅莉娟（女）
释怀梵　曾福生　谢　宏
雷明盛（土家族）　蔡荣星
廖建湘　廖满珠（女）　谭拥军
熊　炜　潘碧灵（土家族）
戴晓凤（女）

组织调整情况

经政协湖南省第十二届委员会第一次常务委员会会议表决通过（2018年1月28日）

设置委员学习联络委员会、提案委员会、经济科技委员会、人口资源环境委员会、文教卫体和文史委员会、社会和法制委员会、民族和宗教委员会、港澳台侨和外事委员会等8个专门委员会。

经政协湖南省第十二届委员会第四次常务委员会会议表决通过（2018年12月29日）

市政协主席名单

长沙市
文树勋
衡阳市
廖炎秋
株洲市
蔡　溪
湘潭市
周放良（女）
邵阳市
鞠晓阳
岳阳市
徐新楚
常德市
李爱国
张家界市
汪业元

益阳市

黄加忠

郴州市

李　评

永州市

蒋善生

怀化市

李　军（苗族）

娄底市

姚　兵

湘西自治州

刘昌刚（苗族）

政协广东省委员会

【全体委员会议】

十二届一次会议 2018年1月23日至27日，中国人民政治协商会议第十二届广东省委员会第一次会议在广州开幕。会议应出席委员789人，实到755人。省政协十二届一次会议主席团常务主席王荣、林雄、刘日知、邓海光、袁宝成、黄武、张嘉极、李心、马光瑜，秘书长吴伟鹏出席会议。中共中央政治局委员、省委书记李希，省委副书记、省长马兴瑞，省人大常委会主任李玉妹，全国人大华侨委员会副主任委员黄龙云，以及省委、省人大常委会、省政府、省军区、十一届省政协领导同志出席全体会议开闭幕式，分别参加大会发言、专题座谈和分组讨论，听取委员意见建议，共商我省改革发展大计。

会议审议通过王荣代表政协第十一届广东省委员会常务委员会所作的工作报告、刘日知所作的提案工作情况报告和省政协十二届一次会议政治决议，讨论了省政府工作报告、省高级人民法院工作报告、省人民检察院工作报告及其他报告，选举王荣同志为政协第十二届广东省委员会主席，林雄、刘日知、邓海光、袁宝成、黄武、张嘉极、李心、马光瑜为副主席，吴伟鹏为秘书长，选举产生常务委员138名，表彰了省政协2017年优秀提案33件。大会期间，共举行全体会议5次，主席团会议3次，小组讨论6次，穿插安排1场委员专题座谈会和海外侨胞专题座谈会，大会共收到发言材料65篇，提出提案800件，立案699件。

【常务委员会会议】

十二届第1次会议 1月27日在广州召开。会议应出席148人，实到148人。会议审议十二届省政协有关委员人事问题和部分专门委员会主任、副主任职务调整等问题。会议由省政协主席王荣主持。省政协副主席林雄、刘日知、邓海光、袁宝成、黄武、张嘉极、李心、马光瑜，秘书长吴伟鹏等出席会议。

第2次会议 6月28日至29日在广州召开。会议应出席148人，实到131人。会议传达学习全省农村乡村工作会议精神，听取省政协专题调研组所作的情况报告。会议围绕“加强粤东西北农村基础设施建设，促进乡村振兴发展”专题开展协商议政，提出六个方面建议。王荣主持会议，副省长许瑞生到会通报情况。省政协副主席林雄、邓海光、袁宝成、黄武、李心、马光瑜，秘书长吴伟鹏以及省政协常委出席会议。住粤全国政协委员，省直有关单位负责同志，各市政协领导，以及调研组成员等列席会议。

第3次会议 9月26日至27日在广州召开。会议应出席148人，实到127人。会议听取省政协专题调研组所作的情况报告，围绕“培育壮大数字经济，推动我省实体经济高质量发展”专题开展协商议政，形成八个方面建议。省政协主席王荣主持会议，副省长陈良贤到会作相关情况通报。会议审议通过《中国人民政治协商会议广东省委员会常务委员会工作规则》。省政协副主席刘日知、邓海光、袁宝成、黄武、张嘉极、李心，秘书长吴伟鹏以及省政协常委出席会议。住粤全国政协委员，省直有关单位负责同志，各市政协领导，以及调研组成员等列席会议。

第4次会议 12月27日至28日在广州召开。会议应出席148人，实到130人。会议传达学习习近平总书记在中央经济工作会议上的重要讲话精神和省委有关部署；听取省委副书记、省长马兴瑞作《政府工作报告（征求意见稿）》的说明和政府部门2018年办理政协提案情况通报；听取省纪委副书记、监察委副主任杨飞关于2018年全省反腐倡廉工作情况的通报；听取省法院院长龚稼立、省检察院检察长林贻影关于省法院、省检察院2018年工作情况的通报；听取并审议省政协秘书长吴伟鹏作政协第十二届广东省委员会常委会工作报告（稿）和提案工作情况报告（稿）起草情况的说明，召开政协第十二届广东省委员会第二次会议日期、议程和日程安排建议的说明，以及增设省政协农业农村委员会和有关人事安排问题的说明。会议决定，十二届省政协二次会议于2019年1月26日至29日在广州召开，会议同意增设省政协农业农村委员会，省政协副主席林雄主持会议，副主席刘日知、邓海光、黄武、马光瑜，秘书长吴伟鹏等出席。

【专门委员会工作】

提案委员会 开展提案分析研究工作，遴选“关于深入实施乡村振兴战略系列提案”等2件提案作为省领导督办重点提案，遴选10件提案作为省政协主席会议督办重点提案。开通“省政协提案线索征集与发布平台”长期面向社会征集提案线索。起草《关于进一步完善省政协提案交办工作机制的报告》，促进提案工作规范化。

经济委员会 围绕“促进我省民营经济发展”“提升粤港澳大湾区先进制造业国际竞争力”，召开2次“粤商·省长面对面协商座谈会”，打造我省协商民主品牌。组织开展培育壮大数字经济，推动我省实体经济高质量发展、粤桂合作特别试验区（广东片）的发展情况、乡村民宿建设情况、乡村振兴与农村土地制度改革专题调研。

人口资源环境委员会 围绕“加强粤东西北地区农村基础设施建设，促进乡村振兴发展”开展专题调研。开展“推进我省乡村振兴战略落实”民主监督调研。开展“农村建筑形态如何体现岭南特色”专题调研，在“广东政协”微信公众号上发布专题调研及设计方案推文。开展“水环境综合治理”监督视察。开展大气污染防治重点提案督办。组织对粤西饮用水源安全问题开展调研。

科教卫体委员会 组织开展“粤东西北地区推进医联体建设面临的问题与对策”专题协商。开展“建立以政府为主体的多层次投入体系，提高广东基础和应用基础研究水平”对口协商。围绕“深化职业教育产教融合，推进校企精准对接与精准育人”“完善全民健身设施和服务体系”专题调研视察。开展医联体建设相关重点提案督办。

文化和文史资料委员会 组织开展“加强南粤古驿道保护利用，助推乡村振兴”“加强革命遗址保护利用，弘扬传承红色文化”等专题调研视察。组织召开全省政协文史资料工作座谈会。完成二批广东改革开放口述史摄录工作。选编《从“五一口号”到协商建国》《从岭南到边疆》，开展《广东政协忆事（第一卷）》史料征集。与羊城晚报社合作开辟“岭南文史”专栏，拓展文史资料应用平台和渠道。

社会和法制委员会 组织开展“打造家政服务区域品牌，助力精准扶贫精准脱贫”专题调研。组织召开“推进我省农村基层社会治理建设”专题协商会。开展“完善独生子女家庭养老服务体系”“推进我省异地婚姻登记试点工作”等对口协商专题调研。开展“推动我省涉罪未成年人学校型观护基地建设”重点提案督办。

民族宗教委员会 组织开展“加快我省民族地区乡村振兴，与全省同步建成全面小康”专题调研。开展“基层宗教事务管理工作”“民族地区生态环境保护情况与宗教活动场所管理情况”调研学习考察。开展广东乳源县正觉禅寺恢复重建项目地块生态功能区划调整重点提案督办。开展民族宗教界团结联谊工作和慈善公益活动。

港澳台委员会 组织习近平总书记重要讲话精神、改革开放40周年伟大成就等主题宣讲。组织开展“促进粤港澳服务贸易自由化，推进粤港澳大湾区建设”专题调研。围绕推进广东乡村振兴战略落实，组织赴韶关、云浮市开展专项视察调研。首次邀请港澳爱国青年社团8名优秀代表列席省政协大会，积极开展青年委员联谊活动。

外事侨务委员会 组织开展“海外高层次人才在粤创新创业情况”专题调研。组织开展“关于汇聚侨商力量，整合侨界资源，建设侨商产业集聚区特色小镇”重点提案督办。举办“海外侨胞港澳同胞与广东改革开放40年专题展”。邀请33名海外华侨华人列席政协全会，接待22批次国外来访团组和海外华侨华人组织。

【重要会议、活动】

各类协商会

第一次粤商·省长面对面协商座谈会 5月18日在广州召开。省委副书记、省长马兴瑞出席会议并讲话，省政协主席王荣主持。20多名粤商代表与省政府领导、相关职能部门负责同志围绕“促进广东民营经济发展”议题进行充分协商交流。座谈会聚焦我省民营企业技术创新、推动政策落地见效等内容提出许多有价值的对策建议，协商成果被吸纳到我省“民营经济十条”的59项具体举措中，生动展现富有广东特色的协商民主实践。

第二次粤商·省长面对面协商座谈会 10月9日在广州召开，省委副书记、省长马兴瑞出席并讲话，省政协主席王荣主持。协商座谈会上，16名粤商代表围绕“进一步强化企业技术创新主体地位，着力提升粤港澳大湾区先进制造业国际竞争力”主题踊跃发言。大家就大湾区共融、共建、共治、共识，加快推动制造业转型升级、形成具有国际竞争力的创新型企业集群开展协商交流，意见建议被吸纳进有关发展规划、制度文件中。

“粤东西北地区推进医联体建设面临的问题与对策”专题协商会 9月19日在广州召开。省政协主席王荣主持，省政府副省长叶贞琴到会听取意见建议。省卫计委主任段宇飞在会上通报我省医联体建设情况。省各民主党派、工商联负责同志和省政协委员代表围绕强化组织领导、扩大试点范围、加大财政投入力度、“放管服”结合、完善相关配套政策、加快人事薪酬分配制度改革、促进业务协同发展等7个方面提出对策建议，为切实推进我省医联体健康发展献计献策。

“推进我省农村基层社会治理建设”专题协商会 10月23日在广州召开。省政协主席王荣主持会议，副省长黄宁生到会听取意见并讲话。省民政厅厅长卓志强通报我省农村基层社会治理有关情况。省各民主党派、省工商联负责人和省政协委员代表分别提出以党和国家机构改革为契机强化乡镇责权利、大力推进基层社会治理社会化、法治化、智能化、专业化等四个方面的对策建议，协商成果专报省委、省政府。

“推进我省异地婚姻登记试点工作”对口协商会 7月19日在广州召开。省政协主席王荣主持会议，副省长李春生出席并讲话。与会住粤全国政协委员、省政协委员围绕婚姻异地登记试点中存在的问题建言献策，建议省政府专题报请国务院批准广东开展异地婚姻登记跨省试点工作。

重点提案督办

十二届一次会议以来，共收到提案888件，立案708件。至年底，全部立案提案已办复。2018年共确定12件重点提案。

省委书记李希牵头督办“关于深入实施乡村振兴战略”系列提案 省委高度重视系列提案办理工作，省委书记李希牵头督办，多次带队深入基层一线调研，广泛听取基层干部群众意见建议。11 月 30 日，在广州召开“关于深入实施乡村振兴战略”系列政协提案办理情况汇报会，深入学习贯彻习近平总书记关于乡村振兴的重要论述，听取政协委员对提案办理的意见建议，进一步推动提案办理转化落实。省政协主席王荣、省领导林少春、叶贞琴等参加会议。

省长马兴瑞牵头督办“关于加快推进粤港澳大湾区建设”系列提案 省委、省政府高度重视关于加快推进粤港澳大湾区建设系列提案。马兴瑞省长牵头督办，带队深入广州、深圳、佛山、惠州等地开展调研，研究部署政策举措。省政府成立了提案办理协调小组，协调督促各办理单位落实工作任务。9 月 30 日在广州召开省长督办 2018 年省政协重点提案办理工作座谈会。省长马兴瑞出席会议并讲话。省政协副主席林雄出席会议并讲话；省政协副主席、致公党广东省委会主委黄武等提案者代表在会上发言。省政府秘书长张虎主持会议，省发展改革委等单位汇报提案办理情况。

省政协主席会议督办重点提案 主席会议重点围绕“推进珠三角港口与船舶大气污染防治，助力粤港澳大湾区生态文明建设”“关于推进我省智慧健康养老服务系列提案”“关于加快我省农业科技创新，助推产业转型升级的提案”“大力发展知识产权质押融资，提升科技金融服务水平”等开展提案督办。省政协主席会议成员分别召开提案办理协商会议，审定办理方案，开展调研。

举办 5 期“国是学堂” 3 月 28 日、6 月 14 日、7 月 11 日、9 月 20 日、12 月 26 日举办 5 期“国是学堂”，邀请余斌、迟福林、原冬平、陈道富、王福强就迈向高质量发展阶段、推动形成全面开放新格局、习近平总书记关于加强和改进人民政协工作的重要思想、防范和化解金融风险、大湾区规划与广东的机遇和挑战作专题讲座。省政协委员、各地级以上市政协主席、市县（区）政协主席、省政协和省各民主党派机关干部等共 1200 多人参加。

举办 3 期“主席讲坛” 11 月 26 日、12 月 4 日、12 月 16 日举办 3 期“主席讲坛”，省政协主席王荣、副主席林雄、袁宝成分别围绕“深刻领会习近平总书记关于提高发展平衡性和协调性的重要论述”“深刻领会习近平总书记关于加强党的领导和党的建设的重要论述”“认真学习领会习近平总书记关于推动高质量发展的重要论述”作专题辅导报告。省政协党组理论学习中心组成员、省政协机关和各专委会、省民主党派、省工商联党员领导干部等共 800 多人参加。

全省政协系统学习交流会 2018 年 5 月 25 日，广东省政协系统学习交流会在清远召开。会议深入学习贯彻习近平总书记关于加强和改进人民政协工作的重要思想、在参加广东代表团审议时的重要讲话精神，探讨推动我省乡村振兴战略实施的思路举措，更好地为我省改革发展贡献智慧和力量。省政协主席王荣出席会议并讲话。省政协副主席刘日知主持会议，副主席邓海光、袁宝成、黄武、张嘉极、李心、马光瑜，秘书长吴伟鹏出席会议。21 个地级以上市政协主席在会上作学习交流发言。省政协各专门委员会主任、副秘书长等出席会议。

深入学习习近平总书记关于加强和改进人民政协工作的重要思想理论研讨会 7 月 11 日至 12 日，省政协在广州召开“深入学习习近平总书记关于加强和改进人民政协工作的重要思想理论研讨会”。全国政协副主席董建华到会指导，省政协主席王荣主持会议并讲话。省政协副主席马光瑜、广州市政协主席刘悦伦、深圳市政协主席戴北方等17位代表作大会发言。研讨会共收到论文300余篇。全国政协港澳台侨委员会驻会副主任吕虹，省政协副主席邓海光、袁宝成、黄武、张嘉极、李心、马光瑜，秘书长吴伟鹏，省政协、省各民主党派机关，各市、县（区）政协负责同志和专家学者等100多人出席。

开展“推进我省乡村振兴战略落实”专项民主监督 经省委同意，省政协将“推进我省乡村振兴战略落实”确定为2018年协商式民主监督的一项重要工作。10月15日，省政协召开专项民主监督工作动员会，就开展“推进我省乡村振兴战略落实”专项民主监督进行动员部署。从10月中旬至11月下旬，省政协主席、副主席分别率7个监督调研组赴20个地级以上市开展监督调研。12月3日，省政协召开“推进我省乡村振兴战略落实”民主监督调研汇报交流会，听取各监督调研组情况汇报，省发改委、省财政厅、省自然资源厅、省生态环境厅、省住房和城乡建设厅、省农业农村厅等单位负责同志与大家进行交流互动，总结我省实施乡村振兴战略的好做法和存在问题，讨论研究对策建议。

全省政协系统学习贯彻习近平总书记视察广东重要讲话精神暨加强党的建设座谈会 2018年11月1日，全省政协系统学习贯彻习近平总书记视察广东重要讲话精神暨加强党的建设座谈会在深圳召开。省政协主席王荣出席并讲话，省委常委、深圳市委书记王伟中到会介绍深圳市改革开放40年辉煌成就和宝贵经验。省政协副主席林雄、刘日知、邓海光、黄武、张嘉极、李心、马光瑜，广州、深圳市政协主席刘悦伦、戴北方，省政协秘书长吴伟鹏等出席。与会人员参观了“大潮起珠江——广东改革开放40周年展览”、考察中国（广东）自由贸易试验区深圳前海蛇口片区。

【重要文件】

常委会工作报告（2018年1月23日）（摘要）

一、过去五年的工作回顾

（一）坚持把政治建设摆在首位，为广东政协事业发展把牢政治方向。始终坚持中国共产党的领导，准确把握人民政协性质定位，组织引导委员深入学习贯彻中共十八大、十八届历次全会精神，切实增强政治意识、大局意识、核心意识、看齐意识，坚定中国特色社会主义道路自信、理论自信、制度自信、文化自信，坚决维护习近平总书记的核心地位，坚决维护中共中央权威和集中统一领导。认真贯彻落实全面从严治党要求，充分发挥政协党组的领导核心作用，引导广大委员把拥护中国共产党的主张作为最大的政治纪律和政治规矩，不断提高政治觉悟和政治能力。（二）聚焦改革发展中心任务，为全面建成小康社会献计出力，围绕中心、服务大局是人民政协履职的重要原则。常委会贯彻落实新发展理念，围绕我省经济社会发展的全局性、战略性、前瞻性课题，组织开展280余次协商议政和调研视察活动，一大批有价值、有分量的对策建议转化为党委和政府的政策举措，为广东经济结构战略性调整和社会文明进步作出了积极贡献。（三）紧盯民生实事协商监督，为改革发展成果更多更公平惠及人民群众察实情进诤言。坚持以人民为中心的发展思想，紧盯保障和改善民生重要决策部署落实，聚焦群众反映集中的“热点”，开展协商式监督，切实为增进民生福祉发声出力。（四）紧紧围绕生态文明建设，为建设美丽广东出实招谋良策。持续关注生态文明建设，每年组织界别委员围绕解决突出环境问题履职建言，为推动我省生态环境持续改善提供了智力支持。（五）发挥政协文史工作优势，为促进社会文明进步鼓与呼。组织制定文史资料工作规划，召开全省政协文史资料工作会议专题部署，创建文史资料数据库和文史网，扎实开展史料征集、研究和出版工作，为推动社会主义文化繁荣兴盛注入活力。（六）画出新时代最大同心圆，为实现中华民族伟大复兴凝心聚力。积极做好协调关系、理顺情绪、增进共识、加强团结的工作，广泛凝聚人心、凝聚智慧、凝聚力量。（七）推进政协协商民主建设，为社会主义民主政治发展注入活力。积极拓展协商平台和渠道，规范完善协商议政内容和形式，广泛汇聚众智、增进共识、促进团结。（八）着力提升履职能力水平，为政协事业长远发展夯实基础。坚持以改革创新精神推进政协经常性工作，强化“两支队伍”建设，提高建言献策质量，大力推进理论创新、实践创新和工作创新。

二、今后五年的工作建议

（一）用习近平新时代中国特色社会主义思想统领人民政协工作。（二）紧紧围绕新时代开创广东改革发展新局献计出力。（三）更加广泛凝聚新时代同心共筑中国梦的磅礴力量。（四）不断提升人民政协履职建言的质量和水平。（五）努力推动人民政协自身建设上新水平。

【组织概况】

主席当选名单

王　荣（2018 年 1 月 27 日省政协十二届一次会议当选）

副主席当选名单

（2018 年 1 月 27 日省政协十二届一次会议通过）

林　雄　刘日知　邓海光　袁宝成
黄　武　张嘉极　李　心　马光瑜

秘书长当选名单

（2018 年 1 月 27 日省政协十二届一次会议通过）

吴伟鹏

常务委员当选名单（按姓氏笔画为序）

（2018 年 1 月 27 日省政协十二届一次会议通过）

丁　义（满族）　马宪民　王　丰
王　珺　王月琴（女）　王永辉
王禹平　王晓华　王理宗　韦建瑞
文　斌　方健宏　邓文基　邓玉桂
邓佑财　古尔夫（女）　叶文才
叶晓世　叶德林
白　洁（女，满族）　邢　锋
年　海　朱义坤　庄旭东
刘兰妮（女）　刘启德　刘建达
刘思德　刘悦伦　江智涛　孙　平
孙小华　麦淑萍（女）　严居然
苏永大　李　丰　李广曦　李汉明
李伟强　李汴生　李劲堃　李贻伟
李积回　李焕春（女）
李淑勤（女）　杨正根　杨润贵
杨道匡　吴火豪　吴远溪　吴茂芹
吴哲歆　余敏斌　余鹏春　邹锡昌
汪　洪（女）　汪华侨　沈文淮
沈晓东　张　晨（女）

市政协主席变动情况

广州市

副主席

张嘉极（2018 年 6 月辞职）

深圳市

副主席

黎　军（女，2018 年 9 月辞职）

光明区

主　席

李世清（2018 年 10 月当选）

汕尾市

郑　佳（2018 年 10 月辞职）

东莞市

骆招群（2018 年 8 月补选）

（杨镒菲　**编写**　洪晓龙　**审稿**）

政协广西壮族自治区委员会

【全体委员会议】

十二届一次会议 在南宁召开。应出席委员683人，实到651人。自治区党委书记彭清华、自治区主席陈武等党政军领导同志出席会议，并参加联组讨论，听取大会发言，与委员们共商改革发展大计，彭清华书记在开幕会上讲话。会议听取并赞同自治区主席陈武所作的政府工作报告，自治区高级人民法院工作报告、自治区人民检察院工作报告及其他报告。审议批准十一届自治区政协主席陈际瓦代表政协第十一届广西壮族自治区委员会常务委员会所作的工作报告和十一届自治区政协副主席代表政协第十一届广西壮族自治区委员会常务委员会所作的提案工作情况的报告。会议期间，收到提案532件，立案427件；收到大会发言材料114份，15位委员围绕保障广西城市二次供水水质安全、广西“一带一路”有机衔接重要门户建设、发展边境产业、提升广西文化自信、大力发展广西草食畜牧业、扶持壮大贫困地区村级集体经济实力、建立珠江—西江经济带区域性水权交易制度、推动广西企业登陆资本市场做大做强、重视产业工人队伍建设、加快推进广西新旧动能转换、让人民政协民主监督更具实效、推动粤桂合作特别试验区快速发展、打造面向东盟的金融开放门户、将邮轮产业打造成为广西现代服务业新的增长点，积极融入粤港澳大湾区建设等问题提出意见和建议。会议通过政协十二届一次会议关于常务委员会工作报告的决议，自治区政协提案委员会关于政协十二届一次会议提案审查情况的报告，自治区政协2018年协商工作计划，自治区政协十二届一次会议政治决议；选举蓝天立为十二届自治区政协主席，黄道伟、李康、黄日波、陈刚、刘正东、磨长英、彭晓春、钱学明、刘慕仁为副主席，王西冀为秘书长，丁丽华等120人为常务委员。蓝天立主持闭幕会并致闭幕词。

【常务委员会会议】

十一届第26次会议 1月20日在南宁召开。应出席131人，实到106人。十一届自治区政协主席陈际瓦主持会议并讲话。会议听取自治区党委常委、统战部部长赵德明作政协第十二届广西壮族自治区委员会参加单位、委员名额和委员人选名单（草案）的说明，自治区副主席黄伟京关于政协提案办理工作情况的通报；通过关于召开政协第十二届广西壮族自治区委员会第一次会议的决定，政协第十二届广西壮族自治区委员会参加单位、委员名额和委员人选名单，政协第十二届广西壮族自治区委员会第一次会议议程（草案）和日程（草案）；原则通过政协第十一届广西壮族自治区委员会常务委员会工作报告和提案工作情况的报告。通过关于授权主席会议审议政协第十一届广西壮族自治区委员会常务委员会第二十六次会议未尽事宜的决定，关于接受卢仲云同志请辞政协第十一届广西壮族自治区委员会常务委员、委员的决定（草案）；增补李海荣、杨斌、唐振富、梁仁省、曾丽琴为自治区政协委员；通过曾丽琴为提案委员会副主任（专职），唐振富为经济委员会副主任（专职），杨斌为农业委员会副主任（专职），梁仁省为教科文卫体委员会副主任（专职），李秋洪、李海荣为文史和学习委员会副主任，黄珏不再担任提案委员会副主任，王春林不再担任经济委员会副主任（专职），吴穹不再担任农业委员会副主任（专职），吴学斌不再担任教科文卫体委员会副主任（专职）等人事事项。

十二届第1次会议 1月30日下午在南宁召开。应出席131人，实到131人。蓝天立主席出席会议并讲话。会议审议通过自治区政协十二届一次常委会议议程，十二届自治区政协常委会关于设置专门委员会的决定，各专门委员会主任、副主任名单，任命：钟学荣为提案委员会主任，曾丽琴为提案委员会副主任（专职），杨和荣为经济委员会主任；何小聪、彭正江为经济委员会副主任，唐振富为经济委员会副主任（专职）；赵波为农业委员会主任，杨斌为农业委员会副主任（专职）；秦敬德为人口资源环境委员会主任，黄振东为人口资源环境委员会副主任（专职）；彭钢为教科文卫体委员会主任，韦波为教科文卫体委员会副主任；梁仁省为教科文卫体委员会副主任（专职）；李海荣为社会和法制委员会主任，蒋浦为社会和法制委员会副主任，莫雁诗为社会和法制委员会副主任（专职）；黄济健为民族和宗教委员会主任，黎广胜为民族和宗教委员会副主任（专职）；谢迺堂为港澳台侨和外事委员会主任，罗建文为港澳台侨和外事委员会副主任，欧廷杰为港澳台侨和外事委员会副主任（专职）；李秋洪为文史和学习委员会主任，黄著诚为文史和学习委员会副主任，李建平为文史和学习委员会副主任（专职）。原则通过了十二届自治区政协常委会 2018 年工作要点。

第 2 次会议 6 月 5 日至 6 日在南宁召开。应出席 131 人，实到 95 人。蓝天立主席出席会议并讲话。会议围绕“深入实施兴边富民行动，推动边境地区加快发展”建言献策。自治区副主席方春明到会通报广西相关工作情况。黄道伟副主席作调研情况说明。夏宁、赵发旗、黄卫革、施庆华、黄小宁、马继宪、蔡文姬围绕大力打造广西千里边关风情游、大力发展边贸商品落地加工、提升完善边境公路、加强边境口岸建设、设立“广西沿边经济带”、加强边贸互市产品管控等方面提出意见建议。通过关于谢迺堂同志不再担任政协广西壮族自治区委员会副秘书长职务的决定，增补张宣东为自治区政协委员、农业委员会副主任。

第 3 次会议 9 月 6 日至 7 日在南宁召开。应出席 131 人，实到 109 人。蓝天立主席出席会议并讲话。会议围绕“深度融入‘一带一路’，大力推进中新互联互通南向通道建设”建言献策。自治区副主席丁向群通报相关工作进展情况、总体构想及下步工作。钱学明作专题调研情况说明。赵发旗、彭正江、黄若萍、黄均宁、陈虹、李茜玲、程大兴、黄卫革、施庆华 9 位常委分别从港口资源、物流成本、口岸建设、物流园建设、服务机制、政策制定、区域协作等方面作大会发言。会议建议要以南向通道建设为契机，加快构建我区全方位开放新格局；理顺管理体制、完善配套机制；努力探索经济转型中的行政管理体制改革；打造“快捷高效、无缝对接”多式联运物流体系，促进“东融”与“南向”有机衔接；打造高效、协同的综合物流信息服务平台；规范服务，舍得让利，有效降低南向通道综合物流成本；引入多样化市场主体，强化金融支撑，激发南向通道建设投融资市场活力；发挥集聚效应，打造南向通道经济带产业集聚区等。增补古天龙为自治区政协委员、教科文卫体委员会副主任、周彬为社会和法制委员会副主任，通过钟敏为自治区政协副秘书长、刘迎春同志不再担任自治区政协副秘书长等人事事项。

第 4 次会议 12 月 19 日至 21 日在南宁召开。应出席 131 人，实到 108 人。蓝天立主席出席并讲话。自治区党委常委、组织部部长曾万明到会，对加强党的领导、加强和改进人民政协工作提出要求；听取自治区副主席李彬到会通报政协提案办理情况。决定自治区政协十二届二次会议于 2019 年 1 月 20 日至 25 日在南宁召开。通过《中国人民政治协商会议广西壮族自治区委员会全体会议工作规则》《中国人民政治协商会议广西壮族自治区委员会常务委员会工作规则》和《中国人民政治协商会议广西壮族自治区委员会委员履职工作规则》。通过将农业委员会更名为农业和农村委员会；将文史和学习委员会更名为文化文史和学习委员会，将教科文卫体委员会承担的联系文化艺术界等相关职责调整到文化文史和学习委员会；将教科文卫体委员会更名为教科卫体委员会的决定。通过关于召开政协第十二届广西壮族自治区委员会第二次会议的决定，会议议程（草案）和日程，政协第十二届广西壮族自治区委员会常务委员会工作报告并确定报告人，政协第十二届广西壮族自治区委员会常务委员会关于政协十二届一次会议以来提案工作情况的报告并确定报告人，政协第十二届广西壮族自治区委员会第二次会议秘书长、副秘书长名单，编组办法和小组召集人名单。通过关于接受刘家清、孙世和、梁建强请辞政协第十二届广西壮族自治区委员会常务委员、委员的决定；通过关于接受朱春艳、李为国、杨红英、董涛、蒙永山请辞政协第十二届广西壮族自治区委员会委员的决定；增补叶松华、李沛芬、陈丽华为自治区政协委员；通过赵波为农业和农村委员会主任、彭钢为教科卫体委员会主任、李秋洪为文化文史和学习委员会主任、李沛芬为提案委员会副主任、张宣东为农业和农村委员会副主任、杨斌为农业和农村委员会副主任（专职）、陈刚（特邀界）为人口资源环境委员会副主任、韦波、古天龙为教科卫体委员会副主任、梁仁省为教科卫体委员会副主任（专职）、黄著诚为文化文史和学习委员会副主任、李建平为文化文史和学习委员会副主任（专职）等人事事项。

【专门委员会工作】

提案委员会 全年收到提案603件，立案487件。推动《关于推进中新互联互通南向通道建设的提案》列为全国政协45件重点提案，并进入全国政协提案委督办调研的8件重点提案，是全国政协提案委2018年督办调研的第一件重点提案，也是十三届全国政协督办的第一件重点提案。全国政协副主席马飚5月率队赴重庆、广西进行重点提案督办调研，并在南宁召开督办调研座谈会。全国政协将督办调研报告以重要提案摘报形式报送中共中央办公厅和国务院办公厅，得到汪洋、韩正等中央领导同志批示，有力推动了西部陆海新通道建设上升为国家战略。进一步完善“六位一体”提案办理机制，搭建沟通交流平台，加大提案办理协商力度。抓好协商、跟踪、视察、公开、评议等环节，推动一批委员高度关注的重大问题、反映广西经济社会发展和重大民生问题得到办理解决，切实增强提案办理实效。

经济委员会 围绕“推进东兴、凭祥国家重点开发开放试验区建设”开展对口协商，提出东兴、凭祥两个试验区建设要在“管理要顺、项目要实、政策要新”上下功夫，自治区党委书记鹿心社、自治区主席陈武对上报社情民意信息作批示。围绕专题议政性常委会议协商议题“深度融入‘一带一路’，大力推进中新互联互通南向通道建设”，提出以南向通道建设为契机加快构建全方位开放新格局，探索经济转型中的行政管理体制改革，打造多式联运物流体系、综合物流信息服务平台，促进东融与南向有机衔接，有效降低南向通道综合物流成本，激发南向通道建设投融资市场活力，打造南向通道经济带产业集聚区等建议，自治区党委书记鹿心社作批示。围绕推进全域旅游创新发展，助推我区乡村振兴开展专题调研，围绕“关于加快提升广西利用外资水平、运用‘柳州模式’促进广西新能源汽车产业发展”进行重点提案督办。创新横向协商形式，探索建立西部省区市协商交流合作机制；丰富协商内容，首次召开月度协商座谈会。

农业和农村委员会 就深入推进实施《左右江革命老区振兴规划》（以下简称《规划》）召开专题协商会，蓝天立主席、自治区副主席李彬出席会议并讲话。有关情况、协商成果及调研报告报送自治区党委、政府，自治区领导批转有关部门研究推进《规划》实施。围绕助推我区农业供给侧结构性改革协商建言，相关调研报告报送自治区党委和政府。有效组织重点提案《关于尽快出台〈广西民宿旅游、农家乐产业发展意见〉的建议》督办调研协商，推动有关民宿旅游、农家乐产业发展的意见建议落实。组织委员开展围绕乡村振兴战略，推进广西香米品牌建设、将百香果列入《鲜活农产品品种目录》等专题调研，为推动农业特色产业发展贡献政协智慧。

人口资源环境委员会 围绕南向通道建设，采取区、市、企业上下联动、成果共享的调研模式，开展“加快整合北部湾港口资源，打造向海经济”专题调研，自治区党委书记鹿心社对调研报告作批示。围绕“建设秀美城乡，开展推进垃圾‘三化’处理”开展专题调研，《人民政协报》以《万份调查问卷问诊“垃圾围城”》为题报道了协商成果。围绕加强政协党建工作开展专题调研，形成调研报告报送自治区党委。围绕生态环境监测网络体系建设、扎实推进宜居乡村建设等重点提案进行督办。配合全国政协人资环委和自治区政协办公厅做好全国暨地方政协人口资源环境委员会工作座谈会的相关工作。

教科卫体委员会 围绕“加快推进我区紧密型医疗联合体建设”开展界别协商和监督性视察，自治区党委书记鹿心社、自治区主席陈武、副主席黄俊华对视察报告作出批示，所提意见建议得到自治区卫计委、南宁市重视和采纳。围绕“深入推进实施文化惠民工程”开展专题协商，首次采取网络议政远程协商会形式召开专题协商会。自治区党委书记鹿心社、自治区副主席李彬对调研报告作批示。围绕“以科技创新引领产业发展”开展专题调研，提出意见建议供自治区党委、政府决策参考。围绕“推进广西民族医药和健康产业发展”开展专题调研，形成调研报告并以提交集体提案的形式，助力自治区加快民族医药产业高质量发展。督办“关于统筹推进G209国道线柳州至武宣段改扩建的提案”“关于加强我区科技人才培养工作的提案”。

社会和法制委员会 围绕“加快推进我区相对集中行政许可权改革试点工作”开展专题调研，自治区主席陈武、副主席秦如培对相关报告进行批示，全区优化营商环境大会文件吸收了调研成果。《人民政协报》2018年6月2日作专题报道。围绕“推进我区学前教育立法”开展调研，提出积极推进学前教育立法，为学前教育改革发展提供法律保障等意见建议，自治区副主席黄俊华对调研报告作出批示。开展“促进广西法院破产审判”调研，赴柳州、桂林、崇左三市实地调研，总结考察印象·刘三姐、柳化集团等破产重组案例，并召开协商座谈会，形成了《关于建立破产审判“府院联动”工作领导机制的建议》，自治区政府副主席费志荣、黄俊华分别对调研报告作批示。扎实开展“促进广西家庭教育发展”“大力发展健康养老产业”专题调研，提出意见建议。

民族和宗教委员会 围绕“加强我区乡村教师队伍建设”开展专题调研，自治区党委书记鹿心社、自治区主席陈武对调研报告作批示。围绕“特色小镇建设中的民族文化传承与发展”开展委员视察调研，《人民政协报》对协商成果作专题报道。聚焦宗教文化资源保护与利用，组织宗教界别委员开展“加强宗教文化资源保护与利用”专题调研。完成《关于加快推进“国家级左江流域骆越—壮族文化生态保护区”申报和建设工作》《关于加强传承与发展我国“唯一海上民族”——广西京族传统文化的建议》《关于加快我区少数民族文化旅游发展的提案》等3件重点提案督办。牵头组织完成《左江花山文化景观图典》《左江花山文化景观申遗亲历记》编撰工作。

港澳台侨和外事委员会 围绕“营造企业家健康成长环境”开展调研，自治区党委书记鹿心社、自治区副主席费志荣对调研报告作批示。围绕“加强广西与东盟的文化旅游交流”开展调研，采取跨区域远程协商方式召开界别协商会。做好《关于将邮轮产业打造为我区现代服务业新增长点的建议》《关于推进广西与“一带一路”沿线国家教育交流与合作的建议》重点提案督办。举办港澳委员活动日活动，蓝天立主席、磨长英副主席出席活动。协调组织服务由中国和平统一促进会与自治区政协共同举办的“2018海外华侨华人与‘一带一路’建设研讨会”，全国政协副主席郑建邦、自治区政协主席蓝天立出席并讲话。

文化文史和学习委员会 围绕“深入实施兴边富民行动，推进边境地区加快发展”议题开展调研，自治区党委书记鹿心社、自治区主席陈武对调研报告作批示，《改革与战略》杂志2018年第12期以《做足“边”的文章打造“千里南疆·美丽广西”》为题摘要发表。围绕“加强我区文物保护法规体系建设”议题开展专题调研和协商议政，从加快制定地方法规、加强立法机构和立法队伍建设、制定文物市场管理法规、加强区域协作深入查处法人违法行为、拓宽法规起草渠道、加强宣传营造全社会保护文物的良好氛围等方面提出意见建议。自治区副主席李彬对调研报告作批示。做好《关于建设抗战桂林文化城纪念馆的建议》《关于推动玉林、钦州、贵港三市共同开发建设六万大山森林生态旅游示范区促进北部湾地区发展的建议》等重点提案督办调研。进一步打造《广西政协文史丛书》品牌，研究制定了《十二届自治区政协文史资料征编出版计划》，《左江花山岩画文化景观图典》《左江花山岩画文化景观申遗亲历记》出版发行。

【重要会议、活动】

专题协商活动 召开专题协商会2次。7月4日，聚焦“深入推进实施《左右江革命老区振兴规划》”议政建言。蓝天立主席出席会议并讲话。自治区副主席李彬到会通报《左右江革命老区振兴规划》实施情况，听取意见建议。黄道伟、李康、黄日波、刘正东、彭晓春副主席，秘书长王西冀出席会议，黄道伟主持。黄日波副主席作专题调研情况说明，5位与会人员分别就发展全域旅游、减少制度性障碍、发展低碳循环经济、加强统筹协调、加大项目建设等问题作发言，提出意见建议。10月30日，十二届自治区政协首次召开网络议政远程协商专题会，围绕“深入推进实施文化惠民工程”主题建言咨政。蓝天立主席主持并讲话。协商会设立自治区政协主会场，桂林市、河池市、百色靖西市政协三个分会场，且同步开通“和直播”网络平台，会场外的委员登录网络平台参与实时互动交流，发表意见建议。自治区副主席李彬，黄道伟、陈刚、刘正东、磨长英、刘慕仁副主席，秘书长王西冀出席会议。陈刚作网络议政和实地调研情况综述。李彬总结我区深入推进实施文化惠民工程情况。住桂全国政协委员龙倩、自治区政协委员韦柳春、民主党派代表葛春启，以及分会场各级政协委员代表郑毅、黄瑞立、黄志荣等分别作了发言，区直有关单位负责同志到会听取意见建议并作回应发言。自治区政协副秘书长、各专委会主任和专职副主任，自治区编办、财政厅、文化厅、旅发委、新闻出版广电局、体育局等区直有关部门和企业负责同志，桂林、河池、百色市政协及当地文化部门负责同志、基层群众代表参加远程协商会。

对口协商活动 召开对口协商会6次。5月10日，围绕“加快推进相对集中行政许可权改革试点工作”进行对口协商，李康副主席出席会议并讲话。5月15日，围绕“加强民族地区乡村教师队伍建设”进行对口协商，李康副主席出席会议并讲话。5月25日，围绕“推进东兴、凭祥国家重点开发开放试验区建设”进行对口协商，钱学明副主席出席会议并讲话。8月24日，围绕“推进垃圾‘三化’处理，建设秀美城乡”进行对口协商，刘慕仁副主席出席并讲话。9月25日，围绕“助推我区农业供给侧结构性改革”进行对口协商。10月26日，围绕“加强我区文物保护法规体系建设，促进文物保护与利用”进行对口协商，黄道伟副主席出席会议并讲话。

界别协商活动 召开界别协商会6次。6月19日，就“加快整合北部湾港口资源，打造向海经济”开展界别协商，陈刚副主席出席会议并讲话。6月27日，就“加快推进我区紧密型医疗联合体建设”开展界别协商，陈刚副主席出席会议并讲话。9月4日，围绕“营造企业家健康成长环境”开展对口协商，磨长英副主席出席会议并讲话。9月20日，围绕“特色小镇建设中的民族文化传承与发展”开展对口协商，李康副主席出席并讲话。11月5日，围绕“加强广西与东盟的文化旅游交流”开展对口协商，磨长英副主席出席并讲话。11月20日，围绕“推进我区学前教育立法”开展对口协商，李康副主席出席会议并讲话。

提案办理协商活动 自治区党委书记鹿心社亲自审改督办《关于支持周边省区对接融入粤港澳大湾区建设的建议》重点提案。自治区主席陈武主持召开2次常务会议，分别把“推进社会信用体系建设”和“加快构建我区空间规划体系”两件重点提案列为议题进行研究，推动有关部门制定出台相关文件。自治区党政领导对报送的16件重点提案进行了督办，自治区政协主席、副主席领衔督办9件重点提案，分别开展督办调研、召开提案办理协商会。全年共督办提案57件，自治区党政领导对其中16件重点提案作批示。自治区政协秘书长、副秘书长及各专委会共督办14件，全年共开展各类提案办理协商活动36场。

委员视察活动 组织5个视察团和15个考察团，其中常委视察团1个、委员视察团4个，香港委员考察团1个，委托各市政协组织考察团14个。蓝天立、黄道伟、李康、黄日波、刘正东、陈刚等6位自治区政协领导分别率团就“降低实体经济企业成本”“深入实施兴边富民行动，推进边境地区加快发展”“特色小镇建设中的民族文化传承与发展”“推进农业供给侧结构性改革”“民族地区经济社会发展与生态文明建设”“加快推进我区紧密型医疗联合体建设”，赴新疆维吾尔自治区、贵港市、玉林市、防城港市、柳州市、来宾市、南宁市等地进行视察、考察。

自治区政协深入学习习近平总书记关于加强和改进人民政协工作的重要思想理论研讨会 7月20日，自治区政协深入学习习近平总书记关于加强和改进人民政协工作的重要思想理论研讨会在南宁召开，全国政协副主席何厚铧出席会议并讲话，蓝天立主席主持。全国政协港澳台侨委员会驻会副主任吕虹，自治区领导李彬、黄道伟、李康、黄日波、陈刚、刘正东、磨长英、彭晓春、钱学明、刘慕仁，自治区政协秘书长王西冀参加有关活动。

全区政协系统党的建设工作座谈会 8月31日，全区政协系统党的建设工作座谈会在南宁召开。会议深入学习贯彻习近平新时代中国特色社会主义思想和党的十九大精神，贯彻落实全国政协系统党的建设工作座谈会和中共中央办公厅《关于加强新时代人民政协党的建设工作的若干意见》精神，研究部署进一步加强我区政协系统党的建设工作。自治区党委书记鹿心社在会上发表讲话，蓝天立主席主持会议并讲话。副主席黄道伟、黄日波、陈刚、刘正东、磨长英、彭晓春、刘慕仁出席会议。

推进中新互联互通南向通道建设座谈会 10月9日，由自治区政协牵头主办的助推中新互联互通南向通道建设座谈会在南宁召开。全国政协常委、经济委员会副主任孙思敬出席座谈会，蓝天立在会上致辞。四川省政协主席柯尊平，贵州省政协主席刘晓凯，内蒙古自治区政协副主席王中和，湖南省政协副主席戴道晋、钱学明，重庆市政协副主席谭家玲，云南省政协副主席杨嘉武，陕西省政协副主席李冬玉，甘肃省政协副主席郝远①，青海省政协副主席杜捷分别介绍推进中新互联互通南向通道建设有关情况和下一步工作打算、意见建议。自治区副主席黄俊华介绍了广西推进中新互联互通南向通道建设有关情况。黄道伟副主席主持座谈会。

月度协商座谈会 9月14日，自治区政协首次召开月度协商座谈会，政协委员、有关部门负责人、专家学者和企业代表围绕关于解决“广西货不走广西港”问题展开协商座谈。黄道伟副主席主持会议并讲话。

全区政协秘书长工作会议 10月25日，全区政协秘书长工作会议在南宁召开。会议深入学习贯彻全国、全区政协学习习近平总书记关于加强和改进人民政协工作的重要思想理论研讨会，以及全国、全区政协系统党的建设工作座谈会精神，交流政协机关工作经验，探索提高政协工作质量的有效方法。黄道伟副主席出席并讲话，秘书长王西冀主持会议并作总结。

广西政协“同心”讲座 4月3日、7月19日、9月28日、10月22日、11月13日，在南宁举办第40期、第41期、第42期、第43期、第44期“同心”讲座，分别邀请中国林科院热带林业实验中心工程师杨茂精，广西科技信息网络中心主任叶波，全国政协民族和宗教委员会副主任罗黎明，全国政协常委、民建中央副主席、上海市政协副主席周汉民，中央党史和文献研究院院务委员陈晋，就“树木与人生——走进美丽富饶的森林王国”“云计算、大数据和人工智能现状与未来”“正确处理我国现阶段民族问题”“当前的形势和我们的任务”“毛泽东的读书之路对今天的启示”等专题作讲座。

反映社情民意信息工作 共征集到社情民意信息稿件748条。其中各民主党派广西区委、自治区工商联报送信息609条，各市政协报送信息111条，自治区政协各专门委员会报送信息28条。从中筛选编报《广西政协信息》28期呈送自治区党政领导，其中6期得到鹿心社、陈武、秦如培、费志荣、黄俊华等自治区党

---

① 2021年3月3日，政协第十三届全国委员会常务委员会第十五次会议通过关于免去郝远同志第十三届全国政协常委职务，接受其请辞委员的决定。

政领导批示；编报《广西政协信息专报》32期报全国政协办公厅信息局，其中3期得到全国政协办公厅信息局采用。12月底公布的社情民意信息稿件年度采用率为11%，居全国省级政协第7位。自治区政协办公厅编辑报送的《推进中国—东盟海上旅游合作的建议》，2018年9月获全国政协优秀社情民意信息表彰，在全国政协两年一评评选出30件优秀社情民意信息中列第8件，在全国少数民族自治区中是唯一一件获奖信息，实现十二届自治区政协反映社情民意信息工作开门红。

【重要文件】

常委会工作报告（2018年1月24日）（摘要）

一、过去5年工作回顾

（一）坚持正确的政治方向，夯实共同思想政治基础。深入学习贯彻习近平新时代中国特色社会主义思想、中共十八大和十九大精神，把坚持和发展中国特色社会主义作为主轴，不断夯实团结奋斗的共同思想政治基础，坚决做到“两个维护”、牢固树立“四个意识”、切实增强“四个自信”。深入学习贯彻中共十九大精神，准确把握人民政协性质定位，学习贯彻习近平总书记关于广西工作的重要指示精神，贯彻自治区第十一次党代会精神，做到政协工作始终与党委部署和政府工作同心、同向、同行。（二）坚持围绕中心议题议政建言，助推富民兴桂大业不断发展。选择事关广西发展全局重大问题协商议政，连续5年都有提案被列为全国政协重点提案，助推珠江—西江经济带发展规划、左右江革命老区振兴规划上升为国家战略，实现广西国家战略规划全覆盖。（三）坚持履职为民，为打赢脱贫攻坚战献计出力。提出因地制宜培育贫困地区特色优势产业、加大交通等基础设施建设力度、发展民族医药产业、开展旅游扶贫等建议，得到国家有关部委采纳。（四）坚持推进政协协商民主建设，不断增强协商议政实效。组织起草《〈关于加强人民政协协商民主建设的实施意见〉的贯彻落实意见》，在省级政协中率先建立政协年度协商工作计划报自治区党委批准制度、自治区党政领导出席政协重要协商会议制度。（五）坚持加强和改进政协民主监督职能，切实做到善监督、真监督。5年来，围绕解决农民工随迁子女在城市接受义务教育、拖欠农民工工资、义务教育均衡、清除群众身边腐败等问题开展监督性视察。把扶贫资金监管列为年度重点专题协商会议题，相关调研报告得到10位自治区党政领导批示。（六）坚持加强港澳台侨联谊工作，积极扩大政协对外交往。切实抓好港澳委员履职培训，连续5年组织港澳委员活动日。

二、今后5年的工作建议

（一）深入学习贯彻中共十九大精神，用习近平新时代中国特色社会主义思想武装头脑、指导实践、推动工作。（二）围绕中心、服务大局，为富民兴桂大业献计出力。（三）深化政协协商民主实践，加强和完善民主监督。（四）充分发挥爱国统一战线组织作用，广泛凝聚各方面智慧和力量。（五）切实强化自身建设，努力提高新时代政协工作能力和水平。

【组织概况】

主席当选名单

（2018年1月30日广西壮族自治区政协十二届一次会议通过）

蓝天立

副主席当选名单

（2018年1月30日广西壮族自治区政协十二届一次会议通过）

黄道伟　李　康　黄日波　陈　刚
刘正东　磨长英　彭晓春　钱学明
刘慕仁

副秘书长任命名单

（2018年9月7日政协第十二届广西壮族自治区委员会常务委员会第三次会议通过）

钟　敏

委员增补名单

（2018年12月21日政协第十二届广西壮族自治区委员会常务委员会第四次会议通过）

叶松华　李沛芬　陈丽华（女）

常务委员请辞名单

（2018年12月21日政协第十二届广西壮族自治区委员会常务委员会第四次会议通过）

刘家清　孙世和　梁建强（壮族）

委员请辞名单

（2018年12月21日政协第十二届广西壮族自治区委员会常务委员会第四次会议通过）

朱春艳（女）　　李为国

杨红英（女）　　董　涛　蒙永山

不再担任副秘书长名单

（2018年9月7日政协第十二届广西壮族自治区委员会常务委员会第三次会议通过）

刘迎春

（王　莅　**编写**　班源泽　**审稿**）

政协海南省委员会

【全体委员会议】

七届一次会议 2018年1月25日至29日在海口举行。应出席委员385名，实到373名。省政协党组书记毛万春主持开、闭幕会并讲话。省委书记、省人大常委会主任刘赐贵，省委副书记、省长沈晓明，省委副书记李军等省领导列席开、闭幕会，参加联组讨论、小组讨论并听取发言。会议听取并审议省政协主席于迅、副主席陈莉代表省政协常委会分别作的工作报告和提案工作情况报告。政协委员就海南培育良好营商环境、乡村振兴、做大做强医药产业、完善自身机制等方面作大会发言，就医疗健康、教育文化等产业经济发展、琼港澳联动、生态保护、乡村振兴等问题在联组讨论会发言。大会审议通过省政协七届一次会议政治决议、省政协提案委员会关于七届一次会议提案审查情况的报告；选举产生新一届省政协领导班子，毛万春为政协海南省第七届委员会主席，马勇霞、李国梁、史贻云、吴岩峻、陈马林、蒙晓灵、侯茂丰为副主席，王雄为秘书长。会议号召，省政协各参加单位和全体政协委员要紧密团结在以习近平总书记为核心的中共中央周围，在中共海南省委领导下，共同为实现中共十九大和海南省第七次党代会确定的目标任务，为决胜全面建成小康社会、谱写美丽中国海南篇章、争创中国特色社会主义实践范例贡献智慧和力量。

【常务委员会会议】

六届第28次会议 1月22日在海口举行。会议应出席64人，实到55人。省政协主席于迅主持会议并讲话。会议审议通过省政协六届二十八次常委会议议程；审议通过政协第七届海南省委员会部分委员名单、政协海南省委员会常务委员会工作报告和关于提案工作情况的报告的报告人名单；审议政协第七届海南省委员会第一次会议预备会议有关文件、政协第七届海南省委员会第一次会议主席团第一次会议文件。

七届第1次会议 5月14日在海口举行。应出席67人，实到61人。省政协主席毛万春主持会议。会议传达学习中共海南省七届四次全会精神，审议通过省政协七届常委会第一次会议关于深入学习贯彻中共海南省七届四次全会精神的决议、常委会关于设置专门委员会的决定、省政协七届委员会副秘书长任命名单、各专门委员会主任和副主任名单，以及有关人事事项。

第2次会议（暨全省政协系统党建工作交流会） 7月29日在海口举行。应出席67人，实到62人。省政协主席毛万春主持会议。会议听取省长沈晓明对海南上半年经济运行、下半年重点工作及海南全面深化改革开放进展情况的通报，审议通过《中国人民政治协商会议海南省委员会全体会议工作规则》《中国人民政治协商会议海南省委员会常务委员会工作规则》《中国人民政治协商会议海南省委员会专门委员会通则》。传达学习全国政协系统党的建设工作座谈会、全国政协第十三届常委会第二次会议、习近平总书记关于加强和改进人民政协工作的重要思想学习研讨情况闽赣粤琼政协片区座谈会精神，以及海南省政协理论研讨会、近期省委常委会会议精神。

第3次会议 10月28日在海口举行。应出席68人，实到67人。省政协主席毛万春主持会议并讲话。会议学习习近平总书记在庆祝海南建省办经济特区30周年大会上的重要讲话和《中共中央国务院关于支持海南全面深化改革开放的指导意见》精神传达学习习近平总书记等中央领导人重要批示和自由贸易试验区建设五周年座谈会精神及海南省贯彻意见，学习《中国（海南）自由贸易试验区总体方案》等有关文件精神，传达学习全国政协学习习近平总书记关于加强和改进人民政协工作的重要思想理论研讨会、政协第十三届全国委员会常务委员会第三次会议等有关会议精神，以及海南省委、省政府主要领导有关讲话精神等；通报省政协2018年脱贫攻坚民主监督等相关工作情况；审议通过《海南省大气污染防治“六个严禁两个推进”专项工作考核办法（试行）》、政协第七届海南省委员会常务委员会关于调整专门委员会设置的决定和相关人事事项。

【专门委员会工作】

提案委员会 （1）省政协七届一次会议以来收到大会提案457件、平时提案45件。审查提案并立案476件，落实与省委、省政府共同交办提案制度，至年底提案办理答复476件，完成率100%。（2）遴选确定10件为省政协领导人督办重点提案，协助省政府办公厅遴选确定8件为省政府领导人牵头督办重点提案。（3）参加省政协主席会议成员牵头的重点提案调研和督办活动10次。（4）完成省政协六届一次会议以来优秀提案、先进承办单位和工作者表彰相关工作。（5）编发《省政协六届委员会优秀提案汇编》《省政协七届一次会议提案分类总目录》《省政协七届一次会议提案办理情况选编》。

经济委员会 （1）承担或参与省政协重点协商课题4个，撰写材料4份，赴全国政协经济委汇报工作4次。召开主任会议和全体委员会议2次，举办委员活动日活动4次。（2）开展省内调研12次，赴省外调研10次，召开专题调研座谈会70余次。（3）提交大会发言4件、提案53件，报送《政协信息》20篇、会议纪要6篇、社情民意7篇。（4）参加全国政协经济委会议1次，省委、省政府及其部门会议20余次。（5）接待全国政协及兄弟省市政协经济委来琼考察团3批43人。

人口资源环境委员会 （1）围绕自贸区（港）建设开展专题调研和考察学习，开展发挥“候鸟人才”作用强化海南“候鸟群体”服务管理、发挥热带雨林资源优势建设好海南热带雨林国家公园、发挥海南水资源优势实现美好新海南永续发展3个专题调研协商。（2）配合经济委完成省委书记刘赐贵、省长沈晓明交办的关于“海南蔬菜市场价格稳控”调研，形成《海南蔬菜市场价格稳控调研报告》。（3）赴新疆开展乡村振兴战略考察学习。参与大气污染防治，助推海南国家生态文明试验区建设。开展脱贫攻坚民主监督。（4）省政协七届一次会议以来，有28名委员以个人或联名方式提交提案45件、社情民意4篇、政协信息23篇。做好重点提案督办。（5）走访委员，并举办委员活动日活动。（6）为全国政协来琼调研做好协调服务，争取全国政协对海南工作的支持帮助，参加全国政协和省政协的工作交流。

教科卫体委员会（1）省政协组建新一届专委会，将教科文卫体委员会更名为教科卫体委员会，成立教科卫体委员会分党组。（2）重点围绕“创新基层医疗卫生服务”“推动学前教育发展”两个议题开展调研协商。（3）借全国政协之力助推海南发展，配合全国政协及地方政协在琼考察调研。（4）走访看望委员，为委员履职提供条件。

社会和法制委员会 （1）围绕中心工作开展调研协商。开展我省发展不平衡不充分问题的具体表现及对策建议的专题调研，联合致公党海南省委会开展“促进新能源汽车产业健康发展”等专题调研，协助省政协经济委员会开展关于促进我省总部经济发展。（2）积极参加脱贫攻坚民主监督工作。组织委员参加对东方市、乐东县脱贫攻坚问题整改进行观摩评分。（3）组织委员协助分管副主席协商督办《关于坚持“多规合一”理念科学制定海南“乡村振兴”规划的建议》（2018 第 0090 号）等重点提案。

民族和宗教委员会 （1）一年来共提交提案 25 件，大会发言 9 篇，政协信息 19 条，被采纳社情民意 3 条。（2）健全组织制度，审议通过了《政协第七届海南省委员会民族和宗教委员会工作规则》和《政协第七届海南省委员会民族和宗教委员会 2018 年工作要点》。（3）积极开展培训学习，全年共组织委员参加学习培训 7 次，组织机关人员开展学习教育 40 余次，为省政协举办的“学习习近平总书记关于加强和改进人民政协工作的重要思想”理论研讨会提交理论文章 3 篇，部分委员在会上做了发言。（4）深入调查研究，开展“加强我省宗教教职人员管理”调研，开展“我省民族地区中小学教师队伍建设情况”的调研。（5）召开“贯彻落实国家宗教政策，加强我省宗教教职人员管理”对口协商会。（6）对《关于切实加强城镇排水及污水处理设施 从根源上治理城镇内河（湖）水污染的建议》（第 0284 号）提案进行协商督办。

文化文史和学习委员会 （1）学思践悟习近平总书记在庆祝海南建省办经济特区 30 周年大会上的重要讲话精神，提升实践能力。（2）确定七届省政协《海南文史》征集出版选题和年度工作重点，做好文史资料征集出版。举办全省政协文史业务培训班，深化学习贯彻习近平总书记在庆祝海南建省办经济特区 30 周年大会上的重要讲话精神，共 74 人参加。（3）开展“彰显海南乡土文化时代价值，推动文化和旅游融合发展”专题调研活动。（4）抓好省政协七届一次会议第 0227 号重点提案协商督办，为提高我省乡村教育质量献计出力。（5）加强与全国政协的联系，以及与兄弟省市和市县政协的交流学习。

港澳台侨外事委员会 （1）学习贯彻习近平总书记在庆祝海南建省办经济特区 30 周年大会上的重要讲话和《中共中央国务院关于支持海南全面深化改革开放的指导意见》精神，强化政治责任担当。（2）开展协商调研和考察，为建设自贸区（港）建言献策。畅通渠道，发挥港澳政协委员资政建言、凝聚人心作用。发挥侨务优势，凝聚侨力，助力海南对外开放。举办海峡两岸休闲农业发展（海南）研讨会，促进琼台交流合作。（3）做好提案以及重点提案督办，省政协七届一次会议以来，委员会委员、港澳地区省政协委员及重点联系委员共提交提案 62 份。（4）走访看望委员，搭建交流平台，增强专委会凝聚力。（5）加强与全国政协相关专委会、各省市区政协的联系协作。

【重要会议、活动】

海南省参加全国政协第十三届全国委员会第一次会议 2018 年 3 月 3 日至 15 日，中国人民政治协商会议第十三届全国委员会第一次会议在京举行，我省共有毛万春、于迅、张韵声、康耀红、王路、史贻云、陈马林、蒙晓灵、侯茂丰、连介德、冯川建、羊风极、林安、景柱、潘惠丽、过建春、印顺、朱鼎健、谢京等 19 名住琼全国政协委员出席会议。3 月 8 日全国政协十三届一次会议在北京人民大会堂举行第二次全体会议，住琼全国政协委员羊风极作大会发言。

《知青在海南史料选辑》首发赠书仪式 2018 年 1 月 17 日由海南省政协在海口举行，有 24 家单位受赠。《知青在海南史料选辑》是海南建省以来出版规模最大、具有史料丛书性质的一套海南文史图书，由省政协文史资料委员会牵头组织编撰，收录史料文稿 690 余篇共 420 多万字，编为10卷。选辑史料时期从20世纪50年代中期至20世纪80年代初，通过690多位亲历者和见证人撰写知识青年在海南上山下乡的回忆文稿，讲述真实、生动、全面的知青故事。

学习习近平总书记关于加强和改进人民政协工作的重要思想理论研讨会 2018年7月16日召开。此次会议深入学习贯彻习近平总书记关于加强和改进人民政协工作的重要思想、新时代中国特色社会主义思想和党的十九大精神。全国政协副主席梁振英出席会议并讲话，省政协主席毛万春主持会议，全国政协港澳台侨委员会副主任于迅、吕虹，省政协副主席马勇霞、史贻云、吴岩峻、陈马林、蒙晓灵、侯茂丰，秘书长王雄出席会议。

毛万春出访文莱、斯里兰卡、以色列 2018年8月6日至15日，海南省政协主席毛万春出访文莱、斯里兰卡、以色列。出访期间，毛万春拜会斯里兰卡议长卡鲁·贾亚苏里亚，就深化两地传统友谊、拓展各领域合作进行深入探讨。还会见被访三国中央政府相关部门负责人，通过会见、座谈、茶叙、项目调研等形式，就落实习近平总书记在庆祝海南建省办经济特区30周年大会上的重要讲话和《中共中央国务院关于支持海南全面深化改革开放的指导意见》精神，以及推动"一带一路"框架下友城、旅游、教育、医疗康养、热带农业、新能源、互联互通、人才引进和培养等领域的交流与合作展开磋商，达成诸多共识。

全国政协副主席刘新成率全国政协考察团在海南考察基层公共文化建设情况 2018年10月17日至21日，全国政协副主席刘新成率全国政协考察团在海南考察基层公共文化建设情况，并与海南省政协联合开展"送文化下基层"活动。全国政协文史和学习委员会副主任丁伟参加考察。省委书记刘赐贵、省长沈晓明会见考察团一行，省政协主席毛万春参加会见并主持座谈会。其间，考察团听取海南省有关部门汇报，深入保亭、海口、三沙等市县了解基层公共文化建设情况，并为群众表演文艺节目，赠送书籍和书画作品。

全国政协副主席王正伟率全国政协外事委员会考察组，在琼就"探索建设自由贸易港"开展考察 12月3日至6日，全国政协副主席王正伟率全国政协外事委员会考察组，在琼就"探索建设自由贸易港"开展考察。全国政协常委、外事委主任楼继伟参加考察。

全国政协调研组在琼开展"加强我国农业生物种质资源收集与保护"专题调研 5月2日至5日，全国政协常委、人口资源环境委员会副主任张宝顺率调研组一行，在海南开展"加强我国农业生物种质资源收集与保护"专题调研。毛万春在三亚会见调研组人员。

全国政协调研组在琼开展"逐步探索、稳步推进中国特色自由贸易港建设"专题调研 10月29日至11月2日，全国政协常委、经济委员会副主任于广洲率全国政协经济委员会调研组，在琼开展"逐步探索、稳步推进中国特色自由贸易港建设"专题调研。

崔波率住宁夏全国政协委员来琼调研考察 11月3日，全国政协委员、宁夏回族自治区政协主席崔波率住宁全国政协委员考察团抵琼，开展"海南深化改革，加快建设自由贸易试验区、中国特色自由贸易港和全域旅游情况"考察。海南省政协主席毛万春及省内有关部门负责人与考察团一行座谈。

韩勇率住陕西全国政协委员来琼调研考察 11月12日，全国政协委员、陕西省政协主席韩勇率住陕全国政协委员考察团，抵琼开展"自由贸易试验区和全域旅游发展情况”考察。海南省政协主席毛万春及省内有关部门负责人与考察团一行座谈。

【重要文件】

常委会工作报告（2018 年 1 月 25 日）（摘要）

2017 年主要工作情况

一是坚定自觉以习近平新时代中国特色社会主义思想为统领，巩固团结奋斗的共同思想政治基础。开展“大研讨大行动”活动，深入学习贯彻落实习近平总书记 2013 年视察海南时重要讲话、省第七次党代会、省委七届二次、三次全会精神，形成研讨文章 78 篇，提出意见建议 263 条。省政协党组和主席会议成员分赴基层宣讲十九大精神，举办专题辅导报告会、理论中心组学习会、学习论坛等形式多样的学习活动 30 多次。二是贯彻落实新发展理念，紧扣全省改革发展稳定重大问题协商议政。聚焦推进深化供给侧结构性改革、实施区域协调发展战略、关注民生保障和改善、助推文化艺术繁荣发展。三是完善民主监督机制，增强民主监督实效。贯彻落实中共中央办公厅《关于加强和改进人民政协民主监督工作的意见》，完成海南省《关于加强和改进人民政协民主监督工作的实施意见（代拟稿）》。四是加强对外友好交往和政协之间联系，宣传推介海南。省政协班子成员率团友好访问哈萨克斯坦、吉尔吉斯斯坦、塔吉克斯坦、巴西、阿根廷、坦桑尼亚、古巴等国，宣介“一带一路”倡议和海南特色优势产业，推动海南与被访国的友好交往和务实合作。争取全国政协指导和支持，有 15 位全国政协领导人及其相关专委会组织的 8 个考察团，来琼考察调研和指导工作，从更高层次提出更高质量的意见建议。有 16 个省份政协组织 22 个考察团来琼考察，探讨政协共同性事务，交流工作经验。

2018 年主要工作安排

一是深入学习贯彻中共十九大精神和习近平新时代中国特色社会主义思想。开展“不忘初心、牢记使命”主题教育，深刻领会十九大的鲜明主题、精神实质和重大战略部署。把坚持和发展中国特色社会主义作为巩固共同思想政治基础的主轴，推动广大委员和各界人士提高政治站位，形成坚定不移走中国特色社会主义道路的深厚政治共识。二是围绕党委和政府中心任务竭智尽力。准确把握中国发展新的历史方位、社会主要矛盾变化，按照高质量发展的新要求，以落实十九大报告提出的路线图和省委、省政府制定的海南实施方案为主线，围绕着力解决好发展不平衡不充分和更好满足人民对美好生活新期待的问题，紧扣全省改革开放发展中的全局性战略性前瞻性重大问题，建睿智之言、献务实之策、谋创新之举。三是扎实推进社会主义民主政治建设发展。把协商民主贯穿履行职能全过程，制定实施年度协商计划，组织各类协商活动，完善协商议政内容和形式，拓宽社会各界和人民群众持续深入政治参与的途径和平台，着力增进共识、促进团结。四是广泛凝聚团结奋斗强大合力。发挥政协代表性强、联系面广、包容性大的优势，协助党和政府做好协调关系、增进团结、凝聚人心的工作。五是不断提高政协工作科学化水平。加强委员队伍建设，适应政协换届后的形势和任务，针对性开展政协委员特别是新任委员的学习培训，提升履职素质和能力。

【组织概况】

主席当选名单

（2018 年 1 月 29 日政协第七届海南省委员会第一次会议选举通过）

毛万春

副主席当选名单

（2018 年 1 月 29 日政协第七届海南

省委员会第一次会议选举通过）

马勇霞（女，回族）　　李国梁

史贻云　吴岩峻　陈马林

蒙晓灵（女）　　侯茂丰

常务委员当选名单（按姓氏笔画为序）

（2018 年 1 月 29 日政协第七届海南省委员会第一次会议选举通过）

于智广　王　胜　王兆民

王琼珠（女）　　王禄安　王澄寰

印　顺　冯川建　吉小妹（女）

吉冬梅（女）　　过建春（女）

朱鼎健　任清华（女，土家族）

刘文军　刘阳彤　刘艳玲（女）

孙新华（女）　　麦　浪　李　玮

李文慧（女）　　李立新　李福顺

李繁华　连介德　迟福林

张凤玲（女）　　张学修　张泰超

张留兴　张陶冶　陆文荣　陈　闪

陈　超　陈良刚　陈明谦　陈嘉新

林　安（黎族）　林宏润

冼诺春（黎族）　莫海涛　唐　捷

黄良赞　曹　兵　梁　谋　董德标

蒋会成　韩　电　景　柱　詹汉钦

蔡　敏　廖　晖　廖香俊　潘家德

潘惠丽（女）

（廖文琼　**编写**　王春生　**审稿**）

政协重庆市委员会

【全体委员会议】

五届一次会议 1月25日至29日举行。开幕会应出席委员838人，实到委员831人。中央政治局委员、重庆市委书记陈敏尔参加开幕会并发表讲话；会议听取并审议政协重庆市第四届委员会常务委员会工作报告和政协重庆市第四届委员会常务委员会提案工作情况报告；选举王炯同志为政协重庆市第五届委员会主席，宋爱荣、陈贵云、吴刚、谭家玲、张玲、周克勤、徐代银、王新强同志为副主席，秦敏同志为秘书长，丁洪等149名同志为常务委员；列席重庆市第五届人民代表大会第一次会议第一次全体会议，听取并协商讨论市人民政府工作报告，协商讨论计划报告、财政报告和市高级人民法院工作报告、市人民检察院工作报告；审议通过政协重庆市第五届委员会第一次会议关于政协重庆市第四届委员会常务委员会工作报告的决议和政协重庆市第五届委员会第一次会议决议；组织市政协港澳委员和台侨特邀人士交流座谈。会议期间共收到提案1294件，经审查立案1011件。会议期间，政协委员围绕事关重庆经济社会发展重大问题和涉及群众切身利益的实际问题，深入协商议政，积极建言献策，通过提案、大会发言、小组讨论等形式，积极发表意见、交流思想、增进共识。会议号召，全市各级政协组织、政协各参加单位和广大政协委员，更加紧密团结在以习近平同志为核心的中共中央周围，坚决维护以习近平同志为核心的中共中央权威和集中统一领导，深入贯彻落实中共十九大精神，深学笃用习近平新时代中国特色社会主义思想，在中共重庆市委的坚强领导下，传承初心之志，筑牢同心之基，善履协商之职，恪尽兴渝之责，锐意进取，埋头苦干，为决胜全面建成小康社会、夺取新时代中国特色社会主义伟大胜利、实现中华民族伟大复兴的中国梦、实现人民对美好生活的向往而不懈奋斗！

【常务委员会会议】

五届第1次会议 于1月30日召开，应出席常委149名，实到133名。会议通报了政协重庆市第五届委员会主席、副主席、秘书长工作分工初步方案，审议通过了政协重庆市第五届委员会专委会机构设置及主任、副主任名单。

第2次会议 于3月27日召开，应出席常委149名，实到136名。会议传达学习习近平总书记重要讲话精神及全国“两会”精神，专题学习《中华人民共和国宪法》；听取市环保局深入实施“五大环保行动”推动建设山清水秀美丽之地情况通报，市发展改革委关于我市近期启动实施的15件民生实事计划情况的报告，政协重庆市委员会提案委员会关于市政协五届一次会议提案审查情况的报告；审议通过《2018年市政协重点协商、通报、视察、调研计划（草案）》《政协重庆市委员会2018年工作要点》。

第3次会议 于7月16日召开，应出席常委149名，实到129名。会议传达学习全国政协系统党的建设工作座谈会会议精神、市委五届四次全会精神，书面传达学习全国政协十三届二次常委会会议精神，专题学习实施乡村振兴战略；围绕“以大数据智能化为引领，加快产业转型升级创新发展”开展重点协商；听取市经济和信息化委员会关于我市军民融合产业发展情况的通报，书面通报《政协常委视察“内陆开放高地建设情况”综合报告》；审议通过《政协重庆市委员会关于深入推动长江经济带发展加快建设山清水秀美丽之地委员履职尽责行动的决议》。

第4次会议 于10月11日召开，应出席常委149名，实到131名。会议专题学习习近平生态文明思想，传达学习全国政协召开习近平总书记关于加强和改进人民政协工作的重要思想理论研讨会精神，书面传达学习全国政协十三届三次常委会会议精神；围绕“实施乡村振兴战略”开展重点协商；听取市扶贫开发办公室关于全市脱贫攻坚工作情况通报；审议通过《政协重庆市委员会关于加强常委会自身建设的意见》《“深入推进长江经济带发展，加快建设山清水秀美丽之地委员履职尽责实践活动”常委监督性视察和议政性协商会议建议方案》《政协重庆市委员会全体会议工作规则》《政协重庆市委员会常务委员会工作规则》《政协重庆市委员会委员履职工作规则》。

第5次会议 于12月24日召开，应出席常委149名，实到138名。会议学习习近平总书记近期关于人民政协工作的重要讲话精神及陈敏尔书记的批示，书面传达学习全国政协十三届四次常委会会议精神、市委第五次政协工作会议精神、重庆市政协系统党的建设工作座谈会精神，专题学习重庆市经济形势；听取市委办公厅关于市级党群、法检系统办理市政协五届一次会议以来提案情况的通报，市政府办公厅关于市政府系统办理市政协五届一次会议以来提案情况通报；听取市政协五届二次会议筹备情况汇报；审议通过政协重庆市第五届委员会常务委员会工作报告（草案）和政协重庆市第五届委员会常务委员会关于五届一次会议以来提案工作情况的报告（草案）、五届二次会议议程（草案）和日程、各次大会执行主席名单和主持人建议名单、列席范围、五届二次会议秘书处工作机构及职责；书面通报开展“深入推进长江经济带发展，加快建设山清水秀美丽之地委员履职尽责实践活动”情况、市政协常委监督性视察和议政性协商“深入推进长江经济带发展，加快建设山清水秀美丽之地委员履职尽责实践活动”综合报告，各专门委员会向常委会汇报2018年工作；审议通过政协重庆市第五届委员会关于专门委员会变动的决定。

【专门委员会工作】

提案委员会 全年共收到提案1389件，立案1051件，并案后交办938件，全部在规定时限内办理完毕。一是狠抓关键环节，提升提案质量。强化委员提案知识培训，在提交提案前编印寄送《提案参考选题》《提案征集通知》，在选题、调研、撰写等环节促进提案者与相关部门沟通联系，帮助委员提高提案工作履职能力。坚持提案“三审制”，从严把握审查标准，严把提案质量审查关。二是把握工作重点，提升办理质量。制定了《市政协2018年民主评议提案办理工作方案》，确定2018年重点提案82件，全部完成督办。组织各专委会对提案承办部门开展民主评议，汇总形成评议情况综述，及时公布评议结果。加大提案公开工作督查力度，要求承办单位年终报告提案公开工作情况，推动提办双方自觉接受公众监督，提办质量不断提升。三是全面统筹推进，提升服务质量。针对办理难度较大或办理不满意的提案，加大联系协调力度，召开各类办理协商会11场，促进多方沟通交流，形成落实合力，有关做法获《人民政协报》刊载。围绕“三大攻坚战”“八项行动计划”，就“大数据智能化创新驱动发展”等方面提案内容，梳理形成《提案专报》5期。建立了委员履职定期通报制度和评选激励制度，对委员履职情况进行量化考评。

文化文史和学习委员会 一是配合做好全国政协文史委协作选题项目“抗战时期国民政府军事委员会政治部第三厅”史料征编工作和来渝开展“第三厅”历史研究专题调研工作，积极落实全国政协文史委协作项目《回族百年实录》。二是加强与区县政协协作开展文史资料征编工作，协调推进《重庆旅游文史资料丛书（大美巫山卷）》编辑出版工作。三是深入挖掘重庆抗战史料，整理编辑“亲历者研究者说——重庆抗战编年纪事”文史资料稿件200多篇，征编出版《巴渝名镇调研纪实》文史资料图书。四是就全市历史文化名镇保护和利用开展重点调研。组织委员50多人次，先后实地调研我市18个国家和市级历史文化名镇，提出意见建议200多条，形成了《关于我市历史文化名镇保护传承利用发展的调研报告》，编辑出版了《巴渝名镇调研纪实》文史图书。

经济委员会 一是深入开展“兴转促”专题调研，深入工业园区、企业、乡镇实地走访座谈，形成了《关于加快推动重庆产业生态化的有关建议》《重庆手机产业发展专题调查》，被市委《工作情况交流》刊发。二是牵头开展“以大数据智能化为引领加快产业转型升级创新发展”常委会重点协商，收到调研材料38份，会后形成协商情况报告，报市委市政府领导参阅。三是开展“关于进一步推动物流降本增效的对策建议”重点调研，深入荣昌区、綦江区相关物流企业、生产企业实地调研，并赴成都、武汉学习考察，形成《强化社会物流供给侧结构性改革 助推重庆市物流降本增效可持续发展》的调研报告。四是组织开展专题视察。组织市政协常委就“内陆开放高地建设情况”等方面的实施情况进行了视察。组织委员开展了“重庆移动智能终端产业发展情况”年终视察。五是协调有关部门在常委会、主席会上通报“我市军民融合产业发展情况”“重庆信息产业发展”等情况。

农业委员会 一是组织“实施乡村振兴战略”常委会议协商，动员协调市级各民主党派、工商联组成33个专题调研组，深入开展调查研究，共形成36份调研报告，并在常委会上进行了专题协商，农业委作了综合报告，提出了许多有针对性的建议意见。二是积极参与“以大数据智能化为引领，加快产业转型升级创新发展”重点协商工作，形成专题调研报告，提出十余条针对性意见和建议，在市政协常委会议专题协商会上作了大会发言，部分建议纳入了综合报告和成果报告。三是围绕“重庆建设山清水秀美丽之地·青山篇”等开展专题调研并取得积极成果，提出针对性意见和建议41条，部分建议纳入综合报告。四是认真开展“农村集体产权制度改革”“我市国家级贫困区县和深度贫困乡镇脱贫”情况通报，组织委员围绕“农村生态宜居化建设”开展年终视察，参加市政协“内陆开放高地建设情况”等监督性视察活动，积极履行职能、务实献计出力。

人口资源环境建设委员会 一是认真抓好市政协“加快建设山清水秀美丽之地”调研和“委员履职尽责实践活动”的相关工作任务，完成阶段性调研，形成综合调研报告、考察报告和专题报告，并得到市委书记陈敏尔的肯定批示。在市政协办公厅统筹安排下，牵头制定“深入推动长江经济带发展，加快建设山清水秀美丽之地”市政协常委监督性视察和议政性协商会方案。二是开展市政协主席会议“加快旅游供给侧改革，推进全域旅游发展”重点协商工作，发动19个区县政协进行专题调研，先后赴万州、城口、南岸等区县和市旅投集团实地调研，并到云南、青海两省考察学习全域旅游经验做法。在充分调研，形成专题报告的成果基础上，组织开展协商议政，形成《市政协主席会议加快旅游供给侧改革，推进全域旅游发展的相关建议》报送市政府，得到市长唐良智、副市长潘毅琴的肯定批示。三是先后开展“水污染治理水环境保护”“餐厨垃圾收运及无害化处理资源化利用”等专题调研，形成了“重庆市水污染治理水环境保护相关问题及对策建议”“重庆市餐厨垃圾收运及无害化处理资源化利用问题及对策”等调研报告。四是组织市政协常委围绕“重庆交通建设三年行动计划”“深入推动长江经济带发展，加快建设山清水秀美丽之地”等主题开展监督性视察活动，整理撰写《市政协常委视察重庆“交通三年行动计划”实施情况的报告》等报告，以市政协党组名义报送市委。

科教文卫体委员会 一是开展“农村学校教育信息化建设与应用”“重庆市家庭医生签约服务情况”“发展群众体育运动 助推美丽乡村建设”专题调研和“我市人工智能科技发展情况”重点调研，形成了一批高质量调研成果。二是组织开展“我市新媒体创新发展情况”界别协商、“我市教育信息化”对口协商，完成市政协五届五次主席会议和五届十四次主席会议关于“我市分级诊疗制度实施和推进情况”和“实施科教兴市和人才强市战略行动计划情况”重点情况通报工作。三是完善了《加快推进我市分级诊疗的建议》等集体提案和重点提案，对市食药监管局2018年以来政协提案的办理工作进行了民主评议，组织委员提交社情民意信息20余篇。四是围绕“深入推进长江经济带发展，加快建设山清水秀美丽之地委员履职尽责实践活动”等重点工作开展视察，五是开展“名家讲坛”讲座活动，推动委员小组和界别活动创新，为委员履职服好务。

社会法制委员会 一是围绕“我市社会心理服务体系建设”开展重点调研，围绕“城乡社区生态环境治理”“加强我市城乡社区协商工作”“跨省异地就医结算系统”“深化我市村民自治”开展专题调研并进行常委会、主席会协商，形成了一批调研报告。二是围绕党政中心工作和市政协重点任务，积极开展专项视察活动。全年开展了“我市内陆开放高地建设情况之对外开放大环境建设”“重庆交通建设三年会战实施情况之水运规划建设运营管理、城市道路规划建设情况”等常委视察活动及“我市社会治安防控体系建设情况”重点视察活动，形成视察报告。三是在五届一次会议期间，引导委员提交提案114件，立案77件，并案后交办70件。四是充分发挥社法委委员专业优势，推荐专委会委员担任“七五”普法中期检查组成员、市高院特邀监督员，参加全市法官、检察官遴选委员会及惩戒委员会工作，助力全面依法治市，为实现科学立法、严格执法、公正司法、全民守法建言献策。

民族宗教委员会 一是围绕市政协“建设山清水秀美丽之地”课题调研活动，深入黔江、秀山等区县，就渝东南少数民族特色村镇保护与发展开展考察调研，形成《关于渝东南少数民族特色村镇保护与发展的意见建议》。二是建立专题调研组，围绕宗教领域社会治理创新，深入开展专题调研，形成《关于宗教领域社会治理创新的调研报告》，为依法管理基层宗教事务，提高宗教管理法制化、制度化、规范化水平建言献策。三是开展重点寺观教堂修缮建设情况视察、三峡重庆库区迁建寺观教堂修缮治理情况专题视察、脱贫攻坚民主监督视察，围绕重庆对外开放大通道建设、重庆内陆开放高地交通建设主题进行常委视察，形成一批专题视察报告并在市政协常委会上进行协商。四是扎实开展走访活动，走访了市佛教协会、道教协会等宗教团体和区县、民营企业，积极反映并解决困难诉求。五是督办了《关于挖掘缙云山传统养生文化，打造中国重庆北碚缙云山养生文化及宗教名山的建议》等重点提案，促使提案意见建议得到落实。

港澳台侨和外事委员会 一是牵头实施“进一步优化对外营商环境，促进重庆对外开放发展”重点调研课题，形成了《进一步优化对外营商环境促进重庆开放发展的对策建议》的调研报告。二是围绕“加快建设山清水秀美丽之地”、我市大口岸建设情况、交通建设“三年行动计划”，组织市政协港澳委员、常委和台侨特邀人士开展视察。三是全年共提交提案并立案80件，反映社情民意15件，其中，《做好会展经济大文章，谋划重庆经济增长点的建议》被列为市领导牵头督办提案。四是引导委员积极参与“山清水秀美丽之地”建设，开展回收游客随身垃圾、生态体验团公益访问等活动，通过成立助学、慈善基金等方式助力脱贫攻坚和慈善事业，继续开展“彭年光明行动”健康扶贫项目，组织港澳委员积极助力重庆发展，开展战略合作。五是引导委员依托“香港重庆总会”“澳门重庆总会”积极履职，为维护港澳地区长期繁荣稳定发挥独特作用。

联络委员会 一是组织服务住渝全国政协委员参加全国“两会”、赴内蒙古考察等活动和日常服务工作。二是组织2批次700余名市政协委员、6批次48名区县政协领导进行培训。三是开展“深入推动长江经济带发展、加快建设山清水秀美丽之地”委员履职尽责实践活动，指导区县政协和政协委员积极参与。四是加强市政协委员履职服务和管理，启动了开展建立市政协委员履职档案工作，提高委员履职管理工作质量，并指导区县政协建立委员履职档案。五是组织6个片区38个区县政协和部分委员专家学者、相关市级部门，围绕“智慧城市建设中的‘互联网+政务服务’”等6个主题，在前期调研的基础上，召开6次片区会议，形成8份调研建言报告，市委领导作了批示。六是牵头承办市政协领导走访全市38个区县活动，牵头组织市政协党组领导集中走访市级民主党派、工商联，看望党派机关工作人员，进行座谈交流。七是进一步加强与区县政协、各党派的指导联系，完善区县政协信息库，收集区县政协机构设置、委员构成、人员编制等信息，编印发放重庆市政协系统通信录。

【重要会议、活动】

“深入推动长江经济带发展，加快建设山清水秀美丽之地”委员履职尽责实践活动 按照市委“兴调研转作风促落实”行动要求，主席班子成员带队，就市委交办的“加快建设山清水秀美丽之地”课题深入调研，从8个方面查找突出问题，提出13个方面意见建议，形成3万余字的主报告和若干分报告。经市委同意，谋划开展“深入推动长江经济带发展，加快建设山清水秀美丽之地”委员履职尽责实践活动，将其作为重要履职工作贯穿本届政协始终。围绕“山水自然美、人文精神美、城乡特色美、产业素质美”开展监督性常委视察和议政性常委会议协商，引导各参加单位、区县政协和广大委员强化“上游意识”，担起“上游责任”，体现“上游水平”。

对口帮扶云阳县脱贫攻坚 坚持精准扶贫精准脱贫基本方略，结合云阳县脱贫攻坚工作安排，坚持扶贫与扶志扶智相结合、内生动力与外部帮扶相结合，聚焦深度贫困乡镇泥溪镇推进脱贫攻坚七大提升行动，强化结对帮扶巩固脱贫成果，全力助推云阳县顺利通过了国家专项评估检查，实现了高质量整体“脱贫摘帽”。全年共召开帮扶工作综合会议5次，组织成员单位深入云阳县调研232人次，协调帮扶资金4200余万元，全力帮扶泥溪镇和12个对口帮扶贫困村完善基础设施、发展特色产业和社会事业。协调市发改委等相关部门，倾情助推江龙（江口→云阳→龙缸）高速公路建设等5个重大项目。

【重要文件】

常委会工作报告（2018年1月25日）（摘要） 中共十八大以来的五年，是党和国家发展进程中极不平凡的五年。在以习近平同志为核心的中共中央领导下，以习近平新时代中国特色社会主义思想为指引，党和国家事业取得了历史性成就，发生了历史性变革，人民政协事业取得了重大进展。

五年来，市政协常委会在中共十八大、十九大精神指引下，高举中国特色社会主义伟大旗帜，深学笃用习近平新时代中国特色社会主义思想，深入贯彻习近平总书记视察重庆重要讲话精神，贯彻落实中共中央重大决策部署和市委重要决定安排，坚持团结民主主题，按照“协商民主下功夫、制度建设见成效、富民兴渝作贡献”的工作思路，团结引导各参加单位、广大政协委员，紧扣全市工作大局，围绕统筹推进“五位一体”总体布局、协调推进“四个全面”战略布局，认真履行政治协商、民主监督、参政议政职能，充分发挥社会主义协商民主重要渠道和专门协商机构作用，为推动重庆改革发展各项事业作出积极贡献。

未来五年，是实现“两个一百年”奋斗目标的历史交汇期。新时代人民政协责任重大、使命光荣、大有可为。市政协要更加紧密地团结在以习近平同志为核心的中共中央周围，高举中国特色社会主义伟大旗帜，以习近平新时代中国特色社会主义思想为指引，全面贯彻落实中共十九大精神，在中共重庆市委坚强领导下，贯彻落实市委五届三次全会精神，聚焦全市中心工作，围绕团结和民主两大主题，以永不懈怠的精神状态和一往无前的奋斗姿态，认真履行职能，着力增进共识、促进团结，拥抱新时代、践行新思想、实现新作为，为把中共十九大精神和习近平总书记的殷殷嘱托全面落实在重庆大地上积极贡献智慧力量，谱写新时代人民政协事业发展新篇章。

【组织概况】

主席当选名单

（2018年1月29日政协重庆市第五届委员会第一次会议通过）

王　炯

副主席当选名单

（2018年1月29日政协重庆市第四届委员会第五次会议通过）

宋爱荣　陈贵云　吴　刚　谭家玲
张　玲　周克勤　徐代银　王新强

秘书长当选名单

（2018年1月29日政协重庆市第五届委员会第一次会议通过）

秦　敏

常务委员当选名单

（2018年1月29日政协重庆市第五届委员会第一次会议通过）

丁　洪　马云峰　马岱良　马浩文
王　平　王　庆　王　林　王　昱
王天文　王永平　王永全　王任林
王金山　王建秀　王济光　王爱祖
王彭果　王智彪　尹华川　邓　琳
石晓辉　卢德龙　叶定坎　田　盈
冉　冉　史全波　白一波　吕劲松
乔　宏　任　红　向远春　刘　一
刘　彤　刘文贤　刘光才　刘庆瑞
刘宝亚　刘贵忠　刘恩梅　刘雳宇
刘德绍　许　沛　许　毅　许伦胜
许洪斌　牟之叔　孙　露　孙芳城
李　志　李　航　李　静　李生龙
李永忠　李华强　李联军　杨　丹
杨　光　杨　虹　杨开奎　杨亚丽
杨清明　肖学文　吴　亚　吴　旭

吴　安　吴　静　吴在学　吴康明
何泽清　余季平　邹先荣　宋晓平
张　健　张　睿　张巧云　张亚兴
张庆建　张国祥　陈　全　陈　渝
陈义华　陈志洪　陈若愚　陈育林
陈钢建　陈前斌　武　力　林增官
罗　挺　罗凌飞　罗韶颖　周　旭
周红玲　周进源　周尚君　周铁军
郑　平　胡远志　钟代华　钟树生
姚　树　聂连文　莫裕全　夏小敏
夏永鹏　夏恩鹏　钱　鹰　徐素环
徐晓玉　徐塞声　翁振杰　高　琳
高光勇　唐双福　唐步新　涂　涛
黄　云　黄　硕　黄祖仕　梅忠智
龚小雪　彭朝友　彭道梅　董　青
蒋　平　蒋又一　蒋文新　蒋业华
蒋汉芹　韩光云　程　洪　傅孝燕
释常慧　焦兴涛　鲁　成　鲁　进
温　涛　温永学　禄兴明　谢　新
蒙格丽　蔡向阳　裴小红　廖传锦
廖庆轩　谭　净　熊新翔　鞠飞当选
为常务委员

区县（自治县、市）政协主席名单

万州区

罗能平

黔江区

夏于峰

涪陵区

徐志红

渝中区

陈大奎

大渡口区

张　琼

江北区

刘汉华

沙坪坝区

黎万宏

九龙坡区

郑和平

南岸区

甘联君

北碚区

周继超

渝北区

彭建康

巴南区

刘永全

长寿区

张　华

江津区

王君成

合川区

周立友

永川区

刘祥全

南川区

简支全

綦江区

母明江

大足区

陈廷剑

璧山区

向邦俊

铜梁区

严永超

潼南区

张　彬

荣昌区

陈　震

开州区

敖天才

梁平区

周仁胜

武隆区

潘晓成

城口县

何国兵

丰都县

王润侠

垫江县

杨　刚

忠　县

陈加义

云阳县

赖建彬

奉节县

向益平

巫山县

刘大勇

巫溪县

熊　莉

石柱县

孙开武

秀山县

周传明

酉阳县

庹汉兴

彭水县

谢　胜

（左意飞　**审稿**　刘　成　**编写**）

政协四川省委员会

【全体委员会议】

十二届一次会议 1月24日至29日在成都召开。会议听取并审议通过了崔保华同志代表省政协十一届常务委员会所作的工作报告；听取并审议通过了陈放同志代表省政协十一届常务委员会所作的提案工作情况的报告。与会委员列席了四川省第十三届人民代表大会第一次会议，听取并讨论了政府工作报告，计划、预算报告和省高级人民法院、省人民检察院工作报告。会议选举柯尊平为政协四川省第十二届委员会主席，崔保华、钟勉、张雨东、王正荣、赵振铣、陈放、林书成、欧阳泽华、祝春秀为副主席，王建军为秘书长，马小彬等161名委员为常务委员。会议还审议通过了省政协十二届委员会第一次会议决议和提案审查情况的报告。中共四川省委书记王东明应邀出席开、闭幕大会，并在闭幕大会上发表讲话，外国驻蓉领馆官员和香港特别行政区政府驻蓉经贸办负责人等旁听开幕大会。

【常务委员会会议】

十二届第1次会议 1月30日在成都举行，省政协主席柯尊平主持。会议听取了有关人事事项的说明，审议通过了政协四川省第十二届委员会专门委员会设置建议，审议通过了十二届省政协专门委员会主任、专职副主任和十二届省政协副秘书长名单，审议通过了《政协四川省委员会2018年工作要点》。

第2次会议 7月10日在成都举行。会议的主要任务是深入学习贯彻中共十九大精神、习近平新时代中国特色社会主义思想和习近平总书记对四川工作系列重要指示精神、习近平总书记关于加强和改进人民政协工作的重要思想，认真学习宣传贯彻中共四川省委十一届三次全会精神，围绕推动四川高质量发展协商议政、建言献策。省政协主席柯尊平出席会议并讲话，中共四川省委副书记邓小刚向大会通报了中共四川省委十一届三次全会精神，副省长杨兴平通报全省推动高质量发展情况。成都市政协等单位分别作大会发言，会议审议了有关人事事项，8名公民旁听会议。会议开幕前，常委们专题学习了习近平总书记关于加强和改进人民政协工作的重要思想。

第3次会议 9月26日在成都举行。会议围绕“实施乡村振兴战略，推进城乡融合发展”专题协商议政，省政协主席柯尊平出席会议并讲话，副省长尧斯丹代表省人民政府到会通报了全省实施乡村振兴战略推进情况。来自民主党派省委、省政协专门委员会和地方政协的10个单位作了大会发言，会议还审议通过了有关人事事项。5名公民旁听会议。

第4次会议 12月25日在成都举行。会议决定省政协十二届二次会议2019年1月13日至18日举行；传达学习了省委十一届四次全会精神，听取了副省长杨兴平代表省政府所作的关于省政协十二届一次会议以来提案办理情况的通报和省纪委副书记、省监委副主任郑东风代表省纪委监委所作的关于2018年全省党风廉政建设和反腐败工作情况的通报；审议通过了省政协常委会工作报告（审议稿）、提案工作情况的报告（审议稿）、省政协十二届二次会议议程和日程（草案），决定提交省政协十二届二次会议审议；审议通过了中国人民政治协商会议四川省委员会全体会议工作规则（修订案）等。

【专门委员会工作】

提案委员会 一是制定分党组理论学习中心组学习制度，将党的建设良好成效融入提案工作实践。二是紧扣事关全省改革开放大局的重要工作转化28件全国政协提案，向社会和有关单位征集提案线索136条供委员选题参考；组织委员进行4

次调研视察和2次学习考察，精心筛选15件高质量提案，印送委员和各党派团体，为委员写好提案提供有价值的范例，2018年提案立案率为81%；编辑《四川提案工作》4期。三是从省政协十二届一次会议征集的提案中精心选取8件作为重点督办提案，向省委、省政府报送重点提案办理协商报告，遴选监督性提案《关于提高贫困县统筹整合使用涉农资金效率和效益的建议》《关于完善大气污染联防联控机制的建议》进行督办，积极配合全国政协赴我省巴中市开展重点提案“发挥香港委员在国家脱贫攻坚战中作用”现场督办调研工作。四是参加全国政协提案工作座谈会，加强与省委省政府督查室的工作联系，协调解决提案办理中的疑难事项，统筹推进提案督办工作；制定《关于进一步做好省政协提案工作的几点意见》。组织委员赴攀枝花、乐山就深化农业供给侧结构性改革、扩大农产品出口开展专题调研，并将调研报告转化为省政协十二届第二次常委会议大会发言，组织委员就我省知识产权服务促进工作进行界别视察，围绕加强重点提案督办赴江西考察。

经济委员会　一是组织委员视察我省国别合作园区建设情况，调研我省先进制造业集群发展情况，调研“防范化解地方政府性债务风险促进经济高质量发展”。二是承办“贯彻新发展理念，建设现代化经济体系”专题议政性常委会议大会发言工作，承办“在促进经济高质量发展中化解金融风险”对口协商会，承办《关于混合所有制经济发展的建议》重点提案办理协商会。三是牵头承办全国政协暨地方政协经济委员会工作研讨会，参加西部十省（区、市）政协中新互联互通南向通道建设座谈会并在会上作《建立政协经济委合作交流机制，助推南向通道建设》交流发言。积极响应省政协“我为扶贫攻坚做件事”活动号召，广泛发动委员，立足自身实际，深度参与帮扶，实现100%参与率。组织委员积极参与助推全面创新改革试验，21人次牵头（参与）全创工作共计32件。

人口资源环境委员会　一是开展“科学推进清洁能源开发和综合利用”重点调研，组织委员视察全省旅游区“厕所革命”有关工作的推进情况，视察城市基本公共服务设施配套建设和成都市公共交通发展情况，视察水利支撑“一干”高质量发展情况，赴河南省参加沿黄九省（区）黄河生态带建设协商研讨第一次会议，提出与沿黄省（区）一道把黄河生态带建设纳入国家发展战略、建立全流域生态补偿机制等建议。赴贵州省毕节市，参加了由民革中央和云贵川三省政协主办“2018年赤水河流域生态建设经济发展协作推进会”。组织协调做好全国政协“推进快递行业绿色发展”远程协商会四川分会场工作。二是按照省政协的统一部署，深入开展“我为扶贫攻坚做件事”活动，委员参与全覆盖。聚焦美姑旅游扶贫，制定规划方案，提出具体帮扶措施，协调文化旅游厅48万元专项经费用于编制美姑县大风顶国家级自然保护区生态旅游发展规划前期工作。三是参与承办由民盟中央、全国政协人口资源环境委员会、四川省政协共同主办的2018绿色经济遂宁会议。

科技委员会　一是开展“推动我省人工智能发展”重点调研，重点视察我省系统推进全面创新改革试验情况，组织省政协委员和部分住川全国政协委员赴简阳芦葭镇，考察成都天府国际机场建设情况，开展“进一步推动天府新区创新发展”专题协商和《关于加快我省智能装备制造发展的建议》提案办理协商。二是积极参与“我为扶贫攻坚做件事”活动，组织委员和苦荞、农经、科普、物流等领域专家，实地调研苦荞种植科研加工销售情况以及存在的问题，制定了科技委助力美姑县特色种植养殖业发展计划，协助争取苦荞深加工科技项目和科普项目。三是总结2016年7月以来科技委牵头的省政协“全创办”工作，向省委报送《关于在全省政协组织深入开展“我为扶贫攻坚做件事”活动和助推全面创新改革试验工作情况的报告》，获得时任省委书记王东明肯定性批示，编发7期“全创”工作信息简报，在省政协官网开设专栏。四是修订《政协四川省委员会科技委员会工作规则》。

教育委员会 一是牵头开展省政协2018年度对口协商议题及重点调研课题“办好城乡学前教育”，汇集协商意见，将其转化成题为《加快学前教育发展、办好人民满意的教育》的大会发言材料，提交省政协十二届二次会议；实地调研新形势下涉农职教育为乡村振兴提供人才支撑情况；围绕“普及高中阶段教育情况”开展委员视察；督办《治理“家长作业”促进义务教育健康发展的建议》重点提案；组织委员视察我省2018年普通高校招生录取工作情况，考察雅安市天全县灾后重建和绿色发展情况与学前教育发展情况。二是贯彻落实省政协《关于聚焦聚力深度贫困地区脱贫攻坚持续深入开展“我为扶贫攻坚做件事”活动的五条措施》，协调乐山市教育局完成与美姑县的“校校对接”47所，协调委托省内高校对美姑县“一村一幼”幼教点现有在职辅导员省级培训140人，组织省级示范学校成都七中育才学校骨干教师赴美姑县开展初中教师“同课异构”活动。三是在儿童节、教师节开展慰问活动。

农业委员会 一是组织全省21个市（州）政协农业（经济）委员会同志围绕习近平总书记关于加强和改进人民政协工作的重要思想和助推全省实施乡村振兴战略主题开展联合学习讨论。二是赴美姑县开展特色农业产业发展情况实地调研。经过深入研究和反复论证，细化制定了《省政协农业和农村委员会助推美姑县发展特色种植养殖业工作计划（2018—2020年）》，落实美姑县四大产业基地建设资金1307万元。三是围绕“加快特色村镇建设推进城乡融合发展”开展大调研活动，围绕“农村宅基地改革情况”开展重点调研，围绕“农村人居环境整治行动推进情况”开展重点视察，开展“农业产业化龙头企业发展情况”界别委员联合视察，围绕现代农业新产业新业态开展专项考察。四是牵头做好省政协十二届三次常委会大会发言工作，督办《实施产业融合发展，助推我省乡村振兴》重点提案。五是做好十二届全国政协副主席杜青林率中国经济社会理事会来川开展“农村一二三产业融合发展”重点调研、汪永清副主席率全国政协特邀常委视察团来川开展“发展山地特色农业，助推脱贫攻坚”专题视察、杨传堂副主席率全国政协农业和农村委员会来川开展“培养造就一支懂农业、爱农村、爱农民的‘三农’工作队伍”专题调研的相关联络协调和服务保障工作。

文体医卫委员会 一是开展“加快中医药产业发展、助推中医药强省建设”专题调研，视察监督分级诊疗与双向转诊落实情况。二是赴美姑县进行中药材种植可行性专题调研；协调四川大学华西第二医院在凉山州及美姑县开展“情系大凉山”3000名妇女宫颈癌免费筛查活动并开展第一期筛查，为贫困地区办实事好事。三是组织委员赴广安市考察乡村振兴和乡村文旅融合发展以及省级社科普及基地创建情况，赴广元市考察运动休闲特色小镇建设和康养产业发展。四是举办“‘奋进新时代、携手新征程’——四川政协委员庆祝改革开放40周年书画展”，参与接待了黑山共和国议长布拉约维奇来川考察。

社会法制委员会 一是重点调研四川自贸区法治建设，调研报告得到省委书记彭清华批示，就“依法推进大气污染治理”进行专题协商，视察监督我省党政机关普遍建立法律顾问制度情况，组织委员、专家调研农村基层治理并在十二届省政协第三次常委会议作口头发言。二是组建了由45名省政协委员和专家学者组成的新一届社法委立法协商专家组，召开立法协商专家授聘仪式，修订完善了《四川省政协社会法制委员会立法协商专家组工作规则》，开展立法协商。三是聚焦贫困地区，组织委员赴凉山州调研禁毒防艾和绿色家园社区戒毒工作情况，在美姑县开展两场禁毒防艾专题讲座。四是协助共青团、青联界别调研新经济企业培育情况，协助工会界别对货车司机、商场信息员等八大群体职工加入工会，依法维护其合法权益工作情况进行调研。

民族宗教委员会 一是就“民族特色村寨”“民族特色农产品品牌”“民族特色手工艺品牌”开展调研，重点视察《宗教事务条例》学习宣传和贯彻实施情况，协助全国政协民族和宗教委员会在川开展“民族地区中小学寄宿制学校建设”调研，受全国政协民宗委委托开展“关于藏传佛教人才培养”专题调研并提交相关资料，赴新疆考察“维护民族团结促进各民族交流交往交融”，赴湖北、湖南就民族宗教工作考察学习，组织宗教界（藏传佛教）委员分赴海南、浙江和广东、山西等地学习考察。二是召开“发挥资源优势，推动我省民族文化繁荣发展”对口协商会和《关于提高贫困县统筹整合使用涉农资金效率和效益的建议》重点提案办理协商座谈会。三是按照省政协《助推深度贫困地区美姑县脱贫攻坚工作责任清单》要求，组织委员开展助力产业发展、助推移风易俗等帮扶活动，协助省老促会妇儿工委开展“六一”慰问活动，协助组织四川大学华西医院等单位为老人提供免费健康体检义诊。

文化文史和学习委员会 一是协助办公厅在十二届一次全会期间组织委员培训，承担两期委员集中培训教务工作，起草省政协《关于加强和改进委员学习工作的方案》。二是制定《省政协文史资料工作五年行动计划》，继续征编《巴蜀民风民俗》大型文史丛书，编辑出版《四川政协》杂志，受全国政协文史委委托，负责组织开展的全国政协重点规划图书《藏族百年实录》《回族百年实录》协作征编工作。三是牵头承办“四川历史名人传承创新工程”界别协商工作，开展“以四川历史文化名人古迹寻踪为抓手，促进我省全域旅游新突破”大调研，组织界别委员视察我省古蜀文明保护传承和最美人文古镇（村落）创建工程”，考察历史文化名城名镇和历史文化街区保护与利用。四是筹备文史书画馆，初步确定文史馆用地。五是组织文艺界委员赴凉山州美姑县对接助推脱贫攻坚工作，并开展移风易俗歌曲创作采风活动。六是接待全国政协副主席刘奇葆赴我省开展监督视察工作。

港澳台侨和外事委员会 一是开展“台湾青年创业就业基地建设及台资企业经营情况”重点调研，开展“改革开放四十年港澳台侨在促进四川发展中的作用”专题调研，组织委员重点视察“加快推进中国（四川）自由贸易试验区内陆自由贸易港建设”。组织界别委员开展“抓住‘一带一路’国家战略机遇、助推外向型经济高质量发展”学习考察。二是召开“改革开放四十年港澳台侨在促进四川发展中的作用”专题协商会，承办《关于我省自贸区建设问题的提案》办理协商会。三是根据换届后港澳委员变化新情况，制定《关于建立积极发挥港澳委员“双重积极作用”对口联系工作机制的意见》，召开港澳委员座谈会，促成省委彭清华书记一行在香港、澳门分别会见港澳委员。负责港澳台代表团来川考察服务保障工作，组织港澳委员赴广西、云南考察。四是配合省委外办承办省政协主席柯尊平会见黑山共和国议长服务保障工作，配合省委外办承办其他省政协领导共12次外事活动，召开港澳台侨和外事委员会重点联谊人士座谈联谊会。五是组织协调香港福慧教育基金会在社会各界筹集资金资助贫困家庭学生，举办“粤企彝区藏区行—凉山州美姑县就业扶贫专场招聘会”。

地方政协联络委员会　一是组织委员就“以‘三区三园’为载体，促进现代农业发展引领乡村振兴发展”开展调研，调研我省精制川茶产业发展情况，牵头承担“省内对口帮扶深度贫困地区脱贫攻坚工作情况”视察监督，就在“乡村振兴发展战略中做好古村落保护扶持利用、大力推动川南旅游业高质量发展、聚焦聚力深度贫困地区脱贫攻坚、凉山州美姑县产业发展情况”等开展联动调研。二是建立定期走访市（州）政协、省政协联系点、地方政协来访接待等制度，召开全省地方政协联络工作座谈会，参加川南“7+3”城市政协工作联系会，全年共组织全省政协系统504名学员参加6期全国政协干部常规班（62名）、2期全国政协干部培训中心北戴河青岛四川省政协系统干部专班（400名）、2期省政协机关干部清华、北大培训班（42名）培训学习。三是组织界别委员视察推进军民深度融合发展情况和天府新区建设情况。

【重要会议、活动】

省政协“大学习大讨论大调研”活动　4月中旬至5月24日开展。按照省委在全省开展“大学习大讨论大调研”活动通知要求，省政协主席柯尊平牵头完成“做好新形势下人民政协工作研究”重点调研课题；省政协党组成员和主席会议成员结合分管工作和年度协商计划，围绕事关治蜀兴川全局的“六个重大问题”确定12个调研课题开展调研；形成《关于做好新形势下人民政协工作的调研报告》和委员们围绕事关治蜀兴川全局的“六个重大问题”开展12个课题大调研所提意见建议的综合情况报告。

民主党派省委、省工商联负责人和部分政协委员座谈会　5月14日在成都召开。民革、民盟、民建、民进、农工党、致公党、九三学社四川省委、省工商联负责人和刘远东等11位省政协委员分别在座谈会上发言，围绕建立完善提案办理和评价机制，搭建委员沟通交流平台，加强与党政部门的对口联系，加大党派、专委会联合履职力度，提升协商议政质量，开展网络议政，优化政协机关干部结构，强化政协工作宣传等提出意见建议。省政协主席柯尊平主持会议并讲话。

向不再连任的住川十二届全国政协常委和委员颁发纪念证牌仪式　6月6日在成都举行。受全国政协委托，省政协主席柯尊平向不再连任的住川十二届全国政协常委和委员颁发纪念证牌，表达对大家的敬意和感谢。省政协副主席崔保华主持，秘书长王建军出席仪式。

省政协党风廉政建设工作会　6月8日在成都召开。会议深入学习贯彻习近平新时代中国特色社会主义思想和党的十九大精神，全面贯彻习近平总书记在十九届中央纪委二次全会上的重要讲话精神和中央纪委二次全会精神，贯彻落实省委书记彭清华讲话和省纪委十一届二次全会精神，并对2018年度省政协机关党风廉政建设和反腐败斗争进行安排部署。省政协主席柯尊平出席会议并讲话。

习近平总书记关于加强和改进人民政

协工作的重要思想学习研讨活动渝川滇藏片区座谈会　7月20日在成都召开。全国政协副主席兼秘书长夏宝龙主持会议并讲话。重庆市政协主席王炯、云南省政协主席李江、西藏自治区政协副主席高扬在会上发言。四川省政协主席柯尊平主持会议并发言。

2018绿色经济遂宁会议　9月5日在遂宁召开。会议由民盟中央、全国政协人口资源环境委员会和政协四川省委员会主办，主题为"绿色消费·共同责任"。会议围绕开拓绿色产品市场、培育绿色消费理念、推广绿色应用技术等话题进行交流探讨，并达成"2018绿色经济遂宁共识"，发表了《绿色消费遂宁宣言》。全国人大常委会副委员长、民盟中央主席丁仲礼出席会议并讲话。

省政协学习会　9月11日至13日在成都召开。与会人员通过大会交流、学习讲座、小组讨论、自学等形式，深入学习贯彻习近平新时代中国特色社会主义思想和党的十九大精神、习近平总书记关于加强和改进人民政协工作的重要思想和对四川工作系列重要指示精神，深入贯彻落实省委十一届三次全会精神，围绕提高政协履职质量、推进政协工作实现高质量发展开展学习研讨。省政协主席柯尊平出席会议并讲话。

全省政协系统党的建设工作座谈会　11月15日在成都召开。省委书记彭清华出席会议并讲话，他强调，要深入学习领会习近平总书记关于加强政协系统党的建设工作的重要论述，把握新方位新使命，落实新部署新任务，全面增强政协各级党组织的政治领导力、思想引领力、群众组织力、社会号召力，以党的建设新成效不断开创全省政协事业发展新局面。省政协主席、党组书记柯尊平主持会议并讲话。

全国政协第二次网络议政远程协商会四川分会场远程协商　12月17日在成都举行。在北京召开的这场网络议政远程协商会由中共中央政治局常委、全国政协主席汪洋主持，围绕"推进快递行业绿色发展"进行远程协商。省政协主席柯尊平参加四川分会场，曾蓉等3位委员发言。

2019年新年茶话会　12月29日在成都举行。省委书记彭清华，省委副书记、省长尹力，省政协主席柯尊平，省委副书记邓小刚同正省级老同志、省政协往届领导、各民主党派省委负责人、省工商联负责人、无党派人士代表以及全省各族各界人士代表等出席。彭清华在茶话会上发表讲话，柯尊平主持会议，农工党四川省委主委王正荣代表四川省各民主党派、工商联和无党派人士发言。

【重要文件】

常委会工作报告（2018年1月24日）（摘要）　过去五年工作的回顾。中共十八大以来的五年，是党和国家发展进程中极不平凡的五年，也是我省砥砺奋进、拼搏实干的五年。五年来，省委切实加强领导，省政府大力支持政协履行职能，党委重视、政府支持、政协主动、各方参与的良好格局进一步形成，全省政协事业实现新发展。在省委的坚强领导和全国政协的有力指导下，十一届省政协及其常委会坚持以习近平新时代中国特色社会主义思想为指导，为加快建设美丽繁荣和谐四川作出了积极贡献。一是强化政治引领，坚决维护以习近平同志为核心的中共中央权威和集中统一领导，把坚持和发展中国特色社会主义作为巩固共同思想政治基础的主轴。把学习贯彻中共十九大精神作为首要政治任务。二是发挥政协优势，积极助推脱贫攻坚和全面创新改革，深入学习贯彻习近平扶贫开发战略思想，落实省委决策部署，聚焦"头等大事"，下足绣花功夫，在全省政协系统开展"我为扶贫攻坚做件事”活动。坚持把创新作为引领发展的第一动力，发挥政协独特优势，助推全面创新改革“一号工程”取得突破。三是践行新发展理念，协力加快经济强省建设，坚持以新理念引领新发展，把助推“十三五”规划编制和实施作为履职主线，全体会议和常委会议集中协商、专题议政，从不同领域不同侧面出实招、献良策。保持转型发展战略定力，协力供给侧结构性改革。践行“绿水青山就是金山银山”重要思想，助推美丽四川建设。四是坚持履职为民，着力促进民生改善，贯彻以人民为中心的发展思想，助解事关人民群众切身利益的现实问题。坚持“治蜀兴川重在厉行法治”，促进提升社会治理法治化水平。积极参与文化惠民工程，宣传和践行社会主义核心价值观。五是强化统战职责，为推进治蜀兴川各项事业凝聚力量，坚持和完善中国共产党领导的多党合作和政治协商制度。促进民族团结、宗教和睦。广泛开展联谊交往，不断扩大团结面。六是弘扬民主精神，增强政协协商民主实效认真落实推进协商民主广泛多层制度化发展重大战略任务，推进政治协商、民主监督、参政议政制度建设。把协商民主贯穿履职全过程，完善协商议政格局。坚持协商式监督原则，不断改进民主监督工作。七是加强自身建设，不断提升政协工作科学化水平，落实全面从严治党要求，理直气壮抓党建。深入贯彻懂政协、会协商、善议政和守纪律、讲规矩、重品行的重要思想，加强政协委员和机关干部队伍建设。加强经常性工作创新，推进各项履职活动更加活跃有序。过去五年工作的体会。一是必须毫不动摇坚持中国共产党领导。二是必须坚持省委中心工作推进到哪里、政协履职就跟进到哪里。三是必须坚持人民至上的价值追求。四是必须坚持大团结大联合。五是必须注重协同互动推进工作。六是必须注重发挥委员作用。今后工作的建议。一是深入学习贯彻中共十九大和省第十一次党代会精神。二是紧扣建设美丽繁荣和谐四川献计出力。三是积极推进政协协商民主发展。四是更好发挥政协作为统一战线组织重要作用。五是大力推进履职能力现代化建设

省委书记王东明在省政协十二届一次会议闭幕大会上的讲话（2018 年 1 月 29 日）（摘要）　中共十八大以来，在以习近平同志为核心的中共中央坚强领导下，省委团结带领全省各族人民，推动治蜀兴川各项事业取得新的重大成就。回顾这段极不平凡的奋斗历程，我们倍感振奋的是，四川经济实力迈上新台阶，彰显出强劲发展后劲和广阔发展空间；让我们深感欣慰的是，全省人民获得感幸福感安全感显著增强，党员干部精神面貌焕然一新；我们尤为难忘的是，省政协始终与省委风雨同舟、同心同向同行，为治蜀兴川事业发展作出了重要贡献。中共十九大描绘了决胜全面建成小康社会、夺取新时代中国特色社会主义伟大胜利的宏伟蓝图。省委十一届二次全会作出了“一个愿景、两个跨越、三大发展战略、四项重点工程”战略谋划。把宏伟蓝图变为美好现实，必须付出更为艰巨、更为艰苦的努力。书写时代答卷，必须始终坚定中国特色社会主义共同理想。必须始终坚持中国共产党对一切工作的领导。必须始终强化理论武装。必须始终践行以人民为中心的发展思想。必须始终保持时不我待只争朝夕的精神状态。全省政协各级组织、各参加单位和广大委员要坚持正确政治方向，主动服务中心大局，全面加强自身建设，汇集众智众力，为谱写中国梦四川篇章共同奋斗。各级党委要进一步加强对政协工作的领导，支持人民政协依照宪法、法律和政协章程独立负责、协调一致开展工

作，自觉接受政协民主监督，高度重视政协领导班子和干部队伍建设，为政协履职尽责创造良好条件。

【组织概况】

主席当选名单

（2018年1月29日政协四川省第十二届委员会第一次会议选出）

柯尊平

副主席当选名单

（2018年1月29日政协四川省第十二届委员会第一次会议选出）

崔保华　钟　勉　张雨东　王正荣
赵振铣　陈　放　林书成　欧阳泽华
祝春秀（女、彝族）

秘书长当选名单

（2018年1月29日政协四川省第十二届委员会第一次会议选出）

王建军

市政协主席变动情况

成都市（副省级）

主　席

李仲彬（2018年3月1日当选）
唐川平（2018年3月1日不再担任）

副主席

刘　仆（2018年3月1日当选）
罗　霞（女）（2018年3月1日当选）
杨建德（2018年3月1日当选）
徐玖平（2018年3月1日当选）
戴晓雁（2018年3月1日不再担任）
侯一平（2018年3月1日不再担任）
金嘉祥（2018年3月1日不再担任）
李　铀（2018年3月1日不再担任）
徐季桢（2018年3月1日不再担任）
杨小英（2018年3月1日不再担任）
杨林兴（2018年12月27日不再担任）

（王彦均　**编写**　杜兰举　曾秀琼　徐建军　**审稿**）

政协贵州省委员会

【全体委员会议】

十二届一次会议 2018年1月25日至30日在贵阳举行。会议审议批准蒙启良同志受政协第十一届贵州省委员会常务委员会委托所作的工作报告，审议批准政协第十一届贵州省委员会常务委员会关于提案工作情况的报告，选举产生了中国人民政治协商会议第十二届贵州省委员会主席、副主席、秘书长和常务委员。与会人员列席贵州省十三届人大一次会议，听取并讨论政府工作报告及其他报告，委员们高度评价了贵州“十二五”期间经济社会发展的显著成绩。

省委书记孙志刚在开幕会上发表《昂首迈进新时代 奋力开启新征程同心聚力夺取脱贫攻坚同步小康新胜利》重要讲话，省委书记孙志刚、省长谌贻琴等省委、省政府领导同志到会听取委员大会发言，参加委员联组讨论。

会议期间共收到提案646件，立案619件。

新当选的十二届省政协主席刘晓凯在闭幕会上讲话，对本次会议进行全面总结，对新一届省政协工作作出部署。

【常务委员会会议】

十一届第30次会议 2018年1月18日在贵阳召开。听取《政府工作报告（征求意见稿）》说明并讨论，审议十一届省政协常委会工作报告并推选报告人，审议十一届省政协提案工作情况的报告，审议通过政协第十二届贵州省委员会委员名单；通报省政协2017年度委员视察情况（书面）、省人民政府关于2017年省政协提案办理情况（书面）。

十二届第1次会议 2018年2月1日召开。会议审议通过政协第十二届贵州省委员会常务委员会关于设置专门委员会的决定、政协第十二届贵州省委员会副秘书长任命名单、政协第十二届贵州省委员会各专门委员会主任副主任名单、中国人民政治协商会议第十二届贵州省委员会不再担任委员名单。刘晓凯对做好十二届省政协常委会工作提出要求。

第2次会议 2018年3月27日召开。会议传达学习习近平总书记在全国“两会”上的重要讲话和全国“两会”精神，就“坚决打好玉米种植调整硬仗、调优粮经种植结构”进行协商议政。

第3次会议 2018年7月24日至25日召开。会议传达学习全国政协第十三届常委会第二次会议精神、省委十二届三次全会精神，听取省政府关于全省上半年经济社会发展情况和下半年工作安排的通报，并进行协商讨论。

第4次会议 2018年11月14日召开。会议认真传达学习省委十二届四次全会精神，听取省政府关于全省农村“组组通”公路三年大决战推进情况的通报，听取省政协各专委会工作情况汇报，审议通过有关人事事项和部分专委会更名的决定。

【专门委员会工作】

提案委员会 全年共收到提案722件，立案696件，做好提案交办协商、遴选协商、办理协商、督办协商、办后协商，2018年底全部办复。遴选41件重点办理提案进行重点督办，制定《贵州省政协提案审查工作实施细则》，举办全省政协提案专题培训会，创建“贵州建议提案”微信公众号，赴全国政协提案委学习交流，邀请市（州）政协共同开展视察调研。就“贫困地区精准扶贫产业实施情况”“贫困地区农村劳动技能培训情况”等开展调研视察，共组织委员活动7次。

经济委员会 联合省经信委，开展“电力产业可持续发展情况”专题调研。召开省外上市公司与省内上市拟上市公司负责人座谈会，联合省金融办，完成贵州企业上市工作情况调研，对贵州白酒产业发展情况开展调研。组织委员赴安徽、山东考察学习区域经济发展与小城镇建设工作。召开全省政协经济委工作会议，加强省市县三级政协经济委联合调研视察。搭建委员与省外贵商上市企业、与省外贵州商会的微信交流平台，拓宽委员服务范围。协调企业参加扶贫投资考察，参加筹备赤水河流域生态经济协作推进会，组织3次委员活动。

人口资源环境委员会 开展农村垃圾治理和农村"厕所革命"情况调研，报告得到副省长吴强批示。开展关于加大重点流域环境污染整治力度着力解决环境突出问题的专题调研，开展清水江流域生态补偿专题调研暨水环境治理情况视察。组织委员赴浙江、江苏考察学习农村垃圾治理和农村"厕所革命"的先进经验，组织委员赴河南就生态文明建设和生态环境保护情况、文化旅游资源的保护开发和利用情况进行考察学习。督办磷石膏综合利用有关提案。召开全省政协人口资源环境委员会工作研讨会，制定《贵州省政协人口资源环境委员会工作制度》，开展3次界别活动。

科教文卫体委员会 对全省教育脱贫攻坚工作情况开展监督性调研；对科技创新推进城乡公共服务标准化均等化建设——多彩贵州"广电云"工程建设情况、对多彩贵州民族文化和红色文化强省建设情况开展调研。组织委员视察贵州0—3岁婴幼儿抚育情况和2018年普通高考评卷工作。组织委员赴福建省、浙江考察文化与旅游融合发展情况。协商督办《关于优化医疗卫生资源配置推进"健康贵州"建设的建议》提案。配合全国政协开展公立医院运行机制调研和"三下乡"活动；慰问科技工作者，组织文艺界教育界委员开展委员活动2次。

社会与法制委员会 围绕"农村劳动力转移就业情况"开展专题调研，报告得到省委书记孙志刚批示；视察"扫黑除恶专项斗争工作"；就立法协商工作和扫黑除恶专项斗争工作组织部分委员和立法协商专家赴辽宁、内蒙古、甘肃和河南进行考察。围绕"坚决打赢基本解决执行难攻坚战"和"推进公益诉讼工作"分别召开省法院院长、省检察院检察长与政协委员座谈会。协商督办《扎实开展质量提升行动，推动贵州经济社会发展进入大质量时代的建议》重点提案。修订社法委工作简则。继续开展《贵州省林木种苗条例（草案）》等地方性法规草案的立法协商和征求意见工作。配合省法宣办做好"七五"普法系列工作；组织委员参加省检察院公益诉讼视察；参加"法治毕节"创建工作。

民族与宗教委员会 赴贵州民族地区及外出务工比较集中的江苏、浙江等地就开展贵州民族地区农民工状况专题调研。开展"打造贵州民族文化旅游升级版"专题视察。组织委员赴广东、福建考察学习"'一带一路'背景下的民族宗教工作"。协商督办少数民族村寨进行数字化保护与展示有关重点提案。开展3次民族、宗教、科技界别委员活动。参加省政府民族工作联席会议；参加修订贵州省伊斯兰教相关工作制度；参加"湘鄂渝黔四省市政协助推武陵山片区旅游产业扶贫合作座谈会"。

文史与学习委员会 围绕贵州长征文化遗址保护和利用情况开展调研；开展"打好医疗扶贫硬仗"监督性调研。视察贵州养（敬）老院工作情况。组织委员赴内蒙古考察学习文史工作经验和边疆文化保护与传承工作。召开全省文史工作座谈会；承办十二届贵州省政协新任委员培训班；配合举办全省政协学习习近平总书记关于加强和改进人民政协工作重要思想培训班；建立常委会专题学习讲座课题库；

向部分省属高校无偿捐赠文史资料图书。向全国政协报送《改革开放40周年纪事》文史音像资料，为宁夏牵头征编的《回族百年实录》选送23篇稿件，指导支持遵义市启动文史资料专辑《四在农家·美丽乡村》征编工作。组织委员开展调研、义诊、慰问活动3次。

港澳台侨与外事委员会 就“进一步推动贵州入境旅游发展情况”和发挥“海外贵州商会作用，助推我省扩大开放”开展调研。就“贵州‘1+8’国家级开放平台建设情况”开展视察。组织港澳委员对贵州“脱贫攻坚工作”进行视察，促进贫困县产业项目推介。组织委员赴上海、四川、广东、重庆学习考察“国家级对外开放平台建设情况”。督办《关于加快构皮滩库区综合开放的建议》重点提案。为港澳及国际人士来黔访问、澳门特别行政区全国政协委员考察贵州数字经济和脱贫攻坚工作做好服务。促进港澳社团分别来黔考察，牵线黔港中学交流合作；率团赴台考察，吸引台资企业来黔投资兴业。组织委员就扶贫攻坚、抗战遗址保护、台资企业发展、海外商会发展等内容开展活动。

农业农村委员会 围绕农业产业结构调整、基层农技人才培养、农村公路“组组通”实施情况开展调研；与省农委、贵州农业职业学院联合开展“加强农业职业教育”专题调研；聚焦“菜价贵”问题和大市场带动大扶贫工作开展调研；根据全国政协要求，就贵州深度贫困地区脱贫攻坚情况进行调研。就省贫困户住房保障和农村危房改造工作开展视察。参与《贵州省国有林场管理条例（草案）》等立法协商。协商督办贵州绿色优质农产品培育有关提案。召开2次农业界别座谈协商会；组建农业专家智库，开展涉农调研、咨询、论证和社会服务；组织农业界委员听取“数字农业”和“智慧农业”专题讲座；帮助南瓜、蔬菜等农产品进行产销对接、产业谋划，助力农村垃圾无害化处理工作；开展界别活动3次。

【重要会议、活动】

省长与委员座谈会 7月24日，省委副书记、省长谌贻琴出席省长与省政协委员座谈会，围绕深度贫困县、极贫乡镇、深度贫困村脱贫攻坚主题，听取13位委员围绕推进深度贫困地区农业产业化、创新产销对接机制、发展农民专业合作社、“组组通”硬化路建设、农民职业教育、易地扶贫搬迁等问题提出意见建议，就委员们普遍关注的问题与大家进行深入交流探讨。

常委专题协商会 2018年9月26日，省政协常委就“加快贵州内陆开放型经济试验区建设”进行协商议政。副省长卢雍政到会通报贵州内陆开放型经济试验区建设情况。贵安新区、双龙航空港经济区有关负责同志到会介绍相关工作推进情况，10位委员作会议发言。

法检两长专题协商 充分发挥人民政协作为社会主义协商民主重要渠道和专门协商机构作用，积极探索协商议政新形式，聚焦“坚决打赢基本解决执行难攻坚战”“推进公益诉讼工作”，11月19日邀请省法院院长、省检察院检察长与委员协商座谈，助推法治贵州建设，25位委员作会议发言。

调研活动 按照2018年度政治协商民主监督计划和专门委员会工作安排，认真组织开展调研、考察活动30余次。聚焦振兴农村经济的深刻产业革命、打好易地扶贫搬迁硬仗、打好教育医疗住房“三保障”硬仗、农村劳动力转移就业、贵州融入粤港澳大湾区等开展深入细致的调查研究，围绕农村学前教育和义务教育发展、基层医疗设施和队伍建设、农村危房改造推进情况、玉米种植调减、“做大酒文章、扩大酒天地"、电力产业可持续发展、补齐农业职业教育短板等进行实地调研，组织住黔全国政协委员赴广东省就"粤港澳大湾区建设发展情况"进行考察学习，围绕贵州融入大湾区战略深入调研，为省委省政府决策提供重要参考。

视察活动 根据《2018年贵州省政协委员视察工作计划》安排，主席会议视察分成8个组，分赴全省9个市（州），就"大力发展农产品深加工，促进一二三产业融合发展"开展视察，常委视察形成《关于打好易地扶贫搬迁硬仗的视察报告》，专门委员会组织委员就农村危房改造、全省企业上市工作、民族地区打造"旅游升级版"情况等开展视察9次，住市（州）省政协委员参加当地政协组织的视察9次，共形成视察报告20篇，对推动相关工作产生了积极作用。

委员履职服务管理工作 加强委员联络管理，出台《关于政协第十二届贵州省委员会界别活动小组召集人名单暨副主席联系界别、服务保障工作机构的意见》；抓好委员队伍建设，举办十二届省政协新任委员培训班、全省政协学习习近平总书记关于加强和改进人民政协工作的重要思想培训班、全省地方政协委员培训班，共培训委员918人次；发挥界别作用，各专委会结合工作领域和联系界别，采取新老委员座谈交流、在视察中看望委员、组建委员交流微信群、组织专题研讨等多种形式，加强委员交流，开展30余次界别活动、委员活动。

全省政协脱贫攻坚"百千万行动" 启动实施全省政协脱贫攻坚"百千万行动"，召开全省三级政协主席会议进行全面动员部署，下发《关于在全省政协系统扎实开展脱贫攻坚"百千万行动"的通知》，成立"百千万行动"工作领导小组，建立"百千万行动"数据库，凝聚起全省政协助力脱贫攻坚的广泛力量。全省各级政协共有722名主席、副主席挂帮673个乡镇，2155家委员企业帮扶2206个贫困村，14117名委员结对48990户贫困户，共协调投入帮扶资金43.6亿元，带动7.44万名贫困群众当年脱贫，全省政协系统助力脱贫攻坚的格局逐步形成。

协商民主改革和理论研究工作 推动出台《关于加强和改进人民政协民主监督工作的实施意见》（黔党办发〔2018〕2号），着力推动改革任务落地落实。研究课题《人民政协在增强党政决策科学性施策有效性中的作用研究——以贵州省政协实践为例》入选《2018年度中共贵州省委全面深化改革重大问题调研课题汇编》。召开学习习近平总书记关于加强和改进人民政协工作的重要思想理论研讨会，印发论文集，推动全省各级政协理论学习入脑入心。省政协办公厅与贵州大学合作建立贵州大学人民政协理论研究中心，深化政协理论研究。

其他工作 召开全省政协系统党的建设工作座谈会，在省政协9个专门委员会设立分党组，推动建立省政协党组和专委会分党组成员联系界别和党员委员制度，党员委员联系党外委员制度，切实加强党对专委会工作的领导，不断加强思想政治引领，推进党的思想政治工作全覆盖。

坚持"内容优先，质量第一"原则，改进信息收集方式，约见信息反映人，加强信息筛选和调研，提升信息质量。共编报社情民意信息41期，省领导同志对13期信息作出批示18次，20余个省市有关部门对信息作出研究答复。

依托各民主党派、工商联积极开展智力支边工作，到14个县（市、区）19个乡镇（村、学校）的智力支边联系点调研考察，对全省智力支边系统组织机构、人员编制、工作情况进行调查摸底；赴9个市（州）20 个县（市、区）开展“三下乡”活动、调研指导或技能培训，免费巡诊 1600 余人次，培训受益群众师生达 1100 余人。

加强与周边省区市政协联动协作，连续 3 年与民革中央和云南、四川省政协共同主办中国赤水河流域生态保护治理发展协作推进会，2018 年形成毕节共识。参加“湘鄂渝黔四省市政协助推武陵山片区旅游产业扶贫合作座谈会”，形成湘西共识；与广西等省区市政协共同助推中国新加坡互联互通南向通道建设。

积极协调联络媒体和各民主党派省委、省工商联举办 2018 年度《政协委员话贵州》栏目 32 期，加强审核把关促进栏目质量的提升，广泛传播政协好声音、展示政协组织和政协委员的履职风采。

2018 年 4 月原省政协书画院更名为省政协书画室，完善章程和工作细则，在有关杂志开办“纸上画廊”公益宣传栏目，出版发行《丹青溢彩——贵州省政协书画室作品集》。围绕政协职能，积极组织政协文艺工作者参加文艺交流活动、文艺理论座谈会、脱贫攻坚活动。

【重要文件】

常委会工作报告（2018 年 1 月 25 日）（摘要） 走进新时代，面对新形势、新任务，新一届政协要高举中国特色社会主义伟大旗帜，以习近平新时代中国特色社会主义思想为指导，精准聚焦党政中心工作，围绕团结和民主两大主题，把协商民主贯穿政治协商、民主监督、参政议政全过程，以更加奋发有为的精神、更加求真务实的作风、更加扎实有效的工作，不忘初心，忠诚履职，为决胜全面建成小康社会、夺取新时代中国特色社会主义伟大胜利献计出力，奋力开创贵州政协工作新局面。（一）深入学习贯彻中共十九大精神，坚决维护以习近平同志为核心的中共中央权威和集中统一领导，推动参加人民政协的各党派团体和各族各界人士自觉维护中国共产党的领导核心地位，不断夯实团结奋斗的共同思想政治基础，确保人民政协事业沿着正确的政治方向前进。（二）聚焦党政中心工作履行职能，不断提高政治协商成效，不断拓展民主监督形式，不断提升参政议政水平，把来自不同领域的真知灼见转化为促进改革发展的好意见、好举措，积极为建设多彩贵州新未来献计出力。（三）强化履职为民理念，始终坚持以群众利益为重，以群众期盼为要，围绕重大民生决策搞好政治协商，围绕利民惠民政策落实情况开展民主监督，围绕民生领域最突出最紧迫的问题积极参政议政。始终把人民对美好生活的向往作为奋斗目标，鼓励和引导政协委员更好地体察民情、反映民意，积极参加社会公益事业，用实际行动为保障和改善民生作出贡献，不断增强政协关注民生的合力。（四）密切同各方面的联系与合作，坚持众人的事情由众人商量，找到最大公约数，画出最大同心圆，努力促进政党关系、民族关系、宗教关系、阶层关系、海内外同胞关系更加和谐，切实增进共识促进团结，调动一切积极因素，为我省改革发展凝聚磅礴力量。（五）加强政协自身建设，更好地发挥省政协党组领导作用，更好地发挥专门委员会基础作用，更好地发挥政协委员主体作用，更好地发挥民主党派、政协界别职能作用，更好地发挥政协机关保障作用，不断提高政协工作科学化水平。

【组织概况】

主席当选名单

（2018 年 1 月 29 日政协第十二届贵州省委员会第一次会议选举产生）

刘晓凯（苗族）

副主席当选名单

（2018 年 1 月 29 日政协第十二届贵

州省委员会第一次会议选举产生）

蒙启良（苗族） 左定超（穿青人）

李汉宇 罗 宁（女） 陈 坚

任湘生 孙诚谊 张光奇

秘书长当选名单

（2018 年 1 月 29 日政协第十二届贵州省委员会第一次会议选举产生）

任湘生

常务委员当选名单（按姓氏笔画排序）

（2018 年 1 月 29 日政协第十二届贵州省委员会第一次会议选举产生）

王茂爱（布依族） 王保生

王晓林 方招生 邓小宙 邓文森

石宇波 石通俯（毛南族）

龙耀宏（侗族） 卢云辉

付野秋（女，满族）

朱 青（女） 向红琼（女，苗族）

向青云（女） 向建军

刘 飞（女） 刘国凡 刘雪峰

刘朝容（女） 李 龙

李 莉（女，回族）

李 瑶（女）

李和平 李春鸣（女） 李奕樯

杨 静（女，土家族）

杨晓敏（苗族） 杨瑞东（白族）

肖 勤（女，仡佬族）

吴 平（女） 何 刚 闵江涛

宋 平 张 钊 张 雷

张学立（彝族） 陈 勇

陈月巧（女，壮族） 陈正拜

陈再天（侗族） 陈有德 陈顺回

陈晓灵 林 浩 罗 俊 季 森

金小麒 周培芝（女）

赵宇飞（白族） 胡 巍 姜刚杰

袁仁国 桂希江（回族） 徐大佑

唐 斌（侗族） 黄礼明 黄先明

黄学军 黄宗洪 章友竞

葛正龙（布依族） 韩力争

韩先平 程 燕（女）

程绍雨（女） 普兆敏（女，彝族）

温玉波（女） 谢 泉

蒙秋明（水族） 潘 荣

魏 俊（女） 魏红杰

专门委员会设置

（2018 年 2 月 1 日政协第十二届贵州省委员会第一次会议通过）

中国人民政治协商会议第十二届贵州省委员会设置以下九个专门委员会：提案委员会、经济委员会、人口资源环境委员会、教科卫体委员会、社会与法制委员会、民族与宗教委员会、文史与学习委员会、港澳台侨与外事委员会、农业农村委员会。

专门委员会更名

（2018 年 11 月 14 日政协第十二届贵州省委员会常务委员会第四次会议通过）

省政协教科文卫体委员会更名为省政协教科卫体委员会

省政协文史与学习委员会更名为省政协文化文史与学习委员会

（杨曦东 施 维 **编写** 任湘生 王晓林 **审稿**）

政协云南省委员会

【全体委员会议】

十二届一次会议 1月23日至29日在昆明举行。应到委员631名，开幕大会实到603名，闭幕大会实到606名。李江主持开幕会。会议听取并审议通过了政协云南省第十一届委员会主席罗正富作的常委会工作报告和副主席喻顶成作的提案工作报告。与会委员列席云南省人大十三届一次会议，听取并协商讨论省长阮成发作的《政府工作报告》，省高级人民法院工作报告、省人民检察院工作报告及其他报告。会议选举李江为政协云南省第十二届委员会主席，杨嘉武、黄毅、高峰、喻顶成、李正阳、陈玉侯、徐彬、何波为副主席，刘建华为秘书长，选举常务委员115名。与会委员围绕全省推进供给侧结构性改革、推进生态文明建设、着力保障和改善民生、加快开放步伐等方面建言献策。会议审议通过了本次会议决议。省委书记陈豪出席会议并在闭幕会讲话，省长阮成发、省委副书记李秀领、全国政协民族和宗教委员会副主任王学仁、全国人大教科文卫委员会原副主任委员徐荣凯等到会祝贺。李江主席在闭幕会上讲话。会议期间，共收到提案材料742件，立案649件。

【常务委员会会议】

十二届第1次会议 1月30日在昆明举行。省政协主席李江主持会议并讲话。会议审议通过了政协云南省第十二届委员会常务委员会关于设置专门委员会的决定，副秘书长名单，研究室、各专门委员会主任、副主任名单及有关干部免职事项。

第2次会议 3月24日在昆明举行。省政协主席李江主持会议并讲话。会议传达学习了全国政协十三届一次会议、十三届一次常委会议精神，审议通过了《政协云南省委员会2018年重点工作安排意见》和有关人事事项。

第3次会议 6月20日至21日在昆明举行。省委副书记李秀领应邀出席会议并讲话。李江主席主持开幕会并在闭幕会上作总结讲话。会议听取了关于我省深度贫困县脱贫攻坚工作情况的通报及云南省2018年以来经济运行情况通报（书面），围绕“加大力度推进云南深度贫困县脱贫攻坚”主题开展协商议政。与会人员就“产业就业扶贫攻坚战”“生态扶贫攻坚战”“健康扶贫攻坚战”“守边强基攻坚战”4个专题进行协商讨论，12位常委作大会发言。副省长陈舜听取大会发言并作回应性讲话。省扶贫办、发改委、民宗委等省直单位负责人到会听取意见建议。部分住滇全国政协委员和27个深度贫困县的政协主席列席。会议审议通过了有关人事事项。

第4次会议 9月19日至20日在昆明举行。会议围绕“实施乡村振兴战略，建设云南现代农业产业体系，打造‘绿色食品品牌’”主题开展协商议政。共提交大会发言64篇，12位常委作大会发言。李江主席主持开幕会并在闭幕会上作总结讲话。省委常委、常务副省长宗国英应邀到会通报我省相关工作推进情况并与常委们互动交流。副省长王显刚率省发改委等13家省直单位负责人到会听取意见建议并作回应。会议审议通过了《中国人民政治协商会议云南省委员会全体会议工作规则》《中国人民政治协商会议云南省委员会常务委员会工作规则》和有关人事事项。

第5次会议 12月20日至21日在昆明举行。省政协主席李江主持会议并讲话。会议审议通过了《政协云南省第十二届委员会常务委员会关于召开政协云南省第十二届委员会第二次会议的决定》《政协云南省第十二届委员会常务委员会关于调整专门委员会设置的决定》《中国人民政治协商会议云南省委员会专门委员会通则》和有关人事事项。会议审议并原则通过了提交省政协十二届二次会议审议的

《中国人民政治协商会议云南省第十二届委员会常务委员会工作报告》《中国人民政治协商会议云南省第十二届委员会常务委员会关于十二届一次会议以来提案工作情况的报告》。会议首次由 9 个专委会向常委会报告 2018 年度工作情况，6 位省政协常委作履职情况交流。

【专门委员会工作】

提案委员会 一、围绕发挥委员会分党组的政治领导和办公室党支部的战斗堡垒作用，全面推进党的建设。二、完成提案办理情况重点视察、年度好提案评选，编印《优秀提案选编》，与省电视台合办《提案面对面》访谈节目。三、组织“深化放管服改革，提高政务服务中心办事效率与质量”民主监督协商、“推动建立农产品网络营销体系”视察和专题协商。四、制定《提案委员会开展“三项行动”，推进提案工作提质增效的实施方案》，协调出台省政府《关于办理人大代表建议和政协提案的办法》。五、配合分管副主席开展澜沧江水系河长制督察督导工作。六、扎实开展定点扶贫和脱贫攻坚助推行动。

经济和农业农村委员会 一、夯实党建工作基础，落实党建工作责任。制定《经济委工作手册》。二、参与组织“加大力度推进云南深度贫困县脱贫攻坚”常委会专题议政协商会议，组织“全省工业园区建设存在的问题和建议”专题协商会议，开展“滇中城市群高速公路环线建设推进情况”“构建行政审批、政务服务和公共资源交易监管体制”专项视察。三、组织“云南辐射中心建设大家谈”专委会特色履职活动。推进“沿边金融综合改革”工作。四、召开“全体委员会议”和“全省政协经济委联系会议”。与 10 省区市政协经济委签订《关于助推中新互联互通南向通道高质量发展合作备忘录》。五、配合分管副主席开展怒江流域（云南段）河长制督察督导工作。六、开展对昭通市巧家县的定点扶贫工作和脱贫攻坚助推行动，为巧家县金塘镇梨树村完善基础设施等项目协调帮扶资金 1300 万元。为绿春县三猛乡 2400 名建档立卡贫困对象捐赠保额 7680 万元意外伤害保险等。

人口资源环境委员会 一、加强思想政治引领，推动“双一流”机关建设。二、与经济委员会共同开展“滇中城市群高速公路环线建设推进情况”专项视察，参与组织“云南深度贫困县生态扶贫攻坚战推进情况”常委会专题议政协商活动，开展“推进农村生活垃圾和污水处理存在的问题与建议”民主监督协商，“关注美丽家园—云南国家公园”调研活动，“采矿废弃地修复和绿色矿山建设”主题界别活动。配合分管领导督办“进一步加强金沙江流域生态环境保护与绿色发展的建议”重点提案。三、担任省环境保护督察工作领导小组成员单位，完成环境保护督察专项工作任务。配合全国政协人口资源环境委员会来滇开展“加强管控与修复，强化土壤污染防治”专题调研。四、做好六大水系河长制督察督导联络协调工作。配合分管副主席开展牛栏江河长制督察督导工作。参加 2018 年中国赤水河流域生态建设经济发展协作推进会。五、开展对文山州砚山县定点扶贫和助推脱贫攻坚行动。

教科卫体委员会 一、强化委员会分党组党的建设，衔接好专委会履职，编写《委员会工作手册》。二、做好省政协常委会“健康扶贫攻坚战”专题议政性协商组织工作，组织“依法推进控辍保学工作”专题协商会议，召开情况通报等会议 36 次。提交“关于化解我省高校债务问题”“关于解决基层文艺院团发展瓶颈”2 件集体提案、调研视察报告 11 份、综合性材料 25 份，编印委员会简报 19 期。三、组织专委会"'科技惠民、文化进校园'——委员在行动"系列特色活动。四、组织开展"助推教育文化扶贫""助推科技扶贫""助推健康扶贫""助推体育扶贫"活动。五、配合分管副主席督察督导伊洛瓦底江河长制工作。开展对大理州云龙县定点扶贫和脱贫攻坚助推行动。

社会和法制委员会 一、严格落实省委《关于加强新时代人民政协党的建设工作的实施意见》，推动专委会党的建设，发挥分党组把方向、管大局、保落实的作用。二、组织"大力推进'一村一品、一县一业'发展新格局"常委会专题议政协商，"鼓励支持企业发展住房租赁市场，完善租购并举制度"、"云南省中小学生如何减负"专题协商，"云南旅游市场整治情况"重点视察，基层执行教师法情况民主监督。协助分管副主席督办"加快推进云南宜居乡村全面振兴的建议"重点提案。三、制定《关于政协委员参与立法协商工作的实施意见》《政协云南省委员会社会和法制委员会工作手册》。组织立法协商 8 件（次），提出 60 条意见和建议。举办"依法治国与法治思维的养成"委员学习讲堂。四、参加全国地方政协社会和法制委员会工作座谈会并作大会典型经验交流发言。五、配合分管副主席开展红河（云南段）河长制督察督导工作。六、做好对怒江州泸水市定点扶贫工作和脱贫攻坚助推行动。

民族和宗教委员会 一、认真学习贯彻习近平新时代中国特色社会主义思想和中共十九大精神。二、与文史委共同组织"守边强基攻坚战"专题协商，对云南省博物馆建设发展情况开展重点视察。三、组织"突出民族文化元素，打造特色小镇"专题协商座谈会，"确保每个世居少数民族各建成 1 个以上特色小镇"的协商建议被省委、省政府采纳。组织"云南少数民族刺绣文化与刺绣产业发展"委员谈特色活动。四、召开 2018 年全省政协民族宗教工作会议暨全体委员会议、宗教界政协委员反映社情民意座谈会暨宗教界别活动。五、制定委员会委员联络服务工作制度。六、做好对昭通市巧家县定点扶贫工作和脱贫攻坚助推行动。

港澳台侨和外事委员会 一、强化思想政治引领，落实习近平新时代中国特色社会主义思想座谈会制度，坚持用党的创新理论武装头脑、指导实践、推动工作。二、组织"提升和完善瑞丽、磨憨、河口重点口岸城市（镇）功能"调研和专题协商，参与组织"做强做大'云系''滇牌'农产品"常委会专题协商议政协商，开展"云南旅游市场整治情况""打造安商环境、助力外来投资企业发展""推动我省教育'走出去'"等视察调研活动。协助分管副主席督办"关于切实加快跨境物流建设力度"重点提案。三、参加"粤港澳大湾区机遇下的互融互通论坛"等与港澳地区的互动交流活动。做好港澳委员学习考察和参加南博会、昆交会服务，台湾青年代表到云南开展云台少数民族音乐服饰文化交流工作，积极为外企来滇发展排忧解难。四、做好缅甸联邦议会民族院缅中友好小组代表团、缅甸侨领代表团等周边国家来访团组接待工作。做好省政协因公出访工作。五、配合分管副主席开展珠江水系（云南段）河长制督察督导工作。六、做好对德宏州盈江县定点扶贫，服务委员开展脱贫攻坚助推行动。

文化文史和学习委员会 一、认真学习贯彻习近平新时代中国特色社会主义思想和党的十九大精神，做好"基层党建巩固年"工作。二、举办大型文史图书《新中国云南人才建设史料》首发仪式。参加全国政协文史资料选题协作，出版《藏族百年实录》4 册。三、收集整理《徐霞客游记——云南篇》《华人华侨和归侨投身云南建设心路历程》《百万裁军昆明军区记忆》《云南历史名人及重大事件选编》《云南省地方志——〈政协志（1978—2005年)〉》资料，提交“徐霞客游线遗址修复保护”等提案，参与徐霞客游线文化旅游价值的挖掘和保护利用工作。组织《我们的父亲母亲——红二代心中的父辈》赠书仪式暨座谈会。四、组织“积极培育我省农业产业小巨人”常委会专题议政性协商，“云南世界自然、文化遗产保护利用存在的问题和建议”民主监督协商，协助分管副主席督办“关于推进建设云南绿色安全食品产业的建议”重点提案，开展“参观新知图书城，了解全民阅读”界别小组活动。联合民宗委组织“云南博物馆建设发展情况”重点视察。五、配合分管副主席开展珠江水系（云南段）河长制督察督导工作。做好定点扶贫工作和脱贫攻坚助推行动。

委员联络委员会 一、做好委员参加会议有关保障等工作。组织召开全省政协系统委员联络工作座谈会，抓好重点提案督办工作。二、完成对省政协委员、州市政协秘书长、县（市、区）政协主席履职能力专题培训，给委员订阅《人民政协报》《中国政协》等报刊资料，走访委员，建立委员信息档案，更新委员信息，制作委员通信录等服务保障工作。三、组织“实施乡村振兴战略、着力打造特色小镇”专题协商，“全省推进义务教育均衡发展情况”“打造绿色食品品牌，提升滇菜产业软实力”等专题联合调研视察。组织委员参加团省委“共青团与人大代表、政协委员面对面”、省高院“法院工作视察”等8个省级部门的座谈、视察活动。四、制定《政协云南省委员会常务委员提交年度履职报告工作办法（试行)》《委员联络委员会工作职责》《委员联络委员会工作手册》《政协云南省委员会委员联络实施办法（试行)》。五、配合分管副主席对长江（云南段）河长制督察督导。做好昭通市永善县挂联扶贫工作和脱贫攻坚助推行动。

【重要会议、活动】

省政协2018年新年茶话会 2017年12月26日，在昆明举行。省委书记陈豪出席并致辞。省长阮成发，省委副书记李秀领，全国政协民族和宗教委员会副主任王学仁出席。省政协主席罗正富主持。省委常委，省人大常委会、省政府、省政协领导，在昆中直机关领导，省高级人民法院领导，驻昆解放军和武警部队领导，在昆副省级以上离退休老领导，在昆省政协常委，省直部门负责人，省级各民主党派、工商联和人民团体负责人，民族、宗教和港澳台侨、无党派代表人士等出席茶话会。省级各民主党派、工商联、人民团体、民族宗教界和港澳台侨委员代表发言。

汪洋来滇调研 1月25日至29日，中共中央政治局常委、国务院扶贫开发领导小组组长汪洋在怒江傈僳族自治州调研脱贫攻坚工作。汪洋充分肯定怒江州脱贫攻坚工作取得的积极进展，对坚决打好精准脱贫攻坚战作出指示和要求。

10月15日至16日，中共中央政治局常委、全国政协主席汪洋在云南调研藏区民族宗教和脱贫攻坚工作。10月17日，汪洋在昆明看望住昆明的全国政协委员、省政协委员、省政协机关干部和省委统战部机关干部。省委书记陈豪，省委副书记、省长阮成发，省委副书记李秀领，省政协主席李江，省委常委、昆明市委书记程连元分别陪同调研。

郑建邦来滇调研 4月10日至12日，全国政协副主席、民革中央常务副主席郑建邦率全国政协、民革中央联合调研组在滇就“助推西部发展，建设‘一带一路’南向通道”开展专题调研。在滇期间，调研组在昆明与省政府、省政协及省级有关部门座谈，深入西双版纳磨憨口岸等地调研。

邵鸿来滇调研 4月21日至25日，全国政协副主席、九三学社中央常务副主席邵鸿率九三学社中央调研组在云南围绕“乡村环境综合治理”开展2018年度党派大调研。

省政协举办十二届省政协委员和县（市、区）政协主席学习培训班 4月24日至28日，在昆明分两期举办。省政协主席李江分别作动员讲话。十二届省政协委员、州（市）政协秘书长、县（市、区）政协主席及省政协机关干部共850余人参加培训。

卢展工来滇调研 5月7日至11日，全国政协副主席卢展工率全国政协社会和法制委员会调研组，来滇开展“解决深度贫困地区脱贫问题”专题调研。省委书记陈豪主持召开调研座谈会，向调研组介绍云南省脱贫攻坚工作情况。调研组一行深入怒江傈僳族自治州、昭通市开展实地调研。

全省政协系统组织开展习近平总书记关于加强和改进人民政协工作的重要思想学习研讨活动 按照全国政协统一部署，在5月至7月两个多月的时间里，全省政协系统共组织专题学习320多次，集中学习研讨360多期，各级政协委员、机关干部共计4.4万余人次参加学习研讨，撰写心得体会和理论文章3000余篇。省政协主席会议成员到部分州市政协，就开展学习研讨活动进行调研指导。通过学习研讨，全省广大政协委员进一步增强了用习近平总书记关于加强和改进人民政协工作的重要思想武装头脑、指导实践、推动工作的政治自觉、思想自觉和行动自觉。

巴特尔来滇指导全省政协系统学习习近平总书记关于加强和改进人民政协工作的重要思想理论研讨会议 7月16日，全国政协副主席巴特尔来滇出席并指导全省政协系统学习习近平总书记关于加强和改进人民政协工作的重要思想理论研讨会议，省政协主席李江主持。国家民委副主任石玉钢，全国政协民族和宗教委员会驻会副主任杨小波；中共云南省委常委、省委统战部部长杨宁，省政协常务副主席杨嘉武，副主席黄毅、高峰、喻顶成、李正阳、陈玉侯、徐彬、何波，秘书长刘建华出席会议。部分州（市）、县（市、区）政协，省政协专门委员会及专家学者代表作了交流发言。

全省政协系统开展脱贫攻坚助推行动 为贯彻落实中央和省委关于打赢精准脱贫攻坚战三年行动的决策部署，经报中共云南省委同意，云南省政协决定从2018年8月开始在全省政协系统开展脱贫攻坚助推行动。按照省政协下发的《关于全省政协系统开展脱贫攻坚助推行动的意见》，组织全省三级政协组织和3万名政协委员，聚焦全省27个深度贫困县，开展助推产业扶贫、就业扶贫、教育扶贫、健康扶贫、科技扶贫、文化扶贫“六个助推”和“九个一活动”，竭尽全力帮助贫困群众解决生产生活中的实际困难。中共云南省委对全省政协系统在助推脱贫攻坚工作中作出的成绩给予充分肯定。

全省政协系统党的建设工作座谈会 9月21日在昆明召开，专题研究部署加强全省政协系统党的建设相关工作。会议强调，要全面深入贯彻习近平新时代中国特色社会主义思想和党的十九大提出的新时代党的建设总要求，切实发挥各级政协党组的领导核心作用、政协基层党组织的战斗堡垒作用、政协组织中中共党员的先锋模范作用，努力开创新时代全省政协党的建设新局面。省政协党组书记李江出席会议并讲话。省政协党组副书记杨嘉武主持会议，省政协党组成员李正阳、陈玉侯、刘建华出席会议。

【重要文件】

常委会工作报告（2018年1月23日

在政协云南省第十二届委员会第一次会议）（摘要） 报告共分三个部分：

一、过去五年工作的回顾

五年来，省政协常委会组织开展调研视察活动200余次，组织协商会议60余次，组织大会发言材料170余篇、交流材料1000余篇，所提意见和建议得到省委、省政府的重视，并通过办理落实、采纳应用、工作参考等形式，推进政协工作成果转化为实实在在的发展成效。

（一）坚持正确政治方向，认真贯彻落实以习近平同志为核心的中共中央和中共云南省委对政协工作的新部署新要求。一是坚持党对人民政协的领导。主动向省委汇报重要工作、请示重要事项，邀请省委、省政府领导参加政协的重要会议、重要活动。中共云南省委召开省委政协工作会议，出台《关于切实加强人民政协协商民主建设的实施意见》《关于加强和改进人民政协民主监督工作的实施意见》；省委常委会每年听取省政协党组和省政协常委会工作汇报，审定年度协商计划。二是坚持人民政协性质定位。准确把握人民政协具有中国特色的制度安排的重要意义。三是完善协商议政格局。深入贯彻习近平总书记关于“懂政协、会协商、善议政”的重要要求，把协商民主建设贯穿履行职能的全过程。围绕“十三五”规划编制、推进供给侧结构性改革等影响云南改革发展大局的问题协商议政。四是强化民主监督职能。

（二）紧紧围绕习近平总书记对云南发展提出的新定位参大政议大事，助力云南跨越式发展。一是紧扣“三个定位”履职尽责。全力服务民族团结进步示范区建设，围绕努力成为生态文明建设排头兵献计出力，积极助推面向南亚东南亚辐射中心建设提出意见建议。二是促进经济平稳健康发展，进行调研论证和协商讨论，提出许多意见和建议。一些意见建议在云南省相关政策措施的完善及部门工作中得到充分体现。三是加强联动协作，聚集发展力量。向全国政协提出提案，促进了滇中引水工程、滇中产业新区、中缅陆水联运通道建设等重大项目的一些问题得到有效解决。推进孟中印缅经济走廊建设的提案被列为全国政协2015年度重点提案。联名向全国政协提交提案“关于加快粤沪桂黔滇高铁经济带建设推进精准扶贫精准脱贫的建议”等。就赤水河流域生态经济发展联合调研，促进区域发展、共同进步。

（三）坚持履职为民，致力于民生改善和社会建设。一是围绕改善民生建真言。就深化云南预防校园暴力等问题，深入调查研究，提出的意见建议引起省委、省政府领导高度重视，部分建议被云南省“十三五”专项规划吸收采纳。二是围绕脱贫攻坚办实事。五年来，省政协帮助协调落实各类帮扶项目资金和贷款18.4亿元，推进了一批脱贫项目的顺利实施，受到基层干部群众的好评。三是围绕群众关切畅通民意渠道。

（四）发挥团结统战功能，广泛汇聚改革发展稳定合力。一是深化与各党派团体的团结合作。举办纪念人民政协成立65周年大会，召开省政协新年茶话会，举办纪念孙中山先生诞辰150周年活动，加强同各党派团体和无党派人士的经常性联系。二是促进宗教与社会主义社会相适应。三是广泛开展同港澳台同胞、海外侨胞的团结联谊。

（五）坚持统筹推进，经常性工作不断创新。一是提案及办理质量稳步提高。建立和完善重点提案主席会议成员督办机制，表彰一批优秀提案和提案承办先进集体、先进个人。五年来，共收到提案3548件，立案交办3367件。二是文史工作成效明显。在全国政协成功举办“云南风民族情”书画作品展。编辑出版大型文史资料《新中国云南人才建设史料》。三是增强理论研究和宣传工作实效。成立省人民政协理论研究会。形成了融合党报、政协报、专业期刊和网络媒体的多层次、全方位、立体化宣传阵地。策划推出重大主题和新闻事件报道，树立政协良好形象，提升政协工作影响力。

（六）加强自身建设，努力提升履职能力。一是突出党建引领作用。成立省政协各专门委员会分党组，落实全面从严治党主体责任和监督责任，大力加强机关党的各项建设。二是充分发挥专委会和界别作用。制定《政协云南省委员会关于加强界别工作的意见》，成立界别活动小组。三是注重委员和机关干部两支队伍建设。成立委员联络委员会，制定《政协云南省委员会委员履职工作规则》，将专题学习讲座列入常委会会议内容，建立委员履职数据库。

二、五年来的工作体会

一是必须坚持中国共产党的领导，确保人民政协事业发展的正确方向。二是必须牢牢把握团结和民主两大主题，凝聚起推动云南跨越式发展的磅礴力量。三是必须围绕中心服务大局，自觉把人民政协工作融入云南经济社会发展大局中谋划和推进。四是必须坚持以人民为中心的发展思想，服务我省决战脱贫攻坚决胜全面小康。五是必须发挥政协组织优势，汇聚履职合力，切实增强政协工作实效。六是必须发挥委员主体作用和专委会基础作用，不断增添政协工作活力。七是必须注重开拓创新，着力打牢人民政协各项工作的基础。

三、对新一届政协工作的建议

一是以习近平新时代中国特色社会主义思想统领政协工作。二是在围绕中心、服务大局上，展现政协履职新担当。三是全力助推我省脱贫攻坚、促进全面建成小康社会。四是扎实做好凝心聚力团结协作工作。五是加强委员队伍建设，推进政协工作创新发展。

中共云南省委书记陈豪在省政协十二届一次会议闭幕会上的讲话（2018 年 1 月 29 日）（摘要） 会议期间，各位委员以智资政、踊跃建言，提出许多富有建设性的意见和建议。会议选举产生了新一届省政协领导集体。大会俭朴热烈、务实高效、风清气正，是一次团结民主、共谋发展、催人奋进的大会。

省政协第十一届委员会的全体委员在任职期间，为推动我省经济社会和政协事业发展，倾注了大量心血，付出了艰辛努力，作出了积极贡献。

中共十九大确立了习近平新时代中国特色社会主义思想的历史地位，锚定了中国特色社会主义进入新时代的历史方位，绘就了决胜全面建成小康社会、夺取新时代中国特色社会主义伟大胜利的宏伟蓝图。中共云南省委十届四次全会提出“到 2020 年，全省农村贫困人口如期脱贫，乡村振兴取得重要进展，全面建成群众认可、经得起历史检验的小康社会。到 2035 年，与全国同步基本实现社会主义现代化。到本世纪中叶，建成与富强民主文明和谐美丽的社会主义现代化强国相适应的现代化强省，谱写好中国梦的云南篇章”的奋斗目标。从现在起到 2020 年实现决胜全面建成小康社会的奋斗目标，只有 1000 多天了。目标越宏伟，愿景越光明，使命越艰巨，责任越重大，就越需要人民政协和广大政协委员担当新使命、展现新作为，充分发挥凝聚共识、凝聚智慧、凝聚力量、凝聚人心的重要作用。下面，我提几点希望，与大家共勉。

第一，高举习近平新时代中国特色社会主义思想伟大旗帜，不断筑牢团结奋斗的共同思想政治基础。要旗帜鲜明讲政治，牢固树立“四个意识”，坚定“四个自信”，把中国共产党的先进性和民主党派的进步性统一起来，始终在政治立场、政治方向、政治原则、政治道路上与中共中央保持高度一致，坚决维护习近平总书记的核心地位，坚决维护中共中央权威和集中统一领导，始终做到思想上同心同德、目标上同心同向、行动上同心同力。第二，认清奋斗目标，团结引导全省各族各界一道共同创造云南美好明天。人民政协和广大政协委员要始终聚焦中心任务，紧紧围绕全省改革发展大局，把为促进云南高质量跨越式发展、决胜全面建成小康社会、开启全面建设社会主义现代化新征程、谱写好中国梦的云南篇章献计出力作为工作主线。第三，加强履职能力建设，努力在新时代担当新使命展现新气象新作为。这次省政协换届后，新进委员比较多。省政协要适应新时代新任务新要求，以改革思维、创新理念、务实举措加强自身建设，不断提高履行政治协商、民主监督、参政议政职能的能力和水平。支持人民政协依法依章程履行职能，是各级党委的重要职责，也是做好政协工作的根本保证。中共云南省委将一如既往地重视、关心和支持政协事业发展。各级党委都要切实做到思想上高度重视、政治上悉心关怀、工作上大力支持，努力为人民政协和政协委员履行职责、开展工作创造良好环境。要定期听取政协党组汇报，切实把政治协商纳入决策程序，自觉接受政协民主监督，认真听取政协提出的批评和意见，多为政协解难事、办实事，多给政协交任务、出题目，确保政协政治有地位、建言有渠道、出力有舞台。

李江主席在省政协十二届一次会议闭幕会上的讲话（2018 年 1 月 29 日）（摘要） 中国人民政治协商会议云南省第十二届委员会第一次会议，在中共云南省委的坚强领导下，经过全体委员和与会同志的共同努力，圆满完成了各项议程，就要胜利闭幕了。会议期间，省委、省政府领导及有关部门负责同志到会听取委员发言，共商云南改革发展大计，充分体现了省委、省政府对政协工作的高度重视。刚才，省委书记陈豪同志发表了重要讲话，对这次会议给予了充分的肯定，并对十二届省政协履行好职责提出了殷切希望和明确要求。这对我们在新时代进一步做好政协工作、推进政协事业发展具有重要指导意义。我们一定要认真学习领会，深入贯彻落实。

全体委员和与会同志对以习近平同志为核心的中共中央衷心拥护支持，对中共十八大以来党和国家事业取得的历史性成就、发生的历史性变革倍感振奋鼓舞，对夺取新时代中国特色社会主义伟大胜利满怀昂扬斗志，对到 2020 年我省全面脱贫、全面建成小康社会充满必胜信心。委员们围绕进一步推动人民政协事业进步和实现跨越发展、全面建成小康社会，畅所欲言，提出了许多真知灼见。

感谢大家的信任和支持，选举我们组成省政协第十二届常务委员会，我们深感责任重大、使命光荣。我们一定不辱使命、不负重托，继承和发扬历届省政协的优良传统，紧紧依靠全体委员，充分发挥集体智慧，勇于担当，谋事创业，在协商议政中服务大局，在继承创新中增强活力，在履职尽责中主动作为，不断把我省政协事业推向前进。

过去的五年，在中共云南省委的坚强领导下，省政协第十一届委员会坚持团结和民主，服务发展大局，认真履职尽责，做了大量卓有成效的工作，不仅为推动云南经济社会发展作出了重要贡献，也为新一届省政协继续前进打下了坚实基础，积累了宝贵经验。在此，让我们以热烈的掌声，向省政协第十一届委员会的全体委员，向一直关心支持省政协工作的历届老领导、老同志表示衷心的感谢和崇高的敬意！

我们一定要不辜负党和人民的重托，

贯彻新理念、聚焦新目标、落实新部署，以永不懈怠的精神状态协商议政，以一往无前的奋斗姿态干事创业，运用好政协智慧，发挥好政协力量，肩负好政协使命，在新时代干出政协的新气象、展示政协的新作为。新气象新作为，必须坚决维护核心，把坚持中国共产党的领导作为最根本的政治原则。必须聚焦发展大局，把围绕云南跨越式发展献计出力作为履职主线。必须围绕团结和民主，把增进共识、加强团结作为履职主题。必须深化协商议政，把协商民主贯穿履职全过程作为基本遵循。必须提高委员素质，把加强自身建设作为履职的重要保障。

【组织概况】

主席当选名单

（2018 年 1 月 29 日省政协十二届一次会议通过）

李　江（女）

副主席当选名单

（2018 年 1 月 29 日省政协十二届一次会议通过）

杨嘉武　黄　毅（景颇族）
高　峰　喻顶成　李正阳　陈玉侯
徐　彬　何　波

秘书长当选名单

（2018 年 1 月 29 日省政协十二届一次会议通过）

刘建华

常务委员当选名单（以姓氏笔画为序）

（2018 年 1 月 29 日政协云南省第十二届委员会第一次会议通过）

万　立　马夏林（回族）　马继延
马黎明（回族）　王　宏（民建）
王　键（白族）　王卫勇
王云月（女）　王惠萍（女）
邓宣宏雁（女）
玉香伦（女，傣族）
石　云（女）　卢云涛（女）
田　壮（满族）　白　良（彝族）
兰　骏　边明社　成联远　吕美璋
朱　燕（女）　朱建斌（白族）
朱绍明　朱家美（女）　朱德光
朱德芳　伍达天　庄哲猛　刘　亮
刘卫红（女）　次里旺登（藏族）
孙文忠　苏　莉（女）
杜永春（藏族）　杜官本
李　勇（彝族）　李　勇
李　莹（女）　李　嵘（纳西族）
李　瑾（女）　李才永（回族）
李兴华（女）　李志强
李坤珍（女，怒族）　李英杰
李明金　李学林　李俊鹏
李炯明（彝族）　李银峰（白族）
杨　昆　杨　萍（女，彝族）
杨　静（女，彝族）
杨华英（女，纳西族）
杨红昌（苗族）　杨利荣
杨国宗（白族）　杨桂红（女）
杨晓红（女）　杨鸿生
杨焱平（女，白族）
吴　静（女）　吴建加
何云葵（女）　何雪峰（彝族）
冷　华　冷　静（女，苗族）
宋光兴　宋嘉林（苗族）
张　宁（女）　张卫国（彝族）
张红苹（女）　张树学
张宽寿（白族）　张韶维
陈冬海　陈纪军　陈志国（白族）
陈维镖　罗美娟（女）　金飞豹
赵乐静　赵雪松　柳清菊（女）
段丽元（白族）　段昌群
祜巴罕听（傣族）　贺　昆
贺　彬　袁晓瑭（女，哈尼族）
夏　静（女）　夏立洪　徐应强
高天森　高中建　高德明　郭　宝
黄丽云（女，傣族）

梅　妍（女，回族）　　曹光中
曹荣根　董礼书　释果清（女）
童书玮　雷耀民　解丽平（女）
靖玖玮　廖东明　熊　梅（女）
熊瑞丽（女）
魏艺红（女，佤族）[①]

关于设置专门委员会的决定

（2018年1月30日政协云南省第十二届委员会常务委员会第一次会议通过）

根据《中国人民政治协商会议章程》规定，结合省政协工作的实际需要，政协云南省第十二届委员会设置九个专门委员会：

一、提案委员会；
二、经济委员会；
三、人口资源环境委员会；
四、教科文卫体委员会；
五、社会和法制委员会；
六、民族和宗教委员会；
七、港澳台侨和外事委员会；
八、文史委员会；
九、委员联络委员会。

关于调整专门委员会设置的决定

（2018年12月21日政协云南省第十二届委员会常务委员会第五次会议通过）

根据《中国人民政治协商会议章程》第六十条"省、自治区、直辖市的地方委员会设立办公厅，专门委员会及其他工作机构的设置，按照当地实际情况和工作需要，由常务委员会决定"的规定，中国人民政治协商会议云南省第十二届委员会常务委员会决定：在省政协经济委员会基础上组建省政协经济和农业农村委员会；将省政协文史委员会更名为省政协文化文史和学习委员会；将省政协教科文卫体委员会更名为省政协教科卫体委员会。

州、市政协主席变动情况

曲靖市

朱德光（2018年2月5日选举）

玉溪市

夏立洪（2018年2月4日选举）

丽江市

张卫国（彝族，2018年2月5日选举）

普洱市

魏艺红（女，佤族，2018年2月5日选举）

临沧市

李银峰（白族，2018年2月5日选举）

红河哈尼族彝族自治州

聂　明（2018年2月5日选举）

大理白族自治州

朱建斌（白族，2018年2月5日选举）

德宏傣族景颇族自治州

黄丽云（女，傣族，2018年2月5日选举）

（武　限　**编写**　刘建华　**审稿**）

---

① 2022年3月2日，政协第十三届全国委员会常务委员会第二十次会议追认关于撤销魏艺红第十三届全国政协委员资格的决定。以下不再标注。

政协西藏自治区委员会

【全体委员会议】

十一届一次会议 政协第十一届西藏自治区委员会第一次会议于1月23日至29日在拉萨召开。全国政协副主席、区政协主席帕巴拉·格列朗杰主持开、闭幕会，区党委常务副书记、区政协党组书记丁业现主持选举大会并作闭幕总结讲话。区政协副主席洛桑久美主持大会发言。与会委员认真听取并审议了旦科副主席所作的《中国人民政治协商会议第十届西藏自治区委员会常务委员会工作报告》和高扬副主席所作的《政协第十届西藏自治区委员会常务委员会关于提案工作情况的报告》；圆满完成了换届选举工作；审议通过了十届政协常委会工作报告决议、提案审查情况报告和政协十一届一次会议政治决议。会议期间，吴英杰书记等自治区党政军领导同志出席开、闭幕会，并分别深入各界别亲切看望委员，参加小组讨论，与委员们广泛协商交流，共商发展稳定生态大计。中央组织部督导组组长柴平伍等3位同志，莅临会议具体督导。区党委常务副书记、区政协党组书记丁业现出席全会各次全体会议和召集人会议，并深入宗教界听取委员讨论。区党委副书记、自治区常务副主席庄严和自治区有关委、办、厅、局负责同志应邀出席大会发言，听取委员意见建议。

【常务委员会会议】

十届第26次会议 政协第十届西藏自治区委员会常务委员会第二十六次会议于1月19日在拉萨召开。全国政协副主席、自治区政协主席帕巴拉·格列朗杰主持开幕会，区政协党组副书记、副主席高扬主持闭幕会。会议书面审议了政协第十届西藏自治区委员会各专门委员会五年工作总结，研究了区政协十一届一次会议有关事宜。

十一届第1次会议 政协第十一届西藏自治区委员会常务委员会第一次会议于1月29日在拉萨召开。全国政协副主席、自治区政协主席帕巴拉·格列朗杰主持会议。区党委常务副书记、区政协党组书记丁业现出席会议并讲话。会议审议通过了政协第十一届西藏自治区委员会常务委员会关于设立专门委员会的决定；审议通过了政协第十一届西藏自治区委员会专门委员会主任、副主任名单；审议通过了政协第十一届西藏自治区委员会副秘书长名单。区党委组织部负责同志作人事事项说明。

第2次会议 政协第十一届西藏自治区委员会常务委员会第二次会议于4月10日在拉萨召开。受全国政协副主席，自治区政协主席帕巴拉·格列朗杰的委托，区党委常委、区政协党组副书记、副主席，区党委统战部部长旦科主持会议。区党委常务副书记、区政协党组书记丁业现出席会议并讲话。区政协党组副书记、副主席高扬传达习近平总书记在全国“两会”期间的重要讲话精神和全国“两会”精神。区政协副主席珠康·土登克珠、洛桑久美、宗洛·向巴克珠、萨龙·平拉、索朗仁增、王亚蔺、桑杰扎巴、扎西达娃出席会议。会议围绕习近平总书记在全国“两会”期间的重要讲话精神和全国“两会”精神组织了学习讨论。

第3次会议（专题议政性常委会） 政协第十一届西藏自治区委员会常务委员会第三次会议于8月6日至8日在拉萨召开。全国政协副主席、自治区政协主席帕巴拉·格列朗杰主持开幕会并听取大会发言。区党委常务副书记、区政协党组书记丁业现主持闭幕会并讲话。自治区副主席罗梅应邀出席开幕会并作“安边固边兴边”工作报告。区政协党组副书记、副主席高扬主持大会发言。区政协副主席珠康·土登克珠、策墨林·单增赤列、洛桑久美、宗洛·向巴克珠、阿沛·晋源、桑杰扎巴、卓嘎、雷桂龙、扎西达娃出席会议。会议聚焦安边固边兴边主题协商议政，充分体现了区政协坚决响应党的决策部署、自觉践行基本政治制度的鲜明特点和同频共振、同向发力、同心同行的优势。

【专门委员会工作】

提案委员会 政协十一届一次会议共收到委员提案404件，经审查立案397件，转为意见建议5件，撤案2件。按照提案“办到实在处”的要求，最大限度地把委员提出的合理意见落到实处。将涉及全局性、具有共性问题的12件提案作为十一届一次会议的重点提案。由政协党组书记和11位副主席牵头督办。在开展督办工作中，发挥好提案委联系、沟通、协调的桥梁纽带作用，加强“提”“办”双方协商交流，形成办理合力，提高落实成效，提案办理质量明显提升，广大委员反映普遍很好。区政协党组副书记、副主席高扬同志率领以提案委员会同志为主的调研组，于4月11日至18日赴山南市边境县，以“安边固边兴边视察调研、建言献策”为主题视察调研，形成了《关于赴山南市开展安边固边兴边视察情况的调研报告》。在扎西达娃副主席带领下，于6月25日至7月9日赴那曲、昌都、林芝市部分县（区）进行调研，形成了《关于“三市基层公共文化”旅游的调研报告》。8月28日至9月8日，自治区政协党组副书记、副主席高扬同志率自治区政协提案委员会有关同志和部分委员赴贵州、湖南两省进行学习考察，形成了《关于赴贵州、湖南两省学习考察情况的报告》。

经济和人口资源环境委员会 经济和人口资源环境委员会配合全国政协经济委赴藏开展“促进高原服务业健康发展”专题调研，实事求是反映发展现状，重点从深化旅游业供给侧结构性改革方面提出意见建议，绝大多数被予以采纳。承接完成安边固边兴边专题议政性常委会子课题的调研任务，围绕“边境地区旅游开发及生态环境保护”专题，组织17名界别委员、专家学者及部门负责人，深入林芝市米林、朗县、察隅、墨脱4个边境县16个行政村25个项目点实地调研，其间召开协商座谈会5次，发放问卷调查表76份，征集意见建议16条，向区党委、政府报送履职成果3篇。成功举办“服务实体经济，建设美丽西藏”行业座谈会，邀请驻藏各金融机构、行业委员，围绕改进金融服务机制、拓宽投融资渠道、打牢企业融资发展基础条件等方面深入交换意见，协力助推实体民营企业向高质量发展转变。

教科文卫体委员会 教科文卫体委员会于9月20日召开了“强化基层文化阵地建设，推动乡村文化振兴”季度协商座谈会。自治区副主席多吉次珠出席会议并作了重要讲话，5位政协委员参会发言，收集书面发言材料11份，形成了关于《强化基层文化阵地建设，推动乡村文化振兴季度协商会情况报告》，得到区党委常务副书记，区政协党组书记丁业现充分肯定并作出批示。5月上旬至6月中旬，在分管副主席的带领下，组成三个调研组分赴拉萨、山南、那曲、昌都、阿里5市（地）及西藏电视台、广播电台，西藏电影电视译制中心等14个区直部门调研。同时，委托林芝、日喀则两市政协在本市组织当地委员开展专题调研。先后召开3次座谈会形成了1份综合调研报告和4份单行报告。8月，接待了湖北省政协主席杨松率领的住鄂全国政协委员赴藏考察团，协助该团在拉萨召开了“优秀传统文化遗产保护与传承”专题调研座谈会。11月底至12月上旬，组织部分医卫界委员、相关单位赴福建、贵州两省及自治区成办医院，围绕“医药卫生体制改革”和“健康扶贫”进行了考察学习，形成了考察学习报告。

社会法制外事委员会 社会法制外事委员会在4月协同区司法厅负责同志和部分政协委员，赴内蒙古、湖北两省区围绕新形势下人民调解工作进行了专题考察。6月27日，我委承办召开了自治区政协做好新形势下人民调解工作季度协商座谈会（区政协首次季度协商座谈会），总结了人民调解工作的现状，分析了存在的主要问题，提出了做好新形势下人民调解工作的意见和建议，自治区领导给予了充分肯定。根据调研成果和协商座谈会的要求，注重成果转化，积极与京师（拉萨）律师事务所负责人沟通协调，挂牌成立了全区首家律师事务所人民调解工作室。相关部门根据《关于做好新形势下人民调解工作的调研报告》和自治区领导批示精神，正在积极落实加强我区人民调解工作的十二条建议。8月10日，会同部分委员及拉萨市政协相关专委会，对西藏自治区残疾人康复服务中心、城关区塔玛社区、西藏自治区儿童福利院、拉萨市中国SOS儿童村进行视察，掌握了推进我区社会福利事业发展的现状，增强了关爱残疾人、关爱孤儿的社会责任感。引导委员通过提案履职，全年共收集委员会委员提案共15篇，其中个人提案13篇，联名提案2篇；联席界别委员提案共18篇，其中个人提案15篇，联名提案3篇，收到了良好效果。

民族和宗教委员会 5月4日至9日，区政协党组成员、副主席，区总工会主席洛桑久美带领我委和区宗教办、区佛协相关负责人组成的视察调研组，深入拉萨市哲蚌寺、色拉寺、甘丹寺、大昭寺、小昭寺、扎基寺、楚布寺、雄色寺、林周县，视察调研新修订《宗教事务条例》学习宣传情况，实地察看各寺庙煨桑点和供电线路、消防水源、安防设备等，分别与4座寺庙寺管会干部及僧人代表进行了座谈，真实了解了寺管会干部及僧尼在学习宣传《条例》中遇到的困难。6月20日至25日，民族宗教委员会主要负责人带领调研组深入山南市错那县勒、吉巴、贡日、麻麻门巴民族乡实地察看村居、学校、农牧民合作社，与乡镇干部和群众座谈交流。8月29日至9月2日，区政协民宗委调研组，深入那曲市、巴青县、索县、比如县围绕学习宣传国务院《宗教事务条例》情况等调研。9月4日至9月10日，区政协民宗委调研组，深入昌都市左贡县、贡觉县、芒康县、卡若区，通过查阅资料、听取汇报、入寺走访、召开座谈会等形式，就学习宣传《宗教事务条例》情况和芒康县盐井纳西民族乡人口较少民族经济社会发展情况进行了调研。11月，民族宗教委员会组织部分政协委员赴广西、云南学习考察兄弟省区开展民族团结进步创建活动的情况和区外民族地区经济社会发展情况进行了实地学习考察，开阔了委员们的视野、增长了知识，学习借鉴了成功做法和先进经验。

文史和学习委员会 《藏族百年实录》由十届西藏政协文史委牵头，川、滇、甘、青四省政协文史委协作共同完成。《藏族百年实录》的成功出版，填补了我区在全国少数民族文史资料书系中的空白，社会反响很好，得到了全国政协文史委和自治区政协领导的充分肯定和高度评价，为讲好西藏故事，增进民族交往交流交融，传播中国声音作出了应有贡献，发挥了积极作用。6月中旬，在文史委的组织协调下，召开了《西藏改革开放40年》主题文史资料征编工作部署会，相关部门50多人出席会议。在短短3个月的时间里，共征集到以回忆录、口述历史、人物传记、小故事等形式的“三亲”史料

130余篇，80余万字。10月中旬以来，文史委对筛选出的70余篇文稿，开展复选、复审、再编工作，并实行主审、复审、终审工作机制。

【重要会议、活动】

主席会议

第1次主席会议　政协第十一届西藏自治区委员会第1次主席会议于1月29日召开。全国政协副主席、自治区政协主席帕巴拉·格列朗杰主持会议。区党委常委、区政协党组副书记、副主席，区党委统战部部长旦科，区政协党组副书记、副主席高扬、区政协副主席珠康·土登克珠、策墨林·单增赤列、洛桑久美、宗洛·向巴克珠、萨龙·平拉、索朗仁增、阿旺、阿沛·晋源、王亚蔺、桑杰扎巴、卓嘎、雷桂龙、扎西达娃出席。会议审议通过了政协第十一届西藏自治区委员会常务委员会关于设立专门委员会的决定（草案）；审议通过了政协第十一届西藏自治区委员会专门委员会主任、副主任名单（草案）；审议通过了政协第十一届西藏自治区委员会副秘书长名单（草案）。

第2次主席会议　政协第十一届西藏自治区委员会第2次主席会议于1月31日召开。受全国政协副主席、自治区政协主席帕巴拉·格列朗杰委托，区政协党组副书记、副主席高扬主持会议。区政协副主席珠康·土登克珠、策墨林·单增赤列、洛桑久美、宗洛·向巴克珠、萨龙·平拉、索朗仁增、阿旺、王亚蔺、桑杰扎巴、卓嘎、雷桂龙、扎西达娃出席。会议审议通过了政协第十一届西藏自治区委员会专门委员会委员名单；研究讨论了《政协第十一届西藏自治区委员会2018年协商工作计划》。

第3次主席会议　政协第十一届西藏自治区委员会第3次主席会议于4月3日召开。受全国政协副主席、自治区政协主席帕巴拉·格列朗杰委托，区党委常委，区政协党组副书记、副主席，区党委统战部部长旦科主持会议。会议审议讨论关于召开自治区政协十一届二次常委会议的建议方案；提案委员会关于政协十一届一次会议重点提案及督办领导的请示；《政协西藏自治区委员会开展安边固边兴边视察调研活动总体方案》以及社会法制外事委员会关于调研考察和向全国政协有关专委会汇报衔接工作的请示。

第4次主席会议　政协第十一届西藏自治区委员会第4次主席会议于5月28日召开。受全国政协副主席、自治区政协主席帕巴拉·格列朗杰的委托，区政协党组副书记、副主席高扬主持会议并讲话。区政协副主席珠康·土登克珠、索朗仁增、王亚蔺、卓嘎、雷桂龙、扎西达娃出席。会议传达学习《牢牢把握正确处理“十三对关系”这个根本办法》（区党委办公厅《工作情况交流》〔2018〕第10期），听取了各专委会工作情况汇报。

第5次主席会议　政协第十一届西藏自治区委员会第5次主席会议于6月15日召开。受全国政协副主席、自治区政协主席帕巴拉·格列朗杰委托，区政协党组副书记、副主席高扬主持召开会议。会议集中学习《习近平总书记关于加强和改进人民政协工作的重要思想专题摘编》之“聚焦党和国家中心任务履职尽责”和“紧扣保障和改善民生献计出力”两个专题，围绕“加强政协调查研究工作，在提质增效、服务大局上下功夫”开展研讨交流。

第6次主席会议　政协第十一届西藏自治区委员会第6次主席会议于7月23日召开。受全国政协副主席、自治区政协主席帕巴拉·格列朗杰委托，区党委常委，区政协党组副书记、副主席，区党委统战部部长旦科主持会议。会议审议讨论

《自治区政协十一届三次常委会议方案》以及人事事项，传达学习吴英杰同志在《中共西藏自治区政协党组关于“做好新形势下人民调解工作”季度协商座谈会有关情况的报告》上的批示精神，学习领会习近平总书记关于加强和改进人民政协工作的重要思想专题摘编之“发挥社会主义协商民主的重要渠道和专门协商机构作用”及“加强和改进政协民主监督工作”两个专题。

第 7 次主席会议　政协第十一届西藏自治区委员会第 7 次主席会议于 9 月 27 日召开。受全国政协副主席、自治区政协主席帕巴拉·格列朗杰委托，区政协党组副书记、副主席高扬主持会议。会议学习领会习近平总书记关于加强和改进人民政协工作的重要思想七、八专题；传达学习《中国人民政治协商会议全国委员会全体会议工作规则》《中国人民政治协商会议全国委员会常务委员会工作规则》《中国人民政治协商会议全国委员会委员履职工作规则》；研究讨论《关于对西藏政协“习近平总书记关于加强和改进人民政协工作的重要思想”理论研讨会论文进行评选表彰及编印〈论文集〉的建议方案》；听取审议提案委员会、经济和人口资源环境委员会赴区外学习考察情况的报告；听取《自治区政协机关车辆专段号牌清理情况和工作建议的汇报》。

第 8 次主席会议　政协第十一届西藏自治区委员会第 8 次主席会议于 10 月 24 日召开。受全国政协副主席、自治区政协主席帕巴拉·格列朗杰的委托，区政协党组副书记、副主席高扬主持会议并讲话。区政协副主席萨龙·平拉、索朗仁增、阿沛·晋源、王亚蔺、桑杰扎巴、雷桂龙出席。会议审议讨论了《关于政协第十一届西藏自治区委员会第二次会议有关事项的建议》；听取了《全国政协第七次提案工作座谈会会议情况汇报》。

第 9 次主席会议　政协第十一届西藏自治区委员会第 9 次主席会议于 11 月 21 日召开。受全国政协副主席、自治区政协主席帕巴拉·格列朗杰委托，区党委常委，区政协党组副书记、副主席，区党委统战部部长旦科主持会议并讲话。区政协党组副书记、副主席高扬，区政协副主席索朗仁增、阿沛·晋源、雷桂龙、扎西达娃出席。会议审议讨论了《政协西藏自治区委员会关于加强与委员联系的办法》《政协西藏自治区委员会党员委员联系党外委员制度》《政协西藏自治区委员会专门委员会联系界别的安排》《关于自治区政协部分副主席跨界别参加小组讨论的方案》《关于调整部分界别小组召集人的建议》《关于委托各地市政协有关负责人同志为所在地十一届自治区政协委员活动召集人和联络员的通知》《关于成立政协第十一届西藏自治区委员会文史资料编委会的请示》。

第 10 次主席会议　政协第十一届西藏自治区委员会第 10 次主席会议于 12 月 14 日召开。受全国政协副主席、自治区政协主席帕巴拉·格列朗杰委托，区党委常委，区政协党组副书记、副主席，区党委统战部部长旦科主持会议并讲话。区政协党组副书记、副主席高扬，区政协副主席珠康·土登克珠、阿沛·晋源、桑杰扎巴、雷桂龙、扎西达娃出席。会上，传达学习了《政协第十三届全国委员会常务委员会第四次会议精神》，审议讨论了《常委会工作报告（草案）》《提案工作情况的报告（草案）》《政协第十一届西藏自治区委员会 2019 年协商计划》。与会人员围绕上述议题进行了讨论，提出了修改完善的意见和建议。

第 11 次主席会议　政协第十一届西藏自治区委员会第 11 次主席会议于 12 月

19日召开。受全国政协副主席、自治区政协主席帕巴拉·格列朗杰委托，区政协党组副书记、副主席，高扬主持会议。会议传达学习了《全国政协加强和改进调研工作实施办法》，研究贯彻落实意见；审议讨论了《政协十一届西藏自治区委员会常务委员会第四次会议建议方案》；听取审议各专门委员会关于2018年工作情况的报告；听取审议教科文卫体委员会、民族和宗教委员会关于赴内地学习考察情况的报告。与会人员围绕相关议题进行了认真讨论，提出了修改完善意见。会议要求，各专委会要认真吸纳大家的意见建议，进一步修改完善，提交常委会审议。

季度协商会 9月26日，自治区政协召开“西藏农牧区精准扶贫中精神贫困原因及对策建议”季度协商座谈会。在拉萨的部分全国政协委员，自治区政协常委、委员，自治区有关厅局，拉萨市政协及各地市扶贫办负责人，区政协办公厅各专门委员会有关负责同志参加会议。自治区副主席江白，自治区政协党组副书记、副主席高扬应邀出席会议并讲话。自治区政协党组成员、副主席，区卫计委党组书记、副主任王亚蔺主持会议。座谈会上，自治区扶贫办负责同志介绍了全区精准扶贫中精神贫困工作的基本情况。自治区政协常委、经济和人口资源环境委员会主任赤列多吉作了主题发言。杜杰、图登克珠、扎西巴珠、丹增、次仁斯曲等5位委员围绕我区精准扶贫中精神贫困工作中激发贫困户内生动力、产业支撑、政策兜底、结对帮扶等问题提出了意见建议。自治区发改委、教育厅、农牧厅、文化厅、扶贫办、拉萨市政协等6个部门的负责同志就会议提出的相关问题和建议进行了交流回应。与会同志从不同角度互通情况、交流意见，达成了新的共识，取得了很好的效果。

11月2日，自治区政协召开“推进我区人口较少民族地区经济社会发展”季度协商座谈会。区政协党组副书记、副主席高扬出席并讲话，区政协党组成员、副主席，区总工会主席洛桑久美主持。会议强调，推进我区人口较少民族地区经济社会发展，是促进人口较少民族兴旺发展的需要，是巩固边防、做神圣国土守护者的需要，是帮助人口较少民族共同奔小康的需要。各相关单位要站在筑牢党在边境地区执政根基的高度，充分认识加快人口较少民族地区经济社会发展的重大意义，理性分析、科学安排，切实解决好人口较少民族地区存在的困难和问题，增强人口较少民族群众的获得感和幸福感，让人口较少民族群众共享改革发展成果。

专题调研 3月底至4月中旬，区政协社会法制外事委员会同区司法厅及部分政协委员组成联合调研组，围绕做好新形势下人民调解工作，赴拉萨、林芝、昌都市开展专项调研，委托日喀则、山南、那曲、阿里四市（地）政协进行协同调研，进一步了解和掌握了人民调解工作现状、经验和方法，发现了存在的困难和问题。

4月中旬，区政协文史委组织部分自治区政协委员、日喀则市政协委员，先后赴萨嘎、仲巴、吉隆、定日等边境县，深入边境乡镇、村居、口岸、哨所，围绕边境地区政策落实、灾后重建、小康村建设、口岸发展、脱贫攻坚等情况，开展了“政协委员边境行——安边兴边固边”专题调研活动，形成综合调研报告1份、专项调研报告1份，为推动新时代我区安边固边兴边工作建睿智之言、行务实之举。

4月10日至21日，区政协党组成员、副主席，林芝市政协主席桑杰扎巴率区政协经济和人口资源环境委会、区旅发委、区环保厅等相关负责人，赴林芝市就“政协委员边境行——围绕旅游开发及生态环境保护”开展视察调研活动。调研组先后前往林芝市墨脱县、察隅县、米林县、朗县等 4 个边境县、16 个行政村，调研旅游开发与生态环境保护情况，收集掌握了当地第一手资料。

5 月 9 日至 17 日，区政协党组成员、副主席王亚蔺率领区政协教科文卫体委员会、自治区广电局负责人组成的调研组，以“强化基层文化阵地建设　推动乡村文化振兴”为课题，赴拉萨市开展专题视察调研。

6 月 25 日至 7 月 8 日，区政协副主席、区文联主席扎西达娃率区政协提案委员会和区财政厅、区旅发委、区文化厅负责业务的同志组成的调研组，赴那曲市、昌都市就“基层公共文化、旅游”开展调研活动。调研组采取召开座谈会、实地观摩、走访、个人专项分工与演员群众面对面交流沟通等方式了解情况，效果良好。

9 月 4 日至 10 日，区政协党组成员、副主席，区总工会主席洛桑久美率领的区政协民族和宗教委员会一行调研组在昌都市以及左贡县、贡觉县、芒康县卡若区，针对学习宣传国务院《宗教事务条例》情况等内容进行了实地调研，并专程前往芒康县盐井纳西民族乡调研人口较少民族经济发展情况。

9 月 12 日至 15 日，湖南省政协副主席张灼华一行赴藏调研包虫病防治工作。调研组一行先后深入自治区疾病控制中心、自治区第二人民医院、山南市人民医院、藏医院察看疾病控制中心等，并与相关部门的同志座谈交流，听取我区近年来包虫病防治工作开展情况。调研结束后，王亚蔺副主席与张灼华副主席就湖南省南华医科大学在西藏建立实训基地、实验室工作站、投放医疗人才培训招生计划，医疗科研项目合作、地方疾病防治监测等方面达成了合作意向。

10 月 21 日，区党委常务副书记、区政协党组书记丁业现在拉萨市调研“遵行四条标准、争做先进僧尼”教育实践活动开展情况。区党委常委，区政协党组副书记、副主席，区党委统战部部长旦科一同调研。

11 月 6 日至 7 日，区政协党组副书记、副主席高扬赴那曲市嘉黎县藏比乡那查村调研指导脱贫攻坚工作。调研期间，高扬还实地察看嘉黎县易地搬迁集中安置小区群众入住情况，看望慰问扶贫蹲点干部和驻村工作队员。

11 月 21 日，区党委常务副书记、区政协党组书记丁业现在哲蚌寺、大昭寺和小昭寺调研“遵循四条标准、争做先进僧尼”教育实践活动开展情况。区党委常委，区政协党组副书记、副主席，区党委统战部部长旦科一同调研。

12 月 22 日，区党委常务副书记、区政协党组书记丁业现在哲蚌寺、大昭寺和八廓街等地，实地调研“遵行四条标准、争做先进僧尼”教育实践活动开展情况、督导检查维稳工作。

【重要文件】

常务委员会工作报告（摘要）　政协第十届西藏自治区委员会第一次会议以来的五年，是全面贯彻党的十八大、十九大和中央第六次西藏工作座谈会精神的五年，是政协工作在习近平总书记关于统战政协工作重要思想指导下创新发展的五年。五年来，在党中央英明领导下，在全国政协精心指导和区党委坚强领导下，在帕巴拉·格列朗杰主席带领下，政协第十届西藏自治区委员会及其常委会更加坚定自觉地坚持党的全面领导，更加坚定自觉地广泛团结引领全区政协组织、政协参加单位和广大委员，以党的旗帜为旗帜、以党的方向为方向、以党的意志为意志，把党中央决策主张和区党委部署要求贯彻落实到政协工作的各方面和全过程，爱国主义和中国特色社会主义旗帜得到高扬，团结民主的独特价值和优势特点得到彰显，西藏政协事业在创新实践中得到了新发展，实现了新突破，开创了新局面。

五年来，常委会坚定正确的政治方向，扎实推动政协协商民主建设在继承中发展、在发展中创新，呈现出四个特点。一是坚定正确政治方向，不断夯实共同思想政治基础。二是加强制度化、规范化、程序化建设，不断完善协商民主体制机制。三是突出大团结大联合特征，不断强化团结民主的主题意识和实践自觉。四是狠抓政协委员和政协干部队伍建设，不断夯实政协组织基础。

五年来，常委会聚焦区党委重大决策部署和发展、稳定、生态等中心任务，担当尽责，创新实践，扎实推进了以下工作。（一）履行第一政治责任，坚定维护祖国统一、民族团结和国家安全。（二）聚焦中心任务，助推经济社会发展和民生改善。（三）尊重顺应保护自然，助力建设美丽西藏。（四）把握政协性质定位，推进政协协商民主建设。（五）坚持整体联动，做好政协经常性工作。

今后五年的工作建议：一、爱戴领袖、忠诚核心，坚持党对政协工作的全面领导，在把握正确政治方向上坚定新自觉；二、始终聚焦主责主业，在助推改革发展稳定上展现新作为；三、准确把握性质定位，在政协协商民主建设上取得新发展；四、最大限度凝心聚力，在促进大团结大联合上形成新局面；五、驰而不息提升能力，在发挥委员主体作用上彰显新气象；六、持之以恒强基固本，在加强政协自身建设上树立新形象。

【组织概况】

主席当选名单

（2018 年 1 月 29 日政协第十一届西藏自治区委员会第一次会议通过）

帕巴拉·格列朗杰（藏族）

副主席当选名单

（2018 年 1 月 29 日政协第十一届西藏自治区委员会第一次会议通过）

旦　科（藏族）　　高　扬

珠康·土登克珠（藏族）

策墨林·单增赤列（藏族）

洛桑久美（藏族）

宗洛·向巴克珠（藏族）

萨龙·平拉（藏族）

索朗仁增（藏族）

阿　旺（藏族）

阿沛·晋源（藏族）　　王亚蔺

桑杰扎巴（门巴族）

卓　嘎（女，藏族）

雷桂龙（2018 年）

扎西达娃（藏族）

秘书长当选名单

（2018 年 1 月 29 日政协第十一届西藏自治区委员会第一次会议通过）

雷桂龙

常务委员当选名单（按姓氏笔画为序）

（2018 年 1 月 29 日政协第十一届西藏自治区委员会第一次会议通过）

丁业现、土旦赤列（藏族）、土艳丽（女）、扎西巴珠（藏族）、扎西顿珠（藏族）、木雅·曲吉建才（藏族）、车仁·晋美旺秋（藏族）、日卓（藏族）、方园（女）、平措旺堆（藏族）、旦巴曲桑（藏族）、央金卓嘎（女，藏族）、白玛玉珍（女，门巴族）、次仁（藏族）、尼玛次仁（藏族）、边巴拉姆（女，藏族）、亚古（回族）、达扎·单增格列（藏族）、达瓦次仁（藏族）、达娃（女，珞巴族）、曲珠·洛松江村（藏族）、多吉措（女，藏族）、江洛金·次仁央金（女，藏族）、孙永平、孙磊、贡扎曲旺（藏族）、贡桑宁布（藏族）、赤列多吉（藏族）、花德米（女，回族）、李俊伦、李瑞富、张骁、张福山、阿沛·央金白姆（女，藏族）、陈俐（女）、陈祖军、拉宗卓嘎（女，藏族）、林春福、卓玛丽华（藏族）、图登克珠（藏族）、图嘎（藏族）、周世英（女）、胡宾（藏族）、勉冲·罗布斯达（藏族）、洛松塔巴（藏族）、洛卓加措（藏族）、格娃维（藏族）格桑罗布（藏族）、索朗玉珍（女，藏族）、索朗平措（藏族）、夏果堪珠·益西班登（藏族）、顿珠旦增（藏族）、郭振海、朗杰央宗（女，藏族）、朗杰拉措（女，藏族）、桑颇·才旺桑配（藏族）、黄建国、斯朗格来（藏族）、然巴·央金卓嘎（女，藏族）、普布次仁（藏族）、谢文·根多（藏族）、强俄巴·次央（女，藏族）

政协陕西省委员会

【全体委员会议】

十二届一次会议 1月24日至30日在西安举行。应出席委员573人，实到553人。会议听取和审议了省十一届政协常委会工作报告和提案工作报告。全省32个界别的政协委员围绕“十三五”规划实施和“一府两院”工作报告建言献策，形成104篇大会发言、1000多条意见建议，并对《政府工作报告》提出5个方面25条具体修改意见。大会通过了常务委员会工作报告决议、提案审查报告和政治决议，表彰了省政协十一届五次会议优秀提案、提案先进承办单位和办理工作先进个人，表彰了2017年反映社情民意信息先进集体、先进工作者和优秀社情民意信息。会议选举韩勇为政协陕西省第十二届委员会主席，选举陈强、祝列克、张道宏、李晓东、李冬玉、杨冠军、王卫华、刘宽忍、王二虎为政协陕西省第十二届委员会副主席，选举闫超英为政协陕西省第十二届委员会秘书长。会议同时选举产生了101名政协陕西省第十二届委员会常务委员。

【常务委员会会议】

十一届第28次常委会议 于1月18日至19日在西安举行。会上，省政府秘书长陈国强通报了省政协十一届五次会议省政府系统提案办理情况，闫超英、提案委员会主任杨志刚分别就省政协十一届常委会工作报告和提案工作报告起草情况作了说明，省委统战部常务副部长陈光明就省政协十二届委员人选情况作了说明。会议听取了省政协十一届各专门委员会主任关于十一届工作情况的汇报。通过了关于召开政协陕西省委员会第十二届委员会第一次会议的决定、议程、日程（草案）及省十一届政协常委会工作报告、提案工作报告，省十二届政协委员人选名单。

十二届第1次常委会议 于1月30日在西安举行。韩勇主持。会议审议通过了政协陕西省第十二届委员会常务委员会关于设置专门委员会的决定，审议通过了政协陕西省第十二届委员会各专门委员会主任、副主任名单。

第2次会议 于3月24日在西安举行。韩勇出席会议并讲话。他强调，要把学习好、贯彻好全国“两会”精神作为当前一项重大政治任务，切实把“两会”精神学到深处、落在实处。省委常委、省委统战部部长姜锋出席。会议传达学习了习近平总书记的重要讲话精神和全国“两会”精神。举行了“把握发展实质，创新发展模式，实现乡村振兴”专题讲座，通过了有关人事事项。

第3次会议 于6月20日至21日在西安举行。会议围绕“实施乡村振兴战略，加快我省农业农村现代化步伐”进行专题议政协商。省委书记胡和平应邀出席会议并作“大力发展枢纽经济、门户经济、流动经济，构建全方位开放新格局”专题报告。韩勇出席会议并讲话。

第4次会议 于10月17日至19日在西安举行。会议围绕“大力发展‘枢纽经济、门户经济、流动经济’，构建全方位开放新格局”进行专题议政协商。会议传达了全国政协召开的习近平总书记关于加强和改进人民政协工作的重要思想理论研讨会精神。省长刘国中应邀出席会议并就陕西省经济社会发展形势作专题报告。韩勇出席会议并讲话。

【专门委员会工作】

提案委员会 一、省委考核任务。一是做好全会及平时提案的征集、审查、立案、交办工作。全会共征集大会提案665件，审查立案608件；征集平时提案208件，立案173件。二是对提案办理全程实时监控督办。三是做好党派团体等集体提案的报送阅批。编印集体提案汇编。四是做好重点提案的遴选和督办。确定31件重点督办提案，并全部办结。五是做好提案督办和重点承办单位的督促检查。组织专题督办和带案调研座谈会14场。二、处室年度目标任务。一是围绕议政性常委会，组织完成“高水平建设我省自由贸易试验区”专题调研。分别撰写了十二届政协常委会第4次会议大会发言和调研报告，魏增军对报告作出批示。二是就“加强我省湿地保护”组织召开月度协商座谈会。三是修订印发《陕西省政协提案审查工作细则》。四是完成住陕全国政协委员参加全国“两会”提案素材的征集印发工作。征集提案素材43件，汇编成册。住陕全国政协委员向全国政协十三届一次会议提交提案159件，立案125件。五是做好社情民意和重要提案摘报的报送工作。适时编发《重要提案摘报》。信息被中央办公厅采用1篇，省委办公厅采纳3篇。六是加强信息化建设。开通手机客户端提案服务系统。

经济委员会 一、开展调研。完成3次调研，“我省沿黄生态城镇带建设情况”“六盘山片区产业精准扶贫”“打造丝绸之路区域金融中心，助推陕西‘三个经济’加快发展”。二、组织召开“沿黄生态城镇带建设”月度协商座谈会。三、报送社情民意信息20篇，被采用8篇。四、做好六盘山片区四省（区）政协精准扶贫交流推进会第四次会议工作。五、做好全国政协和兄弟省（区、市）政协来陕调研和考察工作，全年共接待来陕考察、调研7批。六、做好西乡县脱贫攻坚专题调研工作。

人口资源环境委员会 一、开展调研。撰写上报《关于建设生态宜居美丽乡村的调研报告》等10篇调研材料，得到省委书记胡和平等省级党政领导批示6次，6篇被评为全省政协系统2018年优秀调研成果，1篇荣获全省党政领导干部优秀调研成果二等奖。二、协商议政。牵头承办省政协十二届三次专题议政性常委会的大会发言工作。承办“打好水污染防治攻坚战”的月度协商座谈会，组织20多名委员和专家分4组在全省扎实开展民主监督性调研，形成调研报告，魏增军作出批示。三、反映社情。共上报社情民意信息113篇，被办公厅采用15篇、省委3篇、全国政协2篇、中办1篇，《关于长效解决西安及周边城市大气污染的建议》，分别被省委、全国政协和中共中央办公厅采用，汾渭平原被列为国家大气污染防治重点区域。四、提交提案。全会提交提案56件，其中集体提案5件、委员个人提案51件。五、创新平台。搭建“陕西省政协人口资源环境发展态势分析会”平台，每年确定一个主题，今年围绕“水质安全——‘为了水更清’”开展研讨。参加“沿黄九省区黄河生态带建设协商研讨会”，助推黄河生态建设上升为国家战略。六、自身建设。率先制定了《专委会工作指南》，明确了主任、副主任分工，全年委员参加各类活动350人，参与率达100%。

文化教育委员会 一、完成省定考核任务。一是分别围绕常委会“实施乡村振兴”“三个经济”议题，开展调研，形成调研报告。二是围绕月度协商“推进我省现代职业教育发展”议题进行调研。三是扶贫济困。委员捐款65万元。二、完成处室年度目标任务。一是筹备并组织召开“推进我省现代职业教育发展”月度协商座谈会，专题报告得到梁桂批示。二是开展调研。赴西安石油大学了解办学情况，赴凤翔县考察非物质文化遗产保护，赴陕西大剧院考察文化产业发展情况，参加“中德自然教育高峰论坛”。三是提交提案48件；上报社情民意信息40篇，办公厅采用8篇。

科技委员会 一、调研考察。一是分别围绕常委会议题就农村土壤重金属污染治理与修复课题和“我省工业互联网平台建设发展情况”进行调研，形成调研报告。二是召开“陕西新能源汽车产业发展”月度协商座谈会，报送情况报告得到陆治原批示。二、经常性工作。一是组织委员4次联谊考察活动。二是提案和社情民意。重点督办提案1件，2件调研成果转化为提案。提交信息37篇，被办公厅采用6篇，省级领导批示4篇。三是做好分管主席承担及关注的调研课题。赴其所联系的贫困点陇县围绕脱贫攻坚工作的专题调研，赴商洛市围绕加强和改进党对政协工作领导的主题调研，赴宝鸡市就习近平总书记关于加强和改进人民政协工作的重要思想开展宣讲活动。

医药卫生体育委员会 一、开展调查研究。一是组织召开“加快中医药振兴发展”月度协商座谈会，报送专题报告，梁桂批示。二是分别围绕常委会议实施乡村振兴战略和枢纽经济、门户经济、流动经济，构建全方位开放新格局专题进行调研，撰写调研报告，“中欧班列‘长安号’运行情况”调研报告得到胡和平、梁桂、魏增军批示。二、提案办理。“两会”期间提出5件集体提案，适时组织召开提案办理协商会。三、提升委员履职水平。一是推荐界别委员担任省政府行风监督员；组织委员跨省考察调研。二是加强与媒体的沟通交流，向社会各界和广大网友发布调研议题，征求意见建议。四、助力脱贫攻坚。委员会62名委员共开展扶贫活动724次，捐款捐物折合资金及投入扶贫项目资金共2700多万元。5人获得“三秦帮扶善星”“爱心奉献奖”“陕西省助力脱贫攻坚竞赛先进个人”等省部级层次的表彰。组织委员及社会力量开展“助力健康扶贫”系列活动。

社会和法制委员会 一、完成省委调研任务。一是分别完成了关于我省农民财产性收入与农村产权改革情况、关于优化法治化营商环境的调研，形成调研报告。二是完成了省委政协工作会议有关调研工作。组织委员就“加强和改进党对政协工作的领导”进行专题调研，形成调研情况报告，就加强和改进省政协工作赴新疆、宁夏学习考察，形成考察报告。二、完成处室年度目标任务。一是组织召开“提高城市社区物业服务管理水平”月度协商座谈会，形成专题报告，得到梁桂批示。二是提案工作。提交提案2件，组织召开提案办理协商会。三是报送信息30余篇，被办公厅采用6篇。四是完成了中省有关会议活动的组织联络工作。参加全国地方政协社会和法制委员会工作座谈会，提交交流材料；先后组织参加了关于组织开展宪法学习教育活动电视电话会议、2018年能博会等会议活动十余次；组织召开有关法规、条例征求意见建议座谈会；向省政府立法专家库推荐成员2名，并组织参与有关法规规章的起草或座谈。

民族和宗教委员会 一、开展视察调研。分别围绕两次常委会专题进行调研，形成调研报告。二、组织召开“加强农村宗教事务管理”月度协商会议，提交了情况报告。三、探索委员参政议政方式。一是反映信息。全年报送社情民意72篇，被办公厅采用4篇。二是提交提案。全年提交集体提案6件，个人提案73件。与省市区有关部门召开提案办理协商会6次。四、加强与少数民族和宗教界委员的联系，积极参加陕西圣经学校建校30周年纪念活动和首届玄奘文化与丝路文化国际研讨会。

港澳台侨和外事委员会 一、协商议政。一是分别围绕两次常委会专题进行调研，形成调研报告。召开“加强我省农村养老工作”月度协商座谈会。二是全年共提交提案 67 件，1 件推动了西安直飞澳门航班于 11 月 22 日开通。报送社情民意信息 62 篇，1 篇得到胡和平批示。二、联谊交流。一是促进我省与港澳地区的交流合作。与港澳委员进行座谈，看望走访省政协港澳委员。举办省政协港澳委员学习培训班。组织港澳委员省内外视察考察。二是促进对外联谊与合作。出台《关于邀请台湾同胞和海外侨胞列席政协陕西省委员会全体会议的暂行办法》，制定《陕西省政协港澳台侨和外事接待工作制度》。全年共接待港澳台侨胞 200 余人及缅甸等代表团来陕访问。三、联系各方。一是协助全国政协调研交流活动 2 次，完成“一带一路”旅游合作专题调研。参加全国政协外事委员会推进地方对外交往工作座谈会。二是与 20 余个省级部门开展了协商座谈活动，邀请 4 个省级部门参与调研活动。与多个部门共同召开第九次“五侨”联席会议。三是加强与各市、县、区政协的联系。联合 5 市 3 区 8 县政协，组织好有关视察调研工作。四、扶贫济困。专委会参与扶贫工作委员 33 人，联系贫困户 59 户，开展扶贫活动 138 次；共捐款捐物折合资金及投入扶贫项目资金共 3.7 亿元。制定《省台办干部结对帮扶庆丰村贫困户制度》，筹措帮扶资金共计 32 万元。

文史和学习委员会　一、委员培训。举办省十二届政协委员培训班，共计培训委员 468 名。二、调研活动。一是协助全国政协开展“大遗址保护和利用”监督性调研，报送调研报告。二是分别完成“我省工业遗产现状及保护利用情况”“大力发展会展产业　打造全方位互利合作”“加强渭河下游综合治理，提升防洪减灾能力”调研，形成调研报告，得到陆治原、魏增军批示。三是完成“陕西省改善农村人居环境工作情况”专题调研，并召开月度协商座谈会，撰写专题报告。三、文史资料征集。一是完成《陕西文史资料》第三十七辑的史料征编工作。共征集陕西文史资料 40 万字，出版 38 万字的文史史料。二是参加了全国政协《南水北调中线一期工程史料》定稿会，补充征集了陕西相关史料。三是完成《陕西老同志回忆录》的出版工作。四是征集辛亥革命口述史 40 万字，辛亥革命史 15 万字。五是创新开展陕西民间金融史料征集工作，征集陕西民间金融发展史料。四、组织召开吕剑人同志诞辰 110 周年生平研讨会。五、报送社情民意信息 23 篇。六、举办第三届政协文史资料利用与传播研讨班。七、推进“陕西省政协文史馆”筹备筹建工作。

【重要会议、活动】

3 月 22 日，召开“加快中医药振兴发展”月度协商座谈会。韩勇出席并讲话。副省长冯力军出席。座谈会上，省政协委员、专家学者和省级有关部门负责人，探讨了在推进实施健康陕西战略中，切实发挥中医药的独特优势，在追赶超越中推动我省中医药事业传承、振兴和发展，并从不同角度提出了意见建议。

4 月 16 日至 21 日，省政协组织省十二届政协 500 多名委员分两批进行学习培训。韩勇出席开班式并作了中共十九大精神和习近平新时代人民政协工作重要思想专题辅导。

4 月 28 日，召开“推进我省现代职业教育发展”月度协商座谈会。韩勇、魏增军出席并讲话。座谈会上，省政协委员、专家学者、职业院校代表和省级有关部门负责人，探讨了进一步营造现代职业教育氛围、完善现代职业教育体系、加快现代职业教育改革、增加现代职业教育投入，提出了意见建议。

5 月 22 日，省十二届政协港澳委员培训班在西安开班。祝列克作动员讲话。本次培训围绕习近平新时代中国特色社会主义思想和中共十九大精神、习近平总书记关于加强和改进人民政协工作的重要思想、人民政协理论知识、陕西经济社会发展情况等内容展开。

5 月 29 日，陕西省各界爱心济困协会成立会议暨一届一次会员会议在西安召开。韩勇指出，成立陕西省各界爱心济困协会，是省政协践行习近平新时代中国特色社会主义思想的具体行动，是全省政协系统发挥优势助力精准扶贫、精准脱贫的主动作为和重要举措，是彰显新时代人民政协为人民、政协委员心系群众的具体体现。孙俊良当选陕西省各界爱心济困协会会长。

5 月 30 日，召开“新能源汽车产业发展”月度协商座谈会。韩勇、陆治原出席并讲话。韩勇强调，要深入学习贯彻习近平总书记关于加快战略性新兴产业发展的重要讲话精神，准确把握汽车产业变革趋势，加大科技创新力度，构筑陕西省产业体系追赶超越新支柱，全力推动陕西省新能源汽车产业健康发展。

6 月 20 日，全省各市政协主席座谈会在西安召开。主要学习了习近平总书记关于加强和改进人民政协工作的重要思想。各市政协和杨陵区、韩城市政协主席进行交流发言。

6 月 29 日，召开“加强我省农村养老工作”月度协商座谈会。韩勇、副省长胡明朗出席并讲话。韩勇强调，要认真学习贯彻习近平总书记关于养老服务工作的重要讲话精神，深刻认识推进农村养老事业的现实意义，不断增强工作责任感和使命感，为推动全省农村养老服务工作深入发展作出更多贡献。

7 月 4 日，向不再连任的住陕十二届全国政协常委和委员颁发纪念证牌。省政协主席、住陕全国政协委员召集人韩勇出席并讲话。颁发纪念证牌后，不再连任的住陕十二届全国政协常委和委员进行了交流发言，畅谈五年来的收获和体会。

7 月 18 日，召开习近平总书记关于加强和改进人民政协工作的重要思想理论研讨会。全国政协副主席邵鸿出席并讲话，韩勇主持。全国政协民宗委驻会副主任杨小波出席会议。省市县（区）政协以及从事理论工作的 24 位同志作大会交流发言。

7 月 25 日，召开“加强我省湿地保护”月度协商座谈会。韩勇、魏增军出席并讲话。韩勇强调，要深入学习贯彻习近平总书记关于生态环境保护的重要论述，充分认识湿地保护的重要性、艰巨性、长期性，进一步统筹协调各方力量，切实抓好湿地保护工作。

8 月 10 日，召开“提高城市社区物业服务管理水平”月度协商座谈会。韩勇指出，要重在健全制度、完善机制上下功夫，在规范管理、提升水平上下功夫，在精准施策、破解难题上下功夫，突出抓好条例的修改完善工作，发挥好基层党组织和业主委员会的作用，建立有效的沟通协调机制，全面提高我省城市社区物业服务管理总体水平。

8 月 16 日，陕西省各界爱心济困协会举行捐赠仪式，向陕西省六盘山片区和省政协领导包联贫困县的 204 名特困大学新生每人捐赠 5000 元助学金，共发放助学金 102 万元。韩勇出席捐赠仪式并向特困大学新生代表发放助学金。协会会员分别向特困大学新生捐资。

10 月 9 日，召开“沿黄生态城镇带建设”月度协商座谈会。韩勇指出，沿黄生态城镇带建设是省委、省政府贯彻落实习近平总书记提出的“绿水青山就是金山银山”理念的重大举措，也是推进西部地区基础设施建设、加快构建陕西特色的现代化经济体系的具体行动，要努力把沿黄生态城镇带打造成为集生态文明、城镇化特色、文化旅游、区域合作为一体的示范区。

10 月 19 日，省政协各专门委员会成立分党组会议召开。韩勇出席并讲话。

10 月 25 日，召开“加强农村宗教事务管理”月度协商座谈会。韩勇、胡明朗出席并讲话。韩勇指出，要认真学习贯彻习近平总书记关于宗教工作的重要论述，全面贯彻党的宗教工作基本方针，坚持我国宗教中国化方向，构建积极健康的宗教关系，稳步推进农村宗教事务管理工作健康发展。

10 月 30 日，省政府、省政协举行第十五次联席会议。刘国中、韩勇出席并讲话。梁桂通报了省政府重点工作，陈强通报了政协陕西省第十二届委员会常务委员会第三次会议、第四次会议专题议政协商情况，今年以来月度协商座谈会专题协商和省政协领导包联贫困县情况。5 位副主席就打好防范化解重大风险攻坚战、支持民营经济发展、脱贫攻坚、乡村振兴等提出了意见建议。

11 月 8 日，召开“打好水污染防治攻坚战”月度协商座谈会。韩勇、徐启方出席并讲话。韩勇指出，打好水污染防治攻坚战，要不断提高思想认识，强化责任担当；要突出工作重点，坚持问题导向，科学施策，加强综合治理；要严格履行保护属地责任，加快完善河（湖）长制责任体系，加大执法监督力度；要探索建立流域联防联治的工作机制，建立健全生态补偿机制，推进上下游联动、左右岸共治、区域内同步，积极营造河湖保护管理群防群治的良好氛围。

11 月 22 日，省各界爱心济困协会帮扶重大疾病贫困患者活动在千阳县举行启动仪式，协会向陕西省 260 名重大疾病贫困患者捐赠资金 130 多万元。韩勇出席。

11 月 26 日，全省政协优化营商环境三级联动专题民主监督视频会议在西安召开。韩勇出席并讲话。他强调，要以习近平总书记关于加强和改进人民政协工作的重要思想为指引，认真学习贯彻党中央和省委的指示精神，坚持围绕中心、服务大局，深入调研分析，助推陕西省优化营商环境各项部署落到实处。会议就全省政协优化营商环境三级联动专题民主监督工作作了安排部署。西安交通大学教授冯宗宪作了讲解和业务培训。

12 月 6 日，召开第四次人口资源环境发展态势分析会。李冬玉出席并讲话。会上围绕“水质安全——‘为了水更清’”主题，进一步聚焦热点、探究措施、提出建议，为推动我省水质安全工作建言献策。

12 月 10 日，召开“改善农村人居环境”月度协商座谈会。韩勇、魏增军出席并讲话。韩勇指出，要加快推进村庄规划编制全覆盖，突出乡村建设特点，促进人与自然和谐发展；要注重加强部门协作，加强统筹协调，整合各种资源，在形成工作合力上下功夫；要坚持市场化思路，推进投融资体制机制和建设管护机制创新，探索规模化、专业化、社会化运营机制；要切实发挥农民主体作用，通过建立政府、村集体、村民等各方共谋、共建、共管、共评、共享机制，动员村民投身美丽家园建设，保障村民决策权、参与权、监督权，提升村民参与人居环境整治的自觉性、积极性、主动性。

12 月 17 日，韩勇出席省委政协工作会议并讲话。在认真听取胡和平讲话后，韩勇强调，要始终坚持正确政治方向，切实把思想统一到习近平总书记关于加强和改进人民政协工作的重要思想上来，持续在学懂弄通做实上下功夫；要切实加强党的领导，旗帜鲜明讲政治，加强思想政治引领，健全完善政协系统党的组织，充分发挥政协党组的领导核心作用；要始终坚持围绕中心、服务大局，坚持以人民为中心，坚持团结和民主两大主题，更加主动地聚焦追赶超越资政建言；要始终坚持问题导向，深入进行调查研究，广泛开展民主监督，抓牢抓实制度建设，真正把提质增效贯穿于政协工作全过程。

12 月 18 日，召开全省政协系统党的建设工作座谈会。韩勇出席并讲话。他强调，要深入学习贯彻习近平总书记关于加强和改进人民政协工作的重要思想，认真落实中央文件和省委政协工作会议精神，按照新时代党的建设总要求，不断提高政治站位，加强政治引领，以党的建设新成效引领政协工作提质增效。10 位市、县政协负责人围绕加强政协党的建设作大会交流发言。

【重要文件】

在政协第十二届陕西省委员会第一次会议上的工作报告（2018 年 1 月 24 日）（摘要）

过去五年工作回顾

过去的五年，省十一届政协及其常委会坚持以习近平新时代中国特色社会主义思想为指导，在中共陕西省委的领导下，高举爱国主义和社会主义旗帜，牢牢把握团结和民主两大主题，切实发挥协商民主重要渠道和专门协商机构作用，组织参加政协的各党派团体和各族各界人士，认真履行政治协商、民主监督、参政议政职能，为我省决胜全面小康、奋力追赶超越作出了重要贡献，开创了全省政协事业发展的新局面。

一、旗帜鲜明讲政治，始终坚定正确的政治方向

坚持以习近平新时代中国特色社会主义思想为指导。全面系统学习习近平总书记系列重要讲话，特别是对习近平同志关于人民政协工作的新思想新部署新要求进行了深入学习领会。

坚持中国共产党对人民政协工作领导的政治原则。省政协坚决服从中共陕西省委领导，严格执行省委各项决定，自觉将中共中央的路线方针政策和中共陕西省委的重大决策部署落实到政协工作的方方面面。

坚持把中国特色社会主义作为巩固共同思想政治基础的主轴。引导各党派团体和各族各界人士，认真学习中共十八大以来历次全会和十九大精神，自觉拥护中国共产党的领导，深刻领会“五位一体”总体布局和“四个全面”战略布局，准确把握追赶超越定位和“五个扎实”要求。

坚持发挥政协党组在省政协工作中的领导核心作用。省政协党组充分履行把方向、管大局、保落实的政治责任，制定《省政协党组成员廉洁自律若干规定》，严格执行，以上率下。

二、聚焦追赶超越协商建言，合力谱写富民强省新篇章

五年来，共组织召开全体会议 5 次、常委会议 28 次、主席会议 80 次、月度协商会议 30 次、省政府省政协联席会议 4 次。

聚焦改革发展大局协商建言。组织广大委员围绕“十三五”规划制定和实施、“五新”战略任务的贯彻落实等重大问题，提出意见建议 2000 多条。坚持召开省政府省政协联席会议。

聚焦经济建设协商建言。就统筹科教资源、加快新型城镇化建设等议题协商讨论，提出意见建议，其中释放高校和科研院所创新能量、大力推进能源产业转型发展等重要建议，受到省委、省政府的高度重视。就农村电子商务发展、教科企业融

合发展等问题，通过月度协商座谈会进行充分协商。

聚焦文化建设协商建言。召开“培育和践行社会主义核心价值观”“坚定文化自信，做大做强陕西文化产业”常委会议，形成了加强理论阐释、增强宣传覆盖面和针对性等意见和建议。选取民办博物馆建设、丝绸之路博物馆建设等议题，开展了一系列协商活动。

聚焦生态文明建设协商建言。针对农村面源污染治理，形成了建立完善政策法规和制度标准体系等建议。召开“加大治霾力度、再现陕西蓝天”月度协商会，从突出治霾重点、加强监管力度等方面提出工作建议。针对南水北调中线水资源保护，提出应努力形成水土保持、生态循环等意见建议。

三、履行民主监督职能，促进省委省政府决策部署贯彻落实

认真组织会议监督。选取省级重点示范镇建设、重大文化项目建设等问题，提出开展城镇总规评估、编制城市设计专项规划等建议。

着力开展提案监督。省十一届政协共收到提案4186件，立案3850件，其中集体提案497件，办复率始终保持100%。坚持省级领导领衔督办重点提案工作机制，积极组织开展带案调研。关于加强我省在丝绸之路经济带建设中引领作用的提案，提出的建议在推进建设“一带一路”的实施意见中得到采纳。

扎实做好视察监督。制定《委员视察工作条例》，进一步突出视察的监督性质。五年来，围绕三星电子建设项目进展、丹江流域商洛段综合治理等工作，组织开展视察20多次，提出100多条批评性意见建议。

积极开展评议监督。选派80多名委员担任省司法、公安等部门特约监督员。推荐委员300多人次参加全省“六五”普法检查验收等工作。

四、坚持以人民为中心，推动改革发展成果更多更公平惠及三秦百姓

围绕脱贫攻坚精准发力。召开“实施精准扶贫，提高扶贫实效”专题常委会，提出了培育壮大特色产业等建议。组织召开陕甘宁青四省区政协六盘山片区精准扶贫交流推进会第三次会议，得到全国政协和俞正声主席的高度重视及国家有关部委的积极响应。持续加强对包联的11个贫困县的检查指导，从整合扶贫资金、强化产业配套等方面提出建议。牵头做好脱贫攻坚第三方评估各项工作。牵头组织扶贫团成员单位做好对佛坪县的帮扶工作，五年来共协调落实扶贫项目资金9000多万元，实施帮扶项目19个。

围绕百姓关注深入调研。五年来，围绕我省闲置建设用地情况、全面两孩政策落实情况等问题组织调研，形成一批调研成果。特别是对省委交办的构建“亲”“清”新型政商关系、建立健全我省国有企业激励机制和容错纠错机制等重点课题调研，许多建议转化为省委决策和工作措施。

围绕焦点问题反映民意。五年来，《关于着力破解我省“六个短板”问题的建议》《关于西安现代物流业人才队伍建设的建议》等140多条信息被省委、省政府采纳，部分信息被全国政协报送中央。

围绕困难群众尽力帮扶。开展医疗文化下乡、励志助学、结对帮扶等活动，协调有关机构向“关爱重残·共享阳光”项目捐款460万元，惠及全省3000名重度肢体残疾人。为我省贫困山区教育事业、老龄事业、延安灾后重建捐款捐物3000多万元。

五、弘扬团结民主主题，汇聚改革发展强大正能量

加强党派合作共事。五年来，省级各民主党派、工商联提交大会发言256篇、提案401件，反映社情民意信息7312条，参与开展调研视察180多次。

促进民族团结宗教和睦。注重发挥民族宗教界委员的桥梁纽带作用，积极宣传中共中央关于民族宗教工作的大政方针。坚持经常走访宗教团体和民族宗教界人士，听取意见和建议。围绕少数民族聚居区精准扶贫、少数民族企业发展等问题深入开展调研和协商活动。

扩大各界有序政治参与。结合协商议题，有计划地邀请基层群众代表列席省政协重要协商活动。坚持通过网络平台对重要协商活动进行图文直播。

积极扩大联谊交流。深入困难归侨侨眷家庭、港澳台侨资企业进行调研。每年组织港澳委员开展调研考察活动，鼓励住港委员在反“港独”、支持全国人大释法等关键问题上积极发声。出访20多个国家，完成16批代表团的外事接待任务。

加强文史宣传工作。广泛征集新中国成立以来的“三亲”（亲历、亲见、亲闻）史料，编辑出版《西部大开发在陕西》《陕西抗战史料选编》《陕西文史资料》，完成《陕西新闻摄影图片史料选》征集工作。启动省政协文史馆建设，完成57个文史工作重点县建设任务。积极组织开展“政协好新闻”评选、“媒体走进人民政协”新闻宣传报道活动。

六、发挥委员主体作用，展现新时代委员新形象

强化委员学习培训。选送委员参加全国政协培训，举办省政协专委会主任专题研讨班、全省市县（区）政协新任主席培训班。五年来，共举办10期学习讲座，2000多人次参加。举办政协大讲堂46期，为委员履职奠定了良好基础。

着力提升服务水平。坚持邀请省委省政府有关同志定期通报我省经济社会发展形势。邀请委员列席常委会议，参加各类协商会，积极开展“委员活动日”。省政协领导带头走访联系委员。

健全完善制度保障。出台《提案办理协商办法》《反映社情民意信息工作条例》以及委员联络制度、委员履职规则等一系列制度文件。五年来，共制定和修订制度近百项，编制了《政协陕西省委员会制度汇编》。加强对全省基层政协工作的指导，坚持联合开展调研视察，定期召开座谈会议。

【组织概况】

主席当选名单

（2018年1月29日政协陕西省第十二届委员会第一次会议通过）

韩　勇

副主席当选名单

（2018年1月29日政协陕西省第十二届委员会第一次会议通过）

陈　强　祝列克　张道宏　李晓东
李冬玉（女）　杨冠军（回族）
王卫华　刘宽忍　王二虎

秘书长当选名单

（2018年1月29日政协陕西省第十二届委员会第一次会议通过）

闫超英

常务委员当选名单（按姓氏笔画排列）

（2018年1月29日政协陕西省第十二届委员会第一次会议通过）

丁　琳（女）　丁小军　马多平
马希平（回族）　马鹏程　王　俊
王　辉　王占林　王成文　王宏斌
王昊文　王国根　王学川
王春萍（女）　车建营　巨拴科
毛亚社　乌永陶　方　明　邓海东
白宜勤　白慧芳（女）　冯灵生
任公正　任克龙　刘　勇　刘　斌

刘玉明　刘迎军　刘曙阳　许智铭
寿锡凌（女）　杜兴顺　李　华
李　炜　李　荣　李　瑛（女，回族）
李敬喜　李颖科　杨　柳（女）
杨　森（女）　杨东明　吴双有
吴平魁　吴志红（女）　吴志毅
吴轩第　何俊杰　闵生华
羌　薇（女）　沈　涛　宋凤山
张　开　张　雷　张玉明　张宁岗
张亚平　张华俊　张社民　张斌成
张黎鸿　陈　斌　陈怡平　陈高志
苟润祥　范九伦　尚鹏玉
呼　燕（女）　罗掌权　周秀成
郑翔玲（女）　单　红（女）
赵力强　胡小平　胡建波　思孝聪
姜　波　姜长智　姚　炬　贺增林
钱　嘉　徐永胜（维吾尔族）
高　亮　高彩玲（女）　郭　明
郭绍敏（女）　唐周怀　黄　藤
黄思光　龚汉江　麻宝玉　梁　刚
梁　倩（女）　尉竞飞（女）
韩开兴　程建国　释增勤
富　君（满族）　蓝国庆
雷秀娟（女）　赛云秀（回族）

市政协主席变动情况

西安市（副省级）

副主席

举吴键（2018年2月2日补选）
汪文展（2018年2月2日补选）

渭南市

刘新兴（2018年4月离任）

安康市

唐　纹（2018年2月28日补选）

（刘　璐　**编写**）

政协甘肃省委员会

【全体委员会议】

十二届一次会议 1月23日至28日，政协第十二届甘肃省委员会第一次会议在兰州召开。会议应到委员500名，实到委员469名。冯健身代表政协第十一届甘肃省委员会常务委员会作《政协第十一届甘肃省委员会常务委员会工作报告》，黄选平代表政协第十一届甘肃省委员会常务委员会作《政协第十一届甘肃省委员会常务委员会提案工作情况的报告》。会议通过了政协第十二届甘肃省委员会第一次会议政治决议、政协第十二届甘肃省委员会第一次会议关于十一届省政协常务委员会工作报告的决议、政协第十二届甘肃省委员会第一次会议关于十一届省政协常务委员会提案工作情况报告的决议、政协第十二届甘肃省委员会第一次会议提案审查委员会关于政协甘肃省十二届一次会议提案审查情况的报告。会议期间，委员们认真审议了常委会工作报告和提案工作报告，听取并讨论了政府工作报告及其他报告，并通过大会发言、专题协商议政会、小组讨论和提交提案等方式，积极协商议政、建言献策。大会收到提案828件，立案790件，占总数的95.4%。收到委员发言材料132份，3名市委书记和30名省政协委员作了专题协商议政会和大会口头发言。省委书记、省人大常委会主任林铎出席“实现‘两不愁、三保障’目标任务，坚决打好精准脱贫攻坚战”专题协商议政会，省委副书记、省长唐仁健出席“着眼提升我省对外开放水平，深度融入‘一带一路’建设”专题协商议政会。欧阳坚主持闭幕会议并发表讲话。省党政军领导应邀出席开、闭幕大会。住甘十二届全国政协委员，不是十二届省政协委员的十一届省政协专兼职副秘书长，各委办负责同志，省委统战部副部长等列席会议。

【常务委员会会议】

十二届第1次会议 1月30日，政协第十二届甘肃省委员会常务委员会第一次会议在兰州召开。会议应出席100人，实到88人。省政协主席欧阳坚、省政协副主席郝远分别主持开幕会和闭幕会。会议通过了政协第十二届甘肃省委员会常务委员会第一次会议议程。通过了《政协第十二届甘肃省委员会常务委员会2018年工作要点》；通过了《中国人民政治协商会议第十二届甘肃省委员会常务委员会关于设置工作机构的决定》；通过了人事任命名单。常委会闭幕后，十二届省政协常务委员参观了省政协文史馆。

第2次会议 6月29日至30日，政协第十二届甘肃省委员会常务委员会第二次会议在兰州召开。会议应出席100人，实到83人。会议传达了林铎书记、唐仁健省长到省政协调研情况和工作指示要求，审议通过了省政协《打好精准脱贫攻坚战监督性调研报告》；通过了有关人事事项。省政协主席欧阳坚主持开幕式并在闭幕会上讲话。省委副书记孙伟应邀到会听取委员意见建议，省委常委、省委统战部部长马廷礼应邀出席开幕式，副省长余建出席开幕式并代表省政府通报了我省1—5月经济社会发展情况。朱维繁、王海燕等12位省市政协委员围绕全面落实精准扶贫政策、做好贫困群众职业教育培训等主题作了大会发言。全体与会人员围绕“如期打好精准脱贫攻坚战”积极建言献策，从多角度、多层面，提出了具有前瞻性和针对性的意见建议。

第3次会议 9月20日至21日，政协第十二届甘肃省委员会常务委员会第三次会议在兰州召开。会议应出席100人，实到79人。会议审议通过了省政协《关于优化甘肃省营商环境的建议案》；审议通过了《中国人民政治协商会议甘肃省委员会全体会议工作规则》《中国人民政治协商会议甘肃省委员会常务委员会工作规则》《中国人民政治协商会议甘肃省委员会委员履职工作规则》；通过了有关人事事项。温克珩、张怡静等12位省政协视察组成员代表、省政协常委、委员、省级民主党派、工商联、市州政协代表，围绕深化“放管服”改革、解决中小企业融资难等方面，建言献策。省政协主席欧阳坚出席会议并讲话。省委常委、省委统战部部长马廷礼应邀出席会议，省委常委、省委秘书长王嘉毅，副省长张世珍应邀到会，听取大会发言。

第4次会议 11月12日，政协第十二届甘肃省委员会常务委员会第四次会议在兰州召开。会议应出席100人，实到87人。通过了会议议程，进行了分组审议，表决通过了《政协甘肃省第十二届委员会任免名单》。省政协主席欧阳坚出席会议并讲话。省委组织部、省委统战部有关负责人列席会议。

【专门委员会工作】

提案委员会 始终坚持把政治建设摆在首位，组织全体党员干部深入学习贯彻习近平新时代中国特色社会主义思想和党的十九大精神，引导党员干部和广大政协委员树牢“四个意识”、坚定“四个自信”、坚决做到“两个维护”。十二届一次会议以来，共收到提案859件，审查立案817件，立案率95%，2018年9月30日前全部办复。严把审查立案关，起草印发《提案审查立案细则》。督办重点提案95件，其中，唐仁健省长等省委省政府领导对14件提案作了批示，省政协主席会议成员领衔督办28件。及早着手准备全国“两会”提案。面向全体委员开展了一次提案满意度测评和双向评议工作。开展监督性调研1项，监督性视察活动2项，组织界别委员活动1次，共形成调研视察报告3份。围绕促进我省中药产业发展开展监督性视察，召开“促进我省中药产业发展”月协商座谈会，向省委省政府报送专项建议1份。倾心竭力开展脱贫攻坚帮扶工作，落实帮扶资金688.83万元。深入推进党支部建设标准化工作，扎实开展作风建设年活动，加强党风廉政建设。

社会和法制委员会 组织召开“推进高层建筑消防安全工作”月协商座谈会，形成《推进我省高层建筑消防安全工作的建议》，林铎书记、唐仁健省长、欧阳坚主席作了批示。开展关于“有效遏制农村高价彩礼问题”调研，就如何进一步解决因高价彩礼造成的农村致贫、返贫问题，向省委省政府提出对策和建议，林铎书记作出批示转发各地落实。开展省政协精准扶贫民主监督性调研，就做好宕昌、岷县帮扶工作提出了建议。提出的《关于兰州市依法依规进一步加强城市管理工作的提案》等4件提案，办理结果全部达到A类。开展经常性立法协商活动11次。参加了全省扫黑除恶专项斗争督导工作。“国家宪法日”约请省政协委员等撰写专稿，在《民主协商报》开展宣传活动。组织省政协委员赴兰州中院，就法院基本解决执行难问题进行视察。积极撰写社情民意信息。认真做好全国政协协同调研任务工作。组织撰写省政协社法委2013—2018年工作情况、五年来专题调研及成果转化报告等6万多字的汇报材料。圆满完成了全年精准帮扶工作，帮扶实事27件，帮扶资金90多万元。

文史资料和学习委员会 围绕“传承弘扬始祖文化，彰显中华文化魅力”组织陇东南始祖文化调研，形成《关于陇东南始祖文化调研报告》，欧阳坚主席、何伟副省长作了批示；组织举办中华文化与“一带一路”论坛，形成论坛纪要，编纂出版中华文化与“一带一路”论坛研究文集；落实《甘肃省志·政协志》（1998—2012）第二轮修志工作。完成了《政协华章》《陇原探索印迹》《陇原风景独好》史料的出版及《东乡族百年实录》《保安族百年实录》《裕固族百年实录》全国卷的出版发行工作，举办了三个独有民族《百年实录》和《陇原风景独好》史料首发式；组织开展《藏族百年实录》《蒙古族百年实录》《哈萨克族百年实录》史料编纂的调研工作。参与南梁精神研究、《人文甘肃》的研究和初创工作。编印《学习参考资料》；协调组织举办10次政协理论“大讲堂”辅导讲座，汇编了《政协理论大讲堂资料》专辑；为帮扶的联系村解决了天梯、肋木架、腰背按摩器等30件（套）体育健身器材，并捐赠2万多元爱心助学资金和图书资料1000余册。

经济委员会 开展“如何营造我省良好营商环境”监督性视察和“推动我省传统产业转型升级”“醇基燃料供热系统的开发和应用”“财政金融联动、助推绿色产业发展”3项调研。组织开展2次经济界委员界别活动，召开2次经济形势分析座谈会。向省委省政府报送的《推动我省传统产业转型升级的建议》《对当前稳经济增长的几点建议》，省委省政府主要领导分别作了批示；组织召开“加快我省南向通道建设研讨座谈会”“做好黄河文章建设现代化都会城市工作方案咨询论证会”和全国政协“防范化解脱贫攻坚风险，着力提高扶贫综合效益调研甘肃座谈会”4项专题会议，并向有关部门报送了会议成果，促进了有关问题的解决。提交3件集体提案，报送政协信息4期。参加十省区市“助推中新互联互通南向通道建设座谈会”和“全国政协暨地方政协经济委员会工作研讨会”，并在有关会议上作了发言。紧盯“两不愁三保障”，在脱贫政策宣传、项目建设、帮困解难、协调争取项目资金等方面做了大量工作，取得了阶段性成效。

人口资源环境委员会 聚焦省委省政府中心工作，精心开展省政协关于“我省生态治理工作有关问题”监督性视察并组织召开月协商座谈会，形成《关于“我省生态治理工作有关问题”专项建议和视察报告》报送省委省政府，省委书记林铎作出批示，省长唐仁健对报告转化的2期社情民意信息作出批示。完成常委会“如何营造我省良好营商环境”第三视察组工作并提交《关于营造我省良好营商环境的监督性视察报告》。开展“促推我省绿色安全食品产业发展”专题调研，报送《关于我省绿色安全食品产业发展情况的调研报告》。全力做好脱贫攻坚帮扶工作，开展支部共建和法制培训，新建修建村产业路，完善推动“一户一策”脱贫计划。协同完成全省环保督察、扫黑除恶督查、脱贫帮扶督查等任务，组织开展委员界别活动和重点提案督办。参加全国政协人资环委工作座谈会、沿黄九省区政协黄河生态带建设协商研讨会、甘青川三省四州生态安全专题协商会并分别提交报告。加强自身建设，不断促进作风转变，较好地发挥了专门委员会的基础性作用。

科教文卫体委员会 组织开展“加强职业教育培训，助推精准扶贫”调研并召开月协商座谈会，向省委省政府报送了建议报告，林铎书记作出批示。组织开展“加强我省高端专业人才引进、发现、使用和保障”调研并召开月协商座谈会，向省委省政府报送了建议报告，省长唐仁健、组织部部长李元平、副省长何伟作出批示。协助全国政协教科卫体委员会赴甘开展“高校‘双一流’建设和思想政治教育”监督性调研，形成《关于支持甘肃省高校“双一流”建设的提案》的素材。积极参加省直对口部门邀请的全国高等学校设置评审委员会组织的2017年度本科学校设置考察工作、省政府组织召开的国家2017年知识产权运营服务体系建设申报城市答辩评审会、省卫健委组织的全省县级公立医院综合改革任务落实情况督察工作等10多项有关会议、视察、考察活动。紧盯脱贫帮扶，发挥牵头作用。共召开4次赵沟村脱贫帮扶工作推进会，2次党支部共建会，完成了年初确定帮扶计划的9项任务。完成了“人文甘肃”系列丛书第一辑、第二辑的出版发行工作。

民族和宗教委员会 民宗委分党组坚持把方向、管大局、抓落实，坚持党建与业务工作同部署、同推进、同落实。组织开展我省民族地区精准脱贫重点难点问题专题调研，召开月协商座谈会，报送的建议得到省委省政府领导的批示；开展东乡县水资源利用专项调研，意见建议受到相关部门高度重视；配合全国政协民宗委就解决深度贫困地区脱贫问题开展专题调研；就做好藏传佛教人才培养进行协同调研，部分意见建议被全国政协调研组采纳；积极参与优化营商环境监督性视察、脱贫攻坚监督性调研、扫黑除恶专项斗争专项督导视察等工作，提出了有针对性的对策建议；建立了省政协党组成员和民宗委负责同志联系少数民族和宗教界委员制度；走访省级宗教团体和宗教界代表人士，组织委员赴肃南县开展特色界别活动、召开反映社情民意座谈会；引导委员参与脱贫攻坚，开展了脱贫攻坚期间不接受贫困群众捐赠、不扩建寺庙的倡议活动。在帮扶村产业发展、通水、通电、通信、救助困难群众等方面积极发挥作用。

港澳台侨和外事委员会 围绕“抢抓‘一带一路’建设机遇 助推我省外向型经济发展”进行专题调研，形成《加快我省开放型经济高质量发展的建议》供省委省政府决策参考。运用提案、社情民意信息渠道履职建言，提交《关于加强我省航空货运口岸建设的提案》《关于抢抓“一带一路”机遇，推动中医药产业走出国门的提案》《关于加大我省特色农产品出口力度的提案》等提案，反映社情民意4篇。举办“甘肃省政协港澳（台）委员培训班”。组织开展“携手筑梦行动”，发出《“港澳委员西和行”倡议书》，22名省政协港澳委员赴西和县进行脱贫攻坚实际考察，捐助扶贫款人民币35万元。组织港澳委员进行省情考察4批次。参加甘肃省友好代表团，访问乌克兰、白俄罗斯（友好城市），出访的主要成果、相关建议及境外投资合作风险等情况形成专题报告。围绕“两不愁三保障”目标任务，开展脱贫攻坚帮扶工作。对庄浪县和静宁县脱贫攻坚帮扶工作进行了专项监督。

农业和农村工作委员会 深入开展“作风建设年”活动和支部建设标准化工作。紧紧围绕中心工作大局和“三农”工作重点，组织开展打好脱贫攻坚战监督性调研，认真做好省政协十二届二次常委会议筹备工作，会议成果报送省委常委会研究，林铎书记作出重要批示。会同相关专委会开展“促进中医药产业发展”监督性视察并召开协商座谈会、开展“抢抓‘一带一路’建设机遇，加快我省外向型经济发展”调研、“东乡县水资源利用问题”调研、“我省绿色安全食品产业发展”调研、脱贫攻坚帮扶工作专项监督，积极建言献策。组织筹备六盘山片区政协精准扶贫交流推进会。向农业界委员按季度通报我省“三农”工作动态，开展“推进农业科技创新”“发挥农业龙头企业带动作用”界别活动，对4件提案进行重点督办，积极调动发挥委员主体作用。扎实开展脱贫攻坚帮扶工作，牵头建立西和县杨魏村联合帮扶工作组，开展支部结对共建，制定落实“一户一策”，组织乡村干部群众外出考察农民专业合作社运营，组织开展农技培训，争取项目实施，夯实杨魏村脱贫基础。

【重要会议、活动】

全国政协领导来甘调研 5月29日至6月1日，以全国政协副主席、国家发展和改革委员会主任何立峰为顾问，全国政协经济委员会副主任、甘肃省政协原主席冯健身为组长的全国政协经济委员会调研组到甘肃省定西市安定区、陇西县、通渭县，就“防范化解脱贫攻坚风险，着力提高扶贫综合效益”进行专题调研；6月19日至23日，全国政协副主席、台盟中央主席苏辉一行在甘肃省东乡县和麦积区开展脱贫攻坚民主监督调研考察活动，并出席“2018年公祭中华人文始祖伏羲大典”；8月6日至9日，全国政协副主席、九三学社中央常务副主席邵鸿带领调研组就“黄河流域生态环境保护与草原生态修复治理”在甘肃进行调研；9月9日至14日，全国政协原副主席罗富和到张掖市和民勤县实地考察，并赴武威市出席“一带一路”生态治理民间合作国际论坛开幕式；10月10日至12日，全国政协副主席李斌来甘出席2018中国（甘肃）中医药产业博览会，并赴陇西县、渭源县调研中医药产业发展和脱贫攻坚工作；10月30日至31日，全国政协副主席、民革中央常务副主席郑建邦就民革组织建设和高层次人才发展在甘肃进行专题调研，并就“中国近现代政党制度发展之路”在省政协作专题辅导报告。省委书记林铎、省长唐仁健、省政协主席欧阳坚分别主持相关座谈会。省委常委、省委统战部部长马廷礼，副省长李沛兴及省政协副主席德哇仓、郝远、马文云、康国玺、尚勋武、郭天康和秘书长陈伟分别参加相关调研活动。

全国政协相关专委会来甘调研 4月11日至15日，全国政协文化文史和学习委员会副主任王儒林带领调研组就“历史文化名城名镇保护”在甘肃开展专题调研；5月21日至27日，全国政协民族和宗教委员会主任王伟光带领调研组来甘肃，就“解决深度贫困地区脱贫问题”开展专题调研；6月19日至22日，全国政协经济委员会副主任、甘肃省政协原主席冯健身来甘出席“一带一路”敦煌教育文化论坛；7月16日至19日，全国政协教科卫体委员会主任袁贵仁带领调研组来甘，围绕高校“双一流”建设和思想政治教育情况进行专题调研；8月30日至9月6日，全国政协港澳台侨委员会邀请台湾中华产经文教科技交流协会参访团来甘参观考察。省政协主席欧阳坚，省委常委、副省长宋亮，副省长何伟、副省长张世珍及省政协副主席德哇仓、郝远、马文云、康国玺、尚勋武、郭天康和秘书长陈伟分别参加相关调研活动。

举办学习习近平总书记关于加强和改进人民政协工作的重要思想研讨会 7月27日，习近平总书记关于加强和改进人民政协工作的重要思想学习研讨活动甘青宁新四省区政协片区座谈会在兰州召开。全国政协副主席马飚主持会议并讲话。省委书记、省人大常委会主任林铎出席会议并致辞。甘肃省政协主席欧阳坚、青海省政协主席多杰热旦、宁夏回族自治区政协主席崔波、新疆维吾尔自治区政协主席努尔兰·阿不都满金等在会上作发言。全国政协副秘书长刘家强，省领导王嘉毅、郝远、马文云、康国玺、尚勋武、郭天康及省政协秘书长陈伟出席会议。7月26日，按照全国政协统一部署安排，省政协召开习近平总书记关于加强和改进人民政协工作的重要思想理论研讨会。全国政协副主席马飚出席并讲话，省政协主席欧阳坚主持研讨会并讲话。省政协部分专门委员会及市县政协、专家学者代表结合工作实际，从理论和实践层面畅谈学习体会。全国政协副秘书长刘家强，省政协副主席郝远、马文云、王锐、康国玺、尚勋武、郭天康参加会议。

举办全省政协系统党的建设工作座谈会 7月25日上午，全省政协系统党的建设工作座谈会在兰州召开。会议传达学习了习近平总书记关于加强政协系统党的建设工作重要论述，传达学习了全国政协主席汪洋在全国政协系统党的建设工作座谈会议上的讲话精神，部署省政协贯彻落实工作。会议要求，要全面贯彻习近平总书记重要论述精神，充分认识抓好政协党建工作的极端重要性，从严从实抓好政协系统党的建设，以党的建设新气象开创政协工作新局面。省政协党组书记、主席欧阳坚出席会议并讲话。省政协党组成员、副主席王锐、康国玺及秘书长陈伟出席会议。全省14个市州、相关县区政协和省政协相关部门党组织负责人参加会议。兰州、张掖、天水、庆阳市政协及皋兰、瓜州、镇原县政协7个党组织负责人作了交流发言。省纪委、省委组织部、省委统战部负责同志受邀指导会议。

开展打好精准脱贫攻坚战监督性调研 4月开始，省政协动员和组织省政协有关部门、省级各民主党派、省工商联、各市州政协和政协委员，组成调研组，欧阳坚主席和5位副主席分别带队，深入7个市州、30个县区、83个乡镇、119个行政村、455户贫困户、37户企业、60个农民专业合作社调研；召开33次座谈会，听取政协委员、专家学者、市县乡及企业、合作社负责人意见建议。同时，委托省级各民主党派、工商联和兰州、白银等6市政协开展专题调研。在此基础上，先后召开主席会议、常委会议讨论协商，形成《打好精准脱贫攻坚战监督性调研报告》。报告梳理出聚焦国家脱贫目标标准不够、各级帮扶力量还没有完全整合起来等11个方面的主要问题，针对发现的短板和问题，重点提出11条具体建议。省委常委会议，听取了省政协党组关于对打好精准脱贫攻坚战开展监督性调研情况的汇报，省委书记林铎听取汇报后作出批示，并就进一步推动落实好省政协所提建议作出安排部署。

开展如何营造我省良好营商环境监督性视察 7月至9月，在省政协党组领导下，主席会议成员全体出动，分别带领相关常委、委员、专家学者和省直部门、省级各民主党派、工商联及市州政协负责同志，深入14个市州的相关县区、部门和企业、园区实地调研，广泛听取各方面的意见和建议，并委托省工商联在全省开展了营商环境评价网络问卷调查与分析，形成8个分报告、1个总报告和1个建议案，全面了解了我省营商环境建设的情况。《关于优化甘肃省营商环境的建议案》指出我省当前营商环境存在着"放管服"改革还没有完全落到地、企业融资难问题尤为突出、社会诚信体系建设滞后等不足，并提出打造公平正义的法治环境、重信守诺的诚信环境、便捷高效的政务环境、用心用情的服务环境、全面到位的保障环境等五大环境的26条建议。

开展协商议政 围绕高质量发展和绿色发展协商议政，全年开展调研视察和协商议政活动54次，报送建议案、调研视察报告31份，省委省政府领导作出批示65次。聚焦争先进位和创新驱动，就促投资稳增长、推动传统产业转型升级、发展开放型经济等进行调研，提出了一批有针对性的对策建议。着眼生态保护和构建生态产业体系，就十大生态产业发展、重点生态工程建设、文化和旅游融合、中医药产业发展等开展调研协商，为推动绿色发展献计献策。围绕推进高层建筑消防安全、职业教育发展、民族地区精准脱贫重点难点问题、各类专业人才引进使用等召开月协商座谈会，同政府相关部门和有关方面的代表面对面交流，积极促进了有关问题的解决。按照省委省政府领导的部署，就兰州黄河风情线打造、绿色安全食品、农村高价彩礼、陇东南始祖文化保护、法院执行难等问题，组织专项调研，提出了一批务实管用的对策建议。

举办“中华文化与‘一带一路’”论坛、“铁马冰河·丝路诗篇”大型朗诵会 9月20日晚，由省政协办公厅主办，甘肃日报报业集团、甘肃省广播电影电视总台、甘肃省电影家协会朗诵专业委员会、兰州晨报·掌上兰州协办的“铁马冰河·丝路诗篇”大型朗诵会在省广电总台演播大厅举行。诗歌大型朗诵会作为第三届丝绸之路（敦煌）国际文化博览会的系列活动，旨在挖掘丝绸之路甘肃段的深厚文化价值，打造独具甘肃特色的文化品牌，着力提升干部群众的文化自信；9月27日下午，由甘肃省政协主办的第三届丝绸之路（敦煌）国际文化博览会“中华文化与‘一带一路’”论坛在敦煌举行。全国政协、国家有关部门、部分省区政协的近百名嘉宾出席了论坛，16位专家学者及政协系统领导围绕为“一带一路”建设凝聚文化力量，发表了见解和建议，10多家主流媒体进行宣传报道，会议形成了论坛纪要，编纂出版了中华文化与“一带一路”论坛研究文集。省政协主席欧阳坚出席论坛并致辞。

助推脱贫攻坚 紧紧围绕“两不愁、三保障”目标，坚持在精准施策上出实招，在精准推进上下实功，在精准帮扶上求实效，盘活用好省、市、县各级帮扶资源，凝聚基层干部群众的力量。注重政策理论学习，加强组织领导，不折不扣落实好中央和省委部署要求。召开党组会议、主席会议、脱贫攻坚领导小组会议、机关党组会议和秘书长办公会议，专题研究脱贫攻坚工作。主席会议成员每人平均召开协调推进会7次，到联系县调研65天。省政协赴各联系县开展驻村帮扶、走访调研162批620余人次，协调各种扶贫资金及物资10多亿元。选派8名同志到西和县挂职县委副书记和担任村党支部第一书记兼驻村帮扶工作队队长。注重落实帮扶责任，精准施策真抓实干。紧盯目标任务，完善攻坚方案；紧盯“一户一策”，落实帮扶措施；紧盯产业扶贫，夯实脱贫基础。在西和县筛选确定了452家合作社和企业落实带贫机制，带动16431户贫困户配股分红；坚持“外招内引”，协调争取各类帮扶项目和支持事项141项。率团先后赴广州、深圳举办脱贫攻坚项目推介会，与38家企业签署了55个项目框架合作协议；着力解决贫困群众最急需、最迫切的水、电、路、房及公共服务设施落后等问题。立足实现帮扶效益的最大化，把来自中央定点扶贫、东西部协作、省市县各级帮扶力量整合起来，打通配置、各展所长、优势互补，取得了事半功倍的帮扶效果，受到了汪洋主席、胡春华副总理的肯定，国务院扶贫办以《扶贫信息》形式作了介绍。组建产业、教育健康、住房、饮水、金融保险、就业技能培训、环境整治、党建等八个西和县脱贫攻坚帮扶小分队。认真开展脱贫攻坚帮扶工作专项监督。注重典型宣传，汇聚脱贫攻坚正能量。召开媒体通报会，在省政协门户网站、《民主协商报》开辟脱贫攻坚专栏。各级各类媒体刊登省政协脱贫攻坚相关信息425篇，其中新华社、《光明日报》、《经济日报》、人民政协网等中央媒体网络刊登报道10篇，《甘肃日报》、省电视台、省广播电台等省级媒体共刊登报道56篇。组织力量编印《决战西和——省政协脱贫攻坚帮扶工作纪实》，策划拍摄反映西和脱贫攻坚战全过程的大型电视专题片《决战西和》。在省政协党组的高度重视和机关各部门的积极努力下，省政协脱贫攻坚帮扶工作取得了显著成效。

开展“南梁精神”研究和《人文甘肃》系列丛书编纂 搭建专门平台，会同陕西、宁夏两省区政协，深入开展“南梁精神”研究，系统收集、整理相关史料和口述史，先后在庆阳、西安、银川召开座谈会，成功举办“南梁精神学术研讨会”，推动在陇东学院建立南梁精神研究中心，省政协主席欧阳坚发表署名文章《从南湖驶来 在南梁兴起——与“红船精神”一脉相承的南梁精神》《南梁精神与群众领袖的人格魅力》，“南梁精神”研究取得了阶段性成果。编撰2辑《人文甘肃》丛书，系统挖掘、展示甘肃的文化特质和品格，提升甘肃人的自信心和自豪感。林铎书记高度肯定并亲自为丛书撰写寄语，丛书的编纂为社会各界更加全面地了解甘肃提供了一个重要窗口，也为讲好甘肃故事、传播甘肃声音、宣传甘肃发展成就搭建了一个重要平台。

举办新任委员培训班 4月2日至4日，十二届省政协新任委员培训班在兰州举办。省政协主席欧阳坚出席开班式并作辅导讲话。会议要求，新任省政协委员要用好学习培训机会提高思想认识、强化责任担当、熟悉业务工作，进好政协门、当好政协人、做好政协事，着力发挥在政协工作中的主体作用、本职工作中的带头作用、界别群众中的代表作用，为建设幸福美好新甘肃贡献政协智慧和力量。省政协各专委会、机关各部门、各市州政协负责同志及省委党校中青年干部培训班部分学员参加开班式。各市州政协组织委员和机关干部在当地党校集中收看培训班开班式。

【重要文件】

常委会工作报告（2018年1月23日）（摘要）

一、过去五年的工作

（一）旗帜鲜明讲政治，打牢团结奋斗的共同思想政治基础。五年来，共组织各类集体学习200多次，主席会议成员带头上讲台、到所在支部、赴基层联系点宣讲辅导100多次，举办政协委员和干部学习报告会、培训班20多期，2000多人次参加。（二）坚持围绕中心，紧扣服务改革发展大局建言献策。围绕省委省政府中心工作议政建言。五年来，共完成省委省政府交办的重要任务50多项。积极参与服务全国政协重大调研。先后邀请10多位全国政协领导来甘出席公祭伏羲大典、兰洽会等会议活动，积极参与全国政协精准扶贫、民族地区小康建设、资源枯竭型城市转型等调研视察活动。（三）聚焦“头号工程”，全力助推脱贫攻坚。凝心聚力助推脱贫攻坚。围绕中央和省委省政府精准扶贫精准脱贫各项政策措施落实，持续开展调研视察，多次召开常委会议、主席会议、月协商座谈会，广泛协商讨论，提出了一系列对策建议，得到了省委省政府的采纳。联合陕西、宁夏、青海三省政协，建立六盘山片区政协精准扶贫交流推进会机制，向全国政协报送请求协调支持的政策项目建议，俞正声主席、汪洋副总理分别作出重要批示。全力以赴完成帮扶任务。主席会议成员认真联县、包乡、抓村，带头进村入户察实情、解难题，多方协调争取项目资金扶真贫、真扶贫。先后选派37名优秀干部赴贫困县区挂职、担任驻村帮扶工作队队长和贫困村党支部第一书记。五年来，全省各级政协组织和广大政协委员共协调落实各类项目上万个，帮办好事实事5万多件，捐款捐物近4亿元，贡献了政协力量，展示了政协作为。（四）加强协商民主建设，着力发挥政协重要渠道作用。创新完善协商民主工作制度。建立健全制订年度协商工作计划制度；协助省委省政府修订出台《政协建议案和调研视察报告办理办法》；制定基层政协协商民主试点工作指导意见；建立月协商座谈会制度；建立经济形势分析会制度；深入开展协商民主理论研究和工作实践，建立省政协智库。2014年以来，召开月协商座谈会32次。举办经济形势分析会12次。（五）坚持大团结大联合，广泛凝聚共识汇聚合力。发挥团结统战功能促进多党合作、民族团结、宗教和顺。五年来，省级各民主党派、工商联提交大会发言430多篇，提出提案530多件，反映社情民意信息110多条。全面贯彻落实党和国家民族宗教工作方针政策，就民族地区经济发展、农村宗教事务管理等问题，开展调研协商；举办少数民族和宗教界委员座谈会，组织民族宗教界委员赴外省学习考察。认真做好团结联谊工作。组织港澳委员开展省情民情、丝绸之路甘肃行等考察活动。成立省政协书画室。举办甘肃省政协辉煌历程纪实展。建成甘肃政协文史馆并向社会开放。完成裕固族东乡族保安族百年实录、西部大开发在甘肃等资料的征集、编纂和出版。（六）立足履职尽责，着力提升自身能力素质。以永远在路上的执着推进全面从严治党。深入开展党的群众路线教育实践活动、“三严三实”专题教育、“两学一做”学习教育，党员干部理想信念更加坚定。加强机关干部轮岗、交流和培养使用力度。严格落实省政协党组意识形态工作责任制。锲而不舍落实中央“八项规定”和省委改进作风的部署要求，制定并严格落实机关部门定期报告工作、外出活动和重要事项报告、机关管理等制度。以发挥主体作用为目标加强委员队伍建设。举办省政协委员学习培训班，开展委员活动日，召开加强委员联络服务工作座谈会，制定并落实委员履职工作规则和委员视察考察工作简则。扎实做好住甘全国政协委员联络服务工作。

二、过去五年工作的主要体会

（一）做好人民政协工作，必须以习近平新时代中国特色社会主义思想为根本指导。（二）做好人民政协工作，必须始终坚持中国共产党的领导。（三）做好人民政协工作，必须深入开展人民政协协商民主实践。（四）做好人民政协工作，必须坚持围绕中心、服务大局。（五）做好人民政协工作，必须坚持以人为本、履职为民。（六）做好人民政协工作，必须坚持大团结大联合。（七）做好人民政协工作，必须充分发挥委员主体作用。

三、今后工作的建议

（一）在用习近平新时代中国特色社会主义思想武装头脑、指导工作上有新作为。（二）在围绕决胜全面小康献计出力上有新作为。（三）在大力开展协商民主实践、推动党委中心工作落实上有新作为。（四）在聚焦建设新时代幸福美好新甘肃汇聚磅礴力量上有新作为。

【组织概况】

主席当选名单

（2018年1月28日政协甘肃省第十二届委员会第一次会议通过）

欧阳坚（白族）

副主席当选名单

（2018年1月28日政协甘肃省第十二届委员会第一次会议通过）

德哇仓（藏族）　郝　远

马文云（东乡族）　王　锐

郭承录　康国玺　尚勋武　贠建民

郭天康

常务委员当选名单（按姓氏笔画排序）

（2018年1月28日政协甘肃省第十二届委员会第一次会议通过）

马　刚　马彩云（女）　王　坤

王久武　王平基　王代喜　王向机

王旭东　王志平　王克太　王福明

云立新　扎　西（藏族）　戈银生

卢学礼　白星伟　朱玉红（女）

任丽梅（女）　刘　刚　刘　琳

刘兴荣　刘羽桐（女）　刘维忠
孙兆麟　杜尊贤　李　鑫　李仁年
李凤民　李金田　李晓霞（女）
杨小燕（女）　杨立勋
杨廷祯（回族）　杨枝良　杨贵言
杨晓波　吴　震　吴建平　佘学彬
宋秉武　张开吉（东乡族）
张正昇　张正锋　张有成　张国斌
张鸣实　张晓军　张效林　张耀南
陈伟（民进）　陈元龙（东乡族）
陈永奎（藏族）　陈朝晖
陈端亮　罗华庆　金　梅（女）
郑小平（女）　赵卫东　赵国强
赵建章　胡宗杰　钟进良（女）
段建玲（女）　侯文彬　侯润章
姜秋霞（女）　袁宗善　袁斌才
柴绍豪　徐　强　高云虹（女）
郭莽仓·罗藏宗哲嘉措（藏族）
郭清祥（回族）　唐浩漩　常亚霖
崔敬忠　康旺儒　盖宇仙（女）
梁亚民　寇晓东　葛建团
温　艳（女）　温克珩
窦凤霞（女）　蔡根泉　管钰年
赛仓·罗桑华丹（藏族）　薛德胜
薄云祥

政协主席变动情况

兰州市

李宏亚（2018 年 1 月当选）

嘉峪关市

边玉广（2018 年 10 月不再担任）

敦煌市

曹　理（2018 年 11 月不再担任）

（秦跟平　**编写**　赵一红　杨维军　**审稿**）

政协青海省委员会

【全体委员会议】

十二届一次会议 1月24日至30日在西宁举行。会议应出席委员396人，实到379人，符合规定人数。会议听取并审议了仁青加主席代表政协第十一届青海省委员会常务委员会所作的工作报告和张守成副主席代表政协第十一届青海省委员会常务委员会所作的关于提案工作情况的报告；列席了青海省第十三届人民代表大会第一次会议；听取并讨论了王建军省长所作的《政府工作报告》以及计划、财政和“两院”报告；审议通过了大会政治决议、关于常委会工作报告的决议和关于省政协十二届一次会议提案审查情况的报告；会议选举多杰热旦为政协第十二届青海省委员会主席，王晓勇、仁青安杰、马长庆、张守成、宗康、杜捷、张文魁、马海瑛、王绚、杜德志为政协第十二届青海省委员会副主席，王进为政协第十二届青海省委员会秘书长；选举66名同志为政协第十二届青海省委员会常务委员；会议共收到提案412件，委员提交书面发言19篇，13位委员作了大会发言。

【常务委员会议】

十一届第28次会议 1月15日在西宁举行。会议审议了将提交青海省政协十二届一次会议审议的政协第十一届青海省委员会常务委员会工作报告（稿）和提案工作情况的报告（稿）；通过了青海省政协十二届一次会议议程（草案）及日程（草案）、政协第十一届青海省委员会常务委员会工作报告及提案工作报告的报告人名单、政协第十二届青海省委员会委员名单、授权主席会议审议政协第十一届青海省委员会常务委员会第二十八次会议未尽事宜的决定，听取了省委统战部领导所作关于政协第十二届青海省委员会委员建议名单的说明、省政协各专门委员会五年工作汇报、青海省人民政府关于省政协十一届五次会议以来提案办理情况的书面通报。

十二届第1次会议 1月30日在西宁举行。会议审议通过政协第十二届青海省委员会常务委员会关于设置专门委员会的决定；审议通过政协第十二届青海省委员会各专门委员会主任、副主任名单。

第2次会议 3月19日在西宁举行。会议传达了全国政协十三届一次会议精神；审议通过了《关于认真学习贯彻王国生书记在省政协十二届一次会议闭幕会上的讲话精神，全面推进政协工作的实施意见》《省政协常委会2018年工作要点》及有关人事事项。

第3次会议 6月20日至21日在西宁举行。会议围绕“我省六盘山片区脱贫攻坚”开展专题议政。省政协主席多杰热旦主持开幕会并在闭幕会上讲话。省政府副省长匡湧应邀出席开幕会并介绍我省六盘山片区脱贫攻坚工作情况。省政协副主席杜捷作“以问题为导向，抓巩固补短板，打好六盘山片区脱贫攻坚战”的主题报告。10位常委、委员代表省政协有关专委会、各民主党派和相关部门作大会发言，从加大产业扶贫力度、农村基础设施建设力度、易地搬迁扶贫力度、转移就业扶贫力度，加强长效机制建设等方面提出了意见建议。省政协副主席王晓勇、仁青安杰、马长庆、张守成、杜捷、张文魁、马海瑛、王绚、杜德志，全国政协常委、省政协原副主席马志伟，秘书长王进及常委会组成人员69人出席会议。在宁全国政协委员，部分省政协委员，各州市及相关县政协、省直有关部门负责同志及省政协机关正处级以上干部列席会议。

第4次会议 9月12日至13日在西宁举行。省政协举行十二届四次常委会议，围绕“促进我省养老服务业均衡发展”开展专题议政。省政协主席多杰热旦主持开幕会并在闭幕会上讲话。省人大副主任刘同德应邀出席开幕会。省政府副省长匡湧应邀出席开幕会并作我省养老服务业均衡发展的情况报告。省政协副主席马海瑛作“整合资源，补齐短板，促进我省养老服务业均衡发展”的主题报告。6位常委、委员代表省政协有关专委会、各民主党派、基层政协和相关部门作大会发言，从积极探索跨区域养老服务协作机制，不断巩固家庭养老的基础性地位，完善独生子女家庭养老保健机制，加快健全养老服务人才培养体系，加强养老服务行业的法律风险与防范，妥善解决僧尼的养老问题等方面提出了意见建议。省政协副主席仁青安杰、张守成、马海瑛、杜德志，省政协秘书长王进及常委会组成人员出席会议。在宁全国政协委员，部分省政协委员，各州市政协、省直有关部门负责同志及省政协机关正处级以上干部列席会议。

第5次会议 12月26日在西宁举行。会议传达学习了习近平总书记近期关于人民政协工作的重要讲话精神和汪洋主席在全国政协十三届四次常委会上的讲话精神，研究召开青海省政协十二届二次会议的具体事宜并讨论常委会工作报告（稿）和提案工作情况的报告（稿），审议《中国人民政治协商会议青海省委员会全体会议工作规则》《中国人民政治协商会议常务委员会工作规则》《中国人民政治协商会议青海省委员会提案工作条例》，审议通过青海省政协专门委员会机构调整的决定及有关人事事项，听取各专门委员会年度工作汇报；会议通过了省政协专门委员会机构调整的决定，决定组建十二届省政协农业和农村委员会，教科文卫体委员会更名为教科卫体委员会，学习和文史委员会更名为文化文史和学习委员会。

【专门委员会工作】

提案委员会 以提高提案质量为中心，加强提案征集工作，组织召开专题政情通报会，民主党派、工商联提案工作座谈会，举办提案工作专题培训班，加大集体提案征集力度和审查力度，省政协十二届一次会议以来，共收到提案430件，立案336件，立案率78.1%，提案总体质量得到有效提升。积极探索提案协商新机制，提高提案办理质量，在坚持省政协副主席领衔督办、各专门委员会分工督办重点提案基础上，助推省委、省政府办公厅出台了《青海省党政主要领导督办政协重点提案暂行规定》，协调建立并落实了省政府副省长领衔办理政协提案制度，4位副省长召开提案办复见面会4次；坚持提案办理“回头看”；围绕“实施乡村振兴战略”等提案开展提案办理协商20次。完成住青全国政协委员提案准备工作，制定并印发《关于做好住青全国政协委员提案准备工作的意见》，先后多次召开座谈会、评审会，形成《住青全国政协委员提案备选目录》。完善提案工作机制，加强提案制度建设，修订了《政协青海省委员会提案工作条例》和《政协青海省委员会提案审查工作细则》，制定印发了《政协青海省委员会提案委员会关于提高提案质量的实施意见》。积极探索服务方式，切实提高服务水平，探索建立提案承办单位参与提案复审新机制，提高了提案交办的准确性。

经济委员会 高标准推动党建工作开展，持续加强支部思想、组织、纪律、作风和廉政建设，形成了以党建引领各项工作的良好局面；真抓实干完成各项目标任务，先后承担了十二届省政协首次主席集体视察活动、第一次专题议政常委会议的调研工作、第五次双月协商座谈会前期调研工作，完成了六盘山片区政协精准扶贫交流推进会第四次会议联络组的工作任务，扎实开展了重点提案督办工作和相关课题视察活动，为人民政协民主监督和参政议政工作发挥了积极作用；凝心聚力助力脱贫攻坚，通过分管副主席督导、协商议政调研、走访联系职能部门、开展“双帮”工作等多种形式助力精准扶贫、精准脱贫，为我省打赢脱贫攻坚战发挥了政协作用；持续提升履职能力和服务水平，切实发挥主任会议的集体领导作用、政协委员的主体作用和办公室的参谋助手作用，不断加强联系交流工作，积极组织参与各项活动，有力促进了各项工作的顺利开展。

人口资源环境委员会 全年共开展调研视察 9 次、提案督办 1 次，承办主席集体视察、双月协商座谈会各 1 次，召开座谈会 30 余次，撰写大会发言、讲话、交流等材料 40 余篇，报送调研视察报告 5 篇，报送政协信息、社情民意 26 期，报送党建和党风廉政信息及工作动态 20 余篇。围绕“城市建筑施工和道路施工场地扬尘控制”开展主席集体民主监督性视察，形成《关于我省城市建筑施工和道路施工场地扬尘控制工作主席集体视察报告》。王建军书记在全省污染防治攻坚战八场标志性战役工作推进会议上强调：省政协最近组织了一次视察，指出了存在的一些问题。有关地区要高度重视抓好整改。刘宁省长批示：扬尘是我省蓝天保卫战的主要敌手，可考虑向有关市州转发或摘编这一报告，并推动建议的落实。省政府将报告摘编印发市州政府，要求对照报告提出的意见建议抓好工作落实。围绕“三江源国家公园民生工程建设”为主题的双月协商座谈会，形成《省政协 2018 年第三次双月协商座谈会情况报告》，提出 45 条建议。先后开展“三滩”沙化治理、多年冻土热融灾害、野生动物保护和驯养、推动可再生能源清洁供暖、我省城市流动人口服务管理、我省生态环境科学研究等调研视察活动。对调研视察中的一些问题以调研视察报告、政协信息、社情民意等形式向省委、省政府及相关部门进行反映。其中形成的《海南州“三滩”沙化治理情况的调研报告》上报省委、省政府，得到了省委常委、常务副省长王予波的重要批示。省发改委会同省水利厅专门赴海南州就“三滩”引水工程进行了深入调研，目前项目规划上报国家相关部委，并得到批准。对《关于大力发展青海省森林景观经济》（20180379 号）的重点提案进行督办，并提出 5 条建议。

教科卫体委员会 承办双月协商座谈会专题调研，围绕“加强我省儿科医疗服务体系建设”组织委员赴全省两市三州 12 个县区开展调研，形成 23 篇会议材料，双月协商座谈会后形成《关于加强我省儿科医疗服务体系建设的报告》。省委书记王建军批示：“省政协围绕民生问题开展协商的做法很好。请卫计委牵头，商有关部门认真研究提出切实可行的办法，转化为双月协商的成果，努力提升为儿童健康服务的能力。”省政府为此专门制定了《青海省加强儿童医疗卫生服务体系与能力建设实施方案》；组织委员开展了“青海省专业艺术院团人才队伍建设”的调研，形成《关于我省专业文艺院团人才队伍建设情况的调研报告》，王建军书记批示：“政协这份调研报告反映了真实情况，提出了一些真知灼见，参后有启发，创造高品质生活，文化繁荣是一个重要的方面，要大力提升一下。”省委常委、秘书长于丛乐批示：“文艺团体深化改革工作，省委和建军书记很重视，曾在省委有关会议有过明确指示。请省文化体制改革领导小组并省文化厅认真阅研此报告，结合机构改革工作提出全省文艺院团进一步深化改革意见，报省委。”省文化和新闻出版厅按照省委的要求制定了《关于进一步深化国有文艺院团改革发展的意见》；围绕“基层教师队伍建设情况”开展调研视察，形成《关于我省基层中小学教师队伍建设情况的调研报告》；联合民革青海省委员会围绕“推动我省文化创意产业发展”和“推动我省通用航空产业发展”为议题开展了实地调研，形成了《惠政策、聚人才、理资源，促进青海文化产业创新发展——关于青海文化产业发展的调研报告》和《关于通用航空业发展的报告》，引起省委省政府主要领导的高度重视，王建军书记和刘宁省长分别作了批示；督办了《关于完善空巢老龄和失能老人社区（家庭）医疗护理的提案》和《关于在现行社会背景条件下政府应更加关注婴幼儿托育问题的提案》两件提案；开展“幸福微笑”工程项目，为全省326名唇腭裂儿童免费做手术；组织委员围绕“非物质文化遗产保护与发展”工作赴贵州省学习考察，形成考察报告报省委和相关部门。

民族和宗教委员会 学习方面，重点突出习近平新时代中国特色社会主义思想、党的十九大精神、习近平总书记关于加强和改进人民政协工作的重要思想等内容，提交了《关于建设民族宗教应用型智库问题的探索与思考》的大会发言。履职方面，承办了省政协第四次双月协商座谈会，并向省委提交了《关于省政协第四次双月协商座谈会情况的报告》；赴西宁、海东和海西围绕基督教、天主教事务管理工作开展调研并提交报告，省委常委、省委秘书长于丛乐作了批示；围绕我省伊斯兰教经学院建设和教学工作进行视察，副省长杨逢春对视察报告作了批示；配合全国政协民宗委做好调研工作，提交的《关于藏传佛教代表人士培养情况的调研报告》受到肯定；积极参加省内其他部门和政协其他委员会组织的议政活动，在人资环双月协商座谈会上提交了“三江源生态保护要注意借鉴藏族生态智慧”的发言，为青海省改革论坛提交了《用民族团结进步创建活动铸牢中华民族共同体意识》的研究报告，省委领导王建军、公保扎西、王宇燕分别作了批示；开展提案督办，先后督办了《关于在青海电视台藏语频道增加经济栏目》和《关于让优秀传统文化融入现代教育体系》两个重点提案，取得一定督办效果；认真开展党建工作，落实“三会一课”制度，确保党建工作的引领作用。

港澳台侨和外事委员会 围绕“发挥归国留学人员作用、助推我省经济社会发展”召开双月协商座谈会；港澳委员针对“港独”言论和活动，先后两次在香港《大公报》《文汇报》刊登声明支持特区政府依法取缔“香港民族党”；赴省林业厅督办《关于青海省参加第十一届“世界荒野大会”》重点提案；接待了香港中联办组织的“香港教育界青海参观学习团”；组织港澳委员对我省旅游业发展情况赴海西州进行视察；督办《关于港澳委员如何与青海建立更有效的沟通渠道》重点提案，出台了《青海省政协关于进一步加强同港澳委员联系办法》；完成了4批次30人的出国（境）参访交流团组的报批工作；积极牵线搭桥，协助开展公益活动，资金达598余万元；扎实开展“美丽乡村”建设，协助解决帮扶资金20万元。

社会和法制委员会 承办专题议政常委会1次，组织专题调研视察6次，报送调研报告4份，开展立法协商9次，督办重点提案2件，反映社情民意3件，编发政协信息15期，召开主任会议暨全体委员会议2次。承办省政协十二届四次常委会，围绕“促进我省养老服务业均衡发展”开展专题协商议政。围绕“西宁地区加强城市电动自行车管理”“健全完善政府法律顾问制度”“我省公共场所无障碍设施建设情况”“全省司法责任制改革工作情况”等课题开展了专题视察和调研。承办十二届省政协立法协商工作会议，就9部法规草案开展了立法协商和征求意见工作，提出修改意见建议250多条，立法部门采纳率达50%以上。完善机制，强化委员会自身建设。注重发挥委员主体作用，全体委员共参与视察调研活动66人(次)，提交调研报告和大会发言材料45篇，递交提案47件，反映社情民意线索11篇。以创建“五抓五强化”支部工作品牌为抓手，全面加强专委会党的建设。加强办公室建设，完善工作机制，有效提升了服务水平和工作质量。

文化文史和学习委员会 学习贯彻政协系统党的建设工作座谈会精神，着力加强思想政治、组织体系、作风纪律建设，认真落实管党治党的政治责任。围绕“打造柴达木枸杞品牌”“提升公共文化服务能力”“加强政协学习工作”，组织委员开展调查研究、资政建言。围绕履职能力建设扎实开展委员培训，制定计划，统筹谋划，丰富内容，改进方法，举办3期210人次培训班，为委员和干部进一步提高政治站位、深化理论认知、提升履职能力打下了基础。邀请全国政协领导及国内知名专家学者为“政协讲坛”作了5场专题报告，编印4期学习资料，为委员和干部把握大局、开阔视野、启迪思维搭建了平台、提供了参考。围绕重大选题开展文史资料工作，承办了全国政协《人民政协70周年纪事》《东北抗战历史史料》协作工作，出版了《青海藏族百年实录》，完成了《青海回族百年实录》《青海蒙古族百年实录》稿件审核、编辑及印刷招标工作。完成了省政协党组、常委会议、主席会议交办的工作任务。

【重要会议、活动】

召开六盘山片区政协精准扶贫交流推进会 7月10日至12日，六盘山片区政协精准扶贫交流推进会第四次会议在西宁召开。全国政协副主席、国家交通运输部党组书记杨传堂出席开幕大会并讲话，省委书记、省长王建军出席开幕大会并致辞，省政协主席多杰热旦主持开幕会议并发言，在闭幕会作讲话。陕西省政协主席韩勇、甘肃省政协主席欧阳坚、宁夏自治区政协主席崔波分别作专题发言；国家住房和城乡建设部副部长黄艳，全国政协提案委员会委员、国资委副部级干部孙来燕，国务院扶贫办副主任欧青平，全国政协常委、农业和农村委员会委员于革胜出席会议并作发言；省委副书记刘宁，省委常委、秘书长于丛乐出席开幕会；省委常委、副省长严金海就青海六盘山片区精准扶贫工作作全面介绍；副省长杨逢春出席闭幕会。陕甘宁三省区政协相关副主席，在宁的青海省政协副主席，国家相关部委的同志，陕甘宁青四省区政府、政协相关部门负责人以及六盘山片区相关市（州）县政协负责人出席会议。

召开习近平总书记关于加强和改进人民政协工作的重要思想理论研讨会 7月19日，省政协召开习近平总书记关于加强和改进人民政协工作的重要思想理论研讨会。全国政协副主席、农工党中央常务副主席何维到会指导并讲话，省政协主席多杰热旦作了讲话，省政协副主席张守成主持会议。全国政协人口资源环境委员会驻会副主任高波，省政协副主席仁青安杰、张守成、王绚、杜德志出席会议，省政协副秘书长，纪检监察组组长，各专委会主任、在宁副主任，各民主党派省委、省工商联负责人，各市州政协主席、秘书长，部分区县政协的负责同志参加会议。8位同志分别代表省政协相关专门委员会、各民主党派和基层政协作了发言。

召开全省政协系统党的建设工作座谈会 10月26日，省政协召开全省政协系统党的建设工作座谈会。省政协主席多杰热旦出席并讲话。省政协副主席王晓勇、仁青安杰、张守成、宗康、杜捷、王绚、杜德志出席会议。省政协各副秘书长，省纪委、省委组织部、省委宣传部、省委统战部、省直机关工委负责同志，省政协各专门委员会主任、在宁副主任，各市州政协主席、秘书长，部分县（市、区）政协主席和省政协机关全体干部参加会议。会上，王晓勇传达了全国政协系统党的建设工作座谈会精神和省委常委会学习贯彻全国政协系统党的建设工作座谈会精神，6位同志分别代表基层政协、省政协机关党组、专门委员会党支部作了发言。

召开加强和改进人民政协民主监督工作理论研讨会 10月31日，省政协召开加强和改进人民政协民主监督工作理论研讨会。省政协主席多杰热旦出席并讲话。省政协副主席王晓勇、张守成、杜捷、杜德志，秘书长王进出席会议。省政协各副秘书长，各专门委员会主任、在宁副主任；各民主党派省委、省工商联负责同志；各市州政协主席、秘书长；部分省政协委员；省委党校、省社科院、青海大学、青海师范大学、青海民族大学相关专家学者和省政协机关全体干部参加会议。会议传达学习了全国政协召开的习近平总书记关于加强和改进人民政协工作的重要思想理论研讨会精神。4位同志分别代表省政协专委会、基层政协和专家学者作了交流发言。

召开全省政协系统宣传工作座谈会 12月5日，省政协召开全省政协系统宣传工作座谈会，认真贯彻落实全国、全省宣传思想工作会议精神和全省新闻舆论工作座谈会精神，全面总结党的十八大以来全省政协系统宣传工作，安排部署当前和今后一个时期的工作。省政协主席多杰热旦出席会议并讲话。省政协副主席王晓勇主持会议。受省委常委、宣传部部长张西明委托，省委宣传部副部长王志明出席会议并讲话。省政协副秘书长，省政协各专门委员会主任、专职副主任，各民主党派省委、省工商联负责同志，各市州政协负责同志，人民日报社青海分社、新华社青海分社、青海日报社、青海广播电视台、青海新闻网负责同志，部分县级政协负责同志和省政协机关各处室负责同志参加会议。会上，4位同志分别代表省政协专门委员会、各民主党派省委、基层政协作了发言。

召开各专门委员会分党组成立座谈会 12月18日，省政协召开各专门委员会分党组成立座谈会。省政协党组书记、主席多杰热旦出席并讲话。省政协副主席仁青安杰、杜捷、马海瑛、王绚、杜德志，秘书长王进，省政协各副秘书长，纪检监察组组长，各专委会分党组书记、副书记、成员和专委会办公室工作人员，省政协办公厅相关处室负责人参加座谈会。会上，杜捷宣读了省委组织部《关于同意设立中共政协青海省委员会各专门委员会分党组的批复》和各专门委员会分党组组成人员名单，杜金忠、崔巍、王海平代表专委会分党组书记作了表态发言。

召开“双月协商座谈会” 5月10日，省政协召开第一次双月协商座谈会，围绕“发挥归国留学人员作用，助推我省经济社会发展”议政建言。省政协主席多杰热旦主持会议。省政府副省长韩建华，省政协副主席张守成，省政府、省政协相关副秘书长出席会议。省委组织部、省委统战部及省政府有关厅局负责人，省政协各专门委员会负责人，部分省政协常委、委员，西宁市、海东市政协负责同志，参与调研的专家学者及部分归国留学人员代表参加会议。

5月21日，省政协召开第二次双月协商座谈会，围绕“加强我省儿科医疗服务体系建设”议政建言。省政协主席多杰热旦主持会议。省委常委、常务副省长王予波，省政协副主席王绚，省政府、省政协相关副秘书长出席会议。省发展改革委、省教育厅负责人，省政协各专门委员会负责人，各民主党派省委负责人，部分省政协委员，西宁市、海东市政协负责同志参加会议。

6月19日，十二届省政协召开第三次双月协商座谈会，聚焦“三江源国家公园民生工程建设”建言献策。省政协主席多杰热旦主持会议并讲话。省政府副省长田锦尘，省政协副主席王晓勇、杜捷，省政府、省政协相关副秘书长出席会议。三江源国家公园管理局、省农牧厅、省科技厅、省交通厅负责人，省政协各专门委员会负责人，各民主党派省委负责人，部分省政协委员，果洛、玉树州政协负责同志参加会议。

9月25日，省政协召开第四次双月协商座谈会，围绕“文化生态保护区建设”议政建言。省政协主席多杰热旦主持会议。省政府副省长张黎，省政协副主席王晓勇、仁青安杰出席会议，省政协各专门委员会负责人，省编办、省发改委、省教育厅、省民宗委、省财政厅、省文化新闻出版厅、省旅游发展委员会的负责同志，西宁市、海东市、海南州、海西州、海北州、玉树州、果洛州、黄南州政协以及循化县、互助县政协的负责同志，部分省政协常委、委员和参与调研的专家学者参加会议。

10月22日，省政协召开第五次双月协商座谈会，围绕“推动可再生能源清洁供暖”协商建言。省政协主席多杰热旦主持会议并讲话，省政府副省长田锦尘，省政协副主席王晓勇、杜捷，省政府办公厅及有关厅局、省政协办公厅及各专门委员会负责同志，各市州政协，门源、玛多县政协负责同志，部分省政协常委、委员和国网青海省电力公司、中油燃气西宁有限责任公司负责同志参加。

召开2018年立法协商会议 5月3日，省政协召开立法协商工作会议，安排十二届省政协参与开展立法协商工作，聘任立法协商智库专家成员，确定2018年立法协商工作重点。省政协主席多杰热旦出席并讲话。省人大常委会副主任刘同德，省政府副省长张黎，省政协副主席仁青安杰、张守成、杜捷、马海瑛，省政协常委、省军区副政治委员郭建军，省政协秘书长王进出席会议。省政协副秘书长，省人大常委会法工委、省政府法制办负责同志，省政协各专委会主任、社法委副主任，立法协商智库成员，各市州政协分管主席及社法委负责同志，省政协机关有关处室的负责同志参加会议。马海瑛主持会议。

重点提案督办 4月19日，省政协组织召开《关于在我省确立公益诉讼鉴定机构和专项资金制度的提案》督办协商会。省政协副主席马海瑛出席会议并讲话。省政协相关副秘书长、提案委员会、社会和法制委员会负责同志，该重点提案的提案人及提案承办单位省司法厅、省财政厅、省环保厅相关负责同志出席会议。

8月9日，省政协副主席张守成带领由省政协委员和相关人员组成的提案督办组，赴青海机场公司督办《发展青海支线航空交通》的重点提案，实地考察和了解西宁曹家堡机场运营情况和我省航空事业发展规划前景，并与提案承办单位、相关部门负责人进行了座谈协商。

8月13日至15日，省政协副主席杜捷带领由提案委员会、经济委员会、民建青海省委负责同志和提案者及部分委员组成的提案督办组，先后深入黄南州同仁县，海东市乐都区、互助县督办“关于我省实施乡村振兴战略的提案”。

8月17日，省政府办公厅、省政协办公厅共同组织召开省政协十二届一次会议《关于完善空巢老龄和失能老人社区（家庭）医疗护理的提案》的重点提案办复工作见面会。省政府副省长匡湧、省政协副主席王绚出席会议并讲话。该提案的提案者农工党青海省委相关负责人，省民政厅、省财政厅、省人社厅、省卫计委等提案承办单位以及省政协提案委员会、教科文卫体委员会的负责同志参加会议。

8月22日，仁青安杰副主席率领由省政协委员和相关人员组成的提案督办组，赴青海广播电视台督办《关于在青海电视台藏语频道增加经济栏目》的重点提案，实地考察和了解青海广播电视台安多藏语卫视频道运行情况和我省藏语卫视未来发展远景，并与提案承办单位负责人及藏语卫视相关专业人员进行了座谈协商和交流。

9月3日至6日，杜德志副主席带领省政协委员、省政协提案委员会、学习和文史委员会有关人员以及九三学社青海省委有关人员组成的提案督办组，赴海西州德令哈万盛吉生物科技有限公司、诺木洪大漠红枸杞产业园、都兰县宗加镇哈西娃村以及格尔木亿林科技开发有限公司调研，对《关于打造柴达木枸杞品牌的提案》进行督办，省农牧厅、省工商局、省质监局、西宁海关等提案办理单位负责同志参加。

10月11日至17日，省政协副主席张守成带领由省政协提案委、外事委、提案者及部分港澳委员组成的考察组，为了落实和督办重点提案《港澳委员如何与青海省建立更有效的沟通渠道》，赴福建、广东就如何加强与港澳委员的联系进行考察调研，并在福州召开了座谈会。

10月24日，省政府办公厅、省政协办公厅共同组织召开政协十二届一次会议《关于青海特色农牧产品品牌建设的提案》的重点提案办复见面会。省委常委、副省长严金海，省政协副主席王晓勇出席会议并讲话。省政府、省政协相关副秘书长，提案单位民建青海省委，承办单位省农牧厅、省商务厅、省工商局以及省政协提案委员会的负责同志参加会议。

举办“政协讲坛” 5月9日，十二届省政协举办第一期“政协讲坛”，邀请全国政协民族和宗教委员会副主任、国家民委原副主任罗黎明围绕“以习近平总书记关于民族工作重要思想为指引，正确处理好我国现阶段民族问题”作专题讲座。省政协主席多杰热旦，副主席王晓勇、马长庆、张守成、杜捷、王绚，在宁的省政协常委、部分省政协委员，省委统战部、省民宗委、省教育厅、各民主党派省委、省工商联、西宁市政协有关领导及部分干部，省政协机关全体干部职工聆听了讲座。

6月29日，省政协举办第二期“政协讲坛”，邀请全国人大常委会委员、法制工作委员会副主任郑淑娜围绕“学习宪法，加强宪法实施”作专题讲座。省政协主席多杰热旦，副主席杜捷、马海瑛、杜德志，秘书长王进，在宁的省政协常委、部分省政协委员，省政协立法协商智库成员，各民主党派省委、省工商联、西宁市政协部分干部，省政协机关全体干部职工聆听了讲座。

8月20日，省政协举办第四期“政协讲坛”暨“双百”法治宣讲报告会，邀请中国政法大学副校长、教授、博士生导师马怀德作“监察法：新时代党和国家自我监督的重要规范”专题报告。省政协副主席王晓勇、仁青安杰、张守成、马海瑛、杜德志，秘书长王进，在宁的省政协常委、部分省政协委员，各民主党派省委、省工商联、西宁市政协部分干部，省政协机关全体干部职工聆听了讲座。

12月6日，省政协举办第五期“政协讲坛”，邀请中国投资有限责任公司副总经理祁斌作“国际变局与中国经济金融发展”专题讲座。省政协主席多杰热旦，副主席王晓勇、仁青安杰、杜捷、张文魁、马海瑛，秘书长王进，海南州委理论学习中心组成员，海东市循化县部分干部，省政协机关全体干部职工聆听了讲座。

举行新年茶话会 12月29日，省政协举行新年茶话会。省委书记、省人大常委会主任王建军出席并讲话。省委副书记、省长刘宁，全国政协民族和宗教委员会副主任仁青加出席，省政协主席多杰热旦主持。在宁的省委、省人大、省政府、省政协领导班子成员，省检察院代检察长，省军区和武警青海总队负责同志；在宁的省级离退休老同志；各民主党派省委、省工商联、人民团体和省直有关单位负责同志；在宁的十三届全国政协委员和部分省政协委员；我省有突出贡献的专家学者和英模代表出席茶话会。王建军代表中共青海省委、省人大、省政府、省政协向各民主党派、工商联和无党派人士、各人民团体，向全省各族干部群众，向驻青人民解放军指战员，向武警官兵和公安干警，向所有对青海的改革、发展、稳定作出贡献的各界人士表示诚挚的问候和节日的祝福。

【重要文件】

常委会工作报告（2018年1月24日）（摘要） 五年来，我们毫不动摇地坚持以习近平同志为核心的中国共产党的领导，牢固树立政治意识、大局意识、核心意识和看齐意识，自觉在思想上、政治上、行动上同以习近平同志为核心的党中央保持高度一致，坚决把党中央及省委的决策部署贯彻到人民政协的各项履职活动之中；我们认真学习贯彻落实习近平新时代中国特色社会主义思想，认真学习贯彻落实习总书记视察青海的重要讲话精神，切实把新时代中国特色社会主义思想作为坚定理想信念、巩固团结合作共同思想政治基础的支柱和灵魂，用以指导实践、推动工作；在中共青海省委的坚强领导下，我们团结带领政协各参加单位和全体政协委员，高举爱国主义和社会主义旗帜，坚持团结和民主两大主题，认真履行职能，紧扣改革发展大局议政建言，围绕新青海建设凝心聚力，聚焦民生改善积极作为，在我省统筹推进“五位一体”总体布局、协调推进“四个全面”战略布局，落实“四个扎扎实实”重大要求，促进“四个转变”中贡献了政协智慧和力量；我们深刻认识和准确把握社会主义协商民主的性质特点，充分发挥协商民主重要渠道和专门协商机构作用，坚持在继承中发展、在发展中创新。各种协商形式联动配合，宽领域、多层次、常态化的具有青海特点的政协协商格局进一步形成，发挥了协商民主在促进全省改革发展稳定中的特殊作用；我们狠抓政协委员队伍建设和履职能力建设，按照习近平总书记对政协委员提出的要求，努力推动全体委员不断提升能力、履行职能、发挥作用，人民政协的凝聚力进一步增强，影响力进一步扩大。

提案工作情况的报告（2018年1月24日）（摘要） 五年来，常委会坚持以习近平新时代中国特色社会主义思想为指导，贯彻“围绕中心，服务大局，提高质量，讲求实效”的提案工作方针，把握规律，创新理念，改进方法，健全机制，经过各参加单位、广大委员共同努力和承办单位的辛勤工作，提案工作实现了新进步，为全省经济社会发展和民生事业改善作出了积极的贡献。一是常委会坚持运用提案的方式为全省经济社会事业建言献策。共提出提案2061件，经审查立案1707件，立案率为82.8%，其余354件作为来信处理。提案内容丰富，紧扣发展主题，问题导向鲜明，针对性强，体现了广大政协委员、政协各参加单位和各专门委员会的高度责任感和使命感。提案办复率为100%，落实率30%以上。二是常委会通过各种方式狠抓提案质量的提高：注重知情引导，畅通知情明政渠道；创新提案征集方法，强化选题引导；加强培训；严格审查立案；注重发挥示范激励作用。三是常委会不断加大提案办理协商的力度，推动和提高了办理成效：构建提案办理协商工作机制；进一步加大办理协商的密度；加强跟踪督办。四是常委会坚持加强制度建设，提案工作制度不断健全完善：坚持和完善主席会议成员和专委会督办重点提案制度，印发了《青海省政协重点提案遴选与督办暂行办法》；推动提案办理协商广泛多层制度化开展，制定了《政协青海省委员会提案办理协商实施办法》。

【组织概况】

主席当选名单

（2018年1月29日政协第十二届青海省委员会第一次会议通过）

多杰热旦（藏族）

副主席当选名单

（2018年1月29日政协第十二届青海省委员会第一次会议通过）

王晓勇　仁青安杰(藏族)
马长庆（东乡族）
张守成（蒙古族）
宗　康（藏族）　杜　捷
张文魁（藏族）
马海瑛（土族）
王　绚（女）　杜德志

秘书长当选名单

（2018年1月29日政协第十二届青海省委员会第一次会议通过）

王　进

常务委员当选名单（按姓氏笔画排序）

（2018年1月29日政协第十二届青海省委员会第一次会议通过）

久美彭措（藏族）　马金刚
马跃祥（回族）　王　华（女）
王　彤（女）　王　虎　王　昆
王长安　王化平　王文剑　王发昌
王兴宇　王建民（女）　王海平
开　哇（藏族）
扎西尖木措（藏族）
巨克中　尹青文（女）　邓晓辉
田惠源　仝平安
尕智·叶西尼玛（藏族）
多　杰（藏族）　多杰才让（藏族）
刘书杰　汤向军　苏建平　杜金忠
李青（女）　李洪卫（土族）
杨　忠　杨学林（回族）　杨曙光
吴汉忠　沈传立　张县利
张秀萍（女，土族）　张周平
张爱军　罗松龙日（藏族）
赵海兴　胡达忠　胡维忠　查书冰
俞红贤　夏日仓·旦增久美（藏族）
柴建中　高　力　郭建军
菊红花（女，蒙古族）
曹　晓（藏族）　曹海玲（女）
常　祺　鄂崇荣（土族）　崔　巍
康　瑛（女，回族）　葛文平
韩小梅（女，回族）
韩生福（回族）　喇海青（撒拉族）
谢静（女）　谢小平
谢占玲（女）
嘉萨仓·洛赛尖措（藏族）
噶尔哇·阿旺桑波（藏族）
魏博平

（李思佑　**编写**）

政协宁夏回族自治区
委员会

【全体委员会议】

十一届一次会议 1月25日至1月30日在银川举行。会议应出席委员420人，开幕会实到402人，闭幕会实到407人。十届自治区政协主席齐同生代表自治区政协十届常委会，向大会作自治区政协十届常委会工作报告。受自治区政协第十届常委会委托，张守志副主席向大会报告十届政协五年来提案工作情况。会议期间，自治区党政领导出席了开幕会和闭幕会议，听取委员大会发言，参加联组讨论，与委员们共商改革发展大计。自治区党委书记石泰峰在闭幕会上作了讲话，对新时代政协工作提出了要求，对委员履职提出了希望，委员们深受鼓舞和鞭策。会议听取并讨论自治区主席咸辉所作的自治区政府工作报告，讨论自治区2017年国民经济和社会发展计划执行情况与2018年国民经济和社会发展计划草案的报告，讨论2017年全区及区本级财政预算执行情况和2018年全区及区本级预算草案的报告，讨论自治区高级人民法院工作报告和自治区人民检察院工作报告，对上述报告表示赞同，并提出意见和建议。会议审议并通过齐同生同志代表政协宁夏回族自治区第十届委员会常务委员会所作的工作报告、张守志同志所作的提案工作情况的报告。审议批准了《自治区政协2018年协商工作计划》和《自治区政协提案审查委员会关于十一届一次会议提案审查情况的报告》。会议选举产生了自治区政协十一届委员会主席、副主席、秘书长和常务委员。

【常务委员会会议】

十届第35次会议 1月16日在银川召开。会议听取和审议自治区政协十一届委员建议名单，审议自治区政协十一届一次会议有关文件。会议决定，自治区政协十一届一次会议于1月25日至30日在银川召开。宁夏回族自治区政协主席齐同生主持会议。

十一届第1次会议 1月30日在银川召开。自治区政协主席崔波主持会议，自治区政协副主席李彦凯、张守志、洪洋、马力、郭虎、冯志强、李泽峰、王紫云、马秀珍及秘书长阮教育出席会议。会议听取并审议《自治区政协十一届常务委员会关于设置专门委员会的决定（草案）》；听取并审议《自治区政协十一届委员会副秘书长任职名单（草案）》；听取并审议《自治区政协十一届委员会专门委员会主任、副主任任职名单（草案）》。

第2次会议 3月22日在银川召开。自治区政协主席崔波出席会议并讲话，自治区政协副主席李彦凯主持会议。自治区政协副主席张守志、洪洋、马力、郭虎、冯志强、李泽峰、王紫云、马秀珍和秘书长阮教育出席会议。会议传达习近平总书记在十三届全国人大一次会议上的重要讲话精神、十三届全国人大一次会议精神、全国政协十三届一次会议精神及全区领导干部大会会议精神。会议还审议通过有关人事事项。

第3次会议 7月18日至19日，自治区政协召开十一届三次常委会议。自治区政协主席崔波出席会议并讲话，自治区党委常委、政府副主席马顺清出席会议并作关于我区贯彻落实“水十条”工作情况的报告。自治区政协副主席李彦凯主持开幕式，自治区政协副主席张守志、洪洋、马力、郭虎、冯志强、李泽峰、王紫云、马秀珍和秘书长阮教育出席会议。会议审议通过自治区政协第十一届常委会第三次会议议程；传达全国政协系统党的建设工作座谈会精神；听取关于我区贯彻落实“水十条”工作情况的报告；就《关于我区贯彻落实“水十条”工作情况监督性协商报告（讨论稿）》作说明；听取关于制度修改情况的说明；听取关于人事事项的说明。

第4次会议 10月31日至11月1日，自治区政协召开十一届四次常委会议，审议有关制度，机构、人事事项等，围绕提高我区科技创新能力进行专题协商。自治区政协主席崔波出席会议并讲话，自治区副主席杨培君出席会议并通报我区科技创新工作情况。自治区政协副主席李彦凯主持开幕式，自治区政协副主席张守志、洪洋、马力、郭虎、冯志强、李泽峰、王紫云、马秀珍和秘书长阮教育出席会议。会议传达全国政协“习近平总书记关于加强和改进人民政协工作的重要思想理论研讨会”和全国政协第七次提案工作座谈会精神；审议通过《中国人民政治协商会议宁夏回族自治区委员会全体会议工作规则》《中国人民政治协商会议宁夏回族自治区委员会常务委员会工作规则》《中国人民政治协商会议宁夏回族自治区委员会委员履职工作规则》三项制度，审议通过有关机构、人事事项。

【专门委员会工作】

提案委员会 自治区政协十一届一次会议以来，共收到提案684件（其中，大会提案673件，平时提案11件），审查立案588件，立案率85.96%。截至2018年年底，提案全部办复。其中，已解决或采纳的提案408件，占总数的69.39%；拟解决或拟采纳的提案167件，占总数的28.40%；因条件所限无法解决，留作参考的13件，占总数的2.21%。制定了《自治区政协提案委员会功能型党支部建设工作方案》。召开同类提案集中办理协商会。组织评议组对自治区政协十一届一次会议提案质量和办理情况进行双向评议。编印五大类149条《自治区政协十一届一次会议提案选题参考题目》。及时修订《自治区政协提案工作条例》；完善《自治区政协提案办理工作效能目标管理考核实施细则》；制定《自治区政协提案委员会关于提高提案质量的意见》。组织政协委员开展脱贫攻坚调研。围绕科技人才建设情况进行调研。组织中共界别部分委员，就我区传统产业转型升级及外向型经济发展情况视察。组织市、县（市、区）政协，政协各参加单位，提案承办部门等60余家单位，召开全区政协提案工作座谈会。根据自治区政协年度工作安排，赴湖北和贵州省围绕脱贫工作和提案工作调研考察。积极做好黑龙江、江苏、广东、海南省政协来宁调研的接待工作。

经济委员会 委员会与自治区工信厅、工商联组成联合调研组，对自治区政府2017年1号文件《关于降低实体经济企业成本的实施意见》落实情况开展了监督性调研。组织经济界委员和专家到宁东基地视察。召开座谈会，征求政协委员对《关于深化“不见面、马上办”改革深入推进审批服务便民化的实施意见》的建议。围绕政协常委会“提高我区科技创新能力”议政专题，重点就“发挥企业创新主体作用”深入开展调研。联合民建宁夏区委会组成调研组，围绕“如何提升我区制造业数字化、网络化、智能化水平”开展调研。联合民建宁夏区委会开展“如何提升我区制造业数字化、网络化、智能化水平”调研。习近平总书记在民营企业座谈会上的重要讲话发表后，与自治区工商联及时组织召开专题学习会。联合自治区工商联组织召开尼日利亚经济与投资环境报告会。代表自治区政协联同自治区工商联、工信厅、宁夏经济管理干部培训中心，在广东中山大学举办了宁夏民营企业家政协委员综合能力提升培训班。做好六盘山片区政协精准扶贫交流推进会参会协调和服务工作。认真做好《关于发挥大数据优势，创新“三医联动”模式》重点提案督办的组织协调服务工作。分别就宁夏华电“东热西送”集中供热项目建设情况、我区高铁建设进展情况进行了视察，走访了中国石油在宁公司和北方民族大学创业园，向自治区政府报送了《关于我区高铁建设情况的视察报告》。与自治区发改委、商务厅及其上级主管部门座谈交流了我区融入和服务国家“一带一路”建设情况，探讨建立西北五省区政协“一带一路”协作交流机制的可行性。参加全国政协暨地方政协经济委员工作研讨会。

农业和农村委员会 2018 年 11 月 1 日，自治区政协十一届四次常委会议审议通过《关于增设专门委员会和变更专门委员会名称的决定》，决定增设自治区政协农业和农村委员会。在自治区政协十一届四次常委会议闭幕后就组织精干力量，推进机构组建。及时筹备召开委员会全体会议。组织召开农业和农村委员会第一次全体会议，审议通过《自治区政协农业和农村委员会工作简则》，明确了委员会主要职责；研究了今后四年工作重点。探索开展“党建 + 农委”工作成立农业和农村委员会分党组。加强与自治区农业和农村厅、扶贫办等有关部门的联系沟通。起草了关于“如何实现稳定可持续脱贫”调研方案建议。

人口资源环境委员会 开展了贯彻落实“水十条”常委会专题协商议政。形成了《关于我区贯彻落实“水十条”工作情况监督性调研报告》，专家组形成了《如何从源头上系统解决宁夏“水”的问题》理论研究报告。就做强我区农业区域特色共有品牌进行了专题调研。赴银川、固原、中卫市就我区生态保护红线划定后贯彻落实情况进行调研。现场督办自治区政协十一届一次会议第 580 号《关于进一步延伸现代煤化工产业链促进煤炭高效清洁利用的建议》重点提案。冯志强副主席带队参加了沿黄九省（区）黄河生态带建设研讨郑州会议并作交流发言，会议纪要提炼为全国政协提案。年初由办公室编发了《宁夏人口资源环境基本情况》资料汇编，修订了委员会工作简则。全年共报送提案 43 件，社情民意 16 篇。年内，自治区政协青联和共青团界别委员分别开展了校园安全教育现状、进城务工青年现状及发展、银川市青年社会组织发展现状等情况的界别调研。

教科卫体委员会 全年承接 1 次政协常委会协商议政专题，2 次专题协商调研，组织 15 次委员专题协商、监督和界别协商等座谈会，组织 6 次界别委员活动，报送社情民意 18 篇，政协快讯 10 篇。对我区科技创新能力展开调研。专委会组织 18 名政协委员、专家组成调研组围绕“关于在基础教育阶段开展创新素养教育”进行了调研。选调医药卫生界别部分委员组成调研组对“关于我区分级诊疗工作开展情况”进行专题协商监督调研。分别组织教育和体育界别、医药卫生界别委员对我区“全民健身实施计划”及“互联网 + 医疗健康”工作实施情况进行了视察。协同民盟界别委员对我区引黄古灌渠水利设施建设情况进行了视察。对《关于红寺堡深度贫困区土地盐渍化综合治理及防洪体系建设的建议》《关于加强民办非学历教育机构管理的建议》进行了集中督办。大力协助“表彰最美乡村教师”评选活动，积极协助自治区政协办公厅、文明办、教育厅在全区 100 余家中小学校开展中华优秀传统文化进校园系列活动。

社会和法制委员会 全年召开 2 次全体会议，1 次务虚会、提交社情民意 18 份，提交提案 12 份。组成专题调研组就我区社区治理体系建设情况进行了专题调研。就我区司法体制改革情况进行了专题民主监督性调研。就我区农业科技创新工作进行了专题调研。就我区推进全国法治城市创建情况进行了专题调研。就如何加强和改进新形势下自治区政协工作，赴银川市开展专题调研。组织委员对《关于进一步加强我区妇女维权工作的意见》等法规文件提出修改意见建议。向自治区普法办报送了“七五”普法中期检查自查报告。一年来，先后围绕我区企业工资集体协商、反家庭暴力、无障碍环境建设工作进行了视察，以提案和社情民意形式进行了反映。召开了各参加单位和界别工作座谈会，在座谈会上作了题为《健全界别协商机制努力提升履职实效》的口头交流发言。就重点提案《关于完善我区城乡居民医保的建议》进行现场督办。积极做好2018年度宁夏政协“兴华爱心基金重特大疾病救助资金”发放工作。

民族和宗教委员会 一年来，修订完善了《民族和宗教委员会工作简则》，编辑了《民族和宗教工作资料汇编》等。就我区“民族团结进步示范区创建情况”进行监督性调研。先后就《自治区创建民族团结进步示范区的实施意见（征求意见稿)》、自治区党委《牢固树立马克思主义民族观宗教观加强新时代民族宗教工作的决定（征求意见稿)》进行讨论，提出修改意见。组成调研组调研形成《关于我区宗教释义与中国文化相结合情况的协商报告》。组织部分委员就我区“政府科技投入”情况进行专题调研。马力副主席带领督办组就《关于以农业龙头企业的高质量发展促进我区乡村振兴的建议》进行现场督办。组织特邀界别二组委员，对银川市道路交通管理工作进行视察。与民进宁夏区委会联合开展了“宁夏乡村振兴”调研。承办完成了全国政协民宗委来宁调研“解决深度贫困地区脱贫问题”的有关组织服务工作。参加全国政协民宗委召开的少数民族八省区工作座谈会，交流经验和体会。

港澳台侨和外事委员会 围绕“从在宁港澳台侨企业发展情况，看我区‘放管服’改革成效及问题”开展专题协商，助推我区“放管服”改革发展，形成了协商报告报送自治区党委、政府办公厅。围绕“发挥港澳台侨商作用，助推宁夏内陆开放型经济试验区建设”开展专题协商。对自治区政协十一届一次会议第562号《关于对我区社区矫正工作的几点建议》重点提案进行现场督办。围绕我区旅游景区“厕所革命”行动执行情况开展界别视察。全年提交全委会、常委会、专题协商座谈会等会议发言材料6篇；提交提案67份，其中立案2份；提交社情民意信息18篇。赴港澳看望自治区政协委员，就“发挥好‘双重积极作用’，支持港澳委员维护港澳繁荣稳定发挥作用”进行了调研。拜访了中央人民政府驻港联络办、港区省级政协委员联谊会。委员会积极协助委员，联合自治区侨联、宁港青年交流促进会精心组织举办了“2018年宁夏大中学生赴港澳夏令营”活动。2018年港澳委员和香港爱心人士共计捐款捐物215万元，资助贫困学生350名。

文化文史和学习委员会 就我区文物保护利用情况进行了专题协商调研。就我区贫困地区公共文化设施建设使用情况进行了专题协商调研。按照常委会专题议政调研分工，就我区科技创新生态建设情况进行了专题调研。全年累计征编文史资料566篇237万字，图片300余幅，内容涵盖经济、文化、教育、民族等多个领域。重点开展了《亲历宁夏回族自治区成立记》的征编出版工作。牵头完成了重点协作任务《回族百年实录》大型系列丛书的汇稿审稿工作。完成了《宁夏文史资料》第31辑的出版工作。组织社科界、新闻出版界委员及专家学者召开了“哲学社会科学如何为党委政府中心工作服务”专题座谈会。组织部分委员陪同洪洋副主席深入基层调研，向全国政协十三届一次会议提交了《关于支持西北地区县级公共文化设施建设的提案》《关于支持解决我区学前教育发展困难的建议》《关于加快实施西海固地区脱贫引水工程，助力深度贫困地区打赢脱贫攻坚战的建议》3份提案。就自治区政协十一届一次会议第265号提案《建议加快推进我区文化产业发展》进行了现场督办。一年来，委员会先后整理提出社情民意11件。联合开展了陕甘宁三省区“传承和弘扬南梁精神”专题研究活动并作了专题发言。参加了第三届丝绸之路（敦煌）国际文化博览会。开展了宁夏政协书画院的移交工作，厘清了审批登记手续，研究确定了合规并便于操作的书画院运行新模式。

【重要活动】

习近平新时代中国特色社会主义思想（人民政协重要论述）第一次专题讨论会 3月27日，宁夏政协召开习近平新时代中国特色社会主义思想（人民政协重要论述）第一次专题讨论会，自治区政协主席、党组书记崔波主持会议并围绕“坚持中国共产党对政协工作的领导”作发言。

自治区政协召开各参加单位和界别工作座谈会 4月3日，自治区政协召开各参加单位和界别工作座谈会，交流经验做法，就做好新形势下的界别工作，更好地发挥界别作用提出意见建议。自治区政协主席崔波出席会议并讲话。

自治区政协召开习近平新时代中国特色社会主义思想（人民政协重要论述）第二次专题讨论会 4月16日，自治区政协召开习近平新时代中国特色社会主义思想（人民政协重要论述）第二次专题讨论会。会议就“人民政协要围绕党和国家中心任务献计出力”“政协工作要实现好维护好发展好最广大人民根本利益”两个专题进行讨论发言。

自治区政协召开习近平新时代中国特色社会主义思想（人民政协重要论述）第三次专题讨论会 4月27日，自治区政协召开习近平新时代中国特色社会主义思想（人民政协重要论述）第三次专题讨论会。会议就“加强和改进人民政协民主监督工作”“发挥人民政协在社会主义协商民主建设中重要作用”两个专题进行讨论发言。自治区政协主席崔波出席会议并参加讨论。

自治区政协召开习近平新时代中国特色社会主义思想（人民政协重要论述）第四次专题讨论会 5月16日，自治区政协召开习近平新时代中国特色社会主义思想（人民政协重要论述）第四次专题讨论会。会议围绕“加强团结联谊”和“推进政协履职能力建设”两个专题开展学习讨论。自治区政协主席崔波出席会议并作讨论发言。

全区市、县（区）政协主席工作座谈会 7月19日下午，全区市、县（区）政协主席工作座谈会在银川召开，与会者以大会发言的形式，结合全国政协系统党的建设工作座谈会和全国政协十三届常委会第二次会议精神，紧扣自治区党委和政府中心工作，就新时代加强和改进全区政协系统工作进行交流。

自治区政协召开习近平总书记关于加强和改进人民政协工作的重要思想理论研讨会 按照全国政协统一安排部署，7月28日，自治区政协召开习近平总书记关于加强和改进人民政协工作的重要思想理论研讨会。全国政协副主席马飚出席会议并讲话，自治区政协主席崔波主持会议。

自治区政府与政协座谈征求“放管服”改革建议 8月2日，自治区党委副书记、自治区主席咸辉专程到自治区政协召开座谈会，就深化“不见面、马上办”

改革深入推进审批服务便民化的实施意见征求政协委员的意见建议并讲话，自治区政协主席崔波主持会议。

自治区政协各参加单位务虚会 10月19日，自治区政协召开各参加单位务虚会，传达全国政协学习习近平总书记关于加强和改进人民政协工作的重要思想理论研讨会精神和全国政协提案工作会议精神，并座谈交流。自治区政协主席崔波主持会议并讲话。

宁夏人民政协理论研究会第三届会员代表大会 10月30日，宁夏人民政协理论研究会第三届会员代表大会在银川召开。会议听取了宁夏人民政协理论研究会第二届理事会工作报告；审议通过了《宁夏人民政协理论研究会章程（修正案）》，选举产生了研究会第三届理事会会长、副会长、秘书长、理事、常务理事，自治区政协副主席李彦凯当选为会长。自治区政协主席崔波出席会议并讲话。

自治区政协务虚会 11月19日，自治区政协召开务虚会，总结今年工作开展情况，谋划明年及今后的协商工作重点和思路。自治区政协主席崔波主持会议并参加讨论交流。自治区政协副主席李彦凯、张守志、洪洋、马力、郭虎、冯志强、李泽峰、王紫云、马秀珍及秘书长阮教育出席会议并作发言。

全区市、县（区）政协主席会 12月27日，自治区政协召开全区市、县（区）政协主席。自治区政协主席崔波主持会议并讲话，自治区政协副主席李彦凯、洪洋、马力、郭虎、冯志强、李泽峰、王紫云和秘书长阮教育出席会议。

【组织概况】

主席当选名单

（2018年1月30日政协宁夏回族自治区第十一届委员会第一次会议通过）

崔　波

副主席当选名单

（2018年1月30日政协宁夏回族自治区第十一届委员会第一次会议通过）

李彦凯（回族）　张守志

洪　洋（回族）　马　力（回族）

郭　虎　冯志强　李泽峰　王紫云

马秀珍（女）

秘书长当选名单

（2018年1月30日政协宁夏回族自治区第十一届委员会第一次会议通过）

阮教育

常务委员当选名单（按姓氏笔画为序排列）

（2018年1月30日政协宁夏回族自治区第十一届委员会第一次会议通过）

马　凯（回族）　马　骞（回族）

马少勇（回族）　马中勇

清　贵（回族）　马瑞霞（女，回族）

王　波　王生林（回族）

王春秀（女）　王新军　毛洪峰

邓　宽　田　桦（女）

朴凤兰（女，朝鲜族）

刘　文（女，满族）

刘　明（回族）　刘　佳（女）

刘　媛（女）　刘　静（女）

刘　霞（女）　刘日巨　刘平和

刘成孝　许　兴　孙　瑛（女，回族）

杜正彬（回族）　李　立

李　良（回族）　李　晶　李　斌

李文华　李咏梅（女）　李学盟

李春兴　李晓波　杨　伟

杨玉洲（回族）　杨占武（回族）

杨立华（回族）　杨志文（回族）

杨彦聪　杨洪涛（回族）

杨淑丽（女）　何仲义

何学虎（回族）　何晓勇（回族）

何嘉伦　邹俭伟　汪　敬

沈爱红（女）　宋建钢　张　杰

张　艳（女）　张　锋

张亚红（女）　张源沛　陈　舒
陈庆成　陈莉萍（女）
周　涛（农科院）
周　涛（回族，中卫）　庞俊迁
郑文敏　郑俊武　相卫国　柏　青
哈　莹（女，回族）　施晓军
娄晓萍（女）　贺　耀　殷学儒
梁明道　蒋永忠　焦海波　释耀正
童安荣　道月泓（女）　解　方
蔡德升　潘多俊　潘志军　霍健明
魏　锋（满族）

副秘书长任免名单

（2018 年 3 月 22 日自治区政协十一届二次常委会议通过）

陆军同志为政协宁夏回族自治区第十一届委员会副秘书长（兼职）。

（尹冠男　**编写**　陈子敏　王天林　**审稿**）

政协新疆维吾尔自治区
委员会

【全体委员会议】

十二届一次会议 2018年1月21日至25日在乌鲁木齐举行。会议应出席政协委员530名，实到委员489名。会议听取并审议通过了自治区十一届政协常务委员会工作报告和提案工作情况的报告；通过了关于常委会工作报告的决议、提案审查情况的报告和政治决议。列席自治区十三届人大一次会议，听取并讨论了政府工作报告及其他报告。经过充分协商，选举努尔兰·阿不都满金为自治区十二届政协主席，程振山、巨艾提·伊明、马敖·赛依提哈木扎、张博、木太力甫·吾布力、孔星隆、窦万贵、邱树华、杨勇、伊力哈木·沙比尔、马雄成、阿不都热克甫、吐木尼牙孜为自治区十二届政协副主席，张博为自治区十二届政协秘书长。会议收到大会发言材料98份，20名委员分别代表民主党派、人民团体和各族各界作了大会发言。会议收到委员提案733件，经审查立案650件。大会期间，自治区党委书记陈全国，自治区党委副书记、自治区主席雪克来提·扎克尔等自治区党政军和新疆生产建设兵团领导同志莅会指导，听取大会发言，参加联组讨论。自治区政协主席努尔兰·阿不都满金在会议闭幕时讲话。

【常务委员会会议】

十二届第1次会议 1月25日在乌鲁木齐召开。会议应出席120人，实到109人。自治区政协主席努尔兰·阿不都满金主持会议。会议审议通过了自治区十二届政协内设机构方案和有关人事事项。

第2次会议 5月14日至15日在乌鲁木齐召开，围绕“聚焦总目标，深入做好群众工作，夯实民族团结基础”开展专题议政。会议应出席120人，实到101人。自治区政协主席努尔兰·阿不都满金出席会议并讲话。自治区副主席任华到会听取大会发言。会议就“民族团结一家亲”和民族团结联谊活动、“访惠聚”驻村工作、全民免费健康体检3个专题进行分组讨论和大会发言。会议通过了《关于坚定不移聚焦总目标更好服务新疆稳定发展的决议》和有关人事事项。

第3次会议 9月6日至7日在乌鲁木齐召开，围绕“聚焦总目标，深入推进生态环境保护，建设天蓝地绿水清的美丽新疆”开展专题议政。会议应出席120人，实到100人。自治区政协主席努尔兰·阿不都满金出席会议并讲话。自治区副主席赵青到会听取大会发言并讲话。会议就“加强重要水源地保护确保人民群众饮水安全”“积极推进北疆城市群大气污染防治联防联控”“加强‘散乱污’企业整治淘汰落后产能”3个专题进行分组讨论和大会发言。会上，专门邀请有关专家作了新疆防治PM2.5污染讲座。会议还通过了有关人事事项。

第4次会议 12月6日至7日在乌鲁木齐召开。会议应出席120人，实到98人。自治区政协主席努尔兰·阿不都满金出席会议。会议传达学习了自治区党委九届六次全体会议、全国政协十三届四次常委会会议精神；听取了自治区人民政府关于自治区政协十二届一次会议提案办理情况的通报；审议通过了政协新疆维吾尔自治区第十二届委员会常务委员会工作报告和政协十二届一次会议以来提案工作情况的报告；审议通过了关于召开政协新疆维吾尔自治区第十二届委员会第二次会议的决定；审议通过了政协新疆维吾尔自治区第十二届委员会第二次会议议程草案、日程、列席范围、分组办法和小组召集人名单，各次大会执行主席和主持人名单，常委会工作报告、提案工作情况的报告人名单，大会秘书长、副秘书长名单；审议通过了《政协维吾尔自治区委员会界别活动办法》；审议通过了自治区政协有关机构设置和人事事项；听取了各专门委员会、政协落实“组合拳”2018年工作情况的汇报。

【专门委员会工作】

提案委员会 2018年，自治区政协十二届一次会议共收到提案795件，立案689件，答复率100%。主要工作：制定下发《自治区党委办公厅、自治区人民政府办公厅、自治区政协办公厅关于做好十二届一次会议重点提案办理和督办工作的通知》，确定4件重点提案全部办结。按照《自治区政协提案工作条例》，评选出十一届政协58件优秀提案和38个先进承办单位，进行了通报表彰。与办公厅共同承担了阿图什市哈拉峻乡欧吐拉哈拉峻深度贫困村蹲点调研任务，形成了欧吐拉哈拉峻深度贫困村调研报告。就推进“融合发展”创新试验区试点工作开展监督视察，形成专项视察报告，报自治区党委深改办。协助完成全国政协提案委员会调研组赴卡拉麦里、喀纳斯自然保护区的考察调研工作。参加全国政协第七次提案工作座谈会，提交了题为“深入学习，指导实践，推进新疆人民政协提案工作不断取得新成效”的会议交流材料。为住疆全国政协委员参加全国政协十三届二次会议征集提案线索65件，联名提案线索8件。为自治区政协委员参加自治区政协十二届二次会议征集提案选题参考289条。

经济委员会 2018年，经济委员会提交议政性常委会大会发言材料15篇，月度协商座谈会发言材料32篇，共提交建议30件。主要工作：组织承办了以“积极推进家庭服务业发展”“扩大民间投资，助力供给侧结构性改革”协商议题月度协商座谈会，形成的协商建议上报自治区党委、人民政府分管领导，意见建议得到采纳。组织自治区和兵团的能源及电力主管部门、发电及电网企业等16家部门单位前往国网新疆电力公司进行调研，并在自治区政协机关召开了座谈会，形成了《自治区政协关于推进全疆同网同价工作的调研报告》。金融流通组围绕“防范化解金融风险”赴乌鲁木齐银行和自治区农村信用联社进行调研，形成了调研报告《认真贯彻党的十九大精神坚决守住防控系统性金融风险底线》。就“推动混合所有制经济发展”议题进行调研，形成了《关于推动混合所有制经济发展的调研报告》。组织自治区政协委员赴昌吉州准东开发区、石河子开发区，深入企业单位，围绕“树立绿水青山就是金山银山的理念，坚决打赢污染防治攻坚战”并结合中央第八环保督察组提出问题的整改落实情况进行民主监督调研。工交能源界别小组部分委员组成调研组赴伊犁州，围绕“促进新疆旅游业发展”在昭苏县、霍城县、霍尔果斯市等地实地调研，形成了《伊犁州旅游发展情况调研报告》。工商联组织委员在和田地区、喀什地区、阿克苏地区、克州、阿勒泰地区、塔城地区对全区民营企业“千企帮千村”精准扶贫行动开展专题调研，形成了调研报告《关于自治区民营企业“千企帮千村”精准扶贫工作的调研报告》。围绕“放管服”重大改革举措落实成效、制定严禁“三高”项目进新疆产业准入负面清单、促进非公经济发展重大改革举措落实等开展民主监督，形成了视察报告。

农业和农村委员会 2018年，委员会围绕自治区政协党组2018年工作要点和自治区政协2018年协商计划共召开6次专题性座谈会，走访14个相关厅局和科研院所，组织82次委员履职活动，报送24篇报告和信息建议，为驻村工作队及村民帮困解难事5起，编印委员会工作资料2辑，制定完善工作制度7项。主要工作：一是承办自治区政协“综合统筹，有效解决困难群众因病致贫因病返贫问题”月度协商座谈会，向自治区党委报送五个方面的意见建议。二是赴新疆畜牧科学院、林业科学院、农业科学院就当前重点关注的问题开展学习考察活动。三是围绕推动新疆马产业发展，赴伊犁州昭苏县、新源县开展委员视察活动。四是围绕“打好污染防治攻坚战”“提高医疗服务水平”开展民主监督工作。五是组织四个界别活动小组分别围绕粮食安全、发展绿色植棉、动物免疫防控能力、农业高效节水等议题开展调研。六是摸索建立以委员会为主体、驻村工作队为战场的服务模式，实行联系帮扶机制，开展“向南疆贫困地区普及科学养羊实用技术”“专家助力 农民用力 聚力增收促脱贫”“实现残疾村民方便行路的夙愿”等活动。七是向全国政协十三届二次常委会议提交了《坚持扶贫标准，提高脱贫质量，建立有效防止返贫稳定脱贫的长效机制》发言材料。

民族和宗教委员会 主要工作：一是圆满完成自治区政协十二届二次常委会承办任务。收到专题议政材料 72 份，确定了 10 篇作为大会口头发言，12 篇作为小组讨论发言，47 篇编印成册提供常委使用，会后及时形成了建议案报党委政府供决策参考。二是围绕“聚焦总目标，深入做好群众工作，夯实民族团结基础团结工作”，赴喀什地区巴楚县就常委会议专题议政主题进行蹲点调研。三是围绕“依法加强宗教事务管理，促进民族宗教和谐工作”，赴乌鲁木齐市进行走访调研，形成了关于“依法加强宗教事务管理，促进民族宗教和谐工作”的情况报告。四是围绕“聚焦总目标，坚持伊斯兰教中国化方向，积极引导宗教与社会主义社会相适应”赴阿勒泰地区进行了调研，提出六点意见建议报自治区党委办公厅。五是协助全国政协民族和宗教委员会围绕“加强国家通用语言文字普及，促进各民族交往交流交融”开展专题调研。

教科卫体委员会 主要工作：一是紧紧围绕自治区党委和政协党组工作重点开展协商议政和民主监督。承办了新一届政协“积极推进农村贫困人口白内障免费治疗”首次月度协商座谈会。就我区医改落实情况和 18 项工作任务开展民主监督，民主监督报告得到自治区深改办充分肯定。二是充分发挥界别优势和作用，认真做好履职工作。分别组织五个界别委员开展了 8 个专题调研视察活动，形成调研报告 8 份，报自治区党委、政府及相关部门决策参考。三是发挥委员会人才优势，积极开展“民族团结一家亲”智力帮扶等活动。邀请阿里巴巴集团副总裁高红冰来疆在“新疆政协·雨露讲坛”就“大数据和人工智能”做专题报告；组织体育界、文化界委员赴基层开展文化艺术演出、全民健康送体育器材下乡、体育教学下乡等活动。四是不断加强委员会自身建设，提高委员履职能力。对委员参加政协活动情况进行统计建档，作为“委员作业”的重要内容，调动履职积极性；在各项工作中，注重征求委员意见，发挥委员主体作用；扩大委员参与面，提升建言献策质量；查摆不足，不断加强委员会自身建设。

人口资源环境委员会 主要工作：一是组织开展“聚焦总目标，深入推进生态环境保护，建设天蓝地绿水清美丽新疆”专题议政常委会议调研，向自治区党委上报《自治区政协十二届三次常委会议情况的综合报告》和加强水源地保护、推进北疆城市群大气污染防治联防联控、加快整治“散乱污”企业三个专项建议。二是围绕推进自治区电供暖以及电价调整落实、卡拉麦里自然保护区生态环境保护落实整改、生物可降解食品包装袋（膜）推广应用组织委员视察，形成视察报告，其中自治区党委李鹏新副书记对卡拉麦里自然保护区生态环境保护落实整改视察报告作出批示。三是在尼勒克县举办自治区第三届康养旅游产业发展先行先试区座谈会。四是根据《自治区党委全面深化改革领导小组2018年工作要点》，扎实推进“打好污染防治攻坚战”民主监督工作，形成自治区政协贯彻“打好污染防治攻坚战”工作部署落实民主监督工作综合情况报告。五是协助全国政协人口资源环境委员会完成了赴疆调研服务协调工作。六是协助完成了“河长制”巡河服务协调工作。

社会法制和港澳台侨外事委员会 主要工作：一是结合委员会工作实践，研究撰写了《人民政协团结主题在新疆的创新实践》《发挥专委会基础作用的形式与内涵》等文稿，并在自治区政协系统理论研讨会上做了大会发言。二是编写《社会法制和港澳台侨外事委员会工作指南》《委员活动小组工作简则》。三是组织部分委员赴阿克苏地区，就“深入做好群众工作”进行调研，在自治区政协十二届二次常委会议上作了题为《深化南疆地区群众工作筑牢稳定发展坚实基础》的大会发言。四是完成《关于全面深化推进我区农村“厕所革命”的提案》重点提案督办任务。五是围绕《自治区十三届人大常委会立法规划项目建议》开展立法协商。六是组织委员对《关于依法办理反分裂斗争中“两面人”犯罪案件适用法律若干问题的指导意见》提出修改建议。七是组织召开涉外法律服务座谈会，为促进涉外法律服务业发展建言献策。八是组织部分委员赴塔城、伊犁，就《归侨侨眷权益保护法》及其实施办法贯彻落实情况进行了视察，提出了《进一步做好归侨侨眷工作的建议》。九是起草《关于进一步加强海外涉疆侨团建设的建议》提案，由住疆全国政协委员提交全国政协大会。十是参加在疆留学生毕业典礼，与新疆籍华侨华人学生代表座谈，开展涵养海外涉疆侨务资源的相关工作。

文化文史和学习委员会 主要工作：一是加强委员学习培训。编印《学习参考资料》向委员和基层政协发放，为委员履职学习提供服务。13位委员分别就维稳、教育、卫生等问题调研并提交提案59件。二是协助做好“聚焦总目标，深入推进生态环境保护，建设天蓝水清的美丽新疆”专题议政常委会议、“积极推进家庭服务业发展”月度协商座谈会等调研、撰写调研报告、会议组织等工作。三是围绕“提高医疗水平”相关改革内容制定监督工作实施方案，组织委员赴卫计委进行走访座谈，落实监督视察工作，提出意见建议，有效地促进了相关改革任务的完成。四是加强征集出版工作。对文史资料进行重新整理和严格的审读，不符合《纪要》精神的文章进行了删除，并与新疆人民出版社合作完成了《新疆文史资料精选》第一、第二卷（50万字）编辑出版工作。广泛联系各族各界人士加大对文史资料的征集、抢救和挖掘工作力度，全年共征集各类文史资料80余万字。五是加强稿件的审读。组织专门力量对承担的塔吉克族、塔塔尔族、回族、蒙古族百年实录新疆部分文稿进行了重新审读把关。六是完成“人民政协70周年纪事”相关稿件48万余字。

【重要会议、活动】

习近平总书记关于加强和改进人民政协工作的重要思想理论研讨会 7月13日在乌鲁木齐召开。全国政协副主席李斌到会指导，全国政协常务副秘书长潘立刚出席会议，自治区政协主席努尔兰·阿不都满金主持会议并讲话，自治区党委副书记李鹏新出席会议并讲话。

学习贯彻全国政协系统党的建设工作

座谈会 7月12日在乌鲁木齐召开。会议对加强自治区政协系统党的建设工作进行再部署，对助推打赢脱贫攻坚战进行再安排。自治区政协主席努尔兰·阿不都满金主持会议并讲话。

全区政协系统学习贯彻全国政协理论研讨会精神电视电话会议 10月26日在乌鲁木齐召开。自治区政协主席努尔兰·阿不都满金出席会议并讲话，会议传达了汪洋主席在习近平总书记关于加强和改进人民政协工作的重要思想理论研讨会上的重要讲话。

月度协商座谈会 2018年，自治区政协第十二届委员会举行4次月度协商座谈会，即第一次至第四次月度协商座谈会。

第1次月度协商座谈会 6月12日在乌鲁木齐召开，围绕“积极推进农村贫困人口白内障免费治疗”座谈协商。自治区政协主席努尔兰·阿不都满金主持会议。自治区政协副主席伊力哈木·沙比尔作主题发言；自治区政协常委、自治区卫生和计划生育委员会党组书记、副主任殷宇霖介绍了“积极推进农村贫困人口白内障免费治疗”工作开展情况，9位政协委员、专家围绕精准扶贫、预防为主、建强机制、健康扶贫等方面作预约发言，自治区人民政府副秘书长许龙章代表政府对与会者的意见建议作了交流回应。

第2次月度协商座谈会 7月18日在乌鲁木齐召开，围绕“积极推进家庭服务业发展”座谈协商。自治区政协主席努尔兰·阿不都满金主持会议。自治区政协党组成员、副主席、自治区工商联主席巨艾提·伊明作主题发言；会议听取了自治区政协委员、自治区商务厅党组书记、厅长戎军关于新疆家庭服务业发展的情况介绍，10位委员、专家、企业及社区代表围绕完善政策体系、加强顶层设计、养老服务体系建设、以乡村旅游拓展家庭服务业新内涵、坚持服务与管理并重、加快家政服务业等方面建言献策。自治区政协委员、自治区人民政府副秘书长帕力外·木沙对大会发言进行了交流回应。

第3次月度协商座谈会 8月20日在乌鲁木齐召开，围绕“综合统筹，有效解决困难群众因病致贫因病返贫问题”座谈协商。自治区政协主席努尔兰·阿不都满金主持会议。自治区政协副主席马雄成作主题发言；10位委员和专家围绕全面发挥全民健康体检作用、引导树立健康生活理念、加大健康扶贫力度、落实社保扶贫政策等方面建言献策。自治区人民政府相关领导对与会者的意见建议进行了反馈和回应。

第4次月度协商座谈会 10月16日在乌鲁木齐召开，围绕“扩大民间投资，助力供给侧结构性改革”座谈协商。自治区政协主席努尔兰·阿不都满金主持会议。自治区政协党组成员、副主席、自治区工商联主席巨艾提·伊明作主题发言；自治区政协委员、自治区发展和改革委员会党组书记、副主任杜鲁坤·托乎提介绍了新疆开展民间投资工作情况。10位委员、专家、企业代表作了大会发言。自治区人民政府有关领导对与会者的意见建议进行了反馈和回应。

【重要文件】

常委会工作报告（2018年1月21日）（摘要） 过去五年的工作：（一）坚定坚决用习近平新时代中国特色社会主义思想统一思想行动，坚持正确政治方向。我们旗帜鲜明讲政治，坚决把维护习近平总书记的核心地位、领袖权威作为最大政治、最重要的政治纪律和政治规矩，坚定坚决地在思想上认同核心、政治上维护核心、组织上服从核心、行动上紧跟核心，坚定地捍卫核心、爱戴核心、绝对忠诚核心，任何时候任何情况下都在思想上政治上行动上同以习近平同志为核心的党中央保持高度一致，任何时候任何情况下都在政治立场、政治方向、政治原则、政治道路上同以习近平同志为核心的党中央保持高度一致，坚决维护党中央权威和集中统一领导。我们坚决把学习贯彻党中央决策部署作为履职前提，深入学习贯彻习近平新时代中国特色社会主义思想，深刻领会党的十九大提出的重要思想、重要观点、重大论断、重大举措，全面贯彻党的基本理论、基本路线、基本方略，切实用以武装头脑、指导实践、推动工作。深入学习贯彻第二次中央新疆工作座谈会精神，学习贯彻习近平总书记关于新疆工作的重要讲话和重要指示精神，学习贯彻新疆若干历史问题研究座谈纪要精神，深刻领会把握、坚决贯彻落实党中央治疆方略特别是社会稳定和长治久安总目标。我们坚持把政协工作置于党委工作大局，深入学习贯彻自治区党委聚焦总目标实施的一系列重大决策部署，一切工作都坚持以总目标为统领、按照自治区党委部署要求来进行，一切履职活动都在自治区党委领导下、依据宪法法律和政协章程来展开，一切重要安排都在广泛征求意见的基础上请示自治区党委批准后来实施，坚定不移把党中央决策部署、自治区党委工作要求贯彻落实到政协工作各方面和全过程。（二）坚定坚决聚焦总目标，着力做好增进团结、凝心聚力的工作。我们勇于担当、敢于亮剑，专门召开专题议政性常委会开展集体发声亮剑，作出了关于坚决维护民族团结、反对民族分裂的决议，组织动员全区政协系统坚决维护祖国统一、维护民族团结、维护社会稳定。各级政协班子成员迅速贯彻落实自治区党委的要求，带头下沉所在党支部和包联县乡村进行宣讲，通过召开专题民主生活会、发表署名文章、签署承诺书、专项考核以及举行宣誓大会、声讨大会等形式，引领各族各界委员表明坚定立场、深刻揭批声讨，以实际行动同“两面派”“两面人”作坚决斗争。我们切实落实直接联系服务群众制度，各级政协班子成员和委员中的领导干部共联系了82个重点县、911个重点乡镇、1259座清真寺、820个贫困村、4488户贫困群众、442所各级各类学校，及时下沉一线、走访入户、蹲点调研，开展“三进两联一交友”活动，认真落实教育活动督导、维稳督导、联系帮扶等任务，在围绕稳定发展两个关键点、形成层层抓落实的责任体系中切实履行了各级政协职责。我们坚定深化“访民情惠民生聚民心”驻村工作，启动以来，共组织动员全区各级政协机关、各党派团体、工商联的2069名干部、6313名委员深入2931个村开展工作，认真落实自治区党委关于驻村工作总体要求，累计走访入户406万余户次，排查反恐维稳、干部作风、损害群众利益等方面问题线索6.8万余件，协调落实水利、交通、住房、产业、扶贫、就业、就医等好事实事8.6万余件，落实惠民资金13亿余元，整顿软弱涣散基层党组织累计2500余个。组织动员745名干部、委员参加了驻村管寺和干部支教工作，3164名干部、委员下沉基层开展工作，特别是各地州市、县市区政协班子成员全部下沉一线，常态化包联乡镇、包村入户，推动自治区党委各项决策部署落到实处。我们深入扎实开展“民族团结一家亲”和民族团结联谊活动，组织动员全区各级政协机关、各党派团体、工商联的2978名干部、6064名委员与1.3万户群众结对认亲，用好“六个载体”，落实“五项重点任务”，认真开展“结亲周”活动，丰富民族团结联谊形式。一年多来累计走访“亲戚”15万户次，落实帮扶资金1700余万元，协调解决实际问题3万余件，开展“民族团结＋”主题联谊活动2280余场次，积极引导和促进各民族交往交流交融，树牢“三个离不开”思想、强化“三个意识”、增强“五个认同”。我们认真做好海外涉疆侨务工作，提出了加强海外新疆籍侨胞和留学生工作的意见，加强海外涉疆侨务工作研究，深化对外交流联谊，围绕归侨侨眷情况、华侨华人文化交流、海外留学生就业创业、侨务政策法规实施等进行调研座谈，切实做好团结和争取工作。（三）坚定坚决聚焦总目标，同心致力稳定发展和民生改善。我们围绕和谐稳定履职尽责，连续两年安排专题议政性常委会围绕维护社会稳定、推进依法治疆协商议政，就法治新疆建设、创新社会治理、遏制宗教极端思想渗透、发挥驻村管寺管委会作用、提升主流舆论媒体传播力、创新重点特殊人群帮教方式、发挥村规民约作用等进行调研献策，先后发出了关于严厉打击暴力恐怖犯罪、肩负起维护社会稳定和长治久安历史重任等倡议。积极开展党的政策宣传、群众性思想教育、“去极端化”宣传教育，弘扬社会主义核心价值观和中华文化，引导各族各界群众树立正确的国家观、民族观、历史观、文化观、宗教观。坚定不移贯彻党的民族政策，加强对民族团结宣传教育、各民族交往交流交融、嵌入式社会结构和社区环境等重大问题的调查研究，连续两年召开专题议政性常委会就巩固发展民族团结建言献策。全面贯彻执行党的宗教政策，坚持伊斯兰教中国化方向，充分发挥各族各界委员和爱国宗教人士作用，深入开展“去极端化”大宣讲活动，协助党委、政府加强对宗教场所和宗教人士宗教活动的教育服务管理，团结广大信教群众确立正信、抵制极端，积极引导宗教与社会主义社会相适应。围绕宗教人士集中培养、高校马克思主义宗教观教育、推进“去极端化”、定居游牧民族宗教活动场所等问题开展调研，提出了意见建议。我们围绕改革发展献计出力，贯彻落实新发展理念，紧扣决胜全面建成小康社会、“十三五”规划实施、供给侧结构性改革、丝绸之路经济带核心区建设等重要领域调研议政，先后召开两次专题议政性常委会聚焦全面深化改革，就“三去一降一补”、行政审批制度改革、中小微企业创新发展、对外开放等提出对策建议。深入调研基础设施现代化、城镇化建设、农业高效节水、沿边经济带发展、外贸企业“走出去”、旅游业发展、电气化新疆建设等重点问题，形成协商建议为党委、政府提供决策参考。创建“金融创新与实践论坛”，举办银企交流合作、资本市场与民营企业发展专题座谈，加强对经济形势动态性、综合性研究。组织委员和专家学者就非常规油气资源勘探开发、特色餐饮产业发展等专项工作进行调研，提出了规划建议。我们围绕民生改善议政建言，着眼推动落实“九项惠民工程”，就新疆人才发展、完善科技服务体系、青年就业创业、加强职业教育、学前教育发展、民族医药事业发展、文化阵地建设、传统村落保护、困难家庭社会保障等重要问题协商建言。坚持把脱贫攻坚作为履职重点，各级政协班子成员共联系贫困县24个，扎实做好包村定点帮扶，紧扣落实“六个精准”，组织力量深入深度贫困地区开展调研，就增强贫困群众脱贫致富能力、完善对口协作扶贫机制等提出意见建议。充分发挥界别优势，动员社会力量，深入开展“千企帮千村”精准扶贫活动，广泛开展科技、教育、文化、卫生、体育下基层活动，积极结对帮扶，开展爱心捐赠。坚持把建设美丽新疆作为重要民生事业，持续围绕生态文明建设进行协商议政，探索推进康养旅游产业发展模式，就建立国家公园、改善农村人居环境、清洁能源发展、工业园区污水处理、农业面源污染防治、废旧铅酸蓄电池污染治理等重点问题形成了系列协商成果，积极为美丽新疆建设积累实践经验。（四）坚定坚决聚焦总目标，切实发挥政协联系广泛的优势。我们积极争取全国政协的指导与支持，主动向全国政协报告工作，全力协助全国政协开展联合调研、提案督办、协商座谈等活动，认真提出意见建议。五年来，俞正声主席多次对新疆政协工作作出重要指示批示，全国政协副主席和各专门委员会来疆调研视察近60次。积极参加全国政协全体会议、常委会议、双周协商座谈会等会议，主动争取大会发言，提出的关于推进“去极端化”维护国家安全、加强新疆青年宗教人士学习培训、构建丝绸之路经济带文化交流合作机制等建议得到了全国政协充分肯定和国家有关部委采纳支持。积极争取全国政协对我区生态环保、现代畜牧业、马产业等工作的支持，协助全国政协在疆开展了美丽新疆建设工作座谈会、马产业转型升级暨重点提案办理协商现场会等活动。注重发挥住疆全国政协委员的作用，认真做好履职服务工作，五年来，住疆全国政协委员通过全国“两会”提交提案797件、会议发言450余次。加强与内地省区市政协学习交流，就共同关注的重大问题进行考察调研，积极宣传新疆工作特别是自治区第九次党代会以来的新成就新变化。我们加强同党派团体和无党派人士的合作共事，出台加强与民主党派、工商联联系的意见，组织党派团体和无党派人士参加政协调研视察和协商会议，增加党派团体提案和大会发言比重，尊重和保障他们的民主权利。五年来各党派团体、工商联围绕总目标开展调研视察550余次，提交提案2985件、大会发言材料260余篇，反映社情民意信息4100余篇。我们重视加强对基层政协的联系指导，建立了联系基层政协制度，密切与地州市、县市区政协工作交流互动，加强对兵团所属县级市政协工作指导，注重与基层政协联合调研，坚持邀请基层政协负责人参加自治区政协重要会议活动，探索建立乡镇、街道政协工作委员会，努力形成上下联动、齐心聚焦总目标履职尽责的整体合力。五年来各地州市、县市区和兵团所属县级市政协累计开展调研视察4700余次，实施协商计划2000余项，征集提案6万余件，反映社情民意信息2万余篇。（五）坚定坚决聚焦总目标，大力推进履职工作创新。围绕推进政协履职制度化规范化程序化，常委会共制定、修订各项制度78项，创新体制机制、夯实履职基础。我们探索开创协商议政新格局，认真贯彻落实自治区党委关于加强政协协商民主建设的实施意见，创建制定年度协商计划制度，确立协商议题会商机制，完善协商成果采纳、落实和反馈机制，实现协商议题与协商形式相匹配、政协协商与党政决策相一致。着眼创新协商形式、增加协商密度、提高协商实效，改革完善全体会议、常委会议，规范专题协商会，创设月度协商座谈会，创新以专题为内容、以界别为纽带、以专委会为依托、以座谈为方法的协商机制，打造了政协协商民主经常性平台和重要品牌，形成了以全体会议为龙头、以专题议政性常委会议和专题协商会为重点、以月度协商座谈会为常态的协商议政新格局。五年来常委会实施年度协商计划46项、召开相应协商会议49次，向自治区党委、政府提交建议案72份。我们着力增强民主监督实效，认真贯彻落实自治区党委关于加强和改进政协民主监督工作的实施意见，注重发挥协商式监督的优势和特色，寓监督于协商会议、视察、提案、专题调研、大会发言、反映社情民意等活动之中，做到民主监督有计划、有题目、有载体、有成效。五年来常委会紧紧围绕总目标，以推动自治区党委重要决策部署的贯彻落实为重点，聚焦社会稳定、改革发展、民族团结、民生改善、美丽新疆建设等重要领域跟踪监督、接力建言，着重就全民免费健康体检、农村学前免费双语教育、脱贫攻坚、节能减排、天山一号冰川保护、乌鲁木齐南山生态治理等重大部署以及新环境保护法、民族团结进步工作条例、宗教事务条例、去极端化条例等法律法规的贯彻执行情况，开展了120余项监督性强的调研议政活动，认真负责地提出意见建议，推动相关工作的改进和加强。我们积极创新经常性工作，完善学习形式，建立了常委会专题辅导、党组成员讲党课和集体走访学习制度，确立了政协党组、机关党组、机关党支部三级联动学习机制，创立了“新疆政协·雨露讲坛”、道德讲堂、专题讲座、新媒体平台等系列学习品牌，开办了自治区图书馆政协机关分馆，分设了书画院，召开了政协理论研讨会，五年来常委会共开展重要学习活动430余次。改进调研视察方式，完善调研视察选题机制，推行联合调研和平行调研，做到调研课题与协商计划相统一、调研视察与协商议政相衔接，以调研促进协商质量提高、以协商促进调研成果转化，五年来常委会共开展调研视察380余次。创新会议组织形式，完善大会发言遴选机制，改进会议分组方式，建立会风会纪督查、委员列席常委会议、轮流出席重要协商活动等机制，邀请城乡居民代表、海外侨胞列席政协重要会议。着力提高提案质量和提案办理质量，出台加强新形势下提案工作的实施意见，制定提案办理协商办法，首创“四审”立案协商制度、推进提案“三个转变”，五年来审查立案提案4295件，办复率达100%。加强文史资料工作，制定史料征集审读办法，严把政治关、史实关、文字关，重点征集出版少数民族百年实录、边境文史、新疆抗战编年纪事、西部大开发、丝绸之路文化、“访惠聚”驻村日记等史料，填补了新疆文史资料若干空白，开创了全国边境文史图书先河，发挥了存史、资政、团结、育人功能。高度重视信息宣传工作，出台反映社情民意信息、新闻宣传、网络管理等办法，增强了政协信息宣传的传播力引导力影响力。（六）坚定坚决聚焦总目标，不断强化自身建设。我们切实加强政协组织党的建设，坚决贯彻以习近平同志为核心的党中央决策部署，按照自治区党委的部署要求，认真开展党的群众路线教育实践活动、“三严三实”专题教育，推进“两学一做”学习教育常态化制度化，扎实开展“学转促”专项活动。落实全面从严治党责任，设立了政协机关党组，改进机关党委工作，调整增设机关党支部，建立健全政协党组议事规则、机关党组工作规则等制度，确保了党的领导在政协的贯彻落实。我们切实加强常委会建设，坚持以政治建设为统领，以坚定理想信念宗旨为根基，从政治、思想、组织、作风、纪律、制度上进行自我完善、自我提高，制定了常委会自身建设规定、主席会议工作规则等制度，坚决按照“三严三实”要求严格规范常委会履职行为。严肃反分裂斗争纪律，在反对分裂、维护社会稳定等重大问题上，严守党的政治纪律，做到认识不含糊、态度不暧昧、行动不动摇，坚决不做“两面人”“老好人”。认真落实“九点要求”“十个坚持”，正风肃纪，改进会风，大兴调查研究之风，做老实人、说老实话、干老实事，常委会履职水平明显提升。我们切实加强“两支队伍”建设，召开全区政协工作经验交流会、政协秘书长会议，对加强各级政协机关建设提出明确要求，着力建设政治上强、能力上强、作风上强的机关干部队伍和委员队伍。强化机关干部职责教育，把政治坚强、立场坚定、敢于担当作为培养选拔干部的首要标准，注重选派对党忠诚、关键时刻敢于发声亮剑、有较强群众工作能力的优秀干部参加“访惠聚”驻村工作和担任深度贫困村第一书记。切实解决“四风”“四气”问题，认真落实“十改进、十不准”要求，深入开展“慵懒散推拖”专项集中整治，推进机关干部作风转变。坚持把维护祖国统一、反对民族分裂的思想认识和实际表现作为衡量委员履职的重要标准，出台加强委员学习、联系、履职管理等制度，强化委员培训，成立委员联络机构，加强对委员的教育、要求、管理、监督，引导委员懂政协、会协商、善议政，守纪律、讲规矩、重品行。经常性组织开展主题教育、共建绿色生态“委员林”、深入艰苦地区学习感悟等活动，不断增强履职责任感、使命感。全力配合自治区党委对政协机关的专项巡视，认真抓好整改落实工作。支持自治区纪委驻政协机关纪检组工作，加强执纪监督问责。五年来，依章程撤销严重违纪委员资格 19 人，通报违反会风会纪委员 51 人次，处理违规违纪、不担当不作为机关干部 11 人。我们切实加强专委会和界别建设，健全常委会议听取专委会工作汇报、政协副主席联系专委会工作机制，修订专委会通则，增设农业委员会，对专委会调研视察、联系界别、服务委员等作出新部署新规定。制定界别活动办法，调整优化界别设置，积极开展界别发言、界别视察、界别联组讨论等活动，切实发挥了界别特色和作用。

【组织概况】

主席当选名单

（2018 年 1 月 25 日中国人民政治协商会议新疆维吾尔自治区第十二届委员会第一次会议通过）

努尔兰·阿不都满金（哈萨克族）

副主席当选名单

（2018 年 1 月 25 日中国人民政治协商会议新疆维吾尔自治区第十二届委员会第一次会议通过）

程振山　巨艾提·伊明（维吾尔族）

马敖·赛依提哈木扎（哈萨克族）

张　博

木太力甫·吾布力（维吾尔族）

孔星隆　窦万贵　邱树华（女）

杨　勇

伊力哈木·沙比尔（维吾尔族）

马雄成（回族）

阿不都热克甫·吐木尼牙孜（维吾尔族）

秘书长当选名单

（2018 年 1 月 25 日中国人民政治协商会议新疆维吾尔自治区第十二届委员会第一次会议通过）

张　博

常务委员当选名单（按姓氏笔画为序排列）

（2018 年 1 月 25 日中国人民政治协商会议新疆维吾尔自治区第十二届委员会第一次会议通过）

马华东、马合沙提·哈比旦（哈萨克族）、王永刚、王　军（回族）、王松原、王　洁（女，蒙古族）、王洪欣、扎马斯（哈萨克族）、木亚赛尔·托乎提（女，维吾尔族）、乌尔娜（女，蒙古族）、巴合提古丽·苏力坦尼亚（女，哈萨克族）、巴音克西（蒙古族）、邓志明（回族）、邓铭江、艾尼瓦尔·依沙克（维吾尔族）、艾里肯·巴拉提（维吾尔族）、艾沙江·阿布拉（维吾尔族）、布海力切木·依明艾力（女，维吾尔族）、布娲鹈·阿布拉（女，维吾尔族）、白山哈孜·托伙加（哈萨克族)、包安明、冯东明、奴尔泰·叶捷别克(哈萨克族)、加尔恒拜克·胡达依根(哈萨克族)、匡荣华、吉力力·纳斯尔(维吾尔族)、吐尔干·皮达(维吾尔族)、朱成英(女)、伊莉曼·艾孜买提(女,维吾尔族)、多斯坦·柯尔曼拜(哈萨克族)、刘学军、闫国芳(女,回族)、米吉提·拜力克巴依(哈萨克族)、汤宝鹏、安尼瓦尔·加帕尔(维吾尔族)、安萨尔·斯买热(哈萨克族)、祁晓冰(女,回族)、孙晓岗、买合木提·吾斯曼(维吾尔族)、买夏提·买买托乎提(女,塔吉克族)、麦麦提·居马(维吾尔族)、玛 嘎(女,蒙古族)、苏尤丽(女,蒙古族)、李春阳、李钰(女)、杨洪新(满族)、吾布力喀斯木·买吐送(维吾尔族)、来景刚、肖 慧(女,达斡尔族)、吴 宪、邱发森、何 勇、沙拉买提·买买提明(女,维吾尔族)、宋亚君、宏千姆·居曼(女,维吾尔族)、张文华(女)、张立刚、张盛华(女,俄罗斯族)、阿不利孜·阿不都热衣木(维吾尔族)、阿瓦汉·早尔东(女,维吾尔族)、阿布都热克甫·阿不都吉力力(维吾尔族)、阿达来提·阿合买提江(女,维吾尔族)、阿米娜·乌拉孜哈力(女,哈萨克族)、阿曼吐尔·木沙(柯尔克孜族)、陈 季、陈新发、陈 旗、努尔夏提·居马巴依(柯尔克孜族)、努热木·斯玛依汗(哈萨克族)、迪木拉提·纳赛尔(维吾尔族)、罗 启(寂仁)、金 山、郑 强、居来提·库尔班(维吾尔族)、孟庆才、赵川、胡志斌(回族)、哈布都拉·黑沙比亚(哈萨克族)、侯汉敏(女)、娜族克·帕提乎拉(女,乌孜别克族)、袁宏伟、热里班·霍加阿不都(女,维吾尔族)、热迪力·阿布拉(维吾尔族)、热娜·玉素甫(女,维吾尔族)、热斯坦木·克亚孜(维吾尔族)、贾殿赠、夏代提·海木都拉(女,维吾尔族)、徐天昊(女)、徐秀芝(女)、般宇霖、栾志刚、高黄刚、郭小平(女,锡伯族)、黄克斯、菲罗热·依尼克依吾(女,塔塔尔族)、曹新华、盛春寿、常桂娟(女,满族)、蒋平安、韩 军、韩 明(回族)、富璞岩、谢 煊、蒲雪梅(女)、解 梅(女)、寞刚贵、穆坦里甫·买提托合提(维吾尔族)

内设机构设置方案

(2018年1月25日自治区十二届政协常委会第一次会议通过)

根据《中国人民政治协商会议章程》第五十条“省、自治区、直辖市的地方委员会设立办公厅,专门委员会及其他工作机构的设置,按照当地实际情况和工作需要,由常务委员会决定”的规定,中国人民政治协商会议新疆维吾尔自治区第十二届委员会设置办公厅及八个专门委员会:提案委员会、经济委员会、农业和农村委员会、民族和宗教委员会、教科卫体委员会、社会法制和港澳台侨外事委员会、人口资源环境委员会、文化文史和学习委员会。

(武春雨 **编审**)

图书在版编目（CIP）数据

中国人民政治协商会议年鉴. 2018 / 中国人民政治协商会议年鉴编辑部编. -- 北京 : 中国文史出版社, 2023. 9

ISBN 978 - 7 - 5205 - 4328 - 6

Ⅰ. ①中… Ⅱ. ①中… Ⅲ. ①中国人民政治协商会议 - 2018 - 年鉴 Ⅳ. ①D627 - 54

中国国家版本馆 CIP 数据核字（2023）第 183798 号

责任编辑：胡福星　金硕

出版发行：**中国文史出版社**
社　　址：北京市海淀区西八里庄路 69 号　　邮编：100142
电　　话：010 - 81136606/6602/6603/6642（发行部）
传　　真：010 - 81136655
印　　装：北京新华印刷有限公司
经　　销：全国新华书店
开　　本：787 × 1092　1/16
印　　张：43. 75　　插页：22
字　　数：1072 千字
版　　次：2023 年 11 月北京第 1 版
印　　次：2023 年 11 月第 1 次印刷
定　　价：80. 00 元